국부론

애덤 스미스(Adam Smith, 1723~1790)
(1787년, 65세, 제임스 태시 作)

현대지성 클래식 53

국부론

THE WEALTH OF NATIONS

애덤 스미스 | 이종인 옮김

현대
지성

일러두기

1. 번역 대본으로는 아래 원서를 주로 사용했고, 정확한 본문 이해를 위해 각주와 간주가 들어 있는 다른 번역본을 참고했다.

   Adam Smith, *The Wealth of Nations: An Inquiry into the Nature and Causes of the Wealth of Nations*, annotated by Edwin Cannan (Modern Library, The Random House, New York, 1994).

2. 애덤 스미스 당시에 1파운드는 20실링이었고 1실링은 12펜스였다(1파운드=240펜스). 영국은 1971년 2월 15일 이후에 십진법을 채택해 실링을 없애고 1파운드를 100펜스로 정했다.

3. 시대와 문화가 다른 국내 독자들이 애덤 스미스 당시(18세기)의 물가 수준과 화폐가치를 가늠할 수 있도록, 이 책에 나온 사례를 중심으로 간단한 비교 기준을 제시한다. 4인 가족을 기준으로, 4,000만 원을 필요 경비로 가정하면, 1펜스는 1만 원, 1실링은 10~12만 원, 1파운드는 240만 원 정도에 해당한다고 이해하면 크게 틀리지 않을 것이다.

   1) 일반 노동자의 임금 수준: 런던과 인근 지역은 하루 18펜스, 대도시 근처 14~15펜스, 에든버러와 그 인근 10펜스, 스코틀랜드 저지대 8펜스.

   2) 일반 노동자의 임금은 한 주에 48~60펜스(4~5실링) 수준이었고, 석공과 벽돌공(기술자) 등은 한 주 84~96펜스(7~8실링), 갱부는 일반 노동자의 2배(뉴캐슬)~3배(스코틀랜드)를 받았다.

   3) 4인 가족 기준 필요 경비(17세기 말, 서민 가족 기준): 한 주 80펜스, 1년 17파운드.

4. 1707년에 잉글랜드와 스코틀랜드가 합방해 그레이트브리튼이 되었다. 스미스가 이 책에서 일관되게 말하는 '그레이트브리튼'은 잉글랜드와 스코틀랜드 통합 왕국을 의미하고, 그레이트브리튼 연합왕국(United Kingdom of Great Britain)이라고도 한다(여기에 아일랜드는 포함되지 않았다). 본문에서는 줄여서 '왕국'으로 옮기기도 했다. 오늘날 영국에서는 그레이트브리튼 대신 '유나이티드 킹덤'(United Kingdom)을 사용하며, 줄여서 U.K.라고 한다.

5. 『국부론』 본문에는 소제목이 들어 있지 않지만, 독자의 편의를 위해 일정한 길이마다 옮긴이가 임의로 소제목을 붙였다.

6. 본문 하단의 각주에서, 애덤 스미스의 주(註)는 따로 '원주'로 표시했고, 별도 표시가 없으면 모두 옮긴이의 것이다.

7. 본문 중간에 옮긴이가 병기하는 간략한 부연 설명은 대괄호([ ])로, 애덤 스미스의 추가 설명이나 원문에 포함된 내용은 괄호(( ))로 표기했다.

차례

제2권 **자본의 성격, 축적, 사용**

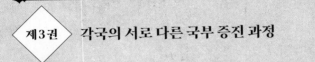

제3권 ◇ 각국의 서로 다른 국부 증진 과정

제4권 ◇ 정치경제학의 체계

제5권　군주 혹은 국가의 수입

들어가는 글과 저작 개요

모든 국가에서 한 해 동안 이루어지는 노동은, 그 국가가 해마다 소비하는 모든 생활필수품과 편의품을 일차적으로 공급하는 자원(자금, fund)이다. 그 생필품과 편의품은 노동의 직접적인 생산물로 구성되거나 아니면 그 노동에 따른 생산물을 교환 물품으로 내놓고 그 교환 과정을 통해 획득한 다른 나라의 생산물로 구성된다.

따라서 이 생산물 혹은 그 생산물로 사들인 물품과, 그것을 소비하는 사람들의 숫자가 어느 정도 비율을 이루는가에 따라 그 나라는 생필품과 편의품을 공급받는 상태가 좋아지기도 하고 나빠지기도 한다.

노동 생산물과 물품 공급 비율을 결정하는 두 요소[1]

그러나 생산물과 물품 공급 비율은 다음 두 가지 요소로 결정된다.

---

[1] 『국부론』의 저자 애덤 스미스는 본문에 소제목을 넣지 않았다. 그러나 이 방대한 책을 읽어야 하는 독자의 편의를 위해 본문의 일정한 길이마다 옮긴이가 임의로 소제목을 붙였다. 각 부분을 읽기 전에 이 소제목을 먼저 읽으면 그 부분의 주제와 윤곽을 금방 파악할 수 있다.

첫째, 그 나라의 전체 노동이 투입되는 과정에서 어떤 기술과 재주, 판단을 발휘하는가.

둘째, 유익한 노동에 고용된 사람 숫자와 그런 노동에 고용되지 않은 사람 숫자가 어떤 비율을 이루고 있는가.

어떤 나라의 토지, 기후, 영토의 크기에 상관없이 연간 공급의 풍부함이나 빈약함은 위의 두 가지 요소에 의해 결정된다. 이러한 공급의 풍부함 혹은 빈약함은 겉으로 보기에는 위의 두 요소 중에서 둘째보다는 첫째에 더 의존하는 것처럼 보인다.

숲에서 사냥하고 하천에서 물고기를 잡는 사람만 사는 야만 국가에서, 노동할 수 있는 개인은 말하자면 유익한 노동에 종사하는 것이다. 그 개인은 자신은 물론, 너무 어리거나 나이 들었거나 병들어서 직접 사냥이나 천렵을 할 수 없는 가족과 부족 구성원을 위해 생필품과 편의품을 가능한 한 많이 제공해야 한다.

그러나 이러한 나라들은 대개 비참할 정도로 가난하므로 그 극심한 곤궁 때문에 종종 몹쓸 짓을 한다. 혹은 그렇게 할 수밖에 없었다고 스스로 생각한다. 그러니까 그들의 영아나 노인 혹은 고질병을 앓는 병자들을 직접 죽이거나 아니면 들판에 방치해 굶어 죽게 하거나 아니면 들짐승에게 잡아먹히게 한다.

반면 번창하는 문명국에서, 다수는 전혀 노동하지 않지만, 그들 중 많은 자가 실제로 노동하는 대다수 사람보다 10배 혹은 100배 더 많은 노동 생산물을 소비한다. 그러나 그 국가의 전체 노동 생산물이 너무나 막대하므로 모든 국민이 필요한 물품을 충분하게 공급받는다. 심지어 가장 낮고 가난한 계층에 속한 노동자도, 검소하고 근면하다면 야만국에 사는 어떤 사냥꾼이나 천렵꾼보다 더 많은 생필품과 편의품을 즐길 수 있다.

제1권 주제

노동생산력은 어떻게 하면 향상되고, 그 생산물은 국가의 다양한 계급과 지위에 있는 사람 사이에서 어떻게 자연스럽게 분배되는가? 이러한 질문에 대해 원인을 알아보는 것이 『국부론』 제1권의 주제다.

한 국가에서 어떤 노동이 투입되면서 기술, 재주, 판단 상태가 어떠하든 간에, 연간 공급량의 풍부함이나 빈약함은 해마다 유익한 노동에 종사하는 사람 숫자와 그렇지 않은 사람 숫자 간의 비율에 달려 있다. 그 국가가 존속하는 한 그렇다.

앞으로 차차 밝혀지겠지만 유익하고 생산적인 노동자들의 숫자는 노동을 고용하는 데 투입된 자본 수량, 자본이 투자되는 특정 방식에 비례해 많아지기도 하고 적어지기도 한다.

제2권 주제

따라서 제2권에서는 자본의 성격을 다룬다. 자본이 서서히 축적되는 과정을 살펴보고, 자본이 투자되는 서로 다른 방식에 따라 고용되는 노동 수량이 어떻게 달라지는지 검토한다.

노동 투입 과정에서 기술, 재주, 판단이 잘 발달한 국가는 자본 투자 방식이나 방향이 다양한 계획을 따른다. 하지만 그 계획들이 모두 고르게 국부 증진에 이바지하는 것은 아니다.

제3권 주제

어떤 나라의 경제 정책은 농촌 산업을 비상하리만큼 장려한다. 반면 도시산업을 적극적으로 장려하는 나라도 있다. 모든 나라가 자국의 다종 다기한 산업을 완전하게 평등하고 공평하게 대하는 경우는 거의 없다. 로마제국이 멸망한 이래에, 유럽의 정책은 수공업, 제조업, 상업 즉 도시 기반 산업에 좀 더 혜택을 주었다. 이러한 정책을 도입하고 확립하게 된 배경이 제3권의 주제이다.

제4권 주제

이러한 다른 경제 계획들은 처음에는 개인 간 이해관계, 더 나아가 특정 계급 사람들의 편견에 기초해 처음으로 도입되었다. 이들은 그런 계획이 국가의 전반적 복지에 미치는 영향은 전혀 고려하지 않았고 또 예측하지도 않았다. 그러나 이런 계획들은 아주 다른 정치경제학[2] 이론을 만들어냈다. 그 이론 중 어떤 것은 도시에서 이루어지는 산업의 중요성을 강조했고, 또 어떤 것은 농촌의 산업을 특히 강조했다.[3] 이러한 이론들은 지식인의 의견뿐 아니라 군주 및 주권 국가의 공적 행동에도 상당한 영향을 미쳤다.

나는 제4권에서 가능한 한 분명하면서도 충실하게 다른 이론들을 설명하고, 이들 이론이 서로 다른 시대와 국가들에 가져온 주요한 효과들을 검토했다.

이상 첫 1~4권에서 나는 한 국가의 국민이 거두는 수입에는 무엇이 있으며, 그러한 자금의 성격이 무엇인지를 설명했다. 서로 다른 시대와 국가들에서, 그러한 자금은 각국 국민의 연간 소비를 공급해왔다.

제5권 주제

마지막 권인 제5권에서 나는 군주 혹은 공화국의 수입에 대해 논한다. 이 권에서 나는 다음 세 가지 사항을 다룬다.

첫째, 군주 혹은 공화국에 필요한 비용에는 무엇이 있는가? 이러한 비용 중 국가 전체가 전반적으로 부담해야 하는 영역은 무엇인가? 또한, 사회의 특정 부분 혹은 특정 구성원들이 부담해야 하는 부분은 무엇인가?

둘째, 국가의 전 구성원이 필요한 국가 비용을 부담하는 서로 다른 방식에는 무엇이 있는가? 이런 방법들의 주된 이익과 불이익에는 무엇이 있는가?

---

2   스미스는 『국부론』 제4권 11장에서 "정치경제학은 곧 여러 국가가 지닌 국부의 성격과 원인에 관한 탐구"라고 말하고 있다. 여기서 정치경제학은 곧 경제학을 의미하는데, 당시 애덤 스미스의 『국부론』을 출간한 출판사에서 다른 저술가의 책도 출판했는데 그 책의 제목이 『정치경제학』이었다고 한다. 당시 이 용어는 지금처럼 보편적인 용어가 아니었으므로, 스미스는 저작권을 의식해 "여러 국가의 국부의 본질과 원인에 대한 탐구"(『국부론』의 원제)라고 책 제목을 지었다.

3   중상주의 이론과 중농주의 이론을 가리킨다. 제4권은 총 9장으로 되어 있는데 1-8장이 중상주의에 대한 비판이고, 마지막 9장은 중농주의에 대한 설명이다.

셋째, 거의 모든 현대 국가가 국가 수입을 저당 잡혀 돈을 빌려 오고 또 빚을 지는데 그 원인과 이유는 무엇인가? 이러한 부채는 국가의 진정한 국부 즉 토지와 노동의 연간 총 생산물에 어떤 영향을 미치는가?

제1권

노동생산력 향상의 원인과, 노동생산력에서 나오는 생산물이 각각의 계층에서 자연 분배되는 질서

제1장

노동 분업

노동 분업은 생산력을 크게 높인다

분업은 노동생산력을 가장 크게 높인다. 또한, 노동을 투입하거나 고용하는 곳에서 대부분의 기술, 재주, 판단력은 분업 효과로 나타난다.

사회의 전반적인 사업에서 나타나는 분업 효과는 특정 제조업에서 어떤 방식으로 작용하는지를 고려하면 더욱 쉽게 이해할 수 있다. 분업은 사소한 제조업체 몇 군데에서 크게 발달했다고 생각할 수도 있다. 하지만 거기서 실제로 분업이 잘 이루어지고 있어서가 아니라, 소수를 상대로 작은 욕구를 충족시키는 제조업은 필연적으로 노동 인원이 적게 마련이고, 따라서 각기 다른 분야에 고용된 노동자들은 같은 작업장에 모이며, 감독자는 그들을 한눈에 볼 수 있으므로 그렇게 여기는 것이다.

반면 많은 사람의 커다란 욕구를 충족시켜야 하는 거대한 제조업에서는, 각기 다른 작업 분야에서 엄청난 수의 노동자를 고용하고, 그리하여 같은 작업장에 모두 모아놓고 일하는 건 불가능하다. 기껏해야 단일 작업 분야에 고용된 노동자만 감독할 수 있고 그보다 더 많은 인원을 감독하는 일은 좀처럼 할 수 없다. 따라서 대규모 제조업은 소규모 제조업에 비해 훨씬 많은 부분으로 작업이 나뉠 수 있지만, 그 구분이 그다지 명확하지 않았으므로 관찰 대상이 되는 경우가 비교적 드물었던 것이다.

핀 공장의 분업 사례

무척 사소한 제조업이지만, 그 분업 효과가 잘 알려진 핀 제조업을 예로 들어보자. 가령 여기에 이 사업에 대해 교육받지 않았거나(분업으로 별개의 업종이 된 경우), 이 사업에서 활용되는 기계(해당 제조업에서 분업이 일어나도록 유도하는 원인이다) 조작법을 익히지 못한 노동자가 있다고 해보자. 그러면 이 노동자는 아무리 열심히 일하더라도 하루에 핀 하나를 간신히 만들 것이며, 하루 20개 제작은 상상조차 하지 못할 것이다.

하지만 지금 이 핀 사업이 운영되는 방식은 이러하다. 작업 전체가 독특한 일일 뿐만 아니라 그 작업이 수많은 분야로 나뉘고, 그중 대다수도 마찬가지로 독특한 과정으로 진행된다. 한 사람은 철사를 뽑고, 다른 사람은 그것을 곧게 펴고, 세 번째 사람은 그것을 자르고, 네 번째 사람은 그것을 뾰족하게 하고, 다섯 번째 사람은 꼭대기를 갈아 핀 머리 부분을 받아들일 준비를 한다. 머리 부분을 만드는 데는 세 가지 별도 작업이 필요하다. 머리를 놓고, 핀을 하얗게 칠하고, 핀 자체를 종이에 넣는 것도 각각 특유한 일이다. 핀을 만드는 사업은 이런 식으로 18개 정도의 작업으로 나뉜다. 어떤 공장에선 18개 작업 모두 개별 노동자가 수행하고, 다른 공장에선 똑같은 노동자가 두세 개 작업을 동시에 진행하기도 한다.

나는 노동자 10명 정도의 소규모 핀 공장을 살펴보게 되었는데, 그들 중 일부는 두세 개의 개별 작업을 동시에 수행했다. 공장은 시설이 무척 빈약했고, 필요한 기계도 제공하지 못했지만, 전력을 다했을 때 노동자들은 하루에 약 12파운드만큼의 핀을 만들었다. 1파운드라면 보통 크기의 핀 4천 개에 해당한다. 따라서 직원 10명은 하루에 핀을 4만 8천 개까지 만들 수 있었다. 따라서 각 직원은 하루에 4천 8백 개의 핀을 만든다고 할 수 있다.

하지만 그들이 이 독특한 사업에 관해 전혀 교육도 받지 않고 모두 각기 독립적으로 일한다면 그들 각각은 하루에 핀 20개는 고사하고 단 한 개의 핀도 만들지 못할 수 있다. 즉, 적절한 노동 분업과 각기 다른 작업의 결합이 없었더라면 그들은 현재 만들 수 있는 핀의 240분의 1은 고사하고 4,800분의 1도 만들지 못하는 것이다.

모든 다른 수공업과 제조업에서도 노동 분업은 이런 무척 사소한 핀 제조업에서 보여주는 것과 유사한 효과를 낸다. 물론 많은 경우에 노동은 이토록 잘게 나누어질 수 없고, 또 이토록 단순한 작업으로 환원할 수 없지만 말이다.

하지만 분업이 도입될 수만 있다면, 모든 기술에서 그 도입에 비례해 노동생산성이 높아진다. 이러한 이점 때문에 각기 다른 여러 직업이나 작업이 서로 분리되어 존재하는 듯하다. 보통 이런 분리는 산업과 제도 개선이 지극히 높은 수준인 선진국에서 훨씬 발전된 모습을 보인다. 미개사회에서 한 사람이 하던 일을, 문명사회에서는 여러 명이 맡아서 한다.

유럽 각국의 농업과 제조업 분야의 분업

모든 발전된 사회에서 농부는 대개 그저 농부이며, 제조업자는 그저 제조업자이다. 다시 말해 다른 사업을 겸업하지 않는다. 어떤 완제품 생산에 필요한 노동 역시 여러 명의 노동자가 나누어 맡는다. 아마포와 양모 제조업 각 분야에는 서로 다른 많은 업종이 존재한다. 아마포를 재배하고 양을 키우는 사람부터 아마포를 표백하고 매끄럽게 하는 사람, 혹은 직물을 염색하고 마무리하는 사람까지 많은 사람이 종사하고 있지 않은가!

하지만 농업은 제조업처럼 노동의 수많은 세분화나, 한 업종에서 다른 업종으로의 완전 분리를 허용하지 않는다. 목수 일은 흔히 대장장이 일과 분리되지만, 목축업자의 일을 곡물[4] 경작자의 일과 완전히 분리하기는

---

4   원어는 corn. 미국, 캐나다, 호주에서는 주로 옥수수를 가리킨다. 영국에서는 보리, 밀, 귀리, 옥수수 따위를 총칭해 사용하기도 한다. 좀 더 세분하면 영국에서는 주로 밀과 소밀(wheat)을 가리키며, 스코틀랜드와 아일랜드에서는 귀리(oats)를 가리킨다. 이 책에서는 '곡물'로 통일했다.

불가능하다. 방적공은 늘 방직공과 별개로 여겨지지만, 쟁기질하는 사람, 써레로 땅 고르는 사람, 씨 뿌리는 사람, 밀 거둬들이는 사람은 흔히 같은 사람이다. 한 해 중 서로 다른 계절에 따라 각기 다른 노동을 해야 하므로 한 사람이 계속 하나의 일만 하는 게 불가능하다. 농업에선 각기 다른 노동 분야를 따로따로 분리하는 게 불가능하기에, 농업의 노동생산력 향상은 제조업에서의 노동생산력 향상과 비슷한 보조를 달성하지 못한다.

가장 부유한 나라는 일반적으로 이웃나라들을 농업과 제조업에서 모두 앞지르지만, 특히 제조업 분야에서 더욱 뛰어난 실적을 보인다. 부국의 토지는 더욱 훌륭하게 경작되고, 더 많은 노동과 비용이 투자되므로 토지 크기와 자연적인 비옥함에 비례해 더 많은 생산량을 다반사로 보인다. 하지만 이런 탁월한 생산량은 노동과 비용을 더 들인 것만큼만 늘어날 뿐, 그 이상으로는 좀처럼 늘지 않는다.

농업에서는 부자 나라의 노동이 가난한 나라의 노동보다 언제나 더 많은 생산성을 보이는 것은 아니다. 혹은 적어도 제조업에서 보이는 것만큼 생산적이지는 않은 것이다. 따라서 품질이 동일한 경우, 부자 나라의 곡물이 반드시 가난한 나라 곡물보다 싼값으로 시장에 나오는 것은 아니다. 폴란드 곡물은 똑같이 품질이 우수하면서도 프랑스 곡물만큼 저렴한데, 프랑스가 폴란드보다 훨씬 부유하고 진보되었음에도 이런 일이 벌어진다. 부유함과 진보의 두 측면에서 프랑스는 잉글랜드보다 열등할지 모르지만, 프랑스 곡물은 경작지에서 아주 훌륭하게 생산되며, 많은 해에 잉글랜드 곡물과 똑같은 가격 수준을 유지한다. 대체로 잉글랜드의 생산 토지가 프랑스보다 더 훌륭하게 경작되고, 프랑스의 생산 토지가 폴란드의 그것보다 훨씬 더 훌륭하게 경작된다.

가난한 나라는 재배 측면에서 열등함에도 곡물의 우수함과 가격 측면에서 어느 정도 경쟁할 수 있지만, 제조업에서는 경쟁 근처에도 가지 못한다. 적어도 그런 제조업이 부유한 나라의 토양, 기후, 위치에 알맞다면 가난한 나라는 더욱 경쟁이 되지 않는다. 프랑스산 실크는 잉글랜드 것보다 훌륭하고 저렴한데, 적어도 생사(生絲) 수입에 높은 관세를 부과하는 상태가 유지되는 한, 프랑스 기후가 잉글랜드 기후보다 실크 제조에 더 적합하기 때문이다. 하지만 잉글랜드의 철물과 거친 양모는 프랑스 제품보다 비교도 안 될 만큼 우수하며, 설사 품질이 똑같이 우수하더라도 잉글랜드 제품이 훨씬 저렴하다. 그런데 폴란드에는 소수의 조악한 가내 수공업을 제외하고는 이렇다 할 제조업이 없다. 사실 그런 조악한 물품마저 만들어내지 못한다면, 그 국가는 아예 존속하지도 못할 것이다.

노동량 증가의 3대 요인

분업의 결과로 같은 수의 인원이 수행할 수 있는 작업량이 이렇게 크게 느는 이유는 다음 세 가지 상황 때문이다.

첫째, 모든 특정 노동자의 숙련도가 향상된다.

둘째, 한 업종에서 다른 업종의 작업으로 넘어갈 때 보통 잃게 되는 시간이 절약된다.

셋째, 노동을 쉽게 하고 줄여주는 수많은 기계의 발명으로 한 사람이 여러 사람 몫을 하게 된다.

(1) 숙련도 향상

노동자의 재주가 향상되면 필연적으로 수행할 수 있는 작업량이 늘어난다. 분업은 모든 사람의 일을 어떤 단순한 하나의 작업으로 축소하고, 또이런 작업을 평생 유일한 직업으로 만듦으로써 필연적으로 노동자의 재주를 크게 키워준다. 망치를 다루는 데는 익숙하지만 못을 만든 적이 없는 대장장이라면 특정한 때 못 제작 시, 질이 나쁜 못을 하루에 2백 개나 3백 개정도 간신히 만들 수 있다.

못 제작에는 익숙하지만, 주 업종이 못을 만드는 게 아닌 대장장이는 아주 근면하게 일하더라도 하루에 8백 개 혹은 1천 개의 못 이상은 좀처럼 만들 수 없다. 나는 못을 만드는 일 외에 다른 일은 해본 적이 없는 스무 살도 되지 않은 소년들이 온 힘을 기울이면 각자 하루에 2,300개까지 만들 수 있는 것을 봤다.

하지만 못을 만드는 건 결코 간단한 작업이 아니다. 그들은 풀무를 쓰고, 때를 따라 불을 키우거나 줄이고, 쇠를 달구고, 못의 모든 부분을 벼린다. 머리 부분을 벼릴 때도 이 작업자는 도구를 바꿔야 한다. 핀이나 금속제 단추를 만드는 다양한 세분화 작업은 훨씬 단순하지만, 그 작업 수행이 유일한 직업이며 그것을 평생 해온 사람의 재주는 아주 대단한 것이다. 그런 제조업의 몇몇 작업의 수행 속도는 그런 작업을 한 번도 본 적 없는 사람들에게는 사람의 손으로 할 수 있는 한계를 넘어선 듯 보인다.

(2) 시간 절약

한 업종의 일에서 다른 업종의 일로 넘어갈 때 잃는 시간을 절약하는 데서 오는 이득은 처음 상상하는 것보다 훨씬 크다. 한 가지 일을 하다 다른 장소에서 완전히 다른 도구를 사용해야 하는 또 다른 일로 빠르게 전환하는 것은 불가능하다.

작은 농장을 경작하는 농촌 방직공은 베틀에서 밭으로, 밭에서 베틀로 이동하는 데 상당한 시간을 잃는다. 두 개의 일을 같은 작업장에서 수행한다면 잃어버리는 시간은 당연히 훨씬 줄어든다. 하지만 이런 경우조차 무척 많은 시간을 잃는다. 사람은 한 가지 일을 하다 다른 일로 넘어가게 되면 보통 게으름을 피우게 된다. 새로운 일을 시작할 때 처음부터 열정적으로 왕성하게 달려들기는 좀처럼 쉽지 않다. 마음이 아직 새로운 일에 준비가 되어 있지 않아 한동안 작업자는 어느 정도 시간이 지나야 비로소 효과적으로 그 작업에 몰두할 수 있다.

30분마다 일과 도구를 바꿔야 하고, 거의 매일 20가지 다른 방식으로 일해야 하는 농촌 노동자는 게으름 피우는 습관 혹은 나태하고 부주의하게 일하는 습관을 자연적으로 혹은 필연적으로 습득한다. 이런 습관으로 농촌 노동자는 거의 언제나 어슬렁거리면서 나태해지고, 빨리 일하라는 압력을 심하게 느끼는 때조차도 정력적으로 일할 수 없다. 따라서 재주가 부족한 것과 별개로, 이러한 원인 하나만으로도 수행할 수 있는 작업량이 상당히 줄어든다.

(3) 노동을 돕는 기계의 발명

모든 사람이 적절한 기계의 이용으로 노동이 얼마나 많이 쉬워지고 줄어드는지 잘 알고 있다. 구체적인 사례가 불필요할 정도다. 따라서 여기서는 노동을 그토록 용이하게 하고 노동시간을 줄여준 모든 기계의 발명이 원래 분업 덕택이라는 점을 말하고자 한다. 사람은 엄청나게 다양한 일 사이에서 정신을 낭비할 때보다는, 단일 대상에 온전히 정신을 집중할 때 더 쉽고 순조롭게 목적 달성 방법을 발견할 가능성이 더 크다. 분업 결과, 모든 사람은 자연스레 무척 단순한 하나의 목표로 주의를 집중한다.

따라서 각각의 특정 노동 분야에서 일하는 사람은 자기 일이 그런 개선을 허용하는 경우, 그 일을 더욱 쉽고 순조롭게 해낼 방법을 곧 찾아낸다. 이는 누구나 자연스레 예측할 수 있는 부분이다. 노동이 지극히 세분된 제조업에서 활용되는 기계 대다수는, 원래 어떤 무척 단순한 작업을 하던 일반 노동자들이 생각해낸 발명품이었다. 그들은 자연스레 작업 수행을 더욱 쉽고 순조롭게 하는 쪽으로 생각을 회전시켰다. 제조업 현장을 자주 방문한 사람들은 틀림없이 멋진 기계를 자주 봤을 것이다. 그런 기계는 노동자들이 자기 작업의 특정 분야를 쉽고 빠르게 수행하기 위해 발명한 것이었다.

최초의 증기기관은 보일러와 실린더 사이 통로를 번갈아 여닫는 소년이 피스톤의 상승 하강을 옆에서 꾸준히 지켜보아야 했다. 그런데 친구들과 놀기 좋아하던 어떤 소년이 이 통로를 여는 밸브 손잡이에 줄을 달아 기계의 다른 부분에 연결함으로써, 옆에서 지켜보지 않아도 밸브가 저절로 열고 닫히는 것을 알게 되어 자연스럽게 그것을 써먹게 되었다. 물론 소년은 그렇게 함으로써 자유롭게 친구들과 놀 수 있었다. 증기기관의 발명 이후에 처음 이루어진 가장 위대한 개선 중 하나는 이런 식으로 자신의 노동을 줄이려고 했던 어떤 소년의 궁리와 발견 덕분이었다.

하지만 기계를 사용하는 사람들만 그런 개선을 이루어낸 건 결코 아니었다. 기계 제작이 하나의 특수 직업이 되었을 때, 기계 제작자는 독창적 고안으로 수많은 개선을 이루어냈다. 또 철학자나 사색가로 불리는 사람들도 몇 가지 발명을 해냈는데, 이들은 무엇도 하지 않고, 오로지 세상 사물을 관찰하는 일을 했다. 그래서 그들은 종종 가장 동떨어진 서로 다른 사물들의 힘을 결합할 수 있었다. 진보된 사회에서 철학이나 사색은 다른 모든 직업처럼 특정 시민계급의 주된 혹은 유일한 직업이 된다. 다른 모든 직업처럼 그 직업은 수많은 다른 분야로 세분되고, 각각은 특유한 철학자 집단에 알맞은 직업을 제공한다. 그리고 이런 철학에서의 직업 세분화는 다른 모든 직업에서와 마찬가지로 재주를 향상하고 시간을 절약하게 한다. 각 개인은 자신의 특유 분야에서 더욱 전문가가 되고, 전체적으로 더 많은 일을 하게 되며 그것으로 학문 지식의 양은 상당히 증가한다.

각종 생산물의 증가는 국부를 증대한다

훌륭하게 통치되는 사회에서는, 분업의 결과로 서로 다른 기술의 생산물이 크게 증대되어 전체 부가 가장 낮은 계급까지도 퍼져 나간다. 모든 노동자는 자기 일에서 엄청난 양의 생산물을 가지고 있어서, 자기 소비에 필요한 것을 빼고 나머지는 처분하려 한다. 다른 노동자도 정확히 같은 상황이며, 대량으로 자기 물건을 다른 대량의 물건과 교환하거나 아니면 자신이 생산한 대량의 물건을 같은 값어치의 다른 물건과 교환한다. 노동자는 타인에게 필요한 것을 풍성하게 공급하고, 타인은 그 노동자에게 필요한 것을 충분히 제공해 전반적인 풍요로움은 사회 내의 모든 다른 계층으로 퍼진다.

문명화되고 번영하는 나라에서 수공업자나 일용 노동자의 생활용품을 관찰해보라. 그러면 편의품을 얻기 위해[5] 적게나마 자신의 노동을 들인 사람이 계산할 수 없을 정도로 많음을 알게 된다.

---

5 애덤 스미스는 여기서 사람들은 자신의 노동으로 생산한 물건으로 다른 사람이 그들의 노동으로 생산한 물건을 획득한다(혹은 사들인다)라는 개념을 암시한다. 스미스는 "국부는 국가 내의 모든 구성원이 국가의 토지와 재원에서 만들어낸 생산물이지, 국가가 보유하는 금은의 수량이 아니다"라는 주장을 일관되게 펼치고 있다. 그렇다면 금은, 즉 화폐는 무엇인가? 스미스는 제2권 2장에서 화폐는 가공되는 원료도 아니고 이용되는 도구도 아니며, 물물 교환을 촉진하는 일종의 고속도로 같은 것이라고 말한다. 다시 말해, 화폐 자체는 국부가 될 수 없다는 것이다.

예를 들면 일용직 노동자가 착용한 양모 상의는 보기에 조악하고 거칠지 모르지만, 대단히 많은 노동자의 노동이 합쳐져 생산된 것이다. 양치기, 양모 선별자, 양모 소면인[세척 및 정렬하는 사람], 염색업자, 방적공[섬유를 실로 만드는 사람], 방직공[실로 원단을 짜는 사람], 축융공[縮絨工, 털을 가공하는 일을 하는 노동자], 마무리 직공 등 수많은 노동자가 함께 서로 다른 기술을 합쳐 이런 볼품없는 물건이나마 완성한 것이다. 한 나라의 오지에 사는 다른 노동자들에게 몇몇 노동자에게서 얻은 재료를 수송하는 데에는 많은 상인과 운송업자가 참여한다. 염색업자는 세상 가장 먼 구석에서 종종 가져오는 서로 다른 약품을 섞는데, 이런 일을 위해 많은 상인, 운송업자, 조선업자, 항해사, 돛 제작자, 밧줄 제작자가 함께 일한다. 또 그런 노동자 중에서도 가장 천한 자들이 쓰는 도구를 생산하기 위해 아주 다양한 노동이 투입되었던 것이다. 이 얼마나 놀라운 일인가!

사소한 도구 제작에도 수많은 노동이 필요하다

항해사의 범선이나 축융공의 축융기 혹은 방직공의 베틀은 말할 것도 없고, 양치기가 양모를 깎는 데 쓰는 큰 가위 같은 무척 단순한 기계를 만들기 위해 얼마나 다양한 노동이 필요한지 한번 생각해보라.

광부, 광석을 녹일 용광로 제작자, 목재 판매인, 제련 공장에서 쓸 목탄에 불을 붙이는 사람, 벽돌 제조인, 벽돌공, 용광로 관찰자, 기계 설치 기술자, 대장장이는 물건을 만들고자 서로 다른 기술을 합쳐야 한다. 똑같은 방식으로 계속 검토해보자. 양치기가 서로 다른 부분에 입는 모든 옷, 가구, 살갗 바로 위에 입는 조악한 아마포 셔츠, 발을 덮는 신발, 몸을 눕히는 침대, 침대를 구성하는 모든 다른 부분, 음식을 준비할 때 쓰는 부엌용 쇠살대와 석탄(땅속에서 파내 바다와 육지를 통해 오랫동안 운반해 그에게로 왔다), 부엌에서 쓸 다른 모든 도구, 식탁의 모든 비품, 칼과 포크, 음식을 제공하고 나누는 데 쓸 토기 혹은 땜납 접시, 양치기가 즐길 빵과 맥주, 열과 빛을 들이고 바람과 비를 막는 유리 창문을 준비하는 데 품을 들인 서로 다른 노동자들, 세상의 북쪽을 무척 안락한 거주지로 만들게 하는 아름답고 행복한 발명을 준비하는 데 필요한 모든 지식과 기술, 서로 다른 편리한 것을 생산하는 데 고용된 모든 노동자의 도구, 이런 것이 필요했다.

문명국은 분업의 혜택을 톡톡히 누리고 있다

우리가 이 모든 것을 검토하고 얼마나 다양한 노동이 각각의 작업에 투입되는지 고려한다면, 문명국에서 가장 가난한 사람이라도 수천 명의 도움이나 협동 없이는 일상적으로 사용하는 수월하고 단순한 편의품을 더 이상 제공받지 못한다는 것을 알게 된다. 그러니 어떤 간단한 물건을 두고서 그저 쉽고 단순해 보인다고 여기는 것은 무척 잘못된 생각이다. 물론, 사치스럽고 호화로운 부자가 누리는 편의에 비해 그런 극빈자의 편의는 아주 단순하고 제공하기 쉬워 보일 수도 있다.

그럼에도 유럽의 어떤 군주가 사용하는 편의품이 부지런하고 소박한 농부가 사용하는 편의품 수준을 항상 훌쩍 뛰어넘는다고 할 수는 없다. 반면, 유럽의 평범한 농민이 쓰는 편의품은 수많은 아프리카 왕들의 그것을 훌쩍 뛰어넘는다고 자신 있게 말할 수 있다. 아프리카 왕이 알몸 야만인 만명의 목숨과 자유를 쥐락펴락하는 생살여탈권(生殺與奪權)을 갖고 있다고 해봐야, 그 왕이 사용하는 편의품은 유럽 농민의 그것에 미치지 못하는 아주 조악한 물건일 경우가 많다.

제2장

분업이 일어나는 원리

인간에게는 교환 성향이 있다

수많은 이익을 가져오는 노동 분업은 원래 분업이 가져올 전반적인 부유함을 예측하고 그렇게 의도한 인간의 지혜가 만들어낸 결과가 아니다. 분업은 그런 폭넓은 유용성을 기대하지 못한 상태에서도 인간 본성에 있는 특정 성향에 따라 발생했다. 그것은 무척 완만하고 점진적이지만 필연적으로 생길 수밖에 없는 결과였다. 이러한 분업을 만들어낸 인간 성향은 곧 자기 물건을 다른 사람의 물건과 교환하고 싶어 하는 욕구였다.[6]

이런 성향이 명확하게 설명하기 어려운 인간 본성에 기원하는 원리 중 하나인지, 아니면 이성과 언어의 기능에 따른 필연적인 결과인지는, 우리가 현재 관심을 기울이는 주제는 아니다(후자가 더 그럴듯하게 보이기는 하

---

6 교환은 애덤 스미스가 가장 중요한 것 중 하나로 여기는 인간 행위다. 인간은 먼저 언어를 교환해 의사를 소통하고 이어 물건을 교환해 경제행위를 하고 이어 사상을 교환함으로써 사회를 구축하는데, 이 교환을 완전하게 이루어지게 하는 뒷심 중 하나인 이성은 완전한 자유를 필수 전제조건으로 삼는다. 그리하여 스미스는 자유주의 사상을 강조했다.

지만). 이런 성향은 모든 사람에게 공통된 것이며, 다른 동물 종에게는 발견되지 않는데, 동물 세계는 이런 계약을 모르는 듯하다.

그레이하운드 두 마리가 토끼 한 마리를 함께 추적하는 중에 때로는 협조하는 듯 보이기도 한다. 한 개는 토끼를 동료 개 쪽으로 몰거나, 동료가 자기 방향으로 토끼를 몰아줄 때 그 토끼의 앞길을 가로막는다. 하지만 이는 어떤 계약 결과가 아니라 개 두 마리가 특정 시간에 같은 대상에 집중하면서 우연하게도 동시에 어떤 열정이 발생한 것뿐이다.

어떤 개가 다른 개와 의도적으로, 공정하게 자기에게 있는 뼈를 다른 개가 가진 뼈와 교환하는 모습은 누구도 본 적이 없다. 한 동물이 몸짓이나 타고난 울음으로 다른 동물에게 이것은 내 것, 저것은 네 것이라고 하면서, 자기는 이것으로 저것을 얻고 싶다고 의사 표시하는 것을 본 사람도 없다. 동물이 사람이나 다른 동물에게서 뭔가를 얻고자 한다면 자신에게 필요한 것을 내어줄 대상에게서 호의를 사는 것 외에는 설득 방법이 없다. 강아지는 어미의 비위를 맞추고, 스패니얼은 뭔가 얻어먹고 싶을 때 식사 중인 주인에게서 어떻게든 관심을 끌어보려고 온갖 아양을 떤다. 사람도 때때로 다른 사람에게 이런 기술을 써먹는다. 다른 사람을 자기 뜻에 따라 움직이게 할 수단이 전혀 없는 상황에서는 굽실거리고 아첨 떠는 모습으로 호들갑을 떨며 호의를 얻으려 한다.

하지만 사람에게는 매번 이렇게 행동할 여유가 생기지 않는다. 문명화된 사회에서 사람은 늘 아주 많은 사람의 협력과 도움이 필요하지만, 평생 몇 안 되는 사람들을 상대로 우정을 쌓을 뿐이다. 거의 모든 동물 종에서 개체는 장성하면 완전히 독립하고, 자연스러운 상태에선 다른 생물의 도움을 받을 일이 없다. 하지만 사람에게는 꾸준히 다른 사람의 도움이 필요한데, 그때마다 상대방의 자비심에만 기대는 것은 헛된 일이다. 상대방의 자기애[7]를 자극해 자신에게 유리한 방향으로 끌어들이고, 자기에게 필요한 일을 해주는 게 상대방에게도 이득이라는 것을 보여준다면 설득 가능성이 훨씬 커진다. 누구든 다른 이에게 어떠한 부류의 흥정을 하려 든다면 먼저 이렇게 하자고 제안한다.

"내가 원하는 것을 주십시오. 그러면 그 대가로, 당신도 원하는 것을 얻게 될 겁니다."

이런 식으로 우리는 다른 사람에게서 필요한 도움 대부분을 얻는다. 우리가 식사할 수 있는 것은 정육점 주인, 양조장 주인, 빵집 주인의 자비심 때문이 아니라, 그들이 자기 이익에 쏟는 관심 즉 자기애 덕분이다. 그래서 우리는 그들의 자비가 아니라 그들의 자기애에 말을 걸고, 자기 필요성을 절대로 언급하지 않고 그들의 이익에 관해 이야기한다. 거지가 아니고서야 그 누구도 동료 시민의 자비심에 의지하는 것을 선택하지 않는다.

거지조차도 전적으로 다른 사람의 자비심에 의존하는 것은 아니다. 실제로 거지의 생존에 쓰이는 자금은 호의적인 사람들의 자선에서 나온 것이다. 이런 자선 구조가 궁극적으로 거지에게 생필품을 제공하지만, 그렇다고 해서 거지가 생필품을 얻고 싶을 때마다 필요한 물건을 다 주는 것도 아니고, 또 그렇게 할 수도 없다. 필요한 것 대부분은 다른 사람이 필요한 물건을 얻을 때와 같은 방식으로 교섭, 교환, 구매를 통해 얻어야 한다. 어떤 사람이 준 돈으로 거지는 음식을 산다. 거지는 다른 사람이 준 낡은 옷을 자신에게 더 잘 맞는 다른 낡은 옷으로 바꾸거나 아니면 숙소, 음식, 돈과 교환한다. 때로는 돈으로 그가 필요한 음식, 옷 혹은 숙소를 살 수도 있다.

---

7   원어는 self-love. 애덤 스미스가 인간성을 설명하는 대표적 용어다. 스미스는, 인간이 자기 이익을 사랑하므로 어떤 행동을 할 뿐, 그런 행동으로 공공 사회의 이익을 추진하려는 의사는 없다고 본다. 이렇게 자기를 사랑하는 행동을 충실히 해나갈 때 보이지 않는 손(invisible hand)이 작동해 사회의 공동선이 더욱 강력하게 추진된다고 본다. 이 유명한 용어는 제4권 2장 중, "보이지 않는 손" 부분에 나오는데 그 내용은 이러하다.

   "개인은 공공 이익을 추진하려는 의도가 없고 또 자신이 그런 이익을 얼마나 많이 추진하는지도 알지 못한다. 해외 산업보다 국내 산업을 선호하는 것은 자신의 안전을 지키려는 의도이고, 또 국내 산업이 최대 가치를 올리도록 유도하여 자기 이익을 올리려는 목적에서 그렇게 한다. 다른 많은 경우에도 그러하지만, 그는 이 경우에도 보이지 않는 손(an invisible hand)에 인도되어 자기가 전혀 의도하지 않은 목적을 추구한다. 개인이 그런 공공 이익에 매진하려는 의도로 하지 않는다는 사실이 언제나 사회를 위해 나쁘기만 한 것은 아니다. 개인은 자기 이익을 추구함으로써, 사회 이익을 일부러 추구했을 때보다 더 효과적으로 사회를 위한 이익을 따르기 때문이다."

그러나 이 원칙은 궁극적으로 그에게 필요한 모든 생활필수품을 제공하지만, 그가 필요로 하는 만큼을 항상 제공하지는 않으며 항상 제공할 수도 없다.

교환 성향이 직업 구분을 가져왔다

인간은 교섭, 교환, 구매를 통해 필요한 상호 간 도움의 대부분을 다른 사람에게서 얻는다. 마찬가지로 이런 교환 성향 덕분에 분업이 발생한 것이다. 예를 들어 사냥꾼이나 양치기 부족에서 한 사람이 활과 화살을 다른 사람보다 훨씬 쉽고 재주 있게 만든다고 하자. 그는 활과 화살을 동료들에게 자주 넘겨주며 가축이나 사슴고기와 교환한다. 그러다가 마침내 그는 자신이 들판에 나가 짐승을 잡는 것보다 이런 방식으로 더 많은 가축과 사슴고기를 얻을 수 있다는 사실을 발견한다. 따라서 자신의 이득을 고려한 그는 활과 화살 만드는 일을 자기 주업으로 삼고 일종의 무기 제작자가 된다.

다른 사람은 작은 오두막이나 이동식 주택의 뼈대와 덮개를 만드는데 탁월한 재주를 보인다. 그는 이웃들에게 이런 재능을 발휘하는 일에 익숙해지고, 그에 대한 보상으로 가축과 사슴고기를 받는다. 그러다가 마침내그도 이런 일만 전적으로 하는 게 자기에게 이득이 된다는 것을 깨닫고 일종의 주택 목수가 된다.

같은 식으로 세 번째 사람은 대장장이나 놋쇠 세공인이 되고, 네 번째사람은 가죽을 다루는 무두장이가 되는데, 가죽은 야만인들이 입던 옷에서주된 부분이므로 이런 직업은 꼭 필요했다. 이처럼 자기 노동으로 생산된물건을 자체 소비하고 남더라도 그 잉여분을 다른 사람이 노동하여 생산한다른 필수품과 확실히 교환할 수 있다는 믿음은 아주 중요하다. 그 확실성덕분에 모든 사람은 특정 직업에 전념할 수 있고, 그에 알맞게 자기 재능과소질을 완벽하게 연마하게 된다.

인간의 근본 재능에는 별 차이가 없다

여러 사람 사이에서 드러나는 타고난 재능은 우리가 예상하는 것보다 차이가 그리 크지 않다. 서로 다른 직업에 종사하는 장성한 사람들이 상이한 재능을 보이는 것은 대부분 분업의 원인이라기보다는 분업의 결과로 나타난 것이다. 예를 들어 철학자와 거리 짐꾼 사이의 차이는 타고난 본성보다는 습관, 관습, 교육에서 발생한 것이다. 그들이 세상에 태어났을 때 그리고 여섯 살이나 여덟 살까지 그들은 무척 비슷해서 부모나 같이 뛰어노는 친구도 주목할 만한 차이를 인지할 수 없었다. 하지만 대략 그 나이 이후 혹은 조금 뒤에 그들은 무척 다른 직업에 종사한다. 이어 재능 차이가 드러나게 되고, 점점 더 그 차이는 벌어져 마침내 철학자는 자만심이 발동해 그 자신과 짐꾼 사이에는 일체의 유사성도 없다고 주장하는 수준까지 나아간다.

하지만 교환 성향이 없다면 모든 사람은 삶의 모든 필수품과 편의품을 스스로 구해야 한다. 모두가 똑같은 의무를 수행하고, 똑같은 일을 해야 한다. 그러면 엄청난 재능 차이를 가져오는 직업 차이 같은 것은 원천적으로 존재할 수 없게 된다.

교환은 재능 차이를 유의미하게 만든다

다른 직업을 가진 사람들 사이에서 무척 두드러지는 재능 차이가 나타나는 것은 이런 분업 성향 덕분이다. 더 나아가 그런 차이를 유용하게 만드는 것 또한 분업 성향인 것이다. 같은 종으로 묶인 수많은 동물은, 인간—그러니까 관습과 교육으로 완성되기 전의 선천적 인간—에 비해 훨씬 더 뚜렷한 재능 차이가 있음이 자연적으로 드러난다. 철학자와 짐꾼 사이의 선천적인 재능과 성향 차는, 마스티프와 그레이하운드의 차이, 그레이하운드와 스패니얼의 차이 혹은 스패니얼과 목양견 사이에 존재하는 차이의 절반에도 미치지 못하는 정도라고 보아야 한다.

하지만 여러 개가 같은 종이라고 해도 다른 개들에게 전혀 도움을 주지 못한다. 마스티프의 힘은 그레이하운드의 신속함, 스패니얼의 총명함, 목양견의 온순함에서 전혀 도움을 받지 못한다. 서로 다른 재능의 효과는 교환하는 힘이나 성향이 없으므로 공동 자본으로 쌓이지 않고, 종(種) 전체의 더 나은 편의 생활에 조금도 이바지하지 못한다. 각 동물은 여전히 개별적, 독립적으로 먹을 것을 직접 찾아 나서야 하고 또 자기 안전을 스스로 지켜야 한다. 그리고 자연이 동료들에게 부여해 서로 구분한 다양한 재능으로부터 아무런 이익도 얻어내지 못한다.

　　반면 사람들 사이에서는 지극히 다른 재능이 또 다른 재능에 쓸모가 있고, 각각의 재능에서 나오는 여러 생산물은 보편적 교환 성향에 따라 공동 자본이 된다. 그리하여 모든 인간은 자기에게 필요가 있을 때마다 다른 사람의 재능에서 나오는 생산물을 무엇이든 사들일 수 있다.

제3장

분업은 시장 규모에 제한을 받는다

교환 능력이 분업을 발생시키는 것처럼 그 분업 정도는 항상 교환 능력 정도, 다른 말로 하면 시장 규모에 제한을 받는다. 시장이 무척 작으면 누구에게도 한 가지 일에만 전념하라고 권장할 수 없다. 물건을 내다 팔 적절한 시장이 없으면, 노동에 따라 스스로 소비하는 것 이상으로 생산하더라도 잉여분을 다른 사람의 생산물과 교환할 수 없기 때문이다.

농촌에서의 분업은 도시보다 느리다

몇몇 산업은 가장 하찮은 종류라고 해도 대도시가 아니면 태어나지 않는다. 예를 들어 짐꾼은 도시가 아닌 다른 곳에서는 일자리를 찾을 수 없어 먹고살 수가 없다. 농촌 마을은 짐꾼에게 영업 범위가 너무 좁고, 심지어 통상적인 시장 도시[정기적으로 장이 서는 도시]도 짐꾼에게 꾸준한 일거리를 제공할 수 있을 정도로 규모가 크지 않다. 스코틀랜드 하일랜드(Highlands) 처럼 지극히 황량한 지역에 산재한 인적 드문 주택이나 아주 작은 마을의 사례를 보라. 그곳에선 모든 농부가 가족을 위해 푸주한, 빵장수, 양조업자 노릇을 동시다발적으로 해야 한다.

그런 환경에서는 대장장이, 목수, 석공을 찾기 어렵고, 같은 직업을 가진 사람을 20마일 이내에서 찾기도 어렵다. 아무리 가깝더라도 서로 8마일이나 10마일 떨어진 곳에 흩어져 사는 가정은, 조밀 지역이라면 노동자들을 불러 도움을 받을 수 있는 사소한 일들까지 직접 챙겨야 한다.

농촌 노동자는 동일한 재료를 사용하면서도, 상호 연관성이 깊은 여러 분야의 노동에 종사해야만 한다. 가령 시골 목수는 나무로 하는 온갖 일을 자신이 직접 처리해야 한다. 시골 대장장이는 쇠로 하는 모든 일을 맡는다. 목수는 그저 목수일 뿐만 아니라 접속공, 소목장, 목재 조각가, 수레바퀴 제조자, 쟁기 제작자, 수레와 마차 제작자이기도 하다. 대장장이가 하는 일은 훨씬 더 다양하다.

스코틀랜드 하일랜드의 동떨어진 내륙 지역에서는 못 제작자 같은 직업을 찾아볼 수 없다. 도시에서 그런 노동자는 하루에 1천 개의 못을 생산하는데, 한 해 300일 근무 시 못 30만 개를 만들 것이다. 하지만 그런 농촌 환경이라면 설사 못 제작 전담 노동자가 있다손 치더라도 하루 생산량인 못 1천 개를 어디에 처분할 수 있단 말인가.

육상 운송과 수상 운송의 차이점

과거에는 육상 운송보다 수상 운송으로 모든 산업을 위한 광대한 시장을 제공할 수 있었다. 그리하여 해안과 배가 다닐 수 있는 강기슭을 따라 온갖 종류의 산업이 자연스럽게 세분화하고 발전하기 시작했다. 이어서 오랜 시간이 흐른 뒤에야 그런 발전이 내륙 지역까지 퍼져 나갔다.

마부 두 사람이 몰고 여덟 필의 말이 끄는 광폭 사륜마차는 거의 4톤에 이르는 물건을 싣고 런던과 에든버러 사이를 6주 만에 오간다. 거의 같은 시간에, 배는 물건 200톤을 싣고 여섯에서 여덟 명의 선원과 함께 런던 항구와 리스 항구 사이를 왕복한다. 따라서 그 사람들이 수상 운송의 도움을 받으면, 같은 시간에 마부 1백 명이 타고 말 4백 마리가 끄는 50대의 광폭 바퀴를 단 마차가 런던과 에든버러 사이를 오가며 운송한 것과 같은 양의 물건을 수송할 수 있다.

물건 200톤을 가장 저렴한 육상 운송 수단으로 런던에서 에든버러까지 운반하면 3주간 1백 명의 생활비, 4백 마리의 말 사용 비용은 물론이고 큰 마차 50대의 자연 마모에 대한 감가상각비가 필요하다. 반면 같은 양의 물건을 수상으로 운반하면 여섯 혹은 여덟 명의 생활비, 물건 200톤을 실은 배의 감가상각비, 큰 위험(난파)을 대비한 보험비용, 다시 말해 육상 운송과 수상 운송 사이의 보험료 차액만 들어간다.

그리하여 어떤 두 곳 사이에 육상 운송 외에 다른 교통수단이 없다면, 값어치가 지극히 높은 물건을 제외하곤 어떤 물건도 전해지지 못할 것이다. 그렇게 되면 두 곳 사이에 현재 오가는 아주 작은 상업 운반만 지속하고, 그 결과 두 곳은 산업적인 측면에서 작은 교류만 이루게 될 것이다. 이렇게 되면 서로 먼 곳끼리는 어떠한 종류라도 상업적 운반이 아예 없거나 아니면 거의 없게 된다. 런던과 인도 콜카타(캘커타) 사이의 육상 운송비를 감당할 수 있는 물건이 과연 있을까? 혹은 이런 비용을 지원할 수 있을 만큼 무척 귀중한 물건이 있더라도 수많은 야만 국가의 영토를 통과해야 하니 어떻게 운송 안전을 담보할 수 있을 것인가?

하지만 지금 두 도시는 해상 운송 덕분에 대규모 상업 거래를 수행하는 중이고, 상호 간에 시장을 제공함으로써 상대 도시의 산업에 엄청난 도움을 주고 있다. 수상 운송 이득이 이 정도로 크므로 온 세계는 온갖 노동 생산물 시장으로 자신을 개방한다. 그런 곳에서 기술과 산업의 발전이 이루어지고, 그런 발전은 한참 뒤에야 내륙 지역으로 퍼져 나가는 것이 자연스러운 발전 과정이다.

내륙 지역은 오랫동안 해안과 배가 다니는 커다란 강에서 떨어진, 그 주위 지역에 많은 물건을 팔아왔고, 그 외에 다른 시장을 가질 수 없었다. 그래서 내륙 지역 시장 규모는 오랫동안 주변 지역의 부(富)와 인구수에 비례해 커졌으며, 그 결과 그 지역의 발전은 늘 해안이나 강변 지역보다 뒤처졌다. 북아메리카 식민지에서 대규모 농장들은 꾸준히 해안 근처에서 배가 오갈 수 있는 강변 지역에 자리 잡았고, 그런 바다와 강이라는 환경에서 멀리 떨어진 곳까지 농장들이 확장되는 일은 거의 없었다.

최초의 문명 발상지는 해안·강변 지역

가장 믿을 만한 역사서를 보면 가장 먼저 문명화된 나라들은 지중해 연안 주변에 자리 잡은 지역들이었다. 지중해는 세상에 알려진 가장 큰 내해로 조류가 없고, 그래서 바람이 불어 생기는 파도 외에는 큰 파도가 없으며, 수면이 잔잔하고 섬도 많은 데다 해안이 가까워 걸음마 수준이던 당시 항해술로도 지극히 순조롭게 항해할 수 있었다. 그때엔 나침반 같은 건 없었으므로 당대 사람들은 해안이 보이지 않는 곳으로 항해하는 것을 두려워했고, 조선술도 미비해 대양의 사나운 파도에 휘말리는 것도 크게 염려했다. 고대 세계에서는 헤라클레스의 기둥 너머로 나아가는 것, 즉 지브롤터 해협 밖으로 항해하는 것을 오랜 시간 동안 가장 훌륭하고 위험한 항해 업적으로 여겼다.[8] 그 옛날 가장 숙련된 항해사이자 조선공인 페니키아인과 카르타고인조차 지브롤터 너머의 바다로 나가는 일을 한참 뒤에야 시도했다. 그 외 사람들은 아주 오랫동안 아무도 그런 항해에 나서지 않았다.

지중해 해안의 여러 국가 중에서 이집트는 농업이나 제조업에서 상당히 앞선 최초 국가였다. 상부 이집트는 나일강에서 몇 마일 너머 있는 곳으로는 확장하지 않았지만, 하부 이집트에서는 거대한 강이 수많은 수로로 나뉘었는데, 약간의 기술적 도움을 받아 모든 대도시 사이뿐만 아니라 모든 큰 마을 사이, 심지어 농촌의 수많은 농가 사이까지 이런 수로들이 수상 운송을 제공한 듯 보인다. 그 방식은 현재 네덜란드에서 라인강과 마스강을 활용하는 방식과 거의 같았다. 이런 내륙 운항의 방대한 규모와 용이함은 일찍부터 이집트에 문명의 진보를 가져다준 주된 원인 중 하나로 꼽힌다.

동인도제도 벵골 지방과 중국 동부 지방 일부도 마찬가지로 먼 고대

---

8   고대와 중세에서는 실제로 헤라클라스의 기둥 너머로 나가는 항해를 거의 하지 않았다. 오디세우스가 바다에서 편력한 것도 모두 지중해 내에서 벌어진 일이었다. 그런데 단테는 『신곡』 지옥편 25곡에서 고향 이타카로 돌아온 오디세우스가 일상의 지루함을 이기지 못하고 부하들을 데리고 다시 미지의 바다로 모험을 나갔다가 난파해 죽었다고 서술하는데, 이 미지의 바다가 바로 헤라클레스의 기둥 너머의 해역, 즉 지브롤터 너머의 대서양이다.

에 농업과 제조업 분야에서 발전한 것으로 보인다. 물론 이 지역의 고대에 관한 역사적 사실들은, 우리 유럽인들이 신빙할 만한 역사서로 입증된 것은 아니지만 말이다. 벵골에선 갠지스강과 여러 다른 큰 강이 이집트의 나일강처럼 배들이 다니게끔 많은 수로를 형성하고 있다. 중국 동부 지방 역시 여러 큰 강이 각기 다른 지류로 연결됨으로써, 나일강이나 갠지스강 혹은 둘을 합친 것 이상으로 엄청나게 광대한 내륙 운항 수단을 제공한다. 고대 이집트인, 인도인, 중국인은 해외 무역을 적극 추진하지 않았지만, 이런 내륙 운항으로 엄청난 국부를 축적했다는 사실은 주목할 만하다.

문명이 낙후된 아프리카와 아시아 지역

아프리카의 모든 내륙 지역, 흑해와 카스피해 북쪽 상당히 먼 곳까지 아우르는 아시아 모든 지역, 고대 스키타이, 현대 타타르와 시베리아는 현재도 야만스럽고 미개한 상태로 남아 있는데 그 이전 시대에도 비슷했던 것으로 보인다. 타타르 바다는 얼어붙는 바다라 항해를 허용치 않고, 세상에서 가장 큰 여러 강이 그 지역을 따라 흐르고 있지만, 서로 너무 격리되어 있어 그런 강들의 연안 지역에서는 대체로 상업과 교통이 이루어지지 않는다. 유럽에는 발트해와 아드리아해, 유럽과 아시아에는 지중해와 흑해, 아시아에는 아라비아만, 페르시아만, 인도만, 벵골만, 시암만 같은 큰 내해가 있지만 아프리카에는 그런 것이 전혀 없고, 따라서 그 커다란 대륙의 내부 지역에서는 수상 무역을 할 수 없었다. 또한, 아프리카의 커다란 여러 강은 서로 어마어마하게 멀리 떨어져 있어 내륙 운항에 전혀 도움이 되지 않았다.

그 외에 많은 지류나 수로로 나뉘는 강이 없거나, 강이 바다에 닿기 전에 다른 나라 영토를 통과하는 나라에서는 상업이 번창하기 어렵다. 가령 내륙에서 시작해 바다로 흘러드는 강 상류를 막는 일은 항상 강 위쪽을 차지한 타국의 권한이기 때문이다. 도나우강 운항은 바이에른, 오스트리아, 헝가리 같은 나라들에서는 아주 제한적으로 활용되었다. 만약 이들 나라 중 어느 한 나라가 흑해로 흘러드는 도나우강의 전 지역을 차지하고 있었더라면 이야기는 얼마나 달라졌을 것인가!

제4장

화폐의 기원과 용도

일단 분업이 철저히 확립되면 개인 노동에서 나오는 생산물로는 극히 적은 부분만 충족할 수 있다. 사람은 자체 소비를 초과하는 자기 노동 생산물의 잉여분을 자신이 필요로 하는 타인의 생산물 중 일부와 교환하고, 그렇게 함으로써 욕구 대부분을 충족시킨다. 이처럼 모든 사람은 서로 교환하며 살아가면서 일종의 상인이 되며, 그리하여 사회 자체는 말하자면 상업 사회로 나아간다.

물물 교환이 잘 안 되는 경우

하지만 분업이 처음 발생했을 때 이런 교환 능력은 그 작용 과정에서 엄청난 방해를 받아 자주 곤란함에 처했을 것이다. 여기서 갑은 필요 이상으로 특정 상품을 많이 가지고 있고, 을은 필요보다 덜 가지고 있다고 해보자. 갑은 그 결과 남아도는 물건을 기꺼이 처리하려 할 것이고, 을은 그것을 사들이려 할 것이다. 하지만 을이 갑에게 필요한 것을 아무것도 갖고 있지 않으면 둘 사이에서 교환은 발생하지 않는다.

가령 정육점 주인이 소비할 수 있는 것 이상으로 가게에 고기가 많고,

양조업자와 빵장수는 그런 남은 고기 일부를 사들이려고 한다고 해보자. 그렇지만 이들은 각자 직업에서 생산한 물건 외에는 교환용으로 내놓을 물건이 없고, 정육점 주인은 이미 당장 필요한 맥주와 빵을 전부 갖추어놓았다. 이런 경우 그들 사이에 교환은 발생하지 않는다. 정육점 주인은 그들의 상인이 될 수 없고, 그들 역시 정육점 주인의 손님이 될 수 없다. 이렇게 해서 그들은 상대방에게 도움을 줄 수 없다.

이런 불편한 상황을 피하고자 모든 신중한 사람은 분업이 처음 확립된 이후 자연스럽게 사회의 어떤 발전 시기에 도달했을 때 모종의 조처를 했을 것이다. 즉, 자기 직업에서 생기는 고유한 생산물 외에도 다른 직업의 생산물과 교환할 때 거절할 사람이 거의 없는 몇 가지 상품을 어느 정도 갖추어놓는 방식으로 일 처리를 했을 것이다.

원시 시대에는 귀중품이 화폐 대용

따라서 이런 목적을 위해 많은 상품이 잇따라 고안되고 활용되었을 것이다. 미개 사회에서 가축은 상업의 공통 수단이었다. 지극히 불편한 수단이 틀림없지만, 그럼에도 고대에서 교환용으로 나온 물건의 가치는 가축 수에 따라 평가되었다. 호메로스는 디오메데의 갑옷이 황소 아홉 마리 가치라고 했지만, 글라우코스의 갑옷은 1백 마리 가치라고 했다.[9] 소금은 아비시니아에서 상업과 교환의 공통 수단이었다고 한다. 인도 해안 일부 지역에선 어떤 조개껍데기가, 뉴펀들랜드에선 마른 대구가, 버지니아에선 담배가, 서인도제도 몇몇 식민지에선 설탕이, 어떤 다른 나라에선 가죽 혹은 무두질한 가죽이 상업과 교환을 위한 공통 수단으로 활용되었다. 들리는 이야기에 따르면, 오늘날에도 스코틀랜드 한 마을에선 노동자가 빵집이나 선술집에 갈 때 돈 대신 못을 들고 가는 일이 드물지 않다고 한다.

하지만 모든 나라에서 사람들은 마침내 거부할 수 없는 여러 이유로

---

9 디오메데 얘기는 호메로스의 『일리아스』 7권 472행에 나오고, 글라우코스 얘기는 같은 책 6권 234행에 나온다.

모든 상품 중에 금속을 이런 교환 수단으로 선호했고, 또 실제로 그렇게 활용했다. 금속은 다른 상품에 비해 거의 손실 없이 보존될 뿐만 아니라 다른 상품처럼 손상되는 일도 거의 없고, 또 손실 없이 여러 부분으로 쪼갤 수 있으며, 필요하다면 그런 부분을 융합해 다시 쉽게 합칠 수 있다. 이런 특징은 다른 내구 상품들이 보유하지 못한 속성이며, 다른 어떠한 속성보다 이런 특성이 금속을 상업과 유통에 적합한 수단이 되게 했다.

금속 화폐는 교환을 원활하게 해주는 도구

예를 들어, 교환 수단으로 소만 가지고 있는 사람이 소금을 사려 한다면, 틀림없이 한 번에 황소 한 마리나 양 한 마리 가치에 해당하는 소금을 구매해야 했을 것이다. 이보다 적게 살 수 없는 이유는, 소금 대신 주려고 하는 소를 손실 없이 나눌 수 없기 때문이다. 소금을 이보다 더 살 의향이 있다면 같은 이유로 그는 기존 수량의 두 배나 세 배를 사야 하는데, 더 정확히 말하면 황소 두 마리나 세 마리 혹은 양 두 마리나 세 마리 가치에 해당하는 소금을 구매해야 한다. 이렇게 하지 않고 양이나 황소 대신 금속을 소금과 교환하는 데 사용한다면 어떻게 될까? 그러면 당장 필요한 상품의 정확한 양에 맞추어 쉽게 금속 수량도 계산해낼 수 있다.

이런 목적으로 여러 나라에서 각각 다른 금속을 활용했다. 가령 고대 스파르타인 사이에선 공통 상업 도구로 쇠를, 고대 로마인은 동을, 부유한 상업 국가는 금이나 은을 썼다. 이런 목적에 활용되는 금속들은 원래 각인되거나 주조되지 않고 원료 상태 그대로의 금속 덩어리였다. 따라서 대(大) 플리니우스[10]도 고대 역사학자 티마이오스의 기록을 근거로 세르비우스 툴

---

10   플리니우스, 『자연사』 33권 42~43장.—원주
　　　[이후부터 옮긴이 주] 애덤 스미스가 인용한 부분을 번역해보면 이러하다. "세르비우스왕은 주화에 그림을 새긴 최초의 고대 로마 공화국 왕이었다. 티마이오스의 기록에 따르면 그전에는 평범한 금속을 사용했다고 한다. 주화에 새겨진 그림은 황소나 양이었는데, 라틴어로 이 가축을 페쿠스(pecus)라고 했다. 여기에서 돈을 의미하는 라틴어 페쿠니아(pecunia)가 나왔다. 세르비우스왕 시절에 가장 높은 재산 등급은 12만 아스였고, 이러한 재산이 1등급 시민으로 인정받는 기준이었다."

리우스 시대 이전까지 로마인들은 주조된 화폐를 사용하지 않고, 필요한 물건을 살 때 그림이 새겨지지 않은 동괴를 사용했다고 기술했다. 그리하여 이 가공되지 않은 동괴가 당시 화폐 기능을 수행했음을 알 수 있다.

금속 화폐의 문제: 무게 측정과 가치 평가

이러한 미가공 상태의 금속 활용은 두 가지 큰 불편함을 초래했다. 하나는 무게 측정이 어려웠으며, 다른 하나는 금속 분석 과정이 복잡했다. 귀금속은 양에서 조금만 차이가 나더라도 그 가치가 엄청나게 달라지므로 정확하게 무게를 달아야 할 때 아주 정밀한 추와 저울이 필요하다. 특히 황금의 무게를 재는 일에는 아주 꼼꼼한 작업이 필요했다. 오차가 좀 나더라도 큰 영향이 없는 거친 금속이라면 정밀함이 좀 낮아도 괜찮았다. 하지만 가난한 사람이 매번 푼돈 가치의 물건을 사고팔 때 그 무게를 재야 한다면 엄청나게 골치 아픈 일이었을 것이다.

무게 측정 외에 가치 평가는 더욱 어렵고 지루한 작업이었다. 적합한 용매를 사용하여 금속 일부를 도가니에 녹이지 않으면, 이 작업은 매우 불확실해질 수밖에 없었다. 주화 제도가 성립되기 전에는 이런 따분하고 어려운 작업 없이는, 사람들은 엄청난 사기를 쉽게 당할 수도 있고, 또 물건을 내어주면서 순수한 은과 동 1파운드가 아니라, 은이나 동처럼 보이지만 조잡한 싸구려 재료를 뒤섞은 불순물 합금을 받을 수도 있었다.

이런 악습을 방지하고, 교환을 간편하게 하며, 산업과 상업을 촉진하기 위해 진보된 나라들은 자국 내에서 물건을 거래할 때 흔히 활용되는 특정 금속의 일정한 양에 공인 각인을 새기는 것이 필요하다고 판단했다. 이런 이유로 주화가 생겨났고, 담당 관청을 조폐국이라고 불렀다. 이러한 조폐 제도의 성격은 양모나 아마포 옷감을 담당한 검사관 제도의 그것과 완전히 같다. 이 모든 제도는 시장에 출시되는 다양한 상품의 수량과 일관된 품질을 공인 각인으로 확정하려는 것이다.

조폐국의 금은 함량 표시

통용되는 금속에 새겨진 이런 부류의 첫 공적 각인은 대체로 확인하기 가장 어렵고 중요한 것, 즉 금속 품질이나 순도를 확인하려는 것이었다. 이는 오늘날 은판이나 은괴에 순은 표시를 하거나 때로 금괴에 스페인식 표시를 하는 것과 비슷하다. 이런 표시는 물건 한 부분에 새겨질 뿐이며, 표면 전체를 덮지 않아 금속 순도를 공인하지만, 무게를 확인해주진 않는다.

구약 성경의 아브라함은 막벨라 들판을 사들이기로 에브론과 합의하고 그에게 은 4백 셰켈 무게를 달아 주었다.[11] 이러한 은은 당시 상인들 사이에 통용되던 화폐였지만, 개수가 아닌 무게로 주고받았다. 현재 금괴와 은괴를 거래하는 방식과 완전히 같다. 고대 잉글랜드 색슨 왕들의 세입은 화폐가 아닌 현물, 즉 온갖 종류의 식량으로 받았다. 정복자 윌리엄[재위 1066-1087]은 세입을 화폐로 내는 관습을 도입했다. 하지만 이 화폐[금괴나 은괴]는 오랫동안 개수가 아닌 무게를 기준으로 수납해 국고에 들어갔다.

그런 금속 무게를 정확하게 재는 과정에서 생긴 불편함과 어려움을 극복하기 위해 주화 제도가 생겼다. 공식 각인은 주화 양면에 완전히 새겨졌고, 때로는 가장자리에도 새겨졌으므로 금속 순도는 물론 무게까지 공인되었다. 따라서 그런 주화는 무게를 재는 번거로움 없이 오늘날처럼 개수로 받았다.

이런 주화 단위는 원래 주화에 포함된 금속 무게나 양을 표시했던 것으로 보인다. 로마에서 처음으로 화폐를 주조한 세르비우스 툴리우스[12] 시대에 로마 아스 혹은 폰도는 1로마 파운드의 동을 포함했다. 이 로마 주화는 우리 트루아 파운드와 똑같은 방식으로 12온스로 나뉘었고, 각 주화는 실제로 동 1온스를 포함했다. 에드워드 1세[재위 1272-1307] 시기에, 잉글랜드 1파운드는 당시 알려진 순도의 은 1타워 파운드를 포함했다. 1타워 파

---

11   구약 성경, 「창세기」 23장 16절.

12   고대 로마의 공화정이 시작되기 이전에 통치했던 일곱 왕 중 하나로, 툴리우스의 통치 시기는 기원전 578년에서 535년까지였다.

운드는 1로마 파운드보다 무게가 나가고, 1트루아 파운드보다 무게가 덜했다. 트루아 파운드는 헨리 8세[재위 1509-1547]가 등극하고 18년이 지날 때까지 잉글랜드 조폐국에 도입되지 않았다. 프랑스 주화 리브르는 샤를마뉴 대제 시기에 알려진 순도의 은 1트루아 파운드를 포함했다. 당시 샹파뉴 지역 트루아 시장에는 유럽 모든 나라 사람들이 빈번히 다녀갔고, 그렇게 유명한 시장 도량형은 널리 알려져 인정을 받았다.

알렉산더 1세부터 로버트 브루스 시대까지 스코틀랜드 주화 1파운드는 잉글랜드 주화 1파운드와 같은 무게와 순도의 은 1파운드를 포함했다. 잉글랜드, 프랑스, 스코틀랜드 주화 페니 역시 원래 진짜 은 1페니웨이트, 즉 1온스의 20분의 1, 1파운드의 240분의 1에 해당하는 은을 포함했다. 실링 역시 원래 무게를 나타내는 단위였다.

헨리 3세[재위 1216-1272] 시절의 오래된 법령에는 밀 1쿼터에 12실링일 때 [고가의 재료를 쓴] 와스텔 빵 1파딩[페니의 4분의 1에 해당한 화폐 단위]은 11실링 4펜스의 무게가 나가야 한다고 규정되어 있다. 하지만 실링과 페니 혹은 파운드 사이의 비율은 페니와 파운드 사이만큼 지속적이고 한결같지는 않았던 듯 보인다. 초기 프랑스 왕들의 통치 기간, 프랑스 1수(sou)나 1실링은 각기 다른 때 5, 10, 20, 40페니에 상당했던 것으로 보인다. 고대 색슨인들 사이에서 1실링은 한때 5페니만 포함했던 것으로 보이며, 그들의 이웃인 고대 프랑크인 사이에서 그랬던 것처럼 그들 사이에서도 가변적이었을 것이다.

프랑스인 사이에서는 샤를마뉴 대제부터, 그리고 잉글랜드인 사이에서는 정복자 윌리엄의 시대부터 파운드, 실링, 페니 각각의 가치는 무척 다르긴 했지만, 서로의 비율은 현재와 같은 것으로 보인다. 내가 보기에는 세상 모든 나라에서 군주와 독립국들의 탐욕과 부정이 국민의 신뢰를 악용해 원래 주화에 포함되었던 금속의 진짜 양을 점차 줄여나갔기 때문이다. 로마 아스는 공화정 후기[15]에 기존 가치의 24분의 1로 줄어들었고, 동의 무게는 1파운드가 아닌 0.5온스가 되었다. 잉글랜드 파운드와 페니는 현재 기존 가치의 3분의 1에 불과하며, 스코틀랜드 파운드와 페니는 원래 가치의 36분의 1, 프랑스 파운드와 페니는 본래 가치의 66분의 1에 불과하다.

이러한 단위 조작으로 군주들과 주권 국가들은 원래 필요한 것보다 훨씬 적은 양의 은으로 기존의 빚을 청산하고 약속을 이행할 수 있었다. 이는 실제로 겉만 번드레한 채무 변제였다. 채권자들이 실제로 응당 받아야 할 분량의 일부를 속여 그들로부터 돈을 빼앗은 셈이었다. 나라의 다른 모든 채무자에게도 이들과 똑같은 특권이 허용되었는데, 과거에 빌린 옛 주화를 명목상 동일한 새로운 저질 주화로 갚을 수 있었기 때문이다. 따라서 이런 명목상 조작은 항상 채무자에게 유리했고, 채권자에게는 커다란 손해였다. 그리하여 거대한 국가적 재난으로 인해 발생하는 것보다 더욱 크고 보편적인 변화를 개인의 재산에 가져다주었다. 이런 식으로 화폐는 모든 문명화된 나라에서 상업 수단이 되었고, 이렇게 화폐를 매개 수단으로 삼아 온갖 물건을 서로 사고팔거나 혹은 교환했다.

사용가치와 교환가치

물품을 화폐와 교환하거나 혹은 상호 교환하면서 사람들이 자연스레 준수하는 규칙이 무엇인지 이제 검토하고자 한다. 이런 규칙은 물품의 상대 가치 혹은 교환가치를 결정한다.

가치(value)라는 단어는 앞으로 살피겠지만 두 가지 다른 뜻이 있는데, 때로는 어떤 특정 물건의 유용성을 나타내기도 하고, 때로는 그 물건을 보유함으로써 발생하는 다른 물건을 구매할 수 있는 능력을 나타내기도 한다. 전자는 '사용가치', 후자는 '교환가치'라고 한다. 가장 큰 사용가치를 지닌 물건이 흔히 교환가치가 거의 없거나 아예 없을 수 있고, 반대로 교환가치가 가장 큰 물건이 흔히 사용가치가 거의 없거나 아예 없기도 하다. 물보다 쓸모 있는 건 없지만, 물로 살 수 있는 건 거의 없으며, 교환할 수 있는 것도 거의 없다. 반대로 다이아몬드의 사용가치는 거의 없지만, 엄청난 양의 다

---

13 로마 공화정은 기원전 509년부터 기원전 1세기 후반까지 약 480년 지속했는데, 그 종점은 기원전 27년, 아우구스투스가 원수정(元首政)을 수립한 때다.

른 물건과 교환할 수 있다.

상품의 교환가치를 통제하는 원리들을 조사하기 위해 나는 다음 세 가지 사항을 밝혀내고자 한다.

(1) 교환가치의 진정한 기준은 무엇인가? 또는 모든 상품의 실질가격은 어디에 있는가?

(2) 실질가격을 구성하는 여러 다른 부분은 무엇인가?

(3) 때로 실질가격의 여러 다른 부분 중 일부 혹은 전부를 인상하거나 혹은 때로 자연적이거나 일반적인 가격 아래로 인하하는 여러 다른 상황은 무엇인가? 또는 상품의 시장가격, 즉 실제적 가격이 자연가격이라 부르는 것과 정확히 일치하는 것을 방해하는 여러 원인은 무엇인가?

나는 이어지는 세 장[5, 6, 7장]에서 위의 세 주제를 가능한 한 완전하고 분명하게 설명하고자 한다. 또 독자들이 인내심을 가지고 나의 설명을 경청해주기를 진심으로 간청한다. 다소 따분한 것처럼 보이는 몇몇 부분의 세부 사항을 검토할 때는, 독자의 인내가 필요하다. 가능한 한 완벽하게 해설한 뒤에도 여전히 어느 정도 모호한 부분이 남아 있을 수 있는데, 그 부분을 이해하려면 독자의 세심한 주의가 필요하다. 설명 내용을 독자들에게 명쾌하게 전달하기 위해 다소 따분하게 보이는 위험도 기꺼이 무릅쓸 생각이다. 그러나 이처럼 분명하게 설명하려고 각별하게 애쓴 뒤에도 본질적으로 극도로 추상적인 주제에 대해서는 여전히 모호한 구석이 다소 남아 있을 수 있다.[14]

---

14 보통 사람들은 돈으로 물건을 사들이므로 돈이 곧 물건과 같은 것이라고 생각한다. 그러나 스미스는 돈이 사회의 수입 전체를 모든 사회 구성원에게 규칙적으로 분배하기는 하지만 그 자체는 수입의 일부가 아니라고 본다. 돈은 물건을 유통하기 위한 허구적(상상적) 개념이므로 수입의 일부가 될 수 없다. 커다란 유통의 바퀴인 돈은 그것에 의해 유통되는 상품과는 다르다는 것이다. 여기에서도 국부는 중상주의자들이 주장하는 돈(금은)이 아니라 그 나라에서 생산된 물품이라는 스미스의 사상이 암시되고 있다. 이 부분은 제2권 2장에서 다시 설명한다.

제5장

상품의 실질가격과 명목가격 혹은 상품의 노동가격과 화폐가격

노동은 교환가치의 진정한 기준

모든 사람은 일상생활 속에서 필수품, 편의품, 향락품을 누릴 수 있는 정도에 따라 부자인지 빈자인지 판가름 난다. 하지만 일단 분업이 철저히 이루어진 뒤에는 이런 물품 중에 지극히 적은 것만 자기 노동으로 자급자족할 수 있을 뿐이다. 그중 대부분은 반드시 다른 사람의 노동에서 얻어야 하므로 그런 노동의 양을 장악할(command) 수 있거나 혹은 구매할 여유가 있는지에 따라 그의 빈부가 결정된다.

따라서 상품을 보유하고 있지만 그것을 쓰거나 소비하지 않고 다른 상품과 교환하려고 하는 사람에게는 그가 보유한 상품으로 구매하거나 장악할 수 있는 노동의 양이 그 상품의 가치와 동등하다. 그러므로 노동은 모든 상품의 교환가치를 나타내는 진정한 기준이다.

모든 물건의 실질가격, 즉 물건을 얻고자 하는 사람이 실제로 치르는 것은 그 물건을 얻으면서 겪는 수고이다. 어떤 물건을 가지고 있으면서 그것을 처분하거나 다른 물건과 교환하고자 하는 사람에게 어떤 물건의 진정한 가치는, 자신은 절약하고 다른 사람에게는 부과할 수 있는 수고이다. 화폐나 물건으로 사들이는 것은 우리가 자기 신체를 고생시켜 얻는 것과 마찬가지로 노동으로 사들이는 것이다. 그리하여 화폐나 물건은 실제로 우리를 그런 고생에서 벗어나게 한다. 여기에는 일정량의 노동의 가치가 포함되어 있으며, 우리는 교환 시점에서 그와 동등한 노동량에 해당하는 가치를 담고 있는 물건과 교환한다.

노동은 모든 물건에 부과된 최초의 가격이자 구매 대금이었다. 세상 모든 부를 구매하는 데 원래 사용했던 건 노동이지, 금은이 아니었다. 부를 소유하고 그것을 어떤 새로운 생산물과 교환하려는 사람들에게 부의 가치는, 그 부가 그들이 구매·장악할 수 있게 하는 노동의 양과 정확히 같다.

재산의 진정한 힘은 구매력

토머스 홉스의 말처럼, 부는 권력이다. 하지만 막대한 재산을 획득하거나 상속한 사람이 반드시, 시민적이든 군사적이든, 어떤 정치적 권력을 획득하거나 승계하는 것은 아니다. 그의 재산은 두 가지 권력을 손에 넣을 수단을 제공할지도 모르지만, 단순히 막대한 재산을 보유하고 있다고 해서 필연적으로 권력을 얻는 것은 아니다.

막대한 부가 그에게 당장 그리고 직접적으로 주는 힘은 무엇인가? 그것은 물건을 사들일 수 있는 구매력이다. 즉, 어떤 시점에 시장에 나와 있는 모든 노동 혹은 모든 노동 생산물을 장악할 수 있는 힘이다. 재산의 많고 적음은 이런 구매력 크기에 비례하고, 또 그 재산으로 그가 구매하거나 장악할 수 있는 다른 사람의 노동량 혹은 같은 얘기이긴 하지만, 다른 사람의 노동 생산물의 양에 정확히 비례한다. 모든 물건의 교환가치는 항상 그것이 그 소유주에게 제공하는 이러한 힘의 정도와 정확히 같다.

노동이 모든 상품의 교환가치를 나타내는 진정한 기준이긴 하지만, 상품가치는 흔히 노동으로 평가되지 않는다. 서로 다른 두 가지 노동 사이의 비율을 확인하는 일은 때때로 까다롭다. 두 가지 다른 일에 들인 시간만으로는 이런 비율을 결정하지 못하기 때문이다. 노동자가 견뎌낸 어려움과 발휘된 독창성이 각기 어느 정도 다른지 반드시 고려되어야 한다. 한 시간의 고된 일에는 두 시간의 편한 일보다 더 많은 노동이 들어갈 수도 있으며 혹은 제대로 배우는 데 10년 걸리는 직업에서 들인 한 시간의 노동이 평범하고 알기 쉬운 직업에서 쓴 한 달의 노동보다 더 많은 양의 노동을 포함할 수도 있다.

하지만 어려움이나 독창성을 정확히 측정하는 기준을 찾는 건 쉽지 않다. 실제로 다른 부류의 노동에서 생산된 각기 다른 물건을 서로 교환하며 이런 두 사항이 어느 정도 참작되기는 한다. 하지만 그것은 정확한 척도로 조정되는 것이 아니라 시장의 에누리나 협상에 따라 이루어진다. 이런 조정에는 두 물품에 들어간 노동의 값을 따져 어느 정도 평형을 이루려는 의지가 작동한다. 비록 그것이 백 퍼센트 정확하지는 않더라도 일상 업무를 수행하는 데 충분히 납득할 수 있는 그런 형평성인 것이다.[15]

게다가 모든 상품은 노동보다는 다른 상품과 훨씬 자주 교환되고, 그 때문에 비교되기도 한다. 따라서 상품을 살 수 있는 노동량 자체보다는 어떤 다른 상품의 양에 따라 상품의 교환가치를 평가하는 게 더욱 자연스럽다. 대다수 사람도 노동량보다는 특정 상품의 양이 무엇을 의미하는지 더욱 잘 이해한다. 특정 상품은 뚜렷하게 감지할 수 있는 대상이지만, 노동은 추상적인 개념으로 그다지 자연스럽거나 분명하지 않기 때문이다.

화폐: 상품 교환의 편리한 도구

하지만 물물교환이 중단되고 화폐가 상업의 공통 수단이 되자 모든 상품은 다른 상품보다는 화폐와 더욱 빈번하게 교환된다. 정육점 주인은 소

---

15 『국부론』1권 6장 초반에 이런 문장이 나온다. "사냥꾼 부족 사이에서 일반적으로 비버 한 마리를 죽이는 데는 사슴 한 마리를 죽이는 것보다 두 배로 노동이 든다면, 자연스레 한 마리 비버는 두 마리 사슴으로 교환되거나 그와 같은 가치를 지니게 된다. 보통 이틀이나 두 시간 노동해 얻는 생산물은 하루나 한 시간 노동을 들이는 생산물보다 두 배의 가치를 갖는 게 자연스러운 일이다."

그러나 시장에 비버가 한 마리만 나와 있는데, 사슴은 세 마리가 교환 대상으로 나와 있다면, 우선 1대 3으로 바꾸고, 나중에 또 다른 시장이 서면 2대 5로 바꿀 수도 있다는 것이 "일상 업무를 수행하는 데 충분히 납득할 수 있는 형평성"이다.

고기나 양고기를 빵장수나 양조업자에게 가져가 빵이나 맥주로 교환하는 일이 거의 없다. 그는 그런 고기를 시장으로 가져가 화폐와 바꾸고, 이후 그 돈을 가지고 빵이나 맥주와 교환한다. 그가 고기를 팔아 얻는 화폐의 양이 이후 그가 살 수 있는 빵과 맥주의 양을 규제한다. 따라서 고기의 가치를 다른 재화의 개입이 있어야만 교환할 수 있는 재화인 빵과 맥주 양으로 따지기보다는, 당장 교환 가능한 화폐 양으로 평가하는 것이 정육점 주인에게는 더욱 자연스럽고 명확하다. 그러니 정육점 주인의 고기가 1파운드[무게]에 3~4펜스 가치가 있다고 말하는 것이, 빵 3~4파운드[무게] 혹은 순한 맥주 3~4쿼트 가치가 있다고 말하는 것보다 더 나을 것이다. 이런 이유로 모든 상품의 교환가치는 그것으로 교환해 얻을 수 있는 노동량이나 다른 상품의 양보다는 화폐의 양으로 더욱 빈번하게 평가된다.

노동은 상품의 실질가격, 화폐는 명목가격

하지만 모든 다른 상품과 마찬가지로 금은의 가치에도 변화가 생기는데, 때로는 싸지고, 때로는 비싸지며, 때로는 사기 쉽고 때로는 사기 어려워진다. 특정한 금과 은의 양으로 구매·장악할 수 있는 노동량(혹은 교환할 수 있는 다른 물건의 양)은 어떤 조건에 따라 영향을 받는가? 그것은 그런 교환이 이루어지는 때 세상에 알려진 광산들의 생산량이 얼마나 풍성한지 혹은 척박한지에 좌우된다. 16세기에 아메리카에서 광산이 풍부하게 발견되면서 유럽에서 금은의 가치는 대략 기존의 3분의 1로 하락했다. 그런 귀금속을 광산에서 시장으로 운반하는 데 전보다 더 적은 노동력이 들었고, 전보다 더 적은 노동량으로 시장에 나온 금과 은을 구매하거나 장악할 수 있게 되었다. 금은광 발견으로 이 귀금속 가치가 크게 떨어진 것은 사실이지만, 그것이 역사가 금은의 가치 하락을 설명하는 유일한 현상은 아니다.

계속 바뀌는 푸트(한 걸음), 패덤(한 길), 핸드풀(한 줌) 같은 부피 척도는 다른 물건의 양을 정확히 나타내는 척도가 될 수는 없다. 따라서 그 가치가 계속 변화하는 상품은 절대로 다른 상품의 가치에 대해 정확한 척도가 될 수 없다. 동일 노동량은 언제 어디에서나 노동자에게 동등한 가치가 있다고 말할 수 있다. 노동자의 건강, 기운, 정신이 보통 상태이고, 기술과 재주가 보통 정도라면 그는 노동을 위해 언제나 안락, 자유, 행복의 일부를 똑같이 포기해야 한다. 그에 대한 보상으로 노동자가 받는 물건 양이 얼마가 됐든 간에 노동자가 지급하는 대가[노동]는 항상 일정하다.

실제로 노동자가 자기 노동으로 때로는 더 많은 양의 물건을, 때로는 더 적은 양의 물건을 구매할 수 있을지도 모르지만, 변화하는 것은 물건 가치이지 그걸 구매하는 노동의 가치가 아니다. 언제 어디서나 접근하기 어렵거나 획득하는 데 많은 노동이 들어가는 물건은 값이 비싸고, 반대로 쉽게 접근할 수 있거나 거의 노동이 안 들어가는 물건은 값이 싸다. 따라서 노동만이 절대 그 가치가 변화하지 않고, 그것만이 언제 어디서나 모든 상품의 가치를 평가하고 비교할 수 있는 궁극적이고 진정한 기준이다. 노동은 상품의 실질가격이고, 화폐는 상품의 명목가격일 뿐이다.

하지만 같은 노동량이 노동자에게는 항상 같은 가치를 지니더라도, 고용주에게는 그 가치가 때로는 더 크게, 때로는 더 적게 보인다. 고용주는 동일한 노동량을 때로는 더 많은 물건 양으로, 때로는 더 적은 물건 양으로 구매하는데, 그런 고용주에게는 노동가격이 다른 모든 물건처럼 변화하는 듯 보인다. 고용주에게는 노동가격이 앞의 경우[더 많은 물건으로 노동을 사들일 때]에는 비싸게 보이고, 뒤의 경우[더 적은 물건으로 노동을 사들일 때]는 싸게 보일 수 있다. 하지만 실제로 노동가격은 그대로이고, 앞의 경우에는 물건값이 싸고, 뒤의 경우에는 물건값이 비싼 것뿐이다.

따라서 통속적인 의미에서는, 노동이 다른 상품처럼 실질가격과 명목가격을 지닌다고 할 수 있다. 노동의 실질가격은 노동으로 얻을 수 있는 생활 필수품과 편의품의 양으로 결정되고, 명목가격은 화폐의 양으로 결정된다고 할 수 있다. 그러나 노동자의 부유함이나 가난함, 그리고 그들이 보수를 잘 받는지 혹은 못 받는지의 문제는 노동의 실질가격에 비례하며 명목가격에 비례하는 것이 아니다.

상품과 노동의 실질가격과 명목가격을 구별하는 것은 단순한 추측의 문제가 아니라 실질적으로 상당히 유용한 문제이다. 동일한 실질가격은 늘 똑같은 가치이지만, 금과 은의 가치는 변동하므로 같은 명목가격은 때로는 무척 다른 가치를 지닌다.

지대의 실질가격과 명목가격

따라서 영구 임대 예약이 있는 토지를 판매할 때 이 지대(rent, 地代)의 가치를 일정하게 유지하려면, 지대가 특정 금액에 고정되지 않도록 하는 것이 이 지대를 확보한 가족에게는 중요한 문제이다.[16] 이 사례에서 이런 특정 화폐 액수의 가치는 두 가지 다른 부류의 변동을 겪기 쉽다. 하나는 시대별로 동일한 액면가의 주화(鑄貨: 동전)에 포함된 금과 은의 양이 달라서 발생하는 변동이며, 다른 하나는 시대별로 동일한 양의 금과 은이 다른 가치를 보임으로써 생기는 변동이다.

군주들과 주권 국가들은 자국 주화에 포함된 순수한 금속의 양을 줄여 일시적인 이득을 얻을 수 있다고 자주 생각했으며, 금속의 양을 늘리는 것은 거의 고려하지 않았다. 내가 알기로는 모든 나라에서 주화에 포함된 금속 양은 계속 줄어들었고, 느는 일은 없었다. 따라서 이런 변동은 거의 늘 화폐지대(money rent)의 가치를 줄이는 경향이 있었다.

아메리카에서 광산이 발견되면서 유럽에서의 금과 은의 가치가 줄었다. 특정 증거를 파악하진 못했지만, 일반적으로 생각하듯 가치 감소는 점차 진행 중이며 앞으로도 오랫동안 계속될 가능성이 크다. 그러니 이런 추정에 따르면 금은의 가치 변동은 화폐지대의 가치를 늘리기보다는 줄일 가능성이 더욱 크다. 화폐지대를 특정 액면가 주화의 특정 수량(예로 몇 파운

---

16   국부론 제2권 4장 끝부분에는 다음과 같은 문장이 나온다. "연이율이 10퍼센트일 때, 토지는 보통 10년에서 12년분의 지대 수입에 해당하는 가격에 팔렸다. 이율이 6퍼센트, 5퍼센트, 4퍼센트로 떨어지면 땅값은 20년 치, 25년 치, 30년 치 지대로 상승했다. 시장이자율은 프랑스가 잉글랜드보다 높지만 통상적인 토지 가격은 더 낮다. 잉글랜드에서 토지는 30년 치 지대의 가격으로 팔리지만 프랑스에서는 20년 치 지대면 충분히 살 수 있다." 토지를 판매할 때 20년 혹은 30년 지대 수입이 곧 토지 매매가가 된다는 이야기인데, 여기서는 지대를 받는 기간을 영구로 하고 토지를 판매했다는 뜻이다.

드)이 아닌 순은이나 특정 기준의 은 몇 온스로 지급해야 한다고 명기되어 있더라도 사정은 마찬가지다.

주화 액면가가 변하지 않더라도 곡물로 확보된 지대는 그 가치를 화폐로 확보한 것보다 그 가치를 훨씬 더 잘 보존했다. 엘리자베스 여왕 재위 18년 차[1575]에 모든 대학이 임대한 지대의 3분의 1은 곡물로 확보되어야 하며, 현물이나 인근의 공설 시장 시가에 맞춰 지급하도록 법이 제정되었다. 이런 곡물지대에서 나오는 돈은 전체의 3분의 1에 불과하지만, 블랙스톤 박사에 따르면 현재는 다른 3분의 2[돈의 액수가 정해진 지대]에서 나오는 돈의 보통 두 배에 가깝다고 한다. 이런 설명에 따르면 대학의 옛 화폐지대는 틀림없이 원래 가치의 거의 4분의 1로 떨어졌다. 혹은 이전에 동일했던 곡물 가치의 4분에 1을 약간 넘는 가치만 있었다. 하지만 필립과 메리의 치세[1553-1558] 이후로 잉글랜드 주화 액면가는 거의 변화가 없거나 아예 변화를 겪지 않았고, 같은 수의 파운드, 실링, 페니는 거의 같은 양의 순은을 포함했다. 그러므로 대학들의 화폐지대 가치에서 발생한 이런 하락은 모두 은 가치 하락으로 생긴 것이다.

은의 가치가 하락하고 그와 동시에 동등한 액면가의 주화에 포함된 은의 양이 축소될 때, 손실은 훨씬 더 커진다. 주화 액면가 측면에서 스코틀랜드는 잉글랜드보다 훨씬 더 큰 변화를 겪었고, 프랑스에선 스코틀랜드보다 더욱 큰 변화를 겪었다. 그리하여 두 지역에서 본래 상당한 가치였던 몇몇 오래된 지대는 이런 식으로 해서 거의 아무 가치가 없을 정도로 줄었다.

곡물지대는 화폐지대보다 더 안정적

먼 미래에는, 같은 양의 금과 은 또는 다른 어떤 상품을 구매하기보다는, 노동자의 양식인 밀을 같은 양으로 내놓을 때 거의 동일한 노동량을 살 수 있을 것이다. 따라서 같은 양의 곡물은 멀리 떨어진 여러 시기에서도 거의 같은 실질가치를 지닐 것이고, 소유자는 거의 같은 정도로 다른 사람의 노동량을 구매하거나 활용할 수 있을 것이다.

같은 양의 곡물이 다른 어떤 상품보다 더 많은 노동량을 구매할 수 있음을 나는 주장하고자 하는데, 그 이유는 같은 양의 곡물이라도 정확히 같은 노동량을 구매할 수 없기 때문이다. 뒤에서 자세히 살펴겠지만[1권 8장], 노동자의 생활 수단 혹은 노동의 실질가격은 경우에 따라 무척 다르다. 정체하는 사회보다 국부가 발전하는 사회에서 더 후하며, 퇴보 중인 사회보다 정체 중인 사회에서 더 후하다.

하지만 다른 모든 상품을 보면, 특정 시기에 구매할 수 있는 노동량의 크고 작음은 당시 그것으로 구매할 수 있는 생필품의 양에 비례한다. 따라서 곡물로 확보된 지대는 특정 곡물의 양으로 구매할 수 있는 노동량 변화에 의해서만 영향을 받는다. 그러나 곡물이 아닌 다른 상품으로 확보된 지대는 특정 곡물의 양으로 구매할 수 있는 노동량 변화뿐만 아니라 다른 상품의 특정량으로 구매할 수 있는 곡물 양의 변화에도 영향을 받는다.

하지만 주목해야 할 것은 다음과 같다. 곡물지대의 실질가치는 한 세기를 단위로 따지면 화폐지대의 실질가치의 변화보다 훨씬 적지만, 한 해를 단위로 따지면 훨씬 크게 변화한다는 사실이다. 뒤에서 살펴보겠지만[1권 8장], 노동의 화폐가격은 해마다 곡물의 화폐가격에 따라 변화하는 것이 아니라, 어느 곳이든 생활필수품 가격의 평균 및 일반적인 수준—일시적이거나 비정기적인 가격이 아니라—을 따라가는 듯 보인다. 곡물의 평균 혹은 일반 가격은 역시 나중에 알아보겠지만[1권 11장], 은의 가치, 시장에 귀금속을 제공하는 광산 생산량의 풍성함이나 척박함의 정도 혹은 특정량의 은을 광산에서 시장으로 운반하는 데 들어가는 노동량과 그 결과 소비되어야 하는 곡물량에 따라 규제된다.

반면, 은값은 때때로 한 세기에서 다음 세기로 넘어갈 때 크게 변화하지만, 해마다 크게 변하는 경우는 좀처럼 없고, 반세기나 한 세기 동안 계속 똑같거나 거의 변화가 없는 경우도 종종 있다. 따라서 곡물에 대한 평균 및 일반 가격도 장기간 동일하거나 거의 같을 수 있으며, 그와 더불어 노동의 화폐가격도 사회가 여러 다른 측면에서 같거나 거의 같은 상황이라면 마찬가지로 변화가 많이 없을 것이다.

한편 일시적이고 비정기적인 곡물 가격은 어떤 해에 바로 전보다 두 배가 되는 경우도 종종 발생한다. 예를 들어 1쿼터가 25실링에서 50실링으로 폭등하는 일이다. 밀이 50실링이 될 때 곡물지대의 명목가치는 물론이고 실질가치까지 25실링일 때의 두 배가 될 것이고, 노동이나 다른 상품을 대부분 두 배로 장악하게 된다. 이러한 가격 폭등은 노동의 화폐가격이 대다수 다른 상품의 화폐가격과 함께 이러한 변화 속에서도 똑같이 유지되는 경우에만 가능하다.

노동은 가치의 보편적 척도

그러므로 노동은 명백히 가치를 측정하는 유일하고 정확한 척도이자, 유일하고 보편적인 척도이다. 언제 어디서든 다른 상품의 가치를 비교할 수 있게 하는 유일한 기준이라는 뜻이다. 세기 단위를 기준으로 했을 때, 상품 구매에 지급되는 은의 양으로 각기 다른 상품의 실질가치를 추정할 수 없다는 점은 이미 인정되는 바이다. 우리는 곡물 양으로 해마다 각기 다른 상품의 실질가치를 추정할 수도 없다. 하지만 노동량을 가지고는 그런 가치를 지극히 정확하게 해마다, 세기마다 추정할 수 있다. 세기 단위로 보면 곡물은 은보다 나은 척도인데, 같은 기간에 같은 양의 밀이 같은 양의 은보다 같은 양의 노동을 거의 비슷하게 장악할 것이기 때문이다. 반면 한 해를 기준으로 하면 은은 곡물보다 더 나은 척도인데 같은 양의 은은 같은 노동량을 거의 비슷하게 장악할 것이기 때문이다.

그렇지만 실질가격과 명목가격을 구별하는 일이 영구 지대를 확립하거나 초장기간 임대를 할 때는 유용할 수 있지만, 시장에서 물건을 사고파는 일, 즉 일상생활에서 흔히 이루어지는 일반적인 거래를 할 때는 전혀 유용하지가 않다.

같은 시기와 장소에서 모든 상품의 실질가격과 명목가격은 정확하게 서로 비례한다. 예를 들어 런던 시장에서 어떤 상품으로 얻는 화폐가 많거나 적으면 같은 시기와 장소에서 구매하거나 장악할 수 있는 노동도 많거나 적다. 따라서 같은 시기와 장소에서 화폐는 모든 상품의 진정한 교환가치를 정확히 드러내는 척도다. 하지만 이것은 때와 장소가 같다는 전제가 성립할 때만 그러하다.

실질가치는 시간과 장소에 따라 다르다

서로 멀리 떨어진 장소에선 상품의 실질가격(real price)과 화폐가격 사이에 어떠한 규칙적인 비례 관계가 없지만, 한곳에서 다른 곳으로 재화를 운반하는 상인은 상품의 화폐가격 혹은 그가 상품을 사들일 때 지급한 은의 양과 상품을 팔 때 받을 은의 양, 이 두 양 사이의 차이만 생각한다. 중국 광동(廣東)에서 0.5온스의 은이 장악할 수 있는 생활필수품과 편의품 그리고 노동의 양은 런던에서 은 1온스가 장악할 수 있는 것보다 더 크다. 이처럼 은이 중국에서는 물품과 노동의 양을 더 많이 장악하므로, 광동에서 은 0.5온스인 상품 갑을 대하는 중국인 소유자의 진정한 가치는 런던에서 은 1온스로 갑을 사들인 사람의 가치보다 더 클 수 있다.

그러나 어떤 런던 상인이 광동에서 은 0.5온스로 상품 을을 살 수 있고, 이후 런던에서 상품 을을 은 1온스에 팔 수 있다면 그는 마치 런던에서 1온스의 은이 광동에서도 정확히 같은 가치를 가지는 것처럼 을 판매를 통해 두 배 이득을 봤다고 생각한다. 광동에서 은 0.5온스는 런던에서 은 1온스보다 더 많은 노동과 더 많은 생활필수품과 편의를 제공한다는 사실, 이 것은 런던 상인에게 전혀 중요한 것이 아니다. 그보다는 바로 런던이라는 도시에서 은 1온스가 광동에서 반 온스가 장악하는 양의 2배의 지배력을 항상 장악하는 것, 바로 이것이 런던 상인이 바라는 바다.

그러므로 모든 구매와 판매의 타당성 여부를 최종적으로 결정하고, 그렇게 함으로써 가격과 연관된 거의 모든 일상적 업무를 규제하는 것은 물품의 명목가격 혹은 화폐가격이다. 따라서 우리는 그것이 실질가격보다 훨씬 더 주목받아야 한다는 것을 알 수 있다.

물론 서로 다른 시기와 장소에서 어떤 특정 상품이 보이는 각기 다른 실질가치 혹은 각기 다른 여러 사례에서 특정 상품 소유자들에게 부여되는 타인의 노동에 대한 장악 정도를 비교하는 일은 지금과 같은 연구에서는 때때로 유용하다. 우리는 이 경우 그런 특정 상품이 판매될 때 드러나는 각기 다른 양의 은보다는, 각기 다른 양의 은으로 구매할 수 있는 노동량을 반드시 비교해야 한다.

하지만 여러 다른 시기와 장소에서 노동 시가를 정확히 안다는 건 거의 불가능하다. 곡물 시가는 일반적으로 잘 알려져 있는데 몇 안 되는 관청에서 정기적으로 기록해왔고 역사가와 저술가들은 이를 빈번히 주목해왔다. 우리는 대개 밀 시가로 만족해야 하는데, 그것이 노동 시가와 정확하게 비례해서가 아니라 일반적으로 그런 상대적 비례에서 가장 근사치를 보이기 때문이다. 뒤에서[1권 11장], 나는 이러한 노동가격과 밀 가격을 여러 번 비교할 기회가 있을 것이다.

금화·은화·동화의 등장

산업이 발달하면서 상업 국가들은 여러 다른 금속으로 화폐를 주조하는 것이 편리하다고 생각했다. 황금은 거액을 지급할 때, 은은 적당한 가치를 구매할 때, 동이나 다른 조악한 금속은 그보다 더 적은 보수를 지급할 때 활용되었다. 그러나 상업국들은 늘 이런 금속 중 하나를 다른 두 가지보다 특히 더 나은 가치 척도로 여겼으며, 일반적으로 상업 수단으로 먼저 활용했던 금속을 가치 척도로서 더 선호했다. 다른 대용 화폐가 없던 시절에는 그런 금속을 표준으로 삼아야 했겠지만, 일반적으로 그런 필요가 사라졌을 때조차도 계속 금속을 사용했다.

로마인들은 제1차 포에니 전쟁 이전 5년 동안 처음으로 은화 주조를 시작했는데[17], 이전에는 동화 외에는 주화가 없었다고 한다. 따라서 동은 항상 로마 공화국에서 가치 척도였던 것으로 보인다. 로마에서는 아스(as)나 세스테르티우스(sestertius)로 모든 장부를 기록하고, 모든 토지 가치를 계산한 듯하다. 아스는 동화의 액면가였다. 세스테르티우스는 2.5아스를 의미했다. 세스테르티우스는 본래 은화였지만, 그 가치는 동으로 평가되었다.

---

17 대 플리니우스, 『자연사』, 33장, 섹션 3.—원주

로마에서는 막대한 빚을 진 사람에게 "남의 동을 많이 가지고 있다"[18]라고 완곡하게 표현했다.

로마제국이 멸망하고 그 자리에 들어선 북부 국가들은 정착지 생활 초창기부터 은화를 쓴 것처럼 보이며, 이후 여러 세기 동안 금화나 동화는 알지 못했던 것 같다. 색슨족 시대[5~11세기]에 잉글랜드에는 은화가 있었지만, 에드워드 3세 시대[1327-1377]까지 금화는 거의 주조된 적이 없었으며, 그레이트브리튼의 제임스 1세 시대[1603]가 될 때까지 동화는 주조되지 않았다. 따라서 같은 이유로 잉글랜드와 다른 모든 유럽 현대 국가에서 모든 기록 장부와 모든 상품, 토지 가치는 일반적으로 은으로 계산되었다. 어떤 사람의 재산 총계를 나타내려 할 때 우리는 그에 상당하는 파운드 은화 수치를 쓰며 좀처럼 기니 금화 수치를 쓰진 않는다.

법정 통화로 등장한 은화

원래 모든 나라에서는 특히 가치 기준으로 여겨진 금속으로 만든 주화만이 대금 지급을 위한 법정 통화가 될 수 있었다. 잉글랜드에서 황금은 금화로 주조된 이후 오랜 시간이 흘렀음에도 법정 통화로 여겨지지 않았다. 금화와 은화 사이의 가치 비율은 공법이나 포고로 정하지 않았지만, 시장에서 정하도록 했다. 채무자가 황금으로 지급을 제안하면 채권자는 그런 지급을 거절하거나 채무자와 합의한 황금의 가치로 받을 수 있었다. 동은 현재 소액 은화의 잔돈으로 쓰는 것을 제외하면 법정 통화가 아니다. 이런 상황에서 기준인 금속과 비기준 금속 사이의 구별은 명목상 구별 이상의 의미가 있다.

시간이 흐르며 사람들은 점차 각기 다른 금속으로 만든 주화 활용에 익숙해졌고, 그 결과 각각의 가치 비율을 더 잘 알게 되면서 대다수 나라에

18　라틴어 원어는 "하베레 아이스 알리에눔"(habere aes alienum). 여기서 aes는 as의 복수형이다. 아스는 처음에는 1파운드 무게인 동의 가치를 가지고 있었으나 점차 줄어들어 마침내 36분의 1 상당의 가치까지 떨어졌다.

서 이런 비율을 확정하고, 공법으로 선포하는 게 편리하다고 여긴 듯하다. 예를 들어 특정 무게와 순도의 1기니를 21실링으로 교환할 수 있다거나, 21실링 빚을 갚는 데 법정 통화로 사용할 수 있다는 내용을 선포한 것 등이다. 이런 상황에서 이렇게 규정된 비율이 지속하는 동안, 기준 금속과 비기준 금속 사이의 구별은 명목상 구별 이상의 의미는 주지 않는다.

하지만 규정 비율에 변화가 생기면 이런 구별은 명목상 구별 이상의 의미를 갖거나, 최소한 그렇게 된 것처럼 보인다. 예를 들어 21실링으로 규정된 기니 주화의 가치가 20실링으로 줄거나 22실링으로 늘었다면, 모든 장부와 거의 모든 채무가 은화로 기록된다면, 오르는 경우든 내리는 경우든 대부분 지불은 이전처럼 똑같은 양의 은화로 할 수 있다. 그러나 금화라면 무척 다른 양이 필요할 것이다. 가치가 줄었다면 이전보다 더 많은 양이 필요할 것이고, 가치가 올랐다면 이전보다 더 적은 양이 필요할 것이다. 은은 황금보다 그 가치에서 더욱 불변하는 것처럼 보일 것이다. 은은 황금의 가치를 측정하는 것처럼 보이고, 황금은 은의 가치를 측정하는 것처럼 보이지 않는다. 황금의 가치는 교환하는 데 드는 은의 양에 달린 것처럼 보이고, 은의 가치는 교환되는 황금의 양에 달린 것처럼 보이지 않게 된다.

이런 차이는 장부 기록 관습과 크고 작은 금액을 금화가 아닌 은화로 표시하는 것에서 전적으로 유래한다. 예를 들어 드러먼드[19]가 25기니 혹은 50기니 어음을 발행했다면 기니의 가치에 변화가 생긴 뒤에도 여전히 이전처럼 25기니 혹은 50기니로 지급해야 할 것이다. 하지만 은으로 지급한다면 그 양은 무척 다를 것이다. 금은 은의 가치를 측정하는 것처럼 보이고, 은은 금의 가치를 측정하지 못하는 것처럼 보일 것이다. 장부 기록 관습과 이런 식으로 약속어음과 기타 화폐 채무를 나타내는 관습이 일반적인 것이 된다면 은이 아닌 금이 가치 기준이나 척도가 되는 금속으로 간주된다.

---

19   George Drummond(1687-1766). 애덤 스미스 당시 에든버러시의 시장.

귀금속의 가치가 주화의 가치 결정

사실상 각기 다른 금속으로 만든 주화들의 상대적 가치로 규정된 비율을 유지하는 동안, 가장 귀한 금속의 가치가 모든 주화의 가치를 규정한다. 동화 12펜스는 최고 품질이 아닌 상형(常衡, 16온스를 1파운드로 하는 저울)으로 0.5파운드의 동을 포함하는데, 주조되기 전에는 거의 은 7펜스 가치도 되지 않는다. 하지만 규정상 동화 12펜스는 1실링과 교환하도록 되어 있으므로 동화 12펜스는 시장에선 1실링 가치로 생각되며, 언제든 1실링과 교환할 수 있다.

최근 벌어진 그레이트브리튼의 금화 개주(改鑄)[20] 이전에도 금화, 적어도 런던과 그 인근 지역에서 유통되던 금화 일부는 보통 대부분 은화보다 기준 무게 이하로 떨어지는 일이 그리 빈번하지 않았다. 하지만 마모되어 손상된 21실링은 1기니와 동등하게 생각되었고, 기니 역시 마모되고 손상되었을지도 모르지만 좀처럼 그런 일은 없었다. 최근 여러 규정은 다른 나라들에서 오는 기니화가 세관을 통과할 때 가능한 한 표준 무게에 근접하는지 검사하도록 규정했다.[21] 관공서에서 무게만으로 금을 받으라는 명령을 내린 이상, 그런 명령이 시행되는 한 금화의 중량을 보존할 가능성이 크다. 은화는 여전히 금화 개주 이전처럼 계속 마모되고 손상된 상태로 있다. 하지만 시장에선 이렇게 가치가 하락한 은화 21실링을 여전히 괜찮은 금화 1기니와 같은 가치를 지닌다고 여긴다.

금화 개주로 교환 가능한 은화의 가치도 올랐다. 잉글랜드 조폐국에서 금 1파운드는 44.5기니 주화로 만들어지는데, 1기니가 21실링이므로 46파운드 14실링 6펜스와 같다. 따라서 그런 금화 1온스는 은화로 3파운드

---

20 1774년에 조지 3세 14년에 법령 70호에 따라 금화를 개주(改鑄: 다시 주조함)했다. 이렇게 한 것은 금화 유통 과정에 자연마모로 금 함유량이 적어지게 된 것을 보정하려는 조치였다. 금화 개주는 제1권 11장에서도 언급되어 있고 제2권에서 은행 업무를 다룰 때도 다시 언급된다.

21 1774년에 나온 규정으로 다른 나라에서 들어오는 기니화가 발행 연도에 따라 일정한 마모율 이상을 넘어서면 통관하지 못하도록 규제했다.

17실링 10.5펜스 가치가 있다. 잉글랜드에선 화폐를 주조할 때 화폐 주조세나 그 외의 세금이 일절 부과되지 않으므로 1파운드나 1온스 무게의 표준 금괴를 조폐국으로 가져오는 사람은 어떠한 무게 삭감도 없이 1파운드나 1온스 무게의 금화를 받았다. 따라서 3파운드 17실링 10.5펜스는 잉글랜드에서 황금의 조폐국 가격이 되고, 좀 더 부연하면 표준 금괴에 대해 조폐국이 주는 금화의 양이었다.

시장가격과 조폐가격

금화 개주 이전에 시장에서 표준 금괴 가격은 오랜 세월 동안 1온스에 3파운드 18실링 이상이었고, 때로는 3파운드 19실링 그리고 가끔은 4파운드가 되기도 했다. 마모되고 손상된 금화는 해당 액수에 표준 황금 1온스보다 더 많은 금이 포함된 일은 좀처럼 없었다. 금화 개주 이후로 표준 금괴의 시장가격은 1온스에 3파운드 17실링 7펜스를 거의 넘지 않았다. 금화 개주 이전에는 시장가격이 조폐국 가격보다 높은 경우가 많았다. 금화 개주 이후로 시장가격은 끊임없이 조폐국 가격보다 낮았다.

하지만 시장가격은 금화로 지급되든 은화로 지급되든 동일하다. 따라서 최근의 금화 개주는 금화 가치뿐만 아니라 금괴에 비례하여 은화 가치를 높였고, 다른 모든 상품과의 관계에서도 은화 가치를 높였다. 그러나 대다수 다른 상품의 가격은 무수한 다른 원인으로 영향을 받으므로 그런 상품들에 비례한 금화나 은화의 가치 상승은 그다지 뚜렷하고 감지될 정도는 아니었다.

잉글랜드 조폐국은 표준 은괴 1파운드를 같은 방식으로 표준 은 1파운드 무게를 포함한 62실링으로 주조한다. 따라서 은 1온스에 5실링 2펜스가 잉글랜드 조폐국의 은 가격 혹은 표준 은괴에 대해 조폐국이 바꾸어주는 은화 양이다. 금화 개주 이전에는 표준 은괴의 시장가격이 여러 경우에 따라 1온스에 5실링 4펜스, 5실링 5펜스, 5실링 6펜스, 5실링 7펜스, 가끔은 5실링 8펜스였다. 하지만 5실링 7펜스가 가장 일반적인 가격이었던 것으로 보인다. 금화 개주 이후에 표준 은괴의 시장가격이 때때로 1온스에 5실링

3펜스, 5실링 4펜스, 5실링 5펜스로 떨어졌지만, 5실링 5펜스를 넘는 적은 거의 없었다. 은괴의 시장가격이 금화 개주 이래로 상당히 감소했지만, 조폐국 가격 이하로 떨어지지는 않았다.

각기 다른 금속 사이 비율에서 잉글랜드 주화의 동은 실질가치보다 훨씬 높게 평가되지만, 은은 실질가치보다 다소 낮게 평가된다. 유럽 시장에서 순금 1온스는, 프랑스 주화와 네덜란드 주화로, 순은 약 14온스 정도와 교환된다. 잉글랜드 주화에서는 같은 양의 순금이 순은 약 15온스와 교환되는데, 이는 유럽의 일반적인 평가 가치보다 더 많은 순은으로 교환된다는 의미다. 하지만 잉글랜드에서조차 잉글랜드 동화에 포함된 동의 높은 가격에 따라 동괴 가격이 오르지 않는 것처럼, 잉글랜드 은화에 포함된 은의 낮은 가격 때문에 은괴 가격이 떨어질 일은 없다. 은괴는 여전히 황금에 대한 적정 비율을 지키고 있으며, 같은 이유로 동괴도 은에 대한 적정 비율을 유지한다.

존 로크의 은괴 가치 상승설은 잘못

윌리엄 3세 치세에서 은화 개혁이 되었을 때 은괴 가격은 여전히 조폐국 가격보다 다소 높게 유지되었다. 존 로크[22]는 이런 고가가 은괴 수출 허가와 은화 수출 금지 때문이라고 생각했다. 그는 이런 수출 허가가 은괴 수요를 은화 수요보다 크게 했다고 했다. 하지만 국내에서 사고파는 일반적인 용도로 은화를 원하는 사람 수가 수출용이나 다른 용도로 은괴를 원하는 사람 수보다 확실히 훨씬 더 많다. 현재에도 마찬가지로 금괴 수출은 허가되고, 금화 수출은 금지되었다.

그럼에도 금괴 가격은 조폐국 가격 이하로 떨어졌다. 하지만 잉글랜

---

[22] John Locke(1632-1704). 애덤 스미스보다 1세기 앞선 영국의 철학자로, 『통치론』을 펴내 군주제에 대항하는 시민사회의 우수성을 주장하면서 시민의 정치적 자유를 선언했다. 로크가 정치 분야에서 자유주의의 선구자라면, 애덤 스미스는 경제 분야에서 자유주의를 주장한 선구자다.

드 주화에서 은은 지금과 똑같은 방식으로 당시에도 황금에 비해 낮게 평가되었고, 금화(당시에도 개주는 불필요하다고 생각되었다)는 당시에도 지금처럼 전체 주화의 실질가치를 규정했다. 은화 개주가 당시에 은괴 가격을 조폐국 가격까지 떨어뜨리지 않았기에 지금 개주를 한다고 해도 그런 가격 감소는 없을 것이다.

은화를 금화처럼 표준 무게에 가깝게 한다면 현재 비율에 따르면 금화 1기니로 은괴를 구매할 때보다 은화를 구매하는 경우에 더 많은 은을 받을 것이다. 은화는 표준 무게를 온전히 담고 있으므로 이 경우 은화를 녹여 먼저 은괴를 팔아 금화를 사고, 이후 이 금화를 은화로 교환해 똑같은 방식으로 녹이면 이득이 된다. 이런 불편함을 막는 유일한 방법은 현재 비율에 약간의 변경을 가하는 것이다.

금괴보다는 주화 상태의 금이 더 가치 있다

은화에 포함된 은이 현재 황금에 대한 적정 비율보다 아래로 평가되고 있으므로 그것을 그만큼 상향 평가하면 이러한 불편함은 덜어질 것이다. 이렇게 하려면 동화가 실링의 잔돈 이상으로 사용되면 법적 통화가 아닌 것과 마찬가지로, 은화가 기니의 잔돈 이상으로 사용되면 법적 통화가 될 수 없다는 것을 법제화하면 된다. 이렇게 되면 은화가 높은 평가를 받은 결과로 손해를 보는 채권자는 없을 것이다. 이는 현재 동화의 가치가 더 높기 때문에 어떤 채권자도 손해 보지 않는 것과 마찬가지다.

이런 규정으로 고통받는 사람은 은행가가 유일하다. 예금 인출이 계속될 때 은행가들은 때때로 6펜스짜리 주화 지급으로 시간을 벌려고 하지만, 이런 규정에 따라 그들은 즉시 지불을 회피하기 위해 이런 낯부끄러운 방법을 쓰지 못하게 되기 때문이다. 그들은 현재보다 더 많은 양의 현금을 늘 금고에 보관해야 한다. 이는 그들에게 분명 엄청난 불편함을 주겠지만, 동시에 그들의 채권자에게는 엄청난 안도감을 줄 것이다.

황금의 조폐국 가격인 3파운드 17실링 10.5펜스는 현재 우리의 우량 금화에서조차 표준 황금 1온스 이상을 포함하지 않기에, 표준 금괴 1온스

이상을 구매할 수 없다고 생각할 것이다. 하지만 금화는 금괴보다 편리하다. 비록 잉글랜드에서는 화폐 주조가 자유롭지만, 조폐국으로 보낸 금괴는 몇 주가 걸린 후에나 소유주에게 금화로 돌아온다. 조폐국이 지금처럼 바쁘면 몇 달을 기다린 뒤에나 금화를 받을 수 있다. 이런 시간 지체는 소액의 조폐수수료를 부과하는 것이나 마찬가지로, 이로써 금화는 같은 양의 금괴보다 약간 더 가치가 있게 된다. 잉글랜드 주화에서 은이 금에 대해 적정 비율로 평가받는다고 해도, 은괴 가격은 은화 개주가 없는 상황에서도 조폐국 가격 이하로 떨어지게 된다. 마모되고 손상된 현재 은화의 가치조차 은화로 교환할 수 있는 우량한 금화의 가치로 규정되기 때문이다.

금화와 은화 주조에 소액의 조폐 수수료를 부과하면 같은 양의 금괴나 은괴보다 금화나 은화의 우위가 더욱 높아질 것이다. 이 경우 주조는 이런 적은 수수료 정도에 비례해 주조된 금속의 가치를 높인다. 이는 세공 가격에 비례해 세공한 금은 식기류의 가치가 늘어나는 것과 같다. 금괴나 은괴에 대한 주화의 우위는 주화를 녹여 금괴나 은괴로 만들려는 것을 방지하고, 금화나 은화를 수출하려는 욕구를 꺾는다.

설사 나라에 긴급한 일이 발생해 주화 수출이 필요해졌더라도 대다수는 이내 저절로 돌아올 것이다. 해외에서 주화는 금괴나 은괴에 해당하는 무게로만 팔릴 수 있지만, 국내에선 무게 이상으로 구매할 수 있기 때문이다. 그러므로 주화는 다시 국내로 가져오는 게 이득이 된다. 프랑스에서는 화폐 주조세 8퍼센트가 주조에 부과되는데, 프랑스 주화는 수출되더라도 저절로 국내로 돌아온다고 한다.

금·은괴 가격 변동은 일반 상품과 동일하다

금괴와 은괴의 시장가격이 때때로 변동하는 것은 다른 상품의 시장가격 변동과 동일한 원인 때문이다. 그런 귀금속은 수륙 양면에서 발생하는 다양한 사고로 인해 빈번히 손실되고, 도금, 레이스, 자수에 끊임없이 낭비되고, 더구나 주화와 금은 식기류로 사용되면서 마모되고 손상된다.

따라서 자국에 금은 광산이 없는 모든 나라는 이런 손실과 낭비를 바로잡고자 계속 수입해야 한다. 다른 상인들처럼 금은 수입상도 때때로 자기 수입분을 조절하고자 자신이 내린 수요 판단에 맞추어 애쓴다. 하지만 아무리 주의해도 때때로 지나치게 많이 혹은 지나치게 적게 수입할 때가 있다. 국내 수요보다 금은괴를 더 많이 수입하면 다시 수출하는 위험과 번거로움을 겪으니 차라리 때때로 일부를 평균 가격보다 기꺼이 낮은 가격으로 팔고자 한다.

다른 한편으로 금은 수입상은 실제 수요보다 적게 수입한 경우 가격이 떨어져도 더 높은 가격을 받게 된다. 하지만 이렇게 때때로 여러 변동이 생기지만, 금괴나 은괴의 시장가격이 몇 년간 계속 확고부동하고 조폐국 가격보다 꾸준히 웃돌거나 밑돌 때, 이런 확고부동하고 꾸준한 가격 우세나 약세는 주화 상태에 관련된 결과라고 할 수 있다. 그리고 이러한 주화 상태 관련 사항은, 당시 특정량의 주화가 포함해야 하는 금은괴의 정확한 양보다 더 가치 있게 하거나 덜 가치 있게 만든다.

물품 가격은 주화의 실제 함량에 연동한다

특정 국가의 화폐가 특정 시기와 장소에서 가치의 정확한 척도로 작용하는지는 통화가 그 금은 함량 기준에 정확히 일치하거나, 포함해야 하는 순금이나 순은의 양과 정확하게 일치하는지에 따라 달라진다. 예를 들어 잉글랜드에서 44.5기니가 정확히 표준금 1파운드의 무게를 담고 있다면 혹은 순금 11온스와 합금 1온스를 담고 있다면, 잉글랜드 금화는 어떠한 특정 시기나 장소에서도 사물의 본질이 허용하는 한도 내에서 상품의 실제 가치를 정확하게 나타내는 척도가 된다.

하지만 마모와 손상으로 인해 44.5기니가 일반적으로 표준금 1파운드보다 적은 황금을 함유하고 있고 그런 감소가 다른 주화보다 일부에서 더욱 크게 나타난다면 가치 척도는 다른 모든 도량형처럼 가치의 불확실성에 쉽게 노출된다. 도량형은 그 기준과 정확히 일치하는 일이 좀처럼 없으므로 상인은 자기 물건 가격을 그런 도량형 표시에 맞추지 않고 실제 평균적으로 나타나는 표시에 맞추게 된다. 상인은 이렇게 해야 한다는 것을 경험으로 알고 있다. 주화에서도 비슷한 혼란이 나타나므로 물건 가격은 주화에 들어 있어야 할 순금이나 순은의 양이 아니라, 경험을 통해 알게 된 실제로 함유된 양의 평균에 근거해 결정된다.

여기서 한 가지 유의점이 있다. 상품의 화폐가격이라 함은 항상 주화의 액면가와는 무관하게 판매 대금으로 받는 순금이나 순은의 실제 양이라는 사실이다. 예를 들어 에드워드 1세[1272-1307] 시기에, 6실링 8펜스는 현재 1파운드와 같은 화폐가격에 해당한다고 생각한다. 내가 보기에 이 둘은 똑같은 양의 순은을 함유하고 있기 때문이다.

제6장

상품가격의 구성 요소

원시 상태에서는 노동량이 가치 기준

자본 축적과 토지 사유가 발생하기 이전의 초기 야만적인 사회 상태에서, 서로 다른 물품을 획득하는 데 필요한 노동량의 비율이 물품을 교환는 데 있어 유일한 기준이 된다. 예를 들어 사냥꾼 부족 사이에서 일반적으로 비버 한 마리를 죽이는 데는 사슴 한 마리를 죽이는 것보다 두 배로 노동이 든다면, 자연스레 한 마리 비버는 두 마리 사슴으로 교환되거나 그와 같은 가치를 지니게 된다.[23] 보통 이틀이나 두 시간 노동해 얻는 생산물은 하루나 한 시간 노동을 통해 얻는 생산물보다 두 배의 가치를 갖는 게 자연스러운 일이다.

한 종류의 노동이 다른 종류의 노동보다 더욱 혹독하다면 자연스레

---

23 이 부분은 비판가들로부터 많이 지적받아온 사례인데 비판 내용은 이러하다. "비버를 죽이는 것이 사슴을 죽이는 것보다 두 배나 힘들다는 것은 객관적 사실과 부합하지 않는다. 비버는 물가에 댐을 지어놓고 살기 때문에 누구나 그 거주지를 알지만 사슴은 들판을 뛰어다닌다. 비버를 잡는 데 시간이 걸리더라도 수렵민 중 누가 비버 털로 만든 모자를 쓰고 다니겠는가?"

더 힘든 노동에 대해 어느 정도 참작하기도 한다. 그리하여 한 시간의 가혹한 노동으로 인한 생산물은 때때로 편안한 두 시간 노동에 따른 생산물과 교환될 수도 있다.

혹은 어떤 종류의 노동에 엄청난 수준의 재주와 독창성이 필요하다면, 사람들이 그런 재능에 존경을 보내면서 자연스레 그런 노동에서 나오는 생산물에 가치를 부여할 것이다. 그 가치는 그런 생산물을 만드는 데 들어간 시간에 마땅히 주어져야 할 보상 이상일 것이다. 그런 재능은 오랜 세월 전념해 획득한 것이므로 그런 생산물의 우월한 가치는 흔히 그런 재능을 획득하는 데 투자한 시간과 노동에 대한 합리적인 보상이 된다. 진보된 사회에서는 힘든 일과 우수한 기술력에 관해 통상적으로 그 가치를 노동 임금에 반영하는데, 틀림없이 초기 야만스러웠던 시대에서도 이와 유사한 정상 참작이 이루어졌을 것이다. 이런 상태에서 모든 노동 생산물은 노동자의 소유물로 돌아간다. 일반적으로 어떤 상품을 획득하거나 생산하는 데 들어간 노동량은 보통 그런 상품을 구매하고, 장악하고, 교환해야 하는 노동량을 규정하는 유일한 기준이다.

자본의 회수와 이윤

특정인들이 수중에 자본을 축적하기 시작하면서 일부는 부지런한 사람들에게 원료와 생활비를 제공한다. 이렇게 해서 그들은 거기서 나오는 생산물을 얻어 판매하거나 혹은 그들의 노동으로 원료에 가치를 더해 이득을 올리려 할 것이다. 이것은 충분히 예상되며 자연스러운 일이다. 완제품을 화폐, 노동, 다른 물품 등과 교환하면서 원료비와 노동자 임금을 충분히 지급하고 이런 모험에 자기자본을 과감히 투자한 사업가에게도 합당한 보상이 주어져야 한다.

노동자가 원료에 더한 가치는 두 부분으로 나뉘는데, 하나는 노동자의 임금에 해당하는 부분, 다른 하나는 고용주가 내준 원료와 임금을 넘어서서 전체 자본에 대한 고용주의 이익이다. 고용주는 노동자의 생산물을 판매하면서 자기자본 회수는 물론이고, 거기에 더해 일정한 이윤을 기대할 수 없다면 노동자를 고용하지 않을 것이다. 자신에게 돌아오는 이윤이 자기자본 규모에 비례하지 않는다면 큰 자본을 투자할 이유를 느끼지 못한다.

자본 이윤은 특정 부류의 노동, 즉 감독과 지시에 따른 노동에 주어지는 임금과 이름만 다르지 같은 것이라고 여길 수도 있다. 하지만 이윤은 임금과는 무척 다른 원칙에 따라 규제되며, 감독과 지시를 하는 데 들어간 노동량, 어려움, 독창성 등과는 전혀 비례하지 않는다. 고용주의 이윤은 투자자본의 가치에 전적으로 규제되고, 이런 자본 규모에 비례해 크고 작은 규모가 결정된다.

예를 들어 제조업 자본의 일반적인 연간 이윤이 10퍼센트이며, 특정 장소에서 운영되는 두 제조업 갑과 을이 있다고 하자. 갑과 을은 각각 노동자 20명을 고용해 매년 각 노동자에게 15파운드 연봉을 주고 있거나 혹은 각 공장에서 매년 3백 파운드를 들여 노동자 20명을 고용한다. 또 갑 공장에서 매년 작업하는 조악한 재료 구입에 7백 파운드가 드는 데 반해 을 공장에선 질 높은 재료에 매년 7천 파운드를 들인다고 치자.

이 경우 갑 공장에 매년 들어가는 자본은 고작 1천 파운드이며, 을 공장에 매년 들어가는 자본은 7천 3백 파운드이다. 연 기대 이윤이 10퍼센트이므로 갑 공장을 소유한 기업가가 기대하는 이윤은 연간 1백 파운드 정도지만, 을 공장을 소유한 기업가는 730파운드를 연 이윤으로 기대한다. 갑과 을의 기대 이윤은 이처럼 무척 다르지만, 감독과 지시가 필요한 노동은 갑을 두 공장에서 전적으로 같거나 아니면 거의 같다.

수많은 큰 직장에서 이런 부류[감독과 지시]의 노동은 거의 전부 몇몇 주된 직원이 맡는다. 그의 임금은 이런 노동의 가치를 적절하게 반영한다. 임금 결정 시 일반적으로 노동과 기술력뿐만 아니라 그에게 위임한 신뢰도 고려 대상이지만, 그 임금은 직원이 경영을 감독하는 자본과는 어떠한 규칙적인 비례 관계도 없다. 이런 자본의 소유주는 거의 노동을 하지 않지만, 여전히 자기 이윤이 자본과 규칙적으로 비례할 것을 기대한다. 따라서 상품가격에서 자본 이윤은 노동 임금과는 완전히 다른 구성 요소이며 전혀 다른 원리에 의해 결정된다.

가격 결정의 세 요소: 임금, 이윤, 지대

상황이 이러하므로 모든 노동 생산물이 언제나 노동자에게 귀속되는 것은 아니다. 대부분 노동자는 자신을 고용한 자본 소유주와 그 생산물을 나누어야 한다. 또한 재화를 얻거나 만드는 데 일반적으로 투입되는 노동의 양만이 재화의 통상적인 가격, 판매 가격, 거래 가격을 결정하는 유일한 요소는 아니다. 노동자의 임금을 미리 지급하고 노동에 드는 원료를 제공한 자본 이윤 몫으로 추가량이 주어져야 하기 때문이다.[24]

한 나라의 토지가 모두 사유 재산이 되면, 지주들은 씨를 뿌리지 않은

---

24 이 부분은 뒤에 리카도와 마르크스에 따라 수정·증보되는 임금이론의 중요한 단서가 된다. 스미스는 원시 사회에서 투입된 노동량이 노동자의 보수가 되어 전 생산물(지배 노동량)을 노동자가 가진다고 말한다. 그러나 사회가 발전하면서 노동자의 보수가 전 생산물이 아니라 그 일부에 지나지 않게 되어 투하 노동량이 지배 노동량과 일치하지 않게 된다. 즉 상품의 구성요소가 임금, 이윤, 지대로 나뉘는 것이다. 그런데 이 경우에도 스미스는 투하 노동량의 가치를 노동(노동력)의 가치, 즉 임금과 동일시한다. 가령 어떤 노동자가 특정 원료로 하루 8시간을 작업해서 8만 원의 가치를 붙여 어떤 물건을 만들어냈다고 해보자. 이 8만 원이 투하 노동 가치가 된다.

그런데 그 노동자의 하루 생활비가 4만 원이라고 하면 고용주는 노동자에게 4만 원만 지불하면 된다. 이것이 노동력의 가치다. 스미스는 이 8만 원과 4만 원을 같은 것으로 보고 있다. 노동 가치설의 원래 주장은 상품의 가치는 그것을 생산하는 데 들어간 노동량에 따라 결정된다는 것이나, 스미스는 이 명제를 일관되게 지키지 못하고 애매한 입장을 취한다.

리카도는 이 부분을 수정하면서 다음과 같은 주장을 펼쳤다. 한 상품의 가치 혹은 그 상품과 교환될 다른 상품의 수량은 그 생산에 필요한 노동의 상대량에 따라 결정되는 것이지, 그 노동에 대해 지불하는 보수의 많고 적음으로 결정되지 않는다. 가령 골동품이나 고서화 같은 희귀한 상품이 아닌, 생산에 따라 시장에 공급되는 많은 상품의 가치는 상품을 만드는 데 들어간 노동의 상대량에 따라 결정된다. 이러한 서로 다른 투입 노동량은 시장의 가격 기구를 통해 자동으로 조절된다. 또한, 기계나 도구 등에 투입된 간접노동도 직접노동과 함께 상품 가치를 형성한다. 이상과 같은 리카도의 설명은 스미스의 노동가치설을 크게 보완했다. 마르크스는 리카도의 임금이론을 이어받으면서 잉여가치설을 주장해 이윤의 근거를 밝혔다.

마르크스는 상품 가치가 실제로는 노동으로 결정되며, 그 가치의 높고 낮음은 사회적으로 필요한 노동시간에 따라 결정된다고 주장했다. 투하 노동 가치 8만 원과 노동력 가치 4만 원의 차액 4만 원은 잉여가치로 고용주의 주머니에 들어가고 이것이 잉여가치의 근거가 된다고 주장한다.

곳에서도 수확을 시도하고, 땅이 자연적으로 생산한 것에서도 지대를 요구하게 된다. 숲의 나무, 들판의 풀 그리고 땅의 모든 자연 열매에 대해, 땅이 만인의 소유였을 때 노동자는 그저 그것을 모으는 번거로움만 감당하면 자기 소유로 삼을 수 있었지만, 이젠 노동자에게조차 그런 것에 대한 추가 대가를 요구한다. 노동자는 그런 것을 수집하기 위한 면허를 얻어야 하고, 그가 노동으로 모으거나 생산한 것 일부를 지주에게 넘겨주어야 한다. 결국 마찬가지 이야기가 되겠지만, 이런 부분의 가격이 땅의 지대를 구성하며, 대부분 상품가격에서 제3의 구성 요소가 된다.

여기서 한 가지 주의해야 할 사항은 이것이다. 가격의 모든 다른 구성 요소의 실질가치는 각 요소가 구매하거나 장악할 수 있는 노동량에 따라 측정된다는 것이다. 그리하여 노동은 임금으로 귀속되는 가격 부분 가치뿐만 아니라 지대의 가격 부분과 이윤의 가격 부분, 이렇게 두 부분의 가치도 측정한다.

모든 사회에서 상품가격은 결국 이 세 요소 중 어느 하나 혹은 전부로 분해된다. 모든 선진 사회에서 이 세 부분은 상품가격의 대부분을 구성하는 요소로 많든 적든 그 가격 안에 들어간다.

곡물 가격의 결정의 세 요소

곡물 가격 사례를 들어 가격의 세 요소를 더 살펴보자. 그 가격에서 한 부분은 지주 지대를 지급하고, 다른 부분은 노동자 임금 혹은 노동에 투입되는 가축 유지비를 지급하고, 세 번째 부분은 농부의 이윤을 지급한다. 이런 세 부분은 직접적 혹은 궁극적으로 곡물 가격 전체를 형성한다.

여기서 농부의 자본을 대체하거나 노동에 투입되는 가축의 부상과 농사 도구들의 자연마모를 보상하고자 네 번째 부분이 필요하지 않을까 생각해볼 수도 있다.

하지만 노동에 투입하는 마필(馬匹) 등 농사 도구 가격은 그 자체로 똑같은 세 부분을 형성한다고 보아야 한다. 그런 말을 키우는 땅의 지대, 그런 말을 돌보고 키우는 데 드는 노동, 이런 땅 지대와 노동 임금을 미리 지급하는 농부의 이윤 등이 그 세 부분이다. 따라서 곡물 가격은 마필 유지비는 물론 말 자체 가격까지 포함하지만, 여전히 전체 가격은 직접적으로 혹은 궁극적으로 지대, 노동, 이윤이라는 세 부분으로 분해된다.

밀가루나 굵은 밀가루 등의 곡물 가격을 정하려면 제분업자의 이윤과 그가 고용한 직원들의 임금을 더해야 하며, 빵 가격은 빵장수의 이윤과 그가 고용한 직원들의 임금을 포함해야 한다. 두 가지 물건 가격에는 농장에서 제분소로 밀을 운반하는 노동 그리고 제분소에서 빵집으로 곡물을 운반하는 노동에 더해 그런 노동 임금을 미리 지급하는 사람들의 이윤도 추가해야 한다.

아마포 가격도 곡물 가격과 같이 세 부분으로 나눌 수 있다. 아마포 가격에는 제마업자, 방적공, 방직공, 표백업자 등의 임금과 각각을 고용하는 사람들의 이윤이 더해져야 한다.

특정 상품이 더 많이 제조되면서 임금과 이윤으로 분해되는 가격 부분은 지대로 귀속되는 부분에 비해 더욱 커진다. 제조업이 진보하면서 이윤 총계가 늘어날 뿐만 아니라 모든 차후 이윤은 이전 이득보다 더욱 커진다. 차후 이윤을 발생시킨 자본이 항상 더 크기 때문이다. 예를 들어 방직공(weaver)을 고용하는 자본은 틀림없이 방적공(spinner)을 고용하는 자본보다 더 크다. 전자의 자본은 후자의 자본과 이윤을 지급할 뿐만 아니라 방직공의 임금까지도 지급하기 때문이다. 이윤은 항상 자본과 일정한 비율을 유지한다.

임금과 이윤만으로 가격이 결정되는 상품

하지만 대다수 선진 사회에는 그 가격이 노동 임금과 자본 이윤으로만 구성되는 소수의 상품이 있다. 그보다 적은 수이긴 하지만, 가격이 오직 노동 임금으로만 결정되는 상품도 있다.

예를 들어 바다 생선 가격에서 한 부분은 어부의 노동을 지급하고, 다른 부분은 어업에 들인 자본 이윤을 지급한다. 지대는 거의 가격의 구성 요소가 되지 않기 때문이다. 때때로 지대가 구성 요소로 들어가긴 하지만, 그것은 나중에 살펴볼 것이다[1권 11장 해초 켈프의 사례].

하지만 유럽 대부분 지역에서 바다가 아니라 하천에서 진행되는 어업은 다른 양상을 보인다. 연어잡이는 일정한 지대를 지급하는데, 이는 땅의 지대라고 부를 수는 없지만, 임금과 이윤에 더해 연어 가격 일부를 형성한다. 스코틀랜드 일부 지역에서는 일부 가난한 사람들이 해안가를 따라 '스카치 페블'이라고 불리는 작고 얼룩덜룩한 돌들을 수집하는 것을 직업으로 삼기도 한다. 석공이 그들에게 지급하는 가격은 전적으로 그들의 노동 임금이며, 지대나 이윤은 그 가격 중 어떠한 부분도 구성하지 않는다.

하지만 어떤 상품의 전체 가격은 결국 이 세 부분 중 하나 혹은 전부를 차지한다. 땅의 지대 그리고 상품을 발생시키고, 제조하고, 시장으로 운반하는 데 들어간 노동 등의 가격을 전부 지급한 뒤에 남은 부분은 무엇이든 필연적으로 누군가에게 이윤으로 돌아가기 때문이다.

모든 특정 상품의 교환가치는 이 세 부분 중 하나 혹은 전부로 나뉘므로 모든 나라의 연간 노동 생산물 전체를 구성하는 상품가격은 복합적으로 보면 동일하게 세 부분으로 나누어져야 한다. 즉, 그것은 한 나라의 주민들 사이에 노동 임금, 자본 이윤, 땅의 지대로 나뉘어야 한다. 모든 사회의 노동으로 매년 수집되거나 생산되는 것 전체 혹은 그것의 전체 가격은 이런 방식으로 각기 다른 구성원 사이에서 나뉜다. 임금, 이윤, 지대 이 세 가지는 모든 수입은 물론이고 모든 교환가치의 원천이다. 다른 모든 수입은 궁극적으로 이 세 가지 중 하나에서 나온다.

수입의 세 원천: 노동, 자본, 토지

자기 자원에서 수입을 얻는 자는 누구든지 그런 수입을 자기 노동, 자본 혹은 땅에서 얻는다. 노동에서 나오는 수입은 임금이라 한다. 자본을 관리하거나 투자하는 사람이 자본에서 얻는 수입은 이윤이라 한다. 자본을 직접 투자하지 않지만 그것을 다른 사람에게 빌려주는 사람이 자본에서 얻는 수입은 이자 혹은 화폐 사용료라고 불린다. 이는 자본을 빌린 사람이 그 돈의 사용으로 이윤을 올릴 기회를 얻은 것에 대해 대부자에게 지급하는 보상이다. 그런 이윤의 일부는 당연히 자본 활용의 위험을 무릅쓰고 번거로움을 감당한 차용자에게 돌아가고, 다른 일부는 이런 이윤을 얻을 기회를 제공한 대부자에게 돌아간다.

화폐 이자는 항상 파생적 수입이다. 차용자가 낭비가 심해서 첫 번째 부채의 이자를 지급하고자 두 번째 부채를 지는 사람이 아니라면, 그 돈의 사용으로 발생한 이윤에서 이자를 지급하지 못하면 다른 수입 원천에서 지급해야 한다. 전적으로 땅에서 나오는 수입은 지대라고 하며 지주에게 귀속된다. 농부가 얻는 수입 일부는 그의 노동에서, 그리고 다른 일부는 그의 자본에서 나온다. 그에게 땅은 노동 임금을 얻고 자본 이윤을 얻게 해주는 수단일 뿐이다. 모든 세금, 세금에 기초한 모든 수입, 모든 부류의 급여, 보조금, 모든 종류의 연금은 궁극적으로 수입의 세 원천 중 하나에서 나오며, 직접적 혹은 궁극적으로 노동 임금, 자본 이윤 혹은 땅의 지대를 원천으로 해서 지급된다.

이러한 수입의 세 부류가 각기 다른 사람에게 귀속될 때는 쉽게 구별되지만, 같은 사람에게 한꺼번에 돌아가면 그것은 일상용어로는 서로 혼동되기도 한다.

세 원천의 부분적 활용 사례

자기 땅 일부를 직접 경작하는 향신[鄉紳: 시골의 일반 지주로, 귀족은 아니다]은 경작 비용을 지급한 뒤 지주 지대와 농부 이윤을 모두 차지할 것이다. 하지만 그는 자신의 모든 수입을 이윤이라고 부르는 경향이 있으며, 이로 인해 일상용어에서는 지대와 이윤이 섞이며 혼동된다. 북아메리카와 서인도제도 농장주들 대다수는 지대와 이윤을 모두 차지한다. 그들 대다수는 자기 토지를 경작하고, 그에 따라 농장 지대에 관한 이야기는 좀처럼 들려오지 않지만 이윤에 관한 이야기는 자주 들린다.

일반 농부는 농장의 전반적인 작업을 지시하는 감독자를 거의 고용하지 않는다. 그들은 또 상당한 일을 직접 하는데, 가령 쟁기질과 써레질을 직접 하는 식이다. 따라서 지대를 지급한 뒤 남은 작물은, 경작에 들어간 자본과 더 나아가 보통 이윤도 함께 농부에게 회수해줄 정도가 되어야 하고, 그뿐만 아니라 노동자이자 감독인 농부가 받아가야 할 임금도 지급해야 한다. 하지만 지대를 지급하고 자본 회수 뒤 남은 것은 무엇이든 이윤이라 불린다. 임금은 명백히 그 이윤의 일부가 되며, 농부는 이런 임금을 절약했으므로 필연적으로 자신이 그것을 가져간다. 따라서 이 경우에 임금은 이윤과 혼동된다.

원료를 구매하고 생산물을 시장에 내놓을 때까지 생활할 수 있을 정도로 자기자본을 소유한 독립적인 제조업자는 어떨까? 그는 장인 아래에서 일하는 직공의 임금과 장인이 직공의 생산물을 판매해 얻는 이윤, 이렇게 두 가지를 모두 가져간다. 하지만 그가 벌어들인 건 흔히 이윤이라 불리고, 임금은 이 경우에도 이윤과 혼동된다.

직접 자기 정원을 일구는 정원사는 지주, 농부, 노동자라는 서로 다른 세 가지 특성을 모두 갖고 있다. 따라서 그는 자신의 생산물로 먼저 지주의 지대를 지급하고, 이어 농부 이윤을 지급하고, 마지막으로 노동자의 임금을 지급해야 한다. 하지만 이 모든 건 흔히 자기 노동에서 나오는 소득으로 간주된다. 이 경우에도 지대와 이윤은 임금과 혼동된다.

지대와 이윤은 교환가치에 더 기여

문명화된 나라에서는 노동에서만 교환가치가 발생하는 상품은 소수이며, 지대와 이윤이 그보다 훨씬 많은 상품의 교환가치에 기여한다. 따라서 선진 국가의 연간 노동 생산물은 항상 그런 생산물을 발생시키고, 준비하고, 시장으로 가져오는 데 들어간 노동량보다 훨씬 더 많은 노동량을 구매하거나 장악할 것이다. 사회가 매년 구매할 수 있는 모든 노동을 고용한다고 하면 매년 노동량은 크게 늘 것이므로 해마다 생산물은 이전 해의 생산물보다 훨씬 큰 가치를 지닐 것이다.

하지만 연간 생산물 전부를 부지런한 사람들을 부양하는 데 활용하는 나라는 어디에도 없다. 어디에서나 노동하지 않는 사람들이 연간 생산물의 대부분을 소비한다. 이런 두 계급 사이에 매년 연간 생산물이 분배되는 각기 다른 비율에 따라 연간 생산물의 일반 가치 혹은 평균 가치는 틀림없이 매년 늘거나 줄거나 혹은 상태를 유지할 것이다.

제7장

상품의 자연가격과 시장가격

모든 사회 혹은 지역에는 노동과 자본의 각기 다른 투자에서 통용되는 임금과 이윤의 일반 혹은 평균 비율이 있다. 앞으로 살펴보겠지만[1권 8-9장], 이런 비율은 사회의 일반 상황, 부유함이나 빈곤함, 사회 상태가 진보하는지 정체 중인지 퇴보하는지에 따라 자연스레 규제되며, 또 각 투자처의 특정 성격에 의해서도 자연스럽게 조절된다.

마찬가지로 모든 사회 혹은 지역에선 일반 혹은 평균 지대의 비율이 있는데, 앞으로 살펴보겠지만[1권 11장], 이것 역시 부분적으로 그 땅이 자리잡은 사회 혹은 지역의 전반적 상황에 따라 규제되고, 또 땅의 자연적 혹은 비옥함의 정도에 따라 조절된다.

이런 일반 혹은 평균 비율은 그런 비율이 일반적으로 통용되는 시기와 장소에서는 임금, 이윤, 지대의 자연율이라 할 수 있다.

자연가격은 임금, 이윤, 지대의 총합이다

어떤 상품이 팔려나가는 가격이, 상품을 만들고 준비하고 시장으로 가져오는 데 들어간 지대, 노동 임금, 자본 이윤을 각 자연율에 따라 지급하되 그 이상도 이하도 아닌 가격이라고 해보자. 그러면 그 상품은 자연가격으로 팔리는 것이다. 그 상품은 정확히 그 가치 혹은 상품을 시장에 출하하는 사람이 실제로 투입한 비용으로 판매된다. 일상용어 차원에서 상품 원가에는 그 물품을 받아서 시장에 내다 팔려는 상인의 이윤은 포함되어 있지 않다. 그러나 해당 지역에서 일반적으로 허용하지 않는 이윤을 붙인 가격에 상품을 판다면 상인은 그 거래에서 명백히 손해를 보는 것이다. 그의 자본을 상품에 투자하지 않고 다른 방식으로 투자했더라면 그런 이윤을 남겼을 것이기 때문이다. 게다가 이윤은 그의 수입이자 온전한 생존 재원이다. 상품을 준비해 시장으로 가져가는 동안 그는 노동자들에게 미리 임금 혹은 생활비를 지급하고, 같은 식으로 자기 생활비도 미리 지급하는데, 이는 상품 판매를 거쳐 합리적으로 기대할 수 있는 이윤으로 회수하리라고 예상했기 때문이다. 그러니 상품이 이런 이윤을 그에게 돌려주지 않는다면, 그가 실제로 들인 비용을 상품을 통해서는 회수하지 못하는 것이다.

따라서 상인에게 이런 이윤을 남기는 가격은, 때때로 상품을 판매할 수 있는 최저가는 아니지만, 상당한 시간 동안 판매할 가능성이 큰 최저가이다. 적어도 완전한 자유[25]가 있거나, 이윤의 과다(過多)에 따라 업종을 바꿀 수 있는 사회에서는 이윤이 보장되는 최저가에 상품을 판매한다.

시장가격 대 자연가격의 일치와 불일치

어떤 상품이 통상 팔려나가는 실제 가격을 가리켜 시장가격이라고 한다. 이것은 자연가격보다 높거나, 낮거나 아니면 정확히 같을 수 있다.

모든 상품의 시장가격은 둘 사이의 비율, 즉 시장에 가져오는 상품의 자연가격을 기꺼이 지불하려는 사람들의 수요와, 상품의 시장 출하를 위해 반드시 지급해야 하는 지대·노동·이윤의 총합을 기꺼이 지급하려는 사람들의 수요 사이의 비율로 조절된다. 이런 사람들은 실현 가능한 수요를 가

---

25 원어는 perfect liberty. 상품의 자유로운 교환을 주장하는 애덤 스미스의 핵심 경제사상 중 하나다. 이 용어는 뒤에서도 여러 번 나온다.

진 소비자이고, 그들의 수요를 가리켜 유효수요라 한다. 그런 수요가 시장으로 상품을 가져오게 하는 데 충분한 힘을 발휘할 수 있기 때문이다. 극빈자도 머릿속으로는 육두마차에 대한 수요를 보인다. 그런 마차를 갖고 싶다는 생각은 얼마든지 할 수 있다. 하지만 그의 수요는 유효수요가 아니다. 그의 수요는 그런 상품[육두마차]이 시장에 출하하는 데 영향을 주지 않기 때문이다.

시장으로 가져오는 어떤 상품의 양이 유효수요를 만족시키지 못한다면, 그런 상품에 들어간 지대, 임금, 이윤의 총합을 기꺼이 지급하려는 사람들이 원하는 만큼의 물량을 공급받지 못하게 된다. 그런 사람 중 일부는 아예 상품을 얻지 못하는 것보다 기꺼이 더 가격을 지불하려고 한다. 그리하여 그런 사람들 사이에 즉시 경쟁이 벌어지고, 시장가격은 상품이 부족한 정도 혹은 경쟁자들의 부(富)와 방종한 사치가 경쟁을 심화시키는 정도에 따라 자연가격을 크게 혹은 적당히 초과할 것이다. 부와 사치가 동등한 수준인 경쟁자 사이에서 상품이 부족하다면, 그 상품의 획득이 경쟁자들에게 얼마나 중요한지에 따라 경쟁은 더 치열하게 혹은 느슨하게 벌어진다. 이런 이유로 도시가 봉쇄당하거나 기근을 겪는 동안 생활필수품 가격은 천정부지로 올라간다.

유효수요가 시장가격을 결정한다

반대로 시장으로 가져오는 상품의 양이 유효수요를 초과할 때는 그런 상품을 시장으로 가져오기 위해 지급되어야 하는 지대, 임금, 이윤의 총합을 기꺼이 지급하려는 사람에게도 상품을 모두 팔 수 없게 된다. 공급이 과잉이므로 상품 일부는 가격을 더 낮게 지불하려는 사람들에게 팔린다. 이런 사람들이 상품에 지급하는 그런 낮은 가격은 상품의 전체 가격을 떨어뜨릴 수밖에 없다. 상품 초과량의 크기와 판매자들의 경쟁 정도 그리고 상품을 처리하려는 판매자들의 신속성 정도에 따라 시장가격은 자연가격 아래로 크게 혹은 적게 떨어질 것이다. 똑같은 초과량이 발생했더라도 변질하거나 부패하는 등 쉽게 상하는 상품에 대한 경쟁은 내구성 있는 상품을 수입했을 때보다 훨씬 더 치열해질 것이다. 예를 들어 고철을 수입했을 때보다 오렌지를 수입했을 때가 판매 경쟁이 더욱 치열해진다.

시장에 가져오는 양이 유효수요에 딱 맞게 제공되었을 때 시장가격은 당연히 자연가격과 정확히 일치하거나, 아니면 거의 같게 된다. 준비된 모든 상품이 이 가격으로 판매될 수 있지만, 그보다 더 높은 가격으로 판매될 수는 없다. 각기 다른 판매자들이 서로 경쟁하며 이 가격을 받아들이는 상황을 만들지만, 그보다 더 낮은 가격은 거부한다.

시장으로 가져오는 모든 상품의 양은 자연스럽게 유효수요에 적응한다. 어떤 상품을 시장으로 가져오는데 자기 땅, 노동, 자본을 투자한 사람들에게는 상품의 양이 유효수요를 초과하지 않게 하는 것이 이득이고, 반면 그렇지 않은 모든 사람[소비자]에게는 그런 양이 유효수요를 초과하는 것이 득이다.

어느 시기에 상품의 양이 유효수요를 초과하면 상품가격의 세 요소 중 일부는 자연율 이하로 지불된다. 가령 지대가 내려간다면 지주는 그런 투자에 매력을 느끼지 못하고 즉시 자기 토지 일부를 그 일에서 철수시킬 것이다. 만약 그 내려가는 요소가 임금이나 이윤이라면 전자에서는 노동자의 이해관계가, 후자에서는 고용주의 이해관계가 작동해 그런 일에서 노동이나 자본 일부가 빠져나가게 된다. 이렇게 해서 시장에 출하되는 상품의 양은 곧 유효수요를 정확히 충족시킬 정도가 된다. 상품가격의 다른 요소들은 자연율에 맞게 상승할 것이고, 모든 가격이 자연가격으로 올라갈 것이다.

반대로 어떤 시기에 시장에 출하되는 상품의 양이 유효수요에 미치지 못한다면 상품가격의 세 요소 중 일부가 자연율 이상으로 올라간다. 그 요소가 지대라면 다른 모든 지주의 이해관계는 당연히 이런 상품을 출하시키는 데 더 많은 땅을 내놓도록 유도할 것이다. 임금이나 이윤이라면 다른 모든 노동자와 상인의 이해관계는 그 상품을 준비하고 시장으로 가져오는 데 더 많은 노동과 자본을 투자할 것이다. 이렇게 해서 시장에 나오는 상품의 양은 곧 유효수요를 충족시킬 정도가 된다. 상품가격의 다른 요소들은 이내 자연율에 맞게 떨어질 것이고, 모든 가격이 자연가격으로 내려갈 것이다.

자연가격은 모든 가격의 지향점

따라서 자연가격은 모든 상품가격이 지속해서 지향하는 중심 가격이다. 여러 우연한 요인들로 상품가격은 때때로 자연가격보다 훨씬 높은 상태로 유지되기도 하고, 반대로 자연가격에 비해 낮게 떨어지기도 한다. 상품가격이 이런 형평과 지속의 중심에 정착하는 것을 방해하는 장애물이 무엇이든 간에 그 가격은 꾸준히 자연가격을 향해 나아가는 경향이 있다.

매년 어떤 상품을 시장으로 가져가기 위해 고용되는 노동의 총량은 이런 식으로 자연스럽게 유효수요에 맞춰진다. 이런 노동의 총량은 당연히 수요를 넘지 않는 범위 내에서 상품의 정확한 양을 시장에 공급하는 것을 지향한다.

하지만 어떤 일에서는 똑같은 노동량이 해마다 상이한 양의 상품을 생산하는 반면 다른 일에서는 언제나 같거나 거의 같은 양의 상품을 생산한다. 가령 농사에서는 같은 숫자의 노동자를 투입해도 해마다 무척 다른 양의 밀, 와인, 기름, 홉 등을 생산한다. 하지만 같은 수의 방적공과 방직공은 매년 똑같거나 아니면 거의 같은 아마포와 모직물을 생산한다. 어떤 측면에서든 농업의 평균 생산량은 유효수요에 적합하겠지만, 농업의 실제 생산량은 평균 생산량보다 훨씬 많거나 적으므로 시장으로 나오는 농산물 양은 유효수요를 초과하거나 미달한다.

따라서 그런 유효수요가 늘 똑같이 지속된다고 해도 시장가격은 큰 변동에 휘말리기 쉽고, 때때로 자연가격보다 훨씬 못 미치거나 훨씬 웃돌게 된다. 반면 다른 산업에서는 같은 노동량에 대한 생산물은 늘 같거나 혹은 거의 같기에 그 생산물은 더욱 정확하게 유효수요를 맞출 수 있다. 따라서 수요가 계속 같다면 상품의 시장가격 역시 같은 수준을 유지할 가능성이 크며, 자연가격에 완전히 같거나 거의 같게 된다. 그리하여 아마포와 모직물 가격은 밀 가격처럼 자주 큰 폭으로 변동하지 않으며, 이것은 모두가 경험으로 아는 바와 같다. 아마포와 모직물 가격은 수요 변동으로 달라지지만, 밀 가격은 수요 변동뿐만 아니라 수요를 맞추고자 시장에 가져오는 밀의 양이 훨씬 빈번하게 변동하므로 큰 폭으로 달라진다.

시장가격의 일시 변동은 임금과 이윤 때문

어떤 상품의 시장가격에서 일시적 변동이 발생하면 그것은 주로 임금과 이윤으로 결정되는 가격 요소에 영향을 미친다. 지대가 결정하는 가격 요소는 그런 변동에 영향을 덜 받는다. 일정 액수로 확정된 지대는 비율이나 가치에서 그런 변동에 조금도 영향을 받지 않는다. 원생산물[미가공 생산물]의 특정 비율이나 특정량으로 구성되는 지대는 분명히 원생산물의 시장가격이 일시적으로 달라지면서 연간 가치가 영향을 받겠지만, 연간 규모에는 좀처럼 영향을 받지 않는다. 임대 조건을 결정하면서 지주와 농부는 자신이 내린 최선의 판단에 따라 일시적으로 나타나는 생산물 가격이 아니라, 평균적이고 일반적인 생산물 가격에 비율을 맞추려고 애쓴다.

그러한 변동은 상품이나 노동 혹은 완료된 일이나 완료될 일로 시장 공급의 과부족 상황이 달라지면서 임금이나 이윤의 가치와 비율 모두에 영향을 미친다. 국가의 장례식은 검은 옷감의 수요를 높여 가격을 상승시키고(이런 경우 시장에는 늘 공급이 부족하다), 그것을 대량 보유한 상인들의 이윤을 증가시킨다. 하지만 이런 사건은 방직공 임금에는 어떠한 영향도 미치지 않는다. 시장은 노동이 아니라 상품이 부족한 상태이기 때문이다. 완료된 일이 부족하지, 완료될 일이 부족한 건 아니라는 뜻이다. 이런 우연한 사건은 재봉사의 임금을 높인다. 이 경우 시장은 재봉사의 노동이 부족한 것이다. 그곳에는 더 많은 재봉사의 노동이 필요하고, 완료해야 할 더 많은 일에 대한 유효수요가 있다. 반면, 색이 들어간 비단과 옷감의 가격은 떨어질 것이며, 그런 상품을 대량 보유한 상인들의 이윤은 줄어든다. 그런 상품을 준비하는 데 들어가는 노동자의 임금 역시 줄어드는데, 그 상품에 대한 수요가 6개월 혹은 1년 정도 일시적으로 사라지기 때문이다. 이 경우[색이 들어간 비단과 옷감], 시장은 상품과 노동이 과잉 공급 상태가 된다.

모든 상품의 시장가격이 이런 식으로 계속 자연가격을 지향하지만, 때로는 특정 사건, 자연적 원인, 특정 행정 규제 등으로 많은 상품의 시장가격이 장기간에 걸쳐 자연가격보다 훨씬 높게 유지되기도 한다.

유효수요의 변동과 시장가격

유효수요가 증가함으로써 어떤 특정 상품의 시장가격이 자연가격보다 훨씬 높아지면 그 상품을 시장에 공급하는 데 자본을 투자한 사람은 보통 이런 변화를 숨기려고 한다. 그런 변화가 널리 알려지면 그가 올리는 막대한 이익이 많은 신규 경쟁자를 유혹하여 자기의 자본을 같은 방식으로 투자하게 될 것이기 때문이다. 그러면 마침내 유효수요가 완전히 충족되어 시장가격은 이내 자연가격으로 줄어들고, 한동안은 심지어 자연가격에 못 미칠 수도 있다. 시장이 그런 상품을 공급하는 사람들의 거주지에서 상당히 멀리 떨어져 있다면 때로는 이런 영업상 비밀을 몇 년간 유지할 수 있고, 그러는 동안 새 경쟁자 없이 특별한 이윤을 오롯이 누릴 수 있다. 하지만 이런 부류의 비밀은 반드시 알려지게 되고, 좀처럼 오래 지킬 수 없다. 특별한 이윤은 비밀이 유지되는 것 이상으로 지속하지 못하고, 그런 비밀이 공개되면 곧 사라진다.

제조업에서 기술적 비밀은 영업상 비밀보다 훨씬 오래 지킬 수 있다. 통상 사용되는 절반 가격의 재료로 특정 색깔을 내는 방법을 발견한 염색업자는 이를 잘 관리한다면 그가 살아 있는 한 이런 기술적 발견의 이윤을 누리게 되고, 후대에까지 유산으로 남길 수 있다. 그의 특별 이윤은 자신의 특별한 노동이 만들어낸 높은 가치에서 발생한다. 정확히는 그런 노동을 가능하게 한 높은 임금에서 특별 이윤이 나오는 것이다. 하지만 그런 특별 이윤은 자본의 각 부분에서 반복되고, 그런 이윤의 총액이 자본에 규칙적으로 비례하므로 통상적으로 이런 특별 이윤은 자본의 특별 이윤으로 받아들인다.

이런 시장가격 상승은 명백히 특정한 사건의 영향에 따른 것이지만, 때로는 몇 년간 그 작용이 지속되기도 한다.

어떤 자연생산물은 특이한 땅과 환경을 요구하므로 어떤 큰 나라에서 그런 생산물을 생산하기에 적합한 모든 땅을 동원하더라도 유효수요를 충족시키지 못할 수도 있다. 따라서 시장으로 나오는 모든 양은 땅의 지대와 노동 임금 그리고 생산물을 준비하고 시장으로 보내는 데 들어간 자본 이윤을 자연율에 따라 지급할 수 있는 가격보다 더 높은 소비자 가격을 기꺼이 지급하려는 사람들에게 팔릴 것이다.

　이런 상품은 몇 세기 동안 이렇게 높은 가격으로 팔릴 수 있을 것이며, 상품가격 중 땅의 지대로 귀속되는 부분은 이 경우 보통 자연율보다 높게 지급된다. 프랑스 일부 지역의 뛰어난 포도원들은 그 주변의 비슷한 환경을 가진 다른 지역과는 그 지대에서 규칙적인 비율을 이루지 않는다. 반면 노동 임금과, 상품을 시장으로 가져오는 데 들어간 자본 이윤은 노동과 자본을 쓰는 다른 일에서 나타나는 임금 및 이윤과 같은 비율을 형성한다. 임금과 자본은 대체로 인근에서 통용되는 비율을 벗어나기 어렵다.

　이런 시장가격 상승은 명백히 자연적 원인에 따른 영향이고, 이런 자연적 원인은 유효수요를 완전히 충족시키지 못한다. 따라서 이런 영향은 영원할 수도 있다.

　개인이나 회사에 허락된 독점은 상업이나 제조업에서의 비밀과 같은 효과를 낸다. 독점자들은 시장을 계속 공급 부족 상태로 유지하면서 유효수요를 충분히 충족시키지 않는다. 그들은 이렇게 함으로써 자신의 상품을 자연가격보다 훨씬 높은 가격으로 판매하고, 이로 인해 얻는 임금이나 이윤을 자연비율보다 크게 높이려고 한다.

독점가격과 동업조합

　독점가격은 모든 경우 생산자가 받을 수 있는 가장 높은 가격이다. 반대로 자연가격 혹은 자유 경쟁가격은 모든 경우는 아니지만 실제로 오랜 기간 받을 수 있는 최저가이다. 전자는 구매자들이 내어주는 데 동의할 것으로 생각되는 모든 경우의 최고 가격이다. 후자는 판매자들이 보통 받아들일 수 있고, 그 가격에서도 사업을 계속할 수 있게 하는 최저 가격이다.

　동업조합의 배타적 특권, 도제 규칙 그리고 특정 직업에서 원래대로라면 더 많았을 경쟁자의 수를 더욱 소수로 제한하는 모든 법, 이런 것은 정도 차이는 있지만 독점과 똑같은 경향을 띤다. 그것은 일종의 확장된 독점으로 볼 수 있으며, 몇 세기 동안 모든 직업 계층에서 특정 상품의 시장가격을 자연가격보다 높게 유지하고, 노동 임금과 해당 일에 투입된 자본 이윤을 모두 자연율 이상으로 유지해왔다.

　　그런 높은 상품가격은 그런 현상을 가져온 행정 규제가 지속하는 한 계속된다.

완전한 자유와 자연가격

　　어떤 특정 상품의 시장가격은 오랫동안 자연가격을 웃돌 수는 있지만, 그 이하로 유지되는 일은 좀처럼 없다. 상품가격의 어떤 부분이든 자연율 아래로 지급되면 상품가격으로 영향받는 사람들은 즉시 손실을 느끼고 상품에 쓰이는 땅 혹은 노동 혹은 자본을 당장 빼낼 것이다. 그렇게 해서 시장으로 출하되는 상품의 양은 곧 유효수요에 맞추어 하향 공급된다. 따라서 자연가격보다 떨어져 있던 해당 상품의 시장가격은 곧 올라가서 자연가격과 평형을 이룬다. 적어도 완전한 자유[26]가 있는 곳에서는 그러할 것이다.

　　실제로 제조업이 번영할 때는 도제 규칙과 다른 동업조합의 법칙에 따라 노동자가 자신의 임금을 자연율보다 높이 올리는 게 가능하지만, 제조업이 쇠퇴하면 자연율보다 아래로 내려가는 것을 감내해야 한다. 이러한 규칙과 법칙은 많은 사람이 그 직종에 들어오지 못하게 하고, 그 직종이 쇠퇴할 경우 그 직종의 노동자가 다른 일자리로 옮겨가지 못하게 한다.

　　하지만 그런 규제의 효과는 노동자 임금을 자연율 이상으로 높게 유지할 때는 지속할 수 있지만, 임금이 자연율 아래로 떨어질 때는 오래 지속되지 못한다. 그런 규제가 임금을 올리는 작용은 그 업종을 수 세기에 걸쳐 지속시켜 왔지만, 떨어뜨리는 작용은 그런 업종이 번영하던 때 교육을 받고 그 업종에 종사하게 된 노동자들이 살아 있는 동안에만 그 직종을 지속시킬 수 있다. 그들이 세상을 떠나면 이후 도제 교육을 받고 종사하겠다는 노동자 수가 자연스럽게 유효수요에 맞춰 줄어들기 때문이다. 특정 직업에서 몇 세대에 걸쳐 노동 임금이나 자본 이윤을 자연율 이하로 유지하려면 틀림없

26　이 용어는 위에서도 나왔고 아래 1권 10장 시작 부분에서도 다시 나온다. 완전한 자유
　　는 상품 교환의 자유뿐만 아니라 자본과 임금이 자유롭게 이동하는 자유도 포함한다.

이 엄격한 행정 규제가 적용되어 인도나 고대 이집트 수준은 되어야 할 것이다(두 나라에선 모든 사람이 종교 원칙에 따라 아버지 직업을 이어받아야 하고, 다른 직업을 갖는다면 최고로 불경한 신성 모독을 저지르는 셈이었다).

지금까지가 일시적인 것이든, 장기적인 것이든, 상품의 시장가격이 자연가격에서 이탈하는 현상에 대해 설명할 필요가 있는 모든 것이다.

자연가격을 변화시키는 네 가지 요소

자연가격 자체는 임금, 이윤, 지대라는 세 구성 요소 각각의 자연율에 따라 변한다. 그리고 모든 사회에서 이 자연율은 사회 상황, 사회의 부유하거나 가난한 정도, 사회가 진보 중인지 정체 중인지 쇠퇴 중인지에 따라 변한다. 이어지는 네 장에서 나는 최대한 온전하고 충실하게 이런 변화들의 원인을 설명하려고 한다.

첫째, 나는 임금 비율을 자연적으로 결정하는 환경이 무엇인지, 또 그런 환경이 어떤 방식으로 부유함과 빈곤, 사회의 진보, 정체, 쇠퇴 상태에 영향을 받는지 설명한다[1권 8장].

둘째, 나는 자연스럽게 이윤율을 결정하는 환경이 무엇인지, 어떤 방식으로 그런 환경이 사회 상태의 변화로부터 영향을 받는지 설명한다[1권 9장].

셋째, 나는 노동과 자본의 서로 다른 투자처에서 발생하는 금전적 차이를 설명한다. 노동과 자본의 각기 다른 투자처에서 금전적 임금과 이윤은 무척 다르지만, 각기 다른 노동 투자처에서의 금전적 임금과 각기 다른 자본 투자처에서의 금전적 이윤 사이에는 일반적으로 특정 비율이 발생하는 듯하다.

해당하는 곳에서 설명하겠지만, 이런 비율은 서로 다른 투자처의 성격에 달려 있기도 하고, 또 그런 일자리에 적용되는 사회의 각기 다른 법과 정책에 달려 있기도 하다. 비록 수많은 측면에서 법과 정책에 의존하지만, 이런 비율[노동과 자본의 서로 다른 투자처에서 발생하는 금전적 차이 비율]은 사회의 부유함이나 빈곤함 그리고 사회 상태가 진보 중인지 정체 중인지 쇠퇴 중인지에는 거의 영향을 받지 않으며, 이런 세 가지 서로 다른 상태에도 그 비율은 똑같거나 거의 같은 채로 있는 것처럼 보인다[1권 10장].

넷째, 나는 토지 지대가 결정되는 상황이 무엇인지, 그리고 토지가 생산하는 여러 생산물의 실질가격을 높이거나 낮추는 상황이 무엇인지 살펴볼 것이다[1권 11장].

제8장

노동 임금

생산물은 원래 노동자 독차지

노동 생산물은 노동의 자연적 보수 혹은 임금이다. 토지 전유(專有)와 자본 축적이 아직 생기기 이전의 원시적 상황에서 노동의 모든 생산물은 노동자에게 돌아갔다. 그에게는 생산물을 나눠야 할 지주나 고용주가 없었다.

이런 원시적 상태를 지속했더라면 임금은 분업으로 발생한 노동생산력이 향상되면서 함께 늘어났을 것이다. 모든 물품 가격은 점차 더 저렴해지고, 그런 물품들은 전보다 더 적은 노동량으로 생산되었을 것이다. 또한, 똑같은 노동량으로 생산되는 상품들이 자연스럽게 그런 원시적 상황 아래에서 다른 물품과 교환되었을 것이므로 그것은 마찬가지로 더 적은 양의 생산물로 구매할 수 있었을 것이다.

하지만 실제로 모든 물품이 더 싸진다고 해도 많은 것이 이전보다 더 비싸지고 혹은 더 많은 양의 다른 물건과 교환되었을지도 모른다. 예를 들어 이런 가정을 한번 해보자. 일자리 대부분에서 노동생산력이 열 배로 증가하거나 혹은 하루 노동으로 기존보다 열 배 더 작업량을 생산할 수 있게 되었다. 하지만 특정 일자리에서는 노동생산력이 두 배만 증가했고, 하루 노동으로 전보다 두 배의 작업량만 늘었다고 치자. 대부분 일자리에서 하루 노동은 해당 일자리의 하루 노동과 교환한다면, 전자는 기존 작업량 10배를, 후자는 기존 작업량 2배만 구매할 것이다. 따라서 후자의 어떤 특정 수량, 예를 들어 1파운드 무게는 언뜻 보기에는 이전보다 다섯 배나 비싸진 것처럼 보이리라.

하지만 이 1파운드는 사실상 전보다 두 배나 저렴해진 것이다. 이 1파운드를 구매하려면 다른 물품은 다섯 배의 수량이 필요하지만, 그 1파운드를 구매하거나 생산하는 데에는 예전 노동량의 절반만 투입하면 되므로, 1파운드를 획득하는 데에는 전보다 두 배나 쉬워졌고 그래서 두 배나 저렴해진 셈이 된다.

원시 상태의 변화 원인: 지대와 이윤의 회수

그러나 노동자가 자기 노동에서 나오는 생산물 전부를 누리던 원시적 상황은 토지 전유와 자본 축적이 최초로 도입되자 계속될 수 없었다. 따라서 이런 원시적 상황은 노동생산력에서 상당한 진보가 이루어지기 아주 오래전 일이었고 그 후에는 사라졌다. 그러므로 노동 보수나 임금에 그런 원시적 상황이 미쳤을지도 모르는 영향을 추적하는 건 이제 헛된 일이다.[27]

토지가 사유 재산이 되자마자 지주는 노동자가 토지에서 재배하거나 수확할 수 있는 거의 모든 생산물에 자기 몫을 요구한다. 그의 지대는 토지에 들어가는 노동 생산물에서 가장 먼저 공제된다.

땅을 경작하는 사람은 수확할 때까지 생계유지 수단을 좀처럼 찾기

---

27 『진보와 빈곤』을 쓴 미국의 경제학자 헨리 조지(1839-1897)는 스미스가 원래 임금을 노동 생산물이라고 여겼다고 생각했다. 그리고 스미스가 이것을 논의의 출발점으로 잡았더라면, 오늘날의 정치경제학은 많은 모순과 오류를 피할 수 있었으리라고 진단한다. 헨리 조지는 애덤 스미스가 진정한 분배의 법칙을 놓친 것으로 보며, 스미스가 원시적인 사회 조직으로부터 시선을 돌려 복잡한 사회 현상 속에서 원칙을 찾으려다 보니 임금, 이윤, 지대를 동등한 가격 요소로 여겼다는 것이다. 헨리 조지의 비판은 이 부분을 지적한 것이다.

힘들다. 그의 생활비는 보통 고용주, 즉 그를 고용한 농부의 자본에서 미리 지급된다. 그리고 고용주는 노동자의 노동에서 나오는 생산물을 공유하지 못한다면 혹은 그의 자본이 이윤과 함께 회수되지 않는다면 노동자를 고용하는 데 무관심해진다. 이런 이윤이 토지에 투입되는 노동 생산물에서 제2차로 공제된다.

거의 모든 노동 생산물도 이와 비슷하게 이윤을 공제 당한다. 모든 수공업과 제조업에서 대다수 노동자에게는 그들의 작업과 원료 충당이 끝날 때까지 자신의 임금과 생활비를 미리 지급해줄 고용주가 필요하다. 고용주는 그들의 노동에 따른 생산물을 나눠 갖거나 혹은 노동이 원료에 부여하는 가치를 분배한다. 이런 몫이 고용주의 이윤이 된다.

때때로 작업 원료를 구매하고 작업이 끝날 때까지 생활하기에 충분한 자본을 지닌 독립 노동자도 있다. 그들은 고용주 겸 노동자이며, 자기 노동으로 만들어지는 생산물 전부와 그런 노동으로 원료에 더해지는 모든 가치를 다 가져간다. 이것은 독립된 두 사람에게 돌아가는 별개 수입, 즉 자본 이윤과 노동 임금을 다 가져간다는 뜻이다.

하지만 그런 경우는 흔하지 않다. 유럽 전역을 보면, 고용주 밑에서 일하는 노동자 20명당 독립 노동자는 1명꼴이다. 그래서 노동 임금은 어디에서든 실제 노동자와 그를 고용한 자본 소유주가 서로 다른 상황에서 발생한다고 보아야 한다.

통상적으로 노동 임금은 이해관계가 절대로 같지 않은 두 당사자 사이에서 체결된 계약에 따라 결정된다. 노동자는 임금을 최대한 많이 받길 바라고, 고용주는 최대한 적게 지급하길 바란다. 전자는 노동 임금을 올리기 위해 단합하는 경향이 있고, 후자는 노동 임금을 낮추기 위해 단결하는 경향이 있다.

고용주의 담합과 노동자의 불리한 입장에 관하여

하지만 일반적으로 볼 때 두 당사자 중 어느 쪽이 논쟁에서 우위를 차지해 자기 조건을 상대방에게 강요할 수 있는지는 쉽게 예측할 수 있다. 수가 적은 고용주들은 훨씬 쉽게 단합할 수 있으며, 더욱이 법은 고용주들의 단합을 인가하거나 혹은 적어도 금지하지는 않으나 노동자들의 단결은 금지한다. 노동가격을 낮추려는 고용주의 담합을 잉글랜드 의회가 입법으로 규제한 경우는 없었지만, 반대로 임금 상승에 반대하여 입법 행위를 한 사례는 많았다.

따라서 그런 모든 논쟁에서 고용주들은 훨씬 오래 끌 수 있었다. 지주, 농부, 공장주 혹은 상인은 노동자를 단 한 명도 고용하지 않아도 이미 획득한 자본으로 한두 해를 버틸 수 있다. 하지만 많은 노동자는 일자리가 없다면 한 주도 버틸 수 없고, 그중 형편이 좀 낫더라도 한 달 정도 겨우 버틸 수 있으며, 한 해를 버틸 수 있는 노동자는 거의 없다. 장기적으로 보아 노동자는 고용주에게 필요한 존재이고, 그 반대도 마찬가지지만 고용주가 느끼는 필요성은 그다지 즉각적이지 않다.

노동자의 단결에 관해서는 얘기가 자주 들리지만 고용주의 담합에 관해서는 거의 언급이 없다. 그렇다고 해서 고용주들은 담합을 하지 않는다고 생각한다면 그는 이 문제를 잘 모를 뿐만 아니라 세상일에 무지한 사람이다. 고용주들은 늘 그리고 어디서나 일종의 암묵적이고 획일적이며 지속적인 담합을 한다. 그 목적은 노동 임금을 현행 요율 이상으로 높이지 않으려는 것이다. 이런 담합을 배신하는 일은 고용주들의 세계 어디에서나 가장 인기 없는 행동이며, 그런 행위를 한 고용주는 그들 사이에서 비난을 받는다.

실제로 우리는 그들의 담합에 관해 거의 듣지 못한다. 그게 일상적이고 자연스럽기 때문이다. 고용주들은 때로 노동 임금을 현재의 요율 이하로 낮추고자 특정한 담합을 하기도 한다. 이것은 실행 순간까지 극도의 보안 속에서 은밀하게 수행되며, 때때로 노동자들이 강한 저항 의지를 갖고 있더라도 결국 굴복할 때까지 이런 담합에 관해 아무런 소식도 듣지 못한다.

하지만 그런 담합은 빈번히 노동자들의 방어적인 대응 단결에 따라 저지된다. 노동자들 역시 이런 부류의 도발이 없더라도 노동 임금을 올리려고 자발적으로 단결한다. 그들은 단결하면서 때로는 식료품 가격이 너무 높다고 주장하고, 때로는 자기의 노동으로 고용주들이 큰 이윤을 올리고 있지 않느냐고 따지기도 한다. 하지만 그들의 단결은 공격적이든 방어적이든 항상 공개적으로 알려진다. 빨리 결론을 내고자 그들은 항상 시끄럽게 소란을 피우고, 충격적인 폭력을 저지르기도 한다. 그들은 궁핍하고 필사적인 사람들이라 어리석고 방종한 행동을 저지르는데, 그 결과는 일자리를 잃고 굶어 죽거나 고용주들이 겁먹고 요구를 즉각 받아들이거나 둘 중 하나이다.

이런 경우에 고용주들은 노동자처럼 고래고래 소리를 지르고, 쉴 새 없이 치안판사의 도움을 큰 소리로 요청하고, 하인, 노동자, 직공의 단결을 엄격하게 규제하는 여러 법률의 엄격한 시행을 요구하고 나선다. 그리하여 노동자들이 그처럼 떠들썩하게 단결하며 폭력을 저지르는 것으로 어떤 이득을 얻는 일은 지극히 드물다. 때로는 치안판사의 개입으로, 때로는 고용주들의 엄청난 끈기로, 때로는 당장 생존을 위해 굴복할 수밖에 없다는 대다수 노동자의 절실한 필요에 따라, 노동자들은 아무것도 얻지 못하고 저항을 끝낸다. 하지만 주모자들은 반드시 처벌 혹은 해고된다.

이처럼 노동자와의 분쟁에서 고용주는 틀림없이 우위를 점한다. 그렇지만 가장 저급한 부류의 노동에서조차도 최저 임금이라는 게 있다. 그런 임금을 상당히 오랜 기간 특정한 비율 이하로 낮추는 건 사실상 불가능하기 때문이다.

임금은 노동자 가족의 생활비를 충당할 수 있어야

사람은 늘 자기 노동으로 살아가야 한다. 따라서 그의 임금은 반드시 최소한의 생계비는 되어야 한다. 대부분 노동 임금은 반드시 그 최저 수준보다는 다소 높아야 한다. 그렇지 않으면 노동자가 가족을 부양할 수 없고, 노동자라는 종족이 당대에서 끝나면 모를까, 1세대를 넘어 지속하지 못한다. 캉티용[28]은 이런 이유로 가장 저급한 부류의 일반 노동자라도, 이것저것 고려하면, 어디에서든 최소한 생존에 필요한 비용의 두 배를 벌어야만 두

---

28   Richard Cantillon(1680-1734). 『상업론』(1755)의 저자.

명의 자식을 양육할 수 있다고 본다. 아내는 반드시 자식을 돌봐야 하기에 그녀의 노동은 본인의 생계비 수준에 그친다. 하지만 통계에 따르면 태어난 자식 중 절반은 성인이 되기 전에 죽는다.

그러므로 가장 빈곤한 노동자라도 이런 관점에서 보자면, 여러 가지를 고려했을 때 자식 두 명이 성년에 도달할 기회를 주려면 적어도 네 명의 자식을 키울 결심을 해야 한다. 자식 넷을 키우는 데 필요한 생활비는 성인 한 사람 몫과 거의 같다고 추정한다. 캉티용은 몸이 튼튼한 노예의 노동 가치는 그에게 들어가는 생활비의 두 배라고 추산했다. 그는 가장 저급한 노동자가 제공하는 노동이라도 몸이 튼튼한 노예의 노동보다 가치가 적을 수는 없다고 보았다. 지금까지 한 얘기를 종합하면, 적어도 한 가지는 분명해 보인다. 즉, 가족을 부양하려면 남편과 아내의 노동은 비록 가장 저급한 부류의 일반 노동이라고 해도 가족 생존에 필요한 것보다 어느 정도는 더 많이 벌어야 한다는 것이다.

하지만 그 정도가 정확히 어느 정도인지, 위에 언급한 비율인지 혹은 다른 비율인지 여기서 결론을 내리지는 않겠다.

노동자의 임금 인상이 가능한 조건

하지만 때때로 노동자에게 유리한 상황도 있다. 그런 상황이 노동자에게 이익을 안겨주어 임금을 최저 수준보다 상당히 올릴 수 있게 한다.

어떤 나라에서 임금을 받아 생활하는 사람들, 즉 노동자, 직공, 온갖 부류의 하인[29]에 대한 수요가 계속 증가하여 해마다 전년보다 훨씬 많은 사람에게 일자리가 주어진다면 노동자는 임금을 올리기 위해 굳이 단결할 필요가 없다. 일손 부족은 고용주들 사이에서 인력 쟁탈전이 벌어지게 하며, 그들은 노동자를 얻고자 더 높은 값을 부른다. 이렇게 해서 임금을 올리지 말

---

29 원어는 servants. 본문에서는 귀족 저택에서 근무하는 사람일 수도 있고 잉글랜드 동인도회사 직원을 가리킬 수도 있다. 1권 제9장 끝부분에서 동인도회사 직원을 가리키면서 이 단어를 사용하기도 한다.

자는 고용주들의 담합은 무너진다.

명백한 것은, 임금으로 생활하는 사람들의 수요는 임금 지급에 사용하기로 예정된 자금의 증가에 비례해 증가할 뿐, 그 외에는 방법이 없다는 것이다. 이런 자금에는 두 가지가 있다. 하나는 고용주 생계에 필요한 것 이상의 수입이고, 다른 하나는 고용주 투자에 필요한 것 이상의 자본이다.

지주, 연금 수령자 혹은 부자가 자기 가족을 부양하는 데 충분한 수입 이상을 얻고 있다고 판단하면 그는 잉여 수입 전부 혹은 일부를 투자해 한 명 혹은 그 이상의 가내(家內) 하인을 둘 것이다. 이런 잉여 수입이 증가하면 자연스럽게 하인 수를 늘려갈 것이다.

방적공이나 제화공 같은 독립 노동자가 상품을 출하할 때까지 자기 일에 필요한 재료를 구매하고, 또 자활할 수 있을 정도로 충분한 것 이상으로 자본을 지녔을 때 자기 일에서 이윤을 얻고자 그런 잉여분을 투자해 자연스럽게 한 명 혹은 그 이상의 직공을 고용한다. 이런 잉여분이 계속 증가하면 그는 당연히 직공 수를 늘릴 것이다.

노동 임금이 가장 높은 곳은 가장 부유한 나라가 아니다

따라서 임금으로 생활하는 사람들의 수요는 필연적으로 각 나라의 수입과 자본이 증가함에 따라 늘어나며, 그것 없이는 증가할 수 없다. 수입과 자본의 증대는 곧 국부의 증대이다. 따라서 임금으로 생활하는 사람들에 대한 수요는 자연스럽게 국부 증대에 따라 높아지며, 그것 없이는 수요가 증가할 수 없다.

노동 임금 상승 발생에는 국부의 실제적인 거대함이 아니라, 국부의 지속적인 증대가 한몫한다. 그래서 노동 임금이 가장 높은 곳은 가장 부유한 나라가 아니라, 가장 번창하는 나라 혹은 가장 빠르게 부유해지는 나라이다.

잉글랜드는 분명 현재 북아메리카의 어떤 지역보다도 훨씬 부유한 국가이다. 하지만 노동 임금은 북아메리카가 잉글랜드보다 훨씬 높다. 뉴욕 지역에서 일반 노동자는 3실링 6펜스, 우리[잉글랜드] 화폐로 치면 하루에

2실링을 번다.[30] 선장(船匠)은 10실링 6펜스에 더해 우리[잉글랜드] 화폐로 6펜스 가치가 있는 럼주 한 파인트를 받는데, 모두 합하면 우리 화폐로 6실링 6펜스이다. 주택 목수와 벽돌공은 8실링을 버는데, 우리 화폐로 4실링 6펜스이다. 재봉사는 5실링을 받는데, 우리 화폐로 2실링 10펜스이다.

이런 가격은 전부 런던 가격보다 높다. 임금은 북아메리카의 다른 식민지들도 뉴욕만큼 높다고 한다. 식료품 가격은 북아메리카 어디를 가더라도 잉글랜드보다 훨씬 저렴하다. 그곳에선 식량 부족은 다른 세상 이야기이다. 수확이 가장 좋지 못한 계절에도 수출량은 줄더라도 자기들이 소비할 것은 충분하다. 따라서 노동의 화폐가격이 모국(母國) 잉글랜드의 어떤 곳보다도 높으며, 노동의 실질가격, 즉 노동이 노동자에게 제공하는 생활필수품과 편의품에 대한 실제 장악력은 틀림없이 훨씬 더 큰 비율로 높다.

인구 증가는 국가 번영의 표시

북아메리카는 아직 잉글랜드만큼 부유하지 않지만, 훨씬 더 번창하는 중이고, 훨씬 더 빠른 속도로 부를 더 많이 획득하는 길로 나아가고 있다. 나라의 번영을 보여주는 가장 결정적인 표시는 주민 수 증가다. 영국과 대다수 유럽 국가에서 향후 500년 안에 주민이 두 배가 되리라는 생각은 들지 않는다. 북아메리카의 잉글랜드 식민지에선 20년 혹은 25년 만에 주민 수가 두 배로 늘었다.

현재의 이런 증가 추세는 새로 주민이 계속 유입되어서가 아니라, 주로 식민지 주민들이 출산을 많이 한 덕분이다. 고령까지 사는 사람들은 자신에게서 난 자식과 후손들이 50명에서 100명, 때로는 그 이상 되는 경우가 흔하다고 한다. 그곳에서 노동은 보수가 무척 좋기에 자식이 많은 가정은 부모에게 부담이 아니라, 풍요로움과 번영의 원천이 된다. 독립해 집을 떠나기까지 자녀 각각이 제공하는 노동은 금전적으로 계산하면 부모에게

---

30 이 부분은 미국 독립전쟁이 시작되기 전인 1773년에 집필되었다.

1백 파운드의 순익 가치가 있다고 한다. 네 명 혹은 다섯 명의 어린 자식을 둔 젊은 과부는 유럽 중류층이나 하류층에서라면 재혼 가능성이 거의 없지만, 북아메리카에서는 자식을 일종의 재산으로 생각하기에 자주 구애를 받는다. 자식의 가치는 결혼을 고무하는 가장 큰 유인책이다.

따라서 북아메리카에서는 무척 젊을 때 결혼하는 게 일반적이라는 건 그리 놀랄 일도 아니다. 그런 조혼으로 생긴 엄청난 인구 증가에도 불구하고 북아메리카에서는 계속 일손이 부족하다고 불평한다. 노동자를 고용할 수 있는 수요, 즉 그들을 유지하는 데 투자될 자금은 고용할 노동자를 찾는 속도보다 더 빠르게 증가하는 듯하다.

정체 국가인 중국의 열악한 임금 상황

국부가 무척 거대하더라도 나라가 오랫동안 정체하는 중이라면 노동 임금이 무척 높을 수 없다. 임금을 지급할 자금, 즉 주민의 수입과 자본은 지극히 거대한 규모일 수 있다. 하지만 몇 세기 동안 그런 자금이 같거나 거의 같은 규모로 답보 상태라면 해마다 고용 가능한 노동자는 쉽게 공급되며, 다음 해에 필요한 수요보다 더 많이 인력이 공급될 수도 있다. 따라서 좀처럼 일손 부족은 없고, 노동자 확보를 위해 고용주들끼리 경쟁할 필요가 없다. 인력 수요보다 공급이 많아지므로 일자리는 지속해서 부족할 것이며, 노동자는 취업하기 위해 다른 노동자와 경쟁해야 한다. 그런 나라에서 노동 임금이 노동자 생계를 유지하고 가족을 부양하는 데 충분한 수준보다 높다면 노동자 사이의 경쟁과 고용주의 이해관계로 노동 임금은 곧 통상적인 인간의 온정(溫情)에 합치되는 최저 임금 수준으로 인하된다.

중국은 오랫동안 세상에서 가장 부유하고, 가장 비옥하고, 가장 경작이 잘 되고, 가장 부지런하고, 가장 인구가 많은 나라 중 하나였다. 하지만 오랫동안 정체된 사회로 보인다. 500년도 되기 전에 그곳을 방문한 마르코 폴로는 중국의 토지 경작, 산업, 많은 인구 등에 대해 자세히 서술했는데 현대에 중국을 다녀온 여행자들이 묘사하는 바와 거의 다를 바가 없다. 마르코 폴로가 방문했을 때보다 훨씬 전에 이미 중국은 그 나라의 법과 제도가 허용한 한도만큼 부를 온전히 획득했을 수도 있다.

여러 중국 여행자들의 이야기는 여러 점에서 불일치하지만, 노동 임금이 무척 낮아 중국에서 노동자가 가족을 부양하기 어려운 점에서는 일치한다. 그곳에서 노동자는 종일 땅을 파더라도 저녁에 먹을 적은 양의 쌀을 겨우 구입할 수준에 그치지만 사람들은 그 정도로 만족한다. 수공업자의 처지는 훨씬 더 열악하다. 유럽에서처럼 작업장에서 나태하게 고객 요청이 올 때까지 기다리는 것이 아니라, 중국 수공업자들은 끊임없이 자기 일에 맞는 도구를 휴대하고 거리를 돌아다니며 마치 구걸하듯 일감을 찾는다.

중국 하층민의 빈곤한 상태는 유럽 최빈국의 하층민과 비교하더라도 그 정도가 훨씬 심각하다. 광동 인근에선 몇백, 몇천 가구가 땅에는 살 곳이 없어 강과 운하 위에 띄운 작은 어선에서 산다고 한다. 그곳에선 생활 수단이 무척 부족해 유럽의 배에서 바다로 던지는 쓰레기 같은 형편없는 음식도 열심히 육지로 끌어올려 먹는다. 부패 중인 고기, 예를 들어 절반은 썩고 악취 나는 죽은 개나 고양이 사체도 마다하지 않고, 다른 나라 사람들이 건강에 좋은 음식을 대하듯 환영한다.

중국에서도 결혼을 권장하는데, 자식이 있으면 먹고사는 데 유리해서가 아니라 필요에 따라 그들을 마음대로 죽게 할 자유가 있기 때문이다. 모든 대도시에서는 밤마다 여러 아이가 길에 유기되거나 강아지처럼 물에 던져져 익사한다. 몇몇 사람은 이런 끔찍한 일을 대행하면서 생계를 유지한다고 한다.[31]

---

31 이 부분은 뒤 알드(Du Halde)의 『중국 제국의 지리, 역사, 정치, 제도에 관한 서술』(1735), 73-74쪽에서 나온 것인데 프랑스어로 되어 있는 해당 부분을 번역하면 이러하다.
"중국의 주민들은 많은 숫자가 극빈 속에서 아주 비참하게 산다. 가난한 부모들은 갓 태어날 아이에게 먹일 음식이 없다. 특히 산모가 출산 직후 병들어 젖이 나오지 않으면 아이를 길에 유기한다. 그리하여 아이는 태어나자마자 사망한다. 이런 일은 영아 유기가 발각될 위험이 적은 북경과 광동 같은 대도시에서 흔하다. 선교사가 활동하는 인구 조밀한 동네에서는 신자들이 자기 아이가 죽기 전에 세례를 받으려고 한다. 이런 거리에서 가끔은 아이가 태어난 집으로 여자 산파가 불려가기도 한다. 그 집의 부모는 기독교 신자인데 태어난 아이에게 세례 반(盤)에서 물로 세례를 주면서 그 물속에서 산파

하지만 중국 사회가 이처럼 정체됐지만 퇴보하는 것처럼 보이지는 않는다. 어디든 주민들이 못 살겠다며 사는 도시를 떠나버린 곳은 없다. 경작된 땅은 어디에서도 방치되지 않는다. 매년 같은 혹은 거의 같은 노동이 계속 수행되고 있으며, 그런 노동을 유지하기 위한 자금이 현저히 줄어들지 않는 것도 틀림없다. 이렇듯 생계 수단이 빈약함에도, 가장 저급한 노동자도 어떻게든 통상적인 인구수를 유지하며 노동자 종족을 이어나가고 있다.

북아메리카와 동인도제도의 극심한 임금 격차

그러나 노동 유지를 위한 기금이 현저히 쇠퇴 중인 나라에서는 그런 상태가 아니기 때문에 노동 고용이 악화한다. 매년 서로 다른 투자처 전체에서 하인과 노동자 수요는 전년보다 줄 것이다. 상류층에서 성장한 많은 사람도 자기 일에서는 고용을 얻을 수 없어 가장 저급한 일도 기꺼이 구하려 들 것이다. 하류층은 같은 계급 노동자들이 필요 이상으로 많은 것도 모자라 다른 모든 계급에서 노동자가 넘치듯 들어오고 있어 일자리를 놓고 격심한 경쟁을 벌여야 하고, 노동 임금은 노동자가 겨우 생계를 이어갈 정도로 비참한 수준으로 떨어진다.

많은 사람이 이런 가혹한 조건의 일자리도 못 찾아 굶어 죽거나, 구걸하면서 간신히 생계를 유지하거나, 극악한 범죄를 저지르며 살아가게 된다. 결핍, 기아, 사망이 하류 계급에 만연하고, 거기서 모든 상류층까지 이런 상황이 퍼지며, 결국에는 폭정과 재앙을 거치고 간신히 살아남은 수입과 자본으로 근근이 유지되는 정도까지 인구가 줄 것이다.

이것은 현재 벵골과 동인도제도의 일부 잉글랜드 정착지에서 벌어지는 상황과 비슷하다. 이전에 인구가 엄청나게 줄어든 비옥한 나라에선 그런 이유로 생계유지가 그다지 어렵지 않음에도 한 해 30만 혹은 40만 명이 굶

___

가 아이를 질식사시키도록 요청한다. 아이의 부모는 세례 반 물속에서 영생을 얻는 것이 비참한 가정에서 힘겹게 살아가는 것보다 더 낫다고 생각한다."

애덤 스미스는 이 문장에서 산파를 직업으로 본 듯하다.

어 죽는다. 만약 상황이 이렇게 열악하다면 노동 빈민 유지를 위한 기금이 빠르게 쇠퇴하고 있는 게 자명하다. 북아메리카를 보호하고 통치하는 잉글랜드식 제도의 정신과, 동인도제도를 압제하는 상업적 회사의 제도와 정신 사이에 존재하는 엄청난 차이는 무엇을 말해주는가? 그것은 이들 두 지역이 겪는 서로 다른 상황을 웅변하고 있다.

따라서 노동에 대한 후한 보수는 국부 증가의 필연적인 결과이자 자연스러운 증상이다. 반면 노동 빈민의 불충분한 생계 수단은 해당 사회의 정체 상태를 나타내는 자연스러운 증상이며, 노동 빈민이 굶고 있다는 사실은 그 나라의 전반적인 퇴보를 결정적으로 증명한다.

그레이트브리튼 임금의 4가지 특징

그레이트브리튼에서 노동 임금은 현재 노동자가 가족을 부양하는 데 필요한 금액 이상인 것으로 보인다. 이런 점을 확인하려고 노동자가 가족 부양에 필요한 최저액이 어느 정도인지 지루하고 불확실하게 계산해볼 필요는 없을 것이다. 이 나라 어디에서든, 노동 임금이 인간의 보편적인 생활을 간신히 유지하는 데 필요한 최저 임금으로 규제되지 않고 있다는 명백한 증거가 많다.

(1) 여름과 겨울의 임금이 다르다

그레이트브리튼의 거의 모든 곳에서, 가장 저급한 노동에서조차 여름 임금과 겨울 임금 사이에는 차이가 있다. 여름 임금은 항상 가장 높다. 하지만 겨울에는 연료비가 엄청나게 들기 때문에 가족을 유지하는 데 필요한 비용이 가장 많이 든다. 따라서 임금이 연료비가 가장 낮은 여름에 가장 높다는 건 임금이 생활비용에 따른 필요성이 아니라, 작업의 양과 추정 가치에 지배된다는 것을 명백하게 보여준다.

겨울에 들어가는 비용을 충당하려면 노동자는 여름에 받은 임금 일부를 저축해야 한다. 그러므로 한 해 임금은 그해 동안 가족을 부양하는 데 필요한 비용을 겨우 충당한다고 할 수 있다. 그러나 노예 혹은 당장의 생계를 주인에게 절대적으로 의지하는 사람은 이런 식으로 대우받지 않는다. 그에게 매일 필요한 생활 수단이 일상적으로 발생하는 필요에 따라 제공된다.

(2) 임금은 식료품 가격에 따라 달라지지 않는다

그레이트브리튼에서 노동 임금은 식료품 가격에 따라 변동되지 않는다. 식료품 가격은 어디서든지 매년, 매달 변동한다. 하지만 많은 곳에서 노동의 화폐[명목]가격은 때로는 반세기 동안 일정한 수준을 유지한다.

따라서 이런 곳에서, 식료품 가격이 비싼 해에도 노동 빈민이 가족을 부양할 수 있다면 틀림없이 식량이 적당히 풍부할 때는 부양이 더 쉬울 것이고, 식료품 가격이 눈에 띄게 저렴하면 풍족하게 살 수 있을 것이다. 지난 10년 동안 높았던 식료품 가격에도 불구하고 왕국의 많은 지역에서는 눈에 띌 정도로 노동의 화폐가격이 오르지 않았다. 실제로 몇몇 지역에서는 노동의 화폐가격이 현저히 상승했지만, 이는 식료품 가격이 상승한 탓이라기보다 노동 수요가 증가했기 때문이다.

(3) 임금은 장소에 따라 다르다

식료품 가격은 대체로 노동 임금보다 해마다 변화가 심하긴 하지만, 노동 임금은 장소에 따라 식료품 가격보다 더 크게 변동한다. 빵과 고기 가격은 보통 왕국 대부분 지역에서 같거나 거의 같다. 노동 빈민이 주로 물건을 사는 방식인 소매가로 팔리는 빵과 고기 그리고 대다수 물품은 대도시가 오지만큼 싸거나 아니면 더 싸다. 이에 대한 이유는 뒤에서[1권 10장 1절] 설명할 것이다.

하지만 대도시와 인근 지역의 노동 임금은 그곳에서 몇 마일 떨어진 곳보다 4분의 1 혹은 5분의 1, 즉 20~25퍼센트 더 높은 경우가 흔하다. 런던과 인근 지역에서 노동의 일반적인 가격은 하루 18펜스 정도인데, 대도시에서 몇 마일 떨어진 곳으로 가면 14펜스 혹은 15펜스로 내려간다. 에든버러와 그 인근 지역에서 노동의 일반적인 가격은 10펜스이다. 거기서 몇 마일 떨어진 곳에서는 8펜스로 내려간다. 스코틀랜드 저지대 대부분에서는 노동의 일반적인 가격이 8펜스이며, 잉글랜드보다 가격 변화가 훨씬 덜하다.

이런 가격 차이는 어떤 노동자를 한 행정 교구에서 다른 교구로 이동시킬 정도의 사유는 아니지만, 상품이라면 얘기가 다르다. 설사 가장 부피가 큰 물품이라도 한 행정 교구에서 다른 교구로 운송하는 것은 말할 것도 없고, 왕국 한쪽 끝에서 다른 쪽 끝으로 또는 세상 한쪽 끝에서 다른 쪽 끝으로 수송하는 것도 결국 가능해져서 가격 차이가 별로 없게 된다.

인간 본성의 경박함과 변덕스러움에 대해 여러 말이 있는 것을 감안한다면, 인간은 어떤 화물보다 더 옮기기 어렵다는 것이 경험적으로 명백하다. 따라서 노동가격이 가장 낮은 왕국의 지역에서도 노동 빈민이 자기 가족을 부양할 수 있다면, 임금이 가장 높은 곳에서는 틀림없이 부유하게 살 수 있을 것이다.

(4) 임금 변동은 식료품 가격 변동과 불일치

노동가격의 변화는 특정 장소나 시간에서 식료품 가격과 일치하지 않을 뿐만 아니라 때때로는 반대 방향으로 움직이기도 한다.

대중 식량인 밀은 잉글랜드보다 스코틀랜드에서 더욱 귀해 스코틀랜드는 거의 매년 잉글랜드에서 엄청나게 많은 밀을 받아온다. 잉글랜드 밀은 그것을 받아들이는 지역인 스코틀랜드에서 수출국 잉글랜드보다 틀림없이 더 비싸게 팔린다. 하지만 그 품질 관점에서 살펴보면, 잉글랜드 밀은 같은 시장에 나와 경쟁 상대가 되는 스코틀랜드 밀보다 스코틀랜드에서 비싸게 팔리는 게 아니다.

밀 품질은 주로 제분소에서 생산되는 고운 가루나 거친 가루의 양에 달렸는데, 이런 측면에서 잉글랜드 밀은 스코틀랜드 밀보다 훨씬 우수하다. 겉보기로 보아 혹은 부피에 비례했을 때 종종 잉글랜드 밀이 더 비싸지만, 품질이나 부피를 감안하면 실제로는 잉글랜드 밀이 더 저렴하다.

반면 노동가격은 스코틀랜드보다 잉글랜드에서 더 비싸다. 따라서 노동 빈민이 스코틀랜드에서 가족을 부양할 수 있다면, 잉글랜드로 오면 틀림없이 풍족하게 살 수 있을 것이다. 실제로 오트밀은 스코틀랜드 대중에게 가장 훌륭하고 좋은 음식으로 제공되지만, 대개 같은 계급의 잉글랜드 대중이 먹는 음식보다 훨씬 질이 낮다. 그런데 이런 생활 방식상 차이는 임금에서 나타나는 차이의 원인이 아니라 결과이다.

그러나 사람들의 기이한 오해 때문에 나는 생활 방식 차이가 임금 차이의 원인이라고 주장하는 엉뚱한 소리를 자주 들었다. 그렇다면 이렇게 한번 물어보자. 어떤 사람이 대형 사륜마차를 타고 다니고 그 이웃 사람은 걸어 다니는 것은 그 두 사람이 원천적으로 부자와 빈자로 나뉘어 있기 때문인가? 아니다. 한 사람은 부자인 결과로 그런 마차를 타고 다니고, 다른 한 사람은 가난한 결과로 걸어 다니는 것이다.

17세기 잉글랜드와 스코틀랜드의 노동자 임금 상황

잉글랜드와 스코틀랜드에서는 17세기의 밀 가격이 현재인 18세기보다 더 비쌌다. 이것은 현재 어떠한 의혹도 없는 분명한 사실이다. 또한, 잉글랜드보다는 스코틀랜드와 관련해서 훨씬 더 결정적으로 증명된다.

스코틀랜드에서 이 사실은 '공정곡가'라는 증거로 뒷받침된다. 공정곡가란 스코틀랜드 모든 주에서 서로 다른 밀에 관해 실제 시장 상황에 따라 정식 신고된 연간 평가 가격을 말한다. 이런 직접 증거를 확인할 부차 증거가 필요하다면 나는 프랑스는 물론 유럽 대부분에서도 마찬가지 상황이었다고 말하겠다.

프랑스에서는 이에 대해 명백한 증거가 있다. 현세기보다 지난 세기에 밀이 스코틀랜드와 잉글랜드에서 다소 비쌌다는 사실도 그렇지만, 노동 임금이 훨씬 더 저렴했다는 것 역시 분명한 사실이다. 노동 빈민이 지난 세기에 가족을 부양할 수 있었다면 지금은 틀림없이 훨씬 안락하게 살 수 있었을 것이다. 지난 세기에 스코틀랜드 대부분 지역에서 일반 노동의 흔한 하루 임금은 여름에는 6펜스, 겨울에는 5펜스였다. 하일랜드와 서부 제도 일부 지역에선 오늘날에도 여전히 거의 비슷한 주 3실링을 임금으로 지급한다. 스코틀랜드 저지대 대부분에서 일반 노동자에게 지급되는 가장 흔한 임금은 현재 하루 8펜스이고, 에든버러 근방, 잉글랜드 국경 부근에 있는 여러 주, 최근 노동 수요가 엄청나게 늘어난 글래스고, 캐런, 에어셔 부근 등 몇몇 곳은 10펜스, 때로는 1실링(20펜스)을 임금으로 지급한다.

잉글랜드에서 농업, 제조업, 상업의 발전은 스코틀랜드보다 훨씬 빨리 시작되었다. 그 결과 노동 수요와 가격은 필연적으로 국가 발전과 함께 증가했다. 그런 이유로 현재의 18세기는 물론이고 지난 세기에도 노동 임금은 스코틀랜드보다 잉글랜드에서 더 높았다. 그때 이후로 노동 임금은 상당히 올랐다. 각기 다른 곳에서 지급된 임금은 각양각색이기에 정확히 얼마를 지급했는지 확인이 어렵지만 말이다.

1614년 잉글랜드 육군 보병에게는 현재와 마찬가지로 하루 8펜스를 지급했다. 이런 임금이 처음 확립되었을 때 이는 자연스럽게 일반 노동자의 보통 임금으로 규정되었고, 일반적으로 보병은 그런 노동자 사이에서 선발했다. 찰스 2세 통치 시절[1649-1685] 저술을 남긴 수석 재판관 헤일스는 부모, 일할 수 있는 아이 둘, 일할 수 없는 아이 둘로 구성된 6인 가족의 필요 경비를 계산했는데, 한 주 10실링, 한 해 26파운드였다. 그는 이 가족이 해당 금액을 노동으로 벌 수 없다면 구걸이나 절도를 해서라도 그 금액을 채워야 한다고 보았다. 그는 이 주제를 무척 세심하게 조사했던 것으로 보인다.[32]

데브넌트 박사가 그 정치적 계산 기술을 극찬했던 그레고리 킹은 1688년에 노동자와 외부에서 통근하는 하인의 일반적 소득을 계산하여, 한 가정당 매년 15파운드로 계산했고, 그런 노동자들의 가정은 3.5명으로 구성된다고 보았다. 따라서 그의 계산은 겉보기에는 다르지만 헤일스 판사의 계산과 근본적으로 거의 일치한다. 두 저술가는 그런 가족의 주간 경비가 한 사람당 20펜스 정도라고 생각했다.

이런 가족의 금전 소득과 경비는 왕국 대부분 지역에서 그때 이후로

---

32 빈자의 부양을 위한 헤일스의 계획에 대해서는 다음 자료를 참조하라. R. Burn's History of the Poor-laws. —원주

상당히 늘었다. 어떤 곳에서는 더 늘었고, 어떤 곳에서는 덜 늘었다. 하지만 대중에게 최근 발표된 현재 노동 임금에 관한 몇몇 과장된 설명에서 보듯이 그렇게 크게 늘어난 곳은 거의 없다. 주시해야 할 건 노동가격은 어디서든 아주 정밀하게 확인할 수는 없다는 점이다. 같은 장소, 같은 노동에 대해서도 노동자의 능력이 서로 다를 뿐만 아니라 고용주 성향이 후한지 박한지에 따라서도 다른 가격이 지급되기 때문이다.

임금이 법으로 규제되지 않는 곳에서 우리가 자신 있게 주장할 만한 건 통상 임금뿐이다. 또한, 우리는 법이 임금을 규제할 수 있다고 종종 주장했지만, 실은 단 한 번도 적절히 규제하지 못했음을 경험적으로 알고 있다.

18세기 들어와 실질 임금은 증가

노동의 실질 보상, 즉 노동자가 노동으로 구할 수 있는 생활필수품과 편의품의 실제 양은 현세기 동안 노동의 화폐가격보다 더 큰 비율로 늘어났다. 밀이 다소 저렴해졌을 뿐만 아니라 부지런한 노동 빈민이 건강에 좋고 맛도 좋은 여러 음식을 해먹을 수 있게 하는 다른 많은 식료품도 크게 저렴해졌기 때문이다.

예를 들어 감자는 왕국 대부분 지역에서 현재 30~40년 전 가격의 절반에 불과하다. 순무, 당근, 양배추도 마찬가지다. 이런 것을 이전에는 삽으로 재배했지만, 현재는 쟁기로 키우는 게 일반적이다. 온갖 채소 역시 저렴해졌다. 지난 세기 그레이트브리튼에서 소비되는 사과와 양파 대부분은 플랑드르에서 수입해온 것이었다. 아마포와 모직물 제조업에서 이룩한 커다란 발전으로 노동자는 더욱 저렴한 양질의 옷을 사 입을 수 있게 됐다. 금속 제조업의 커다란 개선으로 일자리에는 더욱 저렴한 양질의 작업 도구가 제공되었고 가정이 쓰기에 알맞은 편리한 비품이 등장했다.

비누, 소금, 초, 가죽, 발효주는 훨씬 비싸졌다. 주로 이런 물건에 부과된 세금 때문이었다. 하지만 노동 빈민은 이런 물품들을 거의 소비하지 않았고, 따라서 가격이 상승했다고 해서 수많은 다른 물품의 가격이 하락한 것을 상쇄하지 못한다. 사치가 최하층까지 퍼지고, 노동 빈민이 이제는 전과 같은 의식주에 만족하지 못한다는 불평이 일반적으로 나오는 것은 무엇을 말하는가? 그것으로 우리는 노동의 화폐가격뿐만 아니라 실질 보상도 늘어났다는 것을 확신한다.

하류층의 생활 형편이 이렇게 개선되었다면 이는 사회에 이익인가 아니면 불이익인가? 그 답은 보기에 아주 분명해 보인다. 하인, 노동자, 온갖 직공은 모든 대규모 정치 사회에서 인구의 대부분을 차지하는 구성원이다. 그런 다수의 생활 형편이 개선되는 일을 전체에 대한 불이익으로 간주하는 일은 절대 있어선 안 된다. 어떤 사회든 대다수 구성원이 가난하고 비참한 상태에 있다면, 그 사회를 번영하는 복지 국가라고 할 수 없다. 게다가 국민 전체에 의식주를 제공하는 사람들이 그럭저럭 잘 먹고, 잘 입고, 좋은 데 거주하며 자기 노동에서 나온 생산물 중에서 자기 몫을 챙겨가는 일은 어느 모로 봐도 공평한 것이다.

가난은 출산과 육아에 악영향

가난은 확실히 결혼 의욕을 꺾지만, 항상 결혼을 가로막는 건 아니다. 가난은 심지어 출산에 유리한 것처럼 보이기도 한다. 스코틀랜드 하일랜드에서 반 기아상태의 부인은 평생 20명 이상의 아이를 낳는 것도 흔한 일이다. 반면 귀하게 자란 귀부인은 종종 한 명의 자식도 낳지 못하는 일도 벌어지고, 보통은 두세 명의 자식을 출산하는 데 그친다. 상류층 여자들 사이에 빈번한 불임은 하류층 사이에선 무척 드문 일이다. 여자들의 사치는 사치품과 편의품에 대한 욕구를 자극하지만 이와 동시에 출산 능력을 약화하거나 종종 완전 파괴하는 것처럼 보인다.

빈곤은 출산을 가로막지 못하지만, 자식 양육에는 아주 불리하게 작용한다. 연약한 식물은 움트더라도 무척 추운 토양과 가혹한 기후에선 이내 시들고 죽는다. 스코틀랜드 하일랜드에서는 자식을 20명 낳더라도 그 어머니가 장성한 아이를 보는 건 두 명뿐이라는 이야기도 나는 흔히 들었다. 많은 경험이 있는 육군 장교 몇 명은 군인의 아이들이 모든 부대 주둔 지역에서 태어나더라도 그 인원으로는 연대를 채우기는커녕 군악대 보충도 불가능하다고 말해줬다. 하지만 건강한 아이가 병영 근처 외에는 그렇게 많지 않다. 그래서 13살이나 14살까지 성장하는 아이는 극소수로 보인다.

어떤 곳에선 아이들 중 절반이 네 살도 못 되어 죽고, 일곱 살이 되기 전에 죽는 곳도 많다. 거의 모든 곳에서 아이들은 아홉 살이나 열 살 이전에 죽는다. 이렇게 높은 사망률은 어디서든 주로 대중의 자녀들 사이에서 나타나는 현상인데, 신분 높은 가정의 아이들처럼 세심한 보살핌을 받지 못하기 때문이다. 그들은 결혼하면 일반적으로 상류층보다 더 많은 아이를 낳지만, 그 자녀들이 성인으로 자라는 비율은 낮다. 고아원이나 교구 자선 단체에서 성장하는 아이의 사망률은 일반인 아이보다 훨씬 높다.

모든 동물은 자연스럽게 생계유지 수단에 비례해 번식하며, 그것을 초월해 번식하는 종은 없다. 하지만 문명사회에서 하류층은 생활 수단 부족으로 자손의 번창이 제약받는다. 하류층 가정에서는 비록 아이를 많이 낳지만 그중 상당수가 영양 부족이나 보살핌 소홀로 일찍 죽기 때문에 자손이 번창하지 못한다.

노동에 대한 보상 수준은 부의 증감을 나타낸다

노동에 대한 후한 보수는 노동자 아이들을 더 잘 돌보도록 하고, 그 결과 더 많은 수를 장성하게 함으로써 높은 영아 치사율의 제약과 한계를 극복하고 넓히곤 한다. 여기서 언급할 점은 필요한 노동 수요가 느는 데 비례해 출산 제약과 한계도 반드시 극복되고 확장된다는 것이다. 이런 수요가 계속 증가한다면 노동에 대한 보상은 필연적으로 노동자의 결혼과 출산을 권장하고, 끊임없는 인구 증가로 끊임없이 늘어나는 수요에 맞추어 공급할 수 있게 된다.

언제라도 이 목적에 필요한 수준 아래로 노동 보상이 내려간다면 일손 부족 현상이 발생해 이내 그 보상 수준을 끌어올릴 것이다. 반대로 언제라도 필요한 수준보다 보상이 많아지면 과도한 출산은 곧 노동 보상을 필요한 비율까지 낮출 것이다. 전자에서 시장은 노동이 과도하게 공급 부족 상태이고, 후자에서는 과도하게 공급 초과 상황일 것이다. 따라서 노동가격은 이내 사회 상황이 요구하는 적정 비율로 조정받는다.

　　이런 식으로 인력에 대한 수요는 상품 수요처럼 필연적으로 인간의 출산을 규제한다. 출산이 지나치게 완만하면 그것을 더 빠르게 하고, 반대로 지나치게 빠르면 그것을 다소 멈추게 한다. 이런 수요가 북아메리카, 유럽, 중국은 물론 세상 모든 다른 나라에서 출산 상황을 규제하고 결정한다. 그리하여 북아메리카에서 출산은 급속히 진행되고, 유럽에서는 천천히 점진적으로 진행되며, 중국에서는 완전히 정지된 채로 멈춰 선다.

　　노예의 자연적인 소모는 주인의 비용으로 이루어지지만, 자유민 하인은 자신의 비용으로 소모가 진행된다. 하지만 실제로 후자의 자연 소모는 노예와 다를 바 없이 고용주의 손실로 돌아간다. 온갖 부류의 직공과 하인에게 지급되는 임금은 전체적으로 볼 때, 반드시 사회에서 늘거나 줄어드는 혹은 정체 중인 수요가 요구하는 바에 따라 그 집단을 지속시키는 수준이 되어야 한다.

　　하지만 자유민 하인의 소모는 고용주 손실이지만, 대체로 노예의 소모보다 훨씬 손실이 적다. 이와 관련해 우리는 이렇게 말할 수 있다. 노예 소모를 교체 및 보수하는 데 사용될 기금은 보통 태만한 고용주나 부주의한 감독관이 관리한다. 반면 자유민에 관해 똑같은 일을 수행할 기금은 자유민 스스로 관리한다. 부자의 경제에 널리 만연된 무질서는 자연스럽게 노예 관리에도 전염되어 무질서해진다. 가난한 사람의 근검절약은 마찬가지로 자연스럽게 자유민의 관리에도 그대로 적용된다.

　　서로 다른 관리 방식에서, 동일한 목적이라도 그것을 실행하는 비용이 무척 달라진다. 그런 이유로 모든 시대와 나라가 겪은 경험으로 볼 때, 자유민이 하는 일이 결국 노예가 하는 일보다 더 싸게 먹힌다. 보스턴, 뉴욕 그리고 필라델피아 등 일반 노동 임금이 무척 높은 도시에서도 자유민의 일이 더 저렴한 것으로 판명되었다.

　　따라서 노동에 대한 후한 보상은 증가하는 부와 인구 증가의 원인이다. 그것에 대해 불평하는 일은, 국가의 가장 훌륭한 공적 번영에 따른 필연적인 결과와 원인을 한탄하는 셈이다.

선진 사회일수록 노동자가 행복하다

여기서 한 가지 언급할 점은 이것이다. 즉, 사회가 이미 부를 온전히 획득했을 때보다 부를 더 획득하려 나아가는 진보 상태일 때 대중의 대부분을 이루는 노동 빈민은 가장 행복하고 편안해 보인다. 그들은 사회가 정체 중일 때는 힘들고, 쇠락하는 상태에선 비참하다. 진보 상태는 사회 내의 각기 다른 계급들이 쾌적하고 풍성하다. 정체 중인 상태는 둔탁하고, 쇠락한 상태는 우울하다.

노동의 후한 보상은 출산 권장처럼 보통 사람의 근면성을 높인다. 노동 임금은 근면성을 장려하는데, 모든 다른 인간 특성과 마찬가지로 근면성 역시 장려받는 만큼 향상된다. 풍부한 생활 수단은 노동자의 신체 기운을 강하게 한다. 또한, 자신의 생활 조건이 더욱 나아져 편안하고 풍족하게 평생을 마칠 수 있다는 안락한 희망은 노동자에게 생기를 불어넣어 신체의 힘을 최상으로 발휘하게 한다.

그런 이유로 임금이 낮은 곳보다 높은 곳에서 노동자가 더욱 활동적이고, 근면하고, 명민하다는 것을 우리는 항상 확인할 수 있다. 예를 들어 스코틀랜드보다는 잉글랜드에서, 외딴 농촌 지역보다는 대도시 인근 지역에서 그런 진취적이고 적극적인 모습을 목격한다. 실제로 몇몇 노동자는 나흘 벌어 한 주를 먹고살 수 있다면, 나머지 사흘은 여유롭게 쉬면서 안락하게 보낼 것이다.

하지만 이것은 대다수 노동자의 사정과는 전혀 다른 얘기다. 그와는 정반대로 노동자들은 일당으로 후하게 임금을 받아 일하면 과로로 인해 몇 년 안에 건강과 신체를 망치기 일쑤다. 런던과 다른 몇몇 곳에서 목수는 최고 활력을 8년 이상 지속할 수가 없다. 이와 비슷한 일이 노동자가 일당을 받는 다른 많은 직종에서도 발생하고, 보통 제조업에서 심지어 농업 노동까지 보통 임금보다 더 높은 임금을 받는 도급[건수대로 체결하는 계약]에서 이런 과로 현상이 발생한다.

거의 모든 계급의 수공업자는 자기만의 독특한 작업에 과도하게 몰두해 고유한 질병에 걸린다. 이탈리아의 저명한 의사 라마치니는 이런 종류의 질병에 관해 특별한 책을 썼다.[33] 우리는 군인이 사람 중에서 가장 부지런하다고 생각하지 않는다. 군인이 어떤 특정 부류의 일에 고용되고 도급에 따라 후한 임금을 받을 때, 장교들은 매일 특정액 이상은 벌 수 없게끔 사업자와 정해야 할 의무가 있다. 이런 규정이 세워지기 전까지 상호 경쟁과 함께 더 많은 이익을 얻으려는 욕심으로 군인들은 자주 과로했고, 그런 과도한 노동으로 빈번히 건강을 해쳤다.

한 주에 나흘 동안 과도하게 노동했다면 나머지 사흘은 쉬면서 체력을 보충해야만 하는 직접적인 필요가 생긴다. 그러면 사람들은 빈둥빈둥 사흘씩이나 논다면서 무척 시끄럽게 엄청난 불평을 터트릴 것이다. 그러니 정말 좋은 것은 적당히 쉬면서 한 주 내내 적당량의 노동을 꾸준히 수행하는 것이다. 정신적이든 육체적이든 며칠 동안 엄청난 노동이 계속되면 대다수는 휴식을 취하고 싶다는 욕구를 갖게 된다. 그런 욕구는 외부에서 강제하거나 어떤 강력한 필요로 억제되지 않는 한 거의 억누를 수 없다.

노동자는 휴식을 취해야 오래 일할 수 있다

이는 자연의 본능이며, 때로는 도락(道樂)으로, 때로는 안락으로, 때로는 기분 전환과 오락으로 노동 과정에서 쌓인 긴장을 푸는 게 꼭 필요하다. 이러한 본능의 요구를 따르지 않으면 그 결과는 종종 위험하고, 때로는 치명적이며, 거의 언제나 직업에 관련된 특유의 직업병을 곧 앓게 된다. 고용주가 공정하고 친절한 요구에 항상 귀를 기울이는 사람이라면 고용한 많은 노동자를 더 세게 밀어붙이는 대신 노동 긴장을 자주 완화하게 할 것이다. 적당히 노동하면서 꾸준히 일하는 사람은 자기 건강을 오래 보존할 뿐만 아니라 한 해 동안 가장 많은 일을 해낸다. 이것은 모든 직업군에서 공통적으로 확인할 수 있다.

풍년으로 식량이 저렴한 해에는 노동자가 평소보다 보통 더 나태하

---

33 베르나르디노 라마치니(Bernardino Ramazzini, 1633-1714)의 『직공들의 질병에 관한 논문』(1700).

고, 비싼 해에는 평소보다 더 부지런해진다는 의견이 있다. 따라서 풍족한 생활 수단은 근면성을 늦추고, 생활 수단이 부족하면 근면성이 더 높아진다는 결론이 내려져 있다. 평상시보다 약간 더 풍족하면 몇몇 노동자가 나태해진다는 건 의심의 여지가 없다. 하지만 그런 상황이 그보다 훨씬 많은 노동자에게 똑같은 영향을 미친다던가 혹은 잘 먹을 때보다 못 먹을 때, 기분이 좋을 때보다 낙심했을 때, 건강이 좋을 때보다 나쁠 때 일반적으로 일이 더 잘된다는 등의 의견은 그다지 개연성이 없어 보인다. 주목해야 할 것은 기근이 든 해는 대중이 질병과 사망을 많이 겪게 되어, 그들의 노동 생산물도 줄어들 수밖에 없다는 점이다.

풍요로운 해에 하인들은 흔히 고용주를 떠나 독립한 상태에서 자기 노동으로 생활 수단을 얻고자 한다. 하지만 낮은 식료품 가격은 하인 유지를 위한 자금[식료품에 들어가는 돈]을 더 많이 확보하게 함으로써 고용주, 특히 농부들이 더 많은 하인을 고용하도록 자극한다. 농부는 그런 경우 시장에서 낮은 가격에 밀을 판매하는 것보다 더 많은 노동자를 유지해 수확하는 곡물에서 더 많은 이윤을 기대한다. 이렇게 해서 하인[농촌 노동자]에 대한 수요는 증가하지만, 그런 수요를 제공하려는 사람 수는 줄어든다. 따라서 노동가격은 밀이 저렴한 해에 흔히 오른다.

흉년과 노동자의 상황

흉년이 든 해에는 생활 수단에 관한 불확실성과 어려움으로 모든 노동자는 기꺼이 고용주 밑에 들어가 일하고자 한다. 하지만 높은 식료품 가격으로 하인을 유지할 기금이 줄어들어 고용주는 하인 수를 늘리기보단 줄이려 한다. 식료품이 비싼 해에 가난한 독립 직공은 자기 일에 들어가는 원료 때문에 얼마 안 되는 자본을 다 써버리고 생계를 유지하기 위해 어쩔 수 없이 누군가의 밑으로 들어가 직공이 되는 사례가 많다. 쉽게 일자리를 얻는 사람보다는 일자리를 원하나 얻지 못하는 사람이 더 많고, 더 많은 사람이 평상시보다 더 열악한 조건으로 기꺼이 일하려고 하며, 하인과 직공의 임금은 식량이 비싼 해에 비해 대체로 줄어든다.

따라서 온갖 고용주는 식료품이 저렴한 해보다 비싼 해에 하인들과 더 좋은 조건으로 흥정하며, 식료품이 비싼 해가 값싼 해보다 하인들이 더 겸손하고 의존적이라는 것을 알게 된다. 그러므로 그들은 자연스럽게 식료품이 비싼 때가 생산에 더 유리하다며 선호한다.

게다가 가장 큰 고용주인 지주와 농부라는 두 계급에게는 식량이 더 비싼 해를 반가워할 만한 또 다른 이유가 있다. 지주의 지대와 농부의 이윤은 식량 가격에 크게 의존하기 때문이다. 다른 사람을 위해 일할 때보다 자기 자신을 위해 일할 때 사람이 더 게을러진다는 생각은 황당무계하다. 가난한 독립 직공은 도급으로 일하는 직공보다 훨씬 부지런하게 일한다. 전자는 자신이 부지런하게 생산한 것 전부를 누리지만, 후자는 그것을 고용주와 나눠야 하기 때문이다. 전자는 남들과 떨어져 독립 상태에 있으므로 질 나쁜 동료의 유혹에 덜 넘어간다.

사실 큰 공장에서는 이런 유혹이 너무 자주 노동자들의 도덕성을 무너뜨린다. 한 달이나 한 해 단위로 고용되어 일을 더하든 덜하든 똑같은 임금을 받는 고용된 직공에 비하면 독립 직공의 직업적 우수함은 더욱 분명하다. 식료품값이 저렴한 해에는 고용 직공이나 하인들에 비해 독립 직공의 비율이 늘어나는 경향이 있고, 식료품이 비싼 해에는 그 비율은 반대로 줄어든다.

노동량은 풍·흉년과는 무관하다

프랑스 생테티엔 징세구의 조세 수령인이자 박식하고 독창적인 프랑스 작가 메상스는, 식량이 비싼 해보다 저렴한 해에 가난한 사람이 더욱 일하려 한다는 것을 보여주려고, 각기 다른 세 제조업에서 각기 물가가 비싼 해와 저렴한 해에 나타나는 물품의 양과 가치를 비교했다. 하나는 엘뵈프의 거친 모직물 제조업이고, 다른 하나는 아마포 제조업, 마지막은 비단 제조업이었다. 셋 중 뒤의 두 제조업은 루앙 전 지역으로 확대된 상태였다. 관청 기록부에서 전사(轉寫)한 메상스의 기록을 보면 세 제조업에서 생산된 물품의 양과 가치는 일반적으로 식량이 비쌌던 해보다 저렴했던 때 컸는데,

가장 저렴한 때 항상 최대였고, 가장 비쌌던 때는 항상 최소였다. 그리고 이세 제조업은 모두 정체 중인 산업이었다. 그 생산물은 해마다 다소 변화가 있기는 했지만 전반적으로 정체되어 후퇴도 전진도 없는 상태였다.

스코틀랜드의 아마포 제조업과 요크셔 웨스트라이딩의 거친 모직물 제조업은 성장 중이며, 생산물은 보통 약간 변화가 있지만 양과 가치 모두에서 증대되고 있다. 하지만 그들의 연간 생산에 관해 발행된 보고서를 검토한 결과, 그 변동이 식료품이 고가인 계절이나 염가인 계절 사이에 눈에 띌 만큼의 연관성이 없다는 것을 발견했다. 식량이 지극히 부족했던 1740년에 두 제조업은 실제로 엄청나게 쇠퇴한 듯 보였다. 하지만 식량이 극도로 부족했던 또 다른 해인 1756년 스코틀랜드 제조업은 평소보다 훨씬 발전했다. 실제로 요크셔의 제조업은 쇠퇴했고, 그 생산량은 아메리카 인지세법[34]이 폐지된 이후인 1766년까지 1755년 수준으로 올라가지 못했다. 하지만 1766년과 다음 해 1767년에 이전보다 생산이 크게 늘었고, 그 이후로도 계속 발전하고 있다.

먼 곳에 판매하는 모든 대형 제조업의 생산물은 그런 제조업이 수행되는 나라의 계절적 식량 가격 변동 요인보다는 소비국 수요에 영향을 미치는 상황들에 필연적으로 더 크게 의존한다. 그런 상황들로는, 평시인지 전시인지, 다른 경쟁 제조업의 번영 및 쇠퇴 여부, 주요 고객의 재정 상황 등을 들 수 있다. 게다가 식량 가격이 저렴한 해에 수행되었을지도 모르는 임시 작업 대부분은 제조업의 공적 기록부에는 기재되지 않는다. 고용주를 떠나는 남자 하인은 독립 노동자가 되며, 여자 하인은 부모에게 돌아가 보통 자신과 가족이 사용할 옷감을 만들려고 방적하기 때문이다. 심지어 독립 직공도 항상 대중에게 판매하고자 일하는 것은 아니며, 어떤 이웃에게 고용되어

---

34 7년 전쟁 후 아메리카 식민지에 관해 영국에서 1765년에 실행한 입법. 아메리카에 1만 명의 영국군을 주둔시키는 비용 일부를 충당하기 위한 것이었다. 법률상 여러 증서에 0.5페니에서 10파운드의 인지를 붙이려는 것이었는데 식민지의 반발로 1766년 폐지되었다. 인지세법은 아메리카 식민지의 독립을 촉발하는 원인 중 하나가 되었다.

그 가족이 쓰기 위한 물품을 만든다.

따라서 이들의 노동으로 생산된 물건은 빈번히 그런 공적 기록부에서 빠지는데, 그런 흠결 있는 기록이 때로는 과시하듯 출간된다. 그러면 우리의 상인과 제조업자는 종종 이런 기록을 내세우며 위대한 제국의 번영이나 쇠락을 예언하는 등 쓸데없는 짓을 한다.

노동가격과 식료품 가격의 상호 관계

노동가격 변화는 식료품 가격 변화에 반드시 일치하지는 않을 뿐 아니라 흔히 그와는 정반대로 간다. 그렇지만 이것 때문에 식량 가격이 노동가격에 아무런 영향을 미치지 못한다고 생각해서는 안 된다.

노동의 화폐가격은 필연적으로 두 가지 상황에 따라 규제되는데, 하나는 노동에 대한 수요이고, 다른 하나는 생활필수품과 편의품 가격이다. 노동에 대한 수요는, 수요가 느는지 정체 중인지 쇠퇴하는지에 따라 혹은 그런 수요가 인구 증가, 정체 혹은 쇠퇴를 동반하는지 등에 따라 노동자에게 돌아가는 생활필수품과 편의품 수량을 결정한다. 그리고 노동의 화폐가격은 이런 수량을 구매하는 데 필요한 금액에 따라 결정된다. 따라서 노동의 화폐가격은 식량 가격이 낮은 곳에서 때로는 높지만, 노동에 대한 수요가 계속 같은데도 식량 가격이 높으면 노동의 화폐가격은 더 높아진다.

식량이 갑작스럽게 현저히 풍요로운 해에는 노동 수요가 늘어나고, 반대로 식량이 갑작스럽게 현저히 결핍된 해에는 노동 수요가 줄어들기에, 노동의 화폐가격은 전자[풍년]에서는 상승하고, 후자[흉년]에서는 줄어든다.

식량이 갑작스럽게 현저히 풍요로운 해에는 산업 분야의 많은 고용주가 전년에 고용했던 것보다 더욱 부지런한 사람을 많이 고용하고 유지하기에 충분한 자금을 수중에 확보한다. 하지만 이런 많은 노동자를 언제나 구할 수 있는 건 아니다. 따라서 더 많은 노동자를 얻으려는 고용주는 그들을 확보하기 위해 다른 고용주와 가격 경쟁을 하며, 그 결과로 노동의 실질가격과 화폐가격은 때때로 모두 오른다.

식량이 갑작스럽게 현저히 궁핍한 해에는 정반대 상황이 벌어진다.

노동을 활용하려고 마련한 자금은 전년보다 줄어든다. 엄청난 수의 노동자가 일자리에서 쫓겨나고, 이런 노동자는 취업하기 위해 다른 노동자들과 가격 경쟁을 한다. 이렇기에 때로는 노동의 실질가격과 화폐가격이 모두 낮아진다. 비상할 정도로 수확이 궁핍했던 해인 1740년에는 많은 사람이 단순히 생계유지만 된다면 기꺼이 일하려고 했다. 그러나 그 뒤에 이어지는 식량이 풍부했던 몇 해 동안 노동자와 하인을 구하기는 더욱 어려워졌다.

임금이 안정적으로 유지되는 이유

식량이 비싼 해의 식량 결핍은 노동에 대한 수요를 줄여 노동가격을 낮추지만, 반대로 높은 식량 가격이 노동가격을 올리는 경향도 나타난다. 식량이 저렴한 해의 식량 풍요는 노동 수요를 늘려 노동가격을 올리는 경향이 있지만, 반대로 낮은 식량 가격은 노동가격을 낮추기도 한다. 식량 가격이 통상적으로 변화하는 상황에선 그런 두 가지 상반되는 원인이 서로 상쇄하는 듯 보인다. 이는 노동 임금이 어디에서나 식량 가격보다 훨씬 더 안정적이고 영구적으로 유지되는 이유 중 하나이다.

노동 임금 상승은 임금으로 귀속되는 상품가격 부분을 증가시킴으로써 많은 상품가격을 필연적으로 증가시키고, 그렇게 해서 많은 상품의 소비를 국내와 해외 양쪽에서 줄이는 경향이 있다.

하지만 노동 임금을 올린 똑같은 원인인 자본 증가는 노동생산력을 늘릴 뿐만 아니라, 더 적은 노동량으로 더 많은 양의 생산물을 생산하게 하는 경향이 있다. 많은 노동자를 고용한 자본 소유주는 필연적으로 자기 이윤을 위해 노동자의 일을 적절하게 나누어 분배해 노동자가 최대한 많은 양의 생산물을 생산할 수 있게 독려한다.

같은 이유로 자본 소유주는 자신이나 노동자가 원하는 가장 훌륭한 기계를 노동자에게 공급하려고 노력한다. 특정한 작업장의 노동자들 사이에서 벌어지는 일은, 같은 이유로 더 큰 사회의 노동자들 사이에서도 발생한다. 노동자 수가 많을수록 그들은 더욱 자연스럽게 다른 종류의 세분된 일을 나누어 한다. 각자 일을 수행하는 데 가장 적합한 기계를 발명하는 데 집중하는 사람이 더 많을수록 그런 기계가 발명될 가능성이 더욱 높아진다. 따라서 이런 개선 결과로 이전보다 훨씬 적은 노동으로 더 많은 상품이 생산되고, 노동가격 증가는 노동량 감소로 충분히 보상된다.

제9장

자본 이윤

자본 이윤 등락은 이자율 등락과 일치

자본 이윤의 상승과 하락은 노동 임금의 변동을 가져오는 원인과 같이, 사회의 부가 증가하거나 쇠퇴하는 상황에 따라 달라지지만, 그런 원인이 이윤과 임금 변동에 미치는 영향은 매우 다르다.

임금을 올리는 자본 증가는 이윤을 떨어뜨리는 경향을 보인다. 많은 부유한 상인들의 자본이 같은 업종에 투자되면 그들 사이의 경쟁이 자연스럽게 그 업종의 이윤을 떨어뜨리는 것이다. 같은 사회에서 수행되는 모든 다른 업종에서와 마찬가지로 자본 증가 시 그런 경쟁이 벌어지면 반드시 모든 업종에서 똑같이 이윤 하락이라는 결과를 가져온다.

이미 살펴본 바와 같이[1권 8장], 특정 장소와 시기에서 노동자의 평균 임금을 확인하는 일은 쉽지 않다. 설사 평균 임금을 확인했다고 하더라도 통상 임금이 어느 정도인지만 알 수 있고 그 이상은 좀처럼 확정하기 어렵다.

그러나 자본 이윤의 경우에는 통상 이윤을 결정하는 것조차 어렵다. 이윤은 무척 심하게 변동을 거듭하고, 특정 업종을 수행하는 사람도 항상 자신의 한 해 이윤 평균이 어느 정도인지 알 수 없기 때문이다. 이윤은 그가 취급하는 상품가격의 모든 변동뿐만 아니라 경쟁자나 고객 모두의 행운이나 불행, 그리고 상품이 바다 혹은 육지를 통해 옮겨지거나 창고에 보관되었을 때 벌어지는 무수한 사건 등에 따라 영향을 받는다. 따라서 이윤은 매년은 말할 것도 없고 매일 그리고 거의 매시간 변한다. 그러니 커다란 왕국에서 수행되는 각기 다른 사업의 평균 이윤을 확인하는 일은 훨씬 더 어렵다. 그리고 이전에는 어땠는지 혹은 먼 과거에는 어땠는지 어느 정도 정확성을 갖고 판단하는 것도 전적으로 불가능하다.

비록 어느 정도 정확하게 현재나 과거의 자본 이윤이 평균적으로 어땠는지 확인하기는 어렵더라도, 우리는 화폐 이자로부터 이윤에 관한 개념을 어느 정도 파악할 수 있다. 화폐를 사용해 많은 이윤을 낼 수 있는 곳에선 돈 사용에 따른 많은 이자를 지급할 것이며, 반대로 돈을 사용해 이윤을 적게 내는 곳에선 적은 이자를 지급할 것이다. 이것을 하나의 원리로 봐도 무방하다.

따라서 어떤 나라에서든지 시장의 통상 이자율에 따라 틀림없이 자본의 통상 이윤이 변동하는 것을 확인할 수 있다. 시장이자율이 떨어지면 자본 이윤도 반드시 떨어지고, 반대로 전자가 오르면 후자도 따라서 오른다. 그리하여 이자율 등락 경과를 보면 우리도 이윤의 등락을 어느 정도 파악할 수 있다.

이자율의 역사적 사례

헨리 8세가 즉위한 지 37년째가 되던 해[1545]에는 10퍼센트를 넘는 이자는 모두 불법으로 선언되었다. 그 전에는 때로 그 이상을 받은 적이 있었던 것 같다. 그 후 헨리 8세의 아들 에드워드 6세의 통치 시기[1547-1553]에는 종교적 열정이 기승을 부려 모든 이자를 금지했다.

하지만 이런 금지는 같은 부류의 다른 모든 조치처럼 아무런 효과가 없었으며, 오히려 고리대금업의 악폐를 늘렸다. 헨리 8세의 법령은 엘리자베스 여왕 13년 차[1571]에 제8호 법령으로 부활했고, 제임스 1세[1603-1625]

가 통치하고 21년째가 되던 해까지 법정이자율은 10퍼센트로 지속되다가 이후 8퍼센트로 제한되었다. 왕정복고[1660] 시대 이후 법정이자율은 곧 6퍼센트로 떨어졌고 앤 여왕[1702-1704]이 통치하고 12년째가 되던 해[1713]에는 5퍼센트로 줄었다.

이런 모든 법적 규제는 무척 타당하게 수립된 것으로 보인다. 이런 규제는 시장이자율이나 신용이 양호한 사람이 빌리는 이자율을 따라간 것이지 그보다 앞서가지는 않았다. 앤 여왕 시대 이후로 5퍼센트 이자율은 시장이자율보다 낮은 것이 아니라 오히려 높았던 것으로 보인다. 지난 7년 전쟁이전을 보더라도 정부는 3퍼센트로 자금을 빌렸고, 런던과 왕국의 다른 많은 지역에서 신용이 양호한 사람들은 3.5퍼센트나 4퍼센트 혹은 4.5퍼센트로 돈을 빌렸다.

헨리 8세 시대[1509-1547] 이후 나라의 부와 수입은 계속 증진되었고, 그렇게 발전하는 동안 그 증진 속도는 지연되기보다 오히려 점차 높아진 듯 보인다. 국부와 수입은 계속 늘었을 뿐만 아니라 더욱 빠르게 증가했다. 노동 임금은 같은 시기에 계속 늘었고, 이에 비례해 각기 다른 사업과 대부분의 제조업 분야에서 자본 이윤은 감소해왔다.

일반적으로, 어떤 사업을 수행하려면 농촌 마을보다는 대도시에서 더 많은 자본이 필요하다. 모든 사업 분야에 투자하는 거대한 자본과 많은 경쟁자로 인해 자본 이윤은 보통 농촌 마을보다는 대도시에서 더 떨어진다. 하지만 노동 임금은 농촌 마을보다 대도시에서 더 높다. 번영하는 도시에서는 거대한 자본을 지닌 사람마저 원하는 만큼의 노동자를 확보하는 데 어려움을 겪으므로, 더 많은 노동자를 얻기 위해 다른 고용주와 경쟁하게 된다. 이렇게 해서 노동 임금은 올라가고 그에 비례해 자본 이윤은 떨어진다. 농촌의 외딴곳에서는 모든 사람을 고용하기에 충분한 자본이 없는 경우가 많다. 따라서 농촌 노동자는 일자리를 구하고자 다른 노동자와 경쟁하게 되고, 이렇게 해서 노동 임금은 떨어지고 자본 이윤은 올라간다.

스코틀랜드의 이자율

스코틀랜드의 법정이자율은 잉글랜드와 동일하지만, 시장이자율은 약간 더 높다. 그곳에선 신용 상태가 최상인 사람들조차도 이자율 5퍼센트 이하로는 쉽게 돈을 빌리지 못한다. 에든버러에서는 심지어 개인 은행업자조차 요구 시 전액 혹은 일부를 지급해야 하는 약속어음에 대해 4퍼센트를 지급하는데, 런던의 개인 은행업자는 맡긴 돈에 이자를 지급하지 않는다. 스코틀랜드에서는 잉글랜드보다 더 적은 자본으로 거의 모든 사업을 할 수 있다.

따라서 일반적인 이윤율은 틀림없이 다소 높을 것이다. 이미 살펴보았듯[1권 8장], 노동 임금은 잉글랜드보다 스코틀랜드에서 더 낮다. 스코틀랜드는 잉글랜드보다 훨씬 가난할 뿐만 아니라 분명 발전하고 있다고는 하지만 더 나은 상태로 나아가는 걸음이 잉글랜드보다 더 느려 보인다.

프랑스의 이자율

18세기 동안 프랑스의 법정이자율이 항상 시장이자율에 따라 규제된 것은 아니었다.[35] 1720년 이자는 20분의 1페니에서 50분의 1페니로, 즉 5퍼센트에서 2퍼센트가 되었다. 1724년에는 30분의 1페니, 즉 3.5퍼센트로 이자가 올랐다. 1725년 이자는 다시 20분의 1페니, 즉 5퍼센트로 올랐다. 1766년 라베르디 재무장관 시절에 이자는 25분의 1페니, 즉 4퍼센트로 줄어들었다. 후임인 아베 테레 재무장관[36]은 이후 예전 이자율인 5퍼센트로 올렸다.

여러 번 아주 크게 이자를 인하한 목적은 공채 이자를 줄이려는 것이 있었는데, 이런 목적은 때로 성과를 거뒀다. 프랑스는 현재 잉글랜드만큼 부유한 나라가 아니다. 프랑스에서는 법정이자율이 종종 잉글랜드보다 낮았

---

35 다음 자료 참조할 것. Denisart. Article Taux des Interets, tom iii, p. 18.—원주

36 아베는 '사제'라는 뜻인데, 유럽 중세와 근대에 교육을 많이 받은 교회 사제들이 성직자 신분을 그대로 유지한 채 정부 관직에 진출하는 경우가 많았다.

지만, 시장이자율은 대체로 더 높았다. 다른 나라처럼 프랑스에서도 법망을 피해 가는 무척 안전하고 쉬운 방법이 여럿 있었던 것이다. 두 나라에서 거래했던 잉글랜드 상인들에게서 내가 확인한 바에 따르면 사업 이윤은 잉글랜드보다는 프랑스가 더 높다. 이런 이유로 많은 잉글랜드 사람이 사업을 무척 존중하는 나라보다 사업을 불명예스러운 것으로 생각하는 나라에 자금을 투자한다.

　　노동 임금은 프랑스가 잉글랜드보다 더 낮다. 스코틀랜드에서 잉글랜드로 이동할 때 일반인의 옷차림과 외모는 그들의 생활 수준의 차이를 충분히 보여준다. 이런 대조적인 옷차림은 프랑스에서 스코틀랜드로 돌아왔을 때 더욱 크다. 프랑스는 스코틀랜드보다 부유한 나라임이 틀림없지만, 국운이 그리 빠르게 진전하고 있는 것 같지는 않다. 프랑스가 쇠퇴하는 중이라는 건 그 나라에서 흔한 여론이지만, 내가 이해하는 바로는 별로 근거가 없는 얘기다. 스코틀랜드에 관해서도 아무도 스코틀랜드가 현재 쇠퇴하고 있다는 의견을 낼 수 없는데, 20년이나 혹은 30년 전에 스코틀랜드를 보고 지금 이 나라를 본 사람이라면 더욱 그런 의견을 갖기 어려울 것이다.

네덜란드의 이자율

　　다른 한 편으로, 영토 규모와 인구를 고려한다면 네덜란드는 잉글랜드보다 더 부유한 나라다. 네덜란드 정부는 2퍼센트로 자금을 빌리고, 신용좋은 개인은 3퍼센트로 돈을 빌린다. 노동 임금은 잉글랜드보다 네덜란드가 더 높다. 네덜란드인이 유럽 어느 민족보다 낮은 이윤으로 거래하고 있다는 것은 잘 알려진 사실이다. 어떤 사람들은 네덜란드의 사업이 쇠퇴하는 중이라고 주장했는데, 특정 분야에서는 그게 사실일지도 모른다. 하지만 이런 징후는 전반적인 쇠퇴가 진행됨을 보여주는 것은 아니다.

　　이윤이 줄어들 때 상인은 자기 사업이 쇠퇴하고 있다고 불평하기가 쉽다. 하지만 이윤 감소는 사업 번영의 자연스러운 결과이거나 이전보다 들어간 자본이 더 많아서 나타난 결과다. 지난 7년 전쟁에서 네덜란드는 프랑스의 운송업 전체를 얻었고, 여전히 그 사업을 대부분 유지하고 있다. 프랑스와 잉글랜드 국채를 모두 보유한 그들의 거대한 자산은 잉글랜드 국채만 4천만 파운드라고 한다(하지만 나는 이것이 상당히 과장된 수치라고 생각한다). 그들은 이자율이 자국보다 더 높은 나라의 개인에게 어마어마한 액수를 빌려주기도 했다. 이런 상황은 네덜란드 자본이 분명 과잉 상태라는 것을 보여준다. 혹은 그런 자본은 네덜란드의 적절한 사업에서 상당한 이윤을 얻는 데 투자하고도 남을 정도로 증가했음을 보여준다.

하지만 이런 상황은 그 사업이 축소됐음을 나타내지는 않는다. 개인 자본이 비록 특정 사업에서 사용할 수 있는 규모를 넘어서도 계속 증가하는 것처럼, 개인보다 규모가 큰 국가의 자본도 마찬가지다.

북아메리카와 서인도제도의 이자율

우리의 북아메리카와 서인도제도 식민지에서는 노동 임금뿐만 아니라 화폐 이자와 그로 인해 발생하는 자본 이익도 잉글랜드보다 더 높다. 북아메리카 내의 여러 식민지에선 법정이자율과 시장이자율이 6~8퍼센트까지 형성된다. 그러나 높은 노동 임금과 높은 자본 이윤은 새 식민지라는 특수 상황에서나 가능한 얘기지, 그 둘은 함께 갈 수 없는 것이다. 새 식민지는 한동안 다른 나라의 대부분 지역과 비교 시 영토 규모보다 자본이 더 부족하고, 자본 규모보다 인구가 더 많이 부족하다. 새 식민지는 경작에 투자할 자본보다 경작해야 할 땅이 훨씬 더 많은 것이다.

따라서 새 식민지에 투여될 자본은 가장 비옥하고 유리한 위치에 있는 곳, 즉 해안 근처 땅이나 배가 오갈 수 있는 강둑 근처 경작지[농장]에만 투자된다. 그런 땅 역시 흔히 그곳의 자연생산물 가치보다 낮은 가격으로 매매된다. 그런 땅의 구매와 개량에 들어간 자본은 틀림없이 엄청나게 큰 이윤을 내고, 그 결과 무척 큰 이자도 지급할 여유가 생긴다. 이처럼 무척 수익성 높은 일자리에서 자본이 빠르게 축적되기에 식민지의 농장주는 새 정착지에서 찾을 수 있는 일손보다 더욱 많은 일손을 급히 요구한다. 따라서 농장주가 찾아낼 수 있는 일손은 무척 후한 보상을 받는다.

그러나 식민지가 확장되면서 그러한 자본 이윤은 점차 줄어든다. 가장 비옥하고 최적지에 있는 땅이 모두 점유되었을 때 토질과 위치가 열등한 곳을 경작하여 더 적게 이득이 나면, 당연히 투자 자본에 대해 전보다 적은 이자가 나올 수밖에 없다. 그런 이유로 우리 식민지 대부분에서 법적이자율과 시장이자율은 현 18세기 동안 많이 줄었다.

국부가 쌓이고 삶이 개선되며 인구가 늘면 이자는 감소한다. 노동 임금은 자본 이윤과 함께 내려가지 않는다. 노동에 대한 수요는 자본 이윤이 어떻게 되든 자본 증가와 함께 증가한다. 자본 이윤이 감소한 이후에도 자본은 계속 증가할 뿐만 아니라 이전보다 훨씬 빨리 증가하기도 한다. 이는 부지런한 개인과 마찬가지로 국부를 획득하고자 애쓰는 부지런한 국가에서도 나타나는 현상이다.

큰 자본은 이윤이 적을지라도, 이윤이 높은 소규모 자본보다 더 빠르게 증가한다. 돈이 돈을 번다는 격언도 있지 않은가. 돈을 조금이라도 가지고 있다면 더 많이 버는 건 쉬운 일이다. 정말 어려운 건 먼저 그 돈(비록 소액이더라도)을 어떻게 확보할 것인가이다. 자본 증가와 노동 증가의 상호 연관성 혹은 자본 증가와 유용 노동에 대한 수요 증가 사이의 상호 연관성은 이미 부분적으로 설명했지만[1권 8장], 뒤에서 자본 축적을 다루면서[2권 3장] 더 자세히 설명할 것이다.

새 식민지 획득은 이윤율을 높인다

새 영토나 새 사업 분야를 인수하면, 부를 빠르게 획득하는 나라에서조차 때때로 자본 이윤과 금리가 상승한다. 그러한 식민지의 획득은 자본을 분담 투자한 사람들에게는 사업 거리를 제공하지만, 식민지 사업 전부를 운영하기에는 나라의 자본이 충분하지 않으므로 가장 큰 이윤을 제공하는 특정 분야에만 국가 자본이 투자된다. 그리하여 전에 다른 사업에 투자되었던 자본 일부는 필연적으로 해당 사업에서 빠져나와 더 수익성 좋은 식민지의 새 사업으로 몰린다.

따라서 그런 모든 예전 사업에서 이전보다는 경쟁이 줄어든다. 시장에는 각기 다른 부류의 많은 물품이 이전보다는 불충분하게 공급된다. 물품

가격은 필연적으로 다소 상승하고, 그것을 취급하는 자들에게 더 큰 이윤을 안긴다. 따라서 그 물품을 거래하는 상인들은 더 높은 이자로 돈을 빌릴 수 있다. 지난 7년 전쟁이 마무리되고 한동안 런던에서 신용이 최고로 좋은 개인뿐 아니라 몇몇 큰 회사도 다소 높은 이자인 5퍼센트에 돈을 빌려 썼다. 이들은 전에 4퍼센트 혹은 4.5퍼센트 이상으로 빌린 적이 없었는데 말이다.

북아메리카와 서인도제도 획득으로 영토와 사업은 크게 확대되었다. 이율 상승 원인은 이것으로 충분히 설명되지만, 그 때문에 사회의 자본금이 감소했다고 생각해서는 안 된다. 예전 자본으로 수행되는 새 사업이 크게 증가하면 그 사업에 돈이 몰려들기에, 필연적으로 기존의 여러 특정 분야에 들어간 자본이 빠져나와 투자된 자본의 양을 감소시킬 수밖에 없고, 그런 분야에선 경쟁이 이전보다 덜 치열해 이윤은 틀림없이 더욱 커진다.

지난 7년 전쟁[37]에 들어간 비용이 막대했음에도 이후 그레이트브리튼의 자본금이 감소되지 않았다고 나는 보는데, 그 이유는 뒤에서[2권 3장 뒷부분] 자세히 설명할 것이다.

동인도제도의 이자율

사회의 자본금 감소 혹은 노동 유지를 위해 마련된 자금 감소는 노동 임금을 낮추고, 자본 이윤을 올리며 그 결과 화폐 이자를 상승시킨다. 노동 임금이 낮아지면서, 자본의 소유주들은 이전보다 비용을 덜 쓰면서 물품을 시장으로 출하할 수 있고, 이전보다 시장 출하에 투자되는 자본도 적어져 물품을 더 비싼 값에 팔 수 있게 되었다. 그들의 물품은 비용이 적게 들어가므로 더 많은 돈을 벌어들인다. 그러므로 그들은 자본과 물품 양쪽에서 이윤이 늘어나 더 높은 이자를 충분히 감당할 수 있다.

벵골과 동인도제도의 여러 영국 정착지에서 갑작스레 거금을 쉽사

---

37 7년 전쟁(1756-1763)은 영국과 프랑스 사이에 북아메리카와 인도 식민지를 두고 7년 간 벌인 전쟁을 말한다. 영국은 이 전쟁에서 승리해 북아메리카와 인도를 지배하게 되었는데, 이 전쟁은 애덤 스미스가 국부의 배경을 설명하는 근거로 삼은 중요 사건이다.

리 획득한 일은 이러한 현상을 증명한다. 그런 황폐한 나라에서 노동 임금이 지극히 낮다면 자본 이윤이 지극히 높아지는 것이다. 금리도 그에 비례해 높아진다. 벵골에서는 통상적으로 연 40, 50, 60퍼센트 이자로 농부들에게 돈이 대출되며, 다음 수확량을 담보로 저당 잡힌다. 이런 고금리를 가능하게 하는 이윤은 틀림없이 지주에게 돌아가야 할 지대를 거의 전부 잠식해 지대를 받기 어렵게 하고, 그런 비정상적인 고리대금은 반드시 토지 생산물에서 나오는 이윤 대부분을 이자 조로 가져가버린다.

로마 공화정 몰락 이전에도 같은 부류의 고리대금이 지방 속주에서 흔했던 것 같다. 가렴주구를 자행하는 속주 총독의 파멸적인 행정 때문이었다. 우리가 키케로의 편지에서 알 수 있듯 덕성 높은 사람이라고 소문난 브루투스도 키프로스 총독 시절에 무려 48퍼센트 이자로 돈을 빌려주었다.

토지와 기후 특성 그리고 다른 나라와 관련된 상황에 따라 얻을 수 있는 부를 완전히 획득한 나라, 따라서 앞으로 퇴보하지는 않더라도 더는 진전할 수 없는 나라, 이런 나라에서 노동 임금과 자본 이윤은 모두 매우 낮을 것이다. 영토 활용이 최대화되었거나 혹은 가능한 모든 노동력이 이미 자본에 의해 고용된 상태인 나라에서는 일자리를 두고 치열한 경쟁이 벌어진다. 그리하여 노동 임금은 노동자 수를 간신히 유지할 정도로 줄어든다. 국가에는 이미 사람이 포화 상태이므로 노동자 수는 절대 늘 수 없다. 운영 가능한 모든 사업에 자본이 꽉 채워진 나라에서 거대한 자본 양은 사업 특징과 규모가 허용하는 모든 특정 분야에 투자된다. 따라서 경쟁은 어디에서나 치열할 것이고, 그 결과 일반 이윤은 최저 수준으로 내려갈 것이다.

중국과 무슬림 국가의 이자율

하지만 어떤 나라도 이렇게까지 될 정도로 풍요롭게 된 적이 없었다. 중국은 오랫동안 정체되어왔고, 오래전 그 법률과 제도의 특징에 맞는 부를 완벽히 획득했던 것 같다. 하지만 이런 부의 전량(全量)은 다른 법률과 제도가 적용되었다면 중국의 땅, 기후 그리고 상황에 따른 특징이 허용했을 법한 부의 전량보다 훨씬 열등한 것이다. 중국처럼 해외 무역을 방치하거나 경멸하고, 항구 한두 개에만 외국 선박을 허용하는 나라는, 다른 법률과 제도가 있었더라면 처리했을 법한 규모와 물량의 사업을 집행할 수 없다.

이런 나라, 가령 부자나 거대 자본 소유주는 엄청난 안도감을 누리지만, 빈자나 소자본 소유주는 거의 안도감을 느끼지 못하고 오히려 재판 명목으로 어느 때든 하급 관리에게 약탈당하기 쉬운 나라가 있다고 해보자. 그런 나라에서 각기 다른 사업 분야에 들어가는 자본 양은 절대로 그런 사업의 특징이나 규모가 허용하는 최대한도에 도달하지 못한다. 빈자들이 부당한 대우를 받으면 부자들이 모든 것을 장악할 수 있다. 그리고 그런 부자는 모든 사업을 독점해 어마어마하게 큰 이윤을 낼 것이다. 12퍼센트는 중국에서 흔한 이자율이라고 하는데, 자본의 일반 이윤은 틀림없이 이런 높은 이자를 감당할 여력이 있을 것이다.

법률적 미비는 때때로 그 나라의 빈부 상태가 요구하는 수준보다 훨씬 높게 이자율을 상승하게 한다. 법률이 계약 이행을 강제하지 않는 나라에서, 그 나라의 모든 차용인(借用人)은 법률 단속이 엄격한 나라의 파산자나 신용 불량자와 거의 비슷한 취급을 받는다. 자본 회수에 대한 불확실성으로 돈을 빌려주는 사람은 파산자에게 요구하는 것과 동일한 수준의 고금리를 빌리는 사람에게 요구한다.

로마제국의 서부 속주들을 침략했던 야만인 부족들 사이에서 계약 이행은 오랜 세월 계약 당사자 사이의 신의에 맡겨졌다. 왕의 법정은 그런 계약 이행에 좀처럼 간섭하지 않았다. 그러므로 고대에 나타난 높은 이자율은 부분적으로 이런 단속 부재 탓으로 설명된다.

법률이 이자를 완전히 금지하더라도 이자 수익을 막지 못한다. 많은 사람이 돈을 빌려야 하는데 이자를 금지한다면 돈을 빌려줄 생각이 있는 사람은 어떻게 대응할까. 그는 대금 후에 얻을 수 있는 이자뿐만 아니라 법망을 피해야 하는 어려움과 위험까지 감안해 자신에게 적합한 대부금 활용법을 생각할 것이고, 그리하여 이자율은 자연스럽게 매우 높아진다. 모든 이슬람교 국가에서 나타나는 높은 이자율은 몽테스키외가 설명한 대로 빈곤 때문이 아니라, 방금 설명한 법망을 피해야 하는 위험과 대부금 회수의 어

려움 때문이라고 한다.[38]

가장 낮은 이윤율의 조건

기대되는 최소한의 이윤율은 항상 자본 투자에 따르는 우발적 손실을 충분히 보상하는 것 이상이어야 한다. 이런 잉여금만이 순 이윤이다. 총이윤은 흔히 이런 잉여금뿐 아니라 그런 비상한 손실을 보상하고자 유보된 금액을 포함한다. 차용인이 지급할 수 있는 이자는 순 이윤에만 비례한다.

기대되는 최소한의 이자율은 이처럼 신중하게 대부를 하는데도 발생할 수 있는 우발적 손실을 충분히 보상하는 것 이상이어야 한다. 그보다 이자율이 높지 않으면 자선이나 우정만이 돈 빌려주는 동기가 된다.

얻을 수 있는 부를 완전히 획득해 모든 특정 사업 분야에서 투자될 수 있는 자본이 최대 규모로 늘어난 나라에서는 일반적인 순 이윤율이 무척 낮을 것이고, 따라서 거기서 나오는 통상적인 시장이자율도 무척 낮을 것이기에 가장 부유한 사람만이 자기 돈의 이자만으로 살아갈 수 있고 그 외에는 이자로 생활하는 게 불가능하다. 중소 규모의 재산을 가진 모든 사람은 자기자본의 용도를 스스로 관리해야 한다. 따라서 거의 모든 사람이 사업가가 되거나 어떤 사업에 종사하는 게 하나의 유행이 된다.

네덜란드는 이런 상태에 거의 접근하는 듯 보인다. 생활 형편의 필요에 따라 거의 모든 사람이 일상적으로 그렇게 행동하고, 이런 행동 관습은 사람들의 유행을 결정한다. 비유적으로 말하자면 옷을 입지 않고 외출하는 게 우스꽝스러운 것처럼, 일 없이 노는 것도 어리석어 보인다. 군대 야영지나 주둔지에서 민간인이 어색해 보이고 심지어 경멸당하는 위험에 처하는 것처럼 게으른 사람이 사업가 사이에 있다면 그런 대접을 받는다.

---

38 몽테스키외 『법의 정신』 제22권 19장. "마호메트 국가들에서, 고리대금은 금지의 가혹함에 비례해 이자율이 높아진다. 돈을 빌려주는 사람은 법 위반에 따른 위험을 보상받고 싶어 한다. 하지만 이 동양의 나라들에서 대부분은 그 보상을 확신하지 못한다. 돈을 실제로 소유한 것과 그 돈을 빌려준 후에 회수할 수 있다는 희망 사이에는 아무런 관련이 없다. 돈을 돌려받지 못하는 위험에 비례해 고리대금의 이자율은 높아진다."

최고 이윤율의 조건

일반적인 최고 이윤율은 다음과 같다. 대부분 상품가격에서 땅의 지대로 돌아갈 부분을 전부 차지하고, 상품을 준비하고 시장에 출하시키는 노동에 최저 임금을 지급해 노동자가 간신히 생존할 수준으로 유지하게 하는 수준의 이윤율이다. 노동자는 일하는 동안에는 어떤 식으로든 생계가 유지되겠지만, 지주는 항상 지대를 받는 건 아니었다. 벵골에서 동인도회사 하인들[직원들]이 수행하는 사업의 이윤은 이런 최고 이윤율에서 크게 벗어나지 않는다.

통상적 시장이자율이 통상적 순 이윤율에 대해 유지해야 마땅한 비율은 이윤 상승과 하락에 따라 변화한다. 그레이트브리튼에서 이윤은 이자의 두 배가 되어야 양호하고 적당하며 합리적인 이윤이라고 상인들이 생각하는데, 나는 그것이 널리 받아들여지는 타당한 이윤이라고 이해한다. 일반적인 순 이윤율이 8퍼센트나 10퍼센트인 나라에서, 빌린 돈으로 사업을 수행한다면 이자 조건으로 순 이윤율의 절반만 지불하는 것이 합리적이다.

자본에 닥치는 위험은 차용인 몫이고, 차용인은 말하자면 대부자에게 이자를 지불함으로써 그 위험에 대해 일종의 보험을 드는 것이다. 대부분 사업에서 4~5퍼센트 이자는 이런 보험료 조로 충분하며, 또한 자본을 빌려주는 노력에 대해서도 충분한 보상이 된다. 하지만 이자와 순 이윤 사이 비율은 일반적인 이윤율이 훨씬 낮거나 훨씬 높은 나라에선 동일하지 않을 것이다. 만약 그 비율이 훨씬 낮다면 이윤율의 절반을 이자로 제공할 수 없을 것이고, 훨씬 높다면 그것보다 더 많이 이자를 제공할 것이다.

부국으로 빠르게 발전하는 나라에서 낮은 이윤율이 상품가격을 낮추는 효과가 있어 높은 노동 임금을 상쇄한다. 그렇게 해서 그 발전하는 나라는 노동 임금이 자국보다 낮고 덜 번영하는 이웃 나라만큼 상품을 싸게 팔 수 있다.

임금은 단리로 상승, 이윤은 복리로 상승

높은 이윤은 높은 임금보다 생산물 가격을 훨씬 더 올리는 경향이 있다. 예를 들어 아마포 제조업에서 각기 다른 노동자, 즉 제마업자, 방적공, 방직공 등의 임금이 모두 하루에 2펜스 더 오른다고 하면, 아마포 한 필 가격은 고용된 노동자 수에 2펜스를 곱하고 그들의 고용일수만큼 곱해 인상할 필요가 있다. 그런데 상품가격 중 임금 몫은 여러 제조 단계를 통해 발생하는 임금 상승분에 산술적으로 비례해 상승할 뿐이다. 하지만 이런 노동자를 고용한 각기 다른 모든 고용주의 이윤이 5퍼센트 상승한다면 이윤으로 잡히는 상품가격 몫은 여러 제조 단계를 통해 이런 이윤 상승분에 기하급수적으로 비례해 상승할 것이다.

제마공의 고용주는 자기 아마포를 팔면서 그가 노동자들에게 미리 지급한 임금과 원료의 모든 가치에 5퍼센트를 반드시 추가해야 한다고 주장할 것이다. 방적공의 고용주는 미리 내준 방적공의 임금과 아마 섬유의 가격에 대해 5퍼센트를 추가로 요구할 것이다. 방직공의 고용주도 미리 지급한 방직공 임금과 아마 실의 가격에 대해 역시 5퍼센트를 요구할 것이다. 상품의 이런 가격 상승에서 임금은 부채 누적에서 단리와 같은 방식으로 상승한다. 반면 이윤 상승은 복리처럼 작용한다.[39]

우리 상인과 제조업자는 높은 임금이 상품가격을 올리는 악영향으로

---

39 임금은 단리로 상승하고 이윤은 복리로 상승한다는 데 대해 영국의 경제학자 에드윈 캐넌(Edwin Cannan, 1861-1935)은 다음과 같은 반론을 제기한다.

"여기에 제시된 견해를 실제 사례에 한 번 적용해보자. 3인의 고용주가 있는데 각자 임금과 원료에 100파운드를 지불하고, 이윤은 최초 5퍼센트, 그후 10퍼센트로 상승한다고 해보자. 그러면 완성된 상품은 331파운드 0실링 3펜스에서 364파운드 2실링으로 상승해야 한다. 반면 임금이 100파운드에서 105파운드로 상승하면 상품가격은 347파운드 11실링 3펜스로 상승할 뿐이다.

스미스는 둘 중 어느 하나를 가정하고 있다. 첫째, 이윤은 회전에 대한 이윤이지 연간 자본에 대한 이윤이 아니다. 둘째, 고용주들은 그들의 자본을 1년에 1회 회전시킨다. 설사 이런 두 가정을 그대로 인정하더라도 '단리'가 '복리'보다 더 크다는 것은 명백하다. 위에서 구체적으로 제시한 사례에서 우리는 이윤을 두 배로 상승시키고, 임금은 20분의 1(5파운드) 상승시켰을 뿐이다. 만약에 임금을 두 배로 올리고 이윤을 5퍼센트로 그대로 둔다면 상품가격은 331파운드 0실링 3펜스에서 662파운드 0실링 6펜스로 상승하게 되는데 이는 비현실적 가격이 된다."

인해 국내외에서 자기 물품의 판매가 감소한다고 크게 불평한다. 하지만 그들은 높은 이윤의 악영향에 대해서는 아무 말도 하지 않는다. 그들은 자기 이윤이 빚어내는 파괴적 영향에 대해서는 입을 다문다. 오로지 다른 사람의 이득을 거론하며 불평할 뿐이다.

제10장

노동과 자본이 다양한 투자처에서 사용될 때 임금과 이윤

완전한 자유의 중요성

노동과 자본이 서로 다른 투자처에서 사용될 때 유리한 점과 불리한 점이 있다면, 같은 지역 내에서는 완전하게 평등해지거나 아니면 지속해서 평등을 향해 나아간다. 같은 지역에서 어떤 직업이 나머지 직업보다 어느 정도 차이는 있지만 분명 유리하다면 많은 사람이 거기에 몰려들 것이고, 그만큼 다른 직업에서 이직하게 되어 그런 인기 직업의 이점은 곧 다른 직업 수준으로 내려갈 것이다.

이러한 노동과 자본의 평등성이 가능한 사회가 있다. 즉, 제반 사정이 자연스러운 과정을 따라 진행되고, 완전한 자유[40]를 누리는 사회, 즉 모든 사람이 자기가 적당하다고 여기는 직업을 선택하고, 적당하다고 생각할 때

---

40   원어는 perfect liberty. 앞에 나온 "제반 사정이 자연스러운 과정을 따라 진행되는" 상황을 가리킨다. 애덤 스미스는 "자연스러운 과정"에 대해 natural course of things 혹은 natural order of things, the nature of things 등의 표현을 쓰는데 완전한 자유가 곧 이성적 질서에 따른다는 자연법사상에 근거해 이런 주장을 펴는 것이다.

마다 직업을 바꿀 수 있는 사회 말이다. 그런 사회에서 사람들은 자기 이해관계에 따라 불리한 직업은 피하고 유리한 직업은 추구한다.

실제로 유럽 어디에서나 금전적 임금과 이윤은 노동과 자본이 어디에 투자되는지에 따라 아주 달라진다. 이런 차이는 다음 두 가지 사항 때문에 발생한다.

첫째, 직업 자체에서 나타나는 여러 특정 상황이 있다. 이런 상황은 실제로 혹은 적어도 사람의 생각 속에서 몇몇 직업의 낮은 금전적 소득을 보상하고, 다른 몇몇 직업에서는 커다란 금전적 이득을 상쇄한다.

둘째, 유럽 어디서든 제반 사정이 완전한 자유를 누리도록 하지 않는 유럽의 정책이 존재한다.

이 장에서는 이런 특정 상황과 유럽의 정책을 고찰할 예정인데, 편의상 제1절[특정 상황]과 제2절[유럽 정책]로 나누어 설명하도록 하겠다.

제1절
직업 그 자체의 특성에서 발생하는 불평등

◇

임금의 높고 낮음을 결정하는 다섯 가지 조건

내가 여태껏 관찰해온 바에 따르면, 몇몇 직업에서 낮은 금전적 소득을 보상하고, 다른 몇몇 직업에서 큰 금전적 이득을 상쇄하는 주된 상황은 다음 다섯 가지이다. 첫째, 직업 자체의 유쾌함과 불쾌함. 둘째, 직업 기술 습득이 용이하고 저렴한지 혹은 어렵고 큰 비용이 드는지 여부. 셋째, 직업 고용의 지속성 유무. 넷째, 직업에 종사하는 노동자에게 주어지는 신임도의 크고 작음. 다섯째, 직업의 성공 개연성 유무.

(1) 직업의 명예, 청결도, 쾌적함

노동 임금은 직업이 쉬운지 어려운지, 청결한지 불결한지, 명예로운

지 수치스러운지에 따라 변화한다. 그러므로 대부분 지역에서 한 해를 기준으로 보면, 직공[41] 재봉사는 방직공보다 적게 번다. 하는 일이 훨씬 쉽기 때문이다. 직공 방직공은 직공 대장장이보다 적게 번다. 그의 일은 대장장이보다 늘 쉬운 건 아니지만, 훨씬 청결하다. 직공 대장장이는 기술자이긴 하나 12시간을 일하더라도 보통 노동자에 불과한 갱부가 8시간 일해서 버는 것을 좀처럼 따라잡지 못한다. 그의 일은 광부에 비하면 그렇게까지 불결하지 않고, 위험하지도 않으며 지하가 아닌 지상에서, 대낮에 일한다.

모든 명예로운 직업의 보상 영역에서 명예는 그 보상의 대부분을 구성한다. 모든 상황을 고려해봐도 이런 직업은 금전적 이득 측면에선 일반적으로 보상이 불충분하다. 이 점에 관해서는 아래에서 곧 자세히 밝히고자 한다. 불명예는 정반대 효과를 낳는다. 도살업자는 잔혹하고 끔찍한 일을 한다. 하지만 대부분 지역에서 대부분의 일반 업종보다 수익이 훨씬 좋다. 모든 직업 중에 가장 혐오스러운 사형 집행인은 일하는 양에 비하면 보통 직종의 종사자보다 훨씬 나은 임금을 받는다.

야만 상태의 사회에서 인류에게 가장 중요했던 일인 사냥과 낚시는 선진 사회에서는 가장 유쾌한 놀이가 되었는데, 이렇게 재미로 하는 일은 과거엔 한때 필요에 따라 억지로 했던 일이었다. 따라서 문명사회에서 다른 사람이 취미로 추구하는 것을 직업으로 삼은 사람은 대체로 무척 가난하다. 어부는 고기잡이 생활을 노래한 고대 그리스 시인 테오크리토스 시대 이후로 가난했다.[42] 밀렵꾼은 그레이트브리튼 어디에서나 극빈자이다. 법이 엄격하게 밀렵자를 단속하는 나라에선 면허 있는 사냥꾼도 그다지 생활 형편이 좋지 못하다. 많은 사람이 자연스럽게 이러한 직업에 관심을 가지기 때문에, 이를 통해 생계를 유지할 수 있는 사람보다 더 많은 사람이 이 일을 하

---

41 제조업 분야의 한 직급. 원어는 journeyman. 어떤 제조 직종에 먼저 장인(스승)이 있고 그 밑에 한두 명의 도제가 있는데 도제 기간은 대략 5~7년이다. 이 기간 절반 정도를 지나 어느 정도 기술을 습득하면 직공이 된다. 이 위계질서를 영어로 표시하면 이러하다. master - journeyman - apprentice.

42 테오크리토스의 시 〈전원찬가〉(Idyllium) 21 참조. —원주

고 있다. 또한, 그 분야의 노동 생산물은 노동량보다 시장에서 항상 저평가되어 그 분야 종사자는 가장 빈곤한 삶을 살 수밖에 없다.

불쾌함과 불명예는 노동 임금에 미치는 것과 똑같은 방식으로, 자본이윤에도 영향을 미친다. 여관이나 선술집 주인은 결코 그 집의 진정한 소유주가 아니며, 모든 취객의 야만적인 술주정에 노출되어 있어 도저히 유쾌하거나 훌륭한 사업이 되지 못한다. 하지만 일반적인 업종치고 적은 자본으로 여관이나 선술집처럼 큰 이윤을 내는 업종은 거의 없다.

(2) 기술 습득의 난이도와 학습 비용

노동 임금은 그 일을 배우는 게 쉽고 값싼지 혹은 어렵고 큰 비용이 드는지에 따라 달라진다.

어떤 값비싼 기계를 설치할 때 최소한 통상적인 이윤으로 그 설치 자본이 회수되리라 기대하면서 기계가 마모되기 전까지 특별한 역할을 수행하려 한다. 많은 노동과 시간을 들여 비범한 재주와 기술이 요구되는 일을 하려고 교육받은 사람은 그런 값비싼 기계와 비슷하다. 그가 수행하고자 배운 일에는 일반 노동의 통상 임금보다 훨씬 높은 임금이 지불되므로, 그 교육에 들어간 비용을 회수하고, 그렇게 해서 동일한 가치를 지닌 자본으로 일반적인 이윤을 올릴 것으로 기대된다. 그리고 이런 자본 회수는 반드시 적당한 시간 안에 이뤄져야 한다. 기계의 지속 기간을 한정해서 고려하는 것처럼 인간의 생명도 무척 불확실한 기간만 존재하기 때문이다.

숙련 노동 임금과 일반 노동 임금 사이에 나타나는 차이는 다음과 같은 원칙에 근거한다.

유럽은 정책적으로 모든 기계공, 수공업자, 제조업자의 노동을 숙련 노동으로 여기고, 모든 농촌 노동자의 노동을 일반 노동으로 간주한다. 전자의 노동이 후자보다 더 고급이고 배우기 어렵다고 생각한다. 어떤 때는 실제로 더 어려울 수도 있다.

하지만 대부분은 전혀 그렇지 않은데, 아래에서 이를 곧 설명하겠다. 따라서 유럽의 법과 관습은 전자[기계공, 수공업자, 제조업자]의 노동을 수행할 자격을 주기 위해, 지역마다 단속의 엄격함 정도는 다르지만, 도제 제도를 필수로 부과한다. 반면 농촌 노동자의 노동은 모두에게 자유로이 개방되어 있다. 도제 생활을 계속하는 동안 도제의 모든 노동은 스승 차지가 된다. 그러는 동안 도제는 대부분 부모나 친척에 의지해 생계를 유지해야 하고, 대부분 그들로부터 옷을 받아야 한다. 스승에게는 일정 수준의 수업료를 지불해야 한다. 돈을 낼 수 없는 도제는 시간을 내어주는데, 통상 기간인 5년보다 더 오래 스승에게 묶여 있게 된다. 이러한 도제 제도에서 보통은 도제가 게으른 경우가 많아 스승에게 항상 유리하진 않지만, 대체로 보아 도제에게 더 불리하다.

도제 제도와는 다르게, 농촌 노동에서 노동자는 비교적 쉬운 일에 종사하면서 농사의 더 어려운 부분을 배우고, 농사의 모든 단계에서 자기 노동으로 생계를 유지한다. 따라서 유럽에서 기계공, 수공업자, 제조업자의 임금은 일반 노동자의 임금보다 상대적으로 높아야 하는 게 합리적이다. 그런 이유로 실제로 임금 지급도 그렇고, 우수한 벌이만 보면 수공업자들은 대부분 지역에서 더 나은 계급으로 생각된다.

하지만 이런 우월한 처우는 일반적으로 소수 직종에만 국한된다. 염색을 하지 않는 아마 섬유나 모직물 제조 직공처럼 더욱 일반적인 제조업에서 일하는 직공의 일급이나 주급은 대부분 지역에서 일반 노동자보다 평균적으로 약간 높은 수준이다. 실제로 그들의 직업은 더욱 안정적이고 한결같아서 한 해로 보면 벌이는 다소 더 큰 차이가 날 수 있다. 하지만 분명한 것은 그들이 교육받을 때 들인 상당한 비용을 보상하기에는 충분한 수입이라고는 생각되지 않는다.

독창적인 예술과 자유로운 직업 교육은 훨씬 더 오래 걸려 지루하고 비용도 값비싸다. 따라서 화가나 조각가, 변호사, 의사의 금전적 보상은 훨씬 더 큰 규모가 되어야 하고, 그런 이유로 실제로도 높은 보수를 받는다.

그런데 자본 이윤은 해당 업종의 기술 습득 난이도에 거의 영향을 받지 않는다. 대도시에서 자본이 투자되는 서로 다른 방식을 보면 실제로 난이도가 거의 비슷하며, 배우기가 어려울 때도 있지만 쉬운 것도 있다. 가령 해외 무역이나 국내 거래 분야 중 어떤 것이 다른 것보다 더 배우기 어렵고 또 복잡하다고는 장담할 수 없다.

(3) 고용 유지의 지속도

각기 다른 직업에서 노동 임금은 고용의 지속성 유무에 따라 변화한다.

고용 측면에서 어떤 업종은 다른 업종보다 지속성이 훨씬 높다. 대부분 제조업에서 직공은 거의 확실하게 할 수만 있다면 거의 모든 날에 일할 수 있다. 그와는 반대로 석공이나 벽돌공은 혹한이나 악천후에는 일할 수 없고, 이들의 고용은 이따금 찾아오는 고객의 요청에 의존한다. 그 결과 이들에게는 일 없이 노는 날도 낯설지 않다. 따라서 이들은 고용 시, 일이 없는 동안의 자기 생계도 생각해야 한다.

뿐만 아니라 때때로 발생하는 불안정한 고용 상황으로 불안하고 낙담하는 순간도 대비해야 한다. 따라서 그는 이런 불확실한 미래도 어느 정도 보상하는 수준으로 임금을 받아야 한다. 대다수 제조자의 추정 수입이 일반 노동자의 하루 임금과 거의 같은 수준인데 비해, 고용이 불안정한 석공과 벽돌공의 임금은 보통 그보다 1.5배에서 2배 더 높다.

일반 노동자는 한 주에 4실링이나 5실링을 벌지만, 석공과 벽돌공은 흔히 7실링이나 8실링을 벌어들인다. 전자가 6실링을 버는 곳에선 후자는 9실링이나 10실링을 번다. 런던처럼 일반 노동자가 9실링이나 10실링을 버는 곳이면 석공과 벽돌공은 보통 15실링이나 18실링을 번다. 그러나 숙련 노동 중 석공이나 벽돌공처럼 배우기 쉬운 것도 없다. 런던에서 가마꾼은 여름철이 되면 때로는 벽돌공으로 고용된다고 한다. 따라서 이러한 노동자의 높은 임금은 그들의 기술에 대한 보상이라기보다 그들의 불안정한 고용에 대한 보상이다.

주택 목수는 석공보다 더욱 훌륭하고 독창적인 일을 하는 것 같다. 하지만 대부분 지역에서 주택 목수는 하루 임금이 석공보다 다소 낮다. 주택 목수의 고용은 이따금 발생하는 고객 요청에 의존하지만, 전적으로 그에 의존하진 않으며 악천후로 일이 중단될 때도 흔치 않다.

고용이 쉽게 불안해지는 업종에서는 노동 임금이 일반 노동자보다 훨씬 더 높아진다. 런던에서 거의 모든 직공 기술자는 다른 곳의 날품팔이와 같은 식으로 날마다, 주마다 고용주에게 고용되고 또 해고된다. 그래서 기술자 중 최하층인 직공 재봉사는 하루에 30펜스를 버는데, 일반 노동자의 임금은 18펜스이다. 작은 도시나 농촌 마을에서 직공 재봉사의 임금은 일반 노동자와 거의 비슷하다. 하지만 런던에서 그들은 놀면서 몇 주를 보내는 일도 빈번하다. 여름에는 특히 노는 날이 많다.

고용이 불안정한데 일 자체도 힘들고, 불쾌하고, 불결하면 때로는 일반적인 노동자의 임금이 숙련 기술자의 임금보다 높아진다. 성과급으로 일하는 갱부는 뉴캐슬에서 일반 노동자의 임금보다 보통 2배를 받고, 스코틀랜드 여러 지역에선 3배를 번다. 이런 갱부의 높은 임금은 전적으로 일하며 겪는 곤란함, 불쾌함, 불결함 등에서 나온다. 그의 고용은 대부분 자신이 원하기만 한다면 지속할 수 있다. 런던에서 석탄 운반부는 갱부와 거의 동등한 곤란함, 불결함, 불쾌함이 수반되는 일을 한다. 석탄선이 도착하는 시간은 불규칙적이어서 그들 대다수는 불규칙적으로 고용된다.

따라서 갱부가 일반 노동자보다 두세 배를 번다면, 석탄 운반부가 때로는 네다섯 배를 버는 것도 그리 놀랍지 않다. 몇 년 전 그들의 임금 상황을 조사한 자료로 살펴보면 당시 그들에게 지급된 비율로 볼 때 하루에 6~10실링을 벌 수 있었다. 6실링은 런던에서 일반 노동자 임금의 대략 4배에 해당하며, 모든 특정 업종에서 일반적인 최저 수입은 대다수 노동자의 벌이 수준이라고 생각하면 된다. 석탄 운반부의 벌이가 설혹 높게 보여도, 그 보수가 일에서 발생하는 모든 불쾌한 상황을 보상하기에 충분하다면 이내 어마어마한 수의 경쟁자가 배타적인 특권도 없는 이 직종으로 몰려들 것이다. 그리하여 석탄 운반부의 임금을 빠르게 끌어 내렸을 것이다.

고용의 지속성 유무는 특정 업종에서 자본의 일반적인 이윤에 영향을 미치지 않는다. 자본이 지속해서 투입되는지는 직종보다는 직인[그 직종에 종사하는 사람]에 달려 있다.

(4) 노동자에 대한 신임도의 경중

노동 임금은 노동자에게 주어지는 신임도가 큰지 작은지에 따라 변화한다.

금 세공인과 보석 세공사 임금은 어디에서나 같은 수준 혹은 더 높은 수준의 기술을 가진 다른 많은 노동자보다 더 높다. 왜 그럴까? 그들에게 맡기는 재료가 귀중한 물품이기 때문이다.

우리는 의사에게 건강을 맡긴다. 우리의 재산, 때로는 우리 목숨과 명성을 변호사에게 맡긴다. 우리는 낮은 신분인 사람에게 이런 신임을 베풀수 없다. 따라서 보석상, 의사, 변호사 등에게 돌아가는 보상은 반드시 그런 중요한 신임에 필요한 사회적 지위에 따라 주어진다. 교육에 들인 오랜 시간과 큰 비용은 이런 상황과 결합했을 때 필연적으로 그들의 노동가격을 더욱 끌어올린다.

어떤 사람이 자기자본만으로 사업을 한다면 거기에는 신임 같은 것이 필요하지 않다. 자기가 알아서 그 자본을 처리하면 되니까. 하지만 그가 다른 사람으로부터 얻는 신용은 그의 사업 수완에만 달려 있는 것이 아니다. 오히려 그의 재산, 상도덕, 신중함 등에 관해 세간에서 어떤 의견을 갖느냐에 달려 있다. 따라서 각기 다른 사업 분야에서 발생하는 서로 다른 이윤율은 그 직종에서 사업하는 사람들의 신임도에서 나오는 것이 아니라 세간의 평판에서 나온다.

(5) 관련 직종에서의 성공 가능성

각기 다른 직업에서 노동 임금은 해당 직업의 성공 개연성 유무에 따라 달라진다.

특정인이 교육받은 직종에서 적합한 자격을 얻을 수 있는가 여부는 직업마다 무척 다르다. 기계와 연관된 일 대부분에서는 성공이 거의 확실하다. 하지만 능력에 크게 의존하는 직업에선 성공이 무척 불확실하다. 가령 어떤 사람의 아들이 제화공의 도제로 들어갔다고 해보자. 그가 구두 한 켤레를 만드는 기술을 곧 배울 것은 의심할 여지가 거의 없다. 하지만 법률 공부를 하러 들어갔다면 그가 법률을 통해 생계를 유지할 만큼 먹고살 만큼 관련 자격을 획득할 가능성은 기껏해야 20분의 1 정도다.

완전히 공정한 복권에서는 당첨되지 못한 사람들이 낸 돈이 모두 당첨자에게 돌아간다. 복권은 승자독식 구조다. 스무 명이 실패하고 한 명이 성공하는 직업에서 성공한 사람은 당연히 실패한 스무 명이 얻으려 했으나 못 얻었던 것을 모두 가져간다. 거의 마흔이 되어서야 직업 기술을 통해 뭔가 얻기 시작하는 변호사는, 무척 지루하고 값비싼 교육을 받았음에도 그에 따른 보상을 받지 못한 다른 스무 명 이상의 변호사 후보들이 받은 교육에 대한 보상도 함께 받아야 한다. 변호사 수임료가 때로는 터무니없을 정도로 비싸 보이지만, 그들의 실제 보상은 금방 언급한 교육과 세월 연수를 비춰 보면 절대 동등하지 않다.

특정 장소에서 제화공이나 방직공 같은 일반 업종에 종사하는 각기 다른 노동자가 매년 벌어들이는 것과 매년 소비하는 것을 계산하면 이들이 보통 변호사의 수입을 넘어선다는 것을 알 수 있다. 하지만 네 곳의 법학원에 소속된 모든 변호사와 법학도에 대해 같은 계산을 해보면 연간 소득이 연간 지출보다 지극히 낮다. 연간 소득을 최대한 높게, 지출을 최대한 낮게 잡더라도 상황은 별로 달라지지 않는다. 따라서 법률 공부라는 복권은 완전히 공정한 복권과는 무척 거리가 멀다. 다른 많은 자유롭고 명예로운 직업과 같이 법률가들은 금전적 이윤 측면에서 보상이 불충분하다.

하지만 이런 전문 직종은 다른 직업과 비교해 높은 수준의 명예를 유지하고 있고, 금전적인 불이익에도 불구하고 그 직업의 명예나 자유로운 정신에 끌려서 열성적으로 이 직종에 진출하려는 사람들이 많다. 그들에게 이 직업을 매력적으로 보이게 만드는 원인은 두 가지인데, 하나는 그런 직업을 탁월하게 수행했을 때 따르는 명성을 얻으려는 욕구이고, 다른 하나는 모든 사람이 자기 능력뿐만 아니라 행운에 대해서도 타고난 확신을 갖고 있다는 점이다.

아무리 열심히 해도 소수만이 겨우 평범한 수준에 도달하는 직업에서 탁월하다는 것은 천재나 수재라 불리는 사람들에게서 보는 결정적인 특징이다. 그런 빼어난 능력에 따라다니는 대중의 경탄은 보상의 일부가 된다. 보수가 많고 적음은 대중이 표하는 그런 경탄이 많은지 혹은 적은지에 비례한다. 경탄은 의료 분야 업종에서 보상의 큰 부분을 이루고, 법률 분야에서는 더욱 크며, 시나 철학을 천직으로 삼는 사람에게는 거의 전부가 된다.

사람을 즐겁게 하는 멋진 재능들이 있다. 그런 재능을 가진 사람은 특별한 존경을 받는다. 하지만 그것을 돈벌이용으로 쓰면 사람들은 이성적 판단에 따른 것이든 혹은 편견에 따른 것이든 그것을 공개적인 타락이라고 생각한다. 따라서 이런 식으로 재능을 활용하는 사람에게 주어지는 금전적 보상은 넉넉할 정도로 충분해야 한다. 그런 재능을 얻는 데 들인 시간, 노동, 비용뿐만 아니라 그런 재능을 생존 수단으로 쓰는 데 따르는 불명예 등을 모두 보상할 수 있어야 한다. 연주자, 오페라 가수, 오페라 무용수 등에게 주어지는 높은 보수는 이런 두 원칙, 즉 재능의 희귀함과 아름다움 그리고 이런 식으로 재능을 사용하는 데서 오는 불명예를 보상하기 위한 것이다.

언뜻 보기에 우리가 그런 사람들의 인격을 경멸하면서도 가장 후하게 그들의 재능을 보상하는 것은 다소 터무니없게 보인다. 하지만 그들의 재능이 인정받지 않는다면 그들에게는 반드시 그만한 보상을 해야 한다. 그런 직업에 관한 여론이나 대중적 편견이 경멸이 아닌 존경 쪽으로 변한다면 그들의 금전적 보상도 빠르게 줄어든다. 더 많은 사람이 그런 직업을 가지려 할 것이고, 경쟁은 치열해져 노동가격은 빠르게 낮아질 것이다. 비록 그런 재능은 그리 흔하지는 않지만, 생각하는 것만큼 그렇게 드물지는 않다. 많은 사람이 더없이 완벽하게 그런 재능을 보유하고 있지만, 돈벌이를 위해 그런 재능을 사용하는 것은 경멸한다. 하지만 그것이 명예로운 일로 여겨지기 시작한다면 더 많은 사람이 그런 재능을 습득하려 할 것이다.

자기 행운에 대한 희망은 인간의 오래된 어리석음

대다수 사람이 자기 능력에 대해 품은 자만심은 모든 시대의 철학자와 윤리학자가 언급했던 오래된 악덕이다. 그런데 대다수 사람들이 자신의 행운에 대해 가진 어리석은 희망은 별로 주목받지 못했다. 이런 얼토당토않은 희망은 사람들 사이에서 보편적으로 발견된다. 상당히 건강하고 정신력이 강한 시절에 자신의 행운에 대한 희망을 가져보지 않은 사람은 거의 없다. 정도 차이는 있지만 대체로 사람들은 자기가 이득을 볼 가능성을 과대평가하고, 손실을 볼 가능성을 과소평가한다. 그리고 상당한 건강과 정신을 지닌 사람이 손실 가능성을 과대평가하는 일은 거의 없다.

이득 볼 기회가 자연스럽게 과대평가된다는 건 복권의 보편적인 성공을 보면 금방 알 수 있다. 완전히 공정한 복권, 그러니까 이익 전체가 손실 전체를 보상하는 복권은 세상에 존재한 적이 없고, 앞으로도 볼 수 없을 것이다. 그렇게 해서는 복권 사업가가 아무것도 남길 수 없기 때문이다. 국가 발행 복권의 경우, 최초 이용자가 지급한 가격만큼의 가치가 실제로 없음에도 복권은 시장에서 20~30퍼센트, 때로는 40퍼센트까지 프리미엄이 붙은 가격으로 팔린다. 거액의 상금이 나한테 떨어질지 모른다는 헛된 희망이 이런 수요를 일으키는 유일한 원인이다.

냉철한 머리를 가진 사람들마저도 1만 파운드 혹은 2만 파운드를 얻을 기회에 소액을 내는 것을 어리석다고 여기지 않는다. 상금이 20파운드를 넘지 않는 복권은 다른 측면에서 일반적인 국가 발행 복권보다 훨씬 더 공정하게 운영되지만 그런 공정한 복권에 대한 수요는 국가 발행 복권에 대한 수요처럼 폭발적이지 못하다. 거액의 상금을 받을 기회를 더 높이고자 어떤 사람은 여러 장의 복권을 구매하고, 그보다 훨씬 많은 소액권을 사는 사람도 있다. 하지만 모험을 무릅쓰고 더 많은 복권을 살수록 패자가 될 가능성은 더욱 커진다는 게 무척 확실한 수학적 계산이다. 가령 발행된 복권 모두 사들였다고 해보자. 그런 모험을 감행하는 사람은 확실하게 손해를 본다. 복권 수가 더 많아질수록 그런 복권 구매자는 확실한 실패에 더욱 가까이 접근한다.

보험 미가입: 위험 경시와 오만한 무지

손실 가능성은 대체로 과소평가되며, 그 가치보다 더 높이 평가되는 일은 거의 없다. 이것은 보험업자의 이윤율이 무척 낮다는 것으로 알 수 있다. 화재 위험이든 해난 사고든 보험 사업을 하려면 보험료가 일반적인 손실을 보상해야 한다. 더 나아가 경상비를 지불하고, 같은 자본을 다른 일반적인 사업에 투자할 때 얻게 해주는 이윤을 제공할 정도로 충분해야 한다. 이만큼 지급하는 사람은 위험의 실제 가치 혹은 보험에 합리적으로 기대하는 최저가만큼 지불한다.

하지만 많은 사람이 보험 사업으로 약간 돈을 벌지만 엄청난 부를 축적한 사람은 거의 없다. 이것만으로도 보험업에서 손익의 통상 균형을 유지하는 일은 많은 사람이 돈을 버는 다른 일반 사업보다 그다지 유리하지 않음을 충분히 알 수 있다. 일반적으로 보험료가 적당하더라도 많은 사람이 그 정도의 보험료도 아까워할 정도로 위험을 지나치게 경시한다.

그레이트브리튼 왕국 전체를 평균적으로 봤을 때 집 20채 중 19채 혹은 100채 중 99채가 화재 보험에 가입하지 않는다. 해난 사고는 대다수 사람이 화재보다 훨씬 두렵게 생각하므로 보험에 들지 않은 배에 비해 보험에 든 배의 비율은 주택 화재보험 가입 비율보다는 훨씬 높긴 하다. 하지만 사계절 내내 심지어 전시에도 많은 배가 보험 없이 항해한다. 어떻게 보면 그리 무모하진 않을 수 있다. 대기업이나 큰 상인이 20~30척의 배를 보유하고 있을 때 그들은 배의 숫자로 보험을 든 셈이다. 즉, 이런 선박 전체에서 절약되는 보험료가 일반 항해에서 당할 수 있는 해난 사고의 손실을 보상하는 보험 액수보다 더 클 수도 있기 때문이다. 하지만 주택의 화재 보험 가입률이 낮은 것과 마찬가지로, 선박 보험 가입을 등한시하는 것은 대부분 앞서 언급한 치밀한 계산이 아니라, 그저 위험에 대한 경시와 오만한 무지에 따른 결과다.

위험을 경시하고 성공을 과신하는 청년 시절

위험에 대한 경시와 성공에 대한 주제넘은 희망은 언제 가장 심할까? 인생의 어느 때보다 젊은이들이 직업을 선택하는 시기에 가장 심하다. 청년 시기에 느끼는 불운에 대한 두려움은 행운에 대한 기대를 상쇄하지 못한다. 이러한 사실은 자유로운 전문직에 들어가려고 하는 상류 사회 청년들의 열정에 비하여, 육군에 기꺼이 입대하거나 해군이 되기 위해 당장 바다로 나서려는 일반 청년들의 열정에서 훨씬 더 분명하게 드러난다.

사병이 무엇을 잃을 것인지는 분명하다. 하지만 젊은 자원자는 이런 위험을 돌아보지 않고 전쟁이 새로 터지면 기꺼이 입대한다. 승진 기회가 거의 없음에도 그들은 젊은이 특유의 상상력을 통해 명예를 얻고 수훈을 세우는 무수한 기회를 공상하지만, 그런 일은 거의 벌어지지 않는다. 이런 낭만적인 희망이 그들이 장차 흘릴지도 모르는 피의 대가다. 그들은 일반 노동자보다 적은 급여를 받고, 실제 복무할 때의 업무 피로도는 일반 노동보다 훨씬 심한데도 말이다.

해군이라는 복권은 육군이라는 복권만큼 불리한 당첨 조건은 아니다. 믿을 만한 노동자나 기술자의 아들은 보통 아버지의 동의를 얻어 해군으로 입대한다. 하지만 육군에 입대하려는 젊은이는 언제나 부모 동의 없이 제멋대로 입대한다. 해군의 경우는 뭐라도 해낼 가능성이 어느 정도 있다고 사람들도 인정하지만, 육군은 입대하는 젊은이 말고는 아무도 그 가능성을 보지 못한다. 위대한 제독은 위대한 장군보다 대중의 존경을 받지 못하며, 해전에서 큰 성공을 거두었더라도 육전에서 동등한 성공을 거둔 것만큼 엄청난 재산과 훌륭한 명성을 보장받지 못한다.

청년이 해군보다 육군을 선호하는 이유

똑같은 차이가 육군과 해군에서 하급 직책 승진에서도 두루 발견된다. 관례에 따라 해군 대령은 육군 대령과 동격이지만, 일반적인 평가에서 육군 대령과 나란히 어깨를 겨루지 못한다. 복권에는 거액의 상금이 적으면 소액의 상금은 반드시 더 많다. 따라서 일반 수병은 일반 육군 병사보다 더욱 자주 일정한 재산과 승진을 얻는다. 사람들이 널리 해군을 추천하는 주된 이유는 그런 상에 대한 희망에 있다. 수병의 기술과 재주가 거의 모든 기술자보다 훨씬 우수해야 하고, 그 생활에는 고난과 위험이 계속되지만, 그들이 일반 수병 상태로 계속 머무르는 한 그런 재주와 기술을 발휘하고 고난과 위험을 극복하면서 즐거움을 누리는 것 외에 다른 보상은 없다.

해군 수병의 임금은 항구에서 일하는 일반 노동자의 임금보다 높지 않으며, 이런 일반 노동자 임금 비율에 따라 수병 임금이 정해진다. 수병은 계속 항구에서 항구로 이동하고, 그레이트브리튼의 각기 다른 모든 항구에서 출항하는 수병 월급은 그런 다른 장소에 거주하는 다른 노동자의 월급과 엇비슷하다. 가장 많은 숫자의 수병은 항해를 떠나거나 다시 돌아오는 항구, 즉 런던항의 임금 비율이 기준이 된다. 이 기준은 다른 모든 항구에서 근무하는 수병 임금을 규정한다. 런던에서 서로 다른 계급 노동자 대부분은 에든버러의 같은 계급 노동자들이 받는 임금의 두 배다. 하지만 런던항에서 항해하는 수병은 리스 항구에서 출항한 수병보다 한 달에 3~4실링을 초과해 받는 일이 좀처럼 없다.

이처럼 임금 차이가 그리 크지 않은 건 흔한 일이다. 평화로운 시기에 상선을 타는 선원은 런던항에서 한 달에 21~27실링까지 받는다. 런던의 일반 노동자는 한 주에 9~10실링을 받으므로 한 달로 하면 40~45실링을 받는다. 상선 선원은 급료와 함께 식량을 제공받는다. 하지만 이런 식량의 가치는 항상 그의 급료와 일반 노동자의 급료 사이의 격차를 초과하지는 않는다. 때때로 초과한다 해도 그런 초과분은 선원의 순익이 되지는 않는다. 그는 육지에 있는 아내 및 가족과 식량을 나눌 수 없고, 또 육지에 남은 가족은 그의 임금으로 생활을 유지할 것이기 때문이다.

아슬아슬한 모험에서 간신히 간난을 모면하고 구사일생으로 살아나는 일은 젊은이들을 낙담시키기는커녕 자주 그런 모험에 뛰어들게 만드는 요인이다. 하류 계급의 마음 약한 어머니는 종종 아들을 항구 도시의 학교에 유학시키는 것을 두려워한다. 배를 보고 선원들 대화나 모험 이야기를 들으면서 바다에 대해 동경을 품지나 않을까 걱정한다.

뛰어난 용기와 멋진 솜씨로 위험을 벗어나겠다는 기대는 우리에게 불쾌한 일은 아니지만 동시에 어떤 직업에서도 노동 임금을 올려주는 요소는 아니다. 뛰어난 용기와 멋진 솜씨가 임금 인상에는 별 도움이 안 되는 직업도 있다. 건강에 무척 좋지 않다고 알려진 직업에서 노동 임금은 항상 놀라울 정도로 높다. 건강에 해로운 것은 불쾌감을 안겨주는 사항 중 하나로, 그

것이 노동 임금에 미치는 영향은 위에서 다섯 항목 중 하나인, "직업의 명예, 청결도, 쾌적함"에서 다뤘다.

자본 이윤율은 투자 회수의 확실성에 달려 있다

자본이 서로 다른 투자처에서 올리는 일반적인 이윤율은 수익의 확실성 혹은 불확실성에 따라 변화한다. 수익은 일반적으로 해외 무역보다는 국내 거래에서 더 안정적이다. 또 어떤 해외 무역 분야는 다른 분야보다 더 안정적인데, 가령 북아메리카 무역이 자메이카 무역보다 훨씬 덜 위험하다. 일반적으로 이윤율은 위험 정도에 따라 다소 상승한다. 그러나 그 위험에 비례할 정도로 상승해 완전히 보상하지는 않는다.

파산은 가장 위험한 사업에서 가장 흔하게 발생한다. 모든 사업 중에 가장 위험한 밀수업은 모험이 성공했을 때는 가장 수익성이 높지만, 파산으로 향하는 가장 확실한 지름길이다. 성공에 대한 주제넘은 희망은 밀수업에서도 다른 모든 경우에서처럼 작용해 많은 모험가를 그런 위험한 업종으로 끌어들이고, 그들 사이의 경쟁 때문에 이윤은 위험을 보상할 만한 수준이 되지 못한다. 위험을 온전히 보상하려면 일반적인 수익이 반드시 자본의 통상 이윤을 올려주고, 모든 우발적인 손실을 보상할 뿐만 아니라 모험가에게는 보험업자의 이윤과 유사한 특징을 지닌 잉여 이윤을 제공해야 한다. 하지만 일반적인 자본 회수가 이 모든 것을 충분히 지급한다면 이런 사업의 파산은 다른 사업보다 그리 빈번하지 않을 것이다.

자본 이윤에 영향을 미치는 직업의 쾌적함과 안전도

따라서 노동 임금에 변화를 일으키는 위의 다섯 가지 상황 중에 두 가지만 자본 이윤에 영향을 미친다. 그것은 직업의 쾌적함과, 사업에 수반되는 위험성 혹은 안전성이다. 유쾌함이나 불쾌함에 대해 말하자면, 대부분의 서로 다른 자본 투자처에선 거의 혹은 전혀 차이가 없다. 하지만 노동 투자처들 사이에선 엄청난 차이가 있다. 자본의 통상 이윤은 위험과 함께 상승하지만, 항상 위험에 비례해 상승하는 것처럼 보이지는 않는다. 이런 모든 것을 종합하면, 같은 사회나 지역에서는 각기 다른 자본 투입을 통해 드러나는 평균적이고 일반적인 이윤율은, 각기 다른 노동에 대해 지불하는 화폐 임금보다는 더 일정한 수준에 가깝다고 볼 수 있고, 실제로도 그러하다.[43]

　　일반 노동자의 수입과 잘 나가는 변호사나 의사와의 수입 차이는 분명 두 개의 다른 사업 분야에서의 통상 이윤 사이의 차이보다 훨씬 크다. 게다가 각기 다른 사업의 이윤에서 발생하는 외관상 차이는 하나의 착각일 뿐이다. 이것은 임금과 이윤을 서로 구별하지 않아 생기는 착각이다.

약제사와 식료품상의 수입

　　"약제사의 이윤"이라는 말은 엄청나게 높은 이윤을 뜻하는 것으로 알려져 있다. 하지만 이런 커다란 외관상 이윤은 흔히 합리적인 노동 임금을 넘지 않는 것이다. 약제사의 기술은 어떤 기술보다 훨씬 더 복잡하고 어렵다. 또한, 사람들이 그를 믿고 그의 약을 타가는 것은 임금보다 훨씬 큰 중요성이 있다. 그는 모든 경우 가난한 자의 의사이며, 고통이나 위험이 그리 크지 않을 때는 부자의 의사이기도 하다.

　　따라서 그에 대한 보상은 그의 기술과 그에게 주어지는 믿음에 부합해야 한다. 보통 그런 보상은 그가 파는 약품에서 나온다. 하지만 큰 시장 도시에서 가장 성공한 약제사가 한 해 판매하는 모든 약을 준비하는 데 들어간 비용은 30~40파운드를 넘지 않을 것이다. 따라서 그가 그런 약 전부를 3백 혹은 4백 파운드로 팔아 1천 퍼센트의 이윤을 본다 해도 그것은 약값에 부과된 합리적인 노동 임금 이상은 아니다. 이 이윤은 그가 약값에 부가한 노동 임금에 불과하다. 겉으로 이윤처럼 보이는 것의 대부분은 이윤이라는 옷으로 위장된 실제 임금이다.

　　작은 항구 도시에서 조그만 식료 잡화상을 하면 1백 파운드 자본으로 40~50퍼센트의 이윤을 얻는다. 반면 같은 장소에서 큰 도매상은 1만 파운

43　사람들이 다른 사업에 투자하여 버는 돈을 비교하면 그 이익 차이는 다양한 유형의 직업을 가진 사람들이 벌어들이는 임금 차이만큼 크지는 않다는 의미다.

드 자본으로 8~10퍼센트의 이득을 보는 데 그친다. 식료 잡화상은 주민 편의를 위해 필요하며, 동네 주민을 상대하다 보니 사업에 큰 자본을 투자할 필요가 없다. 하지만 식료 잡화상은 그 사업으로 생계를 유지해야 할 뿐만 아니라 그런 사업이 요구하는 자격을 합당하게 갖추어야 한다. 적은 자본을 소유하는 것 외에도 그는 반드시 읽고, 쓰고, 회계하는 능력이 있어야 하며, 취급하는 50~60종 물품의 가격, 품질 그리고 그런 물품을 가장 저렴하게 파는 시장에 관해서도 잘 판단해야 한다.

요약하면 그는 거상에게 필요한 모든 지식을 가지고 있어야 한다. 단지 거상이 될 수 없는 유일한 이유는 그에게 충분한 자본이 없다는 것뿐이다. 한 해 30~40파운드는 그런 재주 있는 사람의 노동 보상으로 과도하지 않다. 이런 보상을, 외관상 크게 보이는 그의 자본 이윤에서 공제한다면 자본의 통상 이윤 이외에는 남는 게 별로 없다. 겉으로 드러나는 이윤 대부분은 이런 경우에도 실제로 임금인 것이다.

소매업과 도매업의 이윤율 차이

소매업과 도매업 사이의 외관상 이윤 차이는 소도시와 농촌 마을보다 대도시에서 훨씬 적다. 식료 잡화상에 1만 파운드를 투자할 수 있는 곳에서 식료 잡화상의 노동 임금은 거대 자본의 실제 이윤에서 보면 무척 사소한 부가물이다.

따라서 부유한 소매상의 외관상 이윤은 도매상의 외관상 이윤과 거의 같은 수준이다. 이런 이유로 소매상 판매 물품은 보통 소도시와 농촌 마을보다 대도시에서 훨씬 싸든지 아니면 비슷하다. 예를 들어 식료품은 훨씬 싸고, 빵과 고기는 흔히 비슷하다. 식료품을 대도시나 농촌 마을로 가져가는 운반 비용은 별 차이가 없지만, 밀과 가축은 대부분 훨씬 거리가 먼 곳에서 가져와야 하기에 훨씬 큰 비용이 든다.

따라서 식료품 원가(prime cost)는 대도시나 농촌 마을이나 같으므로 가장 적은 이윤을 붙이는 곳이 가장 저렴하다. 빵과 고기의 원가는 농촌 마을보다 대도시에서 더욱 높다. 그리하여 대도시의 이윤이 적더라도 대도시에서도 꼭 싸다고는 할 수 없으며, 종종 가격이 같을 때도 있다. 빵과 고기 같은 품목에서 외관상 이윤을 줄이는 그 원인이 원가[제조 비용]를 올린다. 시장 규모는 더 큰 자본을 투자하게 유도함으로써 외관상 이윤을 줄이지만, 더욱 먼 거리에서 공급받는 것으로 원가는 증가한다. 외관상 이윤 감소와 원가 상승은 대다수 서로 상쇄하는 듯 보인다. 밀과 가축 가격은 왕국의 여러 지역에서 흔히 무척 다르지만, 빵과 고기 가격은 일반적으로 대부분 지역에서 거의 비슷한 이유가 바로 여기 있다.

　도매업과 소매업의 자본 이윤은 보통 소도시와 농촌 마을보다 수도에서 낮은 편이다. 그러나 수도에서는 적은 자본으로 시작해 큰 재산을 얻는 경우가 흔하지만 소도시와 농촌에서는 그런 일이 거의 없다. 소도시와 농촌 마을에서는 협소한 시장 때문에 사업은 늘 자본이 커지는 것에 맞춰 확장되지는 못한다. 따라서 그런 곳에선 특정인의 이윤율이 무척 높다고 해도 이윤 총액은 아주 큰 것이 될 수 없으며, 그 결과 연간 누적 총액도 마찬가지로 그리 크지 않다.

　이와는 대조적으로 대도시에서 사업은 자본이 늘어나는 만큼 확장될 수 있으며, 검소하고 번창하는 사람의 신용은 자본보다 훨씬 빨리 증대된다. 그의 사업은 자본과 신용에 비례해 확장되고, 이윤 총액은 사업 규모에 비례하며, 연간 누적 총액은 따라서 이윤 총액에 비례한다. 하지만 대도시에서조차 평범하고 정착되고 잘 알려진 사업 분야에서 큰 재산을 모으는 건 오랜 세월 동안 부지런히, 검소하게, 주의 깊게 살아오지 않으면 달성하기 어려운 일이다.

　때때로 투기업 분야에서는 실제로 갑작스럽게 큰돈을 벌 수 있다. 투기하는 상인은 평범하고 정착되고 잘 알려진 사업 분야에서는 일하지 않는다. 그는 어떤 해에는 밀을 거래하고, 다음 해에는 와인을, 그다음 해에는 설탕, 담배 혹은 차를 거래하는 상인이 된다. 그는 일반적인 수익성보다 높다고 생각되는 모든 사업에 뛰어들고, 그 사업이 다른 사업 수준으로 수익성이 떨어진다고 여기면 곧 철수한다. 따라서 그의 손익은 정착되고 잘 알려진 사업 분야에 비해 어떤 규칙적인 비례관계를 갖지 못한다.

대담한 모험가는 때때로 두세 번의 투기에 성공해 거대한 부를 거머쥘 수도 있지만, 마찬가지로 두세 번의 투기 실패로 전 재산을 잃을 수도 있다. 이런 투기적 사업은 대도시가 아닌 다른 곳에서는 수행할 수가 없는데, 상업과 통신이 큰 규모로 발달한 곳에서만 투기업에 필요한 정보를 얻을 수 있기 때문이다.

지금까지 언급해온 불평등의 다섯 상황은 노동 임금과 자본 이윤에 엄청난 불평등을 일으킨다. 하지만 그것은 자본과 노동이 각각 투입되면서 발생하는 이익과 불이익 전반에 걸쳐, 실제로든 상상으로든, 어떤 불평등을 일으키는 것은 아니다. 위에서 언급한 다섯 가지 상황은 어떤 직업에선 적은 금전상 이득을 보상하고, 다른 직업에선 큰 금전상 이득을 상쇄하는 특징을 보인다.

자본과 노동이 각각 투입되면서 발생하는 이익·불이익 전반에 걸쳐 평등성을 유지하는 세 가지 조건

하지만 사업상 이익과 불이익 전반에서 이런 평등성이 확보되려면 가장 완전한 자유가 있는 곳에서조차 다음 세 가지 조건이 구비되어야 한다. 첫째, 그런 직업은 반드시 그 지역에서 잘 알려지고 오래 정착된 것이어야 한다. 둘째, 그런 직업은 반드시 보통 상태 혹은 소위 자연적인 상태를 유지해야 한다. 셋째, 그런 직업은 반드시 종업원들에게 유일한 혹은 주된 직업이어야 한다.

(1) 지역에서 잘 알려진 오래된 직업

이 평등성은 그 지방에서 잘 알려지고, 오래 정착된 직업에서만 발생할 수 있다.

모든 다른 상황이 같은 곳에서 임금은 보통 오래된 사업보다 새 사업에서 더 높다. 어떤 기업인이 새로운 제조업을 시작할 때 그는 처음에는 다른 사업에서 노동자들을 데려와야 하는데, 기존 직업보다 더 높은 임금을 주거나 혹은 자기 사업의 특징이 요구하는 것보다 더 높은 임금을 주어야 한다. 그가 이렇게 올려놓은 임금을 일반적인 수준으로 낮추려고 한다면 많은 시간이 걸린다.

수요가 전적으로 유행과 기호(嗜好)에서 발생하는 제조업은 끊임없이 변화를 겪고, 오랫동안 정착된 제조업이라고 할 수 있을 만큼 오래 지속되지 않는다. 그와는 반대로 수요가 주로 실생활의 사용이나 필요에서 발생하는 제조업은 그런 변화를 덜 겪고, 똑같은 형태나 구조를 유지할 것을 요구하는 수요가 몇 세기 동안 꾸준히 계속된다. 따라서 노동 임금은 전자[유행과 기호]의 제조업이 후자[사용과 필요]의 제조업보다 더 높을 가능성이 크다. 버밍엄은 주로 전자의 제조업과 관계가 있고, 셰필드는 후자의 제조업과 관련이 있다. 이러한 다른 두 도시의 노동 임금은 각 제조업의 특징에서 나타나는 차이에 부합한다.

새로운 제조업, 새로운 상업 분야 혹은 새로운 농업 관행의 확립은 언제나 일종의 투기이며, 기업인은 거기서 보기 드문 이윤을 낼 거로 기대한다. 이런 이윤은 때로 대박이지만, 때로는 완전 쪽박이며, 후자가 훨씬 더 흔하다. 대체로 그런 이윤은 해당 지역의 다른 오랜 사업 이윤과 어떠한 규칙적인 비례 관계가 없다. 그런 사업이 성공하면 처음에는 이윤이 보통 무척 높다. 사업이나 관행이 철저하게 확립되어 잘 알려지면 자연스럽게 경쟁이 벌어져 이윤은 다른 사업 수준으로 낮아진다.

(2) 직업의 일상적·자연적 상태 유지

자본과 노동이 각기 다른 투자처로 투입되면서 발생하는 이익과 불이익 전반에 걸친 이러한 평등성은 일반적인 상황 혹은 소위 자연적인 상태에서만 발생할 수 있다.

거의 모든 종류의 노동에 대한 수요는 때때로 평상시보다 더 많을 수도 있고 적을 수도 있다. 수요가 많을수록 직업 소득은 일반적인 수준보다 더 높아지고, 수요가 적을 때에는 그보다 더 낮아진다. 농촌 노동에 대한 수요는 한 해 동안 건초 제작기나 수확기에 가장 높다. 임금은 수요에 따라 상승한다. 전쟁 시에는 상선의 선원 4~5명이 강제로 해군에 징집되는데, 그런 인원의 부족으로 상선 선원의 수요는 필연적으로 상승하며, 그들의 임금은 그런 때는 한 달에 21실링에서 27실링이던 것이 40실링에서 3파운드[60실링]까지 오른다. 그와 반대로 쇠퇴하는 제조업에선 많은 노동자가 오랜 직업을 떠나기보다는 기존에 받던 것보다 낮은 임금에도 만족한다.

자본 이윤은 그것이 들어가는 상품가격에 따라 변화한다. 상품가격이 일반적 혹은 평균적인 비율 이상으로 오르면 그런 상품을 시장에 내는 데 들인 자본 중 일부분 이윤은 최소한 적정 수준 이상으로 상승하며, 가격이 내려가면 그런 이윤도 적정 수준 이하로 떨어진다. 모든 상품은 다소간 가격 변화를 겪는데, 일부는 다른 상품보다 훨씬 더 그런 변화에 노출된다. 인간의 노동에 따라 생산되는 모든 상품에서 매년 쓰이는 노동량은 필연적으로 연간 수요에 따라 규제되며, 이런 식으로 연간 평균 생산은 연간 평균 소비와 최대한 비슷하게 맞아 들어간다.

이미 살펴본 것처럼[1권 7장], 어떤 직업에서는 동일한 노동량이 항상 같거나 비슷한 양의 상품을 생산한다. 예를 들어 아마포나 모직물 제조업에서 같은 수의 일손은 매년 거의 같은 양의 아마포와 모직물을 생산한다. 따라서 그런 상품의 시장가격에서 일어나는 변화는 수요에서 발생하는 어떤 우발적인 변화에 따라서만 생긴다. 국가 차원의 장례식이 있다면 검은 옷감 가격이 오른다. 하지만 색이 없는 아마 섬유와 모직물 대다수에 관한 수요는 무척 균일하기에 그 가격도 마찬가지로 균일하다.

그러나 다른 직업에선 같은 노동량이 항상 같은 양의 상품을 생산하는 것은 아니다. 예를 들어 같은 노동량은 해마다 무척 다른 양의 밀, 와인, 홉, 설탕, 담배 등을 생산한다. 따라서 그런 상품가격은 수요 변화뿐만 아니라 그보다 더 크고 빈번한 양의 변화에 따라서도 달라지며, 그 결과 지극히 변동이 심하다. 하지만 일부 상인의 이윤은 필연적으로 상품가격에 따라 변화한다. 투기하는 상인의 활동은 주로 그런 가격 변동이 심한 상품에 집중한다. 그런 상품가격이 오를 가능성이 크다고 보면 그는 그것을 사들이고자 애쓰며, 떨어질 가능성이 크다고 예견하면 내다 팔려 한다.

(3) 그 직업이 종사자들의 유일한 혹은 주된 직업

자본과 노동이 각기 다른 투자처로 투입되며 발생하는 이익과 불이익 전반에 걸친 이러한 평등성은 그 직업이 종사자에게 유일한 혹은 주된 직업일 때만 벌어진다.

어떤 사람이 한 직업에서 생계를 얻는데 그 직업이 그의 시간 대부분을 차지하지 않는다면 그는 자유 시간에 종종 다른 업종의 일을 하면서 그 업종의 일반 임금보다 낮은 임금을 받아도 기꺼이 일할 것이다.

스코틀랜드 많은 지역에는 여전히 날품팔이 농부 무리가 있다. 그들은 몇 년 전에는 지금보다 더욱 흔하게 볼 수 있었다. 그들은 지주와 농부에게 종속된, 일종의 외부 통근 노동자이다. 그들이 보통 주인에게서 받는 보상은 집, 익혀 먹을 채소를 재배할 만한 작은 정원, 소 한 마리를 먹일 풀, 곡식 경작에 좋지 않은 땅 1~2에이커 등이다. 주인은 그들의 노동이 필요하면 방금 언급한 것 외에 16펜스 가치의 오트밀 2펙[44]을 매주 제공한다.

대부분 주인은 이런 날품팔이 농부의 노동을 거의 혹은 전혀 필요로 하지 않는다. 따라서 이런 하인 같은 농부는 얼마 되지 않는 땅을 경작하는 것으로는 자기의 가처분 시간을 다 사용하지 못한다. 이런 날품팔이 농부가 현재보다 더 많았을 때 그들은 무척 적은 보상을 받고 기꺼이 자신의 여가 시간을 제공했으며, 다른 노동자보다 적은 임금을 받고 일했다. 옛날에 그들은 유럽 전역에 흔하게 있었던 것 같다.

제대로 경작되지 않고 주민이 별로 없는 나라에서 대부분 지주와 농부들은 특정 계절에 농촌 노동을 수행할 상당한 수의 노동자를 이런 날품팔이 농부 이외에는 찾을 수 없었을 것이다. 그런 노동자가 때때로 주인에게서 받는 일급이나 주급은 분명 그들의 노동가격 전부는 아니었다. 그들의 얼마 안 되는 보유지 혹은 소유물이 그들의 노동가격 상당 부분을 차지했다. 하지만 옛날의 노동과 식량 가격을 수집한 많은 저술가는 이런 일급이

---

44 잉글랜드의 건량(乾量) 단위로 8쿼트 혹은 9.092리터에 해당한다.

나 주급을 노동가격의 전부라고 생각한 모양이다. 그들은 옛날에는 노동과 식량 가격이 놀랍도록 낮았다고 주장하며 기고만장했다.

　노동으로 생산된 제품들은 흔히 그 제품의 특성에 비추어 적합한 가격보다 더 낮은 가격으로 시장에 나왔다. 스코틀랜드 많은 지역에서 뜨개질로 만드는 스타킹은, 다른 데서 직물 기계로 짠 것보다 훨씬 저렴하다. 이러한 스타킹은 다른 데서 주 생계를 해결하는 하인과 노동자가 만든 것이다. 매년 셰틀랜드산 스타킹 1천 켤레 이상이 리스로 수출되는데, 가격은 한 켤레에 5~7펜스다. 내가 확인한 바로는 셰틀랜드 군도의 작은 수도 러윅에서 일반 노동의 통상 가격은 하루 10펜스다. 같은 셰틀랜드 군도에서 그들은 한 켤레에 1기니 이상의 가치를 지닌 소모사(梳毛絲) 스타킹을 뜬다.

　스코틀랜드에서 아마사 방적은 스타킹을 뜨는 것과 거의 같은 방식으로 주로 다른 목적에 고용된 하인들이 수행한다. 그들은 매우 적은 생계비를 버는데, 이 두 직업으로 생계를 유지하려고 노력한다. 스코틀랜드 대부분 지역에서 한 주에 20펜스를 벌어들일 수 있다면 훌륭한 방적공이다.

런던의 주택 임대업과 하숙

　부유한 나라의 시장은 보통 무척 규모가 크므로 어떤 사업에서도 종사자의 노동과 자본 전부를 활용할 수 있다. 어떤 직업으로 살아가면서 동시에 다른 직업에서 소액의 수입을 올리는 사례는 주로 가난한 나라에서 보인다. 하지만 무척 부유한 나라의 수도에서도 비슷한 사례를 발견한다. 내 생각에 유럽에서 런던보다 집세가 비싼 도시는 없지만, 그럼에도 나는 가구를 갖춘 방을 그토록 저렴하게 빌릴 수 있는 다른 도시가 런던 말고 또 있는지 의문이다. 하숙집은 런던이 파리보다 훨씬 저렴할 뿐만 아니라, 그 집의 품질이 같은 수준이라면 에든버러보다도 훨씬 저렴하다.

　예사롭지 않게 보이는 사실은, 집세가 비싸기 때문에 숙박비가 더 저렴하다는 것이다. 런던의 집세가 높은 것은 모든 대도시에서 집세를 비싸게 만드는 원인과 같다. 가령 비싼 노동과 먼 거리에서 가져와야 하는 비싼 건축 자재를 먼저 들 수 있다. 또 런던의 독점 지주가 농촌에서 최고급 1백 에

이커 땅에 매길 수 있는 것보다 도시에서 좋지 못한 1에이커 땅에 더 높은 지대를 매길 수 있는 비싼 지대도 그런 원인이다. 뿐만 아니라 임차인에게 바닥부터 꼭대기까지 집 전체를 임대하는 런던의 독특한 임대 관습도 높은 집세를 부추기는 원인이다.

잉글랜드에서 주택은 같은 지붕 아래에 위치한 모든 공간을 의미한다. 프랑스, 스코틀랜드 그리고 유럽의 많은 다른 지역에서 주택은 흔히 여러 층 주택에서 한 층을 뜻할 뿐이다. 하지만 런던에서 상인은 주요 고객들이 거주하는 지역에 있는 주택을 통째로 빌려야 한다. 그 결과 상인은 가게를 1층에 두고, 그와 가족은 가장 위층인 4층에서 산다. 하숙인들에게는 중간층 두 개를 빌려주면서 지대 일부를 충당한다. 물론 그는 하숙 수입보다는 자기 사업으로 가족 생계를 유지하고 싶어 한다. 반면 파리와 에든버러에서 하숙인을 두는 사람들은 보통 다른 생계 수단이 없다. 그러니 하숙비는 집 지대뿐만 아니라 가족의 모든 비용까지 지급할 수 있어야 한다.

제2절

유럽의 정책에서 비롯된 불평등

◇

앞서 언급한 세 가지 필요 요건 중 하나라도 충족되지 않는다면 가장 완전한 자유가 보장되는 곳에서조차 노동과 자본의 각각 다른 투자처 사이에 이익과 불이익 전반에 걸친 불평등이 발생한다. 하지만 유럽의 정책에 따르면 상황을 완전히 자유로운 상태로 유지할 수 없으므로 그보다 훨씬 중대한 또 다른 불평등이 생긴다.

투자처들 사이에 불평등을 일으키는 3가지 방식

이런 불평등은 주로 다음과 같은 세 가지 방식으로 야기된다. 첫째, 어떤 직업에서 그런 국가의 정책이 없었더라면 더 많은 사람이 진출했을 텐데 그보다 더 적은 사람만 들어올 수 있도록 제한함으로써 경쟁을 억제한다. 둘째, 다른 직업에서는 자연스러운 수준 이상으로 경쟁을 확대한다. 셋째, 한 장소에서 다른 장소로, 또는 한 직업에서 다른 직업으로 노동과 자본이 자유롭게 이동하는 것을 방해한다.

(1) 의도적 경쟁 억제와 도제 제도

유럽의 정책은, 그런 정책이 없었더라면 더 많은 사람이 진출했을 법한 직업에서 그보다 더 적은 사람만 들어오도록 제한을 두어 경쟁을 억제한다. 이렇게 해서 노동과 자본이 각기 다른 투자처로 투입되면서 발생하는 이익과 불이익 전반에서 무척 중대한 불평등이 생긴다.

동업조합의 여러 배타적인 특권은 이런 경쟁 억제의 목적으로 활용되는 주요 수단이다. 동업조합을 설립한 직종의 배타적인 특권은 필연적으로 조합이 설립된 도시에서 직업의 자유를 가진 사람들 사이의 경쟁을 제한한다. 이 경우, 적합한 자격이 있는 장인 아래에서 도제로 일한 경험이 있다는 사실이 직업의 자유를 얻는 필요조건이 된다.

동업조합 규약은 때로는 장인이 두는 도제 수를 규정하고, 도제가 의무적으로 도제 생활을 끝내야 하는 기한을 거의 늘 규정한다. 조합이 없었더라면 그 직종에 들어왔을 사람들을 배제하고 훨씬 더 적은 종사자를 유지함으로써 경쟁을 억제하려는 게 두 규정의 의도다. 도제 수 제한은 경쟁을 직접 억제한다. 긴 도제 기간은 교육 비용을 증가시키므로 도제 수 제한보다는 간접적이지만, 그럼에도 효과적으로 경쟁을 억제한다.

잉글랜드 셰필드에서 칼 제작 장인은 동업조합 규약에 따라 한 번에 한 명의 도제만 둘 수 있다. 노퍽과 노리치에서 방직 장인은 두 명 이상의 도제를 두지 못하며, 이를 위반하면 국왕에게 매달 5파운드 벌금을 내야 한다. 잉글랜드나 잉글랜드 식민지 어디에서도 모자 제작 장인은 두 명 이상의 도제를 두지 못하며, 위반 시 매달 5파운드 벌금을 내야 한다. 이 금액 중 절반은 국왕에게, 나머지 절반은 기록 법원에 고소한 사람 몫이 된다.

이런 규정들은 왕국의 공법으로서 적용되긴 하지만, 분명 셰필드 규약을 제정한 똑같은 동업조합의 정신에서 영향을 받은 것이다. 런던의 비단 방직공들은 동업조합을 설립하고 한 해도 채 되지 않아 장인이 한 번에 두 명 넘는 도제를 두지 못하도록 하는 규약을 제정했다. 이런 규약을 철회하려면 의회의 특별법이 있어야 했다.

유럽 동업조합의 도제 기간은 7년

유럽 전역에서 동업조합이 설립된 직종 대부분에서 요구하는 통상적인 도제 기간은 옛날에는 7년이었던 것 같다. 옛적에 그런 모든 동업조합을 유니버시티(university)[45]라고 불렀는데, 실제로 어떠한 동업조합에도 적용될 수 있는 적절한 라틴어 명칭이다. 대장장이 유니버시티, 재단사 유니버시티 등은 흔히 고대 도시의 옛 선언문에서 자주 발견하는 표현이기도 하다.

특히 현재 '종합대학교'라 부르는 특정 동업조합이 처음 설립되었을 때 석사 학위 획득에 필요한 학습 기간은, 설립 시점이 훨씬 이전인 일반 직종 동업조합의 도제 기간을 모방한 듯 보인다. 어떤 노동자가 보통 직종에 들어가 장인 자격을 얻어 도제를 밑에 두려면 적절한 자격을 갖춘 장인 아래에서 7년을 일해야 했다. 이와 마찬가지로 대학교에서도 인문 과목에서 스승, 교사 혹은 박사(옛적에는 모두 같은 뜻을 지닌 단어였다)가 되어, 자기 밑에서 학습하는 학생이나 견습생(마찬가지로 두 단어도 원래 같은 뜻이었다)을 두려면 적절한 자격이 있는 스승 밑에서 7년간 학습하는 게 필수였다.

엘리자베스 1세 5년 차[1562]에 제정된 흔히 '도제 법령'이라고 불린 법에 따르면 이전에 최소 7년 동안 도제 생활을 하지 않았다면 누구도 당시 잉글랜드에서 수행된 직업, 수공업, 기술 등에 종사할 수 없었다. 이전에 특정 동업조합의 규약이었던 것이, 범위가 확대되어 잉글랜드 내의 시장 도시에서 수행되는 모든 직업에 적용되는 일반적인 법률이 된 것이다. 법령 내용은 무척 일반적이고 왕국 전체를 포함하는 것처럼 보이지만, 해석에 따라

---

45 유니버시티의 라틴어 단어는 universitas로 "보편성, 만물, 공동체, 협동체, 종합대학교" 등의 뜻을 지닌다.

그 효력은 시장 도시(market town)로 제한되었고, 농촌 마을에선 한 사람이 각 분야에서 7년간 도제 생활을 하지 않았더라도 여러 직업을 수행할 수 있었다. 이렇게 된 것은 주민 편의를 도모하고, 각 직업에 해당 인력을 제공하기에는 농촌 지역의 사람 수가 충분하지 않기 때문이었다.

법령 내용에 관해 엄격하게 해석함으로써, 이 법령의 효력은 엘리자베스 1세 즉위 후 5년 차가 되던 해 이전에 잉글랜드에서 확립된 직업들에만 제한되었고, 그때 이후 도입된 직업으로까지 확대되지는 않았다. 이런 제한은 단속 규칙이 되어 여러 차별을 촉발했다. 이는 분명히 어리석은 정책이었다.

예를 들어 마차 제작자는 자기가 만드는 마차의 바퀴를 제작할 직공을 고용할 수 없었고, 반드시 바퀴 제작 장인에게서 바퀴를 사와야 했다. 바퀴 제작업이 도제 법령 시행 이전부터 있었던 직종이라는 이유였다. 하지만 바퀴 만드는 장인은 마차 제작업에서 단 하루도 도제 생활을 하지 않았더라도 마차를 직접 만들거나 아니면 직공을 고용할 수 있었다. 법령 제정 당시 마차 제작업이 잉글랜드에 존재하지 않았기 때문이었다. 맨체스터, 버밍엄, 울버햄튼 제조업 중 다수는 이런 이유로 이 법령의 적용을 받지 않았는데, 모두 동일한 이유 즉 엘리자베스 1세 즉위 5년 차 이전에 이런 직종이 잉글랜드에 없었기 때문이었다.

프랑스와 스코틀랜드의 도제 기간

프랑스의 도제 기간은 도시마다, 직업마다 다르다. 파리에서는 대부분 5년을 요구하지만, 온전한 장인으로서 영업 자격을 갖추려면 대부분 5년을 더 직공으로 일해야 한다. 이런 직공으로 일하는 기간에 그는 장인의 동료로 불리고, 그렇게 함께 일하는 관계를 동반자라고 한다.

스코틀랜드에서는 도제 기간을 규정하는 일반법이 없다. 도제 생활 기간은 동업조합마다 다르다. 기간이 긴 곳에서는 도제가 소액의 납입금을 지불하면 그 기간 중 일부는 면제받아 도제 생활을 하지 않아도 된다. 대다수 도시에서는 아주 소액의 납입금을 지불하면 어떤 동업조합에서도 직종의 특권을 얻을 수 있다. 스코틀랜드의 주요 제조품인 아마포 또는 마직물 방직공, 그리고 그런 제조업에 도움을 주는 수공업자들, 즉 바퀴 제작자, 얼레 제작자 등은 어떠한 납입금도 지불하지 않고 모든 자치 도시에서 그 직종을 수행할 수 있다.

모든 자치 도시에선 매주 법으로 정한 날에 모든 사람이 자유롭게 고기를 판매할 수 있다. 스코틀랜드에서 도제 기간은 보통 3년인데, 일부 배우기 어려운 직종에서도 그 정도 기간을 정한다. 대체로 내가 아는 바로는 유럽에서 동업조합 관련법이 스코틀랜드처럼 억압적이지 않은 나라는 없다.

모든 사람이 갖고 있는 노동 재산은 모든 다른 재산의 원천적 토대다. 따라서 이 노동 재산은 가장 신성하고 또 침범해서는 절대 안 되는 재산이다. 가난한 자의 세습 재산은 자기 손의 힘과 재주에 달려 있다. 그가 적절하다고 생각하는 어떤 방식으로 이웃에 해를 끼치는 일 없이 이런 힘과 재주를 활용하려고 할 때 이를 방해하는 건 가장 신성한 재산[노동]에 대한 명백한 침해다. 그것은 노동자와 그를 고용하려는 사람의 정당한 자유를 명백히 침범하는 것이다.

이는 노동자가 자기 적성에 맞는다고 생각하는 곳에서 일하지 못하게 방해하고, 더 나아가 고용주가 적합하다고 생각하는 노동자를 고용하는 것도 방해한다. 어떤 노동자가 고용하기 적합한지 여부에 관한 판단은 고용주 재량에 맡겨야 한다. 그 적합성 여부는 고용주의 이해관계와 크게 관련되어 있기 때문이다. 고용주가 부적절한 사람을 고용할까 봐 두려워하는 입법자의 걱정은 분명 억압적이며 부적절하다.

장기 도제 제도의 폐해

장기 도제 제도는 제품 품질을 보장하는 수단이 되지 못한다. 미흡한 기술로 만든 물건이 공공 판매를 위해 시장에 나오는 것을 막지 못한다는 얘기다. 이런 불량품은 일반적으로 무능력이 아닌 사기(詐欺)의 결과다. 도제 기간이 아무리 길더라도 물건 만드는 사람들의 사기 행위에 대해서는 아무런 보장을 하지 못한다. 이런 오용을 막으려면 전혀 다른 방식의 규정이 필요하다. 금속판에 남기는 순도 표시, 아마포와 모직물에 남기는 검인은 어떠한 도제 법령보다 구매자를 크게 안심시킨다. 구매자는 일반적으로 이런 검인증 표시를 보면서 그 물건의 품질만 신경 쓰며, 그 물건을 만들어낸 노동자가 7년 동안 도제 생활을 했는지 여부는 전혀 따지지 않는다.

장기 도제 제도는 젊은 사람을 부지런하게 만들지도 못한다. 성과급으로 일하는 직공은 부지런하게 일할 가능성이 큰데, 그렇게 할수록 이득을 얻기 때문이다. 도제는 게을러질 가능성이 크고 실제로도 그렇다. 일을 열심히 해봐야 즉각적인 이익이 발생하지 않기 때문이다. 질 낮은 일자리에서 노동의 쾌락은 전적으로 노동에 대한 보상에 있다. 노동의 쾌락을 가장 빨리 느끼는 자리에 있는 노동자가 노동의 기쁨도 빨리 느끼고 부지런한 습관을 일찍 획득할 가능성이 크다. 젊은 사람은 장기간의 노동에서 아무런 이득도 얻지 못할 때 그 일에 혐오감을 느낀다. 공공 자선 단체에 도제로 나간 소년들은 통상적인 도제 기간보다 그 직종에 더 오래 묶이게 되고, 그리하여 일반적으로 무척 게으르고 무능한 사람으로 변한다.

도제 제도는 옛 사람들에게는 전혀 알려지지 않은 제도였다. 장인과 도제의 상호 의무는 모든 현대 법규에서 중요한 항목으로 정착되었지만, 로마법은 그런 관계에 대한 언급이 전혀 없다. 우리가 현재 도제라고 하면 떠올리는 개념, 즉 장인이 직종 기술을 가르치는 조건으로 도제라는 신분을 갖는 동안 그 장인의 이득을 위해 특정 직업에서 의무적으로 일해야 하는 고용인이라는 개념은 그리스어나 라틴어에서는 등장하지 않는다. 아니, 그런 단어는 아예 없다고 감히 주장하는 바이다.

장기 도제는 불필요한 제도

장기 도제 제도는 전적으로 불필요하다. 일반 직업보다 훨씬 뛰어난 기술, 예를 들어 시계 만드는 기술도 그런 장시간의 가르침을 필요로 하지 않는다. 그러므로 어떤 직종에만 있다는 신비한 기술 따위는 존재하지 않는다. 실제로 그런 훌륭한 기계의 최초 발명 그리고 그것을 만드는 데 활용된 몇몇 도구의 발명은 의심할 여지없이 깊은 생각과 오랜 시간의 작업이었고,

당연히 인간 독창성이 가장 행복하게 발휘되는 과정에서 나왔다. 하지만 그 모든 게 일단 발명되고 또 잘 알려지면, 젊은 사람에게 관련 도구를 써서 기계를 완성하는 방법을 최대한 온전하게 설명하는 데는 몇 주의 교육이면 충분하다. 더 나아가 며칠간의 교육으로도 충분히 가르칠 수 있을 것이다. 일반적인 기계를 사용하는 직업에서는 분명 며칠간 교육으로도 그 방법을 충분히 가르쳐줄 수 있다.

물론 일반적인 직업에서도 많은 실습과 경험이 있어야만 손재주를 획득할 수 있는 것은 사실이다. 그렇지만 젊은 사람이 시작부터 직공으로 일하도록 하고, 그가 할 수 있는 얼마 안 되는 일에 비례해 임금을 지급하고, 때로 그가 미숙해서 망칠 수도 있는 재료에 대해 변상하게 하면 그는 훨씬 더 근면하고 주의 깊게 학습에 임할 것이다. 그의 교육은 보통 이런 식으로 더욱 효과적으로 진행되고, 지루함도 덜 느낄 것이며 비용도 적게 든다.

이런 식으로 기술을 가르친다면 물론 장인은 손해를 본다. 그는 현재 7년은 안 줘도 되는 도제의 임금에 대해 모두 손해 볼 테니 말이다. 그렇지만 도제도 손해 보기는 마찬가지다. 쉽게 일을 배우게 된다면 그는 더 많은 경쟁자를 맞이할 것이고, 온전한 기술을 갖춘 완벽한 노동자가 되었을 때 임금은 지금보다 훨씬 적어지기 때문이다. 그런 경쟁 확대는 노동자의 임금은 물론 장인의 이윤도 감소시킬 것이다. 그리하여 해당 직종, 수공업, 기술 등은 모두 손해를 볼 것이다. 하지만 대중은 이득을 얻고, 모든 기술자의 생산물은 이런 식으로 시장에 훨씬 저렴하게 나온다.

동업조합의 목적은 경쟁 억제와 계급 이익 확보

모든 동업조합과 관련 법규 대부분은 자유로운 경쟁을 제한한다. 경쟁이 가져올 가격 인하를 사전 예방하고, 그에 따른 임금과 이윤 감소를 막으려는 것이다. 옛날에 유럽 많은 지역에서 동업조합을 설립하려면 그 조합이 설립된 자치 도시의 인가만 얻으면 되었다. 사실 잉글랜드에선 왕의 면허장도 필요했다. 하지만 왕의 이런 특권은 신민들에게서 돈을 갈취하려는 속셈이었지, 압제적인 독점에 대항해 대중의 자유를 지켜주려는 게 아니었다. 일단 왕에게 부담금을 지불하면 면허장은 쉽게 발급된 것으로 보인다.

　기술자나 상인의 특정 계급이 면허장 없이 동업조합으로 행동하기가 더 적합하다고 판단했을 때, 그런 불법 동업조합이 그렇게 행동한다고 해서 특권을 빼앗기지는 않았으며, 그들의 특권을 계속 누리기 위해 왕에게 매년 부담금을 납부하면 되었다.[46] 모든 동업조합과 그들이 행정에 적합하다고 생각해 제정한 규약의 직접적 점검 권한은 동업조합이 설립된 자치 도시 정부에 있었다. 일반적으로 동업조합에 가해지는 모든 징계 문제는 왕이 아니라, 동업조합보다 더 큰 구성 요소인 자치 도시 정부가 담당했다.

　자치 도시의 통치는 주로 상인과 기술자에게 달려 있었고, 그들이 흔히 말하는 대로 자신의 특정한 근면성을 통해 시장에 공급 과잉을 막아 실제로 시장을 공급 부족 상태로 유지하는 것이 그들이 소속된 특정 계급에게는 명백한 이익이었다. 각 계급은 이런 목적에 적합한 규정을 두길 열망했고, 이것이 허용된다면 다른 모든 직종의 계급 역시 동업조합 규정을 두는 데 기꺼이 동의했다.

　그런 규정의 결과로, 실제로 각 계급은 도시 내부의 모든 다른 계급으로부터 그런 규정이 없었을 때보다 생산물을 다소 비싸게 사들여야 했다. 하지만 그에 대한 보상으로 각 계급은 자기 생산물을 훨씬 비싸게 팔 수 있었다. 그들 말처럼 거리가 길어진 만큼 폭도 넓어져 피장파장이 된 것이다. 도시 내부에서는 각기 다른 계급이 상대와 거래하면서 이런 규정 덕분에 아무도 손해를 보지 않았다. 하지만 농촌과의 거래에서 그들은 모두 크게 이득을 봤다. 농촌과의 거래야말로 모든 도시를 지탱하고 부유하게 만드는 사업이었다.

도시가 농촌 물품에 대해 지불하는 두 가지 방식

모든 도시는 생계 수단 일체와 노동이 들어가는 원료 전부를 농촌에

46　다음 자료 참조. Madox Firma Burgi, p. 26, etc.—원주

서 얻는다. 도시는 이것에 대해 주로 두 가지 방식으로 지급한다.

첫째, 원료 일부를 작업해 제품으로 만들어 농촌으로 다시 보낸다. 이런 경우 제품 가격은 노동자 임금, 장인이나 직접 고용주의 이윤이 더해져 다소 높아진다. 둘째, 다른 나라나 국내 먼 지역에서 도시로 수입한 원생산물[미가공 원료]과 제조품 일부를 농촌으로 보낸다. 이 경우 역시 운반자나 선원 임금, 그들을 고용한 상인 이윤이 추가되므로 물품 가격은 상승한다. 두 가지 상업 분야 중 첫 번째는 도시가 제조업으로 얻는 이득으로 구성되고, 두 번째는 국내와 해외 무역으로 얻는 이득으로 이루어진다. 노동자 임금 그리고 각기 다른 고용주의 이윤이 두 가지에서 얻는 것의 전체를 구성한다.

따라서 규정은 그것이 없을 때보다 임금과 이윤을 훨씬 더 증가시키는 경향이 있으므로, 도시는 더 적은 노동량으로 훨씬 더 많은 노동량이 들어간 농촌의 생산물을 구매할 수 있다. 그런 규정은 도시 상인과 기술자들이 농촌의 지주, 농부, 노동자보다 비교 우위에 서게 하며, 그런 규정이 없었더라면 양자 간 거래에서 있었을 자연스러운 평등을 무너뜨린다. 사회의 연간 노동 생산물 전체는 매년 이 두 집단에 나뉘어 분배된다. 그런 규정에 따라 도시 주민에게는 규정이 없을 때보다는 더 큰 몫이 주어지고, 농촌 주민에게는 더 적은 몫이 주어진다.

매년 도시로 수입하는 식량과 원료에 대해 도시가 실제로 지급하는 가격은, 도시에서 매년 수출되는 제조품과 다른 물품이 대신한다. 후자를 비싸게 팔수록 전자를 더욱 저렴하게 살 수 있다. 이렇게 해서 도시산업은 점점 더 유리해지고, 농촌 산업은 점점 더 불리해진다.

도시산업이 농촌보다 단합에 유리하다

유럽 어디서든지 도시에서 수행되는 산업이 농촌의 산업보다 더욱 유리하다는 것은 복잡한 계산 없이도, 간단하고 명확한 관찰만으로도 알 수 있다. 유럽 모든 나라에서 본래 도시에 속한 산업인 상업과 제조업에 몸담아 소규모로 시작해 엄청난 재산을 획득한 사람들과, 본래 농촌에 속한 산업인 토지 개량과 경작에 따른 원생산물 생산으로 큰돈을 번 사람들의 비율은 대략 100대 1 정도다. 따라서 노동은 틀림없이 농촌보다 도시에서 더욱 좋은 보상을 받으며, 노동 임금과 자본 이윤도 분명히 도시에서 더 높다. 자본과 노동은 자연스럽게 가장 유리한 투자처로 이동한다. 따라서 그 둘은 자연스럽게 농촌보다는 도시에 더 집중된다.

도시 주민은 한곳에 모여 있어 쉽게 단합할 수 있다. 그런 이유로 도시에서 수행되는 가장 하찮은 사업에서조차도 여러 곳에서 동업조합을 설립한다. 그런 조합을 세우지 않더라도 동업조합 정신, 즉 낯선 자를 경계하고 도제를 받아들이거나 자기 업종의 비결을 외부에 알리길 싫어하는 태도가 널리 퍼져 있다. 또한, 이런 정신은 종종 규약으로 금지할 수 없는 자유 경쟁에 대해서도 자발적 유대와 합의로 억제한다. 적은 일손만 고용한 사업은 가장 쉽게 그런 단결된 모습을 보인다. 가령 1천 명의 방적공과 직조공이 있다면, 양모에 빗질하는 사람은 6명이면 충분하다고 그들끼리 담합해버린다. 그리하여 이들은 도제를 거부함으로써 그 일자리를 독점할 뿐만 아니라 일의 성격에 합당한 수준 이상으로 노동 임금을 인상한다.

하지만 먼 장소에 흩어진 농촌 주민들은 이처럼 쉽게 단합할 수가 없다. 그들은 동업조합을 한 번도 설립한 적이 없을 뿐 아니라 동업조합 정신도 그들 사이에서는 널리 퍼진 적이 없다. 농촌 지역의 주업인 농사 짓는 자격을 얻기 위해 도제 기간을 둬야 한다는 생각을 아예 떠올린 적이 없다. 하지만 농업은 결코 간단한 사업이 아니다. 예술과 자유로운 전문직이라 불리는 업종 다음으로 무척 다양한 지식과 경험이 요구되는 직업이다.

농업 기술이 기계 다루는 기술보다 더 어렵다

세상에 다양한 언어로 작성된 농업 관련 책자들이 많이 나와 있는 것은 무엇을 의미하는가? 그것은 가장 현명하고 많이 배운 국민에게도 농업이 간단히 이해되는 사업이 아니었음을 보여준다. 우리가 그런 모든 책자에서 다양하고 복잡한 농경 지식을 수집하려 한다면 헛된 시도로 그칠 뿐이다. 하지만 그런 실용 지식을 현장에서는 평범한 농부라 해도 훤히 꿰고 있다. 사정이 이런데도 그런 책자를 써낸 몇몇 한심한 저술가들은 때때로 그런 농부들을 경멸한다. 그런 경멸은 오히려 그들 자신이 받아야 할 것이다.

반면 기계 다루는 직종은 몇 페이지짜리 팸플릿 하나면 충분하다. 말로 설명하고 거기에 그림을 곁들여 도시(圖示)하여 기술을 잘 파악하게 하는 소책자 하나 정도면 그 기술을 완벽하게 설명할 수 있다. 프랑스 과학 아카데미가 현재 출판 중인 기술의 역사를 설명한 책자에서 몇몇 기술은 실제로 이런 식으로 설명되어 있다. 그러나 농업에서는 날씨가 바뀔 때마다 그리고 다른 뜻밖의 일로 변화가 발생할 때마다 대응 방법이 달라진다. 이런 영농 기술 전수는 항상 상황이 같거나 거의 반복적인 일을 지시하는 기계 관련 전수보다 훨씬 나은 판단력과 재량을 요구한다.

농부의 기술, 즉 농업 활동에 관한 전반적인 지식뿐만 아니라 농촌 노동의 수많은 하위 분야에서도, 기계를 다루는 대부분의 직종보다 훨씬 더 많은 경험과 기술을 요구한다. 놋쇠와 철을 다루는 노동자는 성질이 항상 같거나 거의 같은 도구와 재료로 작업한다. 하지만 여러 마리의 말이나 황소로 땅을 일구는 사람은 건강, 힘, 성격이 제각각인 무척 다른 도구를 함께 부릴 줄 알아야 한다. 그가 다루는 원료의 상태 역시 다루는 도구만큼 변화가 심하여, 둘 다 상당히 뛰어난 판단력과 신중함으로 관리해야 한다.

일반적으로 쟁기질하는 사람은 우둔하고 무식한 사람의 표본처럼 생각되지만, 그들도 이런 판단력과 신중함을 적절히 발휘해야 한다. 그가 도시에 사는 기계공보다 사회생활에 덜 익숙한 것은 사실이다. 목소리와 말은 더 투박하고, 그 어투에 익숙하지 않은 사람은 좀처럼 알아듣기 힘들다. 하지만 그의 이해력은 여러 다양한 사물을 잘 살피고, 또 아침부터 저녁까지 흔히 한두 가지의 매우 단순한 활동에 집중하는 사람[기계공]의 이해력보다 훨씬 우수하다. 농촌 하층민들이 실제로 도시 하층민보다 얼마나 더 우수한지에 대해서는, 사업이나 호기심 때문에 두 부류의 사람들과 많은 대화를 나눠봤다면 잘 알 것이다. 이러한 이유로 중국과 인도에서는 농촌 노동자의 지위와 임금이 대다수 기술자나 제조자보다 상위에 있다고 한다. 동업조합 관련법과 동업조합 정신이 가로막지 않았다면 농부들은 어디서나 그렇게 되었을 것이다.

유럽 전역에서 도시산업이 농촌 산업보다 우세한 이유는 동업조합과 동업조합 관련법 때문만은 아니다. 다른 많은 제한적 규정도 그런 우세를 뒷받침한다. 해외 제품과 외국인 상인들에게서 수입하는 모든 물품에 부과되는 높은 관세는 그런 제한적 목적을 거드는 경향이 있다. 동업조합 관련법 덕분에 도시 주민들은 자국민의 자유 경쟁에 따른 가격 하락을 우려할 필요 없이 마음 놓고 가격을 인상한다. 다른 제한 규정은 외국인과의 자유 경쟁에서 그들을 안전하게 지켜준다.

이런 두 가지 사항으로 발생하는 가격 상승으로 결국 그런 독점에 거의 반대하지 않았던 농촌의 지주, 농부, 노동자가 자기 호주머니에서 대신 지불하게 된다. 농촌 주민은 대체로 담합에 대해 생각하지 않으며, 그런 일에 능숙하지도 않다. 상인과 제조업자들은 자신들의 이익을 사회 전체의 이익으로 왜곡해 말하며, 농촌 주민들은 이런 주장에 쉽게 현혹되어 설득을 당한다.

잉글랜드 도시 자본의 농촌 유입

그레이트브리튼에서 농촌 산업에 비해 도시산업의 우세는 현재보다 예전에 훨씬 더 두드러졌던 듯 보인다. 농촌 노동 임금은 이전 17세기나 현 18세기 시작 때보다 제조업 노동 임금에 더 가까워졌고, 농업에 투자되는 자본 이윤도 상업과 제조업 자본 이윤에 가까워지고 있다. 이런 변화는 필요하다고 간주되지만, 도시산업을 특별히 장려한 결과는 뒤늦게 나타났다. 도시에 축적되는 자본은 이윽고 지나치게 커져 더는 도시산업만으로는 옛날만큼 이윤을 낼 수 없게 되었다. 그런 산업은 다른 모든 산업처럼 한계가 있으며, 자본 증가는 경쟁을 확대함으로써 필연적으로 이윤을 감소시킨다. 도시에서 이윤이 감소하자 자본은 필연적으로 농촌으로 빠져나가고, 그곳에서 농촌 노동에 대한 새로운 수요를 창출해 필연적으로 농촌 노동자의 임금을 올린다.

말하자면 이제 자본은 전국적으로 퍼져 나가 농업에 투자됨으로써 부분적으로 농촌으로 돌아가는데, 이런 자본은 원래 농촌의 엄청난 희생을 바탕으로 도시에서 축적된 것이었다. 유럽 전역에서 농촌이 크게 발전한 건 본래 도시에 축적된 자본이 넘쳐났기 때문인데, 이에 대해서는 책의 뒷부분에서[3권 4장] 자세히 설명하겠다. 동시에 몇몇 나라가 이런 과정으로 상당한 정도로 부를 이뤘지만, 이런 과정 자체가 필연적으로 느리고 불확실하며, 무수한 사건으로 방해받기 쉽고, 모든 측면에서 자연과 이성의 질서에 반한다는 것을 설명할 것이다. 그런 상황을 발생시킨 이해관계, 편견, 법과 관습은 이 책의 3권과 4권에서 최대한 온전하고 분명하게 설명할 것이다.

상업이나 제조업의 같은 업종에 종사하는 사람들은 좀처럼 서로 만나지 않으며, 즐겁게 기분전환이나 하려고 만났을 때조차 그들의 대화는 결국 대중의 이익에 반하는 음모로 끝난다. 그런 모임을 자유와 정의에 부합하는, 집행 가능한 실정법으로 원천봉쇄하는 건 불가능하다. 같은 직업을 가진 사람들이 때때로 함께 모이는 것을 법으로 막을 수는 없지만, 그런 모임의 개최를 쉽게 만들어서는 안 되고, 그런 모임을 필요한 행사로 만드는 일은 더더욱 해서는 안 된다.

동업조합은 자유 경쟁처럼 원활한 직종 관리를 할 수 없다

어느 특정 도시에서 같은 업종에 종사하는 모든 사람의 이름과 주거지를 공공 명부에 의무적으로 기록하게 하는 규정은 그런 모임의 개최를 손쉽게 한다. 그런 것이 없었더라면 서로 전혀 몰랐을 개인이 그런 명부를 통해 서로 연결되고, 업종의 종사자 전원에게 동종업계 종사자를 쉽게 찾아내게 한다. 가난한 사람, 병약자, 과부와 고아를 지원하기 위해 같은 업종 종사자들에게 과세하는 규정은 그들에게 공통의 이해관계를 제공함으로써 그런 모임을 필수적인 것으로 만든다.

동업조합은 그런 모임을 필수적으로 개최할 뿐만 아니라 과반수 의결은 구성원 전체에게 구속력을 가진다. 이에 반해 자유로운 직업에선 모든 개별 종사자의 만장일치가 아니면 효과적인 단합은 이루어질 수 없고, 그들이 같은 생각을 하는 동안에만 그런 단합이 지속되고, 소수라도 반대한다면 단합은 지속되지 못한다. 그러나 동업조합은 다수결에 따라 구성원에게 적절한 처벌을 가하는 규약을 제정할 수 있다. 이런 강제 규약은, 구성원의 만장일치에 따른 자발적 단합보다 자유 경쟁을 더욱 효율적으로 그리고 더 지속해서 제한할 것이다.

동업조합이 더 나은 사업 운영을 위해 반드시 필요하다는 주장은 어떠한 근거도 없는 얘기다. 노동자를 대상으로 실질적이고 효율적인 징계를 내리려면 동업조합의 자의적 징벌이 아니라 고객들의 반응에 따라 그렇게 해야 한다. 노동자가 사기 치지 못하게 억제하고, 과실을 바로잡게 하는 것은 일자리를 잃을 수 있다는 두려움에서 나온다. 그러나 배타적인 동업조합은 필연적으로 이런 두려움을 약하게 한다. 처신을 잘하든 못하든 특정 무리의 노동자를 반드시 고용해야 하기 때문이다. 이런 이유로 많은 대규모 자치 도시에서 몇몇 가장 필수적인 업종에서조차 쓸 만한 노동자를 찾지 못하는 것이다. 어떤 일을 외주 주어야 할 때 도시가 아니라 외곽에 일을 주어야 그것을 제대로 해낼 수 있다. 교외 노동자는 배타적 특권이 없어 자신의 평판밖에 의지할 게 없기 때문이다. 그렇게 외주를 주고 나서 일이 완수된 다음에 그것을 몰래 도시로 가져와야 한다.

이런 식으로 유럽은 어떤 정책이 없었더라면 그런 직업으로 들어왔을 사람 수보다 더 적은 수를 유지해 경쟁을 억제하는 정책을 쓴다. 또 그렇게 함으로써 노동과 자본이 각기 다른 투자처로 투입되면서 발생하는 이익과 불이익 전반에 걸쳐 무척 중대한 불평등을 야기하게 된다.

(2) 일부 투자처에서의 의도적 경쟁 확대

유럽의 정책은 어떤 직종에서 자연스러운 수준 이상으로 경쟁을 증가시킴으로써 노동과 자본이 각기 다른 투자처로 투입되면서 발생하는 이익과 불이익 전반에 걸쳐 정반대 부류의 또 다른 불평등을 야기한다. 적정한 수의 젊은이가 특정 직업에 종사하도록 교육받는 것은 무척 중요하다. 그래서 때로는 사회가, 때로는 경건한 개인 기부자들이 많은 장려금, 장학금, 학비 보조금 등을 내놓아 그런 지원이 없을 때보다 더 많은 사람이 해당 직종에 뛰어들도록 했다.

교회 성직자의 보수

모든 기독교 국가에서 성직자 교육이 대부분 이런 방식으로 제공되었다. 성직자 중에서 자기가 비용을 전적으로 부담하고 교육받는 자는 극소수다. 따라서 그런 무상 교육을 받는 자들을 위한 길고 지루하고 값비싼 교육은 언제나 그들에게 알맞은 보상을 가져다주는 것은 아니다. 멀리 갈 것 없이 교회를 보라. 그런 무상 지원이 없었더라면 누가 그런 교육을 받으려 할 것인가. 그리하여 해당 교육에 대한 합당한 보상도 못 받고 그보다 훨씬 적은 보상을 기꺼이 받아들이면서도 교회 내에서 일자리를 구하려 하는 사람들이 아주 많지 않은가. 이런 식으로 가난한 자의 경쟁은 부자의 보상을 빼앗아갈 수 있다.

예배당 목사나 부목사를 어떤 일반적인 직업의 직공과 비교한다면 물론 무례한 일이 된다. 하지만 예배당 목사나 부목사의 임금은 직공 임금과 같은 특징을 갖는다고 보는 게 적절하다. 이 셋[목사, 부목사, 직공]은 모두 각자 상급자와 맺는 계약에 따라 임금을 받는다. 14세기 중반 이후까지 현재 우리 화폐 10파운드에 해당하는 은화 5파운드가 은을 포함한 5마르크가 잉글랜드에서 부목사나 유급 교구 목사의 통상 임금이었다. 이것은 몇 차례 전국 종교 회의에서 하교한 포고령으로 규정된 것이다. 같은 시기에 현재 우리 화폐 1실링과 같은 양의 은을 포함한 4펜스 일급이 장인 석공 임금으로 선포되었고, 현재 우리 화폐 9펜스와 동등한 3펜스를 일급으로 받는 게 직공 석공 임금으로 규정되었다.[47]

따라서 이 두 노동자의 임금은 고용이 계속 유지된다고 볼 때, 부목사 임금보다 훨씬 높다. 장인 석공의 임금은 한 해 3분의 1을 놀더라도 부목사 임금과 같을 것이다. 앤 여왕 치세 12년 차[1713]에 법령 제12호는 "부목사에게 생활비와 원조가 충분하지 않아 부목사 인원이 여러 곳에서 부족하므로, 주교에게 자필 서명을 봉인하는 방식으로 매년 20파운드 이상 50파운

47　다음 자료 참조. the Statute of Labourers, 25. Ed. Ⅲ—원주

드 이하의 특정 봉급 또는 수당을 부목사에게 지급할 수 있는 권한을 부여한다"라고 선포했다.

한 해 40파운드는 현재 임금 수준에서 보면 부목사에게 상당히 훌륭한 임금이다. 하지만 이런 의회 법령에도 불구하고 한 해 20파운드도 못 받는 부목사가 수두룩하다. 런던에는 한 해 40파운드를 버는 직공 제화공이 있고, 어떤 부류든 주요 도시의 근면한 노동자가 20파운드 미만을 벌지 못하는 일은 거의 없다. 이 20파운드는 실제로 많은 농촌 교구에서 일반 노동자가 흔히 벌어들이는 액수에 해당한다.

법률은 임금을 높이기보다 낮추려는 경향이 있다

법률은 노동자의 임금을 규제하려 들 때마다 항상 임금을 높이기보다는 낮추려고 했다. 하지만 많은 경우에 법률은 교회의 품위를 위해 부목사 임금을 인상하고자 했으며, 교구 목사는 부목사가 감내해야 하는 비참한 생활을 극복하도록 더 많은 보수를 주어야 할 의무가 있었다.

하지만 두 사례에서 법률은 똑같이 효력이 없어 보이며, 의도한 수준까지 부목사의 임금을 인상할 수 없었고, 노동자의 임금을 인하하지도 못했다. 법률은 부목사가 처한 극빈한 상황도 막아주지 못했고 수많은 부목사 후보와의 경쟁 때문에 법정 급여 이하를 울며 겨자 먹기 식으로 받아들이는 것도 예방하지 못했다. 또한, 법률은 노동자를 고용함으로써 이윤이나 편의를 기대하는 고용주들의 경쟁 때문에 임금을 더 많이 받지 못하는 노동자의 문제를 해결하지도 못했다.

교회의 일부 하급 구성원이 겪는 열악한 생활 형편에도 불구하고 엄청난 성직록(聖職祿)과 다른 기독교적 위엄이 교회의 명예를 뒷받침한다. 사람들이 성직에 표시하는 존경심 역시 하급 성직자들의 금전적인 열악함을 어느 정도 보상한다. 잉글랜드 그리고 모든 로마 가톨릭 국가에서 교회라는 복권[48]은 실제로 겉보기보다는 훨씬 더 유리하다. 스코틀랜드, 제네바 그리고 다른 여러 개신교 교회 사례는 우리에게 어떤 확신을 안긴다. 즉, 교육을 쉽게 받을 수 있는 무척 훌륭한 직업에서는 비록 낮은 보수를 받을 것이 예상되더라도 많이 배우고 품위 있고 존경할 만한 사람을 충분히 성직에 끌어들일 수 있다.

법률가, 의사, 문인의 보수

변호사와 의사 같은 성직록이 없는 직업에서 성직과 똑같은 비율의 사람들이 공적 비용으로 교육을 받는다면 경쟁은 이내 엄청나게 치열해져 그들의 금전적 보상을 크게 떨어뜨릴 것이다. 아버지가 아들에게 자비를 들여 그런 직업을 교육시키는 일은 전혀 의미가 없어진다. 그 결과 법률가와 의사라는 직업은 전적으로 공적인 자선기금으로 교육받은 사람들에게 넘어갈 것이다. 이들은 숫자도 많고 곤궁한 상태이기도 해서 대체로 무척 낮은 보상에도 만족할 수밖에 없고, 지금 존경받는 법률가와 의사라는 직업은 완전히 퇴보할 것이다.

문인이라 불리는 불운한 무리는 위에서 언급한 변호사나 의사와 무척 비슷한 상황이다. 유럽 전역에서 문인 대다수는 교회 일원이 되고자 교육을 받았지만, 여러 가지 이유로 성직에 들어가지 못했다. 따라서 그들은 일반적으로 공적 비용으로 교육을 받았기에 어디서나 그 숫자도 엄청나서 보통 무척 낮은 보수를 받는 수준까지 노동가격이 떨어졌다.

인쇄술이 발명되기 전에는, 문인들이 자기 재능으로 수익을 얻을 수 있는 유일한 방법은 공공 교사나 개인 교사, 달리 말하면 자신이 획득한 특이하고 유용한 지식을 다른 사람에게 전하는 사람이 되는 것이었다. 이는 대체로 인쇄술 발달로 비롯된 서적상을 위해 글 쓰는 일보다 여전히 더 명예롭고, 유용하고, 심지어 이득까지 되는 직업이다. 학문 분야에서 명망 있는 교사가 되기 위해 필요한 시간, 연구, 재능, 지식 그리고 헌신은, 법률과

---

48 앞에서 변호사가 되려는 사람과 실제로 변호사가 되는 사람 비율을 20대 1이라고 하면서 이것을 일종의 복권 당첨에 비유했는데, 교회 성직자를 지망하는 사람들은 많지만 실제로 성직자가 되는 사람은 드물기 때문에 적은 임금을 받더라도 겉보기보다는 유리하다는 뜻으로 썼다.

의학에서 최고 수준의 전문가가 필요로 하는 노력과 충분히 비교될 만하다.

하지만 변호사나 의사에게 주어지는 보상과 저명한 교사를 위한 통상적인 보상은 비교조차 하기 어렵다. 교사 직업에는 공공 비용으로 해당 교육을 받은 궁핍한 사람들이 많이 진출해 있지만, 변호사나 의사는 자기 비용으로 교육받은 사람들이 대부분을 차지하고 있다. 공공 교사나 개인 교사의 통상 보상은 적어 보이지만, 거의 무급 상태로 글을 쓰는 더욱 궁핍한 문인들의 경쟁이 아예 사라져 가난한 문인들이 모두 교사직으로 몰려들었다면 틀림없이 지금보다 교사 봉급은 더 낮아졌을 것이다. 인쇄술이 발명되기 이전에는 학생과 거지는 사실상 거의 동일시되었다. 당시의 여러 대학의 총장들은 종종 학생들에게 구걸을 허용했다고 전해진다.[49]

고대 그리스 교사의 엄청난 봉급

고대에는 이렇게 자선기금을 설립해 궁핍한 사람들을 가르쳐 학문적 직업에 종사하게 하는 제도가 없었다. 하지만 저명한 교사에 대한 보상은 훨씬 더 컸던 것으로 보인다. 고대 그리스의 수사학자 이소크라테스[50]는 궤변론자를 비판하는 담론에서 당대 교사들이 줏대가 없다고 비난했다. "그들은 자신의 학생들에게 깊은 감명을 주는 약속을 하며, 그들이 현명하고 행복하며 공정한 사람이 될 수 있도록 가르치겠다고 한다. 그런 중요한 일을 고작 4~5미나[1미나는 60분의 1달란트] 같은 푼돈을 보수로 받겠다고 하면서 말이다. 지혜를 가르치는 그들은 분명히 자신도 지혜로워야 한다. 하지만 그런 푼돈에 특별한 것을 팔겠다는 자가 있다면 가장 어리석은 자로 판명된다."

이소크라테스는 여기서 교사의 보수를 과장할 생각이 없었다. 그래서

---

49 데이비드 흄의 『영국사』(1773) 제3권에 인용된 헨리 7세 11년 차(1495) 법령 22조. 이 법령에 따르면 학생은 학장의 허가 없이 구걸해서는 안 된다고 규정하고 있다.

50 이소크라테스(기원전 436-338)는 소크라테스(기원전 469-399)와는 다른 인물로 한 세대 뒤의 사람이다.

우리는 그 보수가 그의 주장보다 적지는 않았음을 확신할 수 있다. 4미나는 13파운드 6실링 8펜스와 같으며, 5미나는 16파운드 13실링 4펜스에 해당한다. 따라서 그런 두 금액보다 못하지 않은 금액이 당시 아테네에서 가장 저명한 교사에게 통상적으로 지급되었을 것으로 보아야 한다.

이소크라테스 자신도 10미나, 즉 33파운드 6실링 8펜스를 각 학생에게 요구했다. 그는 아테네에서 강의할 때 학생 1백 명을 데리고 있었다고 한다. 나는 그 숫자가 한 번에 그가 가르친 학생 수라고 이해한다. 즉, 1백 명은 그가 한 번 강의할 때 참석한 사람들이며, 당시 가장 유행하던 학문인 수사학을 가르치는 무척 유명한 교사가 대도시에서 거느린 학생 수로는 그리 많다고 할 수 없다. 따라서 그는 틀림없이 각 강의마다 1천 미나, 즉 3,333파운드 6실링 8펜스를 벌어들였을 것이다. 그런 이유로 1천 미나는 플루타르코스가 말한 바와 같이 그의 디닥트론, 즉 가르침의 통상 가격이었다.

그렇다면 당대 많은 다른 저명한 교사들은 어마어마한 부를 획득한 것으로 보인다. 고르기아스는 델포이 신전에 순금으로 된 자신의 조각상을 바쳤다. 그런 조각상이 실제 크기였다고 생각하기는 어렵다. 플라톤에 따르면 고르기아스의 생활 형편이 당대 다른 두 저명한 교사인 히피아스와 프로타고라스와 마찬가지로 과시적으로 보일 정도로 호화로웠다고 한다. 플라톤 자신도 전하는 바에 따르면 엄청나게 호화롭게 살았다. 알렉산드로스[후일의 알렉산드로스 대왕]의 교사가 된 이후로 아리스토텔레스가 알렉산드로스와 그의 아버지 필리포스왕에게서 극도로 후한 보상을 받았다는 사실은 보편적으로 인정된다. 아리스토텔레스는 그럼에도 자기 학파의 가르침을 다시 전파하고자 아테네로 돌아가는 게 가치 있는 일이라고 생각했다.

그 당시 학문을 가르치는 교사들은 한두 세기 후에, 즉 경쟁이 치열해져 교사의 노동가격이 떨어지고 그들에 대한 존경이 식었을 때보다는 많았을 것이다. 하지만 그들 중 가장 저명한 사람은 오늘날 교사 직업에 종사하는 그 누구보다도 훨씬 더 많은 존중을 늘 받았다. 아테네인들은 플라톤 학파의 카르네아데스와 스토아학파의 디오게네스를 엄숙한 의례 사절단으로 구성해 로마에 보냈다. 당시 아테네는 쇠퇴해 예전의 위엄은 누리지 못했지만, 여전히 무시할 수 없는 독립 공화국이었다. 카르네아데스는 바빌로니아 출신이었는데, 아테네인이 외국인에게 공직을 맡기는 것을 싫어했던 것을 고려하면, 그들은 그를 매우 존중했다고 볼 수 있다.

이런 임금상의 불평등은 대중에게 해로운 게 아니라 전반적으로 유리하다. 이는 공공 교사라는 직업의 평판을 다소 떨어뜨렸지만, 학문 교육비가 낮아진 것은 이런 사소한 불편함을 상쇄하고도 남는 이점이 있다. 교육이 수행되는 학교와 대학 조직이 유럽 대부분 지역에서 현재 수준보다 더 합리적으로 바뀐다면 대중은 거기서 더 큰 이익을 얻을 수 있다.

(3) 노동과 자본의 자유로운 이동 금지

유럽의 정책은 한 직업에서 다른 직업으로, 한 장소에서 다른 장소로 노동과 자본이 자유롭게 유통되는 것을 방해함으로써, 때로는 자본과 노동이 각기 다른 투자처로 투입되면서 발생하는 이익과 불이익 전반에 걸쳐 매우 불편한 불평등을 초래한다.

도제 제도에 관한 법령은 같은 지역 내에서조차 한 직업에서 다른 직업으로의 노동 이동을 제한한다. 동업조합의 배타적 특권은 같은 직업에서조차 한 장소에서 다른 장소로 노동이 자유롭게 이동되는 것을 방해한다.

어떤 제조업에서는 노동자에게 높은 임금이 주어지는 반면, 다른 제조업에서는 간신히 생계를 이어갈 정도의 임금에 만족해야 하는 경우가 흔하다. 임금이 높은 제조업은 업계가 계속 발전하는 상태에 있고, 따라서 새 일손을 지속해서 요구한다. 임금이 빈약한 제조업은 쇠퇴하는 상태에 있고, 일손이 남아도는 현상이 끊임없이 심화한다. 이런 두 부류의 제조업은 때로 같은 도시에 있을 수 있고, 때로 같은 도시의 같은 동네에 있을 수 있는데, 서로에게 최소한의 도움도 제공하지 못한다.

도제 제도와 동업조합은 노동의 자유로운 이동을 방해한다

도제 제도에 관한 법령은 같은 도시에서의 이동을 제한하고, 같은 동네에 있는 경우에는 법령과 동업조합이 모두 이동을 제한한다. 하지만 다른 많은 제조업에서 작업은 무척 비슷하므로 그런 터무니없는 법이 방해하지 않는다면 노동자는 쉽게 다른 직업으로 갈아탈 수 있다.

예를 들어 색 없는 아마포와 비단 짜는 기술은 어디서나 거의 똑같다. 색 없는 모직물 짜는 기술은 다소 다르지만, 그런 차이는 무척 사소하므로 아마포나 비단 방직공은 며칠 안에 상호 교환적으로 훌륭한 노동자가 될 수 있다. 따라서 저런 세 가지 주요 제조업 중 하나가 쇠퇴하고 있다면 노동자는 더욱 번영하고 있는 다른 두 제조업에서 생활 수단을 찾을 수 있다. 그렇게 된다면 그들의 임금은 번영하는 제조업에서 크게 인상되지 않을 것이고, 쇠퇴하는 제조업에서는 크게 인하되지 않을 것이다.

실제로 아마포 제조업은 잉글랜드에서 특정 법령에 따라 모든 노동자에게 개방된 상태다. 하지만 해당 제조업은 나라의 대부분 지역에서 별로 양성되지 않았으므로 다른 쇠퇴하는 제조업 노동자에게 일반적인 자원을 제공하지 못한다. 그들은 도제 신분에 관한 법령이 적용되는 곳이라면 어디든지 교구에 의지하거나, 아니면 일반 노동자로 일하는 것 외에는 다른 선택 사항이 없다. 게다가 그들은 그동안 일해온 습관에 따라 일반 노동자로 일하기보다는 자기 직업과 유사성 있는 제조업에서 일하는 데 훨씬 더 적합하다. 따라서 그들은 일반적으로 교구에 의지하는 편을 선택한다.

한 직업에서 다른 직업으로 노동의 자유로운 이동을 방해한다면 그것이 무엇이든 자본의 자유로운 유통도 방해한다. 어떤 분야의 사업에 투자되는 자본의 양은 그 사업에 활용될 수 있는 노동의 양에 크게 의존한다. 하지만 동업조합 관련법은 한곳에서 다른 곳으로 노동이 자유롭게 이동하는 것보다 자본의 자유로운 유통을 덜 방해한다. 어디서나 부유한 상인이 자치 도시에서 상거래 특권을 얻는 것이, 가난한 수공업자가 자치 도시에서 노동 특권을 얻기보다 훨씬 쉽다.

동업조합 관련법이 노동의 자유로운 유통을 방해하는 일은 유럽 전역에서 흔하게 볼 수 있다. 내가 아는 한, 빈민 구제법이 노동의 자유로운 이동을 방해하는 것은 잉글랜드에서만 나타나는 특유한 현상이다. 가난한 사람이 소속 교구가 아닌 다른 교구에 정착하거나 노동 허가를 얻는 것을 어렵게 한다. 동업조합 관련법에 따라 수공업자와 제조업자의 노동 이동이 제한받는다. 정착지 얻기가 어려우니 일반 노동의 자유로운 이동조차 막힌다. 이런 혼란한 상태가 어떻게 발생하고 진행되어 왔으며 현재 상태에 이르렀는지 설명할 필요가 있다. 노동 이동을 방해하는 이러한 정책은 잉글랜드 정책 중에서도 가장 무책임한 것이라는 생각이다.

잉글랜드의 빈민구제법

수도원이 파괴되면서[51] 빈민들은 그런 종교 시설에서 나오는 자선 구호품을 받을 수 없게 되었다. 여러 번의 무익한 빈민 구제 시도 후에 엘리자베스 1세 즉위 43년 차[1601]에 제정된 법령 제2호에 따라 모든 교구는 관할 지역의 가난한 자들을 부양해야 했다. 또한, 매년 빈민 감독관을 정해 교구위원과 함께 이 목적을 위해 만족할 만한 금액을 교구 세금으로 마련해야 했다.

이런 법령에 따라 모든 교구는 자신의 지역 빈민을 부양하는 의무를 부담하게 되었다. 따라서 누가 각 교구 빈민으로 간주되는지는 중요한 문제였다. 이 문제는 몇몇 변화를 겪은 뒤 마침내 찰스 2세 즉위 13년 차[1661]와 14년 차[1662]에 결정되었다. 이때 제정된 법에 따르면, 한 교구에서 40일 동안 평온하게 거주한 사람은 그곳에 정착한 것으로 인정받았다. 40일 안에 두 명의 치안판사가 교구 위원이나 빈민 감독관의 항의를 받고 새 주민을 전에 법적으로 정착했던 교구로 돌려보내는 것은 합법이었다. 그러나 한 해 10파운드를 내고 주택을 임대했거나, 당시 살고 있는 교구의 요구 사항을 이행하겠다는 뜻으로 충분하다고 판사들이 판단한 담보를 제공할 수 있으면 돌려보낼 수 없었다.

---

51   1534년 헨리 8세의 수장령에 따른 조치로 일어났다. 영국 교회를 교황으로부터 독립시켜 왕을 교회의 수장(우두머리)으로 삼고 모든 성직자를 왕의 뜻대로 임명할 수 있게 되었다. 또한, 가톨릭교회의 근간인 수도원을 해산해 수많은 수도원 재산을 몰수했다.
     1539년까지 영국에 있던 수도원 550개가 폐쇄되었고 수도원 토지는 왕실 소유가 되었다. 왕실 재산 중 약 6분의 1이 이러한 수도원 몰수에서 나왔다.

이런 법령의 결과로 몇몇 사기 행위가 저질러졌다. 교구 관리는 때로 빈민을 매수해 은밀히 다른 교구로 보내고, 40일 동안 감춰두고 거기 정착하도록 했다. 이렇게 해서 그들은 자기 교구에 속한 자들을 돌볼 책임에서 벗어났다. 따라서 제임스 2세 즉위 1년 차[1685]에 제정된 법률은 어떤 사람이 정착을 인정받기 위해 평온하게 거주하는 40일은, 그가 정착하려는 교구의 교구 위원이나 감독관 중 한 명에게 자기 거주지와 가족 수를 서면 통지한 날부터 계산하도록 규정했다.

하지만 교구 관리는 다른 교구들을 비난하면서도 정작 자기 교구에 관해서는 항상 정직하게 일을 처리하진 않은 모양이다. 그들은 때로 그런 은밀한 전입을 묵인했고, 서면 통지를 받고서도 그에 따른 적절한 절차를 밟지 않았다. 따라서 교구의 모든 사람이 그런 무단 전입자로 인한 부담을 최대한 방지해야 이득이라고 생각해 윌리엄 3세 즉위 3년 차[1691]에 관련 법률이 제정되었다. 이에 따라 40일 거주는 일요일 교회에서 예배를 본 직후 그런 서면 통보가 발표된 날부터 날짜가 계산되어야 했다.

번 박사는 이렇게 말한다. "결국, 이런 부류의 정착, 즉 서면 통보를 공표한 후에 40일을 계속 지내고 정착하게 되는 일은 거의 없다. 이 법률의 의도는 정착을 늘리는 것이 아니라, 은밀히 교구로 들어오는 사람의 정착을 허용하지 않으려는 것이다. 통보를 공표하는 것은 그 전입자를 내보내라고 교구를 압박하는 것에 지나지 않기 때문이다. 어떤 사람이 실제로 교구를 나가야 할지 여부를 모른다면 그는 서면 통보를 함으로써, 교구에 40일 동안 자신을 반대하지 않고 머무르게 해서 정착을 인정할 것인지 아니면 교구에서 내보내 권리를 행사할 것인지를 결정하도록 강제하면 된다."

교구 영주권을 얻는 4가지 방법

따라서 이런 법률은 빈민이 옛 방식에 따른 정착, 즉 40일간의 거주로 새로 정착하는 것을 거의 불가능하게 했다. 하지만 이 법률은 어떤 교구의 일반 주민이 다른 교구에서 안전하게 정착하는 것이 전적으로 불가능하다는 인상을 주지 않고자 서면 전달이나 발표 없이 정착할 수 있는 네 가지 방법을 정했다. 첫째는 교구 세금을 부과받아 납부하기, 둘째는 매년 선출되는 교구 관리로 1년 동안 근무하기, 셋째는 교구에서 도제로 지내기, 넷째는 교구에서 1년 동안 고용되어 동일한 업무를 계속하는 것이었다.

어떤 사람이 첫 두 방법 중 하나를 사용하기 위해서는 교구 전체의 공식 결정이 필요하다. 교구 주민들은 노동 외에 자신을 뒷받침할 게 아무것도 없는 전입자에게 교구 세금을 부과하거나 관리로 선출하면 어떤 결과가 발생할지 너무나 잘 알았다. 결혼한 남자는 뒤의 두 방법 중 어느 하나로는 교구에 정착할 수가 없다. 결혼한 사람이 도제를 하는 일은 거의 없고, 결혼한 노동자는 1년 동안 고용되어도 정착을 인정받을 수 없다고 명확히 규정되어 있다.

교구 봉사에 따라 정착하는 방침을 도입해서 생긴 효과로 1년 동안 노동자를 고용하던 옛 방식은 대부분 사라졌다. 1년 고용은 이전에 잉글랜드에서 무척 관습적이었고, 심지어 오늘날에도 특별히 기간을 합의하지 않으면 법은 모든 노동자가 1년간 고용되었다고 생각한다. 하지만 고용주는 이런 식으로 노동자를 고용해 정착시키는 것을 흔쾌히 여기지 않고, 노동자역시 그렇게 고용되는 것을 늘 기꺼이 여기는 것은 아니다. 이런 경우, 최근정착이 이전의 모든 정착을 취소하게 되어 노동자는 부모와 친척 거주지이자 자신이 태어난 기존 정착지에서 살 수 없게 되기 때문이다.

노동자든 수공업자든 독립적인 노동자가 도제나 교구 봉사를 통해 새롭게 정착할 가능성은 거의 없다. 따라서 그런 사람이 새 교구에서 노동하려 할 때 그가 아무리 건강하고 부지런하다 해도 교구 위원이나 감독관의 변덕으로 내쫓기기 십상이다. 그가 한 해 10파운드를 내고 집을 빌리거나 두 명의 치안판사가 교구의 요구 사항을 이행하는 데 충분하다고 판단하는 담보를 제공하지 않는다면(노동만으로 생계를 이어가는 사람에게는 불가능하다) 교구 정착은 어렵다.

실제로 치안판사들이 담보를 얼마나 요구할지는 전적으로 그들 재량에 달린 문제다. 하지만 그들은 30파운드 밑으로 요구하지는 않을 것이다. 법률에 따르면 30파운드 가치에 미달하는 자유 보유지를 구매하더라도 교구 정착이 안 된다고 했는데, 이는 교구의 요구 사항 이행에 미달한다고 봤기 때문이다. 하지만 이런 담보는 노동으로 생계를 이어나가는 사람이 거의 제공할 수 없는 수준이었다. 그런데도 치안판사들은 흔히 그보다도 훨씬 더 큰 담보를 요구했다.

노동자의 이동을 지원하는 법률

여러 다른 법령이 거의 없애버린 노동의 자유로운 이동을 어느 정도 회복하기 위해 증명서 제도가 발명되었다. 윌리엄 3세 즉위 8년 차[1697]와 9년 차에 제정된 법률에 따라 합법적으로 정착한 이전 교구에서 교구 위원과 빈민 감독관이 서명하고 두 명의 치안판사가 허가한 증서를 가져오는 사람은 다른 모든 교구에서 받아들이도록 규정했다. 이렇게 증명서를 가져온 사람은 단순히 교구에 신세를 질 가능성이 크다는 이유로 쫓겨나지는 않으며, 실제로 신세를 져서 교구에 피해를 입혀야 쫓겨난다.

또한, 증명서를 발급한 교구는 해당인의 생활비와 이전비용을 모두 지급해야 했다. 증명서를 가져온 사람이 거주하러 온 교구를 완벽하게 안심시키기 위해, 동일한 법률은 더 나아가 한 해 10파운드를 내고 집을 빌리거나 혹은 한 해 내내 자기 비용으로 교구 관리로 일하는 경우 이외에는 어떠한 수단으로도 그곳에 정착할 수 없도록 했다. 그 결과, 서면 통지, 교구 근무, 도제 생활, 교구 세금 납부 등으로 교구 정착은 불가능해졌다. 앤 여왕 즉위 12년 차[1712]에 법령 제1집 제18호로 증명서를 가진 사람의 피고용인이나 도제는 증명서를 가진 사람이 거주하는 교구에서 정착하지 못하게 되었다.

이런 증명서 제도가 이전 법률들로 인해 거의 사라진 노동의 자유로운 이동을 얼마나 회복시켰는지는 번 박사의 신중한 분석을 통해 알 수 있다. "어떤 곳에 거주하고자 오는 사람에게 증명서를 요구하는 데에는 갖가지 이유가 있다. 즉, 증명서로 거주하는 사람이 도제 생활, 근무, 서면 통보, 교구 세금 납부로는 교구에 정착할 수 없다는 것, 그의 도제나 피고용인이 정착할 수 없다는 것, 교구에 신세를 지게 되면 어디로 쫓겨날지 분명히 알게 되며, 이전 교구가 이전비와 그동안 생활하는 데 들었던 비용을 지급해야 한다는 것, 병에 걸려 이전할 수 없으면 증명서를 발급한 교구가 반드시 그들을 부양해야 한다는 것, 이상은 그 무엇도 증명서 없이는 할 수 없는 일이다. 이런 사항들은 교구가 일반적으로 증명서를 발급하는 것을 제한하는 이유가 되었다. 증명서를 받은 사람을 다시 받아들일 때 그가 이전보다 악화되었을 가능성이 높기 때문이다."

이 논평의 교훈은 이것이다. 어떤 빈민이 거주하러 가는 교구에서는 항상 증명서를 요구하고, 떠나려는 교구에선 증명서의 발급을 거의 허가하지 않을 것이다. 지적인 저술가인 번 박사는 자신의 저서 『빈민 구제법의 역사』에서 이렇게 말한다.

"이런 증명서 제도에는 다소 억압적인 측면이 있다. 불행하게도 한 사람이 소위 정착을 획득한 교구에서 계속 지내는 것이 아무리 불편하더라도 혹은 다른 곳에서 살아감으로써 자신에게 돌아오는 이득이 아무리 크더라도 교구 관리가 한 사람을 평생 구금할 권력을 가지고 있으니 이게 억압이 아니고 무엇이겠는가."

증명서는 선행 증거로 남에게 알리고자 하는 게 아니고, 그저 한 사람이 실제로 어떤 교구에 속했는지를 증명할 뿐이지만, 발급 승인 여부는 전적으로 교구 관리 재량이다. 번 박사가 언급한 바에 따르면 한 번은 교구 위원과 빈민 감독관에게 증명서의 서명을 강제하는 직무 집행 영장을 내달라는 신청서가 들어왔는데, 왕실 법정은 그런 신청을 무척 기이한 시도로 여기면서 거절했다.

잉글랜드 영주권 법령의 폐해

잉글랜드에서 흔히 보이는, 서로 그다지 멀리 떨어지지 않은 여러 곳에서 나타나는 무척 다른 노동가격은, 정착 관련 법이 증명서 없이 다른 교구로 노동하러 떠나려는 빈민을 방해하기 때문일 것이다. 실제로 건강하고 부지런한 독신 남자가 때로는 증명서 없이 거주하는 일은 묵인되기도 하겠지만, 아내와 가족이 있는 남자가 그런 식으로 거주하려 한다면 대다수 교구에서 확실하게 배척된다. 독신 남자가 이후 결혼한다면 그 사람도 일반적으로 내쫓긴다.

따라서 교구 정착에 아무런 어려움이 없는 스코틀랜드와 다른 모든 나라와는 달리, 잉글랜드 교구에서는 일손 부족 문제가 다른 교구의 일손 과잉으로 인해 완화되지 않는다. 그런 나라들에서도 임금은 때로 대도시 인근 지역 혹은 노동 수요가 대단한 곳에서는 조금 오르지만, 그런 지역에서 거리가 멀어질수록 점차 임금은 줄고, 결국 그 나라의 일반적인 임금 비율로 떨어진다. 하지만 우리가 때로 잉글랜드에서 보는 인근 지역 사이의 갑작스럽고 이해할 수 없는 임금 격차는 절대로 볼 수 없다.

반면 잉글랜드에 사는 빈민에게는 다른 나라에서와 달리 임금 비율을 뚜렷하게 구분해주는 자연적인 경계, 즉 바다 만(灣)과 높은 산을 넘는 것보다 교구라는 인위적인 경계를 넘는 게 훨씬 더 힘든 일이다. 경범죄조차 저지르지 않은 사람을 그가 거주하기로 마음먹은 교구에서 내쫓는 건 명백하게 자연적인 자유와 정의를 침해한다. 잉글랜드 대중은 자기의 자유를 지키려고 무척 애쓰지만, 다른 나라의 대중처럼 자유의 진정한 의미를 이해하지 못하므로 지금까지 1세기가 넘도록 해결책도 없는 이런 압제에 노출되어왔다. 깊이 생각하는 사람들 역시 때로는 정착 관련법이 공익을 해친다고 불평했지만, 일반 체포 영장에 대한 반발만큼 강력하지는 않았다. 일반 체포 영장은 확실히 악용된 관행이지만, 어떤 보편적인 압제를 유발할 가능성은 없었다면, 감히 말하건대 잉글랜드에서 40세의 가난한 사람 중에서, 이런 잘못 만들어진 정착 관련법 때문에 자신의 인생에서 어느 시절 아주 잔혹한 압제를 당했다고 생각하지 않는 사람은 거의 없다.

스승과 도제를 차별 단속하는 임금 법령

나는 긴 장을 다음과 같은 결론으로 마무리하고자 한다. 옛날에 임금(賃金)의 요율은 첫째로 왕국 전체에 미치는 일반법에 따라 평가되고, 그런 다음에는 특정 주의 치안판사가 내리는 특별 지시로 평가되는 게 일반적이었다. 두 관행은 이제 전적으로 폐기되었다. 번 박사는 이렇게 말했다.

"400년 넘은 경험으로 보아, 세밀하게 제한할 수 없는 것을 엄격한 규정 아래 가두어두려는 모든 노력은 이제 포기할 때가 된 것 같다. 같은 업종에서 일하는 모든 사람이 동일한 임금을 받게 된다면 경쟁이 사라지고 열심히 일하거나 독창성을 발휘할 동기가 없어지기 때문이다."

하지만 의회에서는 여전히 특정 업종과 특정 장소에 대한 임금을 규정하려는 법안을 때때로 제안한다. 예를 들어 조지 3세 즉위 8년 차[1768]에 제정된 법률은 런던과 그 주변 5마일에 있는 지역에서 장인 재봉사에게 국가 장례식을 제외하고 하루에 2실링 7.5펜스 이상을 주지 못하게 했고, 또 노동자도 그 이상의 금액을 받지 못하게 했다. 이를 어길 시에는 중벌이 부과된다고 규정했다. 입법 기관이 고용주와 노동자 사이의 차이를 규정하려 할 때마다 상담역은 항상 고용주가 맡는다.

따라서 법 규정이 노동자를 지지한다면 그것은 항상 공정하고 정당하다. 하지만 때때로 고용주를 지지할 때는 그렇지 못했다. 여러 다른 사업에서 고용주에게 노동자 임금을 물품이 아닌 화폐로 지급하라고 강제한 법은 무척 공정하고 정당하다. 이런 법은 고용주에게 실제로 아무런 어려움을 주지 않는다. 그것은 단지 고용주들이 지불하는 척하지만 항상 실제로는 지불하지 않는 그 가치를 화폐로 지급하도록 의무를 부과한 것일 뿐이다. 이러한 법은 노동자를 위한 것이지만, 조지 3세 즉위 8년 차의 법률은 고용주를 위한 것이다.

고용주가 노동자의 임금을 줄이려 할 때 그들은 흔히 특정 수준의 임금 이상을 주지 않기로 은밀히 합의하며, 이를 어기면 자체적으로 특정 처벌을 가하기도 한다. 반대로 노동자가 같은 부류의 일을 하는 사람들과 특정 임금 이하를 받지 않기로 은밀히 합의하고 이를 어길 경우 처벌하기로 했다면 그 법은 노동자를 무척 가혹하게 처벌할 것이다. 정말로 법이 공명정대하다면 같은 방식으로 고용주도 처벌해야 한다. 하지만 조지 3세 즉위 8년 차의 법률은 고용주가 자신의 담합으로 얻고자 하는 임금 규제를 나라 법률이 대신 강제해주는 꼴이었다. 노동자는 조지 3세의 법률이 가장 능력 있고 부지런한 노동자를 평범한 노동자와 같은 선상에 두고 본다고 불평한다. 일리 있는 불평이다.

동업조합보다는 자유 경쟁이 효과적

옛적에도 식료품과 다른 물품의 가격을 평가함으로써 상인과 다른 판매업자의 이윤을 규정하려는 시도가 자주 있었다. 빵의 법정 가격은 내가 아는 한 이런 옛적 관행의 유일한 흔적이다. 배타적인 동업조합이 있는 곳에선 가장 중요한 생활필수품 가격을 규제하는 게 타당하다. 하지만 동업조합이 없는 곳에서는 자유 경쟁이 법정 가격보다도 더 적절하게 가격을 결정한다. 조지 2세 즉위 31년 차[1757]에 확립된 빵의 법정 가격을 정하는 법은 법적 하자가 있어 스코틀랜드에서 시행될 수 없었다. 시장 서기가 해당 법을 실행하는 담당자였는데, 스코틀랜드에는 그런 관직이 없기 때문이었다. 이런 법적 하자는 조지 3세 즉위 3년 차까지 개선되지 않았다. 법정 가격이 없어도 불편함은 별로 느껴지지 않았고, 법정 가격이 몇 곳에 도입되긴 했지만 눈에 띄는 이득은 없었다. 스코틀랜드 도시 대부분에는 제빵사 동업조합이 있어 배타적 특권을 주장했으나, 아주 엄격하게 그 특권이 지켜지지는 않았다.

노동과 자본이 투입되는 각기 다른 투자처에서의 임금율과 이윤율에 대해서는 살펴보았다[1권 7장 끝부분]. 사회 빈부나 진보, 정체, 쇠퇴 상태 등에 큰 영향을 받지 않는 것으로 보인다. 이는 이미 공공복지에서 도입된 커다란 변화는 임금과 이윤의 일반적인 비율에 영향을 미치지만, 결국 모든 투자처에 똑같이 영향을 미칠 것이다. 따라서 이런 업종 사이의 임금율과 이윤율 차이는 일정하게 유지되어야 하며, 적어도 상당 기간 그런 변화에 따라 변경되지 않아야 한다.

제11장

토지의 지대

지대는 소작농의 농업 자본과 이윤을 제외한 나머지 생산물

지대는 토지를 대여할 때 지불하는 대가로, 임차인이 그 땅에서 생산되는 물품을 바탕으로 지불할 수 있는 최대 금액을 의미한다.[52] 임대차 계약 조건을 조정하면서 지주는 임차인이 종자를 마련하고, 노동 임금을 지급하며, 농사의 가축과 다른 도구를 구매하고 유지하는 자본과, 해당 지역에서 농업 자본을 위한 통상적 이익을 합친 것 이상으로 임차인에게 생산물을 남겨주지 않으려 한다. 이것은 임차인이 손해를 보지 않고 만족할 수 있는 최소한이며, 그 이상의 몫은 지주가 임차인에게 주기를 원하지 않는다.

임차인의 몫을 초과하는 생산물이나, 같은 말이 되겠지만 임차인의 몫을 넘는 생산물의 가치는 지주가 자신의 지대로 취한다. 따라서 이것은 명백히 임차인이 땅의 실제 생산 상황에서 지급할 수 있는 최고 금액이 된

---

52 어떤 토지에서 나오는 농산물의 수량이 1000이고 농부의 노동 임금 300 그리고 이윤을 200이라고 하면 나머지 500을 지주가 모두 가져가는데 이 500이 농부의 임금이나 이윤과 비교할 때 가장 높은 가격이라는 뜻이다.

다. 때때로 지주가 관대해 이런 지대보다 적은 금액을 받거나, 더 흔한 경우는 지주가 무지하여 받아야 할 지대보다 적은 금액을 받기도 한다. 더욱 드문 일이긴 하지만, 때로는 임차인이 무지해 다소 많은 부분을 지주에게 지급하거나 혹은 해당 지역 농업 자본의 통상 이익보다 다소 적은 부분을 받고서도 만족한다.

어쨌든 이런 몫은 토지 사용에 대한 일반적인 대가로 간주될 수 있다. 누군가가 토지를 사용하고자 할 때 대부분 지불해야 하는 금액이라고 생각하면 된다.

토지 개량과 지대 인상

지대는 흔히 지주가 토지 개량에 투입한 자본에 대한 합리적인 이익 혹은 이자라고 생각할 수 있다. 이것은 어떤 때는 부분적으로 맞는 말이지만 항상 사실이라고 하기는 어렵다. 지주는 개발하지 않은 땅에 대해서도 지대를 요구하고, 그리하여 소위 개량 비용에 대한 이자나 이익이 원래 지대에 추가된다. 게다가 그런 개량은 항상 지주 자본으로 완료되는 것도 아니고, 때로는 임차인의 자본으로도 완수된다. 하지만 임대차 계약을 갱신할 때가 되면 지주는 보통 그러한 개량을 자기가 모두 수행한 것처럼 또다시 지대를 올려달라고 요구한다.

지주는 때로 인간이 개량할 수 없는 자원을 가지고도 지대를 요구한다. 해초의 일종인 켈프는 태우면 알칼리성 소금이 나오는데, 이 소금은 유리, 비누 그리고 여러 다른 목적에 유용하게 쓰인다. 켈프는 브리튼섬 여러 곳에서 자라는데, 특히 스코틀랜드에서 자라며 최고 수위선(水位線) 안에 있어 매일 바닷물로 두 번 뒤덮이는 바위에서만 자란다. 따라서 이 생산물은 인간의 노력으로는 증가시킬 수 없는 자원이다. 하지만 이런 켈프 해안 지대에 있는 토지의 지주는 밀을 키우는 밀밭만큼 이런 땅에 대해서도 지대를 요구한다.

셰틀랜드섬 근처 바다는 보통 이상으로 물고기가 풍성한데, 이 수산물은 그곳 주민의 주된 생활 수단이다. 하지만 바다에서 나는 생산물로 이익을 얻으려면 반드시 바다와 인접한 땅에 거주해야 한다. 지주가 받는 지대는 농부가 땅에서 얻는 것뿐 아니라, 땅과 바다 양쪽에서 얻을 수 있는 생산량에 비례한다. 지대는 부분적으로 현금이 아니라 바다 생선으로 지불된다. 이렇게 해서 지대가 상품가격 일부를 이루는 극소수의 사례를 이 지역에서 볼 수 있다.

지대는 토지 사용을 위한 독점가격

따라서 토지 활용에 대한 가격으로 간주되는 지대는 당연히 독점가격이다. 지대는 지주가 투입했을지도 모르는 땅 개선 정도에 전혀 비례하지 않고, 농부가 지불할 수 있는 생산량에 비례한다.

시장에 출하하는 토지 생산물에는 통상 가격이 있다. 시장으로 그런 생산물을 가져오는 데 들어간 자본 그리고 그런 생산물의 통상 이익을 회수할 수 있는 가격이 그것이다. 통상 가격이 이보다 더 높으면 잉여분은 자연스럽게 지대가 된다. 이보다 더 높지 않다면 상품이 시장으로 출하되더라도 지주에게 지대를 제공할 수 없다. 가격이 그 이상이 될지는 시장 수요에 달려 있다.

토지 생산물 중 어떤 것은 시장에 출하하기에 충분한 가격보다 더 높은 가격을 받고자 하는 수요가 항상 있다. 생산물의 다른 부분은 이런 높은 가격을 제공할 수도 있고 제공하지 못할 수도 있다. 전자는 지주에게 틀림없이 지대를 제공한다. 후자는 상황에 따라 지대를 지불할 수도 있고, 못할 수도 있다.

따라서 지대는 임금과 이윤과는 다른 방식으로 상품가격에 영향을 미친다는 점을 주목하라. 임금과 이윤의 높고 낮음은 가격이 높거나 낮게 형성되는 원인이며, 지대의 높고 낮음은 그러한 원인의 결과이다. 특정 상품을 시장으로 가져오면 높든 낮든 임금과 이윤을 지급해야 하므로 그에 따라 가격이 높거나 낮게 형성된다. 다시 말해 상품가격이 높거나 낮기 때문에, 즉 임금과 이윤을 지급하고도 남을 정도로 상품가격이 훨씬 높거나 약간 높거나 아니면 조금도 높지 않으므로, 토지 임차인은 높은 지대나 낮은 지대를 지급하거나 아니면 전혀 지대를 지급하지 못한다.

이번 장은 세 부분으로 나뉘는데 다음과 같은 특정한 고려 사항을 감안해 분류했다.

(1) 언제나 지대가 나오는 토지의 생산물.

(2) 때로는 지대가 나오고, 때로는 안 나오는 토지의 생산물.

(3) 위의 두 생산물을 서로 비교하고 또 그것을 제조 생산물과 비교할 때, 서로 다른 개량 기간 동안 자연스럽게 발생하는 이 두 생산물 사이의 상대적 가치의 변동.

제1절
언제나 지대가 나오는 토지의 생산물
◇

다른 모든 동물처럼 인간은 생활 수단에 비례해 자연스럽게 인구가 증가하므로 식량은 항상 정도의 차이가 있더라도 일정한 수요가 있다. 식량이 있으면 언제나 그것으로 많든 적든 노동량을 구매하거나 장악할 수 있으며, 식량을 얻고자 뭐라도 기꺼이 하려는 사람은 언제나 있게 마련이다. 실제로 식량이 구매할 수 있는 노동량은, 때때로 높은 노동 임금 때문에, 가장 경제적인 방식으로 유지할 수 있는 노동량과 항상 일치하지는 않는다. 하지만 보통은, 인근에서 그런 부류의 노동이 유지되는 비율에 따라 식량은 항상 유지할 수 있는 만큼의 노동량을 구매할 수 있다.

하지만 대부분의 경우, 토지는 시장에 식량을 공급하는 데 필요한 노동을 유지하는 것 이상의 식량을 생산한다. 그 노동에 높은 임금이 지불되더라도 여전히 식량은 생산된다. 생산물 잉여분은 항상 노동에 투입된 자본과 그 자본 이윤을 충분히 회수하고도 남음이 있다. 따라서 지주에게 돌아갈 지대는 언제나 어느 정도 발생한다.

노르웨이와 스코틀랜드에서 가장 황폐한 황무지도 가축용 목초지를 제공한다. 이 토지에서 나오는 가축의 젖과 새끼는 가축을 돌보는 데 필요한 모든 노동을 유지할 수준이 될 뿐만 아니라 가축 떼의 주인이나 농부에게 통상적 이윤을 지급하고, 지주에게 소액의 지대를 제공하기에 충분하고도 남는다. 지대는 목초지의 품질에 비례하여 증가한다. 같은 크기의 땅으로 더 많은 가축을 유지할 수 있을 뿐만 아니라, 더 작은 범위에 더 많은 가축 떼를 유지함으로써 가축을 돌보고 생산물을 수집하는 데 필요한 노동이 그만큼 줄기 때문이다. 지주는 생산물 증가와 생산물로 유지되어야 하는 노동의 감소 양쪽에서 이득을 얻는다.

토지의 비옥도와 위치

지대는 생산물이 무엇이든 간에 땅의 비옥도에 따라 달라질 뿐만 아니라, 그것과 무관하게 땅의 위치에 따라서도 변한다. 도시 인근 땅은 먼 농촌 지역에서 동일한 비옥도를 갖춘 땅보다 지대가 훨씬 높다. 도시의 땅이나 먼 곳에 있는 농촌의 땅이나 경작에는 같은 노동이 들어가더라도, 먼 땅의 생산물을 시장으로 가져오는 데 더 많은 노동이 들어가는 까닭이다. 따라서 토지 생산물로 더 많은 노동량을 유지해야 한다. 그 결과, 농부 이윤과 지주 지대를 제공하는 잉여분은 반드시 줄어든다. 하지만 먼 곳에 있는 농촌에서 이윤 비율은 이미 앞에서 살펴본 것처럼[1권 9장], 보통 대도시 인근보다 더 높다. 따라서 이런 줄어든, 평소보다 낮은 비율의 잉여분이 지주 몫으로 돌아간다.

좋은 상태의 도로, 운하 그리고 배가 드나드는 강은 운송비 감소로 먼 농촌 지역을 도시 인근 지역과 거의 같은 수준으로 만든다. 그런 이유로 이런 시설은 모든 개선 사항 중에서도 가장 훌륭하다. 이런 시설은 나라의 가장 광대한 지역에 해당하는 미개한 땅을 개간하도록 장려한다. 이 시설은 도시 주변 지역의 독점을 깨뜨려 도시에도 이익을 가져다준다. 도시 인근 지역조차 이런 시설들로 유리해진다. 그런 시설로 오래된 시장에는 경쟁 상품이 들어오지만, 도시의 생산물에도 많은 새로운 시장을 열어준다.

게다가 독점은 훌륭한 경영을 가로막는 커다란 적이다. 모든 사람이 자기방어를 위해 자유롭고 보편적인 경쟁을 할 만한 상황에서만 훌륭한 경영이 보편적으로 확립된다. 약 50년 전, 런던 인근의 몇몇 카운티들은 의회에 탄원서를 제출하여, 자신들의 경제적 이익을 위해 고속 유료도로의 확장을 반대했다. 그 카운티들은 노동력이 저렴한 그런 먼 지역이 자신보다 런던 시장에 밀과 가축용 풀을 저렴하게 팔면 자기 지대도 줄고 경작도 망친다고 호소했다. 하지만 그 카운티의 지대는 올랐고, 그 이후에 경작도 개선되었다.

적당히 비옥한 밀을 재배하는 밭은 똑같은 크기의 최고 목초지보다 식량을 훨씬 더 많이 생산한다. 그런 밭을 경작하는 데에는 훨씬 더 많은 노동이 필요하지만, 종자를 회수하고 사용된 노동을 유지하고 남는 잉여분 또한 훨씬 크다. 따라서 고기 1파운드가 1파운드의 빵보다 더 가치를 지니지 않는 한, 이런 더 많은 잉여분은 어디서나 더욱 큰 가치를 지니고, 농부 이윤과 지주의 지대 조로 더 많은 돈을 제공할 것이다. 농업 초창기에도 이러한 사정은 보편적으로 그랬던 듯 보인다.

빵과 고기의 상대적 가치

하지만 그런 두 가지 다른 종류의 식량, 즉 빵과 고기의 상대가치는 각기 다른 농업 시기에 따라 무척 다르다. 농업 초창기에 나라의 거대한 부분을 차지했던 미경작 개척지는 모두 가축 차지가 되었다. 그리하여 빵보다 고기가 더 많았고, 따라서 빵은 경쟁이 아주 치열한 식량이 되어 그 결과 아주 비쌌다. 우요아[53]가 전한 바에 따르면, 40~50년 전에 부에노스아이레스에서는 2~3백 마리의 황소 떼에서 한 마리를 사는 데 일반적으로 4헤알, 즉 21.5펜스가 지불되었다. 그는 빵 가격에 관해 아무런 언급도 하지 않았는데, 딱히 빵에 관해 얘기할 게 없었을 것이다. 그는 황소를 붙잡는 사람의 인건비보다 황소 가격이 살짝 높았다고 했다.

---

53 Antioine de Ulloa(1716-1795): 스페인의 학자 겸 항해자. 1735년에 프랑스의 천문학자 일행과 함께 페루로 항해했다.

물론, 밀은 어디서나 엄청난 노동을 투입하지 않으면 경작할 수 없었다. 특히, 당시 유럽에서 출발해 포토시[54]의 여러 은광에 도달하는 직통로인 플라테강 연안 고장에서는 노동의 화폐가격이 별로 저렴하지 않았다. 하지만 경작지가 나라의 많은 부분으로 확대되면 이야기는 다르다. 그렇게 된다면 빵이 고기보다 더 많아진다. 물품 사이의 경쟁은 그 방향을 바꾸고, 고기 가격은 빵 가격보다 비싸진다.

게다가 경작지 확대로 동물을 사용하여 고기를 생산할 수 있는 공간이 부족해졌다. 그리하여 경작지의 상당 부분이 가축을 기르고 살찌우는 데 사용되는데, 이때 가축 가격은 가축을 돌보는 데 필요한 노동뿐 아니라 그런 땅이 경작지로 활용될 때 얻을 수 있을 지주 지대 그리고 농부 이윤을 지급하기에도 충분해야 한다.

경작이 거의 되지 않은 황무지에서 자란 가축은 같은 시장에 나왔을 때 무게와 질에 비례해 가장 개선된 땅에서 기른 가축과 다름없는 가격으로 팔린다. 그런 황무지 소유주는 황무지로 이윤을 얻고, 자기 땅 지대를 가축 가격에 비례해 올린다. 스코틀랜드 산악 지대 대부분에서 고깃값이 귀리로 만든 빵의 가격과 비슷하거나 혹은 더 저렴했던 게 한 세기 정도 전 이야기이다. 합방[55]은 스코틀랜드 산악 지대 가축에게 잉글랜드 시장을 열어줬다. 이 가축들의 가격은 18세기가 시작될 때보다 3배 정도 높으며, 많은 산악 지역 사유지의 지대는 같은 시기에 3~4배가 되었다. 그레이트브리튼의 거의 모든 지역에서 고기 1파운드는 현재 일반적으로 최고 품질의 흰 빵 2파운드보다 더 가치 있으며, 풍년에는 때때로 그 가치가 흰 빵 3~4파운드까

54　볼리비아 남쪽에 있는 지방으로 은광이 많았다. 애덤 스미스 당시에 볼리비아는 페루의 한 부분이었고 1825년에 볼리비아로 독립했다. 플라테강은 볼리비아, 아르헨티나, 우루과이, 브라질을 경유하는 커다란 강이다.

55　1707년에 잉글랜드와 스코틀랜드가 합방해 그레이트브리튼이 되었다. 애덤 스미스는 이 책에서 영국을 가리키는 용어로 그레이트브리튼을 일관되게 사용한다. 오늘날 영국에서는 그레이트브리튼 대신에 유나이티드 킹덤(United Kingdom)을 사용하며 이를 줄여서 U.K.라고 한다.

지 나가기도 한다.

이렇게 토지 개량이 진행되면서 미경작 목초지의 지대와 이윤은 어느 정도 경작된 목초지의 지대와 이윤에 규제를 받게 되었고, 후자는 다시 밀의 지대와 이윤에 따라 규제되었다. 밀은 매년 얻을 수 있지만, 고기는 4~5년을 기다려야 얻는다. 따라서 땅 1에이커는 밀보다 훨씬 적은 양의 고기를 생산하므로 수량 부족은 반드시 가격 우위로 보상되어야 한다. 고기 가격이 수량 부족을 보상하고도 남을 정도라면 밀을 재배하는 더 많은 땅이 목초지로 변할 것이다. 하지만 제대로 보상이 안 된다면 목초지 일부는 밀을 키우는 땅으로 돌아갈 것이다.

곡물과 사료: 네덜란드와 고대 로마의 사례

가축 사료를 생산하는 땅과 인간의 식량을 생산하는 땅 사이에서 이루어지는 지대와 이윤의 균형은, 주로 대국(大國)의 개량된 토지에서 발생한다. 이는 가축 사료와 인간의 식량 사이의 직접적인 생산 비율을 반영하는 것이다. 어떤 특정 지역 상황은 대국과는 전혀 달라서 가축을 먹일 풀의 지대 및 이윤이 밀로 얻을 수 있는 것보다 훨씬 크다.

이처럼 대도시 인근 지역에서 우유와 말 사료에 대한 높은 수요는, 가축을 먹일 풀의 가치 대(對) 밀의 가치 사이의 자연 비율 이상으로 사료 가격을 높이는 원인이 된다. 또 고기의 높은 가격도 그런 인상의 원인이다. 대도시의 이런 지리적 유리함이 멀리 떨어져 있는 지역까지 전달될 수 없음은 명백하다.

특수 상황으로 일부 국가에서는 인구가 너무 많아져 전 국토가 대도시 인근 지역의 땅처럼 가축을 먹일 풀과, 주민의 식생활에 필요한 밀을 충분히 생산하지 못한다. 따라서 그 나라의 땅은 주로 부피가 큰 상품이자 먼 거리에서 쉽게 가져올 수 없는 가축 먹일 풀 생산에 활용되고, 대중 대다수의 식량인 밀은 주로 외국에서 수입되었다. 네덜란드가 현재 이런 상황이고, 고대 이탈리아의 많은 지역이 로마인 번영기에 그랬던 것으로 보인다.

키케로가 전하는 바에 따르면 대(大) 카토[56]는 사유지 경영에서 가장 훌륭하고 이득 되는 일이 가축을 잘 먹이는 것이며, 두 번째로 좋은 일이 가축을 그런대로 굶지 않게 먹이는 것이고, 세 번째가 가축을 제대로 먹이지 않는 일이라고 했다. 그는 밭을 경작해 곡물을 생산하는 것은 이익 측면에서 네 번째라고 생각했다.

실제로 고대 이탈리아 로마 인근에 있던 지역에서 무료 혹은 무척 싼 값으로 시민들에게 밀이 자주 배포되어 로마인들은 농사를 지으려는 의욕을 상실했다. 밀은 로마제국이 정복한 지역에서 들여왔고, 여러 정복지에는 세금 대신 생산된 밀의 10분의 1을 정해진 가격, 즉 펙당 6펜스 정도에 로마 공화국에 제공해야 하는 의무가 강제 부과되었다. 시민들에게 밀이 이렇게 낮은 가격으로 분배되면서 옛 로마 영토인 라티움에서 로마 시장으로 보내는 밀 가격은 필연적으로 인하될 수밖에 없었고 그리하여 라티움 지역의 경작 의욕은 꺾였을 것이다.

밀을 주로 생산하는 개방 국가에서, 담장을 잘 두른 목초지는 같은 지역의 다른 밀밭보다 땅 지대가 더 높다. 담장 두른 목초지는 밀 경작에 활용되는 가축 유지에 편리하며, 이 경우 목초지에서 나오는 높은 지대는 정확히 말해 자체 생산물의 가치에서 나오는 게 아니라 가축의 도움으로 경작되는 밀밭의 가치에서 나온다.

이웃하는 땅이 모두 완벽하게 담장으로 둘러싸인다면 지대도 자연히 떨어질 것이다. 스코틀랜드에서 현재 에워싸인 땅의 지대가 높은 것은 담을 두른 땅이 희소하기 때문으로 보이며, 그런 땅 부족 현상이 사라지면 높은 지대도 더 이상 지속하지 못한다. 담장을 둘러친 이익은 밀밭보다는 목초지

---

56 Marcus Porcius Cato(기원전 234-149): 로마의 정치가이며 도덕주의자. 제2차 포에니 전쟁 때 군사 호민관으로 참전했으며 195년에 집정관에 올랐다. 2차 포에니 전쟁 이후에 "카르타고는 반드시 멸망시켜야 한다"라고 말한 것으로 유명하다. 『농업에 관하여』라는 책을 저술했다. 웅변가 및 문장가로 유명하며, "의미를 잘 지키면 어휘는 저절로 따라 나온다"라고 말했다. 율리우스 카이사르에게 대항하다 자살한 소 카토의 증조부이다.

에서 더 크게 나온다. 담장은 가축을 지키는 노동을 면제해주고, 가축은 목동이나 감시견이 방해하지 않아 풀을 더 잘 뜯어먹는다.

하지만 이런 종류의 지역적 이점이 없는 곳에서는, 밀(혹은 대중의 식물성 주식)을 생산하는 지대와 이윤이, 필연적으로 밀 생산에 적합한 땅의 지대와 이윤을 규제한다.

같은 크기의 땅에서 자연 상태의 풀을 먹일 때보다 더 많은 가축을 먹이기 위해 순무, 당근, 양배추 같은 사람이 개량한 식물을 활용하는 등의 방편이 생겼다. 이것은 선진국에서 빵보다 더 비싼 고기 가격을 다소 떨어뜨릴 것으로 기대되었고, 실제로도 그런 효과를 낸 것으로 보인다. 적어도 런던 시장에선 고기 가격이 떨어졌다고 믿을 이유가 있는데, 빵 가격 대비 고기 가격이 17세기 초보다 현재 훨씬 더 낮기 때문이다.

헨리 왕세자 시절의 쇠고기 가격

토머스 버치 박사는 『헨리 왕세자의 삶』(Life of prince Henry, 1760)이라는 자기 책의 부록에서 왕세자가 통상 지불했던 고기 가격에 관한 이야기를 전한다. 왕세자는 보통 6백 파운드 무게의 황소 4분체를 9파운드 10실링 혹은 비슷한 가격에 샀다고 한다. 즉, 1백 파운드 무게의 쇠고기 값이 31실링 8펜스였다. 헨리 왕세자[57]는 1612년 11월 6일 열아홉 살에 사망했다.

1764년 3월 당시 식량 가격이 높은 원인을 브리튼 의회에서 조사했다. 당시 같은 목적으로 수집된 증거 중에 한 버지니아 상인의 증언이 있었다. 1763년 3월 그는 쇠고기 1백 파운드에 24~25실링을 지급하고 배에 실었는데, 그것을 통상 가격이라고 생각했다. 반면 쇠고기 가격이 비쌌던 1764년에 그 상인은 같은 무게의 쇠고기에 27실링을 주었다고 했다. 하지

---

57 엘리자베스 여왕에 뒤이어 왕위에 올라 스튜어트 왕가의 시조가 된 제임스 1세(1603-1625)의 아들이다. 헨리가 사망하자 그다음 아들이 왕위에 올라 찰스 1세(1625-1649)가 되었는데, 이 왕은 청교도 혁명으로 단두형을 받았다. 애덤 스미스가 태어나기 70년 전의 일이므로, 스미스는 거의 동시대 사건으로 느꼈을 것이다.

만 1764년의 이런 높은 가격도 헨리 왕세자가 지불했던 통상 가격보다 4실링 8펜스나 싼 것이다. 반드시 주목해야 할 점은 장거리 항해를 위해 소금에 절이기에 적합한 쇠고기는 최상급 품질이라는 점이다.

헨리 왕세자가 지불한 가격은 질이 좋거나 나쁜 부위를 합쳐 파운드당 3.8펜스에 해당한다. 그런 비율이라면 질 좋은 부위는 소매가로 4.5펜스 혹은 5펜스보다 낮은 가격으로는 팔리지 않았을 것이다.

1764년 의회 조사에서 증인들은 최고 품질의 쇠고기 중 질 좋은 부위는 파운드당 4펜스 혹은 4.5펜스에 소비자에게 팔렸고, 질 나쁜 부위는 대체로 7파딩에서 2.5펜스나 2.75펜스라고 진술했다. 그들은 이것도 대체로 3월에 보통 팔리던 같은 부위보다 0.5페니 더 비싼 것이라고 했다. 하지만 이런 높은 가격도 여전히 헨리 왕세자 시대의 통상 소매가로 추정되는 가격보다 훨씬 저렴하다.

지난 세기[17세기]의 첫 12년 동안 윈저 시장에서 최고 품질의 밀 가격은 9윈체스터 부셸의 4분의 1에 1파운드 18실링 3과 6분의 1펜스였다.

하지만 1764년을 포함, 그 이전 12년 동안 최고 품질의 밀과 같은 양의 평균 가격은 같은 시장에서 2파운드 1실링 9.5펜스였다.

따라서 지난 세기의 첫 12년 동안에는, 1764년을 포함한 그 이전 12년 동안에 비해 밀은 훨씬 더 싸고, 고기는 훨씬 더 비쌌다고 볼 수 있다.

토지 활용: 경작지 혹은 목초지

모든 큰 나라에서 경작지 대부분은 사람이 먹을 식량이나 가축이 먹을 풀을 생산하는 데 쓰인다. 이런 경작지의 지대와 이윤은 다른 모든 경작지의 지대와 이윤을 규정한다. 어떤 특정 생산물이 지대와 이윤을 덜 제공하면 그 땅은 이내 밀밭이나 목초지로 바뀔 것이다. 더 많은 지대나 이윤이 나오면 밀밭이나 목초지 일부는 곧 그런 특정 생산물을 생산하는 경작지로 전환된다.

실제로 토지를 생산 목적에 더 적합하게 만들기 위해 토지 개선에 더 많은 초기 개량 비용이나 더 많은 연간 경작 비용이 필요한 생산물은 보통 밀밭이나 목초지보다 더 많은 지대와 더 많은 수익을 내는 것처럼 보인다. 하지만 이런 우월함이 더 큰 비용에 대한 합리적인 이자나 보상 이상을 해주는 경우는 거의 없다. 홉(hop) 재배지, 과수원, 채소밭의 경우, 지주 지대와 농부 이윤은 밀밭이나 목초지보다 일반적으로 더 크다.

하지만 땅을 이런 상태로 바꾸려면 더 많은 비용이 든다. 이런 이유로 지주 지대는 더욱 커진다. 세심하고 능숙한 관리가 필요한 이런 토지로 농부의 이윤은 더 커진다. 수확량도 최소한 홉 재배지와 과수원에선 더 불안정하다. 따라서 생산물 가격은 모든 우발적인 손실을 보상하는 것 외에도 반드시 보험의 이익과 같은 것을 제공해야 한다. 재배하는 사람들의 생활 형편이 보통 열악하고 수입은 별로 많지 않기에 그들의 훌륭한 독창성은 충분한 보상을 받지 못한다. 수많은 부자가 그들의 멋진 기술을 생활 속 오락으로 실천하며, 수익을 얻기 위해 그런 기술을 실천하는 사람들에게는 거의 이득이 돌아가지 않는다. 당연히 최고의 손님이 되어야 할 사람들[부자들]이 그들의 가장 귀한 생산물을 전부 자급자족하기 때문이다.

데모크리토스와 콜루멜라

그런 토지 개량에서 지주가 얻는 이득은 그 개량에 든 최초 비용을 충분히 보상한 적은 없었다. 고대 농업에서 포도밭 다음으로 관개가 잘 되는 채소밭은 가장 귀중한 생산물을 낸다고 생각되던 농지였다. 하지만 2천 년 전에 농업에 관해 글을 남기고, 고대인에게 농업의 아버지로 여겨졌던 데모크리토스[58]는 채소밭에 담을 두른 사람들에 대해 현명하게 처신하지 못한다고 생각했다. 데모크리토스는 이윤이 바위벽[담장] 비용을 보상하지 못한다고 했다. 벽돌(내 생각에는 햇볕에 구운 벽돌을 말한 것 같다)은 거센 비와 겨

58　고대 그리스 철학자(기원전 460-357)로 물질론의 일종인 원자론의 창시자이다. 원자론자는 무(無)라는 것이 실제로 존재하며 원자가 없는 상태라고 설명했다. 영혼은 아주 고급스러운 미세한 원자로 이루어져 있으며, 이 원자가 훌륭한 균형 상태를 이룰 때 마음의 행복이 온다고 가르쳤다. 데모크리토스의 원자론은 후대의 에피쿠로스와『사물의 본성』을 쓴 루크레티우스에게 큰 영향을 미쳤다.

울 폭풍으로 붕괴할 것이고, 계속 수리를 해야 하기 때문이었다.

콜루멜라[59]는 데모크리토스의 이런 판단을 후대에 전하면서 그것을 반박하지 않았다. 그 대신에 가시나무와 찔레 덤불로 울타리를 만들어보자는 무척 소박한 방식을 제안했다. 그는 이런 울타리가 풍우에 잘 견디고 또 사람들이 관통할 수 없음을 경험으로 알게 되었다고 말했다. 하지만 데모크리토스 시대에는 일반적으로 그런 방법이 알려지지 않은 듯 보인다. 팔라디우스[60]는 콜루멜라의 의견을 그대로 받아들였는데, 이런 방법은 이미 전에 바로[61]가 권장한 바 있었다.

이러한 고대의 토지 개량자들의 판단에 따르면, 채소밭 생산물은 재배와 관개에 드는 엄청난 비용을 겨우 지급할 정도였던 것으로 보인다. 태양에 무척 가까운 나라에선 현재와 마찬가지로 당시에도 물줄기를 돌려 재배지로 끌어들이는 게 적절하다고 생각했다. 유럽 대부분 지역에서 채소밭은 현재 콜루멜라가 권장한 것만큼이나 더 나은 울타리를 갖출 가치가 없다고 보인다. 브리튼섬과 다른 여러 북부 나라에서는 담장 도움 없이는 질 좋은 과일이 완벽하게 익지 않는다. 따라서 그런 나라에서 과일 가격은 필수 품목인 울타리를 건설하고 유지하는 비용을 지급할 수 있어야 한다. 과일 담장은 종종 채소밭을 둘러싸고 있으며, 자체 생산물로는 좀처럼 감당하기 힘든 담장 두르기 혜택을 누린다.

프랑스 포도원의 사례

적절히 식재되어 완벽한 상태일 때 포도밭은 가장 귀중한 농지의 한 부분이 된다. 현대의 모든 와인 생산국에서 그런 것처럼 고대 농업에서도 이것은 당연한 상식이었다. 하지만 우리가 콜루멜라에게서 배운 것처럼 고

---

59 Columella. 서기 65년경에 시리아에서 군사행정관으로 근무한 스페인 출신의 로마인이다. 12권으로 된 『농업론』을 저술했다.

60 Palladius. 서기 4세기의 로마인 저술가로 『농업론』(*Opus agriculturae*)을 저술했다.

61 Varro. 서기 2세기의 로마인 저술가로 『농업론』(*De Re Rustica*)을 저술했다.

대 이탈리아 농부들 사이에서 새 포도밭 개발이 유리한지 아닌지는 논쟁거리였다. 콜루멜라는 모든 흥미로운 경작을 좋아하는 진정한 애호가답게 포도밭을 선호했다. 그는 수익과 비용을 상호 비교하여 포도밭이 가장 유리한 개선 방안임을 보여주려고 노력했다.

하지만 새 사업의 손익 비교는 보통 무척 잘못된 것이며, 농업에서는 다른 어떤 분야보다도 특히 더 그렇다. 그런 재배로 실제 이득이 생각만큼 크다면 그에 대해 논쟁이 없었을 것이다. 동일한 사항이 현재도 특히 와인 생산국에서 논쟁의 중심이 되고 있다. 그런 나라의 농업 저술가들은 집약적 경작을 선호하며, 이 점에서 콜루멜라와 의견이 같다.

프랑스에서 오래된 포도밭 소유주들이 새로운 포도밭 개발을 우려하며 막으려 하는 것을 볼 때 농업 저술가들의 의견에 찬성하는 듯 보인다. 또한, 경험 있는 사람들이 오늘날 프랑스에서 이런 포도 경작이 다른 어떠한 경작보다 수익성이 좋다는 것을 자각하고 있음을 보여준다. 하지만 이는 동시에 이런 우월한 이득이 현재 포도나무의 자유로운 재배를 제한하는 법률이 철폐되면 더는 존속할 수 없다는 또 다른 의견을 뒷받침하는 듯하다.

1731년 프랑스의 오래된 포도밭 소유주들은 추밀원으로부터 이런 내용의 명령을 받았다. 국왕의 특별한 허가 없이 새 포도밭을 개발하지 못하며, 지난 2년 동안 경작이 중단된 옛 포도밭에서 농사를 재개해서는 안 된다는 내용이었다. 해당 지역 감독관이 땅을 검토하고, 다른 농작물을 경작할 수 없음을 증명하는 통보를 받은 다음에야 왕의 특별 허가를 받을 수 있었다. 이런 명령은 밀밭과 목초지가 부족하고 와인 생산이 과잉이라는 판단에서 나온 것이었다.

하지만 이런 과잉 생산이 사실이었다면 어떠한 칙령이 없더라도 포도밭 경작 이윤이 밀밭과 목초지 경작 이윤에 대해 자연 비율 이하로 떨어지면서 새 포도밭 개발을 효과적으로 막았을 것이다. 포도밭 증가로 발생했다고 추정되는 밀 품귀 현상과 관련하여, 프랑스에서 밀은 부르고뉴, 귀엔, 랑그독 상부 지역 같은 와인 생산 적합지인 와인의 고장보다 더 세심하게 경작하는 곳은 없다.

한 가지 종류[포도]의 경작에 고용되는 무수한 일손은 필연적으로 다른 종류의 농작물[곡물]에 대해서도 손쉬운 시장을 제공함으로써 곡물 경작을 촉진한다. 그런 생산물[와인]에 비용을 지불할 수 있는 사람 수를 줄이는 정책은 밀 경작을 장려하는 방편으로는 별로 효과적이지 않다. 이는 마치 제조업을 막아 농업을 장려하려는 정책과 같다.

따라서 토지를 개량하기 위해 더 큰 최초 개량 비용이 필요하거나 혹은 매년 더 큰 경작 비용을 요구하는 그런 생산물의 지대와 이윤은 밀과 목초 지대나 이윤보다 훨씬 크다. 그럼에도 그런 지대와 이윤이 이미 사용된 엄청난 비용을 겨우 보상하는 수준이라면, 그 지대와 이윤은 실제로는 일반 작물의 지대와 이윤에 따라 규제된다.

특정 생산물에 적합한 토지는 독점 가능

실제로 때로는 특정 생산물에 적합한 땅 면적이 너무 적어 충분한 수요를 제공하지 못하는 일이 벌어진다. 그런 땅에서 나오는 전체 생산물은 그것을 키워 시장으로 내놓는 데 필요한 지대, 임금, 이윤을 충분히 보상하는 것보다 더 많은 돈을 지불하는 사람들에게 처분된다. 이때 구매자는 자연 요율에 따라 혹은 다른 경작지 대부분의 동일 생산물에 지불되는 요율에 따라 그 가격 이상을 지불한다. 유독 이 경우, 토지 개량과 경작의 전체 비용을 지불하고 남은 가격 잉여분은 밀이나 목초에서 발생하는 비슷한 잉여분과 규칙적인 비율을 형성하지 않으며 비상할 정도로 그 비율을 초과한다. 이 엄청난 잉여분은 대부분 자연스럽게 지주에게 돌아간다.

예를 들어, 와인의 지대와 이윤 그리고 밀과 목초의 지대와 이윤 사이에 통상적이고 자연적인 비율은 와인을 생산하는 포도밭에서만 성립한다. 즉, 단단한 땅, 자갈투성이 흙, 모래흙 등 거의 모든 곳에서 자랄 수 있는 포도로 만든 괜찮은 일반적인 와인, 즉 알코올 강도와 자양분 외에는 딱히 권장할 게 없는 보통 와인을 생산하는 그런 포도밭 말이다. 한 나라의 일반 토지는 그런 포도밭만 상대로 경쟁할 수 있고, 특유의 양질 포도밭을 상대로는 경쟁할 수 없기 때문이다.

포도나무는 다른 어떤 과수보다 토양 차이에 더 큰 영향을 받는다. 어떤 토양에선 어떻게 경작하거나 관리하더라도 다른 토양에선 도저히 구현할 수 없는 풍미를 얻는다. 이런 풍미는 실제든 상상이든 때로는 소수 포도밭의 와인 생산물에만 있다. 때로 그런 풍미는 어떤 한정된 비좁은 구역에 집중되기도 하고, 때로 상당히 큰 지방의 일정 부분에 집중되기도 한다. 시장으로 출하되는 그런 와인 전량은 유효수요에 못 미치거나, 통상 요율에 따라 혹은 일반 포도밭에 지급되는 비율에 따라 와인 출하에 필요한 지대, 이윤, 임금을 기꺼이 지불하려는 사람들의 수요를 충족시키지 못한다. 따라서 그런 와인 전량은 기꺼이 더 높은 금액을 지급하려는 사람들에게 돌아가고, 이는 필연적으로 제품 가격을 일반 와인 가격 이상으로 올린다.

　　와인의 유행과 희소성에 따라 구매자들의 경쟁이 어느 정도 치열해짐에 따라 가격 차이는 크거나 작아진다. 그 차이가 얼마가 되든 간에 가격 차이는 대부분 지주 지대로 돌아간다. 다른 일반 포도밭보다 그런 포도밭은 대체로 훨씬 세심하게 경작되지만, 와인의 높은 가격은 이런 세심한 경작의 결과라기보다 원인처럼 보인다. 그런 귀한 생산물에서 부주의로 발생하는 손실은 무척 크기 때문에 가장 조심성 없는 사람조차 주의를 기울인다. 따라서 이런 높은 가격의 일부만으로도 포도 경작에 투입된 상당한 노동비와 그 노동을 지원하는 커다란 자본 이윤을 지급하기에 충분하다.

서인도제도의 설탕 농사

　　유럽 국가들이 서인도제도에 소유한 설탕 식민지는 그런 품귀 현상을 빚는 포도밭에 비교된다. 그런 식민지의 생산물 전량은 유럽의 유효수요를 충족시키지 못한다. 따라서 시장 출하에 필요한 지대, 이윤, 임금을 지불하기에 충분한 금액 이상을 기꺼이 내려는 사람들에게 판매되며, 이는 보통 다른 생산물에 지급되는 요율을 초과한다.

　　코친차이나에서 최고급 백설탕은 그 나라의 농업을 무척 세심하게 관찰한 푸아브르에 따르면[62] 퀸틀당 3피아스터, 즉 우리 화폐로 13실링 6펜스 정도에 팔린다고 한다. 퀸틀이라는 단위는 150~200파리파운드의 무게이고, 그 중간값인 175파리파운드는 잉글랜드 1헌드레드웨이트 [hundredweight: 112파운드]로 환산하면 8실링 정도 되는 가격으로, 우리 식민지에서 수입되는 황설탕 또는 흑설탕에 통상 지불되는 것의 4분의 1 미만이며, 최고급 백설탕에 지급하는 것의 6분의 1도 되지 않는다.[62]

코친차이나 경작지 대부분은 대중 식량인 밀과 쌀 생산에 활용된다. 그곳에서 밀, 쌀 그리고 설탕의 개별 가격은 자연 비율 혹은 대부분 경작지의 각기 다른 작물에서 자연적으로 발생하는 비율을 적용해, 토지 개량에 들어간 최초 비용과 매년 경작에 드는 비용에 가깝게 계산해 지주와 농부에게 보상한다.

하지만 우리 설탕 식민지에서 설탕 가격은 유럽이나 아메리카의 쌀이나 밀밭 생산물 가격에 전혀 비례하지 않는다. 소문에 따르면 설탕 농장주는 럼과 당밀 농사로 경작 비용 전체를 회수하고, 설탕 농사는 전부 순익이 되기를 기대한다고 한다. 이것이 사실이라면 뭐라고 할까, 마치 밀 농부가 경작 비용 전부를 왕겨와 짚으로 충당하고 낟알은 순익이 되길 기대하는 것과 같다.

흔히 런던과 다른 상업 도시의 상인회(商人會)가 우리 설탕 식민지들에서 황무지를 사들이는 것을 본다. 이 상인들은 그곳이 어마어마하게 멀고 그런 나라에서는 법률 집행이 불안정해 수익이 불확실함에도 대리인을 써서 그렇게 사들인 땅을 개량하고 경작해 이윤을 보길 기대한다. 스코틀랜드, 아일랜드의 가장 비옥한 토지 혹은 북아메리카의 밀 지역에선 더욱 꼼꼼한 법 집행과 규칙적인 수익이 기대되지만, 아무도 서인도제도와 같은 방식으로 토지 개량과 경작을 시도하지 않을 것이다.

버지니아와 메릴랜드의 담배 농사
버지니아와 메릴랜드에선 밀 경작보다 수익성이 높은 담배 경작을 선

---

62 Poivre, Voyages d'un Philosophe(철학자의 여행들).—원주

호한다. 담배는 유럽 대부분 지역에서 유리하게 재배할 수 있지만, 유럽 거의 모든 곳에서 주요 과세 대상이 되었고, 담배 재배 지역의 서로 다른 모든 농장에서 세금을 거두는 것이, 수입된 담배를 세관에서 관세 징수하는 것보다 더 어려운 일로 생각되었다. 담배 경작은 부조리하게도 이런 이유로 유럽 대부분에서 금지되었고, 허용 지역에는 어쩔 수 없이 일종의 독점권이 부여되었다.

버지니아와 메릴랜드는 최대한 담배를 많이 생산함으로써 비록 몇몇 경쟁자가 있긴 해도 이런 독점 이윤에서 큰 몫을 가져간다. 하지만 담배 경작은 설탕 경작만큼 유리한 것 같지 않다. 나는 그레이트브리튼에 거주하는 상인들의 자본으로 개선되고 경작되었다는 담배 농장 이야기는 들어본 적이 없으며, 북아메리카의 담배 식민지들에서 본국으로 돌아오는 농장주 중에선 우리가 흔히 보는 설탕 섬에서 귀국한 부자 농장주 같은 사람은 전혀 보질 못했다.

그런 식민지에서는 밀 경작보다 담배 경작을 선호하지만, 담배에 대한 유럽의 유효수요는 완전히 충족되지 않았더라도 설탕에 대한 유효수요보다는 더 충족되었을 것이다. 담배의 현재 가격은 그것을 준비해 시장으로 가져오는 데 필요한 지대, 임금, 이윤을 밀 경작지에서 일반적으로 지급되는 비율에 따라 모두 지급하고도 남는 가격이지만, 설탕의 현재 가격보다는 그다지 높지 않다. 그런 이유로 담배 농장주들은 와인의 과잉 생산을 두려워한 프랑스 옛 포도밭 소유주들처럼 담배의 과잉 생산에 대한 두려움을 보였다.

그리하여 그들은 의회 법률을 통해 담배 경작을 6천 포기로 제한했는데, 이는 16세에서 60세까지의 흑인 한 사람이 1천 파운드 담배를 생산한다고 추정했을 때의 양이다. 그런 흑인은 이런 담배 외에도 4에이커의 인디언 옥수수밭도 경작할 수 있다는 게 그들 생각이었다. 더글러스 박사[63]의 말에

---

63   Douglas's Summary, vol. ii. pp. 372, 373.─원주

따르면(내 생각에 그 정보가 정확한지는 확신할 수 없지만), 시장이 과잉 공급에 빠지는 것을 막기 위해 그들은 가끔 풍년에 모든 흑인에게 특정한 양의 담배를 태워 없애버리게 한다고 한다. 이는 네덜란드인이 동인도에서 생산되는 향신료를 야만적으로 없애버리는 행동과 똑같은 방식이다.[64] 그런 가혹한 방법이 북아메리카산 담배의 현재 가격을 유지하는 데 필요하다면, 담배 경작이 밀 경작에 비해 아직 어느 정도 우위를 차지하고 있더라도 그 우위는 지속하지 못할 것이다.

이런 방식으로 인간 식량을 생산하는 경작지의 지대는 다른 대부분의 경작지 지대를 규제한다. 특정 생산물이 오랫동안 더 낮은 지대를 받을 수 없는 이유는 그 땅이 즉시 다른 용도로 전환될 것이기 때문이다. 어떤 특정 생산물이 일반적으로 더 많은 것을 제공한다면, 그것은 그 생산물을 재배할 수 있는 토지의 양이 너무 적어서 실제 수요를 공급할 수 없기 때문이다.

유럽의 곡물 농사

유럽에서 밀은 인간 식량으로 직접 제공되는 농경지에서 나오는 주된 생산물이다. 따라서 특정 상황을 제외하고 유럽에서는 밀 경작지의 지대가 다른 모든 경작지 지대를 규제하는 기준이 된다. 브리튼은 프랑스 포도밭이나 이탈리아 올리브 농장을 부러워할 필요가 없다. 특정 상황을 제외하고 이런 생산물의 가치는 밀의 가치로 규제되며, 브리튼의 비옥도는 밀에 관한 한 두 나라보다 그다지 열등할 게 없다.

어떤 나라에서 사람들이 일반적으로 선호하는 채소 식품을 어떤 농작물에서 얻을 수 있고, 아주 평범한 토지에서 무척 유사한 방법으로 경작한 경우에도, 가장 비옥한 토지에서 생산되는 다른 곡물보다 훨씬 많이 생산된다고 해보자. 이런 상황에서 지주들은 그 농작물을 농사지어 나오는 지대, 즉 노동 임금을 지불하고 농부의 자본을 통상 이윤과 함께 회수한 뒤 남은

64　네덜란드인들이 수출 가격을 조절하기 위해 다 재배된 향신료를 일부러 없애버리는 얘기는 제4권 7장 "동인도회사들의 독점 유지 방식"에 나온다.

여분의 식량 중 훨씬 더 많은 몫을 갖게 될 것이다. 그 나라에서 노동이 보통 유지되는 비율이 어떻든지 간에, 이러한 거대한 식량 잉여분은 항상 더 많은 노동량을 유지시킬 수 있고, 그 결과 지주는 더 많은 노동량을 구매하거나 장악할 수 있다. 지대의 실질가치, 그러니까 지주의 실질적인 힘과 권위, 다른 사람의 노동이 그에게 공급할 수 있는 생활필수품과 편의품에 대한 장악력은 필연적으로 훨씬 더 커진다.

논은 가장 비옥한 밀밭보다 훨씬 더 많은 양의 식량을 생산한다. 한 해에 두 번 수확하는데, 1에이커에서 나오는 통상 생산량이 매번 30~60부셸이라고 한다. 따라서 경작을 위해 많은 노동이 필요하지만, 노동을 유지한 뒤에도 훨씬 더 많은 잉여생산물이 남는다. 따라서 쌀이 사람들에게 일반적으로 선호되는 식물성 식량이고, 경작자가 주로 쌀농사로 유지되는 그런 쌀 생산국에서는 훨씬 더 많은 잉여가 지주에게로 돌아간다.

다른 브리튼 식민지들처럼 농장주가 대개 농부이자 지주이고, 그 결과 지대가 이윤과 중복되는 북아메리카의 캐롤라이나 식민지에서 쌀 경작은 곡물 경작보다 더욱 수익성이 있다. 비록 논은 한 해에 한 번만 수확하고, 유럽의 밀 선호 관습이 북아메리카에도 영향을 미쳐서 그런지 쌀이 그곳에서 사람들에게 일반적으로 선호되는 식물성 식량이 아님에도 이처럼 수익이 높다.

생산성 높은 논은 사계절 내내 습한 땅이고, 모를 심어야 하는 계절에는 물로 덮인 습지이다. 따라서 논은 밀밭, 목초지, 포도밭에 부적합한 것은 물론이고 사람에게 무척 유용한 다른 작물을 기르기에도 부적합하다. 그런 목적에 적합한 땅은 쌀농사에 부적합하다. 따라서 쌀 생산국에서조차 논 임대료는, 쌀 생산 논으로 전환하지 못하기에, 다른 경작지의 임대료를 규제하는 기준이 되지 못한다.

유럽의 감자 농사

감자밭에서 생산되는 식량은 수량 관점에서 보면 논에서 생산되는 식량보다 적지 않으며, 밀밭에서 생산되는 식량보다 훨씬 많다. 1에이커 땅에서 감자는 1만 2천 파운드가 나오지만, 1에이커 땅에서 얻은 2천 파운드 밀보다 상대적으로 더 많이 생산했다고 볼 수 없다. 실제로 두 곡물에서 얻을 수 있는 식량 혹은 영양은 전적으로 무게에 비례하지는 않는데, 감자는 물기가 많기 때문이다.

하지만 크게 양보해 이런 감자의 무게 절반이 물이라고 인정하더라도 감자밭 1에이커는 여전히 6천 파운드의 알찬 식량을 생산하는데, 이는 1에이커 밀밭에서 생산되는 것보다 세 배 더 많은 것이다. 1에이커 감자밭은 1에이커 밀밭보다 훨씬 적은 비용으로 경작된다. 밀의 씨를 뿌리기 전에는 보통 밭을 놀려야 하는데 여기에 들어가는 비용은 감자 농사를 하면서 항상 하는 괭이질이나 다른 가외 농사일에 들어가는 비용을 훨씬 능가한다.

만약 감자가 유럽의 어떤 지역에서 쌀 생산국 주식인 쌀처럼 된다면, 즉 사람들이 일반적으로 선호하는 식량으로 등극해 현재 밀과 다른 곡물의 경작지와 같은 비율을 차지한다면, 같은 양의 경작지는 훨씬 더 많은 수를 먹여 살리게 되고, 노동자들은 일반적으로 감자를 주식으로 삼으므로, 경작에 쓰인 모든 자본을 회수하고 모든 노동을 유지한 뒤 남는 잉여분도 그에 따라 더욱 커질 것이다. 이 잉여분 중 상당히 큰 부분이 지주 몫[지대]으로 돌아갈 것이다. 이처럼 식량이 풍부하므로 인구는 증가할 것이고, 지대는 현재보다 훨씬 크게 오를 것이다.

감자에 적합한 땅은 거의 모든 채소에도 적합하다. 그런 땅이 현재 밀 경작지와 같은 비율을 차지하면 그런 땅은 같은 식으로 다른 대부분의 경작지 지대를 규제하는 기준이 된다.

오트밀 빵과 밀가루 빵

내가 이전에 들은 바로는 랭커셔의 어떤 지역에서 귀리로 만든 오트밀 빵이 밀로 만든 빵보다 노동자에게 더 영양가가 높다고 주장한다는데, 스코틀랜드에서도 같은 생각을 한다는 말을 자주 들었다. 하지만 나는 그게 사실인지 다소 의심스럽다. 스코틀랜드에서 일반인은 귀리를 먹는데, 대체로 밀로 만든 빵을 먹는 잉글랜드의 같은 계급 사람보다 체력이 강하지도 않고, 용모도 그리 나아 보이지 않는다. 그들은 일을 잘하는 것도 아니고, 외모가 훌륭해 보이지도 않는다. 반면 두 나라의 사교계 사람들은 서로 간에 별 차이가 없다. 그러므로 스코틀랜드에서 일반인이 먹는 식량은 잉글랜드의 같은 계급이 먹는 식량보다 인간 체질에 부적합하다는 것을 경험적으로 보여주는 듯하다.

하지만 그 식량이 감자라면 이야기는 달라지는 듯 보인다. 런던의 가마꾼, 짐꾼, 석탄 운반부와 매춘으로 사는 불행한 여자, 그러니까 대영제국의 영토에서 가장 힘이 센 남자와 가장 아름다운 여자는 말하자면 대다수가 아일랜드 최하층 출신인데, 이들은 일반적으로 감자를 주식으로 삼는다. 감자는 어떤 식료품보다 영양분이 많고, 인간 체질 특히 건강에 더 적합하며, 여기에는 어떤 식품도 반박 증거를 내놓지 못했다.

감자를 한 해 내내 보존하는 건 어렵고, 밀처럼 2~3년에 걸쳐 장기간 저장도 불가능하다. 팔기도 전에 썩어버린다는 두려움이 감자 경작에 큰 지장을 주고 있다. 이것이 감자가 빵처럼 대국(大國)의 모든 계층에 주된 식물성 식량이 되지 못하는 가장 큰 장애물이다.

제2절

때로는 지대가 나오고, 때로는 안 나오는 토지의 생산물

◇

인간의 식량은 언제나 그리고 반드시 지주에게 일정한 지대를 제공하는 유일한 토지 생산물로 보인다. 반면 다른 부류의 생산물은 각기 다른 상황에 따라 때로는 지대가 나오기도 하고, 때로는 안 나오기도 한다.

식량 다음으로 인류가 가장 크게 필요로 하는 것은 옷과 집이다.

옷감 원료: 덩치 큰 동물들의 가죽

자연 그대로인 황무지 상태의 토지는 그것이 먹여 살릴 수 있는 사람들보다 훨씬 더 많은 사람에게 옷과 집의 재료를 제공한다. 개량된 상태의 토지는 때로 그런 재료를 제공할 수 있는 사람들(최소한 그들에게 재료가 필요하고, 기꺼이 그 재료에 대한 금액을 지불한다면)보다 더 많은 수의 사람을 먹일 수 있다. 따라서 자연 그대로의 토지 상태에선 항상 그런 재료가 과잉이고, 그런 이유로 가치가 거의 없거나 전혀 없다. 토지가 개량된 상태에선 종종 재료가 부족하며, 필연적으로 그 가치가 늘어난다. 자연 상태에서 재료 대부분은 무익한 것으로 버려지며, 사용된 것의 가격은 사용에 적합하도록 만든 노동 및 비용 가격과 동일하다. 따라서 지주에게는 남는 것이 없다. 사회가 발전된 상태에서는 모든 재료가 전부 사용되며, 흔히 공급 가능한 것 이상의 수요가 있다. 누군가는 재료를 시장으로 가져오는 비용을 지급하고도 남을 정도의 대가를 기꺼이 지급한다. 따라서 그것의 가격은 지주에게 어느 정도 지대를 안긴다.

커다란 동물의 가죽은 옷의 최초 재료였다. 따라서 사냥하고 가축을 기르는 부족, 즉 그런 동물의 고기를 주식으로 삼는 부족은 스스로 식량을 마련해 본인들이 입을 수 있는 것 이상의 옷감 원료를 갖춘다. 해외 무역이 없었다면 그런 원료 대부분은 무가치한 것으로 버려졌을 것이다. 유럽인에게 발견되기 전 북아메리카의 사냥 부족들 사이에서는 그런 일이 흔했다. 하지만 그들은 이제 잉여 털가죽으로 담요, 화기, 브랜디 등과 교환한다. 그리하여 이런 교환 가능한 물건들이 털가죽에 어떤 가치를 부여한다.

현재 알려진 세상에서 상업이 수행되는 곳이라면, 심지어 가장 야만스러운 부족이라도 그들 사이에는 이미 토지 재산이 확립되었으며, 어느 정도 이런 종류의 해외 무역도 하고 있다. 그들은 자기 땅에서 생산되나, 국내에서는 제작하거나 소비할 수 없는 옷의 재료 전량에 대해 부유한 이웃이 관심을 가지고 있으며, 그런 수요가 부유한 이웃에게 보내는 비용보다 더 높은 가격을 형성한다는 것도 알고 있다. 따라서 이것은 일정한 지대가 지주에게 돌아가는 배경이 된다.

스코틀랜드 산악 지대의 가축 대부분이 그 지역에서 소비되지만, 가죽 수출은 지역 무역에서 가장 중요한 품목이 되었고, 가죽과 교환된 것은 산악 지대 토지 임대료를 일정 부분 높였다. 잉글랜드 양모는, 자국에서 소비하지도 가공하지도 못하던 옛적에는 잉글랜드보다 더 부유하고 더 근면한 플랑드르에서 시장을 찾았고, 그리하여 양모 가격은 그것을 생산한 토지 지대를 더욱 높였다. 과거의 잉글랜드나 현재의 스코틀랜드 산악 지대보다 경작이 쉽지 않고, 해외 무역도 전혀 하지 않던 나라에선 옷감 재료가 지나치게 과잉인지라 대부분 무익한 것으로 여겨져 버려졌을 것이고, 지주에게는 그 어떠한 지대도 돌아가지 못했을 것이다.

주거용 재료: 채석장과 숲

집 재료는 옷감 원료와는 다르게 먼 거리로 운반할 수 없고, 해외 무역 대상이 되기도 어렵다. 그런 재료가 생산지에서 과잉 상태라면, 심지어 현재와 같이 발달한 상업 상태라 할지라도 지주에게 지대를 제공하지 못한다. 따라서 런던 인근의 훌륭한 채석장은 상당한 지대를 제공하지만, 스코틀랜드와 웨일스 대부분 지역에서 채석장은 어떠한 지대도 제공하지 못한다.

과실수(果實樹)가 아니어서 건축용으로 쓰이는 목재는 인구가 많고 잘 경작된 나라에서는 엄청난 가치를 지니며, 그 생산지에서는 상당한 임대료가 나온다. 하지만 북아메리카 많은 지역에서 지주들은 커다란 나무들을 운반해 가겠다는 사람이 나타나면 무척 고마워할 것이다. 스코틀랜드 산악 지대 어떤 곳에서는 도로와 수운이 변변치 않아 목재 중 껍질만 시장으로 출하한다. 나머지 목재는 땅에다 방치해 썩을 때까지 그대로 둔다. 주거용 재료가 과잉 상태이면 활용할 수 있는 부분은 그렇게 활용하는 데 들어간 노동과 비용 정도의 가치밖에 없다. 지주에게는 아무런 임대료도 돌아가지 않으며, 이에 그것을 가져가는 수고를 마다하지 않는다면 지주는 누구든 공짜로 쓸 수 있게 한다.

하지만 부유한 나라에서는 때로 지주가 그것으로부터 지대를 얻게 할 정도의 수요가 있다. 런던 거리의 포장 공사 덕분에 스코틀랜드 해안의 보잘것없는 석산 주인들은 이전에는 아무 값도 쳐주지 않던 원료로 지대를 얻게 되었다. 노르웨이와 발트해 연안의 목재 가공업자들은 자국에서는 존재하지 않는 시장을 영국의 여러 지역에서 찾았으며, 그 덕분에 숲의 주인에게 일정한 지대가 돌아갔다.

국가의 인구는 생산물이 입히고 재워줄 수 있는 사람 수에 비례하는 것이 아니라, 생산물이 먹여 살릴 수 있는 사람 수에 비례한다. 식량이 제공되면 필요한 옷과 집은 비교적 쉽게 마련된다. 하지만 옷과 집이 있더라도 식량을 찾기는 종종 어려울 수 있다. 심지어 영국 영토 몇몇 지역에서도 소위 주거는 한 사람이 하루만 노동하면 지을 수 있다. 가장 단순한 부류의 옷, 즉 짐승 가죽도 입을 수 있을 정도가 되려면 다소 많은 노동을 요구한다. 그렇다고 아주 큰 노동이 들어가는 건 아니다. 야만스럽고 미개한 부족 사이에서 한 해 노동의 100분의 1 혹은 그보다 조금 더 많은 노동을 투입하면 대다수가 옷과 집을 마련할 수 있다. 나머지 99의 노동은 식량 조달에 바치는데, 때때로 이런 노동도 불충분할 때가 있다.

의식주에 이어 편의품·장식품의 수요 증가

하지만 토지 개선과 경작으로 한 가족 구성원의 노동이 두 명의 구성원에게 식량을 제공할 수 있다면, 사회의 노동력 절반으로 전체가 먹을 식량을 충분히 제공하게 된다. 따라서 나머지 절반 혹은 최소한 절반 중 대부분은 다른 것, 즉 인류가 원하는 다른 것을 충족하는 데 사용할 수 있다. 예를 들어 옷과 집, 가구, 마차는 그런 욕구가 지향하는 주된 대상이다. 부자도 가난한 이웃과 같은 양의 식량을 소비한다. 질적 측면에서야 무척 다르고, 선택하고 준비하는 데 더 많은 노동과 기술이 필요하겠지만, 하루에 먹는 양 측면에서는 서로 별 차이가 없을 정도로 비슷하다.

그러나 부자의 널찍한 대저택과 훌륭한 의복을 가난한 자의 오두막과 단벌 넝마와 비교하면 옷, 집, 가구 차이는 질적인 측면 못지않게 양적인 측면에서도 크다. 식량을 바라는 욕구는 인체 위장이라는 비좁은 용량에 제한받지만, 건물, 옷, 마차, 가구 등의 편의품과 장식품을 향한 욕구는 제한이나 경계가 없다. 따라서 자신이 소비할 수 있는 양을 초과하여 식량을 보유한 사람은 항상 그 잉여분(혹은 잉여분의 가치)을 이런 다른 부류의 욕구를 충족시키는 품목들과 기꺼이 교환하려 한다. 제한된 욕구를 충족하고 남는 잉여분은 아주 무한해서 거의 충족 불가능한 다양한 욕구의 향락을 채우는 데 주어진다.

가난한 자는 식량을 얻기 위해 온 힘을 다해 부자의 그런 사치스러운 욕구를 충족하려 하며, 더욱 확실하게 식량을 구하고자 자기 일을 더 저렴하고 완벽하게 해내면서 다른 가난한 자와 경쟁한다. 식량의 양이 증가하고, 땅의 개량과 경작 수준이 나아질수록 노동자의 수는 늘어난다. 그들의 노동은 세분화를 허용하므로, 작업할 수 있는 재료의 양은 그들의 수보다 훨씬 큰 비율로 증가한다.

이런 이유로 건물, 옷, 마차, 가구 등 인간의 발명 기술이 적용될 수 있는 모든 장식품과 편의품에 들어가는 원료 수요는 증가한다. 또한, 땅속에 있는 화석, 광물, 귀금속, 보석 등의 수요도 따라서 늘어난다.

이런 식으로 식량은 지대의 원천이 된다. 뿐만 아니라 나중에 지대를 제공하는 다른 토지 생산물들도, 토지 개량과 경작에 따라 생산 노동력을 높임으로써 증가하는 식량으로부터 지대를 이끌어낸다.

하지만 나중에 지대를 충당하는 토지 생산물들이 항상 그만큼의 지대를 제공하는 건 아니다. 개량되고 경작된 지역에서조차 생산물에 대한 수요가 그 물품을 시장으로 출하시키는 데 들어가는 노동 대가를 지불하고, 통상 이윤과 함께 자본을 회수하기에 충분할 정도의 높은 가격을 제공하지 않는 경우가 있다. 이렇게 되면 그 땅에서 지대는 나오지 않는다. 그 생산물의 수요가 지대를 감당하는지 여부는 여러 상황에 따라 달라진다.

탄광 지대는 생산량과 위치에 달려 있다

예를 들어 어떤 탄광이 지대를 충당할지는 광산 매장량의 풍부함과 위치에 달려 있다.

특정한 양의 노동으로 광산에서 나오는 광물량이 같은 부류의 다른 탄광 대부분에서 같은 노동량으로 나오는 것보다 더 많은지 혹은 적은지에 따라 광산은 생산량이 풍부하다 혹은 척박하다고 할 수 있다.

어떤 탄광은 좋은 위치에 있긴 하지만, 광맥이 척박해서 채탄 작업을 제대로 할 수가 없다. 이런 탄광에서 나오는 생산물은 그 작업 비용을 감당하지 못한다. 그리하여 이 탄광은 생산 원가가 너무 높아 이윤이나 지대 중 무엇도 제공할 수 없다.

어떤 탄광은 채탄 작업에 투입된 노동 대가를 지불하고, 통상 이윤과 함께 간신히 자본을 회수한다. 그런 탄광은 기업가에게는 어느 정도 이윤을 제공하겠지만, 지주에게는 지대가 나오지 않는다. 하지만 그런 탄광도 지주가 기업가를 겸하면서 투자 자본의 통상 이윤을 얻는다면 수익을 낼 수 있다. 스코틀랜드의 많은 탄광이 이런 식으로 작업하며, 다른 방식으로는 채탄 작업이 어렵다. 사업가와 지주가 각자 따로 있다면, 지주는 일정 지대를 받지 못할 때 누구에게도 자기 땅에 있는 탄광에서 작업하지 못하게 할 것이고, 반면 사업가는 그런 지대를 지급할 형편이 안 되어 작업하지 못한다.

같은 지역의 어떤 다른 탄광은 광맥이 충분히 풍부한데도 그 위치 때문에 채탄 작업을 하지 못한다. 통상적인 노동량 혹은 심지어 통상적인 양보다 적은 노동량을 투입해 작업 비용 지급에 충분한 탄량을 채탄할 수 있다. 하지만 주민이 별로 없고 괜찮은 도로나 수운이 없는 내륙 지역에서 그렇게 채탄해봐야 석탄을 내다 팔 판로가 없다.

석탄은 목재에 비해 쾌적한 연료로 사용하기 어렵고, 건강에도 좋지 않다. 따라서 석탄 소비에 들어가는 비용은 그 지역에서 일반적으로 목재보다 틀림없이 값이 싸야 한다.

숲 지대는 농업 발전에 달려 있다

목재 가격은 가축 가격에 적용되는 것과 정확히 비슷한 이유로 농업 상태에 따라 변동한다. 농업 기술이 미숙했던 영농 초창기에는 나라 전체 중 대부분이 나무로 뒤덮인 원시림 상태였다. 지주에게 이런 숲은 부담만 되고 가치가 없으므로 누군가가 베어내겠다고 하면 지주는 흔쾌히 숲의 나무들을 내주었다. 농업이 발전하고 경작 기술이 높아지면서 숲 일부는 개간되고, 다른 일부는 가축 수가 늘면서 상태가 나빠진다.

가축은 인간이 부지런하게 일해 획득한 밀처럼 비례적으로 늘지는 않지만, 인간이 보살피고 보호하면서 늘어난다. 인간은 풍요로운 계절에는 부족한 계절을 대비해 가축을 유지할 사료를 저장한다. 또 인간은 한 해 내내 미경작된 자연이 제공하는 것보다 더 많은 양의 사료를 가축에게 공급하고, 가축의 적을 제거해 자연이 제공하는 모든 것을 가축이 자유로이 누릴 수 있게 한다. 무수한 가축 떼가 숲을 따라 돌아다니는 것이 허용되면, 오래 전에 자란 나무는 파괴되지 않겠지만, 어린나무는 발육에 방해를 받아 한두 세기가 흐르면 숲 전체가 폐허가 된다. 그렇게 되면 목재가 부족해져 그 가격을 올린다. 목재는 훌륭한 지대를 제공하며, 지주는 때로 자신이 소유한 최고의 땅을 쓰더라도 비과실수를 키우는 게 더욱 유리하다는 것을 깨닫는데, 이런 수목은 이윤이 커서 비록 자본 회수가 느려도 충분히 보상되기 때문이다.

이러한 사정은 현재 그레이트브리튼의 여러 곳에서 나타나는 정황과 거의 비슷하다. 그런 곳에선 식목(植木)을 통한 이윤이 밀이나 목초의 이윤과 동등하다. 지주가 식목에서 얻는 이득은 최소한 상당 시간은 밀과 목초에서 나오는 지대를 능가하지 못한다. 집중적으로 농사를 짓는 내륙 지방에서 식목의 이득은 밀과 목초 지대에 크게 미치지 못하는 사례가 많다. 선진국의 해안가에서는 석탄을 연료로 편리하게 얻을 수 있다면, 때로는 건축용 목재를 국내에서 키우기보다 저개발국가에서 가져오는 게 더 저렴할 수 있다. 에든버러 신도시에는 지난 몇 년 동안 집을 짓는 데 스코틀랜드산 목재가 단 한 토막도 들어가지 않았다.

목재 가격에 관계없이, 어떤 지역에서 석탄 가격이 비싸서 석탄의 가격이 목재와 거의 비슷하다면, 그 지역의 석탄 가격은 최대치에 도달한 상태라고 볼 수 있다. 잉글랜드의 몇몇 내륙 지방, 옥스퍼드셔에서는 서민들이 난로에서조차 석탄과 목재를 섞어 사용하는 것이 흔한데, 따라서 두 연료의 가격 차이는 크지 않다.

석탄 생산지 어디서나 석탄 가격은 이런 최고가보다 한참 낮은 수준에서 형성된다. 그렇게 저렴하지 않으면, 석탄은 육로로든 해로로든 먼 거리로 운반하는 비용을 감당하지 못한다. 최고가로는 소량만 팔릴 수 있을 것이기에, 탄광주는 최고가로 소량 판매하는 것보다 최저가보다 다소 높은 가격으로 대량 판매하는 것이 더 이득이라고 판단한다.

또한, 생산량이 가장 풍성한 탄광이 같은 지역에 있는 다른 모든 탄광의 석탄 가격을 규정한다. 탄광 소유주와 채탄 사업을 진행하는 기업가는 다른 모든 이웃보다 다소 저렴하게 판매하면 각자 지대와 이윤을 더 많이 얻을 수 있다고 생각한다. 그들의 이웃은 가격을 낮출 여력도 없고, 그런 낮은 가격으로 팔면 지대와 이윤이 모두 감소하거나 때로는 전적으로 사라질 수 있지만, 이내 부득이 같은 가격으로 석탄을 팔 수밖에 없다. 몇몇 광산은 채탄 사업을 전적으로 포기하고, 다른 몇몇은 지대를 올릴 수 없어 사업가 겸 소유주만이 겨우 탄광 작업을 계속 할 수 있다.

탄광 매입의 적정가는 10년 치 지대

석탄을 장기간 팔 수 있는 최저가는, 다른 모든 상품과 마찬가지로 그것을 시장에 가져오는 데 투입되는 자본을 통상 이윤과 함께 회수할 수 있는 가격이다. 지주가 지대를 얻을 수 없어 직접 일을 하든지 아니면 전적으로 방치해야 하는 탄광에서 석탄 가격은 대개 이 가격 수준에 머무른다.

석탄이 지대를 감당할 수 있는 곳조차 일반적으로 토지에서 나오는 다른 원생산물 가격에서보다 가져가는 몫이 더 적다. 지상 사유지의 지대는 보통 총생산물의 3분의 1에 이르며, 대개 수확량에서 나타나는 산발적 변화와는 무관한 확정 지대다. 그런데 탄광에서는 총생산물의 5분의 1도 무척 큰 지대이며, 10분의 1이 일반적이다. 탄광 지대가 확정된 경우는 드물며, 생산물의 산발적 변동에 따라 달라진다. 이런 변동 폭이 무척 크기에 30년 치 지대가 토지 소유에 적당한 가격으로 간주되는 지역에서, 탄광 매입 적정가는 10년 치 지대로 결정된다.

금속 광산의 가치는 매장량에 달려 있다

소유주에게 탄광의 가치는 흔히 생산물의 풍부함과 위치에 달려 있다. 그러나 금속 광산의 가치는 풍부함에 더욱 의존하는 반면 위치에는 덜 의존한다. 귀금속은 더욱 그러하다. 설사 조금속(粗金屬)이라 할지라도 광석에서 분리될 때 가치가 무척 크기에 아주 먼 곳으로 육로 운송을 하거나 가장 먼 거리의 해운 비용까지도 감당할 수 있다. 이들 시장은 광산 인근에 있는 몇몇 나라에 한정되지 않고 전 세계로 확장된다. 일본의 구리는 유럽에서 널리 거래되고, 스페인의 철은 칠레와 페루에서 거래된다. 페루의 은은 유럽뿐 아니라 유럽에서 중국까지 운송된다.

웨스트모어랜드나 슈롭셔에서의 석탄 가격은 뉴캐슬의 가격에 거의 영향을 미치지 않고, 리오누아의 가격에는 전혀 영향력이 없다. 그렇게 멀리 떨어진 탄광은 생산량으로 서로 경쟁할 수 없다. 하지만 금속 광산은 가장 먼 거리에 있더라도 서로 경쟁하는 게 흔하고 일반적이다. 따라서 당연히 귀금속은 물론 조금속 가격도 세상에서 가장 풍부한 광산 가격이 정도의 차이는 있더라도 다른 모든 광산 가격에 필연적으로 영향을 미친다.

일본의 구리 가격은 유럽 구리 광산 가격에 어느 정도 영향력을 행사한다. 페루의 은 가격 혹은 그곳에서 구매할 노동이나 다른 재화 양은 틀림없이 유럽 은광뿐만 아니라 중국 은광에서도 은 가격에 일정한 영향력을 행사한다. 페루에서 은광이 발견된 이후 유럽 은광 대부분이 버려졌다. 은값이 워낙 많이 떨어져 은광 생산물이 더 이상 광산 노동 비용을 감당할 수 없었기 때문이다. 즉, 이윤과 함께 작업에서 소비되는 식량, 옷, 숙소 그리고 다른 필수품 가치를 회수할 수 없게 되었다는 뜻이다. 포토시[65]에서 광산이 발견된 이후 쿠바와 산토도밍고의 광산, 페루의 오래된 광산도 유럽과 마찬가지로 버려져 폐광 신세가 되었다.

따라서 모든 광산의 금속 가격은 실제로 채굴되는 세계에서 가장 비

---

65 포토시 지역은 현재는 볼리비아의 영토이나 애덤 스미스 당시에는 볼리비아가 아직 독립하지 않아 페루 땅이었다.

옥한 광산의 가격에 어느 정도 규제된다. 대부분 광산에서 노동 비용을 지급하는 것보다 약간 많은 정도이고, 지주에게 무척 높은 지대를 제공하는 일은 좀처럼 없다. 그런 이유로 지대는 대부분 광산에서 조금속의 가격 가운데 차지하는 몫이 적고, 귀금속에선 더욱 적다. 조금속이든 귀금속이든 노동과 이윤이 더 큰 부분을 이룬다.

주석 광산의 부관리인 볼레이스 목사가 전한 바에 따르면 세상에서 가장 풍부한 것으로 알려진 콘월 주석 광산의 평균 지대는 총생산물의 6분의 1 정도다. 그는 어떤 광산은 그보다 많이 나오고, 어떤 광산은 그만큼도 나오지 못한다고 했다. 스코틀랜드에서 가장 풍부한 납 광산 여러 곳 역시 총생산물의 6분의 1이 지대이다.

페루 은광과 콘월 주석광 지대

프레지에와 우요아 등 저술가들의 기록에 따르면, 페루 은 광산에서는 소유주가 광산을 맡은 기업가에게 자신의 공장에서 광석을 연마하게 하고, 그런 공정에 대한 통상 사용료를 지급하라고 하는 것 외에는 어떤 사례도 요구하지 않는다. 1736년까지 실제로 스페인 국왕이 부과하는 세금은 표준 은의 5분의 1이었는데, 이는 그때까지 세상에서 가장 풍부하다고 알려진 페루 은 광산 대부분의 현실적인 지대였다. 이런 세금이 없었다면 그 2할은 당연히 지주 몫이 되었을 것이고, 이런 세금을 낼 형편이 못 되어 작업을 중단한 많은 광산도 다시 작업에 나섰을 것이다.

콘월 공작이 주석에 부과한 세금은 가치의 5퍼센트 혹은 20분의 1 이상에 해당한다고 추정되는데, 공작이 매긴 비율이 어떻든지 간에 주석이 면세였다면 자연스럽게 세금만큼이 광산 소유주 몫으로 돌아갔을 것이다. 하지만 이 20분의 1을 6분의 1에 더하면 콘월 주석 광산의 평균 지대 전체 대(對) 페루 은광의 평균 지대 전체 비율은 13:12라는 것을 알 수 있다.

하지만 페루 은광은 현재 이런 낮은 지대조차 지급하지 못하는 상황인데, 은에 부과되는 세금은 1736년 5분의 1에서 10분의 1로 줄었음에도 불구하고 그렇다. 세금이 이렇게 줄었어도 주석에 붙는 20분의 1 세금에 비하면 여전히 높은 금액이어서, 밀수의 유혹에 빠지기 쉽고, 실제로 밀수는 부피 큰 상품보다 귀중품을 대상으로 하는 게 훨씬 더 수월하다. 그런 이유로 스페인 국왕이 부과한 세금은 제대로 납부되는 일이 별로 없었으며, 콘월 공작이 부과한 세금은 아주 잘 징수되었다. 따라서 지대는 세계에서 가장 비옥한 은 광산의 은보다 가장 비옥한 주석 광산의 주석 가격에서 더 큰 부분을 차지할 가능성이 높다. 그리하여 각종 광산에서 채광 작업에 투입한 자본을 통상 이윤과 함께 회수한 뒤 소유자에게 남겨줄 가능성이 더 높은 금속은, 귀금속보다 조금속인 듯하다.

페루에서 은광 기업가의 이윤은 그렇게 크지 않다. 앞서 언급한 가장 존경할 만하고 박식한 저자 두 사람[프레지에와 우요아]은 이렇게 말했다. 누군가 페루에서 새로 광산 일을 하려고 하면 보통 망조와 파산을 향해 나아간다고 여기며, 그런 이유로 모두가 그 사람을 꺼리고 피한다는 것이다. 광업은 그곳에서도 여기 그레이트브리튼과 마찬가지로 복권 당첨과 동일하게 여긴다. 즉, 유혹이 거대해 많은 모험가가 재산을 바람직하지 않은 목표에 투척하지만, 막상 당첨되더라도 그동안 날려버린 복권값을 보상해주지 못한다고 본다.

하지만 군주가 세입의 상당 부분을 은광 생산물에서 얻고 있기에 페루의 광산 법률은 새 광산의 발견과 작업을 가능한 한 장려한다. 새 광산을 발견한 사람은 누구든 광맥의 방향으로 간주되는 지역을 따라 길이 246피트[약 75미터], 너비 123피트를 측정해 그 토지를 차지할 권리가 부여된다. 그는 이 광산 지역의 소유주가 되며, 지주에게 어떠한 보상도 하지 않고 그 광산에서 채광 작업을 할 수 있다.

콘월 공작도 이윤을 올리기 위해 자신의 오래된 공작 영지에 비슷한 종류의 규정을 만들었다. 울타리가 없는 황무지에서 주석 광산을 발견한 사람은 누구든 그 특정 지역에 경계를 표시할 수 있는데, 그것을 그 사람이 개발할 광산 지역 크기로 삼았다. 이렇게 경계를 그은 사람은 광산의 실소유주가 되고, 직접 광산에서 채광 작업을 하거나 다른 사람에게 광산을 임대할 수 있는데, 이때 지주의 동의는 받지 않아도 됐다. 하지만 광산에서 작업에 착수하면 지주에게 소액의 사례금을 지불해야 했다. 페루와 콘월의 두 규정에서 사유 재산의 신성한 권리는 소위 국고 세입을 위해 희생되었다.

페루의 금광 개발과 지대

페루에서도 새 금광의 발견과 채광 작업을 위해 똑같은 장려책이 시행되었다. 황금에 붙는 국왕의 세금은 고작 표준 금속의 20분의 1이었다. 한때는 은처럼 5분의 1이었다가 나중에 10분의 1이 되었다. 하지만 채광 작업을 해도 이 두 세금 중 가장 낮은 것조차 감당할 수 없다는 사실이 드러났다. 프레지에와 우요아는 은광 사업으로 부자가 된 사람을 찾는 일이 쉽지 않은데, 금광 사업으로 돈을 번 사람을 찾기는 더욱 어렵다고 했다. 이 20분의 1은 칠레와 페루의 금광 대부분에서 지불하는 총 지대인 듯하다. 황금 역시 은보다 더 밀수 대상이 되기 쉽다. 부피 대비 금속의 높은 가치 때문만 아니라 자연 중에서 황금이 채광되는 독특한 방식 때문이기도 하다.

은은 자연 그대로의 상태로 발견되는 일이 지극히 드물고, 다른 대다수 금속처럼 일반적으로 다른 물질과 함께 광물화되어 있다. 은 전문 정련 작업장에서 무척 고되고 지루한 분리 작업을 한 후에야 그 비용을 지불할 양을 얻을 수 있다. 또 이런 사정으로 왕국 관리들의 사찰 대상이 된다. 이와 반대로 금은 거의 항상 자연 자체의 상태로 발견된다. 때로는 어느 정도 부피가 있는 조각으로 발견되고, 심지어 모래, 흙 그리고 다른 이질적인 물질과 함께 섞여 작고 거의 알아볼 수 없는 조각으로 발견되기도 하는데, 이 상태라도 무척 짧고 간단한 작업만 거치면 쉽게 분리할 수 있다. 이런 분리 작업은 개인 주택에서도 소량의 수은만 있으면 누구나 할 수 있다. 따라서 은에 부과된 국왕의 세금이 제대로 걷히지 않듯, 금에 대한 세금 징수는 그보다 사정이 훨씬 더 열악하다. 그 결과 국왕에게 돌아가야 하는 지대는 은의 가격보다 금의 가격에서 훨씬 더 적은 부분을 차지한다.

귀금속이 팔려나가는 최저가 혹은 귀금속을 상당 기간 교환할 수 있는 다른 물품의 최소량은 모든 다른 물품의 최저가를 정하는 것과 동일한 원칙에 따라 규제된다. 광산에서 시장으로 귀금속 출하 시 일반적으로 소비되는 식량, 옷, 숙소, 즉 통상적으로 투자되는 자본이 그런 가격을 결정한다. 그 가격은 최소한 그런 자본을 통상 수익으로 대체하기에 충분해야 한다.

금은의 가치는 유용성·아름다움·희소성

그러나 귀금속의 최고가는 귀금속 자체가 실제로 부족한지 혹은 풍부한지 여부에 따라 결정되는 듯하다. 귀금속은 다른 상품의 가격으로 결정되지 않는다. 가령 석탄 가격이 목재 가격에 따라 결정되고, 아무리 석탄이 부족하더라도 목재 가격을 능가하지 못하는 방식을 따르지 않는다. 황금 부족 현상이 특정 정도까지 심해지면 가장 작은 조각이라도 다이아몬드보다 귀해질 수 있으며, 더욱 많은 다른 물품과 교환된다.

귀금속 수요는 유용성과 아름다움 때문에 발생한다. 철을 제외하면 귀금속은 다른 어떤 금속보다 유용하다. 녹이나 불순물이 잘 안 생겨 더 쉽게 깨끗이 보관할 수 있고, 식탁이나 부엌에서 사용되는 도구도 그런 귀금속으로 만들면 사용자의 마음을 더욱 사로잡는다. 물 끓이는 용도로 쓸 주방 도구가 은제라면 납, 구리 혹은 주석으로 된 것보다 훨씬 청결하게 보인다. 같은 용도인데 황금으로 만든 것이라면 은으로 만든 것보다 더 나아 보인다. 하지만 그것의 주된 가치는 아름다움에서 생기고, 특히 옷과 가구의 장식물로 적합하다. 어떤 채색이나 염색도 도금처럼 인상적인 빛깔을 내지 못한다. 귀금속이 지닌 아름다움의 가치는 그 희소성으로 크게 향상된다.

부의 최고 즐거움은 자기 과시

대다수 부자에게 부의 주된 즐거움은 그것을 과시하는 데 있다. 남들에게는 없는 자신만의 부를 통해 드러나는 결정적인 표시가 부의 즐거움을 완벽하게 만든다고 그들은 생각한다. 그들이 보기에 어느 정도 유용하거나 아름다운 물건의 가치는 그 희소성에 따라 크게 향상된다. 즉, 상당한 양의 귀금속을 모으는 데 엄청난 노동이 들어갔고, 자기 외에 그 노동 임금을 지불할 자가 없다는 사실이 가치를 높이는 것이다. 부자는 그런 희귀한 물건을 기꺼이 고가로 구매한다. 그리하여 그보다 훨씬 아름다우면서 쓸모 있지만 흔해 빠진 물건에 대해서는 별 매력을 느끼지 못한다.

유용성, 아름다움, 희소성이라는 특징은 귀금속의 높은 가격을 형성하는 근원적인 토대로, 이로 인해 어디서나 그런 금속으로 다른 상품의 많은 양과 교환할 수 있다. 이런 가치는 귀금속이 주화로 활용되기 전부터 인정되었을 정도로 오래되었고 또 주화로 활용되기에 적합한 특징이기도 했다. 하지만 이러한 방식의 주화 활용은 귀금속의 새로운 수요를 발생시키고, 또 다른 방식으로 활용될 수 있었던 귀금속의 양을 줄임으로써, 금은의 가치 유지 혹은 상승에 기여했다.

보석 수요는 전적으로 그 아름다움에서 발생한다. 보석은 장식 말고 다른 곳에 전혀 쓰이지 않는다. 보석이 갖는 아름다움의 가치는 보석의 희소성, 즉 광산에서 보석을 채굴하는 데 드는 비용과 복잡한 작업으로 인해 크게 향상된다. 그런 이유로 임금과 이윤은 대다수 보석에 붙는 높은 가격의 거의 전부를 차지한다. 지대는 가격에 작은 영향을 미치거나, 전혀 영향을 미치지 못하는 경우도 있다. 프랑스의 보석상 타베르니에가 인도의 골콘다와 비지아푸르의 다이아몬드 광산을 방문했을 때 그는 광산에서 이득을 보는 그 지방의 태수(太守)가 가장 크고 훌륭한 보석을 생산하는 곳을 제외하고 다른 모든 광산을 폐쇄하라고 명령했다는 이야기를 들었다. 다른 광산은 지주인 태수가 볼 때 채광 작업을 할 가치가 없었던 것이다.

광산 지대는 상대적 우수성, 토지 지대는 절대적 비옥도

전 세계 귀금속과 보석의 가격은 세상에서 가장 부유한 광산에서의 가격으로 규제된다. 따라서 광산이 소유주에게 전달하는 지대는 절대적 풍부함이 아닌 소위 상대적 풍부함, 즉 같은 부류의 다른 광산에 대한 우수성에 비례한다. 포토시 광산이 예전 유럽 광산들보다 우월했던 것만큼 포토시 광산보다 우수한 새 광산이 발견되면 은값은 포토시 광산조차 채광 작업을 할 가치가 없을 정도로 크게 저하될 수 있다. 스페인령 서인도제도의 발견 이전에 유럽에서 가장 풍부했던 광산은 현재 페루의 가장 풍부한 광산이 그렇게 하듯 지주에게 엄청난 지대를 제공했다. 은의 양은 훨씬 덜 나와도 같은 양의 다른 물품과 교환할 수 있었고, 소유주 몫으로도 같은 양의 노동이나 상품을 구매하거나 장악할 수 있었다. 생산물과 지대 가치, 그러니까 광산이 대중과 소유자에게 제공하는 실질적 수입은 같았을 것이다.

귀금속이나 보석이 가장 풍부하게 생산되는 광산이라고 해도 온 세상의 부(富)에 부가할 수 있는 건 거의 없다. 가치가 주로 결핍에서 생기는 생산물은 그것이 풍부해지면 필연적으로 가격이 떨어진다. 한 벌의 식기류, 옷과 가구 같은 장식용 사치품 등은 더 적은 노동량 혹은 더 적은 양의 상품으로 살 수 있다. 이처럼 값싸게 사치품이나 장식품을 획득하는 것이, 세상에 귀금속이나 보석이 풍부해지면 얻게 되는 유일한 이득이다.

땅 위에 있는 사유지 지대는 얘기가 다르다. 이 땅의 생산물과 지대의 가치는 모두 상대적 비옥도가 아니라 절대적 비옥도에 비례한다. 특정 양의 식량, 옷, 숙소를 제공하는 땅은 항상 특정한 수의 사람을 먹이고, 옷을 제공하고, 숙소를 제공할 수 있다. 지주 몫이 얼마가 되든 그 몫은 지주에게 그들의 노동과 그런 노동이 교환하는 상품을 확보하게 해준다. 가장 황폐한 땅이라고 해도 인근의 가장 비옥한 땅 때문에 그 가치가 줄지 않는다. 그와 반대로 가치는 일반적으로 늘어난다. 비옥한 땅으로 부양되는 많은 사람은 황폐한 땅의 생산물을 대부분 사들이는 시장을 제공하는데, 황폐한 땅의 생산물로 부양되는 사람들 사이에서는 그런 시장이 절대 생기지 않는다.

토지 비옥도를 강화하는 조치는 개량된 토지의 가치를 증가시킬 뿐 아니라, 그 토지의 생산물에 대한 새로운 수요를 불러일으킴으로써 많은 다른 땅의 가치도 함께 상승시킨다. 많은 사람은 토지 개량으로 자신이 소비할 수 있는 것 이상으로 풍부한 식량을 얻었고, 이로써 귀금속과 보석은 물론 옷, 집, 가구, 마차 등 다른 모든 편의품과 장식품에 대한 수요도 크게 늘었다.

식료품과 귀중품의 상대적 관계

식료품은 세상 부의 주된 부분을 구성한다. 뿐만 아니라 식량이 풍부해야 비로소 다른 종류의 많은 부도 그 가치의 주된 부분을 인정받을 수 있다. 쿠바와 산토도밍고의 가난한 주민들이 처음 스페인 사람에게 발견되었을 때 그들은 머리와 옷 이곳저곳에 작은 황금 조각을 장식품으로 달고 있었다. 그들은 그런 황금 조각을 유럽인이 약간 예쁘다고 하는 조약돌 정도로 평가했으며, 주워서 옷에 달고 다닐 가치는 있지만 누가 요청하면 거절할 정도의 가치가 있다고 생각하지는 않았다.

신세계 원주민들은 황금을 얻으려는 스페인 사람들의 광적인 열망을 보고 깜짝 놀랐으며, 자신들에게 늘 부족한 식량을 수많은 사람이 먹고 남을 만큼 보유한 나라가 세상 어딘가에 있고, 반짝이는 싸구려 물건을 무척 조금만 내줘도 기꺼이 몇 년을 온 가족이 먹고살 만큼의 식량과 바꿔주리라 짐작조차 하지 못했다. 그들이 이런 상황을 이해할 수 있었더라면 스페인 사람의 광적인 열망을 보고 놀라지는 않았을 것이다.

제3절

늘 지대가 나오는 생산물과, 지대가 나오다 말다 하는 생산물 사이에 존재하는 상대적 가치 비율의 변동

◇

토지 개량과 경작이 늘어난 결과로 식량이 점점 더 풍부하게 생산되면 필연적으로 다른 토지 생산물에 대한 수요가 증가한다. 이 토지 생산물은 식량이 아니라 구매자가 직접 소비하거나 장식품으로 사용하는 것들이다. 따라서 토지 개량 전 과정에 걸쳐, 이 두 부류 생산물[식량과 비식량]의 상대적 가치에서는 오로지 하나의 변화만 있으리라고 예상할 수 있다. 지대가 나오다 말다 하는 생산물의 가치는, 늘 일정한 지대를 제공하는 생산물의 가치보다 지속해서 오를 것이다.

기술과 산업이 진보하면서 옷과 집의 재료, 즉 땅의 유용한 화석과 광물, 귀금속과 보석은 점점 더 수요가 늘고, 점점 더 많은 양의 식량과 교환된다. 다른 말로 하면 점점 더 비싸진다. 그런 이유로 대부분 생산물의 가격이 상승한다. 어떤 경우에 특별한 일이 벌어져 특정 생산물의 공급이 수요보다 훨씬 큰 폭으로 늘지 않는 한, 모든 경우에 각종 생산물의 가격은 올라가게 되어 있다.

사회 발전과 채석장 및 은광의 가치

예를 들어, 돌을 잘라내기 쉬운 암석 채석장의 가치는 인근 지역이 발전하고 인구가 느는 상황이라면 반드시 높아진다. 특히 채석장이 해당 지역에서 하나뿐이라면 더욱 그렇다. 하지만 은광의 가치는 그 은광에서 1천 마일 안에 다른 은광이 없어도 해당 지역의 발전에 따라 반드시 올라간다고 보기 어렵다. 돌을 잘라내기 쉬운 암석 채석장에서 나온 생산물이 납품되는 시장은 주변 몇 마일 이상으로 확장되는 일은 좀체 없고, 수요는 일반적으로 그 작은 지역의 발전과 인구에 틀림없이 비례할 것이다.

하지만 은광 생산물이 납품되는 시장은 전 세계로 확대될 수 있다. 따라서 온 세상이 발전하고 인구가 증가되지 않는 한, 은 수요는 설사 광산 인근에 대규모 지역이 개발되더라도 전혀 늘지 않을 수 있다. 온 세상이 발전하고 또 그런 과정 중에 기존에 알려진 것보다 훨씬 풍부한 새 광산이 발견되면 은에 대한 수요가 필연적으로 증가하고 그에 따라 공급이 훨씬 더 큰 비율로 증가할 것이므로 은의 실질가격은 점차 하락할 것이다. 즉, 어떤 특정한 양, 가령 은 1파운드는 점차 더 적은 노동량을 구매하고 장악하게 되거나 혹은 점차 더 적은 양의 밀, 즉 노동자의 주요 생활 수단과 교환된다.

곡물과 은 사이에 발생하는 상대적 가격 변동의 세 가지 양상

은이 상품으로 출하되는 커다란 시장은 세상에서 상업적이고 문명화된 지역이다. 이 은 시장은 다음 3가지 방식으로 곡물 시장과 연계된다.

(1) 사회 발전의 전반적 진전에 따라 이런 은 시장의 수요가 증가하고 동시에 같은 비율로 공급이 증가하지 않는다면 은의 가치는 점차 밀의 가치보다 상승한다. 특정한 양의 은은 더욱더 많은 양의 밀과 교환된다. 즉, 밀의 평균 화폐가격[명목가격]은 점차 더 낮아질 것이다.

(2) 그와 반대로 어떤 사건으로 은 공급이 몇 년 동안 수요보다 더욱 큰 비율로 증가했다면 은 가격은 점차 저렴해진다. 즉, 밀의 평균 화폐가격은 모든 개선에도 불구하고 점차 비싸질 것이다.

(3) 하지만 다른 한편으로 은 공급이 수요와 거의 같은 비율로 증가한다면 계속 거의 같은 양의 밀을 구매하거나 교환할 것이고, 밀의 평균 화폐가격은 모든 개선에도 불구하고 거의 같은 수준을 유지할 것이다.

이런 세 가지 변동 양상은 사회 발전 과정에서 발생 가능한 사건들을 망라한 것이다. 지난 4세기 동안 프랑스와 그레이트브리튼에서 발생한 가격 변동으로 미루어볼 때, 이런 세 가지 조합은 각각 유럽 시장에서 내가 아래 제시한 은값 변동 기록과 거의 같은 순서로 발생한 듯 보인다.

1. 지난 4세기 동안 은의 가치 변동에 관한 여담

제1기 [1350-1570]

1350년과 그 이전의 일정 기간에 잉글랜드에서 밀 1쿼터의 평균 가격은 타워 중량(Tower weight)으로 은 4온스보다 낮지 않았다고 추정되는데, 이 가격은 현재 화폐로 약 20실링이다. 이 가격은 점차 인하되어 은 2온스로 떨어진 것으로 보이는데, 현재 화폐로 약 10실링이다. 이 가격은 16세기 초의 것으로 추정되며, 1570년 정도까지 계속 이 가격을 유지했던 것으로 보인다.

은값 등락의 역사적 사례

에드워드 3세 즉위 25년 차인 1350년에 "소위 노동자에 관한 법령"이 제정되었다. 법령 전문은 고용주에게 임금을 올려달라고 한 하인들의 무례함에 대해 불평했다. 따라서 법령은 모든 하인과 노동자는 장차 국왕 즉위 20년 차부터 그 이후 4년간 받았던 것과 똑같은 임금과 제복(liveries, 당시 제복이란 단어는 옷뿐 아니라 식량까지도 포함하는 의미였다)으로 만족해야 하며, 이런 이유로 그들의 제복은 어디서든 1부셸에 10펜스보다 높은 가격으로 추산되어서도 안 되고, 그들에게 현물[밀]로 지급할지 화폐로 지급할지 선택하는 것은 항상 고용주의 권한이라고 규정했다. 따라서 1부셸에 10펜스는 에드워드 3세 즉위 25년 차에 다소 낮은 밀 가격으로 여겨졌다. 하인에게 식량 제복 대신에 그 밀 가격을 받아들이라고 강제하기 위해 특별한 법령이 필요했기 때문이다.

그리고 그보다 10년 전, 그 법령이 언급한 최초 연도인 에드워드 3세 16년 차[1340]에도 낮은 가격으로 생각되었다. 하지만 에드워드 3세 즉위 16년 차에 10펜스는 타워 중량으로 대략 은 0.5온스를 함유했고, 이는 우리 현재 화폐 0.5크라운과 거의 같다. 따라서 타워 중량으로 은 4온스는 당시 화폐 6실링 8펜스와 같고, 현재 화폐로는 거의 20실링인데, 밀 8부셸, 즉 밀 1쿼터 가격으로는 공정하다고 생각되었다.

이런 법률은 특정 해에 역사가나 저술가가 곡물의 비상 고가와 저가에 관해 일반적으로 기록했던 것보다 당시 곡물의 적정가를 보여주는 더 나은 증거가 된다. 저술가들처럼 특정 시기의 고가와 저가를 기록하면, 일정 시기의 통상 가격은 어떠했는지 판단하기가 어렵다. 게다가 14세기 초와 그 이전 어느 기간 밀의 일반적인 가격이 1쿼터에 은 4온스 이상이었으며, 다른 곡물 가격도 이에 비례했음을 믿을 만한 다른 여러 이유가 있다.

1309년 캔터베리 성 아우구스티누스 수도원 원장 랠프 드 본(Ralphe de Born)은 취임일에 잔치를 벌였는데, 윌리엄 손(William Thorne)은 식사 메뉴는 물론 수많은 사항을 자세히 기록했다. 그 잔치에서 소비된 것은 첫째, 밀 53쿼터로 가격은 19파운드였는데, 쿼터당 7실링 2펜스, 현재 우리 화폐로 약 21실링 6펜스이다. 둘째, 맥아 58쿼터로 가격은 17파운드 10실링이었고, 쿼터당 6실링, 현재 우리 화폐로 약 18실링이다. 셋째, 귀리 20쿼터로 가격은 4파운드였는데, 쿼터당 4실링, 현재 우리 화폐로 약 12실링이다. 여기서 맥아와 귀리의 가격은 밀 가격에 대한 통상 비율보다 더 높은 것 같다.

이런 가격은 놀라울 정도로 고가이거나 저가라서 기록한 것이 아니라, 초호화판으로 유명했던 잔치에서 소비된 대량의 곡물에 대해 실제로 지급된 가격을 우연히 언급한 것이다.

헨리 3세 51년 차인 1262년에 "빵과 맥주에 관한 법령"이라 불렸던 과거 법령이 부활했다. 왕은 법령 전문에서 해당 법령이 선조인 잉글랜드 왕들 시기에 제정됐음을 밝혔다. 따라서 이 법령은 최소한 그의 조부인 헨리 2세나 노르만인의 영국 정복 시기[1066]만큼 오래된 것일 수 있었다. 해당 법령은 당시 밀 가격이 쿼터당 화폐로 1실링에서 20실링까지 변동하는 폭에 따라 빵 가격을 규제했다. 이런 부류의 법령은 일반적으로 중간 가격에서 벗어나는 모든 가격을 감독하기 위한 것으로 추정된다.

따라서 이 법령이 처음 제정되었을 때 밀 1쿼터의 평균 가격이었을 것으로 추정되는 금액, 즉 타워 중량으로 은 6온스를 포함하는 10실링(현재 우리 화폐로 약 30실링과 같은 금액)은 헨리 3세 51년 차에도 유지되었을 것이다. 따라서 우리는 평균 가격이 해당 법령이 규제하는 빵 가격 최고가의 3분의 1이상이었을 것으로 추측할 수 있다(타워 중량으로 은 4온스를 포함하는 당시 화폐 6실링 8펜스보다 낮지 않았다).

1쿼터 밀의 평균 가격은 은 4온스

그러므로 이런 서로 다른 여러 사실에 근거하여, 14세기 중반과 그 이전 상당 기간 밀 1쿼터의 평균 가격 혹은 일상 가격은 타워 중량으로 은 4온스보다 낮지 않았을 거라는 결론을 내릴 이유가 충분하다.

14세기 중반부터 16세기 초까지 합리적이고 적당하다고 생각되었던 밀 가격, 즉 밀의 통상 가격 혹은 평균 가격은 이 가격의 절반 정도로 점차 떨어진 듯하다. 타워 중량으로 은 2온스 정도, 즉 현재 우리 화폐로 10실링 정도와 같은 수준까지 내려오게 된 것이다. 이 가격은 1570년까지 계속된 것으로 추정된다.

1512년에 작성된 노섬벌런드 제5대 백작 헨리의 가계부에는 밀 가격에 대한 두 가지 다른 추정치가 적혀 있다. 하나는 쿼터당 6실링 8펜스로 계산했고, 다른 하나는 고작 5실링 8펜스로 계산했다. 1512년 6실링 8펜스는 타워 중량으로 은 2온스밖에 포함하지 않았고, 우리 현재 화폐로 약 10실링이다.

에드워드 3세 즉위 25년 차[1350]부터 엘리자베스 1세 여왕의 치세 초[1558]까지, 즉 2백여 년 동안 나온 여러 다른 법령으로 살펴보면, 계속해서 6실링 8펜스가 소위 적당하고 합리적인 밀 가격, 즉 밀의 통상 평균 가격으로 생각되었다. 그러나 해당 기간, 주화에 어떤 변동이 있었으므로 명목 금액에 포함된 은의 양은 계속 줄었다. 그럼에도 그때까지는 은값이 계속 높아져 같은 명목 금액에 포함된 은의 함량 감소를 보상할 수 있었으므로 의회는 이런 상황에 주의를 기울일 필요가 없다고 생각했다.

따라서 1436년에는 밀 가격이 6실링 8펜스까지 떨어진다면 사전 허락 없이 밀을 수출해도 좋다는 법령이 제정되었다. 또한, 1463년에는 가격이 쿼터당 6실링 8펜스보다 높지 않으면 밀을 수입해서는 안 된다는 법령이 제정되었다. 의회는 가격이 낮을 때 수출하는 것에는 어떠한 불편함도 없지만, 가격이 높을 때 수입은 신중하게 대응해야 한다고 생각했다. 따라서 현재 우리 화폐로 13실링 4펜스와 같은 양의 은을 포함하는 6실링 8펜스(현재 화폐는 에드워드 3세 시대의 같은 명목 액수보다 은이 3분의 1 덜 포함되어 있다)가 당시에는 소위 밀의 적당하고 합리적인 가격이라고 여겨졌다.

필립과 메리의 1년 차와 2년 차인 1554년에 그리고 엘리자베스 1세 즉위 1년 차인 1558년에 밀 수출은 같은 방식으로 밀 가격이 쿼터당 6실링 8펜스를 초과하는 경우에는 금지되었다. 당시 6실링 8펜스는 현재의 같은 명목 금액보다 은이 2펜스 가치 이상 빠져 있었다. 하지만 가격이 이처럼 무척 낮을 때까지 밀 수출을 제한한다면 사실상 전면적 수출 금지라는 것을 의회는 곧 깨닫게 되었다. 따라서 엘리자베스 1세 즉위 5년 차인 1562년에 밀은 쿼터당 가격이 10실링을 넘지 않는 한 어느 때든 특정 항구에서 수출이 허용되었다. 이 10실링이라는 명목가격에는 현재와 거의 같은 은의 양이 포함되었고, 당시 이 가격은 밀의 적당하고 합리적인 가격으로 생각되었다. 이는 1512년 노섬벌런드의 추산과 거의 일치했다.

프랑스에서 곡물의 평균 가격은 같은 식으로 15세기 말과 16세기

초에 앞선 두 세기보다 훨씬 낮았고, 이는 뒤프레 드 상 모르(Dupre de St. Maur)도 증언한 바이며 곡물 정책에 관해 뛰어난 논문을 써낸 저술가[66]도 서술한 바이다. 곡물 가격은 같은 시기에 유럽 대부분 지역에서 이와 같은 방식으로 떨어졌다.

은값 상승의 2가지 이유

곡물 대비 은의 가치가 상승한 이유는 다음 두 가지 요인 혹은 그 둘의 결합 때문이다.

(1) 토지 개량과 경작이 증대된 결과 은에 대한 수요가 늘었지만, 그러는 사이에도 은 공급은 예전과 같은 상태로 계속되었다.

(2) 은의 수요는 이전과 같은 상태로 계속되었지만, 당시 세상에 알려진 광산 대부분이 엄청 고갈되어 작업 비용이 크게 늘어나 공급이 점차 줄었다.

이도 저도 아니라면 두 가지 상황 중 (1)과 (2)가 각각 부분적으로 영향을 미쳤을 수도 있다.

15세기 말과 16세기 초에 유럽 대부분은 이전 몇 세기 동안 더욱 안정적인 통치 형태로 발전하고 있었다. 이렇게 사회 안전이 증대되면 자연스럽게 산업과 개선이 증대된다. 귀금속과 다른 사치품, 장식에 대한 수요도 국부 증대에 따라 자연스럽게 늘어난다. 연간 생산물이 많아질수록 그것을 유통하기 위한 주화는 더 많이 필요하다. 더 많은 부자들이 금은 식기류와 다른 장식품을 더 많이 요구할 것이다. 당시 유럽 시장에 은을 공급하던 광산 대부분이 상당히 고갈되어 있었으므로, 작업 비용이 더 높아졌을 것은 자명하다. 그런 광산 중 많은 곳이 로마 시대부터 채광되어왔던 곳이었다.

---

66 이 저술가는 프랑스인 C. J. Herbert를 가리킨다. 에르베르(1700-1758)는 『밀 가격과 농업에 대한 일반 정책론』(1755)에서 "밀 가격은 그전의 여러 세기 동안의 가격보다 낮았다"라고 서술했다. 에르베르는 농업을 중시하고 곡물 거래의 자유를 주장한 중농학파의 선구자이다.

하지만 노르만인의 잉글랜드 정복, 더 나아가 율리우스 카이사르의 브리튼 침공(기원전 55-54년) 때부터 아메리카 광산 발견에 이르기까지 고대의 상품가격을 기록한 저술가 대다수는 은값이 계속 내리고 있다는 의견을 제시해왔다. 그들이 이런 의견을 갖게 된 것은 곡물과 땅에서 나는 다른 원생산물 일부에 관한 가격을 관찰하기도 했고, 국부 증가로 자연스럽게 모든 나라에서 은 수요가 높아져 은의 물량이 늘었고, 그로 인해 은값은 그 늘어난 물량에 비례해 줄어든다는 널리 퍼진 편견을 믿었기 때문이다. 하지만 이것은 사실과 부합하지 않는데, 은값은 오히려 올라갔던 것이다.

저술가들이 곡물 가격을 오판한 3가지 배경

곡물 가격을 관찰할 때 그들은 세 가지 다른 상황에서 오도된 듯하다.

(1) 곡물의 환산 가격과 시장가격은 다르다

고대에는 거의 모든 지대가 현물로 지급되었다. 다시 말해 특정 수량의 곡물, 가축, 가금(家禽) 등으로 지급되었다. 하지만 때로 지주는 임차인에게 매년 현물로 지대를 받을지, 아니면 특정 금액의 화폐로 받을지 자신이 자유롭게 정하겠다는 것을 조건으로 내세우기도 했다. 이런 식으로 특정 화폐의 금액과 교환되는 현물 지급 가격을 스코틀랜드에서는 환산 가격(conversion price)이라 한다. 현물을 받을지 그 환산 가격을 요구할지 선택은 늘 지주에게 있었으므로 임차인의 안전을 위해 환산 가격이 평균 시장가격보다 높지 않고 다소 낮아야 할 필요가 있었다.

그런 이유로 많은 곳에서 환산 가격은 평균 시장가격의 2분의 1보다 더 낮은 수준으로 설정되었다. 스코틀랜드 대부분에서 이런 관습은 가금에 관해서는 여전히 계속되고 있고, 몇몇 곳에서는 가축에 관해서도 지속되고 있다. 공정 곡가(the public fiars)라는 제도가 이런 이원적 상황을 종결하지 않았더라면 곡물에 관해서도 여전히 그런 관습이 유지되었을지도 모른다. 공정 곡가란 각종 곡물의 종류와 품질에 따른 평균 가격을, 법령 판단과 각 지역의 실질 시장 가격에 따라 매년 평가하는 기준이다.

이 제도는 임차인에게 충분히 안전을 제공하고, 지주에게는 훨씬 큰 편의를 주었다. 어떤 특정 고정 가격이 아니라 매년 공정 곡가 가격으로 곡물지대를 환산했기 때문이었다. 하지만 옛날 곡물 가격 자료를 수집했던 저술가들은 흔히 스코틀랜드에서 환산 가격을 실제 시장가격으로 잘못 판단한 모양이다. 저술가 플리트우드는 한때 자신이 이런 실수를 했다는 것을 인정했다. 하지만 특정 목적으로 책을 쓰면서 이런 환산 가격을 15번 전사(轉寫)하고 난 뒤에야 비로소 실수를 인정한 것이다. 그 환산 가격은 밀 1쿼터에 8실링이었다. 이 환산 금액은 그가 기록을 시작한 1423년 현재 우리화폐 16실링과 같은 양의 은을 포함했다. 하지만 그가 기록을 끝낸 1562년에 환산 가격은 현재의 명목 금액이 함유하는 것과 같은 양의 은이 더 이상 포함되지 않았다.

(2) 법원 기록의 필경 상태가 불완전하다

때로는 게으른 필경사가 몇몇 옛 법령을 부주의하게 필사하거나, 실제로 의회가 초안을 작성하는 과정에서 부주의하게 처리했기 때문에 작가들이 오판했다.

옛 법령은 주로 밀과 보리 가격이 최저일 때의 빵과 맥주 가격을 먼저 결정하고, 이후에 두 곡물 가격이 최저가에서 점차 인상됨에 따라 빵과 맥주 가격을 점진적으로 결정한 듯하다. 하지만 그런 법령의 필경사들은 흔히 세 번째 혹은 네 번째 낮은 가격까지 법령을 필사하면 충분하다고 생각했던 모양이다. 이런 식으로 그들은 자기 노동을 덜었고, 그렇게 함으로써 그보다 더 높은 모든 가격에서 준수해야 할 가격 비율이 무엇인지 충분히 보여 줬다고 판단했다.

따라서 헨리 3세 즉위 51년 차에 제정된 빵과 맥주에 관한 법령에서는 당시 화폐로 밀 1쿼터당 1실링부터 20실링까지 다양한 밀 가격에 따른 빵 가격을 규정했다. 하지만 러프헤드의 법령 필사본이 나오기 전에 발간된 모든 다른 법령 필사본 원고에서 필경사들은 절대로 이 법령을 12실링 가격 이상까지 옮겨 쓰지 않았다. 따라서 여러 저술가는 이런 흠결 있는 필사본에 오도되어 무척 자연스럽게 중간 가격 혹은 쿼터당 6실링, 즉 현재 우리 화폐로 약 18실링 정도를 당시 밀의 통상 가격 혹은 평균 가격으로 결론 내렸다.

거의 같은 때 제정된 텀브렐과 필로리 법령(statute of Tumbrel and Pillory)에서 맥주 가격은 보리 가격이 쿼터당 6펜스 단위로 2실링에서 4실링까지 오를 때마다 책정되었다. 하지만 당시 보리 가격이 올라갈 수 있는 최고가를 4실링으로 생각했던 것은 아니며, 이런 가격들은 높든 낮든 다른 모든 가격에서 준수해야 하는 비율을 보여주려고 주어졌을 뿐이다. 법령 맨 마지막을 통해 이를 추론할 수 있다. "맥주 가격은 이런 방식으로 보리 가격이 6펜스 오르고 내릴 때마다 증가하거나 줄어든다." 이 법령을 작성하면서 의회는 필경사들이 다른 법령을 필사할 때 보였던 필사 태만을 저지른 것으로 보인다.

옛 스코틀랜드 법률서인 『레기암 마제스타템』(Regiam Majestatem)의 오래된 원고에는 잉글랜드 2분의 1 쿼터와 같은 양인 스코틀랜드 볼(boll)당 10펜스부터 3실링까지 달라지는 밀 가격에 따라 빵 가격을 규정하는 법령이 있다. 이 법령 제정 당시 스코틀랜드 3실링은 현재 우리 화폐로 약 9실링이다. 러디먼은 이를 통해 당시 밀의 최고가가 3실링이며, 10펜스, 1실링 혹은 기껏해야 2실링이 일상 가격이라고 결론을 내린 듯 보인다. 하지만 관련 필사본을 참고하면 이런 모든 가격은 분명 밀과 빵의 상대적인 가격 사이에서 준수되어야 하는 비율을 보여주기 위한 사례로 적어놓은 것뿐이었다. 법령의 마지막 말은 다음과 같다. "나머지 경우의 곡물 가격에 관해서는 위에 적은 바에 따라 판단할 것."

(3) 옛날의 곡물 가격은 후대의 그것과 거의 비슷했다

저술가들은 아주 오래전, 고대에 매겨졌던 밀의 무척 낮은 가격에 오도된 듯하다. 또한, 당시 최저가가 후대 최저가보다 훨씬 낮았으므로 통상 가격도 마찬가지로 틀림없이 훨씬 낮았다고 생각했던 것 같다. 그러나 고대에는 최고 가격이 후대에 알려진 가격보다 훨씬 높았고, 최저 가격은 후대에 알려진 가격보다 낮았다는 것을 알 수 있다.

예를 들어 저술가 플리트우드는 1270년 밀 1쿼터의 두 가지 가격을 제공한다. 하나는 당시 화폐로 4파운드 16실링, 현재 화폐로 14파운드 8실링이다. 다른 하나는 당시 화폐로 6파운드 8실링, 현재 우리 화폐로 19파운드 4실링이다. 15세기 말과 16세기 초에는 이런 터무니없는 가격에 근접한 수준은 찾아볼 수가 없다. 곡물 가격은 항상 변동하기 쉬운데, 특히 모든 상업과 교통이 중단되어 한 지역의 풍요로움이 다른 지역의 부족함을 해소하지 못하는 그런 격동적이고 무질서한 사회에서 가장 크게 요동한다.

12세기 중반부터 15세기 말까지 나라를 통치한 플랜태저넷 왕가[67] 통치하의 무질서한 잉글랜드 사회에서는 어떤 지역은 풍요로운데 거기서 그리 멀지 않은 다른 지역은 계절 재해나 이웃 귀족의 급습으로 작물이 파괴되어 기근으로 인한 참상을 겪었다. 적대적인 귀족의 땅이 두 지역 사이에 끼어 있으면 풍요로운 지역은 기근이 든 지역에 최소한의 도움도 줄 수 없었다. 그러다가 15세기 말부터 16세기 내내 잉글랜드를 통치한 튜더 왕가[68]의 정력적인 국정 관리 덕분에 어떤 귀족도 공적 안녕을 감히 방해할 수 있을 정도로 강력한 힘을 갖추지 못했다.

12년 단위의 밀 가격 변동(1202-1597)

독자는 이번 장 끝에서 저술가 플리트우드가 1202년부터 1597년까지 수집한 밀 가격 전부를 확인할 수 있다. 이 가격은 현재 화폐로 변환되었고, 시간 흐름에 따라 12년을 한 단위로 묶어 7개 단위로 정리했다. 각 단

---

67 '플랜태저넷'(Plantagenet)은 "투구에 꽂은 금작화(金雀花)"라는 뜻이다. 이 왕조를 시작한 잉글랜드의 헨리 2세(1154-1189)의 아버지 제프리 드 앙주가 투구에 늘 금작화를 꽂고 다녔다고 해서 이런 별명이 붙었다. 이 왕조는 1154년에서 1399년까지 245년 동안 잉글랜드를 통치했다. 왕조의 마지막 왕은 리처드 2세(1377-1399)이다.

68 튜더(Tudor) 왕조는 리처드 3세에게서 왕위를 빼앗은 헨리 7세(1485-1509)가 개조(開祖)이며 헨리 8세, 에드워드 6세, 메리 1세 그리고 엘리자베스 여왕(1558-1603)을 마지막으로 막을 내렸다.

위 끝에는 단위를 구성하는 12년간의 평균 가격이 적혀 있다. 그렇게 오랜 기간 중에 플리트우드가 가격을 수집한 것은 80년에 불과하며, 마지막 12년을 완성하는 데는 4년이 부족했다. 따라서 나는 이튼 칼리지 기록에서 1598년, 1599년, 1600년 그리고 1601년의 가격을 추가했다. 내가 추가한 것은 이게 전부다. 독자는 13세기 초부터 16세기 중반까지 12년 간격의 밀 평균 가격이 점차 낮아지고 있으며, 16세기 말로 향하면서 다시 오르기 시작하는 것을 확인할 수 있다.

실제로 플리트우드가 수집한 밀 가격은 주로 대단히 고가이거나 저가여서 그렇게 주목한 듯 보인다. 나 역시 그런 가격에서 어떤 확실한 결론을 얻을 수 있다고 여기지는 않는다. 하지만 이 가격들이 내가 말하려는 바를 더 분명하게 하는 것은 사실이다.

플리트우드 자신은 다른 대다수 저술가처럼 그 기간에 은이 풍부해짐으로써 은 가치가 계속 떨어졌다고 생각했던 것 같다. 하지만 그가 수집한 밀 가격은 이런 의견을 뒷받침하지 않는다. 오히려 그 밀 가격은 뒤프레 드 상 모르와 내가 설명하고자 애썼던 의견과 완벽히 부합한다. 플리트우드 주교와 뒤프레 드 상 모르는 극도로 부지런하고 충실하게 옛 물품의 가격을 수집했다. 두 사람의 의견은 무척 다르지만, 최소한 밀 가격에 관해서는 그들이 수집한 자료가 실제 상황과 무척 일치한다는 사실은 참 기이하다.

은 가격 vs 물품 가격

가장 분별력 있는 저자들이 아주 먼 고대에는 은 가치가 높았다고 추측한 것은 곡물 가격이 낮아서라기보다 땅의 다른 원생산물(미가공 생산물) 가격이 낮았기 때문이었다. 제조품인 곡물은 미개한 시대에 제조되지 않은 대다수 물품, 즉 가축, 가금, 온갖 사냥감 등보다 훨씬 비쌌다. 빈곤과 야만의 시대에 이런 물품들이 곡물보다 훨씬 저렴했다는 것은 명백한 사실이다.

하지만 이런 낮은 가격은 은의 높은 가치에 따른 결과가 아니라, 그런 물품들 자체의 가치가 낮았기 때문이었다. 당시 은으로 더 많은 노동력을 살 수 있었기 때문이 아니라, 부유하고 발전된 시대에 비해 훨씬 적은 양의 제품만 살 수 있었기 때문이다. 은은 틀림없이 유럽보다 스페인령 아메리카에서 더 저렴하다. 운임과 보험을 내고 오랜 시간 육지와 바다로 운반해와야 하는 나라보다 은 생산국에서 가격이 더 저렴한 것은 당연하다.

하지만 우요아가 전한 바에 따르면 고작 몇 년 전에 부에노스아이레스에서 3백 혹은 4백 마리 떼에서 선별한 황소 한 마리 값이 21.5펜스였다. 바이런에 따르면 칠레 수도에서 훌륭한 말 한 필 가격이 16실링이었다. 자연은 비옥하지만, 거의 대부분 경작이 안 된 나라에서는 가축, 가금, 온갖 사냥감 등을 극히 적은 노동량으로도 획득할 수 있으므로 쉽게 구할 수 있다. 그런 물품이 낮은 화폐가격으로 팔리는 것은 은의 실제 가치가 그곳에서 무척 높다는 증거가 아니라, 그런 물품들의 실제 가치가 무척 낮다는 증거일 뿐이다.

노동은 모든 상품 가치의 진정한 기준

언제나 기억해야 할 사항이 있다. 그것은 어떤 특정 상품이나 상품 집합이 가치 기준이 되는 것이 아니라, 노동이 은과 다른 모든 상품의 가치를 측정하는 진정한 척도라는 것이다.

하지만 거의 버려지고 인구도 듬성한 나라에서 가축, 가금, 온갖 사냥감 등은 자연에서 자생적으로 발생하는 원생산물로서, 흔히 지역 주민들이 소비하는 것보다 훨씬 많은 양이 생산될 때가 많다. 그런 상황에서 공급은 일반적으로 수요를 초과한다. 따라서 사회의 상태와 발전 단계에 따라 이러한 재화는 상당히 다른 노동량을 나타내거나 이에 상응하는 양을 나타낸다.

모든 사회 상황 그리고 모든 발전 단계에서 곡물은 인간의 노동 생산물이다. 하지만 각종 노동의 평균 생산물은 늘 정확하게 평균 소비에 맞추어 생산된다. 평균 공급은 평균 수요에 맞추는 것이다. 게다가 모든 발전 단계에서 같은 토양과 기후를 통해 같은 양의 곡물을 경작하면 평균적으로 거의 같은 노동량이, 혹은 비슷한 말이지만, 거의 같은 노동가격이 필요할 것이다. 그러나 경작 상태가 개선되는 과정에서는, 노동생산력이 끊임없이 개선되더라도 농업의 주된 수단인 가축 가격이 지속해서 상승하여 상쇄한다.

곡물은 다른 상품들보다 더 정확한 가치 척도

따라서 이런 모든 이유로 동일 양의 곡물은 모든 사회 상태에서, 또 모든 발전의 단계에서 다른 어떤 원생산물보다 더욱 정확하게, 거의 같거나 혹은 같은 수준의 노동량을 지배한다.[69] 그런 이유로 곡물은 이미 살펴본 것처럼 국부와 개선의 모든 다른 단계에서 다른 어떤 상품이나 상품 집합보다 더욱 정확한 가치 척도가 된다. 그러므로 그런 모든 다른 단계에서 우리는 다른 상품이나 상품 집합, 은을 비교하는 것보다 이 곡물과 비교함으로써 은의 실질가치를 더욱 잘 판단할 수 있다.

게다가 곡물이나 대중에게 널리 선호되는 식물성 식품은 무엇이든 모든 문명국에서 노동자의 생계 수단 중 주된 부분이다. 농업의 확산으로, 모든 나라의 땅에서 동물성 식품보다 훨씬 더 많은 양의 식물성 식품을 생산하고 있고, 노동자는 어디서나 주로 가장 저렴하고 쉽게 구할 수 있는 건강 식품을 먹고 산다. 가장 번영하는 나라나 노동이 지극히 높은 보상을 받는 나라를 제외하면, 고기는 노동자의 생계 수단 중 그다지 크지 않은 부분이다. 가금은 훨씬 더 적은 부분이며, 사냥감은 식단에 거의 포함되지 않는다.

프랑스나, 심지어 노동이 프랑스보다 다소 나은 보상을 받는 스코틀랜드에서조차 노동자 빈민은 공휴일이나 다른 특별한 경우를 제외하고 고기를 좀처럼 먹지 못한다. 따라서 노동의 화폐가격은, 고기나 다른 원생산물보다 노동자의 생계 수단인 곡물의 평균 화폐가격에 훨씬 더 많이 의존한다. 그러므로 금과 은의 실질가치, 즉 금과 은이 구매하거나 장악할 수 있는 실질 노동량은 금이 구매하거나 장악할 수 있는 고기나 다른 어떤 원생산물보다는 곡물의 양에 훨씬 더 크게 좌우된다.

곡물이나 다른 상품가격에 대해 이런 간단한 관찰만 했더라면, 여러 총명한 저술가들이 대중 편견, 즉 모든 나라에서 국부가 증가하면 은 물량

---

69 곡물 양이 1,000이고 그것을 생산하기 위해 들어가는 노동량이 3,000이라 할 때 이 1,000은 사회 조건이나 사회 발전 상태가 어떻든 그것과 무관하게 3,000의 노동량을 필요로 한다는 뜻이다.

이 자연스럽게 증가하기에 은값은 그 양적 팽창에 비례해 떨어진다는 편견에 오도되지 않았을 것이다. 이런 대중적 생각에는 전혀 근거가 없다.

귀금속 물량이 증가하는 두 가지 이유

어떤 나라에서든 귀금속 물량은 두 가지 다른 원인으로 인해 증가한다. 첫째, 그것을 제공하는 광산의 생산량이 풍부하게 늘어나서 증대된다. 둘째, 국부가 증가하여, 즉 국민의 연간 노동 생산물이 늘어나 증대된다. 첫번째 원인은 필연적으로 귀금속의 가치 인하와 관련되지만, 두 번째는 무관하다.

매장량이 더욱 풍부한 광산이 발견될 때마다 더 많은 귀금속이 시장에 나오고, 그것과 교환되어야 하는 생활필수품과 편의품 수량이 이전과 같다면 동일 양의 귀금속은 더 적은 양의 상품들과 교환되어야 한다. 따라서 어느 나라에서 광산의 풍부해진 생산량으로 귀금속 양이 증가했다면 필연적으로 귀금속 가치는 떨어진다.

그와 반대로 어떤 나라의 국부가 증가해 그 연간 노동 생산물이 점차 더 늘어난다면 더 많은 양의 상품을 유통하기 위해 주화 양은 반드시 더 늘게 된다. 사람들은 여력 있고 또 교환 가능한 상품이 더 많이 있는 한, 자연스럽게 더 많은 귀금속 식기류를 구매할 것이다. 주화 양은 시중의 필요로 증가하고, 귀금속 식기류 양은 허영과 과시욕, 즉 훌륭한 조각상, 그림 그리고 모든 다른 사치품과 골동품 양이 느는 것과 같은 이유로 증가한다. 하지만 조각가와 화가들이 빈곤과 불황의 시기보다는 국부 증대와 번영의 시기에 더 나은 보상을 받을 가능성이 있는 것처럼, 금과 은도 그런 시기에 더 나은 대가를 받을 가능성이 있다.

금은은 부국에서 값이 더 나간다

금과 은 가격은 매장량이 더 풍부한 광산이 우연히 발견되었을 때 가격이 떨어진다. 그러나 국부와 함께 자연스럽게 가치가 오르므로 광산 상태가 어떻든지 간에 가난한 나라보다 부유한 나라에서 당연히 값이 더 나간다. 금과 은은 자연스럽게 최고가를 제시하는 시장을 찾아 나서고, 그럴 여력이 가장 높은 나라에서는 모든 물품이 최고가를 제시한다. 노동은 모든 것에 지급되는 궁극적인 가격이며, 노동이 물품 못지않게 훌륭한 보상을 받는 나라에서는 노동의 화폐가격은 노동자의 생계비에 비례한다는 사실을 꼭 기억해야 한다.

하지만 금과 은은 자연스럽게 가난한 나라보다 부유한 나라에서 더 많은 양의 생계 수단과 교환된다. 즉, 생계 수단이 별로 잘 공급되지 않는 나라보다 풍성하게 제공되는 나라에서 금은의 고가 교환이 이루어진다. 어떤 두 나라가 서로 멀리 떨어져 있다면 그런 교환 수량 차이는 무척 클 것이다. 귀금속은 자연스럽게 대우가 나쁜 시장에서 더 나은 시장으로 향하지만, 두 시장 모두에서 가격을 비슷한 수준으로 맞출 만큼 많은 양을 운송하기가 어려울 수 있기 때문이다. 두 나라가 가깝다면 운송이 쉬우므로 그 차이는 더 작아지고, 때때로 그 차이를 거의 느끼지 못할 정도가 된다.

중국과 잉글랜드의 물가 비교

중국은 유럽 어느 지역보다 훨씬 부유하며, 중국과 유럽 사이의 생활 필수품 가격 차이는 매우 크다. 중국에서 쌀은 유럽 어느 지역의 밀보다 훨씬 싸다. 잉글랜드는 스코틀랜드보다 훨씬 부유하지만, 두 나라의 곡물 화폐 가격 차이는 매우 작아서, 그저 약간 인지될 정도다.

양이나 무게 면에서 보면 스코틀랜드 곡물은 보통 잉글랜드 곡물보다 훨씬 저렴한 것처럼 보이지만, 품질을 따진다면 다소 비싸다. 스코틀랜드는 거의 매년 잉글랜드에서 무척 많은 곡물을 공급받고 있고, 일반적으로 모든 상품은 보내는 나라보다 받는 나라에서 다소 비싸다. 따라서 잉글랜드 곡물은 잉글랜드보다 스코틀랜드에서 분명 더 비쌀 수밖에 없지만, 그럼에도 품질이나 그로 만들 수 있는 밀가루 또는 식사의 양과 품질에 비례하여 일반적으로 스코틀랜드 시장에서 경쟁하는 스코틀랜드 곡물보다 더 높은 가격에 판매할 수는 없다.

중국과 유럽의 노동 화폐가격 사이에 존재하는 차이는 생계 수단의 화폐가격 사이에서 보이는 차이보다 훨씬 크다. 유럽 대부분 국가가 발전하는 상태인데 중국은 현재 정체된 상태이므로 노동의 실제 보상에서 중국은 유럽보다 낮다.

노동의 화폐가격은 잉글랜드보다 스코틀랜드에서 더 낮은데, 노동에 대한 실제 보상이 훨씬 더 낮기 때문이다. 스코틀랜드는 더욱 큰 부를 향해 발전 중이지만, 잉글랜드보다 훨씬 더딘 속도로 나아간다. 스코틀랜드에서 잉글랜드로의 이민은 잦아도, 반대로 잉글랜드에서 스코틀랜드로의 이민은 드물다.

이러한 사실은 노동 수요가 두 나라에서 무척 다르다는 것을 충분히 증명한다. 반드시 기억해야 할 점은, 여러 다른 나라에서 나타나는 노동의 실질 보상 사이의 비율은 실제 국가의 부유함이나 빈곤함에 달린 것이 아니라, 그 나라의 현재 상태, 다시 말해 진보하는 상태인가 정체된 상태인가 혹은 쇠퇴하는 상태인가에 따라 자연스럽게 결정된다는 사실이다.

금과 은은 원래 가장 부유한 국가들 사이에서 가장 가치가 높기 때문에 가장 가난한 국가들 사이에서는 당연히 가장 가치가 낮다. 모든 국가 중 가장 가난한 야만인들 사이에서는 금과 은은 거의 가치가 없다.

곡물은 한 나라의 대도시에서 시골 오지보다 항상 더 비싸다. 하지만 이는 은이 실제로 저렴해서가 아니라 곡물이 실제로 고가여서 생기는 결과이다. 은을 어떤 국가의 오지로 가져가는 것보다 대도시로 가져가는 것이 더 적은 노동이 드는 것은 아니지만, 곡물은 훨씬 더 많은 노동이 들어간다.

국부 증가는 은값을 떨어뜨리지 않는다

매우 부유하고 상업적으로 발달한 몇몇 나라, 예를 들어 네덜란드나 제노바 같은 곳에서는, 대도시에서 물가가 높은 것과 같은 이유로 곡물 가격이 높다. 그런 곳은 주민 부양에 필요한 곡물을 생산하지 않는다. 그들은 수공업자와 제조업자의 부지런함과 기술 측면에서, 노동을 용이하게 하고 단축할 수 있는 온갖 부류의 기계를 생산한다는 측면에서, 해운 측면에서, 운송과 산업의 다른 모든 도구와 수단 보유라는 측면에서 풍요롭다. 하지만 곡물의 생산 측면에서는 아주 빈약하다. 그러므로 먼 지역에서 곡물을 수입해야 하며, 곡물 가격에 운송비도 함께 지급해야 한다.

이와 반대로 은은 암스테르담으로 가져간다고 해서 그단스크[폴란드 곡창지대 인근에 있는 항구 도시]로 가져가는 것보다 노동이 그리 들어가는 것은 아니다. 하지만 곡물을 암스테르담으로 가져가는 데는 그단스크보다 훨씬 더 많은 노동이 든다. 그렇게 해서 당연히 암스테르담의 곡물 가격은 더 비싸다. 이런 이유로 은의 실제 가격은 두 도시에서 거의 같지만 곡물의 실제 비용은 엄청나게 다른 것이다.

가령 네덜란드나 제노바 중 어느 하나가 주민 수는 그대로인데 실제 부가 줄어들고 있다고 치자. 즉, 먼 지역에서 곡물을 공급받는 영향력이 약해진다고 가정하자. 그러면 곡물 가격은 이런 공급 쇠퇴가 원인이든 결과든 그것으로 필연적으로 생기는 은의 수량 감축과 발맞추어 같이 떨어지는 게 아니다. 오히려 곡물 가격은 기근이 발생한 시기의 가격으로 급상승할 것이다. 생필품이 부족해지면 우리는 사치품과 작별해야 한다. 이런 사치품은 부유하고 번성하는 시기에는 그 가치가 오르지만, 빈곤하고 어려움을 겪는 시기에는 떨어진다.

생활필수품은 이와는 다른 이야기다. 생필품의 실질가격, 즉 생필품이 구매할 수 있거나 장악할 수 있는 노동량은 빈곤하고 어려움을 겪는 시기에는 올라가며, 부유하고 번성하는 시기에는 떨어진다. 후자일 때는 필수품이 무척 풍부하기 때문이다. 만약 물자가 이처럼 풍부하지 않다면 부유하고 번성하는 시기가 아니다. 요약하면 곡물은 필수품이지만, 은은 단지 사치품일 뿐이다.

따라서 14세기 중반부터 16세기 중반까지 국부의 증가와 사회 발전에 따라 귀금속이 더 많이 유통되었음에도 잉글랜드나 유럽 다른 지역에서는 귀금속의 가치가 떨어지지 않았다. 과거 물가를 연구했던 저술가들은 해당 기간의 곡물이나 다른 상품의 가격을 관찰하면서 은 가치가 하락했다고 생각할 이유가 없었다. 그들은 국부 증가와 사회 발전으로 은값 인하를 추론할 근거는 더욱 찾을 수 없었다.

제2기[1570-1636]

제1기 동안의 은값 추이에 대해 저술가들의 의견은 다양했지만, 제2기에 대해서는 만장일치로 같은 의견을 보인다. 1570년경에서 1640년경까지 약 70년간 은 가치와 곡물 가치 사이의 비율 변화는 정반대 양상이었다. 은은 실질가치가 하락하거나 이전보다 적은 양의 노동력과 교환되었다. 곡물은 명목가격이 상승하여 일반적으로 쿼터당 은 2온스 또는 현재 우리 화폐로 약 10실링에 팔리던 것이 쿼터당 은 6~8온스 또는 현재 우리 화폐로 약 30~40실링에 팔리게 되었다.

아메리카 은광의 발견이 은값 하락의 원인

아메리카에서 풍부한 광산이 발견된 것이 이렇게 곡물 대비 은 가치 하락이 발생한 유일한 원인으로 보인다. 그에 맞춰 모든 저술가가 같은 방식으로 설명했기에 사실이나 원인에 대한 논쟁은 찾아볼 수 없었다. 이 기간에 유럽 대부분은 산업과 개선에서 진보 중이었고, 그 결과 은에 대한 수요는 증가했다. 하지만 공급 증가가 수요 증가를 훨씬 초월했으므로 그 금속의 가치는 상당히 줄었다. 흥미롭게도 아메리카의 광산, 특히 포토시 광산은 20년도 더 전에 발견되었음에도 1570년 이후가 되어서야 잉글랜드의 물가에 영향을 미치기 시작했다는 점은 주목할 만하다.

1595년부터 1620년까지 윈저 시장에서 최고 품질의 밀 9부셸 1쿼터의 평균 가격은 이튼 대학의 기록에 따르면 2파운드 1실링 6과 13분의 9펜스였던 것으로 보인다. 해당 금액에서 분수 부분을 무시하고 9분의 1(4실링 7과 3분의 1펜스)로 나누면 밀 8부셸 1쿼터 가격은 1파운드 16실링 10과 3분의 2펜스가 된다. 이 금액에서 마찬가지로 분수를 무시하고 최고 품질 밀과 중간 품질 밀 사이에 차이 나는 가격 즉 9분의 1(4실링 1과 9분의 1펜스)을 공제하면 중간 품질 밀 가격은 약 1파운드 12실링 8과 9분의 8펜스 혹은 약 은 6과 3분의 1온스가 된다.

1621년부터 1636년까지 똑같은 시장에서 같은 양의 최고 품질 밀의 평균 가격은 마찬가지로 이튼 대학의 기록을 보면 2파운드 10실링이었다. 이 금액에서 앞선 경우와 같은 방식으로 나누면 중간 품질 밀 8부셸 1쿼터의 평균 가격은 1파운드 19실링 6펜스, 즉 은 7과 3분의 2온스가 된다.

제3기 [1636-1700]

곡물 부족을 가져온 두 사건

1630년과 1640년 사이 혹은 약 1636년경에 들어서서 은 가치를 하락시키는 아메리카 광산 발견의 영향은 끝난 듯 보였다. 그리하여 곡물 가치 대비 은 가격은 그 당시보다 더 낮게 떨어진 적은 한 번도 없었다. 은값은 18세기가 흘러가는 동안 다소 올라간 것 같은데, 이런 현상은 17세기 말 어느 정도 전부터 시작되었던 것이다.

1637년부터 1700년까지 지난 세기 64년 동안 윈저 시장에서 최고 품질 밀 9부셸 1쿼터 평균 가격은 이튼 대학의 기록에 따르면 2파운드 11실링 3분의 1펜스였다. 이는 이전 16년 동안보다 고작 1실링 3분의 1펜스 올라간 것이다. 하지만 이 64년 동안 수확 계절의 풍·흉작 상황 이상으로 엄청난 곡물 부족을 야기한 두 사건이 벌어졌다. 은값이 추가로 하락했다는 가정 없이도 이러한 사건들만으로 곡물 가격의 소폭 상승이 충분히 설명된다.

(1) 잉글랜드 내전

첫 번째 사건은 잉글랜드 내전[70]으로 이 사건은 국토의 경작을 좌절시키고 상업을 방해함으로써 정상적으로 농사 일정이 진행되었을 때보다 곡물 가격을 훨씬 상승시켰다. 이 내전은 정도 차이는 있어도 왕국 내 모든 다

---

70 국왕 찰스 1세(1600-1649)를 지지하는 왕당파와 올리버 크롬웰을 주축으로 하는 의회파 사이의 내전을 말한다. 의회파의 승리로 돌아가 찰스 1세는 단두형에 처해졌다. 크롬웰은 그 후 호국경 자리에 올라 잉글랜드를 통치했으나 그의 사후인 1660년에 찰스 2세에 의해 왕정복고가 되자 사망한 크롬웰은 부관 참시되었다. 잉글랜드의 청교도 세력을 중심으로 벌어진 내전인데, 이를 '청교도 혁명'이라고도 한다.

양한 시장에 영향을 미쳤고, 특히 곡물을 아주 먼 거리에서 공급받아야 하는 런던 인근 시장에 엄청난 영향을 미쳤다. 그런 이유로 1648년 윈저 시장에서 최고 품질의 밀 가격은 이튼 대학 기록에 따르면 9부셸 1쿼터에 4파운드 5실링, 1649년에는 4파운드였다. 이 두 해의 가격과 1637년 이전 16년 동안의 평균 가격인 2파운드 10실링과의 차이는 3파운드 5실링이다. 이 차액을 지난 세기의 64년으로 나누면 그것만으로도 그 기간 사이에 아주 소폭의 가격 상승만 있었다는 것을 알 수 있다. 비록 이 두 해의 가격이 가장 높다고는 하지만, 국왕과 의회의 내전으로 인해 다른 물가 상승 사례도 발생했다.

(2) 곡물 수출에 교부되는 장려금

두 번째 사건은 1688년 승인된 곡물 수출장려금이었다. 많은 사람은 장려금이 토지 경작을 장려함으로써 여러 해에 걸쳐 장기적으로 곡물 생산을 더욱 풍부하게 하고, 그 결과 장려금이 없을 때보다도 국내 시장에서 곡물 가격을 훨씬 더 저렴하게 유지할 것으로 생각했다. 장려금이 언제 이런 효과를 어느 정도까지 냈는지는 뒤에서 자세히 검토할 것이다[4권 5장 "장려금"].

여기서는 1688년과 1700년 사이에는 그런 효과를 초래할 시간이 없었다는 점만 언급하고자 한다. 이런 단기간의 장려금이 거둔 유일한 효과는 매년 잉여생산물 수출을 장려함으로써 한 해의 풍요로움이 다른 해의 흉년을 보상하지 못하도록 방해해 국내 시장에서 가격을 인상시킨 것이었다. 1693년부터 1699년까지 잉글랜드에서 만연한 곡물 부족은 대체로 계절의 악화 때문이었고, 따라서 유럽 상당한 부분에까지 확대되었지만, 장려금으로 그런 부족 현상이 틀림없이 더욱 늘었을 것이다. 그런 이유로 1699년 아홉 달 동안은 잉글랜드의 곡물 수출이 금지되었다.

위의 두 사건 이외에 같은 기간에 발생한 세 번째 사건은 곡물 부족을 유발하거나 곡물에 보통 지급되는 은의 실제 양을 늘리지는 않았지만, 명목 금액을 필연적으로 인상시켰다. 그 사건으로 은화가 깎이거나 닳는 등 자연 마모로 가치가 크게 떨어졌기 때문이었다.

이런 은화의 가치 하락은 찰스 2세 재위 기간[1649-1685]에 시작되어 1695년까지 정도가 심해졌다. 저술가 라운즈가 제공한 정보에 따르면, 당시 통용되는 은화 가치는 평균적으로 표준가치에 25퍼센트나 가깝게 못 미쳤다. 모든 상품의 시장가격을 구성하는 명목 금액은 반드시 그 안에 포함되어야 마땅한 표준적 은의 양에 따라 규제되기보다는, 경험으로 알게 되는 그 안에 실제 함유된 은의 양에 따라 규제된다. 따라서 이런 명목 금액은 주화가 표준가치에 가까울 때보다는 자연 마모되어 은 함유 상태가 나빠졌을 때 필연적으로 더 높다.

금화가 떠받치는 은화 가치

금세기[18세기] 동안 은화의 표준 중량이 지금보다 더 낮았던 적은 없었다. 하지만 무척 마모되었음에도 불구하고 은화 가치는 그것과 교환되는 금화의 가치로 유지되었다. 최근 다시 개주[1774]되기 전에 금화 역시 은화보다 덜하지만 크게 마모되었기 때문이다. 이와는 반대로 1695년에 은화 가치는 금화로 유지되지 못했다. 당시 1기니는 깎이고 닳은 은화 30실링과 일반적으로 교환되었다. 최근 금화 개주 이전의 은괴 가격은 1온스에 5실링 7펜스보다 올라간 적이 거의 없었는데, 이는 조폐국 주조 가격보다 5펜스 높은 것이었다.

하지만 1695년에 은괴의 일반적인 가격은 1온스에 6실링 5펜스로, 조폐국 가격보다 15펜스 더 높았다.[71] 따라서 최근 금화 재주조 전에도 금화와 은화는 은괴와 비교했을 때 표준가치보다 8퍼센트 정도 낮은 것으로 여겨졌다. 반면 1695년에 두 주화의 가치는 표준가치[조폐국에서 금방 나온 금화와 주화]보다 거의 25퍼센트 낮을 것으로 추정되었다.

---

71 Lowndes's Essay on the Silver Coin, p. 68. —원주

하지만 18세기 초, 즉 윌리엄 왕의 대규모 주화 개주 직후 통용되는 은화 대부분은 틀림없이 현재보다 표준 중량에 더욱 가까웠을 것이다. 18세기가 진행되는 동안 왕당파와 의회파 사이의 내전 등 토지 경작을 좌절시키거나 국내 상업을 방해할 공적인 재난도 없었다. 18세기 대부분 시간 동안 교부된 장려금 제도는 곡물 가격을 실제 경작 상태 대비 다소 높게 형성했음이 분명하지만, 이번 세기 동안 수출장려금은 일반적으로 알려진 모든 좋은 효과를 창출하고 경작을 장려하여 국내 시장에서 곡물의 양을 늘리는 데 충분한 시간을 보냈다.

내가 뒤에서[4권 5장] 설명하고 검토할 장려금 제도의 원칙으로 미루어 볼 때 장려금은 한편으로 해당 상품가격을 높이기도 했지만, 다른 한편으로 낮추기도 했다. 많은 사람은 장려금이 그보다 더 큰 일을 해냈다고 생각했다. 그런 이유로 18세기의 64년 동안 윈저 시장에서 최고 품질의 밀 9부셸 1쿼터의 평균 가격은 이튼 대학의 기록에 따르면 2파운드 6과 32분의 19펜스로 지난 17세기 마지막 64년 동안보다 약 10실링 6펜스, 달리 말하면 25퍼센트 이상 저렴해졌다.

또한, 1636년 이전 16년간, 즉 아메리카의 풍부한 광산 발견이 온전히 영향력을 미쳤다고 생각되던 시기보다 약 9실링 6펜스 저렴하다. 더 나아가 1620년 이전 26년간, 즉 아메리카 광산 발견이 온전히 영향력을 미쳤다고 생각되기 이전보다도 약 1실링 정도 싸다. 이런 기록에 따르면 중간 품질 밀의 평균 가격은 18세기의 첫 64년 동안 8부셸, 즉 1쿼터에 약 32실링이 된다.

18세기의 은값은 곡가 상승에 비례

따라서 은값은 현세기 동안 곡물 가치 대비 다소 상승한 듯 보인다. 그리고 이런 현상은 지난 17세기 말 이전부터 어느 정도 시작되었던 것이다.

1687년 최고 품질 밀 9부셸 1쿼터의 가격은 윈저 시장에서 1파운드 5실링 2펜스였고, 이는 1595년 이래 최저가였다.

1688년 이런 부류의 문제에 박식한 것으로 유명한 그레고리 킹은 보통의 수확량을 보인 해에 생산자에게 밀의 평균 가격은 부셸당 3실링 6펜스 혹은 쿼터당 28실링이라고 추산했다. 내가 이해하는 바 생산자 가격은 때로 계약 가격이라고도 하는데, 농부가 상인에게 특정한 몇 해 동안 특정 수량의 곡물을 넘기는 계약을 할 때의 가격이다. 이런 종류의 계약은 농부가 곡물을 시장으로 출하하는 비용과 수고를 덜어주기에 계약 가격은 일반적으로 추정되는 평균 시장가격보다 낮다. 킹은 당시 평범한 풍년이었던 해의 통상 계약 가격이 쿼터당 28실링이라고 판단했다. 나는 최근 보기 드문 흉년이 닥치면서 생긴 식량난 이전에는 모든 평범한 풍년의 통상 계약 가격이 그러하다는 것을 확인했다.

1688년 의회는 곡물 수출에 교부되는 장려금을 승인했다. 지방 향신들[72]은 당시에 오늘날보다 더 많은 숫자가 의원으로 의회에 진출해 있었고, 곡물의 화폐가격이 떨어지고 있으니 조치해야 한다고 생각했다. 그리하여 생긴 장려금은 찰스 1세와 2세 시대에 흔했던 고가로 부자연스럽게 가격을 올리려는 방편이었다. 따라서 장려금은 밀이 쿼터당 48실링만큼 높아질 때까지 계속될 예정이었는데, 이 가격은 킹이 그해 평범한 풍년일 때 정상적인 생산자 가격으로 추산했던 것보다 20실링 혹은 7분의 5만큼 더 비싼 것이었다. 그의 계산이 널리 알려진 그의 명성에 부합한다면 쿼터당 48실링이라는 가격은 장려금 같은 방편이 없었다면 보기 드물 정도로 흉년이었던 해를 제외하면 당시 도저히 예상할 수 없는 가격이었다.

하지만 윌리엄 왕 정부는 당시 온전히 자리잡은 상태가 아니었다. 그 당시, 매년 지세를 부과하는 제도를 처음 수립하려고 지방 대지주들에게 그 제도의 승인을 요청하고 있었으므로 대지주들의 요구는 장려금이든 뭐든 거절할 수 없는 상태였다.

---

72   원어는 gentry. 귀족은 아니면서 귀족 밑에 위치한 사회 계급을 가리킨다. 준 남작(baronet), 기사(knight), 치안판사(justice of the peace), 젠틀맨(gentleman)의 네 그룹으로 구성되었다. 여기서는 주로 시골에 자기 소유의 농지를 가진 젠틀맨을 가리키는 용어로 사용되었다. 젠트리 신분은 16세기에 도입되기 시작했고 19세기에 들어와 점점 중요한 지위를 갖게 되었다.

따라서 은 가치는 곡물 가치 대비 17세기 말 이전보다 다소 상승했으며, 18세기에는 그런 상승세가 대부분 계속된 것으로 보인다. 장려금 제도가 없었다면 실제 경작 상태에서 눈에 띌 정도로 은 가치 상승이 있었을 테지만, 장려금의 효과로 인해 필연적으로 그런 가시적 상승은 방해를 받았다.

풍작인 해에 장려금은 엄청난 곡물 수출을 발생시켜 그런 제도가 없고 풍작인 해의 곡물 가격을 필연적으로 더 높게 올린다. 가장 풍작인 해에도 곡물 가격을 고가로 유지함으로써 토지 경작을 권장하는 것이 장려금 제도의 공공연한 목적이었다.

반면 엄청나게 흉작인 해에 장려금은 일반적으로 중단되었다. 하지만 심지어 흉년이 들었던 여러 해에도 장려금은 틀림없이 곡물 가격에 어떤 영향을 미쳤을 것이다. 장려금은 풍작인 해에 엄청난 수출을 일으켜 흔히 풍작인 해가 흉작인 해의 곡물 부족을 메우지 못하도록 했기 때문이다.

장려금은 풍·흉년과 무관하게 곡가를 상승시킨다

따라서 흉작인 해와 풍작인 해, 모두에서 장려금은 곡물 가격을 실제 경작 상태에서 자연적으로 발생하는 가격보다 높인다. 그러므로 18세기의 64년 동안 곡물 평균 가격이 17세기의 마지막 64년 동안보다 낮았다면, 동일한 경작 상태에서 이런 장려금 제도마저 없었더라면 곡물 평균 가격은 17세기보다 훨씬 낮아졌을 것이다.

여기서 이런 반론도 나올 수 있다. 장려금이 없었더라면 토지 경작 상태는 17세기와 같지 않을까 아니면 그보다 못하지 않았을까? 뒤에서[4권 5장]이 장려금 문제를 다룰 때 이런 제도가 나라의 농업에 어떤 영향을 미쳤는지 자세히 설명할 생각이다. 여기서는 곡물 가치 대비 은의 가치 상승이 잉글랜드에서만 벌어진 현상은 아니었다는 점만 언급해두겠다.

같은 시기에 프랑스에서도 이런 현상[은값 대비 곡물 가격 하락]이 거의 같은 비율로 발생했다는 것은 충실하고 부지런하게 곡물 가격을 수집한 세 저술가, 즉 뒤프레 드 상 모르와 메상스 그리고 『곡물 정책론』(*Essay on the police of grain*)의 저자 에르베르가 지적한 바이다. 그리고 프랑스에선 1764년까지 곡물 수출이 법으로 금지되었다. 그런데 이러한 수출 금지에도 프랑스의 곡물 가격은 떨어졌다. 프랑스에서 발생한 이러한 현상과 잉글랜드의 곡물 가격 하락은 서로 모순된다. 한쪽은 수출을 금지했는데도 곡물 가격이 감소한 반면, 다른 한쪽은 곡물 수출에 엄청난 장려금을 교부한 결과, 그 덕분에 곡물 가격이 떨어졌다고 주장한다. 어떻게 이런 모순을 극복할 수 있을지 상상이 되지 않는다.

이런 곡물의 평균 화폐가격에서 발생한 변화는 곡물의 실제 평균 가치가 감소했다기보다는, 유럽 시장에서 은의 실제 가치가 점진적으로 상승한 결과라고 보는 게 더 타당하다. 이미 앞에서 살펴본 것처럼[1권 5장], 곡물은 오랜 기간 은이나 그 외의 어떤 상품보다 더욱 정확한 가치 척도의 역할을 해왔다. 아메리카에서 풍부한 광산을 발견한 이후, 곡물이 이전 화폐가격보다 3~4배 상승했을 때 이러한 가격 변동은 일반적으로 곡물의 실제 가치 상승이 아니라, 은의 실제 가치 하락에 기인한다고 생각되었다. 따라서 18세기 64년 동안 곡물의 평균 화폐가격이 지난 세기 대부분 해보다 다소 하락했다면 우리는 이런 변동을 곡물의 실제 가치 하락 보다는 유럽 시장에서 은의 실제 가치가 상승했기 때문이라고 생각해야 한다.

지난 10여 년의 은값 하락은 일시적 현상

지난 10~12년 동안 곡물의 높은 가격은 실제로 유럽 시장에서 은의 실제 가치가 계속 하락하고 있다는 의혹을 불러일으켰다. 하지만 곡물의 높은 가격은 비정상적으로 나쁜 기상 조건에 따른 결과이며, 영구적인 것이 아닌 일시적이고 우발적인 사건으로 봐야 한다. 지난 10~12년 동안 유럽은 대부분 악천후를 겪어왔고, 폴란드에서 일어난 소요사태[73]는 가격이 높은 해에 폴란드 시장에서 곡물을 공급받았던 모든 나라에서 식량 부족을 크게 증가시켰다. 그렇게 오래 날씨가 좋지 못한 계절이 지속하는 일은 흔하진

---

73   1772년에 폴란드가 프로이센과 러시아에 각각 영토 분할되어 국가 자체가 없어진 사태를 가리킨다.

않지만, 드문 것은 아니다.

과거 곡물 가격 역사를 많이 조사해본 사람이라면 누구든 똑같은 부류의 여러 사례를 떠올리는 데 당혹감을 느끼지 않을 것이다. 1741년부터 1750년까지 윈저 시장에서 최고 품질 밀 9부셸 1쿼터의 평균 가격은 이튼칼리지의 기록에 따르면 고작 1파운드 13실링 9와 5분의 4펜스였는데, 이는 현세기 64년의 평균 가격보다 거의 6실링 3펜스가 낮았다. 중간 품질 밀 8부셸 1쿼터의 평균 가격은 이 기록에 따르면 이 10년 동안 고작 1파운드 6실링 8펜스에 지나지 않았다.

하지만 1741년과 1750년 사이에 정부의 장려금 덕분에 국내 시장의 장려금은, 그런 제도가 없었더라면 곡물 가격이 자연스럽게 하락하는 것을 막을 수 있었다. 이렇게 해서 10년 동안 수출된 모든 부류의 곡물 양은 세관 장부에 따르면 자그마치 8,029,156쿼터 1부셸이다. 이것에 지급된 장려금은 1,514,962파운드 17실링 4와 2분의 1펜스였다. 그리하여 1749년 당시에 총리 펠럼은 하원에 나가 앞선 3년 동안 터무니없이 많은 금액이 곡물 수출장려금으로 지급되었다고 보고했다. 그는 이런 불만스러운 의견을 낼 타당한 이유가 있었으며, 다음 해에는 그런 타당성이 더욱 커졌다. 그해에만 장려금은 자그마치 324,176파운드 10실링 6펜스가 지급되었던 것이다.[74] 이런 강요된 수출로 인해, 장려금 제도가 없었더라면 국내 시장에서 형성되었을 법한 가격보다 곡물 가격을 크게 상승시켰음은 언급할 필요조차 없다.

이번 장 말미에는 장려금이 교부된 이 10년을 다른 기간과 구분하여 자세히 설명한 내용이 나온다. 또한 이전 10년에 대한 구체적인 설명도 확인할 수 있는데, 이 10년의 평균은 18세기의 64년 총 평균보다 크게 낮지는 않지만, 역시 낮은 편이다.

하지만 1740년은 크게 흉년이 든 해였다. 1750년 이전의 20년은 1770년 이전 20년과 무척 대조적이다. 전자[1730-1750]는 중간에 한두 해

74　다음 자료 참조. Tracts on the Corn Trade, Tract 3.―원주

값비싼 해가 들어 있었음에도 현세기의 총 평균보다 한참 밑에 있지만, 후자[1750-1770]는 1759년 같은 저렴한 해가 한두 해 있었음에도 그런 총 평균을 한참 웃돈다. 후자가 총 평균을 웃도는 만큼 전자가 총 평균을 밑돌지 못한다면 우리는 그것을 장려금 때문이라고 생각해야 한다. 그런 가격 변동은 갑작스러운 것이므로 은값의 변화 탓으로 돌릴 수가 없다. 은값의 가치 변동은 늘 느리고 점진적이기 때문이다. 그런 갑작스러운 효과는 갑작스럽게 작용할 수 있는 원인, 즉 기상 조건의 변화로만 설명될 수 있다.

18세기 그레이트브리튼의 노동 가치는 상승

그레이트브리튼에서 노동의 화폐 가치는 실제로 현세기 동안 상승했다. 하지만 이것은 유럽 시장에서 은 가치가 감소한 것보다는 그레이트브리튼의 국가 발전과 보편적 번영에서 나오는 노동 수요 증가로 인한 결과다. 브리튼처럼 크게 번영하지 못한 나라인 프랑스에서 노동의 화폐 가치는 지난 17세기 중반 이래로 곡물의 평균 화폐가격과 함께 점진적으로 떨어져왔다. 지난 17세기와 현 18세기에 걸쳐 프랑스의 하루 임금은 밀 1세티에 (septier)의 평균 가격의 20분의 1 정도로 일정하게 유지했다고 한다. 1세티에는 4윈체스터 부셀보다 조금 더 많은 양이다.

그레이트브리튼에서 노동의 실제 보상, 즉 노동자에게 주어지는 생활 필수품과 편의품의 실제량은 이미 살펴봤던 것처럼 18세기가 진행되는 동안 상당히 증가했다. 대영제국에서 노동의 화폐가격이 상승한 이유는 유럽 전반적인 시장에서 은값이 인하되었기 때문이 아니라, 국가 발전으로 그레이트브리튼의 특정 시장에서 노동의 실제 가격이 오르게 된 결과다.

아메리카 대륙이 처음 발견된 이후로 한동안 은은 이전 가격 혹은 그보다 약간 낮은 가격으로 계속 거래되었다. 채광 이윤은 한동안 무척 컸으며, 자연 요율을 크게 웃돌았다. 하지만 은을 유럽으로 수입한 사람들은 이내 그런 높은 가격으로 연간 수입량 전부를 처분할 수 없다는 점을 알게 되었다. 은은 점점 더 적은 양의 물품과 교환되었다. 은 가격은 자연가격 혹은 자연 요율에 따라 광산에서 시장으로 가져오기 위해 지급해야 하는 노동 임금, 자본 이윤, 땅의 지대를 지급하기에 충분한 가격으로 떨어질 때까지 점점 더 낮아질 것이었다.

페루의 은 광산 대부분에서는 앞서 언급했듯, 총생산량의 10분의 1에 해당하는 스페인 국왕의 세금이 땅의 지대 전부를 삼켜버린다. 이 세금은 원래 생산량의 절반이었는데, 이내 3분의 1로 떨어지고, 뒤이어 5분의 1, 그러다 마침내 10분의 1까지 내려가 이 요율이 아직 계속되고 있다. 페루의 은 광산 대부분에서 10분의 1 지대는 채광 작업을 한 기업가의 자본과 그 통상 이윤을 함께 회수한 뒤 남는 전부인 듯하다. 한때 무척 높았던 이런 이윤은 현재 채광 작업을 겨우 지속해 유지할 수 있을 정도로 낮아졌다.

1504년, 즉 1545년에 포토시 광산이 발견되기 41년 전에, 스페인 국왕은 은에 대한 세금을 신고 금액의 5분의 1로 인하했다.[75] 이 광산은 90년 동안, 즉 1636년 이전까지 아메리카 전체에서 가장 많은 은을 생산했으며, 이로 인해 충분히 영향력을 발휘할 수 있는 시간을 갖게 되었다. 즉, 스페인 국왕에게 이런 세금을 계속 지불하면서 유럽 시장에서 은 가치를 떨어뜨릴 수 있을 만큼 최대한 떨어뜨린 것이다. 90년 정도라면, 독점이 아닌 한 어떠한 상품이든 자연가격, 즉 특정 세금을 납부하면서도 상당한 시간 계속 팔 수 있는 최저가 수준으로 가격을 떨어뜨릴 수 있는 충분한 시간이다.

유럽 시장에서 은 가격은 그보다 훨씬 낮은 가격으로 떨어졌을 수도 있었다. 은에 부과되는 세금을 1736년처럼 10분의 1로 줄이는 것을 넘어서서, 금에 부과되는 것과 똑같이 20분의 1로 줄이거나, 아니라면 현재 채광 중인 아메리카 광산 대부분에서 작업을 포기할 수도 있었을 것이다. 그러나 은 수요가 점진적으로 늘었고 혹은 아메리카 은 광산 생산물을 위한 시장도 점차 확대되어 이런 일은 일어나지 않았다. 그리하여 유럽 시장에서 은 가치를 유지했을 뿐만 아니라 지난 17세기 중반 즈음보다 은값을 다소 높이기까지 했다.

---

75 Solorzano, vol. ii. —원주

은 시장 확대의 세 가지 요인

아메리카 대륙을 처음 발견한 이래 아메리카 은 광산의 생산물을 출하할 시장은 점차 확대되었다. 이렇게 된 데는 3가지 요인이 있다.

(1) 유럽 시장의 점진적 확대

유럽 시장이 점차 확대되었다. 아메리카 대륙을 발견한 이래 유럽 국가 대부분은 훨씬 발전했다. 잉글랜드, 네덜란드, 프랑스, 독일, 심지어 스웨덴, 덴마크, 러시아도 농업과 제조업 측면에서 상당히 발전했다. 이탈리아도 퇴보한 것처럼 보이지 않는다. 이탈리아의 함락은 페루 정복 이전 일이다.[76] 페루가 정복되던 시기 이후에 이탈리아는 조금 회복한 듯 보인다. 스페인과 포르투갈은 실제로 퇴보한 것으로 보인다.

하지만 포르투갈은 유럽의 작은 부분에 불과하며, 스페인의 내리막 추세는 보통 생각하듯 그리 심각하지는 않을 것이다. 16세기 초에 스페인은 심지어 프랑스와 비교하더라도 무척 가난한 나라였다. 프랑스는 그때 이후 엄청나게 발전했다. 양국을 자주 여행했던 카를 5세는 프랑스에는 모든 것이 풍부한데 스페인에는 모든 것이 부족하다는 유명한 말을 남기기도 했다. 유럽에서 농업과 제조업 생산량이 증가함에 따라 이를 유통하기 위해 은화의 양이 점진적으로 증가해야 했고, 부유한 개인이 늘면서 그들이 사용할 접시와 기타 은 장식품도 마찬가지로 더 많이 필요했다.

(2) 아메리카는 은 공급의 새 시장

아메리카는 그 자체로 아메리카 은 광산 생산물을 위한 새 시장이다. 또한, 농업과 제조업의 발전 그리고 인구 증가를 보더라도 유럽에서 가장

---

76 1526년 1월 마드리드 조약에 따라 프랑스의 프랑수아 1세는 밀라노를 스페인의 카를 5세에게 양도하고 나폴리에 대한 스페인의 지배권을 재확인했다. 클레멘스 교황이 카를 5세의 황제군과 맞서려 했으나 패했고, 황제군은 1527년 5월 로마에 도착해 그 도시를 점령했다. 스페인 정복자 프란치스코 피사로가 페루를 정복한 것은 1535년이었다.

번성하는 나라보다 훨씬 속도가 빨라서 은에 대한 수요도 훨씬 빠르게 증가했다. 잉글랜드 식민지들은 전부 새 시장이며, 은화와 은제 식기의 수요 덕분에 이전에는 수요가 전혀 없었던 거대한 대륙을 통해 은 공급을 지속해서 늘려야 했다.

스페인과 포르투갈 식민지 대부분도 전적으로 새 시장이다. 뉴그라나다, 유카탄, 파라과이 그리고 브라질은 유럽인이 발견하기 전에는 기술이나 농업이 전혀 없는 원주민 부족들이 살고 있었다. 이젠 그런 지역들에 기술과 농업이 상당한 정도로 도입되었다. 전적으로 새 시장으로 생각할 수는 없지만, 그래도 멕시코와 페루 시장도 분명 예전보다 훨씬 더 확대되었다.

고대에 이 나라들이 높은 문화 수준에 있었다는 다양한 놀라운 이야기들이 있지만, 이 나라들이 처음 발견되고 정복되는 과정에 대한 역사를 상대적으로 객관적인 시각으로 읽은 사람이라면, 그곳의 주민들이 기술, 농업 그리고 상업 측면에서 현재의 우크라이나 타타르족보다 훨씬 무지했음을 분명히 이해할 수 있을 것이다. 두 나라 중에 훨씬 문명화된 페루인들조차, 비록 금과 은을 장식으로 사용하긴 했어도 어떤 종류의 주화도 갖고 있지 않았다. 그들의 상거래는 물물교환으로 수행되었으며, 그런 이유로 그들 사이에 노동 분업은 거의 없었다. 땅을 경작하는 이들은 집을 짓고, 가구를 제작하고, 옷, 신발, 농업 도구 제작 등을 전부 자기 손으로 했다. 그중 소수의 장인들은 모두 군주, 귀족, 사제들에 의해 유지되었으며, 아마도 그들의 하인이나 노예였을 것이다. 멕시코와 페루의 모든 고대 기술은 유럽에 단 하나의 제조품도 공급하지 못했다.

스페인의 정복자 군대는 5백 명을 넘은 적이 거의 없었고, 흔히 그 절반에도 미치지 못했는데도 아메리카의 거의 모든 장소에서 생활 수단을 확보하는 데 큰 어려움을 겪었다. 그들이 가는 곳마다 거의 기근이 발생했다고 하는데, 인구가 무척 많고 경작이 잘 되었다고 묘사한 지역에서도 기근이 발생했다는 것은 멕시코와 페루에 많은 인구와 높은 문명이 있었다는 이야기가 대단히 터무니없다는 것을 입증한다.

스페인 식민지들은 잉글랜드 식민지보다 농업, 토지 개량, 인구 증가 측면에서 여러모로 그다지 호의적이지 않은 정부의 통치를 받고 있다. 하지만 그들은 유럽 어느 나라보다 훨씬 더 빠르게 이 세 영역[농업, 토지 개량, 인구 증가]에서 개선되는 듯 보인다. 아메리카의 새 식민지에서는 비옥한 토양, 괜찮은 기후, 무척 저렴하고 넓은 땅을 일반적으로 발견할 수 있는데, 이는 스페인 식민지 정부의 많은 결함을 보완할 만큼 큰 이점이다.

1713년 페루를 방문한 저술가 프레지에는 리마에 주민이 2만 5천에서 2만 8천 명 산다고 기술했다. 1740년에서 1746년 사이 같은 지역에 거주한 우요아는 주민이 5만 명이 넘는다고 기록했다. 칠레와 페루의 여러 다른 주요 도시의 인구에 관한 기록에서도 이런 인구 증가를 볼 수 있다. 이 두 저술가가 제공한 정보는 신뢰할 만하므로 이곳의 인구 증가는 잉글랜드 식민지보다 뒤처지지 않는다는 점을 알 수 있다. 따라서 아메리카는 그곳 은광 생산물의 새 시장이며, 이곳의 은 수요는 유럽에서 가장 번성하는 국가보다 훨씬 더 빠르게 증가할 것으로 예상된다.

(3) 동인도제도는 아메리카 은의 새로운 시장

동인도제도는 아메리카 은광의 생산물을 위한 또 다른 시장이며, 이 시장은 은광이 처음 발견된 이래로 지속해서 더욱 많은 양의 은을 수입해 갔다. 그때 이래로 아카풀코 배들을 통해 수행되는 아메리카와 동인도제도 사이의 직접 무역은 계속 늘었고, 유럽을 통하는 간접적 교류는 그보다 훨씬 더 큰 비율로 늘었다. 16세기 동안 포르투갈은 동인도와 정기 무역을 수행한 유일한 나라였다.[77]

---

77 포르투갈의 왕, 항해자 헨리는 해양 탐험과 항해술 발전을 적극 장려했다. 그리하여 포르투갈 범선들은 서아프리카 해안을 따라 그 밑으로 내려갔다. 마침내 포르투갈 항해가 바르톨로메우 디아스는 1488년 아프리카의 남단인 희망봉 곳에 도착했다. 이어 인도양의 아랍 혹은 인도 선원들의 도움을 받아가며 바스코 다 가마는 1498년에 아프리카 남단을 돌아 남부 인도의 캘리컷 해안에 도착했다. 당시 바닷길을 먼저 발견한 나라가 그 지역의 무역을 독점했으므로 이렇게 해서 포르투갈은 동인도제도의 무역을 최초로 장악하게 되었다.

16세기 말 몇 년 동안 네덜란드는 이런 독점권을 침범하기 시작했고, 몇 년 만에 포르투갈을 인도 주요 정착지에서 쫓아냈다. 지난 17세기 대부분 기간에 두 나라는 동인도 무역 중 가장 큰 부분을 나눠 가졌다. 네덜란드 무역은 지속해서 증가했는데, 이는 포르투갈의 무역 감소에 비해 훨씬 큰 비율이었다.

잉글랜드와 프랑스는 17세기에 인도와 약간의 무역을 수행했고, 18세기에 이르러 그 규모는 크게 확대되었다. 놀랍게도 러시아도 시베리아와 타타르를 거쳐 육로로 베이징까지 가는 일종의 대상(隊商)을 통해 중국과 정기적으로 무역하고 있다. 최근 전쟁[7년전쟁]으로 거의 전멸한 프랑스 무역을 제외한다면 모든 나라의 동인도 무역은 대부분 지속해서 늘었다. 유럽에서 동인도 물품을 소비하는 추세는 점차 크게 증가하고 있어 유럽 여러 나라에 점차 많은 일거리를 주고 있다.

예를 들어, 차는 17세기 중반 이전에는 유럽에서 거의 사용되지 않는 물품이었다. 현재 매년 잉글랜드 동인도회사가 동포들이 쓸 용도로 수입하는 차의 수입 금액은 150만 파운드 이상이며, 심지어 이것도 충분하지 않아 네덜란드 항구와 스웨덴 예테보리에서 밀수입이 성행했고, 또한 프랑스 동인도회사가 과거 번창했던 때는 프랑스 해안에서 훨씬 더 많은 양의 차를 지속해서 밀수입해왔다. 중국 도자기, 몰루카제도 향신료, 벵골의 피륙 그리고 다른 무수한 동인도제도 물품의 소비는 거의 차와 비슷한 비율로 증가했다. 지난 17세기 동안 동인도 무역에 고용된 모든 유럽 선박의 톤수는 아마도 영국 동인도회사가 최근 선단 규모를 축소[78]하기 전의 톤수보다 훨씬 많지는 않았을 것이다.

---

[78] 1772년 잉글랜드 동인도회사는 보유 선박 총량을 4만5천 톤 이하로 유지하라는 명령을 그레이트브리튼 정부로부터 받았다. 이는 전함 조선에 들어가는 목재를 확보하려는 차원이었다.

중국과 인도의 식량과 노동

하지만 동인도제도[79] 지역들에서, 특히 중국과 인도에서 귀금속의 가치는 유럽인이 처음으로 그들과 무역하기 시작할 때도 유럽보다 훨씬 높았고, 그런 상황은 여전히 지속되고 있다. 쌀 생산국, 즉 일반적으로 한 해에 2모작, 3모작 하는 나라에선 쌀이 밀의 일반적인 수확량보다 더욱 풍부하며, 식량의 풍성함은 같은 면적의 밀 생산국보다 훨씬 크다. 그런 이유로 쌀 생산국은 인구가 훨씬 더 많다. 그런 나라의 부유층은 자신이 소비할 수 있는 것 외에 처분할 수 있는 식량이 엄청나게 많기에 훨씬 더 많은 노동량을 구매할 수 있다. 그 결과, 누구에게 듣더라도 중국이나 인도의 부유한 계층의 하인들은 유럽에서 가장 부유한 사람들이 고용하는 하인들보다 그 수가 훨씬 많고 화려했다고 전해진다.

중국과 인도의 부자들은 처분할 수 있는 식량을 넘치게 보유하고 있고, 이 때문에 자연에서 극소량으로 생산되는 색다르고 보기 드문 생산물, 즉 부자의 큰 경쟁 대상인 귀금속과 보석에 더욱 많은 양의 식량을 제공할 수 있다.[80] 따라서 인도 시장에 생산물을 제공하는 광산이 유럽 시장에 생산물을 제공하는 광산만큼 풍부하다고 하더라도, 그런 상품은 당연히 유럽보다 인도에서 더 많은 양의 식량과 교환된다. 하지만 인도 시장에 생산물을 제공하는 광산은 유럽 시장에 상품을 공급하는 광산과 비교했을 때 귀금속은 풍부함이 덜했지만, 보석은 훨씬 더 많았던 듯 보인다.

따라서 귀금속은 당연히 유럽보다 인도에서 더 많은 양의 보석과 훨씬 더 많은 양의 식량과 교환된다. 유럽보다는 인도에서 모든 사치품 중 최고인 다이아몬드의 화폐가격이 다소 낮을 것이고, 모든 필수품 중 최우선인 식량의 화폐가격은 훨씬 더 낮을 것이다. 하지만 노동의 실질가격, 즉 노동

---

79 애덤 스미스는 동인도제도에 인도뿐 아니라 중국도 포함해 언급한다. 두 나라를 별도로 구분해야 할 필요가 있을 때는 인도를 Indostan이라고 표기하고 중국은 China라고 표기했다.

80 더 많은 식량을 내놓고 귀금속과 교환할 수 있다는 뜻이다.

자에게 주어지는 생활필수품의 실제량은 이미 살펴본 것처럼[1권 8장], 동인도제도의 두 거대 시장인 중국과 인도에서 유럽 대부분 국가보다 낮다. 중국과 인도 노동자의 임금은 더 적은 양의 식량을 구매할 것이고, 식량의 화폐가격이 유럽보다 인도에서 훨씬 낮으므로 그곳 노동의 화폐가격은 두 가지 이유, 즉 노동이 구매할 식량이 적다는 점, 또 그런 식량의 가격이 낮다는 점 때문에 유럽보다 낮다.

하지만 기술과 산업이 동일한 나라들에서는 제조품 대부분의 화폐가격이 노동의 화폐가격에 비례할 것이다. 제조 기술과 산업 측면에서 중국과 인도는 열악하긴 해도 유럽의 어떤 나라보다 그리 크게 열악해 보이지 않는다. 따라서 제조품 대부분의 화폐가격은 유럽 어느 나라보다도 중국과 인도에서 자연스럽게 훨씬 낮을 것이다. 유럽 대부분 지역에서 육상 운송비는 대다수 제조품의 실질가격과 명목가격을 크게 증가시킨다. 우선 재료를 가져오고, 이후 완제품을 시장에 출하하는 데는 더 많은 노동, 즉 더 많은 돈이 들어간다. 중국과 인도에서 내륙 운항 수로망은 크고 다양해 이런 운송 관련 노동의 대부분을 절약하고, 그 결과 관련 비용을 크게 절감할 수 있다. 그 때문에 두 나라의 제조품 대부분의 실질가격과 명목가격은 모두 훨씬 낮아졌다.

이런 모든 이유로 귀금속은 항상 그래왔고, 지금도 여전히 그렇듯 유럽에서 인도로 운송하기에 아주 유리한 상품이다. 인도에서 귀금속보다 더 좋은 가격을 받는 상품은 거의 없다. 즉, 유럽에서 투입하는 노동과 상품 양에 비할 때, 인도에서 귀금속만큼 더 많은 양의 노동과 상품을 구매하거나 장악할 상품이 거의 없다는 뜻이다.

인도에 금보다 은을 가지고 가는 것은 더욱 이득이다. 대부분의 중국과 인도 시장에서 순은과 순금 사이의 비율은 10대 1, 많아 봐야 12대 1이지만, 유럽에선 14 혹은 15대 1이기 때문이다. 중국과 인도 시장 대부분에서 10온스 혹은 많아 봐야 12온스의 은으로 1온스의 황금을 구매할 수 있지만, 유럽에선 14~15온스가 있어야 한다.

따라서 인도로 항해하는 대부분의 유럽 선박 화물에는 은이 가장 가치 있는 물건 중 하나로 통한다. 마닐라로 항해하는 아카풀코 배에서도 은은 가장 귀중한 물품이다. 신대륙 은은 이런 방식으로 구대륙의 양극단 사이에서 상업이 수행되도록 한 주요 상품 중 하나가 되었다. 유럽과 동인도 지역, 이처럼 멀리 떨어진 지역이 서로 연결되는 데는 은의 도움이 컸다.

이렇게 넓게 확장된 시장에 은을 공급하려면 매년 광산에서 가져오는 은 물량은 모든 번성하는 나라에서 요구되는 주화나 식기의 지속적인 수요를 지원하기에 충분해야 할 뿐만 아니라, 은이 사용되는 모든 나라에서 매일 낭비되고 소진되는 은을 보충할 수 있을 만큼 충분해야 한다.

금은의 지속적인 사용량 증가

귀금속의 지속적인 소모는 주화에서는 마모로, 식기에서는 사용과 청소를 통해 아주 분명하게 드러난다. 또 은을 무척 폭넓게 사용하는 상품들에서도 자연 마모만으로도 매년 엄청난 양의 은 공급이 필요하다. 특정 제조업에서 그런 금속의 소모는 이런 점진적인 소모보다 전체적으로 크지는 않겠지만, 훨씬 더 빠르게 소모되어 눈에는 훨씬 잘 띈다. 버밍엄의 제조업에서만도 도금에 활용되어 이후 영구히 기존 금속의 형태를 유지하지 못하는 금은의 양이 5만 파운드 이상이라고 한다.

이것으로 미루어보아 우리는 세상의 모든 다른 지역에서 버밍엄 같은 부류의 제조업, 레이스, 자수, 금은으로 만든 물건, 책 표지 장식, 가구 등에 매년 얼마나 많은 금은이 소비되는지 어느 정도 짐작할 수 있다. 육지와 바다를 통해 다른 곳으로 운송하면서 분실되는 금속도 매년 틀림없이 상당한 양일 것이다. 게다가 아시아 국가 대부분에서 당국의 감시를 피하거나 빼앗기지 않기 위해 땅속 깊이 보물을 숨기는 것은 거의 보편적인 관습이다. 그런 정보는 숨기는 사람과 함께 사라지는 경우가 많으므로, 자연 마모나 운송 중의 손실보다 훨씬 많은 양의 보물을 잃게 될 수밖에 없다.

카디즈와 리스본에서 수입되는 금은의 양(등기된 것뿐만 아니라 밀수된 것으로 추정되는 것까지 포함)은 믿을 만한 기록에 따르면 연간 약 600만 파운드에 달한다.

스페인과 포르투갈의 연간 금은 수입량

메겐스에 따르면[81] 1748년부터 1753년까지 6년간 스페인으로 매년 수입된 귀금속 평균 그리고 1747년부터 1753년까지 7년 동안 포르투갈로 매년 수입된 귀금속 평균은, 무게로 했을 때 은은 1,101,107파운드, 금은 49,940파운드에 달했다. 은은 트로이식 형량으로 파운드당 62실링으로 보면 3,413,431파운드 10실링이고, 금은 트로이식 형량으로 파운드당 44기니 2분의 1파운드로 보면 2,333,446파운드 14실링에 달했다. 둘을 합치면 5,746,878파운드 4실링에 해당한다. 메겐스는 등록하고 수입된 것에 관한 근거가 정확하다고 우리에게 확인해주었다. 그는 금은을 가져오는 특정 장소 그리고 장부에 따라 그런 장소 각각이 제공한 각 금속의 특정 수량에 관한 세부 사항도 제시한다. 그는 자신이 밀수라고 추정한 각 금속의 양에 관해서도 언급했다. 이 신중한 상인의 훌륭한 경험은 그가 내놓은 정보에 상당한 무게감을 실어준다.

『동·서인도제도에서 유럽인의 정착에 관한 철학적·정치적 역사』(*Philosophical and Political History of the Establishment of the Europeans in the two Indies*)라는 감동적이고 박식한 책을 펴낸 저자[기욤 레이날 사제]에 따르면 1754년부터 1764년까지 11년 동안 스페인으로 매년 등록되어 수입된 금은의 평균은 10레알을 1피아스터로 잡았을 때 13,984,185와 5분의 3피아스터에 달했다. 하지만 그는 밀수되었을지도 모르는 부분까지 고려할 때 연간 전체 수입량은 1천 7백만 피아스터에 달할 것으로 추정했다. 이는 1피아스터를 4실링 6펜스로 하면 382만 5천 파운드와 같은 금액이다. 레이날은 금은을 가져오는 특정 장소, 장부에 따른 그런 장소 각각이 제공하는 금은의 특정 수량에 관한 세부 사항도 제공한다.

레이날은 또한 브라질에서 리스본으로 매년 수입되는 금의 양을 포

81　Postscript to the Universal Merchant, p. 15 and 16. 이 추기는 이 책이 출판되고 3년이 지난 1756년에 발간되었다. 원 책은 그 후 재판에 들어가지 못했다. 따라서 이 추기는 소수의 책자에서만 발견된다. 이 추기는 초판의 여러 오류를 교정하고 있다.—원주

르투갈 국왕에게 지급하는 세금의 양, 즉 표준 금의 5분의 1 정도로 판단한다면 1천 8백만 크루자도 혹은 4천 5백만 리브르 정도로 평가할 수 있는데, 이는 약 2백만 파운드에 상당하는 금액이다. 하지만 레이날은 밀수된 것도 있으므로 상기 금액에 8분의 1, 즉 26만 파운드를 더해도 무방할 것으로 보았다. 이렇게 되면 전체 금액은 225만 파운드에 달한다. 그러므로 레이날의 기록에 따르면 스페인과 포르투갈에 매년 수입되는 귀금속 전량은 약 607만 5천 파운드에 이른다.

필사본이긴 하지만 믿을 만한 것으로 확인된 여러 다른 기록들은 매년 수입된 귀금속의 총량이 평균 약 6백만 파운드에 이르며, 때로는 이보다 조금 더, 때로는 이보다 조금 덜한 수준이라고 언급했는데, 이는 메겐스의 기록과 일치한다.

카디스와 리스본의 연간 금은 수입량

카디스와 리스본으로 매년 수입되는 귀금속은 실제로 아메리카 광산의 연간 총생산량에 미치지 못한다. 일부분은 매년 아카풀코 선박을 통해 마닐라로 보낸다. 다른 일부분은 스페인 항구와 다른 유럽 국가 간의 불법 거래에 사용되며, 또 다른 일부분은 분명하게 아메리카 지역에 그대로 남는다. 게다가 금과 은은 아메리카 광산에서만 발견되는 것이 아니다. 그렇지만 단연코 매장량은 가장 풍부한 광산이다. 알려진 다른 모든 광산의 생산물은 아메리카 광산에 비교하면 대단찮은 수준이다. 아무튼 아메리카 광산 생산물 중 대부분이 카디스와 리스본으로 매년 수입된다.

버밍엄에서만 매년 5만 파운드 상당의 상품을 사용하는데, 이는 아메리카 광산에서 들여오는 연간 수입, 즉 6백만 파운드의 120분의 1에 불과하다. 따라서 금과 은이 사용되는 전 세계 모든 나라의 연간 소비 총량은 아메리카의 연간 총생산량과 거의 같을 것이다. 그 나머지[전 세계의 연간 소비 총량에서 아메리카의 연간 총생산량을 뺀 부분]는 번성하는 나라들의 증가하는 수요를 제대로 충족시키지 못할 것이다. 이런 작은 수요마저도 채우지 못해 유럽 시장에서 금은 가격이 다소 상승할 수 있다.

금속 생산 vs 곡물 생산

광산에서 시장으로 가져오는 황동과 철의 양은 매년 귀금속[금은] 양과는 전혀 균형이 맞지 않을 정도로 많다. 하지만 우리는 이런 이유로 그런 조금속(粗金屬)이 더 보편화되거나 가격이 점차 떨어지게 될 것으로 생각하지 않는다. 하물며 귀금속이 그렇게 값이 싸진다고 생각해야 할 이유는 무엇인가?

실제로 조금속은 귀금속보다 단단해 훨씬 더 단단한 용도에 사용되는데, 가치도 적고 보존하는 데 신경을 덜 써도 되기 때문이다. 하지만 귀금속은 반드시 조금속보다 더 오래 간다고 할 수 없으며, 무척 다양한 방법으로 분실, 소모, 소멸될 수 있다.

모든 금속 가격은 완만하고 점진적인 변화를 겪겠지만, 거의 모든 원생산물보다 해마다 변동폭이 적다. 귀금속 가격은 조금속 가격보다 갑작스러운 변화에 휘말리지 않는다. 이런 뛰어난 가격 안정의 근거는 금속의 내구성에 있다. 작년에 시장에 출하된 곡물은 올해 말이 되기 한참 전에 전부 혹은 거의 대부분 소비되어 없어질 것이다. 하지만 광산에서 2~3백 년 전에 가져온 철의 일부는 여전히 사용 중이고, 2~3천 년 전에 가져온 금의 일부도 마찬가지다.

매년 사용할 수 있는 곡물의 양은 그 해에 재배된 양에 따라 달라진다. 하지만 철은 전년도에 채굴된 양이 여전히 많이 사용되므로 특정 연도의 채굴량이 많든 적든 크게 중요하지 않다. 금의 물량 사이의 비율[어느 특정한 두 해에 생산된 금 물량 비율]은 금광 생산물에서 발생하는 차이에 따라 거의 영향을 받지 않는다. 금속 광산에서 나오는 생산물 대부분은 물량 변동 폭이 농경지의 대다수 생산물보다 더 크겠지만, 그런 물량 변동이 금속 가격과 곡물 가격에 미치는 영향은 서로 다르다.

2. 금과 은 가치 사이의 비율 변화

금과 은의 조폐국 교환 비율

아메리카 광산이 발견되기 전, 순은에 대한 순금의 가치는 유럽의 각기 다른 조폐국에서 1대 10과 1대 12 사이의 비율로 규정되었다. 즉, 1온스의 순금은 순은 10온스에서 12온스의 가치가 있다고 여겼다. 지난 17세기 중반 정도에 그 비율은 1대 14에서 1대 15 사이로 규정되었다. 즉, 순금 1온스가 순은 14온스에서 15온스 사이의 가치로 인정받았다. 금은 명목가치에서 상승했는데, 다시 말하면 금에 주어지는 은의 양이 증가한 것이다. 두 귀금속은 실질가치에서는 줄었다. 즉, 다시 말하면 구매할 수 있는 노동량이 줄어든 것이다.

하지만 은은 그 가치가 금보다 더욱 크게 줄었다. 아메리카의 금광과 은광은 이전에 운영 중이던 다른 모든 광산보다 매장량이 풍부했지만, 아메리카 은광 매장량이 금광보다 훨씬 풍부했던 것이다.

유럽에서 인도로 매년 운송되는 엄청난 물량의 은은 잉글랜드의 북아메리카 식민지 일부에서 금에 대한 은의 가치를 점차 떨어뜨렸다. 콜카타 조폐국에서 순금 1온스는 유럽과 같은 식으로 순은 15온스 가치와 동일하다고 여겼다. 콜카타 조폐국은 벵골 시장에서 유통되는 금의 가치보다 지나치게 높게 평가한 것인지도 모른다. 중국에서는 금 대 은의 비율이 여전히 1대 10 혹은 1대 12로 유지되고 있다. 일본에서는 그 비율이 1대 8이라고 한다.

매년 유럽으로 수입되는 금과 은의 양 사이의 비율은 메겐스의 기록에 따르면 거의 1대 22이다. 즉, 1온스의 금이 수입되면 은은 22온스가 살짝 넘게 들어온다는 것이다. 메겐스는 동인도제도로 매년 보내는 막대한 양의 은이 유럽에 남는 은의 양을 줄여 은 가치 비율을 1대 14 혹은 1대 15로 만들었다고 생각했다. 그는 금과 은의 가치 비율은 반드시 두 금속의 물량 비율과 같아야 하며, 따라서 이런 엄청난 은 수출이 없었다면 금은 가치 비율은 1대 22가 되었을 것으로 생각했다.

금과 은의 시장 교환 비율

하지만 금과 은 가치 비율은 흔히 시장에서 발견되는 두 상품의 물량 비율과 반드시 일치하지는 않는다. 일반적으로 말해 황소 가격은 10기니로 추정되며, 3실링 6펜스로 추정되는 어린 양의 가격보다 대략 60배 높다. 하지만 그렇다고 해서 시장에서 황소 한 마리를 60마리의 어린 양과 교환할 수 있다고 추론하는 것은 터무니없는 일이다. 또한, 1온스의 금이 보통 14~15온스의 은을 구매한다고 해서, 시장에서 항상 1온스에 14~15온스의 은이 주어진다고 추론하는 것도 황당한 생각이다.

시장에서 유통되는 은의 물량은 금의 물량보다 훨씬 많다고 볼 수 있다. 그러니까 은 가치와 금 가치 사이의 교환 비율대로 두 금속의 물량 비율이 나오는 게 아니다. 시장으로 가져오는 저렴한 상품의 총량은 보통 비싼 상품의 총량보다 더 많을 뿐만 아니라 가치도 더욱 크다. 매년 시장으로 출하되는 빵의 총량은 고기 총량보다 더욱 많고 가치도 더 크다. 고기 총량은 가금 총량보다, 가금 총량은 엽조(獵鳥: 사냥한 새) 총량보다 더 많으며 가치도 더 크다. 비싼 상품보다 저렴한 상품을 구매하는 사람이 훨씬 더 많으며, 그리하여 값싼 상품은 더 많은 물량과 함께 더 큰 가치가 부여된다.

따라서 비싼 상품의 총량 대비 저렴한 상품의 총량 비율은, 비싼 상품의 특정 물량 가치 대비 같은 물량의 저렴한 상품 가치 비율보다 더 크다. 우리가 귀금속을 다른 물건과 비교한다면 은은 저렴한 상품이고, 금은 비싼 상품이다. 그러므로 자연스럽게 시장에는 금보다 더 많은 양의 은이 유통될 뿐만 아니라 그 가치도 더 크다는 것을 예상할 수 있다. 어떤 사람이 집 안에 유지하고 있는 은 식기와 금 식기 물량을 비교해보면 그는 물량뿐 아니라 가치도 은이 금을 훨씬 능가한다는 것을 발견한다. 게다가 많은 사람이 은 식기를 다수 가지고 있지만, 금 식기는 전혀 없다. 금을 가진 사람조차 일반적으로 회중시계 케이스, 코 담뱃갑, 자질구레한 장신구 등 소품에 국한되며 전부 합쳐도 그리 가치가 크지 않다.

그레이트브리튼의 주화에서 사실상 금화 가치가 은화보다 크게 우세하지만, 모든 나라에서 금화가 그런 우월한 지위를 누리는 것은 아니다. 몇몇 나라의 주화에서 금화와 은화 가치는 거의 같다. 조폐국 기록에 따르면 잉글랜드와 합방하기[1707] 전에 스코틀랜드 금화는 은화에 아주 근소하게 우세했다.[82] 많은 나라의 주화에서는 실제로 은화가 우세하다. 프랑스에서는 보통 가장 큰 금액이 은으로 지급되며, 주머니에 넣고 다닐 정도 이상으로 금을 얻기란 어려운 일이다. 그리하여 은 식기의 가치가 금 식기를 능가하는 현상이 모든 나라에서 벌어지고 있으며, 이것은 고작 몇몇 나라에서만 벌어지는 은화에 대한 금화의 우세 현상을 상쇄하고도 남는다.

어떤 의미에서 은은 늘 금보다 훨씬 저렴했고 앞으로도 그럴 것이다. 하지만 다른 의미에서 금은 현재 스페인의 시장 상황에서 은보다 다소 저렴하다고 할 수 있다. 상품이 싼지 혹은 비싼지 여부는 해당 상품가격의 절대적인 높고 낮음에 달려 있을 뿐만 아니라, 그런 통상 가격이 상당 기간 시장에 출하하는 최저가를 넘어서는지에도 달려 있다. 여기서 최저가란 상품을 시장으로 출하하는 데 들어가는 자본을 적정 이윤과 함께 회수할 수 있는 최소한의 가격을 말한다. 그러므로 최저가는 지주에게 아무런 지대도 제공하지 못한다. 지주는 이 최저가에서 대가로 받는 것이 없으며, 이 가격은 임금과 이윤 이렇게 두 가지만으로 구성된다.

스페인 시장에서 금은 가치의 비교

그런데 스페인 시장의 현재 상황에서 금은 분명 은보다 이런 최저가에 다소 더 가깝다. 스페인 국왕이 금에 부과한 세금은 표준 금의 20분의 1 혹은 5퍼센트에 불과하지만, 은에 부과되는 세금은 10분의 1, 즉 10퍼센트에 달한다. 이미 살펴본 것처럼[1권 11장 2절과 3절], 이런 세금은 대부분 스페인령 아메리카 금광과 은광의 지대로 납부하는 돈이다. 또한, 금에 부과된 세금은 은에 부과된 세금보다 훨씬 덜 걷힌다. 금광은 큰 수익을 내는 경우가 드물기 때문에 금광 사업자의 수익은 은광 사업자보다 훨씬 적을 수밖에

---

82 참조. Ruddiman's Preface to Anderson's Diplomata, etc., Scotiae.—원주

없다.

따라서 스페인 금의 가격은 더 적은 지대와 이윤을 제공하므로 스페인 시장에서 은 가격보다 최저가에 다소 더 가까워야 한다. 모든 비용을 계산하면 금의 총량은 스페인 시장에서 은의 총량만큼 유리하게 처분될 수 없는 듯하다. 브라질 금에 부과되는 포르투갈 국왕의 세금은 옛날 스페인 국왕이 멕시코와 페루의 은에 부과하던 세금과 같다. 즉, 표준 금의 5분의 1인 것이다. 결과적으로, 유럽 전체 시장에서 아메리카 금의 전체 물량이 아메리카 은의 전체 물량보다 더 최저가에 가까운 상태로 유럽 시장에 출하되는지는 확실하지 않다.

다이아몬드와 다른 보석 가격은 금 가격보다도 시장에 상품을 내놓는 최저가에 훨씬 더 가까울지도 모른다.

세금 인하가 금은 가격에 미치는 효과

세수(稅收)에 가장 적합한 대상 중 하나인 단순 사치품에 부과될 뿐만 아니라 세입에도 무척 중요한 은에 대한 세금은 징수가 계속되는 한 없어질 가능성은 희박하다. 하지만 1736년 은에 대한 세금을 5분의 1에서 10분의 1로 인하한 배경인 '지급 불능'이 또다시 발생한다면 세금을 더 내려야 한다. 같은 식으로 금에 대한 세금은 20분의 1로 줄어들 필요가 있었다. 스페인령 아메리카 은광은 다른 모든 광산처럼 작업에 점차 더 많은 비용이 들어가게 되었다. 채광 작업을 수행하기 위해 더 깊은 곳으로 들어가야 했고, 물을 빼내고 그런 깊은 곳까지 맑은 공기를 공급해야 했기 때문이다. 이러한 사정은 그런 광산 상태를 조사한 사람이라면 누구나 다 아는 것이다.

이런 원인 때문에 은 물량은 점차 부족해진다. 특정 물량을 수집하기가 더 어렵고 비싸질 때 상품은 점점 부족해지기 때문이다. 따라서 이런 희소성 때문에 다음과 같은 세 가지 중 하나가 일어난다.

(1) 늘어난 비용은 그에 비례해 금속 가격 인상으로 전액 보상된다.

(2) 늘어난 비용은 은에 부과되는 세금이 그에 비례해 인하됨으로써 전액 보상된다.

(3) 늘어난 비용 일부는 가격 상승으로, 다른 일부는 세금 감소로 보상된다.

이 중에서도 세 번째 시나리오가 가장 실현성이 높다. 금에 부과되는 세금이 크게 줄었음에도 은 가격보다 금 가격이 상승한 것과 마찬가지로, 은에 부과되는 세금이 똑같이 줄었음에도 노동과 상품가격보다 은 가격이 상승할 수 있다.

그런 연속적인 세금 인하는 유럽 시장에서 은의 가치 상승을 전적으로 막지는 못하겠지만, 그래도 어느 정도 지연시킬 것이다. 세금 인하 결과, 이전에 세금을 납부할 여력이 없어 작업을 하지 못했던 많은 광산이 다시 채광에 나서게 된다. 매년 시장으로 들여오는 은의 양은 다소 늘어나고, 따라서 특정 양의 은 가치는 이런 일이 벌어지지 않았을 때보다 다소 낮아진다. 1736년 세금 인하 결과, 유럽 시장에서 은 가치는 오늘날 관점에서 보면 그런 세금 인하 이전보다 더 낮아지진 않았지만, 스페인 국왕이 계속 옛 세금을 요구했더라면 형성되었을 법한 가치보다 최소 10퍼센트는 낮아졌다.

이런 세금 인하에도 불구하고 은 가치는 18세기 동안 유럽 시장에서 다소 오르기 시작했다. 그리하여 나는 위에서 주장한 사실과 논의[83]를 믿게 되었고, 좀 더 정확하게 표현하자면 짐작하고 추측하게 되었다. 이렇게 말하는 까닭은 내가 내놓을 수 있는 최선의 의견도 확신이라고 하기에는 다소 부족하기 때문이다. 실제로 은의 가치 상승이 있긴 했지만 그 정도는 지금까지 무척이나 작았다. 결국 많은 사람은 이런 일이 실제로 벌어졌는지, 아니면 그 반대 현상이 벌어지지는 않았는지, 즉, 유럽 시장에서 은의 가치가 계속 하락해온 것인지 아닌지 확신하기 어렵다.

하지만 여기서 반드시 주목해야 할 점이 있다. 즉, 금은의 연간 수입이

83　애덤 스미스는 국부가 증가하면 금은의 수입량이 많아져 금은이 흔해지므로 그 가격이 자연히 떨어진다고 본 18세기 당시의 일반적인 고정 관념에 반대했고, "국부 증가로 은 가치가 내려가는 것은 아니다"라고 주장하면서 이 은값 변동에 관한 여담을 진행해오고 있다.

얼마로 추산되든 그런 금속들의 연간 소비가 연간 수입과 같아지는 특정 기간이 분명히 존재한다는 것이다. 금은의 소비는 물량이 늘어남에 따라 다소 증가하거나 혹은 훨씬 더 큰 비율로 증가함이 분명하다. 두 귀금속의 물량이 늘면서 그 가치는 줄어든다. 더 많이 사용되면서 사람들은 금과 은의 비싼 가격에 덜 신경 쓰게 되고, 소비는 그 결과 물량보다 더욱 큰 비율로 늘어난다. 따라서 수입이 계속 늘지 않는다고 가정할 때 특정 시기 이후 두 귀금속의 연간 소비는 이런 식으로 연간 수입과 틀림없이 같아져야 하는데, 현재로선 그럴 것으로 예상되지 않는다.

연간 수입 물량이 점차 줄어들면서, 연간 소비는 한동안 그 물량을 넘어서게 된다. 이렇게 해서 두 금속의 물량은 점차 눈에 띄지 않을 정도로 감소하는 반면, 그 가치는 점차 눈에 띄지 않을 정도로 상승한다. 그리하여 연간 수입 물량이 다시 같은 수준을 유지하고 연간 소비가 점차 눈에 띄지 않을 정도로 연간 수입 물량 수준에 적응해간다.

3. 은 가치가 여전히 계속 줄어들 것이라는 의혹의 근거

일부 사람들은 유럽에서 발생한 부의 증가와 귀금속의 증가를 연결지어 생각하곤 한다. 그들에게는, 부의 증가와 함께 귀금속의 양이 증가하면, 그 양이 늘어나는 만큼 그 가치는 줄어든다고 보인다. 그리고 이런 생각 때문에 많은 사람이 귀금속 가치는 유럽 시장에서 여전히 계속 하락하는 중이라고 여긴다. 점차 상승하는 토지의 원생산물 가격은 많은 사람에게 그런 의견을 더욱 확신하게 했다.

이 점에 대해 나는 이미 위에서 그렇지 않다고 설명한 바 있는데[1권 11장 3절, "귀금속 물량이 증가하는 이유"], 한 나라에서 부의 증가로 귀금속 양이 늘어난다고 해서 귀금속 가치가 줄지는 않는다고 설명했다. 금과 은은 자연스럽게 부유한 나라로 흘러드는데, 모든 사치품과 골동품이 부유한 나라로 유입되는 것과 같은 이유다. 그런 물건이 부국에서는 가난한 나라보다 더욱 저렴한 게 아니라 반대로 더 비싸고, 더 높은 가격을 지불하기 때문이다. 금은을 끌어들이는 견인력은 결국 높은 가격이다. 그런 높은 가격이 형성되지 않는다면 그 즉시 두 귀금속은 필연적으로 그곳으로 흘러드는 것을 멈춘다.

전적으로 인간 노동을 통해 재배되는 곡물과 다른 채소를 제외하면, 대부분의 원생산물은 사회가 부와 발전을 나눌수록 자연스럽게 더욱 값이 비싸진다. 이러한 원생산물에는 가축, 가금, 온갖 부류의 사냥감, 땅의 유용한 화석과 광물 등이 포함된다. 이것은 이미 위에서 설명한 바 있다[1권 11장 3절 시작 부분].

따라서 그런 상품들은 이전보다 더 많은 양의 은과 교환된다고 해도, 은이 실제로 저렴해지거나 이전보다 더 적은 노동력을 구매하게 되는 것이 아니라, 오히려 그런 상품들이 실제로 더 비싸지거나 이전보다 더 많은 노동력을 구매하게 되었음을 의미한다. 사회의 발전 과정에서 그런 상품들의 명목가격만 아니라 실질가격도 상승한다. 명목가격 상승은 은의 가치 하락이 아니라 실질가격 상승에 따른 결과다.

4. 사회 발전이 세 가지 다른 부류의 원생산물에 미치는 여러 영향

원생산물은 다음과 같이 세 가지 부류로 나눌 수 있다.

(1) 인간 노동의 힘으로 거의 증가시킬 수 없는 원생산물.

(2) 시장 수요에 비례해 인간 노동이 증가시킬 수 있는 원생산물.

(3) 노동의 효용성이 제한적이거나 불확실한 원생산물.

국부가 늘어나고 사회 발전이 이루어지면서 첫째 부류의 실질가격은 사치스러운 정도까지 상승하며, 어떤 특정 한계에도 구속받지 않는 듯하다. 둘째 부류의 실질가격은 크게 상승할 수 있다고 해도 오랜 시간 극복할 수 없는 특정 한계가 있다. 셋째 부류의 실질가격은 사회 발전에 따라 자연스럽게 올라가는 경향을 보이지만, 사회 발전의 상태[발전, 정체, 퇴보]에 따라 때로는 올라가고 때로는 떨어지기도 한다. 이런 가격 등락은 우연한 여러 사정이 그런 종류의 원생산물[위의 (1), (2), (3)]을 증산하려는 인간의 노력을 어느 정도 도와주느냐에 따라 결정된다.

첫째 부류

기술이 발전함에 따라 가격이 오르는 원생산물의 첫째 부류에 대해서는 노동의 힘이 생산을 증대하기 힘들다. 이 생산물은 자연이 특정 수량만 생산하며, 부패하기 쉬우므로, 여러 계절의 생산물을 축적할 수 없다. 희귀하고 특이한 새와 물고기, 여러 종류의 야생 사냥감 — 거의 모든 엽조(獵鳥)와 모든 철새와 다른 많은 새 — 등이 여기에 포함된다.

진귀한 물고기와 조류

국부와 그의 동반자인 사치가 함께 증가할 때 이런 부류의 생산물에 대한 수요는 함께 증가할 가능성이 크다. 그런데 이런 동물은 인간이 노동을 투입해봐야 수요가 증가하기 전보다 공급을 훨씬 더 많이 늘릴 수도 없다. 따라서 그런 상품의 생산량은 언제나 같거나 대체로 비슷한 수준으로 유지된다. 따라서 이를 사려는 경쟁은 계속 늘어나 가격은 사치품 수준으로 오른다. 이러한 가격의 상승은 특정 한계에 제한받지도 않는다.

멧도요새(woodcock)가 크게 유행해 한 마리에 20기니에 팔린다고 쳐도 인간 노동이 아무리 노력해봤자 현재 수준을 크게 넘을 정도로 그 새를 시장에 출하시킬 수 없다. 로마인들이 국가의 위신을 아주 장엄하게 드높이던 시절에, 희귀한 새와 물고기에 지불한 높은 대가도 이런 식으로 쉽게 설명된다. 이런 높은 가격은 당시 은의 낮은 가치 때문에 생긴 결과가 아니라,

---

84 고대 로마는 당초 군주제로 시작했지만 509년에 군주제가 무너지고 공화정이 되어 기원전 1세기 후반까지 약 480년 지속되었다. 로마 공화국은 기원전 27년, 아우구스투스가 원수정을 수립한 때에 끝났다. 공화정 다음에 제국의 시대가 등장했고 로마제국은 서기 476년 마지막 황제 로물루스아우구스툴루스 때 고트족의 침략으로 멸망했다.

인간 노동이 마음대로 증산할 수 없는 그런 희귀품과 골동품의 높은 가치로 인한 결과였다.

은의 실질가치는 고대 로마에서 공화국⁸⁴의 몰락 이전과 이후에 한동안 현재 유럽 대부분보다 더욱 높았다. 3세스테르티우스, 즉 약 6펜스에 해당하는 금액은 공화국이 시칠리아의 밀 10분의 1세(십일조)인 1모디우스, 즉 1펙에 지급하던 가격이다. 하지만 이 가격은 평균 시장가격보다 낮았을 것이다. 이런 비율로 밀을 제공하는 의무는 시칠리아 농부들에게 세금이나 다름없었다. 따라서 로마인들은 밀 10분의 1세보다 더 많은 밀을 주문할 필요가 있을 때 십일조를 넘는 양에 대해서는 펙당 4세스테르티우스, 즉 8펜스를 지급해야 할 의무가 있었다. 이 4세스테르티우스는 당시 적정하고 합리적인 가격, 즉 통상 가격 혹은 평균 계약 가격으로 생각되었다. 이는 쿼터당 오늘날의 약 21실링에 해당한다.

최근에 기근이 들기 전에 잉글랜드 밀의 통상 계약 가격은 쿼터당 28실링이었는데, 시칠리아 밀보다 품질 면에서 떨어져 보통은 유럽 시장에서 더 낮은 가격으로 팔렸다. 따라서 앞서 언급한 로마 시대에 은 가치는 현재에 비하면 그 가치가 틀림없이 3대 4로 반비례했다. 즉, 당시 은 3온스가 현재 은 4온스로 구매하는 노동과 상품의 동일 양을 구매할 수 있었다는 뜻이다.

플리니우스와 아그리피나 황후

따라서 우리가 대(大)플리니우스⁸⁵의 글에서 세이우스가 아그리피나

---

85 플리니우스 『자연사』 10장 섹션 29.—원주

[이후부터 옮긴이 주] 플리니우스(서기 24-79)는 로마의 장군 겸 저술가이다. 세상의 모든 사물을 관찰해 기록한 『자연사』라는 책으로 유명하다. 기이한 사건을 관찰하기 좋아해 나폴리 함대 사령관을 지낼 때 베스비우스 화산의 폭발 장면을 열심히 관찰하다가 화산재에 질식해 죽었다. 그의 조카인 플리니우스(서기 62-113)도 로마의 행정가 겸 문필가였는데 『서간집』으로 유명하다. 조카와 구분하기 위해 대플리니우스라고 부르고, 조카는 소플리니우스라고 한다.

황후에게 전할 선물로 흰 나이팅게일을 6천 세스테르티우스라는 가격, 즉 현재 우리 화폐로 약 50파운드에 해당하는 금액으로 샀다는 것을 읽을 때, 또 아시니우스 켈레르가 노랑촉수(surmullet)를 8천 세스테르티우스, 즉 우리 현재 화폐로 약 66파운드 13실링 4펜스와 같은 금액으로 샀다[86]는 기록을 읽을 때 그런 사치스러운 가격이 설사 우리를 놀라게 하더라도, 실제보다는 3분의 1 정도 낮은 가격으로 보이는 경향이 있다.

그런 사치품의 실질가격, 즉 그런 사치품에 들인 노동과 생계 수단의 양은 현재 우리에게 표시되는 명목가격보다 3분의 1 정도 더 많았다. 세이우스는 나이팅게일을 사려고 현재 66파운드 13실링 4펜스로 구매할 수 있는 노동과 생계 수단의 양을, 아시니우스 켈레르는 노랑촉수(물고기)를 사려고 현재 88파운드 17실링 9와 3분의 1펜스로 구매할 수 있는 노동과 생계 수단의 양을 넘겨준 것이다. 그런 사치스러운 높은 가격은 은이 풍부해서라기보다는 로마인들에게 쓰고 남은 잉여분 노동과 생계 수단이 풍부했기 때문에 발생했다. 로마인들이 처분할 수 있었던 은의 양은, 현재와 같은 양의 노동력과 생계를 유지했을 때 얻을 수 있는 것보다 훨씬 적었다.[87]

둘째 부류

개선 진행 과정에서 가격이 오르는 원생산물의 두 번째 부류는 인간 노동이 시장 수요에 비례해 증대된다. 경작이 잘 이루어지지 않는 나라에서는, 자연이 너무 풍부하게 생산하여 가치가 거의 또는 전혀 없는 유용한 식물과 동물로 구성되며, 경작이 발전함에 따라 더 많은 수익을 창출할 수 있는 농산물에 자리를 내어준다.

사회 발전이 오랫동안 이루어지면서, 이런 부류의 물량은 계속 줄고,

---

86 플리니우스 『자연사』, 9장 섹션 17. —원주
87 로마 시대의 고가는 은이 풍부해서가 아니라 로마인이 필요 이상으로 노동력과 생계 수단을 가지고 있어서 은의 가치가 현재와 비교해서 높았음을 나타낸다.

동시에 그 수요는 계속 는다. 따라서 그것의 실질가치, 즉 그것이 구매하거나 장악할 수 있는 실제 노동량은 점차 늘어난다. 이러한 현상은 가장 비옥하고 잘 경작된 땅에서 인간 노동이 생산물의 고수익성(高收益性)에 도달할 때까지 계속된다. 그리고 일단 그 경지에 도달하면 더 이상 높이 올라가지는 못한다. 그렇게 되면 더 많은 땅과 노동이 그 물량을 늘리는 데 사용되어야 한다.

가축 가격의 최고점: 사료 생산비가 식량 생산비와 동일해지는 지점

예를 들어, 가축(소)[88] 가격이 무척 높아져 소를 키우기 위해 땅을 경작하는 것이 사람의 식량을 키우는 것만큼 수익성이 높으면 그 가격은 더 이상 올라갈 수 없다. 가격이 더 오른다면 더 많은 농경지가 곧 목초지로 바뀔 것이다. 경작지가 확장되면 야생 목초지는 줄어들고, 따라서 노동이나 경작 없이 자연적으로 생산되는 고기의 양은 줄어든다. 그리하여 고기와 바꿀 곡물을 가진 사람, 같은 말이 되겠지만 곡물 가격을 가진 사람[89]의 숫자가 증가함으로써 고기 수요는 늘어난다. 따라서 고기 가격, 그 결과 가축 가격은 틀림없이 점진적으로 오르게 되고, 가장 비옥하고 잘 경작된 땅에서 가축 먹이를 키우는 게 곡물 재배만큼 수익성이 날 때까지 올라간다. 하지만 가축 가격을 이 정도로 끌어올릴 만큼 경작이 확장되려면 사회 발전이 한참 진행된 상태여야 한다. 나라가 진보 중인 상태라면 이런 정도로 오를 때까

---

88 원어는 cattle. 일반적으로 농장에서 기르는 모든 동물 즉, sheep(양), cow(소), horse(말), swine(돼지) 따위를 가리킨다. 다만 닭, 칠면조, 거위, 집오리 따위는 poultry(가금)라는 별도 용어가 있다. cattle은 축우(畜牛)의 뜻도 갖고 있어 cow(암소), bull(황소), steer(2~4세의 거세한 소), ox(막연하게 물소와 들소 따위를 포함한 소과 짐승) 등을 통칭한다. 애덤 스미스는 이를 구분하지 않고 cattle이라는 용어를 사용하는데, 소를 가리키는 것이 명확한 곳에서는 소라고 번역했다.

89 "곡물 가격을 가졌다"(have the price of corn)라는 애덤 스미스의 표현은 우리에게는 다소 어색하지만, 애덤 스미스는 경제 행위의 기본을 물물교환으로 보았고 그 교환을 촉진하는 것이 화폐라고 생각했다. 따라서 가진 물건을 화폐로 표시하면 그것이 곧 가격이 된다.

지 고기 가격은 틀림없이 계속 상승한다.

유럽 몇몇 지역은 이 수준으로 아직 가축 가격이 오르지 않았다. 잉글랜드와 합방[1707]되기 전에 스코틀랜드 전역은 아직 이 수준에 이르지 못했다. 만약 스코틀랜드 가축[소]의 판로가 항상 스코틀랜드 시장에만 국한되었더라면 어떻게 되었을까? 이 지역에선 오로지 가축만 먹일 수 있는 땅면적이 다른 목적으로 전용될 수 있는 땅보다 아주 크다. 이런 사정으로 스코틀랜드의 소 가격은 가축 사료용으로 경작지를 사용하는 게 이득일 정도로 높이 오르지 못했을 것이다.

반면 잉글랜드에서 소 가격은 이미 앞에서 살펴본 것처럼[1권 11장 1절], 런던 인근에서 지난 17세기 초에 이미 이 수준에 오른 것으로 보인다. 외딴 지역 대부분이 이런 수준에 오른 것은 한참 뒤 일이었고, 몇몇 지역은 아직도 그런 수준에 오르지 못했을 수도 있다. 하지만 사회가 진보하는 가운데 원생산물의 두 번째 부류 중 가격이 이 수준에 가장 먼저 오른 것은 무엇보다 가축(소)이다.

스코틀랜드 가축 관리 상황

실제로 가축 가격이 크게 오르지 않는 한 아무리 생산성이 높은 땅이라도 대부분을 완전히 경작할 수 있을 것 같지는 않다. 도시에서 멀리 떨어져 있어 거기에서 거름을 가져올 수 없는 농장, 즉 광대한 나라의 대부분 농장에서 잘 경작된 토지 수량은 농장 자체가 생산하는 거름[비료] 수량에 비례한다. 또한, 이 거름의 양은 농장에서 키우는 가축 수에 비례한다. 가축을 땅에서 방목하거나 헛간에서 먹이를 준 다음 배설물을 땅으로 가져와 거름으로 사용한다.

하지만 가축 가격이 경작된 땅의 지대와 이윤 모두를 지급할 정도로 충분하지 않으면 농부는 가축을 땅 위에 내놓을 여력이 없다. 더 나아가 가축우리에서 먹이를 줄 여력은 거의 없다. 가축은 우리에서 잘 개량되고 경작된 땅의 생산물로만 먹일 수 있기 때문이다. 황량한 미경작 토지에서 여기저기 흩어진 빈약한 생산물을 모으는 데는 지나치게 큰 노동이 필요하고 비용도 무척 비싸기 때문이다. 따라서 가축을 방목 시 개량된 땅에서 나온 생산물을 공급하기에 가축 가격이 충분하지 않다면, 그런 불충분한 가격으로는 엄청난 추가 노동을 들여야 하고 우리로 가져와야 하는 생산물의 비용을 지불하지 못한다. 그러므로 이런 상황에서 경작에 꼭 필요한 것 이상으로 많은 가축을 키워서 이윤을 보기는 어렵다.

이런 방식으로는 경작 가능한 모든 땅을 훌륭한 상태로 지속하기에 충분한 거름을 절대 만들어내지 못한다. 그런 가축들이 제공하는 거름은 농장 전체에 쓰기에는 충분하지 못하고, 따라서 자연스럽게 가장 이득이 되거나 가장 거름을 주기 편리한 땅에만 제한적으로 사용된다. 그리하여 이런 적합한 땅은 계속 경작에 맞는 훌륭한 상태를 유지한다. 나머지, 즉 농장 내의 토지 대부분은 황폐해져 이리저리 흩어진 채 굶주림에 시달리는 몇 안 되는 가축을 죽지 않을 정도로만 유지하는 보잘것없는 목초 정도만 간신히 생산할 것이다. 완전한 경작에 필요한 것보다 가축 숫자는 훨씬 모자라겠지만, 농장이 실제로 생산하는 것보다는 필요 이상으로 많을 것이다.

이런 황무지 중 일부는 이처럼 끔찍한 방식으로 6~7년 동안 가축을 방목하다가 그다음에 비로소 경작되는데, 썩 좋지 못한 귀리나 어떤 다른 조악한 곡물을 한두 번 근근이 수확한 뒤에 땅이 완전히 고갈되면 휴경하고 다시 이전처럼 가축을 방목할 것이며, 다른 일부가 같은 식으로 일구어진 뒤 고갈되어 휴경에 들어간다. 이런 상황이 합방 이전에 스코틀랜드 저지대 전역의 일반적인 농장 관리 체계였다. 계속 거름을 잘 주고 훌륭한 상태로 유지되는 땅은 전체 농장의 3분의 1 혹은 4분의 1을 넘기는 일이 좀체 없었으며, 때로는 5분의 1이나 6분의 1에도 못 미쳤다. 나머지는 거름을 주지 않았지만, 그럼에도 휴경 후 차례가 돌아왔을 때 특정 부분은 정기적으로 경작되고 고갈되었다. 이런 관리 체계에서는 훌륭하게 경작할 수 있는 일부 스코틀랜드 땅조차 생산 가능한 수준보다 무척 적게 생산할 수밖에 없다.

스코틀랜드에서 가축 관리가 잘 안 되는 2가지 이유

그러나 이런 관리 체계가 아주 불리하게 보일지라도, 합방 이전에는 가축 가격이 낮았기 때문에 그런 식의 운용을 거의 피할 수 없었을 것이다. 가축 가격이 크게 올랐음에도 여전히 스코틀랜드의 상당 부분에서 그런 체계가 계속 유지되고 있다면 많은 곳에선 틀림없이 오래된 관습에 대한 무지와 집착 때문이겠지만, 대부분은 더 나은 시스템을 즉각적이고 신속히 구축하지 못하도록 자연적인 질서가 방해하고 있기 때문이다. 이런 장애물 중 두 가지가 대표적이다.

(1) 임차인의 가난이다. 그들은 땅을 더욱 온전하게 경작할 수 있게 하는 충분한 가축 수를 획득할 시간이 없다. 가축 가격 상승은 임차인이 더 많은 가축을 유지하는 상황을 유리하게 했지만, 동시에 그 가축을 획득하기 더욱 힘들게 했다.

(2) 임차인이 더 많은 가축을 획득할 수 있더라도 그렇게 늘어난 가축을 적절히 유지하는 상태로 땅을 가꿀 시간이 없다.

가축 증가와 토지 개량은 반드시 병행되어야 하는 두 과정이다. 어떤 농장이 되었든 그중 하나가 다른 하나를 앞지를 수 없다. 가축 수가 증가하지 않고는 토지 개량은 있을 수 없지만, 토지의 상당한 개량 없이 가축 수의 상당한 증가 또한 있을 수 없다. 개량되지 않는 한 토지는 그런 늘어난 가축을 지탱할 수 없기 때문이다.

더 나은 농장 체계의 수립을 가로막는 이런 태생적 장벽은 오랜 시간 절약하며 부지런한 모습을 보이지 않고는 제거될 수 없다. 스코틀랜드의 모든 다른 부분에서 점차 쓸 수 없게 된 낡은 체계를 완전 폐지하기까지는 반세기 혹은 한 세기 이상이 필요할 것이다. 하지만 스코틀랜드가 잉글랜드와의 합방에서 얻은 가장 큰 상업적 이익은 가축 가격 상승일 것이다. 이는 스코틀랜드 산악 지대 사유지의 가치를 높였을 뿐만 아니라 저지대 발전의 주된 원인이기도 했다.

북아메리카 식민지의 목축업 현황

모든 새 식민지에는 오랜 세월 동안 가축을 기르는 것 외에 다른 용도로 사용하지 않은 넓은 황무지가 많아 가축 수가 급격히 증가하였다. 그리고 모든 것은 크게 풍부해지면 필연적으로 가격이 크게 저렴해진다. 아메리카 내 유럽 식민지의 모든 가축은 원래 유럽에서 가져온 것이지만[90], 이내 그곳에서 크게 늘어나 가치가 거의 없게 되었고, 말들이 숲에서 제멋대로 날뛰어도 어떤 소유주도 자기 것이라고 주장하지 않았다.

그런 식민지에 유럽인이 최초 정착한 이후 경작지의 생산물로 가축을 먹이는 일이 이득이 될 때까지는 오랜 시간이 걸릴 게 분명했다. 따라서 같은 원인, 즉 거름 부족, 경작 자본과 경작할 토지 사이의 불균형 등으로 스코틀랜드의 많은 지역에서 여전히 계속 진행 중인 것과 유사한 농업 체계를 아메리카 식민지에도 도입할 가능성이 크다.

스웨덴 여행자 칼름(Kalm)은 1749년 자신이 목격한 북아메리카의 몇몇 잉글랜드 식민지의 농사에 관한 이야기를 전할 때 그런 이유로 농업 분야에 능숙한 잉글랜드인의 특성을 그곳에서 발견하는 게 쉽지 않다고 말했다. 그는 식민지인이 곡물 밭에 줄 거름을 거의 만들지 않으며, 계속되는 수확으로 토지의 일정 부분이 고갈되면 그곳을 아예 버려두고 새 땅을 경작한다고 했다. 그곳도 고갈되면 다른 곳으로 옮겨가며 경작했다. 식민지인의 가축은 숲과 미경작 토지를 마구 싸돌아다녔고, 절반쯤 굶주린 상태였다. 이런 가축은 일년생목초가 꽃을 피우고 씨를 떨어뜨리기 한참 전인 봄에 그 것을 뜯어먹었고, 그리하여 거의 모든 일년생목초가 제대로 자라기 전에 근절되었다.[91] 일년생목초는 북아메리카 지역에서 최고의 야생초로 보인다. 유럽인이 처음 그곳에 정착했을 무렵 일년생목초는 3~4피트로 무척 울창

90　콜럼버스의 신대류 발견 이전에 아메리카는 원주민들이 모두 사냥해 잡아먹음으로써 야생말이 멸종해버렸다. 그리하여 아메리카는 유럽 정복자들이 도착할 때까지 말을 이용할 수 없었다. 또한, 당나귀도 없었다. 크리스토퍼 콜럼버스가 신대류을 발견해 구대류 유럽과 신대류 아메리카 사이에 동식물의 종, 질병, 기술 등의 교환이 이루어진 소위 '콜럼버스 교환' 이전에는 당나귀도 아메리카에 없었다. 따라서 아메리카는 말과 당나귀로 가능한 장거리 육상 수송, 통신, 농업적 생산성, 대규모 행정 편의성 등 여러 가능성을 누릴 수가 없었다. 야마라는 동물이 안데스 고원 지대와 페루 저지대를 연결하는 역할을 했지만 그 기능은 제한적이었다.

91　Kalm's Travels, vol. i, pp. 343, 344. ─원주

하게 자랐다.

칼름은 현재 한 마리 젖소를 겨우 유지하게 해준다고 기록한 땅에서 예전에는 네 마리를 유지할 수 있었고, 그리하여 지금 제공할 수 있는 우유보다 네 배는 더 많은 양을 제공했다고 확신했다. 그는 빈약한 목초지가 가축 품질을 저하했으며, 한 세대에서 다음 세대로 넘어갈 때 이런 품질 저하는 눈에 띌 정도가 되었다고 생각했다. 이런 가축은 30~40년 전 스코틀랜드 전역에서 흔히 발견되었던 발육 미달 가축과 별반 다르지 않았을 것이다. 이제 그런 가축은 스코틀랜드 저지대 대부분에서 크게 개량되었는데, 몇몇 곳에서 실행한 품종 교체 결과라기보다는 소에게 더욱 풍부하게 사료를 먹이는 방식으로 얻은 결과였다.

따라서 가축 사육에 적합한 토지 경작이 이득이 될 정도로 가축 가격이 오른 것은 농장 개량이 많이 진보된 후에나 가능했다. 그럼에도 이 두 번째 원생산물 부류를 구성하는 모든 다른 부분 중 아마 가축(소)이 처음으로 그런 가격에 도달했을 것이다. 소 가격이 그런 수준에 이르기 위해서는 유럽의 많은 지역에서 달성한 수준의 토지개량이 필요하기 때문이다.

이 부류의 원생산물 중에서 가장 먼저 그런 가격에 도달한 것이 소라면, 가장 나중에 도달할 것은 사슴고기일 것이다. 그레이트브리튼에서 사슴고기 가격이 아무리 높더라도, 사슴 수렵장 비용을 보상하기에는 불충분하다는 것을 사슴 사육 경험자라면 잘 알 것이다. 사슴 가격이 충분했다면 사슴 사육은 이내 투르디(Turdi)라고 불리는 작은 새가 고대 로마인들 사이에서 사육되었던 것처럼 일반 농업의 한 분야가 되었을 것이다. 고대 로마의 저술가 바로와 콜루멜라는 투르디 사육이 가장 수익성 있는 분야라고 썼다. 바싹 마른 채로 현지에 도착하는 오르톨랑(Ortolan)이라는 철새를 키워 살찌우는 사육 농업은 프랑스 몇몇 지역에서 수익성이 높다고 한다. 사슴고기가 계속 유행하고 그레이트브리튼의 부와 사치가 과거 한동안 그랬던 것처럼 계속 증가한다면 그 가격은 현재보다 훨씬 더 높게 상승할 것이다.

농업 발전에서 가축 같은 필수품 가격이 정점에 오르는 시기와 사슴고기 같은 사치품 가격이 정점에 오르는 시기 사이에는 무척 긴 시간 간격이 있다. 그런 시차 속에서, 많은 다른 원생산물 부류는 서로 다른 상황에 따라 무엇은 이르게, 무엇은 더디게 최고가에 점진적으로 도달한다.

양계와 양돈 사업

이렇게 해서 모든 농장에서, 헛간과 우리에서 나오는 음식물 찌꺼기로 특정 숫자의 가금[주로 닭]을 유지한다. 가금을 키우지 않았으면 버렸을 찌꺼기로 먹이는 것이기에 가금은 단순히 일종의 절약 장치이고, 농부는 비용이 거의 들어가지 않았으므로 아주 낮은 가격에 가금을 팔 수 있는 여력이 생긴다. 농부가 얻는 것은 거의 모두 순이익이고, 이런 식으로 가금을 사육하는 농부의 의욕을 꺾을 정도로 가금 가격이 떨어지는 일은 거의 없다. 하지만 경작 상태가 좋지 않은 지역, 그래서 주민이 별로 없는 지역에서는 이렇게 거저 키우는 가금이 종종 수요를 전부 충족한다. 따라서 이런 상태에서 가금은 종종 고기나 다른 동물성 식품과 같은 수준의 가격을 받는다. 하지만 농부가 이런 식으로 비용 없이 키우는 가금의 총량은 항상 농장에서 키우는 다른 고기 총량보다 훨씬 적다.

부유하고 사치스러운 시기에는 거의 동등한 가치를 지니더라도 사람들은 흔한 것보다 희귀한 것을 더 선호한다. 따라서 부와 사치가 증가함에 따라 토지 개량과 경작의 결과로 가금 가격은 점차 고기 가격보다 상승하게 되고, 그런 상승은 마침내 경작지를 가금 사육용으로 쓰는 게 유익할 때까지 계속된다. 이런 정점에 도달하면 더 이상 가금 가격이 올라가지 않는다. 더 높아진다면 더 많은 땅이 가금을 키우는 쪽으로 전환된다. 프랑스 여러 지역에서 가금 사육은 무척 중요한 농촌 사업으로 간주되어, 농부는 이 사업을 위해 옥수수와 메밀을 상당량 재배한다. 그만큼 가금 가격은 충분한 수익성이 있다. 중산층 규모의 프랑스 농부는 마당에서 4백 마리의 가금을 키우기도 한다.

그러나 잉글랜드에서는 가금 사육이 그 정도로 중요한 일로 간주되지는 않는다. 가금의 가격은 프랑스보다 잉글랜드에서 분명 더 비싼데, 잉글랜드가 프랑스로부터 상당한 양의 가금을 공급받기 때문이다. 사회의 발전

과정에서 모든 특정 동물성 식품이 가장 비싼 시기는 당연히 그런 식품을 얻기 위해 경작지를 그런 용도로 전환하는 직전 시기임이 틀림없다. 그런 일이 널리 퍼지면 보통은 사료를 주는 새로운 방법이 나타나고, 농부는 특정 동물성 식품을 같은 크기의 땅에서 훨씬 더 많이 생산할 수 있다. 이렇게 늘어난 양 덕분에 농부는 더욱 값싸게 그것을 팔게 될 뿐만 아니라 이런 개선 결과로 더욱 싸게 팔아야 한다. 그렇게 하지 않는다면 풍부한 물량을 오래 지속할 수 없기 때문이다. 이런 식으로 클로버, 순무, 당근, 양배추 등의 도입은 지난 17세기 초보다 런던 시장에서 육류의 통상 가격을 약간 떨어뜨렸다.

배설물을 먹이로 삼고 다른 동물이 먹지 않는 것까지 탐내는 성향의 돼지는 원래 가금과 마찬가지로 음식 찌꺼기를 처리하는 수단으로 기르기 시작했다. 거의 혹은 전혀 비용을 들이지 않고 기를 수 있는 그런 동물이 수요를 온전히 충족하는 한 이런 부류의 고기는 시장에서 다른 어떤 고기보다 훨씬 낮은 가격을 형성한다.

하지만 수요가 공급량을 넘어서고, 돼지를 먹이고 살찌우는 사료를 일부러 생산해야 한다면 다른 가축을 먹이고 살찌우는 것과 같은 방식으로 돼지 가격은 필연적으로 상승한다. 또한, 지역 특징 그리고 농업 상태에 따라 다른 가축 사육보다 돼지 사육에 드는 비용의 높고 낮음에 따라 돼지고기 가격은 다른 고기보다 비싸거나 싸진다. 뷔퐁에 따르면 프랑스에서 돼지고기 가격은 쇠고기 가격과 거의 같다고 한다. 그레이트브리튼의 대부분 지역에서 돼지고기는 현재 쇠고기보다 가격이 다소 높다.

돼지와 닭의 가격 상승

돼지와 닭 가격이 그레이트브리튼에서 크게 상승한 것은 빈농과 다른 소규모 토지 임차인의 수가 줄어든 탓이라고 알려져 있다. 이런 사건은 유럽 전역에서 사회 발전과 더 나은 경작의 직접적인 전조가 되었으며, 동시에 그런 변화가 없었더라면 돼지와 가금의 가격은 이보다 다소 느리게 상승했을 것이다. 지극히 빈곤한 가정에서도 종종 어떤 비용도 들이지 않고 고

양이나 개를 유지할 수 있는 것처럼, 가장 빈곤한 토지 임차인도 흔히 소수의 가금, 돼지를 거의 돈 들이지 않고 유지할 수 있다. 농부들의 음식물 찌꺼기, 그들의 유장(乳漿), 탈지유 그리고 버터밀크는 그런 동물에게 먹이가 되고, 나머지 먹이는 인근 경작지에서 별로 피해를 입히지 않으면서 알아서 찾아 먹는다.

따라서 소규모 토지 임차인 수가 줄면서 거의 혹은 전혀 비용을 들이지 않고 생산되던 이런 부류의 식량이 상당히 줄었고, 식량 가격은 분명 그런 일이 없었을 때보다 이내 더 빠르게 올랐다. 머지않아 사회가 진보하면서 그런 가격은 오를 수 있는 한도까지 오를 것이다. 달리 말하면 다른 경작지 대부분에서 지불하는 것과 마찬가지로, 그런 동물에게 먹이를 공급하는 토지 경작에 필요한 노동과 비용을 보상하는 가격에 이를 때까지 오른다.

스코틀랜드와 잉글랜드의 낙농업

돼지와 닭 사육처럼 낙농업도 원래 음식물 찌꺼기를 이용하기 위해 운영된 것이다. 농장에서 사육되는 소들은 자기 새끼를 키우고 농부 가족이 소비하는 것 이상으로 우유를 생산한다. 또한, 소는 특정 계절에 가장 많은 우유를 생산한다. 하지만 토지 생산물 중에 우유는 가장 빨리 상하는 물품이다. 우유가 가장 많이 나는 더운 계절에는 24시간도 채 버티지 못한다. 농부는 우유를 신선한 버터로 만들어 일부분을 한 주 동안 보관하고, 남는 우유는 소금 넣은 버터로 만들어 한 해 동안 보관한다. 또한, 치즈로 만들어 훨씬 더 많은 우유를 몇 년간 보관한다.

이 모든 물품 일부는 농부 가족을 위한 소비용으로 남겨지고, 나머지는 최고가를 받고자 시장으로 출하된다. 가족이 소비하고 남는 유제품을 시장으로 보낼 의욕이 꺾일 정도로 가격이 낮아지는 일은 거의 벌어지지 않는다. 실제로 가격이 무척 낮다면 농부는 낙농장을 무척 지저분하게 관리하게 되거나, 낙농을 위해 특정 공간이나 건물을 따로 마련할 가치가 없다고 생각하여 낙농 작업은 농부가 쓰는 연기 나고, 불결하고, 역겨운 부엌에서 수행될지도 모른다. 지난 30~40년 동안 거의 모든 스코틀랜드 낙농장 상황이 그랬고, 현재도 많은 낙농장이 열악한 상황이다.

고기 가격을 점차 올린 것과 같은 이유로, 낙농품 가격은 소의 사육비용 및 고기 가격과 함께 상승한다. 여기서 말하는 가격 상승 원인은 수요 증가와 사회 발전에 따른 결과로, 아주 적은 비용으로 혹은 전혀 비용을 들이지 않고 먹일 수 있는 가축 수가 감소해 가격을 올리는 것을 말한다. 이러한 가격 상승 덕분에 더 많은 노동, 관리, 청결 유지 등이 가능해진다. 농부는 낙농업에 더 많은 관심을 기울이고, 시간이 흐르면서 제품 품질은 점차 향상된다. 어느 시점에 이르면 가격이 너무 올라서 유제품 생산을 위해 가장 비옥하고 잘 경작된 땅에서 나온 것으로 가축을 먹여도 되는 수준이 된다. 이런 수준까지 오르면 가격은 더 오를 수 없다.

그렇게 되면 더 많은 땅이 곧 낙농에 맞는 땅이 되어 다른 용도로 전환된다. 많은 훌륭한 땅이 이런 식으로 활용되는 잉글랜드 대부분에선 그런 가격 수준에 도달한 듯 보인다. 소수의 대도시 인근을 제외하면 스코틀랜드 어디서도 아직 이런 수준에는 도달하지 못했다. 스코틀랜드에서는 대부분 농부가 낙농만을 위해 좋은 땅을 가축 사료 생산용으로 쓰는 일이 좀처럼 없다. 스코틀랜드 낙농품 가격은 몇 년 동안 상당한 수준으로 올랐지만, 훌륭한 땅을 오로지 낙농을 위한 목초지로만 쓰기에는 여전히 그 가격이 무척 낮다.

실제로 잉글랜드 낙농품과 비교하면 스코틀랜드 낙농품은 품질이 떨어지고, 가격도 더 낮다. 하지만 이런 품질 열세로 가격이 낮아진 것이 아니라, 그렇게 낮은 가격 때문에 그런 결과가 나왔다. 품질이 크게 향상되더라도 현재의 스코틀랜드 상황에서는 훨씬 높은 가격에 판매될 수 없다. 현재 가격은 대부분 그만큼 더 나은 품질의 상품 생산에 필요한 토지와 노동 비용을 감당하지 못한다는 게 일반적인 생각이다. 낙농업의 가격 우위에도 불구하고 잉글랜드 대부분 지역에서 낙농업은 주요 농업인 곡물 생산이나 가축 비육에 비해 토지 이용에 있어 수익성이 낮다고 생각한다. 그 결과 현재 스코틀랜드 대부분 지역에서 낙농업은 수익성이 높지 않다.

가격 상승은 토지 경작을 활성화한다

토지를 최대한 생산적으로 만들려면 토지를 개량하고 경작하는 데 드는 모든 비용을 충당할 수 있을 만큼 농작물 가격이 높아야 한다. 이렇게 하려면 각 특정 생산물의 가격은 다음 두 조건을 충족시켜야 한다.

(1) 그 가격은 좋은 곡물 농지의 지대를 지급할 정도로 충분해야 한다. 이 지대가 다른 대부분의 경작지 지대를 규정하기 때문이다.

(2) 그 가격은 농부의 노동과 농사 비용을 지급할 정도로 충분해야 한다. 달리 말하면 그런 농사에 들인 자본을 통상 이윤과 함께 회수하기에 충분할 정도의 가격이 되어야 한다.

각 특정 생산물의 가격 상승은 그런 생산물을 생산하는 토지 개량과 경작에 앞서 이루어져야 한다. 이윤은 모든 개선을 진행하는 목표이고, 무엇을 개선한다고 했는데 그 결과로 손실이 발생했다면 그것은 개선이라고 할 수 없다. 가격 구조상 비용을 보상하지 못하는 어떤 생산물이 있는데, 그런 생산물을 위해 토지를 개량한다면 그 결과는 필연적으로 손실로 이어진다. 모든 공익 중에 가장 큰 것이 국토의 완전한 개발과 경작이라면(실제로 가장 큰 것이 분명하다), 다양한 종류의 작물 가격 상승을 공공의 재앙으로 생각할 게 아니라 모든 공익 중 가장 훌륭한 것[완전한 개발과 경작]을 달성하기 위해 수반되는 필연적인 전제 조건이라고 생각해야 한다.

서로 다른 부류의 원생산물에 대해 명목가격 혹은 화폐가격이 상승하는 것은 은 가치 저하가 아니라, 원생산물 실질가격이 오른 결과였다. 그 생산물들은 이전보다 더 많은 은의 양만 아니라 더 많은 노동과 생계 수단의 양과 교환되는 가치를 갖게 되었다. 원생산물을 시장에 유통시키는 데 더 많은 노동력과 생계 수단이 소모되었기 때문에, 그것은 시장에서 더 많은 노동력과 생계 수단을 대표하거나, 더 많은 노동력과 생계 수단에 상응하는 가치를 지니게 된다.

셋째 부류

환경 개선이 진척되면서 자연적으로 가격이 상승하는 원생산물의 세 번째이자 마지막 부류는 그 물량을 늘리는 데 있어 인간 노동의 효력이 제한적이거나 불확실한 것이다. 이런 부류의 실질가격은 자연스럽게 환경 개선 진척에 따라 함께 오르는 경향이 있다. 그렇지만 여러 변수의 작용으로 물량을 늘리려는 인간 노동이 성공하는 정도에 따라 그 가격이 달라진다. 그리하여 가격이 때로는 하락할 수도 있고, 때로는 여러 환경 개선을 거치면서 같은 가격을 유지할 수도 있으며, 때로는 시기가 같더라도 얼마만큼 오를 수도 있다.

양모와 동물 가죽

자연이 어떤 원생산물에 대한 일종의 부속물로 산출하는 원생산물이 있다. 따라서 어떤 지역에서 생산되는 이런 생산물 양은 필연적으로 다른 생산물 양에 제한을 받는다. 예를 들어 어떤 지역이 제공할 수 있는 양모나 생가죽 양은 필연적으로 그곳에서 키우는 크고 작은 가축 수에 따라 제한된다. 해당 지역의 개선 상태 그리고 그 지역의 농업 특징도 필연적으로 이런 수량 결정에 참여한다.

개선이 진척되면서 점차 고기 가격을 높이는 원인이 양모와 생가죽 가격에도 같은 영향을 미쳐 거의 같은 비율로 인상해야 한다고 생각할 수 있다. 개발 초기 단계에서 양모와 생가죽 시장이 고기 시장만큼 좁은 경계 내에서 제한적이었다면 아마도 그럴 것이다. 하지만 각각의 시장 규모는 대체로 아주 다르다.

육류 시장은 거의 모든 곳에서 그것을 생산하는 지역으로 제한된다. 사실 아일랜드와 영국령 아메리카 일부 지역은 소금에 절인 식량으로 상당 규모의 무역을 진행 중이라 예외로 볼 수 있다. 하지만 상업 세계 중에서 그런 무역을 하는 곳은 몇 나라 뿐이다. 달리 말하면 보유 중인 고기 상당 부분을 다른 나라에 수출하는 지역이 그들뿐이라는 뜻이다.

양모와 생가죽 시장은 이와는 정반대로 환경 개선이 이루어지기 시작할 때 생산 지역에 국한되는 일은 지극히 드물다. 두 물품은 먼 지역까지 쉽게 운송될 수 있다. 양모는 준비를 아예 하지 않고도, 또 생가죽은 아주 조금만 준비해도 수월하게 운송할 수 있다. 두 품목은 많은 제조품의 원료이기도 하므로, 비록 원산지에서 수요가 많지 않더라도 다른 지역의 산업에서 그에 대한 수요를 창출할 수 있다.

경작이 제대로 되지 못해 주민이 별로 살지 않는 지역에서, 양모와 가죽 가격이 양 한 마리 가격에서 차지하는 비율은, 사회가 발전하고 인구수도 많고 고기 수요가 더 많은 지역에서 양모와 가죽이 차지하는 비율보다 훨씬 높다. 데이비드 흄은 색슨 시대[92]에 한 마리 양에서 깎은 털이 양 한 마리 가치 중 5분의 2의 가치를 지닌 것으로 추산했는데 이는 현재보다 훨씬 높은 비율이다. 내가 확인한 바로는 스페인 몇몇 지방에서 양은 단지 털과 기름 때문에 흔히 도살된다고 한다. 사체는 땅에 버려 썩을 때까지 방치하거나 짐승과 맹금이 먹도록 그냥 둔다.

스페인에서조차 이런 일이 가끔 벌어진다면 칠레, 부에노스아이레스 그리고 다른 많은 스페인령 아메리카에서는 주로 가죽과 기름을 얻기 위해 뿔 달린 가축을 지속적으로 도살하고 있을 것이다. 히스파니올라섬[93]에서도 끊임없이 벌어지는 일이었다. 이러한 상황은 히스파니올라섬이 해적의 침입을 받았을 때, 그리고 프랑스 농장(현재 섬의 절반인 서쪽 해안에 걸쳐 있다)에 사람이 정착하고 발전하여 인구가 늘어나, 해안의 동부뿐만 아니라 여전히 내륙과 산악 지역 전체를 소유하고 있는 스페인 사람들이 가축에 어

---

92 앵글로-색슨족 시대를 가리키는데 대체로 6세기에서 11세기까지를 의미한다. 독일 북부 작센(현재의 드레스덴 근방)에 살던 색슨족과 앵글족이 5-6세기에 브리튼으로 건너와 여기에 다수의 왕국을 건설했고, 여기서 잉글랜드("앵글족의 나라")라는 말이 나왔다. 앵글로 색슨족은 여러 왕조로 나누어지면서 이어져 오다가 1066년 윌리엄왕의 정복으로 왕권을 모두 잃었다.

93 쿠바와 푸에르토리코 사이에 있는 서인도제도의 섬으로 아이티와 도미니카를 가리킨다. 섬 동쪽인 아이티는 프랑스령, 서쪽인 도미니카는 스페인령이었다.

느 정도 가치를 부여하기 전까지는 거의 끊임없이 발생했다.

개선이 이루어지고 인구가 증가해 짐승 전체 가격은 필연적으로 상승하겠지만, 양고기 가격은 양모와 가죽 가격보다 이런 상승에 훨씬 더 영향을 받을 가능성이 크다. 양고기 시장은 사회가 미개한 상태일 때 늘 그것을 생산하는 지역에 국한되는데, 그 지역의 사회 발전과 인구에 비례해 필연적으로 확장된다. 야만적인 국가의 양모와 가죽 시장은 종종 전체 상업 세계로 확장되지만 고기와 동일한 비율로 확대되는 경우는 거의 없다. 전체 상업 세계의 현재 상태는 특정 지역의 개선에 큰 영향을 받을 일은 좀처럼 없고, 따라서 그런 상품을 취급하는 시장은 개선이 이루어진 이후에도 이전과 거의 같은 채로 남아 있을 것이다.

하지만 그런 시장은 시간의 흐름에 따라 전체적으로 다소 확대되곤 한다. 특히 해당 원자재를 사용하는 제조업이 해당 지역에서 번성한다면, 시장이 반드시 확대되지 않더라도 최소한 이전보다는 생산지에 훨씬 더 가까워진다. 원료의 가격은 최소한 먼 지역에 운송하는 일반 비용에 따라 증가한다. 따라서 양모와 가죽 가격은 고기 가격과 같은 비율로 증가하진 않지만, 자연스럽게 다소 상승하며 분명 떨어지지는 않을 것이다.

잉글랜드 양모의 실질가격과 명목가격

잉글랜드에서는 모직업이 번창했음에도 잉글랜드 양모 가격은 에드워드 3세 치세 이래에 무척 많이 떨어졌다. 많은 확실한 기록을 보면, 해당 군주가 통치하는 동안(14세기 중반을 향하던 시기, 즉 1339년경) 토드, 즉 잉글랜드 양모 28파운드에 대한 합리적인 가격은 당시 화폐로 10실링을 넘지 않았는데,[94] 이는 타워 중량 은 6온스를 포함하는 것이었으며, 온스당 20펜스 비율로 보면 현재 우리 화폐로 약 30실링과 같다. 현대에 들어와 무척 양호한 잉글랜드 양모의 합당한 가격은 토드당 21실링이다. 따라서 에드워드

94　참조. Smith's Memoirs of Wool, vol. i. c. 5, 6, and 7; also, vol. ii, c. 176.―원주

3세 시대 양모의 화폐가격과 현대 양모의 화폐가격은 10대 7이다.

실질가격 우위는 이보다 훨씬 크다. 쿼터당 6실링 8펜스 비율로 볼 때 10실링은 예전 그 시기에 밀 12부셸 가격에 해당한다. 쿼터당 28실링 비율로 환산하면 현대에 21실링은 고작 6부셸 가격이다. 따라서 옛날과 현대의 실질가격 사이 비율은 12대 6, 즉 2대 1이다. 고대에 양모 1토드는 현재 양모 1토드가 구매할 수 있는 생필품 양을 두 배로 구매했다. 따라서 노동의 실질적 보상이 두 시기에 동일하다면, 예전 그 시기의 양모 1토드는 두 배의 노동량을 구매할 것이다.

양모의 실질가치와 명목가치 모두에서 이러한 하락은 상품의 자연적인 가치 변동으로는 절대 일어날 수 없는 일이다. 이런 결과는 다음과 같은 세 가지 강제에 따른 것이다.

(1) 잉글랜드에서 양모 수출이 절대적으로 금지되고,

(2) 스페인에서 무관세로 양모 수입을 허가했으며,

(3) 아일랜드에서 잉글랜드를 제외한 모든 나라에 양모 수출을 금지한 결과다.

이러한 규제로 인해, 잉글랜드 양모 시장은 사회 발전에 따른 확대 대신 다른 여러 국가의 양모와 경쟁하게 되었고, 아일랜드의 양모와도 경쟁해야 하는 국내 시장으로 한정되었다. 아일랜드 모직업도 공정 거래에 어긋나지 않는 한도 내에서 최대한 억제되었으므로 아일랜드인은 소량의 국산 양모만 국내에서 생산할 수 있었고, 그나마 그 대부분을 허용된 유일한 시장인 그레이트브리튼으로 보내야만 했다.

소가죽의 실질가격

나는 고대 생가죽 가격에 관한 믿을 만한 기록을 찾을 수가 없었다. 양모는 흔히 왕에게 특별세를 내야 했기 때문에, 그 특별세를 통해 어느 정도 양모의 일반적인 가격을 알 수 있다. 하지만 생가죽에 대해서는 상황이 달랐다. 저술가 플리트우드는 옥스퍼드 버세스터 수도원장과 그의 참사회 회원 중 한 명 사이에 기록된 1425년 장부에서 그런 특정한 경우에 남긴 생가죽 가격을 알 수 있다.

해당 기록에 따르면, 황소 다섯 마리 가죽은 12실링, 암소 다섯 마리 가죽은 7실링 3펜스, 2년 된 양가죽 36마리는 9실링, 송아지 열여섯 마리 가죽은 2실링이었다. 1425년 12실링은 현재 우리 화폐 24실링과 같은 양의 은을 포함했다. 따라서 이 장부에서 황소 한 마리의 가죽은 현재 우리 화폐로 은 4와 5분의 4실링과 같은 양으로 평가되었다. 그 명목가격은 현재보다 훨씬 낮았다.

하지만 당시 쿼터당 6실링 8펜스 비율이었으므로 12실링으로는 밀 14와 5분의 4부셸을 구매했을 것이다. 밀 14와 5분의 4부셸은 1부셸당 3실링 6펜스라는 비율로 환산하면 현재 금액으로는 51실링 4펜스에 해당한다. 따라서 황소 한 마리 가죽은 당시 현재 10실링 3펜스가 구매할 수 있는 밀을 구매했을 것이다. 즉, 그것의 실질가치는 현재 우리 화폐의 10실링 3펜스와 동일하다. 그 당시의 가죽은 겨울에는 대부분 절반쯤 굶주렸으므로 아주 큰 크기라고 볼 수 없다. 도량형으로 1스톤은 16파운드에 해당하는데, 무게가 4스톤인 황소 한 마리 가죽은 현재 가격으로도 그리 나쁘지 않고, 그때에는 무척 훌륭한 가격으로 여겨졌을 것이다.

하지만 지금(1773년 2월) 내가 통상 가격으로 알고 있는 스톤당 반 크라운[1크라운=5실링]으로 보면 가죽 한 장은 현재 고작 10실링에 불과하다. 따라서 명목가격은 옛날보다 현재가 더 높더라도 그 실질가격, 즉 그것이 구매하거나 장악할 생계 수단의 실질적인 양은 반대로 현재가 옛날보다 다소 낮다. 앞서 언급한 암소의 가죽 가격은 황소 가격에 대해 거의 일반적인 비율로 되어 있다. 양가죽 가격은 이보다 훨씬 높은데, 양모와 함께 팔리기 때문일 것이다. 송아지 가죽 가격은 반대로 그보다 한참 낮다. 가죽 가격이 무척 저렴한 지역에서 가축 수를 유지하려고 키우는 게 아니라면 송아지는 보통 아주 어릴 때 도살된다. 20~30년 전 스코틀랜드가 그랬다. 송아지 가격은 먹인 우유 가격을 회수하지 못한다고 보았고, 따라서 송아지 가죽은 거의 쓸모가 없었다.

생가죽 가격은 현재 많이 떨어졌다

생가죽 가격은 몇 년 전보다 훨씬 낮은데, 이는 물개 가죽에 부과되던 세금을 폐지하고 1769년 아일랜드와 식민지에서 들어오는 생가죽에 대해 한시적으로 면세 수입을 허용한 것이 원인이다. 현 18세기 전체 평균을 내면 생가죽의 실질가격은 옛날보다 다소 더 높을 것이다. 생가죽 상품은 그 특성상 양모처럼 멀리까지 운송하기 적합하지 않다. 생가죽은 보존하면 상태가 더욱 악화된다. 소금에 절인 가죽은 갓 만든 것보다 열등하게 생각여겨져 더 낮은 가격에 팔린다. 이런 상황 때문에, 생가죽을 생산하지 않지만 수출 의무가 있는 국가에서의 가격은 떨어지고, 생가죽을 가공해 제품으로 만드는 나라에서 생산되는 생가죽의 가격은 상대적으로 상승하는 경향이 있다.

미개한 나라에서 생가죽 가격은 떨어지고 사회적으로 발전하고 제조업이 성장한 나라에서는 올라가는 경향은 분명 존재한다. 따라서 옛날에는 생가죽 가격이 하락하고, 현대에 들어와서는 상승하는 경향도 분명 있다. 게다가 무두장이들은 자기 업종이 번영해야 공화국이 안전하다는 것을 알면서도, 이런 사실을 모직물 제조업자들처럼 유창하게 국가의 현명한 정치가들에게 확신시키지 못했다. 그런 이유로 그들은 직물업자들보다 훨씬 못한 대우를 받았다. 생가죽 수출은 실제로 금지되었고, 골칫거리였다.

하지만 외국에서 생가죽 수입 시는 관세를 매겼다. 비록 아일랜드와 식민지 수입분에 관해서는 5년간 한시적으로 이런 관세가 철폐되었으나, 아일랜드는 잉여 가죽, 즉 국내에서 제품으로 만들지 못하는 가죽을 반드시 그레이트브리튼 시장에만 팔지는 않았다. 북아메리카 식민지에서, 일반 가축의 가죽을 모국 잉글랜드 외에 다른 곳으로 보낼 수 없게 하는 규정이 열거상품 지정이라는 형태로 시행된 것은 그리 오래된 일이 아니다. 아일랜드의 상업은 그레이트브리튼의 제조업 지원을 위해 제한을 받은 적도 없었다.

양모·생가죽 가격과 식육 가격의 상대적 관계

양모나 생가죽 가격을 자연스러운 가격 아래로 떨어뜨리는 규제는,

어떤 형태로든, 사회가 발전하고 농업이 잘 진행되는 나라에서는 정육점 고기 가격을 올리는 경향이 있다. 개량과 경작 수준이 양호한 토지에서 사육하는 크고 작은 가축 가격은 반드시 그런 땅에 응당 기대되는 지주 지대와 농부 이윤을 충분히 지급해야 한다. 그렇지 않다면 농부들은 가축 사육을 이내 중단할 것이다.

따라서 양모와 가죽이 충당하지 못하는 가격은 고기 가격으로 보충되어야 한다. 어느 한 부분이 가격을 덜 지불한다면, 다른 쪽이 더 지불해야 한다. 지주와 농부는 그들이 받아야 할 것을 전부 받게 되면, 짐승의 각 부분[양모, 가죽, 고기]이 어떤 방식으로 가격이 책정되는지에는 무관심하다. 따라서 잘 개량되고 경작이 양호한 지역에서 지주와 농부가 얻는 이윤은 그런 규제에 큰 영향을 받지 않는다. 하지만 소비자 입장이 되면 그들의 이윤은 식량 가격 상승으로 영향을 받을 수 있다.

그러나 개량도 안 되고 경작도 안 된 지역이라면 상황은 전혀 다르다. 그곳은 땅 대부분이 가축 사육 목적으로만 활용되고, 양모와 가죽이 가축의 가치 중 주된 부분을 구성한다. 이런 경우에 지주와 농부의 이윤은 가격 인하 규제에 심대한 영향을 받고, 소비자입장에서의 이윤은 거의 영향을 받지 않는다. 양모와 가죽 가격이 하락한 경우 고기 가격을 올리지 못할 것이다. 해당 지역의 땅 대부분이 가축 사육 용도 외에 다른 목적으로 활용되지 않으므로, 같은 수의 가축이 계속 사육되고 같은 양의 고기가 시장에 나올 것이기 때문이다. 고기 수요는 이전보다 갑자기 늘지 않을 것이고, 가격도 이전과 같을 것이다.

이렇게 되면 가축의 전체 가격이 하락하고, 결과적으로 가축을 주된 생산물로 하는 토지, 즉 해당 지역의 대부분 땅의 지대와 이윤도 함께 하락할 것이다. 영구적 양모 수출 금지는 흔히 에드워드 3세[1327-1377]가 한 일이라고 엉뚱하게 알려졌는데 사실이 아니다. 어쨌든 이는 당시 잉글랜드 상황에서 생각해냈던 가장 파괴적인 규제 중 하나였다. 해당 규제는 왕국 내 토지 대부분의 실제 가치를 감소시켰을 뿐만 아니라, 가장 중요한 종(種)인 덩치 작은 소의 가격마저 떨어뜨려 그 후의 토지 개량을 크게 지연시켰다.

합방 이후 스코틀랜드 양모의 가격 하락

스코틀랜드 양모는 잉글랜드와의 합방[1707] 이후에 가격이 크게 떨어졌다. 합방으로 유럽의 큰 시장에서 배제되고, 비좁은 그레이트브리튼 시장에 한정되어버렸기 때문이다. 주로 양을 키우는 지역인 스코틀랜드 남부 주들의 땅값은 고기 가격 인상이 양모 가격 하락을 온전히 보상하지 못한다면 대부분 심대한 영향을 받을 수밖에 없었다.

양모나 생가죽 양을 늘리는 데 가축 생산에만 의존하는 한, 인간 노동 효율성은 제한될 수밖에 없다. 또한, 다른 나라 생산물에 의존하는 한 효과가 확실한 것은 없다. 다른 나라 생산물에 의존하는 경우 그들이 생산하는 양보다는 그들이 만들지 않는 양에 의존하게 되며, 이런 원생산물 수출에 부과되는 규제를 그들이 적합하다고 생각하는지 혹은 적합하지 않다고 생각하는지에 따라 양모나 생가죽의 생산 물량이 달라진다. 이런 상황은 국내 노동과는 전적으로 무관하며, 필연적으로 노동 효율성을 다소 불확실하게 만든다. 따라서 이런 유형의 원물질 증산에 있어 인간 노동의 효율성은 제한적일 뿐만 아니라 불확실하기까지 하다.

수산업과 노동 효율성

다른 중요한 원생산물, 즉 시장으로 출하되는 물고기 양을 늘리는 데에서도 인간 노동 효율성은 마찬가지로 제한적이고 불확실하다. 이런 효율성은 나라의 지리적 환경, 국내 다른 지방의 여러 해안에서 얼마나 가까운지 여부, 호수와 강의 수, 원생산물을 바다·호수·강이 어느 정도 풍부하게 보유하는지 등에 제한된다. 인구가 늘수록, 나라의 토지와 노동의 연간 생산물[95]이 더욱 늘수록 더 많은 생선 구매자가 나타나고, 그런 구매자는 생선을 구매할 수 있는 더 많고 다양한 다른 물품, 즉 같은 말이긴 하지만 더 많고 다양한 다른 물품의 가격을 갖고 있다.

---

95 현대 용어로 하면 국민총생산(GNP: Gross National Product)이다. 애덤 스미스는 이 것을 진정한 국부로 여긴다는 주장을 『국부론』 전편에 걸쳐 일관되게 주장하고 있다.

하지만 한정된 시장에 공급하기 위해 들인 노동량보다 큰 노동량을 투입하지 않으면, 확장된 시장에 생선을 공급하는 것이 불가능하다. 연간 1천 톤의 생선을 요구하던 시장이 매년 1만 톤을 요구하게 되면 이전에 공급했던 노동량의 10배 이상을 들이지 않고는 좀처럼 그런 공급을 맞출 수 없다. 생선은 더 먼 곳에서, 더 큰 배를 활용해, 더 비싼 기계를 써서 잡아야 한다. 생선의 실질가격은 이러한 기술 진보에 비례해 상승한다. 모든 나라에서 다소간 그런 가격 상승이 벌어졌다고 생각한다.

어떤 특정한 날의 어업이 성공할지는 불확실하지만, 나라의 지리적 환경을 고려하면 생선의 특정량을 시장으로 가져오는 노동의 효율성은 한 해 혹은 여러 해를 두고 살펴보면 충분히 확정할 수 있다. 이런 효율성은 국부와 산업 상태보다는 지리적 환경에 달려 있다. 효율성은 다른 나라에서는 사회 진보의 아주 다른 시기에 같을 수 있고, 같은 시기임에도 매우 다를 수 있다. 이런 효율성과 사회적 발전 상태 사이의 연관성은 불확실하며, 내가 여기서 말하는 것은 그러한 불확실성이다.

귀금속 수량을 결정하는 두 가지 조건

지하에서 채굴되는 여러 광석과 금속의 양을 늘리는 데, 특히 귀금속의 양을 늘리는 것에 있어 인간 노동의 효율성은 제한적이지 않고 오히려 불확실한 것으로 보인다.

어떤 나라에서 채굴되는 귀금속 양은 지리적 환경, 즉 자국 광산의 비옥함이나 척박함 등 현지 상황의 어떤 제한도 받지 않는다. 이러한 금속은 종종 광산이 없는 나라에서도 풍부하다. 모든 특정한 나라에서 귀금속 양은 다음 두 가지 다른 상황에 달려 있다.

(1) 나라의 구매력, 나라의 산업 상태, 나라의 토지와 노동의 연간 생산물 등이다. 그 나라는 금은 같은 사치품을 자국 광산에서든 타국 광산에서든 가져오거나 구매하는 데 있어 어느 정도 적절한 수량의 노동과 생계 수단을 투입할 수 있어야 한다.

(2) 특정 시기에 그런 귀금속을 상업 세계에 공급하는 광산의 비옥성

또는 불모성이다. 광산으로부터 가장 멀리 떨어진 국가에서도 이러한 비옥성 또는 불모성의 영향을 받게 되는데, 귀금속의 운송이 쉽고 저렴하며 부피가 작고 가치가 높기 때문이다. 중국과 인도에서 귀금속 양은 풍부한 아메리카 광산의 영향을 받았을 것이다.

특정한 나라가 (1)에 해당하는 상황일 때, 귀금속 실질가격은 다른 모든 사치품처럼 국부 및 발전과 함께 오르고, 나라의 빈곤함과 불황에 따라 내릴 가능성이 크다. 노동과 생필품 여유가 많은 나라는 여유가 적은 국가보다 더 많은 노동력과 생필품을 희생하여 특정 수량의 금속을 구매할 수 있다.

특정한 나라가 (2)에 해당할 때, 귀금속 실질가격, 즉 귀금속이 구매하거나 교환할 수 있는 노동과 생계 수단의 실제량은 분명 광산 생산량의 풍부함에 비례해 떨어지거나, 빈약함에 비례해 오를 것이다.

하지만 특정 시기에 상업 세계에 공급할 광산의 풍부함이나 빈약함은 특정한 나라의 산업 상태와는 전혀 무관하다. 심지어 그것은 전 세계의 산업 상태와도 필연적인 관련이 없는 듯 보인다. 실제로 기술과 상업이 세상의 더 많은 지역으로 점차 퍼져 나감에 따라, 새 광산을 찾는 일은 좁은 범위 내에서만 이루어질 때보다 넓은 지역으로 확장되어 성공 확률이 다소 높아질 수 있다.

금광 발견과 진정한 국부는 서로 무관하다

새 광산의 발견은 오래된 광산이 점차 고갈되면서 지극히 불확실한 문제가 되었다. 어떠한 기술이나 노동력도 이를 보장할 수 없다. 널리 인정되듯, 광산 발견을 위한 단서들은 대체로 의심스럽고, 실제로 새 광산을 발견하고 성공적으로 작업을 끝내야만 그 가치 또는 존재의 실체를 확인할 수 있다.

광산 탐사에는 성공과 실패의 한계가 정해져 있지 않다. 한 세기 혹은 두 세기가 흐르는 동안 여태껏 알려진 것보다 더욱 풍부한 새 광산이 발견될 수도 있고, 아메리카 광산이 발견되기 전까지 존재했던 그 어떤 광산보다 더욱 척박한 광산이 발견될 수도 있다.

두 사건 중 어느 하나가 발생하더라도 세상의 실제 부와 번영 그리고 인류의 연간 생산물과 노동의 실질가치에 거의 영향을 미치지 않는다. 연간 생산물을 표현하거나 나타낼 수 있는 금과 은의 양인 명목가치는 분명 다르겠지만, 그것이 구매하거나 장악할 수 있는 노동의 실제량인 연간 생산물의 실질가치는 정확히 같을 것이기 때문이다.

풍부한 광산이 발견된 경우, 1실링의 명목가격은 현재 1페니가 구매하는 노동만큼을 구매하지 않을 수도 있다. 반면 빈약한 광산이 발견된 경우, 1페니는 지금의 1실링만큼의 노동을 구매할 수도 있을 것이다. 그러므로 전자의 경우 주머니에 1실링을 가지고 있던 사람은 현재 1페니를 가진 사람보다 더 부유하지 않다. 그리고 후자의 경우 1페니를 가지고 있던 사람은 지금 1실링을 가진 사람보다 더 가난하지도 않다. 전자의 경우, 금과 은으로 만든 식기류가 저렴하고 풍부하다는 게 세상에서 얻을 수 있는 유일한 이득일 것이고, 하찮은 사치품조차도 비싸고 귀하다는 게 후자의 경우에 겪을 수 있는 유일한 불편함일 것이다.[96]

5. 은 가치 변화에 관련된 여담의 결론

고가 귀금속은 빈곤과 야만의 표시가 아니다

옛적 여러 물건의 화폐가격을 수집한 저술가 대다수는 곡물과 전반적인 물품의 낮은 화폐가격, 즉 달리 말하면 금은의 가치가 높은 것을 그런 금속이 귀하다는 의미로 생각했다. 이뿐만 아니라 당시 그런 일이 생기면 나

---

96   옛 잉글랜드 화폐에서 1실링은 12펜스였다. 명목가격의 가치가 많이 떨어져서 현재의
　　1실링이 옛날의 1펜스어치의 노동력밖에 못 사들이고, 반대로 명목가격의 가치가 높
　　아져 1펜스가 옛날의 1실링어치의 노동을 사들일 수 있는데, 이렇게 되는 데는 금은 생
　　산 물량의 풍부함 혹은 빈약함에 따라 명목가치가 달라질 수 있다는 뜻이다.

라가 빈곤하고 야만스럽다고까지 여긴 듯하다. 이런 생각은 금은이 풍부한 나라가 부유하고, 귀금속이 진귀해지면 빈곤하다는 정치경제학 체계[중상주의]와 연관되어 있다. 이러한 사상 체계는 잘못되었다는 것을, 나는 이 책의 제4권에서 많은 분량을 할애해 설명하고 검토할 계획이다.

귀금속의 높은 가치는 그런 현상이 벌어지는 때 특정 국가의 빈곤이나 야만을 나타내는 증거가 전혀 될 수 없다는 점만 여기서 간단히 언급하겠다. 귀금속의 높은 가치는 당시 상업 세계에 귀금속을 공급할 광산이 척박했다는 증거일 뿐이다. 빈곤한 나라는 부유한 나라보다 금과 은을 더 비싸게 구매할 여유도 없을뿐더러 더 많이 살 여유도 없다. 따라서 귀금속의 가치는 부유한 나라가 빈곤한 나라보다 더 높다.

유럽의 어떤 나라보다 훨씬 부유한 나라인 중국에서 귀금속의 가치는 유럽 어떤 나라보다 훨씬 높다. 유럽의 국부는 실제로 아메리카 광산 발견 이후 크게 늘었고, 그에 따라 금은의 가치는 점차 감소했다. 하지만 이런 금은 가치의 감소는 유럽의 실제 국부 증가, 유럽의 토지와 노동의 연간 생산물이 증가했기 때문이 아니라 이전에 알려졌던 어떤 광산보다 더욱 풍부한 광산들이 우연히 발견되었기 때문이다.

유럽에서 금은의 수량 증가와 제조업, 농업의 발달은 거의 동시에 발생했지만, 그 원인은 무척 다르며, 자연적인 연관성은 거의 없다. 전자는 순전히 우연한 사건으로 발생한 것이고 사려분별이나 정책이 개입하지 않았으며 그럴 수도 없었다. 후자는 봉건제가 몰락하고 그 후에 산업이 요구하는 유일한 장려책인 노동의 결실을 누릴 수 있게 보장한 정부가 수립되면서 생겼다.

봉건제가 여전히 계속되는 폴란드는 오늘날 아메리카의 발견 이전과 마찬가지로 무척 빈곤하다. 하지만 폴란드에서 곡물의 화폐[명목] 가격은 올랐고, 귀금속의 실질가치는 떨어졌는데 이는 유럽 다른 지역과 똑같은 양상이다. 따라서 귀금속 양은 다른 곳과 마찬가지로 폴란드에서도 증가했음이 틀림없으며, 나라의 토지와 노동의 연간 생산물에 거의 동일하게 비례해 증가했음이 분명하다. 하지만 이런 귀금속 양의 증가는 연간 생산물을 증가시키지도 못하고, 나라의 제조업과 농업을 발달시키지도 못하며, 그 나라 국민의 생활 형편을 향상하지도 못한 듯 보인다.

광산 보유국인 스페인과 포르투갈도 폴란드 다음으로 유럽에서 가난한 나라이다. 하지만 귀금속의 가치는 유럽 다른 어떤 곳보다 스페인과 포르투갈에서 틀림없이 더 낮다. 이 두 나라에서 유럽 모든 지역으로 보내는 귀금속은 운임과 보험료뿐 아니라 수출 금지 및 과세 대상이므로 밀수 비용까지 더해지기 때문이다. 하지만 두 나라는 유럽 대부분 나라보다 더 빈곤하다. 스페인과 포르투갈에서는 봉건제가 폐지되었지만, 더 나은 정치·경제 체제가 그 뒤를 잇지 못했다.

따라서 금은의 낮은 가치는 해당 나라의 국부나 사회 발전 상태를 반영하지는 못한다. 마찬가지로, 귀금속의 높은 가치나 전반적인 물품, 특히 곡물의 낮은 화폐가격 역시 빈곤이나 야만 상태를 나타내는 증거가 되지는 않는다.

가축의 낮은 가격은 가난의 증거

그러나 곡물 가격 대비 특정 부류의 물품, 즉 가축, 가금, 온갖 사냥감 등의 가격이 낮다면 이는 가난의 가장 결정적인 증거다. 이런 현상은 다음 두 가지 사항을 보여준다.

첫째, 곡물 대비 그것[가축, 가금, 온갖 사냥감]이 엄청나게 풍부하다는 것을 분명하게 나타내고, 그 결과 곡물 생산이 차지하는 땅보다 그것이 차지하고 있는 땅이 크다는 것을 명백하게 보여준다.

둘째, 곡물 생산 토지 대비 그런 땅의 가치가 낮다는 사실, 그 결과 나라의 땅 대부분이 경작되지 않고 개량되지 않은 상태에 있다는 것을 분명하게 드러낸다.

이는 그 나라의 자본과 인구가 문명국에서와 같은 비율로 토지를 차지하지 않았으며, 또 그 시기에 사회가 아직 초창기 단계에 있음을 뚜렷하게 보여준다. 우리는 전반적인 물품, 특히 곡물 화폐가격이 높거나 낮은 것에서, 나라가 부유하거나 빈곤하다는 사실이 아니라, 당시 상업 세계에서 금은을 공급한 여러 광산의 생산량이 풍부하거나 빈약했다는 사실을 추론할 뿐이다. 그렇다면, 다른 종류의 물품에 비해 특정 물품의 화폐 가격이 높거나 낮다는 사실로부터 우리는 무엇을 추론할 수 있을까? 거의 확실하다고 할 정도로 그 나라가 부유한지 빈곤한지, 그 나라의 국토 대부분이 개량되었는지 아닌지, 나라가 야만적인 상태에 있는지 혹은 문명화된 상태에 있는지를 알 수 있다.

은의 가치 하락으로 인한 상품의 화폐가격 상승은 모든 종류의 상품에 동등하게 영향을 미치고, 은이 이전 가치의 3분의 1, 4분의 1, 5분의 1을 잃게 된 것에 따라 보편적으로 가격을 3분의 1, 4분의 1, 5분의 1 더 올리게 된다.

무수한 추론과 논의의 대상이었던 식량 가격 상승은 모든 부류의 식량에 동등하게 영향을 미치는 것은 아니다. 현 18세기의 진행 과정을 살펴 평균을 내보면, 은 가치 저하로 곡물 가격 상승이 일어났다고 설명하는 사람들조차, 곡물 가격이 다른 종류의 식료품 가격보다 훨씬 덜 상승했음을 인정한다. 따라서 그런 다른 부류의 식량 가격 상승은 전적으로 은값 저하 때문이라고 할 수 없다. 다른 몇몇 원인도 반드시 고려해야 하며, 앞서 들었던 원인들은 소위 은의 가치 하락에 의존하지 않고도 특정 종류의 식량이 밀 가격에 대비해 가격이 상승한 현상을 충분히 설명할 것이다.

곡물 가격 자체에 관해 말하자면, 현 18세기의 첫 64년과 최근의 이례적인 몇 년의 흉작 이전 시점은, 지난 17세기의 마지막 64년보다 다소 낮았다. 이런 사실은 윈저 시장의 곡물 장부뿐만 아니라 스코틀랜드 모든 지역의 공정곡가 그리고 저술가 메상스와 뒤프레 드 상 모르가 부지런하고 충실하게 수집한 프랑스의 여러 다른 시장의 곡물 장부 등을 통해 입증된다. 관련 증거는 확인이 무척 어렵다고 생각했던 문제에 대해 기대 이상으로 완벽한 근거를 제공한다.

지난 10년 혹은 12년 동안의 높은 곡물 가격에 관해서는 은값 하락을 고려하지 않더라도 계속된 악천후가 그 원인을 충분히 설명해준다. 따라서 은이 가치 측면에서 계속 떨어지고 있다는 의견은 곡물 가격 혹은 다른 식

량 가격에 근거를 둔 객관적 관찰은 아닌 것으로 보인다.[97]

오늘날 같은 양의 은으로 지난 17세기 일부 기간보다 훨씬 적은 여러 종류의 식량을 구할 수 있다. 은값 변화로 물품의 가치가 상승했기 때문인지 혹은 은값이 하락했기 때문인지 확인하는 일은 헛되고 쓸모없는 구분이 아닐까? 특정 양의 은을 들고 시장으로 가거나, 고정된 화폐 수입만 있는 사람에게 그런 구분이 큰 도움이 될까? 나는 누군가가 그 구분을 알고 있다고 해서 더 싸게 물품을 구매할 수 있다고 여기지는 않는다. 그렇다고 이것이 전혀 쓸모없다고 볼 수는 없다.

이런 구분은 나라의 번영 상태에 관한 손쉬운 증거를 제공함으로써 어느 정도 대중에게 유용한 정보를 제공한다. 어떤 식량에서 발생한 가격 상승이 전적으로 은값 하락 때문이라면 이는 아메리카 광산의 풍부한 생산량 외에 다른 배경을 생각할 수 없다. 나라의 실제 국부, 즉 나라의 토지와 노동의 연간 생산물은 이런 상황에도 포르투갈과 폴란드에서처럼 점차 쇠퇴하거나 혹은 유럽 대부분 국가처럼 점차 나아질 수 있다.

하지만 몇몇 종류의 식량 가격에서 발생한 상승이 그것을 생산하는

---

97 포르투갈 왕국의 진취적인 왕, 항해자 헨리는 해양 탐험을 적극 장려했고 그리하여 포르투갈 범선들은 서아프리카 해안을 따라 그 밑으로 내려갔다. 마침내 포르투갈 항해가 바르톨로메우 디아스는 1488년 아프리카의 남단 희망봉 곶에 도착했고 이어 1498년에 아프리카 남단을 돌아 남부 인도의 캘리컷 해안에 도착했다.

유럽인들이 이처럼 아시아로 가는 바닷길 탐색에 나선 주된 이유는 동로마제국의 멸망 때문이었다. 1453년에 오스만 제국은 비잔틴 제국을 멸망시켰다. 이 때문에 아시아로 가는 예전의 실크로드와 지중해 해로가 봉쇄되었다. 그리하여 서유럽 통치자들은 원양 항해에 새로 깊은 관심을 갖게 되었다. 스페인, 포르투갈, 영국, 프랑스, 네덜란드 등이 원양 항해에 관심이 있었고 기선을 제압한 스페인과 포르투갈이 동인도와 서인도로 가는 해로를 제패해 한동안 원양 무역을 독점했다.

장기간 이슬람의 권력 아래에 있던 스페인을 기독교 세력이 재정복한 1492년에, 페르디난드 왕과 이사벨라 여왕은 크리스토퍼 콜럼버스의 원양 항해를 후원해 아메리카 대륙을 발견하게 했다. 잉글랜드와 프랑스가 북아메리카와 서인도제도, 동인도제도에 진출한 것은 스페인과 포르투갈의 국력이 기울어진 16세기 말과 17세기 초였다. 북아메리카와 서인도제도, 동인도제도는 애덤 스미스의 『국부론』에서 중요한 지리적 배경이 된다.

땅의 실질가치 상승, 비옥도 향상, 즉 더욱 진전된 개량과 훌륭한 경작으로 곡물 생산에 적합하게 변화한 땅 덕분이라면, 이는 나라의 번영과 진보 상태를 가장 명백한 방식으로 나타낸 것이 된다. 토지는 모든 대국의 국부 중에 가장 크고, 가장 중요하고, 가장 오래가는 부분이다. 국부 중에서 가장 크고, 가장 중요하고, 가장 오래가는 부분에서 증가한 가치에 관해 결정적 증거를 가지고 있다는 사실은 대중에게 어느 정도 쓸모가 있으며, 적어도 대중에게 어느 정도 만족감을 준다.

또한, 이는 정부가 일부 하급 노동자들의 금전적 보상 수준을 정하는 데도 유용하다. 어떤 부류의 식량에서 발생한 가격 상승이 은값 하락 때문이라면, 그 노동자들의 금전적 보상이 하락 정도에 비례해 늘어나야 한다. 만약 늘지 않는다면 그들의 실제 보상은 크게 감소한 것이다. 하지만 가격 상승이 그런 식량을 생산하는 땅의 비옥도가 향상되어 증가된 가치 때문이라면 금전적 보상을 늘려야 하는지 여부와 어떤 비율로 금전적 보상을 늘려야 하는지 판단하는 것은 무척 까다로운 문제가 된다.

토지 개량으로 경작 수확량이 향상되면 동물성 식품을 생산하던 많은 땅을 작물 재배에도 사용할 수 있으므로 동물성 식품의 가격이 약간 상승해 지주와 농부에게 이윤을 제공해야 한다. 동시에 경작이 확장되면 토지 비옥도가 높아져 공급이 증가하기 때문에 식물성 식품의 가격은 내려간다.

신세계 곡물인 감자와 옥수수의 유럽 도입

농업의 발전으로 밀보다 적은 토지와 노동력만으로도 다양한 종류의 식물성 식품을 개발하여 훨씬 저렴하게 시장에 출시하게 되었다. 그런 식품에는 감자와 옥수수가 있으며, 유럽 농업 그리고 아마도 유럽 자체가 상업과 항해의 큰 확장을 통해 아메리카 신세계에서 얻은 가장 중요한 두 가지 개선 사항일 것이다. 게다가 미개한 농업 상태일 때 삽질로 텃밭에서 가꾼 많은 식물성 식품이 수준 향상으로 일반 밭에 도입되어 쟁기로 재배되기 시작됐다. 그런 식품으로는 순무, 당근, 양배추 등이 있다. 따라서 개선이 진행되는 과정에서 동물성 식품의 실질가격이 상승하면 식물성 식품의 실질가격은 필연적으로 하락한다. 그리하여 전자[동물성 식품]의 가격 상승이 후자의 가격 하락으로 어디까지 보상되는지 판단하는 것은 더욱 까다로운 문제가 된다.

고기의 실질가격이 일단 최고 수준에 도달하면(돼지고기를 제외하고 한 세기도 전에 잉글랜드 대부분에서 그 수준에 도달한 듯 보인다), 그때 이후 다른 유형의 동물성 식품 가격이 상승하더라도 하층민의 생활 형편에 크게 영향을 미칠 수 없다. 잉글랜드 대부분에서 가난한 자들의 생활 형편은 가금, 생선, 엽조 혹은 사슴 가격 상승으로 고통받기보다는, 감자의 가격 하락으로 구제받기 때문이다.

현재처럼 흉년이 든 계절에는 곡물의 높은 가격이 분명 가난한 자를 괴롭힌다. 하지만 평범한 풍년 시절에는, 즉 곡물이 통상 가격 혹은 평균 가격일 때는 다른 모든 원생산물 가격에서 발생하는 자연적인 상승은 가난한 자에게 크게 영향을 미치지 못한다. 그들은 소금, 비누, 가죽, 양초, 맥아, 맥주 등 몇몇 제조품 가격에 부과된 세금으로 발생하는 인위적인 가격 상승에서 더 고통을 겪는다.

6. 사회 발전이 제조품의 실질가격에 미치는 영향

제조품 가격 인하는 사회 발전의 효과

사회 내에서 이루어지는 여러 개선과 향상 및 발전에 따른 자연적인 영향은 거의 모든 제조품의 실질가격을 점차 감소시킨다. 제조업 분야에서 생산된 물품의 실질가격은 예외 없이 모두 감소한다. 사회 발전의 자연스러운 영향으로 더 나은 기계, 더 훌륭한 기술, 더 적절한 분업과 작업 분배가 이루어져 특정 작업을 수행하는 데 훨씬 적은 노동량이 들어간다. 사회의 번영 덕분에 노동의 실질가격이 크게 오른다고 하더라도 이처럼 노동량의 커다란 감소는 물가의 커다란 상승을 보상하고도 남는다.

물론 소수의 예외적인 제조업도 있다. 가령 원재료 실질가격이 필연적으로 상승해 사회 발전에 따라 작업 수행에 반영되는 모든 이익을 상쇄하는 경우다. 예를 들어 목수와 소목장 작업 그리고 조악한 부류의 가구 제조업의 경우, 토지 개량에 따른 목재의 실질가격 상승은 최고 수준의 기계, 아주 훌륭한 기술 그리고 적절한 분업과 작업 분배에서 나올 수 있는 모든 이익을 뛰어넘어 오히려 손해를 볼 수도 있다.

하지만 원재료의 실질가격이 전혀 상승하지 않거나 혹은 그다지 크게 오르지 않은 경우라면, 제조품의 실질가격은 크게 내려간다.

현 18세기와 지난 17세기 동안 이런 가격 인하는 조금속(粗金屬)을 원료로 하는 제조품에서 가장 현저했다. 지난 세기 중반 정도에 20파운드로 구매할 수 있었던 것보다 더 정밀한 회중시계를 이제는 20실링에 살 수 있다. 칼 제작자와 자물쇠 제조공 물품, 조금속으로 만든 모든 장난감, 버밍엄과 셰필드 도자기로 알려진 제품은 같은 기간에 회중시계처럼 크게 떨어지지는 않았지만 그것대로 무척 큰 가격 인하가 있었다. 이는 유럽 모든 지역의 노동자를 깜짝 놀라게 할 정도였으며, 그들은 많은 경우 그 가격의 두세배를 들인다고 하더라도 같은 품질의 양품을 생산할 수 없음을 인정했다. 조금속을 재료로 쓰는 제조업은 분업을 더욱 진전시키고, 사용 중인 기계에 더 다양한 진보 기술을 도입하는 등 타의 추종을 불허한다.

직물 제조업 분야의 가격 인하

동일한 기간 동안 직물 제조업에서는 두드러진 가격 하락이 없었으며, 오히려 25년에서 30년 사이에 최고급 직물의 품질 대비 가격이 다소 상승한 것으로 보인다. 들리는 바로는 스페인산 양모로만 구성된 재료 가격이 크게 올랐기 때문이다. 잉글랜드 양모로 만드는 요크셔 직물 가격은 실제로 현 18세기 동안 품질 대비 크게 떨어졌다. 하지만 품질은 논란의 여지가 무척 큰 문제이며, 나는 이런 부류의 모든 정보를 다소 불확실하게 본다. 직물 제조업에서 분업은 지금도 한 세기 전과 비슷하게 이루어지며, 쓰는 기계도 크게 다르지 않다. 하지만 분업이나 기계에서는 다소간 향상이 있었을 것이며, 그리하여 어느 정도 가격을 인하했을 것이다.

현대의 제조품 가격을 훨씬 더 예전, 즉 노동이 훨씬 덜 분화되고, 기계도 훨씬 불완전했던 15세기 말경의 가격과 비교한다면 가격 인하는 무척 분명하게 드러난다.

헨리 7세 재위 4년 차인 1487년에 "누구든 최고급 진홍색 직물 혹은 다른 색의 최고급 직물 1야드를 소매가 16실링 이상으로 판매한 자는 그렇게 판매한 직물 야드당 40실링을 벌금으로 물린다"라고 규정한 법이 제정되었다. 16실링은 현재 우리 화폐 24실링과 같은 양의 은을 포함하는데, 당시 최고급 직물 1야드에 대한 가격으로는 불합리하게 생각되지 않았다. 이 법은 일종의 사치 금지법으로 최고급 직물은 일반적으로 다소 비싸게 팔렸을 개연성이 있다. 현재 그런 직물의 최고가는 대략 1기니 정도로 추정되고 있다.

현재의 직물 품질이 훨씬 우수하겠지만, 그 품질이 과거와 동일하다고 가정하더라도 최고급 직물의 화폐가격은 15세기 말 이래로 상당히 하락한 것으로 보인다. 하지만 최고급 직물의 실질가격은 훨씬 크게 감소했다. 당시 그리고 이후 오랜 세월 밀의 1쿼터 평균 가격은 6실링 8펜스로 여겨졌다. 따라서 16실링은 밀 2쿼터 3부셸 이상의 가격이었다. 현대에 들어와 밀 1쿼터가 28실링의 가치가 있다면 당시 최고급 직물 1야드의 실질가격은 우리의 현재 화폐로 최소한 3파운드 6실링 6펜스에 상당한다. 당시 최고급 직물 1야드를 산 사람은 틀림없이 현재 그 금액으로 얻을 수 있는 상당한 양의 노동력과 식량을 포기해야 했다.

조악한 제조품의 가격은 그리 떨어지지 않았다

저급 제조품의 실질 가격 하락 폭도 상당했지만, 고급 제조품의 가격 하락만큼 크지는 않았다.

에드워드 4세 재위 3년 차인 1463년에 "농업 고용인, 일반 노동자, 도시나 자치 도시 외부에 거주하는 기능공의 고용인은 1야드에 2실링을 넘는 직물로 만든 옷을 착용하거나 사용해서는 안 된다"라는 법이 제정되었다. 에드워드 4세 3년 차에 2실링은 현재 우리 화폐 4실링과 거의 같은 양의 은을 포함했다. 하지만 지금 야드당 4실링에 판매되는 요크셔 직물은 당시 제일 가난한 일반 노동자가 입던 것보다 훨씬 뛰어날 것이다. 따라서 사람들이 옷에 얼마를 지불했는지 살펴보면 품질 대비 현재가 과거보다 약간 더 저렴하고, 실질가격은 훨씬 더 저렴할 것이다.

10펜스는 당시 밀 1부셸에 대한 적당하고 합리적인 가격으로 생각되었다. 따라서 2실링은 거의 밀 2부셸 2펙 가격이었다. 현재 부셸당 3실링 6펜스의 가격이므로 해당 양의 가격은 8실링 9펜스 가치가 된다. 이런 직물 1야드를 사기 위해 가난한 노동자는 현대 화폐로 8실링 9펜스에 해당하는 생계 수단을 포기해야 했을 것이다. 이 역시 일종의 사치 금지법으로, 가난한 자의 사치를 제한했다. 그들의 옷은 지금보다 훨씬 더 비쌌다.

같은 법에 따라 같은 노동자 계급은 한 짝의 가격이 14펜스, 현재 화폐로는 28펜스가 넘는 긴 양말을 신는 것이 금지되었다. 14펜스는 당시 거의 밀 1부셸 2펙 가격으로 현대에 부셸당 3실링 6펜스임을 고려하면 5실링 3펜스가 된다. 현재, 제일 가난하고 최하위층에 있는 노동자가 긴 양말 한 짝을 사는 것치곤 지나치게 높은 가격이라고 생각할지도 모른다. 하지만 당시 노동자는 긴 양말을 위해 실제로 이와 비슷한 가격을 지불해야만 했다.

에드워드 4세 통치기에 긴 양말을 짜는 기술은 유럽의 어떤 지역에도 알려지지 않았다. 당시의 긴 양말은 일반 직물로 만들었는데, 이것이 그런 비싼 가격의 원인 중 하나일 것이다. 잉글랜드에서 가장 먼저 긴 양말을 신은 사람은 엘리자베스 1세라고 한다. 여왕은 스페인 대사에게서 그것을 선물로 받았다.

직물 제조 기계의 3가지 기술적 개선

저급 혹은 고급 모직물 제조업에서 활용되는 기계는 그 당시에는 지금보다 훨씬 결함이 많았다. 이후 세 차례에 걸친 대대적인 설비 개선과 몇 차례의 사소한 개선이 있었는데 그 숫자나 중요도를 일일이 따지기 어려울 정도다. 세 가지 중요한 기술 발전은 다음과 같다.

(1) 실감개와 가락을 물레로 교체하여 같은 노동량으로 두 배 이상의

작업량을 수행할 수 있게 되었다.

(2) 무척 독창적인 여러 기계를 활용해 소모사와 방모사를 감는 일, 즉 베틀에 투입하기 전에 날실과 씨실을 적절하게 준비하는 과정을 훨씬 더 쉽고 간편하게 만들었다. 기계가 발명되기 전에 이런 작업은 일일이 손으로 해야 했으므로 틀림없이 극도로 따분하고 골칫거리였을 것이다.

(3) 직물을 촘촘하게 만들고자 물속에서 직물을 밟는 대신 축융기(縮絨機)를 활용했다. 16세기 초에는 잉글랜드에 어떤 종류의 물방아나 풍차도 알려지지 않았다. 알프스 북쪽 유럽의 모든 지역도 사정은 마찬가지였다. 이탈리아는 그 시대보다 얼마 전에 물방아와 풍차를 도입했다.

이런 상황을 고려하면 왜 현대보다 그런 옛날에 하급 혹은 상급 제조품의 실질가격이 훨씬 비쌌는지 어느 정도 이해가 된다. 당시에는 물건을 시장에 출하하는 데 훨씬 많은 노동량이 들었다. 따라서 시장에 물품이 나왔을 때 그들은 더 많은 양의 가격으로 구매하거나 교환해야 했던 것이다.

과거에 하급 제조품이 고급 제조품보다 저렴했다

그 옛날에 잉글랜드에서 수행된 하급 제조업은, 관련 기술과 제조업 분야가 초기 단계인 다른 나라와 같은 방식으로 수행되었을 것이다. 아마도 거의 모든 가족 구성원이 작업의 각기 다른 부분을 수행하는 가내수공업이었을 것이다. 하지만 이 작업은 다른 할 일이 없을 때 했고, 가족의 생계 수단 대부분을 제공하는 주된 일도 아니었다.

이미 살펴본 것처럼[1권 10장 1절], 이런 식으로 수행되는 작업은 노동자 생계 수단의 주된 혹은 유일한 원천으로 만들어지는 물품보다 훨씬 저렴하게 시장에 나온다. 반면 고급 제조업은 잉글랜드가 아니라 부유하고 상업적인 플랑드르 지역에서 수행되었다. 당시 고급 제조업은 지금과 같은 방식으로 그곳에서 생계 수단의 전부 혹은 주된 부분을 얻는 사람들이 수행했을 것이다. 게다가 외국 제품은 반드시 일정 관세를 지불해야 했는데, 세금은 옛 관세인 톤세(tonnage)나 최소한 파운드세(poundage)로 왕에게 납부되었다. 실제로 이런 세금은 그리 크지 않았을 것이다. 당시 유럽의 정책은 높은 관세를 매겨 외국 제품 수입을 제한하기보다 오히려 그런 고가품 수입을 장려했는데, 상인들이 가능한 한 싼값으로 돈 많고 지위 높은 사람들에게 고급 외국 제품을 판매하는 것을 돕기 위해서였다. 그런 제품들은 나라 안의 부자나 고관들이 구매를 원하지만 자국 산업이 제공하지 못하던 편의품과 사치품이었다.

이런 상황을 고려하면 과거에 왜 조악한 제조품이 훌륭한 제품에 비례해 현재보다 가격이 낮았는지 어느 정도 이해할 수 있다.

7. 지대를 다룬 이번 장의 결론

사회 발전은 지대를 인상한다

무척 길었던 11장을 다음과 같은 사항을 강조하며 마무리하려 한다. 사회 발전은 직간접적으로 토지의 실제 지대를 올리고, 지주의 실제 부와 노동 구매력, 즉 다른 사람의 노동 생산물 구매력을 증대하는 경향이 있다.

토지 개량과 경작 확장 역시 지대를 직접 올리는 경향이 있다. 토지 생산물 중 지주 몫은 필연적으로 생산물 증가와 함께 늘어난다.

토지의 원생산물 중 지대라는 부분의 실질가격이 오르는 것은 처음에는 토지 개량과 확장된 경작의 결과이고, 나중에는 더욱 확장된 개량과 경작의 원인이 된다.

예를 들어 가축 가격 상승은 큰 비율로 직접 땅의 지대를 올리는 경향이 있다. 지주 몫의 실질가치, 즉 다른 사람의 노동력을 실질적으로 통제하는 능력은 생산물의 실질가치에 비례하여 오를 뿐만 아니라, 생산물 전체에서 지주 몫이 차지하는 비율도 생산물의 실질가치와 함께 오른다.

그런 생산물은 실질가격이 오른 뒤에는 그것을 생산하는 데 이전보다 더 많은 노동을 요구하지 않는다. 따라서 생산물의 더 적은 부분으로도 노동을 고용하는 데 들인 자본을 통상 이윤과 함께 회수하는 데 충분하다. 결과적으로 자본의 더 많은 부분이 지주에게 돌아간다.

노동생산력 향상으로 발생하는 모든 개선은 제조품의 실질가격을 직접 인하하고, 토지의 실질 지대를 간접적으로 올리는 경향이 있다. 지주는 자신의 원생산물 중 소비하고 남는 부분, 즉 그런 부분의 가격을 제조품과 교환한다. 제조품의 실질가격을 낮추는 것은 무엇이든 원생산물의 실질가치를 높인다. 동일한 양의 원생산물로 더 많은 양의 제조품을 사들일 수 있으며, 지주는 필요한 편의품, 장식품 혹은 사치품 등 원하는 것을 더 많이 구매할 수 있다.

사회가 부유해지고 더 많은 사람이 생산적으로 일하게 되면 간접적으로는 토지의 실질 지대가 오른다. 이런 노동의 특정 비율은 자연스럽게 토지에 투입된다. 더 많은 사람과 가축이 토지 경작에 활용되며, 투자 자본 증가와 함께 생산물은 늘어나고, 생산물 증가와 함께 지대 또한 늘어난다.

이와 반대되는 상황, 즉 경작과 개선을 포기하고, 농산물 가격이 하락하고, 제조 기술과 산업 쇠퇴로 인한 제조품의 실질가격 상승, 사회 전반의 실제적 부가 감소하면 토지의 실질 지대는 하락한다. 이것은 지주의 실제 부를 줄이고, 지주에게 다른 사람의 노동이나 그 다른 사람의 노동에서 나오는 생산물을 사들이는 능력이 감소한다는 의미다.

사회의 3대 기본 계급: 지주, 노동자, 자본가

국가의 토지와 노동의 연간 생산물 전부 혹은 그에 해당하는 연간 생산물 가격 전체는, 이미 살펴본 것처럼[1권 6장] 땅의 지대, 노동 임금, 자본 이윤, 세 부분으로 나뉜다. 이는 세 가지 다른 계층의 사람들, 즉 지대로 사는 사람, 임금으로 사는 사람 그리고 이윤으로 사는 사람의 수익을 구성한다. 이들은 모든 문명화된 사회를 구성하는 3대 근본 계층이다. 모든 다른 계층의 수익은 궁극적으로 이 세 계층에서 나온다.

국가 정책에 무심한 지주 계급

첫 번째, 즉 지주 계급의 이해관계는 방금 말했듯 사회의 일반적인 이해와 밀접하고 불가분한 관계로 연결되어 있다. 하나를 촉진하거나 방해한다면 필연적으로 다른 것도 촉진하거나 방해한다. 국가가 상업이나 행정에 관련된 통제를 심사숙고할 때 지주는 자신이 속한 특정 계급의 이해관계를 증진하기 위해 그것을 오도할 수 없다. 그런 이해관계에 관해 최소한의 지식을 갖추고 있다면 말이다.

하지만 그들은 이런 최소한의 지식이 없는 모습을 자주 보인다. 그들은 세 계급 중 노동도 하지 않고 걱정도 별로 없이 수입을 얻으며, 어떤 노력이나 계획을 세우지 않아도 저절로 수입이 들어오는 유일한 계급이다. 그들의 생활 형편은 편안하고 안전해 결과적으로 나태한 태도를 보인다. 그리하여 그들은 무식해질 뿐만 아니라, 어떤 공공 정책의 결과를 이해하고 예견하는 데 필요한 정신적 응용력도 갖추지 못한 경우도 많다.

자신의 이해관계에 무지한 노동자 계급

임금으로 사는 두 번째 계급의 이해관계 역시 지주 계급과 마찬가지로 사회의 이해관계와 밀접하게 관련되어 있다. 이미 설명했듯[1권 8장], 노동자의 임금은 노동 수요가 계속 상승할 때, 그러니까 고용되는 노동량이 매년 상당히 증가할 때 가장 높다. 이런 사회에서 실질적인 부가 증가하지 않고 답보 상태가 되었을 때 노동자의 임금은 이내 근근이 가족을 부양하거나 노동자 집단을 유지하는 수준으로 줄어든다. 사회가 쇠퇴할 때 노동 임금은 이보다도 더 밑으로 떨어진다.

지주 계급은 사회 번영으로 노동자 계급보다 더 많은 것을 얻지만, 반대로 사회가 쇠퇴할 때는 노동자 계급이 가장 큰 고통을 받는다. 노동자의 이해관계는 사회의 이해관계와 밀접하게 관련되어 있지만, 노동자는 자신의 이해관계를 명확히 이해하지 못하거나, 자신의 이해관계와 사회의 그것 사이에 존재하는 상호연관성을 알지 못한다. 노동자의 생활 형편은 필요한 정보를 받을 여유가 없고, 노동자의 교육과 습관 등으로 미루어볼 때 설사 완벽한 정보를 받더라도 올바른 판단을 내리기 어렵다.

그러므로 공공 정책 논의에서 노동자의 목소리는 특정한 경우, 가령 노동자의 목적이 아니라 고용주의 특정 목적을 위해 고무하고, 선동하며,

지지하는 경우가 아니라면 거의 들리지 않고 존중되지도 않는다.

자기 이익만 챙기려 하는 상인·제조업자 계급

노동자의 고용주는 세 번째 계급, 즉 이윤을 위해 사는 사람들이다. 모든 사회에서 유용한 노동의 대부분을 움직이는 것은 이윤을 위해 고용되는 자본이다. 자본을 투자하는 고용주는 계획과 프로젝트를 통해 가장 중요한 모든 노동 활동을 규제하고 지시하며, 이윤은 이러한 모든 계획과 프로젝트가 제시하는 최종 목표로 작용한다.

하지만 이윤율은 지대와 임금처럼 사회의 부와 함께 오르내리지 않는다. 오히려 그와 반대로 부유한 나라에서는 이윤율이 낮고 가난한 나라에서는 높다. 또한, 가장 빠르게 몰락하는 나라에서 항상 가장 높다. 따라서 세 번째 계급은 다른 두 계급처럼 사회의 전반적 이해관계와 연관성이 밀접하지 않다. 이 계급 중에서 상인과 마스터 제조업자는 가장 큰 자본을 투자하고, 그들의 재력을 통해 공공 정책 논의에서 가장 큰 목소리를 차지한다.

그들은 평생 이러한 계획에 전념하므로 종종 대다수 지방 향신보다 통찰이 훨씬 날카롭다. 그러나 사회의 이해관계보다 자신이 종사하는 특정 사업 분야의 이해관계를 더 생각하므로 그들의 판단은 아주 솔직하더라도(모든 경우에 그렇지는 않다) 사회 일반보다는 자신의 사업 분야에 훨씬 유리하게 기울어진다. 그들이 지방 향신[지주]보다 우월한 점은 공공의 이해관계보다 자신의 이해관계를 잘 알고 있다는 것이다. 자신의 이해관계를 앞세우는 탁월한 지식을 활용해 그들은 종종 지주들의 관대함을 강요했고, 그러면서 자본가의 이익이 곧 공공의 이익이라는 아주 순진하면서도 간단한 생각을 지주들이 갖게 해서 지주의 이익과 대중의 이익을 포기하도록 설득한다.

하지만 상업이나 제조업의 특정 분야에서 상인의 이익은 항상 어떤 측면에서 공익과 다르거나 심지어 배치된다. 시장을 넓히고 경쟁을 한정하면 늘 상인에게 이윤이 된다. 시장 확대는 흔히 공익에 부합하지만, 경쟁 한정은 항상 공익에 배치된다. 또한, 상인은 경쟁을 부추기고 자연적인 상태 이상으로 자기 이익을 높임으로써 나머지 동료 시민이 그 이익을 지불하기 위해 터무니없는 세금을 내게 만든다.

이런 상인·제조업자 계급이 제시하는 상업에 관한 어떤 새로운 법이나 규정은 반드시 크게 경계하며 들어야 하고, 아주 꼼꼼하면서도 의심하는 시선으로 오랜 세월 주의 깊게 관찰하고 검토한 뒤에 채택해야 한다. 그런 제안들이 상인·제조업자 계급에서 나온 것이기 때문이다. 그들이 추구하는 이익은 공익과 일치하는 경우가 별로 없고, 일반적으로 대중을 속이고 억압할 속셈을 갖고 있을 뿐만 아니라, 실제로 많은 경우에 대중을 속이고 억압해왔다.

연도별 밀 가격

년 (열두 해)	각 해의 쿼터당 밀 가격			같은 해에서 다른 가격들의 평균			현대 화폐로 환산한 각 해의 평균 가격		
	파운드	실링	펜스	파운드	실링	펜스	파운드	실링	펜스
1202	-	12	-	-	-	-	1	16	-
1205	- - -	12 13 15	- 4 -	-	13	5	2	-	3
1223	-	12	-	-	-	-	1	16	-
1237	-	3	4	-	-	-	-	10	-
1243	-	2	-	-	-	-	-	6	-
1244	-	2	-	-	-	-	-	6	-
1246	-	16	-	-	-	-	2	8	-
1247	-	13	4	-	-	-	2	-	-
1257	1	4	-	-	-	-	3	12	-
1258	1 1 1	- 15 16	- - -	-	17	-	2	11	-
1270	4 6	16 8	- -	5	12	-	16	16	-
1286	- -	2 16	8 -	-	9	4	1	8	-
						총	35	9	3
						평균 가격	2	19	$1\frac{1}{4}$

년 (열두 해)	각 해의 쿼터당 밀 가격			같은 해에서 다른 가격들의 평균			현대 화폐로 환산한 각 해의 평균 가격		
	파운드	실링	펜스	파운드	실링	펜스	파운드	실링	펜스
1287	-	3	4	-	-	-	-	10	-
1288	- - - - - - -	- 1 1 1 1 2 3 9	8 - 4 6 8 - 4 4	-	3	$-\frac{2}{4}$	-	9	$-\frac{3}{4}$
1289	- 0 - - 1	12 6 2 10 -	9 - - 8 -	-	10	$1\frac{2}{4}$	1	10	$4\frac{2}{4}$
1290	-	16	-	-	-	-	2	8	-
1294	-	16	-	-	-	-	2	8	-
1302	-	4	-	-	-	-	-	12	-
1309	-	7	2	-	-	-	1	1	6
1315	1	-	-	-	-	-	3	-	-
1316	1 1 1 2	- 10 12 -	- - - -	1	10	16	4	11	6
1317	2 - 2 4 -	4 14 13 - 6	- - - - 8	1	19	6	5	18	6
1336	-	2	-	-	-	-	-	6	-
1338	-	3	4	-	-	-	-	10	-
						총	23	4	$11\frac{1}{4}$
						평균 가격	1	18	8

년 (열두 해)	각 해의 쿼터당 밀 가격			같은 해에서 다른 가격들의 평균			현대 화폐로 환산한 각 해의 평균 가격		
	파운드	실링	펜스	파운드	실링	펜스	파운드	실링	펜스
1339	-	9	-	-	-	-	1	7	-
1349	-	2	-	-	-	-	-	5	2
1359	1	6	8	-	-	-	3	2	2
1361	-	2	-	-	-	-	-	4	8
1363	-	15	-	-	-	-	1	15	-
1369	{ 1 1	- 4	- - }	1	2	-	2	9	4
1379	-	4	-	-	-	-	-	9	4
1387	-	2	-	-	-	-	-	4	8
1390	{ - - -	13 14 16	4 - - }	-	14	5	1	13	7
1401	-	16	-	-	-	-	1	17	4
1407	{ - -	4 3	4 4 }	-	3	10	-	8	11
1416	-	16	-	-	-	-	1	12	-
					총		15	9	4
					평균 가격		1	5	$9\frac{1}{3}$
1423	-	8	-	-	-	-	-	16	-
1425	-	4	-	-	-	-	-	8	-
1434	1	6	8	-	-	-	2	13	4
1435	-	5	4	-	-	-	-	10	8
1439	{ 1 1	- 6	- 8 }	1	3	4	2	6	8
1440	1	4	-	-	-	-	2	8	-
1444	{ - -	4 4	4 - }	-	4	2	-	8	4
1445	-	4	6	-	-	-	-	9	-
1447	-	8	-	-	-	-	-	16	-
1448	-	6	8	-	-	-	-	13	4
1449	-	5	-	-	-	-	-	10	-

년 (열두 해)	각 해의 쿼터당 밀 가격			같은 해에서 다른 가격들의 평균			현대 화폐로 환산한 각 해의 평균 가격		
	파운드	실링	펜스	파운드	실링	펜스	파운드	실링	펜스
1451	-	8	-	-	-	-	-	16	-
총							12	15	4
평균 가격							1	1	$3\frac{1}{2}$
1453	-	5	4	-	-	-	-	10	8
1455	-	1	2	-	-	-	-	2	4
1457	-	7	8	-	-	-	-	15	4
1459	-	5	-	-	-	-	-	10	-
1460	-	8	-	-	-	-	-	16	-
1463	{ -	2	-	1	10	-	-	3	8
	-	1	8 }						
1464	-	6	8	-	-	-	-	10	-
1486	1	4	-	-	-	-	1	17	-
1491	-	14	8	-	-	-	1	2	-
1494	-	4	-	-	-	-	-	6	-
1495	-	3	4	-	-	-	-	5	-
1497	1	-	-	-	-	-	1	11	-
총							8	9	-
평균 가격							-	14	1
1499	-	4	-	-	-	-	-	6	-
1504	-	5	8	-	-	-	-	8	6
1521	1	-	-	-	-	-	1	10	-
1551	-	8	-	-	-	-	-	2	-
1553	-	8	-	-	-	-	-	8	-
1554	-	8	-	-	-	-	-	8	-
1555	-	8	-	-	-	-	-	8	-
1556	-	8	-	-	-	-	-	8	-
1557	{ -	4	-	-	17	$8\frac{1}{2}$	-	17	$8\frac{1}{2}$
	-	5	-						
	-	8	-						
	2	13	4 }						

년 (열두 해)	각 해의 쿼터당 밀 가격			같은 해에서 다른 가격들의 평균			현대 화폐로 환산한 각 해의 평균 가격		
	파운드	실링	펜스	파운드	실링	펜스	파운드	실링	펜스
1558	-	8	-	-	-	-	-	8	-
1559	-	8	-	-	-	-	-	8	-
1560	-	8	-	-	-	-	-	8	-
					총		6	0	$2\frac{1}{2}$
					평균 가격		-	10	$-\frac{5}{12}$
1561	-	8	-	-	-	-	-	8	-
1562	-	8	-	-	-	-	-	8	-
1574	$\left\{\begin{array}{l}2 \\ 1\end{array}\right.$	$\begin{array}{l}16 \\ 4\end{array}$	$\left.\begin{array}{l}- \\ -\end{array}\right\}$	2	-	-	2	-	-
1587	3	4	-	-	-	-	3	4	-
1594	2	16	-	-	-	-	2	16	-
1595	2	13	-	-	-	-	2	13	-
1596	4	-	-	-	-	-	4	-	-
1597	$\left\{\begin{array}{l}5 \\ 4\end{array}\right.$	$\begin{array}{l}4 \\ -\end{array}$	$\left.\begin{array}{l}- \\ -\end{array}\right\}$	4	12	-	4	12	-
1598	2	16	8	-	-	-	2	16	8
1599	2	19	2	-	-	-	2	19	2
1600	1	17	8	-	-	-	1	17	8
1601	1	14	10	-	-	-	1	14	10
					총		28	9	4
					평균 가격		2	7	$5\frac{1}{3}$

쿼터당 밀 가격

윈저 시장 9부셸 1쿼터당 밀의 최고가. 1595년부터 1764년까지 성모 마리아 축일과 성 미카엘 축일에 열린 장날의 자료이며, 각 해의 가격은 두 장날 최고가의 중간값이다.

년도	파운드	실링	펜스	년도	파운드	실링	펜스
1595	2	0	0	1621	1	10	4
1596	2	8	0	1622	2	18	8
1597	3	9	6	1623	2	12	0
1598	2	16	8	1624	2	8	0
1599	1	19	2	1625	2	12	0
1660	1	17	8	1626	2	9	4
1601	1	14	10	1627	1	16	0
1602	1	9	4	1628	1	8	0
1603	1	15	4	1629	2	2	0
1604	1	10	8	1630	2	15	8
1605	1	15	10	1631	3	8	0
1606	1	13	0	1632	2	13	4
1607	1	16	8	1633	2	18	0
1608	2	16	8	1634	2	16	0
1609	2	10	0	1635	2	16	0
1611	1	18	8	1636	2	16	8
1612	2	2	4	총	40	0	0
1613	2	8	8	평균 가격	2	10	0
1614	2	1	$8\frac{1}{2}$				
1615	1	18	8				
1616	2	0	4				
1617	2	8	8				
1618	2	6	8				
1619	1	15	4				
1620	1	10	4				
총	54	0	$6\frac{1}{2}$				
평균 가격	2	1	$6\frac{9}{13}$				

쿼터당 밀 가격

년도	파운드	실링	펜스	년도	파운드	실링	펜스
1637	2	13	0	1671	2	2	0
1638	2	17	0	1672	2	1	0
1639	2	4	10	1673	2	6	8
1640	2	4	8	1674	3	8	8
1641	2	8	0	1675	3	4	8
1642	0	0	0	1676	1	18	0
1643	0	0	0	1677	2	2	0
1644	0	0	0	1678	2	19	0
1645	0	0	0	1679	3	0	0
1646	2	8	0	1680	2	5	0
1647	3	13	8	1681	2	6	8
1648	4	5	0	1682	2	4	0
1649	4	0	0	1683	2	0	0
1650	3	16	8	1684	2	4	0
1651	3	13	4	1685	2	6	8
1652	2	9	6	1686	1	14	0
1653	1	15	6	1687	1	5	2
1654	1	6	0	1688	2	6	0
1655	1	13	4	1689	1	10	0
1656	2	3	0	1690	1	14	8
1657	2	6	8	1691	1	14	0
1658	3	5	0	1692	2	6	8
1659	3	6	0	1693	3	7	8
1660	2	16	6	1694	3	4	0
1661	3	10	0	1695	2	13	0
1662	3	14	0	1696	3	11	0
1663	2	17	0	1697	3	0	0
1664	2	0	6	1698	3	8	4
1665	2	9	4	1699	3	4	0
1666	1	16	0	1700	2	0	0
1667	1	16	0	총	153	1	8
1668	2	0	0	평균 가격	2	11	$0\frac{1}{2}$
1669	2	4	4				
1670	2	1	8				
여기까지	79	14	10				

1642~1645 기록 없음, 1646년 기록은 플리트우드 주교의 것을 따름

쿼터당 밀 가격

년도	파운드	실링	펜스	년도	파운드	실링	펜스
1701	1	17	8	1734	1	18	10
1702	1	9	6	1735	2	3	0
1703	1	16	0	1736	2	0	4
1704	2	6	6	1737	1	18	0
1705	1	10	0	1738	1	15	6
1706	1	6	0	1739	1	18	6
1707	1	8	6	1740	2	10	8
1708	2	1	6	1741	2	6	8
1709	3	18	6	1742	1	14	0
1710	3	18	0	1743	1	4	10
1711	2	14	0	1744	1	4	10
1712	2	6	4	1745	1	7	6
1713	2	11	0	1746	1	19	0
1714	2	10	0	1747	1	14	10
1715	2	3	0	1748	1	17	0
1716	2	8	0	1749	1	17	0
1717	2	5	8	1750	1	12	6
1718	1	18	10	1751	1	18	6
1719	1	15	0	1752	2	1	10
1720	1	17	0	1753	2	4	8
1721	1	17	6	1754	1	14	8
1722	1	16	0	1755	1	13	10
1723	1	14	8	1756	2	5	3
1724	1	17	0	1757	3	0	0
1725	2	8	6	1758	2	10	0
1726	2	6	0	1759	1	19	10
1727	2	2	0	1760	1	16	6
1728	2	14	6	1761	1	10	3
1729	2	6	10	1762	1	19	0
1730	1	16	6	1763	2	0	9
1731	1	12	10	1764	2	6	9
1732	1	6	8	총	129	13	6
1733	1	8	4	평균 가격	2	0	$6\frac{19}{32}$
여기까지	69	8	8				

쿼터당 밀 가격

년도	파운드	실링	펜스	년도	파운드	실링	펜스
1731	1	12	10	1741	2	6	8
1732	1	6	8	1742	1	14	0
1733	1	8	4	1743	1	4	10
1734	1	18	10	1744	1	4	10
1735	2	3	0	1745	1	7	6
1736	2	0	4	1746	1	19	0
1737	1	18	0	1747	1	14	10
1738	1	15	6	1748	1	17	0
1739	1	18	6	1749	1	17	0
1740	2	10	8	1750	1	12	6
총	18	12	8	총	16	18	2
평균 가격	1	17	$3\frac{1}{5}$	평균 가격	1	13	$9\frac{4}{5}$

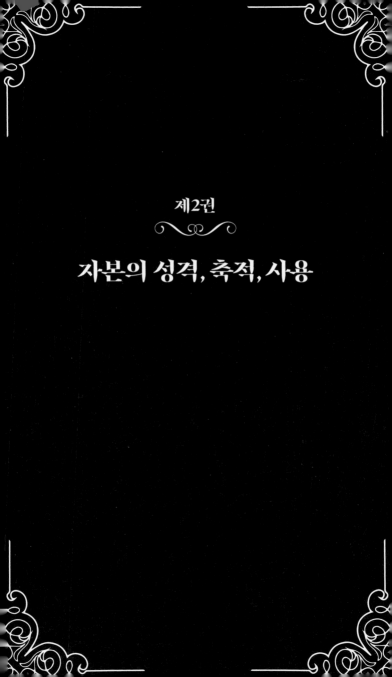

제2권

자본의 성격, 축적, 사용

들어가는 글

원시 상태의 사회에서는 노동 분업이 이루어지지 않았고, 교환이 거의 이루어지지 않았으며, 모든 사람이 자기가 필요한 모든 것을 스스로 마련해야 했다. 그런 상태에서는 사회 내에서 일을 수행하기 위해 자본을 축적한다거나 미리 준비할 필요가 없었다. 모든 사람이 자기 노력으로 그때그때 필요를 충족시키면 됐다. 배가 고프면 숲으로 가서 사냥하고, 옷이 낡으면 자신이 죽인 덩치 큰 동물의 가죽으로 옷을 장만한다. 오두막이 허물어지기 시작하면 인근에서 나무와 뗏장을 가져다가 할 수 있는 한 적절히 보수하면 그만이었다.

자본 축적은 노동력 향상에 기여

그러나 노동 분업이 일단 완벽하게 이루어지면, 한 사람이 자기 노동으로 만들어낸 생산물은 때때로 자기 필요 중 아주 작은 부분만 충족시킬 수 있다. 그런 필요 중 아주 많은 부분은 타인의 생산물로 공급되어야 한다. 그는 자신의 생산물, 즉 자신의 생산물 가격으로 그 필요한 것을 구매한다. 그러나 그의 노동에 따른 생산물이 완전하게 만들어져 팔린 다음에야 비로

소 이런 구매를 할 수 있다. 따라서 여러 종류의 물건으로 구성된 재고가 어디선가 충분히 비축되어 그에게 원료와 작업 도구를 제공할 수 있어야 한다. 적어도 그 두 사건[물건 생산과 구매]이 성사되기 이전에 말이다.

직조공이 옷감을 짜려면 그전에 그의 수중이나 다른 사람의 손에나 어디선가 그의 생계를 유지해주고 그에게 원료와 작업 도구를 제공해줄 물건이 비축되어 있어야 한다. 그가 옷감을 다 짠 후에야 제품을 팔 수 있기 때문에, 그 전에는 재고가 갖추어져 있어야 한다. 이러한 축적은 그가 일에 오랫동안 집중하기 이전에 이루어져 있어야 한다.

사물의 이치상으로 보면 자본 축적은 노동 분업보다 선행되어 있어야 한다. 따라서 노동은 자본이 미리 축적될수록 점점 세분화되어 간다. 노동이 세분화되는 정도에 따라 같은 수의 노동자가 작업할 수 있는 원료 수량도 늘어난다. 그리하여 각 노동자의 일은 점점 더 단순화되고, 그 일들을 촉진하고 단축하기 위해 다양한 새 기계가 발명되기에 이르렀다. 따라서 노동 분업이 발전하면서, 동일한 인원의 노동자에게 꾸준히 일거리를 주기 위해 그에 걸맞은 식량과, 분업 없던 원시 사회보다 더 많은 수량의 원료와 도구가 사전에 비축되어 있어야 했다. 일이 이렇게 세분화되면서 각 분야에서는 노동자 숫자가 늘었다. 사실 그보다는 노동자들이 자기 일을 이런 식으로 세분해 분류하게 된 것은 노동자 숫자의 증가 때문이라고 해야 한다.

노동생산력을 높이려면 이처럼 자본 축적이 선행되어 있어야 한다. 그리고 그 축적은 자연스럽게 노동력 향상을 가져온다. 자기자본을 노동 유지에 투자하는 사람은 당연히 많은 수량의 노동량이 나올 수 있는 방식으로 투자하려 한다. 그는 노동자 사이에서 가장 적절하게 일의 배분을 시도하고 또 그들에게 자신이 발명했거나 사들인 최선의 기계를 제공한다.

그가 이 두 가지 일[일 배분과 기계 제공]에서 능력을 발휘하는 것은 일반적으로 그가 가진 자본 정도 혹은 그가 고용할 수 있는 노동자 숫자에 비례한다. 따라서 각 나라의 노동 수량은 노동을 고용하는 자본 증가에 따라 늘어난다. 그리고 이런 증가의 결과, 같은 양의 노동으로 더 많은 양의 일을 해낸다.

이것이 자본 증가가 노동과 노동력에 미치는 일반적 효과다.

자본의 성격, 축적, 사용

여기 제2권에서 나는 자본의 성격, 자본 축적이 다른 종류의 자본에 미치는 효과, 그런 자본이 다르게 사용되었을 때의 효과를 설명한다. 제2권은 총 다섯 장으로 나뉘어 있다.

1장에서는 개인이든 큰 사회에서든 그들의 자본이 어떻게 분할되는지를 설명한다. 2장에서는 사회의 총 자본 중 한 부문으로 간주되는 돈의 성격과 운용에 대해 설명한다. 축적된 자본은 그것을 소유한 사람이 직접 사용할 수도 있고 아니면 다른 사람에게 빌려줄 수도 있다. 3장과 4장에서는 돈을 직접 사용하는 것과 대출하는 것에 대해 설명한다. 마지막 5장에서는 자본을 다르게 사용했을 때 나타나는 서로 다른 효과가 국가 산업의 양에 어떤 영향을 미치는지, 그리고 토지와 노동의 연간 생산물에 대해 다룬다.

—◆—

제1장

재고[98]의 세부 분류

어떤 사람이 가진 자본이 며칠 혹은 몇 주 동안만 생계를 유지하게 하는 것이라면 그 사람은 그 자본으로부터 수입을 얻어내려는 생각을 하지 않는다. 그는 그것을 가능한 한 아껴 소비하면서 그 자본이 소진되기 전에 자기 노동으로 그 자리에 들어설 수 있는 뭔가를 대신 채워 넣으려 한다. 이 경우 그의 수입은 오로지 그의 노동에서만 나온다. 이것이 모든 나라의 가난한 노동자들이 처한 현실이다.

자본의 두 형태: 유동과 고정

그러나 그가 몇 달 혹은 몇 년을 버틸 수 있는 자본을 소유하고 있다면 그는 자본의 상당 부분을 활용해 수익을 올리려 한다. 이 수입이 발생할 때

---

98 '재고'의 원어는 stock이다. 앞에서는 이 stock을 '자본'으로 번역했으나 이번 장에서 저자는 stock을 소비, 고정자본, 유동자본을 모두 아우르는 말로 사용하므로 앞에서 뭉뚱그려 사용한 자본과 구분하기 위해 이렇게 번역했다. 여기서 재고는 '자산'으로 읽어도 무방하다.

까지 당장 소비할 수 있는 양만 남겨둔다. 따라서 그의 총 재고는 두 부분으로 구분된다. 그가 수익을 올릴 것으로 기대되는 부분을 가리켜 자본이라고 한다. 다른 부분은 그의 즉각적인 필요를 충족시키는 것으로 여기에는 세 가지가 있다. 첫째, 총 재고 중에 이 소비를 위해 남겨둔 부분, 둘째, 어떤 출처가 되었든 서서히 들어오는 수입, 셋째, 지난 여러 해에 앞의 둘 중 어느 하나로 사들인 물건들과, 옷과 가구 등 아직 완전히 소비하지 못한 물건이다. 이 세 가지 물건 중 어느 하나 혹은 모두가 인간이 자신의 직접적인 소비를 위해 비축해둔 재고가 된다.

자본주는 수입이나 이윤을 올리기 위해 두 가지 방식으로 자본을 사용한다. 하나는 물품이 될 만한 것을 기르거나, 물품을 제작하거나 물품을 사서 이윤을 붙여 되파는 것이다. 이런 식으로 투하된 자본이 자기 소유로 남아 있거나 동일 형태를 계속 유지하는 것으로 그친다면, 자본 소유주에게 수입이나 이윤을 올려주지 못한다. 상인이 가진 물건은 팔아서 돈을 받기 전까지는 그에게 수입이나 이윤을 올려주지 못한다. 판매하고 받은 돈조차도 다른 물건으로 교환되지 않는 한 그에게 별로 이윤을 안겨주지 않는다. 상인의 자본은 그에게서 한 형태로 나갔다가 다른 형태로 되돌아온다. 상인에게 이윤을 올려주는 것은 이처럼 물건들이 유통되거나 연속적으로 교환되는 과정이다. 이런 자본을 유동자본(circulating capital)이라고 한다.

또 다른 형태의 자본은 토지 개량, 유익한 기계나 도구 구입, 소유주가 바뀌지 않고 교환하지 않고도 수익이나 이윤을 올려주는 것 등으로 구성된다. 이런 자본을 고정자본(fixed capital)이라고 한다.

고정자본과 유동자본의 비율

직종에 따라서 거기에 투입된 고정자본과 유동자본 비율은 달라진다. 예를 들어 상인의 자본은 전부 유동자본으로 구성된다. 상점이나 창고를 영업 도구로 보지 않는 한, 그는 기계나 영업 도구를 필요로 하지 않는다.

수공업자 혹은 제조업자의 자본 일부는 영업 도구에 고정되어 있다. 어떤 업종은 이 고정자본이 작지만, 어떤 업종은 아주 크다. 가령 양복장이는 바늘 꾸러미 이외에 다른 영업 도구를 필요로 하지 않는다. 구두 제작자의 도구는 양복장이보다 약간 더(아주 많이는 아니지만) 비싸다. 직조공의 도구는 구두 제작자보다는 훨씬 더 값나간다. 그러나 이런 수공업자들의 자본 중 상당 부분이 도제(徒弟)의 임금이나 원료비 등의 형태로 유통되며, 그들이 만든 물건 판매로 이루어진 이윤으로 회수된다.

다른 업종에서는 이보다 훨씬 많은 고정자본이 필요하다. 가령 철 공장에서는 원석을 녹이는 용광로, 용철로[대장간에서 작은 금속편을 가열하는 개방형 노], 철을 가늘고 길게 베는 기계 등을 설치하는 데 엄청난 자본을 투자해야 한다. 각종 석탄 광산에서 물을 빼내는 기계와 다른 용도로 사용되는 여러 기계는 더 비싸다.

농업 도구를 사들이는 데 투하된 농부의 자본은 고정자본이다. 그의 밑에서 일하는 일꾼들의 임금과 생계에 들어간 자본은 유동자본이다. 농부는 하나는 소유[고정]하고, 다른 하나는 처분[유동]함으로써 이윤을 올린다. 들판에서 밭 가는 소의 가격 혹은 가치는 목축 도구와 마찬가지로 고정자본이다. 밭일하는 일꾼 유지비처럼 그 소들의 생계유지에 들어가는 것은 유동자본이다. 농부는 일하는 소들은 소유하고, 그 소들을 유지하는 비용과는 헤어짐으로써 이윤을 올린다. 들판에서 일 시키지 않고 살찌워 팔 목적으로 사들인 소 가격과 유지비는 유동자본이다.

목축 농장에서 노동이나 판매가 아니라 양모나 우유를 많이 얻기 위해 사들인 양 떼와 소 떼는 고정자본이다. 그것을 가지고 있어야만 이윤이 발생하기 때문이다. 반면 양 떼와 소 떼 유지에 들어간 것은 유동자본이다. 그 자본과 헤어져야만 이윤을 올릴 수 있기 때문이다. 그 자본은 이윤과 함께 농부에게 회수되는데, 양모와 우유 가격 그리고 생산량 증가 등이 소 떼와 양 떼에 들어간 돈의 이윤을 올려준다.

씨앗의 가치도 고정자본에 속한다. 씨앗은 땅속과 곡창 사이를 계속해 왕복하지만, 주인이 바뀌지 않으므로 제대로 순환되지 않는다. 농부는 씨앗 판매가 아니라 그 증가분으로 이윤을 올린다.

재고의 세 부분: 즉시 소비, 고정자본, 유동자본

어느 국가 혹은 사회의 총 자본[재고]은 그 주민이나 구성원이 가진 자본의 총합이며, 세 부분으로 나뉜다. 그리고 이 세 부분은 각각 명확하게 다른 기능 혹은 역할을 수행한다.

첫 번째는 즉각 소비를 위해 떼어놓은 부분이다. 이 부분은 식량, 의복, 가구 등 소비자가 직접 사들였거나 소비했거나 아직 다 소비하지 못한 것으로 아무런 수입이나 이윤을 올려주지 않는다는 특성이 있다. 특정 시기에 어느 나라의 주민들이 가진 주택 전체도 이 첫 번째 부분에 해당한다. 집에 들어간 자본, 가령 집주인의 저택에 들어간 자본은 투하된 순간부터 자본의 기능을 발휘하지 않고 자본가에게 수입을 올려주지 않는다. 거주 주택은 그 주민 수입에 아무것도 기여하지 않는다. 집은 옷이나 가구처럼 아주 유용하지만 그에게는 비용일 뿐 수입은 아니다.

만약 그 집을 임대료를 받고 임차인에게 빌려준다면, 집 자체는 아무것도 생산하지 못하므로, 임차인은 자신의 노동, 재산, 토지 등으로 얻은 수입으로 임대료를 지불해야 한다. 이 경우 주택은 집주인에게는 수입을 올려주어 자본의 기능을 발휘하지만, 대중에게는 아무런 수익을 올려주지 못하고 자본 기능을 발휘하지도 못한다. 또한, 그 임대료로 전체 국민의 수입도 증가되지 않는다.

옷과 가구도 이와 비슷한 방식으로, 때때로 수입을 올려 특정 사람들에게는 자본 기능을 발휘한다. 가면무도회가 자주 벌어지는 나라에서는 하룻밤 동안 가면무도 복장을 빌려주는 업종이 있다. 가구상들도 월 단위 혹은 연 단위로 종종 가구를 세 놓는다. 장의사는 일 단위 혹은 주 단위로 장의용 가구를 빌려준다. 많은 사람은 가구 딸린 집을 빌려주어 주택 임대료뿐 아니라 가구 임대료도 받는다.

그러나 이러한 수입은 결국 다른 수익원에서 발생해야 한다. 개인이든 사회 전체든, 즉각적인 소비를 위해 떼어놓은 자본 중에서, 주택에 투자된 자본이 가장 천천히 소비된다. 의복은 몇 년에 걸쳐 소비되고, 가구는 50년 혹은 100년 가며, 집은 잘 지어서 정기적으로 보수만 해주면 몇백 년은 간다. 이처럼 집이 완전히 소비되는 기간은 아주 오래 걸리지만, 그래도 집은 의복이나 가구처럼 즉각 소비를 위해 떼어놓은 자본으로 간주된다.

고정자본: 노동의 도구, 건물, 토지 개량, 노동 능력

총 자본의 세 부분 중 두 번째는 고정자본이다. 유통되지 않고 주인이 바뀌지 않으면서도 수입과 이윤을 올려준다는 특징이 있다. 이것은 주로 다음 네 가지로 구성된다.

첫째, 노동을 촉진하거나 단축하는 유익한 영업용 기계와 도구.

둘째, 수익을 올려주는 여러 수익 건물. 이런 건물들은 세를 준 건물주뿐 아니라 그 건물을 점유하고 임대료를 내는 사람에게도 수익을 올리는 수단이다. 필요한 부속 건물을 갖춘 가게, 창고, 작업장, 농가 그리고 마구간과 곡창. 이런 건물들은 거주용 주택과는 크게 다르다. 이들은 일종의 영업 도구로서 간주해야 한다.

셋째, 토지 개량. 자본을 투자해 토지를 정리하고, 준설하고, 담장을 두르고, 비료를 주어 경작과 영농에 가장 적합한 상태로 만드는 것을 말한다. 개량된 농장은 노동을 촉진하거나 단축하는, 그리하여 같은 양의 유동자본[노동 임금]으로 더 많은 수익을 올리게 해주는 유익한 기계와 같은 범주로 보아야 한다. 개량된 농장은 이런 기계들만큼의 이점을 가지면서 동시에 내구성은 더 강하다. 농장은 그것을 경작하기 위해 농부가 투자한 자본 외에는 별도의 수리비용을 요구하지 않는다.

넷째, 사회의 주민 혹은 구성원 전원이 획득한 유익한 능력. 어떤 사람이 이러한 재능을 얻으려면, 그 사람의 교육, 면학, 도제생활 등에 유지비가 들어가고 이를 위해 언제나 많은 비용이 소요된다. 이 비용은 사람의 능력이라는 형태로 실현되므로 고정자본으로 간주된다. 이런 재능이 사람의 재산 일부를 형성하듯, 마찬가지로 그가 소속된 사회의 재산이 된다. 노동자의 기술 향상도 노동을 촉진하고 단축하는 영업용 기계나 도구와 같다고 간주해야 한다. 그 재능은 키우는 데 비용이 들지만, 그로 인한 이익과 함께 비용은 회수된다.

유동자본: 돈, 식료품, 원료, 완제품

총 재고의 세 부분 중 세 번째는 유동자본이다. 이 자본의 특징은 유통되고 주인이 바뀌어야만 수입을 올려준다는 것이다. 유동자본은 다음 네 가지이다.

첫째, 돈이다. 이것은 나머지 세 유동자본이 적절한 소비자에게 유통되고 분배되는 수단이다.

둘째, 식료품이다. 푸주한, 목축업자, 농부, 곡물상, 양조업자 등이 소유한 것으로 이런 사람들은 식료품을 팔아 이윤을 올리려 한다.

셋째, 미가공, 약간 가공, 많이 가공된 원료이다. 그리고 아직 세 가지 형태 중 어느 것으로도 전환되지 않았지만 경작자, 제조업자, 직물상, 포목상, 목재상, 대목과 소목, 벽돌공 등의 손에 남아 있는 옷, 가구 및 건축물 재료 등이다.

넷째, 완제품이다. 하지만 여전히 상인과 제조업자의 손에 남아 있어 아직 적절한 소비자에게 처분, 분배되지 않은 것들이다. 대장장이, 가구상, 금세공업자, 보석상, 도자기상 등의 가게에 진열된 제품들이다.

이렇게 해서 유동자본은 식료품, 원료, 각 상인의 손에 남아 있는 완제품과, 이런 물건을 소비자와 사용자에게 유통하고 분배하는 데 필요한 돈, 이렇게 네 가지로 구성된다.

이 네 가지 중 식료품, 원료, 완제품 이 세 가지는 1년 단위로 혹은 그보다 더 짧거나 긴 시기에 유동자본에서 빠져나와 고정자본으로 전환되거나 아니면 즉각 소비를 위해 떼어놓은 자본으로 분류된다.

모든 고정자본은 원래 유동자본에서 나오며 그 자본에서 지속적으로 지원받아야 한다. 유익한 영업용 기계와 도구는 원래 유동자본에서 나온다. 유동자본은 그런 기계나 도구에 들어가는 원료를 제공하고, 그것을 만드는 노동자들의 생계를 제공한다. 그것을 끊임없이 유지·보수하려면 유동자본에서 나오는 자본이 필요하다.

고정자본은 유동자본의 도움을 받아야만 수익을 올릴 수 있다. 가장 유익한 영업용 기계와 도구는 유동자본이 없으면 아무것도 생산하지 못한다. 유동자본은 기계와 도구에 들어가는 원료를 제공하고, 그 원료를 다루는 노동자에게 생계를 제공한다. 토지는 아무리 개량이 잘 되어도 유동자본 없이는 수익을 올리지 못한다. 유동자본이 토지를 경작해 생산물을 수확하는 노동자들을 유지한다.

즉시 소비: 고정자본과 유동자본의 유일한 목적

즉각적인 소비를 위해 떼어놓은 재고를 유지하고 증가시키는 것, 이것이 고정자본과 유동자본의 유일한 목적이다. 이 재고가 사람들을 먹이고, 입히고, 재워준다. 이 재고가 풍성한가 혹은 빈약한가는, 두 자본이 즉시 소비를 위해 따로 떼어놓은 재고를 얼마나 풍부하게 또는 아껴서 공급할 수 있느냐에 달려 있다.

그래서 유동자본의 상당 부분이 지속적으로 인출되어, 사회 총 재고의 다른 두 부분[즉각적인 소비와 고정자본]에 투입되게 된다. 유동자본은 자기를 향해 끊임없이 공급하기를 요구하는데 공급이 없으면 유동자본은 존재하지 않게 되기 때문이다. 이런 공급은 주로 세 원천, 즉 토지 생산물, 광산 생산물, 수산업 생산물에서 나온다. 이런 생산물이 식료품과 원료를 끊임없이 제공하고, 식료품과 원료는 완제품으로 만들어진다. 여기서 일부는 유동자본에서 빠져나와 공급품, 자재 및 완성된 작업을 보충한다.

광산에서 나오는 원료는 돈이라는 유동자본을 유지하고 증가시키는데 필요하다. 정상 거래에서 우리가 항상 이 돈을 꺼내 사회의 다른 부분에 사용하는 것은 아니지만, 그래도 다른 물건과 마찬가지로 낭비되어 닳아빠질 수 있다. 또 어떤 때는 돈이 분실되거나 해외로 유출되기도 하므로 소량일지라도 광산에는 꾸준히 원료 공급을 해야 한다.

토지, 광산, 어장을 경작하거나 운영하려면 고정자본과 유동자본이 둘 다 필요하다. 여기서 나오는 생산물은 운영자가 넣은 자본을 이윤과 함께 회수시키지만, 사회 내의 다른 자본들도 회수하게 한다. 따라서 농부는 매년 자신이 소비한 식료품과 전년도에 생산한 자재를 제조업자에게 보충하면서 바꾸어준다. 제조업자는 농부가 같은 시기에 낭비하고 닳아 없어진 완성품을 농부에게 보충해준다.

이렇게 해서 해마다 두 계급의 사람 사이에서 진정한 교환이 이루어진다. 그러나 농부의 원[미가공]생산물과 제조업자의 완제품이 일대일로 직접 교환되는 일은 거의 없다. 농부가 곡식, 소, 아마포와 양털을 옷, 가구, 농기구를 사들이는 사람에게 판매할 가능성은 거의 없기 때문이다. 그래서 그는 돈을 받고 자신의 미가공 생산물을 팔고, 그 돈을 가지고 때때로 필요한 완제품을 사들인다. 토지는 때때로 어장과 광산 운영에 필요한 자본도 회수한다. 바다에서 물고기를 잡아 올리는 것은 토지 생산물이다. 땅속 깊은 곳에서 광물을 캐내게 하는 것은 지표면의 생산물이다.[99]

토지, 광산, 어장의 생산물은 그 자연적 풍성함이 동일할 때는, 거기 투입된 자본 크기와 적절한 운용에 비례해 크고 작음이 결정된다. 투하된 자본 규모가 동일하고 잘 운용되었을 때, 자연적 풍성함이 생산물의 양을 결정한다.

자본의 매장과 은닉

정치적 안정이 보장된 모든 나라에서 건전한 상식을 갖춘 사람은, 현재의 향락이나 미래의 이윤을 얻기 위해 그가 가진 자본을 선용하려 할 것이다. 만약 그것이 현재의 향락을 얻기 위해 투자되었다면 그것은 즉각적인 소비를 위해 떼어놓은 자본이 된다. 만약 미래의 이윤을 얻기 위해 투자된

---

99 자연 사회에서는 노동이 생산하기 전에는 자본이 축적될 수 없다. 가령 노동자가 새알을 채취하거나, 야생 딸기를 따는 경우, 그의 임금은 그 새알이나 딸기이지 자본에서 나온 게 아니다. 그러나 노동 분업이 세분화된 현대 사회에서는 임금과 더불어 지대와 이윤도 가치(물품 가격)의 일부를 차지하게 되었다. 그렇지만 노동이 교환의 원천인 것은 명백하고, 애덤 스미스는 앞의 제1권에서 이 점을 여러 번 강조했다. 복잡한 교환 기구를 통해 노동자들은 모두 열심히 일하면서 서로 지원한다. 그래서 농부가 쌀을 생산해 시장에 내놓으면 번역가는 번역료 수입으로 쌀을 사들인다. 그리고 교환 효과를 통해 역자가 번역을 하는 것은 곧 역자가 농사 짓는 것이나 다름없는 일이 된다. 위에서 나온 "바다에서 물고기를 잡아 올리는 것은 토지 생산물이다"라는 얘기는 이렇게 돈을 매개로 한 노동의 교환을 의미한다.

다면 그 자본은 자본주와 함께 있거나 아니면 자본주와 헤어짐으로써 이윤을 올린다. 이 경우 전자는 고정자본이 되고 후자는 유동자본이 된다. 정치적 안정이 보장되는 나라에서 자기 돈이든 빌린 돈이든 이 세 방식 중 어느하나로 자본을 사용하지 않는 사람이 있다면, 그는 실성한 사람일 것이다.

그러나 상급자의 폭력을 끊임없이 걱정하는 불행한 나라들에서, 사람들은 자본의 상당 부분을 매장하거나 은닉한다.[100] 그들이 생각하는 재앙이 곧 닥쳐올 것 같으면, 그 자본을 휴대해 안전한 곳으로 달아날 생각이기 때문이다.

이것은 터키, 인도 그리고 대부분의 다른 아시아 나라에서 흔한 일이다. 봉건 정부의 횡포가 발호하던 시절에는 우리 조상도 종종 그렇게 했다. 당시 은닉된 보물은 유럽 대국의 군주들에게 무시할 수 없는 수입원이었다. 그것은 땅속에 파묻힌 보물을 가리키는 것으로, 어떤 인물도 권리를 주장하지 못했다. 당시 은닉된 보물은 아주 중요한 재산으로 간주되었고 국왕의 소유로 귀속되었다. 그 보물의 발견자나 땅 주인에게는 아무런 권리가 없었다. 단, 왕의 토지 불하 특허장에 그 보물에 대한 권리는 명시적으로 지주에게 귀속된다고 규정된 경우에는 예외였다. 그러나 은닉 보물은 금광이나 은광과 같은 대접을 받았고 그래서 왕의 토지 특허장에는 그 보물을 지주에게 준다는 조항은 들어가지 않았다. 만약 그것이 특허장에 들어 있다면 아주 특별한 조항으로 취급받았다. 그러나 가치가 좀 떨어지는 납, 구리, 주석, 석탄 광산 등은 지주에게 소유권이 귀속되기도 했다.

100　앞의 제1권 11장 3절의 뒷부분에서도 이 보물의 은닉을 언급하고 있다.

사회의 총 재고 중 일부로 간주되는 화폐 혹은 국가 자본을 유지하는 비용

총수입과 순수입의 구분

제1권에서 대부분 상품의 가격은 세 부분으로 나뉜다고 설명했다. 첫째는 노동 임금이고, 둘째는 자본 이윤이며, 셋째는 토지 지대인데, 상품을 생산해 시장까지 출하하려면 이 세 가지가 필요하다. 어떤 상품은 노동 임금과 자본 이윤으로만 구성되기도 하고, 아주 드문 경우이지만 노동 임금 하나만으로 구성되기도 한다. 아무튼 모든 상품가격은 이 셋으로 구성되거나 둘 혹은 하나로 구성된다. 그 가격 중에서 지대나 임금으로 분배되지 않는 부분은 당연히 누군가의 이윤으로 돌아간다.

모든 상품을 개별적으로 파악할 때 이렇게 세 부분으로 나뉘듯, 한 나라의 토지와 노동의 전체 연간 생산물을 구성하는 상품들을 파악할 때도 사정은 마찬가지다. 연간 생산물의 전체 가격 혹은 교환 가능한 가치도 임금, 이윤, 지대로 나누어진다. 그리하여 그 가치는 한 나라의 서로 다른 주민 사이에서 임금, 이윤, 지대 형태로 분배된다.

그러나 개인 토지 지대에 대해 총수입과 순수입을 구분해야 하듯, 어떤 대국의 모든 주민 수입도 그런 식으로 구분해야 한다.

개인 토지의 총 지대는 농부가 지주에게 지불하는 모든 것이다. 순지대는 관리비, 보수비, 기타 필요 비용을 제한 후에, 지주가 자유롭게 사용할 수 있는 부분을 가리킨다. 다시 말해 지주가 토지에 피해를 주지 않으면서 즉시 소비를 위한 재고에 넣어둘 수 있는 부분이다. 이 돈은 그의 식탁, 마차, 집 안 장식품과 가구, 개인적 향락과 오락에 쓸 수 있는 돈이다. 그의 진정한 부는 총 지대가 아니라 이 순 지대에 비례한다.

어떤 큰 나라 주민의 총수입은 토지와 노동의 연간 총생산물이다. 순수입은 고정자본과 유동자본을 유지하는 비용을 제한 후에 주민에게 자유롭게 남아 있다. 다시 말해 그들의 자본을 침해하지 않는 상태에서, 그들이 즉시 소비할 수 있는 재고에 넣어둘 수 있는 돈이다. 주민들은 이 돈을 생필품, 편의품, 오락품 등에 사용한다. 주민들의 진정한 부 또한 총수입이 아니라 이 순수입에 비례한다.

고정자본의 유지비는 순수입에서 제외

따라서 고정수입을 유지하는 데 들어가는 총비용은 사회의 순수입에서 제외되어야 한다. 유용한 영업 도구와 기계 지원에 필요한 원료, 수익을 올리는 건물, 그 원료를 필요한 형태로 바꾸는 데 들어간 노동 생산물 등은 순수입의 한 부분이 되지 못한다. 그러나 노동가격[임금]은 순수입의 일부가 될 수도 있다. 그 일을 한 노동자는 임금 전액을 즉시 소비를 위한 재고에 넣어둘 수 있기 때문이다. 그러나 다른 종류의 노동에서는 임금과 생산물이 모두 소비를 위한 재고가 된다. 임금은 노동자의 재고로 가고 생산물은 다른 사람의 재고로 가서, 그 노동자의 노동에 따라 생계, 편의, 오락이 증대된다.

고정자본의 목적은 노동생산력을 높이거나, 같은 수의 노동자들이 이전보다 훨씬 큰 노동량을 올리게 하는 것이다. 관련 농업용 건물, 울타리, 배수구, 연결통로 등이 우수하게 갖추어진 농장이라면, 같은 수의 노동자와 노동 가축, 같은 면적의 좋은 땅을 가졌으되 그런 시설을 갖추지 못한 농장보다 훨씬 많은 생산량을 달성할 것이다.

제조업에서도, 좋은 기계를 활용하는 동일한 수의 노동자들이 불완전한 영업 도구를 갖춘 곳보다 훨씬 많은 양의 물건을 만들어낼 것이다. 이런 종류의 고정자본에 투자된 비용은 언제나 높은 이윤과 함께 회수되며, 나아가 연간 생산물을 증가시킴으로써 시설 개선에 들어간 비용보다 더 큰 가치를 창출한다. 그러나 이러한 지원은 여전히 그 생산물의 일정 부분을 필요로 한다. 따라서 의식주, 즉 사회의 생계와 편의를 증진하기 위해 즉시 고용될 수 있었던 일정량의 재료와 일정 수의 노동력이 다른 고용으로 전환되며, 수익성은 높지만 여전히 원래의 목적[식료품, 의복과 주거]과는 다른 용도로 이 재료와 노동을 전용한다. 이런 이유로 기계의 개량은 언제나 모든 사회에 유익하다고 간주된다. 동일한 수의 노동자들이 기계 개량 덕분에 값싸고 단순한 기계로 일하면서 전보다 더 많은 작업량을 생산하기 때문이다.

이전에는 더 복잡하고 값비싼 기계를 지원하는 데 사용되었던 일정량의 재료와 일정 수의 노동력을 나중에 해당 기계 또는 다른 기계가 수행하여 유용한 작업량을 늘리는 데 적용할 수 있다. 기계류를 유지하는 데 1년에 1천 파운드를 투자한 큰 제조업체 사장은 그 비용을 5백 파운드로 줄일 수 있다면 자연히 남은 5백 파운드를 가외 숫자의 노동자들이 작업하는 가외의 자재 구입에 투자할 것이다. 따라서 그의 기계류가 해낼 수 있는 일은 자연히 증가할 것이고, 그와 함께 사회가 그 일로부터 얻을 수 있는 이점과 편의성도 증가할 것이다.

어떤 큰 나라에서 고정자본을 유지하는 데 드는 비용은 사유지 수리 비용과 적절하게 비교된다. 토지 생산물을 지원하기 위해 수리비가 종종 필요하며, 결과적으로 집주인의 총 지대와 순 지대에도 영향을 미친다. 그러나 보다 적절한 방향으로 수리하여 생산물 감소 없이 수리비를 줄일 수 있다면, 총 지대는 전과 동일하게 유지되고 순 지대는 반드시 증가한다.

유동자본: 사회와 개인의 차이

고정자본 유지 총비용은 사회의 순수입에서 반드시 공제해야 하지만, 유동자본 유지는 그렇지 않다. 유동자본을 이루는 돈, 식료품, 원료, 완제품 중에서 뒤의 세 가지는, 이미 앞에서 말했듯이, 정기적으로 유동자본에서 빠져나와 사회의 고정자본이나 즉시 소비 재고로 편입된다. 이 소비를 위한 물건 중에서, 전자[고정자본]를 유지하는 데 사용되지 않는 부분은 모두 후자 [즉시 소비]로 가고, 그리하여 사회 순수입의 한 부분이 된다. 따라서 유동자본의 이 세 부분을 처리한다고 해서 고정자본 유지에 필요한 것을 제외하고는 사회의 순수입에서 연간 생산물을 빼내지 않는다.

이 점에서 사회의 유동자본은 개인의 그것과는 다르다. 개인의 유동자본은 전액 그의 순수입으로 잡히지 않는다. 개인의 수입은 오로지 이윤으로만 구성되어야 하기 때문이다. 모든 개인의 유동자본은 그가 속한 사회의 자본 일부가 되지만, 그렇다고 해서 순수입의 일부를 구성하는 데 완전히 제외되지는 않는다. 상인의 가게에 들어와 있는 모든 물건이 즉시 소비를 위한 재고에 들어가지는 않지만, 다른 사람의 소비를 위한 재고에는 들어갈 수 있다. 그들은 다른 자금에서 나온 수입으로 상인에게 그 물건들의 값과 이윤을 돌려주지만, 상인의 자본이나 그들의 자본을 조금도 감축시키지 않는 것이다.[101]

따라서 돈은 사회의 유동자본 중 사회의 순수입을 감소시킬 수 있는 유일한 부분이다. 이는 돈이 상품과 서비스로 교환되기 때문이다.

고정자본과 돈의 3가지 유사성: 유지비 필요, 수입 아님, 순수입 증가

영업용 도구와 기계라는 고정자본과 돈이라는 유동자본은 사회 수입에 영향을 미친다는 점에서 서로 크게 닮았다.

첫째, 영업용 도구와 기계는 먼저 설치해야 하며 그 이후에 보수가 필요하다는 점에서 유지비가 발생한다. 이런 유지비는 총수입의 일부이지만, 사회의 순수입에서는 제외된다. 어떤 사회 내에서 유통되는 돈이라는 자본은 그것을 수집하고 유지하는 데 비용이 들어간다. 이 유지비는 총수입의

---

101 자본 혹은 물건의 재고와, 물건 자체를 구분해서 볼 필요가 있다. 자본으로 간주되는 물건은 언젠가 수입이 될 수 있지만, 재고 자체는 그렇지 않다. 곧 없어지고 소비 가능한 물건들일지라도 현금화되지 않는 재고의 유지는 사회의 노동에 큰 부담이 된다.

일부가 되지만 영업용 도구와 기계와 마찬가지로 사회의 순수입에서 제외되어야 한다.

금이나 같은 귀금속 일정량과 그 금속 세공에 들어간 노동(즉 금화와 은화 혹은 돈)은 즉시 소비를 위해 떼어놓은 재고 즉 생필품, 편의품, 향락품을 증가시키지는 않는다. 그렇지만 사회의 각 개인은 위대하고 값비싼 상업 수단(즉 금화나 은화)을 가지고 생필품, 편의품, 향락품을 얻으며 또 적절한 비율로 그런 물품들이 개인에게 분배된다.

둘째, 개인이나 사회의 고정자본을 구성하는 영업용 도구와 기계는 총수입이나 순수입의 일부가 되지 않듯, 사회의 전체 수입을 구성원에게 일정하게 나누어 주는 역할을 하는 돈은 그 자체로는 수입의 일부를 차지하지 않는다. 유통이라는 큰 수레바퀴를 통해 전달되는 것들은 유통이라는 수레바퀴 자체와 결코 비교할 수 없다. 그리고 사회의 수입은 이 물건들로 구성되는 것이지, 그 물건들을 유통하는 바퀴에 있지 않다. 따라서 사회의 총수입과 순수입을 계산하려면 돈과 물품의 연간 총 유통량 중에서 돈의 총 가치를 공제해야 한다. 돈은 총수입이나 순수입에 한 푼도 기여하지 않기 때문이다.

독자들에게 이러한 주장이 의심스럽거나 역설적으로 들린다면 그것은 언어의 애매함 탓이다. 하지만 적절한 설명을 듣고 납득하면 이 주장은 자명하게 보일 것이다.

우리가 특정 액수의 돈을 말할 때, 주로 그 돈만큼의 금화나 은화를 생각하기가 쉽다. 그렇지만 우리는 때때로 돈의 의미 중에 그 돈을 주고 살 수 있는 물건들을 막연히 가리키거나 아니면 그 돈이 사들일 수 있는 구매력을 포함한다. 그래서 잉글랜드에서 유통되는 돈의 총량이 1,800만 파운드라고 할 때(어떤 저술가는 잉글랜드에서 유통되는 돈의 총량을 이 정도로 계산 혹은 추정했다), 그 액수는 금화 혹은 은화의 총량을 가리킨다.

그러나 우리가 어떤 사람의 연 수입이 50파운드 혹은 100파운드라고 할 때, 이것은 그에게 연간 지불되는 금화(혹은 은화) 액수를 가리킬 뿐만 아니라, 그가 그 돈을 가지고 연간 사들여 소비할 수 있는 물건들의 가치를 가리키기도 한다. 그리하여 우리는 그 액수로 표시된 돈으로, 그의 생활 방식이나 수준이 어떨지, 그가 예의를 지키는 범위 내에서 사들일 수 있는 생필품과 편의품의 수준과 수량이 어느 정도일지를 가늠한다.

이처럼 우리는 특정 액수의 돈으로 금화 혹은 은화 가치를 표시할 뿐만 아니라, 그 돈으로 교환할 수 있는 물건들을 막연하게 가리킨다. 그리하여 우리는 같은 단어[돈]를 가지고 애매하게도 두 가지 의미를 표현한다. 그렇지만 전자[돈의 액수]보다는 후자[돈으로 사들일 수 있는 물건]를 가리키는 경우가 더 많다.

만약 어떤 사람이 연금의 주급으로 1기니[1파운드에 해당하는 잉글랜드 금화]를 받는다면 그는 한 주 동안 그 돈을 가지고 생필품, 편의품, 향락품을 사들인다. 이런 물품의 수량이 많고 적음에 따라 그의 진짜 부, 그의 주간 수입의 진짜 구매력이 결정된다. 그의 주간 수입은 액면상 1기니와 동일하면서 동시에 그 기니를 가지고 사들일 수 있는 물품과도 동일할 수는 없다.[102] 그런 두 가지 가치 중 어느 하나와 동일할 뿐이다. 대개 우리가 돈이라고 말할 때 그것은 전자[1기니라는 액면가]보다 후자[1기니의 가치]와 더 일치한다.

만약 연금 수급자가 금화가 아니라 은행 보증이나 은행이 보증한 약속어음으로 연금을 받는다면, 그의 수입은 그 어음이라는 종잇조각에 있는 것이 아니라 그가 그 어음을 주고 사들이는 물품에 있을 것이다. 그리하여 기니 금화는 동네 인근의 모든 가게에서 특정한 양의 생필품과 편의품을 사들이는 어음으로 간주될 수도 있다. 주급이 지급되는 사람의 수입은 금화가 아니라, 그것을 주고 사들이는 것 혹은 그것을 가지고 교환하는 것으로 구성된다. 만약 그것이 도산한 어음처럼 아무것도 교환하지 못한다면, 그것은 쓸모없는 종잇조각에 지나지 않는다.

마찬가지로 어떤 나라 주민의 주급이나 연금은 주로 돈으로 지불되는

---

102 돈의 명목가치와 실질가치가 언제나 같을 수는 없다는 뜻이다. 1기니로 어제 술을 3병 살 수 있었는데 오늘은 2병밖에 사지 못한다면 명목가치는 그대로인데 실질가치는 떨어진 것이다. 위에서 나온 "언어의 애매함 탓"은 이 두 가치의 차이를 말한다.

데, 그 돈의 진짜 부는 작든 크든 그 돈을 가지고 사들일 수 있는 소비재의 총량과 비례한다. 사회 구성원의 총수입은, 분명히 돈의 총량과 그것이 사들일 수 있는 소비재 총량, 둘 다와 같을 수는 없다. 이 두 가치 중 어느 하나에만 해당하는데, 대체로 전자[돈의 총량]보다 후자[소비재의 총량]와 더 일치한다.

따라서 우리가 그에게 매년 지급되는 금화 수량으로 한 사람의 수입을 표현하는 것은 그 금화 수량이 그의 구매력 범위를 결정하고 또 연간 소비할 수 있는 물건의 가치를 표현하기 때문이다. 그래서 우리는 그의 수입이 금화 액수에 달린 것이 아니라 그의 구매력 혹은 소비력에 달려 있다고 생각한다.

이것이 개인과 관련해서도 자명하다면, 사회의 경우에는 더욱 분명하다. 개인에게 매년 지급되는 금화 액수는 정확하게 그의 수입을 표현하는데, 그 때문에 수입의 가치를 가장 짧게, 가장 잘 나타낸다. 그러나 사회 내에서 유통되는 금화 총액은 결코 사회 구성원의 수입과 똑같지 않다. 오늘 어떤 사람의 주급으로 지불된 기니는 내일은 다른 사람의 주급으로 지불되고, 그다음 날은 또 3분의 1의 연금으로 지불될 수도 있다. 그리하여 어떤 나라에서 연간 유통되는 금화 총액은 연금 수급자들에게 해마다 지급되는 연금 총액보다 훨씬 적어야 한다. 그러나 구매력, 즉 연금이 연속적으로 지급될 때 그 연금 전액으로 연속적으로 구매할 수 있는 상품은 항상 그 연금과 정확히 동일한 가치를 가져야 하며, 연금이 지급되는 다른 사람들의 수익도 마찬가지로 그래야 한다.

따라서 수입은 그 가치에 비해 수량이 훨씬 적은 금속 동전으로 구성될 수 없으며, 구매력 다시 말해 그 금화가 사람들의 손을 거쳐 가면서 연속적으로 사들일 수 있는 물건에 있다.

그러므로 돈은 유통의 커다란 수레바퀴, 상업의 멋진 도구다. 돈은 영업용 도구와 마찬가지로 자본의 아주 소중한 한 부분이지만, 그 돈이 소속된 사회의 수입으로 잡히지는 않는다. 금은으로 만들어진 돈은 매년 유통되는 과정에서 자신에게 속한 수입을 모두에게 분배하지만 돈 자체는 수입의 일부를 차지하지 않는다.

마지막으로 세번째는 고정자본을 구성하는 기계와 거래 도구는 화폐로 구성된 유동자본의 일부와 더 많은 유사성을 공유한다는 것이다. 영업용 기계의 설치 및 유지비를 노동생산력 감소 없이 절약하면 사회의 순수입이 증가된다. 마찬가지로 돈이라는 유동자본의 수집 및 유지 비용을 절감하는 것도 동일한 종류의 개선을 가져온다.

고정자본 지원 비용을 절감하여 사회의 순수입을 개선하는 방식은 아주 분명하고 또 부분적으로 앞에서 이미 설명했다. 사업가의 총자본은 필연적으로 고정자본과 유동자본으로 분할된다. 총 자본 액수가 그대로 유지된다고 할 때, 어느 한 자본이 적으면 다른 자본은 그만큼 커지게 되어 있다. 원료와 노동 임금을 제공하고 산업을 작동시키는 것은 유동자본이다. 따라서 노동생산력을 떨어뜨리지 않는 범위 내에서, 고정자본 유지비 절약은 산업을 작동시키는 기금을 증가시킨다. 그에 따라 토지와 노동의 연간 생산물, 즉 사회의 진정한 수입도 증가한다.

지폐는 금은보다 더 우수한 상업 도구

금화나 은화 대신에 지폐를 사용하면 아주 비싼 상업 도구 유통이 훨씬 저렴하고 편리하며, 금화나 은화에 못지않은 도구로 대체될 수 있다. 이제 새로운 수레바퀴가 등장해 물건들을 유통하는데, 그 바퀴는 옛 바퀴보다 세우거나 유지하는 비용도 덜 든다. 그러나 지폐에 따른 유통이 어떻게 작동되고, 어떤 방식으로 지폐가 사회 총수입 혹은 순수입을 늘리는지는 그리 분명하지 않으므로 이에 관해 약간의 설명이 필요하다.

지폐에는 여러 종류가 있지만, 이 중에서 은행권이 가장 널리 유통되므로 여기에서 은행권을 예로 들어 지폐에 대해 설명하겠다. 특정 국가의 사람들이 특정 은행가의 재산, 성실성, 신중함을 크게 신용한다고 해보자. 그리하여 사람들은 그가 발행한 지급 약속어음[은행권]을 그에게 제출하면 그것을 언제라도 현금으로 바꾸어준다고 해보자. 그러면 그 은행권은 금화나 은화와 똑같이 유통된다. 그 은행권을 제시하면 언제든 현금과 교환할 수 있다고 믿기 때문이다.

가령 어떤 은행가가 10만 파운드 한도 내에서 고객들에게 은행 약속 어음을 발행했다고 해보자. 이 은행권은 돈의 모든 기능을 수행하므로, 채무자들은 은행가에게 이자를 지불하며 마치 현금을 빌린 것처럼 다룬다. 이 이자가 곧 은행가의 수입이 된다. 발행된 은행권들 중 일부는 상환을 위해 은행으로 반환되지만, 그중 일부는 몇 달이건 몇 년이건 유통만 되고 은행에 돌아오지 않는다.

은행가는 10만 파운드 한도의 은행권을 유통했지만 가끔 상환을 위해 돌아오는 은행권을 현금으로 바꾸어주려면 2만 파운드 정도의 금은을 보유하고 있으면 충분할 것이다. 이러한 영업 방식을 통해 2만 파운드 정도의 금은이 실제로는 10만 파운드 기능을 수행한다. 은행가의 약속어음 덕분에 동일한 규모[10만 파운드]의 교환이 이루어져서 동일한 수량의 소비재가 소비자들 사이에서 유통되고 분배된다. 따라서 이 지폐 덕분에 8만 파운드 금은이 국가 내에서 추가적으로 유통될 필요가 없어졌다. 만약 이와 같은 영업 방식이 다른 여러 은행에서도 사용되고 있다면, 국내의 총 유통은, 지폐가 없을 때 필요했을 법한 금은의 5분의 1만 가지고도 돌릴 수 있다.

여기서 특정 국가에서 유통되는 돈의 총액이 특정 시기에 1백만 파운드라고 가정해보자. 그리고 이 액수는 그 나라의 토지와 노동의 연간 총 생산물을 유통시키기에 충분한 돈이다. 그 직후에 여러 은행이 소지인에게 즉시 지불을 보장하는 약속어음을 1백만 파운드 규모로 발행하고, 수시 상환 요구에 대비하고자 20만 파운드를 은행 금고에 예치해두고 있다고 해보자. 그러면 국가 내에는 80만 파운드의 금은이 유통되고 1백만 파운드의 은행권이 유통되어, 지폐와 현금 합쳐 총 180만 파운드가 유통된다.

그러나 토지와 노동의 연간 생산물은 1백만 파운드만 있으면 각 소비자에게 생산물을 유통하고 분배할 수 있다. 그리고 연간 생산물은 은행의 이런 은행권 발행으로 즉각적으로 증가하는 것은 아니다. 따라서 은행권 발행 이후에도 1백만 파운드면 충분히 생산물을 유통시킬 수 있다. 사고파는 물건들은 전과 똑같으므로 동일한 수량의 돈만 있으면 전처럼 그 물건들을 매매하는 데 충분하다. 따라서 이런 비유적 표현이 허용된다면, 유통의 수로(水路)는 전과 동일하며 1백만 파운드 정도면 그 수로를 채울 수량(水量)으로 충분하다.

이 액수를 초과해 수로에 투입된 물은 수로를 따라 흘러가는 것이 아니라 수로 밖으로 범람한다. 그런데 180만 파운드가 그 수로에 투입되었다. 따라서 80만 파운드는 범람한다. 이 액수는 그 나라 유통에 필요한 돈을 초과하기 때문이다. 이 금액을 본국에서는 사용할 수 없지만 너무 귀중해 그냥 놀리기 아깝다면, 그 돈은 본국에서는 발견할 수 없는 수익성 높은 투자처를 찾아 외국으로 나간다. 하지만 은행권은 해외로 나갈 수가 없다. 발급 은행에서 멀리 떨어진 곳, 은행권 지급이 법률에 따라 강제되지 않는 나라에서, 은행권은 일반 거래에 통용하지 않는 까닭이다. 따라서 80만 파운드에 해당하는 금은이 해외로 보내지고, 국내 유통 수로는 전처럼 1백만 파운드어치의 금은이 아니라, 1백만 파운드의 은행권으로 채워진다.

해외로 보낸 금은의 용도

그처럼 막대한 양의 금은이 해외로 보내지기는 했지만, 아무 소득도 없이 그저 나가기만 했다든가 소유주가 기분 좋게 외국에 선물했구나, 하고 생각해서는 안 된다. 그 주인들은 외국의 소비 혹은 자기 나라의 소비를 충족시키려고 이런저런 외국 제품들과 교환하기 위해 금은을 내보낸 것이다.

만약 그들이 외국의 소비를 위해 다른 해외 상품을 구매한다면, 즉 중개무역을 한다면, 그들이 올린 이윤은 나라의 순수입을 증가시킨다. 그것은 새 사업을 시작하기 위해 필요한 새로운 자금이다. 국내 사업은 이제 지폐에 따라 거래되고 금은은 이런 새 사업을 위한 자금으로 전환되었다.

만약 그들이 국내 소비를 위해 해외 제품을 사들인다면 다음 두 가지 방식으로 자금을 사용할 것이다.

첫째, 아무런 생산 활동도 하지 않는 유휴 인구가 소비하는 물품, 가령 외국의 포도주나 비단을 구매할 것이다. 둘째, 연간 소비의 가치에 이윤을 더해 그 투자금을 회수하고, 많은 수의 근면한 사람들을 고용하고 유지하기 위해 원료, 도구, 식량을 추가로 구매할 것이다.

첫 번째 방식은 낭비를 부추길 것이다. 생산은 그대로인 채 비용과 소비를 증가시키거나, 그런 비용을 지원하는 항구적 자금으로 활용된다. 이렇게 되면 그 투자는 모든 면에서 사회에 해를 끼친다.

두 번째 방식은 산업을 촉진할 것이다. 그것은 사회 소비를 증가시키지만 동시에 그에 해당하는 지속 가능한 자금을 제공한다. 그것을 소비하는 사람들이 재생산해 그들의 연간 소비 가치에 이윤을 더해 되돌려주기 때문이다. 이 노동자들이 작업하는 원료에 부가한 가치에 따라, 사회 총수입 즉 토지와 노동의 연간 생산량이 증가한다. 그리고 사회 순수입은 그들의 영업용 도구와 기계에 들어간 비용을 공제하고 남은 가치에 따라 증가한다.

은행의 은행권 발행으로 해외로 나가게 된 금은의 상당 부분은 위에서 설명한 두 번째 방식에 투자되어야 한다. 이것이 가능성 높고 불가피한 방식이다. 특정 사람들은 수입이 전혀 늘지 않는데도 지출 비용을 상당히 늘리기도 하지만, 우리는 어떤 계급이나 계층이든 그런 일은 좀처럼 하지 않는다고 확신한다. 널리 알려진 신중함의 원리들이 모든 사람의 행동을 언제나 지배하지는 않지만 그 원리들은 모든 계급이나 계층에 영향을 미친다.

그러나 유휴 인구를 하나의 계급 혹은 계층으로 봤을 때, 그들의 수입은 은행의 이러한 영업에 따라 조금도 증가하지 않는다. 그들 가운데 몇몇 개인이 지출하는 비용이 증가될 수도 있고 또 실제로 증가하지만, 그들의 전체 비용은 은행권 발행으로 대폭 증가하지는 않는다. 유휴 인구의 해외 제품에 대한 요구는 예전과 동일하므로, 은행권에 따라 해외로 유출된 금은 이 국내 소비를 위해 사들이는 물품은 무척 작은 부분만 차지한다. 국내 소비를 위해 사들이는 제품의 훨씬 많은 부분은 유휴 인구의 기호를 맞추기보다는, 노동의 근면을 위해 투자된다.

지폐가 금속 화폐를 대체하는 효과

어떤 사회의 유동자본이 동원할 수 있는 노동 총량을 계산할 때, 우리는 그 유동자본의 세 부분, 즉 식료품, 원료, 완제품만 고려해야 한다. 나머지인 돈은 이 셋을 유통하는 역할을 할 뿐이므로 제외되어야 한다. 산업[노동]을 작동시키려면 다음 세 가지가 필수다.

첫째, 노동을 할 수 있는 원료가 있어야 한다.

둘째, 노동에 필요한 도구가 있어야 한다.

셋째, 노동에 대한 보상, 즉 임금이 있어야 한다.

돈은 노동이 가해지는 원료도 아니고 노동에 필요한 도구도 아니다. 노동자의 임금이 돈으로 지불되지만, 그의 진정한 수입은 다른 모든 사람의 경우와 마찬가지로 돈 자체에 있는 것이 아니라 돈이 나타내는 가치에 있다. 즉, 금화나 은화로 제공되는 금속 조각이 아니라, 그 돈을 가지고 살 수 있는 물건에 있다.

어떤 자본이 고용할 수 있는 노동 총량은 분명히 자재, 도구 및 작업 성격에 적합한 유지보수를 제공할 수 있는 노동자의 수와 같다. 작업 재료와 도구를 구입하고 노동자를 유지하는 데 돈이 필요할 수 있다. 그러나 전체 자본이 고용할 수 있는 노동 총량은 그것을 구입하는 돈과 그것으로 구입한 자재, 도구, 유지보수 모두와 같지는 않으며, 이 두 가치 중 하나 또는 다른 가치에만, 그리고 전자보다 후자의 가치와 더 일치할 것이다.[103]

지폐가 금화와 은화를 대체하면 총 유동자본이 공급할 수 있는 원료·도구·생계유지 수량은 전에 그런 것을 사들이는 데 사용되었던 금은의 전체 가치만큼 상승할 것이다. 유통과 분배의 거대한 수레바퀴의 전체 가치는 그것을 통해 유통되고 분배되는 상품에 추가된다. 이러한 돈의 운용 방식은 어떻게 보면 큰 사업을 벌이는 사업가의 작업과 비슷하다. 그 사업가는 영업용 기계가 개선됨에 따라, 옛날 기계는 버리고 이어 그 옛날 기곗값과 새로운 기곗값의 차액을 유동자본에 얹는다. 다시 말해 사업가는 그 차액을 원료와 노동자의 임금을 제공하는 자금에 추가한다.

---

103 돈의 액면가보다 돈의 구매력을 말하고 있다. 앞에서 나온 "대개 우리가 돈이라고 말할 때 그것은 전자(1기니라는 액면가)보다 후자(1기니의 가치)와 더 일치한다"라는 말을 떠올려보자.

유통되는 화폐와 연간 생산물의 비율

어떤 나라의 유통화폐와, 그 돈을 수단으로 유통되는 연간 생산물의 총 가치 비율은 어느 정도일지 결정하기는 쉽지 않다. 저자에 따라 그 비율을 가치의 5분의 1, 10분의 1, 20분의 1, 30분의 1 등으로 다양하게 계산했다. 그러나 유통화폐가 연간 생산물의 전체 가치에 대해 차지하는 비율이 아무리 작더라도, 즉 그 생산물의 일부에 지나지 않더라도(때때로 아주 작다), 산업을 유지하려면 항상 그 부분에 대해 상당한 비율을 차지해야 한다. 따라서 지폐의 도입으로, 유통에 필요한 금은이 예전 수량의 5분의 1 수준으로 줄어들어, 나머지 5분의 4 중 상당 부분이 산업 유지에 들어가는 자금으로 추가된다면, 그것만으로도 산업 규모는 상당히 커지게 될 것이고, 결과적으로 토지와 노동의 연간 생산물 가치에 상당한 추가를 해야 한다.

이러한 은행 영업은 최근 25~30년 사이에 스코틀랜드에서 널리 실시되었다. 스코틀랜드 내의 거의 모든 주요 도시와 일부 소도시에도 은행이 설립된 것이다. 은행 영업의 효과는 위에서 말한 그대로다. 스코틀랜드의 사업은 이 은행들이 발행한 은행권을 수단으로 진행되었고, 그 은행권으로 각종 구매와 지불이 이루어졌다. 은은 20실링짜리 은행권과 교환할 때만 등장했고, 금은 여전히 드물게 나타난다.

그러나 이런 은행들의 영업이 모두 모범적인 것은 아니어서, 이를 단속하려면 의회 법률이 필요했다. 그럼에도 스코틀랜드는 은행 영업에서 커다란 혜택을 얻었다. 은행 최초 설립 후 글래스고의 상업이 15년 만에 두 배로 늘었다는 강력한 주장도 들었다. 그리고 스코틀랜드의 상업은 에든버러에 두 개의 공공 은행이 설립된 후 4배 이상 늘었다. 첫 번째는 1695년 의회 법률에 따라 설립된 스코틀랜드 은행이고, 두 번째는 1727년 왕실의 칙허에 따라 수립된 로열 은행이다.

스코틀랜드 전국이든 글래스고시 하나든 상업이 짧은 기간에 그렇게 큰 규모로 성장한 것에 대해, 확실한 이유를 안다고 주장하지는 않겠다. 그처럼 크게 성장했다면 그것은 은행 영업이라는 이유 하나만으로는 설명되지 않는다. 하지만 이 시기에 스코틀랜드의 상업과 산업은 상당히 큰 규모로 늘었고 은행들이 그런 성장에 기여했다는 점은 의심의 여지가 없다.

1707년의 잉글랜드와 스코틀랜드 합방 이전에 스코틀랜드에 유통되었던 은화 가치는 잉글랜드 파운드로 411,117파운드 10실링 9펜스였다. 이 액수는 합방 직후에 은화를 다시 찍기 위해 스코틀랜드 은행에 모두 거두어들여 확인한 것이었다. 그러나 스코틀랜드 조폐국에서 나온 오래된 이야기에 따르면, 연간 금화로 만들어지는 금 가치는 은 가치를 초과했다.[104] 합방 후 은화를 모두 소환했을 때 상당히 많은 사람이 되돌려받지 못할 것을 두려워해 스코틀랜드 은행에 은화를 제출하지 않았다. 게다가 소환되지 않은 잉글랜드 은화도 있었다.

따라서 합방 전에 스코틀랜드 내에 유통된 금은의 총 가치를 1백만 파운드 이하로 볼 수는 없다. 스코틀랜드의 총 유통량에 해당하는 금액이 그 정도였을 것이다. 당시 경쟁 은행이 없었던 스코틀랜드 은행이 발행한 은행권은 유통되는 화폐의 양이 많았음에도 총 유동량 중에 아주 작은 부분만을 차지했기 때문이다. 오늘날 스코틀랜드의 총 유통량은 2백만 파운드 이상으로 볼 수 있으며, 이 중에서 금은이 차지하는 비중은 50만 파운드도 채 되지 않을 것이다. 이 기간 유통되는 금은 규모가 확 줄어들었지만, 스코틀랜드의 진정한 부와 번영은 조금도 피해를 입지 않은 듯하다. 오히려 그 농업·제조업·상업(토지와 노동의 연간 생산물)은 분명 증가했다.

은행은 아직 만기가 되지 않은 사업가들의 지불 약속어음을 할인하고 대신에 대부분 은행권으로 돈을 지급한다. 은행은 그렇게 먼저 내준 현금에서, 약속어음이 만기가 될 때까지의 기간에 해당하는 법정 이자를 공제한다. 약속어음이 만기가 되어 은행에 대금이 지불되면, 은행은 미리 내어준 돈과 법정 이자로 인한 추가 수익을 얻는다. 사업가에게 약속어음을 할인해주며 돈을 빌려주는 은행은 금화나 은화로 돈을 내주는 것이 아니라 자기 은행권[약속어음]을 내준다. 이 경우 은행은 자신이 경험상 알고 있는 시중

---

104 참조. Ruddiman's Preface to Anderson's Diplomata, Scotiae, etc.—원주

유통 중인 자기 은행의 은행권 총 규모를 기준으로, 더 많은 금액을 빌려줄 수 있다. 이렇게 해서 은행은 더 많은 금액에 대해 더 많은 이자 수입을 올릴 수 있다.

스코틀랜드 은행의 현금 계정 제도

현재도 규모가 그리 크지 않은 스코틀랜드의 상업은 최초의 두 은행이 설립되었을 때는 지금보다 더 작았다. 만약 두 은행이 약속어음 할인 업무만 했다면 매출을 별로 올리지 못했을 것이다. 두 은행은 은행권을 발행하는 또 다른 방법을 발명했는데 현금 계정(cash account) 제도였다. 이것은 어떤 개인이 신용 좋은 지주 두 명을 보증인으로 세운다면 그 개인에게 일정 한도 내에서(가령 2~3천 파운드) 신용 대출을 해주는 제도였다. 이 범위 내에서 개인에게 현금을 내어주는 대신, 은행이 요구하면 법정 이자와 함께 원금을 갚아야 한다.

이러한 종류의 신용 대출은 전 세계 여러 지역의 은행들에서 흔히 해주는 것이다. 그러나 스코틀랜드 두 은행이 대출의 회수 조건을 그처럼 간편하게 해준 것은, 내가 알기로 그들만의 특이점이다. 이렇게 해서 두 은행은 매출을 크게 올렸고 그리하여 스코틀랜드 또한 그런 거래로부터 혜택을 얻었다.

가령 이 두 은행 중 한 곳에서 이런 신용 대출을 받아 1천 파운드를 빌린 사람은 이 금액을 한 번에 20~30파운드씩 나누어서 갚을 수 있다. 그러면 은행은 이 소액만큼 이자에서 공제하는데 이런 방식은 1천 파운드를 다 갚을 때까지 계속된다. 따라서 모든 상인 그리고 거의 모든 사업가는 은행에 이런 계정을 두는 것을 편리하게 여긴다. 그들은 이렇게 해서 은행 영업을 촉진하는데, 첫째 그들의 모든 지불에서 은행권을 즉각 받아주고, 둘째 그들이 영향을 미치는 사람들에게 똑같이 은행권을 받으라고 권장함으로써 그렇게 한다.

은행은 고객들이 돈을 내달라고 신청하면 일반적으로 은행권을 내준다. 상인은 제조업자에게 물건값으로 이 은행권을 주고, 제조업자는 원료와 식료품값으로, 농부는 지주에게 주는 지대로, 지주는 공급받는 각종 편의품과 사치품에 대해 이 은행권으로 상인에게 지불한다. 상인은 그런 식으로 받은 은행권을 은행에 제출해 현금 계정 수지를 맞추거나 아니면 은행에서 빌린 돈을 상환한다. 이렇게 해서 스코틀랜드의 거의 모든 돈거래는 은행권으로 이루어진다. 이렇게 해서 은행 매출은 자연 늘어난다.

은행 현금 계정의 효과

이 현금 계정을 수단으로 활용하는 모든 상인은 그런 계정이 없었을 때보다 더 신중하게 더 많은 영업을 할 수 있다. 런던과 에든버러에서 같은 업종에 종사하면서 똑같은 양의 재고를 가진 상인이 각각 한 명씩 있다고 하자. 그렇다면 현금 계정을 이용하는 에든버러 상인은 런던 상인보다 더 큰 규모로 영업할 수 있고 또 더 많은 사람을 고용할 수 있다. 런던 상인은 외상으로 구매한 상품에 대한 대금 지급이나, 지속적으로 제기되는 요구에 응하기 위해 항상 상당한 액수의 돈을 자기 금고에 보관하거나 이자를 내지 않는 은행가의 금고에 보관해야 한다. 그가 예치해야 하는 금액이 5백 파운드라고 해보자. 그의 창고에 있는 상품의 가치는 그러한 금액을 무이자로 보관할 의무가 없었을 때보다 항상 5백 파운드만큼 덜한 상태이다.

여기서 런던 상인이 재고로 잡혀 있는 물건들을 1년에 딱 한 번 모두 팔아치운다고 가정해보자. 그렇지만 5백 파운드를 미리 예치하고 있어야 하므로 그는 그런 예치가 필요 없을 때 비해 1년 매출에서 5백 파운드가 빠진 매출을 올릴 것이다. 그의 연간 수익은 5백 파운드상당의 상품을 더 많이 팔아서 벌 수 있었던 수익보다 적을 것이다. 상품을 시장에 내놓기 위해 고용한 사람의 수는 재고가 500파운드 더 많았더라면 고용할 수 있었던 사람보다 적을 것이다.

반면 에든버러 상인은 때때로 돌아오는 상환 요구에 부응하기 위해 5백 파운드의 돈을 예치할 필요가 없다. 그런 상환 요구가 들어오면 에든버러 상인은 현금 계정의 돈으로 그 요구를 들어주고, 자신이 갖고 있던 물건들을 때때로 팔아 들어오는 현금이나 지폐로 은행에 빌린 금액만큼 상환하면 된다. 동일한 재고를 갖고 있지만 에든버러 상인은 별 다른 무리 없이 런던 상인보다 자기 창고에 더 많은 물품을 갖고 있다. 이로써 에든버러 상인은 더 큰 이윤을 올릴 뿐만 아니라 시장에 출하할 제품을 만들어내는 노동자를 더 많이 고용할 수 있다. 그리고 스코틀랜드는 이런 거래로부터 더 큰 혜택을 얻는 것이다.

물론 약속어음을 할인해주는 제도는 잉글랜드 상인에게 스코틀랜드 상인의 현금 계정 못지않은 편의를 제공할 수 있다. 그렇지만 스코틀랜드 상인들도 잉글랜드 상인들 못지않게 쉽게 어음을 할인받을 수 있다는 것을 기억해야 한다. 게다가 그들은 현금 계정이라는 추가적인 편의 제도까지 갖고 있다.

지폐 유통과 과잉 발행의 폐해

어떤 한 나라에서 손쉽게 유통될 수 있는 각종 지폐의 총량은 금화와 은화 가치를 초과할 수 없다. 다시 말해 상업 거래량이 동일하다고 볼 때, 지폐가 없었을 경우에 국내에 유통되었을 법한 금화와 은화 가치를 초과해서는 안 된다. 예를 들어 20실링 지폐가 스코틀랜드에서 통용되는 가장 낮은 지폐인 경우, 스코틀랜드에서 쉽게 유통될 수 있는 해당 화폐 총액은 해당 국가 내에서 일반적으로 거래되는 20실링 가치 이상의 연간 거래에 필요한 금과 은의 합계를 초과할 수 없다. 만약 유통 중인 지폐가 그 총액을 초과한다면, 다시 말해 그 초과분을 해외로 내보내지도 않고 또 국내 유통에서 소화되지 않는다면, 그 지폐는 즉시 은행으로 돌아와 금·은화로 교환해달라고 요구될 것이다. 많은 사람은 국내에서 거래 체결에 필요한 것 이상으로 지폐를 갖고 있다고 생각하는 즉시 은행에 지폐를 제출하면서 현금을 요구할 것이다.

이 여분 지폐가 금은으로 바뀌면 사람들은 그것을 해외로 내보내 쉽게 용처를 찾을 것이다. 하지만 돈이 지폐 형태로 남아 있으면 그렇게 할 수 없다. 따라서 은행을 상대로 그 잉여분 지폐에 대해 현금으로 교환해달라는 요구가 쇄도할 것이다. 만약 은행이 교환에 난색을 보이거나 지체한다면 요청 수량은 더 크게 늘어날 것이다. 은행의 수상한 태도로 사람들의 경계심이 커지면 반드시 더 큰 교환 요구로 이어진다.

집세, 하인·서기·회계원 등의 인건비는 모든 영업 분야에서 공통 비용이다. 이런 것 외에 은행업에는 두 가지 특별 비용이 있다. 하나는 은행권 소지자가 때때로 지불을 요구해오는 경우에 대비하여 은행 금고에 항상 많은 액수의 돈(이자가 발생하지 않는 돈)을 보유해두는 비용이다. 둘째는 지불 요구에 대비해 금고가 비는 만큼 즉시 채워 넣는 비용이다.

국내에서 통용되는 것 이상으로 지폐[은행권]를 발행해 그 초과분에 대한 지불 요구를 계속 받는 은행은 금고에 넣어두는 금화와 은화를 크게 늘려야 한다. 통용 중인 은행권 초과분에 비례할 뿐만 아니라 실제로는 그보다 더 큰 비례로 금은을 비축하고 있어야 한다. 따라서 이 은행은 과도한 은행권 발행에 대비해 특별 비용의 첫 번째 항목을 증가시켜야 하며, 그것도 초과분 은행권 비례보다 훨씬 많이 증가시켜야 한다.

이러한 은행의 금고는 합리적인 은행 영업을 할 때보다 훨씬 더 빨리 채워야 하지만 그 금고에서 돈이 빠져나가는 속도는 그보다 더 빠르다. 게다가 그 금고를 채워 넣으려면 전보다 더 급하게 그리고 더 끊임없이 첫 번째 항목 비용을 증가시켜야 한다.

은행 금고에서 계속해 다량으로 빠져나가는 금·은화는 그 나라의 유통에 사용될 수 없다. 그것은 초과 유통된 지폐에서 나온 것이므로 국내 시장에서 유통되는 범위를 넘어선다. 하지만 금은화를 그냥 놀리고 있을 수는 없으므로, 이런저런 형태로 해외로 보내 국내에는 없는 수익처를 찾게 된다. 금은화가 이처럼 해외로 수출되면, 그처럼 빠르게 비워지는 금고를 채워 넣기 위해 새 금은화 발견은 더 어려워지고 은행 경비는 더욱 증가한다. 따라서 해당 은행은 이런 강제적인 업무의 증가에 비례하여, 첫 번째 비용보다 더 빠르게 두 번째 비용[금고에 채워 넣는 비용]이 증가한다.

여기서 이런 가정을 하나 해보자. 가령 어떤 나라에서 손쉽게 흡수하고 사용할 수 있는 특정 은행의 지폐 총량이 4만 파운드라고 해보자. 그리고 때때로 돌아오는 교환에 응하기 위해 이 은행이 금고에 예비한 금은이

1만 파운드라고 해보자. 이 은행이 4만4천 파운드 은행권을 발행한다면, 적정 유통량을 초과하는 4천 파운드는 발행되는 즉시 현금으로 교환해달라고 은행에 돌아올 것이다. 따라서 이런 지불 요구에 응하기 위해, 이 은행은 1만 파운드가 아니라 1만 4천 파운드 현금을 금고에 늘 예비해두고 있어야 한다. 그 은행은 초과분 4천 파운드에 대해서는 이자를 한 푼도 받지 못할 것이다. 또 4천 파운드 지폐가 은행에 돌아오는 즉시 지불하도록 금은 4천 파운드를 수집하는 비용도 추가로 들어간다.

잉글랜드와 스코틀랜드 은행의 과잉 발행 사례

만약 각 나라 은행들이 언제나 그들의 특정 이익을 이해하고 보호했다면 국내에 지폐[은행권]가 과잉 유통되는 일은 없었을 것이다. 그러나 은행들이 언제나 그들의 특정 이익을 이해하고 보호하는 것은 아니었으므로 국내에는 종종 지폐가 과잉 유통되었다.

지폐를 과도하게 발행하여 그 초과분이 금은으로 교환되기 위해 은행으로 계속 돌아오게 되므로, 잉글랜드는 여러 해 동안 연간 80만에서 100만 파운드의 금화 혹은 연간 평균 85만 파운드를 주조해야 했다. 이처럼 많은 양의 금화를 주조해야 했으므로 은행은 1온스당 4파운드라는 높은 값을 주고 금을 사들여야 했다(금화가 몇 년 전에 자연 마모된 탓도 있었다). 1온스를 금화로 주조하면 3파운드 17실링 10.5펜스가 나오는데 이 때문에 은행은 대규모 금화를 주조하면서 평균 2.5~3퍼센트 손실을 보았다. 조폐 비용은 은행이 아니라 정부가 담당했으나, 이런 관대한 정부 조치도 은행 비용을 완전하게 막지는 못했다.

스코틀랜드 은행들도 과잉 발행 때문에 런던에 대리인들을 고용해 금고에 채워 넣을 돈을 수집하게 했는데 그 비용은 1.5~2퍼센트 이하로 내려가지 않았다. 돈은 마차로 수송되었는데, 수송비에는 보험료로 0.75퍼센트(1백 파운드당 15실링) 추가 비용이 들어갔다. 그러나 그 대리인들은 스코틀랜드 은행의 금고가 비워지는 즉시 채워 넣을 수는 없었다.

이 경우 스코틀랜드 은행이 취할 수 있는 최후 수단은 런던에 있는 거래 은행들을 상대로 그 은행(스코틀랜드 은행)이 원하는 액수만큼 환어음을 발행하고 현금을 조달하는 것이었다. 나중에 런던 은행이 이자와 수수료를 포함해 환어음의 원금 지불을 요구해오면, 스코틀랜드 은행들 중 어떤 은행은 과잉 발행으로 곤경에 빠진 상태에서 그 돌아온 환어음을 결제하기 위해, 런던의 동일한 거래 은행이나 다른 런던 은행에 일련의 환어음을 다시 발행하는 수밖에 없었다. 이렇게 해서 같은 금액, 다시 말해 같은 금액을 커버하는 환어음들이 두세 군데 은행을 거쳐야 비로소 결제가 되었다. 그리고 빚을 진 스코틀랜드 은행은 누적된 원금에 더해 매번 이자와 수수료를 지불해야 한다. 무모한 사업을 벌인다는 평가를 별로 받은 적이 없는 스코틀랜드 은행들조차도 때때로 이런 파멸적인 방법을 쓸 수밖에 없었다.

국내 유통을 초과해 발행된 지폐를 교환해주기 위해 잉글랜드은행이나 스코틀랜드 은행들에서 지불한 금화는 때때로 금화 형태로 해외로 보내지거나, 때로는 녹여서 지금(地金) 형태로 나가거나 아니면 때로는 녹여서 1온스당 4파운드의 높은 값에 잉글랜드은행에 팔린다. 전체 금화 중에서 가장 새것이고, 가장 무겁고, 가장 상태 좋은 것으로만 골라서 해외로 내보내거나 녹여서 지금으로 만든다. 이 금화들이 본국에서 금화 상태로 있으면 무거운 것은 가벼운 것과 가치가 똑같다. 그러나 무거운 금화는 해외에서 더 가치가 나가고, 국내에 있어도 지금으로 만들 때는 더 가치가 나간다.

잉글랜드은행은 해마다 많은 양의 금화를 주조하는데도 금화 부족이 지난해와 똑같다는 것을 발견하고 놀란다. 해마다 이 은행에서 발급되는 금화 양이 많으며 새롭고 상태가 좋음에도 불구하고, 금화 상태는 점점 더 좋아지는 것이 아니라 점점 더 나빠진다. 매년 그들은 전년도에 주조한 것과 거의 같은 양의 금을 주조해야 할 필요성을 느꼈고, 금괴 값이 증가하고 또 금화가 유통되는 중에 자연 마모되므로 해마다 금화 주조 비용은 점점 더 커진다.

잉글랜드은행은 자체 금고에 금화를 공급함으로써 왕국 전체를 상대로 간접적으로 금화를 공급하고 있다. 그 금고에서 다양한 방식을 통해 금화가 시장으로 지속해서 유입되고 있기 때문이다. 스코틀랜드와 잉글랜드 지폐가 과도하게 유통되어 필요한 금화 수량이 얼마든지, 그로 인해 발생한 왕국의 금화 공백 크기가 얼마든지, 잉글랜드은행은 그만큼의 금화를 제공해야 한다.

물론 스코틀랜드 은행들도 자신의 무모함과 무신경 때문에 비싼 대가를 치렀다. 그러나 잉글랜드은행은 자신의 무모함뿐만 아니라 거의 모든 스코틀랜드 은행들의 훨씬 더 큰 무모함에 대해서도 대가를 치러야 했다.

과잉 거래는 과도한 지폐 유통의 원인

잉글랜드와 스코틀랜드의 일부 과감한 사업가들이 과도하게 거래를 함으로써 이런 과도한 지폐 유통이 발생했다.

은행이 상인이나 사업가에게 대출할 수 있는 금액은 그들이 거래하는 전체 자본이나 그의 상당 분량이 아니다. 오로지 은행이 수시 지불 요구에 즉시 대응할 수 있는 미사용 자본만이 그 한도다. 만약 은행이 발행하는 지폐가 이 미사용 대기 자본의 범위를 넘어가지 않는다면, 지폐가 없었을 경우에 국내에 유통되었을 금은의 가치를 결코 초월하지 않는다. 국내 유통이 쉽사리 흡수해 사용할 수 있는 돈의 양을 초과하지 않는 것이다.

은행이 채무자가 채권자에게 발행한 진성 어음, 그러니까 채무자가 만기가 되면 갚을 어음을 할인해준다면, 은행은 지불 요구에 응해 즉시 내줄 수 있는 미사용 자본에서 그 돈을 내주는 것이 된다. 어음이 만기가 되어 채무자가 은행에 그 금액을 납부한다면 은행은 미리 내준 돈을 부대 이자와 함께 회수할 수 있다. 은행이 이런 상인들만 상대한다면 은행 금고는 물 흐르는 연못과 비슷한 상태가 된다. 물이 그 연못의 한쪽으로부터 끊임없이 흘러나가지만 다른 한쪽에서는 나간 것만큼 계속 흘러드는 것이다. 그리하여 신경 쓰거나 주의를 기울이지 않더라도 연못은 언제나 충만한 상태, 거의 충만한 상태를 유지한다. 이런 은행의 금고를 채우는 데는 거의 비용이 들어가지 않는다.

과잉 거래를 피하는 상인이라면 할인해야 할 어음이 없을 때조차도 종종 일정한 양의 현금이 필요할 때가 있다. 은행은 어음 할인 외에도 이런 경우에 현금 계정을 제공해 상인에게 즉시 현금을 내어주고, 상인이 물건을 팔아 돈이 생길 때마다 그 내준 돈을 분할해 받아들인다. 이것이 스코틀랜드 은행의 손쉬운 영업 관행이다. 이 현금 계정 덕분에 상인은 수시 지불 요구에 응해 즉시 내줄 수 있는 미사용 자본을 유지할 필요가 없다. 이런 지불 요구가 오면 상인은 현금 계정에서 충분히 그 돈을 내어줄 수 있다.

반면 은행은 이런 상인들과 거래할 때 그의 행동을 유심히 관찰해야 한다. 가령 4개월, 5개월, 6개월, 8개월 등의 단기간에 그로부터 분할해 받은 상환액이 미리 내준 돈과 거의 일치하는지 확인해야 한다. 만약 그런 단기간 내에 특정 상인의 상환액이 미리 내준 돈과 대부분 일치한다면, 이런 고객들과는 안전하게 계속 거래할 수 있다. 이 경우 은행 금고에서 빠져나가는 시냇물이 많지만 흘러들어 오는 물도 그에 못지않게 많다. 그러니 특별한 신경이나 주의를 기울이지 않더라도 은행 금고는 언제나 충만한 상태, 아니 거의 충만한 상태를 유지한다. 따라서 은행 금고를 채우는 데는 거의 비용이 들어가지 않는다.

반면 상인이 납입하는 상환액이 미리 내준 돈에 턱없이 미치지 못한다면 은행은 이런 상인과는 안전하게 거래를 계속할 수 없다. 그가 계속 이런 방식으로 돈을 상환하지 않는다면 말이다. 이 경우 은행 금고에서 계속 흘러나가는 시냇물은 흘러들어오는 물보다 훨씬 많아진다. 그리하여 은행이 다른 막대한 비용을 지속해서 마련하지 않는 한, 이 금고의 물은 곧 바닥을 드러낸다.

정기적인 고객 상환: 신용도 판단과 과도한 지폐 발행 예방

따라서 스코틀랜드 은행들은 장기간 동안 매우 신중하게 모든 거래 고객에게 자주 그리고 규칙적인 상환을 요구하였다. 그래서 은행이 빈번하면서도 정기적인 상환을 요구할 때 응하지 않는 고객은 그의 재산과 신용이 어떠하든 간에 거래하지 않았다. 이렇게 철저히 신경을 씀으로써 은행은 금고를 충만하게 유지하는 데 들어가는 추가 비용을 절약할 수 있었을 뿐만 아니라 두 가지 이점을 얻었다.

첫째, 이렇게 철저하게 확인함으로써 은행은 채무자들의 번창 혹은 쇠퇴 상황에 대해 다소 정확한 판단을 내릴 수 있다. 그들의 거래 장부 외에 다른 증거를 찾지 않더라도 그렇게 판단할 수 있다. 자기 상황에 대해 정기적으로 혹은 부정기적으로 상환하는 고객은 사업이 번창하거나 쇠퇴하거나 둘 중 하나다. 자신의 돈을 6명 혹은 12명 정도에게 빌려주는 사람은 직접 혹은 대리인을 통해 채무자들의 행동과 상황을 지속해서 꼼꼼하게 살펴볼 것이다.

그러나 5백 명 이상에게 대출하고 무수한 종류의 일로 지속해서 바쁜 은행은 자신의 장부 이외에는 채무자 대부분의 처신과 행동에 대해 정기적인 정보를 갖지 못한다. 고객들에게 빈번하고 정기적인 상환을 요구하고 확인할 때 스코틀랜드 은행들은 이런 이점을 염두에 두었을 것이다.

둘째, 이처럼 상환에 신경 씀으로써 은행은 국내 유통상 쉽사리 흡수되고 사용되는 것 이상으로 지폐를 발행할 가능성을 사전 차단할 수 있다. 어떤 고객이 비교적 단기간에 은행에서 미리 받아간 돈을 대부분 상환하는 것을 보면서, 은행은 다음과 같이 안심할 수 있다. 즉, 은행이 미리 발행한 지폐는 수시 지불 요구에 대비해 준비해야 했던 금은의 수량을 초과하지 않음을 확인할 수 있고, 이에 따라 은행이 상인을 통해 유통시킨 지폐는 그 지폐가 없었을 때 국내에 유통되었을 법한 금은의 수량을 초과하지 않았음을 알 수 있다.

상인의 상환 액수, 빈도, 규칙성은 은행이 미리 내준 지폐가, 수시 지불 요구에 응하기 위해—그의 다른 자본을 계속 돌리기 위해— 준비했어야 할 금은의 수량을 넘어서지는 않고 있음을 증명한다. 단기간 내에 지폐든 금화든 모든 상인에게 지속해서 돌아와, 같은 형태로 지속해서 나가는 것은 그의 자본 중 이 부분[수시 지불 요구에 응하기 위해 준비해야 하는 자본]뿐이다. 만약 은행이 미리 내준 돈이 상인 자본의 이 부분을 넘어선다면, 단기간 내에 상인이 상환하는 금액이 은행의 미리 내준 금액과 같지 않게 된다.

상인이 그의 거래에 따라 은행 금고에 지속해서 상환하는 흐름은, 그의 거래에 따라 은행 금고에서 계속 빼내는 흐름과 같지 않게 된다. 은행이 미리 내준 지폐는, 그런 대출이 없었더라면 수시 지불 요구에 대비해 갖고 있었어야 할 금은 수량을 초과한다. 이런 은행 대출 금액은 곧 지폐가 없었더라면 국내에 유통되었을(상업 규모는 예전과 동일하다고 볼 때) 금은의 총량을 초과한다. 그것은 국가가 쉽게 흡수해 사용할 수 있는 돈의 수량을 초과한다. 이런 초과 지폐는 즉시 은행으로 돌아와 금은으로 바꾸어달라는 요구를 받는다. 두 번째 이점[과도한 지폐 발행 예방]은 똑같이 현실적이지만 스코틀랜드의 모든 은행 회사가 첫 번째 이점만큼 잘 이해하지 못하고 있다.

상업 은행의 원래 대출 범위

부분적으로 어음 할인의 편리함과 또 부분적으로 현금 계정의 혜택 덕분에, 신용 있는 상인들은 수시 지불 요구에 응하기 위해 준비했어야 할 법한 자본을 준비해야 하는 수고를 덜었다. 사실 상인들은 은행들로부터 그 이상의 지원을 기대하기 어렵다. 은행도 이 정도로 지원했으면 은행의 이해관계와 안전을 지키는 범위 내에서 할 만큼 해준 것이다. 은행이 자기 이해관계를 지킨다면 어떤 상인에게 그 상인의 유동자본 전액 혹은 이에 상당하는 액수를 대출해줄 수 없다. 유동자본은 화폐 형태로 상인에게 돌아오지만 같은 형태로 다시 나가므로, 회수할 수 있는 돈의 전체 액수는 지출하는 돈의 전체 액수와 크게 차이가 나기 때문이다. 따라서 상인이 은행에 상환하는 돈 총액은, 은행 영업에 편리한 단기간 내에 은행이 미리 내준 돈 총액에 미치지 못한다. 상인의 유동자본이 이러할진대 그의 고정자본 중 상당 부분에 대해 대출하는 것은 더더욱 불가능하다. 여기서 고정자본이라 함은 다음과 같은 것이다.

— 제철 공장 기업가가 용광로, 야금 공장, 작업장과 창고, 노동자 숙소 등을 세우는 데 들어간 자본

— 광산 사업가가 수갱 굴착, 양수기 설치, 광산 주변 도로와 마차 도로를 세우는 데 들어간 자본

— 지주가 토지를 개량하고자 황폐한 미경작 토지 개간, 준설, 담장 치기, 비료 주기, 경작, 그 외에 농가 건설, 또 농가 부속 마구간과 창고 등을 세

우는 데 투입한 자본

이런 경우에는 고정자본 회수는 대게 유동자본보다 훨씬 더 오래 걸린다. 이런 비용은 아무리 신중한 판단 아래 투자되었더라도 몇 년이 지나야 사업가에게 돌아온다. 그 기간은 너무나 길어서 은행 영업에 적합하지 않다. 상인과 다른 사업가들은 아주 신중을 기하면서 사업의 상당 부분을 빌려온 돈으로 영업한다. 그런 돈을 빌려준 채권자들에게 공평을 기하자면, 사업가들의 자본은 채권자들의 자본을 보장할 정도로 충분한 규모여야 한다. 또 사업의 성과가 사업가들의 기대치에는 훨씬 못 미치더라도, 채권자들이 손실을 입지 않을 정도로 충분한 자본 규모여야 한다.

이런 점을 감안할 때, 사업가들이 수년 뒤 상환하기로 하고 빌려오는 돈은 은행이 아니라, 차용 증서나 저당 증서를 발행 후 개인에게서 빌려와야 한다. 가령 소유 자본을 직접 투자하지 않고 대신에 그 돈의 이자로 생활하려는 사람들 말이다. 그 때문에 이런 개인은 신용 좋은 사업가라면 몇 년간 쓰라고 하고 자본을 빌려줄 용의가 있다.

이런 은행이 있다고 해보자. 그 은행은 인지 비용도 받지 않고, 채권증서나 저당증서를 작성하는 변호사 수수료도 받지 않고서, 스코틀랜드 은행의 현금 계정과 같은 간편한 상환 제도를 실시한다. 이런 은행은 상인과 사업가에게 아주 편리한 채권자일 것이다. 그러나 몇 년씩 돈을 빌려가면서 상환은 늦게 하는 상인이나 사업가가 있다면 그들은 이런 은행을 아주 불편하게 하는 채무자일 것이다.

일부 상인의 편법: 어음의 발행과 재발행

스코틀랜드의 여러 은행이 발급한 지폐가, 나라가 쉽게 흡수하고 사용할 수 있는 돈의 유통량과 완전 동일하거나 약간 초과하게 된 것은 벌써 25년도 더 된 일이다. 따라서 이 은행들은 그들의 이해관계를 지키는 범위 내에서, 스코틀랜드 상인과 사업가들에게 해줄 수 있는 지원은 모두 다 했다. 은행들은 심지어 그보다 약간 더 해주어서, 손실 혹은 이윤 감소를 겪었다. 이 은행업 업종에서는 자그마한 정도의 과잉거래에서도 반드시 그런 손실이 뒤따른다.

상인과 기업가들은 그처럼 도움을 많이 받았으면서도 더욱더 도움을 받길 원했다. 상인들은 이렇게 생각했다. 상인이 원하는 수준으로 은행이 대출을 늘리더라도 종이 몇 연 더 들어가는 것 외에 무슨 비용 손실이 있겠는가. 상인들은 은행 이사들의 협소한 견해와 소심한 마음가짐에 불평을 토로했다. 은행이 국가의 상업 규모 확대에 발맞춰 대출 한도도 확대해야 하는데 그렇게 하지 않는다는 것이었다. 상인들이 말하는 상업 규모 확대란 자기 소유 자본 혹은 채권 증서나 담보 증서를 떼어 주고 개인에게서 조달한 자본 이상으로 상인의 사업 규모를 확대하는 것을 말한다. 상인 생각에는, 자본 부족분을 채워주고, 또 그들이 거래에 필요하다고 생각하는 만큼 자본을 제공하는 것이 은행의 의무였다.

그러나 은행의 의견은 달랐다. 은행들이 상인의 대출 한도를 확대해 주지 않자, 일부 상인은 편법에 의존했다. 그 편법은 은행 대출보다 비용이 많이 들어갔지만 은행 대출 확대와 똑같은 효과를 발휘했다. 즉, 어음 발행과 재발행이라는 아주 잘 알려진 수법이 그것이다. 불운한 상인이 도산 일보 직전에 때때로 기대는 수법이기도 하다.

이런 방식으로 자금을 조달하는 관행은 잉글랜드에서는 오래전에 알려져 있었다. 그리고 7년 전쟁 동안 상거래의 높은 이윤 때문에 과잉 거래에 대한 유혹이 아주 커졌고 그리하여 이 수법은 아주 대규모로 이루어졌다. 이 수법은 잉글랜드에서 스코틀랜드로 전해졌는데, 스코틀랜드의 한정된 상업 및 자본 규모에 비해, 잉글랜드보다 훨씬 더 큰 규모로 이루어졌다.

자금 조달: 환어음 발행과 융통

어음 발행과 재발행 관행은 사업가들에게는 너무나 잘 알려져 있어, 여기서 그걸 설명하는 것은 불필요하다고 생각될 정도다. 그러나 이 책을 읽는 독자 중에는 사업가가 아닌 사람들도 있을 것이며, 사업가들조차도 이 관행이 은행업에 미치는 부정적인 영향에 대해 충분히 인식하지 못할 수 있기에, 이 관행을 자세히 설명해보겠다.

상인들의 관행은 유럽의 야만적 법률이 계약 준수를 강제하지 않았던 시절에 확립되었다. 그리고 지난 2세기 동안 그 관행은 유럽 모든 나라의 법률에 채택되었다. 이것은 특히 환어음에 특별한 혜택을 부여했고 환어음은 다른 어떤 종류의 채무보다, 즉각 현금으로 교환이 가능했다. 발행일로부터 2~3개월의 짧은 기간 내에 지불되는 어음은 더욱 우대를 받았다.

어음이 만기가 되어 인수자가 청구서를 제시하자마자 즉시 지불되지 않는다면 그는 그 순간부터 파산한 것으로 간주된다. 그 어음은 부도가 난 것이고, 원 발행자에게 되돌아가 만약 그가 즉시 지불하지 않으면 그 사람 역시 파산자가 된다. 어음은 인수자에게 지불 요청되기 전에 여러 사람의 손을 거쳐 왔을 수도 있다. 그들은 어음 액수만큼 돈이나 물건을 내주었고, 그 돈이나 물건을 받은 사람들은 차례로 그 어음 이면에 배서를 했다. 그리하여 각 배서인은 그 어음 소지자에게 어음 액수만큼 책임이 있다. 만약 배서인이 지불을 거부한다면 자신도 그 순간 파산자가 된다.

어음 발행인, 인수인, 배서인들의 신용이 모두 의심스럽더라도 만기일까지의 짧은 기간이 어음 소유인에게 약간의 안전을 제공한다. 설사 그 셋이 파산자가 될 가능성이 크더라도 그들의 정체는 단기간에 드러난다. 피곤한 여행자는 이런 말을 중얼거린다. '여관 건물이 흔들거리는 꼴을 보니 오래 버티지 못할 것 같아. 하지만 오늘 밤에 무너지기야 하겠어? 오늘밤엔 그냥 저기 들어가서 자겠어.'

융통어음 발행 방식

여기서 이렇게 상상해보자. 에든버러의 상인 갑은 발행 후 두 달 후에 지불해야 하는 액면가 1000의 어음을 런던의 상인 을에게 발행한다. 실상 런던의 을은 에든버러의 갑에게 빚진 것이 없지만 그 어음 인수에 동의한다. 단, 을이 지불 만기일 이전에 에든버러의 갑에게 액면가 1000에다 이자와 수수료를 가산한 액수의 어음을 재발행한다는 조건에서다. 늘어난 액수는 역시 2달 만기다. 그리하여 런던의 을은 약속대로 첫 두 달이 만기가 되기 전에 에든버러의 갑에게 어음을 재발행한다. 에든버러의 갑은 두 번째

두 달이 만기가 되기 전에 런던의 을에게 역시 두 달 후에 만기가 되는 두 번째 어음을 발행한다.

이러한 관행은 여러 달 뿐만 아니라 여러 해 지속되기도 하는데 어음은 언제나 에든버러의 갑에게 돌아오고 수차례 돌아올 때마다 예전 어음에 이자와 수수료가 추가된다. 연 이자는 5퍼센트이고 수수료는 어음 발급 시마다 0.5퍼센트 아래로 내려가는 법이 없다. 이 수수료는 연간 6회 반복된다. 그러면 에든버러의 갑이 명시한 1000에는 해마다 8퍼센트가 가산되고 때로는 그보다 더 가산된다. 가령 수수료 가격이 올라갈 수도 있고 에든버러의 갑이 예전 어음들의 이자와 수수료에 대해 복리 이자를 물어야 할 수도 있다. 이러한 관행을 소위 융통어음에 따른 자금 조달이라고 한다.

대부분의 나라에서, 상거래를 하는 상사들의 자본 이윤은 6~10퍼센트가 보통이다. 그러나 어떤 사업가의 수익이 이런 융통어음에 따른 자본 조달에 따른 막대한 비용을 보상할 뿐만 아니라 그 외의 잉여 이윤을 제공한다면, 그것은 아주 운이 좋은 투기적 사업이라고 할 수 있다. 실제로 많은 대규모 사업이 이처럼 막대한 비용이 들어가는 자금 조달 방식 외에는 다른 자금이 없는 채로, 여러 해 수행된다. 그 사업을 벌이는 사업가들은 물론 자신의 황금같은 꿈속에서 이런 막대한 이윤이 실현되는 환상을 볼 것이다. 그러나 그런 사업의 끝판에서 혹은 사업을 더 이상 진행할 수 없을 때, 그들은 그 꿈에서 깨어나 그런 커다란 이윤을 좀처럼 올리기 곤란한 상황을 맞이한다.[105]

에든버러의 갑이 런던의 을에게 발행한 어음들을, 갑은 두 달 만기가 도래하기 이전에 에든버러의 은행에 가서 정기적으로 할인받는다. 그리고 런던의 을은 에든버러의 갑에게 재발행한 어음들을 잉글랜드은행이나 다른 런던 은행에 가서 할인받았다고 해보자. 이런 융통어음에 대해 에든버러에서 얼마의 금액을 미리 내주었든 그것은 스코틀랜드 은행의 지폐로 내주었을 것이고, 런던에서는 런던 은행의 지폐로 내주었을 것이다.

이렇게 은행에서 지폐를 내준[현금화한] 어음들은 모두 만기가 도래하자 지불이 되었다. 그러나 첫 번째 어음에 대해 은행에서 내주었던 돈은 실제로는 그 은행에 돌아오지 않았다. 만기가 도래하기 전에 곧 지불해야 할 어음보다 더 큰 액수의 또 다른 어음이 재발행되었기 때문이다. 그리고 이 재발행된 어음의 할인에 들어간 돈은 실은 곧 만기가 되는 첫 번째 어음의 상환에 필요한 돈인 것이다. 따라서 두 번째 어음에 대한 상환은 완전 허구가 된다. 이 융통어음에 따른 자금 흐름은 일반 은행 금고에서 빠져나갔으나, 다시 흘러들어오는 흐름에 따라 채워지지 않은 것이다.

이 융통어음들을 바탕으로 대출된 지폐는 많은 경우에 농업, 상업, 제조업의 방대한 사업 진행에 필요한 자본 총액과 맞먹었다. 사업가가 수시

---

105 본문에서 설명한 방법은 모험가들이 때때로 금융 거래를 통해 돈을 모으는 가장 일반적이거나 가장 비싼 방법은 아니었다. 에든버러의 갑은 런던에 있는 같은 을에게 만기일 며칠 전인 3개월 시점에 두 번째 어음을 발행하여 런던에 있는 을이 최초 어음을 송금할 수 있도록 도와주는 경우가 많았다(에든버러의 대출 기관에서 돈을 빌려 그 돈으로 런던에서 돈을 갚아야 하는 사람에게 지불할 환어음을 구입하는 것을 말한다—편집자). 그리고 어음 대금으로 즉시 지급할 수 있는 어음(요구불 어음)을 사서 을에게 우편으로 보냈다. 최근의 7년 전쟁 말기에 런던과 에든버러 사이의 환 시세는 종종 에든버러가 3퍼센트 정도 불리했으므로 이 요구불 어음은 3퍼센트만큼 프리미엄을 부담해야 했다. 이러한 어음 거래는 1년에 적어도 4회 되풀이되며 그렇게 반복될 때마다 0.5퍼센트의 수수료가 붙었으므로 에든버러의 갑은 1년에 14퍼센트의 금융비용을 부담해야 했다.

다른 경우, 갑은 종종 런던의 을 앞으로 발행한 첫 번째 어음이 만기 도래하기 며칠 전에, 발행일 후 2개월에 지불하는 두 번째 어음을 런던의 제3자, 즉 병 앞으로 발행함으로써 을이 첫 번째 어음을 지불할 수 있게 했다. 다시 말해 그 두 번째 어음은 을의 지명인에게 지불하도록 되어 있었으므로, 을은 병이 그 두 번째 어음을 인수하자 그것으로 런던의 어떤 은행가에게 할인을 받았다. 그리고 갑은 이 어음의 만기가 도래하기 며칠 전에 마찬가지로 발행 후 2개월에 지불할 세 번째 어음을 런던의 을에게 혹은 그 외의 네 번째 인물 혹은 다섯 번째 인물 앞으로 발행했다. 이 세 번째 어음은 병의 지명인에게 지불되어야 하므로 병은 그것이 인수되자 즉각 마찬가지로 런던의 어떤 은행가에게 가서 할인을 받았다. 이와 같은 어음 연장이 1년에 적어도 여섯 번 되풀이되고 그렇게 반복될 때마다 0.5퍼센트 수수료와 법정 이자 5퍼센트가 부담되었으므로 이러한 자금 조달 방법은 에든버러의 갑에게 8퍼센트(이자율 5퍼센트와 수수료 3퍼센트) 조금 넘는 비용을 요구했을 것이다. 이 방법은 에든버러와 런던 사이의 환거래 비용을 절약함으로써 위에서 설명한 방법(14퍼센트)보다 금융비용이 저렴하다. 그러나 당시 이 방법을 쓰려면 에든버러의 갑은 런던에 두 개 이상의 점포(어음 인수자)에 신용을 설정해두고 있어야 하는데, 이러한 신용을 융통어음으로 하여 자금을 조달하는 모험가를 확보하기는 쉬운 일이 아니었다. —애덤 스미스의 원주

지불 요청에 대비해 사용하지 않고 예비해두어야 하는 자본을 완전히 초과하는 것은 말할 것도 없다. 따라서 이 지폐의 상당 부분은 지폐가 없을 때 국내에 유통되었을 것으로 예상되는 금은 가치를 초과했다. 그러므로 지폐 규모는 국내 유통이 쉽게 흡수하고 사용할 수 있는 범위를 넘어섰다. 그래서 초과분의 지폐는 즉시 은행으로 돌아와서 금은으로 교환되어야 했다. 은행들은 가능한 한 그 금은을 마련해야 했다. 그것은 사업가들이 아주 교묘하게 은행의 사전 양해나 동의 없이 은행에서 빼다 쓴 자본이었다. 하지만 은행들은 자신들이 그 자본을 미리 내주었다는 사실을 한참 동안 전혀 의심하지 못했다.

투기적 기업가와 은행의 적절한 반응

두 사람이 위와 같은 방식으로 어음 발행과 재발행을 서로 주고받으면서 언제나 같은 은행에 가서 그 어음을 할인한다면 은행가는 두 사람이 무슨 일을 하고 있는지 곧 알게 될 것이다. 또 은행가는 그들이 자기자본으로 거래하는 것이 아니라 은행이 그들에게 미리 내어준 돈으로 거래하는 것을 분명하게 파악하게 된다. 그러나 두 사람이 어음을 때로는 갑이라는 은행에 가서 할인하고 또 때로는 을이라는 은행에 가서 할인하며, 어음 발행과 재발행을 둘이서만 하는 것이 아니라 여러 명의 다른 사업가(물론 이들도 그런 식의 자금 조달이 자신에게 유리하다고 생각한다)를 상대로 융통어음을 발행한다면 그런 소행을 미리 발견하는 일은 쉽지 않다. 이것 때문에 시중에 유통되는 진성 어음과 융통어음을 서로 구분하는 것도 쉽지 않다. 진성 어음이란 실제 채권자가 실제 채무자에게 발행한 어음이지만, 융통어음은 실제 채권자는 없고 그것을 할인해주는 은행만 있으며 또 실제 채무자는 없고 그 돈을 이용하는 사업가만 있는 그런 어음이다.

은행가가 그런 융통어음을 발견했더라도 대부분은 이미 늦은 상황이었다. 은행은 이미 그런 기업가들의 융통어음을 너무 많이 할인해주었다. 그래서 더 이상 할인을 거부하면 은행은 그런 사업가들을 모두 파산자로 만들고 이렇게 해서 은행 자신도 파산할 우려가 있다. 그래서 비록 아주 위험스러운 상황이지만 은행 이익과 안전을 위해 그것을 좀 더 지속해야 한다고 판단한다. 그렇지만 할인 업무에서 서서히 손을 떼려 하면서 사업가들의 어음 할인을 점점 더 까다롭게 대한다. 그렇게 해서 그 사업가들이 점진적으로 다른 은행을 알아보거나 다른 자금 조달 방식을 쓰도록 유도한다. 이렇게 은행은 어음 할인의 악순환에서 빠져나오려 한다.

잉글랜드은행, 런던의 주요 은행들, 심지어 보다 신중한 스코틀랜드 은행들까지 어음 할인에 까다롭게 나오기 시작하고 이것은 사업가들을 경악하게 할 뿐만 아니라 크게 화나게 만든다. 은행이 신중함을 기하기 위해 내린 이런 조치로 기업가들은 엄청난 고통을 받는데, 그들은 이 고통은 곧 국가의 고통이라고 불평한다. 이것은 은행의 무지, 소심, 나쁜 처신 때문이라고 비난하는 것이다. 은행이 국가를 단장하고 개선하고 부유하게 하기 위해 불철주야 뛰고 있는 기업가들의 적극적인 기업 활동을 충분히 지원해주지 않는다고 투덜댄다. 그들은 기업가가 원하는 만큼의 자금을 원하는 기간만큼 대출해주는 것이 은행의 의무라고 생각한다. 그러나 은행은 이미 대출을 많이 해준 사업가들에 그런 방식[융통어음 할인]으로 대출하는 것을 거부함으로써, 자신의 신용을 보호하고 국가의 공적 신용을 보호하는 유일한 대응 조치를 취한 것이었다.

위기 구제를 위해 설립된 한 스코틀랜드 은행의 실태

이러한 아우성과 고통의 한 가운데에서, 국가의 고통을 덜어줄 목적으로 스코틀랜드에 은행 하나가 설립되었다. 그러나 설립된 목적은 웅대했으나 실행은 부주의했고, 은행이 덜어주겠다고 한 고통의 성격과 원인에 대해서도 파악이 잘 안 된 상태였다. 이 은행은 현금 계정을 허용하고, 어음 할인에 있어 어떤 다른 은행보다 관대했다. 특히 어음 할인과 관련해서는 진성 어음과 융통어음을 구분하지 않고 모두 할인해주었다.

이 은행의 공언된 원칙은 합당한 담보만 제공한다면 토지 개량 등 자본 회수가 느리고 오래 걸리는 개선 사업에 들어갈 자본 전액을 융자해준다는 것이었다. 이런 개선 사업 촉진이 은행이 설립된 공공 정신에도 부합한다고 할 정도였다. 현금 계정과 어음 할인을 적극 해주면서 은행은 엄청난 양의 은행권을 시중에 유통했다. 이 정도의 은행권은 국가의 유통 규모가 손쉽게 흡수하고 사용할 수준을 상당 부분 초과하는 것이었으므로, 발행 즉시 금은으로 교환해달라고 은행에 청구가 돌아왔다. 그렇게 해서 은행 금고는 채워질 수가 없었다. 두 번의 공모 행사에서 모집된 이 은행의 자본은 16만 파운드였는데 공모금은 그중 80퍼센트만 납입되었다. 게다가 이 금액마저도 여러 번 분할되어 납입되었다.

1차 할부로 납입금을 낸 주주 대부분은 그 은행에 현금 계정을 개설했다. 은행 이사들은 다른 일반 고객들과 마찬가지로 주주들에게도 관대하게 대해야 한다고 생각하여, 많은 사람에게 이 현금 계정에서 2차 이후의 공모금 납부액을 빌릴 수 있게끔 허용했다. 이런 납입은 방금 전 한 금고에 들어온 것을 다른 금고로 빼내는 것이나 마찬가지였다.

이 은행의 금고들이 잘 채워져 있더라도, 과도한 은행권 유통으로 인해 금고 내의 현금은 아주 신속하게 줄어들었다. 그리하여 이 은행은 런던 은행과 자본가를 상대로 융통어음을 발행하는 파멸적인 편법을 쓸 수밖에 없었다. 그 어음이 만기가 되면 같은 은행을 상대로 이자와 수수료가 포함된 또 다른 어음을 발행해야 했다. 이 은행 금고는 너무나 부실하게 채워졌기 때문에 은행은 영업 시작 몇 달 만에 이런 편법을 쓸 수밖에 없었다.

이 은행 주주들의 부동산 가치는 수백만 파운드에 달했고, 주주들은 은행의 최초 채무 계약서에 서명함으로써, 그들의 부동산이 은행의 모든 거래에 담보로 제공되었다. 막대한 담보가 일으키는 엄청난 신용 덕분에, 이 은행은 그 느슨한 영업 행태에도 불구하고 2년 이상 영업을 끌어갈 수 있었다. 은행이 마침내 영업을 멈추었을 때, 은행은 시중에 20만 파운드 은행권을 유통시켰다. 발행되는 즉시 은행으로 되돌아오는 은행권들을 보증하기 위해 런던 은행을 상대로 계속 융통어음을 발행했고 어음 숫자와 규모는 점점 늘었다. 마침내 은행이 영업을 중지했을 때 그 액수는 60만 파운드를 넘어섰다.

이 은행은 2년간 영업하면서 서로 다른 사람을 상대로 5퍼센트 이자에 80만 파운드 이상을 대출해준 것이었다. 은행이 은행권으로 유통시킨 20만 파운드에 대해서는, 관리비를 제외하고는 다른 비용이 없다면 이자 5퍼센트는 분명한 수익이 될 것이다. 그러나 이 은행이 런던 은행을 상대로 계속 어음을 발행한 60만 파운드 이상에 대해서는 이자와 수수료로 8퍼센트 이상을 지불했고, 그리하여 결과적으로 은행의 총 거래 중 4분의 3에 대해 3퍼센트 이상 적자를 보았다.

역효과를 낸 위기 구제용 은행

이 은행의 영업 방식은 당초 은행 설립을 계획하고 지휘한 사람들의 의도와는 정반대 효과를 낸 듯하다. 은행 설립자들은 당시 스코틀랜드에서 진행 중인 활기차 보이는 사업을 지원하려고 했다. 동시에 은행 할인 업무를 자기 은행으로 끌어당김으로써 다른 스코틀랜드 은행들을 대체하려 했다. 당시 에든버러에 설립된 다른 은행들은 환어음 할인에 소극적이어서 기업가들을 불쾌하게 했다. 위기 구제용 은행은 분명 기업가들에게 일시적 구제를 해주었고 그리하여 기업가들은 그런 지원이 없었더라면 끌고 가지 못했을 사업을 2년 이상 계속할 수 있었다.

그러나 그런 지원 때문에 사업가들은 더 깊은 부채의 늪에 빠져들었다. 그리하여 마침내 망하게 되었을 때, 그 패망은 사업가뿐 아니라 채권자들도 무겁게 짓눌렀다. 그러므로 은행 영업은 사업가들의 고통을 구제해준 것이 아니라, 장기적으로 보아 그 사업가뿐만 아니라 국가에도 더 심한 고통을 안겼다. 만약 사업가 중 상당수가 2년 전에 도산했더라면 사업가 자신은 물론이고 그들의 채권자와 국가에도 훨씬 좋았을 것이다. 그러나 이 은행이 사업가들에게 제공한 일시적 구제는 다른 스코틀랜드 은행들에게는 실질적이면서 항구적인 지원이 되었다. 다른 은행들이 어음을 할인해주려고 하지 않자, 유통어음을 돌리던 상인들은 새 은행에 몰려들었고 그곳에서 대환영을 받았기 때문이다. 따라서 다른 은행들은 치명적인 악순환으로부터 쉽사리 벗어날 수 있었다. 만약 이 새 은행이 없었더라면 다른 은행들은 할인 업무에서 발을 빼려 하다가 상당한 손실을 입거나 더 나아가 엄청난 신용 훼손을 겪었을 것이다.

　장기적으로 볼 때 이 은행의 영업은 실제로 구제하려고 했던 국가의 고통을 더욱 증가시켰다. 그리고 이 은행이 대체하려던 다른 경쟁 은행들을 엄청나게 큰 고통에서 해방시켰다.

부실 은행이 자금 부족을 해소하는 방법

　이 은행이 처음 영업을 시작했을 때 어떤 사람들은, 은행 금고가 빠르게 비워진다고 해도 은행이 지폐를 미리 내주었던 사람들의 담보를 바탕으로 자금을 조달하면 쉽게 그 금고가 채워질 것이라고 생각했다. 하지만 경험해보니 이런 자금 조달 방식은 너무나 느리게 진행되어 그들 목적에 부합하지 않는 것으로 밝혀졌다. 그리하여 잘 채워지지는 않으면서 아주 빠르게 비워지는 금고를 채우려면 런던 은행에 융통어음을 발행하는 파멸적인 편법을 쓸 수밖에 없었다. 그 융통어음 만기가 도래하면 은행은 이자와 수수료를 추가해 다시 그 런던 은행을 상대로 어음을 재발행해야 했다. 이렇게 하면 원하는 대로 자금을 빨리 조달할 수 있지만 은행은 이익을 내는 것이 아니라 엄청난 손해를 보게 될 판이었다.

　이런 은행은 장기적으로는 상업 회사로서 망할 수밖에 없다. 물론 어음 발행 및 재발행이라는 더 값비싼 방법에 따라 망하는 것만큼 빨리 망하지는 않더라도 말이다. 게다가 은행은 발행한 은행권 이자로도 아무런 수익을 올리지 못할 것이다. 그 은행권은 국가가 흡수하고 사용할 수 있는 유통량을 초과하는 것이므로, 발행되는 즉시 금은으로 교환해달라고 은행으로 돌아올 것이기 때문이다. 그 교환[지불]을 위해 은행은 계속 다른 데서 돈을 빌려올 수밖에 없다.

　이렇게 돈을 빌려오는 데 들어가는 비용, 즉 자금 여력이 있는 사람들을 알아보는 대리인 인건비, 그런 사람들과 협상하는 비용, 적절한 차용증서와 양도증서를 작성하는 비용 등은 은행이 부담해야 하고, 은행의 수지 계산에서 그만큼 손실로 기록된다. 이런 식으로 은행 금고를 채워 넣는 방식은 비유하자면 이런 사람과 비슷하다. 어떤 사람이 물이 흐르는 연못을 가지고 있었는데 거기서 물이 계속 흘러나간다. 그런데 반대로 자기에게로 흘러들어오는 물은 별로 없다. 그래서 다수의 사람을 동원해 외부에서 물을 퍼오게 한다. 동원된 인력은 그 연못에 물을 채워 넣기 위해 몇 마일 떨어진 우물에 양동이를 들고 가서 물을 담아오고 있다.

　설사 은행의 이런 영업 방식이 실용적일 뿐 아니라 상업 회사인 은행에 수익을 올려주더라도, 국가는 그 방식으로부터 아무런 혜택을 받지 못하고, 오히려 상당한 손실을 입는다. 이 방식은 빌려줄 돈의 양을 조금도 늘리지 못한다. 그것은 은행이 국가 전체를 대상으로 일종의 대출 사무소를 설치한 셈이나 다름없다. 돈을 빌리고 싶은 사람은 은행에 돈을 대출한 개인이 아니라 이 은행에 신청해야 했다.

대출: 은행과 개인 차이

　은행은 그 임원들이 잘 알지도 못하는 5백 명의 서로 다른 사람에게 돈을 빌려준다. 그러므로 은행은 개인 대출자보다 채무자 선택에 있어 더 현명하다고 보기 어렵다. 자기가 잘 아는 소수에게 자기 돈을 빌려주는 개인은 그 채무자들의 건전하고 검소한 행동거지에 대해 잘 알고 있으므로 돈을 빌려주어도 안심할 수 있다고 생각한다.

　그런데 내가 지금껏 그 행동 방식을 설명해온 은행 채무자들은 대부분 비현실적인 투기적 사업가들로 어음 발행과 재발행을 거듭하는 사람들이다. 그들은 이런 식으로 조달한 돈을 아주 황당한 사업에 투자한다. 그리고 은행에서 많은 지원을 해주었음에도 그 사업을 완료하지 못한다. 설사 완료했더라도 그 사업에 들어간 비용을 상환하지 못하며, 사업에 투입된 노동자들을 계속 유지할 만한 자본을 마련하지 못한다.

　반면 개인에게서 돈을 빌린 건전하고 검소한 채무자들은 빌린 돈을, 그들의 자본에 비례하는 건전한 사업에 투자한다. 그들의 사업은 거창하거나 화려하지는 않지만 투기꾼들의 그것보다 더 단단하고 수익성 높은 사업이고, 그 사업에 들어간 자본이 얼마가 되었든 이익과 함께 회수하게 해주는 사업이다. 따라서 사업가는 예전 사업에 고용했던 것보다 더 많은 노동자를 고용할 수 있는 자금을 확보한다.

이렇게 볼 때, 은행의 이러한 영업 방식[융통어음에 따른 자금 조달]은 비록 성공한다 해도 국가 자본은 조금도 늘려주지 않은 채, 국가 자본의 상당 부분을 신중하고 수익성 높은 사업에서 무모하고 적자나는 사업으로 돌렸을 뿐이다.

저명한 로[106]는 스코틀랜드 산업이 위축된 것은 거기에 사용할 돈이 부족했기 때문이라고 말했다. 그는 이러한 돈 부족에 대해, 특별한 종류의 은행을 설립해 국내의 토지 총 가치에 해당하는 지폐를 발행하도록 하자는 제안을 내놓았다. 스코틀랜드 의회는 로가 이런 제안을 처음 내놓았을 때 채택하기 부적절하다고 판단해 거부했다. 로의 제안은 그 후 당시 프랑스의 섭정이었던 오를레앙 공작에 의해 약간의 수정을 거쳐 채택되었다. 이렇게 해서 나온 것이 미시시피 계획이었다. 이 계획의 핵심 사상은 거의 무제한으로 지폐를 발행하자는 것이었다. 이것은 그때까지 세계가 경험해보지 못했던 아주 대담한 금융 및 주식매매 계획이었다.

이 계획의 서로 다른 운영[107]에 대해서는 뒤 베르네가 『상업과 재정에 관한 정치적 사상에 대한 검토』(*Examination of the Political Reflections upon Commerce and Finances*)에서 아주 충실하고 분명하게 또 질서정연하게 설명하고 있으므로, 여기서는 그 계획의 운영에 대해 자세히 설명하는 것은 생략한다. 미시시피 계획의 원리들은 로 자신이 화폐와 무역을 다룬 논문에서 직접 설명한 바가 있고 또 이 계획을 스코틀랜드에서 처음 제안했을 때 단행본으로 출판하기까지 했다. 로의 저서와 다른 저서들에서 설명한 저 화려

---

106 존 로(John Law, 1671-1729). 스코틀랜드의 금융 개혁가 겸 아메리카 식민지 내의 프랑스 영토를 개발하기 위한 미시시피 계획의 입안자였다.

107 1715년 사망한 루이 14세의 과도한 전쟁으로 큰 빚을 진 프랑스 정부는 국가 부채를 크게 줄여준다는 로의 제안에 솔깃했다. 1716년 로는 프랑스 정부로부터 발권 권위를 부여받은 은행을 설립했고 이 은행을 북아메리카 미시시피 유역에 큰 프랑스 영토를 갖고 있던 루이지애나 회사에 합병했다. 로의 미시시피 계획은 몇 년 동안 잘 굴러가는 것 같았으나 투기꾼들의 담합과 정치적 음모와 충돌해 실패로 끝났다. 로는 1720년 프랑스에서 도망쳐 베네치아로 가서 가난하게 죽었다.

하면서도 이상적인 계획은 아직도 계속해서 많은 사람에게 깊은 인상을 주고 있다. 그리고 최근에 스코틀랜드와 다른 지역에서 터져 나온 과도한 은행 영업에 대한 불평불만에 일조하기도 했다.

잉글랜드은행의 설립, 증자, 공적 성격

잉글랜드은행은 유럽 최대 규모의 발권 은행이다. 이 은행은 의회 법에 따라 국인을 날인한 왕실 칙허장에 의해 설립되었는데 그 날짜는 1694년 7월 27일이다. 이 은행은 정부에 120만 파운드를 대출해주었는데 정부로부터 10만 파운드의 연금, 즉 이자율 8퍼센트로 연리 9만 6천 파운드와 연 4천 파운드의 관리비를 받기로 했다. 명예혁명[1688]에 따라 수립된 새 정부의 신용은 아주 낮았던 것 같다. 정부가 그처럼 높은 이율로 돈을 빌려야 했기 때문이다.

1697년 잉글랜드은행은 주식 자본 1,001,171파운드 10실링을 추가하는 증자를 허락받았다. 그 결과 이 은행의 자본은 2,201,171파운드 10실링이 되었다. 이 증가는 은행의 공적 신용을 높이기 위한 것이었다고 한다. 1696년에 국가채무증서는 이 은행에서 40, 50, 60퍼센트에 할인되었고 은행권들은 20퍼센트에 할인되었다.[108] 이 당시 진행 중이던 은화 대주조 동안, 잉글랜드은행은 이런 지폐들[은행권들]의 현금 교환을 중단했다. 그 결과로 지폐의 신용이 떨어졌다.

앤 여왕 재위 7년 차[1708] 법령 7호에 따라, 은행은 정부에 40만 파운드를 대출해 국고를 채워주었다. 그리하여 정부가 빌려간 돈의 총액은 160만 파운드가 되었다. 이에 대해 은행은 종전과 마찬가지로 매년 9만6천 파운드의 이자와 4천 파운드의 관리비를 받았다. 그러므로 1708년 당시, 정부 신용은 일반 개인처럼 좋은 편이었다. 정부는 6퍼센트 이자로 돈을 빌렸는데 그 이율은 당시 법정 시장 이율이었기 때문이다. 앤 여왕의 동일한 법

---

108 James Postlethwaite's History of the Public Revenue, page 301. —원주

령에 따라 은행은 연리 6퍼센트에 1,775,027파운드 17실링 10.5펜스에 달하는 재무부 증권을 상환했고, 동시에 자본을 두 배로 늘리기 위해 신규 공모주 발행을 허가받았다. 따라서 1708년에 은행 자본금은 4,402,343파운드였고 정부에 3,375,027파운드 17실링 10.5펜스를 대출했다.

1709년에 15퍼센트 자본 불입 요구에 따라 656,204파운드 1실링 9펜스가 불입되었고, 1710년 또 다른 불입 요구로 501,448파운드 12실링 11펜스가 들어왔다. 이 두 번의 불입 요구로 은행 자본금은 5,559,995파운드 14펜스 8실링이 되었다.

조지 1세 재위 3년 차[1716] 법령 8호에 따라 은행은 200만 파운드의 재무부 증권을 상환했다. 그리하여 은행은 정부에 5,375,027파운드 17실링 10펜스를 대출했다. 조지 1세 8년 법령 21호에 따라, 은행은 남해회사로부터 400만 파운드에 상당하는 주식을 구매했다. 1822년 이 주식 매입 자금을 마련하기 위해 실시된 신규 공모주 청약에 따라 잉글랜드은행의 자본은 340만 파운드가 더 늘었다. 이 무렵 은행은 대중에게 9,375,027파운드 17실링 10.5펜스를 대출했다. 하지만 그 자본금은 8,959,995파운드 14실링 10.5펜스밖에 되지 않았다. 이 때부터 은행이 이자를 받고 정부에 빌려준 돈 총액이, 은행의 주식 자본―주주에게 배당금을 지불해야 하는 자본―을 초과하기 시작했다. 달리 말해 은행은 배당금을 지불해야 하는 자본을 초과하는 무배당 자본을 갖게 되었다. 그때 이후 이 은행은 동일한 종류의 무배당 자본을 계속 유지했다.

1746년 은행은 여러 다른 경우를 통해 대중에게 11,686,800파운드를 대출했다. 또 여러 번의 불입과 공모주를 통해 은행 배당 자본은 10,780,000파운드로 늘었다. 이 두 자본의 총액은 그때 이후 계속해 같은 수준을 유지하고 있다. 조지 3세 4년 차[1764] 법령 25호에 의거하여, 은행은 특허장 갱신 조건으로 무이자에 무상환으로 11만 파운드를 지불하기로 동의했다. 따라서 이 돈은 이자와 상환에 해당하는 금액을 어느 쪽도 증가시키지 않았다.

은행 배당금은 은행이 서로 다른 시기에 대출금에 받는 이자율과 기타 상황에 따라 변동되었다. 이자율은 8퍼센트에서 3퍼센트로 서서히 낮아져 왔다. 지난 몇 년 동안 은행 배당금은 5.5퍼센트였다.

잉글랜드은행의 안정이 곧 잉글랜드 정부의 안정이다. 이 은행 채권자들이 손실을 입기 전에 은행이 돈을 빌려준 대중이 모두 돈을 잃게 되는 일이 일어난다. 잉글랜드 내의 다른 은행들은 의회법에 따라 설립되지 않았고 이사들도 6명을 넘어가서는 안 된다. 잉글랜드은행은 일반 은행처럼 행동하지만 국가의 거대한 엔진이다. 이 은행은 정부 채권자들에게 만기가 된 연금의 대부분을 수납하고 지불하며, 재무부 증권을 유통하고, 정부에 토지세와 맥아세의 연간 총액을 미리 대출해준다. 이 두 세금은 빈번하게 몇 년 뒤로 납입이 연체되기 때문이다.

이런 여러 영업을 하면서 잉글랜드은행은 공공 의무 때문에—은행 이사들의 판단 착오 때문이 아니라— 때때로 국내에 지폐를 과잉 유통시킬 수 있다. 마찬가지로 상인들의 어음을 할인해주고, 여러 다른 경우에 잉글랜드뿐만 아니라 함부르크나 네덜란드 주요 상사들의 신용을 보증해주기도 한다. 1763년에, 은행은 이런 목적을 위해 한 주 사이에 약 160만 파운드를 대출하기도 했다. 이 돈 중 상당 부분을 금괴로 지불했다. 이 대출금이 너무 크다든지 그 기간이 짧았다든지 등에 대해서는 언급하지 않겠다. 다른 경우들에, 이 대(大) 은행은 마치 코끼리가 땅콩을 먹는 것처럼 6펜스 동전으로 대출금을 지불하는 구차한 입장에 내몰리기도 했다.[109]

현명한 은행 영업의 경제적 효과

현명한 은행 영업이 국가 산업을 진작시키는 방법은 국가 자본을 증가시키는 것이 아니라, 활동하지 않을 가능성이 있는 자본의 대부분을 활동

---

109 1745년 일인데, 이때 잉글랜드은행은 대출을 안 해줄 수는 없고, 빌려주는 돈이 반란 세력의 손에 들어갈지 모른다고 우려해 이처럼 구차한 방식을 쓴 것이다. 어떤 사람이 2백만 원 빚을 갚아야 하는데 억지로 갚게 되어 화가 난 나머지 그 돈을 모두 1백 원짜리 동전 2만 개로 지불한 것과 비슷한 경우다.

적이고 생산적인 자본으로 전환하는 것에 있다. 상인이 수시 지불에 응하기 위해 예비해두는 자본은 죽은 자본이나 마찬가지다. 이 자본이 그런 대기 상태로 있으면 상인 자신이나 국가를 위해 아무것도 생산하지 못한다. 현명한 은행 영업은 이 죽은 자본을 상인에게 제공해 활동적이고 생산적인 자본으로 탈바꿈시킨다. 노동을 투입해야 할 원료, 함께 노동할 도구, 상인과 국가 양쪽에 뭔가를 생산하는 자본이 되게 하는 것이다.

어떤 국가에서 유통되는 금은―그 나라의 토지와 노동을 통한 연간 생산물이 소비자들에게 유통되고 분배되는 수단―은 마찬가지 이유로, 상인의 대기 자본, 즉 죽어 있는 자본이다. 금은은 그 나라의 자본 중 아주 귀중한 부분이지만 막상 그 나라를 위해 아무것도 생산하지 않기 때문이다.

현명한 은행 영업은 금은의 상당 부분을 지폐로 대체함으로써 그 나라의 죽어 있는 자본의 많은 부분을 활동적이고 생산적인 자본으로 바꾸어 국가에 무엇인가를 생산하는 자본으로 만든다. 어떤 나라에 유통되는 금은은 큰 도로에 비유되는데, 그 도로는 그 나라에서 나는 모든 풀과 곡물을 시장으로 반출해 유통하는 길이지만, 길 자체는 한 톨의 곡식도 한 줄기의 풀도 생산하지 않는다.

지폐는 하늘에 난 커다란 길과 같다

다소 파격적인 비유가 허용된다면, 현명한 은행 영업은 하늘에다 일종의 커다란 마차 도로를 부설하는 것과 같다. 현명한 은행 영업은 그 나라의 지상에 있는 커다란 길들[금은]을 훌륭한 목초지와 곡물 들판[생산적 자본]으로 바꾸고, 그리하여 그 나라의 토지와 노동의 연간 생산물을 크게 증가시킨다.

그러나 다음과 같은 점은 인정해야 한다. 한 나라의 상업과 산업이 크게 증가한다고 해도, 그 상업과 산업이 지폐라는 다이달로스의 날개[110]에만

---

110 다이달로스는 그리스 신화 속의 존재로 인공 날개를 만들어 하늘로 날아감으로써 감옥에서 탈출한 인물이다. 다이달로스의 아들 이카로스는 너무 태양 가까이 날아가는 바

매달려 있어서는, 단단한 지상을 여행하는 금은처럼 똑같이 안전하다고 말할 수 없다. 상업과 산업은 지폐를 운영하는 사람들의 무능력에 노출되어 사고를 당할 수도 있고, 그 이외에 얼마든지 다른 사고들도 당할 수 있다. 지폐를 운영하는 사람들이 아무리 신중하고 또 능력이 출중하더라도 상업과 산업을 그런 사고들로부터 모두 다 막아주지는 못한다.

예를 들어 어떤 나라가 전쟁에서 패했다고 해보자. 그리하여 적군이 그 나라의 수도를 점령하고 그에 따라 지폐 신용을 뒷받침하던 그 나라의 보물[금은]을 모두 차지했다고 해보자. 이런 전쟁에서의 패배는 모든 유통이 금은으로 운영되는 나라보다는 화폐로 운영되는 나라에 훨씬 더 큰 혼란을 가져온다. 상업의 통상 수단이 그 가치를 잃어버렸으므로, 물물교환이든 신용거래든 전혀 거래가 이루어지지 않을 것이다. 모든 세금이 지폐로 납부되었으므로 군주는 병사 급료는 물론이고 군수품을 제공할 수단이 없어진다. 그리고 대부분 거래가 금은으로 유통되는 경우보다 국가 상태는 훨씬 더 복구하기 어려워진다. 자신의 영토를 언제나 가장 쉽게 방어할 수 있는 상태로 두고자 열망하는 군주라면 발권 은행을 망칠 수밖에 없는 지폐의 과도한 증가뿐만 아니라, 나아가 국내 유통의 대부분을 지폐로 채울 수 있는 은행의 과도한 발권 행위도 억제해야 한다.

국내 유통: 상인 vs 상인, 상인 vs 소비자

모든 나라의 유통은 두 분야로 나뉘는데 상인 대 상인 간 유통과, 상인 대 소비자 유통이 그것이다. 지폐든 금화든 동일 양의 화폐가 전자의 유통이나 후자의 유통에 사용될 수 있다. 그러나 두 거래는 동시에 진행되므로, 각각의 거래에는 이런저런 종류의 자본금이 필요하다. 서로 다른 상인들 사

람에 인공 날개가 녹아 바다에 추락해 사망했다. 저자는 지폐가 '인공 날개'이므로, 태양(우연한 사고)을 조심해야 한다고 지적하는 것이다. 여기서 언급된 '사고'는 존 로의 미시시피 계획에 나온 투기꾼들의 담합과 정치적 음모를 가리키는데, 이런 것은 지폐 운영자(즉, 은행)가 다스릴 수 있는 범위 밖에 있다는 뜻이다.

이를 돌아다니는 상품의 가치는 상인과 소비자들 사이에 유통되는 상품 가치를 절대로 초과하지 못한다. 상인이 사들인 물건들은 결국 소비자에게 팔기 위한 것이다. 상인 간 거래는 일반적으로 매번 거래가 이루어질 때마다 꽤 큰 금액을 필요로 한다. 반면 상인과 소비자 간 거래는 소규모여서 1실링 혹은 반 펜스면 충분한 경우가 많다.

그러나 작은 금액은 큰 금액보다 훨씬 빠르게 유통된다. 1실링은 1기니보다 훨씬 빠르게 사람들 손을 거쳐 가며, 반 펜스는 그보다 더 빠르게 주인이 바뀐다. 따라서 모든 소비자의 연간 구매액은 모든 상인의 연간 구매액과 적어도 동등한 가치를 지니지만, 소비자들의 구매는 일반적으로 훨씬 적은 금액으로 체결되며, 같은 액수의 돈일지라도 아주 빠르게 유통되므로 한 종류의 구매[소매]가 다른 종류[도매]보다 더 많은 구매 도구로 사용된다.

지폐 유통은 상인 사이의 거래에만 사용하라고 규제될 수도 있고, 더 나아가 상인과 소비자 사이의 거래에도 확대될 수 있다. 런던처럼 액면 10파운드 이하 은행권이 유통되지 않는 곳에서, 지폐는 주로 상인 사이의 유통에 국한된다. 소비자가 10파운드 은행권을 갖고 있으면, 그는 첫 번째 가게에 들어가 5실링어치 물건을 사고서 그 은행권을 현금으로 바꿀 것이다. 그리하여 그 은행권은 소비자가 그것의 40분의 1[5실링]¹¹¹을 사용하기도 전에 다시 상인 손으로 돌아올 것이다.

20실링 같은 소액 은행권이 발행되는 스코틀랜드에서, 상인과 소비자 간의 거래 중 상당 부분이 지폐로 이루어진다. 의회 법률[조지 3세 재위 5년, 1764]에 따라 폐지되기 전까지, 5실링 지폐와 10실링 지폐가 국내 유통의 상당 부분을 차지했다. 북아메리카 통화에서는, 1실링 같은 소액에도 지폐가 발행되어 그것이 유통량의 거의 전부를 차지한다. 요크셔에서 사용되는 지폐에서는 심지어 6펜스[1실링의 절반]짜리 지폐도 발행되었다.

---

111 애덤 스미스 당시에 1파운드는 20실링이었고 1실링은 12펜스였다. 따라서 10파운드 은행권의 40분의 1은 5실링에 해당한다. 그러나 영국은 1971년 2월 15일 이후에 십진법을 채택해 실링을 없애고 1파운드를 100펜스로 정했다.

이런 소액 은행권이 발행되어 널리 유통되는 곳에서는, 많은 가난한 사람이 은행가가 될 수 있고 또 그렇게 되도록 권유받는다. 어떤 사람이 5파운드짜리 혹은 20실링짜리 약속어음을 발행한다면 다들 받아주지 않을 것이다. 그러나 6펜스 같은 소액에 대해 약속어음을 발행하면 받아줄 것이다. 가난한 사람들은 이런 어음을 발행했다가 자주 부도를 낼 것이고 그러면 상당한 불편을 끼치게 되고, 때로는 그런 소액 어음을 받은 많은 사람에게 아주 큰 재앙을 일으킬 것이다.

그러니 왕국 내에서 5파운드 미만 소액은 은행권을 발행하지 못하도록 하는 것이 더 좋다. 그러면 지폐는 왕국의 모든 지역에서 상인 간 유통에만 사용될 것인데, 현재 런던 상황이 그러하다. 런던에서는 10파운드 이하 은행권은 발행되지 않는다. 왕국 대부분 지역에서 5파운드는 런던의 10파운드와 비슷하다. 시골의 5파운드는 런던보다 구매 가능한 물건이 절반을 약간 넘겠지만 그래도 매우 요긴한 것은 마찬가지이며, 사치를 좋아하는 런던에서도 10파운드라면 선뜻 손이 나오지 않는다.

은행은 유휴 자본을 활용하게 한다

런던처럼 지폐가 주로 상인 간 거래에 통용되는 곳에서는 언제나 금은이 풍부하게 넘쳐난다. 스코틀랜드나 북아메리카처럼 소매에서도 지폐가 널리 통용되는 곳에서는, 지폐가 그 지방에서 금은을 거의 추방한다. 이렇게 해서 내륙의 일반적 상업 거래는 지폐로 이루어진다. 5실링 은행권과 10실링 은행권 폐지는 스코틀랜드의 금은 부족을 그런대로 완화했다. 20실링 은행권을 폐지한다면 더욱 크게 완화할 것이다. 북아메리카에서도 지폐를 일부 억제했더니 금은이 다소 풍부해졌다고 한다. 여기도 스코틀랜드처럼 지폐를 도입하기 전에는 금은이 아주 풍부했다고 전해진다.

지폐는 상인과 상인 사이의 유통에 거의 한정되어야 하지만, 은행과 은행가는 지폐가 거의 모든 유통을 채웠을 때와 마찬가지로 국가의 산업과 상업에 거의 동일한 지원을 제공할 수 있다. 상인이 수시 지불 요구에 대비해 따로 떼놓았던 자본은, 은행 덕분에 그 상인과 상품 구매처인 다른 상인들 사이에서도 유통될 수 있다. 상인은 소비자들을 상대로 할 때는 이런 자본을 예비해놓을 필요가 없다. 소비자는 상인에게서 현금을 가져가는 것이 아니라 그 상인에게 현금을 가져오기 때문이다.

그러므로 상인 간 거래에 필요한 만큼만 지폐를 허용하고 그 나머지 거래에 대해서는 지폐를 허용하지 않는 것이다. 그렇더라도 은행과 은행가들은 부분적으로 진성 어음을 할인해주고 또 부분적으로 현금 계정을 제공해 상인들에게 대출해줌으로써, 대부분 상인이 수시 지불 요구에 대비해 따로 떼놓았던 자본을 활용하게 한다. 이렇게 해서 은행은 영업의 적정한 범위를 지키면서도 상인들에게 많은 지원을 해줄 수 있다.

지폐와 물가의 상호 관계

어떤 사람들은 이렇게 말할지 모른다. 개인이 액수가 크든 작든 은행가의 약속어음을 받을 의사가 있고, 또 은행의 이웃들이 그 은행권을 받아줄 의사가 있다고 해보자. 이런 경우에 그 은행권을 받지 말라고 하는 것은 명백한 자연적 자유를 침해한다. 국가의 법은 그 자유를 억제하는 것이 아니라 뒷받침하는 것이 본연의 의무이다.

그렇지만 소수 개인의 이러한 자연적 자유의 행사가 사회 전체의 안보를 위태롭게 한다면 모든 정부—자유로운 정부든 독재 정부든—에 따라 억제되고 또 그래야 마땅하다. 여기서 제안되고 있는 은행업에 대한 규제는 말하자면, 화재가 다른 건물로 번지는 것을 막기 위해 건물 주위에 담장을 둘러야 하는 의무와 비슷하다. 비록 자연적 권리의 침해이지만 사회 전체 안전을 위해 이렇게 한다.[112]

신용이 아주 좋은 사람이 발행한 은행권 형식의 지폐가 제시 즉시 아무 조건 없이 상환되고, 제시되는 즉시 현금으로 교환된다면, 그 지폐는 모

---

112 애덤 스미스는 여기서 자연적 자유를 강조하면서도 사회 전체의 안보를 위태롭게 한다면 그 자유가 제한되어야 한다고 주장한다. 국가 안보를 위해서는 개인의 자연적 자유를 제한할 수 있다는 사상은 『국부론』 제5권에서 다시 강조된다.

든 면에서 금은화와 동일한 가치를 지닌다. 그 지폐를 제시하면 언제나 금은화로 바꿀 수 있기 때문이다. 이런 지폐를 주고 사거나 판 물건은 무엇이 되었든 간에 금은화를 주고 거래한 것처럼 싸게 사들이거나 팔 수 있다.

이렇게 말하는 사람도 있다. 지폐 증가는 화폐 총량을 증가시키고 결과적으로 총 유통화폐의 가치를 떨어뜨림으로써 결국에는 상품의 화폐 가치를 반드시 감소시킬 것이다. 그러나 이런 주장은 타당하지 않다. 화폐에서 채굴되는 금은의 양은 항상 화폐에 추가되는 지폐의 양과 같기 때문에 지폐가 반드시 전체 화폐의 양을 늘리는 것은 아니다.

17세기 초부터 현재[1776]에 이르기까지 스코틀랜드에서 식료품은 1759년이 가장 저렴했다. 그렇지만 그 당시 스코틀랜드에는 5실링 지폐와 10실링 지폐가 유통 중이었으므로 그 나라에는 지금보다 지폐가 더 많았다. 스코틀랜드와 잉글랜드의 식료품 가격 비율은 지금이나 스코틀랜드에 은행이 많이 생겨났던 때나 동일하다. 잉글랜드의 곡물 가격은 대부분 프랑스만큼 쌌다. 잉글랜드에는 지폐가 많이 유통되고 프랑스에는 지폐가 거의 없었는데도 말이다. 흄[115]이 『정치 논고』를 발간한 1751년과 1752년 그리고 스코틀랜드에 지폐가 크게 늘어난 직후에, 식료품 가격이 상당히 오르기는 했지만, 그 가격 상승은 지폐 증가 때문이 아니라 기후 불량에 따른 흉년 때문이었다.

물론 약속어음 형태의 지폐가 다음과 같이 부실한 경우에는 얘기가 다르다. 즉, 어음 지불이 발행인의 호의에 달려 있는 경우, 어음 지불이 어음 소지인이 언제나 이행할 수는 없는 어떤 조건에 달려 있는 경우, 어음 지불이 몇 년 동안 유예되고 그동안 이자가 없는 경우…. 이때 현금 교환의 까다로움과 불확실성 정도에 따라 또 현금이 지불되는 시기의 장단기에 따라 지폐 가치는 금은의 그것 아래로 떨어질 수 있다.

---

113 데이비드 흄(1711-76). 스코틀랜드의 철학자이자 역사가. 흄은 『정치 논고』(1752)에서 지폐가 물가를 올린다고 비난했다.

은행권 기피 현상

　몇 년 전 스코틀랜드의 은행들은 은행권에 소위 선택 조항을 집어넣었다. 그 내용은, 은행권이 은행에 제출되는 즉시 현금으로 상환해주거나 아니면 은행 이사들의 옵션에 따라 은행권 제출 후 6개월 지불 유예했다가 그간의 법정 이자와 함께 6개월 후 현금으로 상환한다는 것이었다. 일부 은행의 이사들은 이 옵션 조항을 실행했고 때로는 상당한 양의 지폐가 현금 교환을 위해 돌아왔을 때 그중 일부만 현금을 상환해 가지 않으면 이 조항을 적용하겠다고 은행권 소지자를 위협했다. 이 은행들의 약속어음은 당시 스코틀랜드 통화 중 상당히 많은 부분을 차지했다. 따라서 이런 지불의 불확실성 때문에 지폐의 가치가 금은보다 필연적으로 떨어지게 되었다.

　이런 권리 남용이 지속되는 동안(이 선택 조항은 주로 1762, 1763, 1764년에 실행되었다), 런던과 칼라일 사이의 환율은 동일한 액면가치를 유지했지만, 런던과 덤프리즈 사이에서는 때때로 4퍼센트 할인된 가치가 덤프리즈 은행권에 적용되었다. 이 도시가 칼라일에서 30마일밖에 떨어져 있지 않았는데도 말이다. 그 이유는 칼라일에서는 지폐가 금은으로 지불되지만 덤프리즈에서는 스코틀랜드 은행권으로 지불되었고, 그 은행권을 금과 은화로 교환하는 것이 불확실했기 때문에 그 가치보다 4퍼센트 낮게 떨어졌다. 10실링 지폐와 5실링 지폐를 폐지한 의회 법률은 이 선택 조항도 폐지했다. 그리하여 잉글랜드와 스코틀랜드의 환거래 시세는 자연스러운 환율, 그러니까 상업과 송금 사정에 따라서 결정되는 비율로 되돌아갔다.

　요크셔의 지폐에 대해 말하자면, 6펜스 같은 소액 지폐는 그 소지자가 현금으로 교환하려고 하면 그 지폐 발행인에게 1기니[금화]의 거스름돈을 지참하고 와야 했다. 이러한 비정상적인 조건은 지폐 소지자가 맞추기 아주 까다로운 것이었다. 그래서 요크셔 지폐는 금은화 가치 밑으로 떨어지게 되었다. 따라서 의회 법률은 이런 조항들을 불법이라고 선언했고, 스코틀랜드에서와 마찬가지로 지참인에게 지불해야 하는 액면가 20실링 이하의 모든 약속어음을 금지했다.

북아메리카 식민지 정부의 지폐

북아메리카의 지폐는 지참인이 요구하면 지불하는 은행권 형태가 아니라 정부 발행 지폐였다. 이 지폐의 지불은 발행 이후 몇 년이 지나기 전에는 집행되지 않는다. 식민지 정부는 이 지폐의 소지인에게 이자를 지불하지는 않지만, 이 지폐가 액면가 전액대로 통용되는 법정 통화라고 선언했고 또 그렇게 대했다. 그러나 식민지의 보안이 아주 좋다고 가정할 때, 향후 15년 후에 현금으로 지불되는 1백 파운드 지폐는, 연리 6퍼센트인 나라에서 현찰로는 40파운드밖에 안 된다.

따라서 채권자에게 현찰로 1백 파운드를 지불해야 하는 부채에 대해, 이 지폐를 내놓으면서 빚을 다 갚았다고 하면 엄청난 불의가 된다. 따라서 스스로 자유로운 국가라고 주장하는 나라의 정부라면 이런 행위는 감히 하지 못한다. 이런 행위는 정직하면서도 거침없는 더글러스 박사가 우리에게 확언한 바와 같이, 채무자가 채권자를 후안무치하게 속이려던 계획의 명백한 흔적이라는 것이다.

실제로 펜실베이니아 정부는 1722년 정부 지폐를 처음 발행하면서 그 지폐 가치는 금은과 동일하다고 선언했다. 그러면서 어떤 상품을 판매할 때 지폐 가치와 금은 가치를 다르게 매기는 상인들은 처벌하겠다는 규정도 선포했다. 이 규정은 정부가 주장한 바, 지폐 가치가 곧 금은 가치와 동등하다는 선언만큼 압제적이었으나 그 효과는 그에 훨씬 미치지 못했다.

실정법은 1기니를 1실링으로 치는 법정 통화로 만들 수도 있다. 법원에서는 그런 비율로 채무 변제를 신청한 채무자에게 그런 변제를 허용할 수도 있기 때문이다. 그러나 자기 물건을 팔려는 사람에게 실정법은 이런 조치를 내릴 수 없다. 상인은 자기 물건값을 놓고 1기니를 1실링으로 치라는 법원 명령에 대해, 자신의 판단에 따라 팔 수도 있고 안 팔 수도 있기 때문이다. 이런 종류의 규제에도 불구하고, 대영제국을 상대로 한 상거래에서 1백 파운드는 일부 식민지 지역에서는 130파운드 대접을 받는다. 그리고 다른 지역에서는 1천1백 파운드까지 값이 올라가기도 한다. 이러한 가격 차이는 여러 식민지에서 발행한 지폐 총량의 가치 차이도 있고, 그 지폐가 지불되어 현금으로 회수되기까지의 기간과 가능성에서 제각각이기 때문이다.

그러므로 앞으로 식민지에서 발행한 지폐는 지불을 위한 법정 통화가 될 수 없다는 의회 법률은 아주 공정한 것이다. 물론 식민지들은 부당한 조치라고 불평하지만 말이다.

펜실베이니아 정부 발행의 지폐

펜실베이니아는 대영제국의 식민지 중에서도 지폐 발행을 아주 온건하게 관리해온 곳이다. 지폐 유통은 지폐가 최초 발행되기 직전에 그 식민지에서 유통되었던 금은 가치 이하로 내려간 적이 없다고 한다. 지폐 발행 전에 식민지는 동전의 액면가를 인상했다. 식민지 의회의 조례에 따라, 잉글랜드의 5실링 동전을 식민지에서는 6실링 3펜스 그리고 좀 뒤에는 6실링 8펜스로 통용하라고 명령했다. 그래서 식민지 통화 1파운드는 그 통화가 금은으로 되어 있더라도, 파운드 금화 1파운드보다 30퍼센트 이상 가치가 떨어졌다. 그러나 이 통화가 지폐로 바뀌었을 때도 30퍼센트보다 더 떨어지는 일은 없었다.

동전의 액면가를 이처럼 인상한 배경은 금과 은이 식민지 밖으로 유출되는 것을 막기 위해서였다. 금은이 본국보다 식민지에서 더 값나가게 함으로써 금은을 식민지 내에 묶어둘 수 있다는 계산이었다. 그러나 본국에서 수입해온 물품들의 가치는 식민지 정부가 동전 액면가를 상승시킨 만큼, 그에 정확하게 비례해 인상되었다. 그리하여 식민지의 금은은 전과 다름없이 빠른 속도로 수출되었다.

각 식민지 지폐는 지방세를 납부할 때는 발행된 액면가 전액의 가치를 인정받는다. 이러한 용도 덕분에 식민지 지폐는 그 지폐가 지불되어 현금으로 회수되기까지 걸리는 시간이 실제로 혹은 추정했을 때 어느 정도인가에 따라 더 많은 가치를 얻었다. 이 추가적 가치는 지폐를 발행한 식민지의 세금 납부에 사용되는 것 이상으로 얼마나 많은 수량의 지폐가 발행되었는가에 따라 높아지거나 낮아진다.

세금의 일정 부분을 특정한 종류의 지폐로 납부하라고 명하는 군주는 이 지폐에 특정 가치를 부여한다. 하지만 그 지폐의 최종 지불과 상환 기간은 군주의 의지에 달려 있다. 만약 지폐 발행 은행이 지폐의 총량을 이런 식으로 쉽게 사용될 수 있는 수준 이하로 유지한다면, 그 지폐에 대한 수요가 아주 높아서 지폐는 프리미엄을 받거나, 아니면 그 지폐 발행으로 대체한 금은의 총량보다 다소 비싸게 시장에서 팔린다.

암스테르담 은행의 아지오(프리미엄)

어떤 사람들은 이런 시장에서의 고가를 가리켜 암스테르담 은행의 아지오(Agio: 프리미엄)라고 설명한다. 그러니까 은행 지폐가 금은 통화보다 더 우월한 대접을 받는다는 것이다. 그러나 그들이 주장한 것처럼, 이 은행 화폐는 소유주 마음대로 은행에서 인출하지는 못한다. 외국 환어음의 대부분은 은행화폐로 지불되며, 좀 더 구체적으로는 은행 장부상으로 이체된다. 그리고 그들의 주장에 따르면, 은행 이사들은 은행화폐 총량을 이 용도[외국 환어음을 은행화폐로 바꾸어주는 일]가 일으킬 만한 수요량 이하로 유지하려고 애를 쓴다. 이런 이유로 은행화폐는 프리미엄이 붙어 팔리며, 그 나라의 동일한 수량의 금은화폐보다 4~5퍼센트의 아지오를 올린다.

어떤 사람들은 이런 식으로 암스테르담 은행에 대해 얘기하는데, 그것은 대체로 황당무계한 얘기에 지나지 않는다. 나는 이에 대해 앞으로[4권 3장] 자세히 설명할 것이다.

은행업의 자유 경쟁은 대중에게 혜택을 준다

종이 화폐가 금은화의 가치 아래로 떨어진다고 해서 해당 금속의 가치가 하락하거나, 같은 양의 금은이 다른 종류의 상품과 교환되는 분량이 줄어드는 것도 아니다. 금은 가치와 다른 상품의 가치 사이의 비율은 모든 경우에 특정 국가에서 유통되는 지폐의 성격이나 수량에 좌우되지 않는다. 오히려 특정 순간에 상업계 시장에 금은을 공급하는 광산의 풍요함 혹은 빈약함에 좌우된다. 특정 수량의 금은을 시장으로 반출하는 데 들어간 노동의 양과, 특정 수량의 다른 상품을 시장으로 가져오는 데 필요한 노동의 양 사이의 비율에 달려 있다.

만약 은행가들이 주의를 기울여 유통 은행권이나 지참인 지급의 은행어음을 특정 금액 이하로 발행한다면, 또 제시되는 즉시 은행권을 조건 없이 현금으로 지불하는 의무를 잘 지킨다면, 그 은행 영업은 대중에게 안전함을 제공하면서도 모든 면에서 자유로워질 것이다.

최근에 대영제국의 두 지역[잉글랜드와 스코틀랜드]에서 은행들이 많이 생겨 사람들이 놀랐다. 하지만 이러한 은행 증가는 대중의 안전을 축소하지 않고 오히려 강화할 것이다. 그 현상은 은행들에게 좀 더 신중한 영업을 하도록 한다. 그들의 현금 가동 범위를 넘어서는 지폐를 발행하지 못하게 하고, 경쟁자들이 많아져 경쟁의식에서 생기는 잘못된 영업 관행을 경계하도록 한다. 은행 수가 증가하면 각 은행의 지폐 유통은 더욱 좁은 범위로 축소되고 은행들이 유통하는 은행권 수량은 더욱 줄어든다.

전체 유통을 더 많은 부분으로 나누면 어떤 한 은행의 도산으로 인해 대중에게 미치는 영향은 줄어들고 위험이 감소한다. 자유경쟁은 또한 은행들이 고객을 좀 더 관대하게 대하도록 한다. 그렇게 하지 않으면 경쟁 은행들에 고객을 빼앗기기 때문이다. 전반적으로, 어떤 사업 분야든, 어떤 노동 분야든 대중에게 혜택을 주려면 경쟁이 자유롭고 또 널리 퍼져 있어야 한다. 그럴수록 대중에게는 더 많은 혜택이 돌아간다.

제3장

자본 축적, 또는 생산적 노동과 비생산적 노동

생산적 노동자와 비생산적 노동자

노동이 투하되는 대상에 가치를 더하는 노동이 있는가 하면 그런 효과가 없는 노동이 있다. 전자는 가치를 생산하므로 생산적 노동이라고 하고, 후자는 그렇지 못하므로 비생산적 노동이라고 한다.[114] 가령 제조업 노동자는 자신이 작업하는 원료의 가치에 자기 생계비와 주인의 이윤에 해당하는 가치를 추가한다. 반면 하인의 노동은 아무런 가치도 추가하지 못한다.

제작 노동자는 주인이 내주는 임금을 받지만 주인에게 아무런 비용을 부담시키지 않는다. 임금은 그가 노동을 투하한 대상의 개선된 가치 속에 들어 있고 또 거기에 이윤이 붙어 주인에게 돌아오기 때문이다. 그러나 하인의 생계 유지비는 돌아오지 않는다. 다수의 제작 노동자를 고용한 사람은 부자가 되고 다수의 하인을 고용한 사람은 가난하다. 그렇지만 하인의 노동

---

[114] 몇몇 박식하고 통찰력 높은 프랑스 저술가들은 이 용어를 다른 의미로 사용하고 있다. 제4권의 마지막 장(9장)에서 나는 그들의 적용하는 의미가 부적절하다는 것을 논증할 생각이다.—원주

은 나름의 가치가 있고 그래서 제작 노동자의 그것만큼 보상을 받을 만하다.[115]

제작 노동자의 노동은 어떤 구체적 물품 혹은 판매 가능한 상품 속에 고정되어 실현되며, 노동이 투입된 이후에도 한동안 그 형태를 지속한다. 다시 말해, 다른 곳에 사용될 수 있었던 특정 양의 노동을 축적하고 보존한 것이다. 그 물품 곧 그 물품의 가격은 당초 그 물품을 생산하는 데 들어갔던 동일한 수량의 노동을 다시 작동시킬 수 있다. 하지만 하인의 노동은 특정한 물품이나 판매 가능한 상품에 고정되거나 실체화되지 않는다. 그의 서비스는 그 행위가 이루어지는 그 순간에 사라지고 그 뒤에 아무런 흔적도 남기지 않는다는 의미다. 그 서비스를 했다고 해서 동일한 수량의 서비스가 뒤에 다시 획득되지는 않는다.

사회의 존경받는 계층도 아무런 가치를 생산하지 못한다

사회에서 가장 존경받는 계층에 속하는 자들의 노동도 하인의 그것과 마찬가지로 어떤 항구적 물품 혹은 판매 가능한 상품 속에 고정되거나 실현되는 법이 없다. 그들의 노동은 수행된 후에 지속되지 않으며, 그런 노동을 했다고 해서 추후에 동일한 양의 노동을 얻을 수는 없다. 예를 들어 군주는 그 밑에서 일하는 사법 및 전쟁 대신(大臣), 그리고 그의 육군 해군과 마찬가지로 비생산적인 노동자이다. 그들은 대중의 공복이고 다른 사람의 노동에서 나온 연간 생산물의 일정 부분으로 유지된다. 그들의 서비스는 아무리 명예롭고, 유익하고, 필요하더라도 나중에 동일한 수량의 서비스를 얻을 수 있는 그 어떤 것도 생산하지 못한다. 공화국의 안전, 보안, 방위를 위해 그들이 올해에 투입한 노동 효과는 내년의 안전, 보안, 방위를 보장하지 않는다.

---

115 이 주장은 제조업자가 상품 생산을 위해 노동자를 고용하고, 하인(주로 가내[家內] 하인)은 고용주의 안락을 위해 고용된다는 전제를 깔고 있다. 그러나 다수의 제작 노동자를 고용한 사람이 가난해질 수도 있고, 여관 주인은 여러 명의 가내 하인을 고용함으로써 부자가 되는 경우도 있다.

이와 같은 계층에는 일부 가장 진지하면서도 중요한 직업 그리고 가장 경박한 직업을 가진 사람들도 포함된다. 가령 교회 목사, 변호사, 의사, 각종 문인, 연극배우, 광대, 음악인, 오페라 가수, 오페라 댄서 등이다. 이들 가운데 가장 비천한 자의 노동도 특정 가치를 지니고 있으며, 다른 모든 종류의 노동을 규제하는 동일한 원리에 따라 규제된다. 그러나 가장 고상하고 가장 유익한 사람들의 노동은 나중에 동일한 수량의 노동으로 사들이거나 획득할 수 있는 것을 전혀 생산하지 못한다. 배우의 열변, 웅변가의 사자후, 음악인의 노래 같은 것은 생산되는 즉시 사라져버린다.

생산적인 노동자와 비생산적인 노동자 그리고 아예 노동하지 않는 사람들은 모두 그 나라의 토지와 노동에서 나온 연간 생산물에 따라 동일하게 유지된다. 이 생산물은 아무리 크다 해도 무한할 수는 없으며 일정한 한계를 가지고 있다. 따라서 그 생산물이 어느 한 해에 비생산적인 사람들의 유지를 위해 적게 혹은 많이 투입되었다면 생산적 노동자에게는 그와 반대로 많이 혹은 적게 투입되는 것이므로, 그다음 해의 생산물은 그에 따라 더 많거나 더 작거나 한다. 지상에서 갑자기 느닷없이 생기는 생산물을 제외한다면 연간 생산물 총량은 생산적 노동이 투입된 결과다.

생산물의 두 부분: 회수된 자본과 이윤·지대

한 나라의 토지와 노동의 연간 총 생산물은 궁극적으로 주민의 소비에 부응하고 또 주민에게 수입을 올려주는 일을 한다. 그 생산물이 땅에서 생겨나거나 생산적 노동자들의 손에서 만들어지면, 그것은 자연스럽게 두 부분으로 나뉜다.

한 부분은 통상 제일 큰 부분인데 투하된 자본을 회수하고, 그 자본으로부터 나온 식료품, 원료, 완제품 회수에 충당되는 부분이다. 다른 부분은 자본주에게 돌아가는 수입 혹은 다른 사람에게 돌아가는 지대다. 이렇게 해서 생산물의 한 부분은 농부[생산자]에게 자본을 회수시키고, 다른 부분은 그의 이윤과 지주의 지대로 돌아간다. 이렇게 생산물은 자본주의 수입 즉 자본 이윤을 구성한다. 또 다른 사람에게는 땅의 지대가 된다. 마찬가지로 큰 공장의 생산물 중, 한 부분은 제조 사업가의 자본을 회수하게 하고(항상 가장 큰 부분이다), 다른 부분은 그의 이윤을 창출하는데, 이렇게 해서 자본주의 수입을 구성한다.

한 나라의 토지와 노동의 연간 생산물 중 자본을 보충하는 부분은 먼저 생산적 노동자 유지에 사용된다. 그것은 생산적 노동자의 임금만을 지불한다. 이윤과 지대로 수입을 올려주는 부분은 생산적인 노동자나 비생산적인 사람들을 차별 없이 유지하는 데 사용된다.

어떤 사람이 그의 재고 중 어떤 부분을 자본으로 사용하든 간에 그 자본은 이윤과 함께 자신에게 회수되기를 기대할 것이다. 그러므로 그는 생산자들을 유지하는 데만 그 자본을 사용한다. 그리고 재고 부분이 그에게 자본으로 기능을 발휘한 후에는 추가 수입으로 돌아온다. 그가 재고 부분을 비생산적인 사람들을 유지하는 데 사용한다면, 그 순간부터 그것은 자본으로부터 빠져나와 즉시 소비를 위한 재고로 배치된다.

전혀 노동하지 않는 비생산적 노동자들은 추가 수입에 따라 유지된다. 그 수입은 다음 두 가지이다.

첫째, 연간 생산물 중에서 특정 사람에게 토지 지대 또는 자본 이윤으로 돌아가는 수입.

둘째, 연간 생산물 중에서 처음에는 자본을 회수하고 생산적인 노동자 유지에만 쓰일 예정이었지만, 일단 생산적 노동자의 손에 들어가서 생계유지비로 사용된 후에, 생산·비생산을 가리지 않고 생계유지에 이용되는 초과분.

이렇게 해서 대지주, 부자 상인뿐 아니라 심지어 평범한 노동자도 임금이 상당히 높으면 하인을 둘 수 있다. 또 그는 때때로 연극이나 인형극 구경을 갈 수 있고 일련의 비생산적 노동자들을 유지하는 데 일정 부분 기여할 수 있다. 또한, 그는 세금을 납부함으로써 또 다른 명예롭고 유익하지만 역시 비생산적인 사람들을 유지하는 데 도움을 준다.

그러나 원래 자본 회수용으로 예정된 생산물의 일정 부분은 비생산적 노동자를 유지하는 데 활용되지 못한다. 만약 이 부분이 모든 생산적 노동을 작동시켰다면, 즉 이 부분으로 인해 모든 생산 활동이 진행된 이후라면, 이 부분은 다른 용도로도 사용될 수 있다. 노동자는 이 부분을 사용하기 전에 먼저 자신의 임금을 벌어들여야 한다. 그런 부분(노동자가 비생산적으로 쓸 수 있는 돈)은 일반적으로 작은 부분이다. 생산적 노동자가 잉여 수입으로 가진 돈은 그리 많지 않다. 일반적으로 말해 노동자들은 그런 잉여 수입을 약간은 갖고 있다. 세금 납부 시 그들이 실제 내는 액수는 적지만, 노동자들의 숫자가 많다는 사실로 그 소액이 보상된다.

토지 지대와 자본 이윤은 어디에나 있으며, 비생산적 노동자들이 생계를 유지하는 주요 원천이다. 이 둘은 일반적으로 자본주가 가장 많은 여유를 가진 수익이다. 이 두 수입은 생산·비생산적인 손을 가리지 않고 생계비를 제공하지만 일반적으로 후자를 더 선호한다. 대지주는 일반적으로 부지런한 자보다는 게으른 자를 더 많이 먹여 살린다. 부유한 상인은 그의 자본으로 근면한 사람들만 유지하지만, 그의 경비 즉 수입을 사용해서는 귀족과 같은 부류를 먹여 살린다.

생산·비생산적 노동자의 비율은 회수된 자본과 지대·이윤 비율에 의존

따라서 모든 나라의 생산·비생산적 노동자 비율은, 땅에서 나오거나 노동자의 두 손에서 만들어진 연간 생산물 중 자본을 회수하는 부분과, 지대 혹은 이윤의 형태로 구성되는 수입 사이의 비율에 크게 달려 있다. 이 비율은 부자 나라냐 가난한 나라냐에 따라 크게 달라진다. 현재 유럽의 부유한 나라들에서 토지 생산물 중 가장 많은 부분이 부유한 독립적 농부의 자본을 회수하는 데 충당된다. 이것을 뺀 다른 부분은 그의 이윤과 지주 지대로 돌아간다.

그러나 오래전에, 가령 중세의 봉건 정부가 득세하던 시절에는 생산물의 아주 작은 부분만 경작에 들어간 자본 회수에 충당되었다. 그 자본은 보통 몇 마리의 여윈 소들이었고 그 소들은 미경작 토지의 자연생산물, 그러니까 땅에서 저절로 생긴 생산물로 보이는 것으로 유지되었다. 그 소들은 일반적으로 지주 소유였고 그 지주가 토지 점유자들에게 내준 것이었다. 나머지 생산물은 토지 지대가 되었든 혹은 그가 내놓은 이 사소한 자본(소 몇마리)에 대한 이윤이 되었든 모두 지주에게로 돌아갔다.

토지 점유자들은 일반적으로 농노들이었고, 그들의 인신이나 가재도구 역시 지주 재산이었다. 농노가 아닌 사람들은 소작농이었고, 이들이 지불하는 지대는 명목상으로는 부역 면제 지대[토지 사용자가 영주에 대해 부역을 면제받는 조건으로 지불했던 소액의 땅세]였지만, 실제로는 토지의 전체 생산물이었다. 이들은 지주의 집에서 좀 떨어진 곳에서 살았지만 지주 집에서 사는 시종들과 마찬가지로 그에게 매인 몸이었다. 결국, 토지의 전체 생산물은 의심의 여지 없이 지주의 소유였고, 그는 그 토지가 먹여 살리는 모든 사람의 노동과 서비스를 자유롭게 처분할 수 있었다.

오늘날 유럽에서, 지주 몫은 토지 생산물의 3분의 1을 초과하지 않으며 때로는 4분의 1에도 미치지 않는다. 그러나 국가의 잘 정비된 지역에서는 토지 지대가 예전보다 세 배 혹은 네 배까지 올랐다. 그래서 지주 몫 3분의 1 혹은 4분의 1은 예전의 생산물 전체보다 3배 혹은 4배 더 많다. 토지 개량이 이루어짐에 따라 지대는 토지 면적에 비례해 증가했지만, 토지 생산물에 비례해서는 감소했다.

부유한 나라에서는 생산물 중 자본 회수 부분이 더 크다

유럽의 부유한 나라들에서는, 현재 거대한 자본이 상업과 제조업에 투자되어 있다. 과거에 겨우 꿈틀대던 소규모 상업과 소수의 수수하고 조잡한 가내 수공업은 소규모 자본이면 충분했다. 그리고 이런 소자본이 아주 큰 이윤을 올렸다. 유럽 어디서나 이자율은 10퍼센트 이하가 없었고 그들의 이윤은 이런 높은 이자를 충분히 감당할 수 있을 정도였다.

현재 유럽의 발전된 지역들에서, 이자율은 어디서나 6퍼센트이고, 일부 가장 발달한 지역에서는 4퍼센트, 3퍼센트, 2퍼센트까지 내려간다. 자본 이윤에서 나온 수입은 언제나 가난한 나라보다 부유한 나라에서 훨씬 더 큰데, 이렇게 된 이유는 그 나라의 자본이 훨씬 더 크기 때문이다. 그러나 투자 자본 비율을 따진다면 그 이윤은 일반적으로 훨씬 낮다.

따라서 땅에서 나오거나 노동자의 두 손에서 만들어졌거나 연간 생산물 중 자본 회수에 들어가는 부분은 가난한 나라보다 부유한 나라가 클 뿐만 아니라, 지대·이윤 수입으로 잡히는 부분에 대해서도 그 비율이 훨씬 크다. 생산적 노동의 유지를 위해 예비된 자금은 가난한 나라보다 부유한 나라에서 더 크다. 또한 이 자금은 생산적이든 비생산적이든 모든 노동을 부양할 수 있지만, 일반적으로 비생산 노동을 부양하는 자금보다 훨씬 더 큰 비율을 차지하고 있다.

이러한 두 자금(노동·비노동 유지 자금)의 비율 차이가 필연적으로 모든 나라에서 주민들의 부지런함과 게으름을 결정한다. 우리는 조상들보다 더 근면하다. 오늘날 노동의 유지를 위해 예비된 자금이 2~3세기 전에 게으름 유지에 들어간 자금보다 더 크기 때문이다. 우리 조상들은 근면을 권장하는 구체적 수단이 없었기 때문에 게을렀다. 무소득으로 일하기보다는 무소득으로 노는 것이 더 낫다는 속담도 있지 않은가.

유럽 여러 도시의 자본과 수입 그리고 근태 상황

하층민들이 주로 자본 투하로 유지되는 상공업 도시에서, 그들은 일반적으로 근면하고, 술을 잘 안 마시고, 부유하다. 이것은 잉글랜드의 많은 도시나 대부분의 네덜란드 도시에서도 마찬가지다. 법원이 상주하거나 순회하는 도시, 주로 낮은 계급 사람들의 수입 지출로 유지되는 도시, 이런 도시에 사는 사람들은 일반적으로 게으르고 방탕하고 가난하다. 가령 로마, 베르사유, 콩피에뉴, 퐁텐블로 등이 그렇다.

루앙과 보르도를 제외하고 보면, 프랑스의 고등법원이 위치한 도시들에는 상업이나 산업이 크게 발달하지 않았다. 이러한 도시들의 하위 계층의 사람들은 주로 법원의 직원들이나, 그들 앞에서 소송을 진행하기 위해 찾아오는 사람들이 지불하는 비용으로 생계를 유지하기 때문에, 대체적으로 게으르고 가난한 상황이다. 루앙과 보르도의 대규모 상업은 전적으로 그 위치 덕분인 듯하다. 루앙은 거의 모든 상품이 모이는 집결지다. 외국에서 수입되는 물품들도 이 도시로 향하고, 프랑스의 해양 지방에서 나오는 제품들도 모두 루앙으로 집결해 대도시 파리에서 소비되기를 기다린다. 마찬가지로 보르도는 가론강과 그 강으로 흘러드는 지류 양안에서 재배·생산되는 와인의 집결지다. 보르도는 세계 최대 와인 중심지 중 하나이며 수출용 와인, 외국인들의 미각에 호소하는 와인을 많이 생산한다.

이런 지리적 이점을 가진 도시는 많은 사람을 고용하며, 이로 인해 많은 자본을 유치한다. 이런 자본 투자가 이 두 도시의 산업이 번성하는 원동력이다. 프랑스의 다른 고등법원 소재 도시들에서는 자체 소비 공급에 필요한 만큼의 자본만 투자한다. 다시 말해 최소한의 자본만 사용한다. 파리, 마드리드, 빈도 마찬가지이다. 이 세 도시 중 파리는 가장 산업이 풍부하다. 파리는 그 도시에 설립된 모든 제조업의 주된 시장이고, 거기서 운영되는 모든 상업은 자체적인 소비를 목적으로 한다.

런던, 리스본, 코펜하겐은 상주 법원이 있는 동시에 상업 도시로서의 기능을 하는 유럽의 세 도시이다. 이 도시들은 자체 소비뿐 아니라 다른 도시나 국가를 상대로도 거래한다. 이 세 도시의 지리적 위치는 아주 유리해서, 먼 곳의 소비를 위해 수출되는 많은 상품이 집결하는 곳이기도 하다.

거대한 수입이 밀려들고 소비되는 도시에서, 그 목적 이외에 다른 목적[생산적 목적]으로 자본을 유리하게 활용하는 것은 상당히 어렵다. 이는 낮은 지위 사람들의 자본 사용으로 생계유지를 하는 도시보다 훨씬 더 어렵다. 수입 비용으로 유지되는 사람들의 게으름은 자본 사용으로 유지되어야 하는 사람들의 생활을 망가뜨리고, 더 나아가 다른 곳보다 그곳에서 자본을 사용하는 것을 더 불리하게 만든다.

잉글랜드와 스코틀랜드가 통합되기 이전에 에든버러에는 상업이나 산업이 별로 없었다. 그곳에서 스코틀랜드 의회가 더 이상 소집되지 않아 스코틀랜드의 주요 귀족이나 향사(鄕士)들이 거주하지 않자, 비로소 에든버러는 상업과 산업이 어느 정도 발달하기 시작했다. 그렇지만 이 도시는 아직도 스코틀랜드 주요 법원, 관세청, 소비세청 등의 소재지다. 따라서 상당한 수입이 여전히 이 도시에서 소비된다.

에든버러는 상업과 산업 측면에서 글래스고에 훨씬 뒤떨어진다. 글래스고 시민들은 주로 자본 투하에 따라 생계가 유지된다. 큰 마을 주민들은 제조업에서 상당한 진전을 이룬 후에도 그들 주변에 대지주가 거주한 결과 게으르고 가난해지는 것을 때로 목격한다.

따라서 자본과 수입 사이의 비율은 어디서나 산업과 유휴 상태 사이의 비율을 조절하는 듯 보인다. 자본이 우세한 곳에서는 산업이 번성한다. 반면 수입이 많은 곳에서는 유휴 상태가 발생한다. 따라서 자본 증감은 산업의 실질적 규모와 생산적 노동자의 총인원 증감 등에 영향을 미치며 결과적으로 한 나라의 토지와 노동력의 연간 생산물의 교환가치에도 영향을 미친다. 이 연간 생산물이야말로 도시 주민들의 진정한 부이며 수입이다.

자본은 근검절약에 따라 증가한다

자본은 근검절약으로 증가하고 낭비와 잘못된 행동으로 감소한다.

어떤 사람이 자기 수입 중에서 절약한 것이 있다면 그것을 자기자본에 추가할 수 있다. 자신이 직접 생산적 노동자들을 추가로 고용하거나, 아니면 이자를 받고 그 돈을 빌려주어 다른 사람이 그렇게 하도록 도와준다. 개인 자본이 연간 수입 혹은 연간 소득에서 절약한 것으로 증가하듯, 사회 자본 또한 그런 식으로 증가한다. 사회란 결국 그런 개인 구성원의 총합이기 때문이다.

근면보다는 절약이 자본 증가의 직접적 원인이다. 근면(노동)은 절약이 축적하는 대상을 제공하기도 한다. 그러나 근면이 무엇을 획득하든 간에 근검절약으로 아껴 축적하지 않는다면 자본은 결코 전보다 커지지 않는다.

비용을 절약하여 생산적 노동자에게 더 많은 자금을 지급하면, 이를 통해 더 많은 생산적 노동자를 확보하는 데 도움이 된다. 따라서 이는 나라에서 연간 생산되는 토지와 노동력의 교환가치를 증가시킨다. 그것은 더 많은 사람이 일하도록 장려하여 연간 생산물에 추가 가치를 제공한다.

매년 절약된 것은 매년 소비된 것만큼이나 규칙적으로 또 거의 같은 시간에 소비되지만, 다른 사람들에 의해 소비된다. 부자가 매년 소비하는 일부는 대부분 한가한 손님과 하인이 소비하는데, 이들은 소비 후 그 대가로 아무것도 남기지 않는다. 반면, 그가 매년 절약하는 부분은 즉시 자본으로 사용되기 때문에 같은 방식으로 거의 같은 시간에 소비되지만, 다른 사람들, 즉 노동자, 제조업자, 수공업자들이 소비하며, 그들은 연간 소비의 가치를 이윤으로 재생산한다.

여기서 그 부자의 수입은 현금으로 지급된다고 해보자. 만약 그가 수입 전액을 음식, 옷, 주거 등에 모두 사용했다면, 그런 물품들은 비생산적 노동자 사이에 분배되었을 것이다. 그러나 그 부자가 수입 일부를 저축했다고 해보자. 그러면 그 부분은 자신이 직접 혹은 다른 사람이 이윤을 얻기 위한 자본으로 사용할 것이다. 그러면 그 돈으로 구매할 수 있는 음식, 옷, 주거 등이 생산적 노동자들을 위해 비축된다. 이렇게 볼 때 소비 행위는 같지만, 소비자들은 다른 것이다.

근검절약하는 사람은 해마다 저축한 것을 가지고 그해 혹은 다음 해에 생산적 노동자를 추가로 고용한다. 더 나아가 그는 빈민구제원의 창립자처럼 일정한 수의 빈민을 받아들여 유지하려고 항구적 기금을 마련한 것과 같다. 이런 기금의 영구 배정과 용도는 실정법, 신탁권, 영구양도 등으로 보호되는 것은 아니다.

그러나 아주 강력한 원리에 따라 언제나 보호받는다. 기금에서 자기의 일정한 몫을 공유하게 될 사람들의 명백한 이해관계가 기금의 확보를 강제하기 때문이다. 그리하여 그 기금은 그 후에 생산적 노동자들을 사용하는 데에만 활용된다. 만약 그(저축한 사람)가 원래의 용도 이외에 그 돈을 쓰려면 분명한 손해를 보게 된다.

낭비 행동의 결과

낭비하는 사람은 수입의 범위를 초과하여 지출함으로써 자기자본을 침식한다. 신성한 재단의 수입을 세속적 목적에 전용한 사람처럼, 그는 조상이 노동 유지라는 신성한 목적을 위해 절약해둔 기금을 게으른 자의 임금으로 지불한다. 그는 생산적 노동을 고용하는 데 쓸 돈을 감소시켜, 자신이 확보할 수 있는 노동 총량을 줄인다. 그런 추가 노동력을 어떤 대상에 투입했다면 그 가치를 높이고 결과적으로 국민의 진정한 수입이며 국부인, 토지와 노동의 연간 생산물을 높였을 텐데 말이다.

만약 어떤 사람의 낭비가 다른 사람의 저축으로 보충되지 않는다면 모든 낭비자의 행동은 근면한 자의 빵으로 게으른 자를 먹여 살림으로써 낭비자 자신을 가난하게 할 뿐만 아니라 나라마저도 빈곤하게 만든다.

낭비자의 지출이 국내에서 만들어진 상품에만 집중되고 해외 제품 소비는 없다고 하더라도, 그것이 국가의 생산 기금에 미치는 영향은 여전히 똑같다. 해마다 생산적 노동자를 유지하는 데 들어가야 하나, 실은 비생산적인 사람들을 유지하는 데 들어가는 일정한 수량의 식료품과 옷의 총량이 있다. 그러므로 해마다 국가의 토지와 노동의 연간 생산물을 높여주었을 물자가 이처럼 축나게 된다.

이러한 지출은 해외 상품 구입에 들어간 것도, 금은이 수출되게 한 것도 아니므로, 동일한 수량의 돈이 전과 마찬가지로 국내에 남아 있다. 그러나 비생산적인 사람들이 소비한 식료품과 옷의 총량이 생산적 노동자들 사이에 분배되었더라면, 그것은 그 소비의 가치에 이윤을 덧붙여서 들어간 돈을 회수했을 것이다. 게다가 이 경우 같은 수량의 돈이 국내에 남아 있을 뿐만 아니라 소비된 물품들과 똑같은 가치가 재생산되었을 것이다. 그러면 하나의 가치[소비된 가치] 대신에 두 개의 가치[회수된 가치와 재생산된 가치]가 창출되었을 것이다.

화폐와 소비재의 상호 관계

연간 생산물의 가치가 줄어드는 나라에서는 해당 수량의 돈이 오랫동안 국내에 머무를 수 없다. 돈의 유일한 용도는 소비용 상품을 유통하는 것이다. 그 돈을 수단으로 식료품, 원료, 완제품을 사들이거나 판매하고 또 각각의 소비자들에게 유통시킨다. 그러므로 어떤 나라에서 유통되는 돈의 총량은 그 나라에서 연간 유통되는 소비재의 가치에 따라 결정된다. 이 소비재는 한 나라의 토지와 노동에서 나온 생산물일 수도 있고, 그 생산물의 한 부분으로 사들인 무엇일 수도 있다. 따라서 소비재의 가치는 연간 생산물의 가치가 줄어들면 따라서 줄고, 그와 함께 소비재 유통에 들어가는 돈의 총량도 감소한다.

그러나 이런 연간 생산물의 감소로 국내 유통이 되지 않는 돈은 그대로 놀지는 않는다. 돈의 소유자는 자기 이익을 위해 어떻게든 그 돈을 활용하려고 한다. 하지만 국내에는 그 돈을 투자할 곳이 없으므로, 각종 법률과 금지에도 불구하고 해외로 빠져나가 국내에서 소용이 있는 소비재 구매에 투입된다.

이런 식으로 돈의 연간 유출은 계속되어 국내 연간 생산물의 가치를 초과하는 부분의 국내 연간 소비에 어느 정도 기여할 것이다. 번창하던 시절에 연간 생산물에서 저축한 것이 금은을 사들이는 데 투자되었으나, 이제는 그 돈이 생산 침체기에 있는 국내 소비를 한동안 지원할 것이다. 이 경우 금은의 해외 유출은 국내 생산량 감소의 원인이 아니라 결과이며, 한동안 그런 생산 감소에서 오는 비참함을 완화할 것이다.

반면 돈의 수량은 모든 나라에서 연간 생산물이 증가하면 자연스럽게 따라서 증가한다. 연간 생산물이 국내에서 유통되는 양이 더 커졌으므로 그 물건들을 유통시키려면 더 큰 수량의 돈을 필요로 한다. 따라서 증가된 생산물의 한 부분은, 생산물의 나머지 부분을 유통시키는 데 필요한 만큼 금은의 추가 수량을 구매하는 데 투입된다. 이 경우 금은의 증가는 국가 번영의 원인이 아니라 결과다.

어디서나 금은은 이런 방식으로 구매된다. 금은을 광산에서 시장으로 가져오려면 거기에 노동과 자본을 투입한 사람들의 식료품, 옷, 주거, 그들의 수입과 유지 등이 필요하다. 그리고 잉글랜드든 페루든 이런 항목에 대해서는 대가를 지불해야 한다. 이런 비용을 지출한 나라는 곧 그들이 필요로 하는 금은 수량을 확보할 것이다. 그리고 그 나라가 필요로 하지 않는 금은은 오래 보유하지 않을 것이다.

낭비는 공공의 적, 저축은 혜택
따라서 우리는 한 나라의 진정한 국부와 수입이란 무엇인가 하는 질문에 두 가지로 답할 수 있다. 첫째, 그것은 그 나라의 토지와 노동에서 나오는 연간 생산물이다. 이것은 명백한 논리에 따라 증명이 된다. 둘째, 그 나라 안에서 유통되는 금은의 총량이다. 대중의 속설은 이것을 국부라고 생각하는 데 실은 편견이다. 아무튼, 이 두 견해 중 어느 것이 되었든 낭비자는 공공의 적이고, 저축하는 자는 공공의 은인이다.

잘못된 행동은 종종 낭비와 같은 효과를 가져온다. 농업, 광업, 수산업, 상업, 제조업에서 무모하고 실패한 사업은, 낭비와 마찬가지로 생산적 노동 유지에 들어가야 할 기금을 감소시킨다. 이런 사업에서는 생산적 노동자가 자본을 소비하지만, 그 노동력을 무분별하게 사용하므로 노동자들은 그들이 소비한 것의 총 가치를 재생산하지 못한다. 그리하여 국가의 생산적 기금으로 들어가야 할 자본이 감소한다.

어떤 큰 나라의 전반적 상황이 개인 낭비나 잘못된 행동에 크게 영향 받는 일은 별로 없다. 개인 낭비와 무모함은 언제나 다른 사람의 저축과 현명한 사업에 따라 보상되고도 남는다.

재산 증식과 생활 조건 개선

지출을 부추기는 낭비는 지금 당장 즐기려는 욕구가 있기에 생긴다. 이런 욕구는 때때로 아주 격심하고 억제하기 어렵지만, 전반적으로 볼 때 순간적이고 충동적이다. 그러나 저축을 권장하는 원리는 생활 조건을 개선 하려는 욕구에서 나온다. 일반적으로 침착하고 담담한 이 욕구는 자궁에서 부터 생겨나 무덤에 도달할 때까지 우리를 떠나지 않는다. 전 생애 동안 인 간이 어떤 변경이나 개선을 원하지 않을 정도로 자신의 현재 상황에 백 퍼 센트 만족하는 경우는 한순간도 없다.

대부분 자기 생활 조건을 개선하는 수단으로 재산 증식을 꼽는다. 이 는 가장 대중적이면서도 확실한 수단이다. 재산을 증식하는 가장 그럴듯한 방법은 사람들이 정기적으로 혹은 한 해 동안 또는 어떤 특별한 경우에 획 득한 것 중 일부를 절약해 저축하는 것이다.

물론 어떤 때는 거의 모든 사람에게 지출의 원리가 작용하고 어떤 사람들은 거의 모든 경우에 지출에 몰두하지만, 한평생을 평균 잡을 때 대부분은 저축의 원리가 작용하며, 그것도 아주 크게 작용한다.

잘못된 행동의 경우를 살펴보더라도, 어디서나 신중하고 성공적인 사업이 무모하고 실패한 사업보다 훨씬 많다. 우리는 빈번하게 도산 소식을 듣는다고 불평하지만, 그런 불행에 빠진 사람들은 상업 종사자 그리고 모든 종류의 사업에 종사하는 사람들보다 소수다. 도산은 무고한 사람에게 벌어질 수 있는 가장 엄청나고 굴욕적인 참사다. 그래서 사업하는 사람 대부분은 도산을 면하려고 아주 신중을 기한다. 하지만 어떤 사람들은 그것을 모면하려 들지 않는데, 이는 교수대를 피하지 않는 사람과 비슷하다.

큰 나라는 공공의 낭비와 우행(愚行)으로 가난해지는 일은 있어도 개인의 행동 때문에 그렇게 되는 경우는 결코 없다. 대부분 나라에서 공공 수입의 전부 혹은 거의 전부가, 화려한 궁정을 출입하는 사람들, 거대한 교회 단체, 해군과 육군에 소속된 사람과 같은 비생산적인 사람들을 유지하는 데 사용된다. 특히 군인들은 평화 시에는 아무것도 생산하지 않으며, 전쟁 시에도 그들을 유지해주는 비용을 보상해주는 그 무엇도 획득하지 못한다. 전쟁이 지속하는 동안에는 그러하다.

이런 사람들은 자신이 아무것도 생산하지 않기 때문에 다른 사람의 노동력으로 생산된 물품으로 생계를 유지한다. 이들은 때로는 불필요할 정도로 숫자가 늘어 국가의 연간 생산물을 소비하므로 내년에 노동자들이 재생산하는 데 필요한 노동자 유지비용마저도 잠식해 들어간다. 이렇게 되면 그다음 해의 생산물은 전해보다 줄게 되고 이런 무질서가 계속된다면 3년차 생산물은 당연히 2년 차보다 적어진다. 국민의 예비 수입 일부로 유지되어야 마땅한 이 비생산적 인력은 국민 전체 수입의 상당 부분을 소비해버린다. 그리하여 아주 많은 사람이 그들의 자본, 그러니까 생산적 노동자를 유지하는 데 필요한 자금을 소모하게 된다. 이런 상황이라면 개인의 저축과 선행도 그런 난폭하고 강제적인 자본 잠식에 따르는 생산물 낭비와 황폐화를 보상하지 못할 것이다.

생활 조건 개선 욕구는 국가 발전의 원동력

그러나 경험적으로 살펴볼 때, 개인의 이런 저축과 선행은 다른 개인의 낭비와 우행을 보상할 뿐만 아니라 정부의 사치스러운 공공 지출도 충분히 벌충한다. 자신의 생활 조건을 개선하려는 개인의 한결같고 꾸준하고 일관된 노력은 국가, 사회, 개인의 부를 만들어내는 원리다. 이러한 노력은 때때로 너무나 강력한 힘이어서 정부의 사치와 행정의 엄청난 오류에도 국운을 개선하려는 자연스러운 전진을 유지해준다. 이것은 질병과 의사의 오진에도 불구하고, 인간 내부에 존재하는 미지의 생명력 원리가 종종 인간의 건강과 활력을 회복시켜주는 것과 유사하다.

한 나라의 토지와 노동의 연간 생산물은 생산적 노동자의 숫자를 늘리거나 그 노동자들의 노동력을 증강할 때만 비로소 가치가 높아진다. 이것 외에 다른 방법은 없다. 생산적 노동자의 숫자를 증가시키는 데는 자본 증가, 즉 그 노동자 유지에 들어가는 자금을 증가하는 것 외에는 다른 방법이 없다. 같은 수의 노동력을 증가시키는 방법은 두 가지이다. 첫째, 노동을 절감하거나 촉진하는 기계와 도구를 추가하거나 개선하는 것. 둘째, 노동자들 사이에서 일을 적절히 분할하고 분배하는 것. 해야 할 일이 여러 부분으로 구성되어 있을 때, 모든 노동자가 오로지 한 부분에만 매달리는 것은, 모든 노동자가 여러 부분의 일에 돌아가면서 투입되는 것보다 훨씬 더 큰 자본이 필요하다.

따라서 어떤 나라의 경제 상태를 A라는 시기와 B라는 시기를 비교할 때 B의 연간 생산물이 A보다 더 크다면, 이때는 토지가 더 잘 경작되고, 제조업은 더욱 숫자가 늘어나 번창하며, 상업은 거래 규모가 좀 더 확대되었음을 알 수 있다. 그리하여 A에서 B로 넘어오는 사이에 국가 자본이 증가했다고 확신할 수 있다. 또 일부 사람들의 우행이나 정부의 사치성 낭비로 국부가 빠져나간 것보다 일부 사람들의 선행에서 나온 자본이 국부에 더 많이 추가되었음을 알 수 있다.

우리는 이러한 발전이 거의 모든 국가에 해당하는 이야기임을 발견한다. 심지어 그 국가의 정부가 신중하지도 않고 근검절약하지 않았는데도 그런 발전이 성취되었음을 볼 것이다. 이에 대해 정확히 판단하기 위해, 우리는 국가의 여러 시기 중에서 서로 멀리 떨어져 있는 시기의 경제 상태를 살펴야 한다. 국가의 발전은 때때로 아주 느리게 진행된다. A와 B라는 시기가 인접해 있으면 국가 발전이 잘 느껴지지 않을 뿐만 아니라, 산업의 어떤 분야 혹은 국가의 어떤 부문의 일시적 쇠퇴 때문에—전반적으로 번창하는 나라에서도 이런 일이 때때로 벌어진다—국가 전체의 부와 산업이 쇠퇴하는 것처럼 보일 수 있다.

잉글랜드의 공공의 낭비 사례들

예를 들어 잉글랜드의 토지와 노동의 연간 생산물은 1세기 전인 찰스 2세의 왕정복고[1660] 때보다 훨씬 더 커졌다. 오늘날 이런 국부 증가에 대해 의심하는 사람은 거의 없다. 그러나 지난 백 년 동안 5년이 멀다 하고 국부 쇠퇴를 개탄하는 책이나 팸플릿이 계속 나왔다. 저자들은 대중에게 인정받는 능력의 소유자들이었는데 국부가 급속히 쇠퇴하고 있고, 인구는 줄고, 농업은 등한시되고, 제조업은 후퇴하며, 상업은 부진하다는 식으로 주장했다. 게다가 이런 발간물은 대부분 오류와 매수(買收)의 한심한 결과물인 당파 팸플릿도 아니었다. 그중 상당수가 정직하고 아주 지적인 사람들이 집필한 것이었다. 그들은 자신이 옳다고 믿는 것만을 썼으나, 그 논거는 자신들이 그렇게 믿는다는 것뿐이었다.

잉글랜드의 토지와 노동력의 연간 생산물은 왕정복고 때, 한 세기 전인 엘리자베스 여왕 즉위[1558] 시보다 훨씬 더 컸다. 1558년에서 1660년간의 백 년 동안, 잉글랜드는 요크 가문과 랭커스터 가문의 장미전쟁 때[1455-1485][116]보다 국부가 한참 늘었다고 볼 수 있는 근거들이 많이 있다. 그리고

116 영국의 유력 가문인 랭커스터 가(붉은 장미를 문장으로 사용)와 요크 가(하얀 장미를 사용)가 왕위를 두고 30년간 내전을 벌였다. 랭커스터 가문의 헨리 튜더가 내전에서 승리해 원수 가문의 딸 엘리자베스와 결혼해 헨리 7세(1485-1509)로 등극함으로써 튜더 왕조를 열었다. 튜더 왕조는 헨리 8세를 거쳐서 엘리자베스 여왕(1558-1603) 대에 막을 내렸다.

장미전쟁 당시에는 노르만 정복[1066] 때보다 국가 경제가 더 좋았고, 노르만 정복 당시에는 색슨족 7개 왕조가 버티고 있던 시절[449-828]보다 더 좋았을 것이다. 그리고 그보다 훨씬 더 앞선 시기인 율리우스 카이사르의 브리튼 침공[기원전 50년대] 때보다도 더 좋았을 것이다. 사실 카이사르 시대의 브리튼 주민들은 북아메리카 야만인들과 별반 다를 게 없는 상태였다.

이러한 각 시대에서 개인과 공공의 낭비가 있었을 뿐만 아니라 고비용의 불필요한 전쟁들이 많았고, 생산적 노동자들에게 들어가야 할 연간 생산물은 비생산적 인력 유지에 전용되었다. 때로는 내전의 혼란 속에서 자본 낭비와 파괴는 부의 자연스러운 축적을 지연시켰으며 내란의 끝 무렵에는 내란이 시작되던 때보다 국가를 더 가난한 상태로 만들어놓았다.

그 여러 시대 중 가장 행복하고 운이 좋은 시대라고 하는 왕정복고 이래 오늘날까지도 많은 혼란과 불운한 일이 발생했다. 만약 사람들이 이런 일을 미리 예상할 수 있었더라면 국가가 가난해지는 것은 물론, 아예 망할 것이라고 여기지 않았겠는가? 이 100년 동안[1660-1760]에는 런던 대화재와 전염병이 발생했고, 두 번의 네덜란드 전쟁, 명예혁명으로 인한 혼란, 아일랜드 전쟁, 네 번에 걸친 값비싼 대(對) 프랑스 전쟁[1688, 1702, 1742, 1756] 그리고 두 번의 반란[1715, 1745]이 있었다. 프랑스와 네 번 전쟁하는 동안 국가는 거액의 지출 외에도 1억4천5백만 파운드의 빚을 졌다. 그리하여 국가의 전체 채무는 2억 파운드 이하로 잡을 수는 없게 되었다. 명예혁명 이후에 국가는 연간 생산물의 상당히 많은 부분을 엄청난 숫자의 비생산적 인력 유지에 투입해야 했다.

만약 전쟁이 없어서 그처럼 많은 자본이 그런 식으로 투입되지 않았더라면 어떻게 되었을까?

그랬다면 그 자본 중 커다란 부분이 생산적 노동자 유지에 투입되었을 것이고 그들의 노동은 소비재의 가치를 전액 회수하고 거기에다 이윤을 붙여 돌려주었을 것이다. 이런 이윤 덕분에 국가 연간 생산물의 가치는 해마다 크게 증가했을 것이고, 이 증가분은 그다음 해의 생산량을 더욱 크게 늘렸을 것이다. 더 많은 집이 지어지고, 더 많은 토지가 개량되었을 것이다.

전에 이미 개량되었던 토지들은 더 잘 경작되고, 더 많은 제조업체가 세워지고, 전에 이미 설립되었던 업체들은 규모가 더 커졌을 것이다. 그랬다면 지금 이 순간, 국가의 부와 수입이 어느 정도 높이로 까마득히 올라갔을지 상상하기조차도 쉽지 않다.

잉글랜드의 발전은 개인의 노력 덕분

정부의 낭비가 국부와 개선을 향한 잉글랜드의 자연스러운 전진을 늦추기는 했지만, 그 전진을 완전히 멈출 수는 없었다. 토지와 노동의 연간 생산물은 왕정복고나 명예혁명 때보다 오늘날 훨씬 더 많다. 따라서 토지를 경작하고 노동을 유지하는 데 한 해 동안 들어간 자본은 당연히 훨씬 크다. 정부가 이런저런 명목으로 세금을 강제 징수하는 중에도, 개인 저축과 선행은 은밀하면서도 점진적으로 이 자본을 축적해왔다. 그들은 자신의 생활 조건을 개선하려는 보편적이고, 꾸준하고, 일관된 노력을 해왔던 것이다.

그렇게 예전 시대에 국부와 개선을 향해 잉글랜드가 전진하도록 유지해준 힘은 무엇이었을까? 그것은 자신에게 가장 유리한 방식으로 행동하도록 법률로 보호받고 자유로이 허용된 이 개인적 노력이다. 앞으로 모든 시대에서 이러한 노력이 큰 성취를 거둘 수 있기를 희망한다.

그러나 잉글랜드는 근검절약하는 정부 덕은 보지 못했으므로, 근검절약은 그 어느 때든 주민들의 미덕이 되지 못했다. 반 사치법이나 해외 사치품 수입 금지 조치 등으로 개인의 경제행위를 감시하고 그들의 지출을 억제하려는 것은 왕과 장관들의 뻔뻔하고 오만한 행위가 아닐 수 없다. 그들 자신이 예외 없이 사회 내에서 가장 낭비하는 자들인데 누구더러 낭비하지 말라고 하는가? 먼저 그들이 자기 지출을 잘 단속한다면, 개인은 알아서 안전하게 지출을 단속할 것이다. 왕과 장관들의 사치가 국가를 망하게 하지 않는다면, 신하들의 사치가 그렇게 할 이유는 없다.

저축은 공공 자본을 증가시키고 반대로 낭비는 감소시킨다. 또 수입 지출이 균형을 이루는 사람들은 자본을 잠식하지도 축적하지도 않으므로, 그것을 증가시키지도 감소시키지도 않는다. 그러나 특정 방식의 지출은 다른 방식보다 국부 성장에 더 큰 기여를 하는 것처럼 보인다.

지출의 두 가지 방식: 투자와 소비

개인의 수입은 즉시 소비되고, 하루의 지출이 다른 날의 지출을 완화하거나 지원할 수 없는 것들에 쓰일 수도 있고, 또는 더 오래 지속되고 축적되어, 그가 선택하는 대로 매일 지출이 다음 날의 지출을 완화하거나 지원하여 효과를 높일 수 있는 것에 쓰일 수도 있다.

예를 들어 재산가는 그의 수입을 사치스러운 식탁에 낭비하며 소비할 수 있다. 다수의 하인과 여러 마리의 말과 개를 거느릴 수 있다. 반면 소탈한 식탁과 소수의 하인에 만족하면서 수입 대부분을 저택, 시골 별장, 유용하고 장식적인 건물이나 가구 단장에 사용할 수 있다. 또 진귀한 책, 조각 작품, 그림 등을 수집할 수도 있다. 아니면 그보다 더 경박한 것으로는 보석, 노리개, 패물, 여러 종류의 정교한 장신구를 사들일 수 있다. 그보다 더 하찮게는 몇 년 전에 죽은 어떤 위대한 군주의 총애하는 신하[117]처럼 멋진 옷감으로 만든 의상을 수집할 수도 있다.

여기 재산 규모가 비슷한 두 명의 재산가 갑과 을이 있다고 해보자. 갑과 을은 정반대 방식으로 자기 수입을 사용한다. 갑은 주로 내구재에 수입을 지출한다. 어느 하루의 지출은 그다음 날의 지출 효과를 지원하고 증대하므로 그의 재산은 꾸준히 증가한다. 반면 을의 재산은 일정한 시기가 끝나갈 때 그 시기의 시작보다 더 커지지 않는다. 그리하여 갑은 일정한 시기가 끝나면 을보다 더 부유한 재산가가 되어 있을 것이다. 그는 이런저런 물건을 재고로 가지고 있을 것인데, 그 가치는 실제로 들어간 비용만큼은 되지 않더라도 언제나 일정한 가치를 유지할 것이다. 반면 을의 지출은 전혀 흔적이 남지 않고 10년 혹은 20년에 걸친 낭비 효과는 마치 그런 낭비가 아예 없었던 것처럼 그 뒤에 아무런 자취도 남기지 않을 것이다.

---

117 폴란드 국왕의 장관이었던 브륄 백작을 말하며 1764년에 사망했는데, 사망 당시 365벌의 고가 의상을 남겼다고 한다.

이렇게 볼 때 갑의 지출 방식은 을보다 훨씬 더 바람직하다. 그런데 이런 사정은 국가도 마찬가지다. 부자의 집, 가구, 옷은 조금 시간이 지나가면 낮은 계급이나 중간 계급에 유용하다. 이런 사람들은 상급자들이 그런 물건에 싫증 나면 그것을 사들일 수 있다. 이런 식의 지출 방식이 재산가들 사이에서 보편화된다면, 국민 전체의 일반적 가재도구는 개선된다.

오랫동안 부유했던 나라들에 가보면, 낮은 계급 사람들이 아주 훌륭하고 온전한 집이나 가구를 소유한 것을 종종 발견한다. 하지만 그들은 자신이 직접 그 집을 짓지도 않았고 또 자신이 쓸 목적으로 그 가구를 만들지도 않았다. 전에 시모 가문 저택이었던 집이 지금은 바스 도로상에서 여관으로 변해 있다. 그레이트브리튼의 제임스 1세[1603-1625]의 결혼 침대는 왕비가 군주 대 군주 자격으로, 친정인 덴마크 왕실에서 선물로 가져온 것인데, 몇 년 전에 던펌린의 맥줏집 장식물로 둔갑했다.

오랫동안 발전이 멈추었거나 다소 쇠퇴한 몇몇 오래된 도시들에 가보면, 현재의 집주인을 위해 지어진 집을 찾기 어렵다. 그런 집들을 방문해보면, 여전히 사용할 수 있는 많은 훌륭한 앤티크 가구들이 현재의 집주인을 위해 만들어진 게 아님을 알게 된다. 고상한 왕궁, 장엄한 별장, 엄청난 장서 컬렉션, 조각상, 그림, 각종 진귀한 물건들은 종종 그것이 있는 마을의 장식이요 명예일 뿐만 아니라 그것이 소속된 국가를 빛나게 한다. 가령 베르사유궁은 프랑스의 장식이며 명예이고, 스토 가문과 윌슨 가문의 저택은 잉글랜드의 장식이요 명예이다. 이탈리아는 아직도 그들이 소유한 기념물들로 존경을 받고 있지만 그것을 만들어낸 국부는 이미 사라져버렸고, 그런 기념물들을 계획한 고귀한 정신은 자기 재능을 드러낼 기회가 많지 않아서인지 더 이상 활동하지 않는다.

내구재에 투자하면 자본을 증가시킨다

내구재에 소비되는 경비는 자본 축적이나 절약에 유리하다. 만약 어떤 사람이 특정 시기에 그러한 지출이 과도하더라도, 대중의 비난에 직면하지 않고 쉽게 교정할 수 있다. 하인 숫자를 확 줄이거나, 사치스러운 식탁을 검소한 것으로 바꾸기, 마차와 마부를 갖추었다가 정리하는 일 등은 뚜렷한 변화여서 이웃의 눈에 띄기 쉽다. 또한, 이런 행동은 예전에 주인이 뭔가 우행을 저질렀다는 것을 간접적으로 인정하는 것으로 볼 수도 있다.

이런 종류의 사치스러운 지출을 과도하게 했던 사람 중에서 적당한 때 그 버릇을 고치는 사람은 별로 없다. 그들은 그런 식으로 계속 나가다가 패망과 도산에 내몰린다. 그러나 어떤 사람이 인생의 한때 가구, 책, 그림 등을 사들이는 데 무모하게 빠져 있었는데, 그 후 그런 습관을 고쳤다면 이웃들은 예전의 무절제를 전혀 눈치채지 못한다. 이런 것은 한번 지출했더라도 그다음에 추가로 또다시 비용을 들여야 하는 게 아니다. 그래서 그가 갑자기 그 버릇을 고친다면, 재산이 떨어져서가 아니라 이미 취미를 충분히 만족시켰기 때문에 그렇게 한 것처럼 보이는 것이다.

게다가 내구재에 소비한 경비는 사치스러운 접대에 들어간 경비보다 다수에게 생계를 제공한다. 대 연회에서 내놓은 2~3백 파운드의 식료품 중 아마도 절반은 쓰레기통으로 들어갈 것이다. 음식은 언제나 많이 남아서 낭비가 된다. 그러나 이런 접대비가 석공, 목수, 실내 장식공, 기계공을 일 시키는데 투자되었다면, 동일한 가치의 식료품 4분의 1만으로도 더 많은 생산적 노동자들에게 분배되었을 것이다. 그들은 그런 식료품을 페니 단위 혹은 파운드 단위로 사들여 한 온스도 낭비하지 않는다. 이렇게 볼 때 이 경비는 생산적 노동자를 유지하는가 하면 다른 한쪽으로는 비생산적 인력을 유지한다. 따라서 그것은 한쪽으로는 한 나라의 토지와 노동의 연간 생산물의 교환가치를 증가시키는가 하면 다른 한쪽으로는 증가시키지 않는다.

그렇지만 나는 내구재에 소비한 지출을 언제나 다른 종류보다 더 자유롭거나 관대한 지출로 이해해야 한다고 하는 것은 아니다. 재산가가 자기 수입을 손님 접대에 주로 사용한다면 그는 상당 부분을 친구와 친지들에게 쓰는 것이다. 그렇지만 재산가는 내구재에 투자하면서도 오로지 자기 자신만을 위해 사용하고 다른 사람에게서 상응하는 등가물(等價物)을 받지 않으면 전혀 사용하지 않을 수도 있다. 이런 재산가가 경박한 물품들, 옷, 가구, 보석, 장신구, 노리개 등의 사소한 장식물을 사들이는 데만 자기 수입을 사용한다면, 그는 시시하면서도 저열하고 이기적인 성품을 드러낼 뿐이다.

여기서 결론으로 말하려는 것은 이것이다. 특정 지출은 언제나 내구재의 축적을 가져와서 개인의 절약과 공공 자본 증가에 기여한다. 또 그것은 비생산적 인력보다는 생산적 노동자를 먹여 살리기 때문에 다른 지출[비생산적 인력 유지]보다 국부 성장에 더 크게 이바지한다.

제4장

이자를 받기로 하고 빌려준 자본

투자되는 돈과 낭비되는 돈

이자를 받기로 하고 빌려준 재고는 빌려준 사람에게 항상 자본으로 간주된다. 그는 시간이 지나면 그 자본이 회수될 것으로 기대한다. 또 빌려온 사람은 빌려준 사람에게 토지 사용에 대해 특정한 연간 지대를 지불한다. 빌려간 사람은 그것을 자본으로 혹은 즉시 소비를 위한 재고로 사용할 수 있다. 만약 그가 자본으로 활용한다면 생산적 노동자 유지에 투자할 것이고, 그들은 그 가치를 이윤과 함께 재생산한다. 이때 빌려간 사람은 자신의 다른 수입원을 없애거나 축내지 않고도 그 자본을 상환하고 또 이자를 지불할 수 있게 된다.

만약 빌려간 사람이 그것을 즉시 소비 재고로 사용한다면 그는 낭비자가 된다. 근면한 사람들의 생계비로 사용해야 할 돈을 게으른 사람들의 유지에 써버리는 것이다. 이 경우 그는 자본을 회수하지도, 이자를 지불하지도 못한다. 또 부동산이나 지대 등 다른 수입원을 없애거나 축내게 된다.

이자를 받기로 하고 빌려준 재고는 위의 두 방식으로 동시에 사용되기도 하지만, 보통 후자가 전자의 방식보다 더 많이 사용된다. 낭비하기 위해 돈을 빌리는 사람은 곧 망하고, 그에게 돈을 빌려준 사람은 자신의 어리석은 행위를 후회한다. 그러므로 이런 낭비 목적으로 돈을 빌리거나 빌려주는 것은 모든 경우에(단, 고리대금은 예외) 양측에게 불리한 일이다. 사람들은 때때로 이런 식으로 불리한 방식으로 돈을 빌려주거나 혹은 빌려온다.

그러나 모든 사람이 자기 이익을 중시한다는 관점에서 볼 때, 낭비를 목적으로 한 대출이 우리 상상처럼 자주 벌어지지는 않는다고 확신한다. 신중한 판단을 내리는 재산가에게 한번 물어보라. 이익을 올리려고 빌려간 돈을 투자하는 사람과, 낭비하려고 빌리는 사람, 이 둘 중 누구에게 돈을 빌려주겠는지. 그 재산가는 그런 질문을 한 사람을 비웃을 것이다. 그러므로 근검절약하리라는 기대를 하기 힘든, 돈을 빌리는 사람들 사이에서도, 절약하고 근면한 사람 숫자가 낭비하고 게으른 사람 숫자를 상당히 능가한다.

빌린 돈을 유익하게 사용하지 못하리라 예상되는 유일한 부류는 담보를 맡기고 돈을 빌리는 시골 향사들이다. 이들이 어딘가에 지출하려고 돈을 빌리는 것은 아니다. 빌리기도 전에 그 돈을 이미 다 사용해버린 경우가 많다. 그들은 가게 주인이나 상인들이 대준 물품을 외상으로 많이 소비했으므로, 그 빚을 갚기 위해 이자부로 돈을 빌리려 한다. 그러니 빌린 자본은 가게 주인과 상인들의 자본 회수를 위해 사용하는데, 향사들은 자기 토지에서 나오는 지대로는 그 돈을 충당하지 못한다. 그러니 쓰기 위해 돈을 빌리는 것이 아니라 이미 써버린 자본을 충당하기 위해 빌리는 것이다.

이자를 받고 빌려주는 대출 대부분은 지폐든 금은화든 돈의 형태로 이루어진다. 그러나 빌리는 사람이나 빌려주는 사람이나 서로 주고받는 것은, 돈이 아니라 돈의 가치 즉 그것으로 사들일 수 있는 물건이다. 만약 그가 그 돈을 즉시 소비로 사용하길 원한다면, 그 재고에 넣을 수 있는 것은 오직 상품뿐이다. 만약 노동을 고용하기 위한 자본으로 사용하려 한다면, 노동자들이 일을 수행하는 데 필요한 도구, 원료, 식료품 등의 물품을 사들일 수 있다. 대출을 통해 대출자는 대출자가 원하는 대로 고용할 국가의 토지 및 노동력의 연간 생산물 중 일정 부분에 대한 권리를 차용자에게 양도하고, 차용자는 그 생산물을 자기 마음대로 사용한다.

대출금은 회수 빈도에 따라 액면가보다 더 큰 효과

한 나라에서 이자를 받기로 하고 빌려주는 재고 총량, 좀 더 일반적으로 말해 대출되는 돈의 총량은 각종 대출 수단으로 활용되는 돈—지폐 혹은 동전—의 가치에 따라 규제되지 않는다. 그것은 땅에서 나왔거나 혹은 노동자의 두 손에서 나온 연간 생산물 중 특정 부분의 가치에 따라 규제된다. 그 특정 부분이란, 기존의 투자 자본을 대체할 뿐만 아니라 자본주 자신이 직접 활용할 생각이 없는 자본을 말한다. 이런 자본이 이자를 받기로 하고 대출되는데, 보통 화폐이자(monied interest)라고 부른다. 이것은 토지뿐만 아니라 상업·제조업 이자와도 뚜렷하게 다르다. 상업·제조업의 자본 소유자들은 자신이 직접 그 자본을 활용한다. 말하자면 화폐이자에서 돈은, 자본주가 직접 사용할 생각이 없는 자본을 이 손에서 저 손으로 옮겨주는 양도증서에 지나지 않는다.

이러한 자본은 양도 수단으로 사용되는 금액보다 거의 모든 비율에서 더 크며, 동일한 금액이 여러 다른 대출뿐만 아니라 여러 다른 구매에 연속적으로 사용될 수 있다. 여기서 구체적 사례를 하나 들어보겠다. 편의상 대출자 ABC 세 사람과 차용자 WXY 세 사람을 상정하자. A는 W에게 1천 파운드를 빌려준다. 그러자 W는 B로부터 1천 파운드 상품을 즉시 사들인다. B는 그 돈을 딱히 사용할 데가 없으므로 그 1천 파운드를 X에게 이자를 받기로 하고 빌려준다. 그러자 X는 C로부터 1천 파운드 물건을 사들인다. 그리고 C도 그 돈을 딱히 사용할 데가 없어 Y에게 빌려준다. 그리고 Y는 D로부터 물건을 사들인다.

이런 방식으로 빌려준 돈 1천 파운드는 지폐든 동전이든 며칠 사이에 세 건의 대출 수단과 세 건의 구매 수단으로 활용되었다. 하지만 각각의 건수는 동일한 액수 즉 1천 파운드다. 돈을 빌려준 ABC 세 사람이 차용자 WXY 세 사람에게 양도한 것은 이렇듯 구매할 수 있는 구매력이었다.

이 구매력에 대출의 용도와 가치가 포함되어 있다. 세 사람이 빌려준 돈은 그 돈을 가지고 사들일 수 있는 상품의 가치와 같으며, 자본 규모는 구체적 거래가 이루어진 돈의 액수보다 3배나 크다. 이러한 대출은 담보가 완벽하게 확보된 것이나 마찬가지다. 채무자 XYZ가 사들인 물품들은 정해진 시간이 흘러가면 이윤을 붙여 투입된 지폐 혹은 동전의 가치를 회수시켜 줄 것이기 때문이다. 1천 파운드의 돈은 이렇게 해서 3명의 사람에게 서로 다른 대출 도구가 되어 3배의 가치를 올렸으니, 마찬가지 과정을 통해 30배 이상의 가치로도 활용될 수 있다. 마찬가지로 그 1천 파운드는 3회가 되었든 혹은 30회가 되었든 연속적인 상환 도구로도 활용될 수 있다.

대출 자본 증가는 자본주들의 경쟁을 유발한다

이런 식으로 이자를 받고 대출된 자본은, 대출자가 연간 생산물 중 상당한 부분을 차용자에게 내준 것과 동일하게 간주된다. 단, 차용자는 대출이 지속되는 동안 대출자에게 이자라는 작은 부분을 해마다 지불한다. 그리고 대출 기간이 끝나면 원래 차용자에게 양도되었던 부분[원금]을 돌려주는데 이를 상환이라고 한다. 지폐든 금화든 돈은 이런 소액 부분과 좀 큰 액수 부분에 대한 양도증서 노릇을 하지만, 돈 그 자체는 돈에 따라 양도되는 것[생산물 일부, 즉 물건들]과는 전혀 다르다.

연간 생산물에서 자본을 대체하기 위해 땅이나 생산적 노동자의 손에서 나오는 몫이 증가하는 것에 비례하여, 소위 화폐이자도 자연히 함께 증가한다. 소유주가 직접 고용하지 않고도 수익을 얻고자 하는 특정 자본의 증가는 자본의 전체적인 증가와 같은 추세를 보인다. 다시 말해 재고가 증가하면서 이자를 받고 빌려주는 재고의 양도 점점 더 커진다.

이자를 받고 빌려주는 대출금 규모가 커질수록, 이자 즉 돈을 사용하는 데 지불해야 하는 가격은 내려간다. 시장에 상품이 많이 나오면 상품의 시장가격이 내려가는 일반적 원인뿐만 아니라, 특별한 경우에 적용되는 다른 이유 때문에 이자는 내려간다. 한 나라에서 자본이 증가하면, 그 자본을 사용해 올릴 수 있는 이윤은 반드시 감소한다. 그리고 점점 더 그 새로운 자본으로 투입할 만한 이윤 좋은 투자처를 국내에서 찾기 어려워진다. 그 결과 서로 다른 자본 사이에서 경쟁이 벌어진다. 갑이라는 자본 소유주는 을이 이미 자본을 투자한 일자리[투자처]를 차지하려고 애쓰게 된다.

그러나 대부분 갑이 을로부터 그 투자처를 빼앗아올 방법은 을보다 좀 더 값싼 조건을 제시하는 것뿐이다. 갑은 자기가 파는 물건을 좀 더 싸게 팔아야 하고, 그런 낮은 가격으로 팔려면 무엇보다도 싼값에 그 물건을 사와야 한다. 생산적 노동을 유지하는 자금의 증가로, 생산 노동에 대한 수요는 날마다 커진다. 노동자들은 쉽게 일자리를 발견하지만 자본주는 노동자 얻기가 어려워진다. 자본주들의 경쟁은 노동 임금을 높이고 자본 이윤을 감소시킨다. 이런 식으로 자본 사용으로 올릴 수 있는 이윤이, 말하자면 양쪽 [노동 고용과 자본 대출]에서 감소될 경우에 그 자본을 사용하는 대가, 즉 이자는 이윤과 마찬가지로 반드시 떨어지게 되어 있다.

금은 수량 증가는 이자율을 낮추지 않는다

로크, 로, 몽테스키외 그리고 그 외의 많은 저술가는 스페인령 서인도제도에서 광산이 많이 발견되어 금은 수량이 증가한 것이 유럽의 많은 지역에서 이자율이 내려간 진정한 원인이라고 생각하는 듯하다. 이 저술가들의 논리는 이렇게 이어진다. 이 금은이 그 자체로 가치가 줄어들었으므로, 그 수량의 특정 부분 사용도 반드시 가치가 떨어지게 되고, 따라서 금은에 지불되는 가격[이자]도 함께 떨어진다. 일견 그럴듯해 보이는 이런 주장의 오류는 흄이 충분히 폭로했으므로, 여기서는 자세히 언급하지 않겠다. 다음과 같은 간략하고 명백한 논증은 이 저술가들의 오류를 좀 더 분명하게 밝힐 것이다.

스페인령 서인도제도가 발견되기 전에, 유럽 대부분 지역에서 가장 흔한 연 이자율은 10퍼센트였다. 하지만 그때 이후 여러 나라에서 이율은 6퍼센트, 5퍼센트, 4퍼센트, 심지어 3퍼센트로 떨어졌다. 여기서 이렇게 한 번 가정해보자. 어떤 나라들에서 은값이 이자율과 정확한 비율로 떨어진다. 그리하여 이자가 10퍼센트에서 5퍼센트로 떨어져 같은 양의 은이 예전에 살 수 있었던 물건들의 절반만 사들일 수 있다고 해보자. 이런 가정은 유럽 어느 지역에서나 현실과 부합하지 않지만 우리가 지금 검토하려는 잘못된 견해에서 보자면 아주 유리한 가정이다. 이런 가정하에서도 은값이 이자율을 조금이라도 낮춘다는 것은 있을 수 없는 얘기다.

이 가정대로 그 나라들에서 현재의 1백 파운드가 과거의 50파운드 가치밖에 없고, 10파운드가 과거의 5파운드 가치밖에 안 된다고 해보자. 자본 가치를 낮춘 원인이 무엇이었든 간에, 그 원인은 반드시 이자율을 같은 비율로 낮추었을 것이다. 자본 가치와 이자 가치의 비율은 이자율 변동이 없다면 같을 것이다. 반면 이자율을 바꾼다면 이 두 가치 사이의 비율도 따라서 바뀌어야 한다. 현재의 100파운드가 과거의 50파운드 가치밖에 안 된다면 지금의 5파운드도 과거의 2파운드 10실링 가치밖에 안 된다.

그러므로 이자율을 10퍼센트에서 5퍼센트로 내림으로써, 우리는 이전 가치의 2분의 1에 해당하는 자본 사용에 대해 이전에 지불하던 이자 가치의 4분의 1에 해당하는 이자를 지불하는 셈이 된다.

은에 따라 유통되는 상품 물량이 전과 동일하다면, 은의 수량 증가는 은 가치를 낮추는 것 외에 다른 효과가 없다. 각종 상품의 명목가치는 더 커지겠지만 실질가치는 전과 똑같을 것이다. 그 상품들이 더 많은 수량의 은화와 교환된다. 그러나 그 상품들을 만드는 데 필요한 노동량이나, 그 상품들이 유지하고 사용하는 사람 수는 정확히 같을 것이다. 동일 수량의 자본을 이 손에서 저 손으로 이동시키는 데는 많은 은이 필요하겠지만, 국가 자본은 동일하다. 양도증서는 복잡한 변호사의 증서처럼 전보다 더 난해하게 작성되었지만, 그 내용물은 정확히 전과 동일하고 효과도 동일할 것이다.

화폐의 상품 구매력 증가는 이자율을 떨어뜨린다

또한, 생산적 노동을 유지하는 자금이 동일하므로 그 노동에 대한 수요도 동일할 것이다. 따라서 임금은 명목적으로는 더 커지겠지만 실제로는 전과 같을 것이다. 임금으로 더 많은 은화를 지불하겠지만 그 은화는 전과 동일한 수량의 물건을 사들이기 때문이다. 그래서 자본 이윤은 명목이든 실질이든 똑같을 것이다. 노동 임금은 통상적으로 노동자들에게 지불하는 은화 수량으로 계산된다. 그러나 자본 이윤은 지불되는 은화 숫자로 계산하지 않고, 그 은화들이 투하된 전체 자본에서 차지하는 비율로 계산된다.

가령 특정 나라에서 통상적인 노동 임금은 주당 5실링이고, 자본의 통상 이윤은 10퍼센트라고 해보자. 그 국가의 총 자본은 전과 동일하므로, 그 자본이 개인의 서로 다른 자본 사이의 경쟁으로 분할된다고 하더라도 그 총액은 동일할 것이다. 개인은 지금까지 그래온 것처럼 동일한 이익과 불이익 환경에서 거래할 것이다. 따라서 자본과 이윤의 통상 비율은 전과 동일하고, 결과적으로 화폐의 통상 이자도 동일할 것이다. 화폐 사용에 대해 통상적으로 주어지는 것[이자율]은 그 사용으로 얻어지는 것[이윤]에 따라 필연적으로 규제된다.

반대로, 화폐 유통량은 그대로인데 국내에 유통되는 상품 수량이 증가하면 돈 가치 상승 외에 여러 중요한 효과를 낳는다. 이 경우 국가 자본은 명목상으로는 동일할지라도 실질가치는 증가한다. 그 자본은 동일한 양의 화폐로 표현되지만, 이전보다 더 많은 양의 노동을 지배한다. 그것이 유지하고 사용할 수 있는 생산적인 노동 수량은 증가할 것이고 따라서 노동에 대한 수요도 증가한다. 노동 임금도 그런 수요와 함께 올라가는데 더러 떨어지는 것처럼 보일 수도 있다. 임금은 더 적은 양의 돈으로 지불되지만, 그 적은 양이 전보다 더 많은 물건을 사들일 수 있다.

자본 이윤은 실질적으로나 외관상으로나 감소한다. 국가의 총자본은 증가할 것이고, 그 총자본을 구성하는 서로 다른 자본들 사이의 경쟁은 그 총자본과 더불어 자연히 증가할 것이다. 그 자본 소유주들은 그들의 자본이 고용한 노동자들의 생산물 중 더 적은 부분으로 만족해야 한다. 자본 이윤과 발맞추어 움직이는 화폐 이율은 이렇게 해서 내려간다. 하지만 돈의 가치, 특정 액수의 돈이 사들일 수 있는 물건 수량은 증가한다.

법률에 따른 이자 금지와 법정이자율의 적정한 수준

어떤 나라에서는 화폐에 대한 이자가 법률로 금지되어 있다. 그러나 돈을 사용한 것에 대한 대가는 어떻게든 지불해야 하므로, 어디로든 실제로 그런 대가가 지불되고 있다. 만약 법으로 이자를 규제한다면, 이미 경험적으로 밝혀졌듯, 고리대금을 막지 못하고 조장한다. 채무자가 돈 사용 대가

뿐만 아니라, 채권자가 돈을 빌려주는 데 따르는 위험까지도 보상해야 하기 때문이다. 다시 말해 채무자는 채권자가 고리대금으로 징벌을 당하지 않도록 보호해야 한다.

이자가 허용되는 나라들에서는 고리대금을 통한 갈취를 막기 위해 법으로 정한 최고 이율을 설정한다. 이 이율은 시장 최저 이율보다는 다소 높은 것으로, 가장 확실한 담보를 제공하는 사람들이 부담하는 이율보다 약간 더 높다. 만약 법정이자율이 시장 이율보다 낮다면 이런 이율 고시 효과는 이자를 전면 금지했을 때의 효과와 거의 비슷해진다. 채권자는 자기 돈을 시장 가치 아래로는 빌려주지 않을 것이고, 채무자는 시장가격으로 돈을 빌려준 채무자가 겪어야 할 법적 리스크에 대해 추가로 부담해야 한다.

만약 법정이자율이 시장 최저 이율과 동률로 정해진다면 그것은 나라의 법률을 지키려는 정직한 사람들을 망쳐놓을 뿐만 아니라, 최선의 담보를 제공하지 못하는 사람들의 신용도 망쳐놓는다. 그리하여 이들은 고리대금 업자에게 내몰리게 된다. 그레이트브리튼 같은 나라는 정부 대출 시 이율이 3퍼센트이며, 양질의 담보를 제공한 개인에게는 4~4.5퍼센트다. 따라서 현재의 법정 이율 5퍼센트는 아주 적절하다고 생각된다.

법정이자율은 시장 최저율보다는 높아야 하겠지만 그렇다고 해서 너무 높아서도 안 된다. 예를 들어 그레이트브리튼의 법정이자율이 8퍼센트나 10퍼센트 정도로 높게 책정되어 있다면 대출 자금의 상당 부분은 낭비자나 투기꾼에게 대출된다. 이런 자들만이 높은 이율을 감당할 수 있기 때문이다. 대출금으로 벌어들일 수 있는 부분 이상으로는 이자를 부담하지 않으려는 건전한 사람들은 이런 경쟁에 뛰어들지 않을 것이다. 이렇게 해서 대출금의 상당 부분이 그 돈을 잘 사용해 이윤을 올릴 수 있는 사람들이 아니라 그 돈을 낭비하고 없애버릴 사람들에게 대출된다.

반대로 법정이자율이 시장 최저율보다 약간 높게 고정된다면 낭비자나 투기꾼보다는 건전한 사람들이 차용자로서 더 널리 선호된다. 돈을 빌려준 사람은 빌려간 사람에게서 받을 수 있는 만큼의 이자를 확실히 받을 것이고, 또 빌려준 돈은 낭비자나 투기꾼의 손으로 넘어가는 것보다는 이런 사람들 손에 있는 것이 더 안전하다. 이렇게 해서 국가 자본의 상당 부분이 그 돈을 잘 활용할 수 있는 사람들에게 대출된다.

어떤 법률도 제정 당시의 시장 최저 이율보다 낮은 이율을 제정할 수가 없다. 프랑스 국왕은 1766년에 이자율을 5퍼센트에서 4퍼센트로 낮추는 칙령을 반포했다. 그러나 이런 칙령에도 불구하고 프랑스에서는 다양하게 법을 회피하면서 대출 자금이 5퍼센트 이자로 계속 대출되었다.

토지 구매와 이자율의 상호 관계

토지의 통상 시장가격은 어디서나 통상적인 시장이자율에 달려 있다. 자본을 자신이 직접 사용하지 않고 이것을 활용해 수입을 올리려 하는 사람은 그 돈으로 땅을 살까 아니면 이자를 받고 빌려줄까를 궁리한다. 토지의 뛰어난 안전성과 다른 이점들은 어디서나 입증되어 있다. 그래서 자본가는 이자를 받고 돈을 빌려주는 것보다는 토지에서 나오는 이자보다 적은 수입으로 만족하려 할지 모른다. 토지의 여러 이점이 이런 수입 차이를 보상하기 때문이다. 그러나 그 이점은 특정 차이만 보상해준다. 만약 토지에서 나오는 지대가 이자로 나오는 돈보다 크게 낮아진다면, 아무도 토지를 사려 하지 않을 것이고 그러면 땅값은 떨어질 것이다.

반면 토지의 장점이 그런 차이를 보상하고도 남음이 있다면 누구나 토지를 사려고 덤벼들 것이고 그리하여 땅값은 올라갈 것이다. 연이율이 10퍼센트일 때, 토지는 보통 10년에서 12년분의 지대 수입에 해당하는 가격에 팔렸다. 이율이 6퍼센트, 5퍼센트, 4퍼센트로 떨어지면 땅값은 20년 치, 25년 치, 30년 치 지대로 상승했다. 시장이자율은 프랑스가 잉글랜드보다 높지만 통상적인 토지 가격은 더 낮다. 잉글랜드에서 토지는 30년 치 지대의 가격으로 팔리지만 프랑스에서는 20년 치 지대면 충분히 살 수 있다.

제5장

자본의 여러 가지 용도

모든 자본은 원래 생산적 노동 유지를 위해 확보하는 것이지만, 동일한 자본이 작동시킬 수 있는 노동량은 다양한 자본 투자 방식에 따라 크게 달라진다. 또한, 그런 자본 투자가 국가의 토지와 노동의 연간 생산물에 부가하는 가치 또한 크게 다르다.

투자의 네 가지 방법: 원료 구입, 가공, 수송, 분배

자본은 네 가지 다른 방식으로 사용될 수 있다. 첫째, 사회의 연간 사용과 소비에 필요한 미가공 생산물 얻기. 둘째, 그 미가공 생산물을 즉시 소비와 사용을 위해 가공하기. 셋째, 미가공 생산물이든 완제품이든 그런 물품이 풍성한 곳에서 부족한 곳으로 이동시키기. 넷째, 그 물품을 원하는 사람들의 요구에 부응해 그 특정 부분을 작은 꾸러미로 나누기.

첫 번째는 토지 개발, 광산 개척, 어장 개발 등에 종사하는 사람들이 자본을 사용하는 방식이다. 두 번째는 모든 제조업자의 방식이고, 세 번째는 도매상 그리고 마지막은 소매상의 방식이다. 자본이 이 네 가지 방식 이외에 다른 방식으로 사용되는 경우는 생각해보기 어렵다.

이 네 방법은 각각 다른 세 방법의 존속과 확장에 반드시 필요하며 더 나아가 사회의 전반적 편의에 기여한다.

만약 자본이 원료를 어느 정도 풍성하게 제공하지 못한다면 어떤 종류의 제조업이나 상업도 존재하지 못한다. 만약 자본이 원재료를 완제품으로 만들어 소비할 수 있도록 가공하는 데 일을 실패한다면, 그 물품에 대한 수요가 없어 제조되지 않거나, 만약 생산되더라도 교환가치가 없어 국부에는 아무런 가치도 부가되지 못할 것이다.

만약 자본이 미가공 생산물이나 완제품을 풍부한 곳에서 부족한 곳으로 이동시키는 데 투자되지 않는다면, 그 물건들은 인근에서 필요한 소비량만큼만 제조될 것이다. 그러나 물품 수송이 원활하게 이루어진다면 상인의 자본은 갑이라는 곳의 잉여생산물을 을이라는 곳으로 가져와 교환시킬 것이고, 그렇게 해서 산업의 발전을 촉진하고 두 생산물의 소비를 증가시킬 것이다.

만약 자본이 두 생산물의 특정 부분을 소비자의 수시 요구에 부응해 적절한 규모로 분배하는 데 사용되지 않는다면, 모든 사람은 즉시 소비에 필요한 것보다 더 많은 양의 생산물을 구매해야 할 것이다. 예를 들어 푸줏간이라는 업종이 없다면, 모든 사람은 소나 양을 한 마리 통째로 사들여야 한다. 일반적으로 이것은 부자들에게 불편한 일이고 가난한 사람들에게는 더욱 그러하다. 만약 가난한 노동자가 한 달 치 혹은 여섯 달 치 식료품을 한꺼번에 사들여야 한다면, 그는 아무런 수입도 올려주지 못하는 즉시 소비를 위해 자본을 사용해야 한다. 이 자본은 영업 도구나 가게의 가구에 투입되었더라면 그에게 수입을 올려주었을 것이다.

이런 노동자가 식료품을 날마다 혹은 시간마다 필요에 따라 조금씩 사들일 수 있다는 것은 아주 편리한 일이다. 이에 따라 그는 자신의 재고 거의 모두를 자본으로 활용할 수 있다. 그는 이런 식으로 자기 일에 더 큰 가치를 부가할 수 있고 이윤도 올리게 되는데, 그 돈으로 소매상이 물품에 이윤으로 붙이는 부가 가치를 얼마든지 상환하고도 남는다.

가게 주인과 소매상에 대한 편견은 불합리하다

어떤 정치학 저술가들은 가게 주인과 소매상에 대해 편견을 보이는데, 이는 전혀 근거가 없는 태도다. 중과세하거나 그들의 숫자를 늘지 않게 해서 대중에게 피해를 입히는 일이 없어야 한다고 생각하는 것은 편견이다. 그들은 자기들끼리 피해 입히는 일은 있을지 모르나 대중에게는 피해를 주지 않는다. 예를 들어 특정 도시에서 판매될 수 있는 식료품 수량은 그 도시와 인근 마을의 수요로 제한된다. 따라서 식료품에 투자되는 자본은 그 수량을 사들이는 데 충분한 자본을 초과하지 못한다.

만약 이 자본이 두 식료품상 사이에 나누어진다면 두 사람의 경쟁은, 한 사람이 독점할 때보다 식품 가격을 낮출 것이다. 만약 20명의 식료품상이 있다면 그만큼 경쟁이 치열해질 것이다. 또 그들이 가격을 올리기 위해 자기들끼리 담합할 가능성은 그만큼 낮아진다. 물론 그런 경쟁으로 일부는 망할 수 있다. 이 문제는 관련 식료품상이 알아서 할 문제이므로 그들의 판단에 맡기는 것이 좋다.

경쟁은 소비자나 생산자에게 피해를 입히지 못한다. 오히려 한두 사람의 도매상이 물품을 독점할 경우 소매상들로 하여금 물건을 더 비싸게 사서 더 싸게 팔도록 만든다. 물론 상인 중 어떤 사람들은 감언이설로 속여 소비자가 필요하지도 않은 물건을 사게도 할 것이다. 그러나 이런 악행은 대중이 관심을 둘 정도로 그리 중요한 문제는 아니며, 그런 일이 있다고 해서 소매상 숫자를 줄여야 할 필요도 없다. 가장 비근한 사례를 하나 들어보겠다. 선술집이 많아서 대중 사이에 음주 성향이 생기는 것은 아니다. 오히려 그보다는 다른 많은 사유로 술을 마시고 싶어 하므로 선술집이 번창하는 것이다.

이 네 가지 방식 중 하나로 자본을 사용하는 사람은 그 자체로 생산적인 노동자로 볼 수 있다. 적절한 방향만 잡는다면, 그들의 노동은 투입되는 대상 혹은 판매 가능한 상품에 고정되고 실현되며, 그 가격에 노동자의 생계와 소비에 들어가는 가치를 부가한다. 농부, 제조업자, 도매상, 소매상의 이윤은 모두 앞의 두 사람이 생산하고 뒤의 두 사람이 판매하는 상품가격에서 나온다. 그러나 이 네 방식에 동일한 자본을 각각 투입했을 경우, 즉각적으로 매우 다른 양의 생산적 노동이 작동되며, 각각의 자본이 해당 사회의 토지와 노동의 연간 생산물 가치를 매우 다른 비율로 증가시키게 된다.

네 자본의 특징적 기능

소매상의 자본은 그 이윤과 함께 그가 물건을 사들인 도매상의 자본을 회수하게 해서 그가 계속 사업을 할 수 있게 한다. 소매상은 자기 자신을 고용하는 유일한 생산적 노동자이다. 그의 이윤에는 자기 고용이 사회의 연간 토지와 노동력에 추가하는 전체 가치가 포함되어 있다.

도매상 자본은 그 이윤과 함께 그가 거래하는 농부와 제조업자의 자본을 회수하게 해서 그들이 생업을 계속할 수 있게 한다. 이런 서비스를 통해 도매상은 사회의 생산적 노동을 간접적으로 지원하고, 연간 생산물의 가치를 높인다. 도매상의 자본은 그의 물건을 이곳에서 저곳으로 수송해주는 선원과 운송업자를 고용하고, 그의 이윤과 그들에게 주는 임금 가치로 물품 가격을 높인다. 이것이 도매상의 자본이 즉각 작동시키는 생산적 노동이고, 연간 생산물에 즉각적으로 부가하는 가치다. 이 두 측면에서 발휘되는 도매상의 기능은 소매상의 그것보다 훨씬 더 우수하다.

대규모 제조업자의 자본 일부는 그의 영업 도구들에 고정자본으로 투자되어 그 이윤과 함께, 그가 물품을 사들이는 다른 소규모 제조업자들의 자본을 회수하게 한다. 그의 유동자본 중 일부는 원료를 사들이는 데 투자되어, 그 원료에서 나오는 이윤과 함께, 그가 물품을 사들이는 농부와 광부의 자본을 회수하게 한다.

그러나 그 자본의 상당 부분은 연 단위 혹은 그보다 훨씬 짧은 시간 단위로 고용한 노동자들에게 분배된다. 이 유동자본은 노동 임금에 따라 원료의 가치를 상승시키고, 자기 사업에 투자한 임금, 원료, 사업 도구 같은 자본 전체에서 발생하는 이윤만큼 원료 가치를 상승시킨다. 따라서 제조업자의 자본은, 도매상의 손에 있는 동일한 자본보다 생산적 노동 수량을 더 크게 증가시키고 또 국가의 연간 생산량에 더 큰 가치를 부가한다.

네 자본 중에서 생산적 노동 수량을 가장 크게 작동시키는 것은 농부의 자본이다. 그가 부리는 일하는 하인들뿐만 아니라 함께 밭을 경작하는 소들도 생산적 노동자들이다. 농업에서는 자연도 인간과 함께 일한다. 자연의 노동은 아무런 비용도 요구하지 않지만, 그 생산물은 가장 값비싼 노동자 못지않게 가치를 지닌다.

농업의 가장 중요한 기능

농업의 가장 중요한 작업은 증식 자체를 위한 것이 아니라 인간에게 가장 유익한 식물을 생산해 자연의 비옥함을 유도하는 것이다. 찔레와 가시덤불이 웃자란 들판도 때때로 가장 잘 관리된 포도원이나 옥수수밭 못지않게 다량의 채소를 생산할 수 있다. 재배와 경작은 때때로 자연의 활발한 생식력을 활성화하기보다 규제하기도 한다. 재배와 경작에 엄청난 노동을 투입했더라도 결국 농사의 상당 부분은 언제나 자연이 해주어야 한다. 그러므로 농업에 투입된 노동자와 가축은 제조업 노동자처럼 자신의 소비나 그들을 고용한 자본, 그 소유주의 이익과 동등한 가치를 재생산할 뿐만 아니라, 훨씬 더 큰 가치를 재생산한다. 그들의 노동은 농부의 자본과 이윤을 초과해 지주의 지대도 재생산한다.

이 지대는 자연의 힘이 만들어낸 생산물로 간주된다. 그 자연력을 사용하는 권리를 지주는 농부에게 대여한 것이다. 지대는 이 자연력의 크기에 따라 높을 수도 있고 낮을 수도 있다. 다시 말해, 토지의 자연적인 생산성 혹은 개선된 생산성에 따라 지대가 결정된다. 지대는 인간 노동으로 간주되는 모든 것을 공제 혹은 보상한 후에 남은 자연의 노동이다. 지대는 토지에서 나온 전 생산물의 4분의 1 이하로 내려가는 법이 거의 없고 심지어 3분의 1 이상을 차지하기도 한다.

제조업에 투입된 동일한 양의 생산적 노동이 그토록 큰 재생산을 일으킬 수는 없다. 자연은 아무것도 하지 않고 인간이 모든 것을 하며, 재생산은 항상 재생산을 일으킨 주체의 힘에 비례한다. 그러므로 농업에 고용된 자본은 제조업에 고용된 동등한 자본보다 더 많은 양의 생산적 노동을 투입할 뿐만 아니라, 고용된 생산적 노동의 양에 비례하여 그 나라의 토지와 노동의 연간 생산량과 주민의 실질적 부와 수입에 훨씬 더 큰 가치를 더한다. 자본이 사용될 수 있는 모든 방법 중에서 가장 사회에 유익한 방법이다.

국내용 자본과 해외 무역용 자본

농업과 소매업에 투자한 자본은 언제나 국내에 머물러 있어야 한다. 그 투자는 언제나 일정한 곳, 즉 농장이나 소매상 가게로 국한된다. 이 자본은 일반적으로(물론 여기에도 예외는 있지만) 그 사회 구성원에게 소속된다.

반면 도매상 자본은 일정한 장소나 필요한 장소가 따로 있는 게 아니어서 싸게 사서 비싸게 팔 수 있는 곳이라면 이리저리 돌아다닌다.

제조업자의 자본은 물론 제작이 이루어지는 곳에 머물러야 한다. 하지만 그 제작소는 언제나 일정한 곳으로 정해진 것은 아니다. 그곳은 원료가 양생되는 곳 혹은 완제품이 소비되는 곳에서 멀리 떨어져 있을 수도 있다. 프랑스의 도시 리옹은 원료를 제공하는 장소와 그 원료를 소비하는 사람들로부터 멀리 떨어져 있다. 시칠리아의 옷 잘 입는 사람들은 다른 나라에서 만든 실크 옷을 입지만, 그 실크는 시칠리아에서 생산된 것이다. 스페인산 양모의 일부는 그레이트브리튼에서 가공되어, 나중에 그 모직물 일부가 스페인으로 다시 수출된다.

어떤 사회의 잉여생산물을 자기자본으로 수출하는 상인이 자국인이냐 외국인이냐는 것은 별로 중요하지 않다. 그가 외국인이라면, 생산적 노동자 수가 자국인에 비해 하나 적다는 차이만 발생할 뿐이다. 또 그 연간 생산물의 가치는 그 한 사람이 올릴 수 있는 이윤만큼 작을 것이다.

그 외국인 수출 상인이 고용하는 선원이나 운송업자는 상인 나라 소속일 수도 있고, 그들 나라 소속일 수도 있고, 아니면 제3국 소속일 수도 있다. 이것은 그 수출 상인이 본국인일 때도 마찬가지이다. 외국인 자본도 그 사회의 잉여생산물을 국내 수요가 있는 물품과 교환함으로써 그 잉여생산물에 가치를 부가한다는 점에서는 본국인의 자본과 다를 바 없다. 해당 자본은 그 잉여생산물을 생산한 사람의 자본을 회수하며, 동시에 생산자가 계속 사업을 이어갈 수 있게 한다. 도매상 자본이 해주는 서비스는 주로 생산적 노동을 지원하여, 그가 속한 사회의 연간 생산물 가치를 높인다.

반면 제조업자 자본은 국내에 머무는 것이 더 중요하다. 이는 더 많은 수량의 생산적 노동을 작동시키고 그 사회의 연간 생산물에 더 큰 가치를 부가한다. 하지만 같은 국가에 있지 않더라도 여전히 도움이 된다. 예를 들어, 발트 해안에서 연간 수입해온 아마와 대마를 가공하는 브리튼의 제조업자 자본은 그런 원료를 생산하는 나라들에 아주 유익하다. 이 원료들은 그 나라들의 잉여생산물의 일부인데, 만약 국내에 수요가 있는 다른 물건과 해마다 교환이 되지 않는다면, 그 아마와 대마는 가치가 없으며 곧 생산이 중단될 것이다. 그것을 수출하는 상인들은 제품을 생산한 사람들의 자본을 회수시키며, 이를 통해 그들이 계속 생산하도록 장려한다. 그리고 브리튼의 제조업자들은 이 상인들의 자본을 회수하게 한다.

농업·제조업·상업의 투자 우선순위

어떤 나라는 개인과 마찬가지로 농업·제조업·운송업에 투자할 자본이 충분하지 않을 수도 있다. 자국의 토지를 개량하고 경작하는 자본, 모든 토지의 미가공 생산물을 즉시 소비할 수 있도록 가공하는 자본, 미가공 생산물과 완제품을 국내에 수요가 있는 다른 물건과 교환하기 위해 멀리 떨어진 시장으로 보내는 자본 등이 없을 수 있다.

그레이트브리튼의 많은 지역 주민은 그들의 토지를 개량하고 경작하는 데 필요한 자본이 없다. 스코틀랜드 남부 카운티들의 양털은 열악한 도로 사정에도 불구하고 요크셔로 마차를 통해 운송되어 모직물로 제조된다. 그것을 스코틀랜드에서 직접 제조할 자본이 없기 때문이다. 그레이트브리튼의 많은 소규모 제조 도시의 주민은 그곳 제품을 필요로 하고 소비하는 먼 시장으로 운송할 자본이 없다. 이런 소도시에 있는 상인들은 훨씬 규모가 큰 상업 도시에 거주하는 부유한 상인들의 대리인 역할을 할 뿐이다.

어떤 나라의 자본이 이 세 가지 목적을 충족시킬 정도로 충분하지 못하다면, 그 자본 중 상당히 큰 부분을 농업에 투자해야 한다. 그래야 그 자본이 국내에서 작동시키는 생산적 노동 수량이 커질 것이기 때문이다. 또 그렇게 해야 그 자본이 사회의 연간 생산물에 부가하는 가치도 더 커질 것이다. 농업 다음으로 제조업에 고용된 자본은 가장 많은 양의 생산적 노동을 투입하고 연간 생산물에 가장 큰 가치를 더한다. 세 가지 목적 중에서 해외 수출에 들어간 자본이 가장 효과가 적다.

이 세 가지 목적에 투자할 자본이 아직 충분하지 못한 나라는, 그 나라가 달성할 수 있다고 생각하는 국부 수준에는 아직 도달하지 못한 것이다. 그러나 불충분한 자본으로 조기에 이 세 가지를 모두 시도하는 것은, 개인이 충분한 자본을 확보하는 것과 마찬가지로 사회가 충분한 자본을 확보하기 위한 지름길은 아니다. 한 나라에서 전 국민의 자본은 어느 한 개인 자본이 그러하듯 한계가 있고, 특정한 목적만 수행할 수 있다. 한 나라의 국민 전체의 자본은 그들의 수입에서 저축한 것을 지속적으로 축적하고 추가함으로써 한 개인의 자본과 동일한 방식으로 증가한다. 따라서 국민에게 가장 큰 수입을 올려주는 방식으로 자본이 투자될 때 자본이 가장 빨리 축적된다. 수입이 많아지면 자연히 저축도 많아지기 때문이다. 그렇지만 국민의 수입은 그 국가의 토지와 노동의 연간 생산물 가치에 비례해 증가한다.

아메리카 식민지의 급속한 발전 이유

우리의 아메리카 식민지들이 국부와 국력을 향해 신속하게 전진할 수 있었던 가장 큰 이유는 거의 전 자본이 지금껏 농업에 투자되어 왔기 때문이다. 그들은 가내 수공업과 소규모 제조업을 제외하고 이렇다 할 제조업이 없었다. 그런 제조업은 농업 발전에 따라 생겨났고 주로 각 집안 여자들과 자녀들이 맡았다.

아메리카의 수출과 연안 무역은 대부분 그레이트브리튼에 살고 있는 상인들의 자본으로 수행되었다. 일부 지역들 특히 버지니아와 메릴랜드에서 물건들을 소매하는 가게나 창고 상당수가 모국에 거주하는 상인들의 것이었다. 이렇게 하여 어떤 사회의 소매업이 그 사회 거주자가 아닌 사람들의 자본으로 운영되는 희귀한 사례 중 하나가 되었다. 만약 아메리카 사람들이 담합이나 강제 수단으로 유럽 제조품의 수입을 철저히 금지하고 그 물건들을 만들 수 있는 내국인에게 그 물건을 만드는 독점적 권리를 부여하면서 자본의 상당히 큰 부분을 그 제조업 쪽으로 전용했다면 사태는 어떻게 되었을까? 그랬다면 연간 생산물 가치가 증가되기는커녕 억제됐을 것이며, 진정한 국부와 국력을 향한 발전도 촉진되지 않고 방해를 받았을 것이다. 마찬가지 맥락에서, 그들이 수출도 독점하려고 했다면 역시 같은 결과가 발생했을 것이다.

인류의 번영 과정에서 이 세 가지 목적에 충분한 자본을 제공할 만큼 오랫동안 지속된 큰 나라는 거의 없었던 것 같다. 중국, 고대 이집트, 고대 인도의 국부와 농업에 관한 놀라운 이야기들을 예외로 한다면 말이다. 이 세상에 존재했다고 하는 가장 부유한 세 나라도 주로 뛰어난 농업과 제조업으로만 유명했을 뿐이다. 이 나라들은 해외 무역으로는 그리 유명하지 않다. 고대 이집트인들은 거의 미신이라고 할 정도로 바다를 싫어했고, 바다에 대한 이런 반감은 인도에도 존재했다. 중국인 또한 해외 상업 분야가 그리 탁월하지 못했다. 이 세 나라의 잉여생산물은 언제나 외국인들에게 수출되었다. 외국인 상인들은 그 잉여생산물을 그 대국 내에서 수요가 있는 물건들(주로 금은)과 교환했다.

어떤 나라나 같은 자본을 투자한다고 하더라도 농업, 제조업, 도매 상업에 투자되는 비율에 따라서 생산적 노동 총량이 증감하고 또 연간 생산물에 부가하는 가치가 등락한다. 이러한 노동량과 가치 차이는 그 자본이 투입되는 도매 상업의 종류에 따라 크게 달라진다.

도매업의 세 종류: 국내, 해외, 중개

도매로 사서 도매로 파는 도매 상업은 다시 국내 도매업, 해외 소비 도매업, 중개무역의 세 종류로 세분된다. 국내 도매업은 그 나라 산업의 생산물을 국내의 어떤 장소에서 사서 다른 장소에서 파는 것이다. 이것은 내륙과 해안 거래를 모두 포함한다. 해외 소비 도매업은 해외 물품을 수입해 국내에서 소비하는 업종이다. 중개무역은 해외 국가들 사이의 상업을 체결시키거나 한 외국의 잉여생산물을 다른 외국으로 중개한다.

한 나라의 갑이라는 지역에서 어떤 생산물을 사서 같은 나라의 을이라는 지역에 판매하기 위해 들어간 자본은 그런 영업을 할 때마다, 그 나라의 농업 혹은 제조업에 들어간 두 개의 뚜렷이 다른 자본을 회수시켜 준다. 또 그렇게 해서 그 두 업종이 투자를 계속할 수 있게 한다. 상인이 자본을 가지고 거주지에서 일정한 가치의 상품을 내보내면, 그 대가로 동일한 가치의 다른 상품을 가져온다. 만약 그 두 상품이 국내 산업의 생산물이라면, 그것은 이러한 영업을 통해 생산 노동 지원에 들어간 두 개의 뚜렷이 다른 자본을 회수하고 그리하여 그 자본이 계속 그런 지원을 할 수 있게 한다. 가령 자본이 스코틀랜드 제조품을 런던으로 보내고 그 대신에 잉글랜드의 곡물과 제조품을 에든버러로 가져온다고 해보자. 그러면 그 자본은 그런 영업을 할 때마다 그레이트브리튼의 농업과 제조업에 투자된 두 개의 브리튼 자본을 회수시켜 주는 것이다.

국내 소비를 위해 해외 물품을 사들이는 데 들어간 자본도, 만약 구매가 국내 산업의 생산물로 이루어진다면, 그런 영업을 통해 두 개의 뚜렷한 자본을 회수해준다. 하지만 그 두 자본 중 하나만 국내 산업을 지원하는 데 들어간 것이다. 브리튼 물건을 포르투갈로 보내고 포르투갈 물건을 그레이트브리튼으로 가져오는 자본은, 그런 영업을 할 때마다 브리튼 자본만 회수한다. 나머지 하나의 자본은 포르투갈 것이다. 따라서 국내 소비용 해외 무역에서 자본 회수는 국내 상업의 그것처럼 신속해야 하지만, 그 무역에 투자한 자본은 다른 나라로 이동하므로 국가 산업 혹은 생산적 노동을 절반만 지원할 뿐이다.

그러나 국내 소비를 위한 해외 무역의 자본 회수는 국내 상업처럼 빠른 경우가 거의 없다. 국내 상업의 자본 회수는 일반적으로 연말에 이루어지지만, 때로는 연중 3~4회 자본 회전이 이루어지기도 한다. 국내 소비용 해외 무역의 자본 회수는 연말이 되어서야 이루어지고, 심지어 2~3년 뒤로 늘어지기도 한다. 따라서 국내 상업에 투자한 자본은 국내 소비용 해외 무역의 자본 회수가 이루어지기 전에 12번 영업을 해서 12번 자본 회전이 이루어지기도 한다. 이 경우에 만약 두 업종의 자본이 동일하다면, 국내 상업은 해외 무역보다 그 나라의 노동에 24배 이상을 더 지원하는 셈이 된다.

우회 무역과 직접 무역

국내 소비용 해외 물품은 때때로 국내 산업의 생산물이 아니라 다른 해외 물품으로 구매할 수도 있다. 그러나 이 다른 해외 물품은 국내 산업의 생산물로 직접 구매하거나 아니면 그 생산물을 가지고 사들인 다른 것으로 구매할 수도 있다. 전쟁과 정복의 경우를 제외하고, 해외 물품은 국내에서 생산된 물품과 직접 교환하거나 아니면 두세 번의 다른 교환을 거쳐 교환될 수 있다. 이런 우회 무역에 의한 투자 자본의 효과는 모든 면에서 직접 무역에 투자된 그것과 똑같다. 단지 우회 무역에서는 자본 회수가 더욱 늦어진다는 것만 다르다. 2~3개의 뚜렷이 다른 해외 무역의 자본 회수를 거쳐야 하는 까닭이다.

예를 들어 리가에서 생산된 아마와 대마를 버지니아산 담배로 사들였고 그전에 그 담배는 브리튼의 제조품으로 사들였다고 해보자. 이 경우 상인은 두 개의 뚜렷이 다른 해외 무역의 자본 회수가 이루어진 다음에나, 같은 양의 브리튼 제조품을 다시 사들일 수가 있다. 만약 버지니아산 담배를 브리튼 제품이 아니라, 그 제품으로 미리 사들인 자메이카의 설탕과 럼주로 사들였다면, 상인은 3건의 자본 회수가 이루어지기를 기다려야 한다.

그런데 이런 2~3건의 해외 무역이 두세 명의 상인에 의해 이루어졌다고 해보자. 그러면 제2의 상인은 제1의 상인이 수입한 물품을 다시 수출할 목적으로 사들이고, 제3의 상인은 제2의 상인을 상대로 동일한 행위를 반복한다. 이 경우 각 상인은 자신의 자본을 좀 더 빠르게 회수할 것이다. 그러나 이 무역에 들어간 전 자본의 최종 회수는 다른 경우와 마찬가지로 늦어진다. 이러한 우회 무역에 들어간 자본이 한 상인의 것이냐 혹은 세 상인의 것이냐는 물론 각 상인 입장에서는 차이가 있지만 국가의 관점에서 보면 차이가 없다.

아무튼 브리튼의 제조품과 리가의 아마와 대마가 직접 교환될 때와 비교하여, 세 배나 더 큰 자본이 이 3건의 우회 무역에 들어간 것이다. 그러므로 이런 국내 소비용 물품을 위한 우회 무역에 들어간 총자본은, 직접 무역에 들어간 그것보다 국가의 생산적 노동을 덜 지원하게 된다.

국내 소비를 위해 외국 물품을 구매할 때 어떤 외국 물품을 사용하든 무역의 성격이나 우리나라의 생산적 노동을 지원하는 방식에는 큰 차이가 없다. 예를 들어 그런 해외 물품을 브라질의 금이나 페루의 은으로 사들였다 해도, 그 금은은 버지니아의 담배와 마찬가지로 국가의 노동 생산물이나 혹은 그 생산물로 사들인 무엇으로 구매한 것이다. 그러므로 그 나라의 생산적 노동에 관한 한, 금은으로 수행되는 소비재의 해외 무역은, 다른 소비재 우회 무역의 이점과 단점을 그대로 갖는다. 그 생산적 노동을 지원하는 데 즉시 사용된 자본을, 그 우회 무역만큼 빠르게 혹은 느리게 회수한다.

그러나 이 금은에 따른 해외무역에는 다른 우회 무역보다 하나의 이점이 있다. 금은은 부피가 작고 가치가 많이 나가기 때문에 한곳에서 다른 곳으로 이동시키는 수송비가 같은 가치의 다른 물품보다 훨씬 저렴하다. 또한 금과 은은 운송비가 저렴할 뿐만 아니라, 그에 대한 보험료도 다른 물품에 비해 그리 높지 않다. 게다가 수송 중에 손상될 우려도 별로 없다. 따라서 금은을 사용하면, 다른 외국 상품 을을 가지고 같은 양의 외국 상품 갑을 사들이는 경우에 비해, 더 적은 국내 산업의 생산물로 그 외국 상품 갑을 사들일 수 있다. 이런 방식을 사용하면 국내의 수요는 다른 방식보다 더 적은 비용으로 완전하게 공급될 수 있다.

그러면 이런 질문이 생길 수 있다. 금은을 계속 해외로 내보내게 되는 이런 종류의 무역은 국가를 가난하게 만드는 것이 아닐까? 그렇지 않다는 것을 나는 뒤에서[4권 6장] 길게 설명할 것이다.

자본을 특정 목적으로 사용하도록 강요해서는 안 된다

한 국가의 중개무역에 투자되는 자본은 그 국가의 생산적 노동을 지원하기 위해 사용되는 것이 아니라, 외국의 생산적 노동을 지원한다. 그 자본이 매번 작동할 때마다 뚜렷이 다른 두 개의 자본을 회수하지만, 그 두 자본은 어느 것도 그 국가에 소속되지 않는다. 폴란드 곡물을 포르투갈로 중개하고, 포르투갈의 과일과 와인을 폴란드에 중개하는 네덜란드 상인의 자본은 이런 영업을 할 때마다 두 개의 자본을 회수하지만, 그 두 자본은 네덜란드의 생산적 노동 지원에는 투자되지 않는다. 그 둘 중 하나는 폴란드를, 나머지 하나는 포르투갈을 지원한다. 이윤만 네덜란드 상인에게 정기적으로 회수되어 이 중개무역이 네덜란드의 토지와 노동의 연간 생산물에 가치를 더한다.

어떤 나라의 중개무역이 그 나라 소속의 선박과 선원들에 의해 수행된다면 운송비 지불에 참여한 자본은 그 나라의 특정한 생산적 노동자 사이에 분배되어 그들이 노동에 참여한다. 중개무역의 상당 부분을 담당한 거의 모든 나라가 이런 방식으로 무역을 수행한다. 중개무역(carrying trade)이라는 명칭 또한, 그 나라 국민이 다른 나라에 중개하는 일(carry)을 담당하기에 생긴 것이다. 그러나 그런 운송 업무가 중개무역의 본질은 아니다. 예를 들어 네덜란드 상인이 폴란드와 포르투갈 사이의 중개무역을 하면서 한 나라의 잉여생산물을 다른 나라로 중개하면서 네덜란드 배가 아니라 브리튼 배로 수송한다고 해보자. 그 상인은 어떤 특별한 경우에는 실제로 이렇게 할 수 있다. 이런 이유로 중개무역은 그레이트브리튼 같은 나라에 특히 유리하다고 생각되었다. 브리튼의 국가 방어와 보안은 보유 중인 선원과 선박 수에 의존하고 있기 때문이다.

그러나 동일한 자본이 중개무역과 마찬가지로, 해외 무역이나 국내 상업—연안 선박을 사용하는—에서도 많은 선원과 선박을 고용할 수 있다. 특정 자본이 고용할 수 있는 선원과 선박 숫자는 무역의 성격에 달린 것이 아니라 물품 가치에 비례하는 물품 수량과, 두 항구 사이의 운송 거리에 달려 있다. 이 두 조건 중 주로 전자에 따라 결정된다. 예를 들어 뉴캐슬과 런던 사이에서 벌어지는 석탄 거래는 잉글랜드의 전체 중개무역보다 더 많은 선박을 고용한다. 두 도시의 항구 사이의 거리는 그리 멀지 않지만 말이다. 그러므로 비상한 장려 조치로 어떤 나라의 자본 중 많은 부분을 중개무역에 몰아준다고 해서, 그런 장려가 없었을 때의 자연스러운 증가보다 필연적으로 선박수를 더 많이 증가시킨다고 볼 수 없다.

그러므로 어떤 나라의 국내 무역에 투자된 자본은 일반적으로 그 나라에서 더 많은 양의 생산적 노동을 장려하고 지원하며, 소비재 해외 무역에 투자된 동일한 규모의 자본보다 연간 생산물 가치를 더 크게 높인다. 그리고 이 소비재 해외 무역에 고용된 자본은 이 두 가지 측면[생산 노동량과 생산물 가치]에서 중개무역에 고용된 동등한 자본보다 여전히 더 큰 이점을 가진다.

국력은 국부에 달린 것이므로 모든 국가의 국력은 그 연간 생산물의 가치에 비례한다. 이것은 모든 세금 납부의 바탕이 되는 자금이기도 하다. 모든 국가의 정치경제의 가장 큰 목적은 국부와 국력을 늘리는 것이다. 따라서 국가는 국내 상업보다 소비재 해외 무역을 우선적으로 장려해서는 안 되며, 이들 둘보다 중개무역을 더 장려해서도 안 된다. 그리고 국가는 이 두 채널[국내 상업과 해외 무역]에 국가 자본이 자연스럽게 유입되는 것보다 더 많은 양이 흘러 들어가도록 강요하거나 권유해서는 안 된다.

이러한 상거래 각 분야는 강요나 억압 없이 자연 질서를 따라 이루어질 때 유익할 뿐만 아니라 필요하면서도 필연적인 것이 된다.

잉여생산물과 해외 무역

어떤 산업 분야의 생산물이 국내 수요를 초과해 생산되었을 때, 그것은 해외로 보내져 국내 수요가 있는 물품과 교환된다. 이러한 수출이 없다면 국내의 생산적 노동 중 한 부분이 중단될 것이고, 연간 생산물 가치는 그만큼 줄어들 것이다.

그레이트브리튼의 토지와 노동력은 일반적으로 국내 시장의 수요보다 더 많은 곡물, 모직물, 철제품을 생산한다. 그러므로 이런 것의 잉여 부분은 해외로 보내져 국내 수요가 있는 물품들과 교환되어야 한다. 이런 수출 수단이 있어야만 잉여 생산분은 그것을 생산하는 데 들어간 노동과 비용을 보충하는 충분한 가치를 획득할 수 있다. 해안 근처에 있거나 항행 가능한 강둑에 있는 도시는 산업 활동에 유리하다. 그런 지리적 위치가 잉여생산물을 국내 수요가 있는 다른 물품들과 교환하는 것을 쉽게 하기 때문이다.

이렇게 국내 산업의 잉여 생산물로 구입한 외국 상품이 국내 시장의 수요를 초과할 경우, 잉여 부분은 다시 해외로 보내 국내 수요가 많은 상품으로 교환해야 한다. 그레이트브리튼은 연간 9만 6천 통[hogshead: 100~140갤런들이]의 담배를 국내 잉여생산물의 일부와 교환한다. 브리튼의 담배 수요는 1만 4천 통을 넘어가지 않을 것이다. 만약 나머지 8만 2천 통을 해외로 보내 국내 수요가 있는 다른 물품과 교환하지 않는다면 담배 수입은 즉각 중단된다. 그러면 8만 2천 통이 연간 사들이는 물품을 준비하는 데 종사하는 그레이트브리튼 주민의 생산적 노동도 함께 사라진다. 그레이트브리튼의 연간 생산물 중 일부인 그 물품은 국내 시장이 없고, 해외 시장도 빼앗겼으므로 더 이상 생산되지 않을 것이다.

그러므로 가장 우회적인 소비재 해외 무역도 어떤 때는 한 국가의 생산적 노동과 연간 생산물을 지원하기 위해, 직접 무역 못지않게 필요할 수 있다.

중개무역의 국가적 의의

어떤 나라의 자본량이 엄청나게 증가하여, 소비 공급에 사용되고 또 그 나라의 생산적 노동을 다 지원하고도 남는다면, 그 잉여 자본은 자연스럽게 중개무역으로 흘러들어 가 다른 나라에 동일한 기능[소비 충족과 생산적 노동 지원]을 수행한다. 중개무역은 엄청난 국부로 인한 자연스러운 효과이며 증상이지만, 국부의 자연스러운 원인은 아닌 듯하다. 국부 증가를 위해 정부의 특정 장려책들을 제공하고 싶은 정치가들은 국부의 효과와 증상을 국부의 원인으로 혼동한 것이다.

국토 크기와 인구 수에 비해 유럽에서 가장 부유한 국가인 네덜란드는 그만큼 부유하기 때문에 유럽 중개무역의 가장 큰 부분을 차지하고 있다. 유럽에서 두 번째 부국인 잉글랜드도 그 무역에서 상당한 점유율을 자랑한다. 그렇지만 잉글랜드에서 통상적으로 중개무역이라고 할 때는 종종 소비재를 우회 무역하는 경우가 많다. 잉글랜드는 동인도제도와 서인도제도 그리고 아메리카의 물품들을 여러 유럽 시장에 많이 중개하고 있다. 이러한 식민지 물품들은 일반적으로 브리튼 산업의 생산물로 사들이거나, 그 생산물로 사들인 다른 생산물과 교환된다. 이러한 무역에서 나오는 최종적 회수 자본은 일반적으로 그레이트브리튼에서 사용되거나 소비된다.

브리튼의 화물선들은 지중해의 여러 항구를 오가며 상품들을 중개한다. 또 영국 상인들은 인도의 여러 다른 항구를 오가며 중개무역을 한다. 그레이트브리튼에서 중개무역이라고 하면 대체로 이 두 부류다.

국내 무역의 범위와 그것에 사용될 수 있는 자본의 범위는 필연적으로 각자의 생산물을 다른 생산물과 교환할 기회가 있는 국가 내의 모든 먼 곳의 잉여생산물의 가치로 제한된다. 또한 소비재 해외 무역은 국가 전체의 잉여생산물과 그것으로 구입할 수 있는 것의 가치에 의해, 중개무역은 세계 모든 다른 국가의 잉여생산물의 가치로 제한된다. 따라서 중개무역의 가능한 규모는 앞의 두 거래보다 무한이며 가장 큰 자본을 흡수할 수 있다.

자본가의 행동 동기는 이윤

자신의 사적 이익에 대한 고려는 자본가가 농업, 제조업 또는 도매업이나 소매업의 특정 분야에 자본을 사용하도록 결정하는 유일한 동기이다. 자본이 투입될 수 있는 생산적 노동의 양이 다르고, 자본이 이러한 다양한 방식 중 하나 또는 다른 방식으로 고용될 때 연간 토지와 노동의 생산물에 추가되는 가치가 다르다는 것은 결코 그의 관심사가 아니다.

그러므로 농업이 모든 직업 중에서 가장 수익성이 높고, 농사를 짓고 개량하는 것이 부의 지름길인 나라에서는 개인 자본이 자연스럽게 사회 전체에 가장 유리한 방식으로 사용될 것이다. 그러나 농업의 수익은 유럽의 어느 지역에서도 다른 업종에 비해 우월하지 않은 것 같다. 실제로 유럽 각지의 투기꾼들은 지난 몇 년 동안 토지 경작과 개량으로 이윤을 올릴 수 있다는 아주 멋진 얘기들을 하면서 대중을 즐겁게 했다.

그 투기꾼들의 계산을 자세히 따져볼 필요도 없이 아주 간단한 사실만 하나 주목하면 그런 계산이 잘못되었음을 충분히 알 수가 있다. 우리는 무역업자와 제조업자가 아주 적은 자본으로, 때로는 자본이 전혀 없는 상태에서 사업을 시작해 일생 일구어서 화려한 재산을 획득한 것을 매일 본다. 그러나 금세기 내내 유럽의 농업 분야에서 이런 큰 재산이 작은 자본으로 형성된 경우는 단 한 건도 없었다.

유럽의 큰 나라들에서, 상당히 좋은 토지가 아직 경작되지 않고 있고, 경작 가능한 토지 대부분은 경작이 가능할 정도로 개량이 되지 못했다. 그러므로 농업은 유럽 도처에서 지금껏 투자된 것보다 훨씬 큰 자본을 흡수할 수 있다. 유럽의 정책은 농촌보다는 도시에서 이루어지는 상거래에 엄청난 혜택을 주었다. 그리하여 개인은 그들 주위의 아주 비옥한 토지를 개선해 경작하기보다는 저 먼 아시아와 아메리카의 중개무역에 자본을 투자하는 것이 더 유리한 것을 발견한 것이다. 이어지는 제3권과 제4권에서 이런 현상을 자세히 설명할 것이다.

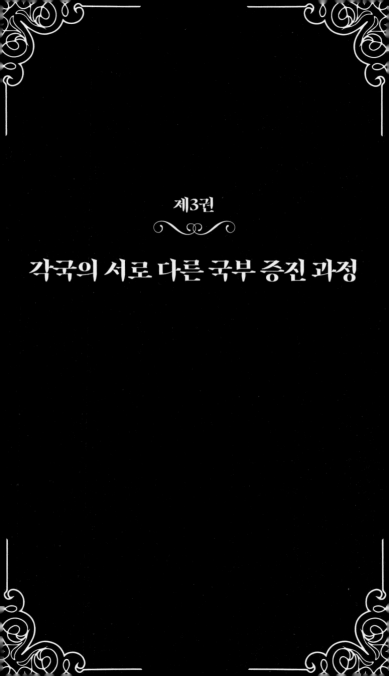

제3권

각국의 서로 다른 국부 증진 과정

제1장

국부의 자연스러운 증진

도시와 농촌은 경제적으로 호혜적 관계

모든 문명사회에서 대규모 상업은 주로 도시 주민과 농촌 주민 사이에서 이루어진다. 이 상업은 원자재와 완제품의 교환 형태로 이루어지며, 직접 물물교환을 할 수도 있고, 돈을 매개 수단으로 사용하거나, 돈을 대신하는 다른 증서로 거래를 체결할 수도 있다. 농촌은 도시에 생계 수단과 제조 원료를 제공한다. 반면 도시는 농촌 주민에게 완제품 일부를 되돌려 보냄으로써 이러한 농촌의 공급에 보답한다. 생계 물자를 제공하지 못하며, 그런 물자를 재생산하지도 못하는 도시는 그 부와 생계를 대부분 농촌으로부터 얻는다고 할 수 있다.

그렇지만 이렇게 얘기한다고 해서 도시의 이득이 곧 농촌의 손실이라고 생각해서는 안 된다. 도시와 농촌의 소득은 상호적이고 호혜적이다. 다른 경우도 그렇지만 이때도, 노동 분업은 그 분업으로 만들어진 다양한 직업에 종사하는 서로 다른 사람에게 혜택을 준다. 농촌 주민들은 자신이 직접 만들려고 했을 때 투입해야 했던 것보다 훨씬 적은 양의 노동력으로 더 많은 양의 완제품을 도시에서 구입할 수 있다.

도시는 농촌의 잉여생산물 혹은 농부의 생계유지에 들어가고 남은 것을 내다 파는 시장을 제공한다. 이 시장에 농촌 주민들은 잉여생산물을 가지고 가서 그들이 필요로 하는 다른 무엇과 교환한다. 도시 주민의 수와 그들의 수입이 많을수록, 농촌 사람들에게 제공할 수 있는 시장은 그만큼 더 커진다. 시장이 크면 클수록 그것은 언제나 더 많은 사람에게 더 큰 혜택을 제공한다.

도시로부터 1마일 이내에서 생산된 곡식이든, 20마일 거리에서 온 곡식이든 같은 값에 팔린다. 그러나 20마일 거리에서 온 곡식의 가격은 그것을 경작해 시장으로 출하한 비용을 충당해야 할 뿐만 아니라 농부에게 정상적인 수익도 제공해야 한다. 그러므로 도시 근처에 있는 농촌의 지주와 농부는 정상적인 농업 수익 이외에, 먼 거리에서 수송해 와야 하는 농산물 수송비 항목에서 이익을 보는데, 그들이 사들이는 완제품 가격에서 이 수송비만큼을 절약한다.

대도시 근처와 다소 멀리 떨어진 곳의 토지 경작을 비교해보라. 그러면 농촌이 도시와 상업 거래를 해서 큰 혜택을 얻는 것을 금방 알 수 있다. 이러한 교역 수지에 대해 지금껏 널리 퍼져 있는 황당한 추론 중에서도, 농촌이 도시와 거래해 손해를 보았다든가, 도시가 원자재를 대는 농촌과 거래해 손해를 보았다는 주장이 나온 적은 없었다.

사물의 이치를 살펴볼 때, 생필품이 편의품이나 사치품보다 더 먼저 만들어졌으므로, 생필품을 만들어내는 산업이 당연히 편의나 사치에 봉사하는 산업보다 먼저 생겼다. 따라서 생필품을 제공하는 농촌이 편의품을 제공하는 도시보다 더 먼저 정착하고 개선되었다. 도시의 생계를 구성하는 것은 농촌의 잉여생산물 혹은 농부가 자기 생계에 쓰고 남은 것이므로, 도시는 이 잉여생산물이 증가하면서 자연스럽게 커졌다. 물론 도시는 인근의 농촌이나 더 멀리 떨어진 같은 지역의 농촌에서만 생필품을 구하는 것은 아니고, 아주 멀리 떨어진 곳에서도 구매해 온다. 이런 상거래가 서로 다른 시대와 국가에서 국부가 발전하면서 다양한 변화를 빚어내는 원인이며, 이 원칙에는 예외가 없다.

인간 본성은 안전한 것을 좋아한다

일반적으로 요구되는 사물의 질서는, 모든 나라에서(그렇지 않은 나라도 있겠지만) 인간의 자연적 성향에 따라 수립된다. 만약 인간 제도가 이런 자연적 성향을 방해하지 않았더라면, 도시는 자기 주위를 둘러싼 토지 경작과 개량을 넘어서는 범위로까지 확대되지는 않았을 것이다. 그러니까 도시 주위의 토지들이 완전히 경작되고 개량될 때까지는 다른 데로 눈을 돌리지 않았을 것이다.

이윤이 똑같이 혹은 거의 똑같이 나온다면 대부분은 자기자본을 토지 개량과 경작에 투자하지, 제조업이나 해외 무역에 투자하지는 않을 것이다. 토지에 투자한 사람은 그 자본을 늘 곁에서 살피면서 감독하므로 사고를 당할 가능성이 그만큼 줄어든다. 해외 무역을 하는 상인은 빈번하게 자기자본을 해상의 바람과 파도에 맡겨야 하고, 멀리 떨어진 곳에 있어 그 성격이나 상황을 확실히 알지 못하는 사람들에게 커다란 신용을 제공함으로써, 인간의 어리석음과 불공정이라는 불확실한 요소에 자신을 노출해야 한다.

반면 토지 개량에 들어간 지주의 자본은 인간의 본성이 허용하는 범위 내에서 안전하게 투자된 것으로 보인다. 농촌 풍경의 아름다움을 위시하여, 농촌 생활의 즐거움, 그 생활이 보장하는 마음의 평온과 실제로 제공하는 독립적인 지위(인간의 불공정한 법률이 훼방하지 않는 한) 등은 모든 사람을 매혹하는 장점이 아닐 수 없다. 토지 경작이 인간의 원래 숙명이었으므로, 그는 인간 존재의 모든 단계에서 이런 원초적 직업을 더 선호하는 듯하다.

몇몇 수공업자의 도움이 없었더라면 토지 경작은 아예 안 되는 것은 아니지만 무척 불편하고 지장을 많이 받는 상태로 진행되었을 것이다. 그리하여 농부는 대장장이, 목수, 바퀴공, 쟁기공, 석공, 벽돌공, 무두질공, 구두 제작자, 양복쟁이 등의 수공업자들에게 빈번하게 도움을 받는 것이다. 수공업자들의 거처는 농부처럼 어느 한 곳에 매여 있을 필요가 없었으므로, 그들은 필요에 따라 서로 이웃해 살면서 자그마한 읍 혹은 마을을 형성했다. 푸주한, 양조업자, 빵집 주인도 곧 다른 수공업자와 소매업자들과 함께 이들 수공업자의 필요에 부응하는 물품을 제공하면서 수공업자 무리에 합류했고, 이로써 도시는 더욱 커지게 되었다.

도시와 농촌 주민들은 서로에게 봉사하는 상호 호혜 관계에 있다. 도시는 농부들이 의존하는 상설 장터 혹은 시장의 역할을 했고, 농부들은 여기서 그들의 원생산물을 완제품과 교환했다. 이런 상거래를 통해 도시 주민들은 필요한 원자재와 생필품을 얻었다. 도시인이 내놓은 완제품 수량이 필연적으로 사들이는 재료와 식량 수량을 규정했다. 따라서 도시인의 일과 생계는 저절로 증가할 수는 없었고, 완제품에 대한 농촌의 수요 증가에 비례해 증가할 수 있을 뿐이었다. 그러므로 인간 제도가 자연의 순리를 방해하지 않았다면, 모든 정치 사회에서 부의 점진적 축적과 도시의 성장은 그 토지 경작과 개량에 비례해 진행되었을 것이다.

북아메리카 식민지는 토지 투자에 집중

손쉽게 미경작 토지를 얻을 수 있는 우리의 북아메리카 식민지에서는, 어느 마을에서도 원거리 판매를 목적으로 하는 제조업이 아직 확립되지 않았다. 북아메리카의 수공업자가 인근 농촌에 납품하는 수준의 자기 사업에 필요한 것보다 약간이라도 많은 자본을 획득하면, 그는 그 자본으로 원거리 판매를 목적으로 하는 제조업이 아니라 미경작 토지를 사서 개량하는 데 투자한다. 그는 수공업자에서 농장 주인이 된다. 북아메리카가 제공하는 높은 임금과 낮은 생필품 가격에도 불구하고, 그는 할 수만 있다면 자기 자신을 위해 일하지 남 밑에서 일하려고 하지 않는다. 수공업자는 고객들에게서 일을 받아 생계를 유지하므로 그들의 종과 같지만, 농장 주인은 자기 소유의 땅을 경작하고 또 가족 노동으로 필요한 생필품을 얻기 때문에 자신을 주인이라고 생각하고 온 세상으로부터 독립되어 있다고 느낀다.

반면, 미경작 토지가 없거나 싼 가격에 토지를 얻을 수 없는 나라에서는 수공업자가 인근 농촌에 납품하는 정도의 자기 사업에 필요한 것보다 약간이라도 많은 자본을 획득하면, 그는 원거리 판매를 준비한다. 대장장이는 일종의 제철 공장을, 직조공은 리넨과 양모 공장을 세우는 것이다. 이런 제조업들은 시간이 흘러가면서 점차 세분화되어 매우 다양한 방식으로 개선되고 정제된다. 이런 과정은 쉽게 상상할 수 있는 것이므로 더 이상 설명할 필요가 없다.

자본 투자에 있어, 이윤이 같거나 비슷하다면 자연히 해외 무역보다는 국내 제조업을 선호한다. 이것은 제조업보다 농업이 선호되는 것과 같은 이유에서 나온 선택이다. 지주나 농부의 자본이 제조업자의 그것보다 더 안전한 것처럼, 제조업자는 늘 자신이 살펴보고 감독할 수 있는 곳에 자본이 있으므로, 해외 거래 상인보다 더 안전하다.

실제로 모든 시대, 모든 사회에서 원자재나 완제품의 잉여 부분 혹은 국내 수요가 없는 부분은 해외로 보내 국내 수요가 있는 상품과 교환된다. 이 잉여생산물을 해외로 수송해 가는 자본이 외국인가 혹은 국내 자본인가는 그리 중요하지 않다. 어떤 사회가 국내의 모든 토지를 경작하고 또 모든 원자재를 복잡한 방식으로 제조할 만큼 충분한 자본을 획득하지 못했다면, 그 원생산물을 외국 자본에 따라 수출하는 것에는 상당한 이점이 따른다. 그렇게 하면 사회의 모든 자본이 좀 더 유익한 목적에 활용될 수 있기 때문이다.

고대 이집트의 국부, 중국과 인도의 사례는 그 나라의 수출 거래에서 상당 부분을 외국인이 수행하더라도 국부를 상당한 수준으로 획득할 수 있음을 충분히 증명했다. 북아메리카와 서인도제도 식민지들도 그들의 잉여생산물 수출에 있어 자기자본만 사용했더라면 지금보다 훨씬 성장이 느렸을 것이다.

자본 투입 순서: 농업, 제조업, 해외 상업

따라서 사물의 자연스러운 이치로 본다면, 모든 성장하는 사회의 늘어나는 자본은 먼저 농업에 투자되고 그다음에 제조업 그리고 맨 마지막에 해외 상업[무역]에 투자된다. 이러한 순서는 너무나 자연스러워 영토를 소유한 모든 사회에서 정도의 차이는 있을망정 충분히 관찰된다. 토지를 먼저 경작한 후에야 비로소 도시가 생기고, 그 도시에서 어느 정도 제조업이 진행된 후에야 비로소 사람들은 해외 무역을 시도한다.

이 자연적 순서가 모든 사회에서 충분히 관찰되는데도, 오늘날 유럽 국가들에서는 여러모로 순서가 뒤바뀌었다. 그러니까 어떤 도시에서는 해외 무역이 먼저 시작되고 그다음에 훌륭한 제조업 혹은 원거리 판매에 적합한 제조업이 생겼다. 또 제조업과 해외 무역이 합세해 농업의 대대적 개량을 촉진하기도 했다. 어떤 나라의 정부가 도입한 이런 방식과 관습은, 그 정부가 사라지거나 크게 바뀐 뒤에도 그대로 남아 위력을 발휘하면서 부자연스럽고 전복적인 순서를 강요하고 있다.

제2장

로마제국 멸망 후, 고대 유럽이 겪은 농업 낙후

게르만 민족과 스키타이 부족이 서로마제국을 함락한 후, 그런 엄청 난 혁명에 이어지는 대혼란이 여러 세기 지속됐다. 야만족들이 고대의 주민 들에게 저지른 강탈과 폭력 때문에 도시와 농촌 사이의 상업은 중단되었다. 도시는 황폐해지고 농촌은 경작되지 않았다. 로마제국 당시에 엄청난 부를 누렸던 유럽의 서부 속주들은 가난과 야만의 밑바닥으로 추락했다. 이런 대 혼란이 지속되는 동안, 이들 국가의 족장과 주요 지도자들은 그 지역 토지 대부분을 스스로 획득하거나 강탈했다. 그렇게 빼앗아간 토지 대부분은 경 작되지 않은 땅이었지만, 경작된 땅이든 그렇지 않든 소유주 없이 방치된 땅은 없었다. 모든 토지가 점유되었고 그중 많은 부분이 소수의 대지주 차 지로 돌아갔다.

장자상속의 등장 배경

이처럼 애초에 미경작 토지를 크게 점유한 것은 일시적인 폐단에 지 나지 않았다. 그 토지들은 곧 분할되거나 상속 혹은 양도에 따라 여러 조각 으로 잘게 나뉠 수도 있었다. 하지만 장자상속법이 상속에 따른 분할을 막왔고, 한사상속[118]이 양도에 따라 여러 조각으로 나뉘는 것을 막아주었다.

토지가 동산처럼 생계와 향유 수단으로만 간주되던 때는 승계의 자연법 덕분에 토지도 동산과 마찬가지로 집안의 여러 자녀에게 분할되었다. 아버지는 자녀 모두가 생계와 향유를 누릴 동등한 자격이 있다고 여겼던 것이다. 이 자연법은 로마인들 사이에 뿌리내렸다. 로마인들은 토지 상속과 관련해 장자와 막내, 여자와 남자를 구분하지 않았는데, 오늘날 우리가 동산 분배에서 그런 구분을 두지 않는 것과 같았다.

그러나 토지가 생계 수단일 뿐만 아니라 권력과 보호 수단으로 간주되기 시작하면서 토지를 분할하지 않고 한 사람에게 몰아서 상속하는 것이 더 좋다고 생각하게 되었다. 로마제국 멸망 후 대혼란기에 대지주는 일종의 군소 군주나 다름없었다. 그의 땅을 빌려 경작하는 소작농은 곧 신하였다. 대지주는 그들의 재판관이었으며, 어떤 면에서는 평화 시에 그들의 입법가이자 전쟁 시에는 지도자였다. 그는 자기 판단 아래 이웃을 상대로 빈번히 전쟁을 벌였고, 어떤 때는 군주를 상대로도 싸웠다. 따라서 어떤 영지의 안보, 특히 지주가 그 땅에 사는 사람들에게 해줄 수 있는 보호는 영지 크기에 달려 있었다. 영지를 분할하는 것은 그것을 망치는 것이었고, 이웃이 침략해 괴롭히거나 병탄하도록 내버려두는 것과도 같았다.

따라서 장자상속법은 로마제국 멸망 후에 즉각 생긴 것이 아니라, 시간이 흐르면서 영지가 상속되는 과정에서 성립되었다. 이렇게 된 것은 군주국의 상속에서 장자가 우선시 된 경위와 비슷했다. 장자상속이 언제나 군주국의 첫 번째 제도였던 것은 아니었지만 말이다. 아무튼 군주국의 권력 그리고 안보가 영지 분할에 따라 약화되지 않으려면 자녀 중 한 명에게만 왕국이 상속되어야 했다. 여러 자녀 중 누구에게 왕국을 물려줄 것인가 하는 중요한 문제는 일반 원칙에 따라 결정되어야 했다. 그 원칙은 개인 능력 같은 모호한 특징을 근거로 해서는 안 되고 이론의 여지가 없는 간단하면서도

---

118 entailment, 限嗣相續. 직계 비속 중 특정 사람에게만 상속될 수 있는 부동산 소유권을 말한다.

명백한 차이점을 근거로 삼아야 했다. 같은 왕가의 자녀들이라면 그런 의심할 나위 없는 차이점은 성별과 연령뿐이었다. 보편적으로 남성이 여성보다 더 선호되었다. 다른 조건이 모두 똑같다면 어디서나 장남이 차남이나 막내보다 더 우대를 받았다. 이것이 장자상속권의 근원이고 소위 직계 적자 상속의 근거였다.

법률은 그것이 탄생한 합리적 상황이 사라진 지 시간이 꽤 지난 후에도 여전히 존속한다. 오늘날 유럽에서 단 1에이커를 소유한 지주라 해도 10만 에이커를 소유한 지주 못지않게 그 소유권을 보장받는다. 사정이 이런데도 장자상속권은 여전히 존중되고 있고, 여러 사회 제도 중에서 가문의 명예를 지켜주기에 가장 적합한 것으로 간주되고 있다. 그러므로 이 장자상속권은 앞으로도 여러 세대 동안 존속될 것으로 보인다.

이런 점을 제외한다면, 장자상속권은 자녀 중 어느 하나를 부자로 밀어주고 나머지는 가난하게 만드는 법으로, 이처럼 자식 많은 가정의 진정한 이해를 해치는 제도는 따로 없을 것이다.

한사상속은 장자상속의 연장

한사상속은 장자상속법에서 자연스럽게 생긴 결과다. 이것은 정통적 상속을 담보하기 위해 처음 도입된 것인데, 장자상속법이 맨 먼저 이런 아이디어를 제공했다. 한사상속은 원 영지가 증여, 유증, 양도 등에 따라 본래의 가계 밖으로 흘러나가는 것을 막기 위해 도입되었다. 그 영지를 이어받을 후보가 어리석은 짓을 저지르거나 불행하게 되어 영지가 일부 유출되는 일을 미연에 막으려는 것이었다. 한사상속은 로마인에게는 없는 제도였다. 로마인들의 대리상속이나 신탁유증은 한사상속과는 전혀 상관없었다. 하지만 몇몇 프랑스 법률가들은 이 근대 제도에 고대 제도의 언어와 수사를 첨가해 마치 로마 시대부터 있었던 것처럼 꾸미고 있다.

대영지를 소군주가 다스리는 일종의 공국이나 다름없는 상태였을 때, 한사상속은 나름 일리가 있었다. 몇몇 왕국의 소위 기본법과 마찬가지로, 한사상속은 수천 명의 안전이 단 한 사람의 변덕이나 사치 때문에 위태롭게 되는 것을 막을 수도 있었다.

그러나 오늘날의 유럽 상황을 보라. 큰 영지든 작은 영지든 소속 국가의 법률에 따라 안전을 보장받고 있다. 그러니 한사상속처럼 우스꽝스러운 제도를 찾기는 어려울 것이다. 한사상속은 아주 어리석은 가정을 바탕에 두고 있다. 그것은, 인간의 모든 세대가 땅에 대한 동등한 권리, 그 땅에서 나오는 모든 것에 대한 동등한 권리를 누릴 수 없다고 전제한다. 현 세대 소유권은 오래전 그러니까 한 5백 년 전쯤에 죽은 사람들의 변덕에 따라 제약되고 규제되어야 마땅하다는 생각이다.

그러나 한사상속은 유럽의 많은 지역에서 여전히 존중받는다. 특히 시민적·군사적 영예를 누리려면 필수적으로 귀족 출신이어야 한다고 생각하는 나라들에서 지켜지고 있다. 한사상속은 해당 국가의 높은 관직이나 영예를 누리는 귀족의 배타적 특권을 유지하는 데 필요하다고 생각된다. 귀족 계급은 자신의 가난으로 계급이 우습게 보이는 일이 없도록 나머지 동료 시민들로부터 부당한 우위[한사상속]를 약탈해 갔는데, 그런 만큼 자기들이 사회의 또 다른 특권[높은 관직이나 영예]을 누리는 것도 합리적이라고 여긴다. 그러나 영국의 보통법은 이런 영구적 특권을 혐오하므로, 한사상속은 유럽의 다른 나라들보다 영국에서 엄격하게 제한되고 있다. 그럼에도 심지어 영국에서도 한사상속이 아예 없는 것은 아니다. 스코틀랜드는 그 지방 토지의 5분의 1 이상, 아니 어쩌면 3분의 1 이상에서 현재 엄격한 한사상속이 적용되는 것으로 추정한다.

대지주는 토지를 개량하지 않는다

이렇게 해서 미경작 토지 대부분이 특정 가문 소유일 뿐만 아니라, 그 토지가 여러 조각으로 분할될 가능성마저도 영구히 배제된 것이나 다름없다. 그리고 대지주가 토지의 훌륭한 개선자가 되는 경우는 거의 없다. 이런 야만적 제도가 생긴 혼란스러운 시대에, 대지주들은 자기 영지를 방어하거나 아니면 이웃의 영지를 강탈해 자신의 관할권과 권위를 넓히는 일에만 몰두했다. 그는 토지 경작과 개량에 신경 쓸 여지가 없었다. 영지 내 치안이 확립되어 그런 여유가 생겼을 때, 대지주는 영농에 취향이 없었고, 영농에 필요한 능력도 없었다. 자신이나 그 가문이 지출하는 비용은 언제나 수입과 같거나 초과되었으므로, 영농에 자본을 투자할 여력이 없었다. 이재에 밝은 사람이라면 연간 저축액을 기존 영지에 투자해 토지 개선을 하기보다는 새 땅을 사들이는 것이 더 수익이 높다고 생각했다.

이윤을 올리면서 토지를 개량하려 한다면, 다른 모든 상업적 사업이 그러하듯 소액 저축과 소액 소득에 신경을 집중해야만 달성할 수 있다. 그러나 큰 재산을 물려받으면서 태어난 사람은 천성적으로 검소하더라도 이런 세부사항에 집중하지 못한다. 이런 사람은 그 지위상 자신의 변덕에 비위를 맞추는 장식물에 더 관심이 많지, 흥미를 별로 느끼지 못하는 소액의 이윤에는 관심이 없다. 우아한 의상, 화려한 마차, 장엄한 저택, 번쩍거리는 가재도구, 이런 것이 그의 변덕을 충족시키는데, 어릴 때부터 이런 물건들에 신경 쓰는 것이 습관이 되어온 것이다.

토지 개량 문제를 생각할 때는, 이런 습관에서 자연적으로 형성된 마음가짐이 튀어나온다. 그는 자기 저택 주위의 400~500에이커를 개량한 후 그 토지 가격보다 10배나 더 많은 비용을 들여서 꾸미려 한다. 만약 그가 이외에 특별한 취미가 없어서, 자신의 전 영지를 그런 식으로 미화하려고 마음먹는다면, 그는 그 사업이 10분의 1도 완료되기 전에 파산할 것이다. 대영제국의 잉글랜드와 스코틀랜드 지역에는, 중세의 무정부 상태 이래 같은 귀족 가문의 손에 남아 있는 대영지가 많다. 이런 대영지들의 오늘날 상태를 그 인근 소지주들이 가진 땅의 상태와 비교해보라. 그러면 광대한 영지가 얼마나 토지 개량에 부적합한 조건인지 금방 이해할 것이다.

농노와 노예 노동의 폐단

이런 대지주들에게 토지 개량을 기대할 수 없다면 그 지주들 밑에서 그 토지를 점유하고 있는 사람들에게도 마찬가지로 기대할 것이 없다. 고대 유럽에서, 토지 점유자는 모두 언제라도 주인이 자기 마음대로 해고할 수 있는 소작인이었다. 그들은 거의 대부분 노예들이었다. 그러나 그들의 노예

신분은 고대 그리스-로마 시대나 오늘날의 서인도제도 식민지보다는 다소 나은 상태였다. 그들은 땅 주인은 아니지만 그 땅에 직접 소속된 사람들로 인식되었다. 따라서 그들을 땅과 함께 팔 수는 있었으나, 사람만 별도로 팔지는 못했다.

그들은 주인의 동의를 얻어 결혼할 수도 있었다. 주인은 나중에 농노 남편과 농노 아내를 다른 사람에게 따로따로 팔아 그 결혼을 파탄 낼 수 없었다. 주인이 농노를 살해하거나 불구로 만들면 처벌을 받았으나, 그 처벌은 일반적으로 경미했다. 농노는 부동산을 획득할 수 없었다. 그들 소유는 곧 주인 소유로 귀속되었고, 주인은 농노에게서 그 소유물을 마음대로 빼앗을 수 있었다.

농노들을 데리고 어떤 토지 경작이나 개량을 하더라도 그것은 주인 주도로 진행되었다. 비용은 당연히 주인이 냈다. 씨앗, 소, 목축 도구 등도 모두 주인 소유였다. 이런 것은 모두 주인의 혜택을 위한 것이었다. 농노들은 매일 필요로 하는 생필품 외에는 무엇도 획득할 수 없었다. 따라서 이 경우 토지를 점유한 사람은 사실상 지주였고 농노는 주인을 대신해 토지를 경작해줄 뿐이었다. 이런 종류의 농노 제도는 아직도 러시아, 폴란드, 헝가리, 보헤미아, 모라비아, 독일 일부 지역에 존속하고 있다. 농노제가 완전 철폐된 곳은 유럽 서부와 남서부 지방들뿐이다.

대지주들에게 토지 개량을 기대할 수는 없었지만 그래도 그들은 노예들을 일꾼으로 고용했다. 모든 시대와 국가의 경험에 따르면 노예 노동은 비용만 많이 들어가는 아주 값비싼 노동이었다. 애초에 자기 재산을 획득할 수 없는 사람은 가능한 한 많이 먹고, 노동은 되도록 적게 하는 것 외에 다른 관심사를 갖기 어렵다. 생필품 구입에 충분한 것 이상의 일을 시키려면 오직 무력에 의해서만 가능했고, 그의 관심을 유도해 창의적인 노동을 하도록 만드는 것은 불가능했다.

고대 이탈리아에서는 노예에게 농사를 맡기면 곡식 농사는 크게 퇴보했고, 지주는 엄청난 손해를 보았다. 플리니우스와 콜루멜라가 기록한 바에 따르면 그렇다. 아리스토텔레스 시대에도, 노예 노동은 고대 그리스보다 별반 나아진 것이 없었다. 플라톤의 『법률』에 묘사된 이상적 공화국에 대해 말하자면, 5천 명의 노동하지 않는 남자들(공화국 방어에 필요한 전사 숫자)과 그 아내 및 하인들을 유지하려면, 바빌론 평야 같은 아주 광대하고 비옥한 땅이 필요하다는 것이다.

사람에게는 자긍심이 있어 남을 부리기 좋아하고, 자신의 하급자를 설득하기 위해 뭔가를 양보해야 하는 것을 무엇보다도 치욕스럽게 생각한다. 법이 허용하고 일의 성격상 그렇게 할 수 있다면, 사람들은 자유민의 노동보다는 노예의 노동을 더 선호한다. 설탕과 담배 농사는 노예 노동 비용을 감당할 수 있다. 주요 생산물이 곡식인 영국 식민지들에서는, 자유민이 훨씬 많은 부분을 담당하고 있다. 펜실베이니아의 퀘이커교도들은 최근에 그들의 흑인 노예를 해방하기로 결정했는데 노예 숫자가 그리 많지 않았기 때문에 그렇게 할 수 있었다. 만약 흑인 노예가 그들 재산의 상당 부분을 차지했더라면 그런 결정은 합의되지 못했을 것이다.

반면 우리의 설탕 식민지들에서 농사는 전부 노예들이 담당하며, 담배 식민지에서는 상당히 많은 부분을 흑인 노예가 담당한다. 서인도 식민지들의 설탕 농장에서 올리는 수익은 유럽이나 아메리카의 다른 농사들보다 훨씬 높다. 그리고 이미 진술했듯, 담배 농사의 수익은 설탕 농사보다는 못하다. 두 농사 모두 노예 경작 비용을 감당할 수 있긴 하지만 설탕이 담배보다 더 많은 수익을 올린다. 따라서 우리의 담배 식민지들보다 설탕 식민지들에서 흑인 노예의 숫자가 백인 노동자보다 훨씬 많다.

노예 노동을 대체한 반분농(半分農) 제도

고대에는 노예들이 농장을 경작했다면, 점진적으로는 오늘날 프랑스에서 반분농(metayer)이라고 알려진 농부들로 대체되었다. 이 농부들은 라틴어로는 콜로니 파르티아리이[Coloni Partiarii: 농사에 참여해 한몫 보는 농부]라고 했다. 반분농은 잉글랜드에서는 이미 오래전에 사라져서 현재는 그들을 가리키는 영어 단어가 없는 실정이다. 지주는 그들에게 씨앗, 소, 목축 도구, 기타 필요한 자본, 그러니까 농장 경작에 필요한 모든 것을 제공한다. 그리고 농사를 계속 짓기 위해 필요한 자본을 제외한 생산물은 지주와 반분농이 각각 50 대 50으로 나누어 가진다. 농사에 필요한 자본은 농부가 농장을 떠나거나 혹은 쫓겨나면 지주에게 되돌아간다.

반분농이 점유한 토지는 노예 노동과 마찬가지로 지주 비용으로 경작된다. 그러나 반분농과 노예 사이에는 한 가지 본질적인 차이점이 있다. 반분농은 자유인이므로 재산을 획득할 수 있고 토지 생산물의 일정 부분을 소유할 수 있다. 따라서 그가 챙길 몫이 커지려면 토지에서 나오는 생산물이 커져야 한다는 명백한 이해관계가 있다. 반면 생계 해결 외에 재산을 갖지 못하는 노예는 생계에 필요한 것을 초과하는 생산물이 나오지 않도록 토지 경작을 아주 완만하게 해나간다. 이런 이유로 농노 제도는 유럽의 많은 지역에서 점진적으로 사라졌다. 게다가 지방의 대영주들을 늘 시기하던 국왕이 영주의 권위에 농노들이 이런 식으로 저항하도록 격려하는 바람에 농노 제도를 유지하기가 점차 번거로워졌다.

그러나 그처럼 중요한 혁명이 벌어진 시기와 방식은 근대 역사에서 가장 불분명한 부분 중 하나다. 로마 가톨릭교회 교황은 그런 혁명이 가치 있는 현상이라고 주장했다. 그리하여 12세기경에 교황 알렉산더 3세[1159-81]는 농노들을 전반적으로 해방하라는 회칙을 반포했다. 이 회칙은 일종의 경건한 권고였을 뿐, 신자들이 반드시 복종해야 하는 법률은 아니었던 듯하다. 노예제는 그 후에도 수 세기 동안 거의 보편적으로 지속되다가, 위에서 언급한 지주와 국왕의 이해관계가 합치되면서 점진적으로 폐지되었다. 그러나 해방되어 토지를 계속 점유하는 것이 허용된 예전 농노는 소유한 자본이 없었으므로, 지주가 내어준 자본으로 토지를 경작할 수밖에 없었다. 그리하여 프랑스 사람들이 반분농이라고 부르는 농부가 생긴 것이다.

반분농은 생산물의 절반을 아낀 자본을 토지 개량에 투자하는 일에 큰 관심을 가지지 않았다. 토지에다 아무것도 투자하지 않은 지주가 토지 개량으로 올린 생산물의 절반을 가져가기 때문이다. 십일조 역시 생산물의 10분의 1에 불과했지만 토지 개량을 크게 방해했다. 그러니 생산물의 절반에 해당하는 세금은 토지 개량을 하지 말라는 것이나 다름없었다. 그리하여 반분농 입장에서는 지주가 제공한 토지에서 가능한 한 많은 생산을 올리는 것이 자기 이익에 부합하긴 하지만 자신이 아껴서 축적해둔 자본을 토지에 투입하는 것은 전혀 그의 이익이 되지 못했다.

왕국의 6분의 5가 반분농에 따라 경작되는 프랑스에서, 지주들은 반분농들이 기회만 있으면 그들의 소를 우마차에 사용하려고 하지, 토지 경작에는 쓰지 않는다고 불평했다. 소를 우마차로 사용하면 거기서 나오는 이익을 반분농이 전부 가져가지만, 토지에 사용하면 지주와 반분해야 하기 때문이었다. 반분농은 스코틀랜드 일부 지역에 아직 남아 있는데 그들을 가리켜 스틸보우(steel-bow) 농부라고 부른다. 법관 길버트와 법학 교수 블랙스톤 박사는 고대 영국의 임차농을 가리켜 농부라기보다는 지주의 '토지 관리인'이라고 해야 한다고 말했는데, 오늘날 반분농이 아마 그와 비슷한 존재일 것이다.

잉글랜드에서는 존경받는 소작농

아주 느리게 진행되기는 했지만 이런 반분농에 뒤이어 소작농이라고 불리는 농부들이 생겼다. 이들은 자기자본으로 토지를 경작하면서 지주에게는 일정량의 지대만 납부하면 되었다. 이 소작농들은 몇 년 단위로 토지를 임차할 때 자신이 축적한 자본 일부를 토지 개량에 투자하는 것이 자기 이익에 부합한다고 생각할 수도 있었다. 그들은 임차 기간 만료 전에 그 투자로부터 상당한 이윤을 올릴 것으로 기대하기 때문이다.

그러나 이런 소작농들의 토지 점유는 오랫동안 아주 불안정했고, 오늘날까지 유럽의 많은 지역에서 그러하다. 그들은 임차 계약 만기가 오기 전에 토지에서 쫓겨날 수도 있었다. 그 토지를 사들인 새 주인이 합법적으로 그렇게 내쫓을 수 있었던 것이다. 또 잉글랜드에서는 공공에 따른 수용이라는 허구적 조치에 의해서도 소작농들이 농지에서 쫓겨날 수 있었다.

주인의 변덕으로 불법적으로 쫓겨난 소작농들이 보상받을 수 있는 법적 보상은 아주 불완전했다. 판결은 그들에게 원 토지를 회복시켜주는 것이 아니라 보상금을 지불하라고 명령했는데 그 액수는 실제 손해액에 크게 못 미쳤다. 유럽의 어떤 나라보다 자작농이 늘 존경받아온 잉글랜드에서도 헨리 7세 재위 14년 차[1498]에 가서야 소작농 추방금지법(action of ejectment)이 제정되었다. 이 법은 소작농에게 손해를 배상할 뿐만 아니라 원래의 토지를 다시 점유할 수 있게 했고 또 단 한 번의 순회재판에서 나온 애매한 판결로 소작농의 주장에 대해 결론을 내리지 못하게 했다. 이 법은 아주 효과적인 위력을 발휘했다. 그래서 현대에 들어와, 지주가 토지 점유를 위해 소송을 해야 할 때 지주의 권리법이나 등기법을 이용하는 것이 아니라, 소작농의 이름을 빌려 소작농 추방금지법으로 소송을 거는 것이다. 따라서 잉글랜드에서 소작농의 지위 보장은 지주와 거의 맞먹는다.

그 외에도 잉글랜드에서는 연간 40실링의 임차료로 평생 토지를 임차할 수 있는데 이를 자유 토지 보유권(freehold)이라고 하며, 이 권리가 있으면 임차인은 의회 의원 선거에서도 투표할 수 있다. 영국의 자작농 계급 중 상당수가 이런 종류의 권리를 갖고 있으므로, 그 정치적 영향력 때문에 자작농 계급 전체가 지주들에게 존중받는다. 임차 농부가 임대권 없는 토지를 개량하고서, 지주가 그 중요한 개량 결과물을 가져가지 않으리라 자신하는 곳은 아마도 잉글랜드 외에는 유럽에 없을 것이다. 이러한 법률과 관습은 잉글랜드 자작농들에게 아주 유리하게 작용했다. 잉글랜드가 자랑하는 많은 상업 규칙을 모두 갖다 대더라도 이 제도만큼 오늘날 대영제국의 장엄함에 기여한 것은 없으리라 생각한다.

지주가 누구로 바뀌든 상관없이 장기간 임차를 보장하는 법률은, 내가 아는 한, 대영제국에만 있다. 이 법은 제임스 2세의 법률에 따라 일찍이 1449년에 스코틀랜드에 도입되었다. 하지만 이 법의 좋은 영향력은 전반적으로 한사상속에 의해 상당히 제약을 받았다. 한사상속의 상속자는 1년 이상의 장기 임대를 하지 못하도록 제약이 있었기 때문이다. 이와 관련해 의회 법률[1449]이 이 제약을 다소 완화했으나, 그래도 아직 빡빡한 상태다. 게다가 스코틀랜드에서는 임차권이 있다고 해서 의회 의원 투표권이 주어지는 것이 아니므로 그곳의 자작농은 이와 관련해 잉글랜드처럼 지주들의 존경을 받지 못하고 있다.

소작농에게 부과되는 각종 부담

유럽의 다른 지역에서, 상속자와 토지 구매자 모두에 대해 소작농을 보호하는 것이 편리하다는 점이 밝혀진 후에도, 그 안전 보장 기간은 여전히 단기간으로 제한되고 있다. 가령 프랑스는 임차 시작일로부터 9년이다. 최근 들어 프랑스는 그 기간을 27년으로 늘렸지만 소작농에게 중요한 토지 개량을 하도록 유도하기에는 여전히 짧은 기간이다.

지주들은 예전부터 유럽의 모든 지역에서 입법자였으므로, 토지 관련 법률들은 대부분 지주의 이익에 봉사하도록 제정되었다. 장기간의 임대 기간 중에, 전 지주가 임차인에게 제공한 혜택 때문에 뒤에 온 지주가 자기 토지의 가치를 온전히 누리는 데 방해가 되어서는 안 된다고 본 것이다. 이처럼 탐욕과 불의는 항상 근시안적이며, 지주들은 이런 규제가 얼마나 토지 개량을 가로막고 장기적으로 지주의 실질적 이익을 해칠지는 예측하지 못했다.

게다가 농부들은 예전부터 지주에게 정기적으로 지대를 납부하는 것 외에 지주를 위해 많은 잡일을 해야 했다. 그런 잡일은 임차 계약에 명시되어 있지도 않고 정확한 규칙에 따라 미리 정해진 것도 아니며, 단지 장원과 영지의 관례와 관습에 따른 것이었다. 이러한 서비스는 거의 전적으로 자의적이었기 때문에 소작농에게 많은 부담이었다. 스코틀랜드에서는 임차 계약에 명시되지 않은 이런 잡일들을 지난 수년에 걸쳐 폐지하면서, 지방 소작농들의 생활 조건을 한결 좋은 쪽으로 바꾸어놓았다.

소작농들이 수행해야 하는 공공 부역(賦役)도 개인적인 잡일 못지않게 임의적이었다. 공공 도로를 건설하고 유지하기 위해 유럽 전역에서 강제 부역이 부과되었다. 그 고통 정도는 나라에 따라 다르며 이런 강제 부역이 하나만은 아니었다. 왕의 부대나 가족, 관리들이 지방의 어떤 마을을 지나가면, 소작농들은 정부 조달관이 규정한 가격에 말, 마차, 식량을 제공해야 한다. 내가 알기로, 대영제국은 이러한 강제 징발이 완전 철폐된 유럽 유일의 국가이며, 프랑스와 독일에서는 여전히 시행 중이다.

소작농이 납부해야 하는 공공 세금도 부역 못지않게 부정기적이고 억압적이다. 예전의 지방 영주들은 자신이 직접 국왕에게 금전 지원을 하는 것을 극도로 싫어했지만, 국왕이 소작농을 상대로 소작세(tallage)를 부과하는 것은 쉽사리 허용했다. 지방 영주들은 이것이 그들의 수입에 결과적으로 큰 영향을 미친다는 것을 알지도 못하고 이렇게 동의했던 것이다.

프랑스에 여전히 존재하는 소작세는 이러한 고대 소작제의 한 예가 된다. 소작세는 농부가 올릴 것으로 예상되는 이윤에 부과하는 세금인데, 농부가 농장에서 보유한 자본 규모에 따라 세금을 매겼다. 따라서 가능한 한 자본이 없는 것처럼 보이는 것이 유리했기에, 그 결과 토지에 투자하는 것은 피하고 토지 개량은 더욱 하지 않게 되었다. 프랑스 농부의 손에 조금이나마 자본이 축적되어 있더라도, 소작세는 그 자본을 토지에 사용하지 말라고 금지하는 것이나 마찬가지인 제도다.

게다가 이 세금은 부과당한 사람에게는 창피한 것이었다. 그 세금을 내는 사람은 향사 계급 아래로, 더 나아가 버거(burgher, 도시 주민) 이하로 신분이 추락된 자로 여겨졌다. 그리고 다른 농부의 토지를 빌리는 사람에게는 자동으로 소작세가 부과되었다. 향사는 물론이고 자본을 가진 버거들도 이런 수치를 당하지 않으려 했다. 따라서 이 세금은 토지에서 축적된 자본이 토지 개량에 사용되는 것을 가로막을 뿐만 아니라 그 외의 다른 자본도 토지에 들어오지 못하게 한다. 예전에 잉글랜드에서 통상적으로 부과되었던 10분의 1세 혹은 15분의 1세는 토지 개량에 관한 한, 이 소작세(taille)와 비슷한 성격의 세금이었다고 할 수 있다.

토지 개량과 경작을 억압했던 여러 정책

이처럼 방해하는 요인이 많은 상황에서, 토지 점유자들이 농지를 개량하리라 기대하기는 어렵다. 그렇지만 농부들은 법률이 보장하는 자유와 안전을 배경으로 그런 불리한 점을 이겨내려고 노력해야 한다. 소작농과 자작농의 관계는, 빌린 돈으로 장사하는 상인과 자기 돈으로 장사하는 상인의 관계와 비슷하다. 두 상인이 똑같이 훌륭하게 영업을 한다면 그들의 자본은 축적된다. 그러나 빌린 돈을 가지고 영업하는 상인은 자본 축적 속도가 느릴 수밖에 없다. 자본의 상당 부분이 빌린 돈의 이자로 나가기 때문이다. 마찬가지로 소작농이 자작농 못지않게 똑같이 훌륭하게 농사를 짓더라도, 자기 땅에서 농사 짓는 자작농보다는 자본 축적이 느릴 수밖에 없다. 생산물의 상당 부분이 지대로 나가버려, 자작농과는 다르게 축적된 자본을 토지 개량에 투자할 수 없는 것이다.

또한, 소작농이라는 지위는 자작농보다 열등하다는 것은 사실이다. 유럽의 많은 지역에서 소작농은 열등한 계급으로 인식되고, 잘 나가는 상인이나 장인보다도 열등하다고 여겨진다. 그리고 유럽 모든 지역에서 소작농은 대상인이나 대장인보다 열등한 존재로 평가된다. 그러므로 상당한 자본을 가진 사람이 우월한 지위를 내놓고 열등한 지위로 내려가는 일은 거의 벌어지지 않는다. 그러므로 현재의 유럽 상황에서도, 다른 직업에서 축적된 자본이 영농을 위한 토지 개량에 투자될 것 같지는 않다.

잉글랜드에서는 다른 나라들에 비해 자본이 영농 쪽으로 더 많이 투자되고 있지만, 이 나라의 농업 투자 자본은 대체로 농업을 통해 얻은 것이다. 다른 모든 업종보다 농업 분야에서는 자본이 느리게 축적된다. 그러나 소규모 지주들 다음으로 부유한 대 농부들은 모든 나라에서 토지를 크게 개량하고 있다. 유럽의 다른 왕국들보다 잉글랜드에는 이런 사람이 많다. 네덜란드와 스위스 베른의 공화국에서, 그 농부들은 잉글랜드의 농부들보다 그리 열등하지 않다.

이런 모든 사실을 고려하면, 유럽의 예전 정책은 토지 개량과 경작에 유리하지 않았다고 볼 수 있다. 소규모 자작농이 경작하든 대 농부가 경작하든 관계없이 말이다. 이렇게 된 데는 두 가지 원인이 작용했다.

첫째, 특별한 허가를 얻지 않는 한 곡물 수출은 전반적으로 금지되었다. 이것은 유럽 전역에서 보편적인 규정이었다.

둘째, 곡식뿐 아니라 농장에서 나오는 거의 모든 생산물에 대해 내륙 상업이 금지되었다. 이렇게 한 것은 독점자·투기자·매점 매석자를 단속하려는 어리석은 법률과 부정기 시장과 정기 시장에 주어진 특혜 때문이었다.

자국의 곡물 수출 금지와 해외 곡물의 수입을 장려하는 정책이 고대 이탈리아의 농업에 얼마나 큰 방해가 되었는지는 이미 살펴봤다. 유럽에서 가장 비옥한 국가이자 세계 최대 제국의 소재지였지만 이런 잘못된 정책이 이탈리아 경제를 망친 것이다. 곡물의 내륙 상업 금지에다 곡물 수출의 전반적 금지가 결합되면, 고대 이탈리아보다 덜 비옥하고 로마제국보다 번창하지 못했던 다른 나라들은 과연 어느 정도까지 농사를 방해할 것인지, 그 결과는 쉽게 상상할 수 있을 것이다.

제3장

❖

로마제국 멸망 후, 도시들의 등장과 발전

도시 주민은 당초 농노나 다름없었다

　로마제국 멸망 이후에 도시 주민들은 농촌 주민 못지않게 홀대를 받았다. 그들은 고대 그리스와 이탈리아 공화국들의 최초 주민들과는 매우 다른 계층의 사람들이었다. 그 공화국 주민은 주로 지주로 구성되었는데, 그들 사이에서는 원래 공전(公田)이 분할되어 있었다. 그들은 서로 인근에 집을 짓는 것을 편리하게 여겼고 그다음에는 공동 방어를 위해 도시를 벽으로 둘러쌌다.

　그러나 로마제국 멸망 이후에 토지 주인들은 그들의 영지 위에 세운 강화된 성채에서, 소작농과 식솔들에 둘러싸여 살아간 듯하다. 도시에는 주로 직인(職人)과 공인들이 살았고, 그들은 당시에는 노예이거나 거의 노예에 가까운 상태였다. 고대의 칙허장(勅許狀)을 통해 유럽의 주요 도시들에 내린 특혜는, 그런 칙허 이전에 그들의 상태가 어떠했는지 잘 보여준다. 그들에게 내려진 특허는 대강 다음의 세 가지였다. "그들의 딸을 영주의 허락 없이 시집을 보낼 수 있다. 그들이 사망할 때는 영주가 아니라 그들의 자녀들이 재산을 물려받는다. 그들은 임의로 재산을 처분할 수 있다." 이런 것을 살펴보면 특허가 내려지기 전에 그들은 농촌에서 농사를 짓는 농노 신분과 크게 다르지 않음을 알 수 있다.

그들은 매우 가난하게 살아가며, 만든 물건을 가지고 이곳저곳의 시장을 돌아다녔는데, 그 모습은 현대의 장돌뱅이나 행상과 크게 다르지 않았다. 당시 유럽의 서로 다른 나라들에서 세금을 거두는 방식은 오늘날 아시아의 여러 타타르 정부가 수세하는 방식과 비슷했다. 여행자들이 특정 영지를 지나갈 때, 그들이 특정 다리를 지나갈 때, 부정기 시장에서 이곳저곳으로 옮길 때, 시장 내에 물건을 판매하기 위한 부스를 세울 때, 여행자와 물건에 세금을 매겼다. 이런 서로 다른 세금은 잉글랜드 내에서 통행세·교량세·적하세·노점세 등의 이름으로 알려졌다. 어떤 때는 국왕이, 어떤 때는 대영주가 그들의 영지 내에 살고 있는 특정 직인이나 인사들에게 각종 세금의 일괄적 면제 특허를 내려주었다.

이런 직인들은 다른 면에서 노예나 다름없는 신분이었지만 이런 특혜를 받았기 때문에 자유 직인이라는 이름으로 불렸다. 그들은 그에 대한 보답으로 자기 보호자에게 일종의 연간 인두세를 지불했다. 당시에는 대가 없이 보호를 받는 경우는 거의 없었고, 이 세금은 다른 세금 면제로 인한 후원자들의 잠재적 재정 손실을 보상하는 방법으로 간주되었다. 처음에 이 인두세와 면세 조치는 모두 전적으로 개인적인 것이었으며, 그 효력은 개인의 평생 혹은 보호자들이 적당하다고 판단하는 기간에 발휘되었다. 잉글랜드 중세의 토지대장(Domesday-book)[119]에 기록된 잉글랜드의 여러 도시에 대한 불완전한 기록 중에는, 특정 도시 주민들이 각자 보호받는다는 명목으로 왕이나 영주에게 지불한 세금이 자주 언급되어 있다. 때때로 이런 세금들의

119　노르망디의 정복자 윌리엄은 1066년에 잉글랜드를 정복한 후에 세금을 더 많이 걷기 위해 전국에 걸쳐 대대적인 토지 조사를 실시했다. 1086년에 각 카운티에 조사관이 파견되어 토지 소유자와 경작자, 토지 면적과 가치, 가축과 쟁기의 수를 기록했다. 이처럼 잉글랜드 전역에서 재산이 될 만한 것을 거의 빠짐없이 기록한 토지대장을 가리켜 "둠즈데이 북"이라 한다.

총액도 적혀 있다.[120]

자유도시의 특권: 자녀 결혼, 재산 상속, 재산 처분

도시 주민들의 초기 신분은 노예에 가까웠지만, 농촌 주민들보다는 상대적으로 빨리 자유와 독립을 얻은 것으로 보인다. 특정 도시에서 인두세로 거두어들이는 국왕의 수입은 보통 특정 수수료를 받고 몇 년 동안 징수 대리인에게 위임되었는데, 때로는 카운티의 보안장관이 징수관이 되거나 때로는 다른 사람이 맡았다. 도시 주민들도 때때로 충분한 신용을 쌓아 그들 도시의 세금을 대신 징수하는 업무를 위임받았는데, 그들은 징수 목표액[121]에 대해 단체로 혹은 개인적으로 책임을 졌다.

이런 방식으로 세금 징수를 위임하는 것은 유럽 여러 국가의 국왕들로서는 아주 적절한 경제적 조치였다. 왕들은 영지들의 세금 전액을 그 영지의 주민들에게 위임했고, 그들은 징수 목표액에 대해 단체로 혹은 개인적으로 책임을 졌다. 이런 식으로 세금을 거두고 그들의 대리인을 통해 왕의 국고에 세금을 납부하게 되면서 도시 주민들은 왕의 관리들의 오만한 처사로부터 자유로워졌다. 당시 이러한 상황은 아주 중요한 일로 여겨졌다.

처음에 도시의 세금 징수 업무는, 다른 농부들에게 임대할 때와 마찬가지로 몇 년 동안만 그 도시 주민들에게 위임되었다. 그러나 시간이 흐르면서 그 업무를 그들에게 항구적으로 위임하는 것이 일반 관행이 되었고, 징수 총액은 일단 정해지면 그다음에는 더 이상 증액되지 않았다. 보호 세금 납부가 이런 식으로 영구적인 것이 되면서 그에 대한 사전 조건인 면세 조치도 자연스럽게 영구적인 것이 되었다. 따라서 이런 면제 조치는 더 이상 개인에게 소속된 권리가 아니라 도시의 모든 주민에게 귀속되는 권리로

---

120 Brady의 『도시와 읍에 관한 역사적 논문』(*Historical treatise of Cities and Burroughs*) p. 3 참조할 것.—원주

121 Madox, *Firma Burgi*, p. 18. 또 『세금 징수의 역사』(*History of the Exchequer*), 제10장, 섹션 v, p. 223, 초판.—원주

인식되었다. 이것 때문에 그 도시는 자유도시(a Free burgh)라고 불렸는데, 전에 개인이 자유도시 주민 혹은 자유 직인 등으로 불렸던 것과 마찬가지 이치였다.

이런 특허와 함께 앞서 말한 중요한 특혜, 즉 딸들의 결혼, 재산 상속, 재산 임의 처분 등이, 특허가 내려진 도시 주민 전원에게 주어졌다. 이러한 특혜가 그전에는 어떤 개별 시민에게 개인 자격으로 상업의 자유와 함께 주어졌던 것일지도 모르겠다. 직접적인 증거를 제시할 수는 없지만 아마도 그랬을 것으로 생각한다. 아무튼 그 사정이야 어떻게 되었든 간에, 농노와 노예제의 주된 속성이 그들로부터 제거되었으므로, 그들은 오늘날 사용하는 '자유'의 의미 그대로 진정한 자유인이 된 것이다.

도시 주민들의 자치 정부 획득 과정

이것이 전부가 아니다. 그들은 동시에 일종의 공동체 혹은 자치단체를 세웠다. 그들 나름의 행정관과 시의회를 두었고 자치 행정을 위한 세부 규칙을 제정했으며 도시 방어를 위해 성벽을 세웠고 주민들을 소집해 일종의 군사 자위대를 결성했으며, 주민들에게 야경(夜警)과 주간 경계 업무를 맡겼다. 예전의 성벽 도시들이 그렇게 했던 것처럼 낮이나 밤이나 외부로부터의 기습 공격에 대비했던 것이다.

잉글랜드에서 자치 도시들은 소송 건을 행정 구역 법원이나 카운티 법원에 가져가는 것을 면제받았다. 그들 도시에서 소송 건이 발생하면, 왕실의 중앙 정부에 가져가야 하는 건을 제외하고는, 모두 자치 도시 행정관의 결정에 맡겼고 또 그에 따랐다. 다른 나라들에서는, 훨씬 더 크고 광범위한 사법권이 자치도시들에 부여되었다.[122]

이런 도시에 세금 징수를 위임했으므로, 시민들에게 세금을 납부하게 하려면 약간의 강제 사법권을 부여하는 것이 필요했다. 그런 혼란스러운 시

---

122 Madox, *Firma Burgi*를 참조할 것. 슈바벤 왕실에서 프레데릭 2세와 그의 후계자들이 허용했던 놀라운 사건들에 대해서는 Pfeffel 참조. ─원주

대에, 시민들이 자기 도시가 아닌 곳의 재판소까지 가서 법적 판결을 받는 일은 아주 불편했을 것이다. 하지만, 유럽의 다양한 국가의 군주들이 이렇게 고정된, 그리고 더 이상 증가하지 않을 징수액을 얻기 위해 그들의 강력한 권한 일부를 바꾼다는 것은 참으로 이상한 일이었다. 그 부문에 대한 세입은 사물의 자연스러운 이치를 살펴볼 때, 왕실의 특정한 비용이나 노력 없이도 향후 증가할 것이 너무나 뻔한데 말이다. 도시 주민들은 그런 교환 덕분에 이런 방식으로 왕국의 한 가운데에서 일종의 독립적인 공화국을 자발적으로 세울 수 있었다.

이런 현상을 이해하려면 다음 사실을 주목해야 한다. 당시 유럽 어느 나라가 되었든, 국왕은 왕국 전역을 철저하게 장악하지 못했고 그래서 허약한 지역들의 신민을 강성한 대영주들의 압박에서 보호할 수가 없었다. 국법이 보호해주지 못하는 사람들, 스스로 방어할 능력이 안 되는 사람들이 대영주의 보호를 얻으려면 그 영주들의 노예나 봉신이 되는 수밖에 없었다. 혹은 각자의 도시를 공동으로 방어하기 위해 상호 방어 동맹을 맺어 도시를 지켜야 했다.

자유도시의 탄생은 군주와 지방 영주의 갈등 결과

도시와 영지에서 살아가는 주민들은 개인으로서는 자신을 지킬 힘이 없었으므로 이웃 도시와 상호 방어 동맹을 맺음으로써 무시하지 못할 저항 세력을 유지할 수 있었다. 영주들은 그러한 도시 주민들을 경멸했다. 그들은 자신과는 다른 계급이라고 생각했을 뿐 아니라 해방 노예들의 집단으로도 보았으며, 그리하여 아예 종(種)이 다르다고 생각했다. 도시민의 부는 영주들의 시기와 분노를 자아냈고, 영주들은 기회만 있으면 인정사정 보지 않고 무자비하게 도시민을 약탈했다. 당연히 도시민들은 그런 영주들을 증오하고 두려워했다.

국왕 또한 영주들을 증오하고 두려워했다. 그러나 국왕은 도시민을 경멸하기는 해도 그들을 증오하고 두려워할 이유는 없었다. 따라서 이런 공동의 이해관계 덕분에 도시민들은 왕을 지지했고, 왕은 영주들에 맞서 도시민을 지지했다. 도시민은 왕의 적[영주]의 적이었고, 도시민을 그런 적으로부터 가능한 한 안전하고 독립적으로 만드는 것이 왕의 이해에도 부합했다. 왕은 그들에게 나름의 행정관을 선출하고, 자치 정부를 위한 세부 규칙을 만들고, 도시 방어를 위해 성벽을 설치하고, 도시민 전원을 일종의 자위대로 구성할 수 있는 권리까지 주었다. 그것은 영주들로부터 안전과 독립을 보장하는 수단이었는데, 그런 특혜 부여는 왕의 권한이었다.

이런 종류의 자치 정부가 설립되지 않았더라면 그리고 도시민들에게 그들 나름의 계획과 체계를 따라 일사불란하게 행동할 수 있는 권위를 부여하지 않았더라면, 상호 방어의 자발적 동맹조차도 도시에 항구적인 보안을 제공하지 못했을 것이고 또 도시는 왕에게 상당한 지원을 할 수도 없었을 것이다. 도시에 세금을 자발적으로 징수하는 권한을 항구적으로 부여함으로써, 왕은 친구나 동맹으로 삼고 싶은 사람들에게서 질서와 의심의 근거를 아예 찾을 수 없도록 했다. 그렇지 않았더라면 도시 주민들은 왕이 징수 세액을 인상하지 않을까 혹은 다른 징수관에게 그 업무를 위임하지나 않을까 계속 의심했을 것이다.

따라서 영주들과 사이가 심각하게 나쁜 군주들은 도시들에 이런 종류의 특혜를 부여하는 일에 좀 더 관대했다. 예를 들어, 영국의 존 왕[재위 1199-1216]은 도시에 아주 관대했던 왕이었던 것으로 보인다.[123] 프랑스의 필리프 1세[재위 1060-1108]는 지방 영주들에 관한 권위를 모두 잃어버렸다. 필리프 1세의 통치 말엽에, 그의 아들 루이[나중에 비만 왕 루이로 알려지게 되는 인물로 재위는 1108-1137]는, 다니엘 신부의 기록에 따르면, 왕실 영지의 주교들과 함께 난폭한 지방 영주들을 억제하는 적절한 수단에 관해 상의하기도 했다.

주교들은 두 가지를 조언했다.

첫째, 왕국 내의 주요 도시에 행정관들을 임명하고 시 협의회를 설치해 새로운 사법 계급을 구성하는 것.

123　Madox를 참조할 것.—원주

둘째, 도시 행정관들의 주관 아래 도시 주민들로 구성된 민병대를 설치할 것. 이 민병대는 필요할 때마다 왕을 지원하기 위해 행군에 나설 것.

프랑스 역사가들에 따르면 프랑스에 도시 행정관과 시 협의회 제도가 생긴 것은 이 시기부터였다. 독일의 자유도시들 중 상당 부분이 최초의 자치 특허를 받고, 그리하여 저 유명한 한자 동맹[Hanseatic league: 1358년 창립]이 생기게 된 것은 독일 슈바벤 왕가의 군주들이 통치하던 시기였다.[124]

당시 도시 민병대는 국가 군대에 밀리지 않았다. 민병대는 갑작스러운 상황에 대비해 즉각 동원될 수 있었고, 인근 영주들과의 갈등에서 종종 우위를 점했다. 중앙 정부는 멀리 떨어져 있고 지방 도시들은 강성해 왕권이 전혀 확립되지 못한 이탈리아나 스위스 같은 나라에서, 지방 도시들은 일반적으로 독립 공화국이 되어 인근 귀족들을 정복했으며, 지방 성채를 허물어버리고 다른 평화로운 주민들과 마찬가지로 도시에서 살게 되었다. 이것이 베른 공화국의 간략한 역사이며 스위스의 여러 다른 도시도 사정은 비슷하다. 이 스토리는 이탈리아의 여러 공화국 역사에도 그대로 적용된다. 이탈리아는 상당히 많은 수의 도시가 12세기 말에서 16세기 초까지 흥망성쇠를 거듭했다. 여기서 베네치아는 제외해야 하는데 그 도시는 약간 다른 역사를 갖고 있다.

도시의 성장은 무역 활동의 역사

왕권이 매우 미약했지만 완전히 무너진 적은 없었던 프랑스나 영국 같은 나라에서는 도시가 완전히 독립할 기회가 없었다. 그 도시의 힘은 상당히 강성해서, 정해진 위임 징세 외에 도시의 동의 없이는 국왕도 세금을 부과할 수 없었다. 따라서 도시들은 왕국 전체 의회에 대표자를 파견하라는 요청을 받았다. 도시 대표들은 성직자 계급 및 귀족 계급과 논의해 비상 상태에 대비하기 위해 왕에게 특별 지원을 결정했다. 도시들은 일반적으로 왕

---

124 Pfeffel을 참조할 것.—원주

권에 우호적인 경향이 있었으므로, 때때로 왕은 그 의회에 나오는 귀족들의 힘과 균형을 맞추기 위해 도시 대표들을 동원하기도 했던 것이다. 이렇게 해서 유럽의 주요 군주제 국가들에서 소집하는 전체 의회에 도시 대표자들도 참석하게 되었다.

이렇게 해서 도시에서는 치안 질서, 자치 행정, 개인의 자유와 안전이 확립되었다. 반면 당시 농촌의 토지 점유자들은 온갖 종류의 폭력에 노출되어 있었다. 그리하여 무방비 상태에 있던 사람들은 필요한 양식을 얻는 것으로 만족하며 살아가야 했다. 그보다 더 많은 것을 가지고 있으면 억압하는 자의 불의를 부추길 뿐이었기 때문이다. 반면 근면의 열매를 누릴 수 있다고 확신하는 사람들은 자연스럽게 생활 조건을 향상하려고 노력하고, 생필품뿐만 아니라 생활 편의품과 사치품도 획득하고 싶어 한다. 따라서 도시에서는 농촌의 토지 점유자들보다 훨씬 일찍 생필품 이상의 물건을 만들어내는 산업이 확립되었다. 만약 농노 신분이라는 구속 아래 있는 가난한 경작자의 손에 약간의 자본이라도 축적된다면, 당연히 그것을 주인에게 들키지 않으려고 아주 조심했다. 그렇게 하지 않으면 자본은 주인에게 돌아가기 때문이다. 그리하여 그는 기회가 생기는 대로 그 자본을 가지고 도시로 도망쳤다.

이 당시 국가 법률은 도시 주민들에게 아주 관대했다. 국왕은 농촌 주민들에 대해 행사하는 영주들의 권위를 축소하길 너무나 원했기 때문에 만약 농노가 1년간 영주의 추적을 무사히 피할 수 있다면 그 이후에는 영구 자유민이 되었다. 따라서 농촌 주민들 중 근면한 사람의 손에 약간이라도 자본이 축적되면 그들은 자연스럽게 도시로 도망쳤다. 획득한 재산을 안전하게 지킬 수 있는 도피처는 도시뿐이었기 때문이다.

사실 도시 주민들은 농촌으로부터 생필품뿐 아니라 산업에 필요한 물자와 수단을 얻어야 했다. 하지만 해안이나 운항 가능한 강변에 위치한 도시 주민들은 반드시 인근 농촌에서만 필요 물자를 조달해야 하는 것은 아니었다. 도시들의 조달 범위는 폭넓었기에 세계의 멀리 떨어진 구석으로부터도 필요 물자를 조달할 수 있었다. 그들이 만들어낸 완제품을 다른 곳의 물품과 교환하거나, 아니면 서로 멀리 떨어진 나라 사이에서 중개상 역할을 하면서 한 나라의 물품을 다른 나라의 물품과 교환할 수도 있었다. 도시는 이런 식으로 엄청난 부와 화려함을 갖춘 곳으로 성장할 수 있었다. 반면 주변 농촌이나 도시와 거래하는 사람들은 가난과 비참함에 계속 머물렀다. 이런 농촌들은 개별적으로 보면 도시에 작은 부분의 생필품이나 일거리만 제공했지만, 모두 합치면 도시에 상당한 양의 생필품과 일거리를 제공할 수 있었다.

그들이 존재했던 당시의 상업 범위가 좁았음에도 불구하고, 일부 국가들은 부유하게 되면서 산업이 번창했다. 그런 나라들로는 한동안 지속했던 그리스 제국과 압바스 왕조 시절의 사라센 제국이 있었다. 튀르크족에 정복되기 이전의 이집트나 바르바리 해안의 일부 지역 그리고 무어인들의 통치를 받던 스페인의 여러 지방들이 그러했다.

이탈리아 도시들은 지리적 이점 덕분에 부를 축적

이탈리아 도시들은 상업에 따라 상당한 부를 축적한 유럽 최초의 도시인 듯하다. 이탈리아는 당시 세계의 발전되고 문명화된 지역 중심부에 자리 잡고 있었다. 십자군 운동은 엄청난 자본 낭비와 주민들의 인명 희생을 가져와 유럽 많은 지역의 발전을 지연시켰지만, 일부 이탈리아 도시의 발전에는 아주 유리한 조건을 가져왔다. 성지를 정복하기 위해 유럽 전역에서 행군해온 십자군 대군은 베네치아, 제노바, 피사 운송업에 엄청난 혜택을 안겼다. 때로는 십자군 병력을 성지까지 수송했는가 하면 병사들의 식량은 언제나 이들 도시가 납품했다. 그 도시는 군대의 병참부였다. 유럽 여러 국가에 파괴의 광풍을 몰아친 현상이, 이들 공화국에는 부의 원천이 되었다.

교역 도시들의 주민은 부유한 국가들의 개선된 제조품과 값비싼 사치품을 수입해 대지주들의 허영심을 충족시켰다. 그들은 토지에서 생산된 다량의 원자재를 그런 물품들과 교환했다. 당시 유럽 대부분 지역의 상업은 주로 그 나라의 원자재와 더 문명화된 나라의 제조품과 교환하는 형태였다. 따라서 영국의 양모는 프랑스의 포도주와, 플랑드르의 고급 옷감은 프랑스와 이탈리아의 비단과 벨벳으로 교환되었다. 이는 오늘날 폴란드의 곡식이 프랑스의 포도주 및 브랜디와 교환되는 방식과 유사하다.

외국 상업은 더 좋고 개선된 제조품에 대한 선호를 통해 그런 제품이 만들어지지 않는 나라에 해당 물건을 소개했다. 그러나 이런 물품에 대한 선호가 높아져 상당한 수요가 생기면, 상인들은 물품 수송 비용을 아끼기 위해 자국 내에 그와 같은 종류의 물품을 제조하려고 노력한다. 이렇게 해서 먼 지역에 판매하기 위한 최초 제조업이 생겼다. 이 제조업은 로마제국의 멸망 이후에 유럽 서부 여러 지역에 확립되었던 것으로 보인다.

아무리 규모가 큰 나라라도, 그 나라 내에서 다양한 종류의 제조업이 운영되지 않는다면 존속하기 어렵다. 만약 누군가가 그런 나라에 제조업이 없다고 한다면, 더 우수하고 세련된 제조업 혹은 원거리 판매에 적합한 물건을 만들어내는 제조업이 없다는 뜻으로 이해해야 한다. 모든 큰 나라에서 국민 의복과 가정 안의 가구는 모두 그 나라의 산업이 만들어낸 물건이다. 이러한 사정은 일반적으로 제조업이 많다고 하는 부유한 나라들보다 제조업이 없다는 가난한 나라들에 더욱 맞는 말이다. 후자의 경우 일반적으로 최하위 계층의 옷과 가정용 가구 모두에서 전자보다 훨씬 더 많은 비율의 외국산 제품을 볼 수 있다.

원거리 제조업이 생기는 두 방식: 모방과 자생

원거리 판매에 적합한 제조업은 서로 다른 나라에서 두 가지 방식으로 도입되는 듯하다.

첫째, 제조업은 때때로 위에서 말한 것처럼, 특정 상인이나 사업가가 동일 업종의 해외 제조업체를 흉내 내면서 아주 난폭한 방식으로 자본을 투자해 설립된다. 따라서 이런 제조업은 해외 상업의 결과물인데, 13세기 중에 이탈리아 루카에서 번창했던 비단·벨벳·면직물 제조업체가 그런 경우다. 이 제조업체들은 마키아벨리의 영웅 중 한 사람인 카스트루초 카스트라카니[125]의 횡포 때문에 그곳에서 쫓겨났다. 1310년 루카에서 900개 가문이 쫓겨났는데 이들 중 31개 가문이 베네치아로 옮겨와 도시에 비단 제조업체를 세우겠다고 제안했다.[126] 제안은 승인되었고 이 가문들에 많은 특혜가 주어졌다. 그들은 3백 명의 일꾼을 데리고 비단을 만들어내기 시작했다.

엘리자베스 여왕 통치 초기에 잉글랜드에 도입되었던 고급 옷감 제조업도 이런 식으로 예전에 번창했던 플랑드르에서 가져온 것이다. 오늘날 리옹과 스피탈필즈에서 번창하는 비단 제조업도 이렇게 시작되었다. 이런 식으로 도입된 제조업은 외국 것의 모방이므로 일반적으로 해외 재료를 사용한다. 뽕나무 경작과 비단벌레 양잠은 16세기 이전에는 이탈리아 북부에서 흔한 일이 아니었다. 이 기술은 샤를 9세[재위 1560-1574]의 통치 시기까지 프랑스에 도입되지 않았다.

플랑드르 제조업은 주로 스페인과 잉글랜드산 양모로 진행되었다. 스페인산 양모는 잉글랜드 최고 양모 제품으로 들어가는 재료는 아니고, 원거리 판매에 처음으로 선택되는 재료다. 오늘날 리옹에서 사용되는 원재료의 절반 이상이 외국 비단이다. 리옹에 비단 제조업체가 처음 들어왔을 때는 원재료 전부 혹은 거의가 외국 비단이었다. 스피탈필즈 제조업체에서 사용되는 재료 중에 영국산은 전혀 없다. 몇몇 개인의 계획과 야망에 따라 도입된 이런 제조업체는 그들의 관심, 판단 또는 변덕에 따라 때때로 해양 도시에, 때로는 내륙 도시에 설립된다.

둘째, 원거리 판매를 위한 제조업은 한 나라 안에서 자연스럽게 혹은 저절로 생긴다. 아무리 가난하고 발달이 덜 된 나라라도 그 나라에 있던 조잡한 제조 가정이나 업체가 서서히 발전하고 세련되어 성장하게 된다. 이러한 업체들은 일반적으로 그 나라의 생산품을 재료로 사용한다. 이러한 자생 업체들은 해안이나 수로에서 아주 멀리 떨어지진 않았지만 상당한 거리의 내륙 지방에서 발전과 성장을 계속한다.

내륙 지방은 원래 비옥하고 경작이 잘 되므로 경작자들의 생계유지 범위를 초과하는 잉여 곡식을 생산한다. 지상 수송 비용과 강 항해의 번거

---

125   마키아벨리는 이 인물의 전기 『카스트루초 카스트라카니의 생애』(1520)를 집필했다.

126   참조. Sandi, Istoria Civile de Vinezia, part ii, vol. 1 pages 247 and 256. ―원주

로움 때문에 이 잉여생산물을 다른 곳으로 보내기는 쉽지 않다. 이처럼 생산이 풍부하기에 식량 가격은 저렴하다. 그리하여 많은 노동자가 그 인근에 정착한다. 그들은 자기 근면을 통해 생필품 외에 다른 곳에서는 만져보지 못했던 편의품을 즐긴다. 또한, 그 땅에서 생산된 것으로 제조품을 만들고 그 완제품을 가지고, 즉 그 제품의 정해진 가격 덕분에, 더 많은 재료와 양식을 교환한다. 그들은 원생산물[미가공 생산물]을 강변이나 해안 혹은 먼 시장까지 수송하는 비용을 절약함으로써 그 생산물의 잉여 부분에 새로운 가치를 부여한다.

경작자들은 잉여가치 덕분에 이전에 얻을 수 있었던 것보다 더 쉬운 조건에 따라 유용하거나 그들에게 만족스러운 것을 대가로 제공한다. 경작자들은 잉여생산물에 대해 더 좋은 값을 받고, 그들이 필요로 하는 편의품을 더 값싸게 사들인다. 이렇게 해서 경작자들은 토지 추가 개량과 경작에서 나오는 잉여생산물을 늘릴 생각을 갖게 되고 또 그렇게 한다. 그리하여 토지의 비옥함이 제조업의 성장으로 이어진 것처럼 제조업의 발전은 다시 토지에 혜택을 주고 토지를 더욱 비옥하게 만든다.

제조업은 농업의 후손

제조업자들은 처음에는 인근 사람들에게 제품을 납품하지만, 제조 기술이 개선되고 세련되면서 좀 더 먼 시장에 납품한다. 원생산물이나 조잡한 제조품은 상당한 육상 수송비용을 원활하게 지원하지 못하지만, 세련되고 개선된 제조품은 그런 비용을 쉽게 감당한다. 완제품은 부피가 작더라도 그 안에 많은 수량의 원생산물 가격을 포함하고 있다. 예를 들어 고급 옷감 한 필은 무게가 80파운드밖에 안 되지만 그 안에 80파운드 무게의 양모 값, 곡식 수천 파운드 값, 각종 노동자 유지 비용, 그 노동자들을 고용한 주인에게 지급되는 비용을 모두 포함하고 있다. 곡식을 미가공 상태로 해외에 보내려면 수송이 아주 어렵지만, 이처럼 완제품 형태로 바꾸어 보낸다면 세계에서 가장 멀리 떨어진 곳이라도 쉽게 보낼 수 있다.

이런 식으로 자연스럽게 혹은 저절로 리즈, 핼리팩스, 셰필드, 버밍엄,

울버햄튼에 자생 제조업이 생겼다. 이런 제조업체들은 농사꾼의 후손들이다. 유럽 근대 역사에서, 자생 제조업은 일반적으로 해외 상업의 후손들이었던 모방 제조업보다 늦게 생긴 후 확대 발전했다. 잉글랜드는 스페인 양모로 만든 고급 옷감 제조로 유명했는데, 위에서 언급한 해외 판매 중인 여러 영국 도시들의 자생 제조업보다 한 세기 이상 앞선 것이었다. 자생 제조업 확대와 개선은 농업 확대와 개선[해외 상업이 최종적으로 미친 최대 효과] 그리고 해외 상업 직후에 도입된 모방 제조업 등이 없었다면 일어날 수 없는 일이다. 다음 장에서는 그 상업에 대해 설명할 계획이다.

━━━━◆━━━━

제4장

도시 상업이 국가 발전에 기여한 방식

제조업의 성장: 시장 제공, 토지 개량, 자치 행정

상업 및 제조업 도시의 증가와 그 부는 소속 국가의 발전과 경작에 다음 세 가지 방식으로 기여한다.

첫째, 그 나라의 원생산물에 대해 즉각적이고 커다란 시장을 제공함으로써 국가 토지의 경작과 추가 발전을 격려한다. 이러한 혜택은 그 도시들이 위치한 국가에만 돌아가지 않고, 그 도시가 거래하는 모든 국가에도 확대된다. 그런 모든 나라에, 그 도시들은 자기 원생산물과 완제품을 위한 시장을 제공하고, 결과적으로 모든 국가 산업과 발전을 격려한다. 그러나 그 도시들이 소속된 국가는 지리상 가장 가까이 있으므로 필연적으로 가장 큰 혜택을 얻는다. 원생산물은 수송비가 훨씬 적게 들어가므로 상인은 경작자에게 더 좋은 가격을 제시하고, 또 멀리 떨어진 나라의 소비자보다는 자국 소비자에게 더 싼값에 공급한다.

둘째, 도시 주민들이 획득한 부는 매물로 나와 있는 토지에 빈번히 투자된다. 그런 토지들은 대부분 미경작 상태가 많다. 상인들은 공통적으로 시골 향사로 살아가길 원하는데, 실제로 그렇게 되면 일반적으로 가장 열심히 토지 개량에 뛰어든다. 상인은 자기 돈을 주로 이윤이 나는 사업에 투자하는 데 익숙하기 때문이다. 반면 처음부터 시골 향사였던 사람은 주로 돈을 쓰는 데만 익숙하다. 상인은 돈이 자신에게서 나가 이윤을 얻어 돌아오는 것에 익숙하지만, 시골 향사는 일단 돈을 쓰면 다시는 그 돈을 되찾지 못하는 경우가 많다.

이러한 습관 차이는 자연히 모든 종류의 사업을 대하는 기질과 성향에도 영향을 미친다. 상인은 대담한 사업가이지만 시골 향사는 소심한 사업가다. 투자한 돈에 비례해 가치를 거둘 가능성을 본다면 상인은 토지 개량에 대자본을 투자하길 두려워하지 않는다. 반면 시골 향사는 자본을 가지고 있어도(이런 경우도 별로 없지만) 이런 방식으로 투자하길 꺼린다. 그가 토지를 개량해보겠다고 결심한다면, 자본을 투입하겠다는 것이 아니라, 연간 수입에서 절약한 부분을 사용하겠다는 의미이다.

발전하지 못한 나라의 상업 도시에 살아본 적이 있다면 투자 문제와 관련해 상인들이 평생 시골 향사로 살아온 이들보다 얼마나 더 적극적으로 달려드는지를 목격했을 것이다. 게다가 상업 도시에서 큰 상인들은 질서정연, 절약 정신, 세심한 주의력 등을 몸에 습관처럼 붙이고 살아간다. 이런 습관 덕분에 상인은 어떤 개선 사업에 직면하면 이윤과 성공을 거두는 가운데 그 사업을 완수할 가능성이 훨씬 높다.

셋째, 상업과 제조업은 치안 질서와 자율 행정을 점진적으로 도입해 개인의 자유와 안전을 보장한다. 이런 개인은 전에는 이웃들과 끊임없이 전쟁을 벌였고 또 그들의 상급자를 노예처럼 의존하는 삶을 살아왔다. 이러한 자유와 안전에 대한 부분은 사람들이 잘 주목하지 못하지만, 상업과 제조업이 가져온 가장 중요한 효과다. 내가 보기에, 데이비드 흄은 지금껏 이런 특징을 주목한 유일한 사상가다.

해외 상업이 없으면 소비에 몰두한다

해외 상업이 없거나 고급 제조업이 없는 나라에서 대지주는 경작자들의 생산물 중에서 자기 생계유지에 들어가고 남는 잉여생산물을 다른 제품과 교환할 일이 없으므로 그 잉여분을 시골 저택의 환대 행사에 소비해버리고 만다. 만약 이 잉여분이 1백 혹은 1천 명을 유지하기에 충분하다면 대지주는 그런 사람들을 유지하는 것으로 그 잉여분을 소비해버린다. 따라서 대지주는 언제나 다수의 수행원과 식솔들을 주위에 거느리고 있다. 이들은 생계유지에 상응할 만한 보답을 내놓을 수 없고 그저 대지주의 관대함에 기대어 생계를 유지하므로 그의 말에 철저히 복종해야 한다. 병사들이 월급을 지불하는 국왕에게 철저히 복종해야 하는 것과 같은 이치다.

유럽에서 상업과 제조업이 확대되기 전에, 군주로부터 아주 작은 영지의 영주에 이르기까지 부자와 위인들의 손님 환대는 요즘 우리가 상상하는 규모를 훨씬 초월했다. 붉은 머리 왕 윌리엄 2세[재위 1087-1100]는 웨스트민스터 홀을 만찬장으로 사용했는데 손님을 다 수용할 정도로 충분히 넓게 쓰지는 못했다. 대주교 토머스 베케트는 연회 시즌이 되면 이 홀의 바닥을 깨끗한 건초와 골풀로 깔아서 덮었다고 한다. 좌석을 잡지 못한 기사와 시종들이 저녁 식사를 할 때 그들의 깨끗한 옷을 더럽히지 않게 하려는 것이었다. 워릭 백작은 매일 그의 다른 영지에서 돌아가며 3만 명에게 식사 대접을 했다고 한다. 이 숫자는 과장된 것이겠지만 그렇다고 해도 엄청난 숫자가 아닐 수 없다.

이와 비슷한 손님 접대가 불과 몇 년 전에 스코틀랜드 하일랜드의 많은 다른 지역에서 베풀어졌다. 상업과 제조업이 별로 알려지지 않은 나라에서 이런 소비는 아주 흔했다. 닥터 포콕은 이런 말도 했다. "나는 아라비아의 한 족장이 소를 팔러온 마을의 거리에서 식사하는 장면을 본 적이 있었다. 족장은 모든 행인, 심지어 평범한 거지들도 모두 불러 모아 연회에 참석시켰다."

토지 점유자들은 모든 면에서 대지주의 종들처럼 지주에게 의존한다. 농노가 아니고 임의 해약 소작농[언제든지 토지 경작을 자발적으로 그만둘 수 있는 소작농] 상태에 있는 사람이더라도, 토지에서 얻을 수 있는 생계비보다 더 높은 임차료를 지불해야 한다. 몇 년 전 스코틀랜드 하일랜드에서는 한 가족이 생계를 유지하기 위한 토지를 임차하는 데 한 크라운, 반 크라운, 양 한 마리, 새끼 양 한 마리가 필요했다. 어떤 지역에서 이 임차료는 오늘날에도 비슷한 수준이다.

그렇다고 해서 그 지역에서 현물이 아닌 돈이 다른 지역보다 더 많은 수량의 상품을 사들이는 것도 아니다. 대영지의 잉여생산물이 영지 내에서 소비되어야 한다면 대지주 입장에서는 그 잉여분이 자기 저택에서 멀리 떨어진 곳에서 소비되는 것이 더 편리하다. 그것을 소비하는 자가 수행원 혹은 잔심부름 하는 하인으로 자신에게 의존하는 사람이라면 말이다. 그렇게 하면 대지주는 너무 많은 사람이나 지나치게 많은 가족을 접대해야 하는 난처함을 면제받을 수 있다. 부역 면제 지대[토지 사용자가 부역 면제 조건으로 영주에게 지불했던 소액의 지대]를 지불하며 토지를 점유하는 자발적 소작농도, 대지주의 하인이나 시종처럼 그에게 의존하게 되며, 거의 무조건적으로 복종을 해야 했다. 이런 지주는 저택 내의 하인과 시종들을 먹이는 것과 마찬가지로, 자기 집에서 사는 소작농들도 먹여 살렸다. 하인이든 소작농이든 생계는 대지주의 하사금에서 나오는 것이었으므로 그 지속 여부는 순전히 그의 마음에 달린 것이었다.

대지주의 권위는 곧 영주의 권위

이런 상황에서 대지주가 소작농과 수행원들에게 발동하는 권위는 곧 고대 영주들에게 있던 권력과 마찬가지였다. 옛날의 영주는 그의 영지에 사는 사람들에 대해 평화 시에는 재판관이 되었고 전시에는 지도자가 되었다. 영주들은 자기 영지 내에서 치안을 유지하고 법률을 집행했다. 영주는 불의를 저지른 어떤 개인에게 영지 내 주민들의 모든 힘을 모을 수 있었기 때문이다. 이런 일을 하기에 충분한 권위를 갖춘 사람은 영주밖에 없었다.

왕에게는 이런 권위가 없었다. 옛날에 왕은 그저 왕국 내에서 가장 큰 땅을 소유한 대지주에 불과했다. 공동의 적을 상대로 공동 방어를 하기 위해, 지방 영주들은 왕에게 일정한 존경의 뜻을 표시했다. 만약 왕이 어떤 대지주 내의 토지에 관해 소규모 액수로 부채를 만들어 납부하라고 강요할 생각이라면 내전을 치러 이겨야 하는 수고를 해야 했다. 그 영지 내 모든 주민이 무장하고 저항할 것이 분명하기 때문이다. 따라서 왕은 왕국의 많은 지역에서, 행정을 베풀 능력이 있는 자에게 사법권을 내주어야만 했다. 똑같은 이유로 지방 민병대 지휘를 그들의 복종을 이끌어낼 수 있는 자에게 맡겨야 했다.

이런 지역 사법권이 봉건법에서 비롯된 것이라고 생각한다면 그것은 오해다. 민법과 형법의 최고 사법권뿐만 아니라 징병, 동전 주조, 영지 내 주민들의 행정을 위한 세부 규칙 제정 등의 권한도 대지주들이 완전 개인적으로 소유한 권리였다. 이것은 봉건법이라는 용어가 유럽에 알려지기 몇 세기 전에 이미 굳건히 확립되어 있던 제도였다. 잉글랜드 내의 색슨족 영주들의 권위와 사법권은, 윌리엄 왕의 노르만 정복[1066] 이전에도 이미 굳건히 확립되어 있었고, 노르만 정복 이후에 노르만 영주들이 휘둘렀던 권위에 비추어도 조금도 손색이 없었다. 그러니 봉건법은 노르만 정복 이후에 비로소 잉글랜드의 보통법이 되었다고 보아야 한다.

프랑스 대영주들은 봉건법이 프랑스에 도입되기 오래전부터 이미 광범위한 권위와 사법권을 사적으로 소유했다. 이것은 분명한 사실이며 의심의 여지가 없다. 이런 권위와 사법권은 위에서 서술한 재산과 관습에서 생긴 것이었다. 프랑스나 잉글랜드 군주정의 연원을 먼 고대까지 거슬러 올라가 따지지 않더라도 그보다 훨씬 후대에도 이런 원인에서 그런 결과가 나왔다는 것을 알 수 있다.

아직 30년도 채 안 된 과거에 스코틀랜드 로차바의 향사[지주]인 로키엘의 캐머런은, 왕실의 칙허도 없고, 왕실에서 임명한 영주도 아니었으며, 국왕의 직속 소작인도 아니고 아가일 공작의 봉신에 불과한 사람이었다. 게다가 그는 치안판사도 아니었다. 그럼에도 캐머런은 자기 소작농들을 상대로 최고의 형사 사법권을 행사했다. 그는 법정의 형식 절차는 지키지 않았지만 아주 공평하게 판결했다고 한다. 당시 스코틀랜드 하일랜드에서 공공의 치안 질서를 유지하려면 캐머런 같은 사람이 그런 권위를 행사할 필요가 있었다. 이 향사는 연간 지대를 5백 파운드를 초과해 받은 적이 없다고 하는데, 1745년에는 휘하의 농민 8백 명을 이끌고 반란을 일으켰다.

봉건법 도입과 그 폐해

봉건법 도입은 사적 영지를 소유한 대영주들의 권위를 확대하기보다는 사실상 억제하려는 노력이었다. 그것은 국왕에서 시작해 최하급 소규모 영주에 이르기까지 상급자에 대한 철저한 복종을 강요했고 온갖 봉사와 의무를 부과했기 때문이다. 대지주의 상속자가 미성년일 때는 지대와 영지 관리가 그 영주의 상급자에게 돌아갔다. 따라서 대영지 지대는 모두 국왕 수중에 떨어졌다. 미성년 영주의 양육과 교육을 맡아 후견자 입장이 된 왕은, 결혼 상대자가 신분상 부적합하지만 않다면 미성년 영주를 결혼시키는 권리까지 있었다.

이 제도가 왕권을 강화하고 영주의 권위를 약화하는 경향이 있긴 했지만, 그 영지 주민들을 위해 충분한 치안 질서를 확립하고 선정을 베풀기에는 역부족이었다. 그 제도는 혼란 발생의 원인인 재산과 관습 상태를 바꾸어놓을 정도로 강력하지는 못했기 때문이다. 국왕 정부의 권위는 머리 부분은 여전히 허약했으나 하체는 아주 튼튼했다. 따지고 보면 이처럼 하체가 단단했기 때문에 머리 부분은 허약할 수밖에 없었다. 봉건적 복종 제도 수립 후에도, 왕은 예전과 마찬가지로 대영주의 폭력을 제어할 수 없었다. 영주들은 여전히 자신들의 판단 아래 전쟁을 했는데 거의 지속해서 서로 싸웠고 왕을 상대로도 자주 싸웠다. 게다가 무방비 지역은 여전히 폭력, 강탈, 혼란의 무대가 되었다.

그러나 봉건 제도 아래서 폭력이 해결하지 못한 문제를 해외 상업과 제조업이라는 조용하면서도 눈에 띄지 않는 영업 방식이 서서히 해결했다. 상업과 제조업은 대지주들에게 그들 영지에서 수확된 생산물과 교환할 수 있는 물건들, 소작농이나 수행원들과 공유하지 않고 오롯이 혼자서 사용할 수 있는 물건들을 제공했다.

해외 상업과 제조업이 가져온 변화

남한테는 주지 않고 혼자 독차지한다는 것은 인류 역사의 모든 시대를 통틀어 통치자들의 비열한 원칙이었다.

대지주들은 지대 전체 가치를 스스로 소비하는 방법을 발견하자, 그 것을 다른 사람과 나누고 싶은 마음이 사라졌다. 다이아몬드 박힌 버클이나 그와 비슷한 경박하고 무용한 것을 얻고자 그들은 1년에 천 명을 먹일 수 있는 비용—즉, 그런 비용만큼의 가격—을 지불한다. 그런 교환으로 과거에 대지주들에게 주어졌던 권위와 무게감이 함께 내던져지고 말았다.

버클은 온전히 대지주의 개인 물건이 되었고 사람들은 그것을 함께 차지할 수 없었다. 예전 같았으면 천 명과 함께 나누었을 텐데 말이다. 무엇이 더 좋은 것인지 판결 내릴 수 있는 재판관들[대지주]에게, 이러한 차이는 아주 결정적이었다. 그리하여 인간의 허영 중에서 가장 유치하고 야비하고 지저분한 종류의 것을 만족시키려고 대지주들은 자기의 권력과 권위를 점진적으로 그것과 바꿔치기했다.

해외 상업이나 괜찮은 제조업이 없는 지방에서 연간 1만 파운드 수입을 가진 사람은 1천 가구 생계를 지원하는 것 외에 다른 방도로는 그 돈을 사용할 수가 없다. 그리고 그 1천 가구는 당연히 모두 그의 명령을 따르는 사람들이다. 오늘날 유럽에서, 연 수입 1만 파운드를 가진 사람은, 20명도 부양하지 않고 또 하인 10명에게 명령하는 일도 없이, 그 수입을 모두 자기가 사용할 수 있고 실제로 그렇게 한다.

그러나 그는 간접적인 방식으로, 예전보다 더 많은 사람에게 영향력을 유지한다. 그가 수입 전액을 지불하고 사들인 값진 생산물의 부피는 아주 작지만, 그 제품에 들어가는 원료를 수집하고 만드는 데 고용된 노동자는 아주 많기 때문이다. 또 높은 물품 가격은 노동자들의 임금과 그들을 고용한 사람들의 이윤을 모두 포함한다. 고가 물건의 가격을 지불함으로써 대지주는 간접적으로 임금과 이윤을 지불하고 더 나아가 관련 노동자와 사주(社主)의 생계에 간접적으로 이바지한다.

대지주는 일반적으로 노동자나 사주의 생계 중 아주 작은 부분만 기여할 뿐이다. 어떤 사람에게는 그의 생계비의 10분의 1, 많은 사람에게는 100분의 1, 어떤 사람에게는 1,000분의 1, 심지어 어떤 사람들에게는 연간 생계비의 1만분의 1 정도만 기여한다. 따라서 그는 노동자와 사주의 생계에 기여하면서도 그들로부터 독립된 상태를 유지한다. 일반적으로 말하자면, 그들은 대지주 없이도 자신들의 생계를 유지할 수 있기 때문이다.

대지주들이 소작인과 수행원들의 생계유지에 그 지대를 사용할 때, 대지주 각자는 자기 소작인과 수행원 전부를 전적으로 유지하는 셈이 된다. 그러나 그들이 상인과 수공업자들 유지에 그 돈을 쓴다면, 대지주들을 모두 합쳐 생각해볼 때 그들은 전과 비슷한 숫자를 유지하거나 아니면 시골의 손님 환대에 따른 낭비를 감안하면 전보다 더 많은 수의 사람을 유지한다. 상인이나 수공업자들은 각자 고객 한 명에게 봉사하는 것이 아니라, 1백 명 혹은 1천 명의 서로 다른 고객에게 봉사함으로써 생계를 유지하기 때문이다. 그들 각자는 고객 모두에게 신세 지는 것은 사실이나, 고객 중 어느 한 사람에게 절대적으로 의존하는 것은 아니다.

토지 장기 임대제와 지주의 신분 하락
대지주의 개인 비용이 이런 식으로 서서히 증가하면서 지주 수행원 숫자가 서서히 줄다가 마침내 모두 해고될 수밖에 없었다. 같은 이유로 불필요한 소작인들도 서서히 정리해야 했다. 농장들은 점점 커졌고, 토지 점유자들의 인구 감소에 대한 불만에도 불구하고, 당시의 불완전한 토지 경작과 개선 상태에 따라 토지를 일구는 데 필요한 소작인 수만 유지했다.

불필요한 식구를 제거하고 농부들에게서 최대한의 지대를 강요함으로써 대지주는 전보다 더 큰 잉여생산물을 확보했다. 상인과 제조업자들은 예전에 대지주가 잉여분을 소비한 것과 똑같은 방식으로 그 추가 잉여분도 자기 스스로 소비하는 방법을 제공했다. 자기 허영을 만족시키려는 욕구가 계속되자, 지주는 토지가 현 상태로 생산할 수 있는 것 이상으로 지대를 올리고 싶어 했다. 소작농들은 지대 인상과 관련해 장기 임차 조건을 내걸었다. 그들이 토지 개량에 투자한 부분을 이윤으로 회수할 수 있게끔 충분한 임차 기간을 보장한다면 지대 인상에 동의하겠다는 것이었다. 사치를 충족시키려는 허영 때문에 지주는 이 조건을 받아들였고 그 결과 장기 토지 임대제가 생겼다.

토지의 전체 가치를 지불하는 자발적 소작농조차도 지주에게 전적으로 의존하지는 않았다. 그 두 사람이 주고받는 금전적 혜택은 상호적이고 공평했고 그래서 자발적 소작농은 지주에게 봉사하기 위해 자기 목숨이나 재산을 일방적으로 내놓을 생각이 전혀 없었다. 지주는 임대 계약서에 명시적으로 규정된 것 혹은 그 지방 관습법에 따라 부과될 만한 것, 그 이상으로는 사소한 서비스조차 요구할 수 없었다.

소작농들은 이런 방식으로 독립적인 존재가 되었고 수행원들은 모두 해고되었으므로, 대지주들은 더 이상 예전처럼 공정한 법 집행을 임의로 중단하거나 그 고장의 평화를 뒤흔들어놓을 힘이 없었다. 대지주들은, 배고프고 상황이 궁해 죽 한 그릇에 장자권을 팔아버린 에서[127]와는 다르게 그들의 생득권을 팔아넘기지는 않고, 풍요한 나머지 방종한 생활을 영위하면서, 어른이 진지하게 추구하기에는 어울리지 않고 아이들 노리갯감으로나 적합한 장신구와 사소한 보석류를 사들이는 데 열중하면서 신분이 추락하기 시작했다. 그리하여 그들은 마침내 도시의 부자나 상인처럼 하찮은 존재가 되고 말았다. 도시에서나 농촌에서나 사람들의 자율 행정을 방해할 정도로 권력을 가진 사람이 사라졌으므로, 도시와 마찬가지로 농촌에서도 자치 정부가 수립되었다.

상업과 제조업은 국가 혁명의 원동력

현재 주제와는 관련이 없지만 그래도 여기서 언급하고 싶은 것이 하나 있다. 상업 국가에서는 아버지로부터 아들에게로 여러 세대에 걸쳐 토지를 물려줄 정도로 유서 깊은 가문들을 찾기 어렵다는 것이다. 반면 웨일스나 스코틀랜드같이 상업이 별로 발달하지 않은 국가에서는 그런 저명한 가문을 흔하게 발견할 수 있다. 아라비아 역사서들에는 명문거족의 족보가 가

---

127 아브라함의 아들 이삭이 낳은 쌍둥이 중에서 형으로, 장남이지만 신의 선택을 받지 못해 아우 야곱에게 팥죽 한 그릇에 장자상속권을 팔았다. 성경은 에서가 장자의 명분을 가볍게 여겨서 그렇게 했다고 해석했다. 구약 성경 창세기 25장 25-34절 참조.

득하고, 타타르 칸이 집필한 역사서는 유럽의 여러 언어로 번역되었는데 그 책에는 명문가 족보를 빼고는 이렇다 할 기록이 없다. 이것은 유서 깊은 가문들이 이런 나라에 많다는 증거다.

많은 사람을 접대하는 것 외에 돈을 쓸 일이 없는 나라에서 부자는 돈이 좀처럼 부족하지 않으며, 아무리 관대하다 해도 자신이 감당할 수 있는 비용 이상으로 과도하게 베풀지 않는다. 그러나 그들이 자기 일신(一身)에 엄청난 돈을 쓰기 시작하면 소비에는 한계가 없어 그 비용을 감당할 수 없음을 깨닫는다. 허영심이나 자기 사랑에는 한계가 없기 때문이다. 그러므로 상업 국가에서는 부의 낭비를 방지하기 위해 아주 과격한 법률이 제정되어 있음에도 부는 한 가문에 오래 남아 있는 법이 별로 없다. 반면, 비상업 국가에서는 낭비에 대한 법적 제한이 없어도 재산은 어느 정도 유지된다. 타타르나 아랍 등의 목축 국가들에서, 재산은 소비재의 형태를 띠므로 부의 낭비에 대한 제한은 본질적으로 불가능하다.[128]

이렇게 볼 때 대중의 행복에 이바지하는 가장 중요한 혁명은, 대중에게 봉사할 의도가 전혀 없는 두 계급에 의해 수행되었다. 대지주의 유일한 목적은 자신의 유치한 허영을 충족시키는 일이다. 상인이나 수공업자는 그보다는 훨씬 덜 우스꽝스러운 계급이지만 자기 이익에만 집중하면서 행동하는 자들이다. 1페니라도 벌 수 있는 곳에서는 그 1페니를 벌어야 한다는 자기 나름의 장사꾼 원칙에 따라 행동한다. 지주든 상인[수공업자]이든 전자의 어리석음과 후자의 근면이 사회에 가져올 엄청난 혁명을 제대로 알거나 예견하지 못했다.

이렇게 유럽 대부분 지역에서 농촌 지방을 개선하고 토지 경작을 촉진한 것은 도시 상업과 제조업이었다. 그러니까 농촌 진흥은 상업과 제조업이 발달한 결과이지, 반대로 농촌이 진흥되어 상업과 제조업이 발달한 것은 아니다.

---

128 재산이 주로 소나 양 같은 것으로 되어 있어 이것으로 손님 접대를 한다 해도 그리 낭비가 되지 않는다는 뜻이다.

자본 투자: 북아메리카와 유럽 비교

그러나 이 순서는 사물의 자연스러운 진행 순서와는 반대되므로 당연히 느리고 불확실할 수밖에 없었다. 유럽 여러 국가와 북아메리카를 한번 비교해보자. 유럽 국가들의 부는 상업과 제조업에 크게 의존하는 반면, 북아메리카는 농업을 기반으로 하므로 급속히 발전하고 있다. 유럽 대부분 지역에서 주민 수는 5백 년이 지나도 두 배가 될 것 같지 않다. 그러나 북아메리카의 식민지 여러 지역에서는 20년 혹은 25년 사이에 인구가 두 배로 늘었다.

유럽에서는 장자상속과 여러 종류의 영구소유권이 대영지 분할을 가로막고 있고 그래서 소지주들이 많이 생기지 못한다. 일반적으로 소지주들은 자기의 작은 땅을 구석구석 잘 알고 있고, 소유에 따르는 애정으로 그 땅을 쳐다보며 또 그 때문에 토지를 경작하고 가꾸는 데 큰 즐거움을 느낀다. 그래서 소지주가 일반적으로 가장 근면하고, 가장 영리하고, 또 가장 성공적인 지주가 된다. 장자상속이나 기타 규제로 토지가 시장에 잘 나오지 않으므로 땅을 팔겠다는 사람보다는 사들이겠다는 자본이 더 많다. 그래서 팔리는 땅은 대체로 독점적인 가격에 판매된다. 지대는 토지 매입 자금의 이자도 안 나오는 편이고, 게다가 토지 보수와 때때로 추가 작업에는 비용이 들어가는데, 지대로는 충당이 되지 않는다. 유럽 전역에서 소자본으로 땅을 산다는 것은 가장 수익을 올리기 어려운 사업이다.

그러나 소득이 적은 어떤 사람은 땅이 가장 안전하다는 말을 믿고 사업에서 은퇴하여 자신의 소액 자본을 땅에 투자하기도 한다. 다른 원천에서 수입을 얻는 전문직 인사도 종종 그의 돈을 같은 방식으로 안전하게 투자하기를 좋아한다. 또 어떤 젊은이가 상업이나 전문직에 들어가지 않고, 2~3천 파운드 자본으로 땅을 사서 직접 경작하면서 행복한 독립생활을 기대할 수도 있다. 이 경우 젊은이는 큰 재산을 얻거나 출세하겠다는 희망은 포기해야 한다. 만약 그가 그 자본을 다른 사업에 투자했더라면 다른 사람과 마찬가지로 성공을 거둘 수도 있다. 또 어떤 젊은이는 지주가 되고 싶지 않아 농부로 살아가는 삶을 종종 경멸하기도 한다.

따라서 시장에 땅이 별로 안 나오고 설사 나오더라도 비싸므로 땅을 사들인 사람은 토지 경작이나 개선에 큰돈을 투입하지 않는다. 사정이 그렇지 않았더라면 분명 토지 개량 쪽으로 나아갔을 텐데 말이다.

반면 북아메리카에서는 50~60파운드만 있으면 농장 시작에 충분한 자본이 된다. 소자본이든 대자본이든 그곳에서는 미경작 토지를 사들여 개량하는 것이 가장 수익 높은 사업이다. 그 지역에서는 이렇게 해서 농사가 재산 형성과 출세로 가는 가장 빠른 지름길이다. 북아메리카에는 공짜나 다름없는 땅도 있고 자연생산물 가치보다 낮은 값에 사들일 수 있는 땅도 있다. 이런 일은 유럽에서는 불가능하고 더 나아가 모든 토지가 사유 재산으로 되어 있는 나라에서도 그러하다. 그러나 자식이 많은 지주가 사망해 영지를 자식들 사이에서 공평하게 나누어야 한다면, 그 땅은 보통 매물로 나온다. 이런 땅이 시장에 많이 나오면 더 이상 독점가격에 판매할 수는 없다. 토지의 공정한 지대는 구입 자금의 이자에 육박할 것이고 소액 자본으로 토지를 매입하는 것은 다른 투자에 못지않게 수익을 올리게 된다.

잉글랜드의 농업 우대 정책

잉글랜드는 토양이 아주 비옥하고, 국토 크기에 비해 해안선이 넓으며, 내륙까지 운항 가능한 강이 많아 수로를 통한 운송이 용이하다. 이런 특징들로 인해 유럽의 다른 대국들처럼 해외 상업과 원거리 제조업에 적합한 조건을 갖추고 있으며, 이런 이점에 따른 발전을 누릴 자격이 있다. 엘리자베스 여왕[1558-1603] 즉위 초기부터 입법부는 상업과 제조업의 이해관계에 특별히 신경 쓰고 배려했다. 실제로, 네덜란드를 제외하고 잉글랜드만큼 법률적으로 두 산업을 지원하는 나라는 없다. 그리하여 상업과 제조업은 여왕 시대 내내 지속해서 발전했다.

농촌 지역의 경작과 개량도 점진적으로 발전하긴 했지만, 상업과 제조업의 급속한 발전을 뒤에서 천천히 따라가는 정도였다. 잉글랜드의 많은 지역이 여왕의 통치 시기 이전에 경작되었을 것이다. 하지만 그에 못지않은 토지가 미경작 상태로 남아 있고, 또 그보다 훨씬 많은 지역은 경작이 되기는 했지만 그 수준은 표준에 크게 못 미치고 있다.

　　그러나 잉글랜드의 법률은 상업을 보호하면서 간접적으로 농업을 지원하고, 또한 여러 가지 직접적인 방식으로 농업을 장려하고 있다. 기근 시기를 제외하면 곡물 수출이 자유롭게 가능하며, 장려금으로 진흥하고 있다. 약간 풍년이 들었을 때는, 외국 곡물 수입에 거의 금지나 다름없는 관세가 부과된다. 살아 있는 소는 아일랜드를 제외하고는 그 어디에서도 수입해 올 수 없고, 아일랜드에서 수입하는 것도 최근에야 허가가 떨어졌다.

　　따라서 토지를 경작하는 잉글랜드 농부는 토지에서 생산되는 가장 많고 가장 중요한 품목 두 가지, 즉 빵과 푸줏간 고기에 대한 독점권을 가지고 있다. 앞으로 설명하겠지만[4권 2장과 5장] 이러한 격려는 본질적으로 허망한 것이나 그래도 농업을 우대하려는 입법부의 선한 의도를 증명한다. 그러나 이보다 훨씬 중요한 사실은 법의 보장에 따라 자영농들이 매우 안전하고 독립적이며, 존경받고 있다는 점이다. 따라서 장자상속 권리가 유지되고, 십일조를 지불하고, 법의 정신에 어긋나지만 영구소유권이 인정되는 나라 중에서, 잉글랜드는 농업에 가장 많은 후원을 베푸는 나라다.

　　그럼에도 불구하고 잉글랜드의 토지 경작은 요 모양 요 꼴이다.

　　상업 발전으로 농업이 간접적으로 후원받은 것 외에, 법률이 간접적으로 농업을 우대하지 않았더라면, 또 자영농들을 유럽 다른 나라들과 같은 비참한 상태로 그대로 방치했더라면 잉글랜드의 토지 경작은 어떻게 되었겠는가? 엘리자베스 여왕 즉위 초기로부터 이제 2백 년 이상이 흘러갔다. 인류 번영이 지속하는 시기는 보통 2백 년 단위인데, 이런 번영 기간에도 잉글랜드 농업은 이 정도밖에 발전하지 못했다.

　　프랑스는 잉글랜드가 상업 국가로 명성을 날리기 1세기 이전에 이미 상당한 수준의 해외 상업 점유율을 기록한 듯하다. 샤를 8세[재위 1483-1498]가 나폴리 원정에 나서기 전에 그 시기의 기준에 따르면 프랑스는 상당한 해군력을 보유하고 있었다. 그렇지만 프랑스의 경작과 개량은 전반적으로 볼 때 잉글랜드보다 열등했다. 프랑스의 법률은 잉글랜드처럼 농업에 직접적인 후원을 해준 적이 없었다.

스페인, 포르투갈, 이탈리아 농업

스페인과 포르투갈이 유럽 다른 지역을 상대로 거래한 해외 상업은, 주로 외국 배를 통해 이루어졌지만 아주 상당한 규모였다. 두 나라의 식민지 상대 교역은 자국 배로 이루어졌는데, 그 식민지들의 엄청난 부와 토지 때문에 유럽을 상대로 한 상업보다 훨씬 규모가 컸다. 두 나라는 서로를 상대로 하는 원거리 판매 제조업체를 설립하지 않았고, 또 두 나라의 토지는 대부분 미경작 상태다. 포르투갈의 해외 상업은 유럽의 어떤 대국들보다도 오래되었다. 이탈리아는 이런 포르투갈보다 더 오래 해외 상업을 해왔다.

이탈리아는 원거리 판매를 위한 해외 상업과 제조업으로 국토 구석구석이 경작되고 개량된, 유럽 대국 중 유일한 나라다. 이탈리아 역사가 귀치아르디니[1483-1540]에 따르면, 이탈리아는 샤를 8세가 침략해오기 전에 이미, 평지와 비옥한 땅은 물론이고 산간 지역이나 불모 지역이 모두 경작되었다고 한다. 이탈리아의 지리적 이점과, 당시에 이탈리아 내에 소공국(小公國)이 많았다는 사실은 이런 전반적 토지 경작에 적잖이 기여했다. 현명하고 신중한 이탈리아 역사가의 기록에 따르면, 당시의 이탈리아는 오늘날의 잉글랜드보다 더 잘 개간된 상태였다는 것이 불가능한 이야기가 아니다.

상업과 제조업 자본은 결국 농업에 투자되어야 한다

어떤 국가든 상업과 제조업을 통해 획득한 자본은 매우 불안정하고 불확실한 소유물이다. 따라서 그 자본 일부는 토지 경작과 개선에 안전하게 투자되어 농업을 진작해야 한다. 상인은 반드시 특정 국가의 시민이라고 볼 수 없다는 그럴듯한 말이 있다. 그가 어떤 지역에서 영업하는지는 대체로 관심 없는 문제다. 조금만 불쾌한 일이 벌어져도 그는 자신의 자본과 그것을 만들어낸 산업을 한 국가에서 다른 국가로 옮겨버린다.

자본의 어떤 부분도 특정 국가에 소속된다고 할 수 없다. 그것이 건물이나 토지의 항구적 개량 등 그 나라의 얼굴 위에 골고루 뿌려지지 않는다면 말이다. 한자 동맹에 소속된 커다란 도시들이 소유했다는 커다란 부는 오늘날 흔적도 남아 있지 않다. 13세기와 14세기를 다룬 이름 없는 역사서

에나 그 부에 관한 얘기가 나올 뿐이다. 한자 동맹의 도시 중 그곳이 어디에 위치했는지, 그 도시에게 부여되었던 라틴 이름들이 현재 유럽의 어느 도시에 해당하는지는 불확실하다.

15세기 말과 16세기 초에 이탈리아가 당한 불운은 롬바르디아와 토스카나의 여러 도시 상업과 제조업을 크게 위축시켰지만, 이 지역들은 여전히 유럽에서 가장 인구가 많고 경작이 잘된 지역으로 분류된다. 플랑드르 내전과 그 뒤에 이어진 스페인 정부의 지배는 앤트워프, 겐트, 브뤼주에서 대규모 상업을 축출했다. 그렇지만 플랑드르는 여전히 유럽에서 가장 부유하고, 경작이 잘되고, 인구 조밀한 지역 중 하나다.

늘 있는 전쟁과 정부의 교체 등 급격한 변화는 상업에서 얻을 수 있는 부의 근원을 쉽게 메마르게 한다. 이보다는 농업의 단단한 개량에서 나오는 부가 훨씬 더 내구성이 있다. 그리하여 적대적이고 야만적인 부족들이 한두 세기에 걸쳐 침략해오는 등 난폭한 동요가 계속되더라도 파괴되지 않는다. 실제로 로마제국의 멸망을 전후해 서유럽 여러 지역에서는 이런 대격변이 한동안 계속 이어졌다.

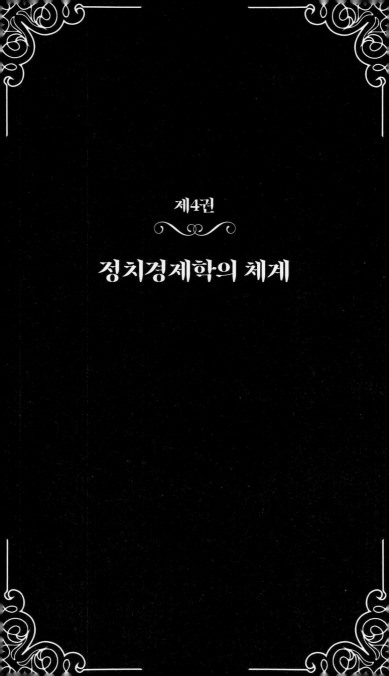

제4권

정치경제학의 체계

들어가는 글

    정치가 혹은 입법가의 학문으로 간주되는 정치경제학에는 두 가지의 뚜렷한 목표가 있다.

    첫째, 국민에게 풍성한 수입 혹은 생계수단을 제공한다. 구체적으로 말하자면 국민이 자기 힘으로 이런 수입 혹은 생계수단을 마련하게 한다.

    둘째, 국가 혹은 공화국이 공공 서비스를 시행하도록 충분한 수입을 제공한다. 정치경제학은 국민과 군주를 둘 다 부유하게 만들려고 한다.

    시대와 국가에 따라 부유함이 다르게 발전하면서 국민을 풍요롭게 하는 일과 관련하여 두 가지 다른 정치 경제 체제가 생겼다. 하나는 중상주의, 다른 하나는 중농주의이다. 나는 이 두 체계를 가능한 한 분명하고 온전하게 설명하기 위해 노력할 것인데 먼저 중상주의부터 시작한다. 이것은 현대적 체계이고, 우리 국가와 시대가 가장 잘 이해하고 있는 체계이다.

제1장

중상주의의 원리

국부의 개념: 스페인과 타타르

부는 돈을 의미하며, 이는 금은과 같다는 생각이 사람들 사이에 널리 퍼져 있다. 이것은 돈의 두 가지 기능 즉 상업 수단이면서 가치 척도라는 데서 자연스럽게 생긴 것이다. 돈은 상업 도구이므로, 우리가 돈을 가지고 있으면 다른 상품을 갖고 있을 때 비해 필요한 물건을 즉시 사들일 수 있다. 따라서 가장 중요한 일은 돈을 확보하는 일이라고 생각한다. 일단 돈이 있으면 그다음에 물건을 사들이는 데는 아무런 어려움이 없다고 보는 것이다.

또한, 돈은 가치 척도이므로 돈의 수량으로 교환할 상품의 가치를 측정한다. 부자는 돈이 많은 사람, 빈자는 돈이 없는 사람이라고 우리는 말한다. 근검절약하거나 부유해지려고 애쓰는 사람을 돈을 사랑하는 사람이라고 하며, 손이 크고 낭비하는 사람을 돈에 무심한 사람이라고 말한다. 부유하게 되는 길은 돈을 많이 버는 것이고, 간단히 말해 부와 돈은 일반 사람의 언어로는 완벽한 동의어이다.

부자의 개념을 국가 차원으로 확대하면, 부국은 곧 돈이 많은 나라를 의미한다. 그러므로 한 국가에서 금은을 많이 쌓아두면 그것이 국부로 가는 가장 빠른 길이다.

그리하여 아메리카를 발견한 후 상당한 세월 동안, 스페인 사람들이 아메리카의 알려지지 않은 해안에 도착했을 때 가장 먼저 물어보는 말은 이것이었다. "이 주변에서 금은을 발견할 수 있는가?" 그들은 금은이 있느냐 없느냐에 따라 그 지역에 정착촌을 설치할 만한 가치가 있느냐 여부를 판단했다.

유명한 칭기즈칸의 아들 중 한 명에게 프랑스 왕이 사절로 파견했던 수도사 플라노 카르피노는 타타르족이 프랑스 왕국에 양과 소가 많냐고 자주 물었다고 했다. 그들이 이렇게 묻는 이유는 스페인 사람들과 목적이 같았다. 프랑스가 정복할 만한 가치가 있을 정도로 부유한가를 물은 것이다. 일반적으로 목축 국가들은 화폐 사용에 대해 잘 몰랐다. 타타르족은 가축을 상업 수단 겸 가치 척도로 삼았던 것이다. 타타르족에 따르면 국부는 곧 가축이고, 스페인 사람들에 따르면 금은이다. 이 두 가지 국부에 대한 개념 중에서 타타르가 더 진실에 가깝다고 보아야 한다.

금은이 곧 국부라는 잘못된 개념

존 로크는 돈이라는 동산[소유물]과 그 외의 다른 동산[소유물]을 구분해야 한다고 말했다. 다른 동산들은 곧 소비되어 없어지므로 그 안에 든 부는 믿음직하지 않다고 보았다. 가령 한 국가가 어떤 해에는 동산이 풍부하다가, 그다음 해에는 동산이 부족할 수도 있다는 것이다. 반면 돈은 아주 꾸준한 친구다. 이 사람 저 사람 손으로 옮겨 다니지만 국외로 반출되지만 않는다면 소모되거나 소비될 가능성이 별로 없다. 따라서 로크에 따르면 금은은 국가의 동산에서 가장 견고하고 실질적인 부분이며, 이러한 귀금속을 많이 축적하는 것이 정치경제학의 주된 목표가 되어야 한다.

다른 사람들은 한 국가가 전 세계로부터 분리될 수 있다면 그 나라에 화폐가 얼마나 많이 또는 얼마나 적게 유통되는지는 중요하지 않다고 인정한다. 이 화폐로 유통되는 소모품은 더 많거나 더 적은 수로 교환되겠지만, 국가의 진정한 부와 빈곤은 전적으로 그 소모품의 풍부함이나 부족함에 달려 있다.

그러나 그 국가가 해외 국가들과 연결되어 있거나 전쟁을 해야 할 때는 사정이 달라진다. 전쟁을 위해서는 해외에서 해군과 육군을 유지해야 한다. 이러한 군대 유지는 해외에 돈을 보낼 수 있어야만 가능하다. 나라는 해외로 돈을 보낼 수 있을 만큼 충분한 국내 자금을 보유해야 한다. 따라서 각국은 평화 시에 금은을 축적하려고 애써야 하며, 필요가 발생할 시에 그 금은을 수단으로 해외 전쟁을 수행한다.

이러한 대중적 신념의 결과로, 유럽 각국은 자국 내에 금은을 축적할 수 있는 모든 수단을 강구했으나 별로 소용이 없었다. 유럽에 이런 귀금속을 공급하는 주된 광산들을 소유한 스페인과 포르투갈은 철저한 응징으로 위협하면서 금은 수출을 금지하거나, 아니면 엄청난 세금을 매겼다. 대부분의 유럽 국가들이 과거에 채택한 정책이었다. 이러한 금지 정책은 예상치 못한 곳에서도 시행되었다. 가령 좀 오래된 스코틀랜드 의회 법령도 왕국에서 금은을 반출하는 행위를 엄격하게 처벌하면서 금지했다. 이와 똑같은 정책이 이미 오래전에 프랑스와 잉글랜드에서 자리 잡았다.

금은 수출 금지에 대한 두 가지 반론

이런 나라들의 상업 활동이 활발하게 되자, 상인들은 이 금지 정책이 여러 경우에 무척 불편하다는 것을 발견했다. 그들은 자신이 원하는 해외 상품에 대해 금은으로 값을 지불하면 더 유리하게 사들일 수 있는 경우가 많았다. 그 물품을 직접 국내로 들여오거나 다른 나라로 중개무역할 때, 어느 경우든 유리한 값에 거래할 수 있었다.

(1) 무역을 위한 금은 반출은 농부의 파종과 같다

상인들은 첫째로 이런 주장을 폈다. 해외 물품을 사들이기 위해 금은을 수출한다고 해서 꼭 국내의 금은 수량이 줄어드는 것은 아니다. 오히려 빈번하게 그 수량을 증가시킨다. 국내에서 해외 상품 소비가 늘지 않는다면 그 상품들은 다른 해외 국가로 재수출되어 더 높은 이윤을 올리면서 팔리고, 그러면 당초 그 물품들을 사들이기 위해 반출했던 금은보다 더 많은 금은을 국내에 가져오기 때문이다. 토머스 먼은 이러한 해외 무역의 원리를 농업의 파종과 수확에 비유했다. "파종기에 농부가 하는 행동 자체만 본다면 마치 미친 사람처럼 보일 것이다. 상당히 많은 씨앗을 땅에다 그냥 막 뿌려대기만 하는 것처럼 보이기 때문이다. 그러나 그 동작의 최종 결과인 추수를 생각해보면 우리는 파종 행위의 가치와 풍성한 보답이 어느 정도인지 확인한다."

(2) 금은의 총량은 무역 수지에 따라 결정된다

둘째로, 상인들은 금은이 가치에 비해 부피가 작아서 해외로 쉽게 밀반출될 수 있다는 점을 들어, 금지 조치가 금은의 수출을 방해할 수 없다고 주장했다. 그러므로 이 금은 수출은 소위 무역 수지를 철저하게 관리하는 것 외에는 예방법이 없다. 어떤 나라가 수입보다 수출로 인한 가치가 더 클 때, 그 나라는 해외 국가들로부터 받을 돈이 있어[무역 수지가 흑자가 되어] 그 돈은 반드시 금은으로 지불해야 하므로, 국내의 금은 수량이 증가한다.

그러나 정반대로 어떤 나라가 수출보다 수입을 더 많이 할 때, 그 나라는 해외 국가들에게 주어야 할 돈이 있어[무역 수지가 적자가 되어], 이 경우에도 그 돈은 반드시 금은으로 지불되므로, 국내의 금은 수량이 줄어든다. 이 경우 금은 수출을 금지하면 수출이 더욱 위험해지고 또 수출 경비는 더욱 높아진다. 이로 인해 무역 수지가 적자인 나라의 환율은 더욱 불리해진다. 외국에 상품 대금으로 지불할 환어음을 사들인 상인은 그곳으로 돈을 보내는 데 따른 자연스러운 위험, 수고 및 비용뿐만 아니라 금은 수출 금지로 인해 발생하는 특별한 위험에 대해 어음을 판매한 은행가에게 그 대가를 지불해야 할 의무도 감당해야 한다.

환율이 불리하고 무역 적자가 크면 해당 나라 돈의 가치는 그들이 빚을 진 나라 돈에 비해 떨어진다. 예를 들어 잉글랜드와 네덜란드의 환시세가 잉글랜드에게 5퍼센트 불리하다면, 네덜란드에서 은 1백 온스에 해당하는 환어음을 사들이려면 잉글랜드에서는 은 105온스가 필요하다. 그러므로 잉글랜드 은 105온스는 네덜란드 은 100온스에 해당해·그 온스만큼의 네덜란드 상품을 사들일 수 있다. 반면 네덜란드의 은 100온스는 잉글랜드 에서는 105온스로 인정받고, 그리하여 잉글랜드 물품을 그만큼 사들일 수 있다. 이 환율 차이로, 잉글랜드 상품은 네덜란드에서 그만큼 싸게 팔리고, 네덜란드 상품은 잉글랜드에서 그만큼 비싸게 팔린다. 또 이 차이만큼 잉글 랜드 상품은 네덜란드 돈을 잉글랜드로 적게 가져오고, 반면 네덜란드 상품 은 더 많은 잉글랜드 돈을 네덜란드로 가져간다. 따라서 무역 수지는 잉글 랜드에 그만큼 불리해지고 네덜란드에 수출하려면 그 차이만큼 더 금은을 준비해야 한다.

금은을 중시하는 주장에 관한 진실과 허위

이러한 주장은 부분적으로 진실이지만 부분적으로 허위다. 먼저 진실 을 살펴보면, 무역에서 금은 수출이 국가에 종종 이익이 될 수 있다는 주장 은 옳다. 개인이 금은 수출을 이익이라고 생각하는 한, 금지 정책이 금은 유 출을 막을 수 없다고 주장하는 것도 진실이다. 그러나 금은 수량을 보존하 거나 증대하려면 다른 유익한 상품들의 수량을 보존하거나 증대하는 것보 다 더 많은 정부 개입이 필요하다는 주장은 허위다. 무역의 자유가 허용된 다면 정부의 그런 간섭이 없더라도 금은이나 다른 유익한 상품 역시 가리지 않고 적정 수량이 공급될 것이기 때문이다.

또한, 환율이 높으면 불리한 무역 수지는 틀림없이 더욱 악화되고, 전 보다 더 많은 금은 수량이 유출된다는 주장 역시 허위다. 이처럼 높은 환율 은 외국에 지불해야 할 돈이 있는 상인들에게는 아주 불리하다. 상인들은 은행이 자신에게 발행하는 환어음을 그만큼 높은 가격에 구입해야 하기 때 문이다. 수출 금지로 인해 은행에 특별한 비용이 발생할 수는 있지만, 이로 인해 반드시 더 많은 돈이 국외로 유출되는 것은 아니다. 이 비용은 일반적 으로 해당 국가 내에서 해외로 화폐를 반출하는 과정에서 발생되며, 그 어 음 금액 외에 한 푼이라도 추가로 돈이 빠져나가는 것은 아니기 때문이다.

또 환율이 이처럼 높아지면, 상인들은 자연스럽게 경계하게 된다. 다시 말해 상인들은 가능한 한 환차손을 보는 액수를 줄이려고 그들의 수출과 수입 사이에 균형을 맞추려고 애쓴다. 게다가 높은 환율은 일종의 세금으로 작용한다. 그것은 수입 상품가격을 높이고 그로 인해 국내 소비를 감소시킨다. 이렇게 해서 높은 환율은 소위 불리한 무역 수지를 높이는 것이 아니라 오히려 낮추며, 결과적으로 금은 유출도 증가시키는 게 아니라 감소시킬 수 있다.

상인의 이익 vs 국가의 이익

사정이 이러하지만, 그 얘기를 듣는 사람들은 금은 위주의 주장에 설득되었다. 상인들은 그런 주장을 의회, 군주의 추밀원[국무회의], 귀족들, 시골 향신들에게 줄기차게 해댔다. 무역의 속성을 잘 아는 상인들이 무역에 대해 잘 모른다고 생각하는 사람들에게 계속 그런 주장을 편 것이다. 경험에 비추어 해외 무역이 국가를 부강하게 한다는 것은 상인들뿐 아니라 귀족과 향신들에게도 알려져 있었다. 그러나 어떻게 어떤 방식으로 국가를 부강하게 하는지는 잘 알지 못했다.

상인들은 어떻게 해야 무역이 자신을 부유하게 하는지 완벽하게 알았다. 그것을 잘 아는 것이 그들의 일이기도 했다. 하지만 그것이 어떤 방식으로 국가를 풍요롭게 하는지는 자기 관심사가 아니었다. 이러한 주제가 고려사항이었던 적은 없었다. 하지만 자기 이익을 위해, 해외 무역에 관한 법률을 일부 개정해야 할 필요가 있다면서 국가에 호소할 때는 국가 이익을 들먹였다. 해외 무역이 국가에 가져오는 유리한 효과를 거론하면서 현행 법률이 그런 효과를 가로막고 있다고 진정한다. 해외 무역으로 국가가 많은 돈을 벌 수 있는데, 해당 법률이 가로막고 있어 그런 법률이 없을 때보다 돈을 적게 벌어들인다고 주장한다. 그러면 이 문제를 결정해야 하는 재판관들은 상인들의 그러한 진정과 호소를 문제에 대한 그럴듯한 진단처럼 여기는 것이다. 이렇게 해서 상인들의 주장은 소기의 효과를 올린다.

금은 수출 금지는 프랑스와 잉글랜드의 경우 자국 주화에 국한되었다. 외국 주화와 지금(地金) 수출은 자유였다. 네덜란드와 몇몇 나라에서는 이 자유가 자국 주화에까지 확대되었다. 정부의 간섭은 금은 수출 억제로부터 금은 증감에 영향을 미치는 유일한 원인인 무역 수지 관리 쪽으로 돌려졌다. 하나의 쓸데없는 간섭에서 좀 더 복잡하고 당황스러운 간섭으로 시선을 돌린 것이지만 쓸데없기는 마찬가지이다.

토머스 먼의 책『외국 무역에서의 잉글랜드의 부』(*England's Treasure in Foreign Trade*)에서의 주장은 잉글랜드뿐만 아니라 다른 모든 상업 국가가 금과옥조처럼 여기는 정치경제학의 근본 원리가 되었다. 가장 중요한 내지(內地) 혹은 국내 무역은, 동일한 양의 자본이 가장 큰 수입을 가져오고 또 국민에게 가장 큰 고용을 창출하는 무역이다. 먼의 책에서는 이 국내 무역이 해외 무역에 종속된 아류처럼 간주된다. 국내 무역은 돈을 국내로 가져오지도 않고 또 국외로 가져가지도 않는다는 것이다. 국내 무역[상업]의 번영과 쇠퇴가 해외 무역 상태에 간접적으로나마 영향을 미치지 않는 한, 국가는 국내 무역으로 더 부유해지거나 더 가난해지는 일은 없다는 얘기다.

금은은 일반 상품처럼 유효수요를 따라간다

국내에 은광이나 금광이 없는 나라는 외국에서 금은을 수입해야 하는데, 이것은 국내에 포도원이 없는 나라가 와인을 수입하는 것과 마찬가지 원리의 적용을 받는다. 따라서 한 국가의 정부가 포도주보다 금은에 더 신경을 써야 할 이유는 없는 것이다. 와인을 살 돈이 있는 나라는 필요할 때마다 언제나 와인을 얻을 수 있다. 마찬가지로 금은을 사들일 수 있는 나라는 결코 금은이 부족해지는 일은 없을 것이다. 금은 역시 다른 일반 품목과 마찬가지로 특정 가격에 구매할 수 있다. 금은은 다른 모든 상품가격이므로, 다른 모든 상품 또한 금은의 가격이 된다.

자유무역이 시행되고 정부 간섭이 전혀 없다면 언제나 우리가 필요로 하는 와인을 공급받을 수 있다는 것을 우리는 완전히 확신한다. 또 다른 상품들을 유통하거나 다른 용도를 위해 금은을 사들여 사용할 필요가 있을 때 필요한 만큼의 금은을 언제나 공급받을 수 있다는 것을 완전히 확신할 수 있다.

인간 노동이 구매하거나 생산할 수 있는 모든 상품 수량은 모든 나라에서 유효수요에 따라 자연스럽게 저절로 결정된다. 여기서 유효수요란 그 상품을 제조하고 시장에 출하하는 데 지불해야 하는 지대, 노동, 이윤 전액을 지불할 수 있게 하는 수요를 말한다. 그리고 금은처럼 이 유효수요에 따라 필요한 수량을 저절로 아주 손쉽게 결정하는 품목은 따로 없을 것이다. 금은은 크기가 작고 가치가 높기 때문에 어떤 상품보다도 이 장소에서 저 장소로 이동하기가 수월하다. 그리하여 금은은 가격이 낮은 곳에서 높은 곳으로 이동하고, 유효수요를 초과하는 곳에서 그 수요가 충족되지 않는 곳으로 이동한다.

예를 들어 잉글랜드에 금 50톤을 추가로 필요로 하는 유효수요가 있다고 하면, 리스본이든 세계 어디서든 그 금을 댈 수 있는 곳에서 정기화물선에 그 금을 실어올 것이다. 그러면 그 금은 5백만 개 이상의 기니화로 주조된다. 그러나 이와 동일한 가치의 곡식에 대한 유효수요가 있다면, 그 곡식을 수송하기 위해서는, 곡식 1톤 값을 5기니로 잡고, 1백만 톤의 선박 혹은 각 1천 톤씩 1천 척의 선박이 필요하다. 이런 대규모는 대영제국의 해군으로도 감당이 되지 않을 것이다.

아메리카의 발견으로 금은 가치가 일시 하락

어떤 국가에 수입되는 금은 수량이 유효수요를 초과하면, 정부가 아무리 엄격하게 감시한다 하더라도 그 금은은 자연스럽게 수출되게 된다. 스페인과 포르투갈의 가혹한 금지 법령조차도 금은을 묶어두지 못했다. 페루와 브라질로부터 지속해서 금은이 수입되어 유효수요를 초과하였기에, 그 가격이 인근 나라보다 아래로 떨어졌다. 이와는 정반대로 어떤 나라의 금은 수량이 유효수요에 미치지 못해 그 가격이 인근 나라들보다 높다면, 그 나라 정부는 금은을 수입하기 위해 일부러 애쓸 필요가 없다. 정부는 금은 수입을 막는 일에 성공하지 못할 것이다.

과거 사례를 한번 살펴보라. 스파르타인에게 금은을 사들일 수단이 있었을 때, 리쿠르고스가 만든 라케다이몬(스파르타)으로의 금은 수출을 금지하는 모든 법률을 무력화할 수 있었다. 마찬가지로 아무리 가혹한 관세법이 있었더라도, 네덜란드와 고텐버그 동인도회사들의 차 수입을 막을 수 없었다. 이 회사들이 수입하는 차는 잉글랜드 동인도회사의 것보다 약간 저렴했기 때문이다. 1파운드 무게의 차는, 은으로 지불할 수 있는 최고 가격인 16실링의 은과 비교해 약 100배 더 무겁다. 동일한 가격의 금과 비교하면 2천 배 이상 더 무겁다. 따라서 차를 밀수입하는 것은 금은 밀수입보다 훨씬 어렵다.

금은은 풍부한 곳에서 부족한 곳으로 이동하기 쉬우므로 대부분의 다른 물품처럼 가격이 요동치지 않는다. 금은보다 백 배나 무게가 더 나가는 다른 물품은 어떤 시장이 과잉이거나 부족할 때 그런 상황에 따라 재빨리 이동하기가 쉽지 않다. 금은 가격도 전혀 변동하지 않는 것은 아니지만, 그 변화가 일반적으로 느리고 점진적이고 일정하다.

유럽에는 17세기와 18세기에 스페인령 서인도제도에서 금은이 지속적으로 수입되어 왔으므로 그 가치가 계속 떨어졌다고 생각되지만, 깊이 따져보면 근거가 별로 없는 생각이다. 금은 가격을 다른 일반 상품들의 화폐 가치 이상 혹은 이하로 등락하게 만들려면 상업상 혁명이 필요하다. 가령 아메리카의 발견 같은 사례다.

이런 사실에도 불구하고 금은을 사들일 수단이 있는 나라에서 어느 때 금은 수량이 부족하다면, 다른 상품들보다 그 부족을 채워주는 많은 편법이 있다. 만약 제조업 원료가 부족하면 그 산업은 멈추게 된다. 만약 식료품이 부족하다면 사람들은 굶주린다. 그러나 돈이 부족하다면 물물교환이 그 자리를 대신할 수 있다. 무척 불편하기는 하겠지만 말이다. 외상으로 물건을 사고팔고, 다른 상인들이 한 달 혹은 1년 단위로 외상을 서로 상환해준다면 돈의 부족을 대신하는 데 불편함이 줄어들 것이다. 또 잘 통제되는 지폐는 아무런 불편 없이 돈을 공급할 것이고, 경우에 따라서는 몇 가지 장점도 있다. 그러므로 한 나라에서 화폐량 보존 및 증가를 감시하기 위해 정부가 간섭하는 일처럼 불필요한 조치는 하지 않아도 된다.

돈이 부족한 진정한 이유

돈이 없다는 불평처럼 흔해 빠진 불평도 없다. 돈은 와인과 마찬가지로 그것을 사들일 수단이 없거나 빌릴 신용도 없는 사람에게는 언제나 부족하다. 수단과 신용을 모두 가진 사람은 돈이든 와인이든 부족하지 않다. 그러나 이런 불평은 언제나 준비 없는 낭비자에게만 국한된 얘기는 아니다.

때로는 상업 도시 전체에서 그리고 인근 국가에서 일반적으로 터져 나오는 불평이다. 이런 불평의 공통 원인은 과잉 거래다. 검소한 사람들도 자기자본으로 감당하지 못하는 사업을 계획하면, 수입과 상관없이 지출하는 낭비자처럼 돈을 가져올 수단도, 빌려올 신용도 없게 된다. 사업이 결실을 맺기도 전에 자본은 사라지고 그에 따라 신용도 없어진다. 그들은 돈을 빌리기 위해 사방으로 다니지만 돈이 없다는 말만 듣는다.

이처럼 돈이 없다는 전반적 불평은 무엇을 증명하는 것일까? 그 나라에 통상적인 숫자의 금화와 은화 조각이 유통되지 않는다는 것일까? 그렇지 않다. 그 금화와 은화 조각을 원하는 사람들이 그 대신에 내놓을 게 없다는 의미다.

영업 이윤이 평소보다 더 크게 나오면 많은 상인은 과잉 거래라는 전반적인 실책을 저지른다. 그들은 항상 평소보다 더 많은 돈을 해외로 보내는 것은 아니지만 국내외에서 신용으로 비정상적인 양의 상품을 구매한 후 지불 요구가 있기 전에 수익이 들어오기를 바라며 먼 시장으로 보낸다. 하지만 자본이 회수되기 전에 지불 요구가 도착하고, 그들은 돈을 구매할 수단도, 돈을 빌려올 수 있는 단단한 담보도 없는 상태가 된다.

그러므로 사람들이 전반적으로 돈이 부족하다고 불평하는 것은 금은이 부족해서가 아니다. 단지 이런 사람들이 돈을 빌리는 데 어려움을 겪고, 채권자는 빌려준 돈을 상환받을 수가 없어서 어려운 것뿐이다.

화폐 가치: 구매력과 상업 도구

부는 화폐 혹은 금은으로 구성되는 것이 아니라는 사실을 너무 진지하게 증명하려 들면 우스꽝스러워진다. 돈은 그것이 사들일 수 있는 물건,

다시 말해 그 구매력 때문에 소중하다. 물론 돈은 국가 자본의 한 부분이기는 하다. 그러나 국가 자본의 작은 부분일 뿐이고 그것도 별로 이윤을 올려주지 못하는 자본이라는 것을 앞에서[2권 2장] 밝힌 바 있다.

상인에게는 돈으로 물건을 사는 것이 물건으로 돈을 사는 것보다 더쉽다. 하지만 부가 본질상 물건[상품]보다 돈에 있으므로 그런 것은 아니다. 돈이 잘 알려진 상업 수단이기 때문에 그러할 뿐이다. 돈을 내놓으면 즉각적으로 물건을 사들일 수 있지만, 그렇다고 모든 물건을 즉각 돈과 바꿀 수있는 것은 아니다. 상품들은 대부분 돈보다 상하기 쉽다. 그래서 상인은 물건을 오래 가지고 있으면 더 큰 손실을 입는다. 상인은 물건을 손에 들고 있을 때도, 그 물건 대금을 금고에 넣어놓고 있을 때보다[물건을 다 팔아 현금화했을 때보다] 물건이 팔리지 않고 창고에 남아 있을 때, 즉각 내놓기 어려운 대금 지불 요청을 받기 쉽다.

상인의 이윤은 물건을 사는 것보다는 파는 데서 나온다. 이 때문에 그는 전반적으로 돈을 물건으로 바꾸는 것보다는 물건을 돈으로 교환하는 데더 열심이다. 어떤 상인은 창고에 물건을 가득 넣어놓고도 제때 팔지 못해도산하기도 하지만, 국가나 사회는 그런 사고를 당하지 않는다. 상인의 전자본은 현금화를 목적으로 경쟁력 있고 소멸하기 쉬운 물건들로 자주 구성된다. 그러나 국가는 다르다. 국가의 토지와 노동의 총 생산물 중, 인근 국가들을 상대로 금은으로 바꾸려는 물건들은 아주 작은 부분이다. 그 총 생산물 중 훨씬 많은 부분이 국내에서 유통되고 소비된다. 그리고 해외로 내보낸 잉여생산물 중에서도, 많은 부분이 다른 해외 물건 구입에 활용된다.

따라서 금은을 얻기로 한 물건들이 교환되지 않아 금은을 획득하지못했더라도 국가는 망하지 않는다. 단지 국가는 약간의 손실과 불편을 겪으면서 돈의 기능을 대신하는 일부 편법을 사용해야 한다. 그러나 국가의 토지와 노동에서 나오는 총 생산물은 전과 같거나 거의 같을 것이다. 전과 같거나 거의 같은 소비 자본이 그 생산물을 유지하는 데 투자될 것이기 때문이다.

물건은 돈이 물건을 당기는 것처럼 즉각적으로 돈을 당겨오지는 못하지만, 장기적으로 보면 결국 물건이 돈을 더 끌어당긴다. 물건은 돈을 사들이는 것 외에 다른 여러 목적에 봉사할 수 있지만, 돈은 물건을 사들이는 것 외에 다른 목적에 봉사하지 못한다. 그러므로 돈은 반드시 물건을 쫓아가게 되어 있으나 물건은 반드시 돈을 쫓아가지는 않는다. 물건을 사는 사람은 언제나 되팔 생각만 하는 것이 아니라 자기가 쓰기도 하고 소비하기도 한다. 그러나 되팔 생각을 하는 사람[상인]은 언제나 다시 살 생각을 한다. 물건을 사서 쓰거나 소비하는 사람은 그 용도를 완수한 것이지만, 상인은 그 물건을 다시 팔지 않는 한 용도의 절반은 아직 달성하지 못한 것이다. 사람은 돈 자체를 위해 돈을 원하는 것이 아니라 그 돈을 가지고 사들일 수 있는 것 때문에 돈을 원한다.

금은의 축적 vs 솥과 냄비의 축적

사람들은 흔히 이렇게 말한다. 소비재는 곧 사라지고 만다. 그러나 금은에는 내구성이 있으므로 지속해서 해외로 나가지 않는다면 오랫동안 축적되어 국가의 진정한 부를 크게 증가시킨다. 그러면서 이런 내구재를 곧 없어지는 상품과 교환하는 것이야말로 국가에 가장 큰 손해를 입히는 것이라고 주장한다.

그러나 우리는 잉글랜드의 철물(가령 솥과 냄비)을 프랑스의 와인과 교환하는 것이 국가에 손해가 된다고 여기지 않는다. 철물은 아주 단단한 내구재이므로 이것이 지속해서 수출되지 않는다면 오랜 세월 축적되어 국가에 솥과 냄비는 놀라울 정도로 증가할 것이다. 하지만 이러한 주방 도구 개수는 모든 나라에서 자국 수요에 의해 제한받는다는 것을 누구나 쉽게 생각할 수 있다. 국내에서 요리되는 식료품에 필요한 것 이상으로 솥과 냄비를 갖고 있다면 어리석은 일이다. 식료품 수량이 증가한다면 솥과 냄비의 수도 따라서 증가할 것이다. 증가된 식료품 일부가 솥과 냄비 구입에 투자되고 또 그것을 만드는 노동자를 유지하는 데 투자된다.

같은 논리의 연장선에서 각국의 금은 수량도 국내의 금은 수요에 의해 제한을 받는다. 금은은 주화로 제작해 상품을 유통하거나 식기류로 만들어져 가정에서 도구로 활용된다. 각국의 주화 수량은 그 주화에 따라 유통되는 상품 가치에 따라 결정된다. 상품 가치가 높아지면, 그 상품 일부가 해외로 보내져 상품 유통에 필요한 추가 수량의 금은[주화]을 얻는 데 사용된다. 금은 식기류 수량은 그런 사치를 선택하는 가정의 숫자와 부에 따라 결정된다. 이런 가정의 수와 부가 늘어난다면, 이 증가된 부의 일부는 금은 식기류 추가 구매에 투자된다.

여기서 우리는 불필요한 금은 수량을 보존하거나 붙잡아둠으로써 국부를 증가시키려는 행위에 대해 아주 어리석은 행위라고 말할 수 있다. 그것은 개인 가정에 불필요한 솥과 냄비를 많이 보존하거나 억류할수록 그 생활이 윤택해진다고 말하는 것과 같다. 이런 불필요한 주방도구를 사들이는 비용은 그 집안의 식료품 수량이나 품질을 개선하기는커녕 떨어뜨릴 것이다. 마찬가지로 모든 나라에서 불필요한 금은을 구입한 비용은 국민 의식주를 해결하는 데 들어가야 하는 부의 양이나 품질을 개선하지 못하고 떨어뜨릴 것이다.

주화든 금은 식기류 형태든 금은은 주방도구나 별 다를 바 없는 도구에 불과하다. 금은을 수단으로 해서 유통·관리·준비되는 소비재 수량을 증가시키면 금은 수량은 자연스럽게 늘게 되어 있다. 그러나 비상한 수단으로 금은 수량을 증가시키려 한다면 오히려 그 용도와 수량을 반드시 감소시키게 된다. 금은 수량은 그 용도 이상으로 커질 수 없기 때문이다. 이처럼 필요한 수량 이상으로 국내에 금은을 축적하면 어떤 결과가 발생할까? 금은은 수송이 용이한 데다, 그처럼 쌓아두기만 하고 놀리는 데서 오는 손실이 너무나 크기 때문에, 어떤 엄격한 금지 법률이라도 즉각적인 해외 유출을 막을 수 없다.

전쟁 수행에 반드시 금은이 필요한 것은 아니다

한 국가가 해외 전쟁 수행 과정에서 먼 나라에 해군과 육군을 유지하기 위해 반드시 금은을 축적해놓아야 하는 것은 아니다. 해군 전단과 육군 보병은 소비재로 유지된다. 국내 산업의 총 생산물과, 토지, 노동, 자본으로부터 생기는 연간 수입으로 먼 나라에서 소비재를 구매할 수 있는 나라는 외국에서도 전쟁을 수행할 수 있다.

한 나라는 먼 나라에 파견한 군대의 봉급과 식료품을 3가지 방식으로 구매할 수 있다. 첫째, 축적된 금은을 보낸다. 둘째, 그 나라의 제조업에서 나온 연간 생산물 일부를 보낸다. 셋째, 연간 생산된 미가공(未加工) 생산물 일부를 보낸다.

한 나라에서 축적되었다 혹은 비축되었다고 할 수 있는 금은의 형태는, 유통 중인 주화, 각 개인 가정의 금은 식기류 그리고 여러 해 동안 근검절약으로 모아서 군주의 금고에 들어 있는 금은 등 3가지다.

국내에 유통 중인 돈을 절약하는 것은 좀처럼 쉬운 일이 아니다. 유통 중인 돈은 잉여분이 별로 없기 때문이다. 한 국가에서 연간 사고파는 물품은 소비자에게 유통하고 분배하는 만큼의 화폐량을 필요로 하고 그 이상은 아니다. 비유적으로 말하자면 유통 수로는 그것을 채울 만큼의 물[화폐량]을 끌어들일 뿐, 그 이상은 받아들이지 못한다.

그러나 해외 전쟁의 경우, 이 수로에서 일부가 빠져나간다. 해외에 많은 사람이 나가 있으므로 국내는 평소보다 적은 사람으로 유지된다. 국내에는 평소보다 적은 물품이 유통되고 그에 비례해 물품을 유통하는 돈의 수량도 적어진다. 이런 경우 잉글랜드에서는 재무부 증권, 해군 어음, 은행 어음 등 이런저런 지폐가 대량 발행되어, 유통 중인 금은을 대신함으로써 더 많은 금은은 해외로 나가게 된다. 이것으로도 해외 전쟁을 충분히 지원하지 못한다. 그 전쟁이 대규모이고 몇 년에 걸쳐 지속된다면 더욱 신통치 못한 자원이다.

개인 가정의 금은 식기류를 녹여 금은을 마련하는 것 또한 신통치 못한 전략으로 밝혀졌다. 7년 전쟁 초기에 프랑스가 이런 편법을 써서 얻은 이득은 수준 높은 생활 수준의 상실을 보상할 정도는 되지 못했다. 과거에 군주들이 축적해놓은 금은은 이것보다는 훨씬 더 강력하고 오래 가는 재원으로 활용되었다. 그러나 오늘날은 프로이센 왕을 제외하면, 금은 축적은 유럽 군주들의 대응 방식이 아닌 듯하다.

금세기[18세기]에 해외 전쟁을 수행하려면 역사상 가장 비싼 비용을 들여야 하는데, 유통 중인 돈, 개인 가정의 금은 식기류, 군주가 축적해놓은 금은 등에는 별로 의존하지 않는다.

7년 전쟁 동안의 금은 보유 상황

프랑스를 상대로 7년 전쟁을 하면서 그레이트브리튼은 9천만 파운드를 상회하는 돈을 썼다. 이 전쟁 비용은 신규 부채 7천 5백만 파운드와 1파운드당 2실링을 추가 부담하는 토지세, 감채기금(減債基金)에서 해마다 빌리는 돈을 포함해서 마련했다. 이 전쟁 비용 중 3분의 2 이상이 독일, 포르투갈, 아메리카, 지중해 항구들, 동인도제도와 서인도제도 등 멀리 떨어진 외국에서 소비되었다.

잉글랜드 왕은 축적해놓은 금은이 없었다. 금은 식기류를 녹여서 추가로 금은을 확보했다는 말도 나오지 않았다. 잉글랜드에 유통 중인 금은은 1천8백만 파운드가 넘지 않는 것으로 추산된다. 그러나 최근에 금화를 재주조한 이래에[1774년] 그 가치가 상당히 떨어진 것으로 보인다. 그러므로 내가 보거나 들은 계산 중에서 가장 과장된 것을 취해 금은의 가치가 3천만 파운드에 달한다고 우선 가정하자.

만약 전쟁을 계속 진행하는 데 우리의 돈을 사용했다면, 이 계산에 따르면 6~7년 사이에 적어도 두 번은 모든 돈을 외국으로 송금한 뒤 다시 돌려받아야 했을 것이다. 이런 상황을 가정하면, 국가의 모든 돈이 그렇게 짧은 기간 동안 누구도 모르게 두 번이나 외국으로 이동했다가 다시 돌아왔다는 사실은, 정부가 화폐 보존을 감시하는 것이 얼마나 불필요한지를 결정적으로 보여주는 근거가 된다.

그러나 전쟁 기간 내내 국내의 유통 수로만 보자면 평소보다 더 비어버린 것 같지 않다. 돈에 대해 지불할 수단을 가진 사람들은 돈 부족을 거의 느끼지 않았다. 오히려 전쟁 기간 내내 해외 무역 이윤이 평소보다 더 높았다. 특히 전쟁 말기에 아주 높았다. 이로써 그레이트브리튼의 모든 항구에서는 전반적으로 과잉 거래가 이루어졌다. 그리하여 과잉 거래에 따른 당연한 결과로 돈이 부족하다는 불평이 터져 나왔다. 그 돈을 얻을 수단이 없거나 빌려올 신용이 없는 많은 사람이 돈 부족을 겪었다. 채무자는 돈 빌리기 어려워졌고 채권자는 빌려준 돈을 상환받기가 어려워졌다. 그러나 금은 가치를 지불할 수 있는 사람, 금은 대신에 내어줄 가치를 가진 사람은 언제나 금은을 마련할 수 있었다.

전쟁 비용은 금은이 아니라 물품으로 충당

그러므로 7년 전쟁의 막대한 비용은 금은 수출이 아니라 주로 이런저런 종류의 브리튼 상품들로 충당되었음을 알 수 있다. 정부나 정부의 대리인이 갑이라는 외국으로 송금하는 업무를 상인과 계약할 때, 그 상인은 이미 환어음을 발행한 그의 외국 거래처[갑]에게 금은보다는 여러 상품을 보내 지불하려고 한다. 만약 그레이트브리튼의 상품들이 갑이라는 나라에서 수요가 없다면, 상인은 다른 나라로 상품들을 보낼 것이고, 송금해야 할 국가인 갑 앞으로 된 어음은 그 나라에서 구입할 것이다.

상품 수송은 시장과 잘 연결되면 언제나 상당한 이윤을 가져다주지만, 금은 수송은 아무런 이윤도 올려주지 않는다. 해외 물품을 사기 위해 금은을 해외로 보낼 때 상인의 이윤은 그 구매에서 생기는 것이 아니라 돈 대신 돌아온 해외 물품 판매에서 생긴다. 단지 빚을 갚기 위해 금은을 해외로 내보내면 상인에게는 대신 돌아온 해외 물품이 없고 그리하여 아무 이윤도 올리지 못한다. 그러므로 상인은 금은 수출이 아니라 상품 수출로 그의 빚을 갚으려고 온갖 궁리를 한다. 7년 전쟁 중에 엄청난 양의 브리튼 상품들이 아무런 대가 상품을 가져오지 못하고 수출되기만 했다는 사실은, 『국가의 현재 상황』(The Present State of the Nation)[129]의 저자가 언급한 바 있다.

위에서 언급한 세 형태의 금은 외에, 모든 상업 대국에서는 해외 무역

---

129 이 책의 정식 제목은 『국왕과 상하 양원에 보고된 국가의 현재 상황. 특히 무역과 재정 등에 관한 보고』(1768)이다. 저자는 윌리엄 녹스(William Knox)이며, 조지 그렌빌(George Grenville)의 지휘 아래 작성되었다.

을 위해 상당한 양의 지금(地金)을 수입하거나 수출한다. 이 지금은 국가 화폐가 모든 국가에서 유통되는 것과 같은 방식으로 여러 상업 국가들 사이에서 유통되기 때문에 위대한 상업 공화국의 화폐로 간주될 수 있다. 각국의 주화는 그 나라의 경계 내에서 유통되는 상품들에 따라 움직임의 규모와 방향을 지시받는다. 두 종류의 돈은 교환을 쉽게 하기 위해 사용되는데 주화는 같은 나라의 개인 사이에서, 지금은 다른 나라들 사이에서 사용된다.

이 상업 공화국의 자금 일부가 7년 전쟁 중에 사용되었을 가능성이 있다. 전면적 전쟁 시기에 돈의 움직임 규모와 방향은 평화 시의 그것과는 다르다. 돈은 전쟁이 벌어지는 중심부에서 더 많이 유통되고, 그곳에서 더 많이 구매에 투자된다. 그리고 인근 국가에서는 서로 다른 군대의 봉급과 식료품 주위로 더 많이 유통된다고 보아야 한다.

그러나 상업 공화국 그레이트브리튼이 이런 방식으로 연간 투자한 상업 공화국 돈이 어느 정도든 간에, 그 돈은 브리튼의 상품 혹은 그 상품들로 구매한 다른 나라 물품들을 해마다 사들였을 것이다. 결국, 잉글랜드가 전쟁을 계속 수행하게 해준 것은 이 나라의 토지와 노동의 연간 총 생산물인 것이다. 따라서 그런 막대한 연간 전쟁 비용이 엄청난 연간 생산물로 충당되었다고 볼 수 있다.

예를 들어 1761년에 사용된 비용은 1천9백만 파운드 이상이었다. 많은 금은이 축적됐더라도 이런 막대한 연간 소비를 지탱하지 못했을 것이다. 설사 지탱할 수 있었더라도 연간 그 정도의 금은을 생산할 수도 없다. 가장 신빙성 높은 기록에 따르면, 스페인과 포르투갈에 연간 유입되는 전체 금은은 대체로 6백만 파운드를 넘지 못한다. 이 정도 액수는 7년 전쟁 몇 년 동안 단 넉 달의 비용도 충당하지 못하는 규모다.

영국이 7년 전쟁에서 승리한 이유

현지에서 군대의 봉급과 식료품을 구입하고, 그런 물품을 사들이는 데 필요한 상업 공화국의 돈 일부를 확보할 목적으로, 먼 나라로 수송하기에 가장 적합한 물품으로는 무엇이 있을까? 우선 그것은 정교한 고급 제조품이어야 한다. 또 가치는 높으나 부피는 작아서 소액으로 원거리를 수송할수 있어야 한다. 일반적으로 외국으로 수출되는 이러한 제조품을 매년 대량으로 생산하는 산업을 갖춘 국가는 상당한 양의 금은을 수출하지 못하거나 수출할 수 있는 양이 없더라도 외국과 고비용의 전쟁을 수년간 계속 치를 수 있다.

이런 경우 제조품 연간 잉여분의 상당 부분은 국외로 수출되기만 할 뿐 되돌아오는 상품은 없을 것이다. 그러나 상인에게는 이득으로 돌아온다. 정부는 먼 나라에서 군대의 봉급과 식료품을 확보하기 위해, 그 상인이 외국에 발행한 어음을 사들이기 때문이다. 그러나 이 잉여분 일부는 여전히 계속 수익을 가져온다.

전쟁 중에 제조업체는 다음의 두 가지를 요구받는다.

첫째, 해외로 보낼 제조품을 많이 만들어라. 그래야 외국에 나가 있는 자국 군대에 봉급과 식료품을 지급하기 위해 외국 앞으로 끊어준 약속어음을 지불할 수가 있다.

둘째, 국내에서 보통 소비되는 수입 물품 구매에 필요한 제조품을 만들어내라.

이런 요구 덕분에, 가장 파괴적인 해외 전쟁 와중에서도, 제조업체 상당수는 크게 번창하고, 평화가 찾아오면 오히려 쇠퇴한다. 제조업체는 자기 나라가 망해가는 과정에서 번창하고, 자기 나라가 번창하면 쇠퇴하기 시작한다. 7년 전쟁 기간과 종전 후 몇 년 동안 그레이트브리튼 제조업의 여러 분야에서 나타난 여러 상태가 방금 말한 내용이 진실임을 증명한다.

장기간에 걸친 대규모 해외 파견 전쟁은 나라에서 생산되는 미가공 생산물의 수출만으로는 적절하게 수행될 수 없다. 해외에서 자국 군대의 급여와 식료품을 사들일 수 있을 정도로 대규모 생산물을 보내려면 엄청난 비용이 들기 때문이다. 자국민의 생계유지에 충분한 것 이상으로 많은 미가공 생산물을 생산할 수 있는 나라는 별로 없다. 따라서 해외로 미가공 생산물의 많은 부분을 보낸다는 것은 곧 국민에게 필요한 생필품 일부를 떼어 보내는 것이 된다.

반면 제조품 수출은 이야기가 다르다. 그 제조품을 생산하는 사람들은 국내에 그대로 있고, 그들 노동 중 잉여 부문만 수출된다. 데이비드 흄은 잉글랜드의 예전 왕들이 방해를 받지 않고 장기간에 걸친 해외 전쟁을 할 수 없었던 사실에 주목한다. 당시 잉글랜드는 해외에 나가 있는 자국 군대에 봉급과 식료품을 제공할 수단이 없었다. 자국의 미가공 생산물(국내 소비가 있으므로 해외로 많이 내보낼 수는 없었다)이나 다소 조악한 제조품을 내보내야 했는데, 이런 것은 수송비가 엄청나게 들었다. 따라서 전쟁을 오래 수행하지 못했던 배경에는 돈 부족이 아니라, 정교한 고급 제조품 부족이 있었다.

　　잉글랜드에서는 당시나 지금이나 사고파는 것이 돈을 매개로 이루어진다. 유통되는 화폐 양은 당시 일반적으로 거래되는 구매 및 판매 수량과 가치 면에서는 현재 거래되는 것과 동일한 비율이거나, 오히려 비율이 더 컸을 것이다. 당시에는 지폐가 없었던 반면, 지금은 대부분 금은 역할을 하는 지폐가 유통되기 때문이다.

군주가 금은을 축적하는 이유

　　상업과 제조업이 별로 발달하지 않은 나라에서는 군주가 비상사태에 직면했을 때 자신의 신민들로부터 큰 도움을 얻지 못한다. 그 이유는 뒤에서 자세히 설명한다.[130] 따라서 이런 나라에서 군주는 비상사태에 대비해 유일한 자금원으로 금은을 축적한다. 이런 필요와는 별개로, 군주는 그런 상황[상업과 제조업 미발달]이라면 자연스럽게 금은 축적의 전제 조건인 근검절약에 관심을 기울인다. 그런 국가에서, 군주의 비용은 궁정의 화려한 장식을 충족시키는 허영으로 소비되지 않고, 소작인들에 대한 하사금이나 궁정 출입 가신들에 대한 환대로 사용된다. 이러한 하사금이나 환대는 사치로 이어지는 법이 거의 없지만, 허영은 거의 언제나 사치로 이어진다.

130　『국부론』제5권 3장 공채.

그리하여 타타르의 족장에게도 축적된 금은이 있다. 스웨덴 왕 찰스 12세의 유명한 동맹이었던, 우크라이나 코사크족 족장인 마제파의 금은보화는 상당한 규모였다고 한다. 메로빙거 왕조 시대의 프랑스 왕들도 보물 창고를 유지했다. 그들의 왕국이 여러 자녀 사이에서 분할되자, 그들은 쌓아두었던 보물도 분할해 나누어 가졌다. 잉글랜드의 색슨족 군주들과, 윌리엄 1세의 노르만 정복[1066] 이후의 초창기 몇몇 잉글랜드 왕들도 금은을 축적했던 것으로 보인다. 새 왕이 즉위하면 제일 먼저 하는 것이 선왕의 보물을 장악하는 일이었다. 그 행위가 후계를 확정 짓는 가장 필수적인 수단이었다.

반면 발전된 상업 국가의 군주들은 금은을 축적할 필요가 없었다. 비상사태를 당하면 통상적으로 신민들로부터 도움을 얻을 수 있기 때문이다. 그 때문에 그들은 금은 축적으로 마음이 기울어지지 않는다. 그들은 자연스럽게 어쩌면 필연적으로 시대의 사치스러운 풍조를 따라간다. 궁정의 사소한 화려함은 날마다 더 화려해지고, 그들은 왕국 내의 다른 대지주들이 사로잡혀 있는 것과 같은 사치와 허영에 휘둘린다. 당초 검소했던 궁정의 행렬은 점점 더 화려해진다. 그런 허영에 들어가는 비용은 자본 축적을 가로막을 뿐만 아니라, 그보다 더 긴요한 상황에 대비해 따로 떼어두었던 돈마저 빈번하게 잠식한다.

독자는 고대 페르시아 궁정의 이야기를 들어본 적 없는가. 데르실리다스[131]는 그 궁정에 대해, 페르시아 궁정에서 번드레한 화려함은 많이 보았으나 강건한 상무(尙武) 정신은 보지 못했으며, 하인들은 많이 보았으나 군인들은 별로 보지 못했다고 말했다. 이 말은 오늘날의 여러 유럽 군주들에게도 그대로 적용된다.

---

131 데르실리다스는 '안티오코스'의 오기(誤記)로 보인다. 안티오코스는 알렉산드로스 대왕의 부하 장군이었는데, 대왕이 페르시아 왕국을 처부술 때 함께 참전했다. 안티오코스가 페르시아 궁정을 이렇게 경멸하듯 한 말은 크세노폰(기원전 428-354)의 고대 그리스 역서서인 『헬레니카』 제7장에 실려 있다.

해외 무역의 이점은 잉여생산물 수출과 생산성 제고

한 나라가 해외 무역에서 얻을 수 있는 것 중 금은 수입은 유일한 혜택은커녕 주요 혜택에도 들지 못한다. 서로 해외 무역을 하는 나라들은 그 무역에서 두 가지 뚜렷한 혜택을 얻는다. 해외 무역을 통해 그 나라의 총 생산물 중 국내에 수요가 없는 잉여 부분을 해외로 내보내고, 그 대신 국내에 수요가 있는 물품들을 받아온다. 이것은 잉여 물품을 해외의 다른 물품과 교환하게 해주어 그 잉여분에 가치를 제공하고, 국내 수요의 일부를 충족시키며 또 국내에서 여러 향락품을 누릴 수 있게 한다.

이 해외 무역이 있으므로 국내 시장이 비록 협소하더라도 수공업 혹은 제조업 특수 분야에서 높은 수준의 노동 분업이 이루어진다. 수공업자나 제조업자들의 노동으로 만들어낸 생산물 중 잉여 부분에 대해 더 넓은 시장을 열어줌으로써, 해외 무역은 이런 노동자들에게 생산력을 증대하도록 격려하고 연간 생산물을 최대한으로 제고하도록 유도한다. 이렇게 해서 한 국가의 진정한 수입과 부가 커지는 것이다. 해외 무역은 이런 훌륭하고 중요한 서비스를 무역 대상국 모두에게 해주고 있다.

해외 무역을 하는 나라들은 거기서 큰 혜택을 얻는다. 특히 그런 해외 무역을 주도하는 상인이 있는 나라가 큰 혜택을 받는다. 그 거주 상인은 그렇지 않은 다른 나라 상인[중개무역하는 상인]보다 자국의 부족 물품을 채우고 잉여 물품은 반출하는 일을 더욱 활발하게 수행하기 때문이다. 금광이나 은광이 없는 나라에서 부족한 금은을 수입하는 것도 분명 해외 무역의 한 부분이다. 하지만 그것은 가장 사소한 부분일 뿐이다. 그저 그것만을 목표로 해외 무역을 하는 나라라면 100년이 지나도 수송선 한 척을 바다에 띄울 일이 없을 것이다.

아메리카의 발견: 시장 개척과 노동력 제고

아메리카의 발견[1492년]이 유럽을 부유하게 한 것은 금은 수입 때문이 아니었다. 아메리카에 은광과 금광이 풍부했기에 두 귀금속은 값이 저렴해졌다. 그리하여 금은 식기류 한 벌을, 15세기 수준보다 곡물의 3분의 1,

노동의 3분의 1 가격에 사들일 수 있게 되었다. 노동과 상품에 지불되는 동일한 연간 지출로, 15세기에 사들일 수 있었던 금은 식기류의 3배를 더 많이 구입할 수 있었다.

어떤 상품이 과거에 팔렸던 가격의 3분의 1에 팔린다면 종전에 그것을 사들였던 사람들은 예전 수량의 3배를 구입할 수 있다. 뿐만 아니라 상품가격이 그처럼 떨어지면 전보다 10~20배 더 많은 구매자가 그 상품을 살 수 있다. 그 결과, 오늘날의 유럽에서는 금은 식기류의 수량이 이전 상황(아메리카의 은광과 금광이 발견되지 않은 상황)에 비해 3배 이상 늘었을 뿐만 아니라, 일부 경우에는 20배 혹은 30배 이상 늘어난 것으로 보인다.

여태까지 유럽은 아주 사소한 것이긴 해도 실질적인 편익을 얻었다. 가격 인하 때문에 금은은 이제 예전처럼 화폐 용도로 덜 적합해졌다. 물건을 사려면 전보다 더 많은 금은을 호주머니에 넣어가야 했고, 전에는 1그로트(4펜스)면 되었던 것을 이제는 1실링(12펜스)을 들고 가야 살 수 있었다. 이런 불편함[더 많은 돈을 가지고 가는 것]과 방금 말한 편익[금은 가격 인하] 중 무엇이 더 사소한지는 말하기 어렵다. 불편함이든 편리함이든 그 무엇도 유럽에 본질적인 변화를 가져오지는 못했다.

그러나 아메리카의 발견이 가져온 한 가지, 아주 본질적인 변화가 있었다. 아메리카는 유럽의 모든 상품에 새롭고 무궁무진한 시장이 되어줌으로써, 유럽의 노동 분업과 기술 향상에 획기적인 전기를 마련해주었다. 예전의 협소한 상업 세계라면 거기서 만들어낸 생산물의 많은 부분을 처분할 만한 시장이 없었으므로 결코 그런 분업과 개선이 이루어지지 못했을 것이다. 덕분에 유럽의 여러 나라에서 노동생산력은 향상되었고 생산물은 증가했다. 이와 함께 유럽 주민들의 진정한 수입과 부도 늘었다.

유럽 상품은 아메리카에 완전히 새로운 것이었고, 아메리카 상품 중 많은 것은 유럽에도 새로웠다. 따라서 전에는 생각지도 못한 새로운 교환이 발생하여, 구세계는 물론이고 신세계에도 유익하게 발전했어야 마땅했다. 그러나 그렇게 되지 못했다. 신세계 사람들에게 가한 유럽인들의 저 야만적이고 불의한 행동으로, 모두에게 호혜적이 됐어야 할 사건[아메리카 발견]이 정복당한 여러 아메리카 나라에게는 파괴와 멸망이 되었다.

동인도 무역은 독점이 큰 폐해

아메리카 발견과 거의 같은 시기에, 희망봉 곶을 돌아 동인도제도로 가는 해로가 발견되었다. 동인도제도는 아메리카보다 더 멀리 떨어져 있지만, 해외 무역 관점에서는 더 넓고 큰 시장이었다. 아메리카에는 야만을 벗어난 두 국가[마야족과 잉카족이 세운 나라]가 있었으나, 이 나라들은 발견된 즉시 파괴되었다. 그 외의 아메리카 부족들은 야만인에 불과했다.

동인도제도는 이야기가 달랐다. 중국, 인도, 일본, 그 외의 다른 나라는 비록 금광과 은광은 없었지만 멕시코나 페루보다 모든 면에서 훨씬 더 부유하고, 교양 있었으며 각종 수공업과 제조업이 발달해 있었다(멕시코와 페루의 고대 문명에 대해 스페인 저술가들이 내놓은 과장된 서술은 별로 신빙성이 없어 보이나 그래도 그 이야기는 그것대로 믿어주기로 하자). 부유한 문명국가들이 서로 물품을 교환하는 것은, 미개인과 야만인들을 상대로 무역하는 것보다 더 큰 가치를 만들어낸다.

그러나 유럽은 지금까지 동인도제도와의 무역에서 아메리카와의 무역에서보다 훨씬 적은 이득을 얻었다. 포르투갈은 약 1세기 동안 동인도 무역을 독점했고, 유럽의 다른 국가들이 동인도제도에 물품을 보내려면 포르투갈을 통해서만 가능했다. 그러다가 17세기 초에 네덜란드가 포르투갈의 독점 시장을 잠식하면서 독점 회사[네덜란드 동인도회사]를 설립해 이 회사에 동인도 무역을 전담시켰다. 잉글랜드, 프랑스, 스웨덴, 덴마크도 네덜란드 사례를 따라 동인도회사를 설립했고, 이렇게 유럽의 강대국들은 동인도제도에서 자유무역을 하지 않았다. 동인도제도 무역이 아메리카 무역만큼 이익이 없는 이유는 명확하다. 아메리카 무역에서 유럽의 거의 모든 국가는 자국 식민지를 자국 국민에게 자유롭게 개방했던 것이다.

동인도회사들의 독점적 특혜, 엄청난 부, 이 회사들이 모국 정부로부터 받은 커다란 혜택과 보호는 자연히 많은 질시를 불러일으켰다. 이런 질시 때문에 사람들은 동인도회사의 무역이 국가에 유해하다는 주장을 폈다.

그 회사들이 동인도에서 무역을 수행하기 위해 해마다 많은 은을 국가에서 유출한다고 비난한 것이다.[132] 이에 대해 회사 관련자들은 동인도 무역이 은의 지속적 유출로 유럽 전체를 빈곤하게 만들 수도 있으나, 정작 그 무역을 수행하는 나라를 빈곤하게 하는 것은 아니라는 반론을 폈다. 이러한 주장과 반론은 내가 지금껏 설명해온 대중적 믿음[중상주의]에 근거한 것이다. 그러므로 이에 대해서는 더 이상 언급하는 것이 불필요하다.

동인도제도로 연간 많은 은이 유출됨으로써 그런 일이 없었을 때보다 유럽에서는 금은 식기류의 가격이 다소 높아졌다. 또 은화는 전보다 더 많은 수량의 노동과 상품을 사들일 수 있었다. 전자[식기류 가격 상승]는 아주 작은 손실이고 후자[은화 구매력 향상]는 아주 약간의 이익이지만 둘 다 너무 사소해 사회 전반의 주목을 받을 만한 사항은 되지 못한다.

동인도제도 무역은 유럽 상품에 새 시장을 열어줌으로써, 또 마찬가지 의미로는 그 상품들로 사들일 수 있는 금은에 시장을 개방함으로써 유럽 상품들의 연간 생산량을 증대하고, 결과적으로 유럽의 진정한 부와 수입을 증가시켜야 마땅하다. 그런데 실제로 동인도제도 무역이 그런 효과를 보지 못한 것은, 유럽 전역에서 그 무역에 가한 각종 제약 때문이라고 보아야 한다.

중상주의의 2대 엔진: 무역 수지 강화와 수출 장려

여기서 다소 지루해질 우려가 있음에도 부는 돈, 즉 금과 은으로 구성

---

132 잉글랜드 동인도회사는 영국 사람들이 좋아하는 중국산 차, 도자기, 비단을 영국으로 수입해왔다. 특히 차는 매년 수천만 톤이 수입되었다. 영국은 이 찻값으로 매년 막대한 은을 중국에 지불했으며, 동인도회사는 중국과의 교역에서 약 2,800만 파운드의 적자를 기록했다. 중국은 팔기만 하고 사들이지 않는 것이 문제였다. 영국이 더 이상의 은 유출을 줄이려면 중국과의 무역이 절실히 필요했다. 그리하여 1792년 조지 3세는 중국 건륭제(乾隆帝)에게 사절을 보내 통상할 것을 요구했으나 거절당했다. 영국은 무역 수지 개선을 위해 중국에 인도산 아편을 밀수출하기 시작했고 중국은 아편 수입에 은을 지불했다. 1827-49년 사이에 약 1억 3천만 달러의 은이 중국에서 유출되었다. 아편 수익은 잉글랜드 동인도회사가 동인도제도에서 벌어들이는 수익의 7분의 1 정도를 차지했다. 급기야 중국은 아편 밀수를 금지시켰고, 이것이 아편 전쟁(1840-42)의 원인이 되었다.

된다는 대중적 믿음을 충분히 검토할 필요가 있다고 생각한다.

이미 언급한 것처럼, 보통 사용되는 언어에서 돈은 빈번하게 부를 의미한다. 이런 표현상 모호함으로 인해 대중적 믿음[돈과 부는 같다]은 우리에게 아주 친숙해졌다. 그래서 이런 믿음의 어리석음을 잘 아는 사람들도 그 원리를 잊고, 그들의 논리를 펴가는 과정에서 이 대중적 믿음을 확실하고 반박 불가능한 진리로 여기는 경향이 있다. 몇몇 우수한 영국인 저술가들은 한 국가의 부는 금은으로만 구성되는 것이 아니라, 그 토지, 주택, 각종 소비재로 구성된다고 하면서 저술을 시작하기는 한다. 하지만 논리를 펴나가는 과정에서 토지, 주택, 각종 소비재는 그들의 기억에서 싹 사라져버린다. 그러고는 국부는 금은으로 구성되며 금 증대가 국가 산업과 상업의 일대 목표가 되어야 한다는 논조를 펴나간다.

이렇게 해서 국부는 오로지 금은으로만 구성된다는 중상주의 원리가 수립된다. 금광이나 은광이 없는 나라가 금은을 축적하는 방법은 다음 두 가지다.

첫째, 무역 수지를 흑자 쪽으로 강화하기

둘째, 상품 수입액보다 수출액을 크게 늘리기

따라서 정치경제학의 일대 목표는 국내 소비를 위한 해외 소비재 수입을 가능한 한 억제하고 국내 산업 생산물을 가능한 한 많이 수출하는 것이다. 그리하여 국가를 부강하게 만드는 두 엔진은 수입 억제와 수출 장려에 있다.

2가지 수입 억제책과 4가지 수출 장려책

수입 억제책에는 두 가지가 있다. 첫째, 국내에서 생산 가능한 물품인데도 똑같은 것을 해외에서 국내 소비용으로 수입해오는 것을 억제한다. 수입해오는 나라가 어디인지는 따지지 않는다. 둘째, 자국의 무역 수지가 불리하다고 생각되는 나라에서 생산되는 거의 모든 물품에 대한 수입을 억제한다.

억제책의 구체적 수단으로는, 높은 관세를 부과하거나 때로는 아예 수입을 금지하는 것이다.

수출 장려책에는 네 가지가 있다. 세금 환급, 장려금 지급, 유리한 통상 조약 체결, 멀리 떨어진 나라에 식민지 건설하기.

(1) 세금 환급은 두 경우에 이루어진다. 첫째, 국내 제조품으로 이미 일정한 세금이나 내국 소비세가 부과되어 있는 물품을 해외로 수출하면 그 세금 전부 혹은 일부를 환급한다. 둘째, 관세를 내고 수입한 외국 물품이 재수출되는 경우, 그 물품에 부과되었던 세금 전부 혹은 일부를 돌려준다.

(2) 장려금은 사업 초창기 제조업이나, 특별한 혜택이 필요하다고 생각되는 산업을 격려하기 위해 주어진다.

(3) 유리한 통상 조약을 체결함으로써, 특정한 해외 국가 내에서 우리나라의 상품과 상인이 다른 나라보다 특별한 혜택을 받게 한다.

(4) 멀리 떨어진 나라들에 식민지 건설하기.

이상과 같은 2가지 수입 억제책과 4가지 수출 장려책은, 중상주의가 무역 수지를 강화함으로써 국가의 금은 보유 수량을 증가시킬 수 있다고 내놓는 방책들이다. 나는 이 6가지 사항에 대해 각각 별도의 장[4권 2~7장]을 부여해 살펴볼 생각이다.

이런 조치들이 국내에 금은을 유입시키는 경향에 대해서는 크게 주목하지 않고, 대신에 그것이 국내 산업의 총생산량에 미치는 영향을 검토할 것이다. 이런 조치들이 연간 생산물 가치를 증대 혹은 감소시키는 경향에 따라, 그것은 한 나라의 진정한 국부와 수입을 증대 혹은 감소시킬 것이다.

제2장

국내에서 생산 가능한 물품을
외국에서 수입하는 것에 대한 제한

독점이 국내 산업을 활성화하는지는 분명하지 않다

높은 관세를 부과하든 수입을 전면 금지하든 국내에서 생산 가능한 물품을 외국으로부터 수입하는 것을 금지하면 그러한 물품을 만들어내는 국내 산업에는 크든 적든 독점적 시장이 확보된다. 이렇게 해서 외국으로부터 살아 있는 가축이나 소금에 절인 식료품 수입을 억제하면 그레이트브리튼의 목축업자는 국내 식육(食肉) 시장을 독점한다. 곡물 수입에 높은 관세를 부과하면 약간 풍년이 든 해에는 자국 농부에게 독점과 비슷한 혜택을 주는 격이다.

외국산 모직물 수입을 금지하면 국내 모직물 제조업자에게 똑같은 효과를 발생시킨다. 비단 제조업은 외국산 원료를 가공하는 것이지만 최근 들어 이와 똑같은 혜택을 받았다. 아마포 제조업은 그런 이익을 얻지 못했지만 그런 혜택을 얻는 방향으로 가고 있다. 많은 다른 종류의 제조업이 그레이트브리튼 내에서 같은 방법으로 브리튼 사람들에 대해 이와 같거나 아니면 거의 비슷한 독점 혜택을 얻고 있다. 이런 식으로 그레이트브리튼에는 엄격하게 혹은 조건부로 수입 금지된 품목들이 많다. 그 범위는 아주 광범

위해 관세법을 잘 알지 못하는 사람들의 상상을 초월한다.

이러한 국내 시장 독점은 그 혜택을 누리는 업종에는 커다란 힘이 된다. 그리하여 사회의 노동과 자본 중 평소보다 더 큰 부분이 여기에 투자된다. 그러나 이것이 한 사회의 총노동을 증가시키거나 그 노동에 가장 유리한 방향을 제시하는지 여부는 분명하지 않다.

사회의 총 노동력은 그 사회가 투자할 수 있는 자본 규모를 넘어설 수 없다. 특정 사람이 고용할 수 있는 노동자 수는 그가 가진 자본과 일정한 비율을 형성한다. 마찬가지로 어떤 사회의 모든 구성원이 지속해서 고용할 수 있는 노동자 수도 노동 대 자본 비율을 넘어서지 못한다. 어떤 상업 규칙도 그 사회자본이 유지할 수 있는 범위를 넘어서 노동량을 증가시키지 못한다. 평소에는 가지 않을 법한 방향으로 총노동 일부를 돌릴 수 있을 뿐이다. 이러한 노동과 자본의 인위적 방향 전환[수입제한에 따른 독점]이 그냥 자연스럽게 내버려두었을 때보다 사회에 더 유리한 것인지는 확실하지 않다.

개인의 이익 추구가 사회에 이바지하는 두 가지 방식

모든 개인은 자신이 가진 자본을 가장 유리하게 투자할 만한 투자처를 찾아내려고 끊임없이 노력한다. 이렇게 투자할 때 그 개인이 깊이 생각하는 것은 자기 이익이지 결코 사회 이익이 아니다. 그러나 자기 이익을 열심히 연구하는 것은 자연스럽게, 아니 필연적으로 그 개인이 사회에 가장 이익이 되는 투자처를 선호하도록 이끈다.

(1) 개인은 국내 상업에 투자해 국내 산업을 지원한다

모든 개인은 가능한 한 국내에 자본을 투자하려 하고, 자신이 할 수 있는 최대한으로 국내 산업을 지원한다. 다만 이 경우에 언제나 필요한 조건은 그런 자본 투자로 통상 이윤 혹은 그에 가까운 이윤을 얻을 수 있어야 한다는 것이다. 그럴 수만 있다면 모든 도매상인은 자연스럽게 해외 무역보다는 국내 상업을 통한 소비재 판매를 선호하며, 중개무역보다는 해외 무역을 선호한다. 국내 상업에서 상인 자본은 해외 무역처럼 감시에서 오래 벗어나는 일이 좀처럼 없다. 그는 자신이 거래하는 사람들의 성격과 상황을 잘 알고 있다. 또 거래에서 사기를 당했더라도, 어디로 가야 그 사기를 보상받을 수 있는지 관련 국내법을 잘 알고 있다.

중개무역에서 상인 자본은 말하자면 두 외국 사이에 나누어져 있다. 그중 어떤 부분도 국내로 들어오거나 상인의 직접적인 감시와 명령 아래 있을 수 없다. 어떤 암스테르담 상인이 쾨니히스베르크에서 리스본으로 곡물을 수송하고, 리스본에서 쾨니히스베르크로 과일과 와인을 수송하는 중개무역에 종사한다고 하자. 이 경우 그의 자본 중 절반은 쾨니히스베르크에 그리고 나머지 절반은 리스본에 있게 된다. 자본의 어떤 부분도 암스테르담으로 돌아오지 않는다. 이러한 상인의 주거지는 자연스럽게 쾨니히스베르크나 리스본이 되어야 마땅하다. 그가 암스테르담 주거를 선호하는 것은 특수한 사정이 있기 때문이다.

하지만 상인은 그렇게 먼 곳에 자기자본이 투자된 것을 불안하게 여기므로, 리스본으로 가는 쾨니히스베르크 상품과 쾨니히스베르크로 가는 리스본 상품, 이렇게 양쪽 상품 중 일부를 암스테르담으로 가져오려고 결심한다. 이 경우 상인은 선적과 하역 비용을 이중 부담해야 하고 일부 세금과 관세를 납부해야 한다. 그렇지만 자기자본 일부를 자기 감시 아래 두기 위해 기꺼이 추가 비용을 부담한다. 이런 방식을 통해 상당한 양의 중개무역을 수행하는 나라는 자기 안에 커다란 시장을 형성한다. 그 나라가 수행하는 중개무역 덕분에 온갖 나라의 상품이 집결하기 때문이다.

상인은 두 번째 선적과 하역을 피하려고 그가 수입해온 각종 나라의 상품을 가능한 한 국내에서 판매하려고 한다. 다시 말해 중개무역을 해외무역으로 바꾸기를 원한다. 마찬가지로 소비재 해외 무역에 종사하는 상인은, 해외 시장을 위해 상품을 수집할 때 가능한 한 그 상품을 국내에서 소비하려고 한다. 수출에 따르는 위험과 고충을 되도록 회피하고 싶은 것이다. 이렇게 해서 그는 소비재 해외 무역을 국내 상업으로 전환하려는 노력을 한다. 국내 시장은 한 나라의 국민이 가진 자본을 회전하고 유통시키는 중심지이며, 그들의 자본은 언제나 이 시장을 향해 달려온다. 그러나 어떤 사정 때문에 그 자본은 국내 시장에서 밀려나거나, 멀리 떨어진 투자처로 이동해 버린다.

앞에서 언급했듯[2권 5장 끝부분] 국내 상업에 투자한 자본은 해외 무역보다 많은 국내 노동력을 활용하며, 이로써 그 나라의 많은 구성원에게 수입과 고용을 제공한다. 또한, 동일 양의 자본이 해외 무역에 투자된다면 중개무역에 투자했을 때에 비슷한 이점을 갖는다. 그래서 통상 이윤 혹은 그에 가까운 이윤을 얻을 수 있다면, 모든 개인은 그 자본을 국내 산업에 크게 이바지하는 방식으로 자연스럽게 투자하여, 상당수 자국민에게 수입과 고용의 기회를 가져오고자 한다.

(2) 보이지 않는 손: 개인은 최고 가치를 올리는 곳에 투자한다

국내 산업에 투자하는 개인은, 그 산업에서 가장 큰 가치를 획득할 수 있는 생산물을 만드는 방향으로 산업을 유도한다.

노동 생산물이란, 대상물 혹은 원료에 노동을 적용하여 새롭게 생성된 제품을 말한다. 이 생산물 가치의 대소에 비례해 사업가의 이윤도 커지거나 작아진다. 그러므로 모든 개인은 자기자본으로 국내 산업을 지원하려 하고 또 그 생산물이 가장 큰 가치를 지닐 수 있는 쪽으로 산업을 유도한다. 이렇게 해서 개인은 사회의 연간 생산물을 가능한 한 크게 만들려고 노력한다. 일반적으로 개인은 공공 이익을 추진하려는 의도가 없고 또 자신이 그런 이익을 얼마나 많이 추진하는지도 알지 못한다. 해외 산업보다 국내 산업을 선호하는 것은 자신의 안전을 지키려는 의도이고, 또 국내 산업이 최대 가치를 올리도록 유도하여 자기 이익을 올리려는 목적에서 그렇게 한다.

다른 많은 경우에도 그러하지만, 그는 이 경우에 보이지 않는 손(an invisible hand)에 인도되어 자기가 전혀 의도하지 않은 목적을 추구한다. 개인이 공공 이익에 매진하려는 의도를 가지지 않는다는 사실이 사회를 위해 나쁘기만 한 것은 아니다. 개인은 자기 이익을 추구함으로써, 사회 이익을 일부러 추구했을 때보다 더 효과적으로 사회를 위한 이익을 따르기 때문이다. 나는 공공 이익을 위해 상거래를 한다고 주장하는 사람치고 사회에 많이 기여한 사람을 보지 못했다. 그러나 이러한 허세는 상인들 사이에서 자주 목격되는 것은 아니고 설사 그런 주장을 하는 상인들이 있더라도 그들을 만류하는 데는 많은 말이 필요하지 않다.

어떤 산업이 자본을 투자하기 좋은 업종이고, 그중 어떤 생산물이 가장 큰 가치를 실현할 것인가? 이런 질문에 대해서는 현지 사정을 잘 아는 개인이 그들을 위해 일한다고 말하는 정치가나 입법가보다 더 잘 판단할 수 있다. 개인에게 이러저러한 방식으로 그들의 자본을 투자해야 한다고 말하는 정치가들은 가장 불필요한 일을 하는 셈이다. 그 정치가들은 자신에게 그러한 권한이 있다고 생각한다. 하지만 그런 권한은 어떠한 정치가에게도, 더 나아가 국무회의나 의회 상원에게 맡기는 것도 안전하지 않다. 더욱이 스스로 적임자라고 생각하는, 어리석고 주제넘은 사람에게 그 권한을 맡겼을 때가 가장 위험하다.

독점 투자는 산업 활동을 위축시킨다

특정한 국내 수공업이나 제조업자에게 국내 시장의 독점권을 부여하는 것은, 개인에게 자본을 어떤 방식으로 투자하라고 지시하는 것과 비슷한 행위다. 거의 모든 경우에 쓸데없거나 해로운 규제일 뿐이다. 만약 국내 생산물이 시장에 외국산만큼 싼값에 나온다면 그런 규제는 분명 쓸데없다. 그렇지 않다면 일반적으로 해로운 규제임에 틀림없다.

어떤 물건을 다른 데서 더 싸게 살 수 있다면 그 물건을 집에서 만들려고 하지 말라. 한 집안의 신중한 가장은 이 교훈을 잘 안다. 양복쟁이는 구두를 직접 만들려 하지 않고 구둣가게에서 사 신는다. 구두쟁이는 자신이 직접 옷을 지어 입지 않고 양복가게에 가서 사 입는다. 농부는 구두든 옷이든 직접 만들지 않고 이 수공업자로부터 구매한다. 이 세 사람은 이웃 사람보다 우위를 갖는 방식으로 자기 노동에 투자하는 것이 더 이익이라고 생각한다. 그래서 자신의 생산물 중 일부, 즉 그 생산물의 가격으로 자신이 필요로 하는 것을 사들인다.

이러한 여염집의 신중한 행동을 거대한 왕국이 따른다고 해서 돌연

어리석은 행동이 될 수는 없다. 만약 외국이 어떤 물건을 국내에서 직접 생산하는 것보다 싼값에 제공할 수 있다면, 자국의 산업에서 생산한 일부 상품을 우리가 우위를 가진 방식으로 사용해 그 상품을 사들이는 것이 더 좋다. 국내의 총노동은 그것을 고용하기 위해 투자한 자본에 비례하므로, 그런 해외 물건을 사들인다고 해서 줄지 않는다. 위에서 예를 든 양복쟁이, 구두쟁이, 농부가 각자의 물건을 사들인다고 해서 그들의 노동이 줄지 않는 것과 같은 이치다. 그러니 그 노동이 가장 큰 가치를 올릴 수 있는 방향으로 움직일 수 있도록 두는 것이 상책이다.

다른 사람에게서 더 저렴하게 살 수 있는 것을 우리가 직접 만드는 대신 구입하는 것이, 자원을 가장 효율적으로 사용하는 방법이다.[133] 생산하도록 지시된 상품보다 분명히 더 가치 있는 상품을 생산하지 않을 때 연간 생산물의 가치는 확실히 어느 정도 감소한다. 더 가치를 올릴 수 있는 상품 쪽으로 노동이 유도되는 것이 아니라 그 반대 방향으로 유도되기 때문이다. 독점이 없다는 것을 전제로 하면, 그 상품은 국내에서 만드는 것보다 외국에서 더 싸게 구입할 수 있었다. 따라서 동일한 자본이 국내에서 생산할 수 있었던 상품의 일부, 즉 그 상품의 가격 일부를 가지고 그 물건을 국내보다 싼값에 해외에서 들여올 수 있다. 노동이 그 자연스러운 경로를 따라 투자되게 두었다면 말이다. 그러므로 이런 규제[수입제한 혹은 독점]에 따라, 국가 노동력이 더 이익을 올릴 수 있는 투자처에서 이익이 덜한 투자처로 전환되고, 그 노동이 만들어낼 수 있는 연간 생산물의 교환가치는 늘어나지 않고 오히려 줄어든다. 이러한 결과는 입법자의 처음 의도와는 정반대 방향이다.

이러한 규제에 따라 특정 제조품은 그런 규제가 없었을 때에 비해 빨리 만들어질 수 있고, 일정한 시간이 지나면 외국 제품과 같은 가격이거나 더 싸게 될 수 있다. 그리하여 사회의 노동은 그런 이점을 등에 업고, 독점이

---

133 양복쟁이가 직접 자기 구두를 만들겠다고 나서는 경우다. 이와 마찬가지로 해외에서 포도주를 들여오는 것이 더 싼데, 국내 노동력을 포도주 만드는 쪽으로 투자하는 것은 가장 유리한 방식이 아니라는 뜻이다.

없었을 때보다 특정한 수로(水路) 안으로 더 빨리 흘러든다. 그렇지만 이런 규제에 따라 노동이나 수입 총합은 결코 증가하지 않는다. 사회의 노동은 자본 증가에 비례해 늘기 때문이다. 그리고 사회자본은 수입으로부터 서서히 떼어놓은 저축에 비례해 늘어난다.

이러한 규제의 직접적인 효과는 사회 수입을 감소시키고, 그처럼 수입을 감소시키는 규제는 자본 증가를 촉진하지 않는다. 오히려 그 증가 속도는 자본과 노동이 스스로 알아서 투자처를 찾아가도록 두었을 때와 비교해 더 느리다.

독점과 자유무역: 상인, 제조업자, 농부

그러한 규제를 없애서 원하는 제조업을 세우지 못했더라도 사회가 일정 기간 반드시 빈곤해지는 것은 아니다. 사회가 존재할 때마다 그 산업을 포함한 모든 자원은 그 당시 가장 유익한 방식으로 다른 목적을 위해 사용됐을 수 있다. 수익은 매번 자본이 뒷받침할 수 있는 최고치를 기록했을 수 있으며, 자본과 수익 모두 가능한 한 빠르게 증가했을지도 모른다.

특정 상품을 생산하는 데 있어 갑이라는 나라가 을이라는 다른 나라에 대해 누리는 천연적 이점은 때때로 너무나 크기 때문에, 온 세상이 그 이점을 상대로 경쟁하는 것은 헛일임을 안다. 온실, 온상, 온벽 등을 사용하면 스코틀랜드도 아주 좋은 포도를 생산할 수 있다. 이 포도를 가지고 스코틀랜드도 좋은 와인을 만들 수 있긴 하겠지만 해외에서 수입하는 와인보다 30배 비싼 가격을 지불해야 한다. 그렇다면 스코틀랜드에서 클라레와 버건디 같은 와인을 생산하기 위해 해외의 모든 와인을 수입 금지하는 것이 합리적인 규제인가?

국내에서 특정 상품을 만들기 위해 동일한 양을 외국에서 수입하는 데 들어가는 것보다 30배나 많은 노동과 자본을 투자해야만 한다면 이는 분명 어리석은 일이다. 설사 이처럼 노골적인 차이는 아니더라도 국내 물품을 제조하기 위해 외국 상품을 수입하는 것보다 30분의 1 혹은 300분의 1 더 많은 노동과 자본을 투자하는 것도 역시 어리석다. 이와 관련해 천연적이든 후천적이든 갑이 을에 대해 누리는 이점들은 중요한 것이 아니다. 갑에게 그런 이점이 있고 을이 그것을 원한다면, 을로서는 자신이 직접 만들기보다 갑에게서 사는 것이 언제나 더 이익이다.

한 수공업자가 다른 직종에 종사하는 이웃에게 갖는 이점은 후천적 이점이다. 그렇지만 이 두 사람은 각자 자기 직종에 속하지 않는 물품을 직접 만들기보다 상대방에게서 구입하는 것이 더 이익임을 알고 있다.

국내 독점 시장에서 가장 큰 이익을 얻는 사람은 상인과 제조업자다. 반면 가축, 소금에 절인 식료품, 곡물 등에 대한 수입 제한은 그레이트브리튼의 목축업자와 농부들에게 그리 이익이 되지 못한다. 제조품의 수입 제한이 상인과 제조업자에게 제공하는 혜택과 비교해볼 때, 별다른 이익이 없는 것이다. 특히 곡물은 약간 풍년이 들었을 때 그런 조치를 취하면 거의 수입 금지와 같은 효과를 낸다.

제조품, 특히 고급 제조품은, 한 장소에서 다른 장소로 이동하는 것이 곡물이나 가축보다는 한결 수월하다. 따라서 해외 무역은 주로 이런 제조품을 수송하고 판매한다. 제조업에서는, 아주 적은 이점만 있어도 외국인들은 브리튼의 제조업자들보다 더 낮은 가격을 부를 수 있고, 심지어 국내 시장에서도 더 싸게 팔 수 있다. 하지만 땅에서 나는 미가공생산물의 경우, 외국인들은 아주 큰 이점이 있어야만 그런 물품을 싸게 팔 수 있을 것이다.

만약 외국 제조품에 대한 수입이 자유롭게 허용된다면 국내 제조품의 상당수는 타격을 입을 것이고 그중 일부는 도산할 것이다. 현재 국내 제조업에 투자된 자본과 노동의 상당수는 그곳을 빠져나와 다른 투자처로 이동할 것이다. 그렇지만 땅에서 나는 미가공생산물 수입을 자유롭게 허용한다고 해도, 국내 농업에는 이런 부정적 효과가 발생하지 않을 것이다.

수입품의 미미한 영향: 가축, 식료품, 곡물

예를 들어 외국산 가축 수입을 자유롭게 한다고 해도 그 자체는 별로 수입이 되지 않아 그레이트브리튼의 목축업은 별 피해를 입지 않을 것이다. 살아 있는 가축은 육상 운송보다 해상 운송이 더 비싼 유일한 상품이다. 지상 운송이라면, 가축은 스스로 걸어서 시장에 갈 수 있다. 그러나 해상으로 운송해야 한다면, 가축뿐 아니라 그 사료와 물도 함께 운송해야 하므로 비용과 불편함이 만만치 않다.

아일랜드와 그레이트브리튼 사이의 바닷길은 아주 가깝기 때문에 아일랜드의 가축 수입은 한결 수월하다. 최근에 한시적으로 허용된 아일랜드 가축의 자유 수입은 설사 항구적으로 허용되더라도 그레이트브리튼 목축업자의 이해관계에 별 영향을 미치지 못한다. 아일랜드 바다에 면하고 있는 그레이트브리튼 지역들은 모두 목축업에 종사하는 고장들이다. 아일랜드 가축은 이들 지역에서 사용하기 위해 수입되는 것은 아니며 그 넓은 지역을 통과해야 비로소 가축 시장에 도착할 수 있다. 이 또한 비용과 불편함이 만만치 않다.

살찐 가축은 장거리 여행에서 그렇게 멀리까지 몰고 갈 수 없다. 그러므로 마른 가축만 들여올 수 있었고, 이런 수입은 가축을 사육·비육하는 지역에 해를 끼치지 않았다. 사육용 가축이 더 저렴해졌으므로 오히려 더 이점이 있었다. 하지만 이 마른 소들을 키우는 곳의 이익에는 방해가 되었다. 수입 자유화 이후 그레이트브리튼에는 소수의 아일랜드 가축들만 수입되었다. 또 여윈 가축들이 여전히 좋은 값에 팔리고 있다. 이 두 가지는 그레이트브리튼의 가축 번식 지역조차도 아일랜드 가축 수입 자유로 인해 별로 영향을 받지 않는다는 것을 증명한다.

아일랜드의 보통 사람들은 가축 수출에 격렬하게 반대했다고 한다. 그러나 수출업자들이 이 무역에서 커다란 이점을 발견한다면 그들은 이런 대중의 반란을 극복할 수 있을 것이다. 관련 법규까지 그들 편을 들고 있다.

게다가 가축을 사육·비육하는 고장들은 잘 발달되어 있는 반면 번식을 주로 하는 고장들은 일반적으로 개발이 덜 되어 있다. 마른 가축의 가격이 높으면 사람들이 땅을 경작하지 않고 방치하게 되는데 이는 발전에 좋지 않다. 토지가 전국적으로 잘 개량된 국가라면 여윈 가축을 번식시키는 것보다는 차라리 수입해오는 것이 더 이익이다. 따라서 네덜란드는 현재 이 원리에 따라 움직이고 있다.

스코틀랜드, 웨일스, 노섬벌랜드의 산간 지방은 토지 개량이 잘 되어 있지 않은 곳이다. 따라서 그 자연 조건상 그레이트브리튼에서 번식 고장이 될 운명을 타고난 듯하다. 외국 가축의 자유로운 수입은 다음과 같은 세 가지에 영향을 미친다.

첫째, 번식 고장들은 왕국의 나머지 지역들의 인구 증가와 토지 개량에서 혜택을 누리지 못한다.

둘째, 가축 가격이 아주 높게 인상되는 것을 막는다.

셋째, 왕국의 더 개량되고 경작된 부분들에 대해 실질적인 세금을 거두지 못하게 한다.

마찬가지로 소금에 절인 식료품의 자유 수입도 그레이트브리튼 목축업자의 이익에는 별 영향이 없다. 이 물품은 부피가 클 뿐만 아니라 신선한 식육과 비교해볼 때, 품질도 나쁜 데다가 노동과 비용이 더 많이 들어가서 가격이 높기 때문이다. 이 물품은 원거리 항해를 나가는 배의 식료품이나 이와 유사한 용도로 사용된다. 따라서 사람들이 즐겨 찾는 식품이 되지는 못한다.

수입 자유화 이후 아일랜드에는 소량의 소금에 절인 식료품이 들어왔을 뿐이다. 이것은 그레이트브리튼의 목축업자가 이 품목의 수입 자유화를 별로 걱정할 필요가 없다는 실험적 증거다. 푸줏간 정육의 가격이 이로 인해 크게 영향을 받은 것처럼 보이지 않는다.

심지어 외국 곡물의 자유 수입도 그레이트브리튼 농부들의 이익에 별 영향을 주지 못한다. 곡물은 식육보다 훨씬 부피가 크다. 밀 1파운드 가격은 1펜스인데 비해 식육 1파운드는 4펜스에 달한다. 최대 흉작 시기에도 외국산 곡물 수입은 별로 많지 않았다. 이것은 곡물의 자유로운 수입이 브리튼 농부에게 별 위협이 되지 못한다는 것을 알려준다.

곡물 무역에 관해 여러 편의 논문을 발표한 아주 박식한 저자에 따르면[154] 해마다 수입되는 곡물의 평균 수량은 모든 종류의 곡물을 합쳐도 23,728쿼터인데, 이것은 연간 소비량의 571분의 1에 불과하다. 그러나 곡물에 대한 수출장려금은, 풍년인 때는 그런 장려가 없었을 때보다 더 많은 수출을 유발하고, 흉년에는 더 큰 수입을 유발한다. 이 장려금 때문에 어느한 해의 풍부한 곡식량은 다른 가문 해의 부족분을 메워줄 수 없다. 장려금 때문에 수출되는 평균 수량은 실제 경작 상태에 비해 증가하고, 마찬가지로 수입되는 평균 수량도 증가한다.

만약 수출장려금이 없었더라면 지금보다 더 적은 수량의 곡물이 해마다 수출되었을 것이고 또 지금보다 더 적은 수량이 수입되었을 것이다. 이렇게 되면 그레이트브리튼과 해외 국가들 사이에서 곡물을 거래하는 곡물상, 수송업자, 거래인 등은 고용이 줄어들어 상당한 고통을 받을 것이다. 그러나 국내의 향신들과 농부들은 별반 고통을 받지 않을 것이다. 따라서 나는 수출장려금 갱신과 지속을 간절히 바라는 사람은 농촌의 향신들과 농부들이 아니라 곡물상이라는 사실을 목도했다.

농촌의 향신들과 농부들은 독점이라는 비참한 원리에 가장 덜 얽매이는 사람들이어서 큰 명예를 얻고 있다. 큰 제조업체를 운영하는 사업가는 20마일 이내에 같은 업종의 제조업 공장이 들어서면 때때로 놀란다. 그래서 네덜란드 아베빌의 모직물 제조업체 사장은 같은 업종의 공장을 그 도시 30리그[약 144킬로미터] 이내 지점에 세워서는 안 된다는 규정을 세웠다.

반면 농촌의 향신과 농부들은 일반적으로 이웃이 농장과 토지를 경작하고 개선하려 할 때 방해하기보다 오히려 장려하는 마음이 강하다. 그들은 제조업자와는 달리 대부분 비밀이 없다. 이웃들과 의사소통하는 것을 좋아하고 또 농사일에 유익하다고 판단하는 새로운 영농법을 가능한 한 이웃에게 알리려고 애쓴다. 그래서 고대 로마의 저술가 노(老) 카토는 이렇게 말했다. "그 경건한 직업(농업)은 가장 안정되어 있고, 가장 남을 질투하지 않는다. 그 직업에 종사하는 사람들은 남을 거의 해치지 않는다."

농촌의 향신과 농부들은 넓은 지역에 흩어져 살고 있다. 그래서 상인이나 제조업자들처럼 쉽게 담합할 수 없다. 상인과 제조업자는 도시에 모여

134　찰스 스미스, 『곡물과 곡물법에 관한 세 논문』에서 인용된 수치이다.

있고, 배타적 동업조합 정신에 익숙하며, 도시 시민을 상대로 누리는 배타적 특혜를 전 국민을 상대로 누리고 싶어 한다. 그들은 해외 제품에 대한 수입 억제를 최초로 고안해 국내 시장 독점을 얻어낸 사람들이다. 그레이트브리튼의 향신과 농부들이 이런 상인과 제조업자들을 따라 하면서 기존에 농촌 사람을 압박하던 자들과 같은 수준이 되려는 듯하다. 향신과 농부들도 농업 종사자의 관대한 심성을 잊고 자국민을 상대로 곡물이나 식육의 배타적 공급을 요구하고 나섰으니 말이다. 이들은 아마도 자유무역이 농업에 별 영향을 미치지 못한다는 것을 깊이 생각해보지 않았을 것이다. 반면 그들이 따라 하려는 상인과 제조업자들은 영향을 받는다.

항구적 법률을 제정해 외국의 곡물과 가축 수입을 금지한다면 사실상 국가의 인구와 노동을 크게 제한하게 된다. 그 경우 나라의 인구와 노동은 토지의 미가공 생산물이 지탱할 수 있는 수준을 넘어서지 못할 것이다.

관세가 필요한 경우: 방위산업과 국내 과세 산업

국내 산업을 격려하기 위해 해외 물품에 과세하는 것이 전반적으로 유리한 두 사례가 있다.

첫째는, 특정 종류의 산업이 국가 방위를 위해 필요한 경우다. 예를 들어 그레이트브리튼의 국방은 선원과 선박 숫자에 크게 의존한다. 그래서 항해법은 브리튼 선원과 선박에 자국의 무역 독점을 주려고 한다. 어떤 때는 외국 선박의 입항을 금지하고 또 어떤 때는 외국 선박의 화물에 높은 관세를 매긴다.

항해법의 4대 요지

다음은 항해법의 4대 요지를 간략히 소개한 것이다.

(1) 선주, 선장 그리고 선원의 4분의 3이 브리튼 국민이 아닌 모든 선박은 브리튼 식민지와 무역을 할 수 없다. 또 그레이트브리튼의 연안 무역에도 종사할 수 없다. 이를 위반한 경우 그 선박과 화물은 몰수한다.

(2) 종류가 다양하고 부피가 큰 수입 물품은 선주, 선장 그리고 선원의

4분의 3이 브리튼 국민인 선박으로 수입하든지, 아니면 수입 물품의 원생산국 선박으로 선주, 선장 그리고 선원의 4분의 3이 그 원생산국 국민인 선박으로 수입할 수 있다. 이런 외국 선박에는 2배의 외국인세가 부과된다. 이 두 경우 외의 외국 선박으로 수입하는 경우, 그 선박과 화물은 몰수한다. (노트: 이 항해법이 제정되었을 때 네덜란드는 오늘날도 그렇듯 유럽 최대의 운송업자였다. 하지만 이 규정으로 네덜란드는 그레이트브리튼에 대한 운송 업무에서 완전 배제되어, 다른 유럽 물품을 브리튼으로 수입할 수 없게 되었다.)

(3) 종류가 다양하고 부피가 큰 수입 물품은 비록 브리튼 소속 선박이라고 해도 그 물품의 원생산국이 아닌 다른 나라에서 수입해 와서는 안 된다. 이를 위반하면 그 선박과 화물은 몰수한다. (노트: 이 규정 또한, 네덜란드에 대항하기 위한 것이다. 네덜란드는 그때나 지금이나 모든 유럽 물품의 집결지이다. 이 규정에 따라 브리튼 선박은 다른 유럽 나라의 물품을 네덜란드에서 선적할 수 없게 되었다.)

(4) 외국 선박에 포획되어 그 선상에서 가공된 모든 종류의 소금에 절인 생선, 고래 지느러미, 고래뼈, 고래 기름 및 고래 지방을 그레이트브리튼에 수입하는 경우, 2배의 외국인세가 부과된다. 단 브리튼 선박에 포획되어 그 선상에서 가공된 모든 종류의 어류는 예외로 한다. (노트: 네덜란드는 현재도 유럽에서 중요한 어업국이지만, 항해법 제정 당시에는 외국에 어류를 공급하려고 한 유일한 유럽 국가였다. 그러나 이 규정으로 네덜란드는 브리튼에 어류를 공급할 경우, 아주 큰 부담을 떠안게 되었다.)

항해법 제정 배경과 의의

항해법 제정 당시, 잉글랜드와 네덜란드는 실제로는 교전 상태는 아니었지만 양국 사이에는 강한 적대감이 존재했다. 이 법은 장기 의회가 소집되었을 당시에 제정되었다[1651년]. 이 법이 제정된 직후, 호국경 올리버 크롬웰과 찰스 2세[135]의 치세 시에 네덜란드 전쟁이 터졌다. 따라서 이 유명한 법의 일부 규정은 국가적 적개심에서 나온 것으로 볼 수 있다.

그러나 항해법은 현명한 조치였다. 마치 가장 신중한 지혜에 기반해서 나온 명령처럼 보인다. 당시 국가적 적대감은 가장 신중한 지혜가 권장했을 그 대상을 겨냥한 것인데, 즉 네덜란드 해군력을 감축시키자는 것이었다. 당시 잉글랜드의 안보를 위협할 수 있는 유일한 해군력이 네덜란드 해군이었다.

항해법은 해외 상업에 딱히 도움되는 것도 아니고, 그런 상업으로 생기는 국부 성장에도 유익하지는 않았다. 외국과의 상업적 관계에서 국가의 이익은 상인이 사람들과 거래 시 나오는 이익과 마찬가지로 가능한 한 싸게 사서 비싸게 파는 데 있다. 국가는 완전 무역을 실시해 모든 나라에게 필요한 물품을 가져오도록 권장할 때 가장 싸게 살 수 있다. 마찬가지로 시장에 이런 물품을 사겠다고 하는 구매자들이 많을 때 물품을 비싸게 팔 수 있을 것이다.

항해법은 브리튼 산업의 생산물을 수출하는 외국 선박에게는 아무런 부담도 주지 않는다. 수입품은 물론이고 수출품에도 부과되던 예전의 외국인세는 그 후 여러 법령에 따라 수출 관련 조항에서 완전히 철폐되었다. 그러나 외국인들이 수입 금지 조치나 높은 관세 때문에 브리튼에 물품을 팔러 오지 못하면 그 여파로 물건을 사러 오지도 않을 것이다. 화물 없이 선박을 바다에 띄우면 그들은 자국에서 그레이트브리튼으로 오는 운송료를 헛되이 날리기 때문이다. 판매자 숫자를 줄임으로써, 우리는 필연적으로 구매자 숫자를 줄이게 되고 그리하여 외국 물건을 비싸게 사고 우리 물건은 싸게 팔아야 한다. 완전 자유로운 무역이 시행될 때와 비교해서 말이다.

그러나 국방은 국부보다 훨씬 더 중요하므로 항해법은 잉글랜드가 제정한 상업 규정 중에서 가장 현명한 것이라 할 수 있다.

---

135 1649년 1월 찰스 1세는 크롬웰이 이끄는 혁명군에 의해 처형되었다. 1653년 12월 크롬웰은 잉글랜드, 스코틀랜드, 아일랜드를 통치하는 호국경이 되었다. 1658년 크롬웰이 사망하자 프랑스에 도피 중이던 찰스 1세의 아들 찰스 2세가 잉글랜드로 돌아와 왕정복고(1660)가 되었다. 찰스 2세는 1661년 청교도 혁명의 지도자 크롬웰의 시체를 무덤에서 파내 목을 쳤다.

국내 과세 산업과 동일한 관세 부과

국내 산업을 보호하기 위해 약간의 부담을 지우는 두 번째 사례는, 이미 국내 산업에서 생산되는 제품과 동일한 외국 제품에 약간의 세금을 부과하는 경우다. 이 경우, 외국 제품에 과세하는 것은 합리적인 조치라고 할 수 있다. 이것은 국내 산업에 국내 시장 독점권을 부여하지 않고, 특정한 투자처에는 자연스럽게 돌아가는 것 이상으로 큰 몫의 자본과 노동이 들어가도록 하지도 않을 것이다. 세금으로 인해 정상적으로 국내 산업으로 흘러가야할 부분이 자연스럽지 않은 방향으로 가는 것을 방지하고, 세금 부과 후에도 외국 산업과 국내 산업 간의 경쟁이 가능한 한 고르게 유지되게 한다.

그레이트브리튼에서 국내 산업의 생산물에 어떤 세금이 부과될 때, 동종의 수입 해외 물품에 대해서는 그보다 더 무거운 세금을 매기는 것이 일반적이다. 브리튼 상인과 제조업자들의 소란스러운 불평을 막기 위한 것이다. 그들은 수입 물품에 대해 세금을 매기지 않으면 외국 상품이 국내에서 훨씬 싸게 팔릴 것이라고 아우성칠 것이기 때문이다.

어떤 사람들은 두 번째 수입 제한이 국내에 동종 상품이 있는 외국 상품뿐만 아니라 더 넓은 범위로 적용되어야 한다고 주장한다. 국내에서 생필품에 과세한다면 외국에서 들여오는 동종 생필품에 과세는 물론이고 이미 국내에서 생산되는 모든 물품과 경쟁 관계에 있는 모든 외국 물품에 대해서도 그렇게 해야 한다는 것이다. 이런 세금을 부과하면 생필품 가격은 반드시 상승한다. 그리고 노동가격은 노동자 생필품 가격과 더불어 올라간다. 그리하여 국내 산업의 모든 상품은 비록 직접 과세되지 않더라도 그 상품을 생산하는 노동가격이 비싸지므로 그에 따라서 가격이 오른다. 그러므로 이러한 세금은 사실상 국내에서 생산되는 모든 개별적 상품에 단일 세금이 부과되는 것이나 마찬가지다. 따라서 국내 산업이 외국 산업과 동등한 경쟁조건을 가지려면, 외국 상품에도 국내 상품가격의 상승 폭만큼 관세를 부과해야 한다. 이상이 그들의 주장이다.

그레이트브리튼에서 비누, 소금, 가죽, 양초 등의 생필품에 대해 과세할 경우, 그것이 필연적으로 노동가격을 상승시켜 결과적으로 다른 모든 상품가격을 상승시키는지 여부는 세금 문제를 다룰 때[5권 제2장 2절] 다시 언급할 것이다.

과세에 따른 전반적 물가 상승과 특정 상품가격 상승

아무튼, 우선은 세금이 그런 결과를 가져오고 또 이러한 영향력을 발휘한다고 해보자. 그렇지만 노동가격이 올라가 모든 상품가격이 일반적으로 올라가는 것은, 특정 상품에 직접 세금을 매겨 그 가격을 올리는 경우와는 두 가지 측면에서 다르다.

첫째, 그런 상품가격이 세금에 따라 얼마나 올라가게 되는지는 아주 정확하게 알 수 있다. 그러나 노동가격의 일반적 상승이 노동을 투입하는 모든 상품가격의 일반적 상승에 어느 정도 영향을 미치는지는 정확하게 알 수가 없다. 따라서 모든 국내 상품가격 상승분에 비례해 해당 외국 상품에 과세하는 것은 사실상 불가능하다.

둘째, 생필품에 대한 과세는 척박한 토지나 나쁜 날씨처럼 사람들의 생활환경에 같은 효과를 가져온다. 가령 세금을 매기면 식료품은 그만큼 더 비싸진다. 마치 식량을 생산하기 위해 가외의 노동과 비용이 들어간 것과 똑같은 결과가 된다. 토양이나 기후가 좋지 않아 자연적으로 물건이 부족할 때 사람들에게 어떤 식으로 자기자본과 노동을 투자하라고 지시하는 것은 어리석은 일이다. 인위적인 부족을 가져오는 세금도 마찬가지다.

사람들이 자연환경에 맞추어 자기 노동을 투자하도록 하는 것 그리고 불리한 환경에도 국내 시장과 외국 시장에서 우위를 점할 수 있는 투자처를 찾도록 하는 것, 이런 시도야말로 두 경우에 그들에게 가장 큰 이익이 되는 일이다. 사람들이 이미 무거운 세금을 부담하고 있으므로 새 세금을 매겨도 별 차이가 없다는 생각, 그러니까 이미 생필품에 높은 세금을 부담하고 있으므로 다른 상품들에 그런 세금을 매겨도 별문제 없다는 생각, 이것이야말로 아주 이상한 방법이다.

이러한 세금들이 아주 높게 부과되면 척박한 토지나 나쁜 날씨나 다름없는 저주가 된다. 하지만 이런 세금은 가장 부유하고 근면한 나라들에서도 두루두루 부과된다. 다른 나라는 그런 무질서를 감당할 힘이 없다. 건강한 신체는 나쁜 섭생 상태에서도 건강을 유지하며 살아나갈 수 있다. 마찬가지로 천연적·후천적 이점이 있는 산업을 많이 갖춘 국가는 과중한 세금 아래에서도 건전성을 유지하며 번영할 수 있다. 네덜란드는 유럽에서 그런 세금이 가장 많이 부과되는 국가이지만, 특정 상황에서도 계속 번영하고 있다. 사람들은 그런 세금들 때문에 번창한다고 어리석게 생각하겠지만 실상은 그런 세금들에도 불구하고 번창한다고 말해야 한다.

국내 산업을 장려하기 위해 외국 물품에 대해 세금을 부과하는 것이 좋은 두 가지 상황이 있듯, 심사숙고해야 할 사례도 두 가지가 있다. 하나는 외국 상품을 언제까지나 자유롭게 수입할 수 있을까이고, 다른 하나는 자유 무역이 한동안 중단되었다가 다시 회복된다면 어떤 방식으로 어느 정도까지 실시해야 적절한지의 문제다.

외국 상품을 언제까지 자유롭게 수입할 수 있을까?

외국이 우리나라 제품을 자기 나라로 수입해 갈 때 우리 물품에 높은 관세를 부과하거나 수입 제약을 가할 때까지는 외국의 상품을 자유롭게 수입해도 된다. 이 경우에는 복수심이 발동해 보복 조치를 명령할 것이다. 그 나라 제품이 우리나라에 들어올 때 그 제품 일부 혹은 전부에 높은 관세나 수입 제약을 가하려 한다. 모든 국가는 이런 식으로 보복에 나선다.

프랑스는 자국 상품과 경쟁 관계에 있는 외국 상품 수입을 억제함으로써 프랑스 제조업체를 적극 장려한다. 이것이 콜베르[136]가 추진한 정책의 핵심이다. 그는 뛰어난 능력을 갖춘 인물이었으나 상인과 제조업자들의 궤변에 넘어가 이런 정책을 펴면서 프랑스 국민의 이익에 반하는 독점 정책을 추진했다. 오늘날 프랑스 지식인들은 그의 정책이 국가에 유익하지 못했다는 데 동의하고 있다.

136　장 바티스트 콜베르(1619-1683)는 프랑스 국왕 루이 14세 아래에서 재무장관(1665년부터)과 국무장관(1668년부터)을 지냈다. 중상주의 정책을 편 대표적인 인물이다.

콜베르 장관은 1667년 관세법에 따라 다수의 외국 제조품에 높은 관세를 부과했다. 관세를 낮춰달라는 네덜란드의 요구를 장관이 거절하자, 네덜란드는 1671년 프랑스산 와인, 브랜디, 기타 제조품의 수입을 금지했다. 1672년 전쟁은 부분적으로 이 무역 분쟁에 따라 야기된 것이다. 1678년 니메겐 강화 조약으로 전쟁은 종식되었다. 프랑스는 그 후 네덜란드 제품에 부과되는 관세를 완화했고, 그러자 네덜란드도 프랑스 물품의 금수 조치를 해제했다.

이 무렵 프랑스와 잉글랜드는 유사한 관세와 금지 조치로 상대방을 압박하기 시작했다. 프랑스가 먼저 그런 조치를 취한 듯하다. 그때 이래에 양국 간에 존재했던 적대감으로 두 나라는 서로 금수 조치를 완화할 수 없었다. 1697년 잉글랜드는 플랑드르 제품인 본레이스 수입을 금지했다. 당시 스페인의 지배를 받고 있던 플랑드르 정부는 보복 조치로 영국 모직물 수입을 금지했다. 1700년, 플랑드르로 들어가는 영국 모직물 수입 금지 해제 조건으로, 잉글랜드는 플랑드르 본레이스 수입 금지를 해제했다.

이러한 보복이 불평 대상인 높은 관세나 수입 금지를 철폐시킬 수 있다면 좋은 정책이다. 커다란 해외 시장의 회복은 특정 종류의 상품에 대해 단기간 높은 가격을 지불해야 하는 일시적 불편을 보상하고도 남음이 있다. 이러한 보복이 어떤 효과를 가져올지 판단하는 문제는, 언제나 한결같은 일반 원칙에 따라 심사숙고해야 하는 입법가의 판단에 속하지 않으며, 오히려 사태의 순간적인 변동에 따라 사고방식이 지배당하는 소위 정치가 혹은 정치꾼이라고 불리는 음흉하고 교활한 동물의 수완에 맡겨져 있다. 보복에 따라 소기의 효과를 거둘 수 없다면, 특정 계층의 국민이 당한 피해를 보상하기 위해 해당 계층뿐 아니라 거의 모든 다른 계층의 국민에게 또 다른 피해를 입히는 것은 아주 우둔한 방법이다.

이웃 나라가 우리의 제조품을 일부 수입 금지하면, 우리는 그 나라의 동종 제품을 수입 금지할 뿐만 아니라 그것만으로는 그 나라에 충분한 타격을 줄 수 없으므로 그들의 다른 제품도 수입을 금지한다. 이것은 국내의 특정 노동자 계급을 장려한다. 경쟁자 일부를 배척함으로써 그 계급은 국내 시장에서 가격을 인상할 수 있을 것이다.

그러나 이웃 나라의 수입 금지 정책에 따라 손해를 본 국내 노동자들은 자국의 금지 정책으로 이익을 보지 않는다. 반대로, 그들과 거의 모든 다른 시민 계층은 특정 상품에 대해 이전보다 더 많은 비용을 치러야 한다. 따라서 이런 법률[수입 금지 조치]은 이웃 국가의 금지 정책으로 피해를 입은 그 노동자 계급을 도와주는 것이 아니라 국내의 특정 노동자 계급을 장려하게 되고, 결과적으로 전 국민에게 실질적 과세를 하는 셈이 된다.

자유무역은 어떤 방식으로 어느 정도까지 실시해야 적절한가?

자유무역을 어떤 방식으로 어느 정도까지 실시해야 적절한지는 특정한 국내 제조업체가 경쟁관계에 있는 모든 외국 물품에 대한 높은 관세 및 수입 금지로 자기 사업이 크게 확장되어 대단히 많은 노동자를 고용하는 경우에 제기할 수 있는 질문이다.

이 경우 인간은 본성적으로, 무역 자유화는 아주 느리게 단계적으로 진행되고 상당히 많은 유보조건과 경계 조건을 달고 진행되기를 바랄 것이다. 그러면서 높은 관세와 수입 금지가 일시에 철폐된다면 동종의 해외 염가 제품이 국내 시장으로 밀려들어 올 것이고, 그 결과 수천 명의 노동자가 일터와 생계 수단을 빼앗기게 된다고 주장할 것이다. 이러한 철폐가 가져올 혼란은 물론 상당히 클 것이다. 그러나 다음 두 가지 사유로 그 혼란은 생각보다 그리 크지 않을 수 있다.

(1) 장려금을 받지 않고 유럽 국가들로 수출되는 국내 제품들은 해외 제품의 자유로운 수입에서 별로 영향을 받지 않을 것이다. 그런 제품은 해외에서 같은 종류, 같은 품질의 해외 제품과 마찬가지로 싸게 팔아야 하고, 그런 만큼 국내에서는 그보다 더 싸게 팔아야 하기 때문이다. 그러므로 그 제품은 국내 시장을 그대로 유지할 수 있다. 유행을 추구하는 변덕스러운 사람은 동종, 동질의 값싼 국내 제품보다 그저 외국산이라는 이유로 외국 제품을 더 좋아할 수도 있으나 이러한 어리석은 행동은 세상 이치로 볼 때 극소수의 사람에 그친다. 따라서 그런 구매는 노동의 전반적인 고용에 이렇

다 할 영향을 미치지 못한다.

국내의 모직물, 무두질한 가죽, 철물 등은 아무런 장려금을 받지 않았어도 해마다 유럽 국가로 많이 수출된다. 그리고 이것이야말로 최대 다수의 노동력을 고용하는 제품들이다. 무역 자유화가 되면 가장 피해를 볼 제품은 비단이고, 그다음은 아마포다. 하지만 아마포는 비단보다 그리 큰 손실을 보지는 않을 것이다.

(2) 무역 자유화로 다수의 사람이 일터를 잃고 생계 수단을 박탈당할 것이다. 그렇다고 그들이 일터나 생계 수단을 영영 **빼앗긴**다는 뜻은 결코 아니다. 7년 전쟁이 끝나고 육군과 해군을 감축할 때, 최대 제조업체들이 고용하는 인력에 맞먹는 10만 명 이상의 육군과 해군 병사들이 직장을 잃었다. 이들이 불편을 겪은 것은 사실이지만 그렇다고 해서 직장과 생계를 완전히 **빼앗긴** 것은 아니었다.

많은 수의 해군 병사들이 기회가 닿는 때마다 상선 근무로 취직했다. 이들 해군 및 육군 병사들은 대중 속으로 편입되어 다양한 직업에 종사했다. 무기 사용과 약탈·강탈에 익숙한 10만 명 이상의 병사들이 제대했지만 커다란 격변이나 엄청난 혼란은 발생하지 않았다. 이로 인해 전국 어디서나 방랑자들의 수가 눈에 띄게 증가하지도 않았다. 내가 아는 한, 어떤 직업에서도, 상선 근무 선원들을 제외하고, 노동 임금도 줄지 않았다.

군대와 제조업체의 취업 습관

군대와 제조업체의 취업 습관을 비교한다면 병사가 직업을 바꾸는 것보다 제조업 종사자가 전직하기가 훨씬 쉽다는 것을 발견한다. 제조업 노동자는 자기 노동으로 생계를 벌어들어야 하지만, 병사는 봉급을 받기 때문에 생계 보장을 당연하게 여긴다. 제조업 종사자는 성실과 근면에 익숙하지만, 병사들은 태만과 방탕에 익숙하다. 근면한 사람이 이 직장 저 직장 전직하기가 태만과 방탕을 다른 방향으로 바꾸기보다 훨씬 쉽다.

앞에서 설명했듯[1권 10장 1절] 제조업 내부에는 유사한 성격의 일을 하는 방계 제조업이 많아 제조업 종사자는 자기 노동을 한 방향에서 다른 방향으로 쉽게 바꿀 수 있다. 이런 노동자 상당수가 가끔 농촌 노동에도 투입된다. 또한, 종래 특정 제조업에 노동자를 사용하던 자본은 여전히 국내에 그대로 남아 있어 종래와 같은 수의 노동자를 다른 방면에 투입한다. 해당 국가의 자본 총량은 변하지 않으므로, 노동에 대한 수요도 변하지 않는다. 만약 변한다 해도 그 변화는 크지 않다. 그리하여 노동은 종전과는 다른 장소, 다른 일터에 투입된다. 또 병사들은 육군이나 해군에서 제대하면 그레이트브리튼이나 아일랜드 어느 지역, 어느 도시에서든 마음대로 직업을 선택할 수 있다.

왕국의 모든 신민에게 이러한 노동과 직업 선택의 자유를 부여하도록 하라. 노동자의 자연적 자유를 침해하는, 동업조합의 배타적 특혜를 취소하고 도제 관련 법령을 철폐하라. 여기에 더해 정착법도 철폐하라. 그러면 가난한 노동자는 어떤 직업, 어떤 장소에서 직업을 잃더라도 고발되거나 추방되는 위험 없이, 다른 직업 또는 다른 장소에서 원하는 직업을 얻을 수 있다. 이렇게 하면 제조업체의 특정 계급이 일자리를 잃는다고 해서, 군대가 해산될 때보다 대중이나 개인이 고통을 당하는 일은 없게 된다. 우리의 제조업 종사자들은 물론 국가에 많은 공로를 올렸다. 하지만 그렇다고 해서 그들이 자신의 피로 국가를 지킨 병사들보다 더 공로를 인정받아서는 안 되고 또 더 우대받아서도 안 된다.

독점 철폐는 저항을 고려해 점진적으로 추진

그러나 그레이트브리튼에서 무역 자유가 백 퍼센트 실시되리라고 기대하는 것은 브리튼에 갑자기 오세아나(Oceana)[137]나 유토피아 같은 이상 사회가 갑자기 들어서리라고 기대하는 것처럼 무망한 일이다. 대중의 편견뿐만 아니라 그보다 더 극복하기 어려운 많은 개인적 이해관계가 가로막기 때문이다.

---

137 제임스 해링턴(1611-1677)의 책 『오세아나 공화국』(1656)에 그려져 있는 이상 사회.

육군 장교들은 병력 숫자 감축을 아주 심각하게 받아들이며 일치단결해 막으려 들 것이다. 마찬가지로 대규모 제조업자는 그들이 점유한 국내 시장에서 경쟁자 수를 늘리려는 정부 정책을 필사적으로 저항할 것이다. 장교들이 병사들을 자극하는 것처럼 제조업자들은 휘하 노동자들을 선동해 이런 규정을 제안하는 자에게 분노와 폭력을 퍼부으라고 한다. 군대 규모를 줄인다는 것은, 이미 국내 시장에서 독점 혜택을 누리는 우리 제조업자들의 독점권을 축소하려는 시도처럼 위험해 보인다. 엄청나게 규모가 불어난 상비군과 마찬가지로, 이 독점 혜택은 그들의 부족 숫자를 크게 불렸다. 제조업체들은 정부에게도 무서운 존재가 되었고 많은 경우에 입법부를 위협하고 있다.

이런 독점권을 강화하는 모든 제안을 지지하는 의회 의원들은 제조업계를 잘 이해하는 사람이라는 명성을 얻는다. 뿐만 아니라 그 숫자나 부 덕분에 중요한 지위를 갖게 된 사람들은 계급 사이에서 자기 영향력을 행사하고 나아가 인기를 누린다. 반대로 그 의원이 그들에게 반대하고, 나아가 그들의 의도를 좌절시킬 권한까지 갖고 있다면 실망해 분노하는 독점주의자들의 지독한 욕설, 비방, 모욕에서 안전하지 못할 것이다. 그 의원이 아무리 성실하고, 높은 지위에 있고, 대중을 상대로 봉사를 많이 했더라도 그것이 그를 지켜주지 못할 것이다.

대규모 제조업체의 사장은 갑자기 외국 상품과의 경쟁에 노출되면 제조업을 포기해야 할지 모르고 더 나아가 엄청난 피해를 볼 것이다. 원료를 구매하고 노동자들에게 임금을 지불하는 자본은 별 어려움 없이 다른 투자처를 찾을 수 있을 것이다. 그러나 작업장에 고정되어 있거나 작업 도구로 들어간 자본은 엄청난 피해 없이는 처분하기 어렵다.

그러므로 이 기업가의 입장과 이해관계를 고려하여, 이러한 종류의 정책 변화는 갑자기 도입되어서는 안 되고, 천천히 점진적으로 그리고 오래전에 사전 경고한 후에 도입되어야 한다. 입법부도 편파적인 이익 집단의 소란스러운 로비에 휘둘리지 말고 공동선이라는 포괄적 목표를 염두에 두면서 이 문제를 심사숙고해야 한다. 그리하여 이런 종류의 독점 권리를 추가로 허용하지 말고 또 기존에 인정된 독점 권리는 더 이상 연기해주지 않아야 한다. 모든 독점 규정은 국가 제도에 이런저런 심각한 무질서를 초래한다. 나중에 그런 무질서를 시정하려고 하면 또 다른 무질서를 일으키지 않고는 시정하기 어려운 것이다.

외국 물품의 수입을 억제하는 것이 아니라 정부의 세수를 늘리기 위해 어느 정도까지 세금을 부과하는 것이 좋을까? 나는 이 문제에 국가 세금을 다룰 때 자세히 언급할 생각이다.[138] 수입을 금지하거나 감축하려는 목적으로 부과된 세금은 세관의 수입을 늘리는 데도 방해가 될 뿐만 아니라 자유무역에도 그에 못지않게 해롭다.

---

138 『국부론』제5권 제2장 4절.

제3장

무역 수지가 불리한 국가들로부터 거의 모든 물품 수입을 제한하는 비상조치

제1절
중상주의 원리에 입각한 이런 제한의 불합리성

잉글랜드의 프랑스산 물품에 대한 수입 제한

무역 수지가 불리한 국가들로부터 거의 모든 물품 수입을 제한하는 비상조치는 금은의 양을 증가시키기 위해 중상주의 원리가 제안하는 두 번째 방편이다. 그리하여 그레이트브리튼에서는 일정한 관세를 지불하고 실레지아산 한랭사(寒冷紗)를 들여와 소비한다. 그러나 프랑스산 엷은 아마포와 한랭사는 런던항을 통해 수입하는 것 외에는 수입이 금지되어 있다. 런던항에 입항한 것도 항구 창고에 보관되어 있다가 다시 수출된다. 프랑스산 와인은 포르투갈산 혹은 어떤 나라의 와인보다 높은 관세가 부과된다. 소위 1692년 수입세법에 의하여, 모든 프랑스 제품에 대해서는 물건 가격의 25퍼센트에 해당하는 관세가 부과된다. 반면 다른 나라 수입품에는 가벼운 관세가 적용되므로 과세율이 5퍼센트를 넘는 경우가 거의 없다.

그 후에 프랑스산 와인, 브랜디, 소금, 식초는 관세를 면제받았다. 하지만 이렇게 된 것은 이런 물품들이 다른 법률 혹은 같은 법률의 특별 조항을 적용받아 이미 높은 관세가 부과되었기 때문이다. 그리고 1696년에 브랜디를 제외한 모든 프랑스 제품에 두 번째로 25퍼센트 관세가 부과되었다. 첫 번째 25퍼센트 관세만으로는 충분하지 않다고 생각했기 때문이다. 여기에 더해 프랑스산 와인 1톤당 또 다른 25파운드 관세와, 프랑스산 식초에 대해서는 1톤당 추가로 15파운드 관세가 더 부과되었다.

그리고 프랑스 제품은 5퍼센트 임시세, 즉 특별 관세를 추가로 부담해야 했다. 이 관세는 관세율표에 열거된 품목 전부 혹은 대부분에 부과되는 임시세인데, 프랑스 제품은 예외 없이 부과 대상이다. 이러한 임시세는 3종이 한 세트인데, 3분의 1 임시세, 3분의 2 임시세 하는 식으로 불렀고 그 후 두 종류가 추가되어 총 5종이 되었고 관세율은 도합 25퍼센트였다.[139] 그래서 현재 전쟁[1775년 미국 독립전쟁]이 시작되기 전에 프랑스에서 키우고, 생산하고, 제조한 제품 대부분에 적용되는 최소한의 과세는 75퍼센트에 달했다. 그러니 대부분의 프랑스산 제품에 대한 이런 고율 관세는 수입 금지 조치나 마찬가지였다.

프랑스도 영국산 물품이나 제조품에 대해 비슷한 조치를 했을 것이다. 나는 그런 가혹한 조치의 구체적인 내용은 잘 모른다. 이러한 상호 제한은 양국 간의 공정 무역을 거의 끝내버렸고 현재는 밀수업자들이 영국에서 프랑스로 혹은 프랑스에서 영국으로 들어오는 물품의 주된 수입업자 노릇을 하고 있다.

수입 제한이 불합리한 3가지 이유
내가 앞 장[제2장]에서 검토한 바 중상주의 원리는 그 근원이 개인의 이해관계와 독점 정신이었다. 그리고 여기 3장에서 추가로 국가적 편견과

---

139   임시세에 대해서는 『국부론』 제5권 제2장 "소비재에 대한 과세"를 참조하라.

적개심을 다루고자 한다. 당연하게 예상되지만 이것은 개인의 이해관계와 독점 정신보다 더 불합리한 것이다.

(1) 무역 수지 적자가 언제나 국가에 해로운 것은 아니다

예를 들어 프랑스와 잉글랜드 사이에 자유무역이 이루어진다고 해서, 이 무역이 잉글랜드에게 반드시 손해를 준다고 볼 수 없으며, 전반적인 무역 수지가 잉글랜드에 불리하게 될 것이라는 보장도 없다. 만약 프랑스 와인이 포르투갈 와인보다 더 질 좋고 값이 싸고, 프랑스산 아마포가 독일 것보다 싸다면, 그레이트브리튼은 필요한 와인과 아마포를 포르투갈이나 독일보다는 프랑스에서 사들이는 것이 이익이다.

이렇게 해서 프랑스로부터 연간 수입 가치가 크게 늘겠지만, 잉글랜드의 연간 총수입 가치는 프랑스 물품이 포르투갈이나 독일 것보다 싼 만큼 줄어들 것이다. 설사 프랑스 제품을 모두 수입해 브리튼에서 소비한다고 해도 이러한 사정은 달라지지 않는다.

(2) 수입품을 재수출해 수입을 올릴 수 있다

이러한 수입품들은 상당 부분 다른 나라로 재수출되어 그곳에서 이윤을 붙여 팔 수 있다. 이렇게 하면 프랑스 수입품을 들여올 때의 원가와 동일한 가치를 이윤과 함께 회수할 수 있다.

동인도 무역에 해당하는 부분을 프랑스 무역에도 그대로 적용할 수 있다. 금과 은을 주고 사들인 동인도 물품 대부분은 다른 나라로 재수출되어 중개무역을 통해 동인도 물품 구입에 들어간 것보다 더 많은 금과 은을 회수한다. 현재 네덜란드 무역의 중요한 분야 중 하나가 프랑스 상품을 다른 유럽 국가들로 중개무역하는 것이다. 그레이트브리튼에서 소비되는 프랑스 와인 중 일부는 네덜란드와 젤란드[네덜란드의 섬]에서 몰래 수입된 것이다.

만약 프랑스와 잉글랜드 사이에 자유무역이 실시되거나, 프랑스 상품을 다른 유럽 국가 상품처럼 낮은 관세만 내고 수입하고, 그 후 다른 나라로 재수출해 그 관세를 환급받는다면, 잉글랜드는 네덜란드가 누리는 유리한 무역 위치의 일부를 차지할 수 있을 것이다.

(3) 양국의 무역 수지를 결정하는 확실한 기준이 없다

무역 수지가 어느 쪽이 흑자를 보이는지 또는 어느 쪽이 더 많은 물량을 수출하는지 확인할 만한 명확한 기준이 없다. 특정 상인의 개인적 이해관계에 따라 촉발된 국가적 편견과 적개심이 무역 수지와 관련해 우리 판단을 전반적으로 좌우하고 있다.

이러한 경우에 빈번하게 참고하는 기준이 두 가지 있는데 하나는 세관의 수출입품 장부이고 다른 하나는 환시세이다. 세관 장부는 그 안에 기재된 물품들의 가치가 대부분 부정확하게 평가되어 있으므로, 일반적으로 볼 때 불확실한 기준이다. 환시세 또한 그에 못지않게 부정확하다.

환시세는 수입 제한의 근거가 아니다

예를 들어 파리와 런던, 두 도시의 환시세가 동등하다면, 그것은 런던에서 파리로 지불해야 할 채무가 파리에서 런던으로 지불해야 하는 채무에 의해 상쇄되었다는 것을 나타낸다. 반대로 파리 앞으로 발행한 환어음에 대해 런던에서 프리미엄이 지불될 때는, 런던에서 파리로 지불해야 할 채무가 파리의 대(對) 런던 채무에 따라 상쇄되지 않는다는 뜻이다. 그리하여 상쇄되지 않는 차액은 런던에서 파리로 지불되어야 한다. 그 돈[차액]을 보내야 하는 위험, 번거로움, 수고에 대해 프리미엄이 요구되는 것이다.

그러나 이 두 도시 사이의 일반적인 채권과 채무 상태는 서로의 일상적인 통상에 따른 상호작용으로 결정된다. 두 도시가 서로 수입하고 수출하는 물량이 평형을 이룬다면 두 도시의 채무 채권은 서로 상쇄된다. 그러나 만약 런던이 파리에 수출하는 것보다 더 많은 가치의 물품을 수입해온다면 런던은 파리에 빚을 지게 되고, 두 도시의 채권 채무는 자연스럽게 상쇄되지 않는다. 이 경우 런던은 채무가 채권을 초과하므로 파리에 현금을 보내야 한다. 따라서 통상 환시세는 두 도시 사이의 통상 채권 채무의 상태를 표시하는 지표가 된다. 수출입은 필연적으로 채권 채무의 상태를 규정하기 때문이다.

두 도시 혹은 두 국가 사이의 일상적 채권 채무 상태는 일상적인 환시세로 충분히 표시된다. 통상적인 부채와 신용 상태를 유리하게 가지고 있다고 해도 무역 수지가 유리한 것은 아니다. 두 도시 사이의 채권 채무 상태는 전적으로 두 도시 간의 일상적 거래만으로 규정되는 것은 아니기 때문이다. 때때로 각 도시가 다른 많은 도시를 상대로 하는 거래들에 의해서도 영향을 받는다.

예를 들어 잉글랜드의 상인이 함부르크, 단치히, 리가 등의 도시에서 사들인 물품에 대해 네덜란드 앞의 환어음으로 지불한다면, 영국과 네덜란드의 일상적 채권 채무 상태는 두 나라 만의 문제가 아니라, 잉글랜드가 상대하는 다른 나라들과의 거래에 의해서도 영향을 받는다. 가령 잉글랜드는 해마다 네덜란드에 수출하는 물품의 가치가 네덜란드에서 수입해오는 것보다 훨씬 많아서 네덜란드에 대한 무역 수지는 좋겠지만, 다른 물품들과 관련해 네덜란드 앞으로 환어음을 끊었으므로 그곳으로 해마다 돈을 보내야 한다.

실질 환율과 계산 환율이 차이가 나는 3가지 원인

게다가 환율의 동가(同價)를 계산하는 현재 방식으로는, 환율이 유리한 나라가 일상적인 채권 채무 관계에서도 유리함을 보여주는 충분한 지표가 되지 못한다. 달리 말해 실질 환율은 사실상 계산 환율과 아주 다를 수 있으며, 그래서 계산 환율은 많은 경우에 실질 환율을 도출해 내는 결정적 근거가 되지 못한다.

위에서 말한 환율 동가는 이런 경우를 가리킨다. 가령 당신이 잉글랜드 조폐국의 표준에 부합하는 일정한 온스의 순은에 해당하는 돈의 액수를 잉글랜드에서 받을 것이 있고, 그 돈을 프랑스 앞으로 발행된[프랑스에서 지불하기로 되어 있는] 환어음으로 받았다고 해보자. 그리고 나중에 프랑스에서 받은 돈이 프랑스 조폐국의 표준에 따라 잉글랜드와 동일 양의 순은을 함유한다고 해보자. 이럴 경우에 잉글랜드와 프랑스 사이의 환율은 동가가 된다고 말할 수 있다.

그러나 당신이 프랑스에 더 많은 돈을 지불해야 한다면 환율은 잉글 랜드에게 불리하고 프랑스에게 유리하게 된다. 반대로 더 적은 돈을 지불해도 된다면 당신은 프리미엄을 얻고 환율은 프랑스에 불리하고 잉글랜드에게 유리해진다. 이런 환율 차이가 발생하는 데는 세 가지 원인이 있다.

(1) 통화의 법정 표준으로 통화 가치가 결정되지 않는다

각 나라에서 유통되는 화폐 가치가 반드시 그 나라 조폐국 표준에 따라 결정되는 게 아니다. 어떤 나라는 자국 통화가 조폐국 표준보다 더 마모, 훼손, 손상되어 다른 나라보다 표준 이하로 떨어져 있을 수 있기 때문이다.[140] 그러나 각 나라에서 유통되는 주화의 가치는 다른 나라와 비교할 경우, 그 주화가 마땅히 함유해야 할 순은의 양에 비례하는 것이 아니라 실제로 함유한[다소 마모된 상태의] 순은의 양에 비례한다.

윌리엄 왕의 은화 개주[1696년] 이전에 잉글랜드와 네덜란드의 환율은 각국의 조폐국 표준에 따라서 잉글랜드가 25퍼센트 불리했다. 그러나 잉글랜드에서 유통되는 주화의 가치는 라운즈의 주장에 따르면 당시 표준가치보다 25퍼센트 이상 낮았다. 그러므로 이미 당시에도 잉글랜드의 교환 환율은 크게 불리했더라도, 오히려 실질 환율은 잉글랜드에게 다소 유리했다. 잉글랜드에서 실제로 지불된 것보다 적은 양의 순은으로, 네덜란드 앞으로 발행된 환어음에 따라 그곳에서 더 많은 순은을 사들일 수 있었다. 따라서 프리미엄을 제공하는 것처럼 보이는 사람이 실제로는 더 적은 돈으로 더 많은 은을 얻게 되어, 실제로는 프리미엄을 얻는 상황이 된다.

최근의 잉글랜드 금화 개주[1774년] 이전의 프랑스 주화는 잉글랜드

---

140 애덤 스미스가 여기서 말하는 돈은 오늘날의 지폐를 말하는 것이 아니라, 18세기 당시에 널리 유통되었던 금화나 은화를 의미한다. 이런 주화들은 유통 중에 자연 마모가 되므로 조폐국이 발행할 당시의 표준 함량에 미달한다.

주화보다 훨씬 덜 마모되어 조폐국 표준에서 2~3퍼센트 정도 빠져 있었다. 그러므로 프랑스와 잉글랜드의 환율이 이 2~3퍼센트를 넘어가지 않는다면 실질 환율은 잉글랜드에 유리해진다. 금화 개주 이래에 두 나라 사이의 환율은 잉글랜드가 유리하고 프랑스가 불리했다.

(2) 각국의 조폐 수수료 부담자가 다르다

어떤 나라에서 주화 조폐 비용을 정부에서 부담하는가 하면 다른 나라에서는 금괴를 조폐국으로 가져가는 개인이 부담한다. 그리하여 그 나라 정부는 주화 조폐로 수입을 올린다. 잉글랜드는 정부가 그 비용을 부담한다. 가령 당신이 1파운드 무게의 표준 순은을 조폐국에 가져간다면 62실링의 주화를 받게 되는데 이는 정확하게 순은 1파운드를 함유하고 있다.

프랑스에서는 제조된 주화로부터 수수료 8퍼센트를 공제한다. 이렇게 해서 조폐 수수료를 확보할 뿐만 아니라 정부에 소액의 수입을 올려준다. 잉글랜드에서는 조폐 수수료가 없으므로 현재 유통되는 주화는 그것이 실제로 함유한 금은 가치 이상으로 평가되지 못한다. 프랑스에서는 주화 가치에 세공(細工) 비용이 부가되는데 금은 식기류의 가격에 디자인 공임이 부가되는 것과 마찬가지이다. 그러므로 특정한 무게의 순은을 함유한 프랑스 돈은 동일한 무게의 순은을 함유한 잉글랜드 돈보다 더 값이 나간다. 따라서 프랑스 돈을 구입하려면 더 많은 은괴 혹은 더 많은 다른 상품을 필요로 한다.

그러므로 두 나라에 현재 유통되는 주화가 각국 조폐국 표준에 똑같이 근접해 있더라도, 일정한 잉글랜드 화폐로는 같은 온스의 순은을 함유하는 프랑스 화폐 일정액을 구입할 수 없고, 또 같은 액수의 프랑스 앞 환어음을 구입할 수도 없게 된다. 이런 환어음에 대해 프랑스의 조폐 수수료를 보상해줄 만큼 충분한 웃돈이 지불되지 않는다면, 계산된 환율이 프랑스에 상당히 유리하다고 해도 양국의 실질 환율은 동가가 될 것이고, 양국 간의 대차관계는 상쇄된다. 만약 그보다 적게 지불되었다면 계산 환율은 프랑스에 유리하지만 실질 환율은 잉글랜드에 유리해진다.

(3) 은행의 아지오가 존재한다

어떤 도시들, 가령 암스테르담, 함부르크, 베네치아 등에서 해외 환어음은 소위 은행화폐로 지불된다. 그리고 런던, 리스본, 앤트워프, 레그혼 등의 도시에서는 그 나라의 유통화폐로 지불된다. 그런데 은행화폐는 유통화폐의 명목가치보다 언제나 더 값이 나간다. 예를 들어 암스테르담 은행화폐 1천 길더는 유통되는 암스테르담 돈 1천 길더보다 더 가치가 있다. 이 차액을 은행의 아지오[141]라고 하는데 암스테르담에서는 보통 5퍼센트다.

가령 갑과 을이라는 두 나라를 예로 들어보자. 두 나라의 유통화폐는 각국의 조폐국 표준에 동일한 정도로 근접해 있다. 그런데 갑은 이 보통 화폐로 환어음을 지불하고, 을은 은행화폐로 지불한다고 해보자. 그러면 계산 환율은 을에게 유리한 반면, 실질 환율은 갑에게 유리하다. 같은 이유로 더 좋은 돈, 즉 조폐국 표준에 가까운 돈으로 지불하는 나라는 계산 환율이 유리하나, 표준보다 가치가 적은 돈으로 지불하는 나라는 실질 환율이 유리한 것이다.

최근의 금화 개주 이전에 런던의 계산 환율은 암스테르담, 함부르크, 베네치아에 대해 불리했고, 또 은행화폐로 지불하는 다른 도시들에 대해서도 그러했다. 하지만 그렇다고 해서 실질 환율이 런던에 불리하다는 의미는 아니다. 금화 개주 이후에는 심지어 런던의 계산 환율이 이러한 도시들에 대해 유리해졌다. 계산 환율은 리스본, 앤트워프, 레그혼 등에 대해 런던이 유리하고, 프랑스를 제외한다면 보통 화폐를 지불하는 유럽 대부분 지역에 대해서도 유리해졌다. 그런 도시와 지역들에서는 아마도 실질 환율도 그러할 것이다.

---

141 원어는 agio. 이탈리아어 '아조'(aggio)에서 온 것으로 '프리미엄'이라는 뜻이다. 이탈리아어 '아조'는 또한 라틴어 '아고'(ago)에서 왔는데, ago는 act(행위)를 의미한다. '의제'를 뜻하는 영어 'agenda'는 이 라틴어에서 온 것으로 '해야 하는 것'이라는 뜻이다.

예금 은행, 특히 암스테르담 은행에 대한 여담

프랑스나 잉글랜드 같은 대국의 통화는 거의 전적으로 그 나라 주화로 구성된다. 그러므로 이 통화가 특정 시점에 표준가치보다 마모, 훼손, 감소되었다면 국가는 주화 개조를 통해 그 통화를 효과적으로 재확립할 수 있다. 그러나 제노바나 함부르크 같은 소국[142]의 통화는 자신의 주화만으로 이루어져 있지 않고 대체로 그 소국 주민들이 거래하는 인근 국가의 주화들로 구성되어 있다.

그러므로 이런 소국에서는 주화를 개조한다 해도 그 통화를 항상 개혁할 수 있는 것은 아니다. 만약 해외 환어음이 이 소국 통화로 지불된다면 성격상 아주 불확실한 이 통화가 올릴 수 있는 가치 또한 불확실하므로, 환율은 소국에게 아주 불리하게 작용한다. 그 소국의 통화는 해외 국가들과 상대할 때 그 본연의 가치 이하로 평가되기 때문이다.

표준 화폐로 지불하기 위한 은행 설립

이런 불리한 환율로 자국 상인들이 처할 불편함을 해소하고자, 이런 소국들은 자국의 무역 이해관계를 주목하면서 다음과 같은 법규를 만들었다. 즉, 일정한 가치의 외국 환어음은 자국[소국]의 보통 통화로 지불할 수 없고, 자국 신용을 기초로 설립되고 또 그 보호 아래에 있는 특정 은행 앞으로 제출한 지불요구서나 그 은행의 장부상 대체에 따라 지불해야 한다고 규정한 것이다. 그리하여 이 은행은 국가 표준에 의한 온전하고 진정한 돈[함량이 마모되지 않은 주화]으로 그 환어음에 대해 정확히 지불해야 했다.

베네치아, 제노바, 암스테르담, 함부르크, 뉘른베르크 등의 은행들은 원래 이런 목적으로 설립되었으나, 그중 일부는 후에 다른 목적을 수행하기

---

142 애덤 스미스가 살아 있던 당시, 제노바가 속해 있던 이탈리아와 함부르크가 속해 있던 독일은 여러 소국으로 구성된 연합국 형태였다. 이 두 나라는 19세기에 들어와서야 국내의 여러 소국을 통합하여 한 나라가 되었다.

도 했다. 이런 은행들의 화폐는 해당 소국의 통화보다 더 가치가 있었으므로 당연히 아지오[프리미엄]를 받았다. 그 아지오는 해당 통화가 소국 조폐국 표준으로부터 마모, 훼손, 감소된 상태에 따라 높거나 낮아졌다. 예를 들어 함부르크 은행의 아지오는 약 14퍼센트인데, 그 소국의 온전한 표준 화폐와, 이웃 나라에서 그 소국으로 흘러들어오는 마모, 훼손, 감소된 통화 사이의 차이를 반영한다.

1609년 이전에 암스테르담은 유럽 전역을 상대로 활발한 무역을 벌여 엄청난 수량의 마모, 훼손된 통화가 그 도시로 흘러들었고, 그리하여 통화 가치는 조폐국에서 갓 나온 온전한 통화보다 약 9퍼센트 가치가 떨어졌다. 이런 주화는 그런 상황에서는 늘 그러하듯 등장하자마자 용광로에서 용해되거나 다른 나라로 반출되었다. 많은 통화를 유통해야 했던 상인들은 그들의 환어음을 지불할 수 있는 온전한 돈[마모되지 않은 주화]을 언제나 충분하게 확보할 수 없었다. 이를 방지하기 위해 만들어진 여러 규제에도 불구하고 환어음의 가치는 크게 불확실해졌다.

이런 불편함을 시정하기 위해 1609년 암스테르담 도시의 보증 아래 은행이 설립되었다. 이 은행은 외국 주화와 자국의 함량 미달 주화를 모두 받아들이되, 자국의 표준 화폐 가치로 그 주화의 가치를 인정해주었다. 단, 조폐 수수료와 필요한 경상비만 그 가치에서 공제했다. 이런 소액을 공제한 후에 은행은 그 받은 돈에 대해 장부상에서 신용을 주었다. 이 신용을 가리켜 은행화폐라고 했는데, 이 화폐는 조폐국 표준가치를 반영하므로 언제나 동일한 실질가치를 갖고 있었고, 또 본질적으로 유통화폐보다 더 가치가 나갔다.

암스테르담 은행 설립과 동시에 암스테르담 앞으로 발행되었거나 그 도시에서 유통되는 6백 길더 이상의 모든 어음은 은행화폐로 지불하도록 법적으로 규정되었다. 이렇게 해서 환어음 가치의 불확실성이 일거에 사라졌다. 그러자 모든 상인이 외국 환어음을 지불하기 위해 암스테르담 은행에 계좌를 설치했고, 이것은 당연히 은행화폐에 대한 일정한 수요를 불러일으켰다.

은행화폐의 이점

은행화폐는 보통 통화보다 본질적으로 우수했고 또 상인들의 수요 덕분에 그 외에도 다른 이점이 있었다. 그것은 화재, 도난, 기타 사고로부터 안전하다는 점이었다. 암스테르담시가 그것을 보장했는데, 그것은 돈을 일일이 헤아릴 필요도 없고 이곳에서 저곳으로 돈을 옮기는 데 따르는 위험도 없이 간단한 이체로 지불할 수 있게 했다.

이런 여러 가지 이점 때문에 은행화폐는 처음부터 아지오를 받게 되었다. 시장에서 프리미엄을 받고 팔 수 있는 채권[은행화폐]에 대해 지불해달라고 누구도 청구하지 않았으므로 예금주가 은행에 예금한 화폐는 모두 거기에 남아 있었다. 이 은행에 지불을 청구하면 예금주는 이 프리미엄을 잃는다. 가령 조폐국에서 갓 나온 1실링은 유통 중인 마모된 1실링보다 시장에서 더 많은 물품을 사들이지 못한다. 마찬가지로 은행에서 나온 온전한 돈[은행화폐]은 유통화폐와 똑같은 가치를 갖게 될 것이고 또 그 둘은 서로 구분되지도 않는다.

그 돈이 은행 금고에 그대로 들어 있으면 그 우월성이 인정되고 확정된다. 그러나 그 돈이 일단 개인 금고에 들어온다면, 우월성을 도저히 확인할 수 없다. 그 두 화폐[은행화폐와 유통화폐] 차액보다 더 큰 비용을 들여 확인하지 않는다면 말이다. 은행 금고에서 떠나 개인 금고로 들어오는 순간 그 돈은 안정성, 손쉬운 이체, 외국 환어음 지불 용도 등의 우월성을 다 잃어버린다. 이에 더하여, 앞으로 차차 설명하겠지만, 보관료를 지불하지 않고는 그 돈을 꺼내올 수가 없다.

이러한 주화 예금 혹은 은행이 주화로 반환해야 하는 예금은 이런 식으로 당초 은행의 자본을 형성했다. 다시 말해 소위 은행화폐라고 하는 것의 총 가치에 해당했다. 하지만 지금은 그 예금이 은행 자본의 극히 일부만을 차지한다. 금은괴 거래를 촉진하기 위해 은행은 지난 여러 해 동안 금괴와 은괴를 은행에 예치하면 장부상에 그 금속의 가치에 준해 신용을 부여해왔다. 이 신용은 금괴의 조폐국 가격보다 대략 5퍼센트 정도 낮게 책정된다.

이와 동시에 은행은 해당 금괴에 대한 영수증을 발행하며, 이 영수증을 보유한 사람은 예금 후 6개월 이내에 언제든지 금괴를 인출할 수 있게 했다. 다만 인출할 경우, 그 은행 장부상에 주어진 신용과 같은 금액의 은행화폐를 그 은행에 다시 상환하고, 더 나아가 예금이 은괴로 되었을 때는 0.25퍼센트, 금괴로 되었을 때는 보관료 0.5퍼센트를 지불해야 한다.[143]

그러나 이러한 보관료를 지불하지 않고, 금은괴 인출 기간이 만료되었을 때, 해당 금괴는 받아들여진 가격 또는 은행 장부상에 기록된 신용가격으로 은행에 귀속된다. 예금 보관 명목으로 지불하는 돈은 일종의 창고료라고 보아도 된다. 이 창고료가 은괴보다 금괴에 대해 더 높게 책정되는 것에는 여러 가지 이유가 있다. 금의 순도는 은의 순도보다 더 확정하기가 곤란하다는 것이다. 금괴 사기를 저지르기가 더 쉽고 그 때문에 더 많은 손실이 발생한다고 한다. 더욱이 은은 국가 표준 금속이므로 국가는 금보다 은 예금을 더 장려한다.

금은괴는 가격이 표준보다 떨어질 때 예금

금은괴 예금은 가격이 평소보다 다소 낮을 때 널리 이루어진다. 그리고 가격이 올라가면 인출된다. 네덜란드에서 금은괴의 시장가격은 조폐국 가격보다 일반적으로 높은데, 잉글랜드에서 최근 금화 개주가 있기 전의 상황과 똑같다. 네덜란드의 시장가격과 주조 가격의 차이는 보통 1마르크당 약 6~16스타이버[은의 측정 단위]이며, 이는 순은 11과 합금 1의 비율로 구성된 은화 약 8온스에 해당한다. 은행 가격, 즉 은행이 그런 은의 예금에 대해 부여하는 신용(가령, 멕시코 은화처럼 그 순도가 잘 알려져 있고 확정된 외국 주화의 경우)은 마르크당 22길더이다. 그런데 조폐국의 은 매입 가격은 약 23길

---

143 금은괴를 암스테르담 은행에 예금하는 상인은 그 금괴에 대한 영수증을 받는다. 동시에 그 상인은 그 금괴의 가치에 해당하는 은행 예금, 즉 은행화폐를 자신의 암스테르담 거래 계좌에 받는다. 그런데 이 상인이 일정량의 금괴를 은행으로부터 인출하려면, 금괴 영수증을 제출하고, 금괴의 예금 가격에 해당하는 은행화폐를 은행에 상환해야 한다. 따라서 금괴의 시장가격은 금괴 영수증의 시장가격과 은행화폐의 시장가격을 합친 것이 된다.

더이고, 시장가격은 23길더 6스타이버에서, 23길더 16스타이버까지 나가는데, 대략 조폐국 가격보다 2~3퍼센트 정도 높다.[144]

금괴의 은행 가격, 조폐국 매입 가격, 시장가격 사이의 비율은 거의 이와 비슷하다. 금괴 영수증 소유자는 금괴의 조폐국 가격과 시장가격 사이의 차액을 받고 그 영수증을 넘길 수 있다. 금은괴 영수증은 거의 언제나 일정한 가격을 유지한다. 6개월이 지나기 전에 인출하거나 소정의 보관료(0.25 혹은 0.5퍼센트)를 지불하고, 6개월 동안 새 영수증을 받으면 이를 방지할 수 있다. 다시 말해 은행이 금괴를 받았을 때의 가격으로 은행에 귀속되는 일

---

144 이하는 암스테르담 은행이 현재(1775년 9월) 서로 다른 종류의 금은괴와 주화를 받아주는 가격이다.

  * 은
(1마르크당 은행 가격, 길더 / 스타이버)
멕시코 달러화	
프랑스 크라운화	22 / 0
잉글랜드 은화	
멕시코 달러 신주화	21 / 10
듀카톤화	3 / 0
릭스 달러화	2 / 8

순은 12분의 11을 함유하는 은덩어리는 1마르크당 21길더이다. 이하 이러한 비율로 내려가서 순은 4분의 1을 함유하는 덩어리에 대해서는 5길더가 주어진다. 순은 8온스는 23길더이다.

  * 금
(1마르크당 은행 가격, 길더 / 스타이버)
포르투갈 주화	
기니화	310 / 0
신 루이 금화	
옛 루이 금화	300 / 0
신 두카트화	4 / 19 / 8 (1두카트당)

금덩어리는 위 외국 금화 순도에 비례해 받는다. 순금 덩어리에 대해 은행은 8온스당 340길더를 준다. 그러나 순도가 잘 알려진 주화에 대해서는, 용해와 시금 절차에 의해서만 순도를 확정할 수 있는 금은 덩어리보다는 값을 약간 더 많이 쳐준다. —원주

은 좀처럼 벌어지지 않는다. 비록 드물지만 은보다는 금 예금과 관련해 이런 일이 가끔 벌어지는데, 금의 은행 보관료가 더 비싸기 때문이다.

금은괴를 예금하고 은행 신용과 영수증을 취득한 사람은 자기 환어음을 지불해야 할 때 은행 신용으로 지불한다. 그리고 금괴 가격의 등락 여부를 판단해 자신의 영수증을 팔거나 보관한다. 금괴 영수증과 은행 신용은 공존하는 경우가 드물며 또 그래야 할 이유도 없다. 금괴 영수증을 갖고 있고 금괴를 인출하려는 사람은 언제나 일상 가격으로 은행 신용, 즉 은행화폐를 구입할 수 있고, 반대로 은행화폐를 갖고 있고 금괴를 인출하려는 사람도 마찬가지로 언제든지 금괴 영수증을 받을 수 있기 때문이다.

은행화폐와 금은괴 영수증은 금괴의 온전한 가치

은행 신용 소지자와 금괴 영수증 소유자는 암스테르담 은행에 대해 두 종류의 채권자가 된다. 영수증 소지자는 자신이 은행에 맡긴 금괴를 인출하려면 그 금괴의 접수 가격에 해당하는 은행화폐를 그 은행에 상환해야 한다. 만약 그 은행화폐를 갖고 있지 않으면, 화폐를 가진 다른 사람에게서 사들여야 한다. 또한, 은행화폐 소지자는 자신이 원하는 분량의 금괴에 해당하는 영수증을 은행에 제출해야만 금괴를 인출할 수 있다. 필요한 만큼의 금괴 영수증이 없다면 그는 그것을 가진 사람들에게서 사들여야 한다.

그리하여 금괴 영수증 소지자는 은행화폐를 구매한다면 조폐 가격이 은행 가격보다 5퍼센트 높은 금괴를 인출할 수 있는 권리를 얻는 것이다. 그러므로 그가 통상적으로 지불하는 5퍼센트의 아지오는 가상이 아닌 실제 가치에 대해 지불하는 것이다. 은행화폐 소유자가 금괴 영수증을 구입하는 것은 금괴의 일정량을 인출하는 권리를 얻는 것인데, 그 금괴의 시장가격은 조폐국 매입 가격보다 보통 2~3퍼센트 비싸다. 따라서 그가 지불하는 가격 또한 실제 가치에 대해 지불한다.

이렇게 해서 금괴 영수증 가격과 은행화폐 가격을 합치면 금괴의 온전한 가치가 나온다.

네덜란드 안에서 유통되는 주화 예금에 대해 은행은 신용과 영수증을 함께 제공하지만, 영수증은 별도의 가치가 없어 시장에서는 거의 거래되지 않는다. 예를 들어 네덜란드 은화인 두카트화는 3길더 3스타이버로 시장에서 통용된다. 그런데 암스테르담 은행은 두카트화에 대해 3길더의 신용만 제공하며, 그리하여 통용되는 가치에서 5퍼센트를 공제한다. 이 은행은 또 0.25퍼센트 보관료를 내면 예금 후 6개월 이내에 아무 때나 예금된 두카트화 인출 권한을 예금주에게 부여하는 영수증을 발행한다.

하지만 이 영수증은 종종 시장에서는 아무 가격도 받지 못한다. 예를 들어 3길더 3스티버에 해당하는 두카트화가 유통되는데, 은행은 이 두카트화에 대해 3길더만을 제공한다. 즉 5퍼센트 정도 가치가 떨어지는 셈이다. 은행은 또한 6개월 이내 언제든 예금한 두카트 수량을 인출할 수 있다는 증서를 발급한다. 다만 보관 수수료로 0.25%를 지불해야 한다. 하지만 이 증서도 시장에서는 가격이 형성되지 않는 경우가 많다. 일반적으로 은행 자금 3길더는 시장에서 두카트화의 전액 가치인 3길더 3스티버에 팔린다. 은행에서 두카트화를 인출하기 전에는 보관 수수료 0.25%를 먼저 지불해야 하는데, 이는 증서 보유자에게는 그저 손해일 뿐이다. 그러나 이 은행의 프리미엄이 향후 3퍼센트로 내려간다면, 두카트화 영수증 소유자도 시장에서 1.75퍼센트의 아지오로 그 영수증을 판매할 수 있을 것이다.

현재 암스테르담 은행의 아지오가 전반적으로 5퍼센트 정도이므로, 두카트화 영수증은 6개월 만기가 될 때까지 방치되거나, 아니면 업계에서 말하는 것처럼 은행 수중에 떨어지게 된다. 두카트 금화에 대한 영수증은 은화 영수증보다 더 빈번하게 은행 수중으로 떨어진다. 그 금화를 인출하려면 은행 보관료 0.5퍼센트를 납부해야 하기 때문이다. 그리하여 주화 또는 금은괴 예금이 은행 수중으로 떨어지게 내버려둔다는 것은 이런 뜻이다. 암스테르담 은행이 올리는 소득 5퍼센트는 그러한 예금의 영구적 보관을 위한, 일종의 창고료이다.

영수증이 만료된 은행화폐 총액은 아주 클 것으로 짐작된다. 그 금액은 은행의 최초 자본 전액이나 다름없었다. 이 최초 자본은 앞에서 말한 이유로 그 은행에 영구히 남아 있을 것으로 예상되는 금액이다. 영수증을 갱신하거나 예금을 인출하려는 사람은 어느 경우든 손실을 피하기 어려우므로 그 돈을 은행에 그냥 놔둘 것이기 때문이다.

그러나 그 액수가 얼마인지에 상관없이, 이 돈은 은행화폐 전체에 비해 아주 작은 비율을 차지한다. 암스테르담 은행은 지난 여러 해 동안 금괴를 보관하는 유럽의 거대한 창고 노릇을 해왔다. 그 금괴 영수증은 기간이 만료되도록 방치되거나 업계에서 말하듯 은행 수중에 떨어지는 적이 거의 없었다. 따라서 은행화폐의 훨씬 큰 부분 혹은 은행의 장부상 신용 중 훨씬 큰 부분은, 지난 여러 해 동안 금은괴를 거래하는 사람들이 꾸준히 넣었다 뺐다 하는 예금에 따라 조성된 것이다.

은행 아지오 vs 금괴 영수증과 은행화폐

이 은행에 대한 금화 혹은 금괴 인출 청구는 금괴 영수증을 통해서만 할 수 있다. 영수증이 만료되는 소액의 은행화폐는 영수증이 아직 유효한 훨씬 큰 액수의 은행화폐와 섞여 있다. 그리하여 영수증을 제시할 수 없는 은행화폐가 상당량 존재하겠지만, 그렇더라도 누구나 언제든지 은행에 해당 금액을 요청할 수 있다.

은행은 같은 물건에 대해 한 명의 채권자만 인정할 뿐 두 명에게 채무자가 될 수는 없다. 따라서 금괴 영수증이 없는 은행화폐 소유자는 영수증을 구입하기 전까지는 은행에 지불을 요구할 수 없다. 전쟁 없는 평시라면, 은행화폐 소유자는 시장가격에 그 영수증을 사들이는 데 어려움이 없을 것이다. 그 시장가격은 그가 은행에서 인출하려는 주화 혹은 금괴가 시장에서 판매되는 가격과 일치한다.

그러나 전쟁 등의 국가적 재난이 발생한 때는 이야기가 달라진다. 가령 1672년에 프랑스가 네덜란드를 침략했던 때가 있었다. 이런 경우에 은행화폐 소유자는 금화 혹은 금괴를 은행에서 인출해 자신이 보관하려 했으므로, 금괴 영수증에 대한 수요가 폭발해 자연히 영수증 가격이 엄청나게 높아졌다. 영수증 소지자는 당연히 높은 판매가를 기대할 것이다. 그리하여 영수증 소유자는 기대치를 높여 2~3퍼센트 대신 은행 예금에 근거해 은행

화폐의 50퍼센트를 청구할 수도 있었다. 프랑스는 이러한 은행 예금 인출 제도를 알고서, 은행의 금괴가 밖으로 빠져나가는 것을 막기 위해 금괴 영수증을 모두 사들일 수도 있었다.

　이런 비상사태에 처한 은행은 영수증 소지자에게만 금괴를 내주는 기존 제도를 무시하게 될지도 모른다는 소문이 돌았다. 은행화폐가 없는 영수증 소지자들은 각자에게 발급된 그 예금 가치의 2~3퍼센트를 받았을 것이다. 그러므로 이 경우에 암스테르담 은행은 영수증을 확보하지 못한 은행화폐 소지자에게는, 은행 장부상에 주어진 신용의 온전한 가치에 대해 화폐나 금괴로 주저 없이 지불할 것이라는 말이 나돌았다. 동시에 은행은 은행화폐가 없는 영수증 소지자에게는 2~3퍼센트만 지불할 것이다. 그런 비상시국에는 그런 (은행화폐가 없는) 영수증 소지자에게 내줄 수 있는 가치는 2~3퍼센트가 타당하다고 판단되기 때문이다.

　심지어 전쟁이 없는 평시에도 영수증 소지자에게는 아지오를 낮추는 것이 이익이다. 그러면 그 소지자는 자신의 영수증으로 이 은행에서 인출할 수 있는 금괴를 그 인하분만큼 싸게 살 수 있다. 또 은행화폐를 가지고 있으면서 금괴를 인출하려는 사람들에게는 자신의 영수증을 그만큼 비싸게 팔 수 있다. 금괴 영수증 가격은 일반적으로 말해 은행화폐의 시장가격과, 영수증이 발급되는 금괴 가격 사이의 차액에 해당한다. 반면 은행화폐 소지자는 아지오를 끌어올리는 것이 이익이다. 그의 은행화폐를 훨씬 비싸게 팔게 해주고 또 금괴 영수증을 훨씬 사게 구입하게 해주기 때문이다.

　은행 아지오에 대해 영수증과 은행화폐의 정반대 이해관계에서 생기는 증권 투기의 속임수를 예방하기 위해 은행은 최근 몇 년 동안 은행화폐를 항상 연 5퍼센트에 팔고 연 4퍼센트에 다시 사들이기로 결정했다. 이러한 결정의 결과로, 아지오가 5퍼센트 이상으로 상승하거나 4퍼센트 이하로 하락할 수 없게 되었으며, 은행화폐의 시장 가격과 현재 화폐의 시장 가격 사이의 비율은 항상 그 본질적 가치와 매우 가까운 비율을 유지하게 된다. 이러한 결의안이 채택되기 전에, 은행화폐의 시장가격은 9퍼센트의 아지오까지 폭등하는가 하면, 때로는 제로 퍼센트 아지오[유통화폐와 동일한 가격]

까지 내려앉았다. 금괴 영수증과 은행화폐의 상반하는 이해관계가 시장에 미치는 영향의 크기에 따라 이처럼 아지오의 변동폭이 컸다.

암스테르담 은행은 예금을 대출하지 않는다

암스테르담 은행은 예금된 것에 대해 어떠한 부분도 대출하지 않고, 또 은행 장부상에서 신용을 부여한 모든 길더에 대해 은행 창고에 화폐 또는 금괴로 그 가치를 보관하고 있다고 공식적으로 보증한다. 암스테르담 은행은 금괴와 교환해 발행한 영수증이 유효한 동안 언제라도 그 금괴의 지불 요구에 응할 준비가 되어 있고, 또 끊임없이 은행에 들어왔다가 나갔다 하는 모든 화폐 혹은 금괴를 은행 금고에 확실히 보관하고 있음은 의심의 여지가 없다.

그러나 이 은행의 예금 중에서, 금괴와 교환해 발행한 수령증이 오래 전에 만료되었고 전쟁 없는 평시에는 인출 요구가 없을 것이며 실제로 영구히—네덜란드 연합주가 존속하는 한— 그 은행에 남아 있을 예금에 대해서도, 암스테르담 은행이 화폐 또는 금괴를 그 금고에 보유하고 있을지에 관해서는 다소 불확실하다.

그러나 암스테르담 은행이 가장 엄격하게 지키는 원칙은 다음과 같다. 은행화폐로 유통되는 모든 길더에 대해 은행은 금고 안에 그 화폐에 대응하는 금은의 길더를 보관하고 있어야 한다. 또 암스테르담 시청은 이 신조의 보증인으로 되어 있다. 은행은 매년 새로 선출되는 네 명으로 구성된 현역 시장의 지휘와 감독을 받는다. 해마다 선출된 4명의 시장은 은행 금고를 방문해 그것을 장부와 비교 검토한 후, 선서하면서 인수해 그다음 해가 되면 또 다른 4명의 시장에게 동일한 절차를 통해 금고를 인계한다. 이 진지하고 종교적인 나라에서 선서는 좀처럼 무시되지 않는다. 이러한 시장 교체는, 그 자체만으로도 용납될 수 없는 절차를 예방하는 충분한 안전장치가 된다.

여러 정파가 네덜란드 정부 내에 일으킨 여러 변화 가운데에서도, 현재의 집권 여당은 은행 운영과 관련해 전임자들의 비위를 고발한 적이 없었다. 은행 운영에 대한 고발만큼 실권(失權)한 정당의 명성과 운명에 치명타를 입히는 일은 없을 것이다. 만약 그에 관련해 충분한 근거로 뒷받침되는 비난 사항이 있었더라면 그것은 널리 발표되었을 것이다. 프랑스 왕 루이 14세가 위트레흐트까지 들어왔던 1672년에도 암스테르담 은행은 은행화폐에 대해 즉시 주화 혹은 금괴를 지불함으로써, 예금 거래 절차를 완벽하게 지킨다는 신용을 굳건히 확립했다. 은행이 금고에서 내온 일부 주화들은 그 은행이 설립된 1609년 직후에 시청에 발생한 화재로 그을린 주화 상태 그대로였다. 이 주화들은 그때부터 은행 금고에 그대로 예금되어 있었다.

암스테르담 은행 수입과 고객 관리

이 금고에 들어 있는 돈의 총액수가 얼마일까는 오랫동안 호사가들의 화젯거리였다. 여기에 대해서는 추측밖에 할 수 없다. 이 은행에 계좌를 설정한 고객들은 대략 2천 명쯤 된다고 한다. 각 고객이 자기 계좌에 (상당히 많이 봐서) 1,500파운드 가치의 예금을 갖고 있다고 치자면, 은행화폐 총액 혹은 은행 금고 총액은 약 3백만 스털링이 된다. 1파운드 스털링을 11길더라고 잡으면 총 3천3백만 길더에 해당한다. 이것은 아주 큰 돈이고 아주 폭넓은 유통망을 유지하게 하는 돈이다. 그러나 어떤 사람들이 상상하는 이 은행의 총 예금액에 비하면 그 규모는 크게 부족하다.

암스테르담 시청은 이 은행으로부터 상당한 수입을 올린다. 위에서 언급한 보관료 외에, 은행 고객은 계좌를 여는 즉시 수수료 10길더를 지불하고, 그 후 은행 거래를 할 때마다 3길더 3스타이버를 지불하고, 예금 이체에 대해서는 2스타이버를 지불한다. 소액 거래가 많아지는 것을 막기 위해 3백 길더 이하 거래에 대해서는 6스타이버를 받는다. 1년에 두 번 계좌를 정리하지 않는 고객은 벌금 25길더를 내야 한다. 자신의 계좌에 들어 있는 금액 이상으로 이체하는 고객은 그 초과액의 3퍼센트를 벌금으로 내야 하고, 그의 이체 요구는 무시된다.

암스테르담 은행은 또한 금괴 영수증이 만료되어 은행 수중으로 떨어진 외국 금화와 금괴를 판매해 상당한 이익을 올린다. 은행은 그런 금화와 금괴를 보관하고 있다가 가장 유리한 시점에 판매한다. 또한, 은행화폐를 5퍼센트 아지오로 팔고 4퍼센트 아지오로 사들이면서 수입을 올린다. 이런 차액에서 나오는 돈으로 직원 봉급과 경상비를 충당하고도 남는다. 영수증을 발행해준 금괴 보관료만으로 연간 15~20만 길더라는 순수입을 올린다.

그러나 암스테르담 은행의 원래 설립 목적은 이러한 수입 증대가 아니라 공익 증진이었다. 그 목적은 상인들이 겪는 불리한 환율에 따른 불편함을 덜어주자는 것이었다. 은행 영업에서 올리는 수입은 예기치 않은 것이므로 우연한 것으로 보아야 한다.

자, 이제 장황한 여담을 끝내고 본론으로 돌아가야 할 때가 되었다. 내가 여담을 하게 된 것은, 두 나라가 교역할 때, 은행화폐로 지불하는 나라 갑과 유통화폐로 지불하는 나라 을 중에서 왜 갑이 더 유리하고 을은 불리한지 그 이유를 설명하기 위해서였다. 갑은 그 실질가치가 언제나 불변이고, 각국 조폐국 기준에 부합하는 돈으로 지불하는 반면, 을은 그 실질가치가 언제나 변하고 또 조폐국 표준보다 다소 미달하는 돈으로 지불하므로 그런 차이가 발생한 것이다.

제2절

다른 원리들에 비추어 보아도
비상한 수입 제한은 불합리하다

◇

1절에서 나는 무역 수지가 불리한 국가로부터의 물품 수입에 대해 특별한 제한을 가하는 것이 중상주의 원리에서 볼 때도 불필요함을 밝혔다.

자유로운 무역 교환은 모두에게 항상 유익

이러한 수입 억제와 다른 유사한 상업 규제들의 밑바탕이 된 이 무역 균형 이론만큼 어리석은 것은 없다. 갑과 을이라는 두 도시 혹은 국가가 무역할 때, 이 원리에 따르면 무역 수지가 평형을 이루면 갑과 을은 누구도 손해를 보지 않는다. 그러나 평형을 이루던 수지가 어느 한쪽으로 가령 갑 쪽으로 기울면, 갑은 을이 손해를 보는 만큼 이득을 본다고 생각한다.

이러한 두 판단은 잘못이다. 장려금이나 독점 수단으로 강요된 무역은, 자국의 이익을 위해 그런 장려금과 독점 제도를 실시하는 나라에 불리하게 작용할 것이고 실제로 불리한 것으로 드러났다. 나는 이것을 아래[4권 5장]에서 증명할 것이다. 그러나 강요나 제약 없이 갑과 을 두 나라 간에 자연스럽게 정기적으로 수행되는 무역은 항상 똑같이 유리하지는 않지만 항상 유익하다.

나는 그런 유리함 혹은 이익에 대해, 금은의 증가가 아니라 한 나라의 토지와 노동에 따른 총 생산물의 교환가치의 증가, 다시 말해 그 나라 국민의 연간 수입의 증가를 기준으로 이해한다.

무역 수지가 균형을 이루고, 갑을 사이의 무역이 각자 국산품의 교환으로 이루어진다면, 갑을은 대부분 이익을 거둘 뿐만 아니라 그들이 올리는 이익은 평등하거나 거의 평등하다. 이 경우에 갑을은 각자 상대방의 잉여생산물을 소비하는 시장을 제공한다. 그리고 각자는 그런 시장을 준비하는 데 들어간 자본을 회수한다. 자본은 그 나라의 주민 사이에 분배되고, 또 특정한 수의 주민에게 수입과 생계를 보장하는 자본이 된다.

그러므로 갑을 각 주민의 일부는 상대방으로부터 간접적으로 수입과 생계를 이끌어낸다. 교환되는 물품의 가치가 거의 같다고 생각되므로, 그 무역에 투자한 두 자본은 대부분 같거나 거의 같을 것이다. 두 자본은 갑을 두 나라의 국산품을 만들어내는 데 투자되었으므로, 이 자본의 분배가 갑을 두 나라 주민에게 가져다주는 수입과 생계는 같거나 거의 같을 것이다.

갑을 서로에게 호혜적인 이 수입과 생계는 두 나라의 거래량 차이에 비례해 크거나 작다. 예를 들어 그것이 갑을 양쪽에서 해마다 10만 파운드 혹은 1백만 파운드에 달한다면, 갑을 각각은 상대방 주민에게 적으면 10만 파운드, 많으면 1백만 파운드의 연 소득을 제공한다.

국산품으로 수입품을 지불하는 것이 가장 유리

갑을의 무역 성격을 다음과 같이 가정해보자. 갑은 을에게 국산품만 수출하고 을은 주로 외국 상품을 가지고 교환한다면, 무역 수지는 여전히 균형을 이룰 것이다. 상품을 상품으로 지불했으니 말이다. 갑을은 이 경우에 둘 다 이득을 보겠지만 평등한 이득을 올리는 것은 아니다. 국산품만 수출하는 주민이 이 무역에서 가장 큰 수입을 올린다.

예를 들어 잉글랜드가 프랑스에서 만든 상품만 수입하고 프랑스가 원하는 유사한 제품이 없다고 해보자. 그런데 잉글랜드는 교환 물품으로 외국산 담배와 동인도 물품 같은 많은 외국 상품을 프랑스로 보낸다. 이 무역은 두 나라 주민에게 수입을 올려주지만 잉글랜드보다는 프랑스 주민에게 더 많은 수입을 가져다준다. 이 무역에 해마다 투자된 프랑스 자본 전체는 해마다 프랑스인 사이에 분배된다. 그러나 그 외국 상품을 구입한 잉글랜드 상품을 생산하는 데 사용된 자본의 일부만 매년 잉글랜드 주민에게 분배된다. 더 큰 부분은 버지니아, 인도, 중국에 투자되었던 자본, 그러니까 이런 먼 나라에서 주민 수입과 생계를 올려주었던 자본을 대체할 것이다.

만약 잉글랜드와 프랑스의 자본액이 같거나 거의 같다면, 프랑스 자본은 잉글랜드 자본보다 자국민의 수입을 더 많이 올려주게 된다. 이 경우 프랑스는 잉글랜드를 상대로 소비재의 직접 해외 무역을 수행하는 반면, 잉글랜드는 프랑스를 상대로 우회무역을 하고 있다. 직접 무역과 우회 무역의 효과에 대해서는 앞에서 충분히 설명했다[2권 제5장].

그렇지만 두 나라 사이에서 순전히 국산품만 서로 교환하거나, 한쪽은 오로지 국산품 다른 한쪽은 오로지 해외 물품으로 교환하는 경우는 없다. 거의 모든 나라가 국산품과 해외 물품을 섞어서 교환한다. 그러나 교환 물품 중에 국산품이 대부분이고 수입품은 소량인 나라가 언제나 크게 이득을 본다.

교역에 따른 자본 증가는 국부 증진

프랑스 물품을 수입해오면서 잉글랜드가 교환용으로 내놓는 물품이 담배나 동인도 제품이 아니고 금은이라면, 이 경우 무역 수지는 불균형을 이룬다. 상품을 상품으로 지불한 것이 아니라 금은으로 지불했기 때문이다. 그러나 이 무역은 위에서 설명했듯 양국 주민에게 수입을 올려주지만, 잉글랜드보다는 프랑스 주민에게 더 많은 수입을 올려준다. 잉글랜드 주민도 약간의 수입을 얻는다. 이 금은을 사들이는 데 들어간 잉글랜드 물품을 생산하기 위해 투자 자본은 잉글랜드 특정 주민에게 분배되어 수입을 올려주는데, 이 자본도 무역으로 회수되어 그런 투자를 계속하게 한다. 잉글랜드의 전체 자본은 이 금은 수출에 따라 줄지 않는데, 그것은 동일 가치의 다른 잉글랜드 물품을 수출한다고 해서 전체 자본이 줄지 않는 것과 같은 이치다.

오히려 잉글랜드 자본은 대부분 증가할 것이다. 외국 수출 물품은 그 수요가 국내보다는 해외에서 더 크다고 생각되고, 따라서 그 대가로 수입되는 외국 물품은 수출되는 국산품보다 국내에서 더 많은 가치가 있는 것으로 여긴다. 만약 잉글랜드에서 10만 파운드 가치가 나가는 담배를 프랑스에 수출하고 11만 파운드의 가치가 있는 포도주를 수입해온다면 결과는 어떻게 될까? 이 교환에 따라 잉글랜드 자본은 1만 파운드 늘어난 것이 된다. 마찬가지로 잉글랜드의 금 10만 파운드가 프랑스산 와인을 구입하고, 그 와인이 잉글랜드에서는 11만 파운드 가치가 나간다면, 이 또한 1만 파운드 자본이 증식한 셈이 된다.

자기 창고에 11만 파운드 가치의 와인을 둔 상인은 10만 파운드 가치의 담배를 가진 상인보다 더 부자이고, 또 금고에 10만 파운드 금을 가진 보석상보다 더 부자다. 이 와인 거래상은 담배상이나 보석상보다 더 많은 노동량을 작동시키고 더 많은 사람에게 수입과 생계와 고용을 제공할 수 있다. 그러나 한 국가 자본은 서로 다른 모든 주민이 가진 자본의 총합이고, 그 나라에서 연간 유지되는 노동량은 그 서로 다른 자본이 유지할 수 있는 노동량의 총합이다. 그러므로 한 나라의 자본과 그 나라 안에서 연간 유지되는 노동량은 이러한 교환에 따라 널리 증가해야 한다.

물론 잉글랜드는 버지니아의 담배나 브라질 및 페루의 금은보다는 자국의 철물이나 고급 모직물로 프랑스 와인과 교환하는 것이 더 유리하다.

소비재 직접 무역은 우회 무역보다 언제나 유리하다. 그러나 금은으로 하는 우회 무역이 다른 물품을 가지고 하는 우회 무역보다 수익성이 떨어지는 것 같지는 않다.

금광이나 은광이 없는 나라가 이러한 귀금속을 해마다 수출한다고 해서 그 나라의 금은이 탕진되지 않는다. 이것은 담배를 경작하지 않는 나라가 담배를 수출한다고 해서 그 물품이 탕진되지 않는 것과 마찬가지 이치다. 담배를 사들일 수단을 가진 나라는 그 물품이 오래 떨어지지 않는 것처럼, 금은을 사들일 수단을 가진 나라도 그 귀금속이 오랫동안 떨어지는 법이 없다.

술집과 음주의 경제학

노동자가 술집과 거래하는 것을 밑지는 장사라고 한다. 그리하여 제조업 국가가 와인 생산 국가와 무역해도 같은 성격 즉 밑지는 장사라고 한다. 하지만 나는 술집과의 거래가 반드시 밑지는 장사라고 하지 않겠다. 그 성격상 술집은 다른 업종 못지않게 유익한 것이며, 단지 남용되는 경향이 있을 뿐이다.

양조업이라는 직업 그리고 발효주 소매상이라는 직업은 다른 여느 직업 못지않게 분업 원리상 필요한 직업이다. 노동자는 자신이 직접 술을 담그는 것보다는 양조업자에게 필요한 만큼의 술을 사들이는 것이 더 유리하다. 만약 그가 가난한 노동자라면 양조업자에게 도매로 다량을 사들이는 것보다는 필요할 때마다 주류 소매상에게 조금씩 사들이는 것이 더 유리하다. 도매상이든 소매상이든 과도하게 술을 사들일 때도 있을 것이다. 그 노동자가 술꾼인 데다 대식가라면 푸줏간에서 많은 고기를 사들이고, 만약 친구들 사이에서 멋 부리기 좋아하는 멋쟁이라면 포목상에서 지나치게 많은 옷감을 구입할 수도 있다.

이렇게 남용되는 사례가 있겠지만 이 모든 직업에서 일반 노동자가 자유롭게 거래할 수 있다는 사실은 분명 유리하게 작용한다. 물론 모두가 이런 자유를 남용할 수도 있지만, 그들 중 일부가 자유를 남용한다고 보는 게 더 타당하다. 게다가 개인은 발효주를 너무 많이 소비해 재산을 탕진할 수 있어도, 국가가 그렇게 될 위험은 없다. 각 나라에는 자기 수입 이상으로 술 사는데 돈을 많이 쓰는 사람이 있지만, 술에는 별로 돈을 쓰지 않는 사람이 훨씬 많다. 여기서 이런 말을 해둘 필요가 있다. 경험의 법칙으로 볼 때, 저렴한 와인 가격은 술 취함보다는 절주의 원인이 되는 듯하다. 와인을 생산하는 나라의 주민은 일반적으로 말해 유럽에서 가장 술을 안 마시는 사람들이다. 스페인 사람, 이탈리아 사람, 프랑스 남부 지역 사람들을 보라.

사람들은 자신의 일상 음식을 과도하게 섭취하는 법이 거의 없다. 도수 약한 맥주처럼 값싼 술을 많이 마심으로써 자신이 대범하고 호탕한 성격이라고 자랑하는 사람은 없다. 오히려 혹서나 혹한으로 포도가 나지 않아 와인이 비싸고 희귀한 나라, 가령 북쪽 나라들에서 술 취함은 공통으로 발견되는 악덕이고, 또한 열대 지역 사이에 사는 사람들, 가령 기니 해안의 흑인들이 그러하다. 프랑스 연대가 와인이 비싼 프랑스 북부에서 저렴한 남쪽으로 이동해 왔을 때, 처음에는 좋은 와인이 저렴하고 진기해서 엄청 마신다는 얘기를 많이 들었다. 그러나 주둔 후 몇 달이 지나면, 병사들 대다수가 주민과 마찬가지로 술을 별로 마시지 않는다고 한다.

만약 외국 와인에 대한 관세, 맥아, 맥주, 에일 등에 대한 소비세가 일거에 철폐된다면, 그레이트브리튼에서는 일시에 중산층과 하층 계급에서 엄청난 주취 현상이 나타날 수 있다. 하지만 그에 뒤이어 곧 항구적이면서도 거의 보편적인 절주 현상이 벌어질 것이다. 현재 주취는 결코 유행을 좇는 사람들의 악덕이 아니고 또 손쉽게 술값을 낼 수 있는 사람들의 악덕도 아니다. 에일 주를 마시고 취한 신사는 우리 사이에서 좀처럼 보기 어렵다.

게다가 그레이트브리튼의 와인 수입 제한은 술집에 가는 것을 막으려는 의도보다는, 가장 좋으면서도 저렴한 술을 사지 못하게 하려고 입법된 듯 보인다. 현재의 수입 제한은 포르투갈 와인의 수입을 장려하는 반면, 프랑스산 와인 수입은 억제하고 있기 때문이다. 포르투갈은 프랑스보다 잉글랜드 상품을 많이 사가는 고객이므로 우대해야 한다고 말한다. 그들이 우리 물건을 사가기 때문에 우리도 사주어야 한다는 것이다.

이렇게 해서 하급 상인의 얄팍한 상술이 대제국을 운영하는 정치 원리의 하나로 정립되었다. 자기 고객만을 상대로 거래한다는 것은 최하급 상인의 졸렬한 영업 방침이기 때문이다. 반면 능력 있는 상인은 이러한 사소한 이해관계는 무시하고 가장 품질이 좋고 가장 값싼 제품들만 사들인다.

무역 차액설은 제로섬 게임

이러한 원리에 따라 여러 나라는 이웃 나라들을 가난하게 만드는 것이 자국에 이익이라는 가르침을 받아왔다. 각 나라는 거래하는 모든 나라의 번영을 질시하는 눈으로 바라보았고 그들의 이득은 곧 자신의 손해라고 생각했다. 개인 사이처럼 국가 간에도 동맹과 우정의 결속이 되어야 할 상업은 가장 맹렬한 불화와 적개심의 원천이 되었다. 금세기[18세기]와 전 세기에 왕과 대신들의 변덕스러운 야망은 유럽의 평화에 피해를 주었지만 그래도 상인과 제조업자들의 뻔뻔한 질투심이 가져온 악영향만큼은 아니었다.

통치자들의 폭력과 불의는 오래된 악덕이긴 하지만, 인간사 성격으로 볼 때 고칠 수 있는 게 아니라는 게 내 생각이다. 그러나 통치자도 아니고 통치자가 될 필요도 없는 상인과 제조업자들의 비열한 탐욕과 독점 근성은 비록 바로잡을 수는 없겠지만 자신 이외의 다른 사람의 평온을 방해하는 짓만은 쉽게 막을 수 있다.

당초 무역 차액설을 발명하고 촉진해온 것은 이 독점 근성이었다는 사실에는 의심의 여지가 없다. 이 이론을 처음 가르친 사람들은 그것을 믿은 자들처럼 우둔한 바보가 아니었다. 모든 나라에서, 자신이 원하는 물건은 뭐든지 가장 싸게 파는 사람들에게서 사들이는 것이 대중의 이익에 부합한다. 이 명제는 너무나 명백하기에 증명하려 드는 것이 오히려 우스꽝스럽게 보인다. 상인과 제조업자들의 궤변이 대중의 상식을 헷갈리게 하지 않았더라면 그런 명제를 의심할 일도 없었다. 이와 관련해 상인과 제조업자들의 이익은 대중의 그것과 정반대다.

동업조합이 소속 회원들 이외 사람들을 고용하지 못하게 하는 것이 조합의 이익이 되듯이, 국내 시장 독점이 상인과 제조업자들에게는 이익이 된다. 그래서 그레이트브리튼과 다른 대부분의 유럽 국가에서, 외국 상인들이 수입해온 거의 모든 물품에 높은 관세를 부과한다. 국내 시장에서 경쟁하려는 모든 외국 제조품에 대해 높은 관세 혹은 수입 금지 조치를 한다. 즉, 무역 수지가 불리할 것으로 예상되는 국가, 즉 국가적 적대감이 가장 격렬한 국가로부터 거의 모든 종류의 상품 수입을 특별히 제한하는 것이다.

이웃 국가가 부강해야 우리나라도 부강

그러나 이웃 국가의 부강은 전쟁과 정치 분야에서는 위험할지 몰라도, 무역 분야에서는 아주 유익하다. 교전 상태일 때 이웃 나라가 부강하면 우리나라보다 더 강한 해군과 육군을 유지할 것이다. 그러나 평화와 상업의 시기에는, 이웃 나라의 부강이 우리나라와 더 큰 가치의 물품을 교환할 수 있게 해주므로 더 좋은 시장을 만들어준다. 우리나라 노동의 직접 생산물이나 그 생산물로 구입한 다른 물품이 교환되는 시장을 만들어주는 것이다.

노동해서 물품을 만들어내는 사람들에게 부자 이웃은 가난한 이웃보다 더 좋은 고객이 될 가능성이 높다. 부자 나라 또한 마찬가지다. 물론, 자신이 제조업자이기도 한 부자는 같은 업종에 종사하는 사람들에게는 가장 위험한 이웃이 된다.

하지만 그렇지 않은 이웃의 숫자가 훨씬 많으며, 이런 사람들은 부자가 비용을 대는 좋은 시장에서 이득을 본다. 그들은 심지어 그와 같은 방식으로 거래하는 가난한 노동자들을 헐값에 팔아 이익을 얻는다. 같은 방식으로 부유한 국가의 제조업자들은 이웃 국가의 제조업자들에게 매우 위험한 라이벌이 될 수 있다. 그러나 제조업자들 사이의 경쟁은 대중에게는 유익한 것이다. 대중은 이러한 나라의 대규모 지출에 따라 그들에게 제공되는 좋은 시장으로부터 많은 이익을 얻는다.

돈을 벌려는 개인은 국내의 가난한 오지로 갈 생각은 절대 하지 않고 그 대신에 수도로 가거나 아니면 번화한 상업 도시로 간다. 그들은 직감적으로 큰돈이 돌지 않는 곳에서는 큰돈을 벌지 못한다는 사실을 안다. 많은 돈이 돌고 있는 곳으로 가야만 그 돈 중 일부가 자신에게 떨어질 수 있다.

이러한 원리가 1명, 10명, 20명을 움직이는 힘이면서 동시에 1백만, 1천만, 2천만 명의 판단을 뒷받침하는 힘이다. 또 국가는 그런 원리에 따라 다른 나라의 부를 보아야 하고, 그 부가 우리나라의 국부를 증진하는 원인이 될 수 있다고 생각해야 한다.

해외 무역으로 부강해지려는 국가는 그 이웃 국가가 모두 부강하고, 산업이 다양하고, 상업이 번창할수록 부강해질 가능성이 높다. 주변에 방랑하는 미개인과 가난한 야만인들로 둘러싸인 대국은 토지 경작이나 국내 상업을 통해서만 부강해질 뿐, 해외 무역으로는 국부를 증진할 수 없다. 고대 이집트와 현대의 중국은 이런 방식으로 커다란 부를 획득했다. 고대 이집트인들은 해외 무역을 무시했고, 현대 중국인들 역시 해외 무역을 극도로 경시한다고 알려져 있다.

현대 중상주의 원리는 이웃 국가들을 가난하게 만드는 것을 목표로 삼고 있다. 그 원리가 소기의 효과를 거둔다면 이웃 나라와의 상업을 사소한 경멸의 대상으로 보게 될 것이다.

부국 프랑스와의 무역은 잉글랜드에 유리

이러한 원리 때문에 프랑스와 잉글랜드 사이의 상업은 각국에서 다양한 방해와 제약을 받고 있다. 그러나 두 나라가 중상주의적 질투심이나 국가적 적개심을 거두어들이고 양국 무역이 국가적 이익이라고 생각한다면, 프랑스와의 무역은 어떤 유럽 국가들보다 잉글랜드에게 유리하게 전개된다. 또 같은 이유로 잉글랜드와의 무역은 어떤 유럽 국가들보다 프랑스에 도움이 된다.

잉글랜드 남부 해안과 프랑스 북부 및 북서부 해안 사이의 무역은 국내 거래와 마찬가지로 1년에 4~6회 자본 회전이 가능할 것이다. 따라서 이 무역에 투자된 자본은, 같은 규모의 자본이 해외 무역의 다른 분야에서 할 수 있는 것보다 4~6배의 노동량을 양국에서 작동시킬 것이고, 4~6배 많은 노동자에게 고용과 생계를 부여할 것이다.

프랑스와 그레이트브리튼과 같이 서로 멀리 떨어진 지역 사이의 무역에서도 자본 회전은 적어도 1년에 한 번은 이루어질 것이다. 심지어 이런 규모의 무역도 잉글랜드와 다른 유럽 무역 분야와의 거래만큼 이익을 줄 것이다. 그리고 우리가 자랑하는 북아메리카 식민지들과의 무역보다 3배는 유리하다. 북아메리카는 자본 회전이 3년 이내에 이루어지는 적이 별로 없으며, 때로는 4~5년이 지나야 회수되기도 한다.

게다가 프랑스는 인구가 2천4백만 명으로 알려져 있다. 반면 우리의 북아메리카 식민지는 3백만 명 정도다. 그리고 프랑스는 북아메리카보다 훨씬 부유하다. 하지만 부의 분배가 아주 불균형해 프랑스는 북아메리카보다 가난이 만연하고 빈곤층이 많다. 그럼에도 프랑스는 북아메리카보다 8배나 큰 시장을 갖고 있고, 자본 회전이 아주 빠르게 이루어지므로 이 점에서는 북아메리카 식민지보다 4~5배는 더 우수하다. 마찬가지로 잉글랜드와의 무역은 프랑스에게도 유익하다. 양국의 부, 인구, 근접성 등을 따져볼 때 프랑스는 자국 식민지들과 무역하는 것보다 잉글랜드와 무역하는 것이 훨씬 더 유리하다.

이처럼 중상주의와 자유무역의 차이는 확연하게 드러난다. 양국이 지혜를 모아 장려하는 것이 적절하다고 생각했던 무역과 가장 선호했던 무역 사이에는 이러한 큰 차이가 있다.

중상주의는 망국론이고 자유무역은 국가 부강론

그러나 두 나라 사이에 자유롭고 개방적인 상업을 가능하게 했을 법한 그 조건들이 무역을 가로막는 최대 장애물이 되었다. 두 나라는 이웃이기에 필연적으로 적국이 되었고, 상대방의 부강과 국력은 그 때문에 자국에 아주 위협적으로 변했다. 국가적 우호 관계를 증진할 수도 있는 것이 정반대로 맹렬한 국가적 적개심을 부추겼다. 두 나라는 부유하고 산업이 풍부한 국가다. 양국의 상인과 제조업자들은 상대방 국가의 동종 업계 종사자들의 기술과 활동을 상대로 경쟁하는 것을 두려워한다. 맹렬한 국가적 적개심에 따라 상업적 질투심이 자극되어 불타오르고 서로 상승작용을 일으킨다.

그리하여 양국 상인들은 이해타산에 사로잡힌 자신의 잘못된 생각을 아주 열정적으로 믿어버린다. 그들은 불리한 무역 수지로 양국이 필히 망하고 만다고 주장한다. 상대방과 무제한적인 무역을 하다 보면 필연적으로 그런 결과가 발생할 수밖에 없다고 떠들어대는 것이다.

유럽의 상업 국가치고 이런 식의 망국론을 들어보지 못한 나라는 없다. 불리한 무역 수지는 결과적으로 망국으로 가는 지름길이라고 중상주의를 주장하는 박사들이 외쳐대기 때문이다. 그러나 박사들이 일으킨 각종 불안에도 불구하고, 또 거의 모든 무역국이 무역 수지를 자국에 유리하게 하고 상대방에게 불리하게 하려고 백방의 노력을 했음에도, 유럽의 어떤 나라도 불리한 무역 수지 때문에 망해가는 것 같지는 않다.

오히려 모든 도시와 나라는 박사들이 가르친 자유무역 망국론의 원리 때문에 망하는 게 아니라, 자기 항구를 다른 나라에 개방한 정도에 비례해 더욱 부강해졌다. 하지만 유럽에는 자유항이라는 이름에 걸맞은 소수의 도시는 있지만, 완전한 자유무역을 하는 나라는 없다. 어쩌면 네덜란드는 여러 나라 중에 이러한 성격에 가장 가까이 다가가 있으나 그래도 아직 멀었다. 아무튼 네덜란드는 국부는 물론이고 필요한 생필품 대부분을 해외 무역에서 얻고 있다.

무역 수지 균형 vs 생산과 소비 균형

이미 설명한 바 있는[2권 3장] 또 다른 균형이 있는데, 무역 수지 균형과는 아주 다른 것이다. 이 균형이 유리한가 혹은 불리한가에 따라 반드시 국가의 번영과 쇠퇴가 결정된다. 그것은 연간 생산과 소비의 균형이다.

이미 설명했듯 연간 생산물의 교환가치가 연간 소비의 가치를 초과한다면 사회자본은 그에 비례해 해마다 증가한다. 이 경우 사회는 그 수입 한도 내에서 살아가고, 해마다 그 수입에서 저축된 부분은 자연스럽게 자본 증가에 기여해 적절한 곳에 투자되고 그리하여 연간 생산물의 총량을 높인다.

반면 연간 생산물의 교환가치가 연간 소비에 못 미친다면 사회자본은 그 결손분에 비례해 감소한다. 이 경우 사회 지출이 수입을 초과해 반드시 그 자본을 잠식한다. 따라서 그 사회자본은 필연적으로 줄고 그와 함께 그 나라의 노동이 만들어내는 연간 생산물의 교환가치도 하락할 것이다.

생산과 소비 균형은 소위 무역 수지 균형과는 완전히 다르다. 그것은 아무런 해외 무역도 하지 않고 전 세계에서 완전히 고립되어 있는 나라에서도 발생할 수 있다. 그것은 전 세계 어느 지역에서도 벌어진다. 그러니까 부, 인구, 개량이 증진하거나 감퇴하는 어느 지역에서도 나타날 수 있다.

이 생산과 소비 균형은 지속해서 어떤 나라에 유리할 수 있다. 비록 그 나라의 무역 수지가 전반적으로 불리한 상황이어도 말이다. 어떤 나라는 반세기 동안 수입액이 수출액보다 더 많을 수도 있다. 50년 동안 그 나라에 들어왔던 금은은 지속해서 빠져나간다. 그 안에서 유통되는 주화는 점진적으로 마모되고, 각종 다른 지폐들이 주화를 대신하며, 심지어 그 나라가 주요 거래국에서 얻어온 부채도 증가한다. 그렇지만 이 나라의 실제적 부, 토지와 노동이 생산하는 연간 생산물의 교환가치는 지난 50년 동안 놀라운 정도의 비례로 증가해왔다.

이러한 얘기는 다소 황당한 상상처럼 들릴지도 모른다. 그러나 현재의 소요 사태[미국의 독립전쟁]가 시작되기 이전에, 북아메리카 식민지가 그레이트브리튼을 상대로 해온 거래는 그것이 결코 황당한 얘기가 아니라 실제로 벌어진 현상임을 증명한다.

제4장

세금 환급

상인과 제조업자들은 국내 시장 독점만으로는 만족하지 못하고 그들의 물품을 해외 시장에도 널리 판매하기를 원한다. 그러나 외국에서는 사법권이 없으므로 그들의 나라는 그곳에서 독점 권리를 확보해주지 못한다. 그러므로 그들은 수출에 대한 장려책을 청원하는 것으로 만족해야 한다.

수출 장려책과 관세 환급

이런 장려책 중에서 소위 세금 환급은 가장 합리적인 조치로 보인다. 상인이 어떤 품목을 수출할 때 국내 산업에서 그 품목에 부과된 소비세나 내국세를 전부 혹은 일부를 환급해준다고 해도 그런 세금이 전혀 없었을 때 수출되는 수량보다 더 많이 수출하게 하지는 못한다. 이러한 장려책은 그것이 없었을 때 저절로 투자되는 자본 수량보다 더 많은 양을 특정 투자처에 투입되도록 하지 못한다. 그것은 단지 자본의 일정 부분이 다른 투자처로 전환되는 것을 방지할 뿐이다. 그것은 사회 내에 정립되어 있는 다양한 투자처 사이의 투자 균형을 흔들어놓지 못한다. 단지 세금을 환급해줌으로써 그 균형이 뒤집히는 것을 막아줄 뿐이다. 장려책들은 사회 내의 자연스러운 노동 분업과 배분—대부분 보존하는 게 유리한 것으로 판명되는 분업과 배분—을 흔들어놓는 것이 아니라 보존하는 경향이 있다.

수입된 해외 물품을 재수출 시 관세를 환급해주는 것 역시 동일한 맥락에서 볼 수 있다. 이 환급 세금은 그레이트브리튼에서 수입세의 거의 전부를 차지한다. 관세 관련 의회법의 부칙 제2조는 오늘날 옛 특별세라고 불렀던 세금의 부과를 규정한다.

그 내용은 잉글랜드인이든 외국인이든 잉글랜드에서 수출하는 물품에 대해 부과된 수입 관세의 절반을 돌려받는다는 것이다. 단, 잉글랜드 상인은 12개월 이내에, 외국인 상인은 9개월 내에 재수출해야 한다. 와인, 건포도, 가공 견직물은 이 규칙이 적용되지 않았는데 이들 품목은 이보다 더 유리한 다른 혜택을 받았기 때문이다. 이 의회법에 따라 부과된 세금은 당시 해외 물품 수입에 부과된 유일한 관세였다. 이 환불 세금과 함께 다른 환불 관세들을 요구할 수 있는 기간은 그 후에 3년으로 확대되었다(조지 1세 7년 차 법령 제21호 제10조에 의거).

북아메리카산 담배에 대한 관세 환급

옛 특별세 이후에 부과된 모든 관세는 상당 부분 수출할 때 전액 환급되었다. 그러나 이러한 일반 규칙에는 다수의 예외 사항이 있었고, 세금 환급 원칙은 처음 제도를 제정할 당시보다 훨씬 복잡한 문제가 되었다.

국내 소비 물량을 초과해 수입된 일부 외국 물품은 수출되는 즉시, 관세 전액이 환급되었고 심지어 옛 특별세의 절반까지도 환불되었다. 북아메리카 식민지에서 반란이 일어나기 전에, 우리는 메릴랜드와 버지니아의 담배 수입을 독점했다. 우리는 9만 6천 호그스헤드(큰 통)의 담배를 수입해왔는데 그중 국내 소비량은 1만 4천 통을 초과하지 않았다. 그 나머지 담배 수출을 촉진하기 위해 담배 수입 관세가 전액 환급되었다. 다만 수출을 3년 이내에 완료한다는 조건이었다.

우리는 지금도 비록 전량은 아니지만 브리튼령 서인도제도의 설탕을 거의 독점하고 있다. 그러므로 이 설탕이 1년 이내에 수출되면 설탕 수입 시 부과됐던 모든 수입 관세가 환급되고, 3년 이내에 수출하면 옛 특별세의 절반을 제외한 모든 관세가 환급되었다. 옛 특별세는 대부분 수출 품목에 계속 유지되었는데 이마저도 절반을 환급해준 것이다. 비록 설탕 수입이 국내 소비에 필요한 분량을 크게 초월하지만, 과거 담배 수입량과 비교하면 잉여량은 미미한 수준이다.

일부 수입 금지 품목은 관세 환급이 없다

일부 품목들, 특히 우리나라의 제조업자들이 질시의 눈으로 바라보는 품목들은 국내 소비용으로 수입되는 것이 금지된다. 그러나 그 품목들은 관세를 지불하고 수입된 후에 재수출을 위해 항구 창고에 보관할 수는 있었다. 이런 품목은 수출이 되더라도 관세는 전혀 환급되지 않는다. 우리 제조업자들은 이런 제한적인 수입도 장려해서는 안 된다는 편이고, 또 그런 품목 일부분이 보관 창고에서 도난당해 국내 시장에 유입되어 그들의 제품과 경쟁하는 상황을 우려한다. 그리하여 이런 제약적 조건 아래서 우리는 가공 견직물, 프랑스산 아마포와 한랭사, 착색·염색된 옥양목을 수입할 뿐이다.

우리는 심지어 프랑스 물품을 중개무역하는 것도 꺼린다. 우리 적국들이 이런 수단[중개무역]으로 이익을 취하는 것을 허용하지 않으려고 자신에게 돌아올 이익도 포기한다. 그리하여 모든 프랑스 제품의 수출에 대해서는 옛 특별세 절반뿐 아니라 또 다른 25퍼센트 관세 환급도 유보된다.

옛 특별세의 부칙 제4호에 따라, 모든 와인 수출에 대해 지불된 환급 관세는 당시 그 물품 수입 당시에 징수한 관세 금액의 절반을 훨씬 넘었다. 당시 입법부는 와인 중개무역에 대해 평소보다 강한 장려책을 제공하려 한 듯하다. 또 옛 특별세와 동시에 부과된 혹은 그 후에 부과된 관세들, 가령 추가세, 새 특별세, 3분의 1 및 3분의 2 임시세, 1692년 수입세, 와인에 부과한 조폐세[145] 등을 수출 시 모두 환급해주었다.

---

145 화폐 주조 비용을 충당하기 위해 특정한 물품 수입에 부과한 세금.

하지만 새로운 특별세와 1692년에 부과된 수입세를 제외하고, 나머지 관세들은 수입 시에 현금으로 지불해야 했으므로, 이자만 해도 엄청난 비용이었다. 따라서 이런 품목을 중개무역으로 거래하는 것은 수익을 기대하기 어려웠다. 그리하여 와인 수출 시 관세가 환급된 것은 와인 수입세라고 불린 관세의 일부뿐이었다. 그 외에 프랑스산 와인 1톤에 대한 25파운드 관세, 1745년, 1763년, 1778년에 부과된 관세들은 수출 시에 환급되지 않았다.

1779년과 1781년 이렇게 두 번에 걸쳐 부과된 5퍼센트 수입세는 모든 제품의 재수출에 대해 전액 환불되었으므로, 와인에 대해서도 역시 환불되었다. 그리고 1780년 관세는 특별히 와인에 대해 부과된 세금이었는데, 전액 환불이 허용되었다. 하지만 이런 감면 조치는 그 외 다른 모든 무거운 세금이 유지되었으므로 수출에 별 영향을 미칠 수 없었고 그로 인해 단 1톤의 와인도 수출된 바가 없었다. 이러한 환급 규정들은 아메리카의 브리튼 식민지들을 제외하고, 합법적인 수출이 허가되는 모든 지역에서 적용된다.

식민지 주민의 독점 우회 전략

찰스 2세[1649-1685] 15년 차 법령 제7조는 무역 장려법으로 통하는데, 이 법으로 그레이트브리튼은 유럽에서 생산·제조된 모든 제품을 식민지에 독점 공급하는 자격을 획득했다. 북아메리카와 서인도제도처럼 해안이 광대한 지역에서, 우리의 권위는 매우 미약하다. 게다가 식민지 주민은 그들의 배를 이용해 비열거(非列擧) 상품들을, 먼저 유럽 전역에 그리고 그다음에는 피니스테르곶 남쪽 지역에 수송하는 것이 허용되었다. 따라서 우리의 독점적 권리가 널리 존중되기를 기대하기란 어려운 일이다.

그러나 식민지 주민은 유럽 와인을 산지에서 직접 수입하는 데 어려움을 겪었다. 그들은 그 와인을 그레이트브리튼에서 수입해 갈 수도 없었다. 브리튼에서는 와인에 고율 관세가 부과되는 데다 관세 중 상당 부분이 수출 시에도 환급되지 않기 때문이다.

마데이라[아프리카 서북방의 포르투갈령 섬] 와인은 유럽 제품이 아니므로 아메리카와 서인도제도에 직접 수입될 수 있었다. 이들 지역은 비열거 상품에 대해 자유로운 무역이 허용되었다. 이런 상황 때문에 이들 지역에서는 마데이라 와인에 대한 기호가 널리 퍼져 있었다. 1755년에 시작된 7년 전쟁 때 이들 지역에 주둔하고 있던 브리튼 군대의 장교들은 마데이라 와인이 별로 알려지지 않은 본국으로 이 와인을 가지고 와서 널리 알렸다.

7년 전쟁이 끝난 1763년에, 조지 3세 4년 차 법령 제15조 12항에 의거, 모든 와인을 식민지에 수출할 때 3파운드 10실링을 제외하고 모든 관세를 환불하도록 조치했다. 그러나 이 법령에서 프랑스산 와인은 제외된다. 국가적 편견이 작용해 프랑스산 와인의 거래와 소비를 장려하지 않았던 것이다. 이런 감면 조치가 내려진 후 북아메리카의 반란이 시작되기까지 기간이 너무 짧았으므로 식민지 지역들의 관습에 어떤 커다란 변화가 오지는 못했을 것이다.

프랑스 와인을 제외한 모든 와인의 관세를 환급하도록 한 이 법령은 이렇게 해서 어떤 나라보다 식민지 지역에 혜택을 주었다. 그러나 와인 이외의 다른 품목에 대해서는 이들 지역을 그리 우대하지 않았다. 상품 대부분을 다른 나라로 수출할 때 옛 특별세의 절반만 환급되었다. 이 법령은 유럽이나 동인도 상품들을 식민지로 수출할 때 와인, 캘리코, 옥양목을 제외하고는 어떤 관세 환급도 하지 말 것을 규정했다.

중개무역에 대한 관세 환급

관세 환급에는 당초 중개무역을 장려하려는 뜻도 있었을 것이다. 중개무역에서는 외국인이 선박 운임을 가끔 외화로 지불하므로 국내에 금은을 가져오는 업종으로 생각되었다. 하지만 중개무역이 특별한 격려를 받을 만한 자격이 없고 또 관세 환급 동기가 아주 어리석은 것이라 할지라도, 환급 제도 자체는 합리적이다. 관세 환급으로는 수입품에 대한 관세가 아예 없을 때 자체적으로 중개무역에 들어갔을 자본보다 더 많은 자본을 끌어들일 수는 없다. 이러한 세금 환급은 한 나라의 자본 중 일부가 이러한 세금 때문에 중개무역에서 아주 배제되는 것을 막아줄 따름이다.

중개무역이 우대받아야 할 자격이 있는 것은 아니지만, 아예 배제되어서는 안 되고 다른 업종과 마찬가지로 자유롭게 추구할 수 있도록 두어야 한다. 국내 거래든 해외 무역이든, 한 나라의 농업이나 제조업에서 투자처를 찾지 못하는 자본에 필요한 출구가 된다.

관세 수입에 관해 말하자면, 관세 일부가 유지됨으로써 손해를 보는 대신 그러한 단점에서 이익을 얻게 한다. 다시 말해 관세 중 환급이 보류되는 부분에 따라 수입을 올리는 것이다. 즉, 전체 관세가 유지되었다면 관세를 납부하는 외국 물품은 수출이 되지 않을 것이고, 또 시장이 없으므로 결과적으로 수입이 되지도 않을 것이다. 그렇게 되면 그 일부를 보류할 수 있는 수입 관세는 결코 확보되지 못할 것이다.

수출을 전제로 정당화되는 관세 환급

이러한 이유는 관세 환급을 충분히 정당화하는 듯하다. 또한, 이러한 이유들은 국내 산업의 생산물이든 외국 물품이든, 수출 시에 과세 전액이 환불되더라도 여전히 세금 환급을 정당화하는 부분이다. 이 경우 국내 소비세 수입은 약간 피해를 볼 것이고, 관세 수입은 그보다 더 손실을 볼 것이다. 그러나 이 규정을 시행하면 이러한 세금으로 인해 일반적으로 방해받는 산업이 자연스럽게 균형을 잡고 공정한 분배를 회복하는 데 도움이 된다.

하지만 수입해온 물품을 다른 나라로 수출할 때에야 비로소 이러한 이유로 관세 환급이 정당화될 것이다. 그리고 그 나라들은 우리 상인들이 독점을 누리는 나라가 아니고, 아주 독립적인 해외 국가들이어야 한다. 예를 들어 유럽산 물품을 우리의 아메리카 식민지에 수출할 때 환급해준 세금은, 그런 관세가 아예 없었을 때 발생하는 수출보다 항상 더 큰 규모의 수출을 발생시키는 것은 아니다. 우리 상인과 제조업자들이 아메리카에서 누리는 독점적 권리 때문에 관세를 아예 환급해주지 않더라도 동일한 수량이 그곳으로 수출될 수 있다. 그러므로 관세 환급은 무역 수지를 바꾸지도 못하고 무역 규모를 확대하지도 못한 채 소비세와 관세에만 순손실을 입힌다.

세금 환급은 우리 식민지의 산업 활동에 대한 적절한 장려책으로 어느 정도까지 정당화될 수 있을까? 식민지 주민 이외의 모든 동포가 지불하는 세금을 유독 식민지에 대해서만 면제하는 것이 모국에 대해 어느 정도 유리할 것인가? 이러한 질문들은 식민지를 다루는 장[4권 7장]에서 자세히 설명한다.

세금 환급은 때로는 사기의 원인이 된다

다음을 주의해야 한다. 관세 환급은 수출 장려 물품이 실제로 해외에 수출될 때만 유익하고, 그 물품이 몰래 국내 시장으로 재수입되는 경우에는 전혀 도움이 되지 않는다. 일부 품목들, 특히 담배에 대한 환급은 여러 사기 행각을 일으키는 원인이 되었다. 이런 사기는 국가 수입과 공정한 거래자 모두에게 해로운데, 그런 사례는 잘 알려져 있다.

제5장

장려금

장려금 제도의 배경

그레이트브리튼에서 수출 시 장려금을 지원해달라는 요청은 자주 나오고 있고, 때때로 국내 산업의 특정 분야 생산물이 그런 특혜를 입기도 한다. 상인과 제조업자들이 해외 시장에서 물품을 경쟁업체만큼 싸게 혹은 그보다 더 싸게 팔 수 있을 것이라는 전제하에 이런 장려금을 지급하게 되었다. 그렇게 해서 더 많은 물량이 수출되고 그에 따라 무역 수지는 우리나라에 유리한 쪽으로 좋아진다고 기대한다.

해외 시장에서는 우리 노동자에게 국내 시장에서처럼 독점적 권리를 줄 수 없다. 국내에서 시민들에게 우리 물건을 사라고 요청하듯이 외국인들에게 어떤 물건을 사라고 강요하지 못한다. 그러니 그다음으로 할 수 있는 가장 좋은 방편은 그들이 우리 물건을 사도록 일정한 대가를 지불하는 것이다.

중상주의 제도는 이런 전제에 따라 국가를 부강하게 하고, 무역 수지를 좋게 해서 국민의 호주머니를 두둑하게 할 수 있다고 생각한다.

장려금은 자본 투자 방향을 왜곡

장려금은 그런 지원이 없으면 사업이 안 되는 무역 분야에 수여해야 한다는 의견이 있다. 그러나 상인이 판매하는 물품 가격이, 시장에 내보내는데 투자한 자본을 적절한 이윤과 함께 회수할 수 있다면, 장려금 없이도 그 사업을 해나갈 수 있다. 이러한 사업 분야는 장려금 없이 수행되는 다른 무역 분야와 동일한 수준이므로, 특별히 장려금을 받을 이유는 없다.

상인이 이윤과 함께 자본 회수가 가능한 가격 이하로 물품을 팔아야 하거나, 상품을 시장에 보내는 데 실제로 드는 비용보다 낮은 가격으로 상품을 판매할 의무가 있을 때만 장려금이 필요하다. 장려금은 이러한 손실을 보상하고, 비용이 수익보다 더 클 것으로 예상되는 거래를 계속하거나 시작하도록 하기 위해 지급한다. 또한, 각 거래가 그에 투입된 자본 일부를 잠식하는 무역, 그와 비슷한 무역이 많다면 그 나라 전체 자본을 고갈시킬 그런 무역도 여기에 포함된다.

장려금 지급으로 수행되는 무역은 다음에 한정된다. 즉, 어떤 두 나라 사이에 상당 기간 무역이 계속되었는데 그 기간 중 어느 한쪽은 언제나 정기적으로 손해를 보거나 혹은 그 물품을 시장에 내보내는 비용보다 더 낮은 가격으로 물품을 판매하는 무역 말이다. 만약 장려금이 그런 무역에서 상인이 입는 손실을 보전해주지 않는다면, 그는 곧 자기자본을 다른 쪽으로 전환해 투자하거나, 아니면 물품 가격이 이윤과 함께 투자 자본을 회수할 수 있게 하는 무역을 찾아나설 것이다.

장려금 효과는 중상주의 제도의 다른 방편과 마찬가지로 한 나라의 무역을 엉뚱한 방향으로 돌려놓을 뿐이다. 다시 말해 장려금이 없었을 때 자본이 자연스럽게 찾아 들어갈 투자처보다는 훨씬 덜 유리한 쪽으로 자본이 투자되도록 한다.

장려금은 자본 회수에 기여하지 못한다

곡물 무역에 관해 여러 편의 논문을 써낸 총명하고 박식한 저자[4권 2장에 나오는 찰스 스미스를 말한다]는 아주 분명하게 다음과 같은 사실을 보여주었다. 곡물 수출장려금이 처음 시행된 이래, 적당히 평가된 곡물 수출액이 높게 평가된 곡물 수입액을 초과하였고, 그 초과 금액은 이 기간 중 지불된 장려금 총액을 초과했다. 박식한 저자는 중상주의 제도 원리에 따라 이것을 강요된 곡물 무역이 국가 이익에 부합한다는 분명한 증거로 생각했다. 수출의 가치가 수입의 가치를 초과하고, 이 초과액이 곡물을 수출하기 위해 대중이 부담한 비용[장려금] 총액보다 훨씬 크기 때문이라는 것이다.

하지만 저자는 다음 사실을 놓치고 있다. 이 특별 비용[장려금]은 곡물 수출을 위해 대중이 부담해야 하는 비용에서 가장 작은 부분이다. 농부가 그 곡물을 생산하기 위해 투입한 자본 또한 고려해야 마땅하다. 해외 시장에서 팔리는 곡물 가격이 장려금은 물론이고 적정 이윤과 투자 자본을 회수하지 않는다면, 사회는 그 차액만큼 손해를 본다. 다시 말해 국가 자본이 그만큼 감소한다. 이러한 사정을 감안하면 장려금은 원천적으로 말이 되지 않는다. 장려금을 수여하는 가장 큰 근거는 어떤 물품 가격이 자본 회수를 하기에는 불충분하다고 생각한 것이었으니 말이다.

장려금 제도를 실시한 이래 곡물 평균 가격은 상당히 떨어졌다고 한다. 곡물 평균 가격은 지난 세기 말엽부터 떨어지기 시작해 금세기[18세기] 64년 동안 계속 하락하고 있다. 나는 앞에서[1권 11장. 은에 관한 여담 중 제3시기] 이 사실을 설명했다. 그런데 이런 가격 하락이 사실이라고 하더라도 장려금 때문일 수는 없으며 장려금과 무관하게 벌어진 것이다. 이 사건은 잉글랜드뿐 아니라 프랑스에서도 벌어졌다. 특히 프랑스에서는 장려금이 없었을 뿐만 아니라 1764년까지는 곡물 수출이 전면 금지되기도 했다.

그러므로 곡물 평균 가격이 점진적으로 하락한 이유는 장려금이나 수출 금지 때문이 아니라 은의 실질가치가 점진적으로 서서히 상승했기 때문이었다. 나는 이 책의 제1권에서 18세기 내내 유럽의 전반적 시장에서 은가가 상승했음을 밝혔다. 따라서 장려금이 곡물 가격 인하에 기여했다는 것은 전혀 불가능한 얘기인 듯 보인다.

앞에서 지적한 것처럼[1권 11장 "18세기의 은값은 곡가 상승에 비례"], 풍년이 든 해에 장려금은 비상한 수출을 야기하고 그리하여 자연히 하락해야 마땅한 국내 시장의 곡물 가격을 높게 떠받치게 된다. 이렇게 하는 것이 이 제도의 공언된 목표다. 흉년이 든 해에는 자주 장려금 지급이 중단되었지만 풍년이 든 해에 장려금이 곡물 수출을 장려하는 바람에, 어떤 해의 곡식 풍년이 다른 해의 곡식 가뭄을 구제하는 것을 자주 방해한다. 그러므로 풍년이 들었든 흉년이 들었든 장려금은 국내 시장에서 곡물의 화폐가격을 장려금이 없었을 때 비해 더 높게 올리는 경향이 있다.

장려금은 곡물 소비와 시장을 감축한다

합리적으로 판단하는 사람이라면, 실제 경작 상태에서 장려금이 확실하게 가격을 올리는 경향을 보인다는 것을 반박하지 못하리라 생각한다. 그러나 많은 사람은 오히려 장려금이 다음 두 가지 다른 방식으로 경작을 촉진할 것으로 여긴다.

첫째, 장려금은 농부의 곡물에 대해 더 광범위한 외국 시장을 개방함으로써 결과적으로 곡물 생산을 증진한다. 둘째, 장려금은 실제 경작 상태에서 기대할 수 있는 것보다 경작을 통해 더 좋은 가격을 얻게 하여 경작을 장려한다.

이러한 두 가지 격려는 여러 해에 걸쳐 장기간에 곡물 생산량을 증가시켜, 결과적으로 국내 시장의 곡물 가격을 떨어뜨린다. 그리하여 기간 끝무렵에 가면 곡물 가격 하락폭은 장려금이 국내 시장의 곡물 가격을 인상하는 폭보다 훨씬 더 클 것이므로 결국 이익이라고 어떤 사람들은 주장한다.

이러한 주장에 대해 나는 이렇게 반론한다. 특정 해에 장려금에 따라 해외 시장이 확대되더라도 그것은 국내 시장을 희생시켜 얻어낸 것이다. 장려금이라는 수단이 있으면 수출하고, 그것이 없으면 수출하지 못하는 곡물은 국내 시장에 그대로 머물러서 소비량을 증가시키고 곡물 가격을 낮추었을 것이다.

다른 수출품에 대한 장려금과 마찬가지로 곡물 장려금은 대중에게 두 가지 세금을 부과한다.

첫째, 대중이 장려금을 대기 위해 내야 하는 세금. 둘째, 국내 시장에서는 대중이 곡물 구매자이므로 곡물 가격 상승에 따라 그들 전체가 내야만 하는 세금.

대중에게는 두 번째 세금이 첫 번째보다 훨씬 무겁다. 여기서 이렇게 가정해보자. 매년 평균 1쿼터 수출에 대해 장려금 5실링이 수여된다면, 국내 시장에서는 곡물이 1부셸에 대해 6펜스 혹은 1쿼터당 4실링 올라간다. 사람들은 장려금 때문에 곡물을 더 많은 돈으로 구입해야 한다.

이런 온건한 가정 아래에서도 대중은 수출되는 곡물 1쿼터당 장려금 5실링을 세금으로 지불해야 하고, 또 그들이 소비하는 곡물 1쿼터당 추가로 4실링을 부담해야 한다. 그러나 곡물 무역에 관해 여러 편의 논문을 쓴 박식한 저자[찰스 스미스]에 따르면, 수출되는 곡물과 국내에서 소비되는 곡물 비율은 1 대 31을 넘지 않는다. 따라서 대중은 첫 번째 세금으로 5실링을 낼 때마다 두 번째 세금으로는 6파운드 4실링[4실링×31]을 내는 게 된다.

이처럼 1차 생필품에 높은 세금이 부과되면, 그것은 가난한 노동자의 생계비를 줄이거나, 그들의 생계비 상승에 비례해 화폐 임금을 어느 정도 인상해야 한다. 그리하여 이 세금이 이런 식으로 징수된다면, 한편으로는 가난한 노동자들이 자녀를 교육하고 양육하는 능력이 감소되고 더 나아가 인구 증가도 억제될 것이다. 다른 한편으로는 임금 상승이 없었을 때 비해 가난한 사람들을 고용하는 고용주들이 노동자를 덜 고용하게 되어 국가 산업 성장이 정체될 것이다.

그러므로 정부가 장려금을 주어 수출을 많이 하도록 하면 특정 해에 해외 시장 확대와 소비를 증진한 만큼, 국내에서는 곡물 시장과 소비를 위축시킨다. 뿐만 아니라 인구 증가와 산업을 억제함으로써 국내 시장의 점진적 확장을 억제하고 위축시킨다. 그리하여 장기적으로 볼 때 장려금은 곡물의 전반적 시장과 소비를 증진하는 것이 아니라 위축시키는 경향을 보인다.

곡물의 화폐 가치를 높이면 농부에게 더 이익이 돌아가기에 곡물 생산은 반드시 늘어난다고 말들 하지만 나는 이렇게 대답한다. 그런 주장이 사실이 되려면 장려금 효과가 확실히 드러나야만 한다. 다시 말해 장려금이 곡물의 실질가격을 올리거나 또는 동일한 양의 곡물로 인근의 다른 농부들이 유지할 수 있는 노동자들보다 더 많은 노동자를—넉넉하든지 중간이든지 간신히든지—유지하게 해야 한다. 그러나 장려금이나 다른 인위적 제도가 이런 효과를 내지 못한다는 것은 분명하다.

장려금에 따라 상당히 영향을 받는 것은 실질가격이 아니라 명목가격이다. 장려금 제도가 대중에게 부과하는 세금은 납부자에게는 부담스러우면서 정작 받는 사람에게는 이익이 별로 없다.

장려금의 진정한 효과는 곡물의 실질가격 인상이 아니라 은의 실질가치를 떨어뜨리는 데 있다. 다시 말해 같은 양의 은을 가지고, 전보다 적은 양의 곡물이나 다른 국내 상품들과 교환하게 되는 것이다.

노동 · 토지 · 생산물 가격은 곡물 가격에 연동

곡물 가격은 노동의 화폐가격을 규제하며, 사회의 발전, 정체 또는 쇠퇴 상황에 따라 노동자가 자신과 가족을 먹일 수 있는 충분한 양의 곡물을 구매할 수 있도록 고용주는 항상 자유롭거나, 적당하거나 혹은 부족하게 노동가격을 책정해야 한다.

그것은 토지 미가공 생산물에 있어 다른 모든 부분의 화폐 가치를 규제한다. 이런 부분의 화폐가격은 사회가 진보하는 모든 단계에서 곡물 가격과 비례하는데, 그 비율은 시대에 따라 달라진다. 예를 들어 곡물 가격은 풀과 건초, 푸줏간 고기, 말, 말의 유지, 육상 운송 등 국가 내륙 상업의 대부분 화폐가격을 결정한다.

한 나라에서, 미가공 생산물의 모든 다른 부분의 화폐가격을 규정함으로써, 곡물 가격은 거의 모든 제조품에 들어가는 원료 가격도 결정한다. 노동의 화폐가격을 규제하면 제조업과 산업의 가격도 결정된다. 이처럼 원료와 노동가격을 둘 다 규제함으로써 곡물 가격은 완제품의 화폐가격도 결정한다. 따라서 노동의 화폐가격 그리고 토지 혹은 노동 생산물인 모든 것의 가격은 곡물의 화폐가격에 비례해 올라가거나 내려간다.

그러므로 장려금 지급 결과, 농부는 자기 곡물을 부셸당 3실링 6펜스가 아니라 4실링에 팔 수 있고 또 곡물의 화폐 가치 상승에 비례해 지주에게 화폐지대를 지불한다. 그러나 곡물 가격 상승에 따른 4실링을 가지고 전에는 3실링 6펜스로 살 수 있었던 국내산 물품들밖에 살 수 없다면, 농부와 지주의 생활 형편은 그런 가격 변동으로 별로 나아진 것이 없다. 농부는 전보다 더 잘 경작하지 못할 것이고 지주는 전보다 더 잘 살지 못할 것이다.

해외 물품 구입 시 곡물 가격 인상은 어느 정도 이점이 있을 것이다. 그러나 국내 물품 구입에는 전혀 이점이 없다. 그런데 농부의 지출 전액 그리고 지주의 지출 대부분은 국산품 구매에 들어간다.

은광 생산량이 풍부해 은 가치가 하락하고, 그것이 상업 세계 거의 전역에 거의 공평하게 작용한다면 그건 어떤 나라에게든 그리 중요한 문제가 되지 않는다. 그 결과로 발생하는 모든 화폐가격 상승은 그런 가격을 받는 사람들을 더 부유하게 하지도 않지만 그렇다고 더 가난하게 하는 것도 아니다. 한 벌의 금은 식기류 가격은 싸지겠지만 그 외 나머지 물품들은 예전과 똑같은 실제 가치를 유지한다.

그러나 어떤 특별한 사정으로, 특정한 국가의 정치 제도에 따라, 그 나라(갑이라고 하자)에서만 은 가치가 하락했다면 그것은 아주 중대한 문제가 된다. 그것은 갑 국민 중 어떤 사람도 전보다 더 부유하게 만들지 못하고 대신에 모든 사람을 전보다 더 가난하게 만들기 때문이다. 모든 상품의 화폐가격 상승은 갑의 국내에서 벌어지는 모든 산업을 크든 적든 방해한다. 또 여러 해외 국가들은 갑 노동자들보다 더 적은 양의 은을 받고도 각종 물품을 제공할 수 있게 한다. 이렇게 되어 그 외국 노동자들은 외국 시장은 물론이고 갑의 시장에서도 갑 노동자들보다 더 싼값에 물건을 내놓게 된다.

스페인·포르투갈의 비합리적인 금은 수출 정책

스페인과 포르투갈은 광산 소유국이라는 독특한 지위 덕분에 유럽 다른 나라에 대해 금은 분배국이 되었다. 따라서 금은은 이 두 나라에서 유럽 다른 나라보다 값이 싸다. 그러나 이 차액은 수송비와 보험비 이상이 되어서는 안 된다. 금은은 부피가 작게 나가면서 가치가 높기 때문에 운송은 별 어려운 문제가 아니며 보험료 또한 다른 동일 가치의 물품들과 같다. 그러므로 스페인과 포르투갈은 그들의 정치 제도로 그런 특별한 상황을 악화시키지 않았더라면 그 상황에서 크게 고통받을 일이 없었다.

그러나 스페인은 금은 수출에 세금을 부과하고, 포르투갈은 수출을 금지함으로써 금은 수출에 밀수 비용이 추가되어 다른 유럽 국가의 금은 가격은 이 밀수 비용만큼 스페인과 포르투갈보다 더 높아졌다. 이러한 세금이나 금지 조치는 댐을 세워 물 흐름을 막는 것이나 마찬가지다.

댐에 물이 가득 차면 그 물은 댐 상단 부분을 넘어 범람한다. 스페인과 포르투갈이 금은 수출을 금지한다고 해서, 두 나라에서 실제 사용하는 것 이상의 금은을 국내에 가두어둘 수는 없다. 토지와 노동의 연간 생산물을 통해 그 나라가 주화, 금식기류, 도금, 기타 금은 장식물에 사용할 수 있는 금과 은의 양에는 제한이 있다. 이를 댐의 물에 비유한다면 댐[국내 사용분]을 다 채운 후에는 흘러넘치게 된다.

그러므로 스페인과 포르투갈의 연간 금은 수출은 어느 모로 보나 연간 수입과 같거나 거의 같다. 그러나 가두어진 물은 댐 상단 뒤쪽이 바깥쪽보다 더 깊듯이, 스페인과 포르투갈이 이런 억제 정책으로 국내에 유보한 금은 수량은, 그 나라의 토지와 노동의 연간 생산물에 비례하여 다른 유럽 국가가 확보한 것보다는 훨씬 크다. 댐 상단이 높고 튼튼할수록 댐 안에 가두어진 물과 댐 밖의 물 깊이는 더 큰 차이가 난다. 세금이 높고 금은 수출을 금지하는 처벌이 셀수록, 그 법규 준수를 감시하는 단속도 더 엄격하고 철저할 수밖에 없다. 그리하여 금은 수량이 스페인과 포르투갈의 토지와 노동의 연간 생산물에서 차지하는 비율과, 다른 나라에서 동일한 비율[연간 생산물과 금은 수량의 비율] 사이의 차이는 더욱 크게 벌어진다.

실제로 그 차이는 상당하다. 두 나라에서는 개인 가정에서 호화로운 금은 식기류가 자주 발견된다. 그렇지만 유럽의 다른 나라라면 그런 식기류에 걸맞은 다른 가구와 물품들이 같이 갖추어져 있을 텐데, 정작 두 나라에서는 이런 다른 가구와 물품은 찾아보기 어렵다. 금은 가격이 싸다는 것은 다른 말로 하면, 다른 모든 것이 비싸진다는 뜻이다. 금은이 남아돌면 스페인과 포르투갈의 농업과 제조업은 억제되고, 해외 국가들이 여러 종류의 미가공 생산물과 거의 모든 종류의 제조품을 두 나라에 판매하게 된다. 해외 국가들은 자국 내에서 더 적은 수량의 금은[더 적은 비용]으로 그런 생산물과 제조품을 만들 수 있기 때문이다.

세금과 수출 금지의 두 가지 작동 방식

세금과 수출 금지는 다음과 같은 두 방식으로 작동한다.

(1) 그것은 스페인과 포르투갈에서 금은 가치를 크게 낮춘다. 뿐만 아니라 다른 나라로 흘러나갔을 금은을 국내에 억류함으로써 그런 조치가 없었을 경우보다 유럽 다른 나라의 금은 가치를 인상하게 한다. 그로 인해 유럽 다른 나라는 스페인과 포르투갈과의 상업에서 이중 이익을 누린다.

수문을 열어 물을 방류해보라. 그러면 댐 안에는 물이 적어지고 댐 밖에는 물이 많아져 곧 댐의 안과 밖의 수위가 같아진다. 세금과 수출 금지를 철폐하면 스페인과 포르투갈 내의 금은 양이 크게 줄어들 것이고, 다른 나라의 금은 양은 많아질 것이다. 그러면 금은 가치, 그러니까 금은이 토지와 노동의 연간 생산량에서 차지하는 비율은 모든 나라를 통해 똑같거나 거의 같아진다.

(2) 스페인과 포르투갈이 금은 수출로 입는 손실은 명목적이면서도 허구적인 것에 불과하다. 두 나라 상품의 명목가치, 그러니까 토지와 노동의 연간 생산물 가치는 떨어질 것이고, 전보다 더 작은 양의 금은으로 표시된다. 그렇지만 물품의 실질가치는 전과 같을 것이고, 동일 수량의 노동을 유지, 지배, 고용할 것이다. 두 나라 상품의 명목가치가 하락할 것이므로 그에 비례해 두 나라에 남아 있는 금은의 실질가치는 상승할 것이다. 그리하여 과거에는 더 많은 양의 금은을 사용해야 달성할 수 있던 상업과 유통의 목표 달성이 더 적은 양의 금은으로 가능해진다.

해외에 수출된 금은은 아무 의미 없이 나간 것이 아니라, 동일 가치를 지닌 다양한 상품을 수입해 온다. 이러한 수입품들은 소비만 할 뿐 아무런 생산도 하지 않는 게으른 자들의 사치와 지출로만 쓰이는 게 아니다. 이러한 금은 수출로 게으른 사람들의 진정한 부와 수입이 증가되지 않은 것처럼, 그들의 소비 또한 이 수출 때문에 증가되지 않을 것이다. 수입해오는 물품들은 대부분 혹은 상당 부분 노동자들의 고용과 유지에 필요한 원료, 도구, 식량으로 구성된다. 그리고 노동자들은 그 수입품의 온전한 가치에 이윤을 덧붙여 재생산한다.

이렇게 해서 사회의 죽어있던 자본[금은] 중 일부가 활동적 자본으로 전환되어, 전보다 더 많은 노동량을 작동시킨다. 국가의 토지와 노동의 연간 생산물은 그 즉시 다소 증가하고, 몇 년이 지나면 크게 증가할 것이다. 이렇게 해서 국가 산업은 현재 그것을 가장 무겁게 억누르고 있는 커다란 부담들[금은의 과다 보유] 중 하나로부터 해방된다.

장려금 – 금값 하락 – 곡물상 이익

곡물 수출에 대한 장려금은 스페인과 포르투갈의 어리석은 금은 정책과 똑같은 방식으로 작동한다. 경작의 실제 상태가 어떠하든 장려금은 그것이 없었을 때보다 국내 시장의 곡물 가격을 더 비싸게 만들고, 해외 시장에서는 더 싸게 만든다. 곡물의 평균 화폐가격은 다른 상품의 가격을 다소간 규제하므로, 그것은 국내 시장에서 은 가치를 크게 낮추고, 해외 시장에서는 높이는 경향이 있다. 그 결과 외국인들, 특히 네덜란드인들은 장려금이 없었을 경우보다 저렴한 가격에 곡물을 소비하고, 심지어 우리나라 사람들보다 저렴한 가격에 곡물을 사먹게 된다. 곡물에 관해 탁월한 권위자인 매튜 데커 경은 이것을 확인한 바 있다.

또한, 곡물 장려금은 우리나라의 노동자들이 적은 양의 은으로 그들의 상품을 공급할 수 없게 막는다. 반면 네덜란드 노동자들은 더 적은 양의 은으로 그들의 물건을 공급할 수 있게 한다. 그것은 우리의 제조품을 모든 시장에서 남보다 비싸게 만들며, 네덜란드의 제품은 그것이 없었을 경우보다 더 저렴하게 만든다. 그리하여 네덜란드 산업은 브리튼에 비하면 이중 이익을 얻는다.

장려금은 국내 시장에서 곡물의 실질가치가 아닌 명목가치만 올린다. 또 특정한 양의 곡물이 유지하고 고용하는 노동량을 증가시키는 것이 아니라 단지 그것이 교환할 수 있는 은의 수량만 높인다. 그리하여 장려금은 브리튼의 농부나 향신들에게 이렇다 할 도움도 되지 못한 채, 브리튼의 제조업을 억제한다. 그것은 농부와 향신의 호주머니에 전보다 약간 많은 돈을 넣어준다. 그러므로 그들에게 장려금이 그리 큰 도움이 되는 것은 아니라는 말로 설득하기는 좀 어려울 것이다. 이 화폐 수량이 증가하는 것과 똑같은 비율로, 그 화폐로 구입하는 노동량, 식료품, 모든 종류의 국산품 가치가 감소한다면 장려금이 주는 서비스가 명목적이고 허구적인 것에 지나지 않음을 깨닫게 된다.

그런데 공화국 내에는 장려금이 본질적으로 자신에게 큰 이익을 주거나 그런 역할을 하는 무리가 한 곳 있다. 바로 곡물을 수입 및 수출하는 곡물상이다. 풍년이 든 해에 장려금은 그것이 없던 때보다 곡물 수출을 크게 진작했다. 그리고 어느 한 해의 풍년이 다른 한 해의 흉년을 구제할 수 없게 함으로써, 흉년에는 그것이 없었을 때보다 더 많이 수입해야 했다. 풍년이든 흉년이든 곡물상은 자기 사업을 확대한 것이다. 흉년이 든 해에는 장려금 덕분에 더 많은 수량을 수입해왔을 뿐 아니라, 풍년의 해에 얻은 잉여로 흉년의 부족을 구제했더라면 얻었을 수익보다 더 큰 수익을 올렸다. 그래서 이런 곡물상 집단이 장려금을 지속하고 갱신하도록 열광적으로 지지했던 것이다.

곡물과 제조품의 본질적 차이

우리의 향신들은 적당히 풍족한 시기에는 곡물 수입에 높은 관세를 부과해달라고 청원함으로써 수입 금지와 같은 효과를 낸다. 또 수출할 때는 장려금을 지급해달라고 요구한다. 그들의 이런 태도는 브리튼 제조업자들의 행동을 모방한 것이다. 그들은 수입 금지로는 국내 시장 독점을 확보하고, 장려금으로는 국내 시장에 해외의 곡물이 과잉 공급되는 것을 막으려 한다. 그들은 수입 금지와 장려금을 통해, 곡물의 실질가치를 높이려고 하며 이것은 브리튼 제조업자의 방식과 동일하다. 제조업자들은 동일한 제도를 통해 그들이 만들어낸 각종 제조품의 실질 가치를 높였다.

그러나 향신들[지주들]은 자연 질서가 곡물과 기타 물품들 사이에 설정해놓은 중요하고 본질적인 차이를 헤아리지 못했다. 국내 시장 독점이든 수출장려금이든, 모직물이나 아마포 제조업자가 자기 물품을 그런 제도가 없었을 경우보다 더 좋은 값에 팔게 되면, 그들은 물품의 명목가격뿐만 아니라 실질가격도 높인다. 그 상품들이 더 많은 노동력이나 생활 수단과 동일한 가치를 갖게 되기 때문이다.

　　더 나아가 제조업자의 명목 이윤뿐만 아니라, 실질 이윤, 부, 수입까지 증가시켜 그들을 더 잘살게 해주고 그들이 종사하는 업종에서 더 많은 양의 노동을 고용하게 한다. 이것은 제조업자들에게 큰 격려가 아닐 수 없다. 독점과 장려금이 없었을 때에 비해, 국가 노동력의 더 큰 부분이 제조업에 돌아가도록 해주니까 말이다.

　　그러나 이와 똑같은 제도에 따라 곡물의 명목가격[화폐가격]을 올린다 해도, 그에 따라 실질가격이 저절로 올라가는 것은 아니다. 국가는 이런 방식으로 우리나라의 농부 혹은 향신들의 진정한 부, 진정한 수입을 증가시키지 못한다. 곡물 재배에 더 많은 노동자를 유지하고 고용하지 못하므로 국가는 곡물 경작을 증진하지 못한다. 자연의 이치는 곡물에 실질가치를 새겨놓았고, 그 가치는 단지 화폐가격[명목가격]을 바꾼다고 해서 달라지는 게 아니다. 수출장려금도 국내 시장 독점도 그 실질가치를 높이지 못한다. 가장 자유로운 경쟁도 그것을 낮추지 못한다. 일반적으로 전 세계에서 그 가치는 그것이 유지할 수 있는 노동의 양과 같다. 어떤 지역이 되었든 간에, 곡물의 가치는 그 장소에서 노동이 일반적으로 유지할 수 있는(자유롭든 적당하듯 부족하든) 노동의 양과 같다.

　　모직물과 아마포는 다른 모든 상품의 실질가치를 측정하고 결정하는 기준이 될 수 없으며, 곡물이 그런 기준을 제공한다. 모든 다른 제품의 실질가치는 그 평균 화폐가격[명목가격]이 곡물의 평균 화폐가격과 맺는 비율에 따라 최종적으로 측정되고 결정된다. 곡물의 실질가치는 그 평균 화폐가격의 변폭에 따라 바뀌지 않는다. 곡물의 명목가격은 때때로 세기(世紀) 별로 변동한다. 반면 은의 실질가치는 평균 화폐가격의 변동에 따라 바뀐다.

장려금은 농업과 산업에 피해를 준다

국산품 수출 시 지급하는 장려금은 다음 두 가지 반론에 부딪친다.

첫째, 이것은 전반적 반론인데, 중상주의의 온갖 방편에 대한 일반적 반론이기도 하다. 즉, 장려금은 한 나라의 산업 활동 중 어떤 부분을, 장려금이 없었더라면 저절로 벌어졌을 상황보다 더욱 불리한 경로로 흘러가게 한다는 것이다.

둘째, 이것은 구체적 반론인데, 장려금은 산업의 어떤 부분을 덜 유리한 경로로 이끌어갈 뿐만 아니라 아주 불리한 채널로 이동시킨다는 것이다. 장려금이 없으면 해나갈 수 없는 무역은 보나마나 돈을 벌지 못하는 무역이기 때문이다. 곡물 수출에 지급하는 장려금은 이 두 번째 반론의 연장선상에 있다. 장려금은 곡물 증산을 촉진하려는 것이지만 결코 그 목적을 달성하지 못하기 때문이다.

향신들이 장려금 제도를 요구한 것은 상인과 제조업자들을 흉내 낸 것이다. 하지만 향신들은 두 계층의 행동을 유도한 그들의 이해관계에 관해 명확하게 파악한 다음에 장려금을 요구한 게 아니었다. 향신은 국가 수입에는 아주 큰 재정을 부담시키고 일반 국민에게는 아주 높은 세금을 부과하게 했지만 곡물의 실질가치를 눈에 띄게 증대시킨 것은 아니었다. 그들은 은의 실질가치를 떨어뜨려 국가 산업 전반을 상당한 정도로 후퇴시켰다. 게다가 농토 개량은 국가의 전반적 산업과 연관되어 있으므로, 농토 개량 역시 촉진되지 않고 후퇴했다.

생산장려금과 톤수 장려금

어떤 물품의 생산을 격려하기 위해 생산 시에 지급하는 장려금은 수출장려금보다는 좀 더 직접적인 효과를 낸다고 할 수 있다. 또한, 생산장려금은 위에서 말한 첫 번째 조세, 즉 장려금을 지불하기 위해 대중이 부담해야 하는 세금만 부과할 것이다. 그것은 국내 시장에서 상품가격을 올리지 않고 떨어뜨릴 것이며, 그로 인해 대중에게 두 번째 세금을 부과하지 않고, 첫 번째 세금 조로 낸 돈을 일부 회수할 수 있게 한다.[146]

그러나 생산장려금은 좀처럼 수여되지 않는다. 중상주의 제도가 확립한 편견들 때문에 사람들은, 국부는 생산보다는 수출을 통해 직접 발생하고 그리하여 수출이 국가에 돈을 더 많이 가져다주는 직접적 수단이라고 여기기 때문이다. 이것이 어느 정도까지 진실인지 나는 모른다.

수출장려금이 사기 목적으로 악용된 것은 잘 알려진 사실이다. 국내 시장이 그들의 물건으로 과잉 공급되더라도 상인과 제조업자—중상주의 방식의 창안자들—의 이익이 되지는 못한다. 생산장려금은 때때로 국내 시장에 과잉 공급을 가져오기도 하지만, 수출장려금은 그들의 잉여 상품을 해외로 수출함으로써 국내에 남아 있는 상품가격을 높이고 그리하여 공급 과잉을 막아준다. 중상주의의 여러 방편 중에서, 상인과 제조업자들이 가장 좋아하는 것이 이 수출장려금이다. 나는 어떤 업종의 여러 사업가가 어떤 물품을 수출하기 위해 그들의 자비로 장려금을 주기로 몰래 동의한 사실을 알고 있다. 이 방편은 크게 성공해 국내 시장에서 제품 가격을 두 배 이상 뛰게 했다. 물품 생산비가 크게 증가했음에도 말이다. 만약 곡물 장려금이 곡물의 화폐가격[명목가격]을 낮추었다면 그 제도의 효과는 놀라울 정도로 달라졌을 것이다.

그러나 생산장려금과 유사한 것이 다른 형태로 지급되기도 한다. 백청어[소금에 절인 청어] 어업과 포경업에 주어진 톤수 장려금은 이 범주에 들어간다. 이 장려금은 해당 물품의 국내 시장가격을 직접 낮춘다. 그 외에 이 장려금은 수출장려금과 동일한 효과를 발휘한다. 톤수 장려금으로 국가 자본 일부가 해당 물품을 시장에 가져오는 데 투입되었지만, 그 물품 가격은 투자 자본이나 그에 따르는 정상 이윤을 회수시켜 주지 못한다.

톤수 장려금이 불합리한 4가지 이유
수산업에 대한 톤수 장려금이 국부 증진에는 기여하지 못하지만, 선

---

146 위에서 말한 두 가지 세금에는 대중이 장려금을 대기 위해 내야 하는 세금과, 국내 시장에서 곡물 가격 상승에 따라 이 곡물에 대해 대중 전체가 내야만 하는 세금이 있다.

원과 선박 숫자를 증가시킴으로써 국가 방위에는 기여한다고 생각할지 모른다. 대규모 상비 해군을 유지하는 것보다 훨씬 적은 비용으로 이런 톤수 장려금을 통해 국방이 유지될지 모른다고 주장한다. 이런 표현이 적절한지 모르겠는데 상비 육군도 그런 식으로 유지되고 있다.[147]

그러나 이런 유리한 조건이 거론되긴 하지만, 다음 네 가지 이유로 나는 브리튼 입법부가 아주 부당하게 기만당해 톤수 장려금을 수여하게 되었다고 생각한다.

(1) 청어 돛배 장려금은 너무 많다

1771년의 겨울 어업 시작부터 1781년 겨울 어업이 끝날 때까지 이 장려금은 톤당 30실링이었다. 이 11년 동안 스코틀랜드의 청어 돛배 어업에 따라 포획된 총 배럴 수는 378,347배럴이었다.

바다에서 잡아 선내에 보존한 청어를 바다 막대기라고 한다. 이 막대기 청어를 판매할 수 있는 상태로 만들려면 추가로 소금을 투입해 청어를 다시 포장해야 한다. 이렇게 하면 바다 막대기 3배럴[큰 통]은 판매 가능한 청어 2배럴로 재포장된다. 이것을 감안하면 11년 동안 바다에서 잡힌 판매 가능한 청어는 252,231 하고 3분의 1배럴이 된다. 11년 동안 수여된 톤수 장려금은 155,463파운드 11실링이다. 그래서 바다 막대기 1배럴당 8실링 2와 4분의 1펜스, 판매 가능한 청어 1배럴당 12실링 3과 4분의 3펜스가 지불된 셈이다.

이 청어를 절이는 데 사용된 소금은 때로는 스코틀랜드산이고 때로는 외국산이다. 이 두 소금은 소비세 면제 상태로 어류 가공업자에게 제공되었다. 스코틀랜드산 소금에 대한 소비세는 현재 부셸당 1실링 6펜스이고, 외국산은 10실링이다.

청어 1배럴[큰 통]은 외국산 소금 1과 4분의 1부셸을 필요로 한다. 스

---

147 애덤 스미스 당시 그레이트브리튼에는 상비 육군이 있지 않았고, 전쟁이 벌어질 때마다 병력을 징집했다가 전쟁이 끝나면 해산시켰다.

코틀랜드 소금을 사용하면 2부셸이 보통이다. 이 청어가 수출용으로 신고되면 청어 절이는 데 들어간 소금에는 세금이 전혀 부과되지 않는다. 만약 그 청어가 국내 소비용으로 신고되면 사용된 소금이 스코틀랜드산이든 외국산이든 가리지 않고 배럴당 1실링만 세금으로 내면 된다. 이것이 싸게 잡아서 소금 1부셸—청어 1배럴을 절이는 데 들어간다고 추정되는 소금—에 부과되는 스코틀랜드의 전통적 세금이었다. 스코틀랜드에서 소금은 생선 절이는 데 외에는 별로 사용되지 않는다.

1771년 4월 5일부터 1782년 4월 5일까지 수입된 외국산 소금의 양은 936,974부셸이었고 1부셸의 중량 단위는 84파운드였다. 소금 공장에서 어류 가공업자에게 보낸 스코틀랜드 소금의 양은 1부셸당 56파운드로 쳐서 168,226부셸을 넘지 않았다. 그러므로 청어 수산업에서 사용된 소금은 주로 외국산인 듯하다.

그런데 수출 청어 1배럴에 대해 2실링 8펜스의 장려금이 지급된다. 그리고 돛배 어업으로 잡은 청어의 3분의 2 이상이 해외로 수출된다. 이런 사실을 종합해보면 지난 11년 동안, 돛배 어업으로 잡아 스코틀랜드 소금으로 절인, 수출 청어 1배럴당 정부는 17실링 11과 4분의 3펜스의 비용을 지급했다. 그 청어가 국내 소비용으로 신고될 경우에는 14실링 3과 4분의 3펜스의 비용이 들었다. 그리고 외국산 소금으로 절인 1배럴이 수출될 때면 1파운드 7실링 5와 4분의 3펜스, 국내 소비용으로 신고될 때면 1파운드 3실링 9와 4분의 3펜스의 비용이 들었다. 상급품으로 판매 가능한 청어 1배럴 가격은 17~18실링에서 24~25실링 사이를 오가고 평균 잡아 1기니이다.[148]

---

148   1기니는 1파운드를 가리킨다. 1971년 1월 이전에 1파운드는 20실링 혹은 240펜스로, 1실링은 12펜스였다. 그러나 1971년 1월 이후에 십진법 단위에 따라 1파운드는 100펜스로 변경되었다.

(2) 톤수 장려금은 어업을 장려하지 않는다

백청어 어업에 주어지는 장려금은 톤수 장려금으로, 선박의 톤수에 비례할 뿐 선원들의 근면함이나 어업의 성공과는 연계되어 있지 않다. 그리하여 선박이 청어를 잡으려는 것이 아니라 장려금을 받으려는 목적으로 출어하는 경우가 너무나 빈번하다. 장려금이 톤당 50실링이었던 1759년에, 스코틀랜드 돛배 어업은 4배럴의 바다 막대기를 잡았을 뿐이다. 그해에 정부는 장려금 조로 바다 막대기 1배럴당 113파운드 15실링을 지불했고, 판매 가능한 청어는 1배럴당 159파운드 7실링 6펜스를 지불했다.

(3) 돛배 어업은 스코틀랜드 사정에 적합하지 않다

백청어 어업에 주어지는 톤수 장려금은 돛배 또는 20~30톤 적재량의 갑판 달린 선박에 한정된다. 이 방식의 원조국인 네덜란드에는 이런 식의 장려금이 어울리지만 스코틀랜드 사정에는 적합하지 않다. 네덜란드는 청어들이 주로 사는 심해로부터 멀리 떨어진 곳에 자리 잡고 있다. 그러므로 먼 바다까지 항해하는 데 필요한 식수와 식량을 운송할 수 있는 갑판 달린 배가 필요하다.

그러나 스코틀랜드에서는 헤브리디스 제도 혹은 서쪽 섬들, 셰틀랜드 제도, 북부 해안과 북서부 해안 등이 바다로 둘러싸여 있어 청어 어업이 활발하게 이루어진다. 이런 바다에서는 곳곳에 바다의 양팔이 교차해 그것이 내륙 깊숙이 들어가면서 만(灣)을 이루기 때문에, 현지 용어로는 바다 호수라고 불린다. 청어는 이들 해역을 방문할 때 주로 이 바다 호수에 들른다. 하지만 청어는 물론이고 다른 물고기들도 이 바다 호수를 찾아오는 때가 일정하지 않다. 그러므로 보트[갑판이 없는 작은 배] 어업이 이런 특수한 스코틀랜드에 가장 어울리는 방식이다. 어부들은 청어를 잡는 즉시 해안으로 가져와서 소금에 절이거나 신선한 상태로 소비한다.

그러나 돛배 어업에 톤당 30실링이 지불되는 장려금은 이런 보트 어업을 필연적으로 억제할 수밖에 없다. 보트 어업은 장려금을 받지 못하므로 백청어를 돛배 어업과 같은 가격으로 시장에 보낼 수가 없기 때문이다. 톤수 장려금이 시행되기 이전에 보트 어업은 상당히 활발해 많은 어부를 고용했고, 또 오늘날 돛배 어업보다 어로 활동도 결코 뒤지지 않았다. 하지만 보트 어업은 곧 위축되더니 사라지고 말았다.

사라지기 전에 보트 어업이 어느 정도 활황을 누렸는지에 대해 나는 정확히 말하기 어렵다. 보트 어업용 배에는 장려금이 지급되지 않았으므로 세관이나 소금 관세 관리들이 현황을 파악하지 않았기 때문이다.

(4) 장려금은 오히려 청어 가격을 높인다

청어는 스코틀랜드의 많은 지역에서 연중 특정 계절에 국민 식단의 상당 부분을 차지한다. 국내 시장에서 청어 가격을 낮추려는 목적으로 지급된 장려금이, 실제로 가격을 인하할 수 있다면 생활 형편이 풍족하지 않은 많은 사람에게 상당한 도움이 될 수도 있다. 그러나 청어 돛배 어업은 이런 좋은 목적에 봉사하지 않는다. 그것은 국내 시장에 청어를 공급하는 데 최적의 방식인 보트 어업을 망하게 했다. 그리고 배럴당 2실링 8펜스의 추가 장려금이 주어지므로 어획된 청어의 3분의 2가 해외로 수출되었다.

돛배 장려금이 시행되기 30~40년 전에 백청어의 일반 가격은 배럴당 15실링이었다. 보트 어업이 완전히 망하기 10~15년 전에 청어 가격은 배럴당 17~20실링이었다. 그리고 지난 5년 동안 그 가격은 평균 잡아 배럴당 25실링이었다. 이런 높은 가격은 스코틀랜드 해안의 청어가 실제로 희소하기 때문일 수 있다.

또한 백청어와 함께 판매되며 그 값도 위 가격에 포함되는 통이나 궤짝은, 아메리카 식민지 전쟁이 시작된 이후 약 3~6실링으로 약 2배 정도 가격이 올랐다는 점도 짚고 넘어가야 한다. 그리고 예전 청어 가격에 대해 내가 받은 자료들은 일정하거나 일관된 것이 아니었다. 기억력 좋고 경험 많은 어떤 노인이 내게 한 얘기에 따르면, 50여년 전에 상급품 시판 청어 1배럴 가격은 보통 1기니였다. 이 액수는 지금도 평균 가격으로 간주되는 듯하다. 아무튼 내가 수집한 각종 자료는, 돛배 장려금이 시행된 이래 청어는 국내 시장에서 가격 인하로 이어지지 않았다는 데 동의한다.

장려금의 부작용: 백청어 수산 회사들 사례

어업에 종사하는 사람들이 이런 풍성한 장려금을 받으면서도 그들의 상품을 전과 같은 가격 혹은 높은 가격으로 시장에서 계속 판매하고 있다면 그들의 사업 이윤은 매우 클 것으로 예상되며, 그중 일부는 실제로 그런 수익을 올릴 수도 있다.

그러나 그 업종의 전반적인 사정은 그와는 정반대라고 생각한다. 이런 풍성한 장려금으로 무모한 사업가들이 전혀 경험 없는 업종에 뛰어들기 때문이다. 그리하여 그들의 태만과 무지로 입게 되는 손실이 정부의 후한 장려금으로 받은 혜택보다 훨씬 더 커진다.

백청어 어업을 장려하기 위해 톤당 30실링 장려금을 처음 주기로 한 그 법(조지 2세 23년 차 법령 제24조)에 따라, 1750년에 자본금 50만 파운드의 합자 회사가 설립되었다. 이 회사에는 위에서 언급한 톤수 장려금 외에, 1배럴당 2실링 8펜스의 수출장려금, 브리튼산 및 외국산 소금의 관세 면제 등의 혜택이 주어졌다. 그리고 이 회사의 주식 응모자에게는 향후 14년에 걸쳐 그들이 회사 자본금으로 불입한 돈 100파운드당 연간 3파운드를 배당금으로 받을 권리를 부여했다. 이 배당금은 1년에 두 번 절반씩 관세 징수관이 균등 분할하여 지급하기로 했다.

이 회사의 사장과 임원들은 모두 런던에 거주해야 했다. 이 대회사 외에도 왕국의 서로 다른 외항들에 소규모 어업 회사를 설립하는 것도 합법으로 인정되었다. 단, 이 소규모 회사에 1만 파운드 이상의 돈이 자본금으로 불입되고, 각 회사는 경영 위험을 자신이 지고 또 발생하는 이익과 손실에 대해서도 스스로 책임진다는 조건이었다. 이 소기업들에게도 대회사에게 주어진 것과 똑같은 연금과 각종 혜택이 주어졌다. 대회사의 자본금은 곧 불입되었고 왕국의 외항들에 세워진 여러 다른 소회사의 자본금 또한 불입되었다.

정부의 이런 장려책에도 불구하고 크고 작은 회사들은 거의 모두 자본금을 잃었거나 아니면 거의 잠식당했다. 그 회사들은 이제 거의 흔적도 없다. 그리하여 이제 백청어 어업은 거의 전적으로 개인 사업자들이 담당하고 있다.

　국가 방위를 위해 어떤 특별한 제품이 필요하다고 했을 때 이웃 국가들이 그 제품을 공급하리라 기대하는 것은 신중한 생각이 아니다. 그러한 제조품을 국내에서 지원할 수 없다면 다른 산업 부문들에 과세하는 일에 대해 불합리하다고 할 수는 없을 것이다. 브리튼산 범포(帆布)와 화약 수출에 장려금을 지급하는 것은 이런 원리에 따라 정당화된다.

　특정 계층의 제조업자들을 지원하기 위해 국민 대다수가 속한 산업에 세금을 부과하는 일은 그리 합리적인 조치가 아니다. 그러나 대중이 처치 곤란할 정도로 많은 수입을 올리는 흥청망청한 번영의 시기에, 선호하는 제조업에 이런 장려금을 수여하는 것은, 돈이 많을 때 쓸데없는 데에 지출하는 것처럼 자연스러운 현상일 수 있다. 공공 지출이든 개인 지출이든, 커다란 국부는 커다란 어리석음을 저지르게 하는 변명거리가 될 수 있다. 그러나 국가 경기가 전반적으로 어렵고 힘들 때 이런 낭비를 지속하는 것은 이례적인 어리석음이 작용하기 때문이다.

장려금은 때로 세금 환급과 다를 바 없다

　소위 장려금이라는 것은 때때로 세금 환급과 다를 바 없어서, 진정한 장려금에 퍼부어지는 반론조차도 피해간다. 예를 들어 수출된 정제 설탕에 주어지는 장려금은 그 원료인 갈색설탕과 흑설탕에 부과되는 관세의 환급으로 간주된다. 견직물 수출에 대한 장려금은 수입된 원견과 생사에 대한 관세의 환급으로 볼 수 있다. 마찬가지로 수출된 화약에 대한 장려금은 수입된 유황과 초석에 대한 관세 환급이다.

　세관에서 사용하는 전문 용어로, 수입한 것과 같은 형태로 수출되는 물품에 주어지는 교부금만이 관세 환급이라고 부른다. 그 수입 형태를 일종의 가공을 거쳐 변경한다면 그것은 장려금 명목으로 불린다.

　특정 업종에서 뛰어난 기량을 보이는 수공업자나 제조업자에게 주어지는 프리미엄은 장려금과 같은 반론에 직면하지 않는다. 이 프리미엄은 비상한 기술과 재주를 권장함으로써 그 업종에 종사하는 노동자들의 경쟁력을 높인다. 게다가 이 프리미엄은 그리 큰 액수가 아니어서 자본 일부분이 자연스럽게 그 특정 업종으로 흘러들어 가는 것 이상으로 그 업종으로 전환을 유도하지도 않는다. 이 보상금은 그 업종의 자연스러운 균형을 뒤집어놓으려는 게 아니라, 그 업종의 일이 가능한 한 완벽하고 온전하게 이루어지도록 권장하려는 것이다. 게다가 이 프리미엄 비용은 아주 작은 데 비해 장려금 액수는 아주 크다. 곡물 장려금 하나만으로도 정부는 연간 30만 파운드 이상을 지출한다.

세금 환급이 때때로 장려금이라고 불리듯, 장려금은 때때로 프리미엄으로도 불린다. 하지만 우리는 이런 용어에 신경 쓰지 말고 사물의 본질에 주의를 기울여야 한다.

곡물업과 곡물법에 관한 여담

네 종류의 곡물상: 국내 상인, 수입상, 수출상, 중개상

이 장을 마무리 지으면서 곡물에 관한 장려금과 그 규제 정책이 부당함을 주장하고 싶다. 곡물 수출 시 장려금을 지급하도록 하는 법규와 그에 관련된 정책이 칭송받고 있지만 말이다. 곡물 산업의 특성과, 그에 관련된 그레이트브리튼의 주요 법률을 검토해보면, 이러한 주장이 사실임을 충분히 알 수 있다. 이 주제는 아주 중요하므로 상당한 길이의 여담이 필요하다고 생각한다.

곡물상의 업무는 네 가지 다른 분야로 구성된다. 때때로 이 업무들이 동일인에 따라 수행되기도 하지만 그 성격을 따져보면 별도의 다른 업무다. 그 분야는 네 가지인데 첫째, 국내 곡물상, 둘째, 국내 소비를 위해 해외에서 곡물을 수입해오는 수입상, 셋째, 해외 소비를 위해 국내 곡물을 해외로 수출하는 수출상, 넷째, 중개상 혹은 해외로 다시 수출하기 위해 곡물을 수입해오는 상인이다.

(1) 국내 곡물상

국내 곡물상과 대중의 이해관계는 언뜻 보면 서로 대립하는 것처럼 보이지만, 심각한 흉년이 든 해에도 그러하다. 실제 흉년이 들어 부족분이 생긴 만큼 곡물 가격을 올리는 것은 상인의 이해관계에도 부합하지만 그 이상 올리는 것은 그의 이득에 결코 도움이 되지 않는다.

곡물 가격 인상은 부족분만큼만

상인이 약간 가격을 올린다면 모든 사람, 특히 하층 계급은 절약하고 소비를 줄이면서 인상분을 감당한다. 만약 상인이 가격을 큰 폭으로 올린다면 그는 소비를 크게 억제해 결국 그해의 곡물 공급이 소비보다 더 많아진다. 이런 식으로 한동안 계속되면 그다음 해의 곡식이 나오기 시작된다.

이렇게 되면 상인은 어떻게 되겠는가? 그는 자연적인 원인들로 곡식의 상당 부분을 잃어버릴 위험에 처할 뿐만 아니라 그나마 남아 있는 곡식도 몇 달 동안 생각도 하지 않은 가격으로 싸게 팔아야 한다. 반대로 곡물 가격을 필요한 정도로 올리지 않은 나머지 소비 억제 효과가 너무 미미하여, 그해의 곡물 공급이 수요에 턱없이 못 미치게 된다. 그러면 상인은 그렇지 않았더라면 올렸을 이윤의 상당 부분을 잃어버리게 될 뿐 아니라, 대중은 그 계절이 끝나기 전에 곡물 부족의 어려움 정도가 아니라 심각한 기근 위험까지 겪게 된다. 따라서 대중은 그 계절의 공급에 가능한 한 비율을 맞추어 일별, 주별, 월별 소비를 결정함으로써 그들의 이해관계를 정리한다.

국내 곡물상의 이해관계 또한 마찬가지다. 그는 이 비율에 맞추어 곡물을 공급함으로써 자신이 소유한 곡물을 가장 높은 값에 팔아 가장 큰 이윤을 올린다. 상인은 곡물의 보유 현황, 일별, 주별, 월별 판매 상황을 잘 가늠하여 대중에게 어느 정도 비율로 곡물을 공급할 것인지 비교적 정확하게 판단한다.

곡물상과 선장의 유사점

상인은 대중의 이해관계를 고려하지 않더라도 자신의 이해관계에 이끌려서, 신중한 선장이 부하 선원들을 다루는 것과 비슷한 방식으로 대중을 상대한다. 이것은 심지어 흉년의 해에도 그러하다. 배에 식량이 부족해질 것 같으면 선장은 선원들에게 내주는 식사량을 줄인다. 때로는 경계심이 너무 지나쳐 실상 필요가 없는데도 내핍 생활을 요구할 수도 있다. 그러면 선원들은 상당한 불편함을 감수해야 한다. 하지만 아무 대비 없이 살다가 겪게 되는 위험, 비참함, 황폐함에 비하면 그 정도 불편함은 아무것도 아니다.

마찬가지로 국내 곡물상은 탐욕이 지나쳐 때때로 그 계절의 곡물 부족분 이상으로 곡물 가격을 인상할지도 모른다. 대중은 이런 행동으로 상당한 불편함을 감당할 수밖에 없다. 하지만 이렇게 했을 때 그 계절 동안 겪을 수 있는 기근이라는 위험을 효과적으로 피할 수 있다. 따라서 이런 불편함은 계절 초입에 좀 더 싼 가격으로 곡물을 사들였더라면 겪게 되었을 위험, 비참함, 황폐함에 비하면 아무것도 아니다.

곡물상 자신도 지나친 탐욕을 부리면 고통을 겪게 되어 있다. 그런 행동은 자신을 향한 전반적인 증오심을 불러일으킬 뿐만 아니라 설사 그런 분노를 피해가더라도 그는 또 다른 위험을 겪어야 한다. 그런 탐욕을 부리다가 계절의 끝에 이르면 창고에는 엄청나게 많은 곡물이 남게 될 텐데, 만약 그다음 해에 풍년이 든다면, 그는 남은 곡식을 전에 생각한 적도 없는 가격 이하로 팔아야만 한다.

만약 거대한 상인 모임이 어떤 나라의 곡식을 전량 차지할 수 있다고 해보자. 그러면 그 집단은 네덜란드인들이 몰루카제도의 향료를 처리하는 방식으로, 곡물 전량을 처리해야 이해관계에 부합한다. 네덜란드인은 향료의 일정한 가격을 유지할 정도로만 생산량을 유지하고 나머지는 모두 불태워버렸다고 하지 않는가.

그러나 곡물은 아무리 난폭한 법률을 부과하더라도 이처럼 절대적인 독점을 실시하는 것이 불가능하다. 법률이 자유무역을 허용하는 곳이라면 어디서나, 매점매석 하기가 가장 어려운 상품이 바로 곡물이다. 몇몇 소수 자본이 곡물의 상당량을 사들여 매점을 하거나 독점하기 어렵기 때문이다. 그 가치가 몇몇 소수 자본가가 감당할 수 있는 범위를 훌쩍 넘어선다. 설사 몇몇 개인이 그런 식으로 사들일 수 있더라도, 곡식이 생산되는 방식은 그런 구매를 비현실적으로 만든다.

모든 문명국에서 곡물은 연간 소비량이 가장 큰 상품이다. 그래서 다른 어떤 상품보다 곡물 생산에 훨씬 큰 노동량이 투입된다. 그리고 농경지에서 생산되는 그 순간부터 다른 상품보다 다수의 소유주에게 분배된다. 이 소유주들은 독립 제조업자 모임처럼 어느 한 단체로 조직할 수가 없는데, 전국 각지에 흩어져 있기 때문이다. 이 최초의 곡물 소유자들은 인근 소비자나 국내 곡물상에게 이것을 공급한다.

따라서 국내 곡물시장에서 활동하는 사람들은 농부와 빵집 주인을 포함해 다른 상품을 다루는 상인들보다 훨씬 많다. 이처럼 곡물상들이 전국 각지에 흩어져 있으므로 그들이 전반적으로 담합한다는 것은 불가능하다. 가령 어느 흉년에, 어떤 곡물상이 계절이 끝나기 전에 시가로 처분할 수 있는 것 이상으로 곡물을 보유하고 있다고 해보자. 이럴 경우, 상인은 현 시가를 그대로 고집해 자기는 손해를 보고, 나아가 라이벌 상인이나 경쟁 곡물상에게 좋은 일을 할 리가 없다. 그래서 다음 해 햇곡식이 들어오기 전에 남아 있는 곡물을 다 처분하기 위해 가격을 낮출 것이다.

이렇게 해서 한 곡물상을 지배하는 동일한 동기, 동일한 이해관계가 다른 모든 곡물상에게도 적용된다. 그리하여 곡물상들은 그 계절의 풍년 혹은 흉년 여부에 맞추어, 그들이 보기에 가장 잘 판단한 가격으로 곡물을 판매할 것이다.

곡물 부족은 주로 흉년 때문

금세기[18세기]와 앞 두 세기 동안 유럽 지역에서 발생한 곡물 부족과 기근의 역사를 면밀히 분석한 사람이라면, 이들 사건이 대부분 흉년 때문이었다는 사실을 인정할 것이다. 기근은 곡물상 담합이나 다른 사유로 발생한 것이 아니다. 어떤 지역에서는 전쟁의 황폐함 때문에 발생하기도 했으나 대부분은 계절이 가물어 흉년이 들었기 때문이었다. 또한, 기근은 부당한 방법으로 식량 부족 상황을 타개하려고 한 정부의 무리한 조치 외의 원인으로 발생한 적이 없었다.

　　나라의 각 지역에서 자유무역이 이루어지고 또 소통이 잘 되는 대규모 곡물 생산국이 있다고 해보자. 그런 나라에서는 대규모 흉년이 들었다고 해도 그것이 기근으로까지 이어지는 일은 드물다. 아무리 큰 흉년이 들었어도 근검절약으로 상황을 잘 관리한다면, 풍년 때 대중이 누렸던 만큼을 먹일 수 있다. 곡식에 가장 해로운 계절은 극심한 가뭄이나 장마가 들었던 해이다.

　　그러나 곡식은 고지대나 저지대 또는 습기 많은 토지나 건조한 토지에서도 똑같이 자란다. 따라서 가뭄과 장마가 국가의 특정 지역에 피해를 주었더라도 다른 지역에서는 그렇지 않을 수 있다. 가문 계절이나 습윤한 계절은 그렇지 않은 계절보다 수확량이 상당히 떨어지겠지만, 그래도 한 지역의 피해는 피해가 없는 다른 지역으로 보충된다.

　　습윤한 토지가 필요하고 곡식이 자라는 동안 상당 기간 물 아래에 있어야 하는 벼농사 고장에서는, 가뭄이 장기적으로 지속된다면 커다란 피해를 입는다. 그러나 이런 지역이라도 정부가 자유무역을 허용한다면 그 피해는 전국적으로 번져 나가지 않는다. 몇 년 전, 벵갈 지방에 가뭄이 들어 엄청난 식량 부족이 발생했다. 그런데 동인도회사 직원들이 부적절한 규제와 미련한 억제 정책을 펴는 바람에 이 식량 부족 상황을 대대적인 기근 사태로 만들어버렸다.

곡물상은 대중의 증오를 받기 쉽다

　　가령 정부가 식량 부족을 해결하기 위해 모든 곡물상에게 정부가 합당하다고 생각하는 헐값에 곡물을 팔라고 명령한다고 해보자. 이러한 정부 조치는 두 가지 결과를 가져온다. 상인들은 아예 시장에 곡물을 내놓지 않는다. 이렇게 되면 계절 초기에 기근 사태가 발생한다. 상인들이 시장에 곡물을 내놓는다면, 대중은 그 곡물을 지나치게 빨리 소비하여 계절이 끝나기도 전에 기근이 발생할 것이다.

　　곡물 거래에 있어 무제한·무제약의 자유는 비참한 기근 발생을 예방하는 유일하고 효과적인 조치다. 또한, 그것은 식량 부족의 불편함을 완화하는 최선의 처방이다. 흉년의 불편함은 완전히 치유되는 게 아니고 완화될 뿐이기 때문이다. 곡물 거래만큼 법의 보호를 받아야 하고 또 그것을 간절히 바라는 업종도 없다. 그 거래는 대중의 증오에 아주 많이 노출되어 있기 때문이다.

흉년이 들었을 때, 하층 계급은 그런 고통을 곡물상의 탐욕 탓으로 돌리므로 자연히 곡물상은 대중이 증오하고 분노하는 대상이 된다. 따라서 곡물상은 이런 때 이익을 올리기는커녕 완전히 망할 위험이 다분하고 또 성난 군중은 곡식 창고를 약탈하거나 파괴할 가능성이 크다. 그러나 곡물상은 흉년이 들어 가격이 높아지면 자연스럽게 그로부터 큰 이윤을 올릴 것을 기대한다. 일반적으로 그는 몇몇 농부들과 접촉해 향후 몇 년 동안 특정 가격에 특정 수량의 곡물을 공급해달라고 계약을 맺는다. 이 계약은 온건하면서도 합리적인 가격, 즉 통상적이고 평균적인 가격을 따른다. 흉년이 든 최근 몇 년 이전에 이 통상 가격은 밀 1쿼터당 28실링이었고, 다른 곡물의 1쿼터 가격도 이를 기준으로 결정되었다.

그러므로 곡물상은 흉년이 찾아온 해에는 통상 가격으로 상당히 많은 곡물을 사들여 전보다 훨씬 높은 가격에 판매한다. 하지만 이렇게 비정상적으로 가격이 높아졌더라도 곡물업이 다른 업종과 동등한 수준의 이윤을 올리게 하기에는 충분치 않다. 곡물상이 전에 다른 상황에서 입었던 손실을 보상하기에는 부족한 것이다. 가령 곡물이라는 상품은 부패하기 쉽고 또 가격 변동이 빈번할 뿐만 아니라 예측하기가 어려워 곡물상은 피해를 입는다. 이 한 가지 상황만 보더라도 곡물업은 다른 업종과 마찬가지로 큰돈을 벌기가 어려운 게 분명하다.

곡물상이 많은 이윤을 올릴 수 있는 흉년 시기에는 대중의 증오가 그들에게 집중되므로, 돈 있고 정직한 성품을 가진 사람은 이 업에 진출하려 하지 않는다. 따라서 이 업종은 하층 계급의 상인들이 맡는다. 국내 시장에서는 방앗간 주인, 빵집 주인, 정미소 주인, 미곡상, 다수의 천한 행상인 등이 농부와 소비자 사이에서 중개자 역할을 담당한다.

대중의 증오를 부추긴 유럽의 곡물 정책

유럽의 고대 정책은 대중에게 이익이 되는 상거래에 대한 대중의 혐오를 무시하지 않고 오히려 승인하고 지지하면서 더욱 장려했다.

에드워드 6세[재위 1547-1553]의 통치 5~6년 차에 나온 법령 제14호는 이렇게 규정한다. "판매 목적으로 곡물이나 곡류를 사들이는 사람이 불법적인 독점자로 판명될 경우, 1차 범행에 대해서는 두 달 투옥 조치하고 판매한 곡물 값은 전액 몰수한다. 두 번째 범행에 대해서는 여섯 달 투옥 조치하고 판매한 곡물 값의 두 배를 몰수한다. 세 번째 범행 시에는 목과 손에 칼을 차야 하고 투옥 기간은 국왕이 임의로 정하는 바에 따르며 그의 동산 전체를 몰수한다." 유럽 다른 지역의 옛 정책도 잉글랜드와 별반 다르지 않았다.

우리 조상들은 곡물을 곡물상에게서 사는 것보다 농부에게서 사는 것이 더 싸다고 생각했다. 곡물상은 농부에게 지불한 곡물 가격에 엄청난 이윤을 덧붙였을 것으로 보았다. 따라서 조상들은 이 곡물 업을 완전히 없애버려야 한다고까지 생각했다. 또 농부와 소비자 사이에 가능한 한 중개자가 끼어들지 않게 하려고 애썼다.

이 때문에 곡물행상이나 곡물운송인이라는 업종에 대해서도 많은 제약을 가했다. 이 업종은 정직한 인품과 공평한 거래 경력을 증명하는 면허증 없이는 진출할 수 없었다. 에드워드 6세의 법령은 이 면허장을 발급받으려면 치안판사 3명의 승인이 필요하다고 규정했다. 그러나 이러한 제약마저도 불충분하다고 생각되어 그 후 엘리자베스 여왕의 법령에 따라 면허장 수여 권한은 순회재판소로 한정되었다.

유럽의 옛 정책은 이런 식으로 농촌의 가장 큰 사업인 농업을 규제하려 했다. 그리고 이런 규제 정책은 도시에서 가장 큰 사업인 제조업에 적용되는 원칙과는 크게 다르다. 농부에게는 직접 소비자에 해당하는 곡물행상이나 곡물운송인 같은 고객들만 인정함으로써, 농부 본연의 일뿐만 아니라 곡물 도매상 혹은 소매상 일도 함께 하도록 강요했다. 그리고 이와는 정반대로 제조업자에게는 상점 거래나 소매점에서 제품 판매를 금지했다.

곡물법은 농촌의 전반적 이익을 높이고 곡물 가격을 싸게 유지한다는 의도로 제정되었지만, 과연 그런 의도가 정말로 실현될 수 있을 것인가는 잘 이해하지 못한 채로 제정된 듯하다. 제조업 법은 특정 계급 사람들 즉 상점 주인들의 이익을 촉진하기 위해 제정된 것이다. 제조업자가 소매업에도 진출하면 소규모 상인들보다 싼값에 물건을 팔아 영세 가게 주인들을 망하게 할 것을 우려했다.

소매를 못하는 제조업자와 소매도 하는 농부

그러나 제조업자는 설령 자체 가게를 세워 소매로 제품을 팔 수 있더라도, 영세 가게 주인보다 더 싼값에 물건을 팔지는 못할 것이다. 제조업자가 직영 가게에 자본을 투입한다고 해도 자기 제조업에서 그 자본을 빼내와야 한다. 사업을 다른 사람과 동일한 수준으로 운영하려면, 한편으로는 제조업자의 이윤을 올려야 하고 다른 한편으로는 상점 주인의 이윤도 확보해야 한다.

그가 사는 도시에서 제조업과 소매업 자본에서 나오는 이윤을 각각 10퍼센트라고 해보자. 이때 그의 직영 가게에서 판매하는 각 물품에는 20퍼센트의 이윤이 붙어야 한다. 공장에서 가게로 물품을 내왔을 때 그는 다른 대리인이나 다른 가게 주인들에게 도매로 물건을 내주는 가격을 매겨야 한다. 만약 그보다 낮게 매긴다면 제조 자본에 돌아가야 할 이윤 일부를 잃는다.

또 직영 가게에서 물건을 판매할 때는 다른 가게 주인이 파는 것과 똑같은 가격을 받아야 한다. 이렇게 하지 않는다면 그는 가게를 유지하는 자본에 돌아가야 할 이윤 일부를 잃는다. 겉으로는 동일한 물건에 대해 두 배의 이윤을 올리는 것처럼 보이지만, 실은 그게 아니다. 이 물건은 두 개의 뚜렷이 다른 자본의 일부를 연속적으로 구성하므로, 그는 투입된 전체 자본에 대해서는 단 하나의 이윤만 올릴 뿐이다. 만약 그가 이보다 낮은 이윤을 올린다면 그는 손해를 보는 것이고, 전체 자본을 다른 제조업자들과 동일한 이점을 누리면서 투입했다고 볼 수 없다.

이처럼 제조업자들이 소매를 금지당한 반면 농부는 어느 정도 소매를 실천할 것을 강요당한다. 그러니까 자본을 두 개의 투자처에 분산 투자해야 했다. 자본의 한 부분으로는 곡물창고와 타작마당을 마련해 시장의 비정기적인 수요에 대처하고, 다른 한 부분은 토지 개량에 투자해야 했다. 그러나 농부는 후자를 농업 자본의 통상 이윤 이하로는 투자할 여력이 되지 않는다. 마찬가지로 전자를 상업 자본의 통상 이윤 이하로는 투자할 수 없다.

곡물상을 운영하는 자본이 농부 소속이든 곡물상 소속이든 상관없이, 투입 자본에 대해서는 모두 똑같은 이윤을 실현해야 한다. 그렇게 해야 자본 소유주는 영업을 계속할 수가 있고, 나아가 다른 업종과 동일 수준의 이윤율을 유지해야만 그 자본을 빼내 다른 업종으로 전환할 생각을 하지 않는다. 그러므로 곡물상 노릇을 겸업하는 농부는 자유 경쟁 상황에서 여느 곡물상보다 싼값에 자기 곡물을 판매할 수가 없다.

한 업종에 전 재산을 투자하는 상인은, 자기 노동력 전체를 한 가지 일에만 투입하는 노동자와 똑같은 이점을 누린다. 노동자가 자기 두 손으로 훨씬 더 많은 양의 작업을 수행하는 손재주를 얻었듯, 상인은 상품을 사고 처분하는 방법을 신속하고 손쉽게 습득하여 동일한 자본으로 훨씬 더 많은 양의 거래를 주고받게 되었다. 어느 한 가지 일에 집중하는 노동자가 훨씬 저렴하게 많은 일을 해치우듯, 상인도 한 가지 제품에 자본과 관심을 집중하면 다양한 제품을 다룰 때보다 훨씬 저렴하게 제품을 판매할 수 있다.

대부분 제조업자는 명민하고 활동적인 소매업자처럼 싼값에 자사 제품을 소매로 처리할 수 없다. 도매로 물건을 사서 소매로 파는 일에 숙달된 가게 주인을 어떻게 따라가겠는가. 대부분 농부도 곡물상처럼 곡물을 소매 처리할 수 없다. 4~5마일 떨어진 곳에 사는 도시 주민에게 빠릿빠릿하고 활동적인 곡물상이 하듯 싼값에 물건을 댈 수가 없다. 곡물을 도매로 사들여 커다란 창고에 쌓아두고서 소매로 조금씩 파는 일에 이골이 난 곡물상을 어떻게 따라가겠는가.

자유 원리에 위배되는 곡물법과 제조업법
제조업자에게 사고파는 일을 하지 못하게 금지한 법은, 그런 법이 없었을 때에 비해 자본 투자가 더 빠르게 분할되게 하려는 것이었다. 농부에게 곡물상 업종을 겸업하게 하려는 법은 곡물업이 너무 빠르게 진행되는 것을 막으려는 의도였다.

이 두 법은 자연적 자유를 명백히 침해하는 것이므로 부당하다. 또한, 부당한 것 못지않게 어리석은 법이기도 하다. 이런 종류의 일은 강요해서는 안 되고 또 방해해서도 안 된다. 그렇게 하는 것이 사회 전체의 이해관계에 부합한다.

어떤 개인이 그가 처한 상황의 필요에 따라 다양한 방식으로 자기 노동이나 자본을 사용했다면, 이웃보다 물건을 싸게 팔았다고 해서 이웃에게 피해 주는 일은 절대로 없다. 자기 자신에게 피해를 줄 수는 있는데, 일반적으로 그런 결과가 나온다. 속담에 모든 일에 다 손대는 자는 부자가 될 수 없다는 말도 있다. 그러므로 법률은 각 개인이 자신의 이해관계를 돌보도록 내버려두어야 한다. 개인은 처한 상황에 따라 자신의 이익을 입법가보다 훨씬 잘 판단한다. 이렇게 볼 때 농부가 곡물상을 겸하도록 한 법은 그 두 법 중에서도 더 해로운 것이다.

그것은 사회에 이로운 자본 투자에 따른 분업을 방해할 뿐만 아니라 토지 개량과 경작마저도 방해한다. 농부에게 한 가지가 아니라 두 가지를 하도록 강요함으로써 그의 자본은 두 부분으로 분할되고, 그중 한 부분만 토지 개량에 투자된다.

하지만 농부가 타작을 끝내는 즉시 곡물을 상인에게 자유롭게 판매할 수 있다면 모든 자본은 즉시 토지로 되돌아올 것이다. 그리하여 토지를 개량하고 더 잘 경작하기 위해, 더 많은 가축을 사들이고 더 많은 하인을 고용하는 데 투자된다. 그러나 곡물을 소매로 판매해야 한다는 강제성으로 인해, 농부 자본의 상당 부분은 연중 내내 곡물창고와 타작마당에 묶여 있을 수밖에 없다. 이러한 상황에서는 그 자본이 잠기지 않고 토지 개량에 투자되었을 경우보다 더 잘 경작할 수가 없는 것이다. 따라서 이 법은 토지 개량을 방해하며, 이로 인해 생산이 더 어렵게 되어, 그런 법이 없었을 때에 비해 가격을 더 높인다.

농부와 곡물상은 호혜적 존재

곡물상은 잘 보호하고 격려하기만 한다면, 농부 다음으로 곡물 생산에 크게 기여한다. 도매상이 제조업자를 도와주는 것처럼 곡물상도 농부를 돕는다.

도매상은 제조업자에게 여러 도움을 준다. 제조업자에게 즉각 시장을 열어주고, 물건을 만드는 즉시 제조업자의 손에서 받아 시장으로 내놓는다. 때로는 제조업자가 물건을 다 만들기도 전에 물건값을 미리 지불하고, 제조업자의 자본, 때로는 그보다 많은 자본을 제조업에 꾸준히 투자하도록 한다. 그 결과 제조업자가 손수 직접 소비자를 알아보거나 소매업자에게 물건을 처분해야 할 때보다 더 많은 물건을 제조할 수 있게 된다. 도매상의 자본은 많은 제조업자의 자본을 대체하기에 충분하므로, 이처럼 도매상과 소매업자 사이의 원활한 거래는 대자본가의 흥미를 끌어낸다. 그리하여 대자본가는 다수의 제조업체 사장을 도와주고, 그들이 손실과 불운에 직면하여 도산 위기에 처했을 때 그들을 구제한다.

이러한 종류의 거래가 농부와 곡물상 사이에 보편적으로 확립된다면, 농부들도 제조업자와 똑같은 혜택을 누릴 수 있다. 농부들은 그들의 자본을 지속적으로 회수[증가]시킴으로써 때로는 그들의 자본 전체보다 더 많은 자본을 지속해서 토지 개량과 경작에 투자할 수 있을 것이다. 농업처럼 자연재해나 사고에 취약한 업종도 없는데, 이런 때 농부들은 통상 고객인 부유한 곡물상에게서 도움을 받을 수 있다. 곡물상은 이해 관계상 농부를 도와야 하고 또 그럴 능력도 있다. 이렇게 되면 농부들은 지금처럼 지주의 관용이나 지주 밑에 있는 관리인의 자비에 전적으로 매달리지 않아도 된다.

현재로서는 무망한 일이지만 이러한 거래가 보편적으로 확립된다면 어떤 일이 벌어질까? 현재 다른 곳에 분산 투자되어 있는 왕국의 농업 자본을 모두 빼내 와서, 그 자본을 오로지 농업 분야에만 투자한다면 어떤 일이 벌어질까? 이러한 농업 자본 운영을 지원하고 돕기 위해 그에 못지않게 대규모 자본을 농업 분야에 추가로 투자한다면 어떤 일이 벌어질까? 이러한 조치는 국가 전역에서 대규모 토지 개량을 급속히 추진시킬 것인데, 그 어마어마한 파급 효과에 대해서는 지금 여기서 상상하기도 어려울 정도다.

현행 곡물법의 두 가지 맹점

에드워드 6세의 법령은 농부와 소비자 사이에 중개인의 개입을 최소화함으로써 곡물상이라는 직종을 없애려 했다. 하지만 식량 부족이라는 불편함을 완화하고 그런 재앙을 막기 위해서라도 곡물상의 자유로운 영업이 필요했다. 직접 농사를 짓는 농부를 제외하고, 곡물상처럼 곡물 생산에 크게 이바지하는 업종은 따로 없다.

엄격한 에드워드 법령은 그 후 여러 후속 법령을 거치며 밀 가격이 쿼터당 20실링, 24실링, 32실링, 40실링을 넘지 않으면 곡물 독점이 허용되도록 차츰 기준이 완화되었다. 그리고 마침내 찰스 2세 15년 차의 법령 제7조에 따라 밀 가격이 쿼터당 48실링을 넘지 않으면(다른 곡물 가격은 이에 비례) 곡물을 독점해 되파는 것이 모든 사람에게 합법으로 선언되었다. 단, 시장에 나오는 곡물을 중간에 선점해 같은 시장에서 3개월 이내에 되팔면 여전히 불법이었다. 이 법령에 따라 모든 국내 곡물상에게 거래의 자유가 부여되었다. 현왕[조지 3세, 재위 1760-1820] 12년 차에 나온 법령은 곡물의 독점과 선점을 금지하는 거의 모든 법률을 폐지했지만, 유독 에드워드 법령만은 폐지하지 않아 아직까지 효력을 발휘하고 있다.

그러나 이 법령은 대중 사이에 널리 퍼진 아주 어리석은 두 가지 편견을 반영하고 있다.

첫째, 밀 가격이 쿼터당 48실링까지 올라가고 다른 곡물도 그에 비례하여 가격이 상승한다면, 누군가가 곡물을 독점해 대중에게 피해를 입힐 가능성이 높다고 가정한다. 그러나 위에서 이미 언급했듯 어떤 가격대를 형성하든 곡물은 대중에게 피해를 입힐 정도로 국내 곡물상이 독점할 수가 없다. 쿼터당 48실링은 아주 높은 가격이지만, 흉년이 들었을 때는 추수 직후에 형성될 만한 가격이다. 그러나 추수 직후 시기에는 햇곡식을 판매할 수가 없다. 또한 그 이른 시기에 그 곡식 일부를 매점해 대중에게 피해를 입히는 일은 무식한 사람도 상상하기 어려운 얘기다.

둘째, 누군가가 시장에서 곡물을 선점해 단기간 내에 같은 시장에서 되팔아 큰돈을 벌 수 있는 특정한 가격대가 있다고 가정한다. 가령 어떤 곡물상이 특정한 시장에 들어가려는 곡물 혹은 이미 시장에 나와 있는 곡물을 시장에서 구입해 단기간에 되팔려 한다고 해보자. 이 경우 상인은, 곡물 매입 시점은 물론이고 계절 내내 곡물이 충분히 공급되지 않을 것이므로, 가격은 곧 오르게 되어 있다고 생각한다. 그런데 그의 생각이 빗나간다면 그는 투자 자본 수익 전체를 잃어버릴 뿐만 아니라 그 곡물을 축적하고 보관하는 데 들었던 비용과 자본 일부도 잃게 된다. 그러므로 특정한 날에 공급을 방해해 사람들에게 입히는 피해보다 자기 자신이 입는 피해가 훨씬 크다. 그 사람들은 다른 날에 여전히 싼값으로 곡물을 공급받을 수 있기 때문이다.

만약 그의 예상이 옳다고 판명된다고 해도 대중에게 피해를 입힌 게 아니라 사실상 대중에게 중요한 서비스를 제공한 것이 된다. 그런 매점을 함으로써 사람들이 식량 부족의 불편함을 좀 더 일찍 깨닫게 했기 때문이다. 또 대중이 추후에 뼈저리게 느꼈을 법한 불편함을 미연에 방지한 것이다. 곡물의 싼값이 그대로 유지되었다면, 대중은 흉년에 맞추어 곡식을 아껴 소비해야 하는데 평소처럼 소비했으므로 곡식을 더 빨리 소진했을 것이고, 그 결과 엄청난 식량 부족의 고통을 겪어야 했을 것이기 때문이다.

흉년이 들었을 때, 대중이 할 수 있는 가장 좋은 대응은 그해의 매월, 매주, 매일 가능한 한 평등하게 식량 부족의 불편함을 분산하는 것이다. 곡물상은 자기 이익을 위해 이러한 고통 분담 상황을 잘 연구하고 숙지한다. 이렇게 할 수 있는 이해관계, 지식, 능력을 갖춘 사람은 곡물상 외에는 없다. 즉, 국내 시장의 곡물 공급과 관련해서는 곡물상에게 거래의 완전 자유를 보장하는 것이 식량 부족에 대응하는 최선의 방법이다.

곡물의 매점매석에 대한 불안은 미신이다

매점매석에 대한 대중적 공포는 마녀사냥에 대한 대중의 공포 및 의심과 비슷하다. 남을 저주했다고 비난받는 불운한 자에게 아무런 책임을 물을 수 없는 것처럼, 매점매석을 했다고 비난받는 불운한 곡물상은 사실 아무런 죄도 저지르지 않았다.

주술과 관련된 기소를 일절 중지시킨 법은 어떻게 그 요술을 끝장낼 수 있었을까? 가령 갑이라는 자가 이웃인 을이 자신을 저주했다면서 상상 속에만 존재하는 범죄로 불쌍한 을을 법원에 고발했다고 해보자. 이 경우 고소의 핵심은 갑이 을에 대한 악의를 고소를 통해 충족시키는 것이다. 그런 저주에 대한 공포와 의심을 실제처럼 느끼게 했던 원인을 제거함으로써, 그런 공포와 의심을 완전히 불식시킨 것이다. 마찬가지로 국내 시장의 곡물 거래를 완전 자유화한다면 상황은 어떻게 될까? 그러면 매점매석에 대한 대중의 공포와 의심은 효과적으로 끝장날 것이다.

곡물의 국내 거래가 수출입보다 더 중요하다

그러나 찰스 2세 15년 차의 법령 제7조는 그 불완전함에도 불구하고, 법령집에 들어 있는 어떤 법령보다 국내 시장의 풍성한 곡물 공급과 경작 증가에 이바지했다. 이 법령 덕분에 국내 곡물상들은 모든 자유와 보호를 누리게 되었다. 국내 시장의 공급과 경작의 이익 모두, 해외 수출입보다는 국내 거래에 따라 더욱 효율적으로 촉진된다.

곡물업에 관해 여러 편의 논문을 써낸 저자[149]는 이런 주장을 하고 있다. 그레이트브리튼에 수입되는 각종 곡물이 국내 총 곡물 소비량에서 차지하는 비율은 1 대 570을 넘지 않는다. 그러므로 국내 시장의 공급 측면에서 보면, 국내 거래와 수입 거래의 중요성은 570대 1의 비율이다.

같은 저자에 따르면 그레이트브리튼에서 수출되는 각종 곡물의 평균 수량은 연간 총 생산물의 30분의 1을 넘지 않는다. 경작 장려라는 측면에서 보자면 국내 거래는 국내 생산물에 시장을 제공한다는 점에서 해외 수출보다 30배나 더 중요한 것이다.

---

149 찰스 스미스, 『곡물업과 곡물법에 대한 세 논문』(1766).

나는 정치적 계산을 별로 믿지 않으므로 이 두 수치의 정확성에 대해서는 보장할 수 없다. 다만, 가장 현명하고 경험 많은 이들의 의견에 따르면, 곡물의 국내 거래가 해외 무역보다 훨씬 중요하다는 것을 보여주기 위해 이 수치를 인용한 것이다. 장려금 제도를 실시하기 직전 몇 년 동안 곡물 가격은 아주 저렴했다. 그렇게 된 이유는 어느 정도 찰스 2세 법령의 효과 때문이었다. 그 법령은 25년 전에 제정됐는데 실제적인 효과를 낼 수 있을 정도로 시간이 지난 것이다.

곡물업의 나머지 세 분야에 대해서는 몇 마디로 내가 설명하려는 것을 다 말할 수 있을 것이다.

(2) 곡물 수입상

국내 소비를 위해 해외 곡물을 수입하는 사람은 국내 시장 공급에 이바지할 뿐만 아니라 대중에게도 즉시 혜택을 제공한다. 그것은 곡물의 평균 화폐 가치를 낮추지만, 그 실질가치를 축소하거나 지속가능한 노동력을 줄이는 것은 아니다.

곡물 수입 자유화는 화폐 가치를 높인다

만약 곡물 수입이 언제라도 자유롭다면 우리의 농부와 향신들은 사실상 곡물 수입을 대체로 금지하는 지금보다는 곡물에 대해 매해 현재보다 적은 양의 화폐를 얻을 것이다. 그러나 그들이 얻는 돈의 가치는 현재 가치보다 더 높아져 각종 상품을 더 많이 사들이고 또 더 많은 노동을 고용할 것이다. 그러므로 그들의 실제 부, 실제 수입은 현재와 같을 것이다. 그들의 돈이 현재보다 적은 양의 은으로 표현되기는 하겠지만 말이다. 그들은 현재와 다를 바 없이 곡물을 경작할 수 있을 것이고 그렇게 하지 못하거나 만류당하는 일은 없을 것이다.

곡물의 화폐 가치를 낮춘 결과로 은의 실질가치가 상승하면 이것은 다른 모든 상품의 화폐가격도 다소 낮추게 된다. 이러한 은 가치 상승은 해당 국가의 제조업을 외국 시장에서 경쟁력을 갖게 하고 그로 말미암아 그 나라의 제조업은 장려하고 발전한다. 그러나 곡물을 거래하는 국내 시장의 크기는 해당 국가의 총 산업 크기와 비례한다. 다시 말해 곡물과 교환할 수 있는 다른 물품을 생산하는 사람 수, 그 물품을 가진 사람 수 또는 같은 얘기가 되겠지만 교환 가능한 물품의 가격에 비례한다.

어떤 나라이든 국내 시장은 곡물을 거래하는 가장 크고 가장 중요한 시장이다. 그러므로 곡물의 평균 화폐 가치가 하락해 은의 실질가치가 상승하면 가장 크고 중요한 국내 시장이 확대된다. 그리하여 은 가치 상승은 곡물 생산을 억제하는 것이 아니라 오히려 곡물 증산을 촉진한다.

곡물 수입 제한법의 부당성

찰스 2세 22년 차의 법령 제13조에 따라, 국내 시장에서 밀 가격이 쿼터당 53실링 4펜스가 넘지 않을 때, 수입된 밀은 쿼터당 16실링 관세가 부과되었다. 그리고 밀 가격이 4파운드를 초과하지 않을 때는 8실링 관세가 매겨졌다.

이 두 가격 중 앞의 것[53실링 4펜스]은 대흉년 때를 제외하고는 형성된 적이 없는 가격이었다. 뒤의 가격[4파운드]은 내가 아는 한 형성된 적이 없었다. 그리하여 수입 밀은 4파운드에 도달할 때까지, 이 법령에 따라 무거운 과세가 부과되었다. 그리고 53실링 4펜스 이상으로 올라가면 세금이 너무 높아 사실상 수입이 중단되었다. 다른 종류의 곡물에 대해서도 이에 준하여, 그 곡물 가치에 비례해 이런 중과세를 매김으로써 수입을 억제했다.[150] 그리고 그 법령 이후에 나온 여러 후속 법령도 이 관세를 계속 올리고 있다.

흉년이 든 해에 이 법령들을 엄격하게 실시한다면 그것은 대중에게 엄청난 고통을 주게 된다. 그런 시기에 그 법령은 임시 법령에 따라 효력이 잠시 중단되었다. 임시 법령은 한정 시기 동안 해외 곡물 수입을 허용했다. 이런 조치는 곡물 수입 제한법이 부당했음을 잘 증명한다.

이러한 수입 제한법은 장려금 제도가 확립되기 전의 일이었지만, 장려금 제도와 똑같은 정신, 똑같은 원리에 따라 제정되었다. 이러한 각종 수입 제한은 유해한 것이었지만 장려금 제도로 인해 필요하게 되어버렸다. 밀 가격이 쿼터당 48실링 이하거나 그보다 별로 높지 않을 경우, 외국 곡물은 무관세로 수입되거나 아니면 소액 관세를 납부하여 들여왔고, 장려금 혜택을 받아 외국으로 다시 수출할 수 있었다. 이 경우 공공 수입은 상당한 손실을 가져왔으며, 장려금 제도의 목적을 크게 훼손한다고 아니 할 수 없다. 그 제도의 목적은 외국 시장의 성장이 아니라, 국내 시장을 확대하기 위한 것이었는데 오히려 외국 시장을 확대하고 있으니 말이다.

3) 곡물 수출상

외국 소비를 위해 곡물을 수출하는 사람은 국내 시장의 풍부한 공급

---

150 현재의 영국 국왕[조지 3세]의 치세 13년 차[1772년] 이전에는 여러 곡물 수입에 대하여 지불해야 할 관세는 다음과 같았다.

곡물의 종류 (1쿼터당)	가격	관세	가격	관세	가격	관세
강낭콩	28실링까지	19실링 10펜스	40실링까지	16실링 8펜스	40실링 초과	12펜스
보리	28실링까지	19실링 10펜스	32실링까지	16실링	32실링 초과	12펜스
맥아	매년의 맥아세법에 의해 금지되었다.					
귀리	16실링까지	5실링 10펜스			16실링 초과	$9\frac{1}{2}$펜스
완두콩	40실링까지	16실링 0펜스			40실링 초과	$9\frac{3}{4}$펜스
호밀	36실링까지	19실링 10펜스	40실링까지	16실링 8펜스	40실링 이상 일 때	12펜스
밀	44실링까지	21실링 9펜스	53실링 4펜스까지	17실링 0펜스	4파운드 까지	8실링 0펜스
					4파운드 초과	약 1실링 4펜스
메밀	32실링까지	16실링				

이러한 각종 관세 중 일부는 찰스 2세 치세 22년 차에 옛 특별세 대신에 부과된 것이었다. 또 일부는 새 특별세, 3분의 1 특별세 및 3분의 2 특별세와 1747년의 특별세에 의해 부과된 것이다.—원주

에 직접 이바지하지는 않지만 간접적으로 기여하는 부분이 있다. 공급 원천이 국내 경작지든 해외 수입이든, 국내에서 더 많은 곡물을 생산하거나 수입하지 않는 한 국내 시장 공급은 결코 풍부해지지 않는다.

일반적으로, 잉여 곡물이 해외로 수출되지 않는다면, 경작자는 국내 시장이 필요로 하는 최저 소비량에 맞추어 그 이상은 경작하지 않을 것이고, 수입상 또한 그 이상 수입하지 않을 것이다. 그리하여 시장에는 재고 과잉이 없고 오히려 재고 부족이 발생한다. 곡물상들은 수중에 곡물이 재고로 남아 있는 상황을 두려워하기 때문이다. 곡물 수출을 금지하면, 국토 개량이나 경작은 국내 소비량에 맞추어 제약을 받는다.

찰스 2세 12년 차 법령 제4조는 밀 가격이 쿼터당 40실링을 넘지 않으면 곡물 수출을 허용했고 다른 곡물도 이에 준해 수출할 수 있게 되었다. 찰스 2세 15년 차에 이르러 이 수출 허용은 밀 가격이 쿼터당 48실링을 넘지 않는 한도까지 확대되었다. 그리고 재위 22년 차에는 그 한도가 더 높아졌다. 곡물 수출 시, 왕에게는 파운드세를 지불해야 했다.

곡물법은 농업 장려가 아니라 식량 부족을 가져왔다

그러나 모든 곡물은 관세 표에서 아주 낮게 평가되었으므로, 이 파운드세의 수준은 미미했다. 밀은 쿼터당 1실링, 귀리는 4펜스, 기타 모든 곡물은 6펜스였다. 윌리엄과 메리의 치세 1년 차에 이르러 제정된 장려금 법에 따라, 이 소액의 파운드세는 밀 가격이 쿼터당 48실링을 넘지 않으면 사실상 적용받지 않았고, 윌리엄 3세의 11년과 12년 차 법령 제20조에 따라 파운드세는 밀 가격이 아무리 높더라도 징수되지 않게 되었다.

이렇게 해서 곡물 수출업은 장려금으로 격려를 받았을 뿐만 아니라, 국내 곡물상보다 훨씬 더 자유를 누렸다. 가장 뒤에 나오는 곡물법에 따라, 수출하는 경우라면 곡물은 어떤 가격대에서도 독점이 가능해졌다. 국내 판매를 위해서는 독점할 수가 없었지만 가격이 쿼터당 48실링을 넘지 않는다면 국내 독점도 가능했다.

위에서 이미 설명했듯, 국내 곡물상의 이해관계는 결코 대중과 반하지 않는다. 그러나 곡물 수출상의 이해관계는 대중의 이익과 반대될 수 있고 실제로 가끔 반대되는 일이 벌어진다. 가령 그의 나라가 식량 부족으로 고통을 받는데 이웃 나라는 기근으로 아사자가 발생한다고 해보자. 그러면 곡물을 이웃 나라로 수출하는 것이 분명 이익이므로, 그 이익 때문에 자기 나라의 식량 부족을 크게 악화시킬 정도로 수출하려들 것이다.

국내 시장에 곡물을 풍성하게 공급하는 것은 곡물법의 직접적인 목적이 아니었다. 곡물법은 농업을 장려한다는 구실 아래, 곡물 가격을 가능한 한 높게 유지하려는 것이었으나 오히려 그렇게 해서 국내 시장의 식량 부족 현상만 지속해서 일으켰다. 곡물 수입을 억제함으로써 국내 시장의 공급은, 아주 심한 흉년이 든 해에도 국내 경작지에서 나오는 곡물로만 채워졌다. 그리고 가격이 쿼터당 48실링이나 될 정도로 높은 경우에도 수출을 장려하는 바람에, 국내 시장은 아주 심한 흉년이 든 해에도 국내 경작지에서 나오는 곡물들을 공급받을 수 없었다.

그레이트브리튼은 필요할 때마다 일정 기간 곡물 수출을 금지하고 수입 곡물에 대해서는 관세를 부과하지 않도록 하는 임시 곡물법을 제정했다. 이것은 이 나라의 기존 곡물법이 전반적으로 부적절함을 증명한다. 만약 그 법이 훌륭했더라면, 빈번히 그 법에서 벗어나 임시 조치를 해야 하는 일은 없었을 것이다.

식량 부족 대책으로는 자유무역이 최선

모든 나라가 자유로운 수출입 제도를 실시한다면 유럽 대륙의 여러 나라는 한 제국 내에서 서로 다른 지방과 교역하는 것과 비슷해진다. 대제국의 서로 다른 지역 사이에서 나타나는 활발한 거래가 논리로 보나 경험으로 보나 식량 부족을 해결하는 가장 좋은 완화책이면서, 기근을 가장 효과적으로 예방하는 조치다. 마찬가지로 유럽 대륙 내의 여러 국가 사이에 자유로운 수출입 정책이 시행된다면 그와 똑같은 효과를 거둘 수 있다.

대륙이 클수록 또 대륙 내 여러 지역이 육운(陸運)이나 수운을 따라 원활하게 소통할수록 특정 국가가 식량 부족이나 기근에 처할 위험은 크게 줄어든다. 한 나라의 식량 부족은 다른 나라의 풍부한 식량으로 구제될 수 있기 때문이다. 그러나 이 자유로운 제도를 완벽하게 실천하는 나라는 아주 드물다. 곡물의 자유로운 거래는 거의 모든 지역에서 다소간 제약을 받는 상황이며, 각종 어리석은 규제 때문에 많은 나라에서 금지되고 있다. 그리하여 불운한 식량 부족 사태를 기근이라는 끔찍한 재앙으로 악화하기까지 방조한다.

이처럼 곡물 수입을 제한하는 나라들의 식량 수요는 때때로 아주 크고 긴급하다. 그리하여 역시 식량 부족을 겪는 인근의 소국이 그런 부족분을 메워주려고 하다가는 자신이 더 끔찍한 기근에 빠져들 수 있다. 이렇게 해서 한 나라의 아주 나쁜 정책[곡물 수입 억제책]은, 다른 나라가 그런 억제 정책을 취하지 않고 그 대신에 무역 자유 정책을 수립하는 조치를 아주 위험하고 무모한 것으로 만들어버린다.

그러나 대국에서는 수출의 무제한 자유가 지닌 위험도가 훨씬 덜하다. 그 나라의 국내 공급은 해외로 수출되는 곡물 수량에 크게 영향을 받지 않는다. 스위스 연방의 한 주나 이탈리아 내의 소국들은 때때로 곡물 수출을 제한할 필요가 있다. 그러나 프랑스나 잉글랜드 같은 대국에서는 그런 제한을 할 필요가 없다. 게다가 농부가 자기 곡물을 가장 값 좋은 시장에 보내려는 것을 막는다면 정의의 자연법을 공익 개념이나 국가 이성에 희생시키는 셈이다. 이러한 희생은 국가적으로 아주 긴급한 필요가 있을 때만 양해될 수 있는 입법권 발동에 해당한다. 따라서 정부가 곡물 수출을 금지하는 기준이 되는 수준이 아주 높아야 마땅하며, 그렇지 않다면 금지해서는 안 된다.

곡물법과 종교법의 유사성

유럽 각국의 곡물법은 종교법과 유사성을 띤다. 대중은 현세의 생존과 내세의 행복에 대해 큰 관심을 갖고 있기 때문이다. 따라서 정부는 대중의 이런 편파적 관심에 부응해야 한다. 또한, 대중 사이에서 평온과 질서를 유지하기 위해 그들이 승인하는 제도를 수립해야 한다. 이 두 가지 자본 대상과 관련하여 합리적인 시스템을 거의 찾아볼 수 없는 것도 아마 이러한 이유 때문일 것이다.

(4) 곡물 중개상

곡물 중개상, 즉 해외 곡물을 수입해 다시 수출하는 사람은 국내 시장의 풍성한 공급에 이바지한다. 국내에서 곡물을 파는 일은 중개상의 직접적인 목적은 아니다. 그러나 그는 전반적으로 그렇게 할 의사가 있다. 그가 해외 시장에서 기대하는 것보다 훨씬 적은 돈을 받고도 국내 시장에 공급할 의사가 있다. 이렇게 하면 곡물 선적 및 하역 비용, 운송비와 보험비가 안 들기 때문이다.

중개무역에 종사하면서 다른 나라에 곡물을 공급하기 위한 창고와 저장소 역할을 하는 나라의 주민은 곡물 부족을 거의 느끼지 않는다. 이렇게 해서 중개무역은 국내 시장에서 곡물의 평균 화폐 가격을 낮추지만, 실질가치를 낮추는 일은 없다. 은의 실질가치만 올릴 뿐이다.

개인의 자발적 노력이 국가를 부강하게 한다

그레이트브리튼에서는 중개무역이 거의 모든 경우에 사실상 금지되어 있다. 수입되는 해외 곡물에 높은 관세가 부과되고, 그 세금 대부분은 환급되지 않기 때문이다. 흉년이 든 비상시국에는 임시 법령으로 그런 관세를 일시 중지하긴 하는데, 이 경우에는 곡물 수출이 언제나 금지된다. 이러한 법률 제도로 중개무역은 사실상 통상적으로 모두 금지되어 있다.

따라서 장려금 제도와 관련된 법률 제도는 칭송받을 자격이 없다고 볼 수 있다. 그런 법률 덕분이라고 여겨왔던 그레이트브리튼의 향상과 번영은 다른 요인들로도 쉽게 설명할 수 있다. 그레이트브리튼의 법률은 모든 개인에게 자기 노동의 결과물을 누릴 수 있게 보장한다. 이런 든든한 보장만 있으면 상업상 규제나 그와 유사한 스무 개도 넘는 불합리한 규제가 있더라도 모든 나라는 능히 번창할 수 있다. 이러한 보장은 장려금 제도가 수립된 것과 거의 같은 시기인 명예혁명[1688년]을 통해 완성되었다.

먼저 자신의 생활 조건을 향상하려는 개인의 자발적 노력이 있어야 한다. 그리고 그런 개인 노력이 자유와 안전 속에서 극대화되도록 허용해야 한다. 이것이 국가 발전의 가장 강력한 원리다. 이런 노력은 외부 도움이 없어도 사회를 부와 번영의 길로 올려놓는다. 또한, 인간이 제정한 어리석은 법률이 노력에 가하는 수백 가지 쓸데없는 방해도 얼마든지 극복할 수 있다. 물론 이런 방해 작용이 노력을 기울이는 사람의 자유를 다소간 제약하고 또 그 사람의 안전을 위협하지만 강력한 개인적 노력은 마침내 그것을 이겨낸다.

그레이트브리튼에서 노동은 완벽하게 안전하다. 비록 그 노동이 완벽하게 자유롭지는 않지만 그래도 유럽 다른 나라 못지않게 자유롭거나 아니면 더 자유롭다. 그레이트브리튼이 최대의 번영과 향상을 이룬 것이 장려금과 관련된 법률 제도 이후의 일이지만, 그렇다고 해서 잉글랜드의 번영이 그 법률 때문이라고 말해서는 안 된다. 그 번영은 또한 국가적 채무 이후에 발생한 것이기도 하다. 그렇지만 국가 부채가 국가 번영의 원인이라는 의미는 아니다.

잉글랜드가 스페인·포르투갈보다 부유한 두 가지 이유

장려금 관련 제도는 스페인과 포르투갈 정책과 똑같은 결과를 가져왔다. 귀금속 가격을 다소 낮추는 결과가 나온 것이다. 그러나 그레이트브리튼은 유럽의 가장 부강한 나라 중 하나지만 스페인과 포르투갈은 가장 가난한 나라들이다. 이러한 국력 차이는 두 가지 이유로 쉽게 설명할 수 있다.

첫째, 스페인의 세금, 포르투갈의 금은 수출 금지, 이런 법률의 엄격한 단속—그렇지만 이 가난한 두 나라 사이에는 연간 6백만 스털링을 상회하는 금은 수입이 이루어진다—등은 귀금속의 가치에 직접적인 영향을 줄 뿐만 아니라 그 가치를 크게 낮추었다. 그레이트브리튼 곡물법이 은 가치를 낮춘 것보다 낙폭이 훨씬 크다.

둘째, 두 나라에서 이 나쁜 정책은 대중의 전반적인 자유와 안전으로 상쇄되지 않았다. 두 나라의 노동은 자유롭지도 안전하지도 않다. 스페인과 포르투갈의 민간 정부와 교회 당국은 현재의 열악한 상태를 그대로 유지한다면 나라 형편을 영원히 가난하게 만들 것이다. 또 두 나라의 상업 규제는 대부분 어리석고 무분별하지만, 설사 규제가 현명했더라도 이 두 기관[국왕 정부와 교회]이 그대로인 한 사정은 별반 달라지지 않을 것이다.

조지 3세의 곡물법과 솔론의 법

현재의 왕[조지 3세] 13년 차의 법령 제43조는 곡물법과 관련해 새 제도를 수립한 듯하다. 여러 면에서 과거 법들보다는 우수하지만 그래도 한두 가지 면에서는 전보다 좋다고 할 수 없다.

이 법에 따라 중간급 밀 가격이 쿼터당 48실링으로 오르면 국내 소비용 수입 곡물에 부과되는 높은 관세는 저절로 철폐된다. 중간급 호밀과 완두콩은 32실링, 보리는 24실링, 귀리는 16실링까지 쿼터당 가격이 오르면 관세가 자동적으로 없어진다. 그리고 이 높은 관세 대신에 밀 1쿼터에 6펜스, 기타 곡류에 대해서도 이에 준하는 소액의 관세가 부과된다. 이 모든 종류의 곡물, 특히 밀에 관하여, 국내 시장은 예전보다 훨씬 낮은 가격으로 외국 곡물을 수입할 수 있게 되었다.

같은 법령에 따라, 밀 수출에 따르는 옛 장려금 5실링은 밀 가격이 쿼터당 44실링(전에는 48실링)까지 오르면 즉각 지급이 중단된다. 보리 수출에 주어지는 장려금 2실링 6펜스는 보리 가격이 22실링(전에는 24실링)까지 오르면 즉각 지급이 중단된다. 귀리의 수출에 주어지는 장려금 2실링 6펜스는 귀리 가격이 14실링(전에는 15실링)까지 오르면 즉각 지급이 중단된다. 호밀에 대한 장려금은 3실링 6펜스에서 3실링으로 낮춰졌다. 그리고 호밀 가격이 28실링(전에는 32실링)까지 오르면 즉각 장려금은 지급이 중단된다.

지금껏 내가 증명했듯 장려금 부여는 부적절하다. 따라서 장려금을 더 빨리 중단하고, 더 큰 폭으로 줄일수록, 국내 시장에는 더 큰 이익이 돌아온다.

같은 법령에 따라 최저 가격에 곡물을 수입한 다음 수입업자와 국왕이 공동 관리하는 창고에 보관하는 한 다시 면세로 수출할 수 있다. 그러나 이러한 수입 자유는 겨우 그레이트브리튼의 25개 항구에만 적용된다. 아무튼, 25개 항구는 브리튼의 주요 항구이고, 지정을 받지 못한 나머지 항구들에는 대부분 곡물을 보관하는 적절한 창고가 없었을 것이다. 조지 3세의 법령은 예전 제도와 비교할 때 분명 개선된 듯 보인다.

그러나 같은 법령에 따라 귀리 가격이 14실링을 초과하지 않을 때, 귀리 수출에는 쿼터당 2실링의 장려금이 지급된다. 전에는 이 곡물 수출에 장려금이 지급되지 않았다. 완두 혹은 강낭콩에 대해서도 마찬가지였다.

같은 법령에 따라 밀의 가격이 44실링에 도달하면 즉시 수출이 금지되었다. 호밀은 28실링, 보리는 22실링, 귀리는 14실링에 도달하자마자 수출이 금지된다. 이런 여러 가격은 모두 상당히 낮아 보인다. 게다가 수출을 촉진하기 위한 장려금이 중단되는 가격 기준과 수출을 완전히 금지하는 가격 수준이 서로 같다는 것은 부적절해 보인다. 장려금은 그보다 훨씬 낮은 가격 기준에서 중단되거나, 아니면 그보다 훨씬 높은 가격에서 수출이 허가되어야 한다.

결국, 조지 3세의 법령은 이전의 제도에 비해 [어느 정도 개선되었지만] 열등한 것으로 보인다. 그러나 그 불완전함에도 우리는 이 법에 대해 솔론의 법[151]에 대해 적용될 만한 말을 해줄 수 있다. 그 시대의 이해관계, 편견, 기질 등을 고려하면 최선의 선택이었다. 조지 3세의 법령은 어쩌면 앞으로 더 나은 법이 나오는 길을 준비하는 것일 수도 있다.

---

151 솔론은 기원전 630-560년경의 아테네 정치가이다. 플루타르코스의『영웅전』솔론 편에는 이런 말이 나온다. "솔론의 친구 아나카르시스는, 법률은 거미줄과 같아서 거미줄에 걸린 놈이 약한 놈일 때는 꼼짝 못 하지만, 힘세고 재물을 가진 놈은 줄을 찢고 달아나는 것이라며 비웃었다. 이 말에 솔론은, 자신이 법률을 만드는 것은 법률을 위반하는 것보다 지키는 것이 유리함을 가르치기 위해서라고 말했다. 그러나 결과적으로 솔론보다는 아나카르시스의 말이 옳았다."

제6장

통상 조약

어떤 국가가 조약에 따라 어느 해외 국가의 물품을 수입하도록 해주고 다른 국가들의 물품은 수입하지 못하게 하거나, 다른 모든 국가의 상품에는 관세를 매기면서도 특정 국가의 상품에는 면세 조치를 한다면, 이러한 혜택을 받는 나라 혹은 상인과 제조업자는 반드시 그 조약으로 큰 이익을 보게 되어 있다. 상인과 제조업자는 거기서 일종의 독점권을 누리는데, 그 나라는 그들에게 관대하기 때문이다.

다른 나라 물품은 수입 금지되고, 설사 수입되더라도 높은 관세가 부과되어 그 시장에는 그런 특혜를 받는 상인이나 제조업자의 물품이 더욱 많이 들어가므로 더 유리한 시장이 된다. 그 이유는 그런 혜택을 받는 국가의 상인들이 일종의 독점을 누리므로, 다른 여러 나라와 자유로운 경쟁을 할 때보다 더 높은 가격에 물품을 팔 수 있기 때문이다.

통상 조약은 일종의 독점

그러므로 이런 조약은 특혜받는 나라의 상인과 제조업자에게는 유리하지만, 그런 특혜를 베푸는 나라의 상인과 제조업자에게는 불리하다. 이렇게 해서 자국 상인과 제조업자의 이익에 반하는 독점이 외국에 주어지는 것이다. 따라서 자국 상인과 제조업자는 자유 경쟁 시보다 더 비싼 값에 외국 물품을 사들여야 한다. 그리고 이 국가의 생산물 중 외국 물품을 구입하기 위해 제공되는 물품은 평소보다 싼값에 팔 수밖에 없다. 두 물품이 서로 교환될 때 한쪽 물품이 싼값이면 다른 쪽 물품값은 그에 비례해 비싸지기 때문이다.

그러므로 그 나라의 연간 생산물의 교환가치는 이런 조약을 체결할 때마다 그만큼 감소하게 된다. 이런 축소는 어떤 적극적인 손실로 이어지는 것은 아니고, 그런 통상 조약이 없었을 때 올렸을 법한 이득이 줄어드는 것일 뿐이다. 그 국가는 평소보다 싼값에 물품을 판매하지만, 생산비 이하의 가격으로 팔지는 않는다. 또한, 장려금의 경우와 마찬가지로, 그 물품을 시장에 내는 데 들어간 자본과 그 자본의 통상 이윤을 회수하지 못할 정도로 싼값에 팔지는 않는다. 실제로 그런 싼값에 판다면 그 거래는 오래가지 못한다. 그러므로 특혜를 제공하는 국가도 자유 경쟁이 이루어질 때보다는 적지만 그런 무역으로 여전히 이득을 본다.

그러나 어떤 통상 조약은 이와는 전혀 다른 원리에 따라 유리한 것으로 간주되었다. 어떤 상업 국가 갑이 해외 국가 을의 특정 물품에 대해 자신의 이익에 반하는 수준으로 독점을 제공할 때가 있다. 두 나라의 전체 상업 관점에서 볼 때, 갑은 자신이 사들이는 것보다 더 많은 것을 을에게 팔 것이고, 따라서 그 차액은 해마다 금은으로 자신에게 돌아올 것으로 예상했기 때문이다.

잉글랜드와 포르투갈의 통상 조약(1703년)

그러나 일부 무역 조항은 이와는 무관한 이유로 유익한 것으로 간주되었다. 1703년 메튜엔이 잉글랜드와 포르투갈 사이에 체결한 통상 조약은 이 아이디어를 바탕으로 한 것으로 높은 칭송을 받고 있다. 다음은 딱 3조로 구성된 그 조약의 전문이다.

제1조

포르투갈의 신성한 국왕 폐하는 그 자신과 후계자들의 이름으로, 일찍이 법률에 따라 금지되기 전까지, 수입되어 왔던 관례대로, 브리튼의 모직물 및 그 밖의 모직 제품이 향후 영구히 포르투갈에 수입되는 것을 허가한다고 약속한다. 수입은 다음 조건을 따른다.

제2조

신성한 그레이트브리튼의 여왕 폐하는 그 자신과 후계자들의 이름으로 향후 영구히 포르투갈산 와인을 브리튼에 수출하는 것을 허가한다. 또 브리튼과 프랑스 두 왕국이 평화 시든 전쟁 중이든 이 포르투갈 와인에 대해서는 큰 통으로 혹은 중간 통으로 혹은 기타 통으로 브리튼에 수입될 때, 같은 분량 혹은 같은 부피의 프랑스산 와인에 과세하는 것 이상으로 관세, 수입세, 기타 통행세를 직·간접적으로 요구하지 않으며, 더나아가 그 관세, 수입세, 기타 통행세의 3분의 1을 감액하거나 경감한다. 이러한 감액과 경감 혜택을 어떤 방식으로 빼앗거나 침해하는 경우, 포르투갈의 신성한 국왕 폐하가 그에 대응해 브리튼의 모직물과 기타 모직 제품 수입을 금지하는 것은 정당하고 합법적인 조치로 인정된다.

제3조

두 나라의 전권대사는 양국 국왕이 이 조약을 비준하는 일이 무사히 처리되도록 주선할 것을 약속한다. 또 앞으로 두 달 이내에 비준서가 교환되도록 한다.

이 조약에 따라 포르투갈 국왕은 수입 금지 이전과 같은 조건으로 영국 모직 제품을 수입해야 했다. 다시 말해 이 조약이 체결되기 이전에 부과되었던 관세를 증액하지 않기로 한 것이다. 그렇지만 포르투갈은 가령 프랑스나 네덜란드 등 다른 나라의 동일 제품보다 더 나은 조건으로 브리튼 모직 제품을 수입하는 것은 아니었다.

반면 그레이트브리튼 국왕은 포르투갈 와인을 수입해오면서, 그 와인과 경쟁할 프랑스산 와인에 부과하는 관세의 3분의 2만 부과하기로 약속했다. 그러므로 이 조약은 포르투갈에는 분명 유리하지만 그레이트브리튼에게는 불리한 것이다.

포르투갈 통상 조약은 잉글랜드 상업 정책의 걸작

그러나 이 통상 조약은 잉글랜드 상업 정책의 걸작으로 널리 칭송되어왔다. 포르투갈은 매년 브라질로부터 다량의 금을 가져왔는데 황금 주화든 금 식기류 형태든 국내 상업에서 소비하는 것 이상의 물량이었다. 그 여분의 금은 너무 귀중해 그냥 놀릴 수 없고 또 금고에 쌓아둘 수도 없다. 하지만 국내에서는 유리한 시장을 발견할 수 없으므로, 금 수출 금지에도 불구하고 해외로 내보내 국내에 좀 더 유리한 시장이 확보되어 있는 다른 물품과 교환해야만 했다.

그리하여 그 잉여 황금 중 상당히 큰 부분은 잉글랜드의 물품과 교환되거나, 잉글랜드를 통해 수입되는 다른 유럽 국가의 물품과 교환하기 위해 해마다 잉글랜드로 수출되었다. 바레티가 들은 바에 따르면, 매주 리스본에서 출발하는 우편선은 5만 파운드어치 이상의 금을 잉글랜드로 수송한다. 이 액수는 아마도 과장되었을 것이다. 이 액수대로라면 연간 잉글랜드로 수입되는 황금의 가치가 260만 파운드 이상이 되는데, 브라질에서 이처럼 많은 금을 포르투갈에 공급한다고 보기는 어렵기 때문이다.

잉글랜드 상인들은 몇 년 전에 포르투갈 국왕에 대해 불쾌한 감정을 보였다. 조약이 아니라 국왕의 호의로 상인들에게 주어졌던 특혜가 축소 및 취소되었기 때문이다. 원래 그 특혜는 그레이트브리튼 왕의 부탁으로, 또 브리튼이 포르투갈 국방과 보호를 위해 많은 혜택을 준 것에 대한 보답으로 잉글랜드 상인들에게 주어진 것이었다.

이렇게 되자 평소 포르투갈 무역을 칭송하던 잉글랜드 상인들은 그 무역이 일반적으로 생각하는 것보다 그리 유리하지 않으며, 해마다 포르투갈에서 금을 수입해오는 거래의 큰 부분, 아니 그 거래 전체가 그레이트브리튼에게 이익이 되지 않으며, 다른 유럽 국가에만 좋은 일이라고 불평하기 시작했다. 해마다 브리튼에 수입되는 포르투갈 과일과 와인은 그 나라에 수출한 브리튼 물품의 가치를 거의 상쇄할 정도였다.

그러나 포르투갈 금 수입 전체가 브리튼을 위한 것이고 그 금액도 바레티가 생각하는 것보다 더 크다고 가정해보자. 그렇다고 해서 이 금 거래가 다른 거래—그 금과 같은 가치만큼 다른 물품을 수출하고, 그 대신에 같은 가치의 소비재를 받아들이는 거래—보다 더 유리하다고 할 수 없다.

이 금 수입 중에서 잉글랜드에서 금 식기류와 황금 주화를 만들기 위해 해마다 추가로 사용한다고 생각되는 금은 아주 적은 부분일 뿐이다. 그외에 나머지 금은 모두 해외로 내보내 이런저런 종류의 소비재와 교환되어야 한다. 물론 이런 소비재를 잉글랜드 노동 생산물로 직접 구매한다면 잉글랜드에 훨씬 더 유리할 것이다. 그 생산물로 먼저 포르투갈의 금을 사들이고, 그다음에 그 금으로 다른 소비재를 사들이는 경우보다 말이다.

해외 무역이 중개무역보다 늘 유리하다

소비재에 관한 한 직접 해외 무역이 중개무역보다 언제나 더 유리하다. 같은 가치의 해외 물품을 국내 시장으로 가져올 경우, 해외 무역이 중개무역보다 자본이 훨씬 덜 든다. 그러므로 포르투갈 시장에 적합한 물품을 생산하는 데 잉글랜드 노동력에서 더 작은 부분을 투입하고, 포르투갈 이외의 다른 시장—잉글랜드 내에 수요가 있는 소비재를 사올 수 있는 시장—에 적합한 물품을 생산하는 데 잉글랜드 노동력의 더 큰 부분을 사용한다면, 그것은 직접 무역에 이바지하므로 잉글랜드에 더 유리하다. 이렇게 하면 잉글랜드 내에 용도가 있는 금과 소비재를 얻는 데 지금보다 훨씬 적은 자본이 들어갈 것이다. 남는 자본은 다른 목적, 가령 노동의 추가 생산을 촉진하거나 더 큰 수량의 연간 생산물을 올리는 데 투자될 수 있을 것이다.

브리튼이 포르투갈 무역에서 완전히 배제되더라도, 금식기류, 황금주화, 해외 무역 등의 목적으로 연간 필요한 금 공급량을 확보하는 데는 어려움을 겪지 않을 것이다. 금은 다른 일반 상품과 마찬가지로 그 가치에 해당하는 다른 가치를 내놓을 수 있는 사람들에 의해 확보될 수 있다. 게다가 연간 남는 포르투갈의 금은 해외로 내보내야 한다. 그 금이 그레이트브리튼 으로 오지 않고 다른 나라로 간다고 해도, 그 나라는 제대로 된 금값을 받을 수 있다면 언제든 금을 판매할 것이다. 지금 브리튼이 하는 것처럼 말이다. 브리튼이 포르투갈의 금을 사들일 때 1차로 그 금을 직접 구매한다. 스페인 을 제외한 다른 나라에서 그 금을 사들인다면 2차로 구매하는 것이어서 약 간 더 비싼 값을 치러야 한다. 그러나 그 차이는 너무나 사소해 공적인 주목 을 받지 않는다.

브리튼이 필요로 하는 금은 거의 전적으로 포르투갈에서 수입해온다. 다른 나라와의 무역 수지는 우리에게 불리하지도, 그렇다고 그리 유리하지 도 않다. 그러나 어느 한 나라에서 금을 많이 수입할수록 다른 나라로부터 수입하는 것은 줄어들 수밖에 없다. 금에 대한 유효수요는 다른 일반 상품 과 마찬가지로 모든 국가에서 일정량으로 한정되어 있다. 만약 이 수량의 10분의 9가 어느 한 나라에서 수입된다면, 다른 나라에서의 수입은 10분의 1에 그친다. 금식기와 황금 주화를 만드는 데 필요한 분량 이상을 특정 국가 에서 해마다 수입해온다면, 더욱 많은 금을 다른 나라로 수출해야 한다. 그 리하여 무역 수지―현대 정책 중 가장 사소한 목표―가 특정 나라에 대해 우리 브리튼에 유리하게 나타날수록, 다른 많은 나라와의 관계에서는 불리 한 것처럼 보일 수밖에 없다.

7년 전쟁 때 금 수출 중단을 요구받은 포르투갈

7년 전쟁이 끝나갈 무렵에 이 어리석은 개념[무역 수지 악화]에 따라 잉 글랜드는 포르투갈과의 무역이 없으면 존속하지 못할 것이라는 아이디어 가 나왔다. 그리하여 프랑스와 스페인은 공격 또는 도발 구실이 전혀 없었 음에도 포르투갈 국왕에게, 브리튼 선박을 포르투갈의 모든 항구로부터 축 출하고 이러한 축출을 안전하게 집행하기 위해 프랑스와 스페인 수비대를 포르투갈 항구에 받아들이라고 요구했다.

만약 포르투갈 왕이 형제 국가인 스페인 왕이 요구한 이런 치욕스러운 조건을 받아들였다면 브리튼은 포르투갈 무역 상실에 따른 손해보다는 훨씬 부담스럽게 했던 불편함에서 해방되는 기쁨이 컸을 것이다. 사실, 그동안 브리튼은 아주 허약한 동맹국인 포르투갈을 보호해오고 있었기 때문이다. 포르투갈은 모든 면에서 자국을 방어할 준비가 되어 있지 않았다. 그러므로 잉글랜드가 설사 국가 전력을 포르투갈 방어라는 단일 목적에 투입하더라도 포르투갈의 또 다른 전쟁으로부터 그 국왕을 지켜내지 못했을 것으로 생각된다.

물론 포르투갈과의 무역 상실은 그 무역에 종사하는 잉글랜드 상인들에게는 크게 당황스러운 일이다. 그들은 향후 1~2년 동안에는 그처럼 이익이 많이 나는 투자처를 찾아내는 데 어려움을 겪을 것이기 때문이다. 잉글랜드가 이 주목할 만한 상업 정책[포르투갈과의 무역 상실]에서 겪을 수 있는 불편함은 아마도 이 정도가 고작일 것이다.

연간 많은 양의 금은을 수입해오는 것은 금 식기나 황금 주화 때문이 아니라 해외 무역 때문이다. 다른 상품보다 이 귀금속을 수단으로 할 때 소비재 중개무역은 훨씬 유리하게 진행된다. 금은은 보편적 상업 도구이므로, 다른 상품보다 수월하게 상품 교환용으로 인정받는다. 금은은 부피가 작고 가치가 높으므로 다른 장소로 수송하는 데 다른 상품보다 비용이 적게 든다. 또 수송 과정에서 가치가 거의 손상되지 않는다. 따라서 외국으로 내보내는 모든 상품 중에서 다른 상품을 구매하거나 교환하는 데 금은처럼 편리한 것은 없다. 포르투갈 무역[금 수입]의 중요성은 그레이트브리튼이 다른 나라와 수행하는 중개무역을 촉진한다는 점에 있다. 그것은 가장 큰 이익이라고 할 수는 없어도 상당한 이익을 제공한다.

금화·금 식기 제작을 위해 금을 추가 수입하지 않아도 된다

금 식기와 금화를 만들기 위해서라면 해마다 적은 양의 금은만 수입해오는 것으로 충분하다. 우리가 포르투갈과 무역하지 않더라도 이 정도 소량은 다른 곳에서 쉽게 얻을 수 있다. 또한, 그레이트브리튼 내에서도 금세공업 규모는 상당하다. 하지만 금세공업자가 매년 판매하는 금식기류의 상당 부분은 기존에 있던 금 식기류를 녹여 얻은 물량에서 나온다. 따라서 왕국의 전체 금은 식기류에 해마다 추가되는 양은 그리 크지 않고 아주 소량의 연간 수입으로도 충분한 것이다.

금화도 사정은 마찬가지다. 최근의 금화 개주[1774년] 이전 10년 동안, 매년 주조액은 금으로 연간 80만 파운드 이상에 달했는데, 이 주조액 대부분도 그전에 브리튼에서 유통되던 화폐에 매년 새로 추가된 부분으로 보기는 어렵다.

금화 주조 비용을 정부에서 부담하는 국가에서, 금은 주화 가치가 표준 함량을 온전히 포함하고 있음에도 불구하고, 자연 상태의 동일 무게의 금은과 같은 가치를 가질 수 없다. 그 주화가 함유한 무게만큼 금은을 얻으려면 조폐국으로 가서 주화를 녹여야 하는데 여기에 몇 주가 소요되기 때문이다. 모든 나라에서 현재 통용되는 주화 대부분은 마모되어 있어 표준 함량에 미달한다.

그레이트브리튼에서 최근의 주화 개주 이전에, 금화의 함량은 표준보다 2퍼센트 이상, 은화는 8퍼센트 이상 미달했다. 44.5기니의 금화는 표준 함량이라면 1파운드 무게의 금을 함유한다. 이 금화는 마모되지 않은 상태라면 자연 상태의 금 1파운드가 사들이는 물품을 구매할 수 있다. 그러나 유통 중 마모되어 무게가 다소 감소된 금화는 1파운드 무게의 물품을 온전히 사들일 수 없으므로, 이 차액을 메우기 위해 모종의 조치가 필요했다. 그리하여 시장에서 유통되는 금괴 1파운드의 현재 가격은 조폐국 가격인 46파운드 14실링 6펜스와 일치하지 않고 그보다 약간 높은 47파운드 14실링이며 때로는 48파운드까지 올라간다.

그러나 유통 중 주화 대부분이 마모 상태에 있을 때, 조폐국에서 갓 나온 44.5기니는 이미 유통 중인 다른 기니 주화보다 더 많은 물품을 사들이지는 못할 것이다. 그 새 금화가 상인 금고 속으로 들어오면 기존의 기니화와 뒤섞이게 되는데, 그 신구 주화를 구분하려 들면 그 인건비가 주화 자체 차액보다 더 많이 들기 때문이다. 그리하여 그 44.5기니는 비록 조폐국에서 갓 나왔더라도 46파운드 14실링 6펜스 가치밖에 안 된다.

조폐국 기능은 페넬로페의 베 짜기

이 새 주화를 발행된 즉시 용광로에서 녹인다면 아무런 손실 없이 1파운드 무게의 표준 금을 생산할 수 있다. 그리고 그 금을 내다 팔면 언제나 47파운드 14실링이나 48파운드에 해당하는 금화나 은화를 받을 수 있다. 주화 제조 목적은 당초 이만한 가치를 보장하기 위한 것이었다. 그러므로 새 주화를 녹여 금괴로 만드는 것에는 분명 이득이 있었다. 개인은 새 주화를 획득하는 즉시 그것을 녹였고, 정부가 아무리 엄격하게 단속해도 그것을 막을 수 없었다. 이런 관점에서 본다면 조폐국의 기능은 페넬로페의 베 짜기[152]와 비슷해진다. 낮에 한 일을 밤에 다시 원상 복구시키는 일 말이다. 조폐국은 기존 주화의 유통량에 날마다 새 주화를 추가하는 것이 아니라, 주화의 가장 좋은 부분[새 금화]을 날마다 녹여 없애서 부족해지는 부분을 보충할 뿐이다.

만일 개인이 조폐국을 소유하고 금은의 주화 비용을 지불해야 한다면, 금 식기류에 아름다운 디자인을 첨가할 때처럼 그 귀금속의 가치를 높이려들 것이다. 주조된 금화와 은화는 자연 상태의 금은보다 더 가치가 나가기 때문이다. 조폐 수수료도 과도하지만 않다면 금괴의 가치에 당연히 추가된다. 어디서나 정부가 주조에 관한 독점권을 갖고 있으므로, 주화 제조 시 들어가는 적절한 비용보다 더 싼값에 주화가 시장에 나오는 일은 없다.

만약 조폐 수수료가 엄청나게 높다면, 다시 말해 주화 생산에 들어가는 노동과 경비의 실질가치보다 수수료가 더 높게 책정된다면 어떤 결과를 가져올까? 그러면 국내외에서 화폐 위조자들이 많이 생긴다. 그들은 금괴의 가치와 주화 가치가 크게 차이 나는 부분에서 이득을 보려고 많은 양의

---

152 호메로스의 『오디세이아』 제19권에서, 나그네 모습으로 변장해 나타난 오디세우스에게 그의 아내 페넬로페는 이런 말을 한다. "나그네여, 나는 내 방에다 큼직한 베틀을 하나 차려 놓고는 구혼자들에게 말했습니다. '그대들이여, 내가 겉옷 하나를 완성할 때까지 나와 결혼을 재촉하지 말고 기다려주시오.' 그러나 나는 낮이면 큼직한 베틀에서 베를 짰고, 밤에는 햇불을 켜놓고 낮에 짠 겉옷을 다시 풀었어요. 이렇게 3년 동안 들키지 않고 구혼자들을 속였답니다."

가짜 주화를 만들어 정부 화폐 가치를 결국 떨어뜨릴 것이다.

그러나 프랑스에서는 조폐 수수료가 8퍼센트나 되지만, 이러한 불편이 발생하지는 않았다. 주화 위조자가 그런 가짜 돈을 유통시키는 나라에 산다면, 그는 어디서든 발각될 위험이 너무 크다. 또 외국에 사는 경우 그의 대리인이나 거래 지점이 발각될 위험 또한 크다. 이 때문에 6~7퍼센트 이익 때문에 그런 위험스러운 일을 하려 들지 않는다.

프랑스의 조폐 수수료

프랑스의 조폐 수수료는 주화 속에 함유된 순금 무게보다 더 높게 주화 가치를 끌어올린다. 이렇게 하여 1726년 1월 칙령에 따라, 24캐럿 순금의 조폐 수수료는 8파리 온스와 동일한 1마르크당 740리브로 9수 1데니어 11분의 1로 정해졌다. 프랑스 금화는 조폐국 수수료를 감안한다면 순금 함량이 21캐럿으로 순금의 4분의 3, 합금은 2캐럿으로 4분의 1 정도로 순금이 약간 적다. 이런 수수료를 감안하면, 1마르크의 순금은 약 671리브로 10데니어 이상의 가치를 지니고 있지는 않다. 그러나 프랑스에서 24캐럿 순금 1마르크는 24리브르 가치가 있는 루이 금화 30개, 즉 720리브르로 주조된다. 그러므로 화폐 주조는 720리브르와 671리브르 차이, 좀 더 정확하게 말하면 48리브르 19수 2데니어의 차액을 발생시킨다.

조폐 수수료는 많은 경우에 새 주화를 녹일 때 얻는 이익을 없애거나 크게 줄인다. 이 이유는 주화가 마땅히 함유해야 하는 금 수량과, 실제로 함유하는 수량 차이에서 발생한다. 만약 이 차이가 조폐 수수료보다 작다면, 이윤이 아니라 손실이 발생할 것이다. 만약 그 차이가 수수료와 동일하다면 이윤도 손실도 없다. 만약 그 차이가 조폐 수수료보다 크다면 이윤이 발생할 것이다.

예를 들어 최근의 금화 개주 이전에 조폐 수수료가 5퍼센트였다면, 금화를 녹일 때는 3퍼센트 손실이 발생했을 것이다. 만약 수수료가 2퍼센트였다면 이윤도 손실도 없었을 것이다. 수수료가 1퍼센트였다면 그 이윤은 2퍼센트가 아니라 겨우 1퍼센트였을 것이다.

그러므로 화폐를 중량이 아니라 개수로 계산할 때, 조폐 수수료는 주화 용해와 수출을 방지하는 가장 효과적인 예방책이다. 용해되거나 수출되는 것은 가장 상태가 좋고 무거운 주화이다. 그런 상태에서 가장 큰 이윤을 올릴 수 있기 때문이다.

찰스 2세 시대에 한시적으로 화폐 주조 시 수수료를 면제하는 법이 제정되었다. 그 후 계속 다른 이유로 연장되다가 마침내 1769년에 이르러 항구적으로 정착되었다. 잉글랜드은행은 금고에 돈을 채워 넣기 위해 금괴를 조폐국에 자주 가져갔다. 은행 측은 주화 조폐 비용을, 은행보다 정부가 부담하는 것이 더 이익이라고 생각했을 것이다. 정부는 잉글랜드은행에 호의적이었으므로 이 법을 항구적으로 만드는 데 동의했을 것이다.

그러나 그 불편함 때문에 금 무게를 다는 관습이 폐지되어 잉글랜드 금화가 최근의 주화 개주 이전처럼 개수로만 받아들여진다면, 잉글랜드은행은 다른 시절과 마찬가지로 자신의 이익을 잘못 계산했다는 사실을 발견할 것이다.

잉글랜드의 조폐 수수료

최근의 금화 개주 이전에 잉글랜드 금화는 표준 중량보다 2퍼센트가 빠졌다. 여기에 조폐 수수료가 없었으므로 이 금화는 당연히 자연 상태의 금보다는 가치가 2퍼센트 떨어진다. 그러므로 잉글랜드은행은 금화를 주조하기 위해 금괴를 사들일 때, 금화 주조 후 가치보다 금괴 대금을 2퍼센트 더 치러야 했다.

그러나 화폐 주조에 2퍼센트 수수료가 부과된다면 금화 무게가 법정 표준보다 2퍼센트 빠진다고 해도, 그 가치는 금화가 마땅히 지녀야 하는 수량의 법정 표준가치와 같았을 것이다. 이 경우 가공의 부가가치가 중량 감소를 보상해준다. 잉글랜드은행은 2퍼센트 수수료를 지불해야 했으므로 은행의 거래상 손실은 실제와 동일하게 2퍼센트로 더 크지 않았을 것이다.

만약 수수료가 5퍼센트이고 유통 중 금화가 표준 중량보다 2퍼센트 빠진다면, 이 경우 은행은 3퍼센트 이윤을 올렸을 것이다. 그러나 잉글랜드

은행은 화폐 주조와 관련해 5퍼센트 수수료를 지불해야 했으므로, 그 거래에서 손실은 앞의 사례와 마찬가지로 정확하게 2퍼센트였을 것이다.

만약 수수료가 겨우 1퍼센트이고 금화가 표준 중량보다 2퍼센트 빠진다면 잉글랜드은행은 이때 금괴 가격에 대해 1퍼센트 손실만 보았을 것이다. 그러나 은행은 마찬가지로 1퍼센트 수수료를 지불해야 했으므로, 이 거래에서 은행이 본 손실은 앞의 경우와 마찬가지로 정확히 2퍼센트였을 것이다.

조폐 수수료가 낮게 부과되고 금화도 표준 함량을 보유하고 있다면 (최근 개주 후에는 그렇다), 은행은 수수료로 잃는 것을 금괴 가격에서 벌 수 있다. 이처럼 금괴 가격에서 이득을 보면 은행은 수수료에서 손실을 보게 되어 있다. 은행은 앞의 여러 경우와 마찬가지로 이때도 수수료가 아예 없는 것과 같은 상황에 놓인다.

화폐는 모든 사람의 상품

상품에 부과되는 세금이 소액이어서 밀수 염려가 없을 때, 그 상품을 거래하는 상인은 세금을 미리 납부하더라도 상품가격으로 세금을 회수하는 것이므로 실제로는 세금을 내지 않는다. 이 세금은 결국 최종 구매자 혹은 소비자가 부담한다.

그러나 화폐는 모든 사람이 거래하는 상품이다. 누구나 화폐를 되팔기 위해 그것을 사들이므로 통상적인 의미에서 최종 구매자 혹은 소비자는 없다. 그러므로 주화 제작에 대한 세금이 너무 낮아 주화를 위조할 생각을 하지 못할 정도라면 모든 사람이 세금을 미리 낸다 해도 실제로는 세금을 내지 않는 것이 된다. 모든 사람이 주화의 높아진 가치 속에서 세금을 돌려받기 때문이다.

따라서 조폐 수수료가 적당하다면, 어떠한 경우에도 주조를 위해 조폐국으로 금은을 가져가는 은행 혹은 개인 당사자의 비용을 증가시키지 않는다. 그리고 수수료가 없더라도 그 비용이 줄지도 않는다. 조폐 수수료가 있든 없든, 주화 제조에는 언제나 비용 차이가 난다. 즉, 금화에 마땅히 들어 있어야 할 금 중량과, 실제로 금화 속에 함유된 중량 사이의 차이만큼 비용이 드는 것이다.

그러므로 정부는 주조 비용을 부담할 때 약간의 경비를 지출하는 것 외에도 합당한 조폐 수수료에서 나오게 될 약간의 수입을 잃게 된다. 잉글랜드은행이나 개인은 이런 무익한 공공 비용 지출에서 어떤 혜택도 얻지 못한다.

그러나 잉글랜드은행 이사들은 잠재적 손실로부터 보호한다는 명분만 세울 뿐 수익을 보장하지 않는 아이디어로 보이기 때문에 조폐 수수료 징수에 동의하지는 않을 것이다. 현재와 같이 금화 무게를 측정하는 방식으로 금화를 받는 상황에서는 은행 이사들은 그런 변화에서 아무런 이득도 보지 못할 것이다.

하지만 상당히 가능성 있는 이야기인데, 금 무게를 다는 관습이 철폐되고, 금화가 최근의 금화 개주 이전과 똑같은 마모 상태로 추락한다면, 잉글랜드은행이 수수료를 부과해서 얻는 이익 또는 절감액은 상당할 것이다.

잉글랜드은행은 조폐 수수료를 전액 부담

잉글랜드은행은 상당한 양의 금괴를 매년 조폐국에 보낼 뿐만 아니라 연간 조폐 수수료를 전적으로, 거의 전적으로 부담한다. 이런 연간 주조가 금화의 자연적 마모에서 오는 손실을 보충하기 위해서라면, 그 규모는 연간 기껏해야 5만 파운드 정도일 것이며 10만 파운드 이상은 넘지 못할 것이다. 그러나 기존 금화가 마모되어 표준 중량에 약간 미달하면, 연간 주조는 이것을 보충해야 할 뿐만 아니라, 지속해서 이루어지는 금화의 해외 수출과 용해에 따른 공백 또한 보충해야 한다.

이 때문에 최근 금화 개주 이전의 10~12년 동안, 잉글랜드은행의 주화 제조 규모는 연간 85만 파운드 이상에 달했다. 그러나 금화 제조에 대해 4~5퍼센트 조폐 수수료가 부과되었더라면, 당시 상황에 비추어볼 때 금화 수출이나 용광로 속 용해는 사실상 중단되었을 것이다. 이렇게 되었더라면 잉글랜드은행은 해마다 조폐국에서 85만 파운드로 만들어내는 금괴에 대해 약 2.5퍼센트 손실을 보거나 연간 212,500파운드 이상 손실을 입지 않았을 것이며, 실제로는 그 손실의 10분의 1도 되지 않았을 것이다.

잉글랜드 의회가 금화 주조 비용으로 할당한 예산은 연간 1만 4천 파운드에 불과하다. 그러나 정부가 실제로 집행하는 비용, 즉 조폐국 직원의 봉급으로 지불하는 비용은 통상적인 경우, 예산의 절반을 초과하지 않는다. 이런 소액의 절약 혹은 그보다 약간 많은 금액을 절약했더라도 너무나 사소한 일이므로 정부가 진지하게 주목할 정도의 사안이 되지 못한다. 그러나 앞으로도 예상 가능하게 자주 벌어질 사건에서 연간 1만 2천 파운드를 절약할 수 있다면, 잉글랜드은행 같은 큰 회사일지라도 주의 깊게 봐야 할 사안임에 틀림없다.

금은을 국부로 보는 중상주의의 편견

지금까지 해온 추론과 관찰 사항들은 이 책의 제1권 중 여러 장, 특히 화폐의 기원과 용도를 다룬 장[제4장]과, 상품의 실질가격과 명목가격을 다룬 장[제5장]에서 다루었더라면 더 좋았을 것이다.

하지만 금화 주조를 권장하는 법률은 중상주의에 따라 도입된 대중 편견에서 나온 것이다. 이 점 때문에 나는 여기서 조폐 관련 이야기를 하는 것이 더 적절하다고 판단했다. 중상주의는 화폐 생산[조폐]에 일종의 장려금을 주는 것이 합당한 조치라고 생각한다. 중상주의자들은 금은[화폐]이 모든 나라의 국부를 이루는 핵심이라고 생각한다. 화폐는 그들이 보기에 국가를 부강하게 만드는 여러 잘난 방편 중 하나다.

제7장

식민지

제1절

새 식민지들을 건설한 동기

◇

아메리카와 서인도제도에 유럽 국가들이 식민지를 맨 처음 건설하게 된 이해관계는 고대 그리스와 로마 시대처럼 분명하고 뚜렷하지는 않다.

고대 그리스 식민지

고대 그리스의 각기 다른 도시국가들은 저마다 아주 작은 영토를 소유했다. 어떤 도시국가의 주민이 영토가 수용 가능한 인구수를 넘어서면 그들 중 일부는 새 거주지를 찾아 떠나 세상의 오지나 먼 곳에 도시국가를 새로 세웠다. 그리스의 도시국가 주위에는 호전적인 이웃이 포진하고 있어 도시국가들이 자국 영토를 크게 확장하는 것이 어려웠다. 그리하여 도리아족 식민지들은 주로 이탈리아와 시칠리아에 건설되었다.

로마 건국 이전에 이들 지역에는 미개한 야만족들이 살고 있었다. 그리스의 두 개의 큰 부족인 이오니아인과 이올리아인은 소아시아와 에게해 여러 섬에 식민지를 세웠다. 당시 소아시아와 섬들 주민은 시칠리아와 이탈리아의 주민 못지않게 미개하고 야만적인 상태였다. 그리스의 모 도시는 이런 식민지를 자기 자식으로 생각해 많은 혜택과 지원을 베풀었고 그리하여 식민지로부터 엄청난 존경과 감사 표시를 받았다. 이런 상황이니만큼 모 도시는 식민지에 직접적인 권위나 사법권을 주장하지 않았다.

식민지는 스스로 정부 형태를 정하고, 자신의 법률을 적용하고 행정관을 선출했으며 독립 국가로서 이웃과 전쟁을 하거나 평화를 유지했다. 모 도시의 승인이나 허락을 받아 이런 조치들을 취한 게 아니었다. 식민지의 행동 근거가 그들의 이해관계라는 사실은 너무나 분명하고 확실했다.

고대 로마의 식민지

로마는 다른 고대 공화국들과 마찬가지로 원래는 농지법을 바탕으로 건설되었다. 이 농지법에 따라 공화국을 구성하는 여러 시민 사이에 공전(公田)이 일정 비율로 분배되었다. 그러나 결혼, 상속, 양도 등으로 인해 인간사가 복잡해지면서 원래의 배분은 유지되지 않았고, 결과적으로 서로 다른 많은 공동체를 유지하기 위해 배정된 토지가 빈번하게 한 사람 소유로 넘어갔다. 당연한 일이지만 여기에서 생기는 혼란을 바로잡기 위해 한 시민이 단독으로 소유할 수 있는 토지를 5백 유게라(잉글랜드 단위로는 약 350에이커)로 한정하는 법률이 제정되었다. 이 법률은 이런저런 경우에 시행되었다는 기록이 남아 있지만, 대부분 무시되거나 회피되었고 재산의 불평등은 계속 심화되었다.

대부분 시민은 토지가 없었다. 당시 관습이나 풍습으로 보아 토지가 없으면 자유민이 자신의 독립적 생활을 유지하기는 어려웠다. 오늘날에는 토지 없는 가난한 사람일지라도 약간의 자본만 있으면 남의 땅을 경작하거나 이런저런 소매업을 할 수 있다. 자본이 없다면 시골 노무자나 수공업자로 취직할 수도 있다. 그러나 고대 로마인들 사이에서 부자의 토지는 모두 노예가 경작했다. 그 노예들은 감독의 감시를 받아가며 일했는데 그 감독 또한 노예였다. 그래서 가난한 자유민은 농부나 노무자로 고용될 기회가 거의 없었다. 상업이나 제조업 심지어 소매업도 모두 부자의 노예들이 주인을 위해 대신 운영했다. 부자들은 부, 권위, 국가의 보호를 받고 있었으므로 가난한 자유민이 부자들을 상대로 경쟁할 수는 없었다.

따라서 땅이 없는 시민들은 해마다 진행되는 선거에서 후보자들이 내놓은 장려금을 제외하면 다른 생계 수단이 없었다. 로마의 호민관들은 부자와 권력자들에 대항하여 민중을 일깨우려 할 때 예전의 토지 분할을 상기시키면서, 한 개인이 지나치게 토지를 많이 가지지 못하게 한 이러한 유형의 제한법을 공화국의 근본법이라고 강조했다. 민중은 토지를 달라고 아우성쳤고, 부자와 권력자들은 자신들이 이미 확보한 땅은 민중에게 내놓으려 하지 않았다. 그래서 민중을 달래려는 조치의 일환으로 그들은 종종 새로운 식민 도시 건설을 제안했다. 그러나 이런 경우에도 정복 사업을 왕성하게 벌이던 로마는 시민들을 정처 없이 세상 오지나 원격지로 보내 새로운 재산을 찾아보라고 할 필요가 없었다. 로마는 땅을 달라고 하는 시민들에게 정복한 이탈리아 인근 지역의 땅을 불하했다. 그 인근 지역은 공화국의 세력권 안에 있었으므로, 식민 도시에 참여한 시민들은 독립된 도시국가를 건설할 수가 없었다. 기껏해야 그 식민 도시는 일종의 자치 도시 같은 것이었다. 행정을 위해 조례 정도는 제정할 수 있었지만 언제나 모 도시의 시정 조치, 사법권, 입법권의 간섭을 받아야 했다.

이러한 종류의 식민 도시 건설은 시민에게 만족감을 안겼을 뿐만 아니라 충성심이 불확실한 새로 정복한 지역에 일종의 주둔지 같은 역할을 했다. 그렇게 식민 도시를 설치하지 않았더라면 그 지역의 복종을 보장하기 어려웠다. 따라서 로마 식민지는 건설 과정이나 성격 그리고 동기 등을 살펴볼 때 그리스 식민지와는 완전히 달랐다. 따라서 이런 제도를 나타내는 라틴어와 그리스어에는 아주 다른 의미가 있었다. 라틴어 콜로니아(colonia)는 그저 농장을 의미했다면, 그리스어 아포이키아(apoicia)는 별도 거주지, 집에서 멀리 떠난 곳, 집 나간 곳 등의 의미가 있었다. 이처럼 로마 식민지는 그리스와는 여러모로 달랐지만, 식민지 건설 동기는 아주 뚜렷하고 분명했다. 고대 그리스-로마의 식민지는 절박한 필요 혹은 명확하고 뚜렷한 효용에 그 기원을 두고 있다.

그런데 아메리카와 서인도제도에 유럽인이 세운 식민지들은 어떤 절박한 필요에 따라 생긴 것이 아니다. 이 식민지들에서 나오는 효용은 분명 크지만 명확하게 원하는 것이었는지도 확실치 않다. 효용은 식민지가 처음 건설될 때도 분명하게 알려지지 않았고, 식민지 설립이나 그 배후의 신대륙 발견의 동기도 아니었다. 그 효용의 성격, 범위, 한계는 오늘날까지도 잘 이해되지 않고 있다.

베네치아 공화국의 번창과 포르투갈의 약진

베네치아 공화국은 14세기와 15세기에 아주 번창하는 동인도제도 향료와 기타 상품들을 거래하면서 엄청난 상업적 번성을 이루었다. 그들은 그런 물품들을 유럽으로 가져와 각 나라에 유통했다. 그들은 당시 마멜루크 왕조의 지배 아래에 있었던 이집트에서 주로 그런 물품들을 사왔다. 마멜루크 왕조는 터키의 적이었고, 베네치아 공화국 또한 그러했다. 이러한 정치적 이해관계의 합치와 베네치아 공화국의 금력(金力)이 더해져서 공화국은 사실상 그 무역을 독점했다.

공화국이 올리는 엄청난 이윤은 포르투갈의 탐욕을 촉발했다. 포르투갈인들은 15세기 동안 무어인들이 사하라 사막을 통해 상아와 사금을 수송해오던 나라[인도]로 가는 바닷길을 발견하려고 애썼다. 그들은 마데이라 제도, 카나리아 제도, 아조레스 제도, 케이프 드 베르데 제도를 발견했다. 이어 아프리카 서부의 기니 해안, 로앙고 해안, 앙골라 해안, 벵겔라 해안을 거쳐 아프리카 남단의 희망봉을 발견했다. 포르투갈은 오랫동안 베네치아 공화국의 수익 높은 무역에 동참하기를 원했고, 희망봉 발견은 마침내 그런 소원을 성취할 수 있는 길을 열어주었다. 1497년 바스코 다 가마는 선단 네 척을 이끌고 리스본 항구를 출발해 11개월 항해한 끝에 인도 해안에 도착했다. 이렇게 해서 포르투갈은 거의 방해받지 않고 끈질기게 추구해온 일련의 항해 과정을 완성했다.

콜럼버스의 서인도제도 발견

이것보다 몇 해 전, 포르투갈의 항해가 성공할지 유럽인들이 확신하지 못했을 때 제노바의 한 선장이 서쪽으로 항해하여 동인도제도에 도착하겠다는 아주 과감한 계획을 세웠다. 당시 유럽에는 동인도제도의 여러 국가에 대한 상황이 잘 알려져 있지 않았다. 그전에 이 지역을 다녀온 여행자들은 거리를 과장하기도 했다. 어쩌면 단순하고 무식했기 때문에 그것을 측정하지 못하는 자들에게는 무한히 큰 것으로 보였을 수도 있다. 어쩌면 유럽에서 그토록 멀리 떨어져 있는 지역을 방문한 자신들의 경이로운 모험을 과장한 것일 수도 있었다.

콜럼버스는 동쪽으로 가는 길이 길어질수록 서쪽으로 가는 길은 짧아질 것이라고 결론을 내렸고, 이는 매우 타당했다. 그래서 그는 가장 짧고 가장 확실한 길인 서쪽 해로를 잡아 항해하겠다고 제안했다. 그리고 이런 계획의 실행 가능성을 놓고 카스티야의 이사벨라 여왕을 설득했다. 그는 바스코 다 가마 탐험대가 포르투갈에서 탐험 여행을 떠나기 5년 전인 1492년 8월에 팔로스 항구를 출발했다. 그리고 2년 3개월을 항해한 끝에 소바하마 또는 루카야 제도 일부를 먼저 발견하고 후에 산토도밍고라는 큰 섬을 발견했다.

그러나 콜럼버스가 이번 여행에서 그리고 후속 여행에서 발견한 나라들은 그가 원래 찾아 나섰던 곳과는 닮은 점이 전혀 없었다. 중국과 인도와 같은 부유함, 경작지와 많은 인구가 아니라, 산토도밍고 및 다른 신세계에서 그가 발견한 것은 나무가 울창하게 자라고, 경작되지 않은 토지뿐이었다. 게다가 그 땅에서 사는 사람들은 벌거벗은 데다 비참하게 살아가는 야만인 부족들이었다. 그렇지만 그는 그 땅이 마르코 폴로가 묘사한 일부 국가들과는 다르다는 사실을 인정하려 들지 않았다. 마르코 폴로는 중국과 동인도제도를 여행한 최초의 유럽인이었고, 자신이 방문한 나라들의 기록을 남겨 놓았던 것이다.

그래도 콜럼버스는 약간의 유사성을 발견했다. 가령 그는 산토도밍고에 있는 치바오산의 이름과 마르코 폴로가 언급한 치팡고(Cipango)[153]가 비슷하다고 생각했다. 그래서 여러 증거가 분명하게 다른 사실을 가리키는데도, 콜럼버스는 이것을 자기 선입견을 주장할 수 있는 충분한 증거로 생각했다. 페르디난드왕과 이사벨라여왕에게 보낸 편지에서, 그는 자신이 발견한 지방들을 인디스[Indies: 인도 부속의 여러 지역]라고 불렀다. 그는 그 지방들이 마르코 폴로가 묘사한 나라들의 근방이며, 갠지스강에서 그리 멀리 떨어져 있지 않으며, 일찍이 알렉산드로스 대왕이 정복한 인도 북부 지역들에서도 그리 멀지 않다고 생각했다. 마침내 그 지역이 인도가 아니라는 것을 알았을 때도, 그는 여전히 인근 어디에 그 부유한 나라들이 있다고 생각했다. 그래서 후속 항행에서 콜럼버스는 그 나라들을 찾아 테라 피르마 해안을 따라 항해하면서 다리엔 지협[154]으로 나아갔다.

콜럼버스의 이런 착오 때문에 이 지역의 여러 나라에 인디스라는 이름이 붙었다. 그리고 이 새롭게 발견된 지역들이 예전 인디스와는 완전히 다른 것으로 밝혀지자, 양자를 구분하기 위해 전자에는 서인도제도라는 이름이 그리고 후자에는 동인도제도라는 명칭이 붙게 되었다.

그러나 콜럼버스는 자신이 발견한 지역 명칭이 서인도제도든 뭐든 스페인 궁정에는 그 지역들을 아주 중요한 땅으로 보고해야 할 필요가 있었다. 모든 국가의 진정한 부를 형성하는 것은 그 땅에서 나는 동물과 식물과 같은 생산물인데, 당시 그 지역에는 콜럼버스의 이런 거창한 보고를 정당화할 만한 것이 아무것도 없었다.

서인도제도의 동식물과 광물

코리는 산토도밍고 태생 네다리 짐승 중 가장 큰 것으로 쥐와 토끼의

---

153 13세기에 중국을 방문한 마르코 폴로는 일본을 가리켜 '지팡구'라고 했다. 일본의 영어명 Japan은 이 단어에서 나왔는데 여기서 사용된 Cipango와 같은 표기이다.

154 테라 피르마(Terra Firma) 해안은 남아메리카 북안(현재의 콜롬비아) 해안을 가리키며 다리엔 지협(Isthmus of Darien)은 파나마 지협의 옛 이름이다.

중간쯤 되는 동물이다. 생물학자 뷔퐁은 코리를 브라질의 아페레아와 같이 분류했다. 코리 종은 숫자가 그리 많지 않았고 스페인 사람들이 데려온 개와 고양이가 다 잡아먹어서 곧 멸종되었다. 그 밖의 다른 덩치가 작은 동물들도 그 섬에서 곧 사라져버렸다. 이런 동물들과 약간 덩치가 큰 도마뱀인 이바나 혹은 이구아나가 이 섬에서 나는 동물성 먹거리의 주 메뉴였다.

주민의 식물성 먹거리는 섬 주민이 노동을 많이 하지 않아 풍부하다고 할 수는 없어도 동물성 먹거리처럼 부족하지는 않았다. 옥수수, 얌, 감자, 바나나 등이 주식이었는데, 이런 식물들은 당시 유럽에 전혀 알려져 있지 않았고 그 후 유럽에서 그리 높게 평가되지도 않았다. 유럽에서 아주 오래 전부터 경작되어왔던 곡류나 콩류에 비하면 영양분이 현저히 떨어진다고 생각되었기 때문이다.

목화나무는 아주 중요한 제조 원료를 제공했고 당시 유럽인이 볼 때 그 섬에서 나는 식물 중에서 가장 가치 있었다. 그러나 15세기 말에 동인도 제도의 모슬린과 기타 면제품이 유럽 전역에서 높이 평가되면서, 면포 제조업은 유럽 어느 지역에서도 발전되지 않았다. 당시 유럽인의 눈으로 볼 때 목화 생산은 그리 중요한 것이 아니었다.

새로 발견된 지역에서 아주 그럴듯하게 보고할 만한 가치가 있는 동식물이 없자, 콜럼버스는 광물로 시선을 돌렸다. 그는 이 세 번째 왕국의 풍부한 생산물에서 앞의 두 분야의 빈약한 가치를 충분히 보상할 정도의 생산물을 찾아냈다. 현지 주민이 옷 장식에 사용하는 얼마 안 되는 황금이 있었고 또 주민이 산에서 내려오는 시냇물이나 격류에서 그런 황금을 발견한다는 보고를 접하고, 콜럼버스는 그 산들에 금맥이 풍부한 금광들이 많다고 판단했다. 그리하여 산토도밍고는 황금이 풍부한 고장으로 보고되었다. 그리하여 당대와 현재에 이르기까지 그러한 편견에 힘입어 이 고장이 스페인 왕실과 왕국에 진정한 부를 가져다주는 화수분 같은 원천이 될 것으로 보고했다.

콜럼버스가 첫 번째 항해에서 돌아와 카스티야와 아라곤의 두 군주에게 보고하는 일종의 명예로운 개선식을 거행하면서 그가 발견한 주요 지역들의 특산물을 엄숙하게 전시하며 개선식 행사를 빛냈다. 그 특산물 중에서 값나가는 것이라곤 금 머리끈, 금팔찌, 금 장식물 그리고 여러 뭉치의 목화 다발뿐이었다. 나머지는 대중적인 기이함과 호기심을 자아내는 물건들이 었다. 가령 상당히 큰 갈대, 아주 아름다운 깃털을 가진 새들, 거대한 악어와 물소의 박제된 가죽 등이었다. 이러한 물품을 전시하는 개선식 맨 앞에는 6~7명의 가련한 현지 원주민이 걸어감으로써 개선식의 독특한 이채와 광경에 이바지했다.

황금은 신세계 점령의 유일한 목적

콜럼버스의 그런 개선식이 끝난 후에 카스티야 국무회의는 현지 주민이 스스로 방어할 능력이 없는 그 땅들을 차지하기로 의결했다. 그들을 기독교도로 개종시킨다는 거룩한 목적이 점령 계획의 부당함을 정당화했다. 그러나 황금의 보고(寶庫)를 발견하겠다는 것이 사실상 그런 정복 사업을 밀어붙인 유일한 동기였다. 이러한 동기에 더욱 무게감을 높이기 위해 콜럼버스는 현지에서 발견된 금은의 절반을 왕실에 귀속시킬 것을 제안했고, 국무회의에서 이 제안은 승인되었다.

최초 모험가들이 유럽에 가져온 황금의 전부 혹은 대부분이 무방비 상태의 원주민을 약탈해 손쉽게 얻은 것이었다면, 그런 무거운 세금[발견된 황금의 절반]을 납부하는 것은 그리 어려운 일은 아니었을 것이다. 그러나 산토도밍고와 기타 콜럼버스가 발견한 지역의 원주민에게서 황금을 빼앗는 작업이 6~8년 사이에 완료되어, 황금을 더 확보하려면 금광을 직접 채굴해야 하는 상황이 되면서 그 정도의 세금을 지불하는 것이 더 이상 가능하지 않게 되었다.

그러나 절반을 강제 징수하겠다는 요구가 계속되자 먼저 산토도밍고 금광 채굴을 완전히 포기했고 그때 이후 더 이상 채광이 이루어지지 않았다. 그러자 세금은 곧 3분의 1로 인하되었다가 그 후 5분의 1, 다시 10분의 1로 줄었다. 그리하여 마침내 금광 총 생산량의 20분의 1로 줄었다. 은에 대한 세금은 오랫동안 총생산량의 5분의 1이었다. 이 세금은 금세기[18세기]

에 들어 10분의 1로 줄었다. 그러나 최초 모험가들은 은에 대해서는 별 관심이 없었던 듯하다. 황금 외에는 그들의 안중에 없었던 것이다.

콜럼버스의 모험에 뒤이어 스페인의 모든 신세계 탐험은 동일한 동기에 따라 일어났다. 오이에다, 니쿠에사, 바스코 누네스 데 발보아를 다리엔 지협으로 내몰고, 코르테스를 멕시코로 가게 만들고, 알마그로와 피사로를 칠레와 페루로 내몬 것도 이 황금에 대한 목마름이었다. 모험가들은 미지의 해안에 도착한 후 항상 그곳에 금이 있는지 먼저 물었고, 금에 관한 정보에 따라 그 나라를 떠나거나 그곳에 정착하기로 결정했다.

그러나 모든 비싸고 불확실한 프로젝트 중에서 참여자 대부분을 도산하게 만드는 사업으로, 새 금광이나 은광을 찾아다니는 것보다 더 위험한 사업을 찾긴 어렵다. 그 사업은 세상에서 가장 불리한 복권 사업이며, 꽝을 뽑은 사람이 아무리 많다고 해도 당첨될 확률은 전혀 상관이 없는 그런 사업이다. 경품은 너무나 적고 꽝은 아주 많은 상태에서, 복권의 일반 가격은 일반적인 부자의 전 재산에 해당하기 때문이다. 금광 사업은 거기에 들어간 자본과 정상 이윤을 회수시켜 주지도 않고, 자본과 이윤을 모두 삼켜버린다. 그리하여 금광 사업은, 국부를 늘이기 원하는 신중한 입법가들이 사업가에게 전혀 추천하고 싶지 않은 분야이며, 이미 사업에 들어간 자본은 어쩔 수 없더라도 추가로 투자하기를 권하지 않는 분야다.

그러나 거의 모든 사람이 자신의 행운에 대해서는 어리석을 정도로 자신감을 보인다. 그리하여 성공 가능성이 아주 낮은 곳에서도 엄청나게 많은 자본이 자발적으로 이 사업에 흘러든다.

엘도라도의 망상이 불러온 어리석은 판단

이런 사업에 대해 건전한 이성과 판단은 아주 불리한 판결을 내린다. 그러나 인간의 탐욕에서 비롯된 판단은 전혀 다른 쪽으로 나아간다. 과거를 한번 살펴보라. 많은 사람이 현자의 돌[155]이라는 황당한 아이디어에 매혹되어 열정을 불태웠다. 그런 망상으로 사람들은 무진장 묻혀 있는 금광과 은광이 어딘가에 있다는 믿음을 가졌다.

이런 사람들은 하지 못하는 생각이 있다. 역사상 모든 시대, 모든 나라에서 금과 은의 가치는 그 희소성에서 비롯됐다. 자연은 어디든지 극히 소량밖에 금은을 저장하지 않았다. 그리고 이 소량마저도 그 주위에 단단하고 다루기 어려운 물질들을 둘러쳐 놓았다. 따라서 어디서나 땅속을 파고들어가 그 소량의 금은에 도달하려면 많은 노동과 경비를 투입해야 한다.

하지만 금광을 찾아 나선 사람들의 생각은 달랐다. 금은 광산이 납, 구리, 주석, 쇠같이 흔히 발견되는 광산처럼, 엄청난 노다지로 묻힌 곳이 많으리라는 상상이다. 엘도라도라는 황금의 도시를 연모했던 월터 롤리 경의 꿈을 들어보면, 위대한 사람들도 그런 기이한 망상에서 언제나 자유로운 것은 아니라는 사실을 알게 된다. 이 위인이 사망하고 나서 1백 년 이상이 지나 예수회 회원 구밀라는 여전히 그런 황금 도시가 어딘가에 있으리라고 확신했다. 구밀라는 진실하고 따뜻한 어조로, 복음의 빛을 그런 도시로 가져갈 수 있다면 얼마나 좋을까, 그러면 그 도시 사람들은 선교사들의 경건한 노고를 잘 보답해주리라고 여겼다.

스페인 사람들이 처음 발견한 지역들에서, 채굴 작업을 할 만한 금광이나 은광은 현재 알려진 것이 없다. 최초 모험가들이 그곳에서 발견했다고 하는 금은 수량은 크게 과장되었고, 최초 발견 즉시 채굴 작업에 들어간 금광 매장량 또한 부풀려진 것이었다. 그러나 모험가들이 뭔가를 발견했다는 소식만으로도 본국 동포들의 탐욕을 불러일으키기에 충분했다. 아메리카로 항해하는 모든 사람은 그곳에서 엘도라도를 발견하기를 기대했다.

이 경우에도 행운의 여신은 평소와 같이 특별한 역할을 해주었다. 어떤 측면에서 보면, 자신을 믿는 사람들의 엄청난 기대를 이루어 준 것이다. 그리고 멕시코와 페루의 발견과 정복 과정에서(멕시코는 콜럼버스의 첫 번째 탐험 후 30년, 페루는 40년 후에 발견되었다), 행운의 여신은 자신의 신봉자들에게 그들이 꿈꾸었던 금은만큼이나 풍성한 보상을 내려주었다.[156]

---

155 비금속을 금이나 은으로 바꾸는 힘이 있다고 믿었던 돌. 중세의 연금술사들이 이 돌을 찾아서 천하를 돌아다녔으나 결국 찾지 못했다.

인간의 지혜가 예측하지 못한 놀라운 결과

따라서 동인도제도를 상대로 하는 상업 계획은 결국 서인도제도를 최초로 발견하게 만든 단초가 되었다. 정복 계획에 따라 스페인 사람들이 새로 발견한 지역에서 식민지가 건설되었다. 그들을 이런 정복 사업에 나서게 한 것은 금광과 은광을 탐사하겠다는 계획이었다. 그러나 인간의 지혜로는 미리 예측할 수 없는 일련의 우연한 사건들은 입안자들이 당초 합리적으로 기대할 수 있었던 수준보다 이 계획을 훨씬 더 성공적으로 만들었다.

아메리카에 식민지를 건설하려 한 다른 유럽 국가의 최초 모험가들도 스페인 사람 못지않은 허황된 꿈에서 영감을 얻었다. 브라질에서 최초의 금광, 은광, 다이아몬드광이 발견된 것은 최초 모험가들이 브라질에 정착하고 1백 년이 지난 후의 일이었다. 잉글랜드, 프랑스, 네덜란드, 덴마크의 식민지들에서 금광, 은광, 다이아몬드 광은 발견되지 않았다. 아무튼 현재까지 채굴 작업을 할 만한 가치가 있는 곳은 발견되지 않았다.

그러나 북아메리카의 최초 잉글랜드 정착자들은 그곳에서 발견된 금은의 5분의 1을 왕실에 바치겠다고 제안했다. 그리하여 월터 롤리 경, 런던회사와 플리머스 회사, 플리머스 시의회에 등에 내려간 칙허장을 보면 발견한 금은의 5분의 1을 왕실에 바친다는 조문이 들어가 있다. 금광과 은광을 발견하겠다는 희망 때문에 이 최초 정착자들도 동인도제도로 가는 북서항로를 찾는 데 동참했다. 그렇지만 그들은 지금껏 그 둘 모두에서 실망을 맛보았다.[157]

제2절

새 식민지들이 번영한 여러 원인

◇

문명국가들이 황폐한 땅이나 인구가 듬성한 땅—원주민이 새 정착자들에게 쉽게 내준 땅—을 차지해 세운 식민지는 다른 인간 사회보다 국부와 국력 증강을 향해 더 신속하게 발전한다.

식민 정착자들은 농업 지식과 다른 유익한 기술을 가지고 식민지에 도착했는데, 그런 지식과 기술은 야만적이고 미개한 부족들 사이에서 수 세기 동안 저절로 생긴 것보다는 월등하게 우수한 것이었다. 그들은 그런 기술만 가지고 온 게 아니었다. 권위에 대한 복종의 습관, 모국에서 정착된 정부 형태, 그 정부를 지탱하는 법률, 정규적인 사법 체계 등도 함께 가지고 왔다. 당연히 그들은 새 식민지에 그와 유사한 것을 수립했다. 그러나 야만적인 미개 부족들 사이에서 법률과 행정에 관한 자연스러운 발전은 기술 발전보다 훨씬 느렸다. 그들의 기존 법률과 행정은 그들의 인신 보호에 필요한 것 정도에 그쳤다.

광대한 토지는 신세계 발전의 원동력

새 식민지에 정착한 사람들은 자신이 경작할 수 있는 수준보다 많은 토지를 차지했다. 지대를 낼 필요도 없었고 세금도 거의 없었다. 생산물을 공유하자는 지주도 없었고, 군주가 가져가는 몫은 아주 적었다. 식민 정착자는 더욱더 많이 생산해야 할 이유가 있었다. 생산물은 거의 모두 자기 차

156　콜럼버스의 항해는 유럽인과 아메리카 원주민 사이의 만남 그 이상의 것을 만들어냈다. 그 항해는 구세계와 신세계 사이에서 동식물의 다양한 종들의 쌍방 교환을 가져온 도관(導管)이 되었다. 이 쌍방 교환을 가리켜 '콜럼버스 교환'(Columbian exchange)이라고 하는데, 이는 생물학적으로 전례 없는 일이었으며 그 심원한 결과는 오늘날까지도 지속되고 있다. 가장 뚜렷한 효과는 구세계와 신세계 사이에 농작물이 교환된 것이었고 동시에 많은 순치(馴致) 동물들이 사상 최초로 아메리카에 들어왔다. 아메리카는 구세계에 옥수수, 감자, 토마토 같은 주요 작물을 제공했다. 이에 대한 보답으로 구세계는 아메리카에서 일찍이 경작된 적 없는 밀과 쌀을 제공했다. 또 갑자기 아메리카에 농장 동물들이 수입되었다. 말이 들어 왔고, 소, 양, 염소, 돼지도 따라왔다. 담배는 아메리카에서 유럽으로 건너갔고, 사탕수수가 유럽에서 아메리카로 들어왔다. 특히 사탕수수는 카리브해와 유럽 경제 체제를 근본적으로 바꾸어놓게 된다.

157　당시 영국은 아시아로 가는 북서항로를 개척하려고 했다. 그렇게 하면 이미 아시아 항로를 발견해 열대 지방에서 활약 중인 포르투갈과 스페인을 직접 상대하지 않아도 됐기 때문이다. 이렇게 해서 영국은 북아메리카 북부 해안, 오늘날의 뉴잉글랜드와 캐나다 해안을 발견했다. 그러나 영국은 인도로 가는 북서항로는 끝내 발견하지 못했다.

지였기 때문이다. 토지는 너무나 넓었다. 열심히 노동하고 또 고용할 수 있는 사람들이 함께 힘을 다해도, 땅에서 생산할 수 있는 것의 10분의 1을 생산하기도 벅찼다. 그는 온 사방에서 일꾼을 끌어모으기에 바빴고 그들에게 아주 후한 임금을 주었다.

그러나 후한 임금에다 주변에 값싼 땅이 너무나 많았기 때문에 일꾼들은 곧 지주를 떠나 스스로 지주가 되었다. 이들은 다른 노동자에게도 후한 임금을 주었으나 그 노동자들 또한, 곧 같은 이유로 지주를 떠나갔다. 노동 임금이 이처럼 후했기 때문에 결혼은 장려되었다. 아이들은 어릴 때는 잘 먹이고 보살펴주어야 하지만, 일단 성장하면 노동 가치가 그동안 들어간 비용을 벌충하고도 남았다. 이 아이들도 성인이 되면 높은 임금과 낮은 땅값 덕분에 아버지가 전에 그렇게 했던 것처럼 독립해 농장주가 되었다.

다른 나라에서는, 지대와 이윤이 임금을 잠식하고, 두 상층 계급이 하층 계급을 억압한다.[158] 그러나 새 식민지에서 두 상층 계급은 하층 계급을 관대하고 인정 넘치게 대우했는데, 그들의 이해관계와 부합했기 때문이다. 아무튼 식민지에서 농민 계층은 노예 상태가 아니었다. 사람들은 다산성이 아주 높은 주인 없는 땅을 헐값에 사들일 수 있었다. 땅 주인이 곧 농민이었고 그 땅에서 올리는 수입 증가는 곧 이윤과 직결되었다. 이런 상황에서 그 이윤마저 아주 높았다.

그러나 이러한 이윤도 사람을 고용해 토지를 개간하고 경작하지 않으면 올릴 수가 없었다. 새 식민지에서는 땅은 아주 넓은데 개간할 사람은 별로 없는 불균형이 벌어졌다. 이 때문에 노동력은 늘 부족했다. 그러므로 높은 임금에 개의치 않고 부르는 대로 임금을 주었고, 높은 임금은 인구 증가를 촉진했다. 좋은 땅이 값싸고 풍부하므로 토지 개량에 적극 나서게 되었고, 지주는 높은 임금을 기꺼이 지불했다. 이 임금이 토지의 가치 전체와 다름없었다. 임금은 노동에 대한 대가로 보면 높았으나, 그처럼 가치 있는 일

---

158 프랑스 혁명이 터지기 전, 프랑스에서 두 상층 계급은 귀족과 성직자였고 하층 계급은 농민이었다.

에 대한 대가로 볼 때는 낮은 것이었다. 인구 증가와 토지 개량을 촉진한 힘은 곧 진정한 국부와 국력의 발전을 가져왔다.

고대 그리스 – 로마 식민지의 발전

많은 고대 그리스 식민지에서도 국부와 국력은 신속하게 발전해갔다. 1~2세기가 흘러가는 동안 식민지들은 모 도시와 어깨를 겨루거나 심지어 모 도시를 능가했다. 시칠리아의 시라쿠사와 아그리겐툼, 이탈리아의 타렌툼과 로크리, 소아시아의 에페수스와 밀레투스 등은 고대 그리스 본토의 다른 도시들과 비교해 모든 면에서 손색이 없었다. 비록 시작은 뒤처졌지만 이 식민 도시들의 공예, 철학, 시가, 웅변술은 이른 시기부터 발달했고 그리하여 본국의 모 도시들과 마찬가지로 크게 성장했다.

고대 그리스 철학의 두 학파인 탈레스파와 피타고라스파는 고대 그리스 본토가 아니라 각각 소아시아와 이탈리아 식민지에서 활약했다. 이런 식민지들은 야만적인 미개 부족들이 사는 곳에 세워졌고 원주민은 새 정착자에게 땅을 쉽게 내주었다. 이 그리스 식민지들은 좋은 땅을 많이 가지고 있었고 모 도시로부터 독립되어 있었으며, 자기 이해관계에 맞게 일을 처리해도 되는 자유가 있었다.

로마 식민지의 역사는 이처럼 화려하지 않았다. 그 식민지 중 일부, 가령 피렌체 같은 도시는 로마 멸망 후에도 상당한 수준으로 발전했다. 그러나 로마 식민지들의 발전은 하나같이 느렸다. 정복 지역에 설립되었고 대부분 이미 주민이 살고 있었기 때문이었다. 각 식민 정착자에게 배정된 땅은 그리 크지 않았다. 게다가 식민 도시들은 독립된 상태가 아니어서 자기 일을 자기 마음대로 처리할 수 없었다.

아메리카와 서인도제도에 설립된 유럽 식민지들에는 좋은 땅이 많았고 토지 규모도 고대 그리스 식민지를 능가했다. 이 새 식민지들은 본국에 의존한다는 점에서 고대 로마의 식민지와 비슷했지만 유럽에서 멀리 떨어져 있었기에 의존 상태는 많이 희석되었다. 그들은 위치상 본국의 눈에 덜 띄었고 힘도 덜 미쳤다.

그들만의 방식대로 이익을 추구하면서 식민지의 자율적 행동은 여러 번 간과되었다. 유럽에 그 행동이 알려지지 않았거나 이해되지 않았기 때문이었다. 어떤 경우에 유럽 본국은 그런 행동을 허용하고 승인하기도 했다. 거리가 너무 멀어 그런 행동을 단속하기 어려웠기 때문이다. 스페인 같은 난폭하고 독재적인 정부도 현지의 전면적인 반란이 두려워 식민지에 내린 명령을 철회하거나 완화할 때가 많았다. 유럽 식민지들은 이런 여세를 몰아 국부, 인구, 토지 개량 측면에서 큰 발전을 성취했다.

스페인의 신대륙 정복 상황

스페인 왕실은 식민지 설립 초창기부터 금은에 대한 공동 소유권 덕분에 상당한 수입을 올렸다. 그것은 인간 본성에 깃들인 탐욕을 풀무질해 더 큰 부를 기대하게 만들 정도의 수입이었다. 그러므로 스페인 식민지들은 설립 초기부터 모국으로부터 엄청난 관심의 대상이었다. 반면 다른 유럽 국가의 식민지들은 대체로 무시당했다.

하지만 본국의 큰 관심으로 스페인 식민지들이 더 크게 번창한 것도 아니고 본국이 무관심하다고 해서 다른 식민지들이 더 나빠진 것도 아니었다. 스페인에서는 자기 식민지가 그들이 점령한 땅 크기에 비례할 때, 다른 유럽의 식민지보다 인구가 듬성하고 또 번창하지 못한 상태라고 여겼다.

그렇지만 스페인 식민지들이 인구 증가와 토지 개량 면에서 이룬 발전은 그래도 아주 빠르고 규모도 컸다. 신세계 정복 이후에 건설된 리마시는 저술가 울로아에 따르면 지금으로부터 30년 전에 이미 인구가 5만 명이었다. 인디언들의 빈한한 어촌이었던 퀴토는 울로아 당시에 리마 못지않게 인구가 조밀했다. 자칭 여행가이면서 아주 좋은 정보를 기초로 글을 썼던 가멜리 카레리는 멕시코시 인구가 10만 명이라고 기술했다. 스페인 저술가들의 과장을 고려하더라도, 이것은 몬테수마왕[159]의 시대보다 다섯 배 이상

---

159 신대륙 발견 이전에 멕시코 아즈텍 족의 왕을 지냈다(1466-1520, 재위 1504-1520). 스페인의 정복자 에르난 코르테스의 멕시코 정복 때 살해되었다.

많은 수치다. 이 수치는 잉글랜드 식민지의 3대 도시인 보스턴, 뉴욕, 필라델피아를 크게 능가한다.

스페인 사람들의 정복 이전에 멕시코와 페루에는 짐을 끌어줄 만한 가축들이 없었다.[160] 등짐을 질 수 있는 동물은 라마가 유일한데 그 힘은 보통 당나귀보다 현저히 떨어졌다. 현지인들 사이에서 쟁기는 알려져 있지 않았다. 그들은 쇠를 사용할 줄 몰랐다. 동전도 없었고, 어떤 종류의 상업 수단도 만들어내지 못했다. 그들의 상거래는 물물교환이었다. 일종의 나무 삽이 그들이 사용하는 주된 농기구였다. 어떤 물체를 쪼개야 할 때는 날카로운 돌이 칼이나 도끼 역할을 했다. 물고기 뼈와 특정 동물의 단단한 힘줄은 바느질 용도로 사용됐다. 이런 물건들이 중요한 작업 도구였던 것 같다.

문명의 발전이 이러한 상황이었으므로 이 두 제국[161]이 과거에 지금처럼 개량되고 경작되기는 어려웠을 것이다. 아무튼 지금은 모든 종류의 유럽의 가축들이 공급되었고 쇠와 쟁기를 사용하며 또 유럽의 온갖 기술이 도입되어 있다. 그리고 각국의 인구 밀도는 그 나라의 토지 개선과 경작 정도에 비례한다. 신세계 정복 이후 자행된 원주민에 대한 잔인한 학살에도 불구하고, 이 두 위대한 제국의 인구는 예전보다 더 조밀한 상태가 되었다. 그리고

---

160 대부분의 순치 동물들은 1492년 이후, 그러니까 유럽의 정복자들이 구세계로부터 농장 동물들을 데리고 옴으로써 비로소 신대륙에 들어왔다. 북아메리카의 수렵 채취자들은 야생말을 식용으로 사용해 멸종시켰다. 그리하여 남아 있는 순치 동물은 안데스 고원지대의 낙타과 동물 야마와 알파카, 두 종류의 새(칠면조와 집오리), 기니피그뿐이었다. 안데스 고원지대의 야마와 알파카를 제외하고, 아메린디언 인구는 1만 년 이상을 등짐과 짐 끌기를 대신 해줄 대형 동물이나, 장거리 수송과 통신을 맡아줄 말 없이 살았다. 따라서 북아메리카에서 말들이 일찍 멸종된 것은 아메린디언 인구에게는 대재앙에 가까운 손실이었다. 아메린디언들이 다시 말을 구경한 것은 스페인 정복자들이 15세기 말엽에 말을 타고 나타났을 때였다.

161 아즈텍 제국과 잉카 제국을 가리킨다. 아즈텍 제국은 고도의 문화를 가진 중앙 멕시코 원주민이 세운 제국으로, 1519년 코르테스가 이끄는 스페인 사람들에게 정복될 때까지 유지되었다. 잉카 족은 12세기경 페루에서 흥기해 제국을 세운 인디언의 혼합 종족이다. 1532년 피사로에게 멸망당한 당시의 잉카 제국의 영토는 콜롬비아 남부에서 칠레 북부까지 안데스산맥 전 지역에 이르렀고, 그 문화는 놀라울 정도로 높은 수준이었다.

인구 분포도 많이 달라졌다. 우리는 스페인 계통의 백인 후예 크레올인이 여러 면에서 현지의 인디언보다 우수하다는 것을 인정해야 한다.

포르투갈의 브라질 정복

스페인 사람의 식민지들을 제외하고, 포르투갈인이 브라질에 세운 식민지가 아메리카에 진출한 유럽 국가 중에서 가장 오래되었다. 그러나 최초 발견 이후 브라질에서는 금광이나 은광이 발견되지 않았다. 이 땅은 왕실에 아무런 수입도 올려주지 못했기에 오랫동안 방치되었다. 그러나 이렇게 무심하게 놔둔 기간에, 이 식민지는 크고 강하게 성장했다. 포르투갈이 스페인의 지배를 받는 동안 브라질은 네덜란드의 공격을 받았고, 총 14개 주 중 7개 주를 네덜란드에 빼앗겼다. 네덜란드가 나머지 7개 주마저 차지하려고 하는 중에 포르투갈에서는 브라간사 가문이 왕위에 올라 스페인으로부터 독립을 쟁취했다.

그런데 스페인의 적국 네덜란드는 역시 스페인을 적국으로 둔 포르투갈의 우방이 되었다. 그리하여 네덜란드는 아직 정복하지 않은 나머지 7개 주를 포르투갈 왕이 그대로 유지하도록 했고, 반면 포르투갈 왕은 동맹국과 영토 분쟁을 일으키는 것은 위신이 떨어지는 일이라 생각해 네덜란드가 기존의 7개 주를 그대로 영유하는 데 동의했다.

하지만 네덜란드 정부는 곧 포르투갈 이주민을 억압하기 시작했고, 그들은 불평을 토로하는 데 그치지 않고 새 주인을 상대로 무장 봉기를 일으켰다. 현지 포르투갈 주민은 그들 자신의 결단과 용기와 함께, 공개적이지는 않았지만 본국의 은근한 지원 아래 네덜란드인들을 브라질에서 쫓아냈다. 그러자 네덜란드는 브라질 지역 유지가 불가능하다고 판단해 브라질 전 지역이 포르투갈 왕실 소유로 돌아가는 것을 용인했다.

브라질 식민지에는 60만 명 이상의 주민이 살고 있으며, 그 구성원은 포르투갈인과 그 후손, 크레올인, 물라토[백인과 흑인 혼혈], 포르투갈인과 브라질인의 혼혈 등이다. 아메리카의 다른 식민지에는 유럽계 사람들이 그처럼 많이 살지는 않는다.

스페인의 쇠퇴와 유럽 각국의 신세계 진출

15세기 말과 16세기 대부분의 기간, 스페인과 포르투갈은 2대 해양 제국이었다. 베네치아 공화국의 상업이 유럽 전역에 뻗쳐 있었지만, 그 선단은 지중해 너머로는 항해하지 못했다. 스페인 사람들은 자신들이 아메리카를 최초로 발견했다고 하면서 아메리카 전 지역에 대한 영유권을 주장했다. 비록 스페인이 포르투갈 같은 해양 제국이 브라질에 정착하는 것을 막지는 못했지만, 그래도 스페인이라는 이름은 엄청난 위세와 공포를 일으켰으므로 유럽 다른 나라는 아메리카 대륙 일부라도 정착할 생각을 감히 하지 못했다. 가령 플로리다에 정착을 시도했던 프랑스 사람들은 모두 스페인 사람들에게 학살당했다.

그러나 16세기 후반에 소위 무적함대가 연달아 패배하고 무능해지면서, 스페인 제국의 해군력은 쇠퇴하기 시작했고, 스페인은 더 이상 다른 유럽 국가의 신세계 진출을 막을 힘이 없었다. 그리하여 17세기가 흘러가는 동안 잉글랜드, 프랑스, 네덜란드, 덴마크, 스웨덴 등 대양으로 나가는 항구를 보유한 유럽 국가들은 신세계에 식민지를 건설하러 나섰다.

스웨덴은 뉴저지에 식민지를 건설했다. 아직도 이 지방에서 다수의 스웨덴 가문이 발견되는데, 이는 모국 스웨덴이 이 식민지를 적극적으로 보호했더라면 크게 번창했을 수 있었음을 보여준다. 그러나 스웨덴이 이 식민지를 등한히 했으므로 네덜란드 식민지였던 뉴욕에 삼켜졌고, 뉴욕은 다시 1674년에 잉글랜드의 지배 아래로 들어갔다.

덴마크가 신세계에 건설한 식민지는 세인트 토마스와 산타크루스라는 작은 섬들뿐이었다. 이 식민지들은 독점 회사가 지배하면서 관리하는 수준이었다. 이 회사는 현지 이주민의 잉여생산물을 사들이고, 그 주민에게 그들이 원하는 다른 나라의 물품을 공급하는 독점 권리를 갖고 있었다. 이처럼 구매와 판매 양쪽에서 현지 이주민을 억압할 권리를 갖고 있었을 뿐 아니라, 그 권리를 행사하려는 유혹도 크게 느꼈다. 상인들의 독점 회사가 펴는 행정은 어떤 나라가 되었든 최악이다. 이 회사는 식민지들의 발전을 더디고 맥없는 것으로 만들기는 했지만, 완전히 가로막지는 못했다. 덴마크의 작고한 국왕은 마침내 이 회사를 해산했고 그때 이후 이 식민지들은 크게 번창했다.

서인도제도의 네덜란드 식민지

동인도제도는 물론이고 서인도제도의 네덜란드 식민지들은 원래 독점 회사의 지배를 받았다. 일부 식민지는 오래전에 정착한 다른 나라의 식민지들보다 상당히 빠르게 발전하긴 했지만, 대부분 새 식민지들과 비교하면 느리고 무기력했다. 수리남[남아메리카의 네덜란드령 기니] 식민지는 상당한 발전을 보기는 했지만 다른 유럽의 설탕 식민지들과 비교해보면 아직 뒤떨어지는 편이다. 지금은 뉴욕과 뉴저지 두 지역으로 나뉜 노바 벨기아[화란어로 '새 네덜란드'] 식민지는 설사 잉글랜드가 아니라 네덜란드 지배를 받았다 하더라도 상당히 빨리 발전했을 것이다.

좋은 토지가 값싸고 풍부하게 공급된다는 사실은 번영의 강력한 원인이므로, 아무리 나쁜 정부라도 그런 토지의 효율성을 억제하지 못한다. 본국에서 멀리 떨어져 있다는 사실 덕분에 식민지 이주민은 독점 회사가 그들에게 부과하는 독점을 밀수로 어느 정도 피해갈 수 있었다.

현재 네덜란드 독점 회사는 수리남과 거래하는 모든 네덜란드 선박에 선적 화물 가치의 2.5퍼센트를 관세로 지불하도록 한다. 그리고 아프리카에서 아메리카로 오는 직접 거래의 권리를 독점하고 있다. 그런데 그 직접 거래라는 것이 거의 전적으로 노예무역이다. 이 회사의 배타적 특혜가 줄어든 것이 오늘날 이 식민지가 누리는 번영의 주된 원인이 되었다. 네덜란드령인 두 섬 쿠라소아와 유스타티아는 모든 국적의 배가 입항할 수 있는 자유항이다. 대부분 번영하는 식민지의 항구는 오직 한 국가의 선박만 입항할 수 있었다. 이런 입항 자유는 두 황폐한 섬이 번영을 누리게 된 주요 이유가 되었다.

캐나다의 프랑스 식민지

지난 17세기 대부분과 금세기 중 일부 시기에 캐나다의 프랑스 식민지는 독점 회사의 지배하에 있었다. 그처럼 불리한 간섭을 받고 있었으므로 이 식민지의 발전은 다른 새 식민지보다 아주 느릴 수밖에 없었다. 그러나 소위 미시시피 계획[162] 붕괴 이후에 회사가 해산되면서 이 식민지의 발전은 아주 빠르게 진행되었다. 잉글랜드가 이 지방을 차지했을 때, 그들은 샤를 부아 신부가 20~30년 전에 이 지역의 인구[163]로 제시했던 것보다 근 두 배나 많은 사람이 살고 있는 것을 발견했다. 이 예수회 신부는 고장 전역을 여행했고 주민 수를 실제보다 적게 기록할 이유도 없었다.

산토도밍고의 프랑스 식민지는 오랫동안 프랑스의 보호도 필요 없었고 그 권위를 인정하지도 않았던 해적과 약탈자들이 설립했다. 해적들은 나중에 본국의 권위를 인정할 정도로 어엿한 시민이 되었는데, 그들을 상대로는 오랫동안 아주 조심스럽게 권위를 행사해야 했다. 이 기간 식민지의 인구와 토지 개량은 아주 빠르게 진행되었다.

한동안 지배를 받아온 독점 회사의 억압은, 다른 프랑스 식민지들처럼 식민지 발전을 어느 정도 지체시켰지만, 완전히 멈추지는 못했다. 독점 회사의 압제로부터 해방되자 이 식민지에는 빠르게 번영이 찾아왔다. 이 섬은 이제 서인도제도의 가장 중요한 설탕 식민지이고 생산량은 잉글랜드 설탕 식민지 전부를 합친 것보다 많다. 프랑스의 다른 설탕 식민지들도 전반적으로 크게 번창하고 있다.

잉글랜드 식민지의 4가지 장점

그러나 북아메리카의 잉글랜드 식민지처럼 빠르게 발전한 식민지들은 없다. 좋은 토지가 풍부하고 자기 일을 임의로 처분하는 자유가 있다는 것이, 이 새 식민지가 번창하는 주요 요인이다.

그렇지만 좋은 토지의 풍부함만 따진다면, 잉글랜드 식민지는 스페인이나 포르투갈보다 열등하고 또 최근 전쟁[7년 전쟁] 이전에 프랑스 사람들

---

162 『국부론』제2권 2장 참조.

163 샤를부아 신부는 1713년에 이 지역에 2만에서 2만 5천의 인구가 있었다고 기록했다.

이 차지한 일부 땅보다도 못하다. 그러나 영국 식민지들의 정치 제도들은 토지를 개량하고 경작하는 데 있어 이 세 나라보다 월등한 유리함을 제공했다. 그 제도의 장점을 열거하면 다음과 같다.

(1) 토지 독점 제한

완전히 예방할 수는 없었지만 잉글랜드 식민지에서는 미경작 토지 독점이 다른 나라보다 크게 제한되었다. 식민지 법령은 모든 지주에게 일정 기간 내에 소유지 일정 부분을 개량하고 경작하라는 의무 사항을 부과하면서, 만약 이 의무를 지키지 않으면 그 땅은 다른 사람에게 양도된다고 명시했다. 이 법령은 아주 철저하게 시행되지는 않았지만 그래도 상당한 효과가 있었다.

(2) 장자상속과 한사상속 금지, 그에 따른 양질의 노동력

펜실베이니아 식민지에서는 장자상속 제도가 없다. 그래서 토지는 동산과 마찬가지로 한 가정의 자녀들에게 균등하게 분배되었다. 뉴잉글랜드의 여러 식민지 중 세 지역에서만 모세 율법이 정한 것처럼 장자는 다른 형제보다 두 배의 땅을 물려받았다. 그러므로 이런 지역들에서는 특정 개인이 땅을 독점하는 경우도 종종 있었지만, 한두 세대가 지나가면 자연히 다시 분배되었다. 다른 잉글랜드 식민지들에서는 장자상속권이 잉글랜드 본국 법률처럼 실제로 시행되었다. 그러나 모든 잉글랜드 식민지에서 토지는 자유로운 소키지[164]에 따라 보유되고 있다. 이 때문에 토지 양도가 수월하므로 어떤 넓은 땅을 불하받은 사람은 그 땅의 상당 부분을 양도하고, 자신은 소규모 부역 면제 지대를 확보하는 것이 더 유리하다고 생각한다.

스페인과 포르투갈 식민지들에는, 소위 마요라초 권리[right of Majo-razzo: 맏아들의 권리] 라는 것이 있는데, 이는 명예로운 호칭이 붙은 대영지를

---

164 socage. 농업 노동에 따른 토지 보유 제도. 병역 제공 외에는 다른 부역 없이 농업 노동을 제공함으로써 토지를 보유하는 중세유럽과 잉글랜드의 제도.

상속할 때 발생하는 권리다. 이런 영지는 단 한 사람에게 상속되므로 사실상 한 사상속이고 이로 인해 양도가 불가능하다. 그리고 프랑스 식민지에서는 토지 승계와 관련하여 잉글랜드 법률보다 차자(次子) 이하의 자녀들에게 훨씬 유리한 파리의 관습을 따른다. 그러나 프랑스 식민지에서, 어떤 영지 일부분이 기사 보유 혹은 충성 보유 같은 귀족 보유권에 따라 묶여 있다가 타인에게 양도된다면, 그 땅은 일정 기간 되사들이기 권리에 구속받는다. 다시 말해 양도했더라도 영주의 상속자나 가문의 후계자가 그 땅을 되살 수 있다. 프랑스 대영지들은 모두 이런 귀족 보유권에 묶였기에 양도가 아주 까다로웠다.

그러나 새 식민지에서 미경작 대토지는 상속보다는 양도에 따라 아주 신속하게 분배될 가능성이 높다. 이미 언급했지만, 풍부하고 값싼 양질의 토지는 새 식민지에 신속한 번영을 가져온 주된 원인이다. 그런데 토지 독점은 이런 토지 개량을 가로막는 최대 장애물로 작용한다. 토지 개량과 경작에 투입된 노동력은 그 사회에 가장 크고 높은 가치가 있는 생산물을 제공한다. 이때 노동력은 자신의 임금은 물론 거기에 투자 자본 이윤을 지급할 뿐 아니라, 노동이 투하되는 토지 지대도 감당할 정도로 생산성이 높다.

잉글랜드 이주민은 토지 개량과 경작에 훨씬 더 많이 투입되고 있으므로 다른 세 국가의 노동력보다 훨씬 더 크고 가치 있는 생산물을 만들 것이다. 다른 세 나라[스페인·포르투갈·프랑스]의 자본은 토지 독점으로 인해 토지가 아닌 다른 투자처로 갈 수밖에 없기 때문이다.

(3) 온건한 세금 부과

잉글랜드 이주민의 노동은 더 크고 가치 높은 생산물을 만들어낼 뿐만 아니라, 온건한 세금 덕분에 그 생산물에서 상당히 큰 부분이 이주민 자신에게 돌아간다. 그리하여 그들은 그 돈을 저축해두었다가 더 큰 노동량을 작동시키는 데 투자한다. 잉글랜드 이주민은 모국의 방어에 기여한 바가 없고, 또 모국의 민정(民政) 유지를 위해 돈을 내놓은 적이 없다. 오히려 그들은 전적으로 모국의 희생에 의지해 자신을 방어해왔다.

그러나 육군과 해군 유지 비용은 민간 정부 유지와는 비교가 안 될 정도로 막대하다. 식민지가 그들의 민간 정부를 유지하는 비용은 크지 않았다. 현지 지사, 재판관, 몇몇 공무원의 봉급을 지불하고, 몇 건의 유익한 공공사업을 유지하는 정도에 국한되었다.

매사추세츠 만(灣)의 민간 정부 운영비는 현재의 소요 사태[미국 독립전쟁]가 시작되기 전에는 연간 1만 8천 파운드 정도였다. 코네티컷은 4,000파운드, 뉴욕과 펜실베이니아는 각각 4,500파운드, 뉴햄프셔와 로드아일랜드는 각각 3,500파운드, 뉴저지는 1,200파운드 그리고 버지니아와 사우스캐롤라이나는 각각 8,000파운드였다. 노바 스코티아와 조지아 민간 정부는 본국 의회 하사금으로 부분 지원을 받고 있다. 노바 스코티아는 그 외에도 식민지 공공 비용으로 연간 약 7,000파운드를 지불하고, 조지아는 연간 약 2,200파운드를 지불한다.

요약하면, 현재의 소요 사태가 시작되기 전에 북아메리카의 여러 민간 정부가 주민에게 물리는 행정 비용은 연간 64,700파운드를 초과하지 않았다. 메릴랜드와 노스캐롤라이나는 정확한 정보가 없어 계산에 포함하지 않았다. 비교적 적은 비용으로 3백만 명의 식민지 인구를 잘 관리하고 통치할 수 있음을 보여주는 놀라운 사례다.

식민지 정부 비용 중 가장 중요한 부분은 국방과 치안 비용인데 이것은 지속해서 본국 정부가 부담해왔다. 식민지 정부의 각종 의례, 가령 새 지사 취임식이나 의회 개원식 등도 충분히 예식에 맞게 진행되지만 지나친 사치나 호화로운 행진 등은 거행되지 않는다. 잉글랜드 식민지의 교회 행정 또한, 그에 못지않게 검소하게 이루어지고 있다. 그들 사이에 십일조는 알려져 있지 않으며 숫자가 그리 많지 않은 목사들은 소액의 봉급이나 신자들의 헌금으로 유지된다.

반면 스페인과 포르투갈의 본국 정부는 아메리카 식민지들에 부과한 세금을 일부분 국력 강화에 사용한다. 프랑스는 식민지에서 상당한 수입을 올린 적이 없다. 식민지에 부과된 세금은 일반적으로 식민지 이주민 사이에서 소비되기 때문이다. 그러나 이 세 나라의 식민지 정부는 잉글랜드 식민지보다 훨씬 고액의 예산을 집행하고 있고 또 호화로운 예식도 많이 치른다. 예를 들어 페루의 새 지사 취임식에 들어간 비용은 엄청나다고 한다. 이런 예식들은 현지 이주민이 지불해야 하는 실질적인 세금일 뿐만 아니라 다른 유사한 경우에도 허영과 사치의 습관을 심어주는 역할을 한다. 이런 예식들은 아주 개탄스러운 일회성 세금일 뿐만 아니라 그와 비슷한 종류의 영구적인 세금을 만들어내므로 더 한심스럽다. 사적인 방종과 호화로움을 돋보이게 하려는 이러한 세금은 망국적이다.

이 세 나라의 식민지에서, 교회 당국은 아주 억압적이다. 신자들에게서 십일조를 받는데, 스페인과 포르투갈 식민지에서는 가혹할 정도로 철저하게 징수한다. 그리고 세 나라 식민지는 각종 탁발 수도사들에게 시달린다. 그들의 구걸 행위는 허가받은 것이며 종교적으로도 신성시된다. 하지만 가난한 사람들에게는 아주 심각한 세금이다. 그들은 탁발 수도사에게 자비를 베푸는 것은 의무이고 그것을 거절한다면 큰 죄를 짓는 것이라고 교회로부터 가르침을 받는다. 이 모든 것에 더해, 이 3개국 식민지에서 교회 당국은 가장 큰 토지 독점자이다.

(4) 온건한 독점 무역 추구

잉글랜드 식민지들은 잉여생산물 혹은 소비하고 남은 생산물 처분에 있어 다른 유럽 국가 식민지보다 더 우대받고 또 더 넓은 시장을 허용받는다. 모든 유럽 국가는 식민지 무역을 독점하려고 애써왔다. 그런 관점에 따라 외국 배들이 자국 식민지와 교역하는 것을 금지했고 또 식민지 당국이 외국에서 유럽산 물품을 수입하는 것을 금했다.

각국이 이런 독점 무역을 시행하는 방식은 각양각색이었다. 어떤 나라는 식민지의 상업을 통째로 하나의 독점 회사에 배타적으로 일임했다. 그리하여 식민지 당국은 원하는 유럽 물품을 이 회사에서만 사야 하고 또 식민지 잉여생산물을 이 회사에게만 팔아야 했다. 이 독점 회사는 유럽산 물품을 식민지에 비싸게 팔고, 현지의 잉여농산물은 헐값에 사들였고, 이것이 그들에게 고스란히 이익으로 남았다. 또 헐값으로 사더라도 유럽에서 비싼

값에 팔 수 있는 물량만 사들였다. 따라서 이 독점 회사는 그저 식민지 잉여 생산물 가격을 후려치려고 했을 뿐 아니라 많은 경우에 식민지에서 자연적인 물량 증가를 억제하고 제한해서 최선의 이익을 추구했다.

신생 식민지의 자연적 성장을 저해하는 여러 방식 중에 독점 회사 설립이 가장 효과적이었다. 이것이 네덜란드의 정책이었는데 금세기[18세기]에 들어와서는 여러 측면에서 독점적 특권 행사를 포기했다. 이것은 최근에 작고한 덴마크 왕이 통치할 때까지 이어진 그 나라의 정책이었다. 프랑스도 때때로 이 정책을 취했다. 독점 회사의 폐해가 크다고 해서 폐지된 이후, 비교적 최근인 1755년부터 포르투갈 정부는 브라질 식민지의 주요 지역 중 페르남부코와 마라논 두 곳에서만 이 정책을 시행하고 있다.

독점 회사를 설립하지 않는 나라들의 사례

다른 나라는 독점 회사를 설립하지 않고 그들 식민지의 전 상업을 본국의 특정 항구로 한정했다. 이 항구에서 출발하는 배들은 선단이든 단독이든 특정 계절이든 출항 허가를 받아야만 떠날 수 있는데 그 허가 비용이 대부분 아주 높았다. 이 정책은 특정 항구, 특정 시기, 특정 선박을 이용한다면 본국 사람들 누구라도 거래할 수 있게 식민지 당국이 허락한 것이다.

그러나 이런 허가를 받은 선박에 자본을 투자한 상인들은 서로 담합해 식민지 무역을 하는 것이 그들에게 이익이 된다고 생각했다. 그 결과 이 정책에 따라 수행된 식민지 무역은 결국 독점 회사 운영하의 식민지 무역과 비슷하게 되어버렸다. 이 상인들의 이윤은 독점 회사 못지않게 높으면서 또 억압적이었다. 식민지 당국은 공급을 부실하게 받을 뿐 아니라 아주 비싸게 사들이고 아주 값싸게 팔 것을 강요당했다.

최근 몇 년 전까지만 해도 스페인이 그런 정책을 폈다. 따라서 스페인령 서인도제도에서는 모든 유럽산 제품 가격이 엄청나게 높았다. 저술가 울로아에 따르면 퀴토에서 쇠는 1파운드당 약 4실링 6펜스에 팔리고 강철은 6실링 9펜스에 팔린다. 그런데 식민지들이 자기 생산물을 내놓는 것은 주로 유럽산 제품을 사들이고 싶어서이다. 따라서 그들이 유럽산 제품을 많이 사들일수록 식민지 생산물에 대해서는 값을 덜 받게 되고 결론적으로 유럽산은 고가(高價), 식민지산은 저가(低價)가 된다. 포르투갈의 정책도 이런 면에서 옛 스페인 정책과 같다. 단 브라질의 페르남부코와 마라논 두 지역은 예외다. 이 지역은 최근에 이보다 더 나쁜 독점 회사 정책을 채택했다.

다른 나라는 식민지 무역을 자국민에게 자유롭게 허용했다. 그들은 본국의 모든 항구에서 무역선을 출항시킬 수 있고 일반적인 세관 절차 외에 다른 허가가 필요 없다. 이 경우 상인 숫자가 많고 또 상황이 다양해서 그들끼리 담합하지 못하고 경쟁해야 하므로 아주 높은 이윤을 얻지는 못한다. 이런 자유로운 정책이 시행되면 식민지들은 합리적인 가격에 자기 생산물을 팔 수 있고 또 유럽 제품을 사들일 수 있다.

잉글랜드 식민지들의 초창기 시절에 플리머스 회사가 해산된 이래, 잉글랜드의 무역 정책이 바로 이랬다. 또한, 프랑스도 전반적으로 이 정책을 채택해왔다. 잉글랜드에서 미시시피 회사라고 부른 프랑스 회사가 해산된 이래, 프랑스는 일관되게 이 무역 정책을 채택해왔다. 따라서 잉글랜드와 프랑스가 식민지를 상대로 하는 무역의 이윤은 다른 나라에 경쟁을 허용하는 경우보다 다소 높았지만, 터무니없을 정도는 아니었다. 그리하여 잉글랜드와 프랑스 식민지 지역 대부분에서 유럽산 제품의 가격은 아주 높지는 않다.

그레이트브리튼 식민지들이 자신의 잉여생산물을 수출할 경우, 특정 품목은 모국에만 팔도록 제한되었다. 항해법과 그 외 후속법에 열거된 이런 상품은 법에 열거되었다는 이유로 열거 상품이라고 불린다. 열거되지 않은 것은 비열거 상품으로 불린다. 비열거 상품도 다른 나라로 직접 수출할 수 있지만, 그런 품목을 수송하는 선박은 잉글랜드 혹은 잉글랜드 식민지 소유여야 하고, 선주와 선원은 4분의 3 이상이 잉글랜드인이어야 한다.

잉글랜드의 비열거 상품: 곡물, 목재, 식료품, 어류, 설탕, 럼주
아메리카와 서인도제도에서 생산되는 중요한 비열거 품목으로는 모든 종류의 곡식, 목재, 소금에 절인 식료품, 어류, 설탕, 럼주 등이 있다.

곡물은 모든 새 식민지에서 주요 경작 대상이다. 법은 이들에게 광대한 곡물 시장에 대한 접근 권한을 부여함으로써, 인구가 드문드문한 식민지에서의 소비만을 목표로 삼지 않고 더 넓은 시장을 겨냥하도록 유도하고 있다. 이렇게 해서 계속 늘어나는 인구의 엄청난 생계비를 사전에 확보하게 하려는 뜻도 있다.

온 사방이 삼림으로 뒤덮여 있는 나라에서 나무는 가치가 아예 없거나, 있어도 미미하다. 토지 개간 비용은 토지 개량을 가로막는 주원인이다. 관련 법률은 식민지 이주민에게 넓은 목재 시장을 허용함으로써 목재 가격을 높여 토지 개량을 수월하게 하려 했다. 이를 통해 주민들은 개간 비용만 들어갔을 대상을 가지고 수익으로 전환할 수 있었다.

인구가 듬성듬성하고 경작이 제대로 되지 않은 식민지 지역에서, 가축은 현지 주민이 소비하는 수준 이상으로 증가한다. 이 때문에 가축은 종종 가치가 아예 없거나 있어도 미미하다. 그러나 이미 언급했듯, 가축 가격은 곡물 가격과 어느 정도 일정한 비율을 유지해야만, 식민지 땅 상당 부분이 개량될 수 있다. 이를 위해 아메리카 가축을 다양한 형태로 넓은 시장에 제공한다. 관련 법률은 토지 개량에 중요한 상품[소금에 절인 육류]의 가치를 높이려는 것이다. 그러나 이러한 조치는 조지 3세 4년 차[1764년]의 법령 제14호에 의해 그 효과가 다소 반감되었다. 그 법령은 가축의 가죽을 열거 상품에 포함했는데 그로 인해 아메리카 가축의 가치가 떨어졌던 것이다.

그레이트브리튼 입법부는 식민지 어업을 확대하여 국가의 선박 수송과 해군력을 증강해야 한다는 생각을 늘 하고 있었다. 이 때문에 식민지 어업은 제한에서 해제되어 자유롭게 활동해도 좋다는 격려를 받았고 그 결과

---

165 애덤 스미스는 미국 독립전쟁을 가리킬 때 '소요 사태'(disturbances)라는 말을 썼고, 『국부론』 전체를 통해 '현재의' 소요 사태라고 썼는데 이 부분에서만 '지나간'(late)이라고 해서 마치 이 사태가 끝난 것처럼 기술하고 있다. 이것은 스미스가 여러 번 원고를 수정하는 과정에서 놓친 사소한 부분이라고 생각된다.

166 1763년 평화 조약으로 할양된 그라나다, 세인트빈센트, 그레나딘, 도미니카, 토바코 등을 가리킨다.

번창했다. 특히 뉴잉글랜드 어업은 지나간[165] 소요 사태 이전에는 세계에서 가장 중요한 곳 중 하나였다. 그레이트브리튼은 포경업에 엄청난 장려금을 지급했지만 별 효과를 거두지 못했다. 그래서 많은 사람이 잉글랜드 본국 포경업의 전체 생산량이 연간 지불되는 국가 장려금 규모를 넘어서지 못한다고 생각한다(그러나 나는 이런 생각이 맞다고 보장하지는 못한다). 반면 뉴잉글랜드에서는 장려금이 전혀 없어도 포경업이 아주 활발하게 이루어지고 있다. 어류는 북아메리카가 스페인, 포르투갈, 지중해 지역 등과 거래하는 주요 상품 중 하나다.

설탕은 원래 그레이트브리튼에만 수출되는 열거 상품이었다. 하지만 1731년 설탕 농장주들의 진정에 따라 온 세상 모든 지역에 수출하는 것이 가능해졌다. 그러나 제한 해제와 더불어 여러 다른 제약이 부과됨으로써, 그레이트브리튼의 설탕 가격은 오히려 높아졌고 그리하여 이런 해제 조치를 있으나 마나 한 것으로 만들었다. 그레이트브리튼과 그 식민지들은 아직도 잉글랜드 농장에서 생산되는 모든 설탕을 위한 거의 유일한 시장이다. 이들 지역의 소비량이 너무나 빠르게 증가하는 바람에, 자메이카와 할양제도[166]의 설탕 농장이 증산했음에도, 지난 20년간 설탕 수입은 크게 증가했다. 그리하여 다른 외국으로의 수출은 전보다 그리 늘지 않았다.

럼주는 아메리카 사람들이 아프리카 서해안을 상대로 하는 무역에서 아주 중요한 품목이다. 그들은 이 서해안으로부터 럼주를 넘겨주고 흑인 노예들을 수송해 온다.

특정 품목이 열거 상품에서 비열거 상품으로 바뀐 이유

만약 곡물, 소금에 절인 식료품, 어류 같은 아메리카 잉여생산물 전량이 열거 상품으로 지정되어 그레이트브리튼 시장으로 몰려든다면, 본국 사람들의 노동 생산물을 크게 간섭할 것이다. 따라서 아메리카의 이해관계를 지키기 위해서라기보다는 간섭에 대한 우려 때문에, 이런 중요 상품들이 열거 상품에서 제외되었을 뿐만 아니라 모든 곡물(쌀은 제외)과 소금에 절인 식료품에 대한 그레이트브리튼 수입이, 현재의 법률 아래서 금지되었다.

비열거 상품들은 원래 전 세계 모든 지역으로 수출할 수도 있었다. 목재와 쌀은 한때 열거 품목에 들어가 있었으나, 그 후 해제되면서 유럽 시장에 관한 한 피니스테르곶 남쪽 지역 나라들에만 수출하는 것으로 허용되었다. 조지 3세 6년 차[1766년] 법령 제52호에 따라 모든 비열거 상품들이 이와 같은 제한을 받았다. 피니스테르곶 남쪽에 있는 유럽 지역은 제조업 국가들이 아니다. 따라서 우리 식민지 선박들이 본국 제조업을 간섭할 수도 있는 제품을 그곳에서 가져올지 모른다고 경계할 필요는 없는 것이다.

대표적 열거 상품은 아메리카 특산품과 본국 공급이 부족한 상품

열거 상품[규제 상품]은 다음 두 종류이다. 하나는 아메리카 특산품으로 본국에서 생산할 수 없거나 적어도 생산되지 않는 품목으로 당밀, 커피, 카카오너트, 담배, 피멘토, 생강, 고래수염, 생사, 면화, 비버(해리), 아메리카산 생가죽, 인디고, 퍼스틱, 염료용 나무 등이다.

다른 하나는 아메리카 특산품은 아니어서 본국에서 생산할 수는 있지만 공급량이 수요보다 너무 적어 주로 외국에서 공급받는 품목으로 각종 선박용품, 돛대, 활대, 기움돛대, 타르, 피치, 테레빈유, 선철, 봉철, 동광, 피혁과 모피, 가성칼륨, 조제탄산칼륨 등이다.

첫 번째로 언급한 아메리카 특산품은 아무리 많이 수입해 와도 본국 생산물 성장이나 판매를 방해하지 못한다. 그 특산품을 본국 시장에서만 판매하게 함으로써 우리 상인들은 그 상품을 식민지 농장에서 싸게 사서 본국 시장에서 높은 이윤에 판매할 뿐만 아니라, 현지 농장과 해외 국가들 사이에 수익 높은 중개무역을 할 수 있다. 그리하여 그레이트브리튼은 이런 특산품들이 제일 먼저 들어오는 유럽 국가로서 시장의 중심이 될 수 있다.

두 번째 공급이 부족한 상품은 수입해 와도 본국에서 생산되는 동일 제품의 판매를 방해하지 않고, 오히려 외국에서 수입해오는 동종 상품을 견제하리라고 생각되었다. 약간의 관세를 부과하면 식민지 제품은 국내 제품보다 가격이 약간 비싸고, 외국 제품은 본국 것보다 월등하게 높아지기 때문이다. 그러므로 이런 제품을 국내 시장에 한정하면 그레이트브리튼 제품이 아니라 외국 제품을 물리치는 효과를 예상했다. 이렇게 해서 그 품목에 관한 한 그 외국과의 무역 수지를 개선하는 효과가 있다고 보았다.

돛대, 돛활대, 기움돛대, 타르, 피치, 테레빈유 같은 제품들을 오로지 그레이트브리튼으로만 수출하게 함으로써 식민지의 목재 가격이 낮아져, 결과적으로 토지 개량의 주된 방해물인 개간 비용이 상승했다. 그러나 금세기 초인 1703년에 스웨덴의 피치와 타르 회사가 그 제품들을 자국 선박으로 자국이 지정한 가격에 정해진 수량으로만 수출을 허용하고 그 외에는 수출을 금지함으로써 그레이트브리튼 수출가를 높이려 했다.

그레이트브리튼은 이런 중상주의 정책에 맞서 대응에 나섰다. 먼저 스웨덴뿐만 아니라 북유럽 나라들의 정책으로부터 가능한 한 자유로워지고자 브리튼은 아메리카에서 이런 선박용품에 장려금을 지급했다. 이런 제품을 본국 시장에만 수출하라고 한 것이 목재 가격을 낮추었지만, 이 장려금은 아메리카의 목재 가격을 높여 그 손해를 보상해주고도 남음이 있었다. 이 두 규정이 동시에 시행됨으로써 그 종합적 결과는 아메리카 토지 개간을 억제한 것이 아니라 장려했다.

선철과 봉철은 열거 상품에 들어가 있다. 그렇지만 아메리카에서 수입할 때는 다른 나라에서 수입해 올 때보다 관세를 상당히 감면해주었다. 다른 규정들은 아메리카의 용광로 건설을 억제했으나 이 규정 하나는 오히려 용광로 건설을 장려했다. 용광로처럼 나무를 많이 소비하는 제조업은 없다. 이것은 나무들이 웃자란 토지를 개간하는 데 획기적으로 기여했다.

이런 규정들이 아메리카 목재의 가치를 높여 토지 개간을 수월하게 만드는 효과는 입법부가 의도했던 것이나 미리 알았던 것은 아니었다. 이처럼 규정의 효과가 우연히 발생했더라도, 그로 인해 효과의 실재성이 덜한 것은 아니다.

잉글랜드와 서인도제도의 자유무역

아메리카와 서인도제도의 브리튼 식민지들 사이에서는, 열거 품목이든 비열거 품목이든 거의 완벽한 무역의 자유가 허용되어 있다. 이 식민지들은 이제 인구가 조밀하고 번창하고 있어 각 식민지는 상대방에게서 자신의 생산물을 소화하는 크고 넓은 시장을 발견한다. 이를 종합하면, 식민지들은 각자의 생산물을 위한 커다란 내부 시장을 형성하고 있다.

그러나 식민지 무역에 대한 잉글랜드의 관대한 태도는 식민지의 미가공 생산물이나 완제품 첫 단계에 있는 제품 판매 시장에 집중되어 있다. 잉글랜드 상인과 제조업자들은 잘 가공되었거나 완제품인 상태의 물품들에 대해서는, 그것이 심지어 식민지 생산물인 경우에도 독점하려고 했다. 그들은 잉글랜드 입법부를 설득해 식민지에 이런저런 제품을 만드는 업체가 세워지는 것을 막으려 했다. 때로는 그런 제품에 높은 관세를 부과하고 때로는 아예 수입 금지를 해달라고 진정했다.

예를 들어 브리튼령 농장에서 수입되는 흑설탕은 수입 시 100웨이트[112파운드, 약 50.8킬로그램]에 6실링 4펜스, 백설탕은 1파운드 1실링 1페니의 관세를 납부해야 했다. 1회 혹은 2회 정제된, 원추형으로 뭉쳐놓은 막대 설탕은 4파운드 2실링 5펜스와 20분의 8펜스의 관세가 부과되었다. 이런 높은 관세가 부과되었을 때, 그레이트브리튼은 잉글랜드 식민지 농장들이 설탕을 수출할 수 있는 유일한 시장이었고 지금도 주된 시장이다. 따라서 이 관세는 다른 해외 시장을 위해 설탕을 표백하거나 정제하는 것은 아예 하지 말라고 금지한 것이나 마찬가지였다. 그리고 현재 설탕 전 제품의 10분의 9 이상을 수입하는 시장[그레이트브리튼]을 위해 식민지 농장에서 설탕을 표백하거나 정제하지 말라는 이야기와 같다.

설탕을 표백하고 정제하는 제조업은 프랑스의 설탕 식민지 전역에서 번창했으나, 잉글랜드의 설탕 식민지에서는 전혀 발전하지 못했다. 단지 식민지 시장에서 소비될 수 있는 것만 표백하고 정제했다. 그레나다가 아직 프랑스령이었을 때 그 섬에는 제당공장이 있었고, 적어도 표백 작업은 거의 모든 농장에서 했다. 그러나 이 섬이 잉글랜드령으로 넘어오면서, 이런 종류의 작업장은 모두 철거되었고 1773년 10월 현재, 그 섬에는 두세 군데의 표백 작업장만 남아 있다. 현재는 세관 당국의 관대한 조치로 표백된 설탕이든 정제된 설탕이든 원추형 덩어리를 분말로 만든 것이라면 흑설탕으로 수입되고 있다.

그레이트브리튼은 아메리카의 선철과 봉철에 대해서는 그와 똑같은 제품이 외국에서 수입될 때 부과되는 관세를 면제해줌으로써 선철과 봉철 제작을 권장한다. 그럼에도 브리튼은 아메리카 농장들에 선철 용광로나 절단기 설치는 철저하게 금한다. 브리튼은 본국 소비를 위한 것이라 해도 식민지 사람들이 이런 완제품을 만드는 것을 허용하지 않는다. 그 대신 그런 물품이 필요하다면 본국의 상인들에게서 구매하라고 강요한다.

브리튼은 모자, 모직물, 양모 제품을 한 지역에서 다른 지역으로 수로를 이용해 수출하는 것을 금지한다. 심지어 말등이나 수레에 실어 육로로 운송하는 것도 금지한다. 이 규정 때문에 아메리카 식민지에서는 원거리 판매용 제품 제조업이 원천적으로 차단되고 있다. 이렇게 해서 식민지 이주민은 조잡한 가내 제조품만 만들어낼 수 있다. 그것은 개인 집에서 식구들끼리 사용하기 위해 만든 것 혹은 같은 지역에 사는 동네 사람들의 필요에 따른 만든 것 등에 국한되었다.

생산물 처분과 자본 투자는 자유로워야 한다

많은 식민지 이주민에게 그들이 만든 생산물을 마음대로 처분하지 못하게 하고 또 그들의 자본과 노동을 자신에게 가장 유리한 방식으로 투자하지 못하게 하는 것은, 인간의 가장 신성한 권리를 무참하게 짓밟는 짓이다. 이런 금지는 불의한 것이긴 하지만 그래도 지금까지 식민지에 그리 큰 피해를 입히지는 않았다. 토지는 여전히 싸고 그들 사이에서 노동력은 아주 비쌌다. 식민지는 더 세련되고 고급스러운 제품을 자신이 직접 만들 때보다 더 저렴한 가격에 본국에서 수입할 수 있었다.

제조업체 설립을 금지당하지 않았더라도 자신의 이해관계를 생각할 때, 그렇게 할 수가 없었을 것이다. 식민지의 현재 발전 상태를 감안할 때 이러한 금지는 그들의 산업을 옥죄이지도 않고 또 식민지가 원하는 분야에 노동이 자발적으로 투입되는 것을 억제하지도 않는다. 그래서 이러한 금지는 특별한 이유 없이 식민지에 부과된 노예제의 무리한 표시 같은 것이 되었다. 이렇게 된 것은 본국의 상인들과 제조업자들이 식민지 산업을 방해하려고 무차별적으로 행동했기 때문이다. 만약 식민지가 좀 더 발전한 상태에 있었더라면 그런 금지는 매우 억압적이며 참기 어려운 것이 되었을 것이다.

그레이트브리튼은 식민지들이 생산하는 중요한 물품 일부를 본국 시장에서만 팔 수 있도록 제한하였으며, 이로 인해 해당 물품들이 자국 시장에서 우위를 점할 수 있게 해주었다. 본국 정부는 같은 물건을 다른 나라에서 수입해 올 때는 더 높은 관세를 부과하거나, 식민지에서 수입해오는 경우에는 장려금을 지급했다. 관세 부과 방식에 따라, 본국 정부는 식민지의 설탕, 담배, 철 등에 자국 시장의 우위를 제공했고, 장려금 지급 방식에 따라 식민지산 생사, 대마, 아마, 인디고, 선박용품, 건축용 목재 등을 우대했다. 내가 아는 한 식민지 물품에 장려금을 제공하는 방식은 그레이트브리튼에만 적용되고 있다. 반면 높은 관세를 부과하는 방식은 다른 나라에서도 쓰고 있다. 포르투갈은 다른 나라에서 담배를 수입해오는 것에 대해 높은 관세 부과에 그치지 않고, 아주 엄한 벌금을 매겨 금지하고 있다. 유럽에서 물품을 수입해 가는 건에 대해서도 잉글랜드는 다른 나라보다 자국 식민지에 관대하다.

잉글랜드는 외국 물품을 일단 수입했다가 다시 해외로 수출할 경우, 관세의 절반, 그 이상 혹은 전부를 환급한다. 이렇게 세금을 돌려주는 이유는, 잉글랜드에 수입되는 모든 외국 상품에 높은 관세가 부과된다는 것을 다 아는데, 그런 관세를 부담하고 다시 수출되는 외국 상품을 받아들이려는 독립적인 외국 정부는 없기 때문이다. 따라서 다시 수출할 때 관세를 일부 환급하지 않는다면, 중상주의가 선호하는 중개무역은 끝장날 것이다.

그러나 잉글랜드 식민지들은 독립된 외국 정부가 아니다. 잉글랜드는 자국 식민지에 수입되는 유럽 제품에 대해 독점적 권리를 갖고 있으므로(이것은 다른 유럽 나라도 그들의 식민지에 대해서는 마찬가지다), 높은 관세가 붙은 외국 제품을 모국에서 그대로 식민지에 수입하도록 강요할 수도 있었다. 그러나 1763년까지, 외국 물건을 해외에 다시 수출할 때와 마찬가지로 식민지에 수출할 때도 역시 관세를 환급해주었다.

1763년, 조지 3세 4년 차의 법령 제15호에 따라 이 관대한 조치는 상당 부분 철폐되면서 이렇게 규정되었다. "유럽 혹은 동인도제도에서 경작, 생산, 제조된 물품으로, 브리튼 왕국에서 아메리카의 브리튼 식민지에 수출되는 상품에 대해서는, 옛 보조금이라고 불리는 관세를 환급하지 않는다. 여기서 와인, 하얀 옥양목, 무명천은 제외한다." 이 법이 시행되기 이전에 많은 다양한 종류의 외국 제품들이 잉글랜드 본국보다 아메리카 식민지에 더 싼값으로 수입되었다. 그리고 일부 품목은 여전히 그러하다.

식민지 · 본국 상인 · 본국 정부의 이해관계

식민지 무역에 관한 대부분 규정은, 그 무역을 담당하는 상인들이 주된 조언자였다. 따라서 그런 규정 중 상당 부분이 식민지나 본국 정부보다는 상인들의 이해관계를 더 많이 반영했다. 예를 들어, 잉글랜드 상인들은 식민지에서 필요로 하는 유럽 제품을 식민지에 공급하고, 본국에서 운영 중인 사업에 방해가 되지 않는 한 식민지에서 생산된 잉여 물품을 독점적으로 매입하는 배타적인 특권을 가지고 있다. 이것은 분명 상인들의 이해관계를 위해 식민지를 희생시킨 경우다.

또 상인들이 유럽이나 동인도제도에서 사들인 외국 제품을 식민지에 재수출할 때도 마치 다른 나라에 수출할 때처럼 관세를 환급해줌으로써, 본국 정부의 이해관계 또한 상인에 의해 희생당했다. 이것은 중상주의 관점에서 보더라도 역시 잉글랜드 정부에 손해다.

상인들은 자기 이익을 위해, 식민지에 보내는 외국 제품에 대해서는 가능한 한 낮은 값을 지불하려 하고, 잉글랜드에 그 제품을 들여올 때는 가능한 한 관세 환급을 많이 받으려 한다. 이렇게 하면 식민지에 상품을 팔 때는 같은 양을 팔면서도 더 많은 이윤을 올리거나, 아니면 더 많은 양을 팔아서 같은 이윤을 올릴 수 있다. 결과적으로 그들은 어떠한 경우에든 이익을 보게 된다. 마찬가지로 식민지도 이런 제품들을 가능한 한 싸게, 많은 양을 사들이는 것이 이익이다.

그러나 이것은 본국 정부 입장에서 보면 반드시 이익은 아니다. 본국은 외국 제품 수입 시에 거두어들였던 관세를 상당 부분 환급해줌으로써 수입 감소를 겪는다. 또 본국의 제조업도 손해를 본다. 외국 제품들은 관세 환급을 받아 가격이 낮아짐으로써 식민지 시장에서 본국 제품보다 더 싸게 팔리는 것이다. 독일산 아마포를 아메리카 식민지에 재수출할 때 관세 환급을 해줌으로써, 그레이트브리튼의 아마포 제조업이 크게 후퇴했다고 사람들은 자주 말하고 있다.

그레이트브리튼의 식민지 무역 정책은 다른 나라와 똑같이 중상주의 사상을 추구하지만, 그래도 전반적으로 볼 때 다른 유럽 국가보다 덜 전제적이고 덜 억압적이다.

잉글랜드 정부와 식민지 정부 상호 비교

외국 무역을 제외하고, 잉글랜드 식민지의 이주민은 자기 문제를 스스로 결정할 수 있는 자유를 완벽하게 보장받고 있다. 그 자유는 모든 면에서 본국 동포들과 똑같고 국민의 대의기관인 의회에 따라 동일하게 보장된다. 식민지 의회는 식민지 정부를 지원하는 세금을 부과하는 단독 권리를 갖는다고 주장한다.

식민지 의회의 권위는 행정부를 압도하며, 아무리 하찮고 고집 센 식민지 이주민일지라도 그가 법률을 준수하기만 한다면 그 지역의 지사, 행정관, 군 장교의 분노를 두려워할 필요가 없다. 식민지 의회는 잉글랜드 하원과 유사한 기관이지만, 언제나 주민들의 입장을 완벽하게 대변하는 것은 아니다. 하지만 식민지 의회는 그런 대의기관으로서의 특징을 잉글랜드 하원보다 더 많이 가지고 있다. 식민지 행정부는 의회를 부패시킬 만한 수단이 없거나 혹은 본국 정부로부터 지원을 받기 때문에 그렇게 해야 할 필요도

---

167 원어는 council. 식민지 시대의 정부에서 국무회의는 잉글랜드 추밀원과 잉글랜드 의회 상원과 같은 기능을 맡았다. 국무회의는 추밀원처럼 자문기관이었는데 대부분 행정 조치에는 이 기관의 승인이 필요했다. 또 국무회의는 1701년 이후에 펜실베이니아를 제외한 모든 식민지 지역에서 영국 상원 역할을 했는데 이 기관의 승인이 있어야만 법률이 통과되었다.

없다. 그리하여 식민지 의회는 전반적으로 지역 구성원의 의견에 더 많은 영향을 받는다.

국무회의[167]는 식민지 입법부에서 그레이트브리튼 상원에 해당하지만 그 구성원은 세습 귀족이 아니었다. 일부 식민지 지역, 가령 뉴잉글랜드의 3개 지역 행정부에서 이 국무회의는 영국 왕이 지명하는 것이 아니라 시민 대표들이 선출한다. 다른 자유 국가들과 마찬가지로 이런 정부 기관들에서는 오래된 식민지 가문 후손이 동일한 실력과 재산을 가진 출세자보다 더 존중받는다. 하지만 그 후손은 그런 식으로 존중을 받을 뿐 이웃에게 문제가 될 만큼의 특혜를 받는 것은 아니다.

현재의 소요 사태가 시작되기 전에 식민지 의회는 입법권 외에 행정 권력도 일부 가지고 있었다. 코네티컷과 로드아일랜드에서는 이 의회가 지사를 선출했다. 다른 의회들은 그들이 부과한 세금을 거두어들이는 관리로 징세관을 임명했는데 이 관리는 의회에 직접 보고했다. 따라서 잉글랜드 본국 주민보다는 잉글랜드 식민지 이주민의 관계가 더 공평했다. 그들의 관습은 본국보다 더 공화주의적이었고 특히 뉴잉글랜드 3개 지역[168] 정부는 더욱더 그러했다.

자치 정부: 잉글랜드 식민지 vs 다른 나라 식민지

반면 스페인·포르투갈·프랑스의 절대주의적 정부는 그들의 식민지에 그대로 자리 잡았다. 이들 정부가 하급 관리들에게 위임한 재량권은 본국에서 멀리 떨어져 있다는 사실 때문에 그렇지 않았을 때보다 더욱 난폭하게 행사되었다. 모든 전제주의 국가에서는 지방보다는 수도가 더 많은 자유를 누린다. 군주 자신은 정의의 질서를 교란한다거나 대중을 억압할 생각이 없고 그것이 자신에게도 도움이 되지 않기 때문이다. 수도는 군주가 거처하고

---

168 애덤 스미스는 뉴잉글랜드 3개 식민지를 명시적으로 언급하지는 않지만 식민지가 건설된 시기에 따라, 그는 매사추세츠, 코네티컷, 로드아일랜드, 이 3개 식민지 지역을 가리키는 듯하다.

있다는 사실만으로도 하급 관리들을 위압하고도 남는다. 따라서 하급 관리들은 수도에서 멀리 떨어져 있을수록 백성의 원성이 군주의 귀에 들어갈 가능성이 낮아지므로, 자신의 전제 권력을 훨씬 안전하게 행사할 수 있다.

그런데 유럽 국가들이 아메리카에 세운 식민지는 지상에 알려진 어떤 위대한 제국의 외진 지역들보다 더 멀리 떨어진 곳에 있다. 잉글랜드 식민지의 행정부는 역사 이래 그토록 멀리 떨어진 지역의 주민에게 완벽한 안보를 제공한 유일한 정부다. 프랑스 식민지의 행정부는 스페인이나 포르투갈 식민지보다 한결 온건하고 절제된 권력을 행사해왔다. 프랑스 식민 당국의 이런 뛰어난 행동거지는 프랑스의 국민성에 부합하고 또 나라의 본국 행정부의 특성과도 부합한다. 대체로 보아 프랑스 정부는 잉글랜드 정부보다 자의적이고 폭력적이지만, 스페인과 포르투갈에 비하면 자유롭고 또 법 절차를 잘 준수한다.

잉글랜드 정책의 우수성이 눈에 띄게 드러난 부분은 북아메리카 식민지들의 약진이다. 프랑스 설탕 식민지들의 발전은 잉글랜드 설탕 식민지들과 비슷하거나 더 뛰어나다. 하지만 잉글랜드 설탕 식민지는 북아메리카 식민지만큼 자유로운 행정부를 누렸다. 그러나 프랑스의 설탕 생산 식민지들은 잉글랜드 설탕 식민지들과는 다르게 설탕 정제에 제약을 받지 않는다. 더 중요한 사실은, 프랑스 식민지 정부가 뛰어난 행정력을 발휘해 흑인 노예들을 잘 관리한다는 것이다.

노예 관리: 자치 정부 vs 전제 정부

모든 유럽 식민지에서 사탕수수 농사는 흑인 노예들의 노동력에 의존하고 있다. 유럽의 온화한 기후 아래 태어난 사람들의 체질은 서인도제도의 뜨거운 태양 아래 땅을 파는 노동을 감당하지 못한다고 생각했다. 현재 진행되는 사탕수수 농사는 모두 사람의 손으로 이루어진다. 많은 사람은 파종 쟁기를 도입하면 농사에 큰 도움이 된다고 생각하지만 그렇게 되지 않고 있다. 가축을 사용해 경작하는 농사의 이윤과 성공은 그 가축을 잘 관리하는 데 달려 있듯, 노예를 부려 짓는 농사의 이윤과 성공도 노예를 잘 관리하는 데 달려 있다. 그리고 이 노예 관리에서 프랑스 농장주들은 잉글랜드 농장주들보다 더 우수하다고 널리 인정받는다.

주인의 횡포에 대해 허약하게나마 노예를 보호해주는 법률은 자율적인 식민 정부보다 전제적인 식민 정부에서 더 잘 시행된다. 노예제도라는 한심한 법률이 제정되어 있는 모든 나라에서, 노예를 보호하려고 하는 행정 관리는 어떤 면에서 노예 주인의 개인 재산 관리에 개입하도록 한 부분이 있다. 가령 노예 소유주가 식민지 의회 의원이거나 이런 의원들의 선거인인 자유로운 식민지에서, 행정 관리는 그 소유주를 상대로 할 때는 자연스레 조심하게 되면서 운신의 폭이 좁아진다. 행정 관리가 노예 소유주를 어느 정도 존중해야 한다는 사실로 인해 노예를 충분히 보호해주는 것이 어려워진다.

그러나 행정부가 전제적인 식민지에서 행정 관리는 개인의 자유 재산에 대해서도 쉽게 개입할 수 있고 또 노예 소유주가 관리의 마음에 들지 않게 행동하면 구속 영장을 발부할 수도 있다. 따라서 전제 정부에서는 행정 관리가 노예를 보호해주기 훨씬 쉽고 행정 관리는 인정상 그런 보호를 하게 된다. 정부의 보호를 받으면 노예는 주인 눈에 덜 경멸적인 존재로 비치고, 그래서 주인은 노예를 좀 더 생각하면서 부드럽게 대한다.

이처럼 온화한 대우를 받으면 노예는 좀 더 충성스러워지고 좀 더 똑똑해진다. 이런 두 가지 점 때문에 그는 더욱 유익해진다. 이 노예는 점점 더 자유로운 하인과 비슷해져서, 대체로 자유로운 하인의 미덕인 주인에 대한 정직성과 충성심을 어느 정도 간직한다. 그러나 주인이 노예에 대해 제멋대로 굴어도 안전한 식민지에서 그저 노예 대접만 받고 살아가는 노예에게는 이런 미덕을 찾기 어렵다.

노예의 생활 조건이 자율 정부보다는 전제 정부 아래에서 더 좋았다는 사실은 모든 시대와 국가의 역사에서 증명된다. 고대 로마 시대에 행정관이 노예를 위해 노예주의 횡포에 제동을 건 최초의 역사적 사례는 초대 로마 황제 때에 일어났다. 베디우스 폴리오는 어떤 노예가 가벼운 실수를 저지르자 아우구스투스 황제가 보는 앞에서 그 노예를 죽여 온몸을 산산조각 내어 연못에 먹이로 내던지라고 명했다. 그러자 황제는 화를 벌컥 내며 그 즉시 노예를 해방했을 뿐만 아니라 폴리오 소속의 다른 모든 노예도 해방시켰다.[169] 그러나 공화국이라면, 어떤 고위 행정관도 노예 주인을 처벌하기는커녕 보호해줄 정도의 권위마저도 갖지 못했을 것이다.

잉글랜드와 프랑스 설탕 식민지의 차이점

프랑스 설탕 식민지들—특히 산토도밍고의 식민지—을 개선시킨 자본은 거의 전적으로 그 식민지들을 점진적으로 개량하고 경작한 데서 축적되었다. 이는 식민지 토지와 이주민의 노동 생산물에서 나온 것으로, 결국 같은 이야기가 되겠지만 훌륭한 농장 관리를 통해 점점 생산물이 축적되었고 그렇게 쌓인 생산물의 가치를 재투자하여 더 많은 수확을 거두는 데 사용할 수 있었다.

그러나 잉글랜드 설탕 식민지를 개선하고 경작시킨 자본은 대부분 잉글랜드에서 보내준 것이다. 그 토지와 식민지 이주민의 노동에서 나온 것이 결코 아니다. 잉글랜드 설탕 식민지들의 번창은 대체로 잉글랜드의 커다란 국부 덕분이다. 나라의 부가 차고 넘치다 보니 그것이 흘러 설탕 식민지들까지 들어간 것이다.

한편, 프랑스 설탕 식민지들의 번창은 전적으로 이주민의 훌륭한 처사와 관리 덕분이다. 따라서 이들은 잉글랜드 이주민보다 더 뛰어난 관리 능력을 갖고 있다고 보아야 한다. 이러한 우수성은 흑인 노예들을 잘 관리한 데서 분명하게 드러난다.

이상이 식민지들에 관한 유럽 각국 정책들의 개요다.

---

169 이 에피소드는 세네카의 『분노에 대해서』와 디오 카시우스의 『역사』에 언급되어 있다. 그러나 아우구스투스는 폴리오의 모든 노예를 해방하라고 명한 것은 아니고 연회 탁자 위에 놓인 술잔을 모두 깨뜨리라고 명했다. 세네카는 술잔을 깨뜨린 노예는 해방되었다고 기록했다. 그러나 디오 카시우스는 노예 해방에 대해서는 언급하지 않았다.

어리석음과 불의: 유럽 각국의 식민지 정책

유럽의 정책은 아메리카 식민지를 건설할 때나, 그 후 식민지 통치 측면에서 식민지의 후속 번영을 말할 때도 자랑할 만한 것이 없다.

최초의 식민지 건설에 관해서는 어리석음과 불의가 그 계획을 지배하고 주도해온 원리인 듯하다. 먼저 금광과 은광을 찾아 탐사 여행을 떠난 것이 어리석음이었고, 그다음에는 현지 원주민의 소유물을 탐하는 불의를 저질렀다. 그 무고한 원주민은 유럽인에게 위해를 가하기는커녕 친절과 환대를 다해 최초 모험가들을 맞이했는데도 그런 몹쓸 짓을 저지른 것이다.

후대 식민지를 건설한 유럽 모험가들은 금광과 은광을 탐사한다는 황당무계한 계획에 다른 합리적이고 칭찬할 만한 동기를 추가했다. 그러나 그런 동기마저도 유럽의 정책을 명예롭게 만들지는 못했다.

국내에서 압박을 받은 잉글랜드의 청교도들은 자유를 찾아 아메리카로 도피해 뉴잉글랜드에 네 개의 식민지 정부를 수립했다. 엄청난 홀대를 당했던 잉글랜드의 가톨릭 신자들은 메릴랜드에 식민지를 건설했고, 퀘이커 교도들은 펜실베이니아 정부를 수립했다. 종교재판소에서 박해를 받고 재산을 모두 빼앗긴 채 브라질로 추방된 포르투갈 유대인들은 솔선수범해 그 사회에 질서와 근면을 도입했다. 전에는 중죄인과 매춘부들이 우글거렸던 곳이었다. 유대인들은 이들에게 사탕수수 농사를 가르쳤다. 이런 서로 다른 경우에서, 아메리카 대륙에 사람들을 식민하고 농사를 짓게 한 것은 유럽 정부들의 지혜와 정책이 아니라, 어찌 보면 무질서와 불의였다.

식민지 중에서 몇몇 중요한 식민지를 제대로 작동시키는 데 있어, 유럽의 여러 정부는 그 식민지들을 건설할 때와 마찬가지로 공로가 별로 없었다. 멕시코 정복은 스페인 추밀원의 계획이 아니라 쿠바 지사의 계획이었다. 그 정복은 온갖 장애에도 불구하고 그 계획을 맡아 완수한 대담한 모험가[170]의 감투 정신으로 이루어졌다. 당초 그 계획을 입안했던 지사는 그를

170　에르난 코르테스(1485-1547)을 말한다. 코르테스는 1511년 동료 모험가 디에고 벨라스케스와 함께 쿠바를 정복했다. 벨라스케스는 쿠바 지사가 되었고 코르테스는 재무

탐험대장 자리에서 끌어내리려 했으나 뜻을 이루지 못했다.

칠레와 페루 그리고 아메리카 대륙의 다른 스페인 식민지를 개척한 정복자들은 특별한 공식 권유를 받은 바 없이 스페인 국왕의 이름으로 식민지를 건설하고 정복해도 좋다는 일반적 허가를 받았을 뿐이었다. 이런 모험들은 모두 개인이 위험을 무릅쓰고 자비로 수행한 것이었다. 스페인 정부는 별다른 도움을 준 게 없었다. 또한, 잉글랜드 정부도 북아메리카의 몇몇 중요한 식민지를 건설하고 작동시키는 데 기여한 바가 별로 없다.

식민지는 인력 외에 유럽에 빚진 것이 없다

이런 식민지들이 정상적으로 가동되어 본국 정부의 관심을 끌 정도로 커졌을 때, 본국 정부가 식민지에 대해 취한 첫 번째 규제는 식민지 상업을 본국이 독점해야 한다는 것이었다. 식민지 시장을 제한하고 식민지의 희생을 발판으로 삼아 본국 시장을 확대하겠다는 것이었다. 그리하여 본국 정책은 식민지의 번영을 촉진하는 것보다는 지체시키고 좌절시키려는 데 있었다. 유럽 각국이 식민지에 대해 취한 정책 중 본질적인 차이가 있다면 독점 집행 방식이 달랐다는 점이었다. 그런 정책 중에서 그나마 나은 것이 잉글랜드의 정책인데 다른 유럽 나라들보다 더 자유롭고 덜 압제적이었다.

그렇다면 유럽의 정책은 어떤 방식으로 아메리카 식민지 건설에 이바지했고 이어 그 식민지들이 현재처럼 발전하도록 했는가?

오로지 한 가지 방법으로만 크게 기여했을 뿐이다. 마그나 비룸 마테룸(Magna virum Materum)![171] 그 정책은 식민지 땅에서 놀라운 도약을 이

부 장관이 되었다. 멕시코 정복 계획은 지사가 입안했으나 곧 코르테스의 명성을 질투한 지사가 다른 사람을 그 탐험대장으로 앉히려 했고 코르테스는 재빨리 멕시코로 떠나버렸다. 코르테스는 젊은 시절에 많은 모험을 하고 명성을 누렸으나 말년에는 빚을 진 채 비참하게 죽었다.

171 베르길리우스, 『농경시』제2권 173-4행에 나오는 말이다. 마테룸(Materum)은 추수의 여신을 말하고, 마그나 비룸(Magna virum)은 위대한 남자, 즉 이탈리아의 농부를 말한다. 이 구절이 나오는 문장은 이러하다. "찬양하라, 위대한 추수의 어머니를. 오, 사투르니아의 땅[이탈리아]이여, 힘센 남자들이여!"

룩한 사람들을 길러내 키웠고, 또 제국의 기반을 놓았다. 국가 정책으로 이러한 사람들을 실제로 길러낸 곳은 지구상에서 유럽 말고는 없다. 식민지는 유럽의 정책 덕분에 교육받을 수 있었고 또 적극적이고 진취적인 식민지 창건자들은 자신의 원대한 포부를 펼쳤다. 식민지 중 가장 위대하고 중요한 지역 일부에서는 그들의 내부 행정에 관한 한 그것[식민지에 창건자를 공급한 정책] 외에 다른 것에는 전혀 빚진 바가 없다.

제3절

유럽이 아메리카를 발견하고, 희망봉을 돌아 동인도제도 항로를 발견한 이점

◇

앞에서 아메리카 식민지들이 유럽의 정책으로부터 얻은 이점을 언급했다. 그렇다면 유럽이 아메리카의 발견과 식민지 건설로부터 얻은 것은 무엇인가? 다음 두 가지로 나눌 수 있다.

첫째, 유럽 전체가 이 대사건[아메리카와 동인도제도 항로 발견]에서 얻는 전반적 이점이 있다. 둘째, 각 식민 종주국들이 자국 식민지에 대한 권위 혹은 지배의 결과로 얻어내는 구체적 이점이 있다.

유럽 식민지에서 얻는 일반적 이점: 향락품 증가와 산업 발전

유럽에 수입된 아메리카의 잉여생산물은 전에는 소유하지 못했던 다양한 상품을 유럽 대륙에 제공했다. 편의와 실용을 위한 제품, 쾌락을 위한 제품, 장식용 제품 등으로 유럽의 향락품을 크게 증가시켰다.

아메리카의 발견과 식민지 건설은 첫째, 이 식민지와 직접 거래하는 스페인, 포르투갈, 프랑스, 잉글랜드 같은 국가들의 산업을 발전시켰다. 둘째, 식민지와 직거래하지는 않지만 그들을 통해 간접 거래를 하는 나라들의 산업도 발전시켰다. 가령 오스트리아령 플랑드르와 독일의 여러 주는 위에 언급한 나라를 통해 식민지에 다량의 아마포와 기타 물품을 수출했다. 이러한 나라들은 모두 그들의 잉여생산물을 수출하는 넓은 시장을 얻었고 그 결과 생산물 증산을 꾀할 수 있었다.

이런 시장의 발견으로 자국 생산물을 아메리카에 단 한 점도 보낸 적 없는 헝가리와 폴란드 같은 나라의 산업도 증진했는지 여부는 분명하지 않다. 하지만 영향을 주었으리라는 점은 의심할 여지가 없다. 아메리카의 생산물 중 일부가 헝가리와 폴란드에서 소비되었고, 또 이 두 나라에는 아메리카의 설탕, 초콜릿, 담배 등에 대한 수요가 있다.

그러나 이런 식민지 물품들은 헝가리와 폴란드의 노동 생산물이나 그 생산물로 사들인 무엇으로 구매되어야 한다. 아메리카 상품은 헝가리와 폴란드에 들어온 새 가치, 새 등가물이므로 두 나라의 잉여생산물로 교환되어야 한다. 식민지 물품은 두 나라의 잉여생산물에 대한 새롭고 넓은 시장을 개척한 것이다. 이 물품은 잉여생산물 가치를 높이고 그리하여 물품 증산을 촉진한다. 헝가리와 폴란드의 잉여생산물을 아메리카로 수출한 적은 없으나, 그 생산물은 다른 나라로 흘러 들어가 그 나라들이 사들인 아메리카 잉여생산물에 따라 교환될 수 있다. 이렇게 해서 헝가리와 폴란드의 잉여생산물은 당초 아메리카의 잉여생산물이 작동시킨 무역 유통망을 따라 새 시장을 발견한다.

이 대사건들은 아메리카에 상품을 보낸 일이 없을 뿐만 아니라 그 식민지로부터 물품을 받아본 적이 없는 나라들의 향락품 증가와 산업 발전에도 이바지한다. 이런 나라들도 아메리카 무역에 따라 잉여생산물이 증가한 나라들로부터 다른 상품을 풍성하게 받아들이기 때문이다. 이런 풍성한 상품 공급은 그들의 향락품을 증가시킬 것이므로 따라서 그들의 산업도 발전한다. 바꾸어 말하면 이러한 나라의 산업을 거친 잉여생산물과 교환되기 위해 전보다 많은 여러 종류의 새 등가물이 그들 나라에 제공된다.

당연히 그 잉여생산물에 대한 더 넓은 시장이 생겨나 그 가치를 높이고 그로 인해 물품 증산도 촉진할 것이다. 유럽의 거대한 상거래 유통망에는 해마다 대량의 생산물이 들어오고, 또 그 생산물은 유통망 속에 들어 있는 여러 나라 사이에서 다양하게 회전하면서 널리 분배된다. 이런 유럽의 대량 생산물은 아메리카의 전체 잉여생산물에 따라 자연스럽게 증가한다. 그러므로 거대한 생산물의 상당히 많은 부분이 유럽 각국으로 떨어져 그들의 향락품을 증가시키고 나아가 산업을 성장하게 한다.

독점 무역의 일반적 폐해

식민지 종주국들의 배타적 독점 무역은, 각국의 향락품과 산업 수준을 독점 무역이 없었더라면 달성할 수 있는 수준보다 낮추는 경향이 있으며, 특히 아메리카 식민지의 수준을 낮춘다. 그것은 인류의 사업을 크게 작동시키는 커다란 용수철 중 하나[무역]를 무겁게 짓누르는 거대한 바윗덩어리와 같다. 식민지 생산물을 유럽 모든 나라에서 비싼 값에 팔리게 함으로써, 소비를 떨어뜨리고 그로 인해 식민지들의 산업은 위축되며 나아가 유럽 각국의 향락품과 산업은 타격을 받는다. 그들이 즐겨 소비하는 물품에 더 많은 값을 치러야 하고, 생산한 것에 대해 값을 덜 받게 되므로, 그런 향락품을 덜 소비한다. 유럽 각국의 물품을 식민지에서 비싸게 만들게 된다면 유럽 각국의 산업은 위축되고, 식민지들의 향락과 산업도 줄어든다.

그것은 특정 나라의 혜택을 위해 다른 모든 나라의 산업을 위축시키는 족쇄다. 특히 어떤 나라보다 식민지 지역에 더 해롭다. 특정 시장에서 다른 나라를 배제할 뿐만 아니라, 식민지들을 한 시장에 매여 있도록 한다. 다른 모든 시장은 열려 있는데 어떤 한 시장만 들어가지 못하는 것과, 다른 시장은 전부 닫혀 있는데 어떤 한 시장만 들어갈 수 있는 것, 이 둘 사이에는 커다란 차이가 있다. 식민지들의 잉여생산물은 유럽 각국이 아메리카의 발견과 식민지 건설에서 얻을 수 있는 향락품과 산업 발전의 1차 원천이다. 그런데 식민 종주국들이 자국 식민지의 무역을 독점한다면, 그렇지 않았을 때 비해 이 1차 원천을 많이 감소시키게 된다.

유럽 식민지에서 얻는 구체적 이점: 독점 무역

특정 식민 종주국이 자국 식민지로부터 얻을 수 있는 구체적 이점에는 두 가지가 있다. 하나는 모든 제국이 그 지배 아래에 있는 지역들로부터 얻을 수 있는 공통 이점이고, 다른 하나는 아메리카의 유럽 식민지처럼 특별한 성격을 가진 식민지에게서 얻을 수 있는 이점이다.

모든 제국은 그 지배권 아래 있는 지역들로부터 두 가지 공통 이익을 얻는다. 첫째, 피지배 속주들은 제국 방위를 위해 군사력을 제공한다. 둘째, 속주들은 제국의 민간 행정에 도움이 되는 경비를 제공한다. 로마의 속주들은 때때로 이 두 가지를 모두 주었다. 그리스 식민지들은 때때로 군사력을 주었지만 경비 제공은 거의 없었다. 그들은 자신들이 본국인 모 도시의 지배를 받는다고 공인하지 않았다. 전쟁 중에는 모 도시와 동맹하기는 했지만 평화 시에는 식민지로 행세하지 않았다.

아메리카의 유럽 식민지들은 본국 방어를 위해 군사력을 제공한 일이 없었다. 사실, 식민지의 군사력은 자체 방어에도 충분하지 않았다. 식민 종주국이 유럽에서 여러 다른 전쟁을 일으킬 때, 아메리카 식민지 방어로 인해 종주국들은 군사력에 심한 부담을 느꼈다. 이런 점 때문에 유럽 식민지들은 하나도 예외 없이 모국의 군사력을 강화하기보다는 약화하게 된다.

스페인과 포르투갈 식민지들은 모국 방어와 행정에 일부 자금을 지원했다. 다른 유럽 국가의 식민지에서 징수된 세금—특히 잉글랜드 식민지의 세금—은 평화 시 모국이 식민지에 지출한 비용에 근접하지 못했다. 특히 전쟁 시 지출한 비용을 충당하기에는 턱없이 모자랐다. 따라서 유럽 식민지들은 각 모국에 수입의 원천이 아닌 지출의 원천이었다.

따라서 유럽 식민지를 지배하는 국가들이 누릴 수 있는 이점은 아메리카 식민지들의 독특한 성격에서 나오는 독특한 이점뿐이다. 즉, 모국이 자국 식민지를 상대로 누리는 독점 무역이 방금 말한 독특한 이점의 유일한 원천이다.

독점 무역의 절대적 이익과 상대적 이익

이런 독점 무역의 결과, 잉글랜드 식민지의 잉여생산물 중 열거 상품으로 분류되는 것에 대해선 오로지 잉글랜드 시장에만 팔아야 한다. 다른 나라는 그 후 잉글랜드로부터 그 상품을 사들여야 한다. 따라서 그 상품은 다른 나라보다 잉글랜드에서 더 싸며, 잉글랜드의 향락품을 증가시키고 그 산업을 촉진한다.

잉글랜드가 자국 잉여생산물을 식민지의 열거 상품과 교환할 때, 다른 나라가 그 열거 상품을 교환하는 경우보다 더 높은 값에 그 잉여생산물을 팔 수 있다. 예를 들어 잉글랜드의 제조업체 갑은 다른 나라의 제조업체 을보다 자국 식민지로부터 더 많은 설탕과 담배를 사들일 수 있다. 그러므로 갑과 을이 동시에 잉글랜드 식민지에서 생산된 설탕 및 담배와 자기 상품을 교환한다면 가격 우위로 갑은 을보다 훨씬 더 큰 판매 이점을 갖는다. 이렇게 해서 식민지를 상대로 한 독점 무역은 독점권을 가진 나라가 그렇지 못한 나라보다 명백한 이익을 누린다. 반면 이렇게 되면 독점권 없는 나라의 향락품과 산업은 위축되거나 적어도 정상 상태에서 도달할 수 있는 수준에 못 미치게 된다.

그러나 이러한 이점은 절대적이지 않고 상대적이다. 그 이점은 자유무역 상태에서 잉글랜드가 산업과 생산량을 높여 얻은 것이 아니라, 다른 나라의 산업과 생산을 억압함으로써 얻는 것이기 때문이다. 예를 들어 독점 무역 덕분에 메릴랜드와 버지니아의 담배[열거 상품]는 프랑스보다 잉글랜드에 더 싼값에 들어온다. 잉글랜드가 그 담배에 웃돈을 붙여 다시 프랑스에 상당량을 팔기 때문이다. 그러나 만약 프랑스와 다른 유럽 국가에 메릴랜드와 버지니아를 상대로 자유무역을 하는 것이 허용되었더라면, 지금쯤 담배는 이들 유럽 국가뿐만 아니라 잉글랜드에도 현재 가격보다 더 싼값에 들어왔을 것이다. 담배 시장이 잉글랜드로만 국한되지 않고 유럽 전역으로 확대되었더라면 담배 생산량은 지금쯤 비약적으로 늘어나 있을 것이다. 그러면 담배 농장주의 이윤도 곡물 농장주의 이윤처럼 자연스러운 수준으로 낮아졌을 것이다. 담배 농장 이윤율은 지금도 곡식 농장보다 높다.[172]

---

172 『국부론』제1권 9장 1절 참고.

더 나아가 시장을 확대했더라면 지금쯤 담뱃값은 현재 가격보다 더 낮게 떨어졌을 것이다. 잉글랜드와 다른 유럽 국가의 동일 수량 상품들에 대해, 메릴랜드와 버지니아에서 지금보다 더 많은 양의 담배를 구매할 수 있었을 것이고, 식민지 현지에서는 더 좋은 값에 팔렸을 것이다. 이처럼 담배가 그 저렴한 가격과 풍성한 물량으로 잉글랜드 혹은 다른 유럽 국가의 향락품과 산업을 발전시킬 수 있다면, 담배의 자유무역은 이 두 가지 면[향락품과 산업의 발전]에서 지금보다 훨씬 큰 효과를 만들어냈을 것이다.

물론, 이때 잉글랜드는 다른 나라보다 이점이 없을 것이다. 단지 잉글랜드는 자국 식민지에서 담배를 지금보다 싸게 사서 결과적으로 자국 상품 일부를 지금보다 다소 비싸게 팔 수 있겠지만 다른 유럽 국가보다 담배를 더 싸게 산다거나 자국 상품을 더 비싸게 판다거나 하지는 못한다. 잉글랜드는 절대적 이익은 보았지만 상대적 이익을 잃어버린 것은 확실하다.

상대적 이익의 부작용

그러나 잉글랜드는 식민지 무역에서 상대적 이익을 얻고, 또 다른 나라를 그 무역에서 배제하기 위해 차별적이고 악의적인 계획을 시행하며, 이 과정에서 절대 이익 중 일부를 포기한다. 그 과정에서 잉글랜드는 자국 무역의 거의 모든 분야에서 절대적·상대적 불이익을 당했다.

잉글랜드가 항해법을 제정해 식민지 무역을 독점하자, 전에 그 무역에 투자되었던 외국 자본이 거기서 빠져나갔다. 따라서 전에 식민지 무역 일부만 담당했던 잉글랜드 자본이 이제 식민지 무역을 전부 떠맡아야 했다. 전에 식민지가 원하는 유럽 상품의 일부만 공급을 맡았던 자본이 이제는 그 상품 전부를 공급해야 했다. 그러나 잉글랜드 자본은 식민지가 바라는 만큼 유럽 상품 전부를 공급할 수가 없었다. 따라서 그 자본이 공급한 물품은 아주 비싸게 팔렸다. 전에 식민지의 잉여 농산물 중 일부만 사들이면 되었던 자본이 그 전부를 사들이는 데 투입되었다.

상인이 아주 싸게 사서 아주 비싸게 파는 자본 투자일 경우에 이윤은 반드시 아주 높게 되어 있고, 그 수준은 다른 무역 분야의 통상 이윤율보다 훨씬 높다. 식민지 무역의 이윤이 이처럼 높으므로 무역의 다른 분야에 이미 투자된 자본이 식민지 무역 쪽으로 몰려오게 되어 있다.

독점 무역의 두 가지 효과는 자본 빼오기와 이윤율 제고

이처럼 자본을 빼오면 점진적으로 식민지 무역 내에서 자본 경쟁을 높일 수 있다. 그리하여 무역의 다른 분야 안에서의 경쟁은 서서히 낮아진다. 즉, 식민지 무역 이윤은 점차 낮아지고 다른 무역 분야의 이윤은 점차 높아지는 것이다. 이렇게 해서 새로운 수준의 이윤율이 확립되는데 전보다는 약간 높은 이윤율이 된다.

이러한 이중 효과, 즉 다른 무역 분야에서 자본을 빼오는 것과, 이전 무역 분야에서 정해졌던 것보다 약간 더 높은 이윤율이 식민지 독점 무역이 시행되던 초기에 확립된 이후 계속 유지되고 있다. 여기서 두 효과에 관해 자세히 알아보자.

(1) 다른 분야에서 자본 빼오기

식민지 독점 무역은 다른 무역 분야에서 자본을 지속해서 빼내 와 식민지 무역에 투자하게 하는 효과를 낳았다. 항해법 제정 후에 그레이트브리튼의 국부는 크게 늘었지만 식민지들의 국부와 동일 비율로 늘지는 않았다. 일반적으로 한 나라의 해외 무역은 그 나라의 국부에 비례해 자연스럽게 증가하고, 잉여생산물은 전체 생산물에 비례해 증가한다. 그레이트브리튼은 식민지 해외 무역을 독점했는데도 잉글랜드의 자본은 무역 규모에 비례해 증가하지 않았으므로, 다른 무역 분야에 들어간 자본을 빼오거나 다른 분야에 투입할 자본을 상당 부분 유보하지 않고는 독점 무역을 계속 끌고 갈 수가 없었다.

따라서 항해법 제정 이래에, 식민지 무역은 규모가 점점 늘었던 반면 다른 해외 무역 분야, 특히 유럽 국가들과의 무역은 지속해서 줄었다. 해외 판매를 위한 잉글랜드 제조품은 항해법 이전에는 유럽 인근 국가 혹은 좀 더 멀리 떨어진 지중해 인근 국가에 맞추어져 있었다. 그러나 이제는 그 제품들의 상당히 큰 부분이 아주 멀리 떨어진 식민지 시장, 그러니까 경쟁해야 하는 것이 아니라 독점 판매할 수 있는 시장에 맞추어졌다.

매튜 데커 경이나 다른 저술가들은 다른 무역 분야가 쇠퇴한 원인을 세금 부과가 과도하고 부적절하거나, 노동 임금이 비싸고, 사치품이 증가한 현상에서 찾았다. 그러나 식민지 무역의 과도한 성장에서도 그 원인을 찾을 수 있다. 그레이트브리튼의 상업 자본은 아주 크지만 무한정 큰 것은 아니다. 항해법 제정 이후에 자본이 크게 늘기는 했지만 식민지 무역 규모에 적절한 비율로 늘어난 것은 아니었다. 그리하여 무역의 다른 분야에서 자본을 일부 빼오지 않으면 유지하기 어려워졌고 결과적으로 다른 분야가 쇠퇴하게 된 것이다.

식민지 독점 무역은 잉글랜드의 무역 방향만 바꾸어놓았다

잉글랜드는 위대한 무역 국가이고 그 상업 자본은 막대하며 또 그 규모는 날마다 늘고 있다. 항해법이 식민지 독점 무역을 확립하기 전에도 그랬고 식민지 무역이 상당한 규모로 늘기 전에도 그러했다.

크롬웰 정부에서 벌어졌던 네덜란드와의 전쟁에서 영국 해군은 네덜란드 해군을 압도했다. 찰스 2세 치세 초기에 벌어졌던 전쟁에서 영국 해군은 프랑스와 네덜란드의 연합 해군과 비등하거나 우세했다. 만약 네덜란드 해군이 과거처럼 네덜란드 상업에 비례해 군사력을 갖추었더라면 영국 해군의 군사력은 오늘날처럼 세계 최강으로 등장하지는 못했을 것이다.

그러나 영국 해군의 최고 군사력은 앞에서 말한 두 번의 전쟁에서 항해법의 덕을 보지 않았다. 첫 번째 전쟁 당시에 항해법은 입안 중이었고 두 번째 전쟁이 발발하기 직전에 항해법이 입법 기관에 의해 발효되기는 했으나, 어쨌든 항해법은 두 전쟁에서 이렇다 할 효과를 발휘하지 못했고 식민지 독점 무역을 확립하는 데에도 전혀 힘을 쓰지 못했다. 당시 식민지나 식민지 무역은 오늘날에 비교해보면 보잘것없었다.

자메이카섬은 사람들이 거의 살지 않고 경작도 거의 되지 않은 볼 것 없는 사막이었다. 뉴욕과 뉴저지는 네덜란드령이었고 세인트크리스토퍼 섬의 절반은 프랑스령이었다. 안티구아섬, 남북 캐롤라이나, 펜실베이니아, 조지아, 노바 스코티아는 아직 식민이 되기 전이었다. 버지니아, 메릴랜드, 뉴잉글랜드에는 이주민이 들어가 있었다. 이 셋은 지금 아주 번창하고 있지만, 당시 이들 식민지가 국부, 인구, 토지 개량 측면에서 이렇게 급속하게 발전하리라고 예상한 사람은 유럽이나 심지어 아메리카에 한 명도 없었다. 결론적으로 말해, 바베이도스섬만 당시 오늘날과 비슷한 생활 조건을 유지한 비중 있는 잉글랜드 식민지였다.

잉글랜드는 항해법 이후에도 상당 기간 식민지 무역이 저조했다. 항해법은 제정 후 몇 년 동안 엄격하게 단속되지 않았던 것이다. 따라서 식민지 무역은 당시 잉글랜드를 위대한 무역 국가로 만들어준 원인이 될 수 없었고 또 무역으로 뒷받침되는 위대한 해군 군사력의 원인도 아니었다. 당시 잉글랜드 해군력을 지탱해준 무역은 사실상 유럽 국가 및 지중해 인근 국가들과의 무역이었다. 그러나 잉글랜드가 지금 이런 나라들과 시행하는 무역은 위대한 해군력을 지탱해주지 못한다.

만약 식민지들의 무역이 모든 국가에 자유롭게 개방되었더라면 잉글랜드에 돌아올 무역량이 얼마든 간에 상당한 양이 할당되었을 것이다. 그리고 잉글랜드가 그때껏 보유했던 엄청난 무역량에 추가되어 그 규모를 더욱 증가시켰을 것이다. 하지만 독점 결과, 식민지 무역의 증가는 잉글랜드가 전에 올렸던 무역량을 늘려준 것이 아니라 그 무역 방향을 전면적으로 바꾸었을 뿐이다.

(2) 무역 분야 이윤율 제고

독점은 잉글랜드 무역에서 다른 분야의 이윤율을 높여놓았다. 다시 말해, 유럽 모든 나라가 잉글랜드 식민지를 상대로 자유무역을 한다고 가정할 때, 잉글랜드 무역에서 다른 분야들이 올렸을 이윤율보다 높은 것이다.

식민지 독점 무역은 그런 독점이 없을 때 식민지 무역에 투자되었을 법한 자본보다 더 많은 자본을 그 무역에 끌어들였다. 또 모든 해외 자본을 거기서 빠져나가게 함으로써, 그 무역에 투자되는 자본의 총 수량을 자유무역을 할 때의 자본 총량보다 낮은 수준으로 떨어뜨렸다. 그와 함께 식민지 무역 분야에서 자본 경쟁을 완화함으로써 그 분야의 이윤율을 높였다. 다른 무역 분야에 투자된 잉글랜드 자본의 경쟁이 완화되자, 그 다른 분야에서 잉글랜드의 이윤율도 상승했다.

항해법 제정 이후 특정 시기에 그레이트브리튼의 상업 자본 상태나 규모가 어떻게 되었든 간에, 식민지 무역 독점은 잉글랜드의 통상 이윤을 독점이 없을 때보다 높여놓았다. 이것은 식민지 무역 분야에서도 그렇고 잉글랜드 무역의 다른 분야에서도 그러하다. 그런데 항해법 제정 이후에 잉글랜드의 통상 이윤율이 상당히 떨어졌다고 한다면, 그 항해법이 확정한 독점이 이윤율을 떠받치지 않았더라면 그보다 훨씬 더 떨어졌을 것이다.

다른 무역 분야에서의 절대적·상대적 불이익

독점으로 어떤 국가의 이윤율이 평소보다 더 높아졌다면 그 나라에 독점권이 없는 다른 모든 무역 분야에 필연적으로 절대적이고 상대적인 불이익을 안긴다.

절대적 불이익을 받는 이유는 이러하다. 다른 무역 분야에서 그 나라의 상인들은 그처럼 높은 이윤을 올리기 어렵기 때문이다. 그들이 자국에 수입하는 외국 상품과, 외국에 수출하는 자국 제조품을 독점이 없는 경우보다 더 비싸게 팔아야 하는데 이렇게 하기 어려운 것이다. 따라서 이 상인들은 독점이 없을 때보다 더 비싸게 사서 그보다 더 비싸게 팔아야 하므로 결과적으로 더욱 적게 사고 더욱 적게 팔게 된다. 그 결과 국가 전체로서도 물품을 덜 즐기고 덜 생산하게 된다.

상대적 불이익을 받는 이유는 이러하다. 독점 없는 무역 분야에서, 절대적 불이익을 당하지 않는 다른 나라들이 자기보다 월등한 우위를 차지하든지 아니면 덜 불리해지기 때문이다. 그리하여 다른 나라는 독점 국가보다 더 많은 것을 즐기고 생산할 수 있게 된다. 그 나라들은 독점 국가와 비교해 이점을 증폭시키거나 자신의 불이익을 줄인다. 또한, 이 나라의 생산물 가격을 더 높이면, 다른 나라의 상인들은 해외 시장에서 더 싸게 물건을 팔 수 있게 되고 결국 독점권이 없는 거의 모든 무역 분야에서 밀려날 수 있다.

우리나라 상인들은 잉글랜드 노동자의 임금이 높으므로 자국 제조품이 해외 시장에서 비싸게 팔린다고 불평한다. 하지만 그들은 자본의 높은 이윤에는 침묵한다. 그들은 다른 사람의 높은 수입에 대해 불평할 뿐 정작 자신의 과도한 이익에 대해서는 아무 말도 하지 않는다. 브리튼 자본이 얻는 높은 이윤은 여러 상황에서 브리튼 노동자의 높은 임금만큼, 어쩌면 그 이상으로 브리튼 제조품의 가격을 올리는 데 기여한다.

이렇게 해서 그레이트브리튼 자본은 독점권 없는 다른 무역 분야에서 빠져나가거나 혹은 쫓겨났다. 특히 유럽과 지중해 인근 국가들의 무역에서 그 자본은 빠져나가거나 쫓겨났다.

이처럼 다른 무역 분야에서 자본이 이탈한 것은 식민지 무역의 높은 이윤율 때문이었다. 식민지 무역이 계속 증가하면서 한 해에 수행했던 자본이 다음 해에 그것을 감당하기에는 충분하지 않았던 것이다. 그레이트브리튼이 성취한 높은 이윤율이 다른 나라에 자극을 주었고, 그리하여 브리튼의 독점권이 없던 다른 무역 분야로 투자 자본이 빠져나온 것이다.

식민지 무역 독점은 다른 무역 분야로부터 브리튼 자본 일부를 빼내 왔다. 마찬가지로 식민지 무역에 참가하지 못한 많은 해외 자본은 평소 같으면 투자하지 않았을 무역 부분[독점 없는 무역 부문]에 몰려들었다. 하지만 다른 무역 분야에서 브리튼 자본의 경쟁력이 줄었기에, 브리튼 자본 이윤율은 식민지 독점 무역이 없었던 경우보다 올라갔다. 반면, 해외 자본과의 경쟁이 증가했고, 독점 무역이 없었던 경우보다 이익률은 낮아졌다. 전반적으로 보면, 자본 유치든 이윤율 제고든, 식민지 무역 독점은 독점이 없는 다른 모든 무역 부문에서 그레이트브리튼에 상대적 불이익을 가져왔다.

식민지 무역은 다른 어떤 무역보다 그레이트브리튼에 더 유리하다고 말할지도 모른다. 독점은 그레이트브리튼 자본 중 상당히 많은 부분을 식민지 무역 쪽으로 끌어당김으로써, 그 자본을 다른 어떤 투자보다 그레이트브리튼에 더욱 유리한 투자로 만들었다는 것이다.

그러나 한 국가의 자본을 가장 유리하게 투자하는 방식은, 그 나라의 생산적 노동을 최대한으로 유지하면서, 그 나라의 토지와 노동의 연간 생산량을 최대한으로 늘리는 방식이다. 하지만 소비재의 해외 무역에 투자 자본이 유지할 수 있는 생산적 노동의 수는, 제2권[5장]에서 설명했듯, 자본 회수 빈도에 달려 있다.

예를 들어 해외 무역에 투자된 1천 파운드가 1년에 한 번 정기적으로 회수된다면 그것은 1년 동안 1천 파운드를 통해 고용할 수 있는 생산적 노동 수량을 유지한다. 만약 자본이 1년에 2~3회 회수된다면 그것은 1년 동안 2~3천 파운드를 통해 고용할 수 있는 생산적 노동 수량을 유지한다. 이 때문에 소비재의 해외 무역은 멀리 떨어져 있는 나라보다 가까이 있는 나라를 상대하는 것이 유리하다. 마찬가지로 해외 직접 무역은 우회 무역보다 일반적으로 더 유리한데, 이는 제2권[5장]에서 설명했다.

식민지 무역 독점의 두 가지 작동 방식

그레이트브리튼의 자본 투자에서 독점 무역은 두 가지 방식으로 작동해왔다. 모든 경우에 자본 일부를 가까운 나라와의 무역보다는 먼 나라와의 무역 쪽으로 돌렸고, 많은 경우에 소비재 직접 무역에서 우회 무역으로 돌려놓았다.

(1) 근거리 무역에서 원거리 무역으로

식민지 무역의 독점은 모든 경우에 그레이트브리튼의 자본 일부를 근거리 해외 무역에서 원거리 해외 무역으로 돌려놓았다. 즉, 유럽 그리고 지중해 인근 국가들의 무역에서 아메리카와 서인도제도의 원거리 지역으로 브리튼의 자본을 돌려놓았다. 아메리카와 서인도제도는 원거리일 뿐만 아니라 이들 지역의 특별한 상황 때문에 자본 회수가 그리 빈번하지 못하다. 앞에서 이미 지적했듯, 새 식민지들은 언제나 자본이 충분하지 않다. 그들의 자본은 언제나 부족하기에, 토지 개선과 경작에 투입하여 큰 이윤과 이점을 올리기 쉽지 않다. 따라서 이 식민지들은 자체 자본 이상으로 더 많은 자본이 필요하다. 그들의 부족한 자본을 보충하기 위해 모국으로부터 가능한 한 많이 빌려오려고 하는데 그 때문에 언제나 빚을 진다.

식민지 이주민이 빚을 지는 가장 흔한 방식은 모국 부자들에게 차용증을 써주고 돈을 빌리는 식이 아니다(물론 가끔 이런 방식도 사용한다). 그보다는 유럽 물건을 대주는 거래처에 갚아야 할 대금이 자꾸 뒤로 밀리는 것이다. 이주민은 받아야 할 돈의 3분의 1 정도밖에 자본 회수를 하지 못하고, 때로는 그보다 훨씬 회수가 뜸하다. 따라서 이주민의 거래처는 그들에게 미리 내준 전체 자본을 3년 혹은 4~5년 이내에 회수할 수 있다.

예를 들어 천 파운드의 그레이트브리튼 자본이 5년에 한 번 반환된다면, 1년에 한 번 반환될 경우 유지할 수 있는 브리튼 산업의 5분의 1만 고용을 유지할 수 있다. 그리하여 천 파운드가 연간 유지할 수 있는 노동량 대신에 2백 파운드가 연간 유지할 수 있는 노동의 양만 고용한다. 농장주는 그가 유럽 제품에 지불하는 높은 가격, 결제일이 멀리 떨어져 있는 어음에 대한 이자, 결제일이 가까운 날짜의 어음 갱신에 들어가는 수수료 등으로 그의 거래처가 이런 자본 회수 지체로 입는 손실을 보상할 것이다. 아니, 보상 이상의 것을 해야 한다.

그러나 농장주는 거래처 손실은 보상해줄지 모르나, 그레이트브리튼의 손상은 보상해주지 못한다. 상인은 수익이 빈번하고 거리가 가까운 무역에서와 마찬가지로, 자본 회수가 느린 거래에서도 많은 돈을 벌 수 있다. 하지만 그가 거주하는 나라의 이익, 즉 그 나라에서 꾸준히 유지되는 생산 노동의 양 혹은 토지와 노동의 연간 생산물은 훨씬 적어질 수밖에 없다. 아메리카와 서인도제도를 상대로 하는 무역의 자본 회수는 일반적으로 말해 유럽이나 지중해 인근 국가들의 무역과 비교할 때, 시기적으로 더 멀리 떨어져 있고, 더 불규칙하고, 더 불확실하다. 이런 무역 분야에 종사해본 사람이라면 누구나 즉각 인정하는 부분이다.

(2) 직접 무역에서 우회 무역으로

식민지 무역의 독점은 많은 경우에 그레이트브리튼의 자본 일부를 소비재 직접 무역에서 우회 무역 쪽으로 이탈하도록 강요한다. 반드시 그레이트브리튼으로 보내야 하는 열거 상품 중에, 그 물량이 브리튼의 국내 소비를 훨씬 초과하는 품목도 있다. 이런 품목들은 그중 일부를 다른 국가로 수출해야 한다. 그러나 이것은 그레이트브리튼의 자본 일부를 소비재 우회 무역으로 돌려놓지 않고는 할 수 없다.

예를 들어 메릴랜드와 버지니아는 연간 9만 6천 통을 상회하는 담배 물량을 브리튼으로 보내고 있다. 그런데 브리튼의 국내 소비량은 1만 4천 통을 넘지 않는다. 그러므로 나머지 8만 2천 통은 프랑스, 네덜란드, 발트해와 지중해 인근 국가에 수출해야 한다. 그리하여 그 8만 2천 통을 수입해 와, 다른 나라에 재수출하고, 그 다른 나라로부터 그에 상응하는 물품이나 돈을 가져오게 하는 데 들어간 그레이트브리튼의 자본 일부는 이처럼 소비재의 우회 무역에 투자된 것이다. 그 엄청난 담배의 잉여물을 처분하기 위해 투자처로 자본이 들어간 것이다.

이 우회 무역에 들어간 그레이트브리튼 자본을 전부 회수하는 데 몇 년이 걸릴까? 먼저 아메리카 식민지에서 자본을 회수하는 기간을 계산해야 하고 거기에 더해 다른 나라에서 회수하는 기간을 합쳐야 한다. 만약 우리가 아메리카를 상대로 직접 무역을 할 때, 투자된 전 자본을 회수하는 시간이 3~4년 이상 걸린다면, 이 우회 무역에서 들어간 자본 회수에는 4~5년 이상 걸릴 것이다. 직접 무역에 투자한 자본은 연간 1회 자본이 회수되는 경우에 비해 국내 노동의 3분의 1 혹은 4분의 1만 꾸준히 유지하는 것이 가능하다면 우회 무역에 투자한 자본은 4분의 1 혹은 5분의 1만 유지할 것이다.

런던항 이외의 몇몇 수출항에서는 담배를 수출하는 해외 거래처에 식민지가 통상적으로 신용거래를 허용한다. 그러나 런던항에서는 현찰을 받고 담배를 판매한다. 무게만큼 지불하는 것이 원칙이다. 그러므로 런던항에서는 우회 무역의 최종적 자본 회수는, 상품이 안 팔려 창고에 대기하는 시간만큼 더 늘어질 뿐이다. 때로는 아주 오래 대기하기도 한다.

그러나 식민지들이 그레이트브리튼 시장에 담배를 판매하지 않았다면, 담배는 아마도 가정 소비에 필요한 양보다 훨씬 더 적게 우리에게 왔을 것이다. 이렇게 되면 브리튼은 재수출하는 막대한 양의 담배에서 자국의 국내 소비에 필요한 물품을 사들이는 것이 아니라, 브리튼에서 직접 생산된 물품 혹은 자체 제조품 중에서 살 수 있을 것이다. 이 생산품 혹은 제조품을 지금처럼 한 거대한 시장[아메리카]에서만 독점적으로 공급받는 대신, 여러 소규모 시장들[유럽의 여러 나라]에 적합한 다양한 제품과 산업을 보유하게 되었을 것이다.

그러면 그레이트브리튼은 하나의 거대한 소비재 우회 무역을 하는 것이 아니라, 다수의 소규모 시장을 상대로 직접 무역을 할 수 있다. 그리고 자본 회수가 빠르므로 현재 이 방대한 우회 무역을 위해 사용되는 자본의 일부, 가령 3분의 1 혹은 4분의 1 정도 되는 자본만 있으면, 이러한 다수의 소규모 직접 무역을 충분히 운영할 수 있을 것이다. 그리하여 브리튼은 같은 양의 생산적 노동을 꾸준히 고용하고, 따라서 브리튼의 토지와 노동의 연간 생산물을 종전 수준으로 유지할 수 있었을 것이다.

이런 방식으로 이 무역의 모든 목적이 현재보다 훨씬 적은 자본으로 달성될 것이므로, 다른 목적에 투자할 수 있는 대규모 여유 자본이 생긴다. 가령 토지를 개량하고, 제조품을 증산하고, 브리튼의 상업 범위를 확대하고, 다른 방식으로 투자된 다른 브리튼 자본들과 경쟁하고, 이 모든 투자에서 이윤율을 낮추는 등의 목적을 충족시킬 것이다. 그렇게 해서 이 모든 일에서 브리튼은 현재 누리는 것보다 훨씬 큰 우위를 점할 것이다.

식민지 무역의 독점은 그레이트브리튼의 일부 자본을 소비재 해외 무역에서 빼내 중개무역 쪽으로 강제로 밀어 넣었다. 그 결과 자본은 브리튼 산업 지원에 투자되는 것이 아니라, 부분적으로는 식민지 산업을 지원하고 또 부분적으로는 다른 나라의 산업을 지원하는 데 사용되었다.

예를 들어 8만 2천 통의 잉여 담배로 연간 사들이는 물품들은 브리튼에서 모두 소비되는 것은 아니다. 그중 일부, 가령 독일과 네덜란드의 아마포는 식민지로 보내져 거기서 자체적으로 소비된다. 그러나 나중에 이 아마포를 사들이는 데 들어간 담배를 구입하기 위해 투자된 브리튼 자본은 브리튼 산업 진흥이 아니라, 부분적으로는 식민지 산업을 지원하고 또 부분적으로는 다른 나라의 산업을 지원하는 데 사용되었다.

독점은 자본을 한곳에 집중시켜 국가 산업 체계를 위태롭게 한다

게다가 식민지 무역 독점은 브리튼의 자본에서 더 많은 부분을 그 무역으로 향하게 한다. 이렇게 해서 독점이 없었더라면 브리튼 산업의 다른 분야에 자리 잡았을 자연스러운 균형을 깨뜨린다. 브리튼의 산업은 다수의 소규모 시장을 목표로 하는 것이 아니라, 하나의 거대한 시장[아메리카 식민지]에만 집중한다. 브리튼의 상업은 여러 개의 수로가 아니라 오로지 하나의 거대한 수로를 따라 흘러간다. 이렇게 해서 산업의 전반적 체계가 불안정해졌고, 국가의 정체(政體)도 다른 나라에 비해 덜 건전해졌다.

현 상태의 그레이트브리튼은 병약한 인체에 비유할 수 있다. 그 인체는 몇몇 핵심 기관만 웃자라 있어, 신체 기능이 모든 기관에 골고루 분산되어 있는 건강한 인체에는 발생하지 않는 많은 위험한 질병에 노출되어 있다. 자연적인 크기 이상으로 비대해진 큰 혈관이 막힌다면, 그 혈관을 통해 흐르던 이례적으로 비대해진 국가 산업과 상업은 국가 전반에 위험한 부작용을 초래할 것이다. 이 때문에 식민지들과 단절해야 할지 모른다는 우려는 브리튼 국민에게 스페인 무적함대의 침공, 프랑스 군대의 침략보다 더 무서운 공포를 안겼다. 근거가 있든 없든 이 공포 때문에 인지세법[173]이 철폐되었고, 브리튼 상인들 사이에서는 잘한 조치라는 평가를 받았다. 많은 브리튼 상인은 식민지 시장에서 완전히 배제되는 상태가 몇 년만 지속되더라도 사업이 완전히 정지할 것으로 생각했다. 또 제조업자들은 자기 사업이 완전히 망할 것으로 생각했고, 노동자들은 대부분 일자리가 사라질 것으로 생각했다.

그러나 유럽 대륙의 이웃 국가들과는 그런 단절이 벌어지더라도, 서

---

173 7년 전쟁 후에 나온 아메리카 식민지에 대한 조세법을 말한다. 인디언의 저항과 프랑스의 보복에 대비해 북아메리카에 1만 명의 영국군을 주둔시킬 비용을 일부 조달하기 위해 만든 법이다. 각종 법률 문서나 상업 문서, 증권류, 주류, 판매 허가증, 책자, 신문, 광고, 달력, 트럼프 등에 반 페니에서 10파운드의 인지를 붙이게 하는 세법이었다. 1765년 10월에 실시되었으나 식민지 반발이 거세어 반년 후 철폐되었다. 아메리카 식민지가 브리튼에 크게 반발하기 시작하면서 독립전쟁의 촉매가 되었다.

로 다른 계층의 사람들이 진행하는 사업에 약간의 일시 중지나 지장이 발생하더라도, 그런 전면적인 심적 동요는 벌어지지 않을 것이다. 작은 혈관 어디에서 막힌 피는 위험한 장애를 일으키지 않고 쉽게 큰 혈관으로 흘러간다. 그러나 큰 혈관이 막히면 경련, 졸도 혹은 죽음이 즉각적이고 피할 수 없이 찾아온다.

만약 장려금, 본국과 식민지의 독점 등으로 지나치게 비대해지고 인위적으로 부자연스러운 지위를 차지한 제조업 중 하나가 사업 일부에서 일시 중지나 지장이 발생한다면, 정부에게는 경악스러운 반란과 무질서를 가져오고, 심지어 입법부 심의로도 해결이 안 되는 당황스러운 사태를 일으킬 수 있다. 그러므로 브리튼 주요 제조업체 상당수가 참여하고 있는 사업을 전면적으로 중단한다면 엄청나게 큰 혼란과 무질서가 야기될 것이다.

식민지 무역 독점은 완화·철폐되어야 한다

이러한 위험에서 브리튼을 해방하는 방안은 무엇인가? 그것은 브리튼에게 식민지 무역을 독점하도록 허용한 법률들을 전반적으로 완화하는 것이다. 이렇게 하면 브리튼은 이 지나치게 웃자란 투자처로부터 자본 일부를 빼내, 비록 이윤은 적지만 다른 투자처로 이동시킬 수 있을 것이다. 이것은 점진적으로 브리튼 산업의 한 분야를 줄이고 서서히 나머지 분야를 증가시킬 것이다. 이렇게 하면 모든 산업 분야가 자연스럽고, 건전하고, 적절한 비율을 회복할 것이다. 이러한 분야별 적정 비율은 완벽한 자유[174]만이 필연적으로 확립할 수 있고 또 완벽한 자유만이 보존할 수 있다.

모든 나라에 식민지 무역을 일거에 개방하면, 일시적 불편함을 일으킬 뿐만 아니라, 그 무역에 현재 종사하는 산업이나 자본의 상당 부분에 엄청난 항구적 손실을 안겨주게 된다. 브리튼의 국내 소비량을 초과하는 8만 2천 통의 담배를 수입하는 선박들이 갑작스럽게 일감을 상실한다면 아주

---

174 perfect liberty. 경제학에서 말하는 완벽한 자유란 협의적으로 보면 곧 수요와 공급의 완벽한 평형을 의미한다.

큰 고통을 느낄 것이다. 이런 것이 중상주의 체계의 각종 규제에 따른 비참한 부작용이다! 그런 규정들은 국가 전체에 무척 위험한 무질서를 가져오며, 일시적으로 더 큰 부작용 없이는 그런 무질서가 고쳐지지 않는다.

그러므로 여기서 이런 질문을 던질 수 있다. 어떻게 하면 식민지 무역을 점진적으로 개방할 수 있을까? 제일 먼저 철폐해야 할 제약과 제일 나중에 철폐해야 할 제약은 무엇인가? 완전한 자유와 정의로 구현된 자연스러운 체계는 어떤 방식으로 점진적으로 회복될 수 있는가?

나는 이런 질문들을 미래 정치가와 입법가의 지혜에 맡긴다.

수입 금지 협정의 효과를 억제한 다섯 가지 요인

예기치 못한 다섯 가지 행운의 사건들이 발생하여, 브리튼은 1년 이상(1774년 12월 1일에 시작되었다) 아메리카 식민지 시장에서 완전히 배제된 조치에 따른 효과를 그리 심각하게 느끼지 못하고 있다. 즉, 북아메리카의 12개 식민지가 본국과의 무역을 완전 금지하기로 의결한 사건 말이다.

(1) 이 식민지들은 수입 금지 협정[175]에 미리 대비해 식민지 시장에 적합한 모든 상품을 브리튼에서 긁어모으듯 사 갔다.

(2) 스페인 함대의 특별 수요 때문에 올해[1774년]에는 독일과 북유럽에서 많은 상품(특히 아마포)이 그쪽으로 소진되었다. 이것들은 브리튼 시장에서 브리튼 제품과 경쟁하던 품목이었다.

(3) 러시아와 터키 전쟁이 끝나 평화가 찾아오면서 터키 시장에서 엄청난 수요가 발생했다. 터키는 전쟁하는 동안 물자 공급에 고통을 많이 받

---

[175] non-importation agreement. 인지세법이 실패로 돌아가자 영국 정부는 인지세가 직접세이므로 식민지의 반발이 컸다고 판단해 식민지가 수입하는 유리, 납, 페인트, 종이, 차 등에 관세를 부과하는 타운센드법을 제정했다. 그러나 식민지 당국은 영국이 이런 세금을 부과할 권리가 없다고 반발하면서 영국 상품의 수입을 금지하는 협정(1767)을 맺었다. 이 결과 브리튼에서 식민지로 수입해 가는 물품이 1768-69년 사이에 반 토막으로 줄었다. 1770년 4월 영국 의회는 타운센드법을 철폐하고 차에 대한 세금만 남겨두었는데, 이 차세에 대한 반대 운동은 결국 미국 독립 혁명을 일으키는 직접적인 단초가 되었다.

았고 또 러시아 함대가 에게해를 순항해 공급이 더욱 원활하지 못했다.

(4) 지난 몇 년간, 북유럽에서의 영국 제품에 대한 수요는 해마다 늘어났다.

(5) 최근 폴란드의 분할[1772년]이 이루어져 그 나라가 결과적으로 안정되었다. 북유럽의 늘어난 수요에 거대한 폴란드 시장까지 합쳐진 것이다.

이러한 다섯 가지 사건들은 네 번째 사건을 제외하고는 일시적이거나 우발적인 사건들이므로, 현재의 식민지 무역에서의 배제 사태가 불행하게도 더 오래 계속된다면, 브리튼에 상당한 고통을 안길 것이다. 그러나 이러한 고통은 한꺼번에 일시에 닥쳐오기보다는 점진적으로 들이닥칠 것이므로 고통은 덜 느껴진다. 그러는 중에 브리튼의 산업은 새 투자처와 방향을 발견해 고통이 아주 심각한 수준으로 번지지는 않게 할 것이다.

그러므로 식민지 무역 독점은 그레이트브리튼 자본을 상당 부분 그쪽으로 돌려놓았고, 브리튼의 무역은 가까운 나라를 상대하는 해외 소비재 무역에서 더 먼 나라를 상대하는 원거리 무역으로 방향을 바꾸었다. 많은 경우에 직접 해외 무역은 우회 무역으로 전환됐고, 몇몇 경우에는 소비재 해외 무역이 중개무역으로 전환됐다. 따라서 식민지 무역 독점은, 생산적 노동력을 상당 수준 유지하는 데에서 훨씬 적은 수량을 유지하는 방향으로 바꾸어놓았다. 게다가 그레이트브리튼의 산업과 상업의 많은 부분을 하나의 특정 시장[아메리카 식민지]에만 국한함으로써, 다수의 소규모 시장들을 겨냥해 생산물을 생산했을 때보다 국가 산업과 상업 체계를 더 불확실하고 안전하지 못하게 만들었다.

식민지 무역은 좋고 독점 무역은 나쁘다

우리는 식민지 무역의 효과와 독점 무역을 조심스럽게 구분해야 한다. 식민지 무역은 언제나 그리고 반드시 혜택을 가져다준다. 그리고 독점 무역은 언제나 그리고 반드시 피해를 입힌다. 식민지 무역은 전반적으로 혜택이 크기 때문에 독점 정책이 실시되고 그렇게 해서 해로운 효과가 발생하는데도 여전히 아주 큰 혜택을 안긴다. 하지만 독점이 없을 때에 비하면 혜택은 크게 줄어든다.

자연스럽고 자유로운 상태의 식민지 무역이 가져오는 효과는 다음과 같다. 브리튼의 생산물 중 인근 유럽 및 지중해 국가들의 시장 수요를 초과하는 생산물은 먼 곳에 있는 커다란 시장[아메리카 식민지]에 수출한다. 자연스럽고 자유로운 상태의 식민지 무역은 그레이트브리튼의 잉여생산물과 교환할 수 있는 새 등가물을 계속 제공함으로써 브리튼이 잉여생산물을 꾸준히 증대하도록 격려한다. 이 과정에서 인근 유럽 국가나 지중해 국가에 수출한 생산물 일부를 아메리카 식민지로 가져가지 않고도 잉여생산물을 증산하도록 자극한다.

자연스럽고 자유로운 상태의 식민지 무역은 그레이트브리튼의 생산 노동량을 증가시키면서도, 이전에 이미 투하되었던 노동의 방향을 바꾸지도 않는다. 식민지 무역이 자연스럽고 자유로운 상태에 있다면, 모든 나라 사이에서 경쟁이 발생해 이윤율이 신규 시장이나 신규 고용처에서 상식 수준 이상으로 올라가는 것을 막아준다. 새 시장은 옛 시장에서 아무것도 빼오지 않고도 그 자체의 공급을 위해 생산물을 창조할 것이다. 그 새로운 생산물은 새 고용을 수행하는 새 자본을 형성할 것이고, 마찬가지로 그 새 고용은 기존 시장에서 아무것도 빼오지 않는다.

반면 식민지 무역의 독점은 다른 나라의 경쟁을 배제해 신규 시장과 신규 고용처의 이윤율을 높인다. 뿐만 아니라 옛 시장에서 생산물을 가져오고 옛 고용처에서 자본을 빼온다. 식민지 무역에서 브리튼이 자연스럽게 차지할 수 있는 몫을 그보다 훨씬 더 크게 늘리는 것이 독점을 통해 이루려는 공언된 목적이다. 만약 독점했는데도 브리튼의 점유율이 평소보다 높아지지 않는다면, 독점 정책을 펴야 할 이유가 없을 것이다. 여기 자본 회수가 다른 여러 무역 부문보다 더 느리고 장기적인 특정 부문이 있다고 해보자. 이 부문에 자연스럽게 흘러들어 갔을 것보다 더 많은 자본을 투입한다면 결과는 어떻게 될까? 그러면 그 나라에서 해마다 고용되는 생산 노동 총량, 즉 그 나라의 토지와 노동의 연간 생산물 총량은 독점이 없는 경우보다 크게 감소한다. 이것은 그 나라 주민 수입을 자연스럽게 상승할 수 있는 수준 이하가 되게 하고 그래서 그들의 저축 여력을 낮춘다. 이런 상황에서 자본은 생산 노동 총량을 유지하지 못하게 방해할 뿐만 아니라 그 총량이 크게 느는 것도 방해해 결과적으로 생산 노동 총량은 더 늘지 못한다.

그러나 식민지 무역의 자연스러운 긍정 효과는 그레이트브리튼의 독점 정책의 부작용을 상쇄하고도 남는다. 그래서 현재와 같은 상황에서도 그 무역은 여전히 혜택이 있을 뿐만 아니라, 아주 큰 혜택을 안긴다. 식민지 무역이 개방한 새 시장과 새로운 고용처의 규모는 엄청나게 커서, 독점으로 상실되는 구 시장과 구 고용처를 상쇄하고도 남는다. 식민지 무역에 따라 창조된 새 생산물과 새 자본은 그레이트브리튼이 더 큰 생산 노동 총량을 유지하도록 한다. 자본 회수가 빈번한 다른 무역 분야에서 자본이 빠져나가면서 노동량이 일부 감소했음에도 말이다. 그러나 현재 진행되는 식민지 무역이 그레이트브리튼에 유리한 것은, 독점 덕분이 아니라 독점에도 불구하고 그렇게 되었다는 것을 유념해야 한다.

식민지 무역은 유럽 완제품보다는 미가공 생산물 부문에서 새로운 시장을 열어주었다. 농업은 모든 새로운 식민지에서 적절한 사업이다. 토지값이 싸서 어떤 사업보다 농업이 유리하다. 그래서 토지에서 나는 미가공 생산물이 풍부하고, 그것을 다른 나라에서 수입하지 않고도 수출이 가능한 잉여생산물을 많이 얻게 된다. 새 식민지에서, 농업은 다른 고용처에서 일손을 빼앗아 가거나 그 일손들이 다른 고용처로 가는 것을 막아준다. 생필품 생산에 투입할 수 있는 일손은 거의 없고 장식품을 만들 수 있는 일손은 아예 없다.

식민지 이주민은 이 두 제조품을 직접 만드는 것보다는 다른 나라에서 수입해오는 것이 더 싸게 먹힌다고 생각한다. 이처럼 식민지 무역은 유럽의 제조품 생산을 장려하면서 간접적으로 유럽 농업을 촉진한다. 식민지 무역을 통해 일감을 얻는 유럽 제조업체들은 그 땅의 생산물로 새로운 시장을 구성한다. 모든 시장 중에서 가장 유리한 시장, 특히 유럽의 곡물과 가축, 빵과 육류를 위한 국내 시장은 이렇게 아메리카와의 무역을 통해 크게 확장된다.

독점이 스페인·포르투갈과 잉글랜드에 미친 효과

인구가 조밀하고 번창하는 식민지들을 대상으로 한 무역 독점은 식민 종주국의 제조업을 부흥시키지도, 유지하지도 못한다. 이에 대한 좋은 사례가 스페인과 포르투갈이다. 두 나라는 광대한 식민지를 점유하기 전에는 제조업 국가였다. 하지만 세계에서 가장 부유하고 비옥한 땅을 가진 이후에 두 나라는 더 이상 제조업 국가로 남지 않았다.

스페인과 포르투갈은 독점의 나쁜 효과에 다른 원인이 가중되어 식민지 무역에 따른 자연스럽고 좋은 효과를 상쇄했을 뿐만 아니라 거의 없애버렸다. 여기서 다른 원인이라 함은 다양한 형태의 독점, 두 나라의 금과 은의 가치 하락, 불공정한 수출세로 인한 해외 시장에서의 축출, 국가 내 상품 이동에 대한 추가적인 불공정 세금에 따른 국내 시장 위축 등이었다. 무엇보다도 국가 행정이 불규칙하고 편파적이었다. 행정부는 부유하고 힘 있는 채무자 편을 들어 피해당한 채권자가 돈을 받지 못하게 했다. 이렇게 되자 산업계는 그 부유하고 힘 있는 사람들을 위해 물품을 생산하는 것을 꺼렸다. 그런 힘 있는 자들에게 외상 판매를 거부할 수도 없는 데다 물건을 건네주고서 언제 물건값을 받을지도 불확실했기 때문이다.

반면 잉글랜드는, 식민지 무역의 자연스러운 긍정적 효과에, 다른 원인의 도움까지 받아 독점의 나쁜 효과를 대체로 극복했다. 다른 원인을 구체적으로 열거하면 다음과 같다. 일부 제약이 있기는 하지만 전반적으로 무역의 자유가 있다. 이 자유는 다른 나라와 동등하거나 월등하다. 국내에서 생산한 거의 모든 종류의 물품을 대부분 외국에 관세 없이 자유롭게 수출할 수 있다. 이보다 더 중요한 자유는, 국내의 한 지역에서 다른 지역으로 물품을 운송하는 무제한적인 자유를 허용한다는 것이다. 물품 운송 시 국가 기관에 신고할 필요도 없고 어떤 심사나 조사를 받지도 않는다. 무엇보다 중요한 것은 행정부가 평등하고 공평한 행정을 편다는 것이다. 그리하여 아무리 신분이 높은 자라도 가장 하찮은 브리튼 국민의 권리를 존중하게 한다. 또 모든 사람에게 자기 노동의 과실(果實)을 보장해줌으로써 각종 산업에서 최대한 효과적으로 격려한다.

그레이트브리튼 제조업이 식민지 무역에 따라 발전했다면(실제로도 그랬다), 그것은 무역의 독점권 때문이 아니라 그런 독점에도 불구하고 이루어진 업적이다. 독점은 그레이트브리튼 제조업을 확장한 것이 아니라 제조업의 품질과 형태를 바꾸어놓았다. 또한, 종래 자본 회수가 빈번하고 단기간이던 시장을 겨냥하던 데에서, 반대로 자본 회수가 느리고 장기간인 시장에 적응하도록 했다. 독점 효과는 결과적으로 그레이트브리튼 자본 일부를 더 많은 양의 제조업을 유지하던 고용에서 훨씬 적은 양의 제조업을 유지하는 고용으로 전환함으로써 그레이트브리튼에서 유지되는 제조 노동력의 총량을 증가시킨 것이 아니라 오히려 줄였다.

따라서 식민지 무역의 독점은, 다른 모든 비열하고 악의적인 중상주의 편법들과 마찬가지로 다른 모든 나라의 산업, 특히 식민지의 산업을 위축시킨다. 그것은 식민 정책의 혜택을 보는 나라의 산업을 조금도 성장시키지 못하고 오히려 쇠퇴하게 한다.

독점의 여러 부작용

독점은 그 정책을 펴는 나라에 부작용을 가져다준다. 그 나라의 자본 규모가 어느 정도이든 간에 독점이 없을 때 그 나라가 유지했을 법한 생산 노동 총량을 유지하지 못하게 방해한다. 또 독점이 없었더라면 그 나라의 근면한 국민이 누렸을 법한 높은 수입을 올리지 못하게 한다. 자본은 수입의 저축을 통해서만 형성된다. 그런데 독점은 자본이 창출할 수 있는 소득을 제한함으로써 자본의 성장을 둔화시킨다. 결과적으로 독점은 더 많은 생산 노동을 지원하거나 근면한 주민에게 더 많은 수입을 가져다주는 일을 방해한다. 따라서 수입의 최대 원천인 노동 임금은, 독점이 없을 때와 비교해 언제나 부족하다.

독점은 상업 이윤율을 높여 토지 개량을 방해한다. 토지 개선에서 나오는 이윤은 토지가 실제로 생산하는 것과 일정 자본을 투입해 생산을 높인 것 사이의 차이에 달려 있다. 만약 동일 자본을 다른 상업적 투자처에 투입했을 때 나오는 것보다 이 차이로 인한 이윤이 더 크다면, 토지 개량을 위해 상업적 투자처에서 자본을 끌어오게 된다. 반대로 이윤이 더 적다면 상업적 투자처가 토지 개량 사업에서 자본을 빼갈 것이다. 따라서 상업 이윤이 높아지면 토지 개량 이윤의 이점을 줄이거나 단점을 증가시킬 것이다. 이점이 줄면 자본은 토지 개량에 들어가지 않고, 단점이 증가하면 자본은 토지 개량에서 상업 쪽으로 빠져나온다.

그러나 토지 개량이 좌절되면 독점은 수입의 또 다른 원천인 지대 상승을 반드시 억누른다. 또한, 이윤율이 높아지면 독점이 없었을 때보다 시장 이자율이 오른다. 따라서 지대에 비례하는 토지 가격[보통은 토지 매매 대금으로 지불하는 20년 혹은 30년분 연간 지대]은 이자율이 오르면 떨어지고, 반면 이자율이 낮아지면 올라간다. 따라서 독점은 땅 주인의 이해관계에 두 가지 방식으로 피해를 준다. 첫째, 지대의 자연스러운 상승을 지연하고, 둘째, 토지가 제공하는 지대에 비례해 매매되는 땅값의 자연스러운 상승을 지연한다.

반면 독점은 상업 이윤율을 높임으로써 상인들의 소득을 다소 증가시킨다. 그러나 그것은 자본의 자연스러운 증가를 방해하므로 한 국가의 국민이 자본 이윤에서 얻을 수 있는 수입 총액을 증가시키지 않고 감소시킨다. 일반적으로 말해, 대규모 자본에서 나오는 소규모 이윤이 그 반대의 경우[소규모 자본에서 나오는 대규모 이윤]보다 더 많은 수입을 올려준다. 독점은 이윤율을 높이지만 독점이 없을 때 올라갈 법한 이윤 총액을 올리지는 못한다.

리스본 상인, 암스테르담 상인, 런던 상인

수입의 주요 원천인 노동 임금, 토지 지대, 자본 이윤은 독점이 없을 때보다는 독점이 있을 때 더 줄어든다. 한 국가의 특정 계급 사람들이 자그마한 이해관계를 추구하게 되면 곧 그 나라 다른 계급의 이해관계와 다른 나라의 모든 계급의 이해관계에 피해를 입힌다. 독점은 통상 이윤율을 높여줌으로써 특정 계급 사람들을 유리하게 만들 수는 있다. 이때 위에서 언급한 것처럼, 높은 이윤율 때문에 해당 국가에 반드시 악영향을 미친다.

그런데 그런 여러 악영향을 모두 합친 것보다 더 치명적인 것, 우리가 경험으로 아는 독점의 또 다른 악영향이 있다. 높은 이윤율은 어디서나 근검절약 정신을 훼손한다는 점이다. 독점이 없었을 때 상인들은 근검절약이 자연스러운 특징이었다. 하지만 이윤이 높으면 절약하는 미덕은 쓸모없어 보이고 값비싼 사치품이 상인의 부유한 상황과 더 어울리는 것처럼 느껴진다.

대규모 상업 자본 소유주들은 틀림없이 한 나라의 산업 지도자이거나 인도자다. 이들의 모범은 다른 어떤 계층보다 노동자에게 큰 영향을 미친다. 만약 고용주가 세심하고 근검절약한다면 노동자 또한 그럴 가능성이 높다. 주인이 방탕하고 무질서하다면 주인 지시대로 일을 처리하는 하인은 주인이 보여준 모범대로 자기 생활을 꾸려간다. 이렇게 해서 자연스럽게 저축할 것으로 기대되는 사람인데도 저축이 이루어지지 않는다. 생산 노동 유지에 들어가야 할 자금인데도, 당연히 그런 자금을 증가시켜줄 것으로 기대한 사람들에게서도 좋은 결과를 얻지 못한다. 국가 자본은 늘어나는 것이 아니라 줄고, 그 자본에 따라 유지되는 생산 노동 수량은 날마다 줄어든다.

카디스와 리스본 상인들의 엄청난 이윤이 스페인과 포르투갈의 자본을 증가시켰을까? 그 이윤이 두 가난한 나라의 빈곤함을 완화하고 그들의 산업을 촉진했을까? 두 무역 도시의 상업 비용은 너무나 엄청났지만, 막대한 이윤은 국가 총자본을 증가시키기는커녕 그 이윤을 만들어낸 원천인 사업 자본을 유지하기에도 충분하지 않았다. 해외 자본은 날마다 점점 더 많이 카디스와 리스본의 무역에 흘러들고 있다. 두 나라는 자국의 자본으로는 점점 더 수행하기 어려운 무역에서, 이 해외 자본을 추방하기 위해 불합리한 독점의 고삐를 점점 더 조이고 있다.

카디스와 리스본 상인의 거래 관습을 암스테르담 상인과 비교해보라. 그러면 상인들의 태도와 성격이 자본에서 나오는 이윤의 높고 낮음에 따라 얼마나 달라지는지 알 수 있다. 런던 상인들은 카디스와 리스본 상인들처럼 화려한 영주처럼 살지는 않지만, 그렇다고 암스테르담 상인들처럼 세심하고 근검절약하는 시민도 아니었다. 런던 상인은 대부분 카디스와 리스본 상인보다는 훨씬 더 부자지만, 많은 암스테르담 상인들처럼 부유하다고 할 수는 없었다. 그러나 런던 상인의 이윤율은 카디스·리스본 상인보다는 매우 낮고, 암스테르담 상인보다는 높다. 쉽게 벌면 쉽게 나간다고 속담은 말한다. 지출에 대한 일반적인 분위기는 실제 지출 능력에 따라 결정되는 것이 아니라 비용을 얼마나 쉽게 버는가에 달린 것으로 보인다.

이렇게 해서 독점이 특정 계층에 부여하는 단일 이점은 여러 면에서 나라의 전반적인 이익에 해롭다는 것을 알 수 있다.

잉글랜드 상인이 독점을 원하는 이유

고객이 되어줄 사람들을 키운다는 목적 하나만으로 대제국을 세운다는 것은 언뜻 보기에 상인들의 나라에만 적합한 계획으로 보인다. 하지만 그런 계획은 상인들의 나라에 전혀 어울리지 않는다. 정부가 일방적으로 그들의 영향력 아래에 있는 나라에나 어울리는 계획이다. 그저 정치가들이나 이런 제국을 건설하고 유지하는 데 동료 시민의 피땀과 재산을 투자하는 게 국가에 유익하다고 생각한다.

가게 주인에게 이런 제안을 해보라. "내 땅을 좀 사주시오. 그러면 나는 다른 가게보다 좀 비싸더라도 언제나 당신 가게에서 내 옷을 사겠소." 가게 주인은 당신의 제안을 선뜻 받아들이려 하지 않는다. 그러나 어떤 사람이 당신[아메리카 식민지]에게서 땅을 사들이면서, 앞으로 옷은 그 상인 가게[그레이트브리튼]에서만 사라고 하면서 당신에게 주문한다면, 가게 주인은 당신의 땅을 사준 사람에게 아주 고마워할 것이다.

잉글랜드는 국내에서 불안을 느끼는 일부 국민을 위해 먼 지방에 넓은 땅을 구매했다. 땅값은 아주 소액이었다. 오늘날 그곳의 통상 땅값은 30년 치 지대를 지불해야 하는 것이 아니라, 실제 비용, 그러니까 그 땅을 최초로 발견하고, 해안을 탐사하고, 임시 소유하는 데 들어간 비용 정도면 충분했다. 땅은 비옥한 데다 넓었다. 경작자들은 농사를 지을 좋은 땅이 많았고 한동안 자기 생산물을 원하는 곳에 자유롭게 팔 수 있었다. 그리하여 30~40년 사이(1620~1660년 사이)에 이주민은 크게 늘어나며 번창했다.

잉글랜드의 가게 주인과 다른 상인들은 이주민과의 상품 거래를 독점하고 싶어 했다. 상인들은 자기가 그 땅을 처음 구입할 때 비용 일부를 부담했거나, 그 후에 토지 개량 비용을 지불했다고 하지 않았다. 하지만 그들은 잉글랜드 의회에 진정하면서 아메리카의 경작자들이 앞으로 자기 가게에서만 물건을 사 가게 해달라고 순차적으로 두 가지 로비를 했다.

(1) 아메리카 경작자들이 원하는 유럽 물건은 모두 잉글랜드 가게에서 사게 할 것.

(2) 잉글랜드 상인들이 사고 싶어 하는 아메리카 식민지의 생산물이 있다면 상인들이 원하는 만큼만 팔도록 할 것. 그 생산물을 모두 사 가는 것은 불편하다고 생각해 잉글랜드 상인들은 이런 요구를 했다. 그런 식으로 잉글랜드에 수입된 물품 중에는 국내 시장에서 운영 중인 자기 사업에 방해가 되는 것도 있었다. 따라서 그런 부분은 식민지 이주자들이 다른 곳에 팔아도 좋다는 생각이었다. 하지만 판매 시장은 멀리 떨어져 있을수록 좋았다. 그리하여 아메리카 식민지 시장은 피니스테르곶 이남 지방들로 제한되었다. 저 유명한 항해법의 한 조항은 이러한 가게 주인의 제안을 법으로 성문화한 것이었다.

독점은 식민지 지배의 주된 목적

지금까지는 이러한 독점 유지가 그레이트브리튼이 식민지들을 지배해온 주된 목적, 아니 유일한 목적이었다. 배타적 무역은 아직 시민 정부의 지원이나 모국 방위를 위한 수입이나 군사력을 갖추지 못한 식민지들이 취할 수 있는 큰 이점으로 생각되었다. 독점은 그 식민지들이 본국에 의존한다는 주된 표시였고, 그런 의존 상태에서 거두어들일 수 있는 유일한 결과물이었다.

그레이트브리튼이 지금까지 그 의존 상태를 유지하기 위해 지불한 모든 비용은 바로 이 독점 상태를 지탱하려는 것이었다. 현재의 소요 사태가 시작되기 전에 식민지들의 치안 유지를 위해 보병 20개 연대의 병사 급여, 포병부대, 창고, 부대에 보급해야 하는 추가 식료품 비용, 상시적으로 유지해야 하는 상당한 규모의 해군 유지 비용 등을 썼다. 특히 해군은 타국의 밀수선을 단속하고, 북아메리카의 광범위한 해안을 순찰하고, 서인도제도 해안을 감시하는 역할을 맡았다.

이러한 치안 유지비용은 전액 그레이트브리튼의 수입에서 지불되었으나, 식민지 지배에 따라 본국이 부담해야 하는 비용 중 가장 작은 부분이었다. 비용의 전체 규모를 파악하려면 치안 유지를 위한 연간 비용에, 그레이트브리튼이 식민지들을 자국 영토로 생각해 그 방어를 위해 여러 상황에서 지출한 총액의 이자까지 추가해야 한다.

우리는 특히 최근의 전쟁[7년 전쟁] 비용에 그보다 앞선 전쟁[스페인 전쟁]의 비용 대부분도 포함해야 한다. 최근의 전쟁은 전적으로 식민지 전쟁이었고, 거기에 들어간 비용은 실제 전투 장소가 독일이든 동인도제도든 무관하게 식민지 계정에 산입해야 한다. 그 비용은 9천만 파운드를 넘는다. 이것은 새로 빌려온 부채, 1파운드당 2실링의 추가 토지세, 해마다 감채기금에서 빌려온 차용금을 포함한다.

1739년에 시작된 스페인 전쟁도 주로 식민지 쟁탈전이었다. 카리브해의 스페인령 섬들과 밀수 무역을 하던 아메리카 식민지 무역선의 수색을 막는 것이 주요 목적이었다. 이 전쟁에 들어간 전체 비용은 사실상 독점을 지원하기 위해 하사한 장려금 성격이었다. 장려금의 공식 목적은 제조업체를 장려하고 그레이트브리튼의 상업을 확대하려는 것이었다. 그러나 그 실제 효과는 상업 이윤율을 높인 것이었고, 그리하여 독점이 없었더라면 다른 부문에 투자되었을 상인 자본의 상당 부분이 이 무역에 전환 투자되었다. 다른 무역 분야보다 자본 회수도 느리고, 뜸한 무역 분야에 말이다. 장려금이 이런 두 결과[상업 이윤율을 높인 것과 상당한 자본이 독점 무역으로 전환 투자된 것]를 막을 수 있었더라면 장려금 하사에도 가치가 있었겠으나 실은 그렇지 못했다.

현재의 관리 체제하에서 그레이트브리튼은 식민지들을 지배하는 영유권에서 이득은 얻지 못하고 손해만 보았을 뿐이다.

식민지 영유권을 자발적으로 포기하자는 놀라운 제안

그렇다면 그레이트브리튼이 식민지 영유권을 자발적으로 포기하여, 식민지들이 그들의 행정관을 스스로 뽑고, 법률을 스스로 제정하고, 적절한 자기 판단에 따라 전쟁과 평화를 결정하게 하자고 제안한다면 어떨까? 이러한 제안은 일찍이 들어본 적 없고, 세상의 어떤 국가도 절대 채택하지 않을 법한 제안일 것이다. 통치하는 것이 아무리 고통스럽고, 지불한 비용 대비 수입이 아무리 적다고 할지라도, 어떤 국가도 자발적으로 자국 영지를 포기한 적이 없기 때문이다.

이러한 희생은 이해관계에 아무리 큰 도움이 되더라도 국가의 자부심에 큰 모욕감을 안겨주는 일이기도 하다. 그보다 더 중요하게는, 국가를 다스리는 사람들의 개인적 이해관계에 늘 위배된다. 많은 신임과 이윤의 장소들, 부와 명성을 얻을 많은 기회를 빼앗기는 것이기 때문이다. 아무리 혼란스럽고 많은 사람에게 이익이 나기 힘든 식민지라고 해도 그런 땅을 소유하고 있으면 지배층은 신임과 이윤의 장소, 부와 명성의 기회를 확보할 수 있다. 그러므로 아무리 이상적인 열광주의자라고 해도 이런 식의 제안을 내놓지 않으며 또 그 제안이 채택되리라 바라지도 않는다.

그러나 이 제안이 채택된다면 그레이트브리튼은 식민지들의 치안에 들어가는 연간 경비에서 즉각 자유로워지고 식민지들을 상대로 자유무역을 확보하게 하는 통상 조약을 체결할 수 있을 것이다. 이 조약은 현재의 독점 무역 상황에서 특혜를 누리는 상인에게는 유리하지 않지만, 대부분 사람에게는 유익한 결과를 가져다준다.

이처럼 좋은 친구 자격으로 서로 결별한다면 식민지가 본국에 대해 가진 자연스러운 애정이 되살아날지 모른다(이 애정은 지난번 소요 사태로 거의 사라질 뻔했다). 그러면 식민지는 우리가 헤어질 때 체결한 통상 조약을 앞으로 수 세기 동안 존중할 뿐만 아니라 전쟁이든 무역이든 우리를 선호할 것이다. 그들은 소요를 일으키고 당파적인 분쟁을 일삼는 신하들이 아니라, 우리의 가장 충실하고, 애정 넘치고, 관대한 동맹이 된다. 그레이트브리튼과 식민지들 사이에서, 한쪽은 아버지 같은 애정, 다른 한쪽은 아들 같은 존경심이 생길 것이다. 일찍이 고대 그리스 시절에 모 도시에서 파생한 식민지들 사이에 존재했던 그런 애정과 존경심 말이다.

어떤 식민지 지역이 제국에게 유익해지려면 공공 수입에 들어가는 돈을 내놓아야 한다. 그 돈은 평화 시 식민지 치안 유지에 들어가는 비용과 제국 정부의 비용 중 식민지 부담 부분을 충분히 충당할 수 있어야 한다. 모든 식민지 지역은 제국 정부의 비용을 충당하는 데 크든 작든 이바지해야 한다. 만약 특정 식민지가 이런 비용을 내놓지 않는다면 불공평하게도 제국의 다른 지역에 그 부담이 돌아간다. 모든 식민지 지역이 전쟁 시에 부담해야 하는 특별 수입도, 논리적인 형평성에 따라 평화 시의 비용 분담에 비추어 동일 비율로 제국 정부의 전쟁 비용을 부담해야 한다. 그러나 그레이트브리튼은 평화 시나 전쟁 시나 식민지에서 거두는 일상 수입과 특별 수입이 전혀 이런 비율을 유지하지 못한다는 것이 즉각 확인된다.

독점은 그레이트브리튼 주민의 개인 수입을 늘려주고 그리하여 더 많은 세금을 내게 하여, 식민지에서 나오는 공공 수입에 대한 결손을 메워준다고 생각해왔다. 내가 지금껏 설명해온 것처럼 이 독점은 식민지에 대한 매우 가혹한 세금이며, 비록 그것이 그레이트브리튼 특정 계층[상인]의 수입을 올려줬을지는 몰라도, 대다수 사람의 세금 부담 능력을 높여주기는커녕 오히려 감소시킨다. 이런 독점으로 수입을 올리는 특정 계급에 대해서도 다른 계급에 부과되는 비율 이상으로 세금을 매기기는 불가능하며, 그 비율 이상으로 과세하려고 하는 것은 아주 어리석은 일이 된다. 이에 대해서는 제5권[3장 5절]에서 자세히 설명한다. 그러므로 이 계급으로부터 특정 재원을 이끌어낸다는 것은 불가능하다.

세금 부과와 식민지 의회

식민지에 대한 세금 부과는 식민지 의회가 할 수도 있고 그레이트브리튼 의회가 할 수도 있다.

식민지 의회가 자발적으로 주민에게 세금을 부과해 그 돈으로 평화 시와 전쟁 시의 정부를 유지하고 또 대영제국 정부 비용 중 일정 부분을 분담하게 하는 방법도 생각할 수 있다. 그러나 이 방법은 실행 가능성이 그리 높지 않다. 군주의 직접 감시 아래에 있었던 잉글랜드 의회조차도, 자발적으로 주민에게 세금을 부과하여 그 돈으로 평화 시와 전쟁 시에 정부를 유지할 수 있을 정도로 충분히 자유롭게 되기까지 오랜 시간이 걸렸다. 잉글랜드 의회가 이런 자율적 기능을 발휘할 수 있게 된 것은, 평화 시와 전쟁 시, 정부에서 고위 관직의 상당 부분을 의회 의원들에게 배분하거나 관직 임면권(任免權)을 나누어 줌으로써 가능해진 것이다.

그러나 아메리카 식민지 의회는 군주의 감시에서 멀리 벗어나 있다. 아메리카 식민지는 13개나 되고 지역들이 따로 떨어져 있으며, 식민지마다 행정제도가 다르다. 그러므로 주권자가 동일한 수단을 가지고 있더라도 동일한 방식으로 식민지 의회를 관리하는 것은 매우 어려우며, 그러한 수단도 부족하다. 13개 식민지 의회의 주요 지도자들에게 평화 시와 전쟁 시에 고위 관직의 상당 부분을 의회 의원들에게 배분하거나 그 관직의 임면권을 나누어주는 일도 불가능하다. 그렇게 해서 지도자들이 식민지 내에서 누리는 인기를 포기하고, 식민지 주민에게 세금을 부과해 제국 정부를 지원하게 하는 것은 난망한 일이다. 게다가 그런 조치에 따른 혜택이 식민지 사람들이 잘 알지도 못하는 제국 내의 다른 사람과 나누어야 하는 상황에서는 더욱 그렇다. 13개 식민지 의회 지도자들의 상대적 중요성에 대해서도 본국은 잘 모른다. 이런 무지 때문에 상대방을 불쾌하게 하는 일이 빈번하게 벌어지고, 위에서 말한 방식[관직 배분]으로 식민지 의회를 운영하려다 보면 실수하기 쉽다. 따라서 식민지 입장에서 볼 때 이러한 방식의 의회 운영은 사실상 불가능하다.

게다가 식민지 의회들은 대영제국 방위와 지원에 필요한 것이 무엇인지 적절히 판단할 만한 처지가 아니다. 제국 방위와 지원에 관한 사항은 그들에게 위임된 바가 없다. 이것은 그들의 일이 아니며, 따라서 이에 대한 정보를 얻을 수 있는 수단이 없다. 메릴랜드나 매사추세츠 등 특정 지역의 식민지 의회는, 교구 위원회처럼 그 지역 일에 대해서만 판단 내릴 수 있을 뿐, 대영제국 전반에 걸치는 문제에 대해서는 판단할 수 없다. 그들 지역이 전체 제국에서 차지하는 비율조차 알 수 없다. 혹은 다른 식민지 지역과 비교해 자기 식민지의 상대적 부와 중요성도 알지 못한다. 다른 12개 식민지 지역들은 가령 매사추세츠 식민지 의회의 감독이나 감사를 받지 않는다.

제국 전체의 방어와 지원을 위해 무엇이 필요하고, 어느 정도 비율로 제국 내의 각 지역이 이바지해야 하는지는 대영제국의 전반적 문제를 감독하고 감시하는 그레이트브리튼 의회만 판단할 수 있다.

강제 명령에 따른 세금 부과

그리하여 식민지에 대해서는 강제 명령에 따라 세금을 부과해야 한다는 제안이 나왔다. 각 식민지가 내야 할 세금 총액을 그레이트브리튼 의회가 미리 정하고, 식민지 의회는 현지 사정에 맞게 세금액을 부과하고 징수하게 하자는 것이다. 이렇게 해서 제국 전체에 관한 것은 제국의 일을 감독하고 감시하는 의회가 결정하고, 각 식민지 현지 문제는 식민지 의회가 맡는다. 이때 식민지들은 브리튼 의회에 대표를 보내지는 못하지만, 경험으로 판단한다면 의회의 강제 명령에 따른 세금 부과가 비합리적이라고 볼 수는 없다.

지금껏 잉글랜드 의회는 의회에 대표를 보내지 않은 제국의 식민지들에게 세금을 무겁게 매기는 경향이 조금도 없었다. 예를 들어 의회의 권위에 저항할 수단이 전혀 없는 건지섬과 저지섬에 대해서는, 그레이트브리튼의 다른 지역보다 가벼운 세금이 부과되었다. 그 근거가 명확하든 아니든, 브리튼 의회는 식민지들에 과세권이 있다고 생각해왔다. 하지만 의회는 잉글랜드 본국의 국민이 납부하는 것과 같은 비율의 세금을 식민지에 요구한 일은 지금껏 한 번도 없었다. 게다가 식민지 부담액이 토지세의 등락 비율에 따라 올라가거나 내려가도록 한다면, 브리튼 의회는 본국 국민에게 그에 따른 과세를 먼저 해야만 비로소 식민지에도 그런 비율로 세금을 내라고 명령할 수 있다. 사정이 이러하므로 식민지들은 사실상 브리튼 의회에 대표를 보낸 것이나 마찬가지로 간주된다.

여러 식민지 지역을 하나의 단위로 묶어 세금을 매기지 않는 경우는 생각보다 흔하다. 대신 제국의 군주는 각 식민지가 내야 할 세금을 일방적으로 정하고 어떤 지역에서는 군주가 적절하다고 생각하는 방식으로 사정(査定)해 징수한다. 다른 지역에서 군주는 각 지역 행정부가 적절하다고 생각하는 방식으로 각자 사정해 징수하도록 일임한다. 가령 프랑스의 국내 주들에 대해, 프랑스 왕은 세금 총액을 일방적으로 정해 통보할 뿐만 아니라 그가 적절하다고 생각하는 방식으로 사정하고 징수한다. 다른 주들에서는 세금 총액만 통보하고 그에 대한 사정과 징수는 현지 당국에 일임한다.

강제 명령에 따른 세금 부과 계획에 따르면, 그레이트브리튼 의회가 식민지 의회를 대하는 방식은 프랑스 왕이 식민지 현지 당국을 대하는 방식과 거의 같다. 프랑스 국내 주들은 그들 나름의 현지 행정부를 갖고 있는데, 프랑스의 그런 주들은 가장 통치가 잘되고 있다는 평가를 듣는다.

대영제국의 전쟁 경비를 분담하는 문제

그러나 이런 강제 명령에 따른 징수 계획에 따르면, 식민지들은 그들이 부담해야 할 공공 비용 몫이 본국 동포들이 부담하는 비율을 초과할 것을 우려하지 않아도 된다. 오히려 그레이트브리튼은 식민지들이 부담하는 액수가 그 비율에 미달하지는 않을까 우려할 수준이다. 그레이트브리튼 의회는, 프랑스 국왕이 현지 행정부가 있는 프랑스의 여러 주에 행사하는 그런 권위를, 상당히 오랜 기간 식민지들에 행사하지 못했다. 식민지 의회들이 본국에 그다지 호의적이지 않다면(식민지 의회를 지금보다 더 장악하지 않는다면 이렇게 될 가능성이 높다), 의회의 가장 합리적인 강제 명령에 대해서도 이런저런 구실을 붙여가며 회피하거나 거절할 것이다.

가령 이런 가정을 해보자. 브리튼이 프랑스를 상대로 전쟁을 하게 되었다. 제국 수도를 방어하기 위해 천만 파운드를 즉시 조달해야 한다. 이 돈은 의회가 앞으로 징수할 기금을 담보로, 이자 지불을 보장하는 조건으로 빌려와야 한다. 그래서 의회는 이 기금을 그레이트브리튼 국내에서 거두는 세금과, 아메리카와 서인도제도의 여러 식민지에 강제 명령으로 세금을 징수해 마련하자고 제안한다.

그런데 이런 기금의 신용을 담보로 했을 때 돈을 가진 사람들이 즉각 자기 돈을 빌려주려고 할까? 전쟁 장소로부터 아주 멀리 떨어져 있고, 때로는 그런 전쟁과 자신은 무관하다고 생각하는 식민지 의회의 선의에 기대야 하는 그런 기금에 대해 신뢰할까? 이에 대해, 그레이트브리튼 국내에서 거두어들이는 세금 액수 이상으로 돈을 빌리기는 어려울 것이다. 그리하여 지금까지 그래 왔던 것처럼 전쟁 경비를 충당하기 위해 채무는 고스란히 그레이트브리튼 어깨 위로 떨어질 것이다. 다시 말해 제국 전체가 부담하는 것이 아니라 제국 일부만 부담한다.

인류 역사가 시작된 이래 그레이트브리튼은 제국의 범위를 확대하긴 했으나, 수입원을 확대하지는 못하고 비용만 늘린 유일한 국가일지도 모른다. 다른 국가들은 제국 방어 경비를 신하나 예하 식민지에 부담시켰다. 대영제국은 지금까지 신민들과 예하 속주들이 이런 경비를 모두 본국 정부에 떠넘기는 것을 허용해왔다. 그러니 비용 분담의 문제에 관한 한, 대영제국과 법률상 종속물로 생각되는 예하 식민지들 사이에서 합당한 지위를 다시 정립해야 한다. 이렇게 하려면 브리튼 의회의 강제 명령에 따른 과세를 식민지 의회가 회피하거나 거절하려고 하면 의회가 그에 대비해 명령을 즉시 강제할 수 있는 수단을 확보해야 한다. 그런 수단으로 무엇이 있을까? 이것을 생각해내기는 쉽지 않으며 지금껏 구체적으로 설명된 바도 없다.

인간은 자신이 중요한 사람임을 주장하고 싶어 한다

대영제국 의회가 식민지 의회의 동의와 무관하게 식민지에 대한 과세권을 충분히 확립하려 한다면, 그 순간부터 식민지 의회의 자존감은 끝장난다. 그와 함께 브리튼령 아메리카 지도자들도 그리 중요하지 않은 인물로 전락할 것이다.

사람들이 공직에 진출하려고 하는 것은 그것이 그들에게 중요한 사람이라는 느낌, 즉 자존감을 주기 때문이다. 자유 정부의 제도가 얼마나 안정되게 오래 갈 수 있는가는, 그 나라의 지도자들(이들이 자연스럽게 귀족층을 형성한다) 대부분이 자신의 자존감을 얼마나 소중하게 여기는가에 달려 있다. 이런 지도자들이 상대방의 중요성을 깎아내리려고 공격하면서 자신을 지키려 하는 과정이 국내에서 벌어지는 파벌과 정치적 야망의 핵심이다.

다른 나라의 지도자들과 마찬가지로 아메리카의 지도자들도 중요한 사람으로 대접받고 싶어 한다. 그들은 식민지 의회를 스스로 의회라고 부르면서 그 권위가 브리튼 의회 못지않다고 생각한다. 이런 식민지 의회가 브리튼 의회의 비천한 대리인 혹은 하수인으로 전락한다면, 그들의 자존감도 끝장난다고 생각한다. 그래서 그들은 의회의 강제 명령에 따른 과세 제안을 거부하고, 야망 있고 고상한 성품을 지닌 다른 지도자들과 마찬가지로 자존감을 지키기 위해 칼을 빼들 것이다.

고대 로마의 공화국이 쇠퇴할 무렵에, 확장하는 로마제국의 비용을 상당 부분 맡았던 동맹시들은 로마 당국에 시민의 특권을 부여해달라고 요구했다. 로마가 이를 거절하자 동맹시 전쟁이 터졌다. 이 전쟁이 진행되는 동안 로마는 각 도시가 동맹시 연합에서 탈퇴하는 것에 비례해 각 도시마다 로마 시민권을 부여했다.

대영제국 의회는 식민지들에 대한 과세 권리가 있음을 강조한다. 그러나 식민지들은 대표를 파견하지 않은 의회에서 세금을 부과받는 것은 부당하다며 납세를 거절했다. 만약 아메리카의 어떤 식민지가 식민지 연합에서 탈퇴한다면 어떤 조치를 취해야 할까? 그레이트브리튼은 그 식민지가 제국 경비를 부담하는 정도에 비례해 의회 대표를 이 식민지에 받아들여야 한다. 그리고 본국 동포들과 자유 무역도 허용해야 한다. 또 그 식민지 부담액이 증가하는 만큼 대표 숫자도 늘려야 한다.

이때 각 식민지 지도자에게는 자존감을 획득하는 새로운 방법, 새롭고도 더 매력적인 야망의 목표물이 제시된다. 그들은 시시한 식민지 당파 정치에서 얻을 수 있는 자그마한 경품을 노리며 헛되이 시간을 보내기보다는 대영제국 정치판의 거대한 복권 기계에서 때때로 터져 나오는 엄청난 경품에 당첨되지는 않을까 자연스럽게 희망할 것이다. 이렇게 보는 것은 인간이 자기 능력과 행운을 항상 과대평가하는 경향이 있음을 알기 때문이다.

대륙회의 지도자들의 자존감
아메리카 지도자들의 자존감과 야망을 충족시키는 이런 방법(나는 이보다 더 분명한 방법이 있는지 모른다)을 쓰지 않는 한, 그들이 브리튼 정부에 자발적으로 승복할 가능성은 아주 낮다. 지금까지 벌어진 사태를 미루어볼 때, 브리튼 본국이 식민지들을 무력으로 쉽게 정복할 수 있다고 자부하는 사람들은 우리 동료 시민들이 피를 흘려야 한다는 것을 생각해야 한다. 그들은 지금과 같은 상황에서 식민지가 무력만으로 쉽게 정복될 것이라고 스스로 과대평가하는 매우 나약한 자들이다.

소위 대륙회의 결의안을 주도한 사람들은 지금 이 순간 자신들이 아주 중요한 자리에 있다고 자부한다. 그런 자존감은 유럽의 정치 지도자들이 일찍이 느껴보지 못했던 수준이다. 가게 주인, 상인, 변호사 노릇을 하다가 그런 정치가 겸 입법가의 지위에 올라선 사람들은 현재 대제국으로 뻗어 나갈 새 정부 형태를 고안하기 위해 골몰하고 있다. 그들은 아메리카가 분명히 그렇게 된다고 느끼고 있고, 대영제국이 세상에서 가장 크고 막강한 제국 중 하나가 될 가능성이 아주 높은 게 사실이다. 서로 다른 방식으로 행동하던 5백 명의 사람들이 이 대륙회의에 즉각 몰려들었다. 그리고 그 5백 명 밑에서 일하는 50만 명은 똑같은 방식으로 자신의 소중한 자존감이 높아졌다고 느낀다. 아메리카의 통치 집단에 소속된 거의 모든 개인은 자신이 전에 차지했던 것 혹은 차지하기로 기대했던 것보다 더 중요한 자리에 있다고 생각한다. 개인이나 지도자들에게 어떤 새로운 야망의 대상이 제시되지 않는 한, 그들의 정신 수준이 평범하다면, 그 지위를 지키기 위해 죽음도 마다하지 않을 것이다.

이와 관련해 에노 부장판사의 기록은 하나의 참고사항이 된다. 우리는 에노가 남긴 가톨릭 동맹의 많은 사소한 결정사항들을 흥미롭게 읽고 있다. 그런 사건들은 실제 발생 당시에는 중요한 뉴스로 간주되지 않았다. 그러나 에노의 기록에 따르면, 당시 모든 사람은 자신을 아주 중요한 존재로 생각했다. 당시[1570년대]로부터 우리에게 전해져 오는 많은 회고록은 그 사건에 직접 참여한 사람 대다수가 자신을 중요한 인물로 간주해 관련 사건을 과장해 기록한 것이다. 파리는 아주 끈덕지게 자신을 방어했다, 파리는 국왕(그러나 이 왕은 나중에 프랑스 국왕들 중에서 가장 사랑받는 왕이라는 평가를 받았다)에게 항복하기보다는 도시의 기근을 꿋꿋이 견뎌냈다, 따위를 기록한 것이다. 대다수 파리 시민들 혹은 그 시민 대다수를 다스렸던 사람들은 자신의 중요한 지위를 위해 싸웠고, 파리에 옛 왕정이 다시 수립되면 그들이 소중하게 여기는 그런 자존감은 끝장나고 말 것으로 예상했다.[176]

우리의 아메리카 식민지들도 합방에 동의하도록 유도할 수 없다면, 예전에 파리가 그들의 가장 훌륭한 왕을 상대로 끈질기게 싸웠던 것처럼 본국의 가장 훌륭한 왕을 상대로 끈덕지게 싸울 가능성이 높다.

대의 정치에 대한 식민지와 본국의 불신

고대 시대에는 대의 정치 사상 같은 것은 없었다. 갑이라는 나라 국민에게 나라 을의 시민권이 주어진다면, 갑의 국민이 무더기로 몰려와 을의 국민과 함께 투표하고 심의하지 않는 한, 그 시민권을 행사할 수단이 없었다. 이탈리아 여러 도시 주민에게 로마 시민권 특혜가 주어지자 그것은 로마 공화국을 완전히 절단냈다. 로마인과 로마인이 아닌 사람을 더 이상 구분하기가 어려워졌다. 어중이떠중이들이 로마 민회에 들어와 진정한 시민들을 몰아내고, 마치 자신이 진정한 시민인 양 공화국의 문제를 결정했다.

아메리카가 50명의 새 대표를 브리튼 의회에 보냈더라도 하원의 문지기는 원래 의원들과 새 대표들을 구분하는 데 별 어려움을 느끼지 않을 것이다. 로마 공화국은 로마가 이탈리아 연합국들과 합방하는 바람에 망해버렸으나, 브리튼 제국은 식민지들과 합방한다고 해서 피해를 입을 가능성은 거의 없다. 오히려 브리튼 제국은 그런 합방으로 완성이 될 것이고, 그 합방이 없다면 불완전하게 보일 것이다.

대영제국 의회는 제국 전체의 문제를 심의하고 결정하는 기관으로서, 제국의 각 지역에서 파견한 대표를 받아들이는 것이 마땅하다. 여기서 나는 이런 합방이 쉽게 이루어진다거나 그 실행 과정에 어려움이 없다고 주장하는 것이 아니다. 하지만 극복 불가능한 어려움이 존재한다는 말은 아직 들

---

176 여기서 프랑스 왕은 앙리 3세(재위 1574-1589)를 가리킨다.

지 못했다. 가장 큰 어려움은 사물의 본질 파악에 있는 것이 아니라 대서양 양안 사람들이 가진 편견과 의견에서 나온다.

우선 대서양 이쪽에 있는 우리는 많은 아메리카 대표가 브리튼 제국의 균형을 뒤흔들어 한편으로는 왕실 영향력을 더욱 강화하거나 혹은 반대로 민주주의의 힘을 강화하지 않을까를 우려한다. 그러나 아메리카 대의원 숫자를 그들이 부담하는 세금 액수에 비례해 정한다면, 관리해야 할 사람들의 수는 그들을 관리하는 수단에 정확히 비례하여 늘어날 것이다. 그리고 통치 수단[세금]은 피통치자의 숫자에 비례할 것이다. 그러므로 합방 후에도 제국이 군주제냐 민주제냐 하는 부분은 합방 이전과 정확하게 같은 정도의 상대적인 힘을 유지할 것이다.

반면 대서양 저쪽 사람들은 통치의 중심부에서 멀리 떨어져 있으므로 많은 억압을 당할지 모른다고 우려한다. 그러나 처음부터 숫자가 상당히 많게 될 아메리카 대의원들은 아메리카를 그런 억압으로부터 쉽게 보호할 것이다. 거리가 멀다고 해서 대의원들이 유권자에게 의존하는 상태가 줄어들지는 않는다. 대의원들은 의원 자리뿐만 아니라 그 자리에서 나오는 권력이 모두 유권자의 호의에 달려 있다는 것을 잘 안다. 그러므로 입법부 의원은 자신의 자격을 이용하여 각종 민원을 대신 전달함으로써 유권자의 호의를 얻어야 자신도 이익을 얻을 수 있다. 가령 제국의 먼 지역에서 관리나 군 장교가 유권자에게 비위를 저지른 경우 즉각 나서게 된다.

게다가 아메리카 주민은 나름대로 이렇게 합리적 생각을 할 수도 있다. 아메리카가 권력의 중심부로부터 멀리 떨어져 있는 것은 그리 오래 갈 문제가 아니다. 아메리카는 부, 인구, 토지 개량에서 지금껏 엄청난 발전을 이뤘기 때문에, 앞으로 1세기 정도 시간이 흘러가면 아메리카의 세금 수입은 브리튼을 능가할 것이다. 그러면 제국의 중심은 제국 전체의 방어와 지원에 가장 크게 기여한 지역으로 자연스럽게 이동한다.

아메리카와 동인도제도의 발견은 위대한 역사적 사건

아메리카의 발견과 희망봉을 돌아 동인도제도로 가는 해로를 발견한 것은 인류 역사에 기록된 가장 위대하고 중요한 두 사건이다. 두 발견의 결과는 이미 엄청난 영향을 미쳤다. 그러나 이 사건들 이후 2~3세기라는 비교적 짧은 시기가 흐른 상황이므로 그 파급 효과를 모두 다 파악하기는 불가능하다. 이 두 위대한 사건들로부터 어떤 혜택과 어떤 불운이 인류에게 찾아올지는 인간의 지혜로는 예측하기가 어렵다. 세상에서 가장 멀리 떨어져 있는 두 지역을 어떤 식으로든 하나로 묶어 서로의 결핍을 해소하고, 서로의 즐거움을 증진하며, 서로의 산업을 장려할 수 있게 한다면, 두 위대한 사건의 전반적 추세는 인류에게 혜택을 주는 쪽으로 나아갈 것이다.

그러나 동인도제도와 서인도제도의 원주민에게는, 그 사건들이 일으킨 끔찍한 불운 때문에 이런 사건들로부터 얻을 수 있는 상업적 혜택이 묻히거나 사라져버렸다. 그런 불운은 이 두 사건의 성격 자체보다는 우연한 일들로부터 발생한 듯하다. 이러한 발견이 이루어졌던 특정 시기에는 유럽인들의 힘의 우위가 너무 커서 그 외딴 나라에서 온갖 종류의 불의를 저지르고도 처벌받지 않았다. 하지만 그 후, 그 나라의 원주민들은 더 강해질 수도 있고, 유럽의 원주민이 더 약해질 수도 있으며, 그리하여 세상의 모든 다른 지역에 거주하는 주민이 용기와 힘의 균형에 도달할 수 있을 것이다. 그리하여 상호 간 공포가 생겨나 독립 국가들의 불의한 행위를 제압해 상호 간의 권리를 어느 정도 존경하도록 강제할 수 있을 것이다. 이러한 힘의 균형을 가져오는 수단으로는 폭넓은 지식과 모든 종류의 개선된 제품들을 상호 교환하는 것만큼 좋은 게 없다. 온 세상 모든 국가가 폭넓게 상업 활동을 벌일 때 그런 상호 소통과 개선이 자연스럽게 혹은 필연적으로 이루어진다.

이 발견의 주된 효과 중 하나는, 그런 발견이 없었더라면 생각할 수도 없는 수준의 영화와 영광으로 중상주의 제도를 드높여 준 것이었다. 중상주의의 목표는 토지 개선과 경작이 아니라 상업과 제조업으로, 농촌의 산업이 아니라 도시의 산업으로 국부를 축적하려는 것이었다. 아메리카와 동인도제도를 발견함으로써, 유럽의 상업 도시들은 세상의 아주 작은 지역들(대서양 및 지중해 인근 국가)만을 위한 제조업자이자 운송업자가 아니라, 오늘날에는 아메리카의 많은 부유한 경작자에게 물품을 공급하는 제조업자가 되었고, 더 나아가 아시아, 아프리카, 아메리카의 거의 모든 나라를 위한 무역업자이자, 어떤 면에서는 제조업자가 되었다. 유럽의 산업에 새로운 두 세계가 열린 것이다. 두 세계는 구세계보다 훨씬 더 규모가 크고 넓으며, 그중 한 세계[아메리카]의 국부는 날마다 커지고 있다.

아메리카 식민지를 영유하고, 동인도제도와 직접 무역을 하는 국가들은 이 거대한 상업의 호황과 영광을 한꺼번에 누리고 있다. 차별 대우를 받아 이 상업에 끼어들지 못하는 다른 나라도 이 상업의 실질적 혜택을 크게 누리고 있다.

예를 들어 스페인과 포르투갈 식민지들은 모국 산업보다는 다른 나라 산업에 더 큰 자극을 주고 있다. 아마포 품목 하나만 보더라도 이들 식민지의 소비액은—여기서 그 수량의 정확도까지 보장하지는 못하지만— 연간 3백만 파운드를 상회한다. 그런데 이런 엄청난 소비량을 프랑스, 플랑드르, 네덜란드, 독일이 공급한다. 정작 스페인과 포르투갈은 그중 작은 부분만 공급할 뿐이다. 식민지에 엄청난 양의 아마포를 공급하는 자본은 매년 다른 나라에 분배되어 그 나라 주민에게 수익을 올려준다. 반면 스페인과 포르투갈에서는 그 자본 이윤만 소비가 되는데 주로 카디스와 리스본 상인들의 사치스러운 소비를 뒷받침하는 데 들어간다.

신대륙에서의 무역 규제는 역효과를 낸다

각국이 식민지 무역을 독점하려고 내놓은 규제는, 그런 독점으로 차별받는 국가들보다는 그 독점을 시행하는 나라에 종종 더 해롭다. 타국 산업을 부당하게 억압하면 그 역효과는 그렇게 억압하는 나라의 머리 위로 떨어지고, 이것으로 자신의 산업을 짓밟는다고 해도 과언이 아니다. 예를 들어, 이런 독점 규정 때문에 함부르크 상인은 아메리카 시장으로 가는 아마포를 먼저 런던으로 보내고, 그 도시에서 독일 시장으로 가는 담배를 수입한다. 함부르크 상인은 아마포를 직접 아메리카로 보내지 못하고 또 아메리카에서도 직접 담배를 수입하지 못하기 때문이다.

이러한 제약 때문에 함부르크 상인은 자유무역을 할 때보다 아마포를 약간 싸게 팔고 담배를 약간 비싸게 사들여야 한다. 그리고 이런 간접 거래 때문에 상인의 이익은 다소 줄었을 것이다. 함부르크-런던 간 거래를 통해 그 상인은 아메리카와 직거래를 할 때보다 훨씬 빠르게 대금을 회수할 것이다. 우리가 아메리카의 대금 지불이 런던처럼 규칙적이라고 가정한다면 그렇다(물론 실제로는 그렇지가 않다). 그러므로 런던에 무역 규제를 당하는 함부르크 상인이 진행하는 이 거래에서, 상인 자본은 아메리카와 직거래를 했을 때보다 훨씬 더 많은 노동량을 꾸준히 고용할 수밖에 없다. 따라서 간접 거래에 들어간 자본은 직접 거래에 들어갔을 때보다 이윤은 적겠지만, 국가 편에서 보면 그만큼 손해는 아니다.

하지만 독점으로 런던 상인 자본이 들어온 투자처에는 정반대 효과가 난다. 그 투자처는 다른 대부분의 투자처보다 런던 상인에게 더 이익일지 모르지만, 느린 자본 회수 속도 때문에 브리튼에 그만큼 이익을 가져오지는 못한다.

그러므로 식민지 무역에서 얻는 모든 이득을 독차지하려는 유럽 각국의 부당한 시도가 있었지만, 그들이 독점한 것으로는 억압적 권위로 지배하는 식민지를 평화 시와 전쟁 시에 지켜주는 비용 정도만 겨우 건질 뿐이었다. 식민지를 영유하는 데서 나오는 온갖 불편함을 각 식민 종주국은 오롯이 견디고 있는 셈이다. 그리고 식민지 무역에서 나오는 이익은 유럽의 여러 다른 나라와 공유해야 한다.

언뜻 보기에 아메리카의 대규모 상업을 독점하는 것은 당연히 최고의 가치를 확보한 듯 보인다. 야망에 눈이 멀어 현혹된 눈으로 보면, 정치와 전쟁의 아수라장 속에서 독점은 기꺼이 싸워 쟁취할 만한 아주 매력적인 대상처럼 보인다. 그러나 대상의 번쩍거리는 찬란함, 즉 엄청나게 큰 상업 규모 자체가 그 상업의 독점을 해롭게 만드는 특징이 된다. 본질상 국가에 반드시 불리하게 작용하는 하나의 투자처[독점 무역]에, 독점이 없을 경우라면 다른 무역 분야로 투자됐을 자본의 상당한 부분이 독점 쪽으로 흘러들어 갔기 때문이다.

상업 자본은 유리한 투자처로 흐른다

제2권[5장]에서 이미 설명했듯, 한 나라의 상업 자본은 자연스럽게 국가의 가장 유익한 투자처로 흘러간다. 만약 그 자본이 중개무역에 투자되었다면 그 자본이 소속된 국가는 자연스럽게 자본이 거래하는 모든 국가의 상품이 흘러드는 시장이 된다. 그러나 자본의 소유주는 상품들을 가능한 한 국내에서 많이 판매하길 바란다. 그렇게 하면 수출의 수고, 위험 및 비용을 절약할 수 있으며, 이 때문에 해외로 보내서 얻을 수 있는 수익보다 훨씬 적은 가격으로 국내에서 판매할 수 있다. 그러므로 그는 자신의 중개무역을 가능한 한 소비재 무역으로 운영하려고 한다. 자본이 소비재 해외 무역에 투자되었을 때, 같은 이유로 그는 해외 시장에 수출하기 위해 수집해온 물품들을 가능한 한 국내에서 많이 처분하려고 애쓴다.

이런 식으로, 한 나라의 상업 자본은 가까운 투자처를 선호하고 먼 투자처를 기피한다. 또 자본 회수가 빈번한 투자처를 좋아하고, 회수가 뜸하고 느린 투자처는 피한다. 자연히 자신이 속한 나라 또는 자본 소유주가 거주하는 나라에서 가장 많은 생산 노동력을 유지할 수 있는 투자처를 선호하고 생산 노동 총량을 최소한으로 유지하게 하는 투자처는 피한다. 통상적으로 소속 국가에 가장 유리한 투자처를 선호하고, 소속 국가에 가장 불리한 투자처는 회피한다.

개인 이해관계가 사회자본을 적절히 배분한다

그러나 국가에 덜 유리한 먼 곳의 투자처라도 이윤이 높이 오를 때가 있다. 가령 가까운 투자처를 선택하려는 자연스러운 자본 흐름을 상쇄할 정도로 높은 이윤을 올릴 수 있을 때다. 이렇게 되면 근거리 투자처에서 자본을 빼내게 되고, 모든 투자처의 이윤이 적정 수준으로 되돌아갈 때까지 그런 자본 유출은 계속된다. 하지만 이처럼 이윤율이 높다는 것은 다음 두 가지 사실을 증명한다.

첫째, 한 국가의 실제 상황에서 원거리 투자처는 다른 투자처보다 다소 자본이 부족한 상태다. 그러므로 국가 자본은 국가 내에서 수행되는 모든 다른 투자처 사이에 적정한 방식으로 배분되어 있지 않다.

둘째, 어떤 물품을 적정가격보다 싸게 구입하거나 아니면 더 비싸게 판매하고 있다. 따라서 특정 시민계급은 많든 적든 가격 압박을 받고 있다. 다시 말해 국가 내의 모든 다른 계급 사이에서 반드시 확립되어야 하고 보통은 자연스럽게 확립되는 형평성 있는 가격보다 더 많이 혹은 더 적게 내고 있다.

규모가 비슷한 자본이 원거리 투자처에 투입되면 근거리 투자처에 투입했을 때보다 같은 양의 생산적인 노동을 고용할 수 없다. 그럼에도 국가 복지를 위해서는 원거리 투자처도 근거리 못지않게 필요하다. 원거리 투자처가 다루는 물품들이 많은 근거리 투자처만큼 필요한 것이다. 그러나 원거리 투자로 이런 물품을 거래하는 사람들의 이윤이 적정 수준보다 높으면, 그 상품은 적정가격보다 비싸게 판매되거나 자연가격보다 다소 높게 판매될 것이며, 근거리 투자를 하는 모든 사람은 이 높은 가격에 다소 압박을 받는다.

이런 사람들은 어떻게 해야 자기 이해관계를 유지할 수 있을까? 그들은 근거리 투자처에서 자본을 일부 빼내 와서 원거리 거래에 투자해야 한다. 이렇게 하는 것은 원거리 투자 이윤을 적정 수준으로 낮추고, 원거리 거래의 상품가격을 자연스러운 수준으로 떨어뜨리기 위해서다. 이런 비상한 경우에는 공공의 이해관계도 작동한다. 그리하여 보통의 경우 사회에 더 유리한 투자처에서 약간의 자본을 빼내 평소 공공 사회에 더 불리했던 원거리 투자처에 투자한다. 이렇게 해서 개인적 이해관계와 열정이 자연스럽게 그들의 자본을 사회에 가장 유리한 투자처로 투자하게 한다.

이런 자연스러운 선호 때문에 개인이 이윤 높은 투자처들에 너무 많이 집중하면 그 사업들에서 이윤율이 하락하고 다른 부분에서 이윤율이 높아지게 되어, 개인은 즉시 이런 잘못된 배분을 시정하러 나선다. 법률적 간섭 없어도 개인의 이해관계와 열정이 사회 내의 서로 다른 투자처 사이에 사회자본을 자연스럽게 분할 및 배분한다. 그리고 그렇게 분할·배분되는 비율은 전체 사회의 이해관계에 가장 합당한 비율이 된다.

두 가지 종류의 독점

중상주의의 모든 규제는 이러한 자연스럽고 유리한 자본 분배를 필연적으로 방해한다. 특히 아메리카와 동인도제도 무역에 관한 규제는 그 무엇보다 자본 배분을 더 많이 교란한다. 이 두 대륙을 상대로 하는 무역은 다른 어떠한 무역보다 더 많은 양의 자본을 필요로 하기 때문이다. 그러나 두 대륙에서 이러한 자본 교란이 이루어지도록 하는 규제는 종류가 다르며, 서로 같지 않다. 독점은 아메리카와 동인도제도 무역을 지배하는 거대한 엔진이긴 하지만 운영 방식이 다소 다르다. 어느 경우가 되었든 독점은 중상주의의 유일한 엔진인 듯하다.

(1) 자국의 식민지 시장에서 다른 나라를 완전히 배제하는 독점

아메리카 무역은, 다른 나라가 자국 식민지와 직접 거래하지 못하게 함으로써 가능한 한 많이 자국 식민지 시장을 독점하려 한다. 16세기 내내 포르투갈은 이런 식으로 동인도제도 무역을 독점하려고 했다. 그들이 동인도제도로 가는 해로를 최초로 발견했으므로 그 공로를 내세우며 인도양 항해에 독점적 권리가 있다고 주장했다.

네덜란드는 지금도 다른 유럽 국가가 그들의 속령인 향료 제도(諸島)[177]와 직접 거래하지 못하게 한다. 이런 종류의 독점은 다른 유럽 국가의 불이익을 전제로 확립된 것이다. 다른 유럽 국가는 그들의 자본을 투자하는 것이 유리하다고 생각되는 무역에서 배제될 뿐만 아니라, 향료 제도에서 생산되는 물건을 직접 수입할 때보다 다소 비싸게 사들여야 한다.

포르투갈 제국 권력이 붕괴된 후에, 어떤 유럽 국가도 인도양 항해의 독점적 권리를 주장하지 않았다. 그리하여 인도양의 주요 항구들은 이제 모든 유럽 국가 선박에 개방되어 있다. 그러나 포르투갈과 프랑스(몇 년 사이 그렇게 되었다[178])를 제외하고, 모든 유럽 국가의 동인도제도 무역은 독점 회

---

177 몰루카 제도라고도 하는데 뉴기니와 셀레베스 사이에 있는 모로코 제도를 의미한다.
178 프랑스 동인도회사의 독점은 1769년에 철폐되었다.

사를 통해서 해야 한다.

(2) 배타적 회사가 특정 시장에서 자국 국민을 배제하는 독점

이 독점은 그것을 확립한 독점 국가에 손해를 안긴다. 그 나라의 국민 대부분은 자신의 자본 일부를 투자하는 것이 유리하다고 생각하는 무역에서 배제된다. 뿐만 아니라 독점 무역으로 거래되는 물품을 자유무역이 이루어질 때보다 약간 비싸게 사들여야 한다. 예를 들어 잉글랜드 동인도회사가 설립된 이래 잉글랜드의 다른 주민은 그 무역에서 배제되었을 뿐만 아니라 그들이 소비하는 동인도 물품에 대해 높은 가격을 지불하면서, 두 가지 결과를 맞이했다. 첫째, 동인도회사의 비정상적 이윤. 둘째, 거대한 회사 운영에 따른 부정과 권력 남용이 필연적으로 초래했을 모든 막대한 낭비.

위에서 말한 두 종류의 독점 중 (2)의 어리석음은 (1)보다 훨씬 더 분명하게 드러난다.

(1)과 (2)의 독점은 한 나라의 자연스러운 자본 분배를 다소 교란하지만 언제나 같은 방식으로 교란하는 것은 아니다. (1)의 독점은 그런 독점이 확립된 무역 분야에, 그런 독점이 없었더라면 흘러 들어가지 않았을 사회자본을 그 분야로 끌어온다. (2)의 독점은 그런 독점이 확립된 무역 분야에, 때로는 자본을 끌어당기지만 때로는 상황 변화에 따라 그 자본을 물리치기도 한다. 가난한 나라의 경우, 이 독점은 그런 독점이 없었을 때 비해 더 많은 자본을 그쪽으로 끌어당긴다. 부유한 나라들은 정반대로 자연스럽게 그런 자본을 물리친다.

예를 들어 스웨덴과 덴마크 같은 가난한 나라들은, 그들의 무역이 독점 회사에 종속되어 있지 않았더라면 동인도제도에 단 한 척의 배도 보내지 않으려 했을 것이다. 이런 독점 회사 설립은 필연적으로 모험가들을 격려한다. 독점은 국내 시장에서 경쟁자로부터 보호하고, 외국 시장에 대해서는 타국 상인들과 동일한 기회를 안긴다. 그들의 독점은 상당한 수량의 물품에 대해 상당히 높은 이윤을 얻을 수 있음을 그들에게 확신시키고 실제로 많은 수량에서 높은 이익을 올린다. 이런 비상한 격려가 없었더라면 이런 가난한 나라들의 가난한 상인들은 소규모 자본을, 동인도제도라는 아주 멀리 떨어져 있고 불확실하게 보이는 곳과의 무역에다 투자하는 모험을 감행하지 않았을 것이다.

반대로 네덜란드 같은 부유한 나라는, 만일 자유무역이었다면 지금보다 훨씬 더 많은 배를 동인도제도로 보냈을 것이다. 네덜란드 동인도회사의 제한된 자원은 이 무역에 참여할 수 있는 많은 대규모 상인 투자자들의 발목을 잡을 가능성이 높다. 네덜란드는 막대한 상업 자본을 보유하고 있으므로 때로는 외국의 공공 기금으로, 때로는 외국의 개인 상인과 모험가에게 대출로, 때로는 복잡한 해외 소비 시장으로, 때로는 중개무역 쪽으로 흘러들기도 한다. 가까이에 있는 모든 투자처는 모두 채워져 있다. 그럴듯한 이윤을 올려줄 것으로 기대되는 투자처에는 이미 자본이 다 들어가 있다. 그래서 네덜란드 자본은 필연적으로 원거리 투자처 쪽으로 흘러간다. 동인도제도 무역이 자유무역 형태로 수행되었다면, 이 남아도는 자본의 상당히 많은 부분을 흡수했을 것이다. 동인도제도는 유럽과 아메리카를 합친 것보다 더 크고 더 넓은 시장이다. 그러므로 유럽 제조품은 물론이고 아메리카의 금은과 다른 생산물에 대해서도 시장을 제공했을 것이다.

자본의 자연스러운 배분을 교란하는 것은 국가에 해롭다

자본의 자연스러운 배분을 교란하는 것은 그런 현상이 벌어지는 국가에 반드시 해를 입힌다. 그 독점 무역에 자발적으로 흘러들려고 하는 자본을 물리치는 방식이든 혹은 그 무역 쪽으로 갈 생각이 없던 자본을 억지로 끌어들이는 방식이든 말이다. 네덜란드 동인도회사가 없었더라면 네덜란드의 동인도제도 무역은 지금보다 규모가 훨씬 더 커졌을 것이다. 그런 경우를 생각해보면, 네덜란드는 국가 자본 중 일부가 그 편리한 무역에 투자하지 못해 상당한 손실을 입고 있다.

마찬가지로 그런 독점 회사가 없었더라면 스웨덴과 덴마크의 동인도 무역은 지금보다 훨씬 줄었을 것이고, 어쩌면 그 무역은 아예 존재하지 않을 것이다. 그렇지만 이 두 나라도 네덜란드 못지않게 상당한 손실을 보고 있다. 그들의 현재 상황에 비추어볼 때 전혀 어울리지 않는 투자처에 그들의 자본 일부가 투자되었기 때문이다. 어쩌면 그들의 현재 상황에 비추어볼 때 다른 나라로부터 동인도 상품을 사들이는 것이 더 좋았으리라. 비록 약간 더 비싸게 주는 한이 있더라도 말이다. 아주 먼 거리 무역에 그렇게 많은 자본을 투자하기보다는 이렇게 하는 것이 더 좋다. 원거리 무역 투자는 자본 회수도 느리고, 투자 자본이 국내의 빈약한 생산 노동의 양을 유지시켜 주는 것도 아니다. 국내에서는 생산적 노동이 많이 부족해서 하는 일이 별로 많지 않고, 해야 할 일이 아주 많은데도 자본 부족으로 인해 노동량이 증가하지 않는다.

특정 국가가 독점 회사 없이는 동인도제도와 직접 무역을 할 수 없다고 해서, 그 이유로 그런 회사가 반드시 현지에 설립되어야 하고 그런 독점 회사만 현재 상황에서 동인도제도와 직접 거래해야 한다는 논리는 성립되지 않는다. 일반적으로, 동인도 무역을 원활하게 수행하는 데 있어 이런 독점 회사는 필요하지 않다. 이에 대해서는 포르투갈 사례가 충분히 증명한다. 그들은 1세기도 넘게 독점 회사 없이 동인도제도 무역을 거의 전부 독점해왔다.

무역에는 독점 대자본이 필요하지 않다

사람들은 이렇게 주장한다. 개별 상인은 동인도제도 여러 항구에 대리점과 대리인—상인이 동인도제도에 가끔 배를 보낼 때마다 현지 상품을 적재해줄 인력—을 주재시킬 정도로 충분한 자본을 갖고 있지 않다. 그가 현지에 이런 대리점과 대리인을 두지 못한다면, 현지 상품을 충분히 싣고서 귀국해야 하는 배는 귀국 시기를 놓치는 일이 빈번해질 것이다. 그처럼 오래 지체되는 비용 때문에 모험에 따른 모든 이익이 소진될 뿐만 아니라 종종 상당한 손실이 발생할 수 있다.

이러한 주장은 독점 회사 없으면 무역의 커다란 한 분야를 수행하기 어렵다는 것을 강조하려는 것인데, 실제로는 아무것도 증명하지 못하고 모든 국가의 실제 경험은 그와 정반대이다.

어떤 거대한 무역 분야가 있으면 그 밑에는 여러 하위 분야들이 있고 이런 것이 잘 되어야만 주된 무역 분야가 원활하게 수행될 수 있다. 그렇지만 어떤 한 개인 상인의 자본만으로는 주 분야는 물론이고 하위 분야까지 모두 포함할 수는 없다. 그래서 한 국가가 어떤 거대한 무역 분야를 맡을 수 있을 정도로 충분히 성숙했을 때, 어떤 상인은 주 무역 분야에 자본을 투자하고, 어떤 상인은 하위 분야에 투자한다. 서로 다른 무역 분야는 이런 식으로 수행되며 어떤 한 개인 상인의 자본만으로 무역이 이루어지는 경우는 거의 없다.

그러므로 어떤 국가가 동인도 무역을 수행할 정도로 성숙했다면, 자본의 특정 부문이 자연스럽게 그 무역의 여러 다른 분야 사이에서 나누어진다. 그 나라의 상인 중 일부는 동인도제도에 주재하는 것이 유익하다고 판단해 현지에 자본을 투자해 유럽에 거주하는 다른 상인을 위해 귀국선에 물품을 선적할 것이다. 여러 유럽 국가는 현재 동인도제도에 정착촌을 확보하고 있는데 동인도회사들[179]이 그 소유권을 갖고 있다. 만약 그 회사들로부터 정착촌을 빼앗아 그 나라 군주의 직접 보호 아래에 둔다면, 거주지는 안전하면서도 편안할 것이다. 적어도 그 정착지가 소속된 국가의 상인에게는 말이다.

만약 특정 시기에 어떤 나라의 자본 일부가 동인도제도 무역에 자발적으로 흘러들었는데 무역의 다른 분야들을 수행하기에 충분하지 못했다고 해보자. 그랬다면 다음 두 가지 사실을 증명하는 것이 된다.

(1) 특정 시기에 그 나라는 그 무역을 수행할 정도로 충분히 성숙하지 못했다.

(2) 잠시 동안은 다소 높은 가격을 지불하더라도 그 나라가 필요로 하는 동인도제도 상품을 직접 수입해오기보다는 다른 유럽 국가에서 구입하

---

179 애덤 스미스가 이 글을 쓰던 당시, 동인도제도에는 잉글랜드 동인도회사와 네덜란드 동인도회사가 있었다. 실제로 잉글랜드는 1857~1858년에 인도에서 세포이 반란이 일어나자 동인도회사를 해산하고 영국 왕실이 직접 인도를 통치했다.

는 것이 좋다. 이런 비싼 값을 지불하는 것은 그 나라에 다소 손실이다. 하지만 그 손실은 그 나라 자본이 대규모로 기존 투자처에서 이탈해 식민지 무역에 투자되는 데서 오는 손실보다는 훨씬 적다. 기존 투자처들은 동인도제도와의 직접 무역으로 비교해볼 때 그 나라 사정과 환경에 더 필요하고, 더 유용하고, 더 적합한 투자처이다.

유럽인들의 동인도제도 진출 상황

유럽인들은 아프리카와 동인도제도 연안 지역에 많은 대규모 정착촌을 소유하고 있지만, 아메리카 대륙이나 인근 도서에는 아직 번창하는 식민지들을 많이 건설하지 못했다. 아프리카와, 동인도제도[180]라는 일반적 명칭 아래 포섭되는 여러 나라에는 야만적인 민족들이 거주하고 있다. 그리고 이 민족들은 아메리카 원주민처럼 허약하고 무방비 상태의 민족은 아니었다. 그들이 사는 지역의 토지가 비옥하므로 인구도 아메리카 원주민보다 훨씬 많았다. 아프리카와 동인도제도의 야만적인 민족들은 대부분 목축 민족이었고 심지어 남아프리카 호텐토트족도 그러했다.

그러나 멕시코와 페루를 제외한 아메리카 모든 지역의 원주민은 수렵 민족이었다. 토지 비옥도가 같다면 목축 민족의 땅이 수렵 민족보다 훨씬 더 많은 인구를 수용할 수 있다. 그래서 아프리카와 동인도제도가 훨씬 인구 밀도가 높았다. 따라서 이 두 지역에서 원주민을 쫓아내고 유럽인 농장을 원주민이 원래 살았던 지역으로 크게 확장하는 일은 훨씬 더 어려웠다. 게다가 앞에서[4권 7장 2절] 언급했듯, 동인도 독점 회사들은 그들 나름대로 계획이 있어 새 식민지 건설을 그리 탐탁하게 여기지 않았다. 이것이 동인도제도에서 식민지 건설이 크게 진척을 보지 못한 주된 이유였다.

---

180 동인도제도라고 하면 넓은 뜻으로, 인도 아대륙, 인도차이나 반도, 말레이 군도를 총칭한다. 때로는 인도만을 가리키기도 했다. 또 좁은 뜻으로는 '네덜란드령 동인도'(Netherlands East Indies)라고 해서 말레이 군도 대부분, 즉 현재의 인도네시아 공화국을 가리킨다. 애덤 스미스는 이 책에서 이 모든 지역을 총칭해 동인도제도라는 용어를 사용하고 있다.

포르투갈인은 독점 회사를 설립하지 않고 아프리카와 동인도제도 무역을 수행했다. 아프리카 해안 지대에 설립된 콩코, 앙골라, 벵구엘라 같은 포르투갈 정착촌들은 미신과 각종 악정(惡政)으로 크게 퇴화되었지만 그래도 아메리카 식민지들을 약간 닮은 흔적이 남아 있다. 또 여러 세대에 걸쳐 그곳에서 살아온 포르투갈 사람들이 아직도 부분적으로 거주하고 있다.

희망봉곶과 바타비아[오늘날의 인도네시아 자카르타]에 설치된 네덜란드 정착촌은 현재 유럽인이 아프리카 혹은 동인도제도에 건설한 가장 큰 규모의 식민지이다. 이 두 정착지는 특히 지리적 위치가 매우 유리했다. 희망봉곶에는 아메리카 원주민 못지않게 야만적이거나 무방비인 민족들이 살고 있었다. 게다가 이곳은 유럽에서 동인도제도로 가는 중간 기착지다. 이곳에서 출항 혹은 귀국하는 유럽 배들이 묶어갔다. 이런 배에 각종 신선한 식료품, 과일, 와인 등을 제공하는 것만으로도 현지 식민 이주민의 잉여생산물을 소비하는 커다란 시장이 되었다.

희망봉곶이 유럽과 동인도 사이의 중간 기착지라면, 바타비아는 동인도제도의 주요 국가들 사이의 중간 기착지였다. 바타비아는 인도에서 중국과 일본으로 가는 해로의 중간 지점에 있었다. 유럽에서 중국을 오가는 거의 모든 배가 바타비아에 기항했다. 그 외에 바타비아는 동인도제도 국가들 사이에서 이루어지는 국가 간 무역의 중심지이며 주요 시장 역할을 했다. 유럽인들이 수행하는 무역뿐만 아니라, 동인도제도 원주민이 수행하는 무역의 중심지였다. 그리하여 중국, 일본, 통킹, 말라카, 코친-차이나, 셀레베스섬 주민이 운항하는 배들이 무역을 위해 자주 바타비아 항구에 들렀다.

이런 유리한 지리적 위치 때문에 희망봉곶 식민지와 바타비아 식민지는 그 성장을 억압하려는 동인도회사들의 억압적 조치에도 불구하고 모든 어려움을 극복할 수 있었다. 그 지리적 혜택 덕분에 바타비아는 세계에서 가장 건강에 좋지 않은 기후라는 추가적인 어려움도 극복했다.

동인도회사들의 야만적인 독점 유지 방식

위에서 말한 두 식민지 외에 잉글랜드와 네덜란드 동인도회사들은 이렇다 할 식민지를 건설하지 않았지만, 그래도 두 회사는 동인도제도를 상당 부분 정복했다. 그러나 두 회사가 현지인들을 다스리는 방식, 독점 회사의 태생적 특징은 뚜렷이 다르게 나타났다.

향료 제도에서 네덜란드인은 이런 야만적인 짓을 했다고 전해진다. 어느 해, 향료가 풍년이 되어 아주 물량이 많아지면, 회사는 충분한 이윤을 올리면서 유럽에서 팔 수 있는 물량 외에는 전량 소각했다. 회사가 정착촌을 두지 않은 섬들의 경우, 그곳에서 자연적으로 자라는 정향나무와 육두구나무의 어린 꽃잎과 새순을 모아온 현지인에게 상금을 주는 방식으로 향료의 과잉 생산을 미리 막았다. 그리고 들리는 말에 따르면 이런 야만적인 정책 때문에 섬들의 향료 나무는 씨가 말랐다고 한다.

심지어 회사가 정착촌을 두고 있는 섬들에서도 이 나무들의 숫자를 크게 줄였다. 만약 이런 섬들에서 경작되는 향료 물량이 유럽 시장의 수요를 웃돌 경우, 원주민이 그 일부를 타국에 전달하는 법을 찾을 수 있다고 생각했다. 독점권을 확보하는 가장 좋은 방법은 그들이 시장에 가져가는 것보다 더 많은 향료가 자라지 않도록 하는 것이라고 여겼다.

회사는 다양한 억압 수단을 이용해 몰루카 제도의 여러 섬의 인구를 필요한 수준이 될 때까지 감소시켰다. 원하는 인구는 그들의 소규모 수비대와, 가끔 향료 화물을 실으러 오는 선원에게 신선한 식료품과 기타 생필품을 제공할 수 있을 만큼의 인력이었다. 과거 포르투갈 정부가 억압적인 행정을 펴던 시절에도, 이 섬들에는 상당히 많은 사람이 살았다고 하는데 오늘날은 이렇게 인구가 쪼그라든 것이다.

잉글랜드 동인도회사는 벵갈에 진출한 지 얼마 안 되어 아직 이런 파괴적인 제도를 만들 정도는 아니다. 하지만 이 회사의 운영 방침도 네덜란드 회사 못지않게 야만적인 경향이 있다. 장담하는데, 현지 잉글랜드 대리점의 수석 서기, 즉 대표가 농민에게 명령해 양귀비가 잘 자란 밭을 갈아엎고 거기에다 쌀이나 다른 곡물 농사를 하라고 지시하는 경우가 비일비재하다. 이렇게 지시하면서 식료품 부족을 방지하기 위해서라는 그럴듯한 구실로 둘러댄다. 하지만 그렇게 지시하는 진짜 이유는 지점 대표가 마침 많은 양의 아편을 갖고 있으므로, 좀 더 나은 값을 받고 그 물량을 팔기 위해 생산량을 일부러 줄이려는 것이다. 정반대 지시를 내릴 때도 있다. 기존의 비옥한 쌀이나 기타 곡물 전답을 갈아엎고 거기에 양귀비를 심을 공간을 확보하라고 명한다. 아편 물량이 더 있으면 비상한 이윤을 올릴 것으로 예측했기 때문이다.

회사 직원들은 그들의 개인적 이익을 편취하기 위해 그 나라의 해외 무역은 물론이고 국내 무역 중 가장 중요한 분야들을 일부 독점하려고 했다. 직원들의 이러한 소행을 그대로 내버려 둔다면 언젠가는 자신이 독점을 강탈해간 특정 품목의 생산량을 크게 억제하려 들 수도 있다. 그러니까 그들이 사들일 수 있는 물량으로 생산을 제한할 뿐만 아니라, 충분한 이윤을 남기고 팔 수 있는 물량을 조절해 생산을 제한하려 들 것이다. 앞으로 한두 세기가 지나면 잉글랜드 동인도회사의 영업 방침은 네덜란드 회사 못지않게 파괴적으로 판명될 것이다.

개인의 일시적 이익 vs 국가의 항구적 이익

이런 파괴적인 영업 방침은 그 회사들의 진정한 이해관계에 가장 큰 피해를 미친다. 특히 그들이 실제로는 정복한 나라의 군주나 다름없다는 점을 감안할 때 그러하다. 거의 모든 나라에서 군주의 수입은 국민에게서 나온다. 따라서 국민의 수입이 크고, 한 국가의 토지와 노동의 연간 생산물이 클수록, 군주에게는 더 많은 수입이 돌아간다. 따라서 연간 생산물을 가능한 한 많이 증가시키는 것이 군주의 이해관계에 부합한다.

이것이 모든 군주의 이익일진대, 벵갈의 군주처럼 주로 지대에서 수입을 올린다면 더욱 그러하다. 지대는 토지 생산물에서 나오는 물량과 가치에 비례하고, 이 물량과 가치는 시장의 크기에 비례한다. 물량은 그 생산물을 사들이려는 사람들의 소비와 거의 언제나 일치한다. 그리고 가치는 생산물을 사들이려는 소비자들의 경쟁 정도에 비례한다.

따라서 구매자 숫자와 경쟁을 가능한 한 크게 하려면, 국가의 생산물 시장을 넓게 확대하고, 상업 경쟁을 가장 자유롭게 하도록 허용해야 이것이 군주에게 이익이다. 모든 독점을 철폐하고, 국내 생산물이 나라 안에서 자유롭게 운송되지 못하게 하는 제한, 해외 시장 수출 제한, 생산물과 교환하게 하는 모든 종류의 물품 수입 제한 등을 철폐하는 것이 군주의 이익에 부합한다. 이렇게 해서 군주는 국내 생산물의 물량과 가치를 증가시키고 결과적으로 그 생산물에 대한 군주의 몫, 즉 자기 수입을 증진한다.

그러나 상인들의 회사[잉글랜드 동인도회사]는 군주와 동일한 자격을 획득한 후에도[181] 자신을 군주라고 생각하지 못한다. 그들은 물품을 사고파는 것, 즉 상업을 주 사업으로 생각한다. 그리고 아주 기이하고 어리석은 사고방식에 따라, 군주의 자격은 상인의 본분에 매달린 부수물 혹은 상인의 본분에 부수되어야 하는 무엇, 즉 그들이 인도에서 싸게 물품을 사서 유럽에서 높은 이윤을 올리면서 팔 수 있게 해주는 수단 정도로 여긴다.

회사는 이 목적을 위해 가능한 한 그들이 다스리는 지역 시장으로부터 경쟁자를 배제하려 하고, 이런 지역의 잉여생산물을 단속해 회사의 수요를 공급해주는 정도 혹은 유럽에서 높은 값을 받고 팔아 높은 이윤을 올릴 정도의 물량으로 감축하려 든다. 회사는 이런 식으로 중상주의 원리에 따라, 거의 모든 경우에서 군주의 항구적인 대규모 수입보다는 개인의 일시적인 소규모 이윤만 추구한다. 그리하여 마침내 잉글랜드 동인도회사는 네덜란드인이 몰루카 제도 사람을 대한 방식으로 회사가 지배하는 지역 사람들을 대할 것이다.

만약 잉글랜드 동인도회사가 자신을 군주로 생각했더라면, 인도 식민지에 수송해간 유럽 물건들은 가능한 한 싸게 팔고, 반면 인도에서 사들인 물건들은 유럽 시장에서 비싸게 판매하는 것이 회사의 이해관계에 부합했

---

181 잉글랜드 동인도회사는 1765년에 토지세로 대표되는 벵골 지방의 조세 징수권을 무굴 황제로부터 양도받은 것을 계기로 벵골의 토지 소유자가 되어 인도의 정치 권력 및 영토 지배자의 길을 걷게 되었다. 이후 회사는 사실상 인도를 지배하는 통치 기구로 부상했다. 이들이 독점적 이익만을 노려 인도를 억압한 결과, 1858년에 인도 원주민 병사들인 세포이 대(對) 잉글랜드 반란이 발생했고, 이 반란이 진압된 이후부터 잉글랜드 정부는 인도 식민지 통치권을 동인도회사에서 회수해 직접 통치하기 시작했다.

을 것이다. 이와 정반대로 하는 것은 상인의 이해관계에 부합한다. 잉글랜드 동인도회사가 자신을 군주로 생각한다면 회사의 이익은 그들이 다스리는 식민지의 이익과 같아야 한다. 회사가 상인 자격으로 내세우는 이익은 이런 군주의 이익과는 정반대된다.

동인도회사의 독재적 행정 방식

이 행정부의 유럽 관련 방침[182]만 보더라도 본질적으로 치유 불가능할 정도로 잘못되어 있다. 그리고 이 회사가 인도에서 행정을 펴는 방식은 더욱더 독재적이다. 회사 행정부는 상인 협의회로 구성되어 있다. 상업은 아주 존중받을 만한 직업이지만, 어떠한 무력도 사용하지 않고 주민들로부터 자발적인 복종을 이끌어낼 수 있는 권위를 자연스럽게 발휘할 수 있는 것은 세상 어디에도 없다. 그러니 상인 협의회는 그들이 지닌 군사적 힘으로 사람들에게 복종을 명하고, 그 행정부는 필연적으로 군사적·독재적이 될 수밖에 없다.

하지만 회사의 본업은 상인으로서 물건을 파는 것이다. 회사는 주인들[주주들]의 이익을 위해 회사가 확보한 유럽 물품을 인도에 판매하고, 또 인도 상품을 사들여 유럽 시장에 판매한다. 회사는 인도에서 유럽 상품을 가능한 한 비싸게 팔고 인도 상품은 가능한 한 싸게 사야 한다. 따라서 그들이 영업하고 있는 이 특정 시장으로부터 가능한 한 경쟁자를 배제해야 한다. 그러므로 회사 영업에 관한 한, 인도 행정부의 원리는 회사가 추구하는 방향과 일치한다. 그것은 행정부의 기능을 독점이라는 이해관계에 종속시키는 것이다. 그리하여 인도의 잉여생산물 중 일부분에 대해 자연적 성장을 고의로 억제하여 회사의 인위적 수요를 간신히 맞추는 수준으로 유지한다.

게다가 이 회사 행정부의 모두 구성원은 자기 이익을 위해 거래하므로, 거래를 금지하는 것은 아무 효과가 없다. 여기 1만 마일이 떨어져 있어

---

182 인도에서 사들인 물건들을 유럽 시장에서 가능한 한 비싸게 판매하는 것이다. 이를 위해 현지 생산물을 인위적으로 조작하는 사례들이 앞에서 열거되었다.

아예 보이지 않는 곳에 자리 잡은 커다란 회계 관리소 직원들이 있다고 해보자. 그리고 본국 주인들이 직원 이익을 위해 거래하는 일을 그만두라고 간단한 지시를 내렸다고 해보자. 그 직원들이 기다렸다는 듯이 이런 지시를 이행하기를 기대한다면 대단히 어리석은 일이다. 직원들이 큰돈을 벌 수 있는 수단을 손에 쥐고 있는데 그것을 스스로 내려놓을 수 있겠는가? 본국 주인들이 책정한 적은 월급에 만족하면서? 회사가 독점 거래로 올리는 수익은 엄청난 반면, 쥐꼬리만 한 봉급은 인상될 기미조차 보이지 않는데?

이런 상황에서 회사의 하급 직원들에게 이익을 얻으려는 거래 행위를 금지하라고 해봐야 아무런 효과를 거둘 수 없다. 그것은 회사의 고위급 간부에게 본국 주인의 비위를 거스른 하급 직원을, 본국 주인 명령이라며 처벌하도록 하는 것만큼 효과가 없는 일이다. 회사 직원들은 자연스럽게 회사의 공식 거래 외에 자신의 개인 거래에 유리한 쪽으로 독점 정책을 펴나갈 것이다. 이들이 자유롭게 행동할 수 있다면, 그들은 노골적으로 직접 독점할 것이다. 그들이 거래하는 품목에 대해 아예 거래하지 못하도록 말이다. 이것은 어쩌면 독점 방식 중에서 가장 좋고 억압이 덜한 방식일 것이다.

동인도회사 유지는 식민지 국가에 해롭다

그러나 유럽 본국의 지시에 따라 이런 행위를 금지당하게 되면 직원들은 은밀하고 간접적인 방식으로 여전히 독점을 행한다. 이렇게 되면 독점은 국가에 훨씬 더 파괴적인 악영향을 미칠 것이다. 직원들은 행정부의 모든 권위를 동원해 그들 마음대로 정의로운 행정을 방해할 것이다. 그들이 끼어든 상업 분야에 간섭하는 사람들을 괴롭히고 망하게 한다. 그들이 거래하는 상업 분야에 심어 놓은, 신분이 위장된 혹은 공식적으로 직원으로는 알려져 있지 않은 대리인들을 통해 그런 무지막지한 강탈을 자행한다.

그리고 직원들의 개인 영업은 회사의 공식 영업보다 더 많고 다양한 품목으로 확대된다. 회사의 공식 영업은 유럽 시장에 제한될 것이고, 국가의 해외 무역 중 일부분만 점유할 것이다. 그러나 직원 개인 영업은 해외는 물론이고 내국의 무역 모든 분야로 확대되어 나갈 것이다. 회사의 독점은 자유무역이 시행되었더라면 유럽으로 수출되었을 잉여생산물 부분의 자연적 성장을 억제할 것이다.

회사 직원들의 독점은 그들이 거래하기로 선택한 모든 생산 부문—국내 소비는 물론 해외 수출까지 포함—의 자연적 성장을 억제할 것이다. 결과적으로 온 국가의 농업을 망치고 국가 인구를 감소시킬 것이다. 회사 직원들이 거래하기로 선택할 때마다, 모든 종류의 생산물, 심지어 생필품까지도 이들이 원하는 수준으로 생산량을 축소할 것이다. 그 물품 구입과 판매 과정에서 직원들이 바라는 높은 이윤을 올릴 정도의 수준으로 말이다.

이런 입장이므로 회사 직원들은 그들이 다스리는 국가 이익보다는 개인 이익을 더욱 철저하게 추구한다. 직원들의 이러한 태도는 본국 주인들이 자기 이익을 추구하는 것보다 훨씬 강력하다. 그 식민지 국가는 주인들의 것이므로 자기 소유물의 이해관계를 완전히 무시할 수는 없다. 하지만 회사 직원들은 식민지 국가의 소유주가 아니다. 회사 주인들의 진정한 이익은 그들이 잘 이해하기만 한다면 식민지 국가와 일치한다.[183] 주로 무지와 중상주의적 편견 때문에 주주들은 식민지 국가의 이익을 억압할 따름이다.

그러나 회사 직원들의 이해관계는 식민지 국가와는 절대 일치하지 않는다. 직원들의 이런 행태가 하나하나 드러난다 해도 그것이 그들의 억압적인 행동을 멈추게 할 것 같지는 않다. 본국에서 동인도회사로 내려보내는 규제 지침들은 빈번하게 허술한 내용이었지만 그래도 대부분 선의를 담고 있었다. 하지만 인도에 주재하는 회사 직원들[184]의 독점 행위에는 영악함이 더 많이 드러나고 선의는 별로 드러나지 않는다.

동인도회사 행정부는 아주 특이한 행정부다. 구성원은 모두 그 식민지 국가에서 벗어나서 가능한 한 빨리 그 행정부와의 관계를 끊고 싶어 한

---

183 동인도회사 주주들의 이익은 반드시 그 주주가 투표로 영향력을 행사하는 나라의 이익과 일치하는 것은 아니다. 참조. 『국부론』제5권 제1장 3절.—원주

184 애덤 스미스는 동인도에 나가 있는 네덜란드 동인도회사와 잉글랜드 동인도회사 두 군데를 의식하면서 이 글을 쓰고 있다.

다. 직원들은 현지에서 번 돈을 모두 챙겨 그 나라를 떠난 다음 날부터 그곳 일에는 완전히 무관심해진다. 그 나라가 지진으로 완전히 사라진다 해도.

동인도회사의 독점적 상황은 모든 면에서 해롭다

여기서 이런 말을 한다고 해서, 동인도회사 직원들에 대한 전반적인 비난을 하려는 의도는 아니며, 특정 개인을 지목해 비난하려는 것은 더욱 아니다. 내가 비난하는 것은 동인도회사 행정 시스템 그리고 그 안에 직원들이 놓여 있는 상황이었고, 회사에서 일하는 사람들의 개인 성품을 매도하려는 뜻은 아니었다. 그들은 자기 위치에서 시키는 대로 자연스럽게 행동했고, 그들을 욕하면서 큰 목소리로 외쳐대는 사람들도 막상 그 처지가 되면 그보다 더 낮게 행동하지는 못할 것이다.

전쟁이나 협상을 벌일 때 인도의 마드라스와 콜카타의 상인 협의회는 여러 번 냉철한 단호함과 결정적 지혜를 발휘하며 일을 잘 마무리지었다.[185] 그런 처신은 고대 로마 공화국의 전성기에 로마 원로원이 발휘했던 저 드높은 명예를 생각나게 한다. 그러나 이 협의회 구성원은 전쟁과 정치와는 아주 다른 전문직에 적합한 교육을 받으며 성장해왔다.

그들의 처지 자체가, 교육이나 경험, 본보기 없이도, 필요한 뛰어난 능력을 재빨리 갖추게 했고, 그들 스스로도 인지하지 못했던 재능과 자질을 발휘하도록 했다. 그래서 때로는 기대하기 어려운 위대한 행동을 보이기도 했고, 때로는 다른 성격의 업적을 보이기도 했다. 따라서 그들의 다양한 행동에 놀랄 필요는 없다.

---

185 잉글랜드 동인도회사는 사병을 동원해 1757년에 플라시 전투에서 무갈 제국을 패배시켰다. 이로써 동인도회사는 벵골 일대를 지배하고 세금을 부과하는 권위를 부여받았다. 이 회사는 또한 7년 전쟁의 일환으로 인도의 남동부 해안을 두고 프랑스와 벌인 전쟁에서도 승리를 거두었다. 그렇게 해서 무갈 통치는 사실상 종식되었다. 플라시 전투에서 시작해 1857년 인도인의 반란에 이르는 1백 년 동안 동인도회사는 무수한 정복 전쟁을 수행했고, 특히 1775-1818년 사이에는 마라타 제국을 상대로 세 번에 걸친 전쟁에서 승리해 인도 전역에 대한 통제권을 장악했다. 애덤 스미스가 "일을 잘 마무리지었다"라고 한 말은 이런 역사적 배경을 염두에 둔 것이다.

그러므로 독점 회사들은 모든 면에서 해롭다. 그런 회사들이 수립된 국가에 언제나 불편함을 안기고, 불운하게도 그 회사의 통치를 받아야 하는 사람들에게는 더욱 파멸적인 피해를 주기 때문이다.

제8장

중상주의 제도의 결론

중상주의는 수출 장려에 수입 억제

중상주의 제도가 국가를 부강하기 위해 제안하는 두 개의 커다란 엔진은 수출 장려와 수입 억제다. 그러나 일부 주요 품목에 대해, 중상주의는 정반대 방향으로 행동하는 것처럼 보인다. 수출을 억제하고 수입을 장려하는 것이다. 그러나 이렇게 정반대로 하는 궁극적 목적은 여전히 같은데, 무역 수지를 유리하게 만들어 국가를 부강하게 하려는 것이다.

중상주의는 제조품 원료와 전문 직종의 도구[기계나 장비] 수출을 억제한다. 그렇게 함으로써 자국의 노동자에게 이점을 부여해 해외 시장에서 다른 나라 제품보다 저렴하게 상품을 팔 수 있게 하려는 것이다. 마찬가지로 별로 가격이 높지 않은 소수 상품의 수출을 억제하고, 비싸고 값나가는 다른 물품을 수출하게 한다. 중상주의는 제조품 원료 수입을 권장한다. 그렇게 해서 자국 노동자들이 그 원료로 제품을 좀 더 값싸게 제조할 수 있게 지원하고, 더 비싸고 값나가는 완제품을 수입해오지 않게 하려는 것이다.

나는 법령집에서 직종 도구 수입을 권장하는 법조문은 발견하지 못했다. 제조업이 발달해 어느 정도 규모를 갖추면, 직종의 도구 자체를 제조하는 것이 다수의 중요 제조업체의 목적이 된다. 따라서 도구 수입을 장려하는 것은 이런 제조업체의 이해관계를 크게 침해한다. 그러므로 이런 도구들의 수입은 권장되지 않고 자주 금지된다. 가령 양모 빗질 도구[소모기(梳毛機)]는 에드워드 4세 3년 차 법령에 따라 금지되었다. 단, 아일랜드에서 수입해오거나, 바닷가에 표류해온 것 혹은 밀수 중 압수된 것 등은 예외였다. 이 금지는 엘리자베스 여왕 39년 차 법령으로 갱신되었고 그 후 추가 법령들이 계속 제정되어 영구적으로 남았다.

제품 원료 수입은 때때로, 다른 물품에 부과되는 관세 면제 조치 혹은 장려금에 의해 권장되었다.

다음 물품에 대해서는 세관에 적절히 신고만 하면 관세가 면제되었다. 몇몇 나라에서 양모 수입, 모든 나라에서 원면 수입, 아일랜드 및 브리튼령 식민지들에서 들여오는 미가공 아마와 대부분 염료와 날가죽, 브리튼령 그린란드 어장에서 가져오는 물개 가죽, 브리튼령 식민지에서 가져오는 선철(銑鐵), 조철(條鐵), 기타 원료 등.

브리튼 상인과 제조업자들은 그들의 개인적 이해관계를 위해 입법부로부터 이런 물품에 대한 관세 면제를 받아냈고, 여러 가지 유리한 상업적 규제도 이끌어냈다. 그러나 이런 조치들은 완전히 정당하고 합리적이다. 그것이 국가의 필요와 일치한다면 기타 제조업 원료 수입까지 확대하더라도 대중은 이로부터 반드시 혜택을 얻을 것이다.

수출 일변도는 제조업자의 탐욕을 조장한다

대규모 제조업자들은 그들의 사업에 필요한 미가공 원료의 범위를 훨씬 뛰어넘는 데까지 이런 면세 조치를 확대했다. 조지 2세 24년 차 법령 46호는 외국산 갈색 아마사를 수입할 경우, 중량 1파운드당 1페니의 가벼운 관세만 부과했다. 이 법령 이전에, 중량 1파운드당 돛용 아마사는 6펜스, 프랑스와 네덜란드산 실은 1실링, 프러시아와 모스크바산 실은 중량 1백 파운드당 2파운드 13실링 4펜스 등 훨씬 무거운 관세가 부과되어왔었다.

그러나 브리튼 제조업자들은 이런 가벼운 관세에 대해서도 오랫동안

만족을 느끼지 못했다. 조지 2세 29년 차 법령 제15호는 1야드당 18펜스 이하 가격으로 수출되는 브리튼과 아일랜드산 아마포에 대해 장려금을 주었고, 더 나아가 갈색 아마사 수입에 부과되던 소액의 관세마저도 철폐했다.

아마사 제조 시 거쳐 가야 하는 여러 공정은, 아마사에서 아마포를 만드는 후속 공정보다 더 많은 노동력이 필요하다. 한 명의 직조공이 계속 일하려면 아마 재배자와 아마 완성공의 노동은 말할 것도 없고, 최소한 3~4명의 방적공이 필요하다. 그러므로 아마사 생산에 들어가는 노동량 전체의 5분의 4 이상이 아마사 공정에 투입된다.

그런데 브리튼 방적공은 가난하며 대부분 여성이다. 이들은 전국의 다양한 지역에 흩어져 있고 지원이나 보호를 받지 못하고 있다. 브리튼의 대규모 제조업자들은 방적공이 개별적으로 하는 일이 아니라, 직조공이 만들어낸 완제품으로 이윤을 올린다. 완제품을 비싸게 파는 것이 제조업자의 이익이고 또한 제품 원료를 가능한 한 싸게 사들이는 것도 그들의 이익이 된다. 자신의 아마포 수출에는 장려금을 지급하고, 모든 외국산 아마포 수입에는 높은 관세를 부과하며, 몇몇 프랑스산 아마포는 국내 시장에서 판매를 완전히 금지하도록 입법부를 압박함으로써, 브리튼 제조업자들은 그들의 상품을 최대한 비싸게 팔려고 한다.

한편으로 그들은 외국산 아마사 수입을 격려함으로써 브리튼의 가난한 방적공들이 만들어낸 아마사와 경쟁시키고, 이 가난한 방적공들이 만든 아마사를 가능한 한 싸게 사들이려 한다. 그들은 방적공들의 임금은 물론이고 자신이 고용한 직조공 임금도 낮게 유지하려고 한다. 그들이 완제품 가격을 높이거나 미가공 원료 가격을 낮추는 것은 노동자에게 혜택을 주려는 것이 절대 아니다. 중상주의는 주로 부자와 권력자에게 이익을 주는 산업을 추구한다. 가난하고 궁핍한 사람들을 위해 운영되는 산업은 빈번하게 무시된다.

수입 원료에 주어지는 7가지 장려금
아마포 수출에 주어지는 장려금과 외국산 아마사 수입에 대한 면세 조치는 둘 다 15년 기한으로 제공되었다. 그 후 두 번 연장되었다가 1786년 6월 24일 직후에 열린 의회 회기 종결과 함께 만료되었다.

장려금으로 주어진 제조 원료 수입에 대한 혜택은 주로 아메리카 대 농장들에서 수입된 것에 국한되었는데, 다음 7가지다.

(1) 첫 번째 장려금은 18세기 초에 아메리카에서 수입한 선박용 자재에 주어졌다. 이 범주에는 돛대, 돛 활대, 기움 돛대용 목재, 대마, 타르, 역청, 테레빈유 등이 들어간다. 그러나 돛대용 목재 1톤당 1파운드 그리고 대마 1톤당 6파운드의 두 장려금은 스코틀랜드에서 잉글랜드로 수입되는 같은 품목에도 확대 적용되었다. 두 장려금은 아무런 변경 없이 동일 비율로 지속되다가 각각 다른 시기에 효력이 만료되었다. 대마 장려금은 1741년 1월 1일에 만료되었고, 돛대용 목재 장려금은 1781년 6월 24일 직후에 의회의 회기 종결과 더불어 만료되었다.

타르, 역청, 테레빈유에 대한 장려금은 효력이 지속하는 동안 여러 번 수정되었다. 타르와 역청에 대한 장려금은 원래 톤당 4파운드였고, 테레빈유는 톤당 3파운드였다. 1톤당 4파운드의 타르 장려금은 그 후 특별한 가공을 거친 것에 국한되었다. 그 외에 상태 좋고, 깨끗하고, 판매 가능한 타르는 1톤당 2파운드 4실링으로 내려갔다. 역청에 대한 장려금도 마찬가지로 1파운드로 인하됐다. 테레빈유 장려금은 톤당 1파운드 10실링으로 내려갔다.

(2) 시기적으로 두 번째인 장려금은 조지 2세 21년 차 법령 제30호에 의거해 브리튼령 식민지에서 수입한 인디고에 주어졌다. 식민지산 인디고 가격이 최상급 프랑스산 인디고의 4분의 3 수준이 되었을 때, 이 법령으로 식민지산 인디고 1파운드에 6펜스 장려금이 수여되었다. 이 장려금은 다른 것과 마찬가지로 한시적이었으나 여러 번 연장되다가 파운드당 4펜스로 인하되었다. 1781년 3월 25일 의회 회기가 끝나면서 효력이 만료되었다.

(3) 세 번째 장려금은 우리가 아메리카 식민지를 상대로, 때로 구애하고 때로 싸움을 벌이던 때 수여되었다. 조지 3세 4년 차 법령 26조에 따라 브리튼령 농장들에서 수입된 대마 혹은 미가공 아마에 대해 장려금이 지급되었다. 이 장려금은 1764년 6월 24일에서 1785년 6월 24일까지 21년간

지속했다. 총 3기로 나누어 첫 7년 동안에는 톤당 8파운드, 두 번째 7년 동안에는 톤당 6파운드 그리고 마지막 7년 동안에는 4파운드였다.

이 장려금은 스코틀랜드 대마에는 확대 적용되지 않았다. 스코틀랜드에서도 대마가 재배되지만 품질이 좋지 못한데, 그곳 날씨가 대마 재배에는 적합하지 않기 때문이다. 스코틀랜드산 대마를 잉글랜드에 수입할 때 장려금을 지급했더라면 잉글랜드 남부의 대마 농부들에게 큰 피해를 주었을 것이다.

(4) 네 번째 장려금은 아메리카에서 수입해온 목재에 주어졌는데 그 근거는 조지 3세 5년 차 법령 제45조이다. 1766년 1월 1일부터 1775년 1월 1일까지 9년 동안 지속했다. 총 3기로 나누어 첫 3년 동안에는 전나무 판자 120매마다 1파운드였고, 그 외 각재에 대해서는 50입방 피트 적재량마다 12실링이었다. 두 번째 3년 동안에는 각각 15실링과 8실링 그리고 마지막 3년 동안에는 각각 10실링과 5실링이었다.

(5) 다섯 번째 장려금은 아메리카의 브리튼 농장들이 수입해온 생사에 주어졌는데 그 근거는 조지 3세 9년 차 법령 제 38조이다. 1770년 1월 1일부터 1791년 1월 1일까지 21년 동안 지속했다. 총 3기로 나누어 첫 7년 동안에는 1백 파운드 가치마다 25파운드, 두 번째 7년 동안에는 20파운드 그리고 마지막 7년 동안에는 각각 15파운드였다.

누에 기르는 것과 생사 만드는 작업에는 상당히 많은 수작업이 필요하다. 더욱이 아메리카에서는 노동자 임금이 아주 높기 때문에 이 정도 장려금으로는 뚜렷한 효과를 내기가 어렵다는 말을 나는 들었다.

(6) 여섯 번째 장려금은 아메리카의 식민지들로부터 수입해온 와인 통, 갤런들이 통, 통널, 통받침 등에 주어졌는데 그 근거는 조지 3세 11년 차 법령 제 50조이다. 1772년 1월 1일부터 1781년 1월 1일까지 9년 동안 지속했다. 총 3기로 나누어 첫 3년 동안에는 6파운드, 두 번째 3년 동안에는 4파운드 그리고 마지막 3년 동안에는 2파운드 비율로 지급되었다.

(7) 일곱 번째 장려금은 아일랜드로부터 수입해온 대마에 주어졌는데 그 근거는 조지 3세 19년 차 법령 제37조이다. 이것은 아메리카로부터

수입해온 대마와 미가공 아마에 주어진 장려금과 같다. 기간은 1779년 6월 24일부터 1800년 6월 24일까지 21년이고, 각 7년씩 총 3기로 나뉜다. 이 기간에 아일랜드에 주어진 장려금은 아메리카에 주어진 것과 같다. 그렇게 하면 그레이트브리튼의 대마 농부에게 큰 피해를 입힐 것이기 때문이다. 이 마지막 장려금이 수여될 때, 브리튼과 아일랜드 입법부는, 예전에 브리튼과 아메리카의 관계가 좋았던 것과는 달리 그리 사이가 좋지 못했다. 하지만 아일랜드에 주어진 이런 혜택이 아메리카에 주어진 모든 혜택보다 더 좋은 미래를 약속하기를 희망하는 바이다.

우리가 아메리카에서 수입해오며 장려금 혜택을 부여하는 것과 똑같은 상품들이, 다른 나라에서 수입될 때는 상당한 관세가 부과된다. 우리의 아메리카 식민지들의 이해관계는 본국과 같다고 간주된다. 식민지의 부는 우리의 부로 여겨지는 것이다. 식민지들에 보내는 돈은 무역 균형을 통해 우리에게 돌아온다고 믿고, 우리가 식민지에 투자한 돈 때문에 우리의 국부가 한 푼이라도 축난다고 생각하지 않는다. 아메리카 식민지는 모든 면에서 우리의 영토다. 아메리카에 투자된 비용은 우리의 재산 증식과 우리 노동자들에게 수익을 돌려주기 위해 투자된 것이다.

우리의 광범위한 경험이 장려금 제도의 어리석음을 충분히 드러냈다고 생각하므로, 이제 이 제도에 대한 추가 언급은 불필요하다고 본다. 만약 아메리카 식민지들이 진정으로 그레이트브리튼의 한 부분이라면, 이러한 장려금을 생산장려금으로 간주할 수도 있다. 그러나 이런 생산장려금이 받아야 하는 비난을 피해 가지는 못할 것이다.

모직물 업자들의 로비와 진정

제조 원료 수출은 때로 절대 금지에 따라, 때로 높은 관세에 따라 억제된다. 우리의 모직물 업체들은 다른 업종의 노동자들보다 입법부를 더 잘 설득했다. 그들은 국가의 번영이 자신들의 모직물 사업의 성공과 규모 확대에 달려 있다고 주장한 것이다. 그 결과 그들은 외국으로부터의 모직물 수입을 절대적으로 금지하는 조치를 받아냈고, 국내 소비자에 대한 독점적 권리를 확보했다. 뿐만 아니라 살아 있는 양과 양털에 대해서도 그와 비슷한 수출 금지 조치를 얻어내 목양업자와 양털 생산자를 상대로 또 다른 독점 권리를 획득했다.

국가 수입을 안전하게 확보하려는 목적으로 제정된 많은 법률은 민원 대상이 되었고, 그런 불평은 정당했다. 해당 법률이 단속하는 범죄 행위는 법률 제정 이전에는 무죄였으므로 그런 행위에 무거운 형벌을 부과하는 것은 부당하다는 호소였다. 우리의 조세 관련 법률 중에서 가장 가혹한 것도 상인과 제조업자들이 억압적인 독점을 얻기 위해 어리석게도 의회로부터 빼앗아낸 법률과 비교해보면 오히려 온화하고 관대하다고 할 수 있다. [고대 아테네의 정치가인] 드라코의 법률과 마찬가지로, 이러한 법률들은 피로 기록한 법령이라 할 수 있다.

엘리자베스 1세 8년 차 법령 제3조는 이런 형벌을 제정했다. 양 새끼와 숫양을 수출한 자는 첫 범죄일 경우에는 전 재산을 영구 몰수하고 1년간 투옥하며, 그다음에는 그의 왼손을 잘라 장이 서는 날 장터에서 판자에 못 박아 전시한다. 같은 범죄를 두 번째로 저질렀을 때는 중죄인 선고 후 사형에 처한다. 이 법령의 목적은 브리튼산 양이 외국에서 번식하지 못하게 하려는 것이었다. 찰스 2세 13년 차와 14년 차의 법령 제18조에 따라 양털 수출도 중죄로 선언되었고 이것을 수출하는 자도 중범죄자로 선언되어 동일한 형벌을 받고 재산을 몰수당했다.

가혹한 양·양모 수출 단속법

인권을 존중하는 우리 국가의 명예를 위해서라도 이런 가혹한 법령 중 어느 것도 시행되지 않기를 희망한다. 그러나 내가 아는 한, 위의 두 법령 중 첫 번째 것은 직접 폐지된 바가 없으며, 저술가 윌리엄 호킨스[186]는 그 법령이 아직도 유효하다고 생각하는 듯하다. 하지만 이 법령은 찰스 2세 12년

---

186 윌리엄 호킨스(1682-1750)는 옥스퍼드 출신의 법률가이자 『왕실 법령 옹호론』(1721) 의 저자이다.

차 법령 32호 제3조에 따라 사실상 폐지되었다고 볼 수 있다. 찰스 법령은 앞의 첫 번째 법령이 부과한 형벌을 명시적으로 삭제하지 않은 채 다음과 같은 새 형벌을 부과했다. 수출하거나 또는 수출하려 한 양들의 머릿수를 세어 각 머리당 20실링을 벌금으로 부과하고, 해당 양들은 몰수하며 목양 업자가 수송 선박에 대해 가진 지분도 몰수한다.

위 법령 중 두 번째 것은 윌리엄 3세 7년 차와 8년 차에 법령 28호 제4조에 따라 명시적으로 철폐되었고 다음 조항으로 대체되었다. "양모 수출을 금지하는 찰스 2세 13년 차와 14년 차 법령은 여러 사항을 규정하고 있으나, 특히 그중에서도 양모 수출을 중죄로 규정하고 있다. 그러나 그 형벌이 너무 가혹해 그 행위를 저지른 자에 대한 기소는 효과적으로 이루어지지 않았다. 따라서 본 법령은 찰스 법령의 해당 부분, 즉 상기 범죄를 중죄로 규정한 부분을 폐지해 무효 처리한다."

그러나 이 비교적 관대한 법령에 따라 부과된 형벌이나, 종전의 여러 법령에 따라 부과되었지만 이 후대 법령에 따라 폐지되지 않은 형벌은 여전히 지나치게 가혹했다. 양모를 수출하는 자는 그 물품을 몰수당하는 것은 물론이고, 수출하거나 수출하려던 양모의 중량 1파운드당 3실링을 벌금으로 내야 했다. 이것은 양모 가치의 약 4~5배에 달하는 액수다. 이 범죄를 저지른 상인이 유죄 판정을 받으면, 대리인 혹은 다른 사람에게 자신의 채권이나 예금을 요구할 수 없게 된다. 이 법령은 재산의 규모나 벌금을 납부할 능력이 있는지 없는지를 따지지 않고, 범인을 완전히 망하게 하려는 의도를 가지고 있다.

그러나 대중의 도덕은 이런 법령을 제정한 자들처럼 부패하지 않았으므로 나는 이 법령이 실제로 집행되었다는 얘기는 아직 듣지 못했다. 이 범죄를 저지른 자가 선고 3개월 이내에 벌금을 내지 않으면, 그는 7년 유배형에 처해진다. 그 기간이 만료되기 전에 돌아온다면 그는 재심 절차를 거치지 않고 중죄를 저지른 자로 처벌받는다. 선박 소유주가 이런 범행을 알고 있었다면 선박과 장비에 대한 권리를 모두 몰수당한다. 선박과 선원이 범죄를 인지하고 있었다면 그들의 소유물과 동산이 몰수되고 3개월간 투옥 조치한다. 그 후에 제정된 법령에 따라 선장은 투옥 기간이 6개월로 늘었다.

엄격하게 규제되는 국내 양모 산업

양모 수출을 사전에 차단하기 위해 국내 양모 산업은 이처럼 아주 부담스럽고 억압적인 제약을 받았다. 양모를 포장할 때는 상자, 통, 큰 통, 함, 큰 궤짝 또는 기타의 것은 일절 허용되지 않았고 오로지 가죽이나 포장용 천으로만 포장해야 했다. 그 가죽이나 천 바깥에는 3인치 이상의 커다란 글자로 양털 혹은 털실이라고 적어야 했다. 이렇게 하지 않으면, 그 물건과 포장지를 몰수당하는 것은 물론이고, 양모 소유주나 포장업자는 1파운드 무게당 3실링의 벌금을 납부해야 했다.

포장된 양모는 말이나 마차에 실어서는 안 되고, 해안에서 5마일 이내의 지점으로 수송해서는 안 되며, 수송한다면 일출에서 일몰까지 해가 뜬 대낮에만 가능했다. 이를 어기면 말과 마차는 몰수되었다.

해안 인접 마을이나 그 마을을 통과해 양모를 수송하고 수출하다가 발각되면 다음과 같은 처벌을 받았다. 마을은 양모의 가치가 10파운드 이하면 20파운드 벌금을 부과받았다. 양모 가치가 10파운드 이상이면 그 가치의 3배와 운송 비용의 3배가 벌금으로 부과된다. 이에 대해서는 1년 이내에 불복 소송을 할 수 있다. 마을에 떨어지는 벌금은 먼저 그 마을 주민 중 무작위로 두 명을 선발해 납부하게 한다. 그런 다음 그런 범행을 저지른 주민이 밝혀지면 순회재판소는 이미 벌금을 낸 주민에게 배상하도록 한다. 이것은 마을에 절도 사건이 발생했을 때와 같은 절차다. 만약 벌금을 내기로 지목된 마을 주민이 마을 전체와 담합해 이 벌금을 내지 않으려 할 때, 그 주민은 5년간 투옥 조치되며, 다른 주민은 그를 고발할 수 있다. 이 규정은 왕국 전역에서 시행되고 있다.

켄트와 서섹스의 양모 단속 사례

켄트와 서섹스 같은 카운티에서는 제약이 더욱 노골적이다. 해안에서 10마일 거리 이내에 사는 양모 소유주는 양털을 깎은 후 사흘 이내에 인근 세관에 서면 보고서를 제출해야 한다. 보고서에는 양모 중량, 표시, 개수, 양모가 보관된 장소 등을 기재해야 한다. 그리고 양모 소유주가 양모 일부를 다른 곳으로 운반하려고 하면, 양모의 양과 무게, 구매자 이름과 주소지, 운반 예정지 등도 사전에 보고해야 한다.

켄트와 서섹스의 두 카운티 주민 중, 해안에서 15마일 이내에 사는 사람이 양모를 사려고 하면 그는 먼저 그렇게 구매 예정인 양모를 해안 15마일 이내 지점의 주민에게는 팔지 않는다는 서약서를 국왕에게 제출한 다음에나 살 수 있다. 만약 두 카운티에서 어떤 양모가 해안 쪽으로 운반되는 것이 발견되었는데 위에서 말한 신고서와 서약서가 제출되지 않은 상황이라면, 양모는 몰수되고 범법자는 1파운드 중량당 3실링 벌금을 납부해야 한다. 만약 누군가가 위에서 규정한 신고서를 제출하지 않고 해안 15마일 이내에 양모를 쌓아두면 그 양모는 몰수당한다. 이런 압수 조치 후에 그가 소송으로 그 양모를 되돌려받으려 한다면, 소송 패소 시 규정된 벌금 외에 소송 비용의 3배에 달하는 금액도 함께 납부하겠다는 서약서를 재무부에 제출해야 한다.

내륙 거래에서 이런 제약이 부여된 상황이므로 해안 무역 또한 자유롭게 이루어질 수 없다. 양모를 같은 해안의 다른 항구나 장소로 옮기려는 양모 소유주는 선적하려는 해안의 항구 당국에 중량, 표시, 포장 개수 등을 적은 신고서를 먼저 제출하되, 항구에서 5마일 떨어진 지점에 도착하기 전에 제출해야 한다. 이 규정을 어긴 자는 해당 양모를 몰수당하고 아울러 말, 수레, 기타 수송 수단 또한 몰수당한다. 그 외에 양모 수출을 금지하는 다른 법률에 따른 처벌도 함께 받는다.

그러나 이 법령(윌리엄 3세 1년 차 법령 제32조)은 아주 관대하게 이렇게 선언한다. "이 법률은 양털을 깎은 장소가 비록 해안에서 5마일 이내에 있더라도 그것을 자기 집으로 운반하는 것을 막으려는 의도는 아니다. 그 경우 양털을 깎은 지 10일 이내 그리고 그 양털을 제거하기 이전에, 그 양모 수량과 보관 장소를 적은 자필 신고서를 인근 세관에 제출해야 한다. 양모는 이런 신고서를 제출한 지 사흘 후부터 운반할 수 있다."

해안을 따라 수송되는 양모는 신고된 목적지 항구에 하역할 것이라는 서약서를 제출해야 한다. 만약 그 양모 중 일부나 전부가 세관원의 입회 없이 하역되면, 그 양모는 다른 종류의 양모와 마찬가지로 몰수당하며, 중량 1파운드당 3실링의 벌금이 부과된다.

양모 수출을 단속하는 이유

우리의 양모 제조업체들은 이런 과도한 제약과 규제에 따른 요구를 정당화하기 위해 자신감 넘치게 이런 주장을 펼쳤다. 잉글랜드 양모는 다른 나라의 양모보다 품질 면에서 특별히 우수하다. 그래서 타국의 양모는 잉글랜드 양모를 일부 섞지 않고는 이렇다 할 멋진 모직물을 만들지 못한다. 그러므로 잉글랜드 양모 수출이 전면 금지된다면, 잉글랜드는 온 세상의 모직물 사업을 독점할 수 있다. 그 후 아무런 경쟁자가 없으므로 잉글랜드는 원하는 가격에 양모를 판매할 수 있고, 가장 유리한 무역 수지로 놀라운 국부를 축적할 것이다.

다수가 자신감 넘치게 이러한 원리를 주장했고, 많은 사람이 이것을 맹신하고 있다. 이들은 대부분 모직물 무역에 대해 잘 모르거나 특별히 연구한 적이 없는 사람들이다. 그렇다면 진상은 무엇일까?

잉글랜드 양모가 고급 옷감을 만들어내는 데 필수 요소라는 주장은 어떤 방면에서 보든 완전히 잘못된 것이다. 오히려 잉글랜드 양모는 고급 옷감을 만드는 데는 그리 적합하지 않다. 고급 옷감은 전적으로 스페인산 양모로 만들어진다. 오히려 잉글랜드 양모를 스페인산 양모와 섞으면 옷감의 질이 떨어지거나 망가지게 된다.

나는 이 책의 앞부분[1권 11장 "잉글랜드 양모의 실질가격과 명목가격"]에서 다음과 같은 점을 적시했다. 이런 심한 규제로 인해, 잉글랜드산 양모의 가격은 자연적인 가격보다 더 낮아졌을 뿐만 아니라, 에드워드 3세 시대의 실제 가격보다도 더 내려갔다.

스코틀랜드산 양모는 잉글랜드와 합방 후 규제를 받는 바람에, 예전 가격의 절반 수준으로 떨어졌다고 한다. 존 스미스 목사는 아주 꼼꼼하고 지적인 저술가인데 『양모 회고록』에서 이렇게 기술했다. "잉글랜드에서 최상급 잉글랜드산 양모는 일반적으로 암스테르담 시장에서 널리 팔리는 아주 열등한 품질의 양모보다 가격이 낮다. 따라서 잉글랜드산 양모 가격을 자연스럽고 적절한 수준 이하로 떨어뜨리는 것이 수출 규제책의 분명한 목적이었으며, 이러한 규제가 기대했던 효과를 가져왔다는 데는 의심의 여지가 없다."

양모 가격 인하는 양모 생산량이 아니라 품질을 낮춘다

이러한 가격 인하로 양털 생산이 억제되고, 연간 양모 생산량이 낮아질 것으로 예상하기 쉽다. 설사 종전 생산량 이하로 낮추지는 않더라도, 공개적인 자유 시장을 통해 형성되었을 자연적이고 적정한 양모 가격에 따라, 현재의 여러 상황에서 충분히 도달했을 법한 생산량 이하로 낮추었으리라 생각하기 쉽다. 하지만 내 생각은 다르다. 양모의 연간 생산량은 이러한 규제들로 약간 영향을 받기는 하겠지만, 그리 큰 영향을 받을 수는 없다.

목양업자가 노동과 자본을 투자하는 주된 목적은 양모 생산이 아니다. 양털 가격보다는 양고기 가격에서 수익을 기대한다. 양고기 평균 가격 혹은 보통 가격은 여러 면에서 양털 평균 가격 혹은 보통 가격의 결손을 메운다. 이 책의 앞부분[1권 11장]에서 나는 다음과 같이 지적한 바 있다.

> 양모나 생가죽 가격을 자연스러운 가격 아래로 떨어뜨리는 규제는, 어떤 형태로든, 사회가 발전하고 농업이 잘 진행되는 나라에서는 정육점 고기 가격을 올리는 경향이 있다. 개량과 경작 수준이 양호한 토지에서 사육하는 크고 작은 가축 가격은 반드시 그런 땅에 응당 기대되는 지주 지대와 농부 이윤을 충분히 지급해야 한다. 그렇지 않다면 농부들은 가축 사육을 이내 중단할 것이다.
>
> 따라서 양모와 가죽이 충당하지 못하는 가격은 고기 가격으로 보충되어야 한다. 어느 한 부분이 가격을 덜 지불한다면, 다른 쪽이 더 지불해야 한다. 지주와 농부는 그들이 받아야 할 것을 전부 받게 되면, 짐승

의 각 부분[양모, 가죽, 고기]이 어떤 방식으로 가격이 책정되는지에는 무관심하다. 따라서 잘 개량되고 경작이 양호한 지역에서 지주와 농부가 얻는 이윤은 그런 규제에 큰 영향을 받지 않는다. 하지만 소비자 입장이 되면 그들의 이윤은 식량 가격 상승으로 영향을 받을 수 있다.

그러나 개량이나 경작이 이루어지지 않은 지역이라면 상황은 전혀 다르다. 그러한 지역에서는 대부분의 땅이 가축 사육 목적으로 활용되며, 양모와 가죽이 가축의 가치를 주로 구성한다. 이런 경우에 지주와 농부의 이윤은 그런 가격 인하 규제에 심대한 영향을 받고, 소비자로서는 이윤에 거의 영향을 받지 않는다.

그렇기 때문에 이런 논리에 따르면, 양모 가격이 내려가더라도 선진국에서는 양모의 연간 생산량이 줄어들 것 같지 않다. 다만 예외적으로 양고기 가격을 올림으로써, 특정 종류의 정육점 고기에 대한 수요와 생산량을 어느 정도 감소시킬 수도 있다. 그러나 이때도 효과는 크지 않다고 보아야한다.

연간 양모 생산량에는 효과가 그리 크지 않겠지만, 그 품질에 미치는 효과는 상당할 것이다. 잉글랜드산 양모의 품질은 종전보다 떨어지지는 않았더라도, 경작과 개량 상태에 따라 형성되었을 법한 품질 수준 이하로 떨어졌는데, 이것은 양모 가격 인하와 거의 비례한다. 양모 품질은 품종, 목초, 양털이 자라는 동안 양들의 관리와 양 우리 청결 상태 등에 달려 있다. 이런 여러 양육 조건에 기울이는 보살핌은, 양털 가격이 그 보살핌에 따른 노동과 비용을 보상하는 정도에 비례한다. 그러므로 그 보상에 따라 보살핌 정도가 달라질 수 있다. 그러나 양털 품질은 대체로 보아 양의 건강, 성장, 덩치 등에 달려 있고 양고기 개선을 위해 기울이는 보살핌 정도면 양털 관리에도 충분하다 할 수 있다.

가격 인하에도 불구하고 잉글랜드산 양모는 18세기가 진행되는 동안 상당히 향상되었다. 만약 가격이 지금보다 더 좋았더라면 양모 품질은 더욱 향상되었을 것이다. 그러나 양모 가격 인하는 양모 품질 개선을 방해했을지는 몰라도 그 향상을 아예 막지는 못했다.

그러므로 가혹한 양모 수출 금지 정책은, 예상된 것처럼 연간 양모 생산 수량이나 품질에 영향을 미치지 못했다(나는 가격 인하가 양모 수량보다는 품질에 더 영향을 미쳤다고 생각한다). 그리고 양모 생산자는 전반적으로 볼 때 예상보다 훨씬 더 피해를 입은 것으로 보인다.

이러한 사항이 양모 수출의 전면 금지를 정당화할 수는 없다. 그러나 수출에 상당한 세금을 부과하는 것은 충분히 정당화할 수 있다.

목양업자의 이익 vs 제조업자의 이익

갑이라는 계급의 이익을 추진하겠다는 목적으로 을이라는 다른 계급의 이익을 해친다면, 국왕이 국가 내의 모든 국민에게 해주어야 하는 정의롭고 공평한 대우에 어긋나게 된다. 이렇게 볼 때 양모 수출 금지는 오로지 제조업자의 이익을 증진하겠다는 목적으로 어느 정도 양모 생산자의 이익을 침해한다.

각 시민계급은 군주제나 공화국을 어떤 식으로든 지원해야 한다. 양모 1토드[13킬로그램] 수출당 납부하는 5실링 혹은 10실링의 세금은 국왕의 수입에 크게 이바지한다. 이러한 세금은 양모 가격을 크게 낮추지는 않기 때문에 수출 금지보다는 양모 생산자의 이익을 덜 침해할 것이다. 그렇지만 제조업자에게는 충분한 이익이 된다. 그는 수출 금지가 시행될 때처럼 양모를 싸게 사들이지는 못하겠지만, 그래도 외국 제조업자보다 5실링 혹은 10실링 싸게 사들이고, 게다가 외국 제조업자가 부담해야 하는 운송비와 보험비도 아낄 수 있다. 국왕에게는 상당한 수입을 안겨주면서, 그 누구에게도 별로 불편을 끼치지 않는 이런 세금을 만들어내기는 쉽지 않다.

수출 금지 조치에 따르는 온갖 벌금에도 불구하고 그런 조치는 양모 수출을 막지 못한다. 잘 알려져 있다시피 양모는 다량으로 수출되었다. 국내와 해외 가격이 크게 차이나므로 밀수출을 자극할뿐더러, 어떤 가혹한 법률도 이런 밀수를 막지 못한다. 이런 불법 수출은 밀수업자를 제외하고는 그 누구에게도 이익이 되지 않는다. 합법적 수출에 부과되는 세금은 국가에 수익을 가져다주므로, 더 부담스럽고 불편한 다른 세금을 부과하는 것을 피하게 해, 국가 내의 여러 계급에게 이익을 가져다준다.

백토·가죽·소뿔·광석에 대한 수출 금지

모직물을 제조하고 청소하는 데 필요한 백토의 수출 역시 양모나 다름없이 아주 가혹한 수출 금지와 위반 시 그에 따르는 처벌 조치를 받았다. 심지어 백토와는 전혀 다르다고 인정된 담배 파이프용 점토도 그 유사성 때문에, 그러니까 백토가 때때로 담배 파이프용 점토로 사용되므로 엄격한 수출 금지와 처벌 조치를 받았다.

찰스 2세 13년과 14년 차 법령 제7조에 따라, 생가죽과 무두질한 가죽은 장화, 단화, 슬리퍼 형태를 제외하고는 수출이 금지되었다. 이 법령은 목축업자와 무두질공에게 불이익을 주면서까지 장화 및 단화 제조업자에게 독점 권리를 부여했다. 무두질공은 그 후 법령에 따라 무두질한 가죽 112파운드에 1실링의 소액 세금을 납부함으로써 장화·단화 업자들의 독점에서 면제되었다. 나아가 무두질공은 더 이상 가공하지 않은 무두질 가죽을 수출할 때도 그 물품에 부과된 소비세의 3분의 2를 환급받았다. 가죽 제조업자들은 관세 없이 수출할 수 있게 되었으며, 수출업자들은 소비세 전액을 환급받는다.

목축업자들은 여전히 장화·단화 업자들의 독점 지배를 받고 있다. 목축업자들은 전국 방방곡곡에 흩어져 있으므로 함께 모여 단결하기가 대단히 어렵다. 그들은 동료 목축업자들에게 독점 권리를 달라고 하기도 어렵고, 또 장화·단화 업자들 같은 남이 부과한 독점에서 면제받기도 어렵다. 반면 각종 제조업자는 대부분 대도시에 모여 있으므로 서로 담합하기 쉽다. 심지어 소뿔도 수출이 금지되어 있다. 소뿔이나 빗 제조업 같은 비교적 사소한 업종도 이렇게 해서 목축업자들에 대해 독점 권리를 행사한다.

완제품이 아니라 절반쯤 완성된 제품에 대해 수출 금지나 관세 부과로 제약을 가하는 일은 가죽 제조품에 국한되지 않는다. 어떤 물품을 즉시 사용하거나 소비하기 위해 아직 해야 할 작업이 남아 있으면, 제조업자들은 자신이 그것을 해야 마땅하다고 생각한다. 방모사와 소모사는 양털과 마찬가지로 수출이 금지되어 있고 이를 어기면 처벌받는다. 심지어 염색 안 한 무지도 수출 시에는 관세를 납부해야 하는데, 염색업자들은 옷감상인에 대해 독점 권리를 누리고 있다. 우리의 옷감상인들은 이런 독점에 대해 자신을 방어할 수도 있겠지만, 사정을 살펴보면 주요 옷감상인들이 대개 염색업자를 겸하고 있다.

손목시계와 패종시계 케이스와 문자판도 수출 금지되어왔다. 손목시계와 패종시계 제조업자들은 이런 시계 부품의 가격이 외국 업자들의 구매 경쟁으로 상승하는 것을 원치 않는 듯하다.

에드워드 3세[1327-1377], 헨리 8세[1509-1547], 에드워드 6세[1547-1553] 시절에 나온 옛 법령에 따라, 모든 광석의 수출은 금지되었으나 납과 주석은 예외다. 이 두 금속은 국내에서 풍부하게 생산되기 때문일 것이다. 당시 왕국의 광석 수출은 이 두 품목이 상당 부분을 차지했다. 브리튼 광업을 장려할 목적으로 윌리엄과 메리 5년 차 법령 제17조는 브리튼 광석으로 만들어진 철, 동, 황동광 금속을 이러한 수출 금지 품목에서 제외했다. 그 후 외국산이든 브리튼산이든 각종 구리 막대의 수출은 윌리엄 3세[1689-1702] 9년 차와 10년 차의 법령 제26조에 따라 허용되었다. 미가공 놋쇠, 가령 포금, 종청동, 주방용 금속 등은 아직도 수출이 금지되어 있다. 그러나 모든 종류의 놋쇠 완제품은 관세를 부과받지 않고 수출된다.

제조 원료의 수출에 대한 관세

전면 금지되지 않은 제조 원료를 수출하려 하면, 많은 경우 상당히 높은 관세가 부과된다. 조지 1세[1714-1727] 8년 차 법령 제15조에 따라, 그레이트브리튼 생산물과 제조품 등 모든 물품—예전 법령하에서는 세금이 부과되었던 물품—은 수출 시 관세가 붙지 않게 되었다. 그러나 알루미늄, 납, 납광석, 주석, 무두질한 가죽, 구리, 석탄, 소모기(梳毛機), 염색하지 않은 모직물, 이극광, 모든 종류의 가죽, 아교, 토끼털, 산토끼털, 모든 종류의 모발, 말, 산화아연 등에는 여전히 관세가 부과되었다. 이러한 예외 품목 중에서 말들을 제외하면 이 품목들은 제조 원료이거나, 미완성 제품이거나 직업 도구들이다. 조지 1세 8년 차 법령은 이 품목에 대해 예전에 부과되었던 세금, 즉 옛 특별세와 1퍼센트 수출세를 계속 적용하도록 한 것이다.

동일 법령에 따라 염료공이 사용하는 외국산 염료는 상당수가 수입 시 관세가 면제된다. 그러나 이런 염료는 재수출 시에 고율은 아니지만 관세가 부과된다. 우리 염색공들은 이런 염료를 면세로 수입해오면서도 수출은 어느 정도 억제하는 것이 이익이라고 생각한 듯하다. 이것은 중상주의의 핵심 사상을 보여주는 주목할 만한 사례인데, 그 밑바탕이 된 탐욕스러운 상업 심리는 당초 목표를 달성하지 못하고 실망을 맛보았을 가능성이 크다. 수입업자들은 평소보다 더 경계해야 했고, 그리하여 염료 수입은 국내 시장 공급에 필요한 수량을 넘지 않았다. 이렇게 되자 국내 시장에는 전보다 공급이 더 충분하지 못할 가능성이 커졌다. 그리하여 염료는 수출이 수입만큼 자유롭게 이루어졌을 때보다 다소 비싸게 공급될 가능성 역시 커졌다.

조지 1세의 8년 차 법령에 따라 세네갈산 고무와 아라비아산 고무는 열거 상품에 해당하므로 비관세로 수입될 수 있다. 이 고무가 재수출될 때는 100웨이트당 3펜스라는 소액의 파운드세[종량세]가 부과되었다.

당시 프랑스는 세네갈강[187] 인근에 있는, 고무가 많이 나는 고장과 독점 무역의 권리를 누리고 있었다. 이 때문에 브리튼 시장은 고무 생산지로부터 직수입해 국내 시장에 공급하는 것이 용이하지 않았다.

조지 2세 25년 차에 이르러, 세네갈 고무는 유럽 전역으로부터 수입이 허용되었는데 이는 항해법의 전반적 취지에 위배되는 것이었다. 그러나 조지 2세의 법령은 잉글랜드의 중상주의 정책 취지에 어긋나는 이런 종류의 무역을 장려하려는 것은 아니었다. 그래서 이 법령은 세네갈 고무를 수입할 때 100웨이트당 10실링의 관세를 부과했다. 또 고무를 재수출할 때도 관세가 환급되지 않았다.

---

187 세네갈강은 아프리카 중부의 모리타니아와 세네갈 국경에 있는 강이다. 이 강의 상류는 말리와 기니 양국을 흘러가는데, 이 둘은 당시 모두 프랑스의 식민지였다.

7년 전쟁에서의 승리와 무역 독점권 확보

1755년에 시작된 7년 전쟁이 그레이트브리튼의 승리로 끝나자, 브리튼은 세네갈강 인근 고장에서 프랑스가 누려왔던 무역 독점권을 확보하게 되었다. 우리의 제조업자들은 7년 전쟁이 끝나고 평화가 수립되자 이 무역 독점의 이익을 활용해 그들에게 유리한 독점 권리를 수립하려고 로비를 벌였다. 이는 물품 생산자와 수입업자 모두에게 피해가 돌아가는 조치였다.

조지 3세 5년 차 법령 제37조는 아프리카 소재 브리튼령 식민지에서 세네갈 고무 수출 시 그레이트브리튼으로만 수출해야 한다고 규정했다. 이 고무는 아메리카와 서인도제도에 있는 브리튼 식민지들의 열거 상품들과 동일한 제한과 규제를 받았고 위반 시에는 물품 몰수와 처벌을 받았다. 세네갈 고무를 수입해올 때는 100웨이트당 6펜스라는 소액의 관세를 부과받았으나, 재수출할 때는 100웨이트당 1파운드 10실링이라는 중과세가 부과되었다.

우리 제조업자는 이들 나라에서 생산되는 물품을 전부 그레이트브리튼으로 수입해 아주 싼값에 그것을 사들이려는 의도였다. 그런 다음, 물품에 높은 수출 관세를 매기게 해서 다시 수출되지 못하게 하려는 것이다. 하지만 그들의 탐욕은, 다른 경우도 그렇지만, 이때에도 당초 목표를 달성하지 못하고 실망을 맛보았다.

수출 관세가 이처럼 높다 보니 밀수출이 극성을 부리게 되었고 그리하여 많은 상품이 몰래 유럽의 모든 제조 국가들로 밀수출되었다. 그중에서도 네덜란드에 많은 양이 들어갔다. 밀수출은 그레이트브리튼뿐만 아니라 아프리카에서도 자행되었다. 이 때문에 조지 3세 14년 차 법령 제10호는 세네갈 고무의 재수출 관세를 100웨이트당 5실링으로 낮추었다.

가죽과 석탄에 대한 관세 부과

옛 특별세가 부과되던 관세율표에 따르면, 비비(해리) 가죽은 1장당 6실링 8펜스로 평가되었다. 1722년 이전에 수입된 비버 가죽에 부과된 여러 특별세와 기타 수입세는 가격 평가액의 5분의 1 혹은 1장당 16펜스였다.

이 가죽은 재수출될 경우에는 옛 특별세의 절반[2펜스]을 제외하고는 모두 환급되었다. 중요한 제조 원료인 비버 가죽의 수입 관세가 너무 높다고 생각되어, 1722년에는 가죽 평가액이 1장당 2실링 6펜스로 낮추어졌다. 그리하여 수입 관세는 6펜스로 인하되었고, 재수출 시에는 이 중 절반이 환급되었다.

브리튼은 7년 전쟁의 승리로 비버 가죽을 가장 많이 생산하는 고장[북아메리카]을 식민지로 지배하게 되었고 그 결과 비버 가죽은 열거 상품에 편입되었다. 북아메리카에서 이 물품을 수출할 경우 전량 그레이트브리튼으로만 들어와야 했다.

우리 제조업자는 이런 유리한 상황을 적극 활용할 요량으로 로비에 나섰고 1764년 법령에 따라 비버 가죽의 수입 관세는 1장당 1페니로 인하되었다. 그러나 수출 관세는 장당 7펜스로 인상되었고 수입 시 관세를 환급해주지도 않았다. 동일한 1764년 법령에 따라, 비버 털이나 뱃가죽을 수출할 때는 1파운드당 18펜스 관세가 부과되었다. 그러나 이 물품들을 브리튼 사람이나 브리튼 선박이 수입한다면, 건당 4~5펜스의 수입세가 부과되었는데, 이 수입세는 아무런 변경 조치 없이 유지되었다.

석탄은 제조 원료이면서 직업 도구로 간주된다. 따라서 석탄 수출에는 높은 관세가 부과되는데, 현재[1783년] 톤당 5실링 이상이 부과되며 뉴캐슬 단위인 촐드론당 15실링이 부과된다. 이러한 관세는 석탄 산지에서 물품 출하 원가보다 높고, 심지어 선적 항구에서의 원가보다 높다.

수출이 금지된 직업 도구들

그러나 일명 작업 도구의 수출은 높은 관세로 억제되는 수준이 아니라 아예 수출이 금지되어 있다. 윌리엄 3세 7년 차와 8년 차 법령 제20조 8항에 따라 장갑이나 양말을 짜는 틀 혹은 기계 수출은 전면 금지되어 있다. 이 법령을 위반하면 수출하려던 또는 이미 수출한 틀이나 기계를 몰수당하며, 추가로 40파운드의 벌금이 부과된다. 벌금 절반은 국왕의 국고로 들어가고 나머지 절반은 그런 사실을 제보하거나 고발한 사람에게 주어진다.

또한, 조지 3세 14년 차 법령 제71조에 따라, 면모, 아마포, 모직물, 견직물 제조에 사용되는 모든 직업 도구의 수출이 금지되었다. 이 법령을 위반한 자는 그런 도구들을 몰수당할 뿐만 아니라 2백 파운드 벌금이 부과된다. 이런 불법 사실을 알면서도 그 도구를 자기 배에 실어준 선장도 벌금 2백 파운드를 납부해야 한다.

이러한 직업 도구 수출에 무거운 형벌이 부과된다면, 그 도구를 사용하는 수공업자도 자유로워질 수 없음을 쉽게 예상할 수 있다. 그리하여 조지 1세 5년 차 법령 27조는 이렇게 규정한다. "그레이트브리튼 제조업에 종사하는 수공업자를 유혹해 해외로 가서 그 직종을 영위하거나 가르치게 하다가 유죄 선고를 받은 자는 다음과 같은 형벌에 처한다. 초범이면 100파운드 이하 벌금과 3개월 투옥 및 벌금이 납부될 때까지는 석방하지 않는다. 재범이면 법원 판단에 따라 벌금 액수를 정하고 12개월간 투옥하는데 정해진 벌금이 납부될 때까지 석방하지 않는다."

조지 2세 23년 차 법령 제13조에 따라 이 형벌은 더욱 강화되었다. 초범이면 그런 유혹에 넘어간 수공업자에게 5백 파운드 벌금을 부과하고 12개월간 투옥하며 벌금이 납부될 때까지는 석방하지 않는다. 재범이면 1천 파운드 벌금을 부과하고 2년간 투옥하며 벌금 납부 시까지 석방하지 않는다.

이 두 법령 중 조지 1세의 것은 다음 사항을 규정한다. 수공업자가 유혹을 받아 위에서 말한 목적[수공업 영위나 교수 행위]으로 해외 지역으로 건너가기로 약속 혹은 계약했다면, 그 수공업자는 법원 판단에 따라 해외로 가지 않겠다는 서약서를 제출해야 한다. 만약 이에 응하지 않는다면 서약서를 낼 때까지 그 수공업자를 투옥할 수 있다.

수공업자가 이미 바다를 건너가서 외국에서 그 업종을 영위하거나 가르치고 있다면, 현지 공사나 영사 혹은 내각 장관이 그 사실에 대해 당사자에게 경고해야 한다. 이런 경고를 받고서도 6개월 이내에 본국으로 돌아오지 않고, 외국에 계속 거주할 때, 그에게 내려지는 처분은 이러하다. 그는 본국 내에서 자신에게 주어진 유산을 받을 수 없고, 다른 사람의 유언 집행인이나 유산 관리인이 될 수 없으며, 상속, 유증, 구입 등을 통해 본국 내에서 토지를 소유할 수 없다. 그는 또 이미 소유한 모든 토지, 가재도구, 동산을 몰수당하며, 외국인으로 선언되어 더 이상 국왕의 보호를 받지 못한다.

중상주의는 소비자의 자유를 희생시키는 사상

이러한 여러 규제는 우리가 아주 자랑스럽게 여기면서 자랑하는 국민의 자유와 정면 배치된다는 것은 더 말할 필요도 없다. 그런데도 이런 수출 규제나 금지 사례에서, 우리의 자유는 상인과 제조업자들의 하찮은 이익 때문에 희생되고 있다.

이러한 규제들에 어떤 알량한 동기가 있단 말인가? 바로 우리나라의 제조업자들을 키우려는 것인데 그들은 스스로의 발전을 통해 성장하는 것이 아니라 이웃 국가의 제조업자들을 압박함으로써, 이 부담스럽고 불쾌한 경쟁을 가능한 한 줄이려고 한다. 우리의 대규모 제조업자들은 이렇게 하는 것이 합리적이며 국내 동종 업종 노동자들의 기술을 자신이 독점해야 한다고 생각한다.

일부 직업군에서는 한 번에 고용할 수 있는 도제의 수를 제한함으로써, 또 모든 직종에서 오랜 견습 과정을 거쳐야 할 필요성을 부과함으로써, 대제조업자들은 직업상 지식을 가능한 한 소수에게 전수하려고 애쓴다. 그들은 또한 이 소수 기술자 중 일부가 해외로 건너가 외국인에게 기술을 가르치는 것도 꺼린다.

소비는 모든 생산의 유일한 목적이자 목표이다. 생산자 이익 보호는 소비자 이익 증진에 필요한 한도 내에서만 해야 한다. 이 원리는 너무나 자명해 그것을 증명하려는 시도는 쓸데없는 일이다. 그러나 중상주의 제도에서 소비자의 이익이 생산자의 이익을 위해 거의 계속적으로 희생되고 있다. 중상주의는 소비가 아니라 생산을 산업과 상업의 궁극적인 목적으로 생각한다.

국내 생산물이나 제조품과 경쟁할 수 있는 모든 외국 물품 수입을 제한하는 것은 명백하게 생산자의 이익을 위해 소비자의 이익을 희생하는 것이다. 소비자는 이런 독점으로 인한 가격 상승분을 생산자의 이익을 위해 부담해야 한다.

일부 국내 생산물 수출 시 지급하는 장려금도 생산자에게 혜택이 돌아가는 것이다. 이때 국내 소비자는 두 가지 세금을 부담해야 하는데, 첫째는 그 장려금에 들어가는 돈이고, 둘째는 국내 시장에서 상품가격 상승이 가져오는 더 큰 세금[간접세]이다.

저 유명한 포르투갈과의 통상 조약에 따라, 국내 소비자는 높은 관세 때문에 우리 기후로는 생산하지 못하는 상품[와인]을 인근 국가[프랑스]에서 사들이지 못하고, 먼 나라[포르투갈]에서 가져와야 한다. 먼 나라 제품 품질이 가까운 나라보다 떨어지는 게 자명한데도 말이다. 국내 소비자는 이러한 불편을 감내해야 한다. 국내 생산자가 그 먼 나라에 자신의 제품[모직물]을, 그런 통상 조약이 없었더라면 형성되었을 법한 가격보다 좀 더 유리한 가격으로 팔기 위해서다. 그리하여 소비자는 이러한 강제 수출로 국내 시장에서 생산품의 가격이 상승할 경우 그 상승분을 고스란히 부담해야 한다.

중상주의 고안자는 탐욕스러운 상인과 제조업자

우리의 북아메리카와 서인도제도 식민지 관리를 위해 제정된 법률 체계에서, 국내 소비자는 다른 어떤 상업 규칙이 요구하는 것보다 더욱 막심하게 생산자를 위해 자기 이익을 희생당하고 있다. 식민지를 설립한 대제국의 유일한 목적은 브리튼의 다양한 생산자들이 공급하는 물품을 사줄 만한 소비자 집단을 만들어내는 것이었다.[188]

이 독점으로 우리의 생산자들은 가격 인상의 혜택을 누리고, 국내 소비자들은 식민지 제국을 유지하고 방어하는 비용을 모두 부담해야 한다. 오로지 이 목적을 위해 지난 두 번의 전쟁[189]에서 2억 파운드 이상의 돈이 지출되었고, 1억 7천만 파운드 이상의 신규 부채가 발행되었다. 이것은 동일 목적을 위해 그 앞의 전쟁들에서 지게 된 것과는 별도의 부채다. 이 부채의 이자만 따지더라도 식민지 독점 무역에서 올리는 비상한 수익금 전체보다 더 크다. 뿐만 아니라 그 무역의 전체 가치보다 더 크고, 나아가 식민지들에 연간 수출된 물품들의 평균 가치 전액보다 더 크다.

　　이런 상업주의 제도의 창안자가 누구인지 알아내는 것은 그리 어렵지 않다. 그들은 자기 이익을 송두리째 무시당한 소비자들이 아니라, 자기 이익을 고집스럽게 보호해온 생산자들이다. 생산자 중에서도 우리나라의 상인과 제조업자들이 주된 고안자들이다. 이번 장에서 살펴본 각종 중상주의 규제들 속에서도 제조업자들은 특별히 자기 이익을 지키고 보호를 받았다. 그 와중에 소비자들의 이익은 물론이고 그들과 종류가 다른 생산자들[190]도 [생산자들의] 이익을 위해 희생되었다.

188　북아메리카와 서인도제도의 브리튼령 식민지 주민이 브리튼 본국의 물품들을 독점적 가격으로 사주어야 하는 사정을 이렇게 묘사하고 있다.

189　북아메리카와 인도의 식민지 지배를 위해 7년 전쟁 중에 프랑스를 상대로 싸운 두 번의 전투를 가리킨다.

190　주로 농부와 목축업자들을 가리킨다.

중농주의, 즉 토지 생산물이 각국의 수입과 부의 유일 또는 주요 원천이라고 하는 경제 이론

정치경제학적으로 보면 중농주의는 지금껏 설명해온 중상주의처럼 장황한 설명이 필요 없다.

토지 생산물이 국가 수입과 부의 유일한 원천이라고 주장하는 중농주의는 일찍이 어떤 나라도 채택한 바 없으며, 현재로서는 몇몇 박식하고 통찰력 높은 프랑스 학자들의 머릿속에서만 존재한다. 이 세상 어디에서도 피해 입힌 적 없고 앞으로도 그러할 중농주의의 오류에 관해서는 길게 검토하지 않아도 될 것이다. 그렇지만 아래에서는 이 독창적인 경제학 이론의 개요를 최대한 간명하게 설명하고자 한다.

중농주의는 중상주의자 콜베르 장관에 대한 반발

프랑스 루이 14세 궁정에서 재무장관을 지낸 유명한 콜베르는 성실하고 근면하며 세부사항을 잘 파악하고 있었고, 경험이 아주 많았으며 공공회계를 점검하는 일에도 예리한 감각을 보였다. 그는 여러 면에서 능력이 뛰어난 사람이었다. 간단히 말해 공공 수입 징수와 지출에 합리적 방식과 정연한 질서를 도입한 국가 재정 적임자였다.

그러나 불행하게도 콜베르 장관은 중상주의의 모든 편견을 가감 없이 신봉하는 사람이었다. 중상주의는 그 성격이나 본질상 제약과 규제를 앞세우는 제도였으므로, 이 근면 성실하고 꾸준히 일하는 실무가에게는 적성에 잘 맞았다. 그는 정부의 여러 다른 부서를 규제하고, 각 부서를 고유 영역에 붙잡아두기 위해 견제와 통제를 하는 일에 익숙한 사람이었다.

　　장관은 공직 부서와 동일 모델을 바탕으로 대국 프랑스의 산업과 상업을 규제하려 들었다. 그는 평등, 자유, 정의라는 관대한 계획에 따라 모든 국민이 자기 이익을 나름의 방식으로 추구하는 것을 허용하지 않았다. 그 대신에 특정 산업 분야에는 비정상적인 특혜를 주는가 하면, 다른 분야에는 비정상적인 제약을 가했다. 그는 다른 유럽 국가 장관들처럼 도시산업을 장려하고 농촌은 억제하려 했고, 도시산업을 지원하기 위해 기꺼이 농촌 산업을 억제하고 압박할 용의가 있었다.

　　도시 주민에게 식료품을 저렴하게 공급하고 제조업과 해외 상업을 촉진하기 위해 곡물 수출을 전면 금지시켰고, 이로 인해 농촌 주민이 그들의 가장 중요한 생산물을 팔 수 있는 해외 시장을 잃게 되었다. 이러한 곡물 수출 금지는 프랑스의 각종 주법(州法)과 조세 제도와 결부되어 농민을 더욱 옥죄었다. 프랑스의 옛 주법에 따르면 한 주에서 다른 주로 보내는 곡물에는 여러 제약이 있었다. 또한, 거의 모든 주에서 농부들에게 자의적이고 굴욕적인 세금이 부과되었다. 이런 제도들은 농업을 억제하여, 그런 제약이 없었더라면 아주 비옥한 토지와 좋은 날씨를 자랑하는 프랑스 농촌이 자연스럽게 도달했을 발전 수준에 훨씬 미치지 못하게 했다.

　　프랑스 전역에서 크고 작은 만류와 억제 상태가 느껴졌고, 그 원인 파악을 위해 서로 다른 여러 조사가 실시되었다. 그런 원인 중 하나는 도시산업을 장려하고 농촌 산업을 억제해온 콜베르 장관의 선별적 특혜 제도에 있었다.

　　한쪽으로 휜 나뭇가지를 똑바로 펴려면 반대쪽으로 다시 구부려야 한다는 속담이 있다. 농업이 국가 수입과 부의 유일한 원천이라고 주장하는 프랑스 철학자들은 이 속담의 원리를 따른 것 같다. 콜베르 장관의 국가 경제 정책은 농촌 산업보다 도시산업을 과대평가했다. 그래서 이 철학자들의 중농주의에서 도시산업은 과소평가되었다.

중농주의 체계 속의 3계급: 지주, 농민, 상인·제조업자

한 나라의 토지와 노동에 따른 연간 생산물에 각각 기여하는 세 계급이 있다.

첫째, 토지 소유자 계급.

둘째, 경작자 계급. 이 계급은 농민과 농촌 노동자로 구성되며, 중농주의자는 이들을 생산 계급으로 높게 평가한다.

셋째, 수공업자, 제조업자, 상인으로 구성된 계급. 중농주의자는 이들을 비생산 계급으로 보아 낮게 평가한다.

(1) 토지 소유자 계급

지주 계급은 토지 개량, 건물, 배수구, 울타리 및 그 밖의 시설에 투자하는 비용으로 연간 생산물에 이바지한다. 이러한 투자에 따라 경작자는 전보다 더 많은 생산물을 생산할 수 있고 그로써 더 많은 지대를 지불한다.

이렇게 해서 올라간 지대는 토지 소유자가 토지 개량에 투자한 비용 혹은 자본에 대한 이자, 이윤으로 간주된다. 이처럼 지주가 토지 개량에 투자한 비용을 중농주의에서는 토지 비용(depenses foncieres)이라고 한다.

(2) 경작자 계급

경작자 또는 농민들은 토지 경작에 투자하는 비용에 따라 연간 생산량에 기여한다. 중농주의에서는 이러한 비용을 원비용(depenses primitives) 또는 연간 비용이라고 한다. 원비용에는 농작업 도구, 가축, 종자에 들어가는 비용, 농부의 가족과 피고용자 생계비, 가축 유지비 등이 포함된다. 가족과 피고용자 생계비란 농부가 경작 첫해 대부분 기간 또는 토지에서 어느 정도 추수가 일어날 때까지 들어가는 생계비를 말한다.

연간 비용에는 씨앗 비용, 농기구 자연 마모, 농부의 하인들과 가축의 연간 유지비용, 농부 가족의 유지비용 등이 포함된다. 단, 가족은 실제 경작에 고용된 경우에 한한다.

농부가 지대 지불 후 남은 토지 생산물은 다음 두 조건을 충족시켜야 한다. 첫째, 남는 생산물로는 적정한 시간 내에 혹은 적어도 토지 임차 기간 내에 농부의 원비용과 일상적인 자본 이윤을 회수해야 한다. 둘째, 농부의 연간 비용 전액을 적절한 자본 이윤과 함께 해마다 회수할 수 있어야 한다.

두 종류의 비용은 농부가 경작에 투자하는 자본이다. 이 자본이 적정한 이윤과 함께 정기적으로 회수되지 않는다면, 농부는 다른 직종과 동일 수준으로 자기 고용을 유지할 수 없고, 그리하여 자기 이익을 감안해 가능한 한 빨리 농업을 버리고 다른 직종을 찾아 나설 것이다.

따라서 토지 생산물 중 농부에게 농사를 계속 지을 수 있게 해주는 부분은 경작에 필수적인 소중한 기금으로 볼 수 있다. 만약 지주가 이 부분을 침해한다면 그는 필연적으로 자기 토지 생산물을 감소시켜야 하고, 몇 년 이내에 농부는 이 착취적인 지대를 지불할 수 없게 되며, 더 나아가 그런 착취가 없었더라면 받을 수 있었던 합리적 지대마저 받지 못하게 된다.

지주에게 돌아가는 지대는 총 생산물, 즉 전체 생산물 중에서 생산을 위해 미리 지출한 필요 경비를 완전히 지불하고 남은 순생산물에 불과하다. 경작자들의 노동 덕분에 농사에 필요한 각종 경비를 모두 공제한 다음에도 이러한 순생산물이 남는다. 그래서 중농주의는 이런 계급을 가리켜 생산적 계급이라는 명예로운 호칭으로 부른다. 이에 준해 경작자들의 원비용과 연간 비용을 생산 비용이라고 부른다. 미리 지출된 비용을 모두 회수할 뿐만 아니라 이런 순생산물을 해마다 재생산하기 때문이다.

지주가 토지 개량을 위해 투자한 토지 비용은 중농주의에서도 높은 평가를 받아 생산 비용으로 불린다. 지주가 자신의 토지 개량에서 올리는 인상된 지대는 이 토지 비용 전체와 그에 따라 발생하는 일상적 이윤을 회수할 수 있어야 한다. 그런 만큼 이 인상된 지대는 교회와 국왕 정부에 의해 신성불가침으로 간주되어, 십일조도 과세도 면제된다. 이런 면제 조치가 없다면 토지 개량이 억제되어 교회는 십일조 액수를 증가시키지 못하고, 국왕

정부는 세수를 늘리지 못하게 된다.

그러므로 잘 정돈된 경제 상태라면 이 토지 비용은 자기 가치를 완벽하게 재생산하는 것 외에도 일정 시간이 지나가면 순생산물을 만들어낸다. 이 때문에 토지 비용은 중농주의에서 생산적 비용으로 간주된다.

그리하여 중농주의는 지주의 토지 비용, 농부의 원비용과 연간 비용, 이렇게 세 종류 비용만 생산적 비용으로 간주한다. 그 이외의 모든 비용과, 지주와 농부 계급 이외의 다른 계급 사람들은—심지어 상식적으로 가장 생산적이라고 인정받는 사람들까지도— 중농주의 체계에서는 아무런 생산도 하지 못하는 비생산적 비용 혹은 계층으로 간주된다.

(3) 수공업자와 제조업자 계급

일반 상식으로는 노동으로 토지의 미가공 생산물의 가치를 크게 높일 것으로 생각되는 수공업자와 제조업자들도 중농주의 체계 속에서는 아무런 생산도 하지 못하는 비생산적 계급으로 간주된다. 이들의 노동은 그들을 고용한 자본과 그에 따르는 일상적 이윤만 회수한다는 것이다.

이 계급의 자본은 고용주가 미리 내준 원료, 도구, 임금으로 구성된다. 그 이윤은 고용주의 생활을 유지하는 데 필요한 자금이다. 고용주가 이 노동자들을 고용하는 데 필요한 원료, 도구, 임금을 미리 내주는 것처럼, 고용주도 자기 생활 유지에 필요한 자금을 내주는 것이다. 이 자금은 일반적으로 제품 가격에서 올리기를 기대하는 이윤과 비례한다. 제품 가격이 고용주의 생활비와 그가 노동자들에게 미리 내준 원료, 도구 및 임금을 회수하지 못한다면, 고용주가 제품 만들기에 투자한 전체 비용을 회수하지 못한다.

그러므로 제조 자본 이윤은 토지 지대와는 달라서, 그 이윤을 얻기 위해 투자한 전체 비용을 전부 회수한 뒤에 남은 순생산물이 아니다. 농부의 자본은 제조업자의 자본과 마찬가지로 농부에게 이윤을 남긴다. 그런데 농부의 자본은 여기서 한 걸음 더 나아가 제3자[지주]에게 지대를 제공하지만 제조업자의 자본은 그렇지 못하다.

따라서 수공업자, 제조업자의 고용과 생활 유지에 지출되는 비용은 자신의 가치만 유지하게 할 뿐, 새로운 가치를 전혀 생산하지 않는다. 그러므로 이 비용은 아무런 생산도 하지 못하는 비생산적 비용이다. 반면, 농부와 농촌 노동자들을 고용하기 위해 투자된 비용은 자기 가치를 유지할 뿐만 아니라 새 가치, 즉 지주에게 돌아가는 지대를 생산한다. 그러므로 이것은 생산적 비용이다.

상업 자본 또한 제조 자본과 마찬가지로 아무런 생산도 하지 못해 비생산적이다. 그것은 새 가치는 생산하지 못한 채 자신의 가치만 유지할 뿐이다. 상업 자본 이윤은 자본 사용자가 사용 기간 중에 혹은 수익을 얻을 때까지, 자기 자신에게 미리 내준 생활 유지 비용을 상환한 것에 불과하다. 그 이윤은 자본을 사용하는 데 지출해야 하는 비용 일부를 상환할 뿐이다.

수공업자와 제조업자의 노동은 토지의 미가공 생산물의 연간 총생산 가치 증가에 아무런 기여도 하지 않는다. 물론 그 노동은 생산물 중 특정 부분, 가령 제조 원료 가치는 크게 증가시킨다. 그러나 이런 부분에 부가되는 가치는 노동이 제품을 만들어내는 기간에 소비한 다른 농산물의 가치와 정확하게 일치한다. 그리하여 연간 생산물의 총 가치는 단 한순간도 그 노동에 따라 증가하지 않는다.

레이스 제조업자의 비생산성

여기서 구체적인 사례를 들어보자. 아름다운 주름이 잡힌 한 쌍의 레이스를 제작하는 노동자는 그의 노동을 통해 1펜스 가치밖에 없는 아마의 가치를 30파운드 가치로 상승시킬 수 있다. 언뜻 보기에 그는 미가공 생산물의 가치를 약 7천 2백 배 올린 것처럼 보이지만, 실제로는 미가공 생산물의 총 가치에 부가한 것이 전혀 없다. 그 노동자는 레이스를 만드는 데 2년이 걸렸다. 그가 제품을 완성하고 받은 30파운드는 그가 레이스 만드느라고 보낸 2년 세월 동안 자신에게 미리 내준 생계 유지비의 상환에 지나지 않는다. 그가 매일, 매월, 매년 노동에 따라 아마포에 부가해온 가치는 그날, 그달, 그해에 자신이 소비한 농산물의 가치를 회수하는 데 지나지 않는다.

그러므로 그는 어느 순간에도 토지의 미가공 생산물의 총 가치에 어떤 가치도 부가하지 못한다. 그가 날마다 소비하는 생산물 가치가 그가 날마다 생산하는 가치와 같기 때문이다. 이런 고급 사치품을 제조하는 노동자들이 대부분 가난한 것은, 그들의 노동가격이 그들의 생활 유지비를 능가하지 못하는 것을 보여준다. 하지만 농부와 농촌 노동자들의 노동은 그렇지 않다. 지주에게 납부하는 지대는 하나의 생산적 가치이다. 이 가치는 그들의 노동이 피고용자와 고용주 모두의 고용과 생계 유지에 지출되는 총비용[총소비]을 완전히 회수한 다음에도 지속해서 생산하는 가치이다.

수공업자, 제조업자, 상인은 긴축을 통해서만 사회의 수입과 부를 늘린다. 그들이 생활비로 배정한 자금 일부를 거부함으로써, 다시 말해 박탈함으로써 그런 절약을 달성한다. 그들이 연간 재생산하는 것은 이 절약된 기금뿐이다. 그러므로 그들이 자금 일부를 아끼지 않는 한, 다시 말해 해마다 자신이 누려야 할 무엇을 박탈하지 않는 한, 사회의 수입과 부는 그들의 노동에 의해 단 한 푼도 증가하지 않는다.

이와 반대로 농부와 농업 노동자들은 그들의 생계를 유지하는 데 필요한 자금을 충분히 사용하면서도 국가의 수입과 부를 증가시킨다. 그들의 노동은 자신에게 들어가는 생활비용 외에 연간 순생산물을 생산한다. 이러한 순생산물 증가는 국가 수입과 부를 필연적으로 증가시킨다.

농업 국가 vs 상업 국가

따라서 프랑스나 잉글랜드처럼 다수의 지주와 농민들로 구성된 국가는 노동과 소비에 따라 부국이 될 수 있다. 반면 네덜란드나 함부르크처럼 주로 상인, 수공업자, 제조업자로 구성된 국가는 절약과 거부를 통해서만 부유해질 수 있다. 이처럼 서로 다른 환경에 처한 나라들의 관심사가 매우 다르듯, 각 나라의 국민성도 서로 다르다. 주로 농민으로 구성된 나라에서는 관대함, 솔직함, 우애 등이 공통된 국민성 일부를 이룬다면, 상업 국가에서는 사교적 즐거움과 향락을 싫어하는 편협함, 인색함, 이기주의 등이 국민성 일부를 구성한다.

상인, 수공업자, 제조업자 등 비생산적 계급은 다른 두 계급, 즉 지주와 농민의 희생 덕분에 유지되고 고용된다. 이 두 계급이 비생산적 계급에 작업 원료와 생활 유지 기금을 제공하고, 그들이 일에 고용되어 있는 동안 소비하는 곡물과 육류를 제공한다. 지주·농민 계급은 비생산적 계급 노동자 전원에게 임금을 제공하고, 그들을 고용한 고용주에게 이윤을 제공한다.

노동자들과 고용주는 말하자면 지주·농민 계급의 하인들이다. 시중 드는 하인들이 실내에서 일한다면, 그들은 실외에서 일하는 하인들이다. 실외든 실내든 똑같이 같은 주인의 비용으로 유지되고 있다. 이 두 하인의 노동은 똑같이 비생산적이다. 그것은 토지의 미가공 생산물의 총액 가치에 조금도 이바지하지 못한다. 그 총액 가치를 높이기는커녕 그 가치로부터 빠져나가는 부담이며 비용이다.

중농주의가 설명하는 비생산적 계급의 효용

그러나 비생산적 계급은 지주·농민 계급에 적당한 수준을 넘어 크게 유용하다. 상인, 수공업자, 제조업자의 노동을 통해 지주와 농민은, 그들이 필요로 하는 해외 물품과 국내에서 제조된 물품을 사들일 수 있다. 필요한 물품을 그들이 직접 제작하거나 수입하려고 했을 때보다 더 적은 노동력으로 이러한 상품을 사들일 수 있다.

비생산적 계급 덕분에 경작자들은 그 계급의 도움이 없었더라면 토지 경작 외에 신경 썼어야 할 많은 문제에서 벗어난다. 그리하여 그들은 토지 경작에 전력을 쏟음으로써 생산을 증가시킬 수 있고, 여기서 나오는 증대된 생산물로, 지주와 농민이 부담해야 하는 비생산적 계급의 유지와 고용에 들어가는 모든 비용을 충분히 지불할 수 있다.

상인, 수공업자, 제조업자의 노동은 그 자체로는 비생산적이지만 이런 방식을 통해 토지 생산물 증산에 간접적으로 이바지한다. 생산적 노동이 토지 경작에 전념하게 함으로써 그 노동생산력을 높이는 것이다. 이렇게 해서 쟁기와는 가장 동떨어진 일을 하는 사람의 노동을 통해서도 농부의 쟁기는 더욱 쉽고 더욱 빠르게 농토를 갈 수 있게 된다.

상인, 수공업자, 제조업자의 노동을 억압하거나 방해하는 것은 지주와 농부들에게도 결코 이익이 되지 못한다. 이 비생산적 계급이 누리는 자유가 클수록 이 계급을 구성하는 다양한 거래에서 경쟁은 더 치열해질 것이고, 지주와 농민 계급은 해외 및 국내 물품을 더 싼값에 공급받게 된다.

지주와 농민 계급을 억압하면 결코 비생산적 계급에도 이익이 되지 못한다. 비생산적 계급은 토지의 잉여생산물, 즉 경작자와 소유주의 유지비를 공제하고 남은 것에 의해 지속된다. 이 잉여분이 클수록 비생산적 계급 유지와 고용에 들어가는 비용도 커진다.

완전한 정의, 완전한 자유, 완전한 평등

따라서 이 세 계급이 최고의 번영을 효과적으로 이루는 가장 간단한 방법은 완전한 정의, 완전한 자유, 완전한 평등을 확립하는 것이다.

주로 비생산적 계급으로 구성된 주민들이 사는 네덜란드와 함부르크와 같은 상업 국가의 상인, 수공업자, 제조업자들은 토지 소유주와 농부들의 비용으로 유지되고 고용된다. 차이가 있다면 이들에게 작업 원료와 생활 유지 기금을 제공하는 지주와 농민 대부분이 서로 멀리 떨어져 있으며, 다른 나라, 다른 정부 주민이라는 점뿐이다.

이러한 상업 국가들은 다른 나라 주민에게 적당한 정도가 아니라 크게 유익하다. 그런 나라들은 어떻게 보면 아주 중요한 공백을 채우면서 상인, 수공업자, 제조업자 역할을 대신한다. 그런 다른 나라의 주민은 그들을 국내에서 활용할 수 있어야 하지만, 자국의 정책적 결함 때문에 국내에서 발견하지 못한 것이다.

그들이 사는 나라를 이렇게 부를지는 모르겠지만, 아무튼 그런 농업 국가들이 상업 국가가 제공하는 상품에 높은 관세를 부과함으로써 상업 국가의 산업을 억제하고 괴롭히는 것은 결코 자신들의 이익이 될 수 없다. 이러한 관세는 그 물품 가격을 더 비싸게 만듦으로써 농업 국가의 토지에서 나오는 잉여생산물의 실질가치를 떨어뜨린다. 농업 국가는 그 잉여생산물로, 같은 얘기가 되겠지만 그 생산물 가격으로 그 해외 물품을 사들여야 하니까 말이다. 이러한 관세는 잉여생산물 증산을 억제하고, 결과적으로 토지 개량과 경작을 지연시킨다.

반면 잉여생산물 가치를 높이고 생산물 증산을 격려하고, 그리하여 토지 개량과 경작을 촉진하는 가장 효율적인 방편은 이런 상업 국가와의 무역을 완전 자유화하는 것이다.

자유무역은 농업국을 상업국으로 전환시킨다

이러한 무역 자유화는 장차 농업국에 그들이 필요로 하는 수공업자, 제조업자, 상인 들을 제공하는 효율적인 방편이 된다. 그리하여 이 셋은 농업국이 느끼는 아주 중요한 공백을 가장 적절하고 이로운 방식으로 채워줄 것이다.

농업국의 잉여생산물이 지속해서 증가하면 머지않아 토지 개량과 경작에 보통의 이윤율로 투자해 얻는 자본 양보다 더 큰 자본이 창출된다. 이 잉여 자본은 자연히 국내의 수공업자와 제조업자를 고용하는 데 투자된다. 그러나 작업 재료와 생계 자금을 모두 집에서 조달하는 수공업자와 제조업자는 재료를 구하려고, 멀리 이동할 필요가 없었다. 훨씬 적은 예술적 재능과 기술로도 비슷한 상업 국가의 장인과 제조업체보다 값싸게 생산했다.

그들은 기술과 기량이 떨어져서 한동안 싼값으로 일해야 하겠지만, 국내 시장에서는 상업 국가의 수공업자와 제조업자만큼 싼값에 그들의 물품을 판매할 수 있다. 이들은 먼 거리에서 국내 시장까지 상품을 가져와야 한다. 그리고 국내 수공업자와 제조업자의 기술과 기량이 향상되면 그들은 곧 외국 물품보다 싼값에 자기 제품을 시장에 출하할 수 있다.

그래서 상업 국가의 수공업자와 제조업자는 곧 농업 국가의 시장에서 경쟁 상대를 만나게 되고, 가격 경쟁에서 밀려나 그 시장에서 완전히 사라지게 된다. 점진적으로 기술과 기량이 향상되어온, 이들 농업국의 값싼 제품들은 장차 국내 시장을 넘어서서 해외 시장으로 많이 진출할 것이다. 그러면 그 제품은 같은 방식으로 해외 시장에서도 상업국들의 많은 제품을 점차 퇴출시킬 것이다.

이런 식으로 농업국이 미가공 생산물과 완제품을 끊임없이 증산하면,

그것은 멀지 않아 보통 이윤율로 농업이나 제조업에 투자되는 자본 양보다 더 큰 자본을 창출할 것이다. 이 잉여 자본은 자연스럽게 해외 무역으로 전용되어, 국내 시장 수요를 초과하는 미가공 생산물과 완제품을 해외 시장에 수출하는 데 투자된다.

국내 생산물 수출에 있어 농업국 상인들은 수공업자·제조업자와 마찬가지로 유리한 입장에 선다. 상업국 상인들은 먼 나라에서 물품과 식료품을 구매해 수출해야 하지만, 농업국 상인들은 국내에서 그런 물품을 찾아내어 직접 수출할 수 있기 때문이다. 그러므로 농업국 상인들은 항해 기술이나 기량이 다소 떨어지더라도 해외 시장에서 상업국 상인들 못지않게 싼값에 물품을 판매할 수 있다. 그리고 점차 기술과 기량이 나아져 그들과 동급이 된다면, 농업국 상인들은 더 싼값에 물품을 팔 수 있다. 그래서 그들은 곧 해외 무역 분야에서도 상업국의 상인들과 경쟁하는 상대가 될 것이며, 시간이 흘러가면 그 상인들을 시장에서 아예 축출할 수 있을 것이다.

중농주의는 자유무역을 주장한다

그러므로 자유롭고 관대한 중농주의는 이런 주장을 편다. 농업국이 자체 수공업자, 제조업자, 상인을 육성하는 가장 유리한 방법은 모든 타국의 수공업자, 제조업자, 상인에게 완전한 자유무역을 허용하는 것이다. 이는 농업국의 잉여생산물 가치를 높여준다. 잉여생산물이 지속해서 증가하면 그 나라 토지의 잉여생산물 자금을 점진적으로 확보하게 되어 머지않아 필연적으로 농업국이 필요로 하는 수공업자, 제조업자, 상인을 키워낸다.

반면 농업국이 세운 높은 관세가 수입 금지를 통해 해외 국가들과의 무역을 억압한다면 두 가지 방식으로 그 나라에 피해를 입힌다.

(1) 해외 물품과 각종 제조품 가격이 인상되어 농업국의 잉여생산물 실질가치가 떨어진다. 혹은 같은 얘기가 되겠지만, 해외 물품과 제품을 사들이는 데 들어가는 잉여생산물 가격이 떨어진다.

(2) 국내 상인, 수공업자, 제조업자에게 국내 시장에 대한 독점 권리를 부여함으로써, 농업 이윤율보다 상공업 이윤율을 높인다. 그 결과 농업에

투자되었던 자본 일부분을 농업에서 빠져나가게 하거나, 그런 수입 억제가 없었더라면 농업에 투자되었을 법한 자본 일부를 농업에 전용되지 못하게 한다.

그러므로 자유무역 억제 정책은 두 방식으로 농업 발전을 저해한다.

(1) 농업 생산물의 실질가치를 떨어뜨림으로써 농업 이윤율을 낮춘다.

(2) 결과적으로 상업과 제조업 이윤율을 높여준다.

이렇게 되면 농업은 덜 유리한 사업 영역이 되고 상업과 제조업은 그런 무역 억제 정책이 없었을 경우보다 더 유리해진다. 그리하여 자기 이익에 따라 움직이는 모든 사람은 가능한 한 많이 자기 노동과 자본을 농업에서 상업과 제조업 쪽으로 전환한다.

농업 국가는 이런 억압적인 정책을 써서 나름 수공업자, 제조업자, 상인을 육성할 수도 있다. 하지만 문제는 그것이 정말로 가능할지에 대해 상당한 의문이 있다는 것이다. 아무튼 그런 사람을 충분히 키울 수 있는 시점 이전에 때 이르게 그들을 양성할 수도 있다. 산업의 한 업종을 너무 성급하게 육성하면 그것은 더 가치 있는 다른 산업 분야를 위축시킨다. 보통 이윤율과 함께 투자 자본을 회수시켜 주는 어떤 산업을 성급하게 육성하면, 이윤과 자본 회수 외에 지주에게 지대를 제공하는 다른 산업을 위축시킨다. 그것은 불모지이면서 비생산적인 노동을 너무 빨리 장려함으로써, 생산적 노동을 위축시킨다.

총 생산물의 분배 질서는 경제표로 설명

중농주의는 토지의 연간 생산물 총액이 위의 세 계급 사이에서 어떤 방식으로 분배되는지, 또 비생산적 계급의 노동이 연간 생산물 총액은 조금도 늘리지 않으면서 자신이 소비한 가치를 회수하는지 등을 설명하는데, 그것이 케네[191]의 경제표이다. 중농주의를 창시한 독창적이고 심오한 사상가인 케네는 경제의 산술 공식들을 내놓았다.

케네는 그런 공식 중 첫 번째를 "경제표"(Economical Table)라는 제목으로 뚜렷이 구분했다. 경제표는 가장 완벽한 자유, 즉 최고 번창을 구가하는 상태에서 세 계급 사이의 분배가 어떤 식으로 이루어지는지 묘사한 것이다. 최고의 번창을 이루는 상태란, 연간 총 생산물이 가장 큰 규모의 순생산물을 제공하며, 따라서 각 계급이 총 연간 생산물 중 적절한 비율을 배당받는 상태를 말한다.

그 후에 나온 공식들은 다양한 억압과 규제 상태에서 세 계급 간의 분배가 이루어지는 방식을 묘사한다. 가령 지주 계급과 비생산적 계급이 경작자 계급보다 더 우대되고, 그중 어느 한 계급이 생산적 계급에 당연히 돌아가야 할 몫을 많든 적든 잠식하는 방식이 그것이다.

중농주의에 따르면 이와 같은 상대방 계급의 몫을 잠식하는 행위는 가장 완전한 자유에 따라 확립되는 자연적 분배를 침해하고, 연간 생산물 가치와 총액을 필히 쇠퇴시키며, 국가의 실질적 부와 수입을 점진적으로 줄여나간다. 국부 감소의 정도는 이런 상대방 계급의 잠식 정도에 따라 달라진다. 다시 말해 가장 완전한 자유에 따라 확립되는 자연적 분배가 침해되는 정도에 의해 국부 쇠퇴가 빠르거나 느릴 수 있다.

경제표 이후에 나온 공식들은 이러한 국부 쇠퇴 정도를 묘사한다. 중농주의 학설에 따르면, 국부 쇠퇴 정도는 생산물의 자연적 분배가 침해되는 정도에 상응해 일치한다.

인체와 정체의 상호 유사성

일부 사변적(思辨的)인 의사들은 정확한 식이요법과 철저한 실천으로만 인체 건강을 지킬 수 있다고 주장한다. 이를 조금이라도 게을리하거나

---

191 프랑수아 케네(Francios Quesnay, 1694-1774). 루이 15세의 주치의를 지낸 의사 겸 경제학자이다. 그가 60대에 들어선 나이에 펴낸 "경제표"는 지주, 농민, 상공업자의 세 계급에 따라 구성되는 경제 순환을 도표화 한 것이다. 케네는 경제적 균형이라는 개념을 발전시켰는데 이 개념은 추후 경제학 분석의 출발점이 되었다.

중농주의는 자연법의 원리와 형식을 철저히 신봉하는 데서 생겼다. 케네는 경제학의 자유방임주의는 자연법을 따라가는 것이며 신이 미리 정한 경제 질서의 구현이라고 보았다. 그는 사회적 계급의 조화와 사회적 만족의 극대화는 세 계급 사이에서 자유로운 경쟁이 이루어질 때 실현된다고 생각했다.

무시하면, 그런 불성실 정도에 따라 인체에는 그에 상응하는 질병이나 부조화가 생긴다고 본다. 그러나 우리의 일상적 체험은 이런 가르침과는 약간 다른 양상을 보인다.

인체는 아주 다양한 섭식이나 운동의 실천을 통해 겉보기에는 거의 완벽한 건강 상태를 유지하는 듯 보인다. 심지어 건전한 처방과는 아주 거리가 먼 생활 방식 아래에서도 인체는 건강을 유지한다. 건강한 인체는 어떤 미지의 자기 보존 원리에 따라 아주 잘못된 처방으로 인한 나쁜 효과도 여러 면에서 예방하거나 바로잡는 능력을 갖추고 있는 듯하다.

의사이면서 또 아주 사변적이었던 케네는 정체(政體)[192]도 인체와 유사하다고 생각한 듯하다. 그러니까 어떤 정밀한 처방, 완전한 자유와 완전한 정의라는 철저한 처방 아래서만 정체가 번영하고 번창한다고 생각했다. 그는 정체에서 작동하는 자기 보존 원리라는 자연 효과를 감안하지 않은 듯하다. 자신의 생활 조건을 꾸준히 향상하려는 인간의 자기 보존 원리는, 편파적이고 억압적인 정치경제학의 나쁜 효과들을 여러 면에서 예방하고 시정하는 힘을 갖고 있다.

이런 정치경제학은 부와 번영을 향해 나아가는 국가의 자연스러운 발전을 어느 정도 지연시킬 수는 있지만, 영구히 중단시키거나 국가의 발전을 후퇴시키는 것은 불가능하다. 국가의 번영을 위해 완전한 자유와 완전한 정의가 필요하다면, 이 세상에 번영하는 국가는 단 한 곳도 없을 것이다.

그러나 다행히도, 자연의 지혜는 인간의 나태와 불의가 정체에 가져오는 많은 악영향을 치유하는 충분한 장치를 마련해두었다. 이는 자연의 지혜가 인간의 게으름과 무절제로 인해 인체에 일어나는 여러 부작용을 완화하기 위해 충분한 대책을 마련해둔 것과 비슷하다.

192　원어는 political body. 인체(human body)에 대응하는 용어다. 정체는 '정치 제도'를 가리키는데 여기서는 정치경제학의 제도를 가리킨다. 애덤 스미스는 『국부론』에서 여러 번 경제를 인체에 비유하면서 설명해 나간다. 제4권 7장 3절에서 "독점은 자본을 한 곳에 집중시켜 국가 산업 체계를 위태롭게 한다" 부분을 참고하라.

중농주의에 대한 반론: 상인·제조업자도 생산계급인 5가지 이유

중농주의의 가장 큰 오류는 수공업자, 제조업자, 상인 계급을 아무런 가치도 창출하지 못하는 비생산적 계급으로 보는 것이다. 다음의 5가지 이유는 이런 주장이 잘못되었음을 보여주는 구체적 근거이다.

(1) 상인·제조업자도 소비되는 만큼 가치를 생산한다

중농주의 주장에 따르면 이 계급은 자신이 연간 소비하는 것을 해마다 재생산하고 계급을 유지하고 고용하는 자본을 유지한다는 점은 인정된다. 그러나 이런 근거만으로 이 계급을 비생산적 계급이라고 지목하는 것은 부당하다. 가령 아들과 딸만 낳아 부모를 대신했으나 인류의 수를 증가시키지는 못하고 예전과 같은 수준을 유지했을 뿐이니 그 결혼을 불임이나 비생산적이라고 할 수는 없다.

농부와 농촌 노동자들이 그들을 부양하고 고용하는 자본을 회수하는 것 외에 해마다 순생산물[지주에게 돌아가는 지대]을 재생산한 것은 사실이다. 아이 셋을 낳은 결혼이 아이 둘을 낳은 결혼보다 더 생산적인 것은 맞다. 또 농부와 농촌 노동자의 노동이 상인, 수공업자, 제조업자보다 더 생산적인 것도 맞다. 그러나 어떤 한 계급의 노동생산성이 높다고 해서 그것이 자동으로 다른 계급의 생산을 불임 혹은 비생산적으로 만드는 것은 아니다.

(2) 상인·제조업자의 일은 하인의 일과 다르다

이러한 점을 고려할 때 중농주의가 상인, 수공업자, 제조업자의 일을 실내에서 시중드는 하인의 일과 동일시한 것은 부당하다. 하인들이 노동한다고 해서 그들을 유지하고 고용하는 데 들어가는 자금을 지키는 것은 아니다. 그들을 유지하고 고용하는 비용은 전적으로 주인의 비용으로 이루어지며, 하인들이 하는 일은 그 비용을 갚는 성격이 아니다. 그 노동은 일반적으로 수행되는 그 순간에 소멸되는 서비스로 구성되며, 임금과 생활비를 대체할 수 있는 판매 가능한 상품으로 고정되거나 실현되지 않는다.

반면 상인, 수공업자, 제조업자의 노동은 판매 가능한 상품으로 고정되거나 구체화한다. 나는 이러한 사실을 근거로 생산적·비생산적 노동을 다룬 앞 장[2권 3장]에서 상인, 수공업자, 제조업자를 생산적 노동자들과 함께 분류했고, 하인들은 아무런 생산도 하지 못하는 비생산적 노동자로 분류했다.

(3) 상인·제조업자는 국가 수입을 높인다

상인, 수공업자, 제조업자 계급의 노동이 사회[국가]의 실질 수입을 높이지 못한다는 주장은 어느 모로 봐도 부당하다. 가령 중농주의가 주장하듯 이 계급이 하루, 월간, 연간 소비하는 가치가 그들의 하루, 월간, 연간 생산량과 정확하게 일치한다고 하더라도, 그런 사실에서 이 계급의 노동이 실질 수입, 즉 국가의 토지와 노동의 연간 총 생산물에 어떤 가치도 더하지 못한다는 결론은 도출될 수 없다.

예를 들어 어떤 수공업자가 추수 후 첫 6개월 동안 10파운드 가치를 내는 일을 수행하면서 같은 기간에 10파운드 가치의 곡물과 기타 생필품을 소비했다고 해보자. 이 수공업자는 국가의 토지와 노동의 연간 생산물에 10파운드 가치를 실제로 부가한 것이다. 그는 반년 치 수입으로 10파운드 가치가 있는 곡물과 기타 생필품을 소비하면서, 동시에 자신 혹은 누군가를 위해 반년 치 수입에 해당하는 10파운드의 제조품을 생산했다. 그러므로 이 6개월 동안 소비하고 생산한 것의 가치는 10파운드가 아니라 20파운드가 된다. 물론 여기서 6개월 중에 어느 시점에서도 20파운드가 동시에 존재한 것은 아니고 실제로는 단지 10파운드만 존재했던 것 아닌지 반론을 펼수도 있다.

그렇다면 이런 가정을 해보자. 수공업자가 소비한 10파운드어치의 곡물과 생필품을 수공업자가 아니라 군인이나 하인이 소비했다고 해보자. 그러면 6개월 기간이 끝난 후에 존재하는 연간 생산물 가치는, 수공업자가 소비하면서 일했던 경우보다 10파운드가 적어졌을 것이다. 그러므로 수공업자가 생산한 것의 가치가 그가 소비한 가치보다 크다고 가정해서는 안 되지만 시장에 있는 그가 만들어낸 물건의 실제 가치는, 장인이 생산하지 않았을 때[군인이나 하인이 그저 소비만 하는 경우]보다 항상 더 크다.

중농주의 사상가들이 수공업자, 제조업자, 상인의 소비는 그들이 생산하는 것의 가치와 동일하다고 주장했을 때는 아마도, 이 계급의 수입 혹은 그들이 소비하기로 되어 있는 자금은 그들이 생산하는 것의 가치와 동일하다는 의미였으리라. 그들이 이런 의도에 따라 이 계급의 수입은 이들이 생산한 것의 가치와 같다고 좀 더 정확하게 표현했더라면, 독자들은 자연스럽게 이 수입 중에서 이 계급이 쓰지 않고 저축한 부분은 당연히 국가의 부를 어느 정도 증가시켰으리라 상상할 수 있을 것이다.

그런데도 중농주의 학파는 수미일관한 논의를 전개하기 위해 그런 식으로("상인 제조업자가 생산한 가치는 그들이 모두 소비하기에, 그들은 아무런 실질가치도 부가하지 못한다") 표현할 수밖에 없었을 것이다. 그들의 논의는 겉보기에는 그럴듯하지만, 그 속뜻을 살펴보면 그들의 주장과 같은 결론이 도출되지 않는다.

(4) 상인·제조업자는 절약에 따라 총생산량을 증대한다

농부와 농촌 노동자는, 수공업자, 제조업자, 상인 들과 마찬가지로 절약을 하지 않고는 실질 수입, 즉 국가의 토지와 노동의 연간 생산량을 증대하지 못한다. 한 국가의 토지와 노동의 연간 생산물은 두 방식으로만 증대될 수 있다. 첫째, 국가 내에 실제로 유지되는 노동생산력을 개선하거나, 둘째, 그 노동의 양이 증가되는 일을 통해서.

유용한 노동생산력 증가는 노동자의 능력이 향상 되거나 노동자가 사용하는 기계의 성능 향상에 달려 있다.

그러나 수공업자와 제조업자의 노동은 좀 더 세분화될 수 있고, 각 노동자는 작업 방식을 농부와 농촌 노동자보다 더욱 단순화할 수 있다. 그러므로 이 노동은 위의 두 측면에서 훨씬 높은 수준의 개선을 달성한다. 이 점에서 경작자 계급은 수공업자·제조업자 계급보다 우위를 점할 수 없다.

한 사회에서 실제로 사용되는 유용한 노동력의 양이 증가하려면 그 노동력을 고용하는 자본이 증가해야 한다. 그리고 그 자본의 증가는 자본을 관리하고 지시하는 사람들이 자기 수입에서 저축하거나 다른 사람이 빌려주는 돈의 양과 같아야 한다. 상인, 장인, 제조업체는 자연적으로 지주나 경작자보다 절약과 저축을 더 많이 한다는 가정이 옳다면, 상인, 장인, 제조업체는 사회 내에서 고용되는 유용한 노동의 양을 늘리고 결과적으로 토지와 노동의 연간 생산량인 실질 수입을 증가시킬 가능성이 더 높다.

(5) 상업국의 수입은 농업국보다 크다

각 나라 주민의 수입은, 중농주의에서 생각하듯 그 주민의 노동이 그들에게 얻게 해주는 생활 수단의 수량에 달려 있다. 그러나 이런 생각을 전제로 하더라도, 다른 조건이 같다면 상공업 국가의 수입은 상공업이 없는 나라보다는 언제나 훨씬 크다. 상업과 제조업을 통해 상업국은 현재 자국의 경작 상태에서 나올 수 있는 것보다 훨씬 많은 양의 생활수단을 수입할 수 있기 때문이다.

도시 주민은 그들 소유의 땅이 없더라도, 그들의 노동에 따라 작업 원료뿐만 아니라 생활 수단이나 토지 생산물을 그들에게 충분히 공급하는 사람들로부터 제공받을 수 있다. 도시와 인근 농촌과의 관계는, 하나의 독립 국가나 지역이 다른 독립 국가나 지역과 맺는 관계와 비슷하다.

그렇게 해서 네덜란드는 그 생활 수단의 상당 부분을 다른 나라에서 제공받는다. 살아 있는 가축은 홀스타인과 유틀란드에서 공급받고, 곡물은 유럽의 여러 다른 나라에서 수입해오는 것이다. 소량의 완제품은 다량의 미가공 생산물을 사들일 수 있다. 그러므로 무역이나 제조업을 하는 나라는 소량의 제조품으로 다른 나라에서 많은 양의 미가공 생산물을 구입한다. 반면 무역이나 제조업이 없는 나라는 미가공 생산물을 아주 많이 내놓고 다른 나라로부터 소량의 제조품을 사들일 수 있을 뿐이다.

상업국은 소수에게 필요한 생필품과 편의품을 수출하고 다수를 위한 생필품과 편의품을 수입한다. 반대로 농업국은 다수에게 필요한 생필품과 편의품을 수출하고, 소수를 위한 생필품과 편의품을 수입한다. 상업국 주민은 자국의 현재 경작 상태에서 얻을 수 있는 것보다 훨씬 다량의 생활 수단을 즐겁게 누린다. 반면 농업국 주민은 그보다 훨씬 적은 양의 생활 수단만 누릴 수 있다.

중농주의는 불완전하지만 가장 진리에 접근

그러나 중농주의는 이와 같은 불완전한 여러 사항에도 불구하고 지금까지 출판된 정치경제학 관련 서적 중에서 가장 진실에 가까운 사상이다. 이 때문에 아주 중요한 학문 원리를 세심하게 연구하려는 사람들은 깊이 고려할 만한 가치가 있다.

중농주의는 토지에 투자되는 노동만 유일한 생산적 노동이라고 주장함으로써 그 사상이 다소 협소하고 막혀 있다. 그러나 중농주의는 국부는 화폐라는 소비할 수 없는 부로 구성되는 것이 아니라, 국가의 노동력에 따라 해마다 재생산되는 소비 가능한 물품과 같다고 주장한다. 또 이 생산물의 연간 재생산을 가장 크게 하는 유일한 효과적 방편은 완전한 자유[193]라고 주장한다. 이런 주장을 펴는 중농주의는 모든 면에서 공정하고 관대하며 자유로운 사상으로 보인다.

또한, 국가의 부는 소비할 수 없는 화폐의 재물이 아니라 사회의 노동에 의해 매년 재생산되는 소모품으로 구성된다고 표현하고, 이 연간 재생산을 가능한 한 최대로 만들기 위한 유일한 효과적인 수단이 바로 완전한 자유라고 표현한다는 점에서, 그 교훈은 모든 면에서 관대하고 자유주의적인 만큼 정의롭게도 보인다.

이 사상을 따르는 사람은 아주 많다. 그런데 인간은 역설을 좋아하고 보통 사람의 이해 범위를 뛰어넘는 뭔가를 이해하는 척하기를 좋아한다. 이런 많은 추종자를 거느리게 된 현상에 상당히 기여한 것에는 중농주의가 포함하고 있는 역설, 즉 제조업 노동을 가리켜 비생산적 성격을 갖고 있다고 한 데에 있을 것이다.

---

193 완전한 자유는 위에서 이미 말한 것처럼 지주, 농민, 상인·제조업자라는 세 계급 사이에 물자 유통과 분배가 원활하게 이루어지는 것을 가리킨다.

그들은 과거 몇 년 동안 상당한 파벌을 이루었고, 프랑스 문필계에서는 에코노미스트파[194]로 불린다. 이들의 저서는 프랑스에 상당히 공헌했다. 그 전에는 제대로 검토되지 않았던 많은 주제를 널리 논의하게 했고, 농업을 중요시하는 공공 행정에도 일정한 영향을 미쳤다.

중농주의자들의 적극적인 주장 덕분에 프랑스 농업은 그동안 고통 속에 신음해왔던 여러 질곡에서 해방될 수 있었다. 토지 임차인이 구매자나 지주에 대항해 권리를 보호받는 임차 기간이 9년에서 27년으로 연장되었다. 프랑스의 한 주에서 다른 주로 곡물 수송 시 가해지는 각 주의 오래된 제한 사항들은 모두 철폐되었다. 통상적인 경우라면 자유롭게 외국으로 곡물을 수출할 수 있도록 왕국의 보통 법으로 확립되었다.

중농주의 학파는 그들의 수다한 저서 속에서 정치경제학의 본령, 즉 국부의 성격과 원인을 다룰 뿐 아니라 민간 행정제도의 다른 분야도 다룬다. 이들은 그런 주장을 펴는 데 케네의 학설을 거의 그대로 수정 없이 암묵적으로 따른다. 그들의 저서에 차이가 별로 없는 것은 이 때문이다. 이 원리를 가장 뚜렷하고 조리 있게 보여주는 저서는 한때 마르티니크 총독을 역임한 메르시에 드 라 리비에르가 집필한 『정치사회의 자연스럽고 본질적인 질서』라는 소책자이다.

미라보 후작의 세계 3대 발명품: 문자, 화폐, 경제표

중농주의 학파가 그들의 스승[프랑수아 케네]에게 바치는 존경심은 고대 철학자들이 자기 학파의 창시자에게 바치는 충성심 못지않다. 그러나 케네 자신은 아주 겸손하고 소박한 사람이라고 한다. 근면하고 존경받는 저자인 미라보 후작은 케네에 대해 이렇게 말했다.

"세상이 시작된 이래 정치 사회에 가장 큰 안정감을 준 3가지 발명품

194　원어는 economist. 계몽시대인 18세기에 프랑스에서는 백과전서파에 속하는 철학자들을 가리켜 필로조프(philosophe)라고 했는데, 중농주의 학파에 소속된 경제학자를 가리켜 '에코노미스트'라고 했다.

이 있었다. 정치 사회를 부유하게 하고 장식한 여러 발명품 외에 말이다. 첫째는 문자의 발명이다. 이것은 인류에게 법률, 계약, 연대기, 발견사항 등을 가감 없이 후대에 전할 수 있게 해주었다. 둘째, 화폐의 발명이다. 이것은 문명사회 사이의 관계를 단단하게 결속시킨다. 셋째가 케네의 경제표이다. 이것은 앞의 두 발명을 종합한 것인데, 두 발명의 목적을 완벽하게 함으로써 비로소 그 둘을 완성시켰다. 경제표는 우리 시대의 위대한 발견이지만, 그 과일은 후대가 거두어들일 것이다."

현대 유럽 국가들의 정치경제는 농업보다는 제조업과 해외 무역, 도시산업에 더 집중했다. 그러나 세상 다른 나라의 정치경제는 다른 길을 걸어가면서, 제조업과 해외 무역보다는 농업을 더 중시했다.

중국의 자급자족 경제

중국의 정책은 다른 어떤 업종보다 농업을 중시한다. 중국에서 노동자의 생활 조건은 수공업자보다 훨씬 양호하다. 반면 유럽 대부분 지역에서는 수공업자의 생활 조건이 노동자보다는 더 낫다. 중국에서 보통 사람의 큰 꿈은 자기 땅이든 임차한 땅이든 자기 농지를 소유하는 것이다. 농지는 싼값에 임대되며 임차인은 안전하게 토지를 확보할 수 있다. 중국인은 해외 무역을 경시한다. 베이징 고관들은 무역 문제를 논의하러 방문한 러시아 특사 드 랑주에게 "당신네 저 빌어먹을 상업!" 하고 여러 번 말했다.[195]

중국은 일본과만 무역을 할 뿐, 배로 해외와 무역하는 경우가 거의 혹은 아예 없다. 외국 배들을 입항시키는 것도 중국 해안의 항구 한두 곳 정도다. 그러므로 중국에서 무역은 해외 무역이 허용되어 자국 및 외국 배로 경계를 훨씬 넓히는 경우보다 아주 비좁은 경계 내에 있다.

대부분 나라에서 해외 무역은 제조품 수출에 집중된다. 제조품은 작은 부피에 높은 가치를 지니고, 대부분의 미가공 생산물보다 수송 비용이

---

195 벨의 『여행기』 vol. 2, pp. 258-276, 293에 나오는 드 랑주의 일기. ─원주

적게 들기 때문이다. 게다가 중국보다 국토가 협소하고 또 중국처럼 국내 상업이 잘 안 되는 나라들은 해외 무역이 절대적으로 필요하다. 국토는 적당히 넓지만 내수 시장 규모가 다소 협소한 나라들, 지역 간 교통이 아주 불편해 어떤 장소의 물품이 적절한 시기에 전달되지 못하는 나라들, 이런 나라들은 해외 시장이 없으면 번영할 수 없다.

여기서 상기해야 할 것은 제조업의 완성은 전적으로 노동 분업에 달려 있다는 사실이다. 그리고 어떤 제조업에 분업이 도입되는 정도는 앞에서 [1권 3장]에서 설명했듯, 시장 크기에 달려 있다. 중국은 면적이 광대하고, 주민 또한 아주 많으며, 기후 변화가 많아 각 성의 생산물은 다양하고, 성들 사이는 수운을 통해 편리하게 오가고 있다. 이런 조건들 덕분에 중국은 아주 광대한 국내 시장을 갖고 있다. 이것만 가지고도 많은 제조업을 지원할 수 있고 또 상당한 규모의 분업을 도입할 수 있다. 중국 내수 시장은 그 규모에서 모든 유럽 국가를 합친 것보다 떨어지지 않는다.

이 큰 국내 시장에 세계의 모든 해외 시장을 추가한다면 더욱 광대한 해외 무역이 이루어질 것이다. 특히 이런 무역의 중요한 부분이 중국 배들로 이루어진다면 중국의 제조품을 크게 증가시킬 것이고, 중국 제조업 생산력도 크게 향상될 것이다. 보다 폭넓은 항해를 통해 중국인들은 다른 나라에서 사용되는 각종 기계를 다루고 제작하는 기술을 배울 것이고, 세상의 다른 나라에서 실천하는 기술과 노동의 개선 사항들을 학습할 것이다. 그러나 현재 중국에서 시행되는 무역 경시 정책 때문에 중국인들은 일본 사례를 제외하고는 다른 나라를 모범으로 삼아 자신을 발전시킬 기회가 거의 없다.

고대 이집트와 인도의 농업 중시 정책

고대 이집트와 인도의 힌두교 정부도 국가 정책적으로 다른 어떤 직종보다 농업을 선호하는 듯하다.

고대 이집트와 인도에서는 대중이 서로 다른 부족 혹은 카스트로 나뉘어져 있다. 각 카스트에 속하는 사람들은 아버지에서 아들에 이르기까지 그 계급에 해당하는 특정 직종에만 종사해야 한다. 가령 사제의 아들은 반드시 사제가 된다. 군인, 노동자, 직조공, 양복쟁이도 마찬가지다. 두 나라에서 농부와 노동자의 카스트는 상인과 제조업자보다 우위에 있다.

두 나라 정부는 농업의 이해관계에 각별하게 신경 쓴다. 고대 이집트의 파라오가 나일강 물의 적절한 배분을 위해 실시한 토목 공사는 고대부터 아주 유명했다. 그 공사에 따른 폐허는 오늘날에도 여행자들의 찬탄을 받고 있다. 갠지스강이나 기타 여러 강의 물을 적절히 배분하기 위해, 인도의 고대 왕이 실시한 동일한 토목 공사는 파라오만큼은 높이 칭송되지 않았지만, 그래도 이집트의 그것 못지않은 대규모 공사였다. 따라서 두 나라는 가끔 기근을 겪기는 했지만 아주 비옥한 나라로 명성이 드높았다. 두 나라는 인구가 아주 조밀했지만 풍년이 들면 이웃 국가들에 다량의 곡물을 수출할 수 있었다.

고대 이집트인은 미신에 가까울 정도로 바다를 싫어했다. 힌두교는 신자들이 물 위에서 불을 피우거나 물에서 음식물을 씻는 것을 금지했고, 그리하여 힌두교 신자들은 먼 바다로 항해하는 일을 원천적으로 봉쇄당했다. 이집트인과 인도인은 그들의 잉여 농산물을 해외로 수출할 때 다른 나라의 항해 기술에 전적으로 의존해야 했을 것이다. 이러한 의존은 시장 범위를 국한했고, 그리하여 잉여 농산물 증산을 위축시켰을 것이다. 그것은 또한 미가공 생산물의 증산 못지않게 제조품 증산도 위축시켰을 것이다.

제조품은 토지의 미가공 생산물보다 더 넓은 시장을 꼭 필요로 한다. 한 명의 구두장이는 한 해에 3백 켤레 이상의 구두를 만들 수 있다. 그의 가족은 아마도 연간 여섯 켤레를 닳아 떨어뜨릴 것이다. 적어도 그의 가족 같은 가정이 50군데 이상 있지 않다면 그는 자기 노동에서 나오는 전 생산물을 모두 처분하지 못한다. 어떤 큰 나라에서 숫자가 아주 많은 수공업자 계급이라도 그 나라의 전체 가정 숫자로 따져본다면 50분의 1 혹은 100분의 1도 안 된다.

그러나 프랑스와 잉글랜드 같은 큰 나라에서 농업에 종사하는 사람 숫자는 아주 많다. 어떤 작가들에 따르면 전체 인구의 절반이라 하고, 또 어떤 작가는 3분의 1 그리고 내가 아는 어떤 작가도 5분의 1 이하로는 잡지 않는다. 그러나 프랑스와 잉글랜드의 농업 생산물은 많은 부분이 국내에서 소비되므로 농업에 종사하는 이의 계산에 따르면 그의 가정 외에 다른 가정을 하나, 둘 혹은 넷을 더 필요로 한다. 이렇게 해야 그는 자기 노동에서 나오는 생산물을 모두 처분할 수 있다.

제한된 시장에서도 유지되는 농업

그러므로 농업은 제한된 시장으로 인해 압박을 받으면서도 제조업보다는 훨씬 자기 자신을 잘 지탱할 수 있다. 그러므로 고대 이집트와 인도에서 봉쇄되었던 해외 시장은 국내 시장에 의해 어느 정도 보상이 되었다. 국내의 편리한 육상 교통망이 아주 유리한 방식으로 넓은 국내 시장을 국내의 다양한 지역에서 나오는 많은 생산물에 활짝 열어주었다. 인도는 국토가 넓기 때문에 자연스럽게 국내 시장도 아주 컸으며 인도에서 나는 다양한 제조품을 지원할 수 있었다.

그러나 고대 이집트는 국토가 협소해 잉글랜드 수준에도 미치지 못했으므로 이집트의 비좁은 시장 자체로는 다양한 제조품을 지원할 수 없었다. 따라서 쌀을 다량으로 수출하는 인도의 벵골주는 곡물 수출보다는 다양한 제조품 수출로 더 명성이 높았다. 이에 반해 고대 이집트는 고급 아마포 등 일부 제조품을 수출하기는 했으나 곡물을 많이 수출하는 것으로 명성이 높았다. 이집트는 오랫동안 로마제국의 곡창 역할을 했다.

중국의 국왕, 고대 이집트의 파라오, 여러 개로 나뉜 인도 왕국들의 왕은 토지세 혹은 지대에서 자기 수입의 전부 혹은 대부분을 얻었다. 이 토지세 혹은 지대는 유럽의 십일조처럼 토지 생산물의 일정 비율을 가져가는 것인데 보통 5분의 1이었다고 한다. 이 세금은 평가액에 따라 현물 혹은 돈으로 낼 수 있었다. 이 세금은 해마다 토지 생산물 총량 변동에 따라 많아지거나 적어졌다.

그러므로 이들 나라의 군주들은 농업의 이해관계에 특별히 신경 썼다. 토지 생산물 증감은 그들의 연간 수입 증감과 직접 연관되어 있었다.

고대 그리스, 로마의 농업과 무역

고대 그리스 공화국과 로마의 정책은 제조업이나 해외 무역보다 농업을 더 중시했으며, 이는 농업을 직접 혹은 의도적으로 격려하기보다는 제조업과 해외 무역을 억제하는 방향으로 나타났다. 고대 그리스의 여러 도시국가에서 해외 무역은 전면 금지되었다. 다른 일부 도시국가에서는 수공업과 제조업이 인체의 강건함과 민첩함에 해로운 직종으로 간주되었다. 그 도시국가들은 피로에 잘 견디고 전쟁 위험을 감당하는 습관을 만들어주는 군사적이고 체력적인 훈련을 강조했는데, 수공업과 제조업은 이러한 습관을 만들어주지 못한다고 보았다.

그런 업종은 노예에게나 적합한 것으로 간주되어, 도시국가의 자유민은 이런 직업을 가질 수 없었다. 공식적인 금지 조치가 없었던 로마나 아테네 같은 곳에서도 오늘날 도시 시민 중 하층 계급이 종사하는 모든 직업에도 대중은 사실상 접근할 수 없었다. 아테네와 로마에서 이런 업종은 모두 부유한 사람의 하인들이 맡아서 했다. 하인들은 주인의 복지를 위해 그런 일을 했으므로 부자들의 재산, 권력, 보호 아래 있었다. 따라서 가난한 자유민은 이런 노예들과 경쟁해야 하는 상황에서 자신의 노동력을 판매할 시장을 발견하기가 어려웠다.

그러나 노예들은 별로 창의적이지 못했다. 그리하여 기계나 노동을 용이하게 하고, 노동을 촉진하고 단축하는 일의 순서와 배분 등의 개선은 모두 자유민이 발견해냈다. 만약 어떤 노예가 이런 개선안을 낸다면, 주인은 그런 제안을 게으름의 소치 혹은 주인의 비용으로 노예 노동을 단축시키려는 의지의 표현으로 보기 십상이었다. 그리하여 좋은 제안을 한 노예는 상을 받는 것이 아니라 욕설을 듣거나 심지어 처벌을 당할 수도 있었다.

노예의 노동과 자유민의 노동

그러므로 노예가 수행하는 제조업은 자유민이 똑같은 일을 했을 때보다 더 많은 노동력이 투입되었다. 이 때문에 노예의 일은 자유민보다 더 비쌌다. 몽테스키외는 이런 말을 했다. 헝가리 광산은 이웃 터키 광산보다 광맥이 풍부하지는 않았지만 언제나 더 적은 비용으로 채광되었고, 그래서 더 많은 이윤을 올렸다. 터키 광산에는 노예들이 일했던 것이다. 터키인들은 광산에 노예의 양팔만 투입해야 한다고 생각했다. 헝가리 광산에는 자유민들을 투입했다. 그들은 다수의 기계류를 사용했고 덕분에 자기 노동을 촉진하고 단축할 수 있었다.

그리스·로마 시대의 제조품 가격에 대해서는 알려진 것이 별로 많지 않다. 그렇지만 고급 제품은 과도할 정도로 가격이 비쌌다. 비단은 금 무게만큼 비싸게 팔렸다. 당시 유럽산 제품들은 없었다. 그것은 모두 동인도제도에서 수입되었으므로 이처럼 높은 가격이 형성되는 데 일조했을 것이다. 그러나 귀부인이 고급 아마포에 지불하는 가격 또한 아주 높았던 것으로 보인다. 아마포는 언제나 유럽산 혹은 더 멀리는 이집트산이었으므로, 높은 가격은 그 제품에 들어간 노동 비용이 엄청나게 컸음을 증명하고, 또 그런 노동 비용은 거기에 이용된 기계가 아주 형편없었음을 말해준다. 고급 모직물 또한 과도하게 비싸지는 않았지만 오늘날보다는 훨씬 비쌌던 것으로 보인다.

플리니우스에 따르면[196], 특정 방식으로 염색된 어떤 옷감은 중량 1파운드에 가격이 1백 데나리 혹은 오늘날 화폐 단위로 3파운드 6실링 8펜스였다. 다른 방식으로 염색된 옷감은 1파운드 무게당 1천 데나리 혹은 33파운드 6실링 8펜스였다. 그런데 로마 1파운드는 그레이트브리튼 도량형으로는 12온스에 불과하다. 이처럼 높은 가격은 아마도 주로 염색 비용 때문인 듯하다. 옷감 자체가 오늘날의 어떤 옷감보다 훨씬 비쌌으므로, 그에 걸맞은 비싼 염료가 사용되었을 것이다. 그렇지 않으면 주[옷감]와 종[염색]의 불균형이 너무 커졌을 것이다.

같은 저자[197]가 언급한 트리클리나리아(식탁 안락의자에 앉아 기대는 모직 베개 혹은 쿠션)의 가격은 잘 믿기지 않는다. 어떤 것은 3만 파운드 또 무

---

196 플리니우스『자연사』, 1권 9장 섹션 39. —원주
197 플리니우스『자연사』, 1권 8장 섹션 48. —원주

엇은 30만 파운드 이상이나 나간다고 기록하고 있으니 말이다. 이 높은 가격은 염료 때문에 그렇게 된 것은 아니라고 한다.

아버스너트 박사의 설명에 따르면, 고대 상류계급의 남녀 복장은 오늘날보다 종류가 적었다. 고대 조각상들이 입고 있는 옷들을 보면 한결같다는 사실이 이런 설명을 뒷받침한다. 박사는 이런 사실을 근거로 그들의 옷이 전반적으로 오늘날 우리가 입고 있는 옷보다 저렴했다고 추론한다.

하지만 위 사실에서 그러한 결론이 도출된다고 보기는 어렵다. 유행하는 복장의 가격이 아주 비싸면 옷의 종류가 다양해질 수 없다. 그러나 제조업 기술과 노동생산력이 향상되어 어떤 옷을 만드는 데 들어가는 비용이 내려간다면, 옷의 다양성은 자연히 높아질 것이다. 부자들은 한 가지 옷만 입어서는 자신의 부를 드러내지 못할 것이므로 자연히 다양한 옷을 아주 많이 사 입음으로써 자신의 부를 드러내려 한다.

농업과 제조업은 상호 보완이 필요하다

앞에서 말했듯[3권 3장], 각국의 상업 중 가장 크고 중요한 분야는 도시 주민과 농촌 주민 사이에서 이루어지는 거래다. 도시 주민은 농촌으로부터 작업 원료와 생활 수단이 되는 미가공 생산물을 받아들인다. 그리고 농촌에 즉시 사용 가능한 제조품을 보내 이 미가공 생산물에 대한 대가를 지불한다.

이 두 부류의 주민 사이에서 이루어지는 거래는 궁극적으로 미가공 생산물의 특정 수량을 제조품의 특정 수량과 교환하는 것으로 이루어진다. 그러므로 제조품이 비싸질수록 미가공 생산물 가격은 싸진다. 어떤 나라든 제조품 가격을 높이면 토지의 미가공 생산물 가치는 낮아지는 경향이 있고, 그로써 농업을 저해한다. 미가공 생산물의 주어진 양, 결국 같은 말이 되겠지만 미가공 생산물 가격으로 사들일 수 있는 제조품 수량이 적으면 적을수록 그 미가공 생산물의 교환가치는 적어진다. 이렇게 되면 지주나 농부가 토지를 개량하거나 경작하여 미가공 생산물의 양을 늘릴 유인이 줄어든다.

게다가 한 나라에서 수공업자와 제조업자 숫자를 감축시키기 시작했다면 무엇이든 간에 국내 시장 규모도 줄어드는 경향이 있다. 국내 시장은 토지의 미가공 생산물을 위해서는 가장 중요한 시장인데, 이것이 타격을 받으므로 그로 인해 농업은 더욱 위축된다.

중상·중농주의는 자유방임주의보다 열등한 제도

그러므로 농업을 촉진하기 위해 다른 업종보다 농업을 선호하는 중농주의는 그것이 추구하는 목표와 정반대로 나가게 되고, 그것이 촉진하고자 하는 그 업종[농업]을 방해한다. 이런 관점에서 보면 중농주의는 중상주의보다 더 모순되는 사상이다. 중상주의는 농업보다는 제조업과 해외 무역을 장려함으로써 사회자본 중 특정 부분을 좀 더 유리한 분야에서 빼내 덜 유리한 업종을 지원하도록 한다. 그리하여 중상주의는 그것이 촉진하려는 업종을 결국에는 어느 정도 장려한다. 이에 반해 중농주의는 그것이 선호하는 업종을 종국에는 실제로 방해하고 만다.

그러므로 어떤 특별한 장려책으로 어떤 산업에 자연스럽게 흘러들어갈 사회자본보다 더 많은 자본이 흘러들게 하는 체계[중농주의]나, 특별한 제약으로 어떤 산업 분야에 흘러들어갈 자본을 그 산업으로부터 빼내려 하는 체계[중상주의]는 둘 다 그 사상이 달성하려는 커다란 목표를 실제로는 파괴한다. 그것은 사회가 진정한 부와 위대한 국가로 나아가게 하는 발전을 촉진하는 것이 아니라 지연시킨다. 또 토지와 노동의 연간 생산물의 실질가치를 높이지 않고 떨어뜨린다.

그러므로 특혜 또는 제한을 주장하는 체계가 완전히 철폐되면, 자연스러운 자유 체계가 저절로 확립될 것이다. 정의의 법률을 위반하지 않는 한, 모든 사람이 자신의 이해관계를 자기 방식대로 추구하고 또 자기 노동과 자본을 동원해 다른 사람과 경쟁하는 자유로운 방임이 허용된다.

이렇게 하면 국왕은 지금까지 맡아온 소위 번거로운 의무를 면제받는다. 지금껏 왕은 자신이 그런 의무를 수행할 수 있고 또 그리해야 한다는 망상에 무수히 빠져 있었다. 하지만 그런 번거로운 의무를 실제로 수행하고자 할 때 인간의 지혜나 지식은 언제든 충분했던 적이 없었다. 여기서 의무란,

무수한 개인의 노동을 감독해 그 노동이 사회의 이해관계에 가장 부합하는 방식으로 투자되도록 살피자는 것인데, 어떤 통치자가 이런 만기친람(萬機親覽)의 의무를 감당할 수 있겠는가?

국가의 3대 의무: 국방, 사법 행정, 공공시설 유지

자연스러운 자유무역주의 체계에 따르면, 국왕은 3가지 의무만 충실히 수행하면 된다. 그것은 아주 중요한 의무이면서 모든 사람이 쉽게 이해할 수 있는 것이다.

첫째, 다른 독립국의 폭력과 침략으로부터 국가를 보위하는 의무.

둘째, 국민이 다른 국민에게서 불의와 억압을 받지 않도록 보호하는 의무.

셋째, 공공시설을 건설하고 유지하며, 더 나아가 공공 제도를 유지하는 의무. 이러한 공공시설이나 제도의 건설과 유지는 어떤 개인이나 소수의 이익에만 봉사해서는 안 된다. 이러한 시설이나 제도의 혜택은 어떤 개인이나 소수의 비용을 상환해서는 안 되고, 사회 대다수 구성원의 비용을 상환하는 것이 되어야 하기 때문이다.

국왕이 이러한 의무를 수행하려면 필연적으로 특정 비용이 전제된다. 그리고 이런 비용은 또한 필연적으로 그것을 뒷받침하는 특정 수입을 필요로 한다. 그러므로 이어지는 제5권에서 나는 다음 3가지 사항을 설명할 예정이다.

(1) 군주국 혹은 공화국의 필요비용은 무엇인가? 이 비용 중 어떤 부분이 사회 구성원의 일반 납세로 충당되어야 하는가? 그 비용은 사회의 특정 부분, 그러니까 사회의 특정 구성원이 세금으로 부담해야 하는가?

(2) 전체 사회가 부담해야 하는 비용을 충당하는 데 있어, 전체 사회가 이바지할 수 있는 방법은 무엇인가? 주된 장점과 단점은 무엇인가?

(3) 거의 모든 현대 정부들이 이 국가 수입의 일부를 저당 잡혀 국채를 일으키는 이유와 원인은 무엇인가? 이러한 부채가 국가의 실질적인 부인 토지와 노동의 연간 생산물에 미치는 영향은 무엇인가?

이어지는 제5권은 이러한 세 가지 주제에 대해 세 장으로 나누어 진행된다.

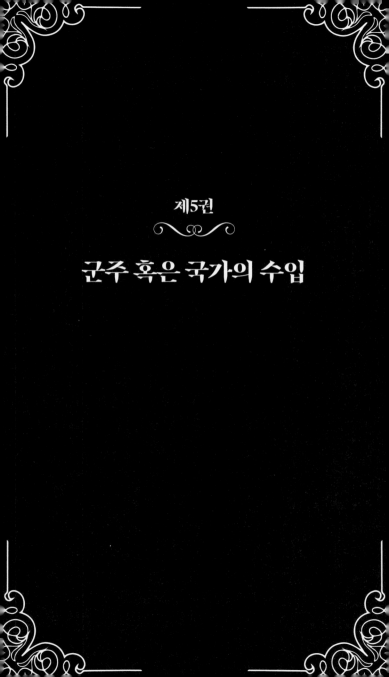

제5권

군주 혹은 국가의 수입

제1장

군주 혹은 국가의 비용

제1절
국방비

◇

군주의 최우선 의무는 다른 독립 국가들의 폭력과 침공에서 사회를 보호하는 것이며, 이것은 오로지 군사력에 의해서만 달성 가능하다. 하지만 평시에 이런 군사력을 준비하고, 전시에 그런 군사력을 투입하는 비용은 각 사회의 상황과 발전 단계에 따라 아주 다르다.

북아메리카 여러 원주민 부족에서 알 수 있듯, 인디언들의 사냥꾼 부족은 가장 저급하고 미개한 상태이며, 이 사회에서 모든 남자는 전사이자 사냥꾼이다. 자신이 속한 사회를 지키기 위해 혹은 다른 사회가 자기에게 입힌 상처를 보복하고자 전쟁에 나설 때 그들은 집에서 생활하는 것과 같은 방식으로 자기 노동을 통해 전시 상황에 대비한다. 이런 상태의 사회에서 제대로 된 군주나 국가는 없으므로 전사를 전장에 나가도록 준비시키고 전쟁에 참여하는 동안 전사를 부양하는 비용은 그 사회가 부담하지 않는다.

타타르인과 아랍인의 군사적 능력

타타르인이나 아랍인에게서 확인할 수 있듯 좀 더 진보된 상태의 사회, 즉 유목 민족에서도 사회의 모든 남자는 같은 방식으로 전사 노릇을 수행한다. 그런 부족은 일반적으로 거주지가 일정하지 않고, 쉽게 이동하는 천막이나 덮개를 씌운 마차 같은 공간에서 생활한다. 전 부족은 계절 변화는 물론이고 어떤 사건의 발생에 따라 거주지를 바꾼다. 가축 떼가 어떤 지역에서 먹이를 모두 먹어치우면 부족은 다른 곳으로 이동하며, 그곳에서도 사료가 바닥나면 다른 곳으로 이동한다. 그 부족은 건기에는 강둑으로 내려오고, 우기에는 위쪽 건조한 지역으로 물러난다. 그런 부족이 전쟁에 나설 때 전사들은 허약한 노인에게 가축 떼를 맡기지 않고, 거주지 방비와 생활 수단 없이 여자와 아이를 뒤에 남겨두지도 않는다.

게다가 부족 전체는 평시에도 유랑 생활에 익숙하기에 전쟁이 터지면 전투를 쉽게 받아들인다. 전 부족이 군대 행렬을 이루어 진군하든 목축 집단으로 이동하든, 목표는 다르겠지만 생활 방식은 거의 같다. 따라서 그들은 전 부족이 함께 전쟁에 나서며, 할 수 있는 일을 모두 함께한다. 타타르인 사이에서는 여자조차도 종종 전투에 참여하는 것으로 알려져 있다. 다른 부족과 싸워 정복하면 그들은 적대 부족의 물품은 무엇이든 승리의 보상으로 가져간다. 반대로 전투에서 패배하면 모든 것을 잃는다. 가축 떼뿐만 아니라 여자와 아이도 정복자의 전리품이 된다. 전투에서 생존한 자들 대부분도 살아남으려면 정복자에게 투항해야 한다. 항복을 거부하는 나머지 사람들은 보통 불모지대로 뿔뿔이 흩어진다.

타타르인이나 아랍인은 일상생활이 곧 군사 훈련을 겸하므로 충분히 전쟁에 대비되어 있다. 달리기, 격투, 봉술, 투창, 활쏘기 등은 야외에 사는 사람들의 일반적인 취미이며, 그런 취미는 모두 전쟁과 결부되어 있다. 타타르인이나 아랍인이 실제로 전쟁에 나설 때 그들은 평시와 마찬가지로 부족 소속과 가축 떼의 지원을 받는다. 부족에는 모두 족장이나 군주가 있지만, 그들은 전사들을 전투에 내보내는 비용을 일절 부담하지 않는다. 전사들은 무조건 전쟁에 참여해야 하고 약탈만이 보상의 기회로 주어진다.

사냥꾼 부족의 군대는 대체로 2백에서 3백 명을 넘어서지 않는다. 불안정한 생계 수단인 사냥은 오랫동안 많은 사람을 단결시키기 어렵다. 반면 목축 집단의 군대는 때로 20만 혹은 30만 명을 유지할 수 있다. 누가 그들의 전진을 막지 않는 한, 먹이를 다 소모한 어떤 구역에서 또 다른 먹이를 찾아 다른 구역으로 이동할 때 함께 이동하는 숫자에는 거의 제한이 없기 때문이다. 사냥꾼 부족은 문명화된 이웃 나라에 절대 무서운 적이 될 수 없지만, 유목 민족은 그렇게 될 수도 있다. 북아메리카에서 인디언과의 분쟁보다 더 경멸스러운 일은 없다. 그와는 정반대로 아시아 전역에서 자주 발생했던 타타르 침공은 아주 끔찍했다.

단합된 목동의 나라는 문명국을 위협한다

고대 그리스 역사가 투키디데스[198]는 유럽이나 아시아는 단합된 스키타이인에 저항할 수 없다고 주장했는데 이는 모든 시대의 경험으로 입증되었다. 스키타이나 타타르의 광대하지만 무방비한 평원 주민은 종종 어떤 정복 집단이나 일족 족장에게 지배를 받아 통합되었고, 아시아의 대혼란과 대파괴는 늘 그러한 통합이 있었음을 보여준다. 살기 힘든 아라비아 사막의 주민, 즉 거대한 목축 집단은 딱 한 번 통합된 적이 있는데, 그것을 이뤄낸 것은 마호메트와 그의 직속 후계자들이었다. 그들의 통합은 정복보다는 종교적 열광의 결과였는데, 이 또한 대혼란과 파괴를 수반했다. 만약 아메리카 사냥꾼 집단이 목축 집단이 되었다면 그들과 인접한 유럽 식민지들은 훨씬 더 위험을 느꼈을 것이다.

더 발전된 사회 상태에서, 해외 무역을 거의 하지 않는 농경 집단, 즉 가족이 자기 집에서 소비하는 조악한 제품 외에는 다른 제품을 생산하지 않는 집단에서는 모든 남자가 전사가 되거나, 쉽게 전사가 될 수 있다. 농업으로 생활하는 그들은 보통 모든 계절의 궂은 날씨에 노출된 채 야외에서 종

---

198 그리스의 역사가(기원전 460-399). 기원전 431년에서 404년 사이에 벌어진 펠로폰네소스와 아테네의 전쟁을 다룬『펠로폰네소스 전쟁』의 저자이다.

일 시간을 보낸다. 이런 일상의 고단함은 그들을 전쟁의 잡역에 미리 대비시키는데, 농업의 필수적인 일들 몇 가지는 전시 잡역과 대단히 비슷하기 때문이다. 도랑을 파본 사람은 참호를 팔 수 있고, 밭을 에워싸는 일을 해본 사람은 진지 구축도 할 수 있다. 농부의 일상적인 취미는 유목민과 마찬가지로 전쟁 취미다. 하지만 유목민보다 여가를 즐길 여유가 더 없기에 농부는 그런 취미를 그리 자주 즐기지는 못한다. 그들은 군인이지만, 군인으로서 훈련에 완전히 숙달되지는 않았다. 하지만 그들의 군주나 국가는 그들을 싸움터에 내보내는 비용을 거의 부담하지 않는다.

그리스·로마의 모병 방식

가장 미개하고 조악한 상태에서조차 농업은 정착을 전제로 한다. 커다란 손실 없이는 포기할 수 없는 일종의 고정된 거주지가 있어야 한다. 따라서 어떤 농부 집단이 전쟁에 나서면 모든 사람이 전장에 함께 나설 수는 없다. 노인, 여자 그리고 아이는 최소한 거주지를 돌보기 위해 정착지에 남아야 한다. 하지만 모든 복무 연령대의 남자는 전장에 나서야 하고, 이런 병력 동원은 규모가 작은 부족 사이에서 빈번히 발생했다. 대체로 보아 복무 연령대 남자는 부족 전체 인구의 4분의 1 혹은 5분의 1에 해당한다. 전쟁이 파종기 이후에 시작되어 수확기 이전에 끝난다면 농부와 그의 주된 일꾼은 큰 손실 없이 농장을 잠시 비울 수 있다. 그들이 전쟁에 나가 정착지를 비우는 동안 노인, 여자 그리고 아이는 할 일을 충분히 수행할 수 있다고 여겼다. 따라서 그들은 단기간에 아무 보수 없이 전쟁에 나서는 것을 꺼리지 않는다. 그리고 군주나 국가가 그들에게 전쟁 대비를 시키거나 전쟁에 나섰을 때 그들을 부양하는 데는 거의 비용이 들지 않는다.

고대 그리스의 모든 나라의 시민은 제2차 페르시아 전쟁[기원전 490년] 이후까지, 펠로폰네소스인은 펠로폰네소스 전쟁 이후까지 이런 식으로 복무했다. 투키디데스가 언급한 것처럼 펠로폰네소스인은 보통 수확을 위해 여름에는 전장을 떠나 고향으로 돌아갔다. 왕정 시대와 공화정 시대의 초창기 로마인들 역시 그런 식으로 복무했다. 고향에 남은 사람들이 후방에서 전쟁을 돕기 시작하여 전쟁에 나선 이들을 부양한 것은 로마의 이웃 부족인 베이이 공성전 때였다. 봉건 제도가 정착되기 전후에 로마제국의 폐허 위에 설립된 여러 유럽 군주국의 경우, 대영주들은 수하에 딸린 모든 가신과 함께 자기 비용으로 국왕에게 봉사했다. 고향에서도 전장에서도 그들은 자기 수입으로 생활했으며, 국왕에게서 받는 보수나 은급을 그러한 경우에 사용하지는 않았다.

제조업 발달과 전쟁기술 향상

더욱 진보된 상태의 사회에서, 전투에 나서는 사람은 두 가지 다른 원인 때문에 스스로 전쟁 비용을 부담할 수 없다. 두 원인은 바로 제조업 향상과 전쟁 기술 개선이다.

농부가 원정에 나서더라도 전쟁이 파종기 이후에 시작되어 수확기 이전에 끝난다면 생업이 방해받더라도 수입에는 큰 감소가 발생하지 않을 것이다. 그가 직접 노동하지 않더라도 자연은 남은 작업 대부분을 처리해준다. 하지만 수공업자, 대장장이, 목수 혹은 방직공이 작업장을 비우는 순간 그가 수입을 얻는 유일한 근원은 완전히 사라진다. 자연은 그를 위해 아무것도 해주지 않으며, 자신이 없으면 아무것도 이루어지지 않는다. 따라서 그가 나라를 지키고자 전장에 나설 때 자신을 부양할 수입이 없으므로 반드시 나라에서 부양해야 한다. 하지만 주민 대다수가 수공업자와 제조업자인 나라에서, 전쟁에 나서야 하는 사람 대다수는 그런 직업군에서 뽑아야 하므로, 그들이 복무하는 동안 나라에서 그들을 부양해야 한다.

전쟁 기술이 점차 복잡하고 알기 어려운 방식으로 발전했을 때 그리고 전쟁이 사회 초창기처럼 단 한 번의 불규칙적인 소규모 접전이나 전투로 결정되지 않고 여러 다른 전쟁으로 번져서 오래 지속하고, 그런 전쟁이 한 해 내내 지속한다면 어떻게 할까? 최소한 전쟁에 나선 이들이 복무하는 동안만이라도, 나라가 그들을 보편적으로 부양해야 한다. 그렇지 않으면 평시에 전쟁에 나선 자들의 통상 직업이 무엇이든 간에 무척 따분하고 값비싼 복무가 되므로 전사들에게 엄청난 부담을 안길 것이다.

이런 이유로 제2차 페르시아 전쟁 이후 아테네 군대는 보통은 용병 부대로 구성되었으며, 실제로 이들 중 일부는 시민, 다른 일부는 외국인이었다. 이들은 모두 똑같이 국가 비용으로 고용되고 봉급을 받았다. 베이이 포위 공성전 때부터 로마군은 전장에 있는 동안에 봉급을 받았다. 봉건 정부에서 대영주와 그들의 직속 가신이 수행해야 하는 군역은 특정 시기 이후에는 보편적으로 화폐 지급으로 대체되었고, 이 돈은 그들 대신 군 복무에 나가는 자들의 유지비로 사용되었다.

문명국에서는 군 복무자가 민간인보다 적다

전체 인구 대비 전쟁에 나설 수 있는 자의 숫자가 미개 사회보다 문명 사회에서 훨씬 적은 것은 필연적이다. 문명화된 사회에서 군인은 전적으로 민간인의 노동에 의해 부양되므로, 군인 수는 민간인이 자신을 부양하는 비용과 행정관 및 법관 유지 비용을 지불한 후 남는 여유로운 비용으로 감당 가능한 수준을 절대로 넘을 수 없다.

고대 그리스의 작은 농업 국가에서는 전체 인구의 4분의 1 혹은 5분의 1이 자신을 군인으로 여겼고, 때때로 기꺼이 전쟁에 나섰다. 현대 유럽 문명국에서는 주민 100분의 1 이상이 군인으로 고용될 수 없으며, 그 비율을 넘으면 복무 비용을 대느라 나라가 망한다는 게 일반적인 계산이다.

군대를 조직하고 전투에 투입하는 비용은 군주나 국가가 전적으로 야전군을 부양하게 된 이후에도 상당히 오랜 기간 동안 큰 비용이 아니었다는 것을 알 수 있다. 고대 그리스의 모든 나라에서 군사 훈련을 받게 한 것은 모든 자유민에게 나라가 의무적으로 부과한 필수 교육이었다. 모든 도시에는 행정 장관의 보호를 받는 공공 경기장이 있었으며, 여기서 청년들은 여러 스승 아래서 각기 다른 훈련을 받았다. 이런 무척 단순한 제도에는 그리스 국가가 시민을 전쟁에 대비하게 하는 모든 비용이 포함되어 있었다. 고대 로마가 캄푸스 마르티우스[199]에서 실시한 훈련은 고대 그리스가 김나지움에서 실시한 훈련과 같은, 전쟁 대비라는 목적을 지닌다. 봉건 정부는 많은 공적 법령에서 모든 지역 시민이 궁술은 물론 다른 여러 군사 훈련을 고대 국가들처럼 받아야 한다고 규정했지만, 실제로 그렇게 되지는 않았던 것으로 보인다. 그런 법령의 실행을 맡은 관리들의 관심 부족이든 혹은 다른 이유가 있든, 그런 법령들은 보편적으로 무시되었다. 각국 정부에서는 점차 군사 훈련을 실시하지 않게 되었다.

고대 그리스와 로마의 공화국들은 존속 기간 내내 그리고 건국 후 상당 기간 봉건 정부하에서, 군인이라는 직업은 특정 시민 계층이 배타적으로 선택하는 별개의 뚜렷한 직군이 아니었다. 모든 국민은 생계를 유지하는 직업이 무엇이든 일상에서 군인 임무를 수행할 수 있다고 생각했고, 실제로 많은 이례적인 경우에는 군인 임무를 수행했다.

전쟁 기술에도 분업이 필요

하지만 전쟁 기술은 분명 모든 기술 중에서 가장 중요하며, 따라서 사회 발달 과정에서 필연적으로 가장 복잡한 기술 중 하나가 된다. 기계적 기술 상태와 더불어, 전쟁 기술과 필연적으로 연관된 다른 몇몇 기술 상태는 그 시대에 수행 가능한 전쟁 기술의 완성도를 결정한다. 하지만 전쟁 기술이 이런 높은 완성도를 갖추려면 특정 시민 계층의 유일한 혹은 주된 직업이 되어야 한다. 그리하여 모든 다른 기술과 마찬가지로 전쟁 기술 향상에서도 분업은 필수 조건이 된다. 다른 기술 분야에서 많은 일을 하는 것보다 특정 직업에 전념하는 것이 자신의 사적 이익을 더 잘 키울 수 있다는 생각을 하게 된 개인이 분업을 신중하면서도 자연스럽게 받아들인다.

하지만 군인을 다른 모든 업종과 뚜렷이 구별되는 별개의 직업으로 만드는 것은 오로지 나라의 지혜로운 판단에서 나온다. 무척 평화로운 시기

---

199 Campus Martius. 로마시 경계의 북서쪽 경계 밖에 있는 공원 겸 위락지. 로마 초창기에는 로마군의 연병장이면서 민회 모임 장소였다. 이곳에 세워진 군신 마르스에게 바친 제단에서 그 이름이 유래했다. 이곳에 공공건물이 점차 들어서기 시작했고 기원전 221년에는 플라미니우스 원형경기장이 건설되었다. 영화『벤허』에 나오는 전차 경기장이 이곳이다. 기원전 52년에 폼페이우스가 이 경기장 근처에 로마 최초의 극장을 건립했다.

에 한 개인이 나라의 특별한 격려 없이 제시간 대부분을 군사 훈련에 쓴다면, 분명 그 분야에서는 크게 발전하고 스스로도 무척 즐길 수 있겠지만, 자기의 최선의 이익을 위해 행동하는 것은 아니다. 시간 대부분을 특정 직업에 들이는 게 개인의 이익이 될 수 있게 하는 것은 오로지 국가의 현명한 판단에 의해서다. 그런데 나라가 항상 이런 현명함을 지닌 것은 아니다. 나라가 존속하기 위해 그런 지혜가 꼭 필요할 정도의 상황이 되었을 때조차 현명한 판단을 내리지 못할 때가 허다하다.

유목민은 한가한 시간이 많다. 농부는 농업 기술이 아직 발달하지 않은 상태라면 약간의 자유 시간이 있다. 하지만 수공업자나 제조업자에게는 여가가 전혀 없다. 유목민은 어떠한 손실 없이도 군사 훈련에 상당한 시간을 들일 수 있다. 농부는 손실 없이 약간의 시간을 전용할 수 있다.

하지만 수공업자나 제조업자는 손실을 보지 않고는 단 한 시간도 군사 훈련에 전념할 수 없다. 또한, 그들은 자기 이익에 관심이 많으므로 자연스럽게 군사 훈련을 완전히 무시한다. 기술과 제조업 발달이 필연적으로 가져오는 농업 기술 향상으로 농부도 기술자만큼 한가한 시간이 없다. 그리하여 군사 훈련은 도시 주민에게 그렇듯 농촌 주민에게도 등한시되고, 국민 대다수는 군기가 빠져 전쟁을 싫어한다. 동시에 농업과 제조업 발전으로 국부가 누적되면 모든 인접국은 침공할 기회를 노린다. 생업에 부지런하다는 이유로 부유한 나라는 이처럼 공격받을 가능성이 큰 나라가 된다. 국방을 위해 여러 조치를 새로 취하지 않으면, 전쟁을 싫어하는 국민의 타고난 성향 때문에 그 나라는 무방비 상태가 된다.

군대를 유지하는 두 가지 방식: 민병대와 상비군

이런 상황에서 나라가 국방을 위해 적절히 대비하는 방법은 두 가지다.

먼저, 국민의 이익, 재능 또는 성향과 관계없이 엄격한 정책을 통해 군사 훈련을 받도록 강제하고, 어떤 직업에 종사하든 연령대에 따라 모든 시민 혹은 특정 숫자의 시민에게 군인의 임무를 수행하도록 의무를 부과하는 것이다.

두 번째는, 특정 수의 시민을 따로 선발하여 부양하고 고용함으로써 계속 군사 훈련을 받게 하고, 군인이라는 직업을 다른 모든 직업과 뚜렷하게 구분되는 별개의 업종으로 만드는 것이다.

나라가 첫 번째에 의지하면 군대는 민병대로 구성된 것이고, 두 번째에 의지한다면 상비군으로 구성되었다고 한다. 군사 훈련은 상비군 군인의 유일한 혹은 주된 일이며, 나라가 그들에게 제공하는 생활비 혹은 봉급은 그들의 생계를 유지하는 주요 수단이 된다. 민병대 군인에게는 군사 훈련 실행이 가끔 있으며, 그들은 자신이 종사하는 직업에서 생계비를 얻는다. 민병대에서는 노동자, 기술자, 상인이라는 특징이 군인 특징보다 두드러지며, 상비군에서는 다른 모든 특징보다 군인의 특징이 두드러진다. 이런 구분에서 본질적인 차이가 있다.

민병대의 여러 종류

민병대에는 여러 부류가 있다. 일부 국가에서 나라를 지키도록 정한 시민은 훈련만 받고 부대에 편입되지는 않는 것으로 보인다. 즉, 별개의 뚜렷한 부대로 편성하지 않고 제대로 된 종신 장교 밑에서 훈련 성과를 올리는 일은 없었다. 고대 그리스와 로마에서 각 시민은 고향에 머무는 동안, 개별적·독립적으로 훈련하거나, 가장 즐겨 어울리는 동년배와 함께 훈련했다. 실제로 전투에 소집되기 전까지 시민은 특정 부대에 배속되지 않았다. 일부 다른 나라에서 민병대는 훈련할 뿐만 아니라 부대로 편성되었다. 내가 알기로는 잉글랜드와 스위스 그리고 이런 부류의 불완전한 민병대를 설립한 모든 다른 현대 유럽 국가에서, 민병들은 평시조차 특정 부대에 배속되어 제대로 된 종신 장교의 지도 아래 훈련을 받았다.

화기(총포) 발명 이전에는 군인 각자가 훌륭하게 무기를 다루는 기술과 재주를 가진 군대가 우월했다. 강인한 체력과 민첩성은 가장 중요한 요소였으며, 이것이 통상적으로 전투를 결정했다. 하지만 이런 무기를 다루는 기술과 재주는 대규모 집단이 아닌 현재 펜싱을 배우듯 개인이 독자적으로 특정 훈련소의 특정 스승에게서 혹은 특정 동년배나 동료에게서 받는 훈련으로만 습득할 수 있었다. 화기 발명 이후에도 체력과 민첩성 혹은 무기 쓰는 비상한 재주와 기술 등이 중요했지만, 그래도 전보다 그 중요성은 줄었다. 화기의 본질은 서투른 사람이 능숙한 사람과 똑같은 수준은 아니더라도 이전보다 전자가 훨씬 후자에 가까워져서 별 차이 없게 만드는 데 있다. 화기 쓰는 데 필요한 모든 재주와 기술은 대규모 집단에서 훈련해도 충분히 습득할 수 있다고 생각했다.

질서, 규율 그리고 명령에 대한 즉각적인 복종은 현대 전투에서 전투의 운명을 결정하는 데 무기를 다루는 재주와 기술보다 더 중요한 요소들이다. 하지만 화기 소음, 연기 그리고 모든 사람이 착탄 거리 안에 들어서자마자 매 순간 느끼게 되는 죽음의 공포, 또 교전이 시작되기 한참 전부터 종종 느끼는, 보이지 않지만 느껴지는 죽음에 대한 두려움은 현대전 초창기에 이런 질서, 규율, 즉각적 복종을 상당 수준으로 유지하는 것을 무척 어렵게 했다. 고대 전투에서는 인간이 내는 소음 외에는 다른 소음이 없었다. 포탄의 피어오르는 연기도 없었고, 상처나 보이지 않는 치명적인 원인도 없었다. 모든 병사는 어떤 치명적인 무기가 실제로 눈앞에 보일 때까지 인근에 존재하지 않는다는 것을 알았다. 이런 상황에서 무기 다루는 기술과 재주에 확신을 가진 부대에서는 전투 시작뿐만 아니라 전투 과정 내내 그리고 어느 한쪽이 크게 패퇴할 때까지 일정 수준의 질서와 규율을 보존하는 게 그다지 어렵지 않았다.

민병대는 상비군보다 군사력이 열등하다

하지만 질서, 규율 그리고 명령에 대한 즉각적 복종 습관은 대규모 집단에서 훈련받은 부대만 획득할 수 있다. 민병대는 어떤 규율을 지키든 또 어떻게 훈련을 받든 간에, 늘 훌륭하게 규율이 서 있고 잘 훈련받은 상비군과 비교하면 군사력이 훨씬 열등하다.

매주 한 번 혹은 매달 한 번 훈련받는 군인은 절대로 매일 혹은 격일로 훈련받는 군인들만큼 무기를 잘 다루지 못한다. 현대에 와서 이런 군사 훈련이 고대보다는 크게 중요하지 않게 되었지만, 프로이센 군대가 강군으로 평가받는 이유는 이런 훈련을 철저히 숙달했기 때문이라는 것은 널리 알려져 있다. 이것으로, 오늘날조차 군사 훈련이 무척 중요함을 우리도 납득하게 된다.

매주 한 번 혹은 매달 한 번 장교에게 복종하며 나머지 모든 시간에는 자유롭게 자기 방식대로 일 처리하고 그 외에는 장교에게 보고할 필요가 없는 군인과, 날마다 모든 생활과 행동을 장교의 지시에 따르며, 매일 기상과 취침 혹은 최소한 막사로 물러나는 것까지 장교의 명령에 따라야 하는 군인이 있다고 해보자. 이 둘을 비교한다면 민병대원은 직업 군인만큼 장교에 경외심을 갖지 않는 게 분명하며, 후자만큼 장교에게 기꺼이 복종하려는 성향을 보이지 못한다. 규율이나 기꺼이 복종하려는 군기는 상비군에 비해 민병대원들이 훨씬 떨어지며, 집총 훈련 혹은 무기 관리와 활용 분야에서는 더욱더 열등하다. 그러나 현대 전투에서 즉각 복종하는 습관은 무기를 잘 다루는 것보다 훨씬 더 중요하다.

타타르나 아랍인 민병대, 즉 평시에도 늘 복종하며 족장의 지휘를 받고 전쟁에 나서는 민병대는 단연코 최고 수준이다. 그들이 장교를 향해 보이는 존경, 즉 기꺼이 복종하려는 습관은 그들을 거의 상비군 수준으로 끌어올린다. 스코틀랜드 고지 민병대는 족장 휘하에서 복무할 때 이와 비슷한 특징을 보인다. 하지만 고지 사람은 돌아다니지 않고 한 군데 정착해 사는 목축인이다. 일정한 거주지가 있는 그들은 평시에 족장을 따라 이리저리 움직이는 것에 익숙하지 않아 전시에 상당히 먼 곳으로 가거나 오래 전장에 머무르는 것을 그다지 반기지 않았다. 그들은 전리품을 얻으면 어떻게든 고향으로 가져가려고 했고, 족장의 권위는 그들을 붙들기에는 좀처럼 강하지 못했다. 복종의 측면에서 스코틀랜드인은 타타르인과 아랍인이 보여줬던 것에 한참 못 미쳤다. 고지 사람 역시 정주 생활을 하면서 야외에서 보내는 시간이 많지 않았기에 늘 타타르인이나 아랍인보다 군사 훈련에 익숙하지 못했으며, 무기 다루는 숙련도도 그들에게 미치지 못했다.

하지만 반드시 주목해야 할 사항이 하나 있다. 어떤 부류의 민병대든 여러 번 연달아 전장에 나서면 모든 측면에서 상비군에 버금가게 단련된다는 것이다. 민병대원들은 매일 무기 다루는 훈련을 받고, 지속해서 장교의 지휘를 받게 되어 상비군이 보일 법한 즉각적인 복종에 익숙해진다. 전장에 투입되기 전에 그들의 상태가 어땠는지는 별로 중요하지 않다. 그들은 몇 차례 전쟁을 겪으면서 필연적으로 모든 측면에서 상비군으로 격상된다. 아메리카에서 전쟁이 오래 지속되어 또 다른 출정을 하게 되면 아메리카 민병대는 모든 측면에서 최근의 7년 전쟁에서 무용을 과시한 상비군에 필적할 것이며, 프랑스와 스페인의 맹렬한 베테랑 상비군에도 뒤지지 않을 것이다.

이런 차이를 잘 이해했다면 모든 시대의 역사를 볼 때, 제대로 통제되는 상비군이 민병대에 대해 압도적인 우위를 지녔음을 증명해줄 것이다.

상비군의 역사적 사례

믿을 만한 역사서에 뚜렷하게 기록되어 있는 첫 번째 상비군 중 하나는 마케도니아의 필리포스가 휘하에 거느린 군대다. 그는 트라키아인, 일리리아인, 테살리아인 그리고 마케도니아 인근의 몇몇 그리스 도시와 자주 전쟁을 벌였으며, 민병대로 시작한 휘하 부대를 점차 엄중한 규율을 지키는 상비군으로 바꿔 나갔다. 좀처럼 드물게 찾아오는 짧디짧은 평화로운 시기에도 그는 해당 군대를 해산하지 않도록 신경 썼다.

실제로 이 군대는 길고 맹렬한 싸움 끝에, 용맹하고 잘 훈련된 고대 그리스의 주요 국가 민병대들을 완파하고 정복했으며, 이후 나약하고 훈련도 제대로 받지 않은 페르시아 제국 민병대를 거의 싸움이랄 것도 없이 완벽하게 무찔렀다. 그리스 국가들과 페르시아 제국의 몰락은 마케도니아 상비군이 다양한 형태의 민병대에 대해 압도적인 군사적 능력을 보여준 결과였다. 이는 역사서가 뚜렷하게 혹은 상세하게 기록을 보존한, 인류 역사에서 처음으로 등장한 커다란 변화다.

카르타고의 몰락과 그에 따른 로마의 번성은 두 번째 변화다. 유명한 두 나라의 운명에서 나타나는 모든 변화 과정은 상비군 대 민병대라는 관점으로 훌륭히 설명할 수 있다.

제1차 카르타고 전쟁이 끝나고 제2차 카르타고 전쟁이 시작되는 동안, 카르타고군은 계속 전장에 머물렀으며, 세 명의 뛰어난 장군들이 지휘를 맡았다. 이 장군들은 차례로 전임자에게서 지휘권을 물려받았다. 처음은 하밀카르, 다음은 그의 사위 하스드루발, 그다음은 하밀카르의 아들 한니발이었다. 카르타고 군대는 처음에는 반란을 일으킨 노예를 징벌했고, 이후 아프리카에서 반란을 일으킨 나라를 진압했으며, 마지막으로 거대한 스페인 왕국을 제압했다. 한니발이 스페인에서 이탈리아로 이끈 군대는 여러 전쟁의 경험을 통해 엄격한 규율을 갖춘 상비군으로 발전했을 것이다.

그러나 로마인들은 완전히 평화로운 시기는 아니었지만, 이 기간 동안 큰 전쟁에 휘말리지 않아 군율이 상당히 느슨해졌다. 한니발이 트레비아, 트라시메누스, 칸나이에서 격파한 로마군은 상비군에 대항하는 민병대일 뿐이었다. 이런 상황이 해당 전투의 운명을 결정하는 데 다른 무엇보다도 결정적인 요인이었을 개연성이 높다.

한니발의 상비군과 로마의 민병대

한니발이 스페인에 남긴 상비군은 로마가 대항하고자 보낸 민병대에도 역시 똑같은 우월성을 발휘했다. 지휘권을 맡은 한니발의 동생 하스드루발 바르카는 몇 년 안에 로마 민병대를 스페인 곳곳에서 거의 쫓아냈다.

그러나 한니발은 조국 카르타고에서 제대로 보급을 받지 못했다. 로마 민병대는 계속 전장에 나섰고, 전쟁이 흘러가는 동안 군율도 잘 잡히고 훈련도 잘 받은 상비군으로 변모해갔다. 한니발 군대의 우월한 군사력은 매일 줄었다. 하스드루발은 스페인에서 자신이 지휘하는 모든 혹은 거의 모든 상비군을 이끌고 이탈리아에 있는 형을 도와야 한다고 판단했다. 이 진군에서 한니발의 동생은 길잡이의 잘못된 정보에 이끌려 지형을 알지 못하는 곳으로 들어섰고, 모든 면에서 자기 군대와 동등하거나 혹은 그보다 우월한 로마 상비군에게 기습을 당해 완패했다.

하스드루발이 스페인을 떠난 후, 스키피오 아프리카누스는 자신의 군대보다 군사력이 약한 민병대 외에는 스페인에서 대항할 군대가 없음을 깨달았다. 그는 스페인 전쟁 중에 카르타고의 민병대를 정복하고 진압했으며,

스키피오의 민병대는 필연적으로 군율이 잘 잡히고 훈련된 상비군으로 변모해갔다. 그의 휘하 상비군은 이후 스페인을 떠나 아프리카로 건너갔고, 그곳 또한 상대가 민병대밖에 없음을 확인했다. 이제 카르타고 당국은 본국을 지키고자 로마에 원정 간 한니발 상비군을 불러와야 했다. 아프리카에 건너온 한니발 군대에는 번번이 패배해 용기를 잃은 아프리카 민병대가 합류했다. 결국, 민병대가 한니발 부대 대부분을 구성했다. 이어 벌어진 자마 전투에서 상비군이나 다름없는 스키피오 군대가 한니발을 무찔렀고 이 전투는 당시에 세계 패권을 놓고 싸우는 두 경쟁국의 운명을 결정했다.

제2차 카르타고 전쟁의 끝부터 로마 공화정이 몰락할 때까지 로마군은 모든 측면에서 상비군이었다. 마케도니아 상비군은 로마군에 대항해 어느 정도 저항했다. 로마군의 위용이 정점에 있을 때도 로마군은 그 작은 왕국을 진압하고자 두 번의 큰 전쟁과 세 번의 큰 전투를 치러야 했다. 이런 정복은 마케도니아 최후의 왕이 비겁하지 않았더라면 수행하기가 훨씬 더 어려웠을 것이다. 고대 세계 모든 문명국, 즉 그리스, 시리아, 이집트의 민병대조차 로마 상비군에 대항해서는 미미한 저항만을 했을 뿐이다. 몇몇 야만스러운 나라의 민병대는 훨씬 더 나은 국방 수준을 보였다.

미트리다테스[200]가 흑해와 카스피해 북쪽 나라들에서 데려온 스키타이나 타타르 민병대는 로마인들이 제2차 카르타고 전쟁 이후 만난 가장 강력한 적이었다. 파르티아와 게르만 민병대도 훌륭했으며, 여러 경우에서 로마군을 상대로 큰 우위를 점했다. 하지만 대개 지휘만 잘 받는다면 로마군은 그들보다 훨씬 우세했던 것으로 보인다. 로마인들이 파르티아와 게르만을 완전히 정복하려 하지 않았던 것은, 이미 거대해진 로마제국에 이 두 나

---

200 흑해 남쪽 해안에 있었던 폰투스 왕국의 왕(재위 기원전 120-63). 로마와 두 번에 걸쳐 전쟁을 벌였다. 그는 폼페이우스 휘하의 로마군에 패배해 크리미아로 피신했다. 여기서 반격을 위해 병사들을 다시 모병할 계획이었으나 그의 아들 파르나케스가 벌인 반란으로 좌절되었다. 그는 기원전 63년에 반란 세력에게 붙잡히기보다는 독약으로 자살을 선택했다. 하지만 평소 조금씩 독약을 먹어서 그 약에 내성이 생겨 금방 죽지 않자, 노예에게 명해 자신의 목을 치도록 했다.

라를 포함시킬 가치가 없다고 판단했기 때문이었다. 고대 파르티아인은 스키타이나 타타르 혈통으로 보이며, 항상 선조의 관습을 상당 부분 유지했다. 고대 게르만인은 스키타이인이나 타타르인처럼 유목민 무리였으며, 평시에도 늘 따르던 족장의 지휘를 받아 전장에 나섰다. 게르만 민병대는 스키타이나 타타르 민병대와 유사한 특성을 가지며, 그들의 후손일 가능성이 높다.

로마군의 기강해이 사유들

로마군의 규율이 느슨해진 원인은 여러 가지다. 군율이 극도로 엄격했던 것도 그런 원인 중 하나일 것이다. 그들이 위용을 떨치던 시절, 즉 어떤 적도 상대가 되지 않던 시절에 사용했던 중무장은 그 후 불필요하고 부담스러운 것으로 여겨졌고, 고된 훈련도 불필요하다며 등한시되었다. 게다가 로마 황제 치세에서 로마 상비군, 특히 게르만과 판노니아 국경을 지키는 군대는 종종 반란을 일으켜 자신들을 통솔할 장군을 황제로 옹립함으로써 진짜 황제에게 위험 요소가 되었다.

역사가들에 따라 달라지긴 하지만, 로마 황제 디오클레티아누스[서기 230~316] 혹은 콘스탄티누스 황제[서기 274~337]가 이런 로마 야전군의 위협을 줄이기 위해 고안했다고 하는 특별한 대응 조치가 있다. 이전에는 항상 대규모, 즉 보통 두세 개 군단으로 편성되어 주둔하던 야전군을 국경에서 물러나게 해서 소규모 단위로 쪼개 여러 지방 도시에 흩어지게 했다. 그런 다음 적의 침공을 격퇴할 필요가 있는 때를 제외하곤 거의 이동하지 못하게 묶어두었다. 상업, 공업 도시에 숙영해 좀처럼 그곳을 떠나지 못하던 소규모 군인 집단은 자연히 상인, 기술자, 제조업자가 되었다. 군대 특성보다 민간인의 특성이 두드러졌으며, 로마 상비군은 점차 타락하고, 방치되고, 규율 없는 민병대로 퇴보했으며, 이내 서로마제국을 침공했던 게르만과 스키타이 민병대의 공격을 맞설 수 없게 되었다. 로마 황제들이 한동안 제국을 방어할 수 있었던 것은 해당 나라의 민병대 일부를 고용해 침공군에 맞서게 했던 덕분이었다.

서로마제국의 멸망[서기 476년]은 고대 역사서가 명확하게 기록한 인류 역사상 세 번째로 커다란 변화이다. 로마의 멸망은 야만 집단의 민병대가 문명 집단의 민병대를 제압함으로써, 다시 말해 유목민 집단의 민병대가 농부, 기술자, 제조자 집단의 민병대를 제압해 군사적 우위를 점했기에 벌어진 일이었다. 일반적으로, 민병대가 얻는 승리는 상비군이 아닌 그들보다 훈련과 규율 수준이 낮은 민병대를 상대로 이루어진다. 그리스 민병대가 페르시아 제국 민병대를 상대로 거둔 승리, 먼 훗날 스위스 민병대가 오스트리아와 부르고뉴 민병대에 거둔 승리가 그런 종류이다.

게르만과 스키타이 부족의 군사력

서로마제국의 폐허 위에서 탄생한 게르만과 스키타이 부족의 군사력은 새로운 정착지에서도 잠시 본국의 수준을 유지했다. 그런 군사력은 평시에도 늘 복종하던 족장에게 전시에도 지휘를 받고 전장에 나서는 농부와 유목민 민병대에게서 나왔다. 그들은 잘 훈련되어 있었고, 규율도 훌륭했다. 하지만 기술과 산업이 진보하면서 족장의 권위는 점차 쇠퇴했고, 대다수는 군사 훈련에 들이는 시간을 줄였다. 따라서 봉건제 민병대의 규율과 훈련은 점차 엉망진창이 됐고, 상비군이 점차 그 자리를 채웠다. 더욱이 한 문명국에서 상비군이라는 방책을 채택하면 인근의 모든 나라는 그대로 따라 할 필요가 있었다. 자국의 안전이 상비군에 달려 있으며, 민병대는 전적으로 그런 상비군의 공격을 버텨낼 수 없다는 것을 깨달았기 때문이다.

상비군 군인들은 실제로 적을 만난 경험이 없음에도 자주 베테랑 부대와 같은 용기를 보여주고, 전투에 참여하면 가장 격렬하고 경험 많은 베테랑과 대결할 수 있는 능력을 보였다. 1756년 러시아 군대가 폴란드로 진군했을 때 러시아 군인의 용맹은 당시 유럽에서 가장 맹렬하고 노련한 베테랑으로 생각되던 프로이센 군대보다 별로 떨어지지 않을 정도였다. 하지만 러시아 제국은 그때까지 거의 20년 동안 평화를 누렸고, 따라서 당시에 한 번이라도 적과 맞붙어본 군인은 극소수에 불과했다. 1739년 스페인 전쟁이 발발했을 때 잉글랜드는 대략 28년간 평화를 누렸다. 하지만 잉글랜드 군인의 용맹은 오랜 평화에도 불구하고 여전했다. 카르타헤나를 점령하려다 실패한 사례에서도 그들의 용맹은 더욱 돋보였다. 평화가 오래 지속되면 군대 지휘관인 장군은 때론 노련함을 잃을지 모르지만, 잘 통제된 상비군이 있는 곳에서 군인은 절대 자신의 무용을 잊지 않는다.

상비군의 자유 위협 가능성

문명국이 민병대에 국방을 의지한다면 그 나라는 인근 야만국에 점령될 가능성에 언제나 노출되어 있다고 보아야 한다. 아시아의 모든 문명국이 타타르인에게 빈번히 점령되었다는 사실은 야만국 민병대가 자연적으로 문명국 민병대에 우위를 점한다는 사실을 충분히 입증한다. 훌륭하게 통제되는 상비군은 모든 민병대보다 군사력이 우월하다. 상비군은 부유하고 문명화된 나라에서 가장 잘 유지된다. 따라서 빈곤하고 야만스러운 이웃의 침공에 대항해 나라를 지킬 수 있는 것은 상비군뿐이다. 당연히 어떤 나라의 문명은 상비군에 의해서만 영속하거나 혹은 상당 기간 보존될 수 있다는 결론에 도달한다.

훌륭하게 통제되는 상비군으로만 문명국을 방어할 수 있듯 야만국이 갑자기 문명화되는 길은 상비군을 통해서만 가능하다. 상비군은 압도적인 힘을 통해 군주의 법률이 제국의 가장 외딴 지역에까지 확립되도록 하며, 상비군이 없었더라면 어떤 정규 통치 체제도 받아들이지 않았을 법한 지역에 어느 정도 그 통치력이 유지될 수 있도록 한다. 표트르 1세[재위 1682-1725]가 러시아 제국에 도입한 개선 사항을 주의 깊게 살펴본 사람이라면 누구든 그런 통치상 개선은 거의 모두 훌륭하게 통제되는 상비군 덕분에 가능했음을 알게 된다. 상비군은 표트르 1세의 다른 모든 통제를 집행하고 유지하는 도구였다. 러시아 제국이 그 이후로 누리고 있는 질서와 국내 평화는 전적으로 상비군의 영향력 덕분이다.

공화주의 원칙을 선호하는 사람들은 상비군이 자유를 위협하는 제도라며 불평했다. 장군과 주요 장교들의 이해관계가 국가 구조의 유지와 긴밀히 연관되지 않은 곳이라면 그런 위협이 분명히 존재한다. 카이사르의 상비군은 로마 공화정을 파괴했다. 올리버 크롬웰[1599-1658]의 상비군은 장기 의회(Long Parliament)를 내쫓았다. 하지만 군주가 직접 최고 사령관이 되고, 나라의 주요 귀족과 상류층이 군대의 주요 장교가 되는 곳에서, 또 군사력이 민정 당국에서 가장 큰 지분을 확보해 그것을 지지하는 일에 큰 관심을 보이는 사람들이 통제하는 곳에서 상비군은 절대 자유를 위협하지 못한다.

상비군은 자유를 수호한다

오히려 상비군은 몇몇 경우에 자유를 지키는 우호적 제도가 될 수 있다. 상비군이 군주에게 안도감을 주면 골치 아프게 국민을 일일이 경계할 필요가 없다. 이런 경계는 현대 몇몇 공화국에서 지극히 사소한 행동을 감시하고, 항상 모든 시민의 평화를 방해하는 형태로 드러난다. 나라의 고위 인사가 행정 장관의 안보를 보장하더라도 대중이 불만을 품으면 위태로워지는 곳, 작은 소란이 몇 시간 안에 대혁명으로 커질 수 있는 곳, 이런 곳에서는 정부의 모든 권위가 정부에 반대하는 모든 중얼거림과 불평불만을 진압하는 데 활용되어야 한다.

그와 반대로 나라의 타고난 귀족들뿐만 아니라 훌륭하게 통제되는 상비군의 지지를 받고 있다고 느끼는 군주는 가장 무례하고 근거 없고 방종한 불평불만에 대해서도 크게 신경 쓰지 않는다. 그는 그런 불평불만을 아무 탈 없이 용서하거나 무시할 수 있으며, 자신의 우월성을 확신하므로 자연스럽게 그런 관용의 경향을 보인다. 방종에 가까운 그런 정도의 자유는 군주가 훌륭하게 통제하는 상비군이 안전을 뒷받침해주는 나라에서만 용납될 수 있다. 이렇게 나라 전체가 자신감에 차 있기 때문에, 이런 무례한 방탕함에 따른 치안 문제를 강제적으로 진압하기 위한 비상 권한을 군주에게 부여할 필요도 없다. 그런 재량권 없이도 군주는 상비군의 도움으로 얼마든지 그런 방종한 자유를 바로잡을 수 있기 때문이다.

따라서 군주의 최우선 의무, 즉 타국의 폭력과 부당함에 맞서 나라를 지켜내는 것은 문명의 발달에 따라 사회가 진보하면서 점차 더욱 값비싼 비용을 요구하게 되었다. 원래 평시나 전시에 군주에게 별다른 비용을 요구하지 않았던 군사력은 사회가 발전함에 따라 먼저 전시에 군주가 유지해야 했고, 결국 평시에도 군주의 책임이 되었다.

무기의 발달은 문명을 지킨다

화기의 발명이 전쟁 기술에 큰 변화를 가져다주며, 이로 인해 평화 시기에 군인을 훈련하고 단련하는 비용, 그리고 전시에 그들을 활용하는 비용이 크게 증가했다. 무기와 탄약은 더욱 비싸졌다. 머스킷 소총은 투창용 창, 활과 화살보다 훨씬 비싼 무기이며, 대포나 박격포는 노포나 투석기보다 훨씬 비싸다. 현대 열병식에서 소비되는 화약은 큰 비용이 들어가고 게다가 회수할 수도 없다. 고대 열병식에서 던지거나 쏜 창과 화살은 쉽게 회수할 수 있었고, 게다가 값어치가 크지 않았다.

대포와 박격포는 노포나 투석기보다 훨씬 비싸고 무겁다. 그리하여 그것을 전투용으로 준비하거나 전장까지 운반하는 데도 많은 비용이 든다. 현대 포술이 고대 포술에 대해 갖는 우월성은 무척 큰 것이어서 그런 우수한 대포의 공격에 몇 주라도 버틸 수 있게 도시 방어 공사를 하는 일은 훨씬 더 어렵고, 값비싼 일이 되었다. 현대에는 수많은 다른 원인이 사회 방위에 들어가는 비용을 더욱더 높였다. 자연스러운 기술 향상의 진전에 따라 이런 피할 수 없는 결과가 도출되었다. 전쟁 기술의 발달이 그런 대규모 변화를 촉진한 것이다. 하지만 그 변화는 우연한 사건, 즉 화약의 발명에 따른 것이었다.

현대 전쟁에서 화기에 들어가는 막대한 비용은 그런 비용을 가장 잘 감당할 수 있는 국가에 명백한 이점을 부여했다. 그 결과 부유하고 문명화된 나라가 빈곤하고 야만스러운 나라보다 군사적 우위에 있게 된다. 고대에 부유하고 문명화된 나라는 빈곤하고 야만스러운 나라에 대항해 자국을 방어하기 어려웠다. 현대에는 사정이 역전되어 빈곤하고 야만스러운 나라가 부유하고 문명화된 나라에 대항해 나라를 지키기 어렵다. 이렇게 해서 처음에는 무척 해로운 것으로 보였던 화기의 발명은 문명의 지속과 확대에 아주 유리하게 작용하고 있다.

제2절

사법비

◇

군주의 두 번째 의무는 사법부 운영이다. 사회 내의 모든 구성원을 가능한 한 다른 구성원의 부당함이나 억압에서 보호하는 것, 즉 엄정한 재판 집행을 확립하는 일이다. 그리고 사회의 각기 다른 발달 상태에 따라 사법비용도 무척 달라진다.

사냥꾼 집단에서 재산이라고 할 만한 것은 거의 없거나, 최대한 이틀 혹은 사흘 노동의 가치를 초과하는 것은 없으므로 판사의 개입이나 정기적인 재판 진행은 거의 가능하지 않다. 재산 없는 사람이 다른 사람에게 피해를 입힐 수 있는 부분은 신체와 평판밖에 없다. 어떤 사람이 다른 사람을 죽이거나 다치게 하거나 때리거나 혹은 헐뜯었을 때 피해자는 고통을 받지만, 가해자에게도 이득은 전혀 없다. 하지만 재산에 피해를 입히는 것이라면 이야기는 달라진다. 가해자는 종종 피해자의 손실과 동일한 수준의 이득을 얻는다.

정부는 재산권 보호를 위한 것

시기, 증오 또는 원한은 남의 신체나 평판에 해를 입히도록 누군가에게 큰 동기를 부여한다. 하지만 대다수 사람은 그런 격정에 그리 자주 휩싸이지 않고, 가장 악질적인 사람조차도 가끔만 그런 격한 감정에 사로잡힐 뿐이다. 특정 기질의 사람에게 얼마나 유쾌할지 모르겠지만, 그런 과정에서 느끼는 희열은 어떤 실질적 혹은 영구적 이익을 수반하지 않으므로 대다수 사람은 보통 신중하게 고려하고 자제하면서 그런 격한 감정을 억제한다. 사람들은 그런 부당한 격정으로부터 자신을 지켜줄 민간 정부의 관리들이 없더라도 어느 정도 상당한 안도감을 느끼며 사회 내에서 다른 구성원과 더불어 살아나갈 수 있다.

하지만 부유한 자의 탐욕과 야망, 가난한 자의 노동에 대한 증오와 현재의 편안하고 즐거운 상황에 대한 사랑은 남의 재산을 침해하게 하는 격한 감정이다. 이들의 감정은 지속해서 유지되고, 그 영향력은 훨씬 더 보편적이다. 큰 재산이 있는 곳에는 어디에나 큰 불평등이 존재한다. 엄청난 부자 한 명이 있으면 적어도 5백 명 이상의 가난한 자가 있으며, 소수의 풍족함은 다수의 극심한 빈곤을 전제로 한다. 부유한 자의 풍족함은 빈곤한 자의 분노를 촉발하는데, 그 때문에 빈자는 종종 결핍에 내몰리거나 질투로 자극을 받아 부자의 재산을 침해한다. 몇 년 노동을 통해 혹은 몇 세대 노동을 통해 획득한 귀중한 재산의 소유자가 하룻밤이라도 안심하고 편히 잘 수 있는 것은 법원 판사가 그런 안전을 보호해줄 때만 가능한 일이다. 부자는 항상 미지의 적들에 둘러싸여 있는데, 그가 결코 도발한 적도 없고 달래지도 못하는 자들이다. 이들이 저지르는 부당함에서 부자를 보호할 수 있는 것은 지속해서 그런 부당함을 처벌하려는 법원 판사의 강력한 권력뿐이다. 따라서 귀중하고 광대한 재산 획득에는 필연적으로 민간 사회 내에 정의의 확립이 필요하다. 재산이 없거나 이틀이나 사흘 정도의 노동 가치에 불과한 재산이 있는 곳이라면 민간 정부는 그다지 필요하지 않다.

　　민간 정부의 기초는 복종이다. 민간 정부의 필요성은 사람들이 더 많은 재산을 축적할수록 더욱 커지며, 복종을 유발하는 주된 이유도 소중한 재산이 증가하면서 자연스럽게 커진다.

인간의 4대 영향력: 인품, 나이, 재산, 혈통

　　자연적으로 위계질서를 도입하거나 혹은 어떤 시민 제도를 세우기에 앞서 자연적으로 일부 남성에게 대다수 형제보다 우월한 지위를 부여하는 원인이나 상황에는 4가지 정도가 있다.

(1) 인품

　　이것은 신체 완력, 아름다움, 민첩성 같은 개인 자질과 미덕, 신중함, 공정함, 꿋꿋함, 온건함 등 정신적 자질로 구성된다. 정신적 자질로 뒷받침되지 않는 신체 자질은 사회 발달의 어떤 단계에서도 거의 권위를 얻지 못한다. 단순히 신체의 힘만으로 허약한 사람 두 명을 복종시킬 수 있는 자는 완력만 센 자에 불과하다.

정신 자질은 그것만으로도 엄청나게 큰 권위를 부여한다. 하지만 그런 자질은 보이지 않으며, 항상 논쟁의 여지가 있고, 대체로 논쟁거리가 되었다. 야만 사회든 문명사회든 그런 보이지 않는 자질보다는 분명하고 뚜렷하게 보이는 신체 자질에 따라 지위와 복종에 관한 우위 규칙을 정했고 또 그것을 편리하게 여겼다.

(2) 나이

망령이 들었다는 의심이 들 정도로 고령이 아니라면 나이 많은 사람은 어디서나 같은 계급, 재산, 능력을 지닌 청년보다 더 존중받는다. 북아메리카 원주민 부족과 같은 사냥꾼 집단에서 나이는 계급과 우월함을 드러내는 유일한 근거다. 그들 사이에서 아버지는 윗사람에게 쓰는 명칭이고, 형제는 동년배, 아들은 아랫사람을 가리킨다. 가장 부유하고 문명화된 나라에서 나이는 모든 측면에서 같은 사람 사이에서 별도의 다른 기준이 없을 때 지위를 결정하는 중요한 기준이 된다. 형제자매 사이에서는 가장 나이 많은 사람이 항상 가장 높은 지위를 차지한다. 아버지의 유산 중 나눌 수 없는 것이므로 한 사람이 전부 가져야 하는 것, 즉 귀족 칭호 같은 것은 대부분 가장 나이 많은 맏아들에게 주어진다. 나이는 논쟁을 허용치 않는 명백하고 뚜렷한 구분 기준이다.

(3) 재산

부자들의 권위는 사회의 모든 발전 단계에서 막강하지만, 재산의 커다란 불평등을 허용한 가장 미개한 시대에서는 그 권위가 가장 높다. 타타르 족장은 1천 명을 부양하기에 충분한 가축을 키우고 있는데, 늘어난 가축은 1천 명을 부양하는 것 외에 다른 방식으로는 활용할 수 없다. 그가 속한 미개한 사회는 족장이 소비하는 것 외에 여분의 물건을 만드는 대가로 제공할 만한 어떠한 제조품, 장신구, 보석을 생산하지 못하기 때문이다. 따라서 그가 부양하는 1천 명은 전적으로 그에게 생계를 의지하며, 전시에는 그의 명령에 복종해야 하고, 평시에는 그의 판결에 순종해야 한다. 족장은 필연적으로 그들의 장군이자 판사이며, 족장이라는 지위는 소유한 재산의 우위에서 발생하는 필연적인 결과다.

부유하고 문명화된 사회에서 어떤 사람은 그보다 훨씬 많은 재산을 소유하지만, 그럼에도 열 명 남짓한 사람조차 마음대로 부리지 못한다. 그의 사유지에서 나는 생산물로는 1천 명 이상을 부양하기 충분하고, 실제로 부양할 수 있다고 해도 그들은 부자에게서 얻는 모든 것에 대금을 치르며, 부자는 등가물 교환 외에는 누구에게도 거저 주지 않으므로 부자에게 전적으로 의지한다고 여기는 사람은 거의 없고, 그의 권위는 오로지 소수의 머슴에게만 미칠 뿐이다.

하지만 재산의 권위는 부유하고 문명화된 사회에서조차 무척 크다. 재산의 권위가 나이나 개인 자질의 권위보다 더 크다는 점은 재산의 상당한 불평등을 허용하는 모든 단계의 사회에서 지속적인 불만 사항이었다. 사회 첫 번째 단계, 즉 사냥꾼 시기는 그런 불평등을 허용하지 않았다. 그 시기의 보편적인 빈곤은 보편적인 평등을 보장했고, 나이 우위나 개인 자질 우위는 비록 미미하지만 그래도 권위와 순종의 유일한 근거였다. 따라서 이런 사회 단계에서는 권위나 순종이 거의 혹은 전혀 없었다. 사회 두 번째 단계, 즉 유목민 시기는 재산의 엄청난 불평등을 허용했고, 이 시기만큼 거부에게 엄청난 권위를 부여한 적은 없었다. 그런 이유로 이 시기는 무엇보다도 권위와 순종이 완벽하게 확립된 시기였다. 아라비아 군주의 권위는 막강했으며, 타타르 칸의 권위는 독재적이었다.

(4) 혈통

혈통 우위는 그것을 주장하는 사람이 속한 가문이 예로부터 많은 재산을 보유해온 것을 전제로 한다. 모든 가문은 오랫동안 존재해왔으며, 군주의 조상에 대해 더 많이 알 수는 있지만, 거지의 조상보다 더 많을 수는 없다. 가문이 오래되었다는 것은 어디서든 부 혹은 부를 바탕으로 확립되거나 부에 동반하는 탁월한 자질이 오래되었음을 뜻한다. 벼락출세는 어디서든 오래된 탁월한 자질보다 존경받지 못한다. 왕위 찬탈자를 증오하고 오래된 군주 가문을 선호하는 것은 자연스럽게 벼락출세에 대한 경멸 그리고 오래된 가문에 대한 존경에 바탕을 둔 것이다. 장교는 항상 자신을 지휘해오던 상관의 권위에는 아무 거리낌 없이 복종하지만, 전에 자기 부하였던 자가 자기 위에 서는 것을 견디지 못한다. 마찬가지로, 일반 사람 또한 자신과 선조가 늘 섬기던 가문에는 쉽게 복종하지만, 단 한 번도 그런 우위를 인정해주지 않은 또 다른 가문이 그들을 지배하려고 하면 극도로 분노한다.

재산 불평등에 따르는 혈통 차이는 사냥꾼 집단, 즉 모두가 똑같은 재산에 비슷한 혈통을 가진 거의 동등한 자들 사이에서는 생기지 않는다. 사냥꾼 집단에서도 현명하고 용감한 자의 아들은 어리석고 겁 많은 자의 아들보다는 약간 더 존경받을 수도 있다. 하지만 그 차이는 그다지 크지 않다. 나의 생각에는 오직 지혜와 덕행의 유전을 통해 명성을 얻은 세상의 위대한 가문은 하나도 없다.

혈통의 차이는 유목민 집단 사이에서 발생할 수 있으며 사실상 거의 언제나 생긴다. 그런 집단은 온갖 사치에 익숙하지 않기에 거대한 부가 생각 없는 낭비로 사라지는 일은 거의 없다. 그런 이유로 유목민 집단 사이에서는, 훌륭하고 저명한 선조 후손이라는 이유로 존경과 예우를 받는 가문들이 아주 많다. 유목민 집단은 같은 가문 내에서 부가 그토록 오래 유지될 가능성이 있는 유일한 집단이다.

신분의 2대 요소: 가문과 재산

가문과 재산은 명백히 갑을 을보다 높게 쳐주는 두 가지 주요 요소이다. 이 두 가지는 개인적 탁월함의 큰 원천이고, 따라서 자연스럽게 사람들 사이에서 권위와 순종을 확립하는 주된 원인이 된다. 유목민 집단 사이에서는 이 두 원인이 모두 온전히 작용한다. 거대한 부를 갖고 있고, 생계를 위해 부자에 의지하는 수많은 가난한 자에게 존중받고, 더불어 고귀한 혈통과 아득한 옛날부터 이어져 온 유서 깊은 가문 덕분에 숭배받는 사람은 그의 무리 또는 씨족에 속하는 모든 하급 유목민 전원에게 자연스럽게 권위를 행사한다. 그는 누구보다도 더 많은 사람에게서 결집된 힘을 끌어낼 수 있다. 그의 군사력은 누구보다 강력하다. 전시에 유목민들은 자연스럽게 그의 휘하에 모이는 성향을 보였다.

또한, 이렇게 해서 그의 가문과 재산은 자연스럽게 그에게 일종의 집행권을 획득하도록 해주었다. 그는 수많은 사람의 단합된 힘을 누구보다도 확실히 이용함으로써 남에게 해를 입힌 가해자에게 잘못을 보상하라고 강력하게 강제할 수 있는 사람이 된다. 따라서 자신을 지키지 못할 정도로 나약한 모든 자가 자연스럽게 보호를 청하는 사람이 된다. 그들은 자연스럽게 자신이 입었다고 생각하는 피해에 대해 불평하고, 가해자로 지목된 사람조차 그의 중재를 기꺼이 받아들인다. 그의 혈통과 재산은 이렇게 해서 자연스럽게 그에게 일종의 사법적 권위를 획득하게 한다.

부의 불평등은 유목 시대부터

유목민 시대, 즉 사회의 두 번째 단계에서 재산 불평등이 처음으로 발생하기 시작하고, 이전에는 존재하지 않았던 수준의 권위와 순종을 사람들이 받아들였다. 그리하여 재산 불평등은 민간 정부 수립을 가져왔는데, 이 정부는 그런 불평등 상태를 현상 유지하거나 보존하고자 했다. 재산 불평등은 자연스럽게 정부 수립을 촉구한 것처럼 보이며, 더 나아가 그 필요성[재산 보존]과는 무관하게 정부가 형성된 것처럼 보이게까지 한다. 아무튼 재산 보호의 필요성은 나중에 권위와 순종을 유지하고 확보하는 데 크게 이바지한다. 특히 부자는 필연적으로 자기 이점을 확보하게 해주는 사회 구조와 제도에 관심이 많다.

그들보다 못한 부를 지닌 자들은 단합해 그들 자신보다 더 많은 부를 지닌 자들의 소유권을 지켜준다. 이렇게 하는 것은 일종의 품앗이로 그런 상급 부자들이 단결해 하급 부자들의 소유권을 지켜주도록 유도하기 위한 것이다. 영향력이 가장 큰 유목민 아래에 해당하는 유목민은 자기 가축의 안전이 큰 부자가 기르는 가축의 안전에 달렸다고 생각한다. 그들은 상급자의 큰 권위를 유지하는 것에 자신의 약한 권위를 유지하는 길이 달렸다고 보며, 자신이 상급자에게 순종해야 자신보다 못한 자들을 복종시키는 자기 힘이 유지된다고 생각한다. 일종의 권력 사다리이다. 그들은 일종의 소규모 귀족 집단을 구성하며, 자신의 소군주가 지닌 재산을 보호하고 권위를 지지하는 데 관심을 보인다. 그래야 소군주가 자신의 재산을 지켜주고, 그들의 권위를 뒷받침할 수 있기 때문이다. 민간 정부는 재산의 안전을 지켜주고자 수립되는 것이므로, 정부라는 기관은 빈곤한 사람으로부터 부유한 사람을 지키거나 혹은 재산이 전혀 없는 사람에게서 어느 정도 재산을 가진 사람을 지키기 위한 제도로 도입된 것이다.

군주의 사법권은 수입의 원천

하지만 그런 군주의 사법적 권위는 지출의 원인은커녕 오랫동안 수입의 원천이었다. 그에게 재판을 신청하는 사람은 늘 기꺼이 재판의 대가를 지급하고자 했고, 그런 탄원에 선물이 동반되지 않는 경우는 한 번도 없었다. 군주의 권위가 철저하게 확립된 이후에 유죄 판결을 받은 자는 소송 당사자에게 지급해야 하는 배상에 더해 군주에게 벌금을 지급해야 했다. 국왕이 주인인 사회에서 평온한 질서를 무너뜨리고, 골치 아프게 하고, 혼란을 일으켰으니 그런 불쾌한 소행에 대해 벌금을 지급해야 하는 게 마땅하다고 본 것이다.

아시아의 타타르 정권에서도 사법부는 수입의 원천이었고, 로마제국을 붕괴시킨 폐허 위에 게르만과 스키타이 집단이 세운 유럽 곳곳의 정부에서도 사법부는 역시 커다란 세입을 가져다주는 역할을 했다. 군주와 그의 밑에서 특정 부족이나 집단 혹은 특정 지역에 사법권을 행사하는 족장이나 영주 모두에게 이는 마찬가지 현상이었다. 본래 군주와 그보다 아래에 있는 족장들은 개인적으로 이런 사법권을 행사했다. 나중에 그들은 모두 그런 사법권을 어떤 대리인, 즉 집행관이나 판사에게 위임하는 게 편리하다고 생각했다. 하지만 이 대리인은 여전히 사법부에서 나오는 수입에 대해 군주, 즉 대리권 수여자에게 보고해야 할 의무가 있었다.

헨리 2세 시대[재위 1154-1189]에 순회 판사에게 주어진 국왕의 지시문을 읽은 사람이라면[201] 그런 판사가 일종의 순회 대리인으로서 왕의 세입 중 특정 분야를 징수하려는 목적으로 특정 지역에 파견되었음을 알 수 있다. 그 시절 사법부는 군주에게 특정 세입을 제공했을 뿐만 아니라, 군주가 이런 세입을 확보하도록 하는 게 법원 운영의 주된 이익 중 하나였다.

사법 행정을 수입에 연계시키는 이런 계획은 여러 극심한 권력 남용을 불러일으킬 수밖에 없었다. 엄청난 선물을 들고 재판을 신청한 자는 공정한 재판 이상의 것을 얻으려 할 가능성이 크고, 보잘것없는 선물을 들고 재판을 신청한 자는 공정하지 못한 결과를 받아들일 가능성이 크다. 재판 역시 이런 선물을 반복적으로 받기 위해 빈번히 연기되었다. 게다가 유죄 판결을 받는 사람에게 부과되는 벌금 제도는 빈번히 악용되었다. 피고인이 실제로 죄가 없는데도 그에게서 억지로 잘못을 찾아내려고 하는 아주 강력한 이유가 되었다. 그런 권력 남용이 전혀 드물지 않았다는 점은 유럽 모든 나라의 오랜 역사가 입증한다.

군주의 잘못과 대리인의 잘못

군주나 족장이 사법권을 직접 행사할 때 그가 아무리 그 권한을 남용하더라도 잘못을 바로잡을 가능성은 거의 없다. 그에게 해명을 요구할 정도로 충분히 강력한 존재가 좀처럼 없기 때문이다. 실제로 그가 대리자인 집행관을 통해 사법권을 행사할 때는 가끔 바로잡을 일이 벌어질 수도 있다. 그 사법권이 집행관의 이익을 위해 부정하게 행사된 것이라면 군주가 직접 그를 처벌하거나 잘못된 것을 바로잡으라고 강제할 수 있다. 하지만 사법권 행사가 군주의 이익을 위한 것이고, 또한 집행관을 임명하고 선호한 군주의 환심을 사기 위해 저지른 것이라면 군주가 직접 권한을 행사한 경우와 마찬가지로 대부분 그런 권한 남용을 바로잡는 일이 불가능하다. 그런 이유로

---

201 이 지시문은 티렐의 『영국사』에서 볼 수 있다.—원주

모든 야만 정부, 즉 로마제국의 폐허 위에 설립된 특정 고대 유럽의 모든 정부에서 사법부는 오랜 세월 지극히 부패해 보였고, 가장 훌륭한 군주의 통치 아래에서도 평등하거나 공정하지 않았으며, 가장 못난 군주의 통치에서는 더욱 방종하고 자의적인 기관이었다.

유목민 집단, 즉 군주나 족장이 무리 중 가장 유력한 인물인 곳에서 군주는 자기 부하나 백성과 같은 방식으로 가정을 부양한다. 즉, 가축을 증식시켜 거기서 나오는 수입으로 가정을 부양한다. 유목민 상태에서 갓 벗어나 그 상태에서 그다지 크게 진보하지 못한 농부 집단, 예를 들면 트로이 전쟁 당시 여러 그리스 부족이나, 서로마제국의 폐허 위에 처음으로 정착한 게르만과 스키타이 선조 집단에서는 군주나 족장이라 해봐야 그 나라의 최대 지주에 불과했다. 또한, 그 군주나 족장은 다른 지주와 같은 방식으로 사유지 혹은 현대 유럽에서 왕실 영지라 불리는 데서 얻는 수입으로 가정을 부양했다. 그의 백성은 평소에 그를 뒷받침하고자 아무것도 제공하지 않았는데, 예외가 있다면 다른 백성의 억압에서 자신을 보호하고자 족장의 권위가 필요한 때는 지원했다. 그럴 때 그들이 군주에게 바치는 선물은 군주 세입의 전부였으며, 이는 지극히 예외적인 긴급 상황을 제외하고 군주가 통치로 얻는 보수의 전부에 해당한다.

호메로스는 아가멤논이 우정에 대한 보답으로 아킬레우스에게 그리스 일곱 도시의 통치권을 주었을 때 그가 얻는 유일한 이점은, 사람들이 그를 칭송하며 바치는 선물이라고 언급했다.[202] 그런 선물, 재판 보수 혹은 재판 수수료라고 불리는 것이 이런 식으로 군주의 통치권으로 얻는 통상 세입의 전부라면, 군주가 그것을 전적으로 포기한다는 것은 예상할 수도 없고, 다른 사람이 점잖게 포기하라고 군주에게 제안조차 할 수 없는 것이었다.

---

202 호메로스, 『일리아스』 제9권 149-156행. "그리고 나는 그에게 번화한 도시 일곱 개를 줄 것입니다. 이 도시들은 모두 바다에 가깝고 모래가 많은 필로스의 경계 옆에 자리 잡고 있으며, 그곳 주민은 소와 양을 많이 치고 있어 많은 선물로 그를 신처럼 받들 것이고, 그의 통치 아래에서 번영하는 법규를 지켜나갈 것입니다."

그럼에도 군주가 선물 규칙을 만들어 액수를 정해야 한다는 제안은 빈번히 제기되었다.

하지만 선물이 그렇게 규제되고 확정되더라도 전능한 군주가 그런 통제를 아랑곳하지 않고 선물을 계속 받는다면 그것을 막는 방법은 불가능하진 않더라도 무척 어려운 일이었다. 따라서 이런 상황이 지속하는 한, 그런 임의적이고 불확실한 선물에 따른 사법부의 타락은 어떠한 효과적인 개선책으로도 교정할 수 없었다.

하지만 여러 가지 원인, 주로 다른 나라의 침공에 대비해 지속해서 늘어나는 국방비 때문에 군주의 사유지에서 통치 비용을 충당하는 것이 어려워질 때, 백성이 안보를 위해 여러 다른 부류의 세금으로 이런 비용을 마련해야 할 때, 군주나 그의 집행관 혹은 판사가 적당한 구실을 대며 선물을 받아들이는 일은 없어야 한다는 게 일반적인 규정이었다. 그리하여 그런 선물은 효과적으로 통제하고 액수를 확정하기보다는 아예 폐지하는 게 훨씬 쉽겠다고 생각한 듯하다. 판사에게는 고정 급여가 지급되었는데, 이는 예전의 재판 보수에서 그들 몫이었던 부분을 잃어버린 데 대한 보상이었다. 또한, 세금은 군주의 손실[사법부 수수료에서 나오는 세입 손실]을 보상하고도 남음이 있었다. 이러한 선물 없는 재판을 당시 무료 재판이라고 했다.

재판은 무료가 아니다

하지만 실제로 재판은 어느 나라에서도 무료로 진행되지는 않는다. 법률가와 변호사는 최소한 소송 당사자에게서 보수를 받아야 했다. 이런 보수를 받지 않는다면 그들은 실제로 수행할 수 있는 능력보다 훨씬 형편없는 수준으로 재판하거나 변호할 것이다. 모든 법정에서 매년 법률가와 변호사에게 지급되는 수수료는 판사의 봉급보다 훨씬 큰 금액이다. 국왕이 법관의 봉급을 지급한다고 해도 소송의 필수 비용을 크게 줄이지는 못한다. 하지만 판사가 소송 당사자에게서 어떤 선물이나 사례금 받는 것을 금지한 것은 비용을 줄이기보다는 재판의 타락을 방지하려는 것이었다.

판사라는 지위는 그 자체로 무척 명예로워 보수가 무척 적더라도 사람들은 기꺼이 받아들이려 한다. 그보다 하위인 치안판사는 엄청난 문제에 휘말리고 대다수 경우 전혀 보수를 받지 못하는데도 우리나라의 지방 귀족 대다수가 그 자리에 취임하고 싶어 한다. 높든 낮든 모든 판사의 봉급은 재판 운영과 집행 관련 총비용을 모두 합치더라도 모든 문명국에서는 그리 큰 액수가 아니고, 심지어 절약하기 어려워하는 나라에서조차 전체 통치 비용 중 극히 미미한 부분을 차지한다.

재판 유지와 부패 방지

재판 총비용 역시 법정 수수료로 쉽게 충당할 수 있다. 이렇게 사법부는 부패의 실제 위험에 노출되지 않고도, 공공 수입은 적어지겠지만 어느 정도 부담을 덜 수 있다. 군주처럼 무척 강력한 사람이 세입의 상당 부분을 자기 몫으로 가져가는 곳에서 법정 수수료를 효율적으로 통제하는 것은 어려운 일이다. 하지만 법정 수수료에서 큰 이익을 볼 수 있는 사람이 판사라면 통제는 무척 쉬워진다. 법은 항상 군주에게 통제를 존중하라고 할 수 없지만, 판사에게 그것을 존중하라고 강제하긴 쉽기 때문이다.

법정 수수료가 정확히 규제되고 확정되는 곳에서, 모든 과정 중 특정 시기에 한꺼번에 지급되어 출납원이나 수납원의 손에 들어가는 곳에서 그리고 재판이 결정된 뒤에야 출납원이 여러 다른 판사에게 특정 인지된 비율로 수수료를 지급하는 곳에서, 타락의 가능성은 그런 수수료가 전적으로 금지된 곳만큼 높아 보이지 않는다. 법원 수수료는 소송 비용에서 상당한 증액이 발생하는 일 없이 재판 총비용을 온전히 지급할 수 있을 것이다. 소송 과정이 종결될 때까지 판사에게 수수료를 지급하지 않음으로써 심리와 판결을 동시에 서두르라고 권하는 동기가 될 수 있다. 많은 판사가 있는 법정에서, 각 판사에게 돌아갈 몫을 법정이나 법정의 지시를 받은 위원회를 통해 심리에 들인 시간에 비례해 지급하도록 한다면 그런 수수료는 각 판사로 하여금 재판에 열중하도록 하는 유인책이 될 수 있다.

공공 사무는 오직 성과에 따른 보상이 이루어지고, 헌신적인 노력에 비례하여 보상을 받을 때 가장 훌륭하게 수행된다. 프랑스 여러 다른 고등법원에서 법정 수수료는 판사 보수의 대부분을 구성한다. 프랑스에서 지위와 위엄이 두 번째로 높은 고등법원인 툴루즈 고등법원에서는, 국왕이 모든 공제 후에 변호사나 판사에게 지급하는 순수 봉급이 1년에 150리브르, 약 6파운드 11실링에 불과하다. 7년 전에 그 금액은 같은 곳에서 일반 보병이 통상적으로 받는 연봉이었다. 그러한 법정 수수료의 분배 역시 판사의 재판 근면성에 따라 이뤄졌다. 부지런한 판사는 직무를 통해 적정하고 안락한 수입을 얻었지만, 게으른 판사는 봉급보다 조금 더 수입을 올렸을 뿐이다. 그런 고등법원은 여러 면에서 무척 편리한 법정은 아닐지라도 비난받은 적이 없고, 타락했다는 의심조차 받은 적이 없다.

잉글랜드 법원의 수수료

법정 수수료는 본래 잉글랜드의 여러 다른 법정을 지원하는 주요 수단이었다. 각 법정은 최대한 많은 일을 끌어오고자 했으며, 그런 이유로 본래 관할 구역에 있지도 않은 소송을 많이 맡으려 했다. 왕좌부 법정(the court of king's bench)은 형사 재판만을 처리하고자 도입되었는데, 업무 범위를 확대해 민사 소송까지 맡았다. 원고 측에서 피고가 자신에게 정의를 실천하지 않았으며, 불법 침해나 경범죄를 저질렀다고 주장했기 때문이었다. 재무 법정(the court of exchequer)은 국왕의 세입을 징수하고 국왕에게 지급되어야 할 부채 지급을 강제하고자 도입되었지만, 다른 계약상의 채무에 관련된 소송도 맡았다. 원고 측에서 피고가 자신에게 채무를 지급하지 않아 국왕에게 세금을 납부하지 못했다고 둘러댔기 때문이었다. 많은 경우 그런 의제(擬制)[203]의 결과로 어떤 법정에서 소송을 진행할지 선택하는 것은 전적으로 소송 당사자의 몫이 되었다. 그리고 각 법정은 뛰어난 일 처리와 공정함으로 최대한 많은 소송을 맡아서 수수료를 올리고자 했다.

잉글랜드에서 현재 칭송받는 법정의 체질은 본래 옛날에 판사들 사이에 발생한 이런 경쟁을 통해 형성된 것이다. 그들은 자기 법정에서 법이 허용하는 한도 내에서 온갖 부당함에 대해 가장 빠르고 효율적인 해결책을 제공하려고 노력했다. 본래 일반 법원(the court of law)은 계약 위반에 따른 손해 배상만 처리했다. 형평법 법원(the court of chancery)은 소액 채권 법원(a court of conscience)으로서 처음에는 계약의 구체적 실행을 강제하는 일을 맡았다. 계약 위반이 금전 미지급에 해당한 경우, 입은 손해는 계약의 구체적 이행에 해당하는 지급 명령 외에는 다른 방법으로 보상할 수 없었다. 따라서 그런 경우 일반 법원의 구제책으로 충분했다.

하지만 다른 경우에는 그렇지 않았다. 세입자가 부당하게 임대차 계약에서 쫓겨났다는 이유로 주인을 고소했을 때 그가 보상받는 손해는 절대 토지의 소유권 같은 것이 아니었다. 따라서 그런 경우 한동안 소송이 형평법 법원으로 가게 되었고, 그리하여 사건을 덜 맡게 되는 일반 법원은 적지 않은 수수료 손실을 겪었다. 부당한 부동산 탈취에 대한 가장 효율적인 해결책인, 인위적이며 사실적인 부동산 퇴거명령서를 일반 법원이 발명한 것도 그런 소송을 자기 관할로 돌리기 위함이었다고 한다.

법원의 인지세

각 법정의 소송 절차를 위해 법정이 부과해 거기 소속된 판사와 다른 법원 관리의 생계유지에 사용되는 인지세는 사회의 일반 수입에 어떠한 부담을 주지 않고도 사법부 비용을 충당하기에 충분한 수준이다. 이런 경우 실제로 판사는 모든 소송 절차를 불필요하게 늘리려는 유혹에 빠진다. 인지세를 최대한 늘려야 하기 때문이다. 현대 유럽에서는 변호사와 법원 서기에게 그들이 작성한 페이지 수에 따라 급여를 지급하는 게 다수의 관습이었지만, 법원은 각 페이지에 많은 줄 그리고 각 줄에 많은 단어가 포함되어야 한

---

203 원어는 fiction으로 법률상 의제를 말한다. 성질이 다른 것을 같은 것으로 보아 법률상 같은 효과를 주는 것으로, 가령 실종된 것을 사망한 것으로 간주하는 따위가 그것이다. 여기서는 세금을 받지 못한 이유가 피고에게서 빚을 받지 못했기 때문이라고 주장한 것을 하나의 의제 사항으로 인정한다는 것이다. '의제 자본'이라는 것도 있는데, 그것은 현실적 가치는 갖고 있지 않으나 장래에 이익을 낳을 원천으로 상정된 가공의 자본을 가리키는데, 주권, 공사채, 권리금 따위가 여기에 해당한다. 법률이 특정한 목적 아래에서 진실처럼 보이는 사안을 진실로 인정하거나 혹은 부존재 사실을 실제처럼 인정하는 것이다.

다고 요구했다. 급여를 늘리기 위해 변호사와 서기는 전혀 필요 없는 단어를 어떻게든 늘려 넣으려고 했고, 이것이 유럽 모든 법정에서 법률 용어를 오염시켰다는 게 내 생각이다. 이와 같은 유혹이 법적 절차의 형태에도 비슷한 부패를 초래할 수 있다.

하지만 사법 행정이 자체 비용을 충당하기 위해 고안되었든 혹은 다른 재원에서 지급되는 고정 급여로 판사들을 유지하든, 집행권을 맡은 사람이 이러한 자금의 관리를 책임지거나 혹은 급여 지급을 책임져야 할 필요는 없어 보인다. 이런 자금은 부동산 지대에서 얻어낼 수 있으며, 해당 부동산 관리는 같은 방식으로 특정 법원에 위탁해 유지 관리된다. 또한 이러한 자금은 금전 이자에서도 생기며, 같은 방식으로 이러한 이자 역시 그것으로 유지되는 법원이 맡는다. 실제로 적은 부분이긴 하지만, 스코틀랜드에서 최고 민사 법원 판사의 급여 일부는 금전 이자에서 발생한다. 그러나 이러한 성격의 자금에 따르는 필연적인 불안정성은 영구히 지속되어야 하는 기관 유지에는 부적절하다.

사법권과 행정권의 분리

사법부와 행정부의 분리는 사회가 점점 더 발전하고 업무가 늘어남에 따라 발생한 것으로 보인다. 사법 행정은 무척 힘들고 복잡한 직무라 그것을 맡은 사람에게는 전적인 주의력이 필요하다. 행정권을 맡은 사람은 개인 소송을 판결할 여유가 없었으므로 대리가 임명되어 그를 대신해 판결을 내렸다.

로마의 탁월한 국력이 고공 행진하던 시절에 집정관은 국가 정무에 몰두하느라 사법에 관여할 여유가 없었다. 따라서 사법행정관(법무관)이 그를 대신해 사법 관련 업무를 집행했다. 로마제국의 폐허 위에 설립된 여러 유럽 군주국이 성장해 나가면서 군주와 대영주는 자신이 직접 챙기기에는 사법 행정이 지나치게 힘들고 비천한 직무라고 통상적으로 생각하게 되었다. 따라서 그들은 일반적으로 대리인, 즉 집행관이나 판사를 임명함으로써 그런 일에서 점차 손을 뗐다.

사법권이 행정권에 통합되어 있을 때, 정치라는 천박한 행위에 사법부는 흔히 희생된다. 나라의 중대사를 책임 맡은 사람은 어떤 타락한 목적이 없더라도 때로는 그런 정치적 중대사를 위해 개인 권리를 희생하는 게 필요하다고 생각한다. 하지만 모든 개인의 자유, 자신이 안전하다고 느끼는 개인적 안전감은 공정한 사법 행정에 달려 있다. 모든 개인이 자신에게 속한 모든 권한을 완벽히 소유하고 있다고 느끼게 하려면 사법권은 행정권에서 분리되어야 할 뿐만 아니라 그것도 최대한 독립되어 있어야 한다. 판사는 정치 권력의 변덕에 따라 그 직에서 해임되어서는 안 된다. 판사가 정기적으로 받는 급여 역시 행정 권력의 호의나 그 권력의 경제력에 좌우되어서도 안 된다.

제3절

공공사업과 공공 기관의 비용

◇

군주 혹은 국가의 세 번째이자 마지막 의무는 공공 기관과 공공사업을 확립하고 유지하는 것이다. 이 두 가지는 사회에 가장 높은 수준으로 혜택을 주지만, 그로 인한 이익을 얻고자 어느 개인이나 소수에게 그 비용을 부담시킬 수는 없고, 따라서 어느 개인이나 소수가 확립하거나 유지하지는 못 한다. 이런 의무 수행은 사회의 여러 발전 단계에 따라 요구되는 비용 수준도 무척 다르다.

공공 기관과 공공사업은 앞에서 언급한 국방과 사법 행정을 위해 필요하다. 이 두 가지 외에 다른 사업과 제도는 주로 사회의 상업을 촉진하기 위한 것과, 대중 교육을 촉진하려는 것이다. 교육 기관은 두 가지 부류가 있다. 하나는 청년 교육, 다른 하나는 모든 연령대의 대중을 위한 것이다. 이하에서 그런 다른 부류의 공공사업과 공공 기관에 필요한 비용을 가장 적합하게 지급할 방법을 논의하게 되는데, 이러한 논의들이 현재 장[5권 1장]의 3절을 구성한다. 3절은 다시 3개조로 나뉘는데 제1조는 상업을 촉진하는 공공 시설과 제도이고 제2조는 청년 교육 제도이며 마지막 제3조는 전 국민 교육제도이다.

제1조
사회 내의 상업을 촉진하기 위한 공공사업과 기관

제1조는, 1항으로 전반적인 상업 촉진에 필요한 공공사업 및 기관과, 2항은 특정 상업 분야 촉진에 필요한 공공사업과 기관으로 구성된다.

제1조 1항
전반적인 상업 촉진에 필요한 공공사업과 기관

국가의 상업을 촉진하는 일, 즉 괜찮은 도로, 다리, 운항 가능한 수로, 항구 등을 설치하고 유지하는 공공사업은 각기 다른 사회 단계에서 무척 다른 비용을 요구한다.

이 점은 굳이 증명하지 않더라도 명백하다. 어떤 나라의 공공 도로를 만들고 유지하는 비용은 그 나라의 연간 토지와 노동 생산물, 즉 해당 도로로 이용해 운반해야 하는 물품의 양과 무게가 증가함에 따라 자연히 늘어난다. 교량의 강도는 그것을 통과할 가능성이 있는 마차의 수와 무게에 적합해야 한다. 항행할 수 있는 수로의 수심과 운송량은 그 위로 물품을 나르는 거룻배의 수와 용적 톤수에 비례해야 한다. 항구 규모는 그 안에 정박할 가능성이 있는 선박 수에 비례해야 한다.

공공사업 비용은 대다수 나라에서 집행권이 징수와 활용을 담당하는 소위 공공 세입에서 지급해야 할 필요는 없다. 그런 사업은 대부분 사회 일반 수입에 어떠한 부담도 주지 않으면서도 자체 비용을 지급하기에 충분한 특정 수입을 확보할 수 있도록 운영될 수 있다.

사회 기반 시설의 비용 조달

예를 들어 공공 도로, 다리, 항해 가능한 수로는 대부분 그런 시설을 활용하는 마차나 선박에 소액 통행료를 부과하는 것으로 설치 및 유지할 수 있다. 항구는 그 안에 적재하거나 하역하는 선박 톤수에 따라 적당한 항만세를 부과해 유지 관리할 수 있다. 상업을 용이하게 하는 또 다른 제도인 동전 주조는 많은 나라에서 자체 비용을 부담할 뿐만 아니라 군주에게 소액의 수익 또는 주조세(시뇨리지)를 제공한다. 같은 목적으로 확립된 또 다른 제도인 우체국은 그 운영 비용 지급 수준을 훨씬 넘어 거의 모든 나라에서 무척 큰 세입을 올린다.

공공 도로나 다리를 지나는 마차, 항행할 수 있는 수로를 항해하는 거룻배가 무게나 용적 톤수에 비례해 통행료를 지급할 때 그것으로 발생할 수 있는 마모에 비례해 정확히 공공사업 유지비를 지급한다. 그런 사업을 유지하는 데 이보다 더 공평한 방법을 발명하기란 거의 불가능하다. 이런 세금 혹은 통행료는 운송업자가 선금을 지급하지만, 항상 물품 가격에 부과되어 결국 소비자가 지급하는 것이다.

하지만 운송 비용은 그런 공공사업 덕분에 크게 줄어들므로, 통행료 부과에도 불구하고 상품은 그런 시설이 없었을 때보다 소비자에게 더욱 저렴하게 공급된다. 통행료로 물품 가격이 인상되더라도 운송비 하락을 통해 더욱 낮아질 수 있다. 따라서 이 세금을 최종 지급하는 사람은 세금 납부로 잃는 것보다 그 시설을 활용해 얻는 이득이 더 크다. 그가 지불하는 것은 이득 보는 것에 정확히 비례한다. 실제로 그는 더 큰 이득을 얻기 위해 이득 일부를 포기한다. 이 방법은 세금 징수 수단 중에 가장 공정한 방법이다.

대형 사륜마차, 사륜 역마차 등 사치스럽게 볼 수 있는 마차에 부과되는 통행료는 짐수레나 짐마차 등 필수 용도의 소형 마차에 부과되는 통행료보다 무게에 비례하여 다소 높게 부과된다. 하지만 이런 세금으로 도로가 계속 유지될 수 있고, 무거운 물건을 온 나라 모든 지역에 더욱 저렴하게 운송하게 함으로써 부유한 자의 나태함과 허영이 무척 손쉬운 방법으로 빈곤한 자를 구제하는 데 기여하는 셈이 된다.

주요 도로, 다리, 수로 등이 이런 식으로 실수요자인 상업에 의해 설치되고 뒷받침될 때, 그 시설들은 상업이 요구하고, 설치에 적절한 곳에 만들어진다. 그 시설 비용, 장엄함과 웅장함은 상업이 지급할 수 있는 목적에 적합해야 하고, 설치에 적합한 수준으로 만들어져야 한다. 근사한 주요 도로는, 상업이 거의 혹은 아예 없는 곳이나 지방 장관의 시골 별장 혹은 장관이 환심을 사려는 대영주의 시골 별장을 위해 황폐한 지역에 길을 내겠다는 이유로는 세워질 수 없다. 그저 인근 궁전의 조경을 돕겠다는 이유로 아무도 다니지 않는 강 위에 훌륭한 다리를 놓을 수는 없는 것이다. 하지만 때때로 이런 부류의 어처구니없는 사업이 벌어지는 나라도 있다. 그 경우 건설 경비는 사업 자체가 제공하는 수입 이외의 다른 수입으로 조달된다.

통행료 징수는 이해 당사자가 담당

유럽 여러 다른 지역에서 수로에 부과되는 통행료나 수문세(水門稅)는 그 수로를 개인적 이익을 위해 관리하는 개인의 재산으로 들어간다. 이런 수로가 적절하게 관리되지 않으면 필연적으로 운항은 전적으로 중단되고, 더불어 그들이 통행료로 얻을 수 있는 모든 수익도 중단된다. 그 시설에 어떤 이해관계도 없는 감독관이 그런 통행료를 관리한다면 통행료를 만들어내는 그런 사업 유지에는 관심을 보이지 않을 수 있다.

랑그독 운하를 세우면서 프랑스 국왕과 랑그독 지방은 1천 3백만 리브르를 들였다. 지난 세기[17세기] 말 프랑스 화폐 가치는 1마르크에 28리브르였으므로, 해당 금액은 90만 파운드에 이른다. 대사업이 끝났을 때 지속적인 보수를 하면서 그것을 유지하는 가장 그럴듯한 방법은 사업을 계획하고 수행한 기술자인 리케에게 통행료를 선물로 주는 것이었다. 그런 통행료는 그 신사 가문의 여러 가족에게 현재 무척 큰 재산이 되었고, 그들은 운하를 지속적으로 수리하는 것에 큰 관심을 두고 있다. 하지만 운하에 무관심한 정부 감독관이 그런 관리를 받게 되었다면 통행료는 장식적이고 불필요한 비용처럼 낭비되었을 것이며, 운하의 가장 필수적인 부분은 황폐하게 되었을 것이다.

주요 도로를 유지하는 데 드는 통행료를 개인이 소유하는 것은 안전하지 않다. 주요 도로는 수로와는 달리 전적으로 관리를 소홀하게 해도 통행이 불가능하지는 않다. 그러므로 주요 도로 통행료 소유주는 도로 수리를 전적으로 무시하더라도 계속 전과 거의 다르지 않은 통행료를 징수할 것이다. 이런 이유로 주요 도로 유지를 위한 통행료는 감독관이나 신탁 관리인에게 맡기는 게 적절하다.

그레이트브리튼에서 신탁 관리인이 이런 통행료를 관리하는 과정에서 드러낸 폐해에 대해서는 정당한 고발이 이루어졌다. 많은 통행료 징수소에서 거둔 돈은 가장 완벽한 방식으로 도로를 수리하는 데 들어가는 비용의 두 배 이상이었다. 도로 수리는 빈번히 무척 엉성하게 할 뿐이었으며, 때로는 전혀 이루어지지 않았다. 이런 식으로 통행료를 받아 주요 도로를 수리하는 체계는 오래된 관행이 아니라는 점에 주목하자. 따라서 이런 체계에서 가능한 것처럼 보이는 완성도에 아직 이르지 못했더라도 그리 놀라운 일도 아니다. 비열하고 부적절한 자가 종종 신탁 관리인으로 임명될 수도 있다. 또 그들의 행동을 통제하고 통행료를 도로 수리 공사에 알맞은 수준으로 줄이기 위한 적절한 감찰과 회계를 담당하는 적합한 조직이 아직 세워지지 않았을 수도 있다. 하지만 이러한 결점은 이 제도가 얼마 되지 않았다는 주장으로 해명도 되고 변명도 된다. 그런 제도 미비는 의회의 지혜로 적절한 때 점차 대부분 바로잡힐 것이다.

그레이트브리튼 통행료 징수소에서 거둔 돈은 도로 수리에 필요한 비용을 훨씬 넘어설 정도로 초과 징수되었다. 그리하여 몇몇 장관조차 적절히 아낀다면 그렇게 축적된 통행료를 장차 나라의 긴급 사태가 발생했을 때 전용할 수 있는 무척 큰 재원으로 생각할 정도였다. 그들은 이런 주장도 편다. 정부가 유료도로 통행료 징수소 운영을 직접 맡아, 봉급에 아주 조금만 보수를 더하면 병사들을 징수소에서 근무하게 할 수 있다. 이러면 임금에 생계가 전부 달린 노동자를 써야 하는 신탁 관리인을 두는 것보다 훨씬 적은 비용으로 도로를 훌륭한 상태로 관리할 수 있다. 이 주장에 따르면 50만 파운드에 달하는[204] 막대한 통행료 세입을 이런 식으로 국민에게 아무런 부담을 주지 않고 획득될 수 있으며, 통행료 징수소가 있는 유료도로는 현재 우체국과 같은 방식으로 국가의 일반 경비에 보탬이 된다는 것이다.

국가의 통행료 직접 징수에 반대하는 3가지 이유

이런 계획의 설계자들이 생각하는 것처럼 거액은 아니더라도, 이런 방식으로 통행료를 징수함으로써 상당한 세입을 획득할 수 있음을 나는 의심하지 않는다. 하지만 이 계획은 다음과 같은 3가지 무척 중요한 반대에 직면할 것이다.

첫 번째로, 통행료 징수소에서 걷을 통행료가 나라의 긴급 사태에 자금을 댈 재원 중 하나로 고려된다면 분명 통행료는 그런 긴급 사태가 요구하면 분명히 증가할 것이다. 따라서 그레이트브리튼 정책에 따라 통행료는 무척 빨리 증가할 것이다. 통행료에서 쉽게 커다란 세입을 얻을 수 있기에 행정부는 이 재원에 무척 빈번히 기대게 된다. 비용을 아긴다고 해서 현재 걷는 통행료에서 50만 파운드를 얻을 수 있을지 무척 의심스럽지만, 통행료를 두 배로 올리면 1백만 파운드를 저축할 수 있음은 너무나 분명하다. 세 배로 올리면 2백만 파운드가 될 수도 있다.[205] 그것을 징수할 새 관리를 추가 임명하지 않고도 이런 거대한 세입을 획득할 수 있다.

하지만 통행료가 이런 식으로 계속 올라간다면 현재처럼 국내 상업을 촉진하는 것이 아니라, 이내 국내 산업에 엄청난 짐이 된다. 한 지역에서 다른 지역으로 보내는 무거운 물품의 운송비는 곧 크게 증가할 것이며, 그 결과 그런 물품을 취급하는 시장 역시 곧 크게 줄어들 것이다. 따라서 그런 물품을 생산하는 사람들은 의욕이 크게 꺾이고, 국내 산업의 가장 중요한 분야는 완전히 무너진다.

---

204 이 책의 초판과 재판을 간행한 이후에 나는 그레이트브리튼에서 유료도로에 부과되는 통행세는 전부 합쳐서 50만 파운드에 달하는 순수입도 올리지 못한다는 것을 발견했다. 그리고 이 금액으로 정부가 관리한 경우에 브리튼 내의 간선도로 중 다섯 개를 개보수하는 데에도 불충분할 것으로 생각한다.—원주
205 나는 이 추정된 금액이 너무 과하다고 믿을 만한 충분한 이유가 있다.—원주

두 번째로, 무게에 비례해 마차에 부과되는 세금은 도로 수리 목적으로는 무척 공정한 과세지만, 다른 목적, 가령 나라의 일반적인 긴급 사태에 쓰인다는 목적으로 전용되면 무척 불공평한 과세가 된다. 도로 보수에만 세금이 쓰인다면 각 마차는 도로에 발생시킨 손상에 들어가는 세금만 정확히 지급하면 된다. 하지만 다른 목적에 전용된다면 각 마차는 도로 손상에 해당하는 것보다 더 많은 세금을 납부해야 하고, 나라의 다른 어떤 긴급 사태에 쓰일 재원에 납부하는 게 된다.

하지만 이때 통행료는 가치가 아닌 무게에 비례해 물품 가격을 상승시킨다. 그리하여 세금은 주로 가볍고 귀한 상품의 소비자가 아니라 조악하고 부피가 큰 소비자가 부담하게 된다. 결과적으로 나라를 어떠한 긴급 사태에 이 세금을 전용하든지 간에 그 사태에 활용할 자금은 부자가 아닌 빈자가 공급하는 것이 된다. 가장 능력 있는 사람이 아니라, 가장 능력 없는 사람이 긴급 사태에 필요한 자금을 부담할 수도 있다.

세 번째로, 정부가 주요 도로의 개보수를 등한시한다면 통행료 일부를 원래 목적인 개보수에 사용하는 일은 현재보다 훨씬 더 어려워진다. 국민에게서 통행료로 엄청난 세입을 거두지만, 그렇게 거둔 돈 중 어떠한 부분도 원래의 타당한 목적에는 활용되지 않는 것이다. 현재 비열하고 가난한 통행료 징수소 신탁 관리인의 잘못을 바로잡는 게 1 정도의 강도라면, 부유하고 힘센 정부가 직접 통행료 징수소 관리자가 될 경우 그 잘못을 바로잡기는 10 정도로 어려워진다.

프랑스의 통행료 징수

프랑스에서 주요 도로 수리에 활용될 자금은 행정 권력의 직접적인 지시를 받는다. 그런 자금은 유럽 대다수 지역에서 농촌 주민이 공공 도로 수리에 들이는 며칠간의 노동 그리고 국왕이 다른 비용에서 아껴 국가의 일반적인 세입 일부에 대는 자금으로 마련된다.

프랑스와 유럽 대다수 지역의 오랜 법에 따르면 농촌 주민의 노동은 국왕 산하 추밀원에 직접 종속되지 않는 지방관의 지시를 받았다. 하지만 현재 관행상, 농촌 주민의 노동과, 국왕이 특정 지역의 주요 도로 보수를 위해 배정한 자금은 전부 지방관의 관리를 받는다. 이 장관은 국왕 추밀원이 임면하는 자로서, 추밀원 지시를 따르면서 끊임없이 서신을 교환한다. 폭정이 진행되면서 행정 권력은 점차 나라의 다른 모든 권력을 흡수하고, 공공 목적에 쓰일 모든 세입의 관리를 맡는다.

프랑스에서 대규모 우편물 수송로, 즉 왕국의 주된 도시들 사이에 설치된 연락도로는 대체로 훌륭하게 유지되며, 몇몇 지방에서는 잉글랜드의 통행료 징수소가 있는 길보다 대부분 훨씬 잘 유지된다. 하지만 우리가 교차로라고 부르는 지방도로의 절대 다수는 전적으로 방치되어 있어 무거운 마차가 지날 수 없는 상태다. 어떤 곳은 말 타고 여행하는 것조차 위험하며, 아무 문제 없이 타고 갈 수 있는 것은 노새뿐이다.

허세 부리기를 좋아하는 궁중의 오만한 장관은 주요 귀족이 자주 이용하는 거대한 공공 도로 같은 화려하고 웅장한 사업을 빈번히 수행하는 데서 즐거움을 느낀다. 또한, 그런 귀족이 보내는 갈채는 장관을 추켜올려 허영을 부풀릴 뿐만 아니라 궁중에서 자기 이해관계를 높이고 강화하는 데도 도움이 된다.

하지만 훌륭한 외관을 과시할 수 없고, 여행객의 감탄도 이끌어낼 수 없는, 지극히 유용하다는 것 외에는 아무것도 권장할 게 없는 사소한 사업을 다수 실행하는 것은 모든 측면에서 그런 지체 높은 장관의 관심사가 되지 못한다. 격에 어울리지 않는 시시하고 초라한 일이다. 따라서 그의 행정에서 그런 사소한 사업은 거의 언제나 전적으로 방치된다.

중국과 기타 국가의 도로 보수

중국과 아시아의 여러 정부에서 행정 권력은 공공 도로 수리와 운항 가능한 수로 유지를 전부 담당한다. 각 지방의 장에게는 그런 목표들을 지속해서 수행하라고 명령으로 내려온다. 또한, 중앙 정부는 이런 명령에 관심을 보인 정도에 따라 지방 장관의 관리 능력을 판단한다. 모든 나라가 이런 행정 분야에 크게 신경 쓰긴 하지만, 특히 중국은 세심하게 배려한다고

들 한다. 중국의 공공 도로와 항행 가능한 수로는 유럽에서 알려진 비슷한 부류의 모든 것을 훨씬 뛰어넘는 수준이다.

하지만 유럽으로 전달된 이러한 정보는 보통 별로 지식이 없고 쉽게 감탄하는 여행자의 입에서 나온 것으로, 특히 어리석고 거짓말하는 선교사들이 그런 허황된 이야기를 주로 퍼뜨린다. 더욱 지적인 사람이 중국의 도로나 수로를 직접 검토하고, 신뢰할 만한 목격자가 관련 정보를 주목하고 보고했더라면 그런 사회 기반 시설은 그렇게 훌륭하게 보이지 않았을 것이다. 여행 작가 베르니에가 인도에서 이런 부류의 몇몇 사업에 관해 전해준 이야기는 감탄하기 좋아하는 다른 여행자들이 전한 정보보다 훨씬 냉정했고, 그리 감탄할 만한 수준은 아니라고 말했다. 프랑스와 마찬가지로 아시아 국가들에서는 궁정과 수도에서 화젯거리가 될 만한 가능성이 높은 커다란 도로나 수송로는 주목의 대상이지만, 나머지는 전부 등한시되므로 그러할 것이다.

게다가 중국, 인도 그리고 여러 다른 아시아 정부에서 군주의 세입은 거의 전적으로 토지세나 지대에서 발생하기에 토지의 연간 생산물 등락에 따라 그런 세입도 같이 등락한다. 따라서 군주의 큰 관심사인 세입은 그런 나라에서는 필연적으로 직접 토지 경작 및 토지에서 나는 생산물 품질 그리고 그런 생산물의 가치와 연관된다.

하지만 그런 생산물을 최대한 훌륭하고 값나가게 만들려면 최대한 넓은 시장을 확보하고, 그 결과 모든 지역 간에 가장 자유롭고, 가장 쉽고, 가장 저렴한 수송로를 확립할 필요가 있다. 이것은 최고의 도로와 항행 가능한 최상의 수로가 있을 때만 가능한 일이다. 하지만 유럽에서 군주의 세입은 어느 지역에서도 지세나 지대에서 주로 발생하지 않는다. 유럽의 모든 대국에서 세입 대부분은 궁극적으로 토지 생산물에 의존하지만, 의존성은 그리 직접적이지도 명백하지도 않다.

따라서 유럽의 군주는 토지에서 생산되는 농산물의 양과 가치의 증가를 촉진하거나, 좋은 도로와 운하를 유지함으로써 그 농산물을 가장 광범위한 시장에 제공해야 할 직접적인 의무를 느끼지 않는다. 그러므로 내가 파악한 바로는 적잖이 의심스럽지만, 아시아 일부 지역에서 행정 권력에 따라 이런 행정 분야가 무척 적절하게 관리되고 있다는 게 사실이더라도, 유럽의 어떤 지역에서 그런 행정 분야가 권력에 의해 적절히 관리될 개연성은 현 상황에서는 전혀 없다.

시설 보수는 지방 자치 단체 중심으로

이런 공공사업이 있다. 즉, 성질상 자체적인 유지에 필요한 만큼의 수입을 제공하지 못하지만 그 편익이 어떤 특별한 장소 또는 지역에 국한되는 공공사업 말이다. 이러한 사업은 행정 권력이 항상 관리·감독해야 하는 국가의 일반 세입보다는 지방 행정의 관리를 받는 지방 세입으로 유지되는 게 훨씬 낫다. 가령 런던의 거리를 비추는 가로등과 도로 포장을 국고 비용으로 감당했더라면 지금처럼 적은 비용으로 이렇게 가로등을 잘 설치하고 도로를 잘 관리할 수 있었을까? 게다가 이런 경우 런던의 특정 거리, 교구 혹은 구역 주민에게 부과하는 지방세가 아니라, 나라의 일반 세입으로 그 비용이 지급된다면 왕국 모든 주민에게 세금이 부과되는 셈인데, 국민 대다수는 런던 거리의 가로등과 도로 포장에서 아무런 혜택도 받지 못하고 있지 않은가.

지방 세입 사용으로 지방 행정에서 발생하는 폐해는 실제로 이 거대한 제국의 세입 행정과 소비에서 일반적으로 발생하는 폐해와 비교하면 사소한 것에 불과하다. 게다가 지방에서 발생한 폐해는 훨씬 쉽게 바로잡힌다. 그레이트브리튼 치안판사를 통한 지방 행정에서, 지방 주민이 공공 도로 개보수를 위해 제공해야 하는 엿새 노동은 항상 무척 분별력 있게 활용되지 않지만, 어떠한 상황에서도 학대나 압박은 거의 발생하지 않는다. 프랑스에서 감독관은 지식이 풍부하거나 합리적이지 않은 관리였기에 그 집행과 활용조차도 가장 잔혹하고 압제적이다. 그들이 사역(使役, corvées)이라 부르는 이런 강제 노동은 학정의 주된 수단 중 하나다. 정부 관리들은 사역을 남발함으로써 정부에 미운털이 박힌 교구와 공동체를 징벌한다.

제1조 2항
특정 상업 분야 촉진에 필요한 공공사업과 기관

앞서 언급한 공공사업과 기관의 목적은 상업을 전반적으로 촉진하는데 있었다. 하지만 특정 상업 분야를 촉진하려면 특정 기관이 필요하고, 그러면 다시 특별한 비용이 필요하다.

회사는 무역 보호를 위한 기관

미개하고 문명화되지 않은 나라에서 수행되는 상업에서 특정 분야는 특별한 보호가 필요하다. 아프리카 서쪽 해안에서 거래하는 상인의 물품은 통상적인 가게나 회계 사무소에서 안전하게 보관하지 못한다. 야만스러운 원주민으로부터 그런 물품을 지키려면 보관 장소를 어느 정도 요새로 만들어야 한다.

인도는 정치적 불안정으로 무질서하므로 인도인처럼 유순한 사람들 사이에서조차 예방책이 필요해졌다. 그리하여 상인들의 신체와 재산을 무질서한 폭력에서 지켜낸다고 주장하면서 영국 동인도회사와 프랑스 동인도회사는 인도에 첫 요새를 세웠다. 강력한 정부가 존재해 어떤 외국인에게도 자국 영토 내에 요새의 건설을 허용하지 않는 나라들은, 유럽 국가들이 대사, 공사, 영사를 주재시켜 상인들 사이에 분쟁이 생겼을 때 고국 관습에 따라 중재하게 했다. 또 원주민과 동포 사이에서 벌어진 분쟁에 대해서는 개인 자격보다 공인이라는 지위로 좀 더 권위를 가지고 사건에 개입해 동포를 더 강력하게 보호했다.

상업에 대한 관심은 종종 전쟁이나 동맹 목적으로는 필요를 느끼지 못했던 공사를 외국에 주둔시키게 했다. 터키 회사 상거래를 위해 영국은 먼저 콘스탄티노플에 현지 주재 대사를 두었다. 러시아에 첫 잉글랜드 대사관을 둔 것은 전적으로 상업적인 관심 때문이었다. 유럽 국가들의 국민 사이에 필연적으로 발생하는 그런 상업적 관심에 지속해서 개입하려고, 평화로운 시기조차 모든 인접국에 대사나 공사가 상주하는 관습이 생겼다. 고대에는 전혀 알려지지 않은 이런 관습은 15세기 말 혹은 16세기 초 이후에 생긴 것으로 보인다. 즉, 상업이 처음으로 유럽 대부분 나라로 확장되기 시작했을 때 그리고 유럽인들이 처음으로 상거래에 관심을 보이기 시작했을 때부터 이런 관습이 생긴 것이다.

시설 건설비는 관련 회사 부담

특정 상업 분야를 보호하는 데 드는 추가 비용이 해당 분야에 부과되는 적당한 세금으로 지급되는 것은 합당한 일이다. 예를 들어, 처음 그 분야로 들어오는 상인에게 적당한 부담금을 납부하게 한다거나 혹은 더 공평하게는, 특정 국가로 수입하거나 특정 국가로 수출하는 상품에 대해 특정 비율의 관세를 부과하는 것이다. 이렇게 해서 해적으로부터 무역 전반을 보호하기 위해 관세 제도를 처음 도입하게 되었다. 보호 비용을 지급하기 위해 교역에 일반적인 세금을 부과하는 일은 합리적이다. 마찬가지로 특정 교역 분야를 보호하는 특별 비용을 충당하고자 그런 분야에 특정 세금을 부과하는 것은 똑같이 합리적인 조치로 보아야 한다.

전반적인 교역 보호는 국가 방어에 늘 필수로 여겨졌고, 그런 이유로 행정부의 필수 의무 중 하나였다. 따라서 일반적인 관세를 거두고 쓰는 일은 늘 행정부 소관이었다. 하지만 특정 유형의 교역 보호는 전반적인 보호 조치의 일부이며, 이는 권력에게 맡겨진 의무의 일부다. 국가가 항상 일관되게 행동한다면 그런 특정 보호 목적으로 부과되는 특별세는 항상 똑같이 처분하도록 맡겨야 한다. 그러나 이 점과 다른 많은 점에서 국가들이 언제나 일관되게 행동하는 것은 아니다. 유럽 상업국 대부분에서 상인들이 주무르는 특정 회사들은 상인다운 솜씨를 발휘해 입법부를 설득한 다음, 군주가 수행해야 할 의무 부분과 그 의무에 필연적으로 관련된 모든 권력 행사를 자신에게 위임하도록 했다.

이 회사들은 국가가 신중하지 않다고 판단한 실험을 자비를 들여 수행함으로써 일부 상업 분야를 그 나라에 처음 도입하는 데는 쓸모가 있었다. 하지만 장기적, 보편적 관점에서 보면 부담스럽거나 쓸모없는 조직으로 밝혀졌다. 나아가 그들은 교역을 잘못 관리하거나 교역 범위를 국한하는 어리석음을 저질렀다.

규제회사와 주식회사

그런 회사는 공동 출자 기금으로 교역하는 것이 아니라, 적절한 자격을 갖춘 사람이 일정 금액을 지불하고 회사 규정에 따르기로 동의했다면 받아들인다. 또 회사는 그 구성원이 자기자본으로 교역하고 스스로 위험을 지게 한다. 이런 형태의 회사를 통칭 규제회사라고 한다.

반면 어떤 회사가 공동 출자로 교역하고, 각 구성원이 이런 투자 지분에 비례해 공동 이익이나 손실을 나눈다면 그 회사를 주식회사라고 한다. 규제회사든 주식회사든 이러한 회사들은 때로는 배타적인 특권을 지니기도 하고, 때로는 별다른 특권이 없기도 하다.

규제회사의 성격과 현황

규제회사는 모든 면에서 유럽 모든 나라의 도시에 흔한 동업조합과 비슷하고, 일종의 확대된 독점 회사다. 도시 주민은 동업조합에서 먼저 조합원으로서 권리를 얻지 않으면 조합 업종에 종사하지 못하는데, 마찬가지로 어떤 나라의 국민이 되었든 대체로 규제회사가 설립된 해외 교역 분야에서 먼저 해당 회사의 구성원이 되지 않고서는 그 일을 적법하게 수행할 수 없다.

독점의 엄격한 정도는 가입 조건이 얼마나 어려운지, 회사 임원들이 얼마나 권위 있는지 혹은 그들과 그 친구들이 교역 대부분을 맡도록 국한시킬 힘이 있는지에 따라 다르다. 가장 오래된 규제회사에서 도제의 특권은 다른 동업조합과 같았다. 회사의 구성원 밑에서 일정 기간 고용되었던 사람은 어떤 부담금도 지급하지 않고 혹은 다른 사람보다 훨씬 적은 부담금을 지급하고 규제회사의 사원이 될 권리를 얻었다. 특히 법률의 단속이 없는 곳에서는, 모든 규제회사 안에 과거부터 있어온 동업조합 정신이 가득했다. 고유의 창의성을 따를 자유가 주어졌을 때 그들은 항상 적은 수의 사람으로 경쟁을 제한하고자 교역에 수많은 부담스러운 규정을 두려고 했다. 하지만 법이 그런 이기적인 행동을 제한할 때 그들은 전적으로 쓸모없거나 하찮은 상태로 전락했다.

그레이트브리튼에 현재 존속하는 해외 무역용 규제회사는 유서 깊은 모험 상인들의 회사이며, 현재는 함부르크 회사, 러시아 회사, 이스트랜드 회사, 터키 회사 그리고 아프리카 회사가 있다.

함부르크 회사와 러시아 회사

함부르크 회사의 입회 조건은 이제 무척 쉽다고 한다. 회사 임원들은 거래에 어떤 부담스러운 제약이나 통제를 가할 힘이 없거나 혹은 최소한 최근에는 그런 힘을 행사하지 않았다. 하지만 항상 그랬던 것은 아니다. 지난 17세기 중반에 이 회사의 입회 부담금은 50파운드였고, 한때는 1백 파운드까지 올라가기도 했다. 또한, 회사의 운영 방식은 아주 억압적이었다.

1643년, 1645년 그리고 1661년 잉글랜드 서부 의류상과 자유 무역업자들이 함부르크 회사를 가리켜 남들의 무역을 제약하고 나라의 제조업자를 탄압하는 독점 회사라고 의회에 고발했다. 그런 고발에 대해 의회는 아무런 행동도 취하지 않았지만, 그래도 그 일은 회사에 겁을 주어 스스로 회사 운영 방침을 개선하도록 했다. 적어도 그 시점 이후로 회사를 상대로 하는 항의는 더 이상 나오지 않았다.

윌리엄 3세 치세 10년과 11년 차에 제정된 법령 제6호는 러시아 회사 입회 부담금을 5파운드로 인하했고, 찰스 2세 치세 25년 차에 제정된 제7호 법령은 이스트랜드 회사의 입회 부담금을 40실링으로 줄였다. 동시에 스웨덴, 덴마크, 노르웨이 그리고 발트해 북쪽에 있는 모든 나라는 두 회사의 배타적인 특허장에 의한 지배권에서 제외되었다. 이 두 회사의 행동은 의회가 두 법령을 제정하도록 했다.

그전에 조사이어 차일드 경은 두 회사와 함부르크 회사를 극도로 압제적이라고 주장했다. 또 이러한 회사의 특허장에 포함되었던 나라와 잉글랜드 사이의 거래 실적이 형편없는 것은 이들 회사의 부실한 운영 때문이라고 비난했다. 오늘날 그런 회사들은 아주 압제적이지는 않지만 동시에 아주 쓸모없는 존재로 전락했다. 그냥 쓸모없다고 하는 것은 규제회사에 대해 타당하게 언급할 수 있는 최고 찬사일지도 모른다. 방금 언급한 세 회사는 모두 현 상태에서는 그런 최고의 찬사를 들을 만하다.

터키 회사

터키 회사의 입회 부담금은 예전에는 26세 미만인 모든 사람에게는 25파운드였고, 그 이상에게는 50파운드였다. 이 회사는 도매상만 받아들이는 제약 때문에 모든 소매상은 배제했다. 회사 규약에 따라 이 회사 선박을 이용하지 않고선 어떠한 영국산 제조품도 터키로 수출할 수 없었다. 또한, 그런 배는 항상 런던항에서 출항했기에 이런 제약은 그런 값비싼 항구와 런던 및 그 인근에 사는 무역상으로만 거래를 한정하는 것과 마찬가지였다. 또 다른 규약에 따라 런던에서 20마일 안에 살지 않고, 도시 시민권이 없는 사람은 회사원으로 받아들일 수 없었다. 이 제약은 앞서 언급한 제약과 더해져 필연적으로 런던 시민이 아닌 모든 사람을 배제하는 결과를 가져왔다.

선박에 물품을 싣고 항해하는 시간은 전적으로 회사 임원의 결정에 달렸기에 그들은 손쉽게 그 배에 자기 물품과 친구의 재화를 채우고, 다른 사람은 신청이 너무 늦었다는 핑계를 대면서 물품을 실어주지 않았다. 따라서 이런 상황에서 터키 회사는 모든 면에서 아주 엄격하고 가혹한 독점회사였다. 그런 폐해로 조지 2세 치세[1727-1760] 26년 차에 제정된 법령 제18호는 터키 회사의 입회 부담금을 나이에 관계없이 모든 사람에게 20파운드로 인하했고, 도매상이나 런던 시민만 받아들인다는 제약도 삭제했다. 또한, 모든 회사원에게 수출이 금지되지 않은 모든 영국 물품을 그레이트브리튼의 모든 항구에서 터키 항구로 수출하는 자유를 허락했다. 또 일반 관세와 회사의 필요 경비를 마련하기 위해 부과된 특정 관세를 모두 지급하면, 수입이 금지되지 않은 모든 터키 물품을 터키에서 자유롭게 수입하도록 했다. 회사 구성원은 터키에 상주하는 영국 대사나 영사의 법적 권위로 뒷받침되고 적절한 절차로 제정된 회사 규약을 준수해야 했다.

회사 규약에 따른 억압을 방지하기 위해 같은 법령은 회사 구성원 중 일곱 사람이 이 법령이 통과된 이후 제정된 규약에 불만을 느낀다면 그런 규약이 제정된 이후 열두 달 안에 무역 및 농장위원회(이 조직의 권한은 현재 국왕 산하 추밀원의 한 위원회가 승계했다)에 호소할 수 있었다. 이 법령이 통과되기 이전에 제정된 규약이라 할지라도, 회사 구성원 중 일곱 명이 불만을 토로한다면 이 법령이 효력을 발휘하는 날로부터 열두 달 이내에 그 애로사항에 대해 똑같이 제소할 수 있었다.

그러나 1년간의 경험으로는 큰 회사의 모든 구성원이 특정 규약의 해로운 경향을 발견하기에 언제나 충분하지 않을 수 있으며, 그 후에 몇몇 구성원이 그것을 발견하더라도 무역위원회나 추밀원 위원회는 그것을 바로잡을 수 없다. 게다가 모든 규제회사의 규약 대부분은 다른 모든 회사와 마찬가지로 기존 구성원을 압제하기보다는 구성원이 되려는 사람을 좌절하게 하는 것이었으며, 그런 목적은 높은 부담금뿐만 아니라 많은 다른 모략을 통해 달성되었다.

규제회사의 지속적인 관심사는 항상 최대한 자기 회사의 이익률을 높이는 것이며, 이에 수출하거나 수입하는 물품을 최대한 시장에 공급 부족 상태로 두면서, 모험적인 새 상인이 교역 분야에 들어오지 못하도록 막는 것이었다. 더욱이 터키와의 교역을 계속하려는 의도로 20파운드 부담금을 요구했는데 이는 조합에 들어오려는 사람을 막기에 충분하지는 않더라도 딱 한 번 모험을 감행하려는 투기 상인을 막기에는 충분한 수준이었다. 모든 교역에서 통상적으로 자리를 잡은 교역상은 동업조합을 설립하지 않더라도 자연스럽게 이익을 늘리고자 단합하는데, 이런 이익은 때로 투기적이고 모험적인 상인들이 나타나 경쟁을 벌이기 전까지 언제나 적정 수준 이하로는 내려가지 않는다.

터키 무역은 의회의 이런 법령으로 다소 개방되었지만, 여전히 많은 사람이 완전히 자유로운 경쟁과는 전혀 거리가 멀다고 여긴다. 터키 회사는 대사 한 사람과 두 명이나 세 명의 공사를 먹여 살리는데, 이 관리들은 다른 공직자와 마찬가지로 국가가 전적으로 부양해야 하며, 교역은 모든 백성에게 개방되어야 한다. 이 회사가 이런저런 목적을 위해 부과하는 여러 세금은 국가가 관련 공직자들을 유지하는 데 들어가는 금액보다 훨씬 큰 수입을 올리고 있다.

규제회사와 주식회사의 두 가지 차이점

조사이어 차일드 경(Sir. Josiah Child)은 규제회사가 빈번히 공직자들을 지원했지만, 교역하는 나라에 어떤 요새나 주둔군을 유지한 적은 없다고 말했다. 반면 주식회사는 빈번히 그런 보호 시설을 건설했다. 실제로 규제회사는 주식회사보다 이런 부류의 일을 하기에는 어려움이 있는데 여기에는 다음 두 가지 이유가 있다.

첫째, 규제회사 임원은 회사 전반적인 교역 번영에 딱히 특별한 관심이 없지만, 요새와 주둔군 유지는 그런 전반적인 번영이 주된 목적이다. 심지어 그런 전반적인 교역 쇠퇴가 종종 자신의 교역에 도움이 되기도 한다. 경쟁자 수가 줄어듦으로써 더욱 저렴하게 상품을 사고, 더욱 비싸게 팔 수 있기 때문이다. 반대로 주식회사 임원은 자신이 관리하는 공동 자본으로 발생하는 이익에 따라 자기 몫이 있을 뿐이어서, 회사 전반적인 교역 이익과 별개로 이익을 얻는 개인적인 교역을 하지 않는다. 주식회사 임원의 개인 이익은 회사 전반적인 교역 번영과 그것을 지켜내는 데 필요한 요새 및 주둔군 유지와 밀접하게 관련된다. 따라서 그들은 필연적으로 그런 유지 작업에 지속적이고 세심한 관심을 보인다.

둘째, 주식회사의 이사는 늘 회사 공동 자본인 거대한 자본을 관리하고 있어, 그중 일부를 종종 적절하게 필요한 요새와 주둔군을 설립하고, 보수 및 보충하며, 유지하는 데 활용할 수 있다. 하지만 규제회사 임원은 공동 자본을 관리하지 않으며, 입회 부담금과 회사 교역에 부과되는 세금에서 발생하는 임시 수입 외에는 이런 방식으로 전용할 수 있는 자금도 없다. 따라서 그들이 그런 요새와 주둔군 유지에 주식회사 이사와 똑같은 관심을 보인다고 해도 그런 관심을 효과적으로 실현할 능력은 좀처럼 없다. 공직자 부양은 거의 관심을 보이지 않아도 되고 적당히 한정된 비용만 쓰면 되므로,

이것이 규제회사의 특성과 능력 모두에 훨씬 더 적합하다.

아프리카 회사의 설립과 운영

하지만 조사이어 차일드 경의 시대보다 훨씬 뒤인 1750년에 한 규제회사가 설립되었는데, 이것이 현재 아프리카와 교역하는 상인들의 회사이다. 이 회사는 처음에는 분명히 블랑곶과 희망봉 사이의 모든 영국 요새와 주둔군 유지를 책임졌지만, 나중에는 루즈곶과 희망봉 사이에 있는 요새와 주둔군만 책임지게 되었다.

이 회사를 설립한 법령, 즉 조지 2세 치세[1727-1760] 23년 차의 제31호 법령은 다음 두 가지 분명한 목적이 있었다. 첫째, 규제회사 임원에게는 당연한 것으로 보이는, 압제적이고 시장 독점적인 정신을 효과적으로 억누르는 것이고, 둘째, 그런 임원에게는 자연스러운 행동이 되기 힘든, 요새와 주둔군 유지에 관심을 보이도록 최대한 강제하는 것이었다.

첫 번째 목적을 위해 입회 부담금은 40실링으로 제한되었다. 회사는 법인 자격이나 공동 자본으로 교역하는 것이 금지되었고, 또한, 회사 인장으로 돈을 빌리는 것과 부담금을 지급한 모든 잉글랜드 시민에게 개방되어야 하는 교역에 제약을 가하지 못하도록 했다. 이 회사 운영은 런던에서 회사 일을 논의하는 아홉 명의 위원으로 구성된 위원회가 맡고, 각 위원은 매년 회사 구성원인 런던, 브리스틀, 리버풀 시민들이 선택한다. 각 도시에서 위원은 세 명 선출된다. 위원은 3년 이상 계속 직무를 맡을 수 없다. 무역 및 농장위원회, 즉 현재 국왕 산하 추밀원의 위원회는 당사자의 변론을 듣고 회사의 위원회 위원을 물러나게 할 수 있다.

회사 위원회는 아프리카에서 흑인 노예를 수출하거나 그레이트브리튼으로 아프리카 물품을 수입하는 것을 금지당했다. 하지만 요새와 주둔군 유지 책임을 맡았기에 그 목적을 위해서라면 그레이트브리튼에서 아프리카로 여러 부류의 물품을 수출할 수 있다. 위원회는 회사에서 받는 자금 중에 8백 파운드 이내의 금액을 런던, 브리스틀, 리버풀의 사무원과 대리인에게 지급할 급료, 런던 사무소 임대료 그리고 잉글랜드에서 관리, 의뢰, 대행에 관련된 다른 모든 비용을 위해 쓸 수 있었다. 이런 여러 다른 비용을 지급한 뒤 남는 금액은 회사의 경영상 문제를 처리한 것에 대한 보상으로 위원들이 적절하다고 생각하는 방식으로 각자 나눌 수 있었다.

잉글랜드 당국은 이런 회사 구조를 둠으로써 회사의 독점 정신을 효과적으로 억제할 수 있으며, 이 목적을 충실히 달성할 수 있다고 예상했을 것이다. 하지만 실제 사정은 그렇지 못했다. 조지 3세 치세 4년 차 제20호 법령에서 세네갈 요새와 그것에 종속된 모든 것이 아프리카로 교역하는 상인 회사에 귀속되었는데, 이듬해 조지 3세 치세 5년 차 제44호 법령에서 세네갈과 그것에 종속된 모든 것뿐만 아니라 바르바리[북아프리카] 남부 샐리 항구에서 루즈곶까지 이르는 모든 해안이, 아프리카 회사의 관할 구역에서 벗어나 국왕에게 귀속되었다. 또한, 그곳으로의 교역은 모든 백성이 자유롭게 수행할 수 있다고 선포되었다. 아프리카 회사는 거래를 제한하고 일종의 부적절한 독점을 구축했다는 의혹을 받아왔다.

하지만 조지 2세 치세 23년 차의 해당 법령에 따라 그들이 어떻게 그렇게 할 수 있었는지 생각하기란 쉬운 일이 아니다. 진실을 알아내는 데 있어 늘 가장 정확한 기록이 되는 것은 아니지만, 하원에서 벌어진 논쟁 기록에는 아프리카 회사가 그런 짓을 저질렀다고 고발되어 있다. 아홉 명의 회사 위원은 모두 상인이었고, 여러 다른 요새와 정착지 총독과 대리인은 모두 그들에게 생계를 의존했다. 따라서 현지 관리들은 아프리카 회사가 실제로 독점을 확립하도록 화물 탁송과 위임 과정에서 특별한 관심을 보였을 가능성이 있다.

두 번째 목적을 보자. 요새와 주둔군 유지를 위해 매년 의회가 아프리카 회사에 할당한 금액은 보통 약 1만 3천 파운드였다. 이런 자금의 적절한 활용을 위해 회사 위원회는 매년 재무재판소 판사에게 자금 활용에 대해 설명해야 했다. 그리고 재무 관련 장부는 이후 의회에 제출해야 했다. 하지만 몇백만 파운드를 쓰는 일에도 그리 관심을 보이지 않는 영국 의회가 한 해 겨우 1만 3천 파운드의 예산에 그리 큰 관심을 보였을 것 같지 않다.

또한, 재무재판소 판사도 그의 직업과 교육으로 보면 요새와 주둔군 운영에 들어가는 적절한 비용에 관해 그리 잘 알 것 같지 않다. 실제로 해군 함장이나 해군 본부 위원회가 임명한 장교가 요새와 주둔군 상태를 점검했을 수도 있고, 관찰 결과를 위원회에 보고했을 수도 있다. 하지만 해군 본부 위원회는 회사 위원회를 직접 관할하지 않았고, 점검한 바에 따라 회사의 운영을 바로잡을 권한도 없었다. 게다가 요새에 정통한 사람이 해군 함장으로 오기도 쉽지 않았다.

적법한 보수가 무척 적고 단 3년 임기만 가능한 회사의 위원 자리에서 물러나게 하는 것은, 공금이나 회사 자금의 직접적인 배임 혹은 횡령 시를 제외하고 회사 위원에게 가할 수 있는 최대 처벌인 듯하다. 그러니 처벌받을지도 모른다는 두려움은, 아무런 이득도 얻지 못할 일에 지속적이고 세심한 관심을 갖게 하는 무게감 있는 동기는 절대로 될 수 없을 것이다. 의회가 여러 차례 특별한 액수의 자금을 승인한 기니 해안 코스트 캐슬곳 보수 사업을 위해 위원회는 잉글랜드에서 벽돌과 돌을 보낸 바 있었는데, 이 일로 고발되었다. 그들이 오랜 항해 끝에 현지에 보낸 벽돌과 돌이 무척 질이 낮았기에 그것으로 수리한 성벽을 허물고 기초부터 다시 세워야 했다.

루즈곳 북쪽에 있는 요새와 주둔군은 국가 비용으로 유지될 뿐만 아니라 행정부의 직접 관리를 받았다. 해당 곳 남쪽에 있는 요새와 주둔군은 최소한 일부는 나라 비용으로 유지되는데 왜 다른 정부의 감독을 받아야 하는지 이유조차 생각하기 쉽지 않다. 지브롤터와 미노르카섬 주둔군의 본래 목적은 지중해 교역 보호였고, 그런 주둔군 유지와 관리는 적절하게도 터키 회사가 아닌 영국 행정부가 맡았다. 왕권의 자존심과 위엄은 상당한 정도로 영토 규모에 달려 있다. 그러니 정부가 영토 방위에 무관심할 가능성은 없다. 그런 이유로 지브롤터와 미노르카섬 주둔군은 절대 등한시되지 않았다. 비록 미노르카섬은 두 번 점령되고 이젠 영구적으로 지배권을 잃게 되었지만, 그런 참사는 절대 행정부의 방치 때문은 아니었다.

하지만 나는 이처럼 경비가 많이 들어가는 주둔군이, 지브롤터와 미노르카를 스페인 왕국으로부터 분리된 원래의 목적을 위해 필요했다고 암시하려는 의도는 없다. 그런 분할에 현실적 목적은 전혀 없었다. 단지 잉글랜드에서 동맹인 스페인 국왕을 멀어지게 하고, 부르봉 왕가의 주요한 두 분가(分家)를 혈연보다 더 강한 동맹 관계로 단단히 결속시켰을 뿐이다.

주식회사와 개인 회사의 두 가지 차이점

칙허장이나 의회 법률에 의해 확립된 주식회사는 규제회사뿐만 아니라 개인 회사와도 여러 면에서 다른데, 그중 주요한 두 가지 차이점은 다음과 같다.

첫째, 개인 회사(private copartnery)에서는 회사 동의 없이 어떤 동업자도 자기 지분을 다른 사람에게 이전할 수 없으며, 회사에 새 구성원을 받아들이지 못한다. 하지만 각 구성원은 적절히 통지하면 개인(합명) 회사에서 물러날 수 있고, 공동 자본 중에서 자기 지분을 지급해달라고 요구할 수 있다. 그와 반대로 주식회사에서는 어떤 구성원도 회사로부터 자기 지분을 지급해달라고 요구할 수 없다. 하지만 각 구성원은 동의 없이 자기 지분을 다른 사람에게 이전함으로써 새 구성원을 받아들일 수 있다. 공동 자본에서 지분 가치는 항상 시장에서 인정되는 가격이며, 그 가격은 지분 소유주가 회사 자본에 입금한 금액보다 더 크거나 혹은 더 적다.

둘째, 개인 회사에서 각 동업자는 회사가 계약한 부채에 대해 자신의 전 재산을 들여서라도 책임져야 한다. 그와 반대로 주식회사에서 각 동업자는 자기 지분 크기만큼만 책임을 진다.

주식회사의 교역은 항상 이사회가 관리한다. 실제로 이 이사회는 많은 측면에서 소유주 총회의 통제를 받는다. 하지만 그런 소유주 대다수는 회사 업무에 대해 잘 아는 것처럼 행동하지 않고, 회사 내 어떤 임원을 밀어주려는 당파심이 작용하지 않는 한 회사 업무에 별로 신경 쓰지 않으며, 그저 6개월이나 1년마다 이사들이 적절하다고 판단한 배당금을 받는 것으로 만족한다. 이렇게 특정 범위 내에서만 위험과 골칫거리를 책임지면 되는 조건 덕분에, 많은 사람이 주식회사에서 모험을 하려 하지만, 이런 사람들은 어떤 상황에서도 개인 회사를 운영하며 자신의 운을 시험해보는 일은 없다. 따라서 주식회사는 보통 모든 개인 회사가 자랑할 수 있는 것보다 훨씬 많은 자본을 획득한다.

한때 남해회사의 교역 자본은 3,380만 파운드에 달했다. 잉글랜드은행 배당금 자본은 현재 1,078만 파운드에 이르렀다. 하지만 그 회사 임원은 자기 돈보다 타인의 돈을 관리하고 있기에 개인 회사 동업자들이 빈번히 자기 돈을 살피는 것처럼 바짝 경계하며 회사 자금과 업무를 살필 것으로 기대할 수 없다. 부자의 재산 관리인처럼 작은 문제에 신경 쓰는 것은 주인의 명예에 어울리지 않는다고 생각하고, 그리하여 그런 일을 별로 하지 않으려는 모습을 보인다. 따라서 문제를 관리하는 일에 정도 차이는 있겠으나 주식회사에는 부주의와 사치가 만연한다. 이런 이유로 해외 교역을 하는 주식회사는 모험적인 개인 상인들과의 경쟁에서 좀처럼 버텨낼 수 없다. 그 때문에 그들은 배타적 특권 없이는 성공하는 일이 거의 없었고, 그런 특권이 있더라도 종종 성공하지 못했다. 특권이 없으면 주식회사는 교역에서 서투른 모습을 보였고, 특권을 부여하면 서투른 모습뿐만 아니라 교역 규모를 제한하려는 경향을 보였다.

현재 아프리카 회사의 이전 형태인 왕립 아프리카 회사는 국왕 칙허장에 따라 배타적 특권을 확보했지만, 칙허장이 의회 법령으로 확정되지 않았기에 권리 선언의 결과로 혁명[1688년의 명예혁명] 이후에 회사 주식이 모든 백성에게 개방되었다. 허드슨만 회사 역시 법적 권리에 관해서는 왕립 아프리카 회사와 같은 상황에 있다. 그들의 배타적 특허는 의회 법령으로 확정되지 않았다. 남해회사는 교역 회사로 지속하는 한 의회 법에 의해 독점적 특권을 부여받았으며, 이는 현재 동인도제도를 상대로 교역하는 연합 상인 회사, 즉 동인도회사도 마찬가지다.

왕립 아프리카 회사

왕립 아프리카 회사는 곧 모험적인 개인 상인들과의 경쟁에서 버틸 수 없다는 것을 알았다. 회사는 권리 선언에도 불구하고 한동안 개인 상인을 가리켜 무면허 상인이라 부르며 박해했다. 하지만 1698년 개인 상인은 10퍼센트 세금을 내는 대상이 되어 거의 모든 교역 분야에서 세금을 납부했고, 이 자금을 바탕으로 아프리카 회사는 현지에 요새와 주둔군을 유지했다. 하지만 이런 중과세에도 회사는 여전히 경쟁에서 버틸 수 없었다. 그들의 자본과 신용은 점차 내리막길을 걸었다.

1712년 그들의 빚이 크게 불어나자 회사와 채권자를 안심시키기 위해 의회 특별법이 필요해 보였다. 회사가 채권자에게 채무를 변제할 수 있는 기간과 그 채무, 그리고 채권자와 체결하는 것이 적절하다고 판단되는 기타 계약과 관련하여, 채권자의 수와 금액에 따라 3분의 2가 결의하면 나머지 채권자들은 그에 따라야 한다는 게 특별법의 내용이었다. 1730년 그들의 문제가 크게 엉망진창이 되어 회사는 그들의 유일한 설립 목적이자 구실인 관할 요새와 주둔군 유지 업무를 아예 할 수 없게 되었다. 그해부터 최종적으로 회사가 해체될 때까지 의회는 매년 1만 파운드를 해당 목적으로 배정할 것을 승인할 필요가 있다고 판단했다.

1732년 아프리카 회사는 서인도제도로 흑인을 운송하는 교역에서 몇 년 손해를 보고 나서 마침내 해당 사업을 완전히 포기하기로 했다. 그 대신에 아프리카 해안에서 구매한 흑인을 아메리카와 교역하는 개인 교역자에게 판매하고, 회사 직원을 통해 아프리카 내륙에서 사금, 상아, 염색약 등을 거래하는 일에 몰두했다. 하지만 이렇게 규모가 한정된 사업에서 거둔 성공은 이전에 벌어진 광대한 사업 실패를 만회할 수준은 되지 못했다.

회사는 점차 쇠퇴했으며, 마침내 모든 면에서 파산 상태가 되었다. 결국에는 의회 법령으로 회사는 해산되었고, 그들의 요새와 주둔군은 현재 아프리카와 교역하는 상인의 규제[조합]회사에 귀속되었다. 왕립 아프리카 회사 설립 전에도 세 가지 다른 주식회사가 차례로 아프리카 교역을 위해 설립되었으나 그들 모두 똑같이 실패했다. 하지만 그 회사들은 의회 법령으로 확정된 것은 아니어도 실질적인 배타적 특권을 부여받아 행사하는 것으로 여겨졌다.

허드슨만 회사

허드슨만 회사는 최근의 7년 전쟁에서 불운을 겪기 전까지 왕립 아프리카 회사보다 훨씬 잘 나갔다. 그들이 필요로 하는 비용은 아프리카 회사보다 훨씬 적었다. 그들이 요새라는 명칭을 부여한 여러 정착지에서 유지한 인원은 총 120명을 넘지 않았다고 한다. 하지만 이 인원은 얼음 때문에 바다에서 6주에서 8주 이상 머무를 수 없는 선박에 실을 모피나 다른 물품을 사전에 준비하는 데는 충분했다. 수년 동안 개인 탐험가들은 화물을 미리 준비해두는 이점을 누릴 수 없었고, 그런 이점이 없다면 허드슨만과 거래하는 것은 불가능해 보였다.

더욱이 11만 파운드를 넘지 않는다는 이 회사의 적은 자본금만으로도, 그들의 권리헌장이 포괄하는, 광대하지만 이 가난한 지역의 거래와 잉여생산물을 모두(혹은 거의) 독점하는 데도 충분했다. 그런 이유로 어떠한 모험적인 개인 상인조차도 허드슨만 회사를 상대로 그 지역에서 경쟁하며 교역하려고 하지 않았다. 따라서 이 회사는 법적으로 그럴 권한은 없었지만, 실제로는 늘 배타적인 교역을 누렸다. 이 모든 것 외에도 이 회사의 크지 않은 자본은 극소수 소유주에게 나누어져 있었다. 하지만 크지 않은 자본을 지닌 소수 소유주로 구성된 자본회사는 개인회사의 특징에 아주 가까워지고, 거의 개인회사와 같은 수준의 경계와 관심을 보인다.

따라서 이런 여러 다른 이점의 결과로, 허드슨만 회사가 7년 전쟁 이전에 이 지역의 교역에서 커다란 성공을 거뒀다는 것은 놀랍지 않다. 하지만 그들의 이익 규모는 돕스가 생각한 것만큼 크지 않아 보인다. 『상업에 관한 역사적·연대학적 추론』의 저자 앤더슨은 무척 냉철하고 판단력 있는 저자로, 돕스가 제시한 허드슨만 회사의 몇 년 치 수출입 내역을 검토하고 이 회사가 당면한 현저한 위험과 각종 비용을 참작한다면 이익은 모두가 부러워할 정도는 아니며, 교역의 통상 이익을 크게 웃돌지도 않는다고 했다. 나는 이것이 무척 타당한 판단이라고 생각한다.

남해회사

남해회사는 요새나 주둔군을 유지한 적이 단 한 번도 없고, 따라서 전적으로 해외 교역을 하는 다른 주식회사가 부담하는 커다란 비용을 완전히 면제받았다. 하지만 이 회사는 많은 주주로 나뉜 거대한 자본을 거느린다. 따라서 판단력 부족, 태만, 사치가 회사의 업무 전반에 만연하리라는 것은 자연스럽게 예상되었다. 이 회사가 투기하며 보인 불량배 같은 짓과 심한 낭비 행위는 충분히 알려졌으니 여기서 이를 설명하는 것은 현 주제와 맞지 않아 생략한다.

이 회사는 상업 계획을 그리 잘 실행하지 못했다. 그들이 처음으로 참여한 거래는 스페인령 서인도제도에 흑인 노예를 공급하는 것이었고, 위트레흐트 조약에 따른 아시엔토 협약 결과 노예 거래의 독점적인 특권도 확보했다. 하지만 이런 교역으로 큰 이익을 볼 수 없다는 것이 예상되었는데, 이 회사보다 훨씬 전에 같은 조건으로 교역했던 포르투갈과 프랑스 회사들이 그 사업을 하다 파산했기 때문이었다.

그리하여 이 회사는 하나의 보상으로 매년 스페인령 서인도제도에 직접 교역할 수 있는 특정 수준의 적재 능력을 지닌 선박 한 척을 보내도 좋다는 허락을 받았다. 이렇게 매년 보내는 배가 10년 항해를 했는데 1731년에 보낸 로열 캐롤라인호는 큰 이득을 봤고, 나머지 배들의 항해는 모두 정도의 차이는 있어도 거의 손해를 봤다고 한다. 회사 대리인은 자기 실패를 스페인 정부의 강탈과 억압 탓으로 돌렸지만, 주된 원인은 대리인의 사치와 약탈 때문이었다. 그들 중 몇몇은 한 해 만에 엄청난 재산을 모았다. 1734년 회사는 그들의 무역 업무가 거의 수익을 올리지 못한다는 이유로 무역업과 매년 보내는 선박을 처분하는 대가로 스페인 국왕에게서 보상을 얻도록 허용해달라고 국왕에게 탄원했다.

1724년 이 회사는 포경 사업을 진행했다. 실제로는 독점이 아니었지만, 그들이 사업을 진행하는 동안 다른 영국인들은 그 사업에 참여하지 않았던 것으로 보인다. 그린란드로 향한 여덟 번의 항해 중 그들은 딱 한 번만 이익을 보았고 나머지는 모두 손해를 봤다. 마지막이 된 여덟 번째 항해 이후 그들은 배, 비품, 도구를 팔았는데, 자본과 이자를 포함해 이 사업에서 본 총 손실은 23만 7천 파운드에 이르렀다.

1722년 이 회사는 의회에 탄원해 그들이 정부에 빌려준 3,380만 파운드 이상의 거대한 자본을 이등분해달라고 했다. 한 부분, 즉 1,690만 파운드를 다른 정부 연금과 같은 상태로 두어 회사 임원이 상업 계획을 추진하는 과정에서 계약한 채무나 발생한 손실 대상이 되지 않게 하고, 다른 부분은 이전처럼 교역 자본으로 두어 그런 채무나 손실을 처리하게 해달라는 게 탄원 내용이었다. 그 탄원은 무척 합리적이어서 의회는 승인하지 않을 수 없었다. 1733년 그들은 다시 의회에 탄원해 교역 자본 4분의 3을 연금 자본으로 돌리고, 4분의 1만 교역 자본으로 남겨 자사 임원의 경영 미숙으로 발생할지도 모르는 위험을 처리하게 해달라고 했다.

이 회사의 연금과 교역 자본은 당시 정부가 여러 차례 상환한 결과 각각 200만 파운드 이상 감소했기 때문에, 이것의 4분의 1은 고작 3,662,784파운드 8실링 6펜스에 불과했다. 1748년 아시엔토 협약의 결과로, 이 회사가 엑스라샤펠 협정에 따라 스페인 국왕에게 요구할 수 있는 모든 청구권은 그에 대한 등가(等價)의 보상을 받고 포기했다. 그 결과 회사의 스페인령 서인도제도 거래는 끝이 나고, 나머지 거래 자본은 연금 자본으로 바뀌었으며, 모든 면에서 회사는 더 이상 거래 회사로서의 역할을 하지 않게 되었다.

살펴봐야 할 점은 남해회사가 유일하게 큰 이득을 볼 수 있다고 기대했던 교역, 즉 매년 보내는 선박으로 수행한 교역에서 해외든 국내든 경쟁자가 있었다는 사실이다. 카르타헤나, 포르토벨로, 라베라크루스에서 남해회사는 그 시장으로 똑같은 부류의 유럽 물품을 다른 수출 화물과 함께 카디스로부터 가져온 스페인 상인들과 경쟁해야 했다. 또한, 그들은 잉글랜드에서 수입 화물과 함께 같은 부류의 스페인령 서인도제도 물품을 카디스로부터 간접 수입한 잉글랜드 상인들과도 경쟁해야 했다. 스페인과 잉글랜드 상인의 물품은 실제로 더 높은 관세를 무는 대상이었다. 하지만 남해회사 직원들의 부주의, 낭비, 배임은 그런 모든 관세보다 더욱 무거운 세금이었다. 모험적인 개인 상인이 자본회사와 공개적으로 정당한 경쟁을 할 수 있을 때 주식회사가 해외 교역의 어떠한 분야에서든 성공을 거두리라 기대하는 것은 경험적 사실에 반한다.

신·구 동인도회사

옛 영국 동인도회사는 1600년 엘리자베스 1세의 특허장에 따라 설립되었다. 인도로 떠났던 첫 열두 번의 항해에서 그들은 회사 공용 선박을 활용했지만 별개의 자본으로 조합회사처럼 교역하는 듯 보였다. 그러다가 1612년 그들은 주식회사로 통합되었다. 그들의 특허장은 의회 법령으로 확정되지 않았지만, 실제로는 배타적 특권을 부여받은 것으로 여겨졌다.

따라서 몇 년 동안 회사는 무면허 상인들의 방해를 별로 받지 않았다. 이 회사의 자본은 한 번도 74만 4천 파운드를 넘지 못했고, 주식도 한 주에 50파운드에 불과했다. 자본은 그리 과도하지 않았고, 또 회사의 거래도 폭넓지 않았으므로, 중대한 부주의와 낭비가 발생할 구실을 제공한다거나 중대한 배임을 덮어줄 규모는 되지 못했다. 이 회사는 네덜란드 동인도회사의 적대적 태도와 여러 다른 사건으로 몇몇 현저한 손해를 보기도 했지만, 몇 년 동안 성공적으로 교역을 수행했다.

하지만 시간이 흐르며 자유의 원칙이 제대로 이해되기 시작하면서, 의회 법령으로 확정되지 않은 국왕 칙허장이 어느 범위까지 배타적 특권을 인정받을 수 있는지에 관해 사람들은 큰 의구심을 품기 시작했다. 이 문제에 대한 법원의 판결은 일관성이 없었고, 정부의 권한과 시대의 흐름에 따라 변화했다. 무면허 상인들이 크게 증가했으며, 이들은 찰스 2세 치세[1649-1685] 말기로 향하는 시기를 시작으로 제임스 2세 치세[1685-1689] 내내 그리고 윌리엄 3세 치세[1689-1702] 일부 기간 동인도회사에 큰 고통을 안겼다. 1698년 상인들이 잉글랜드 의회에 제안 하나를 내놓았다. 배타적인 특권과 함께 새 동인도회사를 설립하도록 해주면 정부에 2백만 파운드를 8퍼센트 이자로 대출하겠다는 것이었다.

이에 기존 동인도회사는 그것을 막기 위해 같은 조건에 총자본 규모에 해당하는 70만 파운드를 4퍼센트로 대출하겠다고 역 제안했다. 하지만 당시 공공 신용 상태를 고려할 때 잉글랜드 정부는 70만 파운드를 4퍼센트에 빌리는 것보다 2백만 파운드를 8퍼센트에 빌리는 것을 더욱 편하게 여겼다. 새 제안자의 제의가 받아들여졌고, 그 결과 새 동인도회사가 설립되었다.

하지만 기존 동인도회사에게는 1701년까지 계속 교역할 권리가 있었다. 동시에 그들은 자사 회계 담당자의 이름으로 무척 교묘하게 새 회사의 자본에 31만 5천 파운드를 출자했다. 정부에 2백만 파운드를 대출한 측에 인도 교역 허가를 내려준 의회 법령이 다소 부주의하게 표현된 탓으로, 출자한 모든 이가 공동 자본에 통합되어야 하는 의무가 있는지 여부가 명백하게 드러나지 않았다. 출자금이 7천 2백 파운드가 고작인 소수 개인 교역업자는 자기자본으로 자신이 위험을 부담하면서 별개로 교역할 특권을 달라고 고집했다. 기존의 동인도회사는 기존 자본으로 1701년까지 별도의 교역을 할 권리가 있었다. 그 시기 이전과 이후로도 그들은 새 회사 자본에 출자한 31만 5천 파운드로 다른 개별 교역업자처럼 별도의 교역을 할 권리가 있었다. 이렇듯 두 회사와 개인 교역업자 사이의 경쟁뿐만 아니라 두 회사가 서로 경쟁하면서 두 회사는 거의 망하는 수준에 이르렀다.

기존 동인도회사의 반발

1730년 인도 교역을 규제[조합]회사 형태로 관리해야 하고, 그렇게 함으로써 어느 정도 교역을 개방해야 한다는 제안이 의회에 제출되었을 때, 구 동인도회사는 이 제안에 반대해 굉장히 강한 어조로 당시 이런 경쟁에 따른 비참한 결과를 조목조목 지적했다. 그들은, 인도에서는 과당 경쟁으로 물품 가격이 무척 높아져 구매 매력이 없을 정도가 되었고, 잉글랜드에서는 경쟁으로 시장에 공급이 넘쳐 아무런 이득을 올릴 수 없을 정도로 물품 가격이 떨어졌다고 보고했다.

과당 경쟁으로 더욱 풍성해진 공급을 통해 잉글랜드 시장에서 인도 물품 가격이 크게 떨어져 대중이 큰 이득을 보고 편의를 누렸다는 점에는 의심할 여지가 없다. 하지만 경쟁이 인도 시장에서 물품 가격을 크게 올렸다는 사실은 그리 개연성이 없어 보인다. 경쟁을 통해 발생했을 모든 비범한 수요가 인도 상업이라는 대양에서는 물 한 방울에 불과할 것이 틀림없었기 때문이다. 게다가 수요 증가는 처음에는 물가를 상승시킬 수도 있으나 장기적으로는 오히려 가격을 내린다. 수요 증가는 생산을 권장하고, 그렇게 해서 생산자의 경쟁을 증가시킨다. 이렇게 되면 생산자는 경쟁 상대보다 저렴한 가격에 상품을 판매하고자, 경쟁 상황이 없었더라면 생각하지도 않았을 새 분업과 새 기술 발전에 의지한다. 동인도회사는 소비자가 물건을 값싸게 사들이고 생산자는 물건을 더욱 많이 생산하게 된 결과를 불평한 셈인데, 이는 바로 정치경제학에서 이상적인 사업이 추구하는 두 가지 목표와 일치한다.

하지만 신구 동인도회사가 이처럼 애절하게 호소했던 업자 간 경쟁은 그리 오래 지속하지 않았다. 1702년 두 회사는 여왕이 제3자로 참여하는 3자 계약을 통해 통합되었다.[206] 1708년 그들은 의회 법령을 따라 완벽하게 한 회사로 통합되어 현재의 동인도회사가 되었다.

이 법령에는 개별 교역업자는 1711년 성 미카엘 축일까지 교역을 계속할 수 있고, 동시에 임원에게 회사 운영 권한을 부여해 3년 재임 기한을 주고 개별 교역업자의 소규모 자본 7천 2백 파운드를 사들이며, 그렇게 해서 회사의 모든 자본을 공동 자본으로 전환한다는 조항을 삽입한다. 같은 법에 따라 정부에 대한 새 대출 결과, 회사 총대출금은 2백만 파운드에서 3백 20만 파운드로 증액되었다.

1743년 회사는 또 다른 1백만 파운드를 정부에 대출했다. 하지만 이 금액은 주주에게 출자 요청을 한 것이 아닌 연금 판매와 채권 발행으로 마련된 것이라 주주가 배당금 요청을 할 수 있는 자본이 늘어난 것은 아니었다. 아무튼 이것은 회사의 교역 자본을 늘렸다. 다른 3백 2십만 파운드처럼 회사의 상업 계획 실행으로 발생한 손실에는 계약한 채무와 똑같이 법적 책임이 있기 때문이다.

---

206 이 통합은 1702년 7월 22일, 여왕과 위에서 말한 두 회사, 이렇게 3자 간 계약으로 완성되었다. 여기서 여왕은 윌리엄 3세의 뒤를 이어 영국 왕위에 오른 앤 여왕(1701-1714)를 가리킨다.

동인도회사의 인도 지배 경위

1708년 혹은 적어도 1711년부터 이 회사는 모든 경쟁자에게서 벗어났고, 동인도에서 수행하는 잉글랜드 상업을 온전히 독점하게 되었다. 교역을 성공적으로 수행한 그들은 이익에서 매년 적당한 배당금을 주주에게 나눠 줬다. 1741년에 시작된 프랑스 전쟁 동안 퐁디셰리의 프랑스인 총독 뒤플렉스[207]의 야심 때문에 동인도회사는 카나틱 전쟁과 인도 태수들의 국내 정치에 관여하게 되었다. 많은 현저한 성공과 실패를 거둔 이후 그들은 결국 당시 인도에서 가장 주된 정착지였던 마드라스를 잃게 되었다. 그러나 그 도시는 엑스라샤펠 협정에 따라 회복되었고, 이 무렵 인도에 진출한 동인도회사 직원들은 투지와 정복 정신에 사로잡혔으며, 그들은 그 이후에도 그런 모습을 계속 유지했다.

1755년 시작된 프랑스 전쟁 동안 동인도회사의 무력은 그레이트브리튼의 군사력이 누리는 전반적인 행운을 함께 누렸다. 그들은 마드라스를 지켜내고, 퐁디셰리를 점령했으며, 콜카타를 회복했다. 또한, 한 해 3백만 파운드에 이르는 부유하고 광대한 지역의 수입도 얻었다. 그들은 몇 년 동안 안정적으로 이 수입을 유지했다.

하지만 1767년 인도 행정부는 동인도회사가 획득한 지역과 그곳에서 발생하는 수입을 왕실에 속한 권리로 주장했으며, 이런 주장에 대한 보상으로 회사는 한 해 40만 파운드를 정부에 지급하기로 합의했다. 동인도회사는 이런 일이 벌어지기 전에 배당금을 약 6퍼센트에서 10퍼센트로 점차 늘렸다. 즉, 3백 2십만 파운드에 대해 배당금을 12만 8천 파운드 더 늘렸다는 뜻이다. 다른 말로, 한 해 배당금을 19만 2천 파운드에서 32만 파운드로 올린 것이다. 그들은 이 무렵 배당금을 12.5퍼센트로 더 늘리려고 시도하는 중이었는데, 즉 매년 주주에게 지급하는 금액을 매년 정부에 지급하기로 합의한 금액과 동액, 즉 40만 파운드를 한 해 배당금으로 지급하려고 했다.

---

207 조제프 프랑수아 뒤플렉스(1697-1763). 1742년에서 1754년까지 12년 동안 인도 총독을 역임했다. 퐁디셰리는 마드라스 남쪽에 있는 항구로 프랑스의 주요 근거지였다.

하지만 정부와의 합의가 진행되던 2년 동안 회사는 의회가 연달아 제정한 두 개의 법령으로 배당금을 더 늘리는 것에 제약을 받게 됐는데, 이 법령의 목적은 당시 6백만 혹은 7백만 파운드로 추산되었던 그들의 채무 지급을 촉진하기 위한 것이었다.

1769년 동인도회사는 정부와의 합의를 5년 더 연장했고, 그 기간 동안 배당금을 점진적으로 12.5퍼센트까지 올리는 것을 허용하되, 한 해에 1퍼센트 이상 올릴 수 없다는 조항을 합의서에 명시했다. 따라서 이런 배당금 증가는 정점에 달했을 때를 기준으로 보면 주주와 정부에 매년 지급하는 금액이 인도 지역을 획득하기 전보다 60만 8천 파운드나 늘었다. 이런 지역 획득에 따른 총수익은 이미 언급한 바 있다.

1768년에 동인도 교역 선박 크루텐든호가 가져온 장부에 따르면, 모든 공제액과 군사 비용을 제외한 순수입은 2,048,747파운드였다. 동시에 그들은 주로 토지 판매와 여러 정착지에서 징수한 관세에서 비롯된 또 다른 수입을 보고했는데, 이는 43만 9천 파운드에 달했다. 그들이 교역으로 얻은 이익 역시 상당했다. 동인도회사 이사회 회장이 하원에서 증언한 바에 따르면 당시 적어도 한 해 40만 파운드는 되었고, 회사 회계사에 따르면 적어도 50만 파운드에 달했다. 가장 낮게 계산하더라도 최소한 주주에게 지급할 가장 높은 배당금과 같았다. 이렇게 큰 수입이 있었기 때문에 매년 지급하는 금액이 60만 8천 파운드로 증가하더라도 재정적으로 여유가 있었을 것이고, 빚을 신속하게 감소시키기 위한 대규모의 감채자금도 확보할 수 있었을 것이다.

하지만 1773년 그들의 부채는 줄지 않고 오히려 늘었는데, 이는 국고에 지급해야 할 40만 파운드가 지체되고, 세관에 관세를 지급하지 못하고, 은행으로부터 큰 대출금을 빌리고, 인도에서 경솔하게 환어음을 인수했기 때문이었다. 이렇게 해서 회사 부채는 120만 파운드로 증가했다. 이런 누적된 지불 청구에 따른 고통으로 회사는 한 번에 배당금을 6퍼센트로 줄였을 뿐만 아니라 정부에 구제를 요청하는 탄원서까지 제출했다. 탄원 내용은 약속한 40만 파운드 지급 의무에서 해방시켜달라는 것과, 당장 파산을 막기 위해 140만 파운드를 빌려달라는 것이었다. 회사 재산의 큰 증가는, 그러한 재산 증가에 비례해서 회사 효율성이 함께 증가하기보다는 회사 직원들에게 더 큰 낭비를 유도하는 구실이 되었고, 또한 더 큰 배임을 저지르고도 그것을 은폐하게 만들었다.

잉글랜드 의회의 동인도회사 개편

인도에서 나타난 회사 직원들의 행동과, 인도와 유럽에서 회사가 진행하는 업무의 전반적인 상태는 의회의 조사 대상이 되었다. 그 결과로 국내와 해외에서 회사 구조에 무척 중요한 여러 가지 변경이 실시되었다. 인도에서 전에 완전히 서로 별개였던 회사의 여러 주요 정착지, 즉 마드라스, 봄베이, 콜카타는 네 명의 보좌역으로 구성된 자문 위원회의 도움을 받는 총독이 관할하게 되었으며, 의회는 콜카타에 상주할 총독과 자문 위원회를 임명하는 업무를 맡았다. 콜카타는 마드라스가 전에 그랬던 것처럼 이제 인도의 잉글랜드 정착지 중 가장 중요한 도시가 되었다.

콜카타 시장의 재판소는 본래 도시와 인근에서 발생하는 상업적 문제를 재판하기 위해 설립되었지만, 점차 대영제국의 확장과 더불어 관할 구역을 확장해왔다. 하지만 이제 이 기관은 본래 설립 목적에 따라 관할이 줄고 제한되었다. 대신 새 대법원이 설립되었고, 이곳은 국왕이 임명한 수석 판사와 다른 세 명의 판사가 맡았다.

유럽에서는 총회에서 투표권을 행사하는 주주가 되는 데 필요한 자격이 본래 회사 주식 한 주 가격인 5백 파운드에서 1천 파운드로 인상되었다. 이 자격에 따라 투표하려면, 상속이 아닌 직접 구매를 통해 주식을 획득한 경우 이전 필요조건인 6개월이 아니라 최소 1년을 보유해야만 했다. 이전에는 임원 24명이 매년 선출되었지만, 이제는 각 임원을 4년 임기로 선출하도록 하는 법이 통과되었다. 그중 6명은 매년 교대로 임기를 마치고 다음 해에 새로 선출되는 6명의 이사를 선출할 때 다시 선출되지 못하도록 규정했다. 이런 변경 결과로 주주 총회나 임원회에서 이전에 드러난 것 이상의 품위와 견실함이 예상되었다.

동인도회사 주주들의 무관심과 임직원의 방만 경영

그러나 어떤 식으로든 법원이 대제국을 통치하거나 심지어 대제국 정부에 참여하도록 하는 일은 불가능해 보인다. 그 구성원 대다수는 제국의 번영에 관심이 거의 없어서, 그것을 촉진하는 일에 진지한 관심을 보이지 않았기 때문이다. 재산이 많은 사람은 자주 그리고 재산이 적은 사람조차 때때로 주주 총회에서 투표권을 얻어 영향력을 발휘할 목적으로 동인도회사의 1천 파운드 주식을 기꺼이 구매한다. 이런 주식은 약탈 행위에 동참할 수 있게 해주는 것은 아니지만, 인도를 약탈하는 자들을 임명하도록 한다. 임명은 이사회가 하지만, 정도 차이는 있어도 필연적으로 주주의 영향을 받는다. 주주들이 이사를 선출할 뿐만 아니라 때로 인도에 파견할 회사 직원의 임명을 거부할 수도 있기 때문이다.

이와 같은 영향력을 몇 년 동안 누릴 수 있고, 그렇게 함으로써 몇몇 친구들에게 그런 영향력을 줄 수 있다면 주주들은 배당금, 더 나아가 투표권의 바탕이 되는 자본 가치조차 별로 신경 쓰지 않았다. 주주들은 투표로 통치에 한몫 거들 수 있었지만, 거대한 제국의 번영에 관해서는 좀처럼 신경 쓰지 않는다. 다른 통치자에 비해, 동인도회사의 주주 대다수는 인도인의 행복이나 고통, 식민지 영토의 발전이나 낭비, 행정부의 영광이나 수치에 크게 신경 쓰지 않는다. 이는 강력한 도덕적 이유 때문이며, 세상이 돌아가는 방식일 뿐이다.

이런 동인도회사의 무관심한 태도는 의회 조사 결과로 확립된 새로운 몇몇 규정에 따라 개선되기보다 오히려 나빠졌을 가능성이 더욱 크다. 예를 들어 하원 결의에 따라 선포된 내용을 보자. 정부가 회사에 대출한 140만 파운드가 상환되고, 회사가 채무를 150만 파운드로 감축한다면, 상환된 자본에 대해 8퍼센트의 배당을 할 수 있다. 또 본국에 남아 있는 회사 수입과 순이익은 4등분해 그중 세 부분(4분의 3)은 공적으로 활용하기 위해 국고에 납입하고, 나머지 한 부분(4분의 1)은 기금으로 따로 남겨 회사 채무나 혹은 차후 발생할 회사의 긴급 사태에 쓰도록 선언했다. 하지만 회사는 순수입과 순이익을 전부 손에 넣고 마음대로 주무를 수 있을 때조차도 형편없는 관리자이자 주권자였는데, 순수입과 순이익 4분의 3이 다른 사람 손에 있고, 나머지 4분의 1마저 다른 사람의 점검을 받고 허락받아야 하는 상태로는 회사 자금을 집행하는 상황에서 무관심이 더 나아질 가능성은 별로 없다.

동인도회사의 임직원과 피부양자들이 8퍼센트 배당금을 지급한 이후에 남은 잉여금을 어떻게 처리하겠는가? 회사로서는 그걸 낭비하고 횡령하는 게 위에서 언급한 결의대로 적대적인 자들의 손에 들어가는 것보다 훨씬 기분이 좋을 것이다. 그런 임직원과 피부양자의 이익은 주주 총회에서도 무척 우세해 때로는 주주 총회의 권위에 직접 도전하는 임직원들이 주주의 지지를 받기도 했다. 주주 과반수는 그들을 지지하는 것이 때로는 주주 총회의 권위를 뒷받침하는 것보다 더 중요하다고 생각했다.

회사 개편 규정의 비효율성

그런 이유로 1773년의 개편 규정은 동인도회사의 부주의한 관리로 발생한 혼란을 해결하지 못했다. 그럼에도 회사는 마치 순간적인 발작이라도 일으킨 듯이 점잖게 행동하기도 했는데, 한때 콜카타 금고에 3백만 파운드 이상을 모아두는 모습을 보였다. 그들이 인도에서 가장 부유하고 비옥한 몇몇 지역에서 영토를 확장하고 약탈을 해왔음에도 결국 이후에는 모든 것이 낭비되고 파괴되었다. 회사는 하이더 알리[1722-1782, 인도 남부의 군벌]의 급습을 막거나 저항할 준비가 전혀 없었고, 그런 무질서의 결과, 회사는 1784년 현재 어느 때보다 더욱 큰 고통을 겪고 있다. 그리하여 회사는 당면한 파산을 막고자 한 번 더 정부에 지원을 간청했다. 더 나은 업무 관리를 위해 의회의 여러 정당은 다양한 계획을 제안했다. 그런 모든 계획은 실제로 한 가지 명백한 사실에 동의한 듯 보였는데, 자신이 소유한 영토를 통치하기에 회사는 전적으로 부적합한 조직이라는 사실이었다. 회사조차도 조직 자체의 그러한 부적격성을 인정하고, 이런 이유로 기꺼이 통치를 포기하려는 듯 보인다.

멀리 떨어진 야만적인 나라에 요새와 주둔군을 보유할 권리는 필연적으로 해당 나라에서 평화와 전쟁을 결정할 권리와도 연관된다. 그런 권리를 보유한 주식회사들은 평화의 권리를 갖고 있으면서도 지속해서 전쟁 권리를 행사했고, 자신이 빈번하게 평화와 전쟁의 권리를 모두 갖고 있다고 강변했다. 어떤 경우든 그들이 그런 권리를 얼마나 부당하고 변덕스럽고 잔혹하게 행사했는지는 최근 경험이 잘 보여준다.

상인의 회사가 스스로 위험을 감당하고 비용을 들여 멀리 떨어진 미개한 나라와 새 교역을 확립하고, 그리하여 주식회사로 편성되어 성공을 거둔다면, 특정한 몇 년 동안 해당 지역의 교역을 독점할 수 있도록 승인하는 것은 그리 부당한 일이 아니다. 대중이 나중에 이익을 거둘 수 있는 위험하고 값비싼 실험을 과감히 해낸 주식회사에 나라가 보상하는 가장 쉽고 자연스러운 방법이 그런 독점적 지위를 부여하는 일이다. 이런 부류의 일시적인 독점은 새 기계를 발명한 자에게 주어지는 독점이나 새 책을 펴낸 작가에게 주어지는 독점과 같은 원칙에 따라 그 정당성이 입증된다.

영구 독점이 세금에 미치는 두 가지 영향

하지만 유효 기간이 만료되었을 때 독점은 반드시 확실하게 종료되어야 한다. 요새와 주둔군을 확립할 필요가 있다면 정부가 그것을 인수해야 하며, 그 인수에 따르는 가치는 회사에 지급되어야 하고, 교역은 나라의 모든 국민에게 개방되어야 한다. 영구 독점으로 모든 국민은 두 방식으로 무척 불합리하게 큰 부담을 진다.

첫째, 자유로운 교역이 이루어지면 훨씬 저렴하게 살 수 있는 물품의 가격이 무척 높게 형성된다. 둘째, 많은 사람이 수행하기 편리하고 수익성도 있는 사업 분야에서 완전히 배제되어 부담이 생긴다.

이런 방식으로 사람들에게 부담을 주면 독점의 목적 중 가장 쓸모없는 것에 이른다. 그것은 단지 회사 직원들의 부주의, 낭비, 횡령을 지원할 뿐이다. 직원들의 엉망진창인 행동 때문에, 회사 배당금은 자유무역에서 실현되는 통상 이익률을 좀처럼 실현하지 못하며, 그런 이익률에 훨씬 못 미치는 낮은 수익에 무척 빈번하게 머무른다. 하지만 독점 구조가 아니라면 주식회사는 경험칙으로 드러났듯 해외 교역의 어떠한 분야에서도 오래 버티지 못한다.

　사고파는 양쪽 시장에 수많은 경쟁자가 존재하는 상황에서, 상인은 한쪽 시장에서 물건을 구매해 다른 쪽 시장에서 이익을 남기며 판매해야 한다. 또 수요에서 이따금 발생하는 변화뿐만 아니라 경쟁에 따른 훨씬 더 크고 빈번한 변화, 또는 수요가 다른 사람에게서 일으키는 변화를 주시하며, 민첩하게 판단을 내려 그런 모든 상황에 알맞게 각각의 물품의 양과 질을 맞추어야 한다. 상인의 이러한 업무는 일종의 전쟁이다. 그런 작전은 계속 달라지고, 끊임없이 경계하고 주시하지 않으면 거의 성공할 수 없다. 하지만 주식회사의 임원에게는 이런 부분을 장기간 기대할 수 없다. 동인도회사는 자금 상환, 배타적인 특권 만료에도 불구하고 의회 법령으로 계속 회사를 유지하고, 영국 상인들처럼 법인 자격으로 동인도와 거래할 권리가 있다. 하지만 이런 경쟁 상황에서 모험적인 개인 교역업자는 회사보다 주의력과 집중도가 훨씬 높으므로 십중팔구 동인도회사는 이내 개인과의 경쟁에서 뒤처진다.

　정치경제학 문제에 대단한 지식이 있는 저명한 프랑스 작가 아베 모렐레는 1600년 이후 유럽 여러 지역에서 설립된 해외 교역을 목적으로 하는 주식회사 55개사의 목록을 제공했다. 모렐레는 그런 회사들이 배타적 특권을 지녔음에도 잘못된 회사 경영으로 전부 실패했다고 지적했다. 하지만 그는 잘못된 정보 또한 내놓았는데, 그 리스트 중 두세 곳은 주식회사가 아니었으며 실패하지도 않았다. 반면 실패한 주식회사 몇 군데는 목록에서 누락되기도 했다.

주식회사가 성공한 네 분야

　주식회사가 배타적 특권 없이 성공적으로 수행할 수 있는 유일한 사업은, 활동을 일정한 틀로 축소할 수 있거나, 방법이 균일하여 거의 변화를 허용하지 않는 그런 사업이다. 이런 사업으로는 네 가지가 있다.

　첫째, 은행업.

　둘째, 화재, 해상, 전시 포획에 대한 보험업.

셋째, 운항 가능한 수로를 건설하고 유지하는 사업.

넷째, 대도시에 물을 공급하는 사업.

(1) 은행업

은행업의 원칙은 다소 난해하긴 해도 실행은 엄격한 규칙에 의한다. 특별한 이득을 얻으려는 유혹에 빠져 이러한 규칙을 벗어나는 것은 항상 매우 위험하며, 이를 시도하는 은행은 치명적인 결과를 초래할 수 있다.

그러나 주식회사 구조는 대개 어떤 개인회사보다도 확립된 규칙을 더욱 고수하도록 유도한다. 따라서 그 회사는 이런 사업에 잘 맞는 듯 보인다. 그런 이유로 유럽의 주된 은행은 주식회사이며, 많은 은행이 어떠한 배타적 특권 없이 무척 성공적으로 사업을 관리한다. 잉글랜드은행은 다른 잉글랜드 소재 은행이 이사를 6명 이내로 제한하는 데 비해 그런 제한이 없다는 점을 제외하면 다른 아무런 배타적 특권이 없다. 에든버러의 두 은행은 어떠한 배타적 특권도 없는 주식회사다.

(2) 보험업

위험을 정확하게 계산하긴 어렵지만 어느 정도 엄격한 규칙과 방법으로 변형시켜 대략적으로 셈할 여지는 있다. 여기에는 화재, 해상 분실, 나포에 의한 위험이 포함된다. 따라서 보험업은 배타적 특권이 없는 합자 회사에서도 성공적으로 운영될 수 있다. 런던보험회사나 로열익스체인지보험회사는 어떠한 특권도 지니지 않는다.

(3) 운하사업

일단 운항 가능한 수로가 건설되면, 그 관리는 단순하고 쉽기 때문에 엄격한 규칙과 방법을 도입하면 관리할 수 있다. 수로 건설조차 역시 쉬워지는데, 장인들과 1마일에 얼마, 수문 한 개에 얼마, 하는 식으로 계약할 수 있기 때문이다.

(4) 급수사업

항해가 가능한 수로와 운하 그리고 때때로 대도시에 물을 공급하는 데 필요한 공사에 대해서도 마찬가지다. 이러한 사업은 독점적 특권 없이 주식회사가 매우 성공적으로 관리할 수 있으며, 따라서 종종 그렇게 하고 있다.

주식회사 성공의 두 전제: 사회적 효용과 거액의 자본금

그러나 회사가 성공적으로 사업을 관리할 수 있다는 이유만으로 주식회사를 설립하거나 혹은 한몫 챙기기 위해 모든 국민이 영향을 받는 일반 법률 일부를 특정 상인들만 면제하는 일은 분명 합리적이지 않다. 그런 회사를 완벽하게 합리적으로 설립하려면, 엄격한 규칙과 방법을 수립해야 할 뿐 아니라, 다음 두 가지 상황도 전제해야 한다.

첫째, 그런 사업은 대부분의 일반 사업보다 훨씬 크고 포괄적인 효용이 있어야 한다.

둘째, 개인회사가 쉽게 모을 수 있는 수준보다 더 큰 자본이 필요하다.

이 두 가지가 명백한 증거에 의해 드러나야 한다. 사업의 효용성이 크다는 것만으로는 주식회사를 설립할 충분한 이유가 되지 못한다. 이런 경우 그런 회사가 생산하려는 제품 수요는 모험적인 개별 상인이 쉽게 공급할 수 있기 때문이다. 앞서 언급한 네 사업은 모두 이런 두 가지 상황이 전제되어 있다.

은행업도 사려 깊게 관리된다면 그 효용성이 크고 보편적이라는 사실에 관해서는 이 책의 2권에서 빠짐없이 설명했다. 하지만 공적 신용을 유지해야 하고, 특정 긴급 사태가 발생하면 몇백만 파운드에 이르는 세금 전액을 예정보다 1~2년 앞서 정부에 미리 제공해야 하는 공공 은행은 개인 회사가 쉽게 조달할 수 있는 것보다 훨씬 더 큰 자본이 필요하다.

보험업은 개인 재산에 큰 안정감을 주고, 개인이 겪을 수 있는 큰 손실을 다수와 나눠 전체 사회가 그것을 가볍고 쉽게 부담하게 한다. 하지만 이런 안도감을 부여하려면 보험사는 무척 큰 자본을 보유해야 한다. 들려오는 바에 따르면, 위에 언급한 런던의 두 보험 회사[런던보험회사와 로열익스체인지보험회사]가 설립되기 전에, 무려 150개의 개인 보험사가 몇 년 사이에 실패했고 그 회사 명단이 법무장관에게 제출되었다고 한다.

배가 다닐 수 있는 수로 건설과 대도시 물 공급에 필요한 공사는 폭넓고 보편적으로 유용하며, 동시에 개인 재산이 감당할 수 없는 엄청난 비용을 요구한다. 이것은 의심할 바 없이 명백한 사실이다.

기타 실패한 주식회사들

앞서 언급한 네 분야 사업을 제외하고, 주식회사 설립을 합리적으로 만드는 세 가지 필요조건—사회적 효용, 거대한 자본금, 엄격한 규칙과 방법—을 충족시키는 다른 사업을 생각해내기는 어렵다.

런던의 잉글랜드 구리 회사, 납 제련 회사, 유리 연마 회사는 그들이 추구하는 목적에 대단하거나 특출한 유용성을 내세울 수 없으며, 그런 목적을 추구하기 위해 많은 개인 재산이 필요할 것 같지도 않다. 그런 회사가 수행하는 사업에 주식회사의 엄격한 규칙과 방법이 필요한지 혹은 그런 회사가 대단한 수익을 올릴 수 있을지 등에 나는 의문이 든다.

모험적인 광산 회사들은 오래전에 파산했다. 에든버러의 영국 아마 섬유 회사의 주식 한 주는 현재 몇 년 전에 그랬던 것만큼은 아니지만 액면가보다 훨씬 낮은 가격에 팔린다. 특정 제조업을 촉진하는 공공 이익 목적으로 설립된 주식회사는 회사 문제를 잘 관리하지 못하는 것 외에도 사회의 전반적 자본을 감소시키고, 다른 측면에서도 이롭기보다 해로웠던 적이 더 많았다. 고결한 의도에도 불구하고 제조업의 특정 부문 임원은 기업가들의 유혹과 강요로 소속 제조업 분야를 편파적으로 선호한다. 이것은 그 외의 다른 사업 분야에 좌절감을 주고, 정도의 차이는 있겠지만 노력과 이익 사이에 자연스럽게 존재하는 균형을 깨뜨리므로 문제가 될 수 있다. 그런 자연적인 균형은 나라의 전반적 산업에 훌륭하고 효과적인 장려책이 되는데도 말이다.

제2조
청년 교육을 위한 기관의 비용

청년 교육 기관은 자신의 경비를 충당할 수 있는 충분한 수입을 얻는다. 그 수입의 일부는 학생이 선생에게 지급하는 수업료이다.

이런 자연스러운 수입에서 선생을 위한 보수가 생기지는 않더라도, 대부분 국가에서 행정부가 징수·운영하는 사회 일반 수입에서 그런 보수를 지급할 필요는 없다. 그런 이유로 유럽 대부분 학교와 대학에 제공하는 기부금은 일반 수입에 부담을 주지 않으며, 설사 주더라도 무척 적다. 선생 보수는 어디서나 주로 지역 수입, 어떤 부동산 지대 혹은 이런 특정 목적을 위해 때로는 군주, 때로는 어떤 개인 기부자가 내놓아 신탁 관리인의 관리를 받는 일정 기금의 이자에서 주로 나온다.

그런 공적 기부금은 교육 기관의 목적을 촉진하는 데 전반적으로 기여했을까? 선생의 근면을 장려하고 능력을 향상시키는 데 이바지했을까? 그 덕분에 교육 과정은 저절로 자연스럽게 흘러가는 것보다 더욱더 개인과 사회의 유용한 목표 쪽으로 나아갈 수 있었을까? 이런 질문 각각에 그럴듯한 답변을 하는 것은 그리 어려운 일은 아니다.

직업적 노력은 필요에 비례

어떤 직업이든 대부분의 사람은 필요성을 느낄 때 더 열심히 일한다. 이 필요성은 그 직업에서 얻는 보수가 자신의 기대하는 재산이나 통상 수입, 그리고 생계 수단의 유일한 원천이기 때문에 더 크다. 이런 재산이나 생계 수단을 획득하려면 그들은 한 해 동안 가치 있는 일을 특정량 수행해야 한다. 서로 고용에서 몰아내기 위해 노력하는 경쟁자들은 모두가 자기 일을 정확하게 수행하도록 강제한다. 몇몇 특정 직업에서 성공이라는 커다란 목표는 틀림없이 비상한 정신과 야심을 지닌 소수의 노력에 때때로 생기를 불어넣는다.

하지만 위대한 목표가 있다고 해서 지극히 큰 노력을 기울이는 것은 아니다. 보잘것없는 직업에서조차 경쟁은 탁월하게 되려는 야심 찬 목표를 수립하게 하고, 엄청나게 큰 노력을 기울이도록 유도한다. 하지만 최고의 노력을 끌어내는 데 반드시 위대한 목표가 필요한 것은 아니다. 잉글랜드에서 법률가로 성공한다면 야심 찬 목표를 달성했다는 소리를 듣지만, 유복하게 태어나 그 직업에서 성공한 자가 이 나라에서 과연 몇 명이나 되겠는가?

교사의 봉급은 실적과 무관하다

학교와 대학에 들어오는 기부금은 정도 차이는 있지만 강의에만 전념하겠다는 선생들의 의욕을 감퇴시켰다. 그들의 생계 수단이 봉급에서만 발생한다면, 그 봉급은 교직에서 획득한 성공 및 평판과는 무관한 자금이 되며, 따라서 노력의 필요성도 감소하는 것이다.

어떤 대학에서 봉급은 선생이 받는 전체 수입의 극히 일부에 불과하며, 그들의 봉급은 대부분 제자가 내는 수업료에서 나온다. 정도 차이는 있지만, 사정이 이렇더라도 교직에 전념하겠다는 필요성이 전적으로 사라지진 않는다. 교직에서의 평판은 여전히 선생에게 어느 정도 중요하며, 그래서 자기 강의에 출석하는 제자들의 애정, 감사, 호의적인 평판을 의식한다. 이런 호의적인 정서는 그럴 가치가 있을 때 주어진다. 즉, 선생이 교직의 모든 의무를 꼼꼼하게 이행하며 능력과 근면을 보일 때 비로소 그런 평판을 얻을 수 있다.

다른 대학들에서는 선생이 제자로부터 수업료를 전혀 받지 못하게 되어 있으며, 그들의 봉급이 교직을 수행하며 얻는 수입의 전부가 된다. 이때 교사의 개인적 이익은 교직 의무에 정면으로 배치된다. 사람이라면 누구나 가능한 한 편안하게 사는 것을 선호한다. 무척 힘든 의무를 수행하든 말든 선생의 보수가 똑같이 나온다면 적어도 통속적 이득 관점에서 볼 때 교직 의무를 게을리하는 것이 그런 이득에 부합한다. 혹은 당국이 그런 태만을 전적으로 방치하지 않는다면 당국이 허용하는 정도까지 요령을 부리면서 부주의하고 소홀하게 의무를 수행하는 것이 이득이다. 만약 그 선생이 선천적으로 적극적이고 노동을 사랑하는 사람이라면, 이득이 없는 교직 의무를 수행하기보다는 어느 정도 이익을 얻을 수 있는 다른 방식의 노동을 선택하는 것이 더 유리하다고 생각할 것이다.

왜 옥스퍼드 대학의 교수들은 태만한가?

선생을 관리하는 당국자가 선생 자신이 구성원인 대학 혹은 대학교에 있다면, 그리고 다른 구성원 대다수가 그와 같은 선생이라면 그들은 공통된 목적을 만들 가능성이 크다. 그런 대학의 선생들은 서로에게 무척 관대하다. 따라서 교원 각자는 교직의 의무를 방치하는 것이 허용된다면 다른 선생도 그렇게 해도 된다고 동의한다. 이런 상황이 이어지다 보니 옥스퍼드 대학교에서는 대다수 교수가 오랜 세월 동안 가르치는 척하는 것마저 완전히 포기하게 되었다.

선생을 관리하는 당국자가 대학이나 대학교가 아니라 다른 외부 사람이라면, 즉 예를 들어 교구 주교, 지역 장관 혹은 나라의 장관 중 하나라면 이때 실제로 선생은 자기 의무를 대놓고 등한시하지는 못한다. 하지만 그런 상급자가 선생에게 강제할 수 있는 것은 단지 특정한 시간 제자를 가르치라는 것, 즉 한 주 혹은 한 해에 몇 번의 강의를 하라는 것뿐이다. 그런 강의가 어떤 내용일지는 여전히 선생의 근면에 달려 있고, 그의 근면은 동기에 비례할 가능성이 크다.

더욱이 이런 부류의 외부 관리는 무지하고 변덕스럽게 행사되기 쉽다. 그런 특징 때문에 외부 관리는 임의적이고 독단적이며, 그런 권한을 행사하는 사람은 선생의 강의에 참석하지도 않을뿐더러 선생이 가르치는 학문을 이해하지도 못해서, 좀처럼 그런 감독 권한을 분별력 있게 행사하지 못한다. 감독 직무에서 생기는 교만함 때문에 감독자는 빈번히 권한을 어떻게 행사할지에 대해 무심하며, 정당한 이유 없이 제멋대로 선생을 견책하거나 직무를 빼앗기가 무척 쉽다. 그런 외부 관리를 받는 교원은 필연적으로 그런 감독 때문에 품위가 떨어지고, 사회에서 가장 존경받는 사람이 되는 것이 아니라, 가장 천박하고 경멸당하는 사람이 되어버린다.

선생이 이런 잘못된 관리에 항상 노출되어 있으므로, 자신을 효과적으로 보호하기 위한 강력한 대책이 필요하다. 하지만 그 보호책은 교직에서 발휘되는 학문적 능력이나 근면함이 아니라, 상급자의 뜻에 아부하고 늘 그 뜻에 따라 자신이 속한 조직의 권리, 이익, 명예를 희생할 수 있을 때 얻어낼 가능성이 가장 크다. 누구든 오랜 시간 프랑스 대학의 행정을 맡아 보았다면 틀림없이 이런 부류의 제멋대로인 외부 감독 아래서 교원들에게 어떤 나쁜 결과가 발생했는지 금방 발견했을 것이다.

선생의 수준이나 평판과 상관없이 특정 비율의 학생이 대학에 진학하게 되면, 선생의 수준이나 평판의 중요성이 줄어드는 경향이 있다.

특정 대학교에서 특정 연수(年數)만을 채우면 획득할 수 있는 문학, 법학, 의학, 신학 졸업생의 특권은 선생의 가치나 평판과는 무관하게 특정 수의 학생을 필연적으로 그 대학교로 유인한다. 졸업생이 누리는 특권은 일종의 도제 규칙 같은 것으로, 나름대로 교육 향상에 이바지했는데, 이는 다른 도제 규칙이 기술과 제조업 향상에 기여했던 것과 마찬가지다.

장학금들을 지원하는 자선 단체는 특정 대학의 가치와는 별개로 특정 숫자의 학생을 특정 대학에 배정한다. 이러한 자선 재단에게서 지원을 받는 학생들이 원하는 기관을 자유롭게 선택할 수 있다면, 이러한 자유는 대학들 사이에서 경쟁을 유발할 것이다. 그와 반대로 단과 대학의 독립된 구성원이 대학을 떠나 다른 대학으로 가려면 먼저 소속 대학의 허락을 받아야 하는 규정은 교원들 사이의 경쟁을 크게 줄인다.

교사는 임명권자를 의식한다

각 대학에서 문학이나 과학을 가르치는 선생이 학생이 아닌 학장에 의해 지정되고, 선생이 태만하거나 무능하게, 엉터리 강의를 해도 학생이 학교의 허락 없이 다른 선생으로 바꾸는 것이 허용되지 않는다면, 이런 규정은 같은 대학 선생들 사이의 경쟁을 크게 줄일 뿐 아니라, 선생이 제자에게 부지런하게 관심을 보일 필요를 크게 줄인다. 그런 선생은 학생에게 수업료를 후하게 받더라도 수업료를 전혀 받지 못하거나 봉급 외 다른 보수가 없는 선생처럼 학생을 등한시할 것이다.

선생에게 분별력이 있다면 강의하는 동안 자신이 헛소리를 하거나 혹은 그런 것을 가르치고 있다는 사실을 의식한다면 불쾌할 것이다. 또한, 학생 대다수가 자기 강의를 듣지 않거나 수강한 학생이 명백히 태만, 경멸, 조롱의 뜻을 표시한다는 것을 본다면 분명 유쾌하지 못할 것이다. 따라서 선생이 몇 번의 강의를 해야 한다면 별 이익이 없더라도 이런 불쾌감을 피하고 싶은 동기만으로도 꽤 괜찮은 강의를 하고자 애쓰게 된다.

하지만 여러 다른 방편이 근면을 유도하는 그런 자극의 칼날을 효과적으로 무디게 한다. 가령 선생은 제자에게 가르치려는 학문을 직접 설명하는 것이 아니라, 관련된 책을 기계적으로 읽어줄 수 있다. 이런 책이 외국어와 라틴어 같은 사어(死語)로 적혀 있다면 그것을 해석해준다. 또는 더 많은 수고를 덜려면 아예 학생에게 책을 해석시키고 때때로 그런 해석에 대해 간단한 논평을 하면서도 자기가 강의하고 있다는 착각에 빠질 수도 있다. 지식을 거의 갖추지 못하고 노력하지 않는 선생이라도 이런 방식을 이용해서 제자로부터 경멸이나 조롱의 대상이 되지 않도록 하며, 또한 정말로 어리석은, 터무니없는, 우스꽝스러운 말을 아예 하지 않을 수도 있다. 동시에 대학에는 규율이 있어 선생은 제자에게 지극히 규칙적으로 이런 엉터리 강의에 출석을 강제할 수 있고, 또 강의 내내 예의 바르고 공손한 태도를 유지하도록 강요할 수 있다.

교사들 위주의 학교 규율

칼리지[영국에서는 고교 과정]와 대학교의 규율은 전반적으로 학생 이익보다는 선생 이익, 더욱 적절히 말하자면 선생의 편안함을 위해 고안된 것이다. 그런 규율의 목표는 모든 경우 선생의 권위를 유지하고, 선생이 의무를 등한시하든 말든 학생에게 마치 선생이 지극히 근면하고 능력을 최대한 발휘해 강의하는 것처럼 선생을 대하도록 강제한다. 그런 규율은 선생에게는 당연히 완벽한 지혜와 미덕이 갖추어져 있고, 학생에게는 극도의 나약함과 어리석음이 있다고 가정하는 듯 보인다.

하지만 선생이 자기 의무를 진정으로 수행하는 곳에서 학생 대다수가 자기 의무를 등한시하는 사례는 없다. 사실 출석할 가치가 있는 강의에 출석을 강요하는 규율은 불필요하며, 이것은 그런 수준 높은 강의가 제공되는 곳이면 어디라도 잘 알려진 바다. 아동에게 생애 초기에 습득해야 할 공부를 의무적으로 부과하는 데는 강요와 제약이 분명 필요하다. 하지만 12살이나 13살 이후 선생이 자기 의무를 제대로 한다면 교육 수행 시 강요나 제약은 거의 필요하지 않다. 청년 대다수는 무척 관대해 선생이 그들에게 유용한 가르침을 주려는 진지한 의도를 보이기만 하면 선생을 무시하거나 경멸하는 모습을 보이기는커녕 선생이 의무를 수행하는 과정에서 상당히 부정확하더라도 용서하고, 때로는 지독하게 태만한 모습을 보이더라도 대중에게 알려지지 않도록 감싸준다.

주목해야 할 것은 공공 기관 없는 교육 부분을 일반적으로 가장 잘 가르친다는 것이다. 어떤 청년이 펜싱이나 춤을 배우러 학교에 가면 실제로 항상 펜싱이나 무용을 잘 배우는 것은 아니지만 펜싱이나 무용을 배우는 데 실패하는 경우는 거의 없다. 승마 학교의 이점이 항상 분명한 것은 아니다. 그 학교는 비용이 무척 높아서 일반적으로 대부분은 공공 기관에서 가르친다. 문학 교육의 본질적인 세 부분, 즉 읽고, 쓰고, 계산하는 것은 여전히 공립학교보다 사립학교에서 더 많이 배운다. 그리고 그런 세 과목을 필요한 수준으로 습득하지 못하는 일은 거의 없다.

잉글랜드의 공립학교는 대학보다 덜 부패

잉글랜드에서 공립학교는 대학교보다 부패 정도가 훨씬 덜하다. 청년은 이런 학교에서 그리스어와 라틴어를 익히거나 혹은 적어도 배울 수는 있다. 선생이 가르치려고 하거나 혹은 가르쳐야 한다고 예상하는 모든 것이 이 두 고대 언어이다. 대학교에서 청년은 배움을 얻지 못하거나 배움을 받을 적절한 수단을 찾지 못한다. 학문을 가르치는 게 대학교의 일임에도 그런 상황이다. 선생의 보수는 대체로 혹은 거의 전적으로 학생의 수업료에 의지한다. 공립학교는 어떤 배타적 특권도 없다. 졸업의 명예를 얻기 위해 공립학교에서 일정 기간 공부했다는 증명서를 가져올 필요는 없다. 시험을 치러 그곳에서 배운 바를 이해하고 있음을 보이면 배운 곳이 어디인지를 묻는 일도 없다.

보통 대학교에서 가르치는 교육 부분도 잘 가르치고 있다고 할 수 없다. 하지만 그런 기관이 없었더라면 사람들은 전혀 배우지 못했을 것이고, 교육의 중요한 부분을 어딘가에서 배우지 못해 개인과 사회 모두 많은 고통을 겪었을 것이다.

유럽에 현존하는 대다수 대학교는 본래 성직자 교육을 위해 도입된 교회 소속 기관이었다. 대학교는 교황의 권위로 설립되었고, 전적으로 그의 직접적인 보호를 받았으며, 구성원은 선생이든 학생이든 소위 성직자로서 특권을 누렸다. 즉, 각 대학이 있는 나라의 민사 관할권에서 재판을 받지 않고, 종교 재판만 받을 수 있는 특권이 있었다. 대부분 대학에서 가르치는 내용은 신학 또는 신학을 위한 준비 과정으로, 그것이 기관의 목적에 부합하는 것이었다.

서유럽의 보편어가 된 라틴어

기독교가 처음으로 법에 따라 국교로 지정되었을 때 변질된 라틴어[208]가 유럽 서부 모든 지역의 공통어가 되었다. 그런 이유로 교회 의식과 교회에서 읽는 성경은 전부 그런 변질된 라틴어로 이루어졌다. 즉, 그 나라의 보편언어인 라틴어로 행해졌다. 로마제국을 멸망시킨 야만족의 나라가 들어선 이후에 라틴어는 점차 유럽 어느 지역에서도 살아남지 못했다.

그러나 사람들의 경외심은 종교를 처음 도입하고 합리적으로 만들었던 상황이 사라진 후에도 종교의 형식과 의식을 자연스럽게 보존한다. 라틴어는 더 이상 많은 사람이 이해하지 못하는 언어가 되었지만 교회의 모든 예배는 여전히 그 언어로 계속 수행되었다. 이렇게 두 개의 다른 언어가 유럽에서 확립되었고, 이는 고대 이집트에서와 같은 방식이었다. 즉, 성직자

---

208 원어는 corrupted Latin. 라틴어는 중세에 들어와 동사 변화나 격 변화가 상당히 완화된 상태로 사용되었다.

의 언어와 대중의 언어, 종교 언어와 세속 언어, 지식인의 언어와 비지식인의 언어가 공존했다는 뜻이다. 성직자는 성직을 수행하고자 신성하고 학구적인 언어를 이해해야 했고, 따라서 라틴어 학습은 처음부터 대학교 교육의 핵심이었다.

그리스어나 히브리어는 라틴어만큼 대우받지 못했다. 교황청의 무오류 교령은 성경의 라틴어 번역본, 즉 소위 불가타 성경이 그리스어와 히브리어 원전처럼[209] 성령의 감동으로 구술된 것이며, 따라서 동등한 권위를 지닌다고 선포했다. 이런 이유로 그리스와 히브리어, 두 언어에 관한 지식은 성직자에게 반드시 필요한 요소로 여겨지지 않았고, 오랜 세월 대학교 교과 과정의 필수 과정도 되지 못했다. 내가 확인한 바에 따르면 몇몇 스페인 대학교는 그리스어 연구가 여태 단 한 번도 대학 교육 과정이 되지 못했다고 한다.

신약의 그리스어본, 심지어 구약의 히브리어본을 발견한 초기 종교개혁가들은 자연스럽게 점차 가톨릭교회 교리를 뒷받침하는 데 중점을 둔 불가타[210] 번역본보다 그런 원전들에 더욱 호의적인 태도를 보였다. 따라서 그들은 불가타의 수많은 오류를 드러내고자 했고, 그리하여 로마 가톨릭 성직자는 번역본을 수호하거나 해명할 필요성을 느끼게 되었다. 하지만 이는 원전 언어들에 관한 일정한 지식 없이는 해낼 수 없었고, 따라서 해당 언어들에 관한 연구는 종교개혁 교리를 받아들인 대학이나 거부한 대학을 가리지 않고 점차 대다수 대학에 도입되었다.

그리스어는 고전 학문의 모든 부분과 연결되어 있었는데, 처음에는 주로 가톨릭 신자들과 이탈리아 사람들이 촉진했지만 종교개혁의 교리가

---

209 기독교의 신약성경 원어는 그리스어이고, 구약 성경의 원어는 히브리어이다.

210 중세 내내 서유럽에서 가장 널리 사용된 라틴어 번역본 성경. 번역자는 성 히에로니무스이다. 6세기 저술가 카시오도루스가 여러 편으로 나누어져 있던 히에로니무스의 번역본을 한 권으로 묶었다. 현존하는 가장 오래된 불가타 번역본은 690년과 700년 사이에 잉글랜드 북동부의 도시 재로(Jarrow)에서 필사된 '코덱스 아미아티누스'(Codex Amiatinus)이다.

시작되는 것과 거의 같은 시기에 유행을 타게 된다. 따라서 대다수 대학에서는 그리스어를 철학 연구 이전에 가르쳤으며, 학생들은 라틴어 습득에 일정한 진전을 보이자마자 그리스어를 배웠다. 히브리어는 고전 학습과는 관련이 전혀 없었고, 구약 성경을 제외하고 존중받을 만한 텍스트가 한 권도 없는 언어였다. 그래서 히브리어 연구는 학생이 철학 연구가 끝나고 신학 연구로 들어설 때까지 시작되지 않았다.

본래 그리스어와 라틴어 기초는 대학에서 교육하는 것이 일반적이었고, 어떤 대학에서는 여전히 그렇게 하고 있다. 다른 대학들에서는 학생이 두 언어 중 하나 혹은 둘 다의 기초를 적어도 입학 전에 습득하기를 기대한다. 이 언어들에 관한 연구는 어디서나 대학 교육의 무척 중요한 부분으로 계속되고 있다.

그리스 철학의 3분야

고대 그리스 철학은 크게 세 분야로 크게 나뉜다. 물리학(자연 철학), 윤리학(도덕 철학), 논리학이 그것이다. 이런 보편적 구분은 사물의 본질에 완벽히 들어맞는 듯 보인다.

(1) 자연 철학

거대한 자연 현상, 즉 천체 공전, 식(蝕), 혜성, 천둥, 벼락 그리고 다른 비상한 대기 현상들, 동물과 식물의 생식, 생명, 성장 그리고 소멸은 필연적으로 경이로움을 유발해 자연스럽게 사람들의 호기심을 불러일으켜 인류가 그 원인을 조사하게 하는 대상이다.

처음에는 그런 경이로운 현상들을 신(神)의 직접적인 작용이라고 언급함으로써 호기심을 충족시키려 했다. 나중에 철학은 그런 현상을 신의 작용보다는 더욱 친숙한 원인 혹은 인류에게 더욱 잘 알려진 원인으로 설명하려고 했다. 그런 엄청난 현상들은 처음에 인간의 호기심을 불러일으켰기 때문에 이를 설명하려는 과학이 철학의 첫 분야로 발전했다. 그런 이유로 역사서가 언급한 최초 철학자는 자연 철학자였다.

(2) 도덕 철학

세상의 모든 시대와 지역에서 사람은 타인의 성격, 의도, 행동에 주목했다. 사람의 삶에서 나타나는 행동에 관한 수많은 훌륭한 규칙과 격언은 상호 동의하에서 제시되고 인정받았다. 글쓰기가 유행하게 되자마자 현인 혹은 자신을 현인으로 생각하는 사람은 자연스럽게 그런 유명하고 존경받는 격언에 덧붙여 무엇이 적절하고 부적절한 행동인지에 관한 자신의 느낌을 표현하려고 애썼다.

이것은 때로는 "이솝 우화" 같은 인위적인 교훈담 형태로, 때로는 솔로몬의 잠언, 테오그니스[211]와 포킬리데스[212]의 운문 그리고 헤시오도스[213]의 작품 일부와 같은, 경구나 금언이라는 단순한 형태로 표현되었다. 그들은 이런 방식으로 오랜 시간에 걸쳐 사려분별과 도덕성에 관한 격언의 개수를 계속 늘렸을 뿐, 뚜렷하거나 체계적으로 그런 격언을 정리하려는 시도는 하지 않았다. 자연 원인에서 결과를 추론하는 것처럼 그런 격언을 추론 가능한 일반적 원칙에 연결하려는 일은 더더욱 하지 않았다.

소수의 공통 원칙으로 연결되는 서로 다른 관찰을 체계적으로 정리하는 작업에는 일정한 아름다움이 깃든다. 그런 아름다운 작업은 자연 철학체계로 향하는 고대의 원시 논문에서 처음 선보였다. 나중에는 이와 비슷한 부류의 것이 도덕에서도 시도되었다. 일반적인 삶의 격언들은 자연 현상을 배열하고 연결하려고 시도했던 것과 같은 방식으로 체계적인 순서로 배열되고 몇 가지 공통 원리에 의해 서로 연결되었다. 이러한 연결 원리를 조사하고 설명하는 과학이 바로 도덕 철학이다.

---

211 기원전 6세기 전반기의 그리스 시인. 약 1,400행의 시가 후대에 전해지는데 주로 도덕적 인생을 권면하는 내용이다.

212 기원전 6세기 중반기의 그리스 시인. 인생의 진리를 설파하는 2행 연구(連句)의 서정시를 썼다. 권선징악적인 시들이 후대에 전해진다.

213 호메로스와 함께 고대 그리스 초창기를 대표하는 서사시인. 기원전 700년경에 활동했으며, 『신통기』와 『일들과 날들』이 대표 작품이다.

(3) 논리학

여러 다른 저자가 자연 철학과 도덕 철학의 서로 다른 체계를 제공했다. 하지만 그들이 다른 체계로 뒷받침했던 주장은 실증과는 동떨어진 것이었고 기껏해야 빈약한 개연성을 나열한 것일 뿐이었다. 때로 그것은 일상 언어의 모호함과 부정확함에 근거한 단순한 궤변에 불과했다. 모든 시대에, 사변적 체계는 추상적인 근거에 따라 수립되어 상식적 판단을 내리는 데 아무런 도움을 주지 못했다. 가령 금전적 이익을 따지는 문제에서는 전혀 도움이 되지 못했던 것이다.

궤변이 사람들의 마음을 바꾼 적은 거의 없지만, 철학과 명상 분야는 예외여서 그 궤변이 그런대로 통했다. 아니, 이런 분야에는 궤변이 빈번히 가장 큰 영향을 미쳤다. 자연 철학과 도덕 철학의 여러 체계를 지지하는 사람들은 자연스럽게 그들과 정반대 체계를 지지하는 이들이 내세우는 주장의 약점을 노출하려 했다. 그런 주장을 검토하면서 그들은 필연적으로 개연성 있는 주장과 실증적 주장의 차이 그리고 잘못된 주장과 결정적인 주장의 차이를 생각하게 되었다.

이러한 철저한 검토와 관찰에서 논리학이라고 하는, 훌륭한 추론과 엉성한 추론의 일반 원칙에 관한 학문이 탄생했다. 물리학과 윤리학보다 나중에 나왔지만, 실제로 대부분의 고대 철학 학파는 그 두 학문보다 논리학을 앞서 가르치는 게 일반적인 관행이었다. 학생이 그처럼 무척 중요한 주제에 관해 추론하기 전에, 훌륭한 추론과 엉성한 추론의 차이를 잘 알아야 한다는 게 그런 학파의 생각이었다.

자연 철학은 물리학과 형이상학으로 세분

고대 철학을 세 부분으로 나눈 이 구분은 유럽 대학에서 대부분 다섯 부분으로 바뀌었다.

고대 철학에서는 물리학 체계에서도 일부는 인간 정신이나 신의 특성에 대해 가르쳤다. 그런 것은 본질이 무엇으로 구성되었다고 생각하든 간에 우주의 거대한 체계의 일부였고, 가장 중요한 결과를 만들어내는 일부였다.

그런 것의 본질에 대해 자연철학의 두 분야는 인간 이성으로 추측하거나 결론을 내렸다. 그러니까 우주의 거대한 체계의 기원과 순환에 관해 설명하려는 학문의 중요한 두 분야였다. 철학을 신학의 시녀로만 가르쳤던 유럽 대학에서 학문의 다른 분야보다 이 두 분야를 더욱 깊이 생각하는 것은 자연스러운 일이었다.

이 두 분야는 점차 확장되어 수많은 하위 분야로 나뉘었고, 그 결과로 철학 체계에서는 이전에 거의 알려지지 않았던 정신에 대한 가르침이 해당 체계에서 잘 알려진 육체에 대한 가르침만큼 중요하게 여겨지게 되었다. 이런 두 주제에 관한 가르침은 두 가지 별개의 학문을 구성하는 것으로 간주되었다. 소위 형이상학[214] 혹은 기학(氣學)이라 하는 것은 물리학에 대비되었으며, 특정 직업의 목적을 위해 둘 중에 더욱 정교할 뿐만 아니라 더욱 유용한 학문으로 개발되었다. 실험과 관찰에 적합하며, 세심한 주의를 기울이면 많은 유용한 발견을 할 수 있는 실용적인 주제는 대부분 무시되었다. 형이상학은 매우 단순하고 거의 명백한 몇 가지 진리 이후에는 가장 세심한 주의를 기울여도 모호함과 불확실성만 발견할 수 있고, 그 결과 모호함과 궤변 외에는 아무것도 생산할 수 없었다. 하지만 이 형이상학의 주제가 크게 발전했다.

두 학문이 서로 대립할 때 그들 사이의 비교는 자연스럽게 소위 존재론(ontology)이라는 제3의 학문을 낳는다. 존재론은 그런 다른 두 학문의 주제에 공통되는 특징과 속성을 다룬다. 하지만 각 학파의 형이상학(기학)을 구성하는 게 대부분 교묘함과 궤변이라면, 거미줄 같은 존재론(때로는 형이상학이라고도 불리는)도 마찬가지로 교묘함과 궤변으로 둘러싸일 것이다.

---

214 원어는 metaphysics. 물리학을 넘어서는 존재에 대한 연구 학문이라는 뜻이다. 플라톤은 이 세상을 현상과 실재로 구분하고 이 실재를 다루는 학문이 형이상학이라고 가르쳤다. 아리스토텔레스는 현상과 실재의 엄격한 구분을 완화해 특정한 지식 분야에 포섭되지 않는 아주 포괄적인 개념을 연구하는 학문이라고 규정했다. 가령 잠재태와 현실태와 같은 포괄적인 개념은 형이상학에서만 다룰 수 있는 것으로 말했다.

도덕 철학: 결의론과 금욕적 도덕

고대 도덕 철학은 개인 자격으로뿐만 아니라 가족, 국가, 인류의 거대한 사회 구성원으로서 인간의 행복과 완성이 어디에 존재하는지는 살펴려고 했다. 그런 철학에서 인생의 의무가 인간 생활의 행복을 완성하는 것으로 규정했다. 하지만 자연 철학은 물론이고 도덕 철학이 신학의 하부 학문으로 교육되는 곳에서, 인생의 의무는 주로 내세의 행복을 깨닫는 것에 있었다.

고대 철학에서는 미덕을 완성하면 그것을 소유한 사람에게 현생에서 가장 완벽한 행복을 가져다준다고 했다. 하지만 현대 철학에서 그것은 거의 항상 이런 삶의 어떠한 행복과도 부합되지 않으며, 천국은 속죄와 금욕, 수도사의 고행과 겸손으로만 얻을 수 있으며, 자유롭고 관대하며 활기찬 인간의 행동으로는 얻어내지 못한다고 일반적으로 가르쳤다. 그리하여 대다수 학교의 도덕 철학을 구성하는 것은 결의론[215]과 금욕적 도덕이었다. 철학의 모든 분야 중 가장 중요한 분야[도덕 철학]는 이런 식으로 가장 변질된 분야가 되었다.

유럽 대학의 철학 교육: 논리학, 존재론, 형이상학, 윤리학, 물리학

유럽의 대다수 대학에서 철학 교육의 일반적인 과정은 이러하다. 논리학은 가장 먼저 가르치는 분야이고, 두 번째로는 존재론을 가르친다. 형이상학은 세 번째로 가르치며, 여기에 인간 영혼과 신의 특징에 관련된 교리를 포함한다. 네 번째로는 형이상학 원리, 인간 영혼의 부도덕 그리고 내세에 다가오는 신의 심판에 따른 보상 및 처벌과 직접 연관된다고 생각한 도덕 철학을 가르친다. 마지막 과정으로는 보통 간단하고 깊이가 별로 없는

---

215 원어는 casuistry. 어떤 사건 혹은 사안을 가리키는 라틴어 '카수스'(casus)에서 나온 말이다. 학문 초창기에 특정 사안의 윤리적 문제에 대해 성경, 교회법, 교회 전승 등을 적용해 해결하는 방식을 말한다. 그러나 근대의 철학적 전통은 이런 종교적 가르침에 따른 해결 방식을 받아들이기를 거부했다. 그 후 이 용어는 잘 사용되지 않게 되었고, 법률과 윤리와 관련해 허황되거나 궤변적인 논리를 가리키는 말로 전락했다.

물리학 체계를 가르친다.

유럽 대학들이 고대 철학 과정에 도입한 변화는 모두 성직자 교육을 위해 계획된 것이며, 철학을 신학 연구의 입문 과정으로 만드는 것이 그들의 의도였다. 하지만 그런 변화가 철학에 도입한 많은 교묘함과 궤변 그리고 결의론과 금욕 도덕 교육은 세상 이치에 밝은 사람에게는 합당하지 않았고, 사람들의 이해를 향상하거나 정신을 개선할 가능성도 없었다.

이 철학 과목은 특정 대학의 구성에 따라, 교사에게 필요한 성실함의 정도에 따라 유럽 대부분 대학에서 여전히 가르치고 있다. 가장 부유하고 기부금도 잘 들어오는 몇몇 대학에서 선생은 이런 변질된 과정에서, 그것도 얼마 되지 않는 파편적 지식을 가르치는 것으로 만족하는데, 이런 것조차도 무척 태만하고 무심하게 가르친다.

현대에 들어와 여러 다른 철학 분야에서 개선이 이루어졌고 일부는 대학 덕분인 게 분명하지만, 대부분은 아니다. 대다수 대학은 이런 개선이 생긴 이후로도 그것을 받아들이는 데 적극적이지 않았다. 몇몇 대학은 이미 파괴된 체계와 더 이상 쓸모 없어진 편견이 세상 모든 곳에서 사라진 이후에도, 그런 체계와 편견을 보호하는 성역으로 남아 있었다. 대체로 가장 부유하고 기부금도 잘 받는 대학이 그런 개선을 받아들이는 데 가장 굼떴고, 기존 교육 체계를 대대적으로 변화시키는 것을 가장 반대했다. 그런 개선은 그들보다 빈곤한 여러 대학에서 더욱 쉽게 도입되었고, 그곳 선생들은 생계 수단 대부분을 자기 평판에 의지했으므로 세상 여론에 더욱 신경 쓰면서 가르칠 수밖에 없었다.

하지만 유럽의 공립학교와 대학은 본래 특정 직업 교육, 즉 성직자 교육만을 하려 했다. 전문성이 가장 요구된다고 생각한 과학 분야에서도 학생들을 가르치는 데 항상 부지런하지는 않았다. 하지만 시간이 흐르면서 거의 모든 다른 사람, 특히 거의 모든 신사와 재산가의 교육을 맡기 시작했다. 유아기와 세상에 나가 실무를 담당해야 하는 시기 사이에는 긴 세월이 있다. 이런 오랜 세월을 유익하게 보내는 가장 좋은 방법은 일반적으로 학교 교육을 받는 것으로 생각했다. 하지만 공립학교와 대학에서 가르치는 것 대부분은 세상의 실무적인 일에 아주 적합한 준비는 아니었다.

대학 교육 대신에 해외여행

잉글랜드에서 공립학교를 졸업한 젊은이를 대학에 보내지 않고 곧장 외국으로 여행 보내는 일은 날이 갈수록 관습이 되고 있다. 들리는 말에 따르면 그들은 여행을 통해 보통 훨씬 인품이 도야된 채로 고향에 돌아온다고 한다. 17살이나 18살에 해외로 나간 젊은이는 21살이 되어 고향으로 돌아오는데, 떠날 때보다 3살이나 4살 더 나이 든다. 일반적으로 그런 시절에 3~4년이 흐르며 크게 향상되지 않는 것도 무척 어려운 일이다.

여행하는 동안 그 젊은이는 보통 한두 가지 외국어에 관한 지식을 쌓지만, 적절하게 외국어를 말하거나 쓰는 데는 그리 충분치 않다. 다른 측면에서 그는 보통 더 자만하고, 방종하고, 낭비하고, 진지하게 연구나 실무를 시작할 수 없는 상태로 귀국한다. 계속 고향에 있었더라면 그처럼 단기간에 그렇게 되지는 않았을 것이다. 무척 젊은 나이에 여행함으로써, 또 삶에서 가장 귀중한 시기를 부모와 친척의 점검과 통제에서 벗어나 경솔하게 낭비함으로써 초기 교육으로 그가 형성했을 수도 있는 유용한 습관이 자리 잡지 못하고 훨씬 약해지거나 사라져버린다. 대학이 자초한 형편없는 평판 때문에 젊은이들이 소년기에 여행을 떠나는 이런 턱없는 관행이 유행하게 되었다. 아무튼 아버지는 그런 식으로 아들을 해외에 내보냄으로써 적어도 한동안은 아들이 일하지도 않고, 태만하고, 망해가는 불쾌한 광경을 직접 보지 않아도 된다.

대략 이상이 몇몇 현대 교육 기관이 가져온 결과다.

고대 그리스·로마의 교육

다른 시대와 국가에서는 다른 계획과 다른 교육 기관이 있었다.

고대 그리스 공화국에서 모든 자유 시민은 행정 장관의 지시하에 신체 훈련과 음악 교육을 받았다. 신체 훈련은 몸을 단련하고, 용기를 강화하고, 전쟁의 피로와 위험에 대비하는 것이 목적이었다. 누가 봐도 그리스 민병대는 세상에서 가장 훌륭한 민병대 중 하나였으므로 이런 공적 교육 부분은 의도한 목적에 완벽하게 부합했음이 틀림없다. 다른 부분인 음악은, 최소한 그런 제도를 설명하는 철학자와 역사가에 따르면 마음을 더 인간적으로 만들고, 기질을 부드럽게 하고, 공적·사적 생활 전체에서 모든 사회적·도덕적 의무를 수행할 마음 준비를 시켰다.

고대 로마에서 캄푸스 마르티우스의 훈련은 고대 그리스 연무장 훈련과 같은 목적에 대응한 것으로, 그리스와 다를 바 없이 훌륭하게 목적에 부합했다. 하지만 로마인들 사이에서 그리스 음악 교육에 해당하는 것은 없었다. 공적·사적 생활 전체에서 로마인의 도덕은 그리스인과 동등했거나 전반적으로 훨씬 우월했던 것 같다. 그들이 사적 생활에서 우월했다는 점은 그리스와 로마에 둘 다 정통한 두 저자인 폴리비오스[216]와 할리카르나소스의 디오니시오스[217]의 명확한 증언으로도 알 수 있다. 또한, 그리스와 로마 역사서들은 로마인의 공적 도덕이 우월하다는 점을 증명한다.

자유민의 공적 도덕에서 가장 중요한 요소는 반대파의 절제와 중용인 듯하다. 반면 그리스인의 당파는 거의 폭력적이고 피비린내가 났던 반면 그라쿠스 형제[218]가 등장할 때까지 로마 당파에서 유혈 사태가 일어난 적은

---

216 폴리비오스(기원전 200년경~118년)는 그리스인 역사가이다. 기원전 168년 로마가 마케도니아를 정복하면서 정치적 숙청이 벌어졌고, 폴리비오스는 사상 검증을 위해 로마로 보낸 1천 명의 아카이아인 속에 포함되었다. 로마에서는 고소나 재판받는 일 없이 15년을 보냈다. 그는 다행스럽게도 아이밀리우스 파울루스의 두 아들을 가르치는 가정교사가 되었는데, 둘 중 하나가 후일 스키피오 가에 입양되어 스키피오 아프리카누스의 손자(小 스키피오)가 되었다. 그 후 폴리비오스는 147-146년에 소 스키피오의 3차 포에니 전쟁에 따라나서서 카르타고가 완전히 파괴되는 것을 직접 목격했다.

폴리비오스는 기원전 151년 소 스키피오를 따라 스페인을 거쳐 북아프리카로 갔는데 이때 90세 고령의 마시니사를 직접 만나 대화를 나누면서 한니발과 직접 교전한 경험이 있는 마시니사로부터 카르타고에 대해 많은 정보를 얻었다. 그의 생애 후반 20년은 알려진 것이 없는데 고대 로마의 역사인 『역사』를 집필하면서 보냈을 것으로 보인다. 그는 82세의 고령에 말에서 떨어져 사망했다

217 기원전 30년경부터 로마에서 활약한 그리스인 역사가. 고대 로마에 열광해 『고대 로마사』를 집필했으며, 후대에는 책의 앞부분만 전해진다. 고대 로마에서 제1차 포에니 전쟁까지를 다루었는데, 이 이후 역사는 폴리비오스의 『역사』가 담당하고 있다.

단 한 번도 없었다. 그라쿠스 형제 시대 이후로 로마 공화정은 실제로 끝장 난 것으로 간주할 수 있다. 따라서 플라톤, 아리스토텔레스, 폴리비오스가 제시한 무척 존중할 만한 근거에도 불구하고, 또 몽테스키외가 그런 근거를 지지하며 제시한 무척 독창적인 이유도 있긴 하지만 그리스인의 음악 교육 이 그들의 도덕을 개선하는 것에는 그다지 큰 효과가 없었던 듯 보인다. 그 런 교육 없이도 로마인의 도덕이 전반적으로 그리스인보다 우월했기 때문 이다.

음악과 무용의 교육적 효과

고대 현인들은 선조들의 제도를 존중했기 때문에 그들은 아마도 고대 의 관습에 불과했던 것에서 많은 정치적 지혜를 발견했을 것이며, 이는 사 회 초기부터 상당한 수준에 도달한 시기까지 중단 없이 계속되었을 것이 다. 음악과 춤은 거의 모든 미개한 나라의 위대한 놀이 문화이며, 사회를 적 절히 즐겁게 한다고 인정받는 대단한 재주이다. 오늘날 아프리카 해안 흑인 들 사이에서도 그런 면이 잘 드러난다. 고대 켈트인, 고대 스칸디나비아인 그리고 호메로스에게서 알 수 있듯 트로이 전쟁 이전 시대의 고대 그리스인 사이에서도 그런 모습이 나타난다. 그리스 부족들이 스스로 작은 공화국을 형성했을 때, 그러한 재주에 관한 연구는 자연스럽게 오랫동안 시민의 공공 및 공통 교육의 일부가 되었다.

---

218 The Gracchi. 로마의 개혁적인 형제 정치가. 형 티베리우스 그라쿠스(기원전 164-133)와 동생 가이우스 그라쿠스(기원전 153-121)를 지칭. 그라쿠스 형제는 로마의 저 명한 상류 계급 가문 출신이었다. 어머니 코르넬리아는 스키피오 아프리카누스의 딸 이었다. 티베리우스는 기원전 133년에 평민 호민관 직위에 선출되었고, 트리부스 평 민회를 움직여 원로원의 승인을 거치지 않고 땅 없는 로마인들에게 공전을 재분배하려 했다. 땅 없는 농부들을 도우려는 티베리우스의 개혁은 민중을 위한 것이었으나 귀족 의 반발을 샀고, 133년 후반에 카피톨리움 언덕에서 귀족들이 보낸 테러단에 구타당해 죽었다. 동생 가이우스 그라쿠스는 기원전 123년, 다음 해인 122년에 연속해 호민관으 로 선출되었다. 그도 또한 로마 엘리트들을 위협하는 개혁안을 주도했으나 귀족 세력 의 반발을 샀고, 집정관 오피미우스의 비상조치로 체포되어 사형에 처할 위기에 내몰 리자 자기 노예에게 부탁해 자신의 목을 치게 해 죽었다.

청년에게 음악이나 군사 훈련을 가르치는 선생은 로마는 물론이고 심지어 그 법률과 관습이 가장 잘 알려진 그리스 공화국인 아테네에서도 국가로부터 봉급을 받지 않았고 심지어 임명도 되지 않았다. 그리스와 로마에서는 모든 자유 시민이 전쟁에서 나라를 지킬 준비를 하고, 이를 위해 군사 훈련을 하라고 요구했다. 하지만 국가는 선생을 찾아 배우는 일을 시민 각자에게 맡겼고, 이런 목적을 위해 시민이 연습할 훈련장을 내어주는 일 외에는 아무것도 하지 않은 듯 보인다.

그리스·로마의 기본 3과목: 읽기, 쓰기, 산수

그리스와 로마 공화국 초창기에 교육의 중요한 부분은 읽기, 쓰기, 산수였다. 기본 재주는 부유한 시민이라면 빈번히 집에서 노예나 자유민 가정교사의 도움을 받아 습득했으며, 빈곤한 시민은 교육을 위해 고용한 선생이 있는 학교에서 습득했다. 하지만 그런 교육은 전적으로 부모나 후견인의 보살핌 아래에 맡겨졌다. 나라는 그런 교육에 대한 점검이나 지시를 전혀 하지 않았다. 실제로 솔론의 법률에 따라, 자식 교육에 태만했던 늙은 부모를 둔 자식은 부모 부양 책임에서 면제되기도 했다.

교육 개선 과정에서 철학과 수사학이 유행하게 되었을 때 상류층은 자식에게 이런 유행 학문을 가르치고자 철학자와 수사학자의 학교에 보내곤 했다. 하지만 그런 학교 역시 사회의 지원을 받지 않았다. 그들은 오랫동안 겨우 나라의 승인만 받았을 뿐이었다. 철학과 수사학에 대한 수요는 오랫동안 극히 미미했기 때문에, 처음에 이런 학문을 가르치는 선생은 어느 한 도시에서도 지속적으로 일자리를 찾지 못하고 이곳저곳을 돌아다녀야 했다.

이런 식으로 엘레아의 제논, 프로타고라스, 고르기아스, 히피아스 그리고 많은 다른 선생이 교사 생활을 했다. 수요가 늘자 철학과 수사학을 가르치는 학교가 처음에는 아테네, 이후에는 여러 다른 도시에 들어섰다. 하지만 국가는 그런 학교 중 일부에게 가르칠 특정한 장소를 배정하는 일 외에는 다른 장려책을 단 한 번도 쓰지 않은 듯 보인다. 그나마 그런 장소를 제공하는 일도 때로는 개인 기증자가 맡았다. 국가는 플라톤에게 아카데미(Academy), 아리스토텔레스에게 리케움(Lyceum), 스토아학파 창시자 키프로스의 제논[219]에게는 포르티코(Portico)를 배정했다. 하지만 에피쿠로스[220]는 자기 소유의 정원을 자신이 설립한 학교에 물려줬다.

마르쿠스 안토니우스의 시대가 될 때까지 선생들은 사회에서 봉급을

---

219 키프로스 출신의 고대 그리스 철학자(기원전 333-262). 그는 스토아학파의 창시자였는데 '스토아'라는 명칭은 그가 아테네에서 철학을 가르쳤던 '스토아 포이킬레'에서 유래했다. 스토아 철학은 자연이 이성(로고스)의 통제를 받는다고 가르쳤다. 이 로고스는 신과 동일한 것이며, 운명 혹은 섭리로 구체화된다. 이 세상의 모든 일은 신의 이성에 따라 발생한다. 따라서 현명한 사람은 이 진리를 받아들이고 자연과 조화를 이루며 살아가야 한다. 이것이 인간이 실천할 수 있는 미덕이며 유일한 선이다. 이 운명을 따르지 않는 것이 도덕적 타락이며 곧 악이 생기는 계기가 된다. 현명한 사람은 자신의 운명을 알고 그에 따르기 때문에 언제나 미덕을 실천하며 그리하여 행복하다.

　　물질은 지수화풍(地水火風)의 4원소로 분해된다. 불은 신의 이성에 가장 가까운 물질로 주기적으로 우주를 불태우고 그로부터 다시 새로운 우주(자연)가 생긴다. 이것은 스토아 철학자들이 온 세상 사람을 하나의 동포라고 여기는 이론적 배경이 된다. 이런 이유로 문명인과 야만인, 자유인과 노예를 가리지 말고 보편적 자비와 정의를 베풀어야 한다는 것이다. 스토아 철학은 외에도 초연함과 세상으로부터의 독립을 가르쳤다. 이 차원에서 스토아 철학은 후대의 자연법사상에 많은 영향을 주었다. 인간 본성을 도덕적으로 보거나 인간의 자연 상태를 평화적으로 보는 도덕적 견해는 스토아 사상의 영향을 받은 것으로, 대표적 사상가는 그로티우스와 존 로크이다.

220 헬레니즘 시대의 그리스 철학자(기원전 341-271). 주된 사상은 '쾌락주의'인데 루크레티우스의 장시 《사물의 본성》에 그에 대해 상당 부분 소개되어 있다. 에피쿠로스는 이 세상은 원자로 구성되어 있다는 데모크리토스의 물질론을 받아들여 모든 현상을 철저히 물질적으로 설명했다. 세상은 원자들의 우연한 결합으로 생겨났고 원자들이 흩어지면 자연 소멸한다. 신은 존재하지만 자연 운행에는 관여하지 않으며 인간 일에도 간섭하지 않는다. 인간은 원자 결합으로 이루어진 존재이고 그의 사후에 원자는 모두 흩어진다. 인간의 행복은 평정심을 얻은 상태에서 자연을 정확하게 이해하는 데 있다.

　　에피쿠로스의 도덕론은 "쾌락은 행복한 삶의 시작이요 끝"으로 요약된다. 이렇게 해서 쾌락은 곧 선이고 그렇지 못한 고통은 악이다. 하지만 어떤 쾌락은 그 후에 불쾌함을 남김으로 악이 된다. 따라서 쾌락은 고통 없는 자연스럽고 필요한 것만 취해야 한다. 여기서 정신적 쾌락이 물질적 쾌락보다 훨씬 우월하다는 결론이 나온다. 에피쿠로스의 쾌락주의는 스토아학파와 초기 기독교 신자들에게 혐오의 대상이었다. 그러나 후대의 공리주의에 결정적 영향을 미쳤다. 인간 본성을 이기적으로 보아 자연 상태를 투쟁적으로 보는 견해는 에피쿠로스 사상을 이어받은 것으로 대표 사상가는 홉스와 스피노자이다.

받지 않았고, 제자들이 납부하는 수업료 외에는 다른 보수를 받지 않은 것 같다. 루키아노스를 통해 알 수 있듯 철인(哲人) 황제[마르쿠스 안토니우스]는 철학 선생 중 한 사람에게 포상금을 주었는데, 그나마 그런 돈도 황제가 죽은 뒤에는 더 이상 제공되지 않았다. 학교를 졸업했다고 해서 특권 같은 것은 전혀 없었으며, 특정 직업을 수행하고자 그런 학교에 다니는 것도 필수는 아니었다. 법률은 시민에게 학교에 다니라고 강제하지도 않았고, 학생에게 보상하지도 않았기에 어떤 학교가 유용하다는 평판이 없으면 학생들이 모이지 않았다. 선생은 제자에게 관할권을 행사하지도 못했으며, 젊은 제자의 교육을 담당하면서 탁월한 미덕과 능력을 발휘함으로써 그들로부터 얻어낸 자연스러운 존경 외에 다른 권위는 전혀 없었다.

고대 로마의 법률 교육

로마에서 민법 공부는 대다수 시민이 아닌 몇몇 특정 가문에서 배우는 교육의 일부였다. 하지만 법 지식을 획득하고자 하는 청년에게 다닐 만한 공립학교는 없었고, 법을 알고 있다고 생각되는 친척이나 친구 집단과 자주 어울리며 배우는 것 외에는 방법이 없었다. 사실 12표법 중 많은 부분이 어떤 고대 그리스 공화국의 법률을 그대로 베낀 것이지만, 고대 그리스에서도 법률이 학문으로 제대로 발달한 적은 한 번도 없었다.

하지만 로마에서는 법률이 초창기부터 학문으로 자리잡았고, 그것을 아는 것이 상당한 명성을 끌어올렸다. 고대 그리스 공화국, 특히 아테네에서 재판소는 수많은 사람으로 구성되어 무질서한 경우가 많았고, 이들은 빈번히 마구잡이로 혹은 소란이나 당파심에 사로잡혀 판결했다. 부당한 판결을 내렸다는 불명예도 5백, 1천 혹은 1천 5백 명(몇몇 재판소는 그처럼 많은 인원을 수용했다) 사이에 나누어지면 개인에게는 무거운 부담이 되지는 않았을 것이다.

이와는 반대로 로마의 주요 재판소는 한 사람의 판사나 소수의 판사로 구성되었고, 공개된 곳에서 심의하기에 경솔하거나 부당한 판결을 내리기 어려웠고 그런 판결을 내리면 평판에 영향을 받을 수밖에 없었다. 의심스러운 사건을 맡게 되면 로마 재판소는 비난을 피하려는 생각에 자연스럽게 합리적 판결을 내리려하거나 아니면 다른 재판소에서 예전 판사들이 마련한 선례를 따르려고 애썼다.

이처럼 관례와 선례를 중시하다 보니, 로마인들은 필연적으로 로마 법률을 규칙적이고 정돈된 체계로 정립시켰다. 그리하여 로마 법률이 후대까지 전해 내려온 것이다. 폴리비오스와 할리카르나소스의 디오니시오스는 로마인이 그리스인보다 여러모로 우월하다고 자주 언급했다. 이렇게 된 것은 두 역사가가 제시한 이유보다는 로마의 재판소가 더 나은 구조를 가졌기 때문이 아닌가 생각한다. 로마인은 특히 맹세를 무척 존중하는 것으로 유명했다. 어떤 성실하고 정통한 재판소 앞에서 맹세하는 데 익숙한 민족은 떠들썩하고 난잡한 무리 앞에서 같은 맹세를 주절거리는 민족보다 스스로 맹세하는 바에 훨씬 더 주의를 기울인다고 여긴 것이다.

고대보다 열등한 현대의 교육 제도

그리스인과 로마인의 민정·군사 능력이 최소한 어느 현대 국가에 비추어 보아도 손색이 없다는 것은 쉽게 인정할 수 있다. 우리는 이 고대 국가를 다소 편애하고 있어 두 나라의 능력을 과대평가하는 경향도 있다. 하지만 군사 훈련에 관계된 것을 제외하면, 그리스와 로마는 이러한 뛰어난 기술을 형성하는 데 아무런 수고도 하지 않은 듯 보인다. 그리스인의 음악 교육이 그런 능력을 형성하는 데 큰 영향력을 미쳤다고 생각할 수는 없기 때문이다. 하지만 두 나라의 상류층에는 사회 상황에서 볼 때, 그들의 문명이 필요로 하거나 편리한 것으로 느끼도록 하는, 예술과 학문을 가르쳐 주는 선생들은 있었다.

그런 교육에 대한 수요는, 교육을 제공하는 스승을 만들어냈고, 그래서 항상 그런 인재가 등장하게 되었다. 치열한 경쟁이 벌어지면서 그런 교육적 재능은 자연스럽게 무척 높은 완성도를 갖추게 되었다. 고대 철학자들은 청중의 관심의 촉발, 청강생의 의견과 원칙에 미친 영향력, 또 청강생의 행동과 대화에 특정 어조와 성격을 부여하는 능력 면에서, 현대의 교사들보다 훨씬 탁월했던 것 같다.

현대에 이르러 공공학교에서 근무하는 선생들의 성실함은 열악한 환경으로 인해 무너지게 되었다. 교사들의 환경은 크든 작든 교사가 그런 특정 직업에서 성공을 거두고 훌륭한 평판을 쌓는 것을 어렵게 한다. 봉급을 받는 교사들과 경쟁 상대인 개인 교사를 한번 비교해보자. 개인 교사는 말하자면 상당한 장려금을 받고 사업에 종사하는 상인[봉급 받는 공공학교 교사]을 상대로 경쟁하는 장려금 없는 상인과 같다. 혜택을 못 받는 상인이므로 자신이 취급하는 물품을 장려금 받는 상인과 비슷한 가격에 판매한다면 같은 수준의 이익을 남기지 못할 것이고, 그리하여 파산은 면하더라도 최소한 빈곤을 면치 못할 것이다. 물건을 훨씬 더 비싸게 판매한다면 손님이 별로 찾지 않아 사업 환경이 그다지 나아지지 않는다. 교육 분야에서도 사정은 마찬가지다. 대학교 졸업생이라는 특권은 많은 나라에서 학문적 직업에 종사하는 대다수, 즉 학문적 교육을 필요로 하는 대다수에게는 필수적이거나, 최소한 지극히 편리한 조건이 된다. 하지만 개인 교사는 이런 자격증을 발급하지 못한다.

그런 특권은 공식적인 선생의 강의를 수강해야만 획득할 수 있다. 어떤 개인 교사의 재능 넘치는 가르침을 지극히 세심하게 들었다고 해도 그런 특권을 요구할 자격이 부여되지 않는다. 이런 이유로 대학에서 가르치는 것과 똑같은 학문을 가르치는 개인 교사 자리는 현대에 들어와서 지식인 중 가장 낮은 계층이 담당한다. 능력 있는 사람이 모욕을 감내해야 하고 제대로 이득도 보지 못하고 선택해야 하는 직업, 그게 개인 교사다. 이런 방식으로 학교와 대학에 제공되는 기부금은 공적인 교사의 성실함을 해칠 뿐만 아니라 훌륭한 개인 교사를 만들어내는 것을 방해한다.

공적 교육 기관이 없을 경우, 수요가 없거나 시대적 환경에 따라 배울 필요가 없거나 편의를 제공하지 않거나, 혹은 유행하지 않는 학문은 점차 가르치지 않게 될 것이다. 개인 교사는, 유용하다고 인정되었지만 한물간 학문 체계나 일반적으로 궤변과 터무니없는 현학적인 말뿐인 학문을 가르쳐서는 절대 일자리를 얻을 수 없으므로 그런 것은 가르치지 않는다. 그런 체계, 그런 학문은 어디에서도 존속할 수 없다. 단, 번영과 수익이 세간의 평판으로부터 독립되어 있고, 산업과 완전히 독립적인 교육 기관에서만 가르친다. 이렇게 해서 능력 있고 근면한 신사가 당대의 공적 교육 기관이 제공하는 교과 과정을 모두 수료한 이후에도 실무에는 어두운 상태로 사회에 나온다. 그는 세상의 일반 신사들과 세상 물정에 밝은 사람들 사이에서 일반적으로 진행되는 대화 주제를 전혀 이해하지 못하며, 이에 대해 다시 배워야 한다.

실용을 지향하는 여성 교육

여자를 교육하는 공적 기관은 없고, 그런 이유로 그들을 가르치는 일반 과정에서는 쓸모없고 불합리하고 기이한 것은 하나도 가르치지 않는다. 그들은 부모나 후견인이 배울 필요가 있거나 배우면 유용하다고 판단한 것만 배운다. 여성들이 받는 교육은 명확하게 어떤 유용한 목적을 향해 나아가는 경향이 있다. 그런 목적은 자신의 타고난 매력을 높이고, 신중하고 겸손하고 정숙하고 절약하는 마음가짐을 형성하는 것, 가정의 안주인이 되는 것, 또 그렇게 되었을 때 적합하게 행동하는 것 등이다. 삶의 모든 부분에서 여자는 어린 시절에 받은 교육에 힘입어 편의나 이익을 먼저 챙긴다. 반면 남자가 삶의 어느 한 부분에서 가장 고되고 성가시게 받은 교육 덕분에 사회에 나가 어떤 편의나 이익을 챙기는 일은 좀처럼 없다.

따라서 이런 의문이 생긴다. 사회는 시민 교육에 주의를 기울이지 않아도 괜찮은가? 그래야만 한다면, 서로 다른 계층의 시민에게 수행해야 할 서로 다른 교육에는 무엇이 있는가? 그리고 어떤 방식으로 수행해야 하는가?

어떤 상황에서는 사회가 설정한 방식이, 정부가 많은 일을 하지 않더라도 대부분이 필요한 기술과 자질을 자연스럽게 개발하도록 돕는다. 그러나 또 다른 경우, 사회는 대다수 개인이 그렇게 되지 못하게 하는데, 이렇게 되면 정부는 일정한 주의를 기울여 대다수 시민의 전반적인 타락과 퇴보를 막는 일을 해야 한다.

분업의 부작용과 정부의 역할

분업이 진보하며 노동으로 생활하는 대다수 사람, 즉 시민 대다수의 일자리는 매우 기본적인 몇 가지 직업, 흔히 한두 가지의 작업으로 한정된다. 그러나 대다수 사람의 세상 인식은 그들의 통상적인 일자리에 따라 형성된다. 평생 결과가 항상 혹은 거의 같은 단순 작업을 하며 보낸 사람은 예전에 발생한 적 없는 곤경을 극복하기 위해 이해력을 발휘하거나 창의력을 행사할 일이 없다. 따라서 그는 자연스럽게 그런 능력을 행사하는 습관을 잃게 되며, 인간으로서 도달할 만큼 멍청하고 무식한 상태에 이른다. 그의 정신은 마비 상태에 이르러 어떤 합리적인 대화를 하거나 그것에 참여할 수 없다. 뿐만 아니라 어떤 관대하고 고귀하고 부드러운 정서를 품을 수 없어서, 사적 생활의 많은 평범한 의무에서조차 정당한 판단을 내리지 못한다.

이렇게 해서 그는 국가의 대승적 이익에 관해 전적으로 판단할 수 없으며, 무척 특별한 수고를 달리 기울이지 않는 한 전시에 조국을 지킬 수도 없다. 정체된 삶에서 오는 획일성은 자연스럽게 정신력도 타락시킨다. 그렇게 해서 그는 군인의 불규칙적이고 불확실하고 모험적인 삶을 혐오한다. 심지어 신체 활동조차 타락해 배운 일자리 외에 다른 일자리에 정력과 인내를 발휘하며 힘을 내는 것이 불가능해진다. 이런 식으로 자신의 특정 직업에서 드러나는 그의 재주는 지적, 사회적, 군사적 능력을 희생해 획득한 듯 보인다. 발전되고 문명화된 사회에서 정부가 그런 사태를 방지하려고 노력하지 않는 한 노동 빈민, 즉 대다수 시민은 필연적으로 그런 상태에 빠지고 만다.

분업 없는 원시 사회 vs 직업이 다양한 문명사회

그러나 미개한 사회에서는 얘기가 달라진다. 여기서 말하는 미개 사회란 사냥꾼이나 목축인의 사회, 즉 제조업 향상과 해외 교역이 확장되기 전의 농업 중심 미발달 사회를 가리킨다. 그런 사회에서는 모든 사람이 다양한 직업을 가지기 때문에, 계속 발생하는 문제를 해결하기 위해 자신의 능력을 발휘하며, 그에 맞는 편리한 방법을 찾아야만 한다. 이렇게 해서 창의력은 계속 활발하게 돌아가며, 문명사회에서는 거의 모든 하류층의 이해력을 마비시키는 나른한 우둔함에 빠지지 않는다.

앞에서[5권 1장 1절] 살펴봤듯, 소위 그런 미개 사회에서 모든 사람은 전사가 된다. 그 사회의 모든 사람은 어느 정도 정치인이며, 사회 이익과 통치자의 행동에 관해 합리적인 판단을 내린다. 그들 중 거의 모두는 족장이 평시에 얼마나 훌륭한 재판관이며, 전시에 얼마나 훌륭한 지도자인지를 명확하게 관찰한다. 그렇지만 그런 사회에서는 더 문명화된 나라에서 소수만 보유하는 향상되고 교양 있는 이해력을 누구도 지니지 못한다.

미개 사회에서 개인의 직업은 엄청나게 다양하지만, 사회 전반의 직업은 그리 많지 않다. 모든 사람은 남이 하거나 할 수 있는 것을 얼마든지 할 수 있다. 모두에게는 상당한 수준의 지식, 독창성, 발명 재능이 있지만 그것은 사회의 단순한 일들을 수행하기에 충분한 정도일 뿐이다.

그와 반대로 문명화된 나라에서 대다수 개인의 직업에는 다양성이 거의 없지만, 사회 전체의 직업은 거의 무한정으로 다양하다. 이런 다양한 직업은 특정 직업에 집착하지 않고 남의 직업을 살펴볼 여유와 의향이 있는 소수에게 거의 무한정 사색의 다양성을 제공한다. 매우 다양한 사물에 대해 깊이 생각하다 보면 필연적으로 끝없는 비교와 조합을 하게 되고, 놀라운 수준으로 예리하고 포괄적으로 이해하는 수준으로 올라선다. 위에서 말한 문명사회의 소수가 갖춘 이해력이란 이것을 가리킨다. 하지만 그런 소수가 어떤 특별한 지위에 있지 않는 한, 그들의 훌륭한 능력은 자신에게는 명예롭지만 좋은 정부나 사회의 행복에는 거의 이바지하지 못한다. 그런 소수가 갖춘 훌륭한 능력에도 불구하고, 대다수는 그런 고상한 인품을 배척하거나 무시하는 경우가 더 흔하다.

평민과 부자의 교육 환경 차이

문명화된 상업 사회에서 실시하는 대중 교육에는 상당한 지위와 재산을 가진 사람을 상대로 할 때보다 대중의 관심이 더 필요하다. 일정한 지위와 재산을 가진 사람은 보통 18~19살에 세상에서 두각을 드러내기 위해 특정 사업, 직업, 거래에 나선다. 그들은 그렇게 세상에 나서기 전에 대중의 존경을 받거나 그런 사람이 될 정도의 재주를 습득할 만한 시간 여유가 있다. 여의치 않다면 나중에라도 그런 재주를 습득할 시간이 충분하다. 부모나 후견인은 그들이 재주를 갖추길 열망하며, 대부분 기꺼이 그런 목적에 필요한 비용을 댄다. 그들이 적절히 교육받지 못했더라도, 부모가 비용을 적게 들인 경우는 좀처럼 없다.

그러면 무엇이 원인인가? 그런 비용을 적절하게 활용하지 못했기 때문이다. 선생이 부족해 그렇게 되는 일은 좀처럼 없다. 단지 교육 담당 선생이 태만하고 무능력하거나, 현재 상황에서 기존 선생보다 더 나은 선생을 찾는 게 어렵거나 불가능하므로 그런 결과가 나온다. 일정한 지위나 재산을 가진 사람이 인생 대부분을 투자하는 직업은 일반인의 직업처럼 단순하고 획일적이지 않다. 그런 직업은 대부분 지극히 복잡하며, 손보다는 머리를 쓴다. 그런 직업에 종사하는 사람은 운동 부족으로 이해력이 고갈되는 일은 좀처럼 없다. 게다가 일정 지위와 재산을 가진 사람의 직업은 아침부터 저녁까지 당사자를 괴롭히는 일도 드물다. 그런 직업을 가진 이들에게는 보통 많은 여가가 있고, 그런 시간을 즐기는 동안 삶의 초창기에 기초를 닦거나 취향을 들이게 된 유용하거나 장식적인 지식을 습득해 자신을 가능한 한 전인(全人)으로 만들려고 애쓴다.

하지만 일반인에게는 전혀 다른 이야기가 펼쳐진다. 대중은 교육을 받기 위해 남겨두는 시간적 여유가 거의 없다. 부모는 유아기에도 아이들을 거의 부양하지 못한다. 일할 수 있는 상태가 되자마자 그들은 자기 생계를 유지하기 위해 실용적인 일에 전념해야 한다. 그런 일은 보통 무척 단순하고 획일적이어서 이해력을 사용할 일은 거의 없다. 동시에 그들의 노동은 무척 지속적이고 가혹해 다른 것에 전념하기는커녕 다른 것을 생각할 만한 시간 여가도 없고, 자연히 그럴 의향도 생기지 않는다.

문명화된 사회에서 일반인은 일정 지위와 재산을 가진 사람들만큼 우수한 교육을 받지는 못하지만, 교육의 가장 기본적인 부분인 읽고 쓰고 계산하는 능력은 어린 시절부터 습득할 수 있다. 따라서 가장 저급한 실무 교육을 받은 대다수도 그런 교육을 마칠 무렵이면 기본적인 재주를 갖추게 된다. 극히 적은 비용으로 사회는 그런 필수 교육의 필요성을 거의 모든 시민에게 촉진하고 장려하고 부과할 수 있다.

교구 학교를 세워 교육 대중화

사회는 교구나 구역에 작은 학교를 설립하여 이런 교육을 쉽게 베풀 수 있다. 그런 학교에서는 일반 노동자도 납부할 수 있는 저렴한 수업료로 아이들을 가르친다. 선생은 봉급을 사회에서 일부만 받는데, 사회가 전체 혹은 대부분을 지급한다면 그는 이내 자기 업무에 소홀해지기 때문이다.

스코틀랜드에서 그런 교구 학교가 설립되어 거의 모든 일반인이 읽는 법을 배웠고, 대다수가 글 쓰고 계산하는 법도 배웠다. 잉글랜드에서 설립된 자선 학교는 비슷한 결과를 낳았지만, 학교 설립 자체가 널리 퍼져 있지 않았으므로 같은 정도는 아니었다. 그런 작은 학교에서 아이들이 좀 더 유익한 책을 통해 학습하고, 거의 쓸모 없는 빈약한 라틴어 교육 대신에 기하학과 기계학의 기초를 배운다면, 일반인 계층의 학문 교육은 그것으로 충분할 것이다. 이 세상에 기하학과 기계학 원칙을 적용할 기회가 없는 직업은 거의 없다. 따라서 고상한 학문은 물론이고 유용한 학문에 필수로 도입되는 그런 원칙을 일반인이 점차 습득하고 실력을 향상시킬 수 있게 된다.

사회는 뛰어난 아동들에게 소액의 상금과 그 탁월함을 증명하는 배지를 제공함으로써 그런 필수 교육 습득을 적극 권장할 수 있다.

사회는 또 동업조합이나 자치 도시에도 그런 교육을 권장할 수 있다. 가령 어떤 동업조합에서 특권을 얻기 전이나 자치 도시나 자치 마을에서 사업 인가를 받기 전에, 모든 사람에게 필수적인 교육 부분 시험을 통과하도록 미리 요구한다. 이렇게 해서 그런 교육의 필요성을 모든 시민에게 주지하고 부과할 수 있다.

고대 그리스·로마의 군인 정신 강조

이런 식으로 군사와 체육 훈련 습득을 쉽게 하고, 그것을 장려하고, 심지어 모든 시민에게 그런 훈련을 필수로 배우도록 한 것이 그리스와 로마 공화국이 시민에게 군인 정신을 유지시킨 방법이다. 그들은 군사와 체육 훈련을 배우고 연습하는 특정 장소를 정하고, 거기서 가르칠 특권을 특정 교사에게 인가함으로써 훈련의 실행을 쉽게 했다. 그리스·로마의 선생들에게도 배타적 특권이나 다른 부류의 봉급이 없었다. 그들은 전적으로 제자에게서 보수를 받았다. 공공 체육관에서 훈련을 배운 시민들은 개인적으로 훈련받은 사람들과 마찬가지로 법적으로 어떤 추가 이익이 없었다. 개인 훈련을 한 사람들도 열심히 배우기는 마찬가지였다.

그리스와 로마의 공화국들은 훈련에 탁월함을 보이는 사람에게 소액의 장려금과 뛰어남을 증명하는 배지를 수여하며 그런 훈련을 권장했다. 올림픽 제전, 코린트 제전, 네메아 제전에서 상을 받으면 수상자뿐만 아니라 가족과 친척 모두가 명성을 얻었다. 소집 요구를 받으면 공화국 군대에 들어가 특정 연수 기간에 복무할 의무가 모든 시민에게는 있었고, 그런 훈련을 필히 익혀야 했다. 그렇지 않으면 군 복무를 제대로 할 수 없었기 때문이었다.

군사 훈련 관행은 정부가 뒷받침하려고 애써야 한다. 그렇지 않으면 그 관행은 사회가 발전하면서 점차 쇠퇴하고, 더불어 시민 대다수의 군인 정신도 감퇴하기 때문이다. 이것은 현대 유럽의 사례로 충분히 입증된다. 모든 사회의 안보는 정도의 차이는 있을지라도 결국은 시민 대다수의 군인 정신에 의존한다. 물론 현대에서는 잘 훈련된 상비군의 지원 없이는 군인 정신만으로 사회의 방위와 안보를 완벽히 보장할 수 없다. 하지만 모든 시민이 군인 정신을 지닌 곳에서는 분명 더 적은 상비군만 있어도 충분하다. 왕성한 군인 정신은 필연적으로 자유에 대한 위협을 크게 줄일 것이다. 그런 위협이 실제든 상상이든 대개는 상비군에서 나온다. 군인 정신은 외부의 적이 있을 때 군대의 작전을 무척 용이하게 하지만, 동시에 상비군이 불운하게도 국가의 헌법에 반하는 작전을 수행해야 할 경우 거기에 대항할 수도 있다. 그럴 경우 시민 개개인의 강인한 상무 정신은 그런 대역적 행동을 저지하는 힘이 된다.

그리스와 로마의 고대 제도는 현대의 소위 민병대보다 대다수 시민의 군인 정신을 유지하는 데 훨씬 더 효과적인 제도였다. 그 제도는 현대보다 훨씬 단순했다. 일단 확립되기만 하면 그런 제도는 저절로 시행되었고, 제도의 활력을 완벽하게 유지하고자 정부가 주의를 기울일 필요도 거의 없었다. 반면 현대의 민병대는 그런대로 수행되더라도 복잡한 규정을 유지하려면 정부가 계속 골머리를 앓으며 지속해서 관심을 보여야 한다. 이렇게 하지 않으면 민병대 규정은 계속 방치되어 결국 폐기된다. 더욱이 고대 제도의 영향력은 훨씬 보편적이었다. 그런 제도 덕분에 시민 전원은 무기 활용법을 완벽하게 배웠다. 반면 스위스를 제외하고는 현대 민병대 규정으로 무기를 잘 다루는 법을 배우는 자는 소수에 불과하다.

건강은 육체보다 정신이 더 중요

그러나 자신을 방어하거나 복수할 능력이 없는 사람은 인간의 기본적인 특성 중 하나가 결여되어 있다. 필수적인 신체 일부를 빼앗기거나 사용할 수 없게 된 사람이 육체적으로 불구나 기형이 되듯, 정신도 마찬가지로 불구가 되고 기형이 된다. 이 두 장애인 중에 정신이 병든 자가 더 끔찍하고 비참하다. 마음에 함께 존재하는 행·불행은 육체보다는 정신이 건강한지 아닌지, 불구인지 온전한지에 달려 있기 때문이다.

비록 시민의 군인 정신이 사회 방어에는 쓸모가 없더라도 비겁에 필연적으로 수반하는 정신적 불구, 기형, 참담함이 사회에 널리 퍼지는 것은 막을 수 있다. 따라서 군인 정신 함양은 정부가 극도로 진지하게 관심을 가져야 한다. 치명적이거나 위험하지는 않지만 혐오스럽고 불쾌한 나병이나 다른 질병이 시민 다수에게 퍼지는 것을 막는 일에 정부가 진지하게 관심을 보여야 마땅한 것과 마찬가지다. 그런 군인 정신 함양이 커다란 국가적 재난을 막는 것 외에는 별다른 공익이 없더라도 정부는 그런 정신을 키워내야 한다.

문명 사회에서 모든 하층민의 이해력을 빈번히 마비시키는 지독한 무지와 우둔함에 대해서도 같은 말을 할 수 있다. 인간의 지적 능력을 적절히 활용하지 못하는 사람은 겁쟁이보다 더욱 경멸의 대상이 되며, 인간 본성의 특징 중 더욱 본질적인 부분에서 불구요 기형이 된 것이나 다름없다.

국가는 하층민 교육에서 아무 이익도 얻지 못하더라도 여전히 그들이 아예 교육을 받지 못하는 상황이 벌어지지 않도록 주의를 기울여야 한다. 하지만 나라는 하층민 교육에서 아무 이익도 얻지 못하는 게 아니다. 하층민이 더 많은 교육을 받을수록 무지한 국민 사이에서 종종 가장 끔찍한 무질서를 발생시키는 광신과 미신에 덜 빠져든다.

또한 교육을 받은 지적인 사람들은 무지하고 우둔한 사람들보다 품위 있고 질서 정연한 행동을 보인다. 그들은 각각 자신이 존중받을 만한 사람이라고 생각하며, 또한 자신이 적법한 상급자에게 존중받을 가능성이 크다고 생각한다. 따라서 그들은 그런 상급자를 더 존중한다. 그들은 파벌과 선동으로 인한 이해관계가 얽힌 불만을 더욱 세밀히 검토하려고 애쓰며, 그런 불평의 진상을 더 잘 파악할 수 있다. 그런 이유로 그들은 정부 조치에 타당한 이유 없이 악의적으로 혹은 불필요하게 반대하는 방향으로 나가지 않는다. 자유 국가에서 정부의 안전은 정부 조치에 대한 시민의 호의적인 판단에 크게 의존한다. 따라서 시민들이 정부에 대해 경솔하게 또는 변덕스럽게 판단하지 않도록 하는 것이 매우 중요하다.

제3조
모든 연령대의 민중 교육을 위한 기관의 비용

모든 연령대의 민중 교육 기관은 종교적인 교육을 위주로 한다. 이는 사람을 세상에서 훌륭한 시민으로 만드는 것보다는 내세의 더 나은 세상에 적합한 존재로 준비시키는 데 목적을 둔다. 이런 교육을 진행하는 교리 선생은 다른 선생들처럼 학생들의 자발적인 기부금에 의존하거나, 혹은 국가가 법적으로 부여한 다른 재원, 즉 사유지, 십일조, 지세, 일정한 급여 등으로 생계를 유지한다. 그들의 노력, 열의, 근면 정도는 후자[고정 급여]보다 전자[자발적 기부금]에 의지하는 상황에서 훨씬 뛰어날 것이다. 이런 측면에서 개신교 선생은 오래된 국교 체계를 공격해야 할 상당한 이유가 있었다. 국교 성직자는 성직록에 의지해 살아가므로, 대다수 신자가 신앙과 기도의 열정을 유지하도록 하는 일을 등한시했고, 나태함에 빠져 자기 종교를 지키는 일에서조차 왕성한 노력을 기울이지 않았다.

나태해지기 쉬운 성직자들

기부금을 많이 쌓아둔 국교 성직자는 종종 우아한 지식인이 되어, 신사로서 모든 미덕을 보유하거나 다른 신사들에게 존경받을 만한 미덕을 뽐낸다. 하지만 그들은, 하층민에게 권위와 영향력의 원천이 되어 주었고 자기 종교의 성공과 국교 지정의 근본 원인이었던 그 종교적 자질을, 좋은 것이든 나쁜 것이든, 점차 잃게 된다. 그런 성직자는 어리석고 무지하지만 인기 있고 대담한 일련의 광신자에게 공격을 받으면 아주 허약해진다. 마치 아시아 남쪽의 나태하고 연약하고 배부른 나라들이 북쪽의 활동적이고 강인하고 배고픈 타타르인에게 침략을 당했을 때처럼 무방비 상태다.

그런 위급한 상황에서 국교 성직자들이 대체로 하는 것은 행정 장관에게 자신들의 적들을 박해하고, 파괴하고, 추방하도록 요청하는 것뿐이다. 마찬가지 논리의 연장선에서 로마 가톨릭 성직자가 행정 장관에게 신교도를 박해하라고 요청했고, 영국 국교회는 비국교도 박해를 요청했다. 이렇게 해서 보통 한두 세기 동안 법적으로 국교 자격을 누린 모든 종파는 자기 종교의 교리나 규율을 공격해오는 새 종파를 상대로 적극적인 방어를 제대로 할 수가 없었다.

이런 경우에 학식과 훌륭한 저술이 때때로 국교에 이점을 안기기도 했다. 그러나 인기를 얻는 방법이나 신도를 끌어들이는 모든 방법은 항상 국교의 적들에게 유리했다. 잉글랜드에서 기부금을 많이 쌓아둔 국교 성직자들은 그런 기술을 오랜 세월 무시했으며, 현재 주로 비국교도와 감리교도들이 그런 선교의 기술을 열심히 연마하고 있다. 하지만 많은 곳에서 자발적 기부금, 신탁금 그리고 다른 탈법 행위 등을 통해 비국교도 선생이 독립적으로 생계유지를 할 수 있게 되어, 그런 선생의 열성과 활력도 크게 약화한 듯 보인다. 그들 중 많은 이가 박식하고, 독창적이고, 존경받을 만한 사람이 되었지만, 대체로 크게 인기 있는 전도자가 되지는 못했다. 이보다 감리교도는 비국교도의 학식에 비교하면 한참 떨어지지만, 신자들 사이에서 인기는 훨씬 더 높다.

로마 교회의 수입 구조

로마 가톨릭에서 하급 성직자의 근면과 열의는 어떤 기성 개신교 교회보다도 사리 추구라는 강력한 동기로 더욱 생생하게 유지되는 듯하다. 교구 성직자 중 많은 사람은 생계의 무척 큰 부분을 신자의 자발적인 봉헌으로 얻는다. 수입의 원천인 신자들의 봉헌은 고해성사가 많이 늘수록 증가한다. 탁발 수도회는 그런 봉헌으로만 온전히 생계를 유지한다. 이는 몇몇 군의 경기병, 경보병과 같은 수입 구조다. 즉, 약탈이 없으면 보수도 없다. 교구 성직자는 보수 일부를 봉급에 의지하고, 다른 일부를 제자가 내는 수업료에 의지하는 학교 선생과 형편이 비슷하다. 정도 차이는 있지만 이런 수업료 조달은 언제나 그들의 근면과 평판에 달려 있다.

탁발 수도회는 자신의 생계를 근면에 전적으로 의존하는 학교 선생과 같다. 따라서 그들은 일반인의 신앙심을 고무할 수 있는 모든 기술을 활용해야 한다. 성 도미니쿠스와 성 프란체스코라는 두 거대한 탁발 수도회의 설립은 마키아벨리의 관찰에 따르면[221] 13세기와 14세기에 가톨릭교회

---

221 니콜로 마키아벨리, 『로마사 논고』 제3권 1장. "프란체스코 성인과 도미니쿠스 성인이 기독교의 원래 상태를 어느 정도 되돌려 놓지 않았다면 이 종교는 지금쯤 흔적도 남지 않았을 것이다. 두 성인은 청빈함과 그리스도적인 삶의 모방으로 사람들의 마음속에서 소멸한 신앙심을 회복시켰다. 그들이 새로 만든 수도회는 성직자들과 종교 지도자들의 부패로 기독교가 무너지는 것을 충분히 막을 수 있을 정도로 영향력이 강했다. 또한, 계속해서 청빈한 삶을 살며 고해성사와 설교를 통해 사람들에게 신뢰를 받은 두 성인은 사악함을 나쁘게 말하는 것도 역시 사악함이라고 사람을 설득하면서 그런 잘못을 저지른 성직자의 처벌은 하느님께 맡겨야 한다고 말했다. 그리하여 성직자들은 최악의 행동을 했다. 그들은 보이지도 않고, 그들 자신이 믿지도 않는 처벌을 전혀 두려워하지 않았던 것이다. 그러나 두 성인이 보여준 것 같은 회복의 움직임이 있었기에 기독교는 유지되어왔고 여전히 유지되는 중이다."

의 차츰 쇠약해지는 신앙심과 경건을 회복시켰다. 로마 가톨릭을 국교로 삼은 나라에서 경건의 정신은 전적으로 수도사와 가난한 교구 성직자에 의해 뒷받침된다. 교회의 고위 성직자는 일반 신사와 세상 물정에 밝은 사람들의 기술을 구사하고, 때로는 지식인의 기술을 동원해 하급자에게 필요한 규율을 유지하려고 애쓰지만, 신자의 교육이라는 성가신 일은 좀처럼 하지 않으려 한다.

기술과 전문직은 국가 이익을 증진

여태까지 현대에서 가장 저명한 철학자이자 역사가인 데이비드 흄은 이렇게 말했다.

> 한 나라에서 대다수 기술과 직업은 사회 이익을 증진함과 동시에 몇몇 개인에게는 유용하거나 적절한 수단이 된다. 그런 경우 행정 장관이 굳게 지켜야 할 규칙이 있다면 어떤 기술이든 처음 도입 시를 제외하고 직업에 간섭하지 말고 그대로 봐두어야 하고, 거기서 이익을 거두는 개인에게 맡겨야 한다는 것이다. 장인은 이익이 손님의 호의로 증가한다는 것을 알고, 최대한 기술과 산업을 향상시키려 노력한다. 부적절한 간섭으로 상황이 방해받지 않는 한 상품은 확실하게 수요와 거의 비례한다.
>
> 하지만 한 나라에는 유용함을 넘어 필수적임에도 불구하고 개인에게 이익이나 만족을 주지 않는 어떤 직업도 있는데, 최고 권력은 그런 직업 종사자에 관해서는 근면한 행동을 유도해야 한다. 권력은 해당 직업의 존속을 공적으로 장려해야 하고, 그 직업에 특별한 명예를 부여하거나, 계층의 오랜 종속 관계와 엄격한 의존을 견고히 하거나 혹은 여러 다른 방편을 활용함으로써 자연스럽게 태만함에 이끌리는 것을 방지해야 한다. 재무, 함대, 행정과 관련된 직업이 여기에 해당한다.
>
> 언뜻 보기로 성직자는 첫 계층에 속해 있으며, 법률가나 의사와 마찬가지로 그들에 대한 장려도, 교리에 집착하고 영적 사역과 도움에서 유익이나 위로를 얻으려는 개인의 자유에 맡겨야 한다고 생각하는 게 자

연스럽다. 분명 성직자의 근면과 경계심은 그런 추가적인 동기로 자극을 받을 수 있다. 직업에서 드러나는 그들의 기량은 물론이고 신자의 마음을 어루만지는 메시지는 연습, 연구, 관심이 늘수록 틀림없이 매일 향상된다.

하지만 이 문제를 더욱 주의 깊게 생각한다면, 우리는 모든 현명한 입법자가 성직자의 이런 타산적인 근면을 막으려고 애쓴다는 사실을 알게 된다. 진정한 종교를 제외한 모든 종교에서 그런 근면은 몹시 치명적이며, 진정한 종교에 미신, 어리석은 생각, 망상이라는 유독한 혼합을 스며들게 해서 그것을 왜곡하려는 경향이 있다. 각 종교 종사자는 자기 신자의 눈에 더욱 귀중하고 성스럽게 보이려고 다른 모든 종파에 대한 폭력적인 혐오를 그들에게 불어넣고, 어떤 참신한 것을 통해 자기 신자의 무기력한 경건함을 자극하려고 계속 애쓸 것이다.

그들이 주입하는 교리는 진실, 도덕 혹은 품위를 일절 신경 쓰지 않을 것이다. 그들은 사람들의 통제할 수 없는 감정을 기쁘게 하는 말이라면 무엇이든 한다. 대중의 감정과, 속임수를 이용해 더 많은 추종자를 비밀 집회로 끌어들이기 위해 영리한 전술을 사용한다. 결국, 행정 장관은 성직자에게 고정된 수입을 주지 않음으로써 절약했다고 생각했으나 큰 대가를 치르게 되었음을 깨달았다. 또한, 실제로 자신이 영적 안내인을 상대로 거둘 수 있는 가장 적절하고 이로운 타협은 그들의 직업에 공인된 봉급을 제공해 그들을 나태하게 하는 것, 그리고 이를 통해 자기 무리가 떠나가는 것을 막는 일 이상으로 적극적이게 할 필요는 없다고 생각했다. 이런 식으로 성직자의 고정 봉급은 처음에는 종교적 관점에서 발생하지만, 결국 사회의 정치적 이익에 도움이 된다.[222]

---

222 이 부분은 애덤 스미스의 동료인 데이비드 흄이 집필한 『영국사』(1773) 제4권 29장 30~31쪽에서 가져온 것이다.

사회의 정치적 이익에 부응하는 교회

하지만 성직자의 독립적인 봉급이 [정치적으로] 좋은 영향을 미치는지 아니면 그렇지 않은지를 고려하여 그런 봉급을 수여한 경우는 거의 없다. 맹렬한 종교적 논란이 발생하는 때는 보통 그와 비슷한 수준으로 맹렬한 정치적 파벌 싸움이 발생하는 때이다. 그런 경우 각 정당은 서로 다투는 종파 중 어느 하나와 동맹을 맺는 게 유리하다고 생각했다. 하지만 이는 그런 특정 종파의 교리를 받아들이거나 아니면 최소한 호의적이어야 가능한 일이었다.

운이 좋아 승리한 정당과 동맹을 맺은 종파는 필연적으로 동맹의 승리를 공유했다. 정치적으로 손잡은 정당의 호의와 보호를 통해 해당 종파는 이내 모든 적을 침묵시키고 진압할 수 있다. 일반적으로, 정복 정당의 적과 동맹을 맺었으므로 그러한 반대자들은 정당의 적으로 간주되었다. 이런 특정 종파의 성직자는 이렇게 그 분야의 완벽한 지배자가 되며, 그들이 대다수 시민에게 미치는 영향력과 권위는 절정에 달한다. 이로써 그들은 동맹 정당의 최고위층과 지도자를 압박하고, 행정 장관에게 자신들의 견해와 의지를 존중할 것을 강요할 정도로 세력을 키운다. 그들의 요구는 다음 두 가지이다.

첫째, 행정 장관이 그들의 적을 모두 침묵시키고 진압해야 한다.

둘째, 성직자에게 독립적인 봉급을 지급해야 한다.

그들이 그 정당의 승리에 크게 이바지했기에 어느 정도 전리품을 챙기는 게 그리 불합리한 생각은 아니다. 게다가 종파는 신자들을 달래고 그들의 변덕에 생계를 의지해야 한다는 데 진절머리가 났다. 따라서 이런 요구를 하면서 이 일이 장차 교단의 영향력과 권위에 어떤 영향을 미칠지 고민하지 못했고, 그저 자신의 안락과 안위만 생각했다. 이런 요구를 들어주면 자신이 갖거나 갖기로 되어 있는 것을 내어주어야 하는 행정장관은 그 뜻을 들어주길 꺼리게 된다. 하지만 수많은 지연, 회피 그리고 억지 변명을 하다가 마침내 강요에 내몰려 동맹을 맺은 종파에 굴복한다.

정치와 종교의 상호 협력

정치가 종교에 도움을 결코 요청하지 않고, 집권 정당이 어떤 한 종파의 교리만 채택하는 일이 없다면 어떻게 될까? 그러면 정치는 선거 승리 시 모든 종파를 똑같이 공정하게 대우하게 될 것이고, 모든 사람은 자신이 적합하다고 보는 종교와 성직자를 선택했을 것이다. 이때 분명 아주 많은 종파가 생겼을 것이다. 대부분의 종교 집회는 자체적으로 작은 종파를 형성하거나, 자신만의 독특한 교리를 가지고 있을 것이다. 각 교사는 분명 제자를 보존하고 늘리기 위해 극한의 노력과 모든 기술을 활용할 것이다. 하지만 다른 선생도 같은 필요를 느낄 것이기에 어떤 선생이나 종파만 유독 크게 성공할 수는 없다. 종파 교사들의 열정적이고 적극적인 태도가 문제가 되거나 위험하게 되는 경우는, 사회가 한 종파만을 인정하거나 큰 사회가 몇 개의 큰 종파로 나뉘어질 때뿐이다. 이때 소수 종파 선생들은 일정한 규율과 복종 절차에 따라 행동하기로 서로 합의한다.

그러나 사회가 수백 혹은 수천 개의 작은 종파로 나뉘어 있어 어느 종파도 사회의 안정을 깨뜨리지 못한다면, 각 종파의 교사들의 열정은 사회에 큰 피해를 주지 못할 것이다. 각 종파 교사는 사방이 자기 친구보다는 적으로 둘러싸였다는 것을 알기에 거대 종파의 선생에게 좀처럼 찾아볼 수 없는 정직함과 온건함을 발휘해야 한다. 거대 종파의 교리는 행정 장관의 지지를 받으면서 광대한 왕국과 제국의 거의 모든 주민에게 존경을 받는다. 따라서 거대 종파의 교사들은 주변에 추종자, 제자, 겸허한 찬양자밖에 없다.

반면 작은 종파의 선생은 자기 외에는 아무도 없다는 것을 알기에 다른 종파의 선생을 존중할 수밖에 없고, 서로 양보하는 것을 편리하고 적합하다고 생각한다. 이런 양보는 결국 그런 작은 종파의 대다수 교리를 부조리, 사기 혹은 광신에서 벗어나 순수하고 합리적인 종교로 변화시킬 것이다. 이것은 모든 시대의 현명한 사람들이 종교에 바라는 참된 모습이었다.

필라델피아의 퀘이커교도

그러나 어느 나라에서도 실정법이 그런 종교를 국교로 인정한 적이 없으며, 앞으로도 그럴 가능성은 없다. 늘 정도 차이는 있지만 종교에 관한 실정법은 대중적 미신과 열정에 어느 정도 영향을 받았고, 앞으로도 그럴 것이다. 독립교회파라는 매우 극단적인 종파는 영국 내전[1642-1649년에 영국 의회파와 왕권파 사이에서 벌어진 내전으로 청교도 혁명으로 이어진 사회적 변동]이 끝나갈 때, 잉글랜드에서 교회 정부 혹은 더 적절하게는 무교회 정부에 대한 계획을 마련하고자 제안했다. 만약 이 계획이 그대로 진행되었다면 무척 비철학적인 근원에서 비롯되었더라도, 온갖 종교적 원칙에 대해 여태까지 가장 높은 수준의 철학적 온건함과 좋은 성품을 낳았을 것이다. 펜실베이니아에서는 그런 계획이 확립되었다. 그곳에는 퀘이커교도 숫자가 가장 많았지만, 그곳 법률은 사실상 어떤 종교도 선호하지 않고 그래서 그곳에서는 이런 철학적인 온건함과 온화한 기질이 나타났다.

하지만 특정 나라의 종파 혹은 대다수 종파를 평등하게 대하려는 노력이 이런 온건함과 온화한 기질을 낳지 못하더라도, 이런 종파가 충분히 많고 각 종파가 공적인 평온을 방해하지 못할 정도로 작으면 특정 교리를 지키기 위한 각 종파의 과도한 열의는 그다지 해로운 결과를 낳지 않는다. 오히려 그와는 반대로 여러 훌륭한 결과를 가져올 것이다. 그리고 정부가 종파에 간섭하지 않고 모든 종파가 다른 종파에 간섭할 수 없게 완벽히 조치한다면 각 종파는 자발적으로 빠르게 더 분화되어 이내 무수하게 늘어날 것이다.

계급 사회 내의 엄격한 도덕 체계와 느슨한 도덕 체계

모든 문명사회, 즉 계층 구별이 온전히 확립된 사회에는 도덕에 관한 두 가지 다른 제도 혹은 체계가 동시에 존재한다.

첫째, 엄격하거나 금욕적인 체계.

둘째, 자유롭거나 다소 느슨한 체계.

전자는 보통 일반인이 칭찬하고 숭배하는 것이며, 일반적으로 상류층 사람은 후자를 더욱 존중하고 채택한다. 우리가 경박함이라고 부르는 악덕, 즉 커다란 번영, 환락, 좋은 기분 등에서 발생하기 쉬운 악덕에 대해 가진 반감의 정도가 이 두 가지 정반대 체계를 구별하는 주된 기준이 된다.

자유로운 혹은 느슨한 체계에서 사치, 음탕, 심지어 난잡한 즐거움, 어느 정도 무절제한 쾌락 추구, 남녀의 부정(不貞) 등은 지독히 추잡한 행동이 따르지 않고 거짓과 부당함으로 이끌리지 않는다면 보통 엄청난 관용으로 처리되고 쉽게 용서되었다. 반대로 금욕적인 체계에서 그런 과도한 행위는 극도로 혐오스러운 것으로 여긴다. 경박함이라는 악덕은 보통 사람에게 늘 파괴적이고, 한 주라도 경솔하거나 방탕하게 놀아나면 가난한 노동자는 영원히 파멸하며, 절망에 빠진 그는 극악한 범죄를 저지를 것이다.

따라서 일반인 중 현명하고 나은 부류는 그런 과도한 행동에 극도로 혐오감을 보이며, 경험상 그런 무절제가 자신과 같은 부류에게 치명적이라는 것을 안다. 그와 반대로 몇 년 동안 난잡하고 사치스러워도 상류층이 늘 망하는 것은 아니며, 그런 계층 사람들은 어느 정도 과도한 행위를 마음대로 해도 되는 능력을 부의 이점 중 하나로 생각하기 쉽다. 또 견책이나 비난 당하지 않고 그렇게 하는 자유를 자기 지위에서 부릴 수 있는 특권 중 하나로 생각하기 쉽다. 따라서 그들은 그런 과도한 행위에 대해 반감이 별로 없고, 그런 일을 하더라도 무척 가벼운 질책으로 넘어가거나 혹은 전혀 견책을 당하지 않는다.

거의 모든 종파는 일반인 사이에서 시작되었고, 따라서 초창기에 그들로부터 많은 전향자를 받아들였다. 금욕적인 도덕 체계는 그런 종파 사람들이 지속해서 채택했고 예외는 거의 없었다. 이런 종파가 기성 종파를 비판하며 사람들에게 개혁을 호소할 수 있었던 것은 이런 금욕적인 체계 덕분이었다. 대다수 종파가 이런 금욕적인 체계를 개선하고, 과도하다고 생각될 정도로 그 체계를 실천해 신자들에게 신용을 얻고자 노력했다. 이런 과도한 금욕적 체계의 적용은 빈번히 다른 어떤 점보다 그 종파를 매력적으로 보이게 해서 일반인의 존중과 숭배를 이끌어냈다.

높은 지위의 사람과 낮은 지위의 사람

지위와 재산을 가진 사람은 그 신분으로 사회적 유명 인사가 되며, 사회는 그의 모든 행동에 주목하므로 그는 자신의 행동을 주의한다. 그의 권위와 중요성은 사회가 그에게 품은 존중심에 달려 있다. 그는 자신에게 수치나 불명예가 될 어떠한 행동도 하려 들지 않으며, 자유로운 것이든 금욕적인 것이든 사회가 지위와 재산을 가진 사람에게 전반적으로 합의해 부과한 도덕을 무척 엄격하게 준수할 수밖에 없다.

이에 반해, 낮은 지위의 사람은 사회 내에서 주목받지 않는다. 시골 마을에 있는 동안에는 행동을 주목받을 수 있어 스스로 자기 행동을 조심하게 된다. 이런 상황에서 그는 인격을 잃지 않도록 조심하는 정도다. 하지만 대도시에 들어서자마자 그는 철저히 무명인사가 되고 아무도 신경 쓰지 않는 분위기 속으로 빠져든다. 누구도 그의 행동을 관찰하고 주목하지 않으며, 따라서 그는 자기 행동에 신경 쓰지 않고, 자포자기한 나머지 온갖 저열한 방탕과 악덕에 빠질 가능성이 크다. 그는 작은 종파의 일원이 되지 않으면 절대 이런 상태에서 벗어나지 못하며, 그의 행동은 존중할 만한 사회의 주목을 일으키지도 못한다.

하지만 어떤 종파에 입회한 순간부터 그는 이전이라면 절대 얻지 못할 수준으로 중요한 존재가 된다. 종파에 속한 모든 형제는 종파의 평판을 위해 그의 행동을 관찰한다. 그리고 그가 어떤 추문을 일으키거나 서로에게 요구하는 어떤 금욕적인 도덕에서 일탈한다면 민간 사회 내에서는 아무런 영향이 없지만 종파 내에서는 얘기가 다르다. 종파는 항상 무척 엄한 처벌, 즉 제명이나 파문으로 그를 처벌한다. 그런 이유로 작은 종파에서 일반인의 도덕은 놀라울 정도로 규칙적이고 질서정연하며, 국교에 비교해도 훨씬 강도가 높았다. 그런 작은 종파의 도덕은 실제로 종종 불쾌할 정도로 철저하고 반사회적이었다.

비사회적 행동을 교정하는 방법 두 가지

거기에 대해 무척 쉽고 효과적인 해결책 두 가지가 있다. 국가는 이 방법을 활용해 국가 폭력을 쓰지 않고도 사회 내의 모든 작은 종파가 도덕에서 드러내는 반사회적이고 불쾌할 정도로 엄격한 측면을 바로잡을 수 있다.

해결책은 다음 두 가지다.

(1) 학문과 철학의 학습

국가는 중류층 혹은 그 이상의 지위와 재산을 지닌 모든 사람에게 이런 학습을 거의 보편적으로 실시할 수 있다. 선생에게 봉급을 주어 부주의하고 게으르게 만들지 않고 일종의 시험을 도입하면 가능하다. 자유로운 직업 수행을 허용하기 전에 혹은 어떤 신뢰나 이익을 얻으려고 직책을 맡기 전에 후보자들에게 수준 높고 어려운 학문으로 시험을 치르게 한다. 나라가 이런 계층에 학습이 필요하다고 강제한다면 자격을 갖춘 선생을 제공하는 일로 골머리를 앓지 않아도 된다. 그들은 이내 나라가 자신에게 제공하는 것보다 더 나은 선생을 스스로 찾아 나설 것이다. 학문은 종교적 광신과 미신에 따른 독성을 막아주는 탁월한 해독제다. 상류 계층이 학문에 의해 그런 독에서 안전할 수 있다면, 그 파급 효과 덕분에 하류 계층도 그런 독에 크게 노출되지 않을 수 있다.

(2) 공중 오락 행사 개최

국가는 이런 행사를 자주 흥겹게 개최할 수 있다. 국가는 시민을 즐겁게 하는 모든 사람에게 전적인 행동의 자유를 보장해야 한다. 그러면 사람들은 추문을 일으키거나 상스러운 짓을 하지 않고 그림, 시, 음악, 춤 그리고 온갖 극적인 연출과 전시 등으로 시민을 즐겁게 한다. 그리고 미신과 광신을 조장하는 우울한 기분을 쉽게 사라지게 하고, 오락 행사의 주관자는 자기 명성을 높일 수 있다.

공적 오락은 대중적 열광을 일으키는 모든 광신적 선동자에게 늘 공포와 증오의 대상이었다. 그런 오락이 불러일으키는 흥겨움과 좋은 기분은 그들의 목적에 부합하는 울적한 심정이나 그들이 조장하는 분노의 마음과는 전적으로 반대되기 때문이다. 더욱이 드라마 연출은 빈번히 그들의 계략을 공개적으로 조롱하고, 때로는 공개적으로 매도하게 했으므로 선동자들은 모든 오락 중에서도 연극을 특히 혐오했다.

법률이 특정 종교의 교사를 선호하지 않는 나라에서는, 어떤 교사도 군주나 행정부에 특별히 혹은 직접 의존할 필요가 없다. 군주 역시 그런 교사를 직무에 임명하거나 해고하지 않아도 된다. 그런 상황에서 군주는 다른 백성과 같은 방식으로 교사들 사이의 평화를 유지하는 일, 즉 그들이 다른 선생을 박해, 학대, 압제하는 행위를 막는 것 외에는 신경 쓸 필요가 없다. 하지만 국교 혹은 지배적 종교가 있는 나라에서는 이야기가 무척 달라진다. 이런 경우 그런 종교 교사 대다수에게 상당 수준으로 영향력을 행사하는 수단을 지니고 있지 않으면 정부는 절대 안심하지 못한다.

교단 결속력 vs 국가 행정권

모든 국교 성직자는 거대한 조직을 구성한다. 그들은 마치 한 사람의 지시를 받는 것처럼 하나의 정신과 계획 아래 일제히 행동하고 이익을 추구한다. 또한, 그들은 빈번히 그런 취지에 입각한 지시를 받기도 한다. 그들이 추구하는 조직의 이익은 군주의 이익과 같지 않으며, 때로는 정반대다. 그들은 시민 사이에서 교회의 권위를 유지하는 것을 커다란 이익으로 생각한다. 이런 권위는 그들이 주입하는 교리의 확실성과 중요성에 달려 있고, 또 절대적인 믿음 속에서 교리의 모든 부분을 받아들여야 할 필요성에 의존한다. 이렇게 해야 인생의 항구적인 비참함을 피할 수 있다는 것이다.

군주가 경솔하게도 그런 교리 중 가장 사소한 부분을 조롱하고 의심하거나 혹은 그런 조롱·의심을 한 자에게 자비를 베풀어 보호할라치면, 군주에게 어떠한 의존도 하지 않는 성직자라면 격식을 중시하는 명예를 내세우며 군주를 불경한 사람이라고 선동한다. 그들은 더 정통적이고 순종적인 다른 군주에게 백성의 충성을 옮겨가게 하려고 종교가 동원하는 모든 공포를 활용해 신자를 선동한다. 군주가 그들의 요구 사항과 약탈 행위에 반대하고 나설 때의 위험은 똑같이 엄청나다. 이런 식으로 감히 교회에 대항하려고 한 군주는, 이런 반항 죄에 이단의 범죄까지 추가로 뒤집어쓴다. 교회가 가르친 모든 교리에 대해 군주들이 철저한 믿음과 겸손한 순종을 엄숙하게 공언했다고 해도 소용이 없다.

종교의 권위는 다른 모든 권위보다 월등하다. 종교가 암시하는 공포는 다른 모든 공포를 제압한다. 종교에서 권한을 부여받은 교사가 군주의 권위를 타도한다는 교리를 대다수 백성에게 전할 때 군주가 자기 권위를 유지하려 한다면 폭력이나 상비군을 동원하는 수밖에 없다. 상비군조차 이런 경우 군주에게 장기적인 안전을 제공할 수 없다. 상비군이 외국인으로 구성된 용병 부대가 아니라면(이런 경우는 드물다), 거의 항상 그렇듯 국내 백성이 모여 구성한 것이므로, 군인들도 이내 그런 교리에 넘어갈 가능성이 크기 때문이다.

동로마제국이 존속하는 동안 콘스탄티노플에서 기독교 그리스 정교회 성직자가 일으킨 소란으로 연이어 발생한 혁명 그리고 여러 세기 동안 로마 가톨릭교회 성직자들이 유럽 모든 지역에서 계속 일으킨 소란은, 그 나라의 국교 또는 지배적인 종교의 성직자에게 영향을 미칠 적절한 수단이 없는 군주에게 닥친 정치적 상황이 얼마나 불안정하고 위태로운지를 잘 보여준다.

기대와 공포: 성직 임명권과 박탈권

신조(信條)와 그 외의 여러 영적인 문제는 세속 군주가 담당할 분야가 아니다. 군주는 그런 문제의 당사자를 보호하는 일에는 적합하지만, 가르치는 일에는 적합하지 못하다. 따라서 그런 문제에 관해 군주의 권위는 국교 성직자가 지닌 통합적인 권위를 좀처럼 상쇄하지 못한다. 국가의 공적 평온과 군주의 안전은, 성직자가 그런 문제들에 관해 전파하기에 적절하다고 보는 교리들에 종종 의존한다. 따라서 군주가 성직자의 결정에 직접 반대하지 못하므로, 적절한 영향력과 권위를 발휘하면서 성직자들의 결정에 영향을 미칠 수 있어야 한다.

그렇게 하려면 어떻게 해야 할까? 군주는 대다수 성직자에게 두려움과 기대를 불러일으킴으로써 그런 결정에 영향력을 행사할 수 있다. 성직박탈과 기타 처벌에 대한 두려움, 승진에 대한 기대가 그런 것을 이룬다.

기독교 교회에서 성직자의 성직록(聖職祿)은 일종의 자유 보유권으로, 남이 마음대로 할 수 없는 평생 권리 혹은 선행을 하는 동안 계속 누리는 권리이다. 성직자가 이보다 더 불확실한 임기하에서 그런 성직에 있으면서, 군주나 장관에게 사소하게 불복했다는 이유로 그런 권리를 박탈당한다면 백성에게 권위를 유지하는 것은 불가능하다. 그렇게 되면 백성은 성직자를 왕궁에 종속된 고용인으로 여길 것이며, 그들의 가르침을 더 이상 믿지 않을 것이다.

하지만 당파적이거나 선동적인 교리를 평소보다 더 열렬하게 전파했다는 이유로 성직자의 자유 보유권을 폭력을 통해 변칙적으로 박탈한다면 군주는 그런 박해로 성직자와 그들의 교리를 이전보다 10배는 더 대중적으로 만들고, 따라서 그들을 이전보다 10배는 더 골치 아프고 위험한 존재로 만든다. 두려움은 거의 모든 경우에 통치의 가장 끔찍한 수단이며, 특히 독립에 대해 사소한 시늉이라도 하는 집단에 절대로 사용해서는 안 된다. 그들을 겁주는 것은 언짢은 기분을 자극할 뿐이며, 좀 더 온화하게 대우하면 쉽게 누그러지거나 완전히 포기할 수도 있는 반대를 더욱 확고하게 만들 뿐이다.

프랑스 정부가 평판이 나쁜 법령을 고등법원이나 최고재판소에 강제로 채택하라고 하면서 사용했던 폭력은 성공한 적이 거의 없었다. 일반적으로도 활용되는 수단인 반항하는 의원을 구금하는 것만으로도 충분히 강압적이다. 스튜어트 왕가[223] 군주들은 때로 잉글랜드 의회의 몇몇 의원에게 영향력을 행사하고자 비슷한 폭력 수단을 활용했다. 하지만 군주들은 그런 의원들을 다루기는 무척 힘들다는 것을 깨달았다. 그래서 잉글랜드 의회는 의원들을 단기간 구금하는 식으로 관리한다.

약 12년 전 슈아죌 공작이 파리 고등법원에 했던 아주 작은 실험은 모

---

223 잉글랜드의 왕가로 제임스 1세(1603-1625)에서 시작해 찰스 1세, 찰스 2세, 제임스 2세, 윌리엄 3세, 앤여왕(1702-1714)으로 이어지는 왕가를 말한다. 애덤 스미스(1723-1790)는 하노버 왕가의 시대에 주로 활동했는데 그의 일생은 조지 1세(1714-1727), 조지 2세(1727-1760), 조지 3세(1760-1820)에 걸친다.

든 프랑스 고등법원이 같은 방식으로 훨씬 쉽게 관리되었으리라는 점을 증명했다. 하지만 그런 실험은 계속되지 않았다. 타협과 설득이 항상 가장 쉽고 안전한 통치 수단이고, 강요와 폭력이 최악의 위험한 통치 수단이다. 그러나 나쁜 수단을 감히 쓰지 못하거나 쓸 수 없는 때를 제외하고, 훌륭한 수단을 활용하려면 경멸부터 하는 것이 인간의 자연스러운 오만인 듯하다. 프랑스 정부는 폭력을 사용할 수 있다고 생각하고 또 그렇게 했으므로, 타협과 설득의 수단 사용해 대해 경멸했다.

성직자에 대한 강요와 폭력은 역효과

모든 시대의 경험을 고려했을 때, 기성 교회의 존경받는 성직자에게 강요와 폭력을 사용하는 것만큼 위험하거나 완전히 파멸적인 것은 없어 보인다. 자신이 속한 교단과 사이가 돈독한 모든 개인 성직자의 권리, 특권, 개인적 자유는, 가장 횡포가 심한 정부에서조차, 거의 같은 지위와 재산을 지닌 다른 개인보다 더 존중을 받는다. 폭정의 정도 차이가 있더라도 마찬가지다. 온화하고 절제된 프랑스 파리 정부부터 난폭하고 맹렬한 콘스탄티노플 정부에 이르기까지, 여기에는 차이가 없다. 이처럼 성직자 집단에 대한 강요는 거의 불가능하지만, 다른 집단처럼 쉽게 관리할 수는 있다. 그리고 군주의 안전은 물론 공적 평온은 군주가 성직자 집단을 관리하는 수단에 크게 달려 있다. 그런 수단은 그가 성직자 집단에 내려주는 승진 권한에 전적으로 의존한다.

기독 교회의 옛 제도에서 각 교구 주교는 성직자와 주교 도시의 신자가 공동 투표해 선출했다. 신자들은 선출권을 오래 유지하지 못했으며, 권리를 유지하는 동안에도 그들은 영적인 문제에서 신자의 자연스러운 안내인이라는 성직자의 영향력에 거의 휘둘렸다. 하지만 성직자는 신자를 관리하는 골치 아픈 일에 곧 넌더리가 났으며, 직접 주교를 선출하는 게 더 쉽다는 것을 알게 되었다.

같은 방식으로 최소한 대수도원 관구에서 수도원장은 수도원 수도사들이 선출했다. 교구에 포함된 모든 하급 성직자의 성직록은 주교가 수여했는데, 주교는 자신이 적합하다고 생각하는 사람에게 성직의 자리를 주었다. 모든 교회의 승진·발탁은 이런 식으로 교회의 처분에 따랐다. 군주는 때로 그런 선출에 간접적인 영향력을 미치거나, 때로 선거 승인과 선출 과정에서 동의를 받는 게 보통이었지만, 성직자를 직접 관리하지는 못했다. 모든 성직자는 자기 야심에 이끌려 자연스럽게 군주보다는 자기 교단의 비위를 맞추게 되었다. 그것은 교단을 통해서만 자신의 승진과 발탁을 기대할 수 있었기 때문이다.

교황의 성직자 임면권 장악

유럽 대부분 지역에서 교황은 점차 권력을 늘려갔다. 처음에는 거의 모든 주교직, 수도원장직 임명권, 즉 추기경 회의 성직 임명권을 장악했고, 다음으로는 다양한 술책과 주장을 통해 각 교구 내부에 있는 대다수 하급 성직자에 대한 임면권도 챙겼다. 주교에게는 휘하 성직자에게 적절한 권위를 유지하는 데 필요한 것만 겨우 남겼다.

이런 성직록 처리로 군주의 상황은 예전보다 훨씬 악화되었다. 유럽 모든 지역의 성직자는 이렇게 해서 일종의 종교 군대를 형성했다. 그들은 여러 다른 지역에 흩어져 있었으나, 모든 움직임과 작전이 한 사람의 지시와 획일적 계획에 따라 수행되었다. 각 나라의 성직자는 그런 종교 군대의 특정 분견대로 여겨졌으며, 주변에 자리 잡은 타국의 다른 분견대가 그 작전에 쉽게 지원 혹은 보충할 수 있었다. 각 분견대는 주재국 군주로부터 독립되어 있었을 뿐만 아니라 외국의 군주[교황]를 의지하고 그에 따라 유지되었다. 이 외국 군주는 어느 때라도 휘하 분견대가 특정국 군주를 상대로 무기를 들게 하고, 다른 모든 분견대를 동원해 지원하게 할 수 있었다.

독립적 권한을 행사하는 교회

이런 군사력은 상상할 수 있는 것 중에서 가장 두렵게 했다. 기술과 제조업이 확립되기 전 옛 유럽 상황에서 성직자들은 자신의 부 덕분에 세력이 큰 봉건 영주가 가신, 소작인, 종자에게 발휘하는 것과 똑같은 영향력을 일반인에게 발휘할 수 있었다. 잘못된 신앙심으로 군주와 개인이 교회에 넘겨준 거대한 사유지에서, 성직자들은 세력이 큰 봉건 영주가 행사하는 사법권과 동일한 종류의 사법권을 확립했다. 그런 커다란 사유지에서 성직자나 관리인은 국왕이나 다른 사람의 지원 혹은 도움 없이도 쉽게 평화를 유지할 수 있었다.

하지만 국왕이나 다른 사람은 그곳에서 성직자의 지원과 도움을 받지 못하면 평화를 유지할 수 없었다. 성직자 영지에서 그들의 사법권은 거대한 세력을 지닌 세속 봉건 영주와 마찬가지로 국왕의 권위와 별개였으며 당연히 그 범주에서 벗어나 있었다. 큰 세력을 갖춘 봉건 영주의 소작인과 마찬가지로 성직자의 소작인에 대해서도 모두 성직자 마음대로 계약을 해지할 수 있었으므로 소작인은 성직자에게 전적으로 기댔고, 따라서 성직자는 적합하다고 생각되면 어떤 싸움에도 마음대로 소작인을 불러냈다.

그런 사유지 지대에 더해 성직자는 십일조도 징수했으므로, 유럽 모든 왕국에서 여러 사유지 지대 중 무척 큰 부분을 보유했다. 이런 지대들에서 발생하는 수익은 대부분 현물, 즉 곡물, 와인, 가축, 가금 등으로 지급되었다. 이런 수익은 성직자가 소비할 수 있는 수준을 크게 넘어섰는데, 중세에는 기술이나 제조업이 변변치 않아 그 잉여분을 교환할 수 있는 생산물이 없었다. 성직자는 이런 막대한 잉여분을 그냥 써버리는 것 외에 거기서 이익을 끌어낼 방법이 없었다. 그들은 대규모 봉건 영주가 자기 수입의 잉여분을 풍성한 접대와 광범위한 자선에 사용했듯 그렇게 잉여분을 써버렸다.

그런 이유로 옛 성직자의 환대와 자선은 무척 인상적으로 여겨졌다. 그들은 모든 왕국의 거의 모든 빈민을 부양했을 뿐만 아니라, 이리저리 각 수도원을 돌아다니는 것 외에는 별다른 생계 수단이 없는 많은 기사나 신사들 또한 부양했다. 이들은 신앙심 때문에 그런 식으로 생계를 유지한다고 말했지만, 실상은 성직자에게서 환대를 누리는 게 목적이었다. 특정한 고위 성직자의 종자(從者)는 종종 거대 세속 영주의 종자보다 더 많기도 했다. 모든 성직자가 거느리는 종자를 다 합치면 모든 세속 영주의 종자보다 더 많을 수도 있었다.

그리고 성직자들 사이의 유대관계는 세속 영주들보다 훨씬 강력했다. 전자는 교황의 권위로 인한 지속적인 규율도 있고 또 교황에게 철저히 복종했지만, 후자는 지속적인 규율도 없고 복종할 대상도 없었으므로 거의 언제나 다른 영주나 국왕을 시기하며 서로 싸우기에 바빴다. 성직자 개개인의 소작인과 종자가 거대 세속 영주보다 적거나, 소작인만 따지면 훨씬 적었을 수 있지만, 성직자들의 결속은 그들을 더욱 가공할 만한 존재로 만들었다. 성직자의 환대와 자선 역시 그들에게 엄청난 세속적인 힘을 안겨주었고 종교적 무기의 영향력도 크게 증가시켰다. 그런 자선의 미덕을 통해 성직자는 모든 하층민에게 극도로 존중과 숭배를 받았다. 하층민 다수는 지속해서, 거의 전원은 때때로 성직자에게 식량을 배급받았다. 그렇게 인기 있는 성직자 집단에 소속되거나 관계된 모든 것, 즉 성직자의 소유물, 특권, 교리는 필연적으로 일반인 눈에는 신성한 듯 보였다. 참이든 거짓이든 그런 것을 모독하는 일은 아주 사악하고 불경한 신성 모독 행위로 여겨졌다.

　　이러한 상황에서 군주는 소수의 대귀족 연합에 저항하는 것이 쉽지 않다고 판단했는데, 더구나 인근 모든 국가의 성직자들의 지원을 받는 자국 영토의 성직자 연합에 저항하는 것은 그보다 훨씬 더 어려운 일이었다. 그런데도 군주가 때로 굴복하지 않고 교회 세력에 저항했다는 사실이 더욱 놀라울 뿐이다.

과거 성직자들의 엄청난 특혜

　　오늘날 우리에게 가장 터무니없이 보이는 과거 성직자의 특권, 예를 들어 잉글랜드에서 성직자 특권이라 불렸던, 세속 사법권에서 완전히 면제되는 교회만의 권리가 있었다. 이것은 위에서 설명한 상황에서 나온 자연스럽고 필연적인 결과였다. 군주가 죄를 저지른 성직자를 처벌하고자 할 때 성직자 교단이 그를 보호하고 나서면서, 그런 신성한 사람에게 유죄 판결을 내리기에는 증거가 불충분하다고 지적하거나 종교에 의해 신성하게 된 사람을 처벌하기에는 지나치게 가혹하다고 항의하고 나온다면, 국정은 얼마나 불안정해지고 또 위험해질 것인가? 이런 상황이었으므로 군주는 해당

성직자를 교회 재판소에서 재판받도록 놔두는 게 최선이었다. 교회 재판소
는 교단의 명예를 위해 최대한 모든 구성원이 흉악한 범죄를 저지르지 않고
사람들에게 혐오감을 일으킬 역겨운 추문을 일으키지 않도록 사전에 방지
하려고 애썼다.

10~13세기와 그 시기 전후로 한동안 유럽 대부분에서 나타났던 상황
을 살펴보자. 그 시절 가톨릭교회 구조는 시민 정부의 권위와 안전 그리고
시민 정부가 보호하는 곳에서만 번성할 수 있는 인류의 자유, 이성, 행복[224]
에 대항해 형성된 가장 무서운 독자 조합이었다. 그런 구조에서는 가장 심
각한 미신에서 나오는 망상이라 할지라도 많은 사람이 사적 이익이라는 면
에서 지지했으므로 인간 이성에서 비롯된 공격의 위험을 피할 수 있었다.
비록 인간 이성으로 몇 가지 미신에 따른 망상의 본질을 공개적으로 밝힐
수 있었더라도 사적 이익이라는 유대를 결코 무너뜨릴 수 없었기 때문이다.
이런 구조가 인간 이성이라는 미약한 노력에 더해 다른 적의 공격을 받지
않았더라면 확실히 영구적으로 유지되었을 것이다.

인간의 모든 지혜와 미덕을 동원하더라도 타도는커녕 흔드는 것조차
제대로 할 수 없던 그런 어마어마하고 튼튼한 가톨릭교회 구조도 자연의 순
리에 따라 처음에는 약해졌고, 다음에는 일부가 무너졌으며, 이제 몇 세기
가 더 지나면 완전히 부서져 몰락할 가능성이 크다.

수공업·제조업·상업의 등장과 교권 약화

수공업, 제조업, 상업의 점진적 발전은 세력이 큰 봉건 영주의 권력을
무너뜨린 것과 같은 방식으로 유럽 대부분 지역에서 성직자의 세속 권력을
무너뜨렸다. 기술, 제조업, 상업의 생산물을 보며 성직자는 봉건 영주와 마

---

224 원어는 liberty, reason, happiness. 자유와 이성이 인간의 행복을 보장한다는 개념은
애덤 스미스 자유주의 사상의 핵심이다. 자유가 경제를 발전시키는 힘이고 경제력이
만들어내는 수공업, 제조업, 상업의 힘이 왕권을 약화시켜 궁극적으로 자유로운 시민
사회를 가져온다고 보았다.

찬가지로 자신이 소유한 원생산물로 교환할 수 있는 뭔가를 발견했다. 그리하여 성직자들은 교회 수입의 큰 부분을 남에게 나눠 주지 않고 온전히 자기들을 위해 소비하게 되었다. 그들의 자선 활동은 점차 범위가 줄었고, 환대 역시 점차 후하지 않게 되었다. 그 결과 추종자는 점점 줄었고 정도에 따라 완전히 사라졌다. 성직자 역시 봉건 영주처럼 사유지에서 더 많은 지대를 얻어 허영과 어리석음을 충족시키는 데 그 돈을 썼다.

하지만 이런 지대 증가는 소작인에게서 임대차 계약을 승인받아야만 얻을 수 있었고, 그 때문에 소작인은 예전처럼 성직자에게 크게 의존하지 않게 되었다. 하층민을 성직자에게 매이게 한 이익의 유대는 이런 방식으로 점차 무너져 해체되었다. 그런 유대는 심지어 하층민을 봉건 영주에게 얽어 놓았던 유대보다 더 빠르게 무너지고 해체되었다. 교회에 성직록을 제공하는 사유지는 봉건 영주의 사유지보다 대부분 크기가 훨씬 작았기 때문에 소유자[성직자]는 그 수익 전체를 훨씬 빠르게 소진했다.

14~15세기에 대규모 봉건 영주의 권력은 유럽 대부분 지역에서 강성해갔으나, 성직자의 세속 권력, 즉 한때 백성 대다수에게 행사했던 절대적인 지배력은 엄청나게 쇠퇴했다. 유럽 전역에서 교회 권력은 정신적 권위를 발휘하는 수준 정도로 크게 축소되었다. 그런 정신적 권위마저도 성직자의 자선과 환대로 뒷받침되지 않자 더욱 약화된다. 하층민은 더 이상 교회가 전처럼 고통을 위로하고, 빈곤을 구제한다고 생각하지 않았다. 오히려 반대로 예전에는 항상 빈민 몫으로 남겨두던 것을 이제 자기 쾌락을 위해 쓰고 있었다. 그들은 부유한 성직자의 허영, 사치, 지출에 분개하고 혐오했다.

성직 임면권의 분산

이런 상황에서 유럽 여러 나라의 군주는 각 교구의 주임 사제와 사제단이 주교를 선출하는 고대의 권리를 회복하고, 각 대수도원 관할구의 수도사들이 대수도원장을 선출하는 권리를 돌려줌으로써 한때 교회의 중요한 성직록 처리 과정에서 행사했던 군주의 영향력을 되찾고자 애썼다. 이런 옛 질서의 재건이 14세기에 잉글랜드에서 제정된 여러 법령, 특히 성직자 임명법(Statute of Provisors)과 15세기에 프랑스에서 확립된 국본칙령(國本勅令: Pragmatic sanction)의 목적이었다. 그러한 선출에 따른 임명이 발효되기 위해서는 군주가 선출 전에 동의하고, 임명 이후에는 당사자를 승인하는 절차가 필요했다. 선거는 여전히 자유롭다고 생각되었지만 군주는 자기 지위가 필연적으로 제공하는 모든 간접적인 방법으로 자기 영토 내의 성직자 선출에 영향력을 미쳤다.

다른 비슷한 규정도 유럽 다른 지역에서 확립되었다. 하지만 종교개혁 이전에는 중요한 성직 임명에서 교황권이 프랑스와 잉글랜드에서만큼 효과적이고 보편적으로 제한된 곳은 어디에도 없었다. 이후 16세기에 체결된 정교협약(政敎協約, Concordat)은 프랑스 국왕에게 프랑스 가톨릭교회의 모든 중요한 성직록(소위 추기경 회의의 성직록)을 추천할 절대적인 권리를 부여하기도 했다.

국본칙령과 정교협약 확립 이후 프랑스 성직자는 대체로 다른 가톨릭 국가의 성직자보다 교황청 칙령을 덜 존중하는 모습을 보였다. 군주와 교황 사이에 벌어진 모든 논쟁에서 그들은 거의 항상 군주 편에 섰다. 이렇게 프랑스 성직자들이 교황청과 독자적인 모습을 보인 것은 주로 국본칙령과 정교협약에 근거해 행동했기 때문인 듯 보인다. 군주정 초창기에 프랑스 성직자는 다른 나라 성직자만큼 교황에게 무척 헌신적이었다. 카페 왕조[987-1328]의 두 번째 군주인 로베르[225]가 교황청에 의해 부당하게 파문되었을 때, 하인들은 파문된 사람이 접촉해 오염되었으니 음식을 맛보길 거부하고 그의 식탁에서 나온 음식을 개에게 던져 주었다고 한다. 종들은 그 나라의 성직자에게 그렇게 하라고 교육받았을 것이다.[226]

---

225 신심왕 로베르 2세(970-1031). 로베르는 조카딸과 결혼한 후에 교황 그레고리우스 5세에게 998년에 파문을 당했다.

226 앙리 다니엘의『프랑스사』(1775), 제3권, 305-306쪽에 이런 문장이 나온다. "왕에게 봉사하면서 식사를 마련해주려는 심부름꾼은 두 명밖에 남지 않았다. 더욱이 그들은 그가 먹은 접시나 마신 그릇은 파문당한 자가 손을 댄 것으로 생각해 그것을 깨끗하게 할 목적으로 불을 사용했다."

권위가 약화되는 로마 교회

교황청은 성직 임명권을 지키기 위해 때때로 기독교 세계의 몇몇 위대한 군주가 차지한 왕좌를 동요시키거나 타도하기까지 했다. 이처럼 성직 임명권은 교회의 중요한 권리였으나 앞에서 설명했듯 심지어 종교개혁 이전에도 유럽의 많은 지역에서 제한하고 수정 혹은 완전히 포기하기도 했다. 성직자가 백성에 대해 이전처럼 영향력을 행사할 수 없자 국가는 성직자들에 대해 전보다 더 크게 영향력을 행사했다. 교황청이 성직자들의 소속 국가에 영향을 끼치려는 힘도 전보다 줄었다.

가톨릭교회의 권위가 이렇게 내리막길을 걷게 되자 독일에서 시작된 논쟁이 종교개혁을 일으켰고, 이는 곧 유럽 전역으로 퍼지게 되었다. 새로운 교리는 모든 곳에서 엄청난 인기를 일으켰고, 여기저기서 환영을 받았다. 그 교리에는 기성 권위에 도전하는 데서 나오는 광신적인 열정이 담겨 있었다.

그 교리의 선생은 어떤 측면에서는 기성 교회를 옹호하는 다른 많은 성직자보다 박식하지 않았지만, 대체로 기독교 역사와 교회 권위를 확립한 사상의 기원과 진전에 더욱 정통했다. 그 때문에 교리 선생들은 거의 모든 관련 논쟁에서 어느 정도 우위에 있었다. 그들의 금욕적인 태도를 보며 일반인들은 그들에게 권위를 부여했는데, 이런 새로운 교리 선생들의 엄격하고 규칙적인 행동은 대다수 성직자의 난잡한 삶과 뚜렷한 대비가 되었다.

이런 교리 선생들은 상대보다 인기를 얻고 개종자를 확보하는 기술을 훨씬 우월한 수준으로 보유했다. 교회의 오만하고 고상한 성직자들이 아주 쓸모없다고 생각해 오랫동안 무시해온 기술이었다. 일부 사람들은 이성에 바탕을 둔 새 교리의 합리적 주장에 매력을 느꼈고, 많은 사람이 신선함을 느꼈다. 많은 이들은 기성 교회의 성직자를 증오하고 경멸했기에 새 교리를 적극 받아들였다. 거의 모든 곳에서 훨씬 더 많은 사람이, 조악하고 투박하긴 해도 열성적이고 강렬하고 광신적인 웅변을 동반한 교리의 가르침에 매력을 느꼈다.

국제 정치에 개입하는 교황청

새 교리의 성공은 거의 모든 곳에서 무척 대단한 영향을 발휘해, 당시 교황청과 사이가 나쁜 군주들은 덕분에 자기 영토에서 쉽게 가톨릭교회를 타도할 수 있었다. 하류층의 존경과 숭배를 잃어버린 교회는 그런 흐름에 거의 저항할 수 없었다. 교황청은 독일 북부 몇몇 군소 군주를 화나게 했는데, 그런 군주들은 관리할 가치가 없다고 생각해 대수롭지 않다고 보았기 때문이었다. 이에 분노한 군주들은 자기 영토 어디서나 종교개혁을 확고히 지지했다.

크리스티안 2세[227]와 웁살라의 대주교 트롤이 폭압으로 민심을 잃어버리자 구스타브 1세[228]는 그 둘을 모두 스웨덴에서 덴마크로 추방할 수 있었다. 교황은 그런 폭군과 대주교에게 호의를 보였으므로 구스타브 1세는 아무 어려움 없이 스웨덴에서 종교개혁을 확고히 지원할 수 있었다. 크리스티안 2세는 이후 덴마크의 왕좌에서도 축출되었는데, 왕은 그곳에서도 폭압적 행동을 해서 스웨덴만큼 혐오의 대상이 되었다. 하지만 교황은 여전히 그에게 호의적이었다. 그러자 덴마크 왕좌를 차지한 프레데리크 1세[229]는 구스타브 1세의 선례에 따라 종교개혁을 실시함으로써 로마 교황청에 복수했다. 딱히 교황과 특별한 다툼이 없던 베른과 취리히 행정부도 자기 주에서 종교개혁을 무척 쉽게 받아들였는데, 개혁 직전에 몇몇 성직자가 통상적인 수준을 넘는 과도한 사기 행위를 저질러 교단 전체가 혐오와 경멸의 대상이 되었기 때문이었다.

이런 위기 상황에 직면하자 교황청은 프랑스와 스페인의 강력한 군주와 우호 관계를 증진하고자 무척 애썼는데, 스페인 군주는 당시 독일의 황제이기도 했다. 교황청은 무척 어려운 상황이었고 많은 사람이 목숨을 잃었

---

227 Christian II(1481-1559). 덴마크, 노르웨이, 스웨덴 왕을 겸했지만 폭정을 펼치는 바람에 1523년 스웨덴에서 추방되었다.

228 Gustavus Vasa(1495-1560). 스웨덴의 구스타브 1세.

229 Frederic of Holstein(1471-1533). 슐레스비히 홀스타인공 프리드리히 1세의 영어식 표기. 덴마크와 노르웨이의 왕위에 즉위했다.

지만, 두 국왕의 지원으로 프랑스와 스페인에서는 종교개혁의 확산을 억제하거나 크게 저지했다. 교황청은 또한 잉글랜드 국왕의 비위를 맞추려고도 시도했다. 하지만 당시 상황에서 그런 일은 세력이 더 큰 군주인 스페인 국왕 겸 독일 황제 카를 5세[230]의 심기를 불편하게 했고 그래서 잉글랜드와의 관계 개선은 원만히 진행되지 못했다.

종교개혁의 확산: 루터파와 칼뱅파

그런 이유로 잉글랜드의 헨리 8세[재위 1509-1547]는 내심 종교개혁의 교리 대부분을 받아들이지 않았지만, 그런 교리가 전반적으로 유행하고 있었기에 자기 영토에서 모든 수도원을 억누르고 교황청의 권위를 폐지할 수 있었다. 하지만 헨리 8세가 더 이상의 개혁 조치를 취하지 않았음에도 그만큼 개혁에 앞장섰다는 점은 종교개혁 후원자에게 일정한 만족감을 주었다. 종교개혁 지지자들은 헨리 8세의 아들이자 후계자인 에드워드 6세[재위 1547-1553]의 정부에 들어가 헨리 8세가 시작한 일을 마무리하는 데 아무런 어려움을 느끼지 않았다.

몇몇 나라들 가령 스코틀랜드 같은 곳에서는 정부가 허약하고 평판도

---

230 Karl V(1500-1558). 스페인 왕(카를로스 1세)으로 있다가 할아버지 막시밀리안의 영향으로 신성로마제국의 황제에 올랐다. 아버지는 막시밀리안 1세의 아들인 펠리페이며 어머니는 아라곤의 왕 페르난드의 딸 후아나이다. 16살에 외가 쪽에서 스페인을 물려받았고 19살에는 친가에서 독일의 합스부르크 왕가를 물려받았다. 서유럽 패권을 놓고 프랑스 왕 프랑수아 1세와 다투었고, 1525년 밀라노 남쪽 파비아 전투에서 프랑수아 1세를 생포했다. 교황 클레멘스 7세는 프랑스와 손잡고 카를 5세에 대항하려 했으나 1527년 초 카를의 군대는 로마를 침략해 약탈을 자행한다.

1530년 카를은 공의회를 소집하고 교회의 내부 개혁을 시도하려 하였으나 이미 종교개혁의 불길은 멀리 퍼져 나간 상태였다. 게다가 그는 프랑스와 튀르크에 맞서 고질적인 전쟁을 벌여야 했다. 1544년 프랑스와의 싸움이 종결되었고 튀르크 제국과도 휴전했다. 1552년 프로테스탄트 군주들이 카를에 반기를 들며 저항하자 1555년 아우크스부르크 의회에서 루터의 정치적 권리를 승인할 수밖에 없었다. 카를은 이후 황제 칭호를 동생 페르디난드 1세에게 물려주고, 네덜란드와 스페인 왕위는 아들 펠리페 2세에게 물려준 후에 스페인의 한 수도원에 은거해 여생을 보냈다.

좋지 못했고 굳건한 권위를 확립하지 못했으나 그래도 종교개혁은 강력한 힘을 발휘했다. 그 운동은 가톨릭교회를 전복시켰을 뿐만 아니라 그 교회를 지지하려 했던 스코틀랜드 정부도 타도했다.

　유럽 모든 나라에 흩어진 종교개혁 추종자들 사이에는 최고재판소가 없었다. 즉, 교황청 산하의 종교재판소처럼 그들 사이의 모든 논쟁을 정리하고, 막강한 권위로 모든 신자에게 정통 신앙의 정확한 한계를 규정해주는 곳이 없었다는 뜻이다. 따라서 어떤 나라의 종교개혁 추종자가 다른 나라의 신자와 생각이 다를 때 공통적인 재정(裁定) 판사가 없었기에 논쟁은 결론이 날 수 없었다. 그래서 그들 사이에서 해결 불가능한 많은 논쟁이 발생했다. 교회 운영과 성직록 수여권에 관한 논쟁은 시민사회의 평화와 복지에 가장 흥미로운 부분이었다. 그런 이유로 해당 논쟁들은 종교개혁 추종자들 사이에 두 개의 주요 파벌을 만들어냈는데 그것이 루터파[231]와 칼뱅파[232]이

231　Martin Luther(1483-1546). 독일의 종교개혁자이자 신학자. 루터는 자신을 법률학교에 보낸 아버지의 야망과 어머니의 깊은 신심에서 영향을 받았다. 정신분석학자 에릭 에릭슨은 그의 저서 『청년 루터』에서 루터의 저돌적인 투쟁 정신은 광산 탐사자이며 의심이 많았던 아버지에게서 물려받았으며 결국 아버지와의 갈등에서 비롯됐다고 보았다. 루터는 벼락을 맞아 죽을 뻔했던 경험을 한 후 법률학교를 그만두고 수도원으로 들어갔다. 1508년부터는 비텐베르크 대학의 인문학부에서 가르쳤다. 루터는 이 무렵 로마 여행을 다녀왔는데 부패에 물든 교황청을 보고서 커다란 충격을 받았다. 1512년 신학박사가 되어 스승으로부터 교수 자리를 물려받았다.

　　1517년 10월 교황의 면죄부 판매에 항거하는 95개 논제를 써서 비텐베르크 교회의 문 앞에 붙였다. 루터 신학의 3대 핵심은 오직 믿음으로만(sola fide), 오직 성서로만(sola scriptura), 오직 은총으로만(sola gratia)이다. 기독교의 모든 권위는 성서에서 나오고 구원은 개인 노력이 아니라 은총에서 온다는 것이다. 이에 대한 가톨릭 측은, 믿음만 말한다면 선행을 게을리해서 신자들이 태만해지고, 성서만으로 믿음을 따진다면 누구나 자신의 주관적 견해에 따라 성서를 해석하게 되어 결국 중구난방이 되고, 은총으로만 구원을 얻는다고 말하면 신자 개인의 자유로운 의지와 공로를 말살하는 것이라는 논리로 반박했다.

232　Jean Calvin(1509-1564). 프랑스 태생의 종교개혁가이자 신학자. 오르레앙 대학교와 부르주 대학교에서 신학과 법학을 공부했고, 이때 독일인 교수 멜키오르 볼마르(Melchior Wolmar)의 영향으로 프로테스탄트 이념을 접하게 되었다. 휴머니즘에 대해서도 깊은 관심이 있었으나 1533년경 종교개혁 사상을 전파하다가 파리에서 추방되어 해외를 전전했다. 1536년에는 바젤에서 『기독교 강요』를 출판했다. 1541년 이후

다. 유럽 어느 지역에서든 법률로 교리와 규율을 확립한 파벌은 이 둘밖에 없었다.

루터파와 성공회

루터파 추종자는 소위 성공회[잉글랜드 교회]와 함께 감독제 운영제도를 어느 정도 보존했고, 성직자 사이에 종속 관계를 유지했으며, 군주에게는 영토 내부에 있는 모든 주교 관할권과 기타 교회회의 성직록을 처분할 수 있게 했다. 그렇게 해서 군주는 교회의 진정한 수장이 되었다. 대신에 주교는 관할 교구 안의 하급 성직을 임명하는 권리는 빼앗기지 않았다. 군주와 모든 다른 세속 후원자에게도 하급 성직 추천권 행사가 허락되었을 뿐만 아니라 그런 권리 부여를 선호하기까지 했다.

이런 교회 운영 체계는 시작부터 평화와 정연한 질서 그리고 세속 군주에 대한 복종 등에 긍정적이었다. 그런 이유로 일단 이런 체계가 확립된 나라에서는 어떠한 소란이나 폭동도 발생하지 않았다. 잉글랜드 교회는 특히 자기 원칙을 향한 더할 나위 없는 충실한 태도를 자랑했는데, 그렇게 자랑할 만했다. 그런 운영 체계 아래에서 성직자는 자연스럽게 영향력을 갖추기에, 자신을 주로 발탁할 것으로 기대되는 군주, 궁중, 귀족 그리고 지역 상류층에 자기 자신을 추천하려고 애쓰게 된다.

물론 부정적인 경우도 있었다. 가령 성직자는 후원자에게 때로는 극도로 불쾌한 아첨과 부화뇌동으로 비위를 맞추려 했다. 혹은 지위와 재산을 가진 사람의 인정을 받기 위해 그런 목적에 부합하는 모든 기술을 습득해 그들의 비위를 맞추기도 했다. 즉, 온갖 유용하고 장식적인 학문에 관한 지식으로, 예의 바르고 관대한 태도로, 사교적이고 쾌활한 대화로, 광신자들이 가르치고 직접 실천한다고 주장하는 위선적인 금욕 생활에 대해 공공연

에는 제네바에서 종교개혁에 주력했다. 그의 대표적인 신학 사상은 예정설인데, 이 사상에 내포된 개인주의적이며 합리주의적인 요소는 당시 시민사회에 적합한 것이었으므로 프로테스탄티즘의 주류가 되었다.

한 경멸을 퍼부음으로, 성직자는 지위와 재산을 가진 사람들의 비위를 맞추려 든 것이다. 이 중 마지막에 언급한 광신자의 위선적인 금욕 생활에 대해서는, 그건 광신자들이 일반 백성에게서 존경심을 불러일으키고, 그런 금욕을 실천하지 않는 지위와 재산을 가진 사람들에게는 혐오감을 불러일으키려고 일부러 그렇게 가르친 것이라고 성직자들은 강조했다.

여하튼 성직자가 이런 방식으로 상류층 비위를 맞추는 동안, 하류층 대상으로 자기 영향력과 권위를 유지하는 수단에 관해서는 그 관리를 전적으로 소홀히 한다. 상위 계층의 말에는 귀를 기울이고 존경하며 존중하지만, 하위 계층 앞에서 자주 자신을 공격하는 가장 무지한 광신자를 상대로 그들은 자기 교단의 가장 온건하고 진지한 교리조차도 효과적으로 그리고 청중들의 신념에 맞게 변호하지 못한다.

칼뱅파와 츠빙글리

츠빙글리의 추종자 혹은 더 정확히 말하면 칼뱅의 추종자들은 그와 반대로, 교회의 자리가 비게 될 때마다 각 교구 신자에게 목사를 언제든 선출할 권리를 부여했고, 동시에 성직자 사이에 가장 완벽한 평등을 확립하고자 했다. 이런 제도 중 목사 선출권은 유지되는 과정에서 무질서와 혼란만 낳았고, 성직자와 신자의 도덕성을 똑같이 타락시키는 경향이 있었다. 완벽한 평등은 아주 적합한 효과를 낳은 것으로 보인다.

각 교구의 신자가 목사를 선출하는 권리를 유지하는 한 그들은 거의 늘 성직자, 그것도 교단에서도 가장 당파적이고 광신적인 성직자의 영향을 받고 행동했다. 그런 선거에서 영향력을 갖추고자 많은 성직자는 광신자가 되거나 혹은 그렇게 되는 경향을 보였고, 더 나아가 신자에게도 그것을 권장했다. 이리해서 거의 언제나 가장 광신적인 후보가 선호를 받았다. 교구 성직자 임명이라는 무척 사소한 문제는 거의 언제나 해당 교구뿐 아니라 모든 인접 교구에서 맹렬한 다툼을 낳았는데, 인접 교구가 다툼에 개입하지 않는 일은 좀처럼 없었다.

해당 교구가 대도시에 있으면 그런 임명에 대한 논쟁은 모든 주민들을 두 개의 파벌로 나누었다. 도시 자체가 하나의 작은 공화국을 구성하거나 스위스와 네덜란드의 많은 대도시처럼 작은 공화국의 수장이자 수도가 될 때 이런 부류의 시시한 논쟁은 모든 다른 파벌에 대한 반감을 격화시켰을 뿐만 아니라, 교회 내에 새로운 분열 그리고 더 나아가 국가 내에 새로운 파벌을 만들어냈다. 따라서 그런 작은 공화국에서 행정부는 공화국의 평화를 유지하려면 공석이 된 모든 성직자들을 직접 추천할 권한을 가져야한다는 필요성을 절감했다.

스코틀랜드의 장로파

장로교 형태의 교회 정부가 수립된 나라 중 가장 광범위한 국가인 스코틀랜드에서 성직 수여권은 사실상 윌리엄 3세 치세[1689-1702] 초기에 장로제 확립 법령에 따라 폐지되었다. 그 법령은 적어도 각 교구에서 특정 계층이 목사를 선출할 권리를 무척 싼 가격으로 사들일 수 있게 했다. 이 법령으로 확립된 교회 운영 구조는 약 22년 동안 존속되었지만, 앤 여왕 치세 10년 차 제12호 법령으로 폐지되었다. 이런 통속적인 선거 방식은 거의 모든 곳에서 혼란과 무질서를 일으키기 때문이었다.

하지만 스코틀랜드 같은 광대한 나라의 한 외딴 교구에서 벌어지는 소동이 작은 나라에서처럼 정부에 동요를 일으킬 가능성은 거의 없었다. 앤 여왕 치세 10년 차에 성직 수여권이 회복되었다. 하지만 스코틀랜드에서 법률은 성직자 수여권자에 따라 추천된 사람에게 예외 없이 성직을 수여했지만, 교회는 때때로(교회가 내리는 결정이 무척 획일적이지는 않았기 때문에) 추천받는 자에게 이른바 영혼 구원이라는 일을 하기 전에, 즉 그 교구에서 종교적 관할권을 부여받기 전에, 교구민들의 찬성을 얻으라고 했다. 교회는 교구 평화를 신경 쓰는 척하면서 때로는 이런 동의를 구할 수 있을 때까지 결정을 미뤘다. 인근 몇몇 성직자의 개인적인 간섭은 때로 이런 동의를 확보하기 위한 것이었지만, 그보다 더욱 빈번히 그런 동의를 막으려는 의도였다. 이처럼 그들이 더욱 효율적으로 길들이기 위해 연마해온 대중 [조작] 기술은, 스코틀랜드의 성직자나 시민들이 옛 광신적인 정신의 흔적을 유지시키는 주된 원인이 되었다.

장로제 교회의 공평주의

장로교 형태의 교회 정부는 성직자 사이에 두 가지 평등을 확립했다.

첫째, 권위나 교회 사법권의 평등.

둘째, 성직록 분배의 평등.

모든 장로제 교회에서 권위의 평등은 완벽하지만, 성직록 분배의 평등은 사정이 그렇지 못하다. 여러 성직록 간의 차이는 그리 크지 않았다. 보통 적은 성직록을 받는 사람조차 더 나은 성직록을 받고자 아첨과 부화뇌동이라는 추잡한 기술로 성직 수여권자의 비위를 맞출 만큼, 나누어 줄 성직 규모가 크지는 않다는 얘기다. 성직 수여권이 철저히 확립된 모든 장로제 교회에서, 대체로 기존의 성직자들은 더 고귀하고 나은 기술을 통해 상급자의 호감을 얻는다. 구체적으로는 높은 학문, 흠잡을 곳 없는 규칙적인 생활, 그리고 신뢰받을 수 있고 성실한 의무 수행 등이 그러하다.

이들을 임명하는 성직 수여권자는 심지어 종종 성직자가 보이는 정신의 독립성에 대해서도 불평한다. 그들은 이런 태도를 과거에 받았던 호의에 대해 감사하지 않는 것으로 해석하곤 한다. 하지만 최악의 경우라고 해도 성직자의 이런 모습은 그런 부류의 호의를 더는 기대할 수 없다는 자각에서 나온 자연스러운 무관심에 불과하다. 유럽 어디를 가봐도 네덜란드, 제네바, 스위스 그리고 스코틀랜드 대다수 장로교 성직자보다 더 박식하고, 예의 바르고, 독립적이고, 존중할 만한 무리는 찾아보기 어렵다.

교회 성직록이 거의 동등한 곳에서는, 어떤 성직록도 다른 것보다 뚜렷하게 클 수 없으며, 이런 사소하고 평범한 성직록은 분명 지나치게 세분한 것일 수도 있으나 무척 유익한 몇 가지 효과를 냈다. 가장 모범적인 도덕만이 적은 재산을 가진 사람을 고양시킬 수 있다. 경박함과 허영이라는 악덕은 필연적으로 성직자를 우스꽝스럽게 만들고, 더욱이 일반인을 파멸시키는 것처럼 성직자도 거의 파멸에 이르게 한다. 따라서 성직자는 일반인이 가장 존중하는 도덕 체계를 따르는 행동을 할 수밖에 없다. 그는 자신의 이해관계와 상황에 충실한 생활 계획을 실천함으로써 일반인의 존중과 애정을 얻는다. 일반인은 자신과 비슷한 상황에 있지만, 더 나은 도덕적 실천을 해야 한다고 보는 이웃[성직자]을 당연히 더 다정하게 대한다.

신자들의 다정함은 자연스럽게 성직자의 다정함을 불러온다. 그는 일반인을 가르치는 데 주의를 기울이고, 그들을 돕고 구제하는 데 신경 쓴다. 그는 자신에게 그처럼 호의적인 사람의 의견을 경멸할 수 없으며, 기부금이 엄청나게 쌓인 호화로운 교회의 오만한 고위 성직자에게서 자주 목격하듯이 오만하고 상대를 경멸하는 태도로 신자들을 대우하지 않는다. 장로제 교회의 성직자는 그런 이유로 다른 기성 교회 성직자보다 일반인의 마음에 더 큰 영향을 준다. 그리하여 장로교가 국교인 나라에서만, 일반인이 박해 없이 온전히 국교로 개종하는 것을 볼 수 있고, 그 수가 매우 많다.

학자들의 양성소: 교회와 대학

성직록이 무척 적은 나라에서 대학교수는 보통은 교회 성직보다 더 나은 계층이다. 이런 경우 대학은 국가의 성직자 중에서 구성원을 선택하는데, 성직자 집단은 모든 나라에서 가장 많은 수가 포진한 지식인 계층이다. 반대로 교회 성직록이 무척 큰 나라에서, 교회는 자연스럽게 대학에서 저명한 지식인 대다수를 뽑아 온다. 교수들을 교회로 발탁하는 게 자신에게도 명예라고 생각하는 몇몇 성직 수여권자도 있다. 성직록이 적은 상황에서 사람들은 대학이 그 나라에서 가장 저명한 지식인으로 채워지는 것을 본다. 성직록이 많은 상황에서는 그런 저명한 지식인은 대학에 거의 없으며, 소수의 유능한 젊은 교수들도 대학에서 쓸모 있는 경험과 지식을 획득하기도 전에 이미 거기서 빠져나간다.

볼테르는 프랑스에서 읽을 가치가 있는 저작물을 가진 유일한 교수는 문단에서 그리 저명하지도 않은 예수회 신부 포레라고 했다. 그토록 많은 저명한 학자를 배출한 나라에서 대학교수가 되어야 마땅한 사람이 간신히 한 명만 열거되었다는 사실은 다소 특이해 보인다. 유명한 가상디는 생애 초기에는 엑스 대학교의 교수였다. 처음 그가 천재성을 보일 때 교회로 들어가면 훨씬 더 조용하고 편안하게 생계를 유지할 뿐만 아니라 연구를 계속하기에도 더 적합할 것이라는 말을 들었고, 즉시 그 조언을 따랐다.

볼테르의 말은 프랑스뿐만 아니라 다른 로마 가톨릭 국가에도 적용된다. 그런 나라라면 어디든 저명한 학자 중에서 대학교수인 사람은 법학과 의학을 제외하곤 좀처럼 찾을 수 없다. 법학과 의학이 제외된 것은 교회에서 그런 분야 인사들을 끌어들일 가능성이 없기 때문이다.

가톨릭교회 다음으로 잉글랜드 교회가 기독교 세계에서 가장 부유하고 기부금도 가장 많이 받는다. 그런 이유로 잉글랜드 교회는 대학교의 가장 능력 있는 구성원을 계속 빼내 올 수 있다. 다른 로마 가톨릭 국가의 상황과 마찬가지로 잉글랜드에서는 유럽에서 저명한 학자로 이름을 떨쳐 성공한 대학의 노교수를 좀처럼 찾기 어렵다. 그와 반대로 제네바, 개신교를 믿는 스위스 여러 주, 개신교를 믿는 독일 여러 지역, 네덜란드, 스코틀랜드, 스웨덴, 덴마크에서는 각 나라에서 가장 저명한 학자들 중 대부분이 대학교에서 교수로 재직하고 있다. 그런 나라에서 대학은 교회의 저명한 학자들을 계속 학교로 빼낸다.

고대 그리스·로마의 문인은 교사

시인, 웅변가, 역사가를 제외하면 그리스와 로마의 대다수 저명한 학자들은 공적 교사 혹은 개인 교사로 활동했다. 그들은 보통 철학이나 수사학을 가르쳤다. 이런 사정은 리시아스와 이소크라테스 시대부터 플라톤과 아리스토텔레스 시대를 거쳐 플루타르코스, 에픽테토스의 시대 그리고 수에토니우스와 퀸틸리아누스 시대까지 유지된다.

어떤 개인에게 매년 특정 지식 분야를 가르칠 의무를 부과하는 것은, 그 개인이 해당 지식을 완전히 마스터하게 만드는 가장 효과적인 방법이다. 매해 똑같은 분야를 가르쳐야 하는 의무를 지닌 채 그것을 잘 해낸다면 그는 필연적으로 몇 년 안에 해당 분야를 두루두루 훌륭하게 섭렵한다. 그리고 특정 사항에 대해 어느 해에 지나치게 성급히 어떤 견해를 형성했다면, 그다음 해에는 강의를 해나가면서 그 주제를 재고한 후 그런 견해를 수정할 가능성이 무척 크다.

학문 분야에서 가르치는 일은 학문적 성향을 가진 사람에게는 자연스러운 일이다. 동시에 그를 탄탄한 학문과 지식을 가진 사람으로 만들 가능성이 가장 큰 일이기도 하다. 교회 성직록이 적은 나라에서는, 자연히 대다수 학자를 대중에게 가장 유용한 직업으로 끌어들이는 경향이 있고, 동시에 그 학자들이 받을 수 있는 최고의 교육을 받게 한다. 평범한 교회 성직록은 학자들의 학문을 최대한 견고하고 유용하게 만드는 경향이 있다.

교회 수입 증가는 국가 수입 감소

모든 기성 교회 수입은 특정 토지나 영지에서 발생하는 부분을 제외하면 국가의 일반적인 수입의 한 부분이다. 하지만 그 자금은 국가 방위와는 매우 다른 목적에 전용된다. 예를 들어 십일조는 실제 지세인데, 토지 소유주가 그런 세금이 없었다면 할 수 있었던 나라 방위에 기여할 여지를 그만큼 빼앗는다.

하지만 몇몇 사람에 따르면 토지 지대는 대규모 군주국가에서 나라의 긴급 사태 시 궁극적으로 자금을 댈 유일한 재원이고, 다른 몇몇 사람에 따르면 주된 재원이다. 명백한 것은 교회에 제공되는 이런 자금이 더 많아질수록 나라에는 더 적은 몫이 남겨질 수밖에 없다는 점이다. 모든 상황이 동일하다면 교회가 부유할수록 필연적으로 한편으로는 군주가, 다른 한편으로는 시민이 더욱 가난해지며, 모든 경우에 나라가 영토를 지키는 힘이 틀림없이 줄어든다는 것은 하나의 일반 원칙으로 규정할 수도 있다.

개신교를 믿는 여러 나라, 특히 스위스의 개신교 주들에서는 예전에 로마 가톨릭교회의 수입이었던 십일조와 교회 토지가 국교 성직자에게 적절한 봉급을 제공하며, 국가의 비용 증가 없이도 지급할 수 있는 충분한 자금으로 확인되었다. 특히 강력한 베른주 행정부는 여기서 절약한 돈을 축적했는데, 그 액수가 몇백만 파운드에 이를 것으로 추정된다. 이런 자금 일부는 국고에 예치되어 있고, 일부는 유럽의 여러 채무국, 주로 프랑스와 영국의 소위 공적 자금에 투입되어 이자를 받는다.

베른주나 다른 개신교를 믿는 주에서 국가가 지급하는 교회 관련 총 비용이 얼마인지는 내가 정확히 알 수 없다. 무척 정확한 설명에 따르면 1755년 스코틀랜드 교회의 성직자 총수입은 교회 소속 경작지와 목사관 지대를 포함해 합리적인 계산에 따라 68,514파운드 1실링 5와 12분의 1펜스로 추정된다. 이런 무척 적은 수입이지만 그래도 944명의 목사에게 훌륭한 생계 수단을 제공한다. 교회 총비용은 교회와 목사관 건립과 수리에 가끔 들어가는 것을 포함하여 1년에 8만 혹은 8만 5천 파운드를 넘지 않는다.

신앙심이 강한 스코틀랜드 교회와 스위스 교회

스코틀랜드 교회는 기독교 세계에서 가장 부유한 교회는 아니지만, 신앙적 균일성, 열렬한 경건함, 규모 있는 정신, 균형, 엄격한 도덕을 일부 부유한 교회보다 더 잘 유지하고 있다. 스코틀랜드 교회는 대다수 신자의 기부금 납부가 무척 빈약한데도 말이다. 하지만 스코틀랜드 교회는 기성 교회가 이룩할 수 있는 세속과 종교 양면에서의 훌륭한 결과를 어떤 교회 못지않게 완전하게 달성했다.

스위스 개신교 교회 대다수는 보통 스코틀랜드 교회보다 기부금을 더 많이 받는 게 아닌데도 더 나은 수준의 결과를 만들어낸다. 개신교를 믿는 스위스 주 대부분에서 기성 종교를 믿지 않는다고 공언하는 사람은 단 한 사람도 없다. 스위스 주에 사는 주민이 다른 종교를 믿는다고 공언하면 실제로 그 주의 법률은 주민에게 그곳을 떠나라고 강요하기 때문이다.

하지만 그런 법률이 시행되기 전에 목사가 근면하게 주민 전체를, 혹은 소수 개인을 제외하고 나머지를, 국교로 개종시키지 못했다면 그런 자유로운 나라에서 그토록 엄하고 실제로 다소 압제적인 법률을 절대로 시행할 수 없었을 것이다. 그런 이유로 개신교를 믿는 지역과 로마 가톨릭을 믿는 지역이 우연히 통합된 스위스 몇몇 지역에서 개종은 완벽할 수 없으며, 두 종교는 용인될 뿐만 아니라 법률에 따라 국교로 지정되기도 한다.

무엇이든 업무가 적절히 수행되려면 봉급 혹은 보수가 최대한 정확하게 그 업무의 특징에 비례해야 한다. 봉급이 불충분하면 그런 업무에 종사하는 대다수가 비열하고 무능해짐으로써 관련 업무는 악화되기 쉽다. 봉급이 무척 과도하게 지급되면 종사자의 부주의와 게으름으로 업무 진행이 소홀해지기 쉽다.

직업이 무엇이든 간에 큰 수입을 올리는 사람은 다른 고소득자처럼 살아야 하고, 자기 시간 대부분을 쾌락, 과시, 방탕[233]에 써야 한다고 생각한다. 하지만 성직자에게 이런 사치스러운 삶이 계속되면 본연의 직무에 써야 하는 시간을 낭비할 뿐만 아니라 일반인이 보는 데서 적절한 영향력과 권위로 성직 의무를 수행하는 신성한 특성이 거의 사라진다.

제4절
군주의 위엄을 뒷받침하는 비용

◇

군주가 여러 의무를 수행하는 데 필요한 비용 외에도 그의 위엄을 뒷받침하는 데 필요한 특정 비용이 있다. 이런 비용은 개선 기간과 정부 형태에 따라 달라진다.

매우 부유하고 발달한 사회에서, 즉 모든 계층이 집, 가구, 탁자, 옷, 마차 등에 점점 더 많은 돈을 쓰는 곳에서는 군주도 그런 유행에 저항하기 어렵다. 따라서 자연스럽게 혹은 다소 필연적으로 군주는 그런 물품에 더 많은 돈을 쓰게 된다. 그리하여 군주의 위엄은 그렇게 하라고 요구하는 것 같기도 하다.

위엄이라는 점에서 군주가 자기 백성에 대해 유지해야 하는 높은 수준은, 공화국의 최고 행정 장관이 동료 시민을 상대로 유지해야 하는 것보다 더 높은 수준이다. 따라서 그런 높은 위엄을 뒷받침하려면 큰 비용이 필

---

233 원어는 festivity, vanity, dissipation이며, 앞에 나온 liberty, reason, happiness와 대비되는 말이다.

요하다. 우리는 자연스럽게 총독이나 시장 관저보다 국왕의 궁전에서 더욱 화려한 모습을 기대한다.

제1장의 결론

◇

사회를 지키는 비용과 최고 행정 장관의 위엄을 뒷받침하는 비용은 모두 사회 전체의 일반적 이익을 위해 사용한다. 따라서 그런 비용은 사회 전체가 기여해 지급하는 게 합리적이다. 즉, 사회의 모든 구성원이 최대한 각자 능력에 비례해 그 비용을 부담하는 게 옳다는 뜻이다.

재판과 교육은 수혜자가 부담

사법 행정 비용 역시 명백하게 사회 전체의 이익을 위해 사용된다. 따라서 사회 전반의 일반적 기여로 충당하더라도 부적절한 것은 아니다. 하지만 이러한 비용이 발생하는 원인을 살펴보면, 대부분은 사람들이 어떤 형태로든 잘못을 저지르고, 그 결과로 재판소에 보상이나 보호를 청구하기 때문이다. 사법부가 권리를 옹호하거나 회복시켜주는 사람들은 이러한 투자에서 가장 직접적인 혜택을 받는 사람들이다. 그러므로 사법 행정 비용은 여러 다른 경우에 따라 원고와 피고 중 어느 한쪽 혹은 양쪽의 특정한 기여에 따라 재판소에 수수료를 지급하는 것이 아주 적절하다. 이러한 비용을 지불하기에 충분한 재산이나 자금이 없는 범죄자의 유죄 판결을 제외하고는 사회 전체의 일반적인 기여에 의존할 필요는 없다.

혜택이 지역에 국한되는 비용(예를 들어 특정 지방 자치단체인 도시나 지역의 치안 유지 비용)은 지역의 수입으로 충당해야 하며, 사회 전반의 수입으로는 부담시켜서는 안 된다. 혜택이 사회 일부에만 국한된 비용의 경우, 사회 전체가 그것을 부담하는 것은 부당하다.

일반 교육과 종교 교육은 사회가 부담

양질의 도로와 교통수단을 유지하는 비용은 분명 사회 전반에 혜택을 주기에 그렇게 사회 전반의 일반적 기여에 따라 지급되더라도 부당하지 않다. 하지만 이런 비용은 여행하거나, 한 장소에서 다른 장소로 재화를 운송하거나 그런 재화를 소비하는 사람에게 가장 직접적인 혜택을 준다. 잉글랜드의 유료도로 통행료와 다른 나라에서 통행료라 불리는 세금은 전적으로 그런 집단에 부과되며, 덕분에 사회의 일반 수입에 가해지는 부담을 상당히 덜고 있다.

일반 교육과 종교 교육을 위한 기관의 비용은 마찬가지로 사회 전반에 혜택이 주어지는 것이므로, 사회 전체의 일반 기여로 지급되더라도 부당하지 않다. 하지만 이런 비용도 그로써 직접적인 혜택을 받는 사람이나 혹은 교육을 받을 필요가 있다고 생각하는 사람들이 자발적으로 지급하는 것이 타당하며 심지어 어느 정도 이득이 된다.

사회 전반에 혜택을 주는 기관이나 공공사업이 그로 인해 가장 직접적인 혜택을 받는 사회 특정 구성원의 기여로 유지될 수 없거나 유지되지 않을 때는, 대부분의 부족분은 사회 전체의 일반적 기여로 보충되어야 한다. 사회의 일반적인 수입은 사회를 지키는 비용, 최고 행정 장관의 위엄을 뒷받침하는 비용 외에도 수많은 특정 수입 분야의 부족분을 보충해야 한다. 이런 일반적 혹은 공적 수입의 원천은 다음 장에서 설명한다.

제2장

사회의 일반적·공적 수입의 원천

사회를 보호하고 최고 행정 장관의 위엄을 지키는 비용과 더불어, 헌법에 수입원이 명시되지 않은 정부의 모든 필요 경비를 충당해야 하는 수입은 다음 두 가지 원천에서 나온다.

첫 번째는 군주나 국가에 특별히 속하면서 시민의 수입과는 별개인 어떤 자금이며, 두 번째는 시민의 수입이다.

제1절
군주나 나라에 특별히 속한 수입의 자금 혹은 원천

◇

군주나 국가에 특별히 속한 수입의 자금이나 원천은 대체로 자본이나 토지에서 나온다. 군주는 다른 자본 소유주처럼 자본을 직접 활용하거나 빌려주어 수익을 얻는다. 전자는 이윤이고, 후자는 이자에 속한다.

타타르나 아라비아 족장의 수입은 이윤에 있다. 그런 수입은 주로 우유나 소유한 가축 떼의 증가로 발생한다. 그는 직접 가축을 관리하며, 부족민 중에서 제일가는 목축 사업자다. 하지만 이윤이 군주국가의 공적 수입 중 주된 부분을 차지하는 일은 이러한 미개 사회의 발전 초창기 단계에만 해당된다.

여러 국가의 수입 구조

소규모 공화국은 때때로 사업에서 얻은 이익으로 상당한 수입을 얻었다. 함부르크 공화국은 공공 와인 저장고와 약국 이윤에서 수입을 얻었다.[234] 군주가 와인상이나 약제상 일을 신경 쓸 정도로 별 볼 일 없는 나라는 대국으로 성장할 수 없다. 공공 은행의 이익은 그런 소단위 국가보다는 상대적으로 큰 국가의 수입 원천이었다. 이는 함부르크뿐만 아니라 베네치아와 암스테르담도 마찬가지였다. 몇몇 저술가들은 이런 종류의 수입에 대해 그레이트브리튼 같은 대제국도 주의를 기울여야 한다고 주장했다.

잉글랜드은행의 통상 배당율을 5.5퍼센트, 자본을 1,078만 파운드로 추정하면 각종 관리 비용을 지급한 뒤 연간 순이익은 59만 2천 9백 파운드에 이른다. 이 자본을 3퍼센트 이자로 빌려 직접 은행 관리를 맡으면 잉글랜드 정부는 매년 26만 9천 5백 파운드의 순이익을 낼 수 있다고들 한다.

베네치아와 암스테르담과 같은 체계적이고 신중하며 절약하는 귀족 제도의 정부는, 이런 종류의 상업적 사업 관리에 매우 적합하다는 것이 경험적으로 확인되었다. 하지만 잉글랜드 정부는 그 미덕이 무엇이든 간에 절약을 잘한다고 알려진 적이 한 번도 없으며, 평화로운 시기에 군주국에 자

---

234 『유럽의 과세법에 관한 회고록』(*Memoires concernant les Droits & Impositions en Europe*) 73쪽을 참조할 것. 이 책은 프랑스 재정 개혁을 위한 적절한 방법을 찾기 위해 지난 수년간 조사해온 위원회가 참고할 수 있도록 궁정의 명령에 따라 편집되었다. 4절판에서 3권을 차지하고 있는 프랑스의 제조업 세금에 대한 설명은 충분히 권위 있다고 인정된다. 그러나 기타 유럽 여러 나라의 갖가지 세금에 대한 설명은 그 나라들에 나가 있는 프랑스 공사들이 수집한 정보를 기초로 편집되었다. 이것은 프랑스 세금에 대한 정보보다는 훨씬 짧고 또 그만큼 정확하지도 않다. —원주

연스럽게 나타나는 나태하고 부주의한 사치를 자행했다. 또한, 전시에는 민주 정치가 빠지기 쉬운 생각 없는 낭비를 계속하면서 전투를 수행했다. 이런 정부에 그런 사업 관리를 안심하고 맡길 수 있을지는 무척 의심스럽다.

우편 사업은 당연히 상업적 사업이다. 정부는 여러 우체국을 설립하고 필요한 말과 마차를 사들이는 비용을 먼저 대고, 우편 서비스에 요금을 부과해 큰 이익을 내며 미리 투자한 비용을 회수한다. 내 생각에는 정부가 성공적으로 관리할 수 있는 유일한 사업이 우편 사업이다. 우편 업무에 선투자해야 하는 자본도 그리 크지 않다. 이 사업에는 딱히 비밀이랄 것도 없다. 들어간 비용 회수는 확실할 뿐만 아니라 즉각적이다.

군주와 상인은 서로 어울리지 않는다

하지만 군주들은 많은 다른 상업 사업에 빈번히 관여했다. 그리하여 개인 사업가들처럼 일반 사업 분야에서 기꺼이 모험적인 상인이 되어 재정 상태를 개선하려고 했다. 하지만 그들은 거의 성공하지 못했다. 군주의 일에 수반되는 낭비는 항상 그런 일을 성공할 수 없게 만들었다.

군주의 대리인은 주인의 부를 무한하다고 생각하며, 어떤 물품을 얼마에 사서 얼마에 팔지, 그리고 그런 재화를 한 장소에서 다른 장소로 이동시킬 때의 비용에 전혀 신경 쓰지 않았다. 그런 대리인은 빈번히 군주처럼 사치스럽게 생활하며, 때로는 그런 사치에도 적절히 장부를 분식하는 방법을 써서 군주에 버금가는 재산을 획득한다. 마키아벨리가 전하는 바에 따르면 상당한 능력을 지닌 군주였던 메디치 가문의 로렌초가 수하에 데리고 쓰던 대리인들이 이런 식으로 그의 사업을 수행했다고 한다.[235]

피렌체 공화국은 이런 대리인들로 인해 로렌초에게 생긴 부채를 여러

---

235 니콜로 마키아벨리, 『피렌체의 역사』 제8권 36장. "그는 개인적인 상거래에 있어서는 아주 불운했다. 그가 거느린 부하들의 불규칙한 행동들 때문이었다. 그들은 주인의 일을 고용된 직원들처럼 수행한 것이 아니라 마치 자신들이 군주나 되는 것처럼 행동했다. 그리하여 많은 곳에서 그의 재산을 크게 낭비했다. 이 때문에 그의 고향 도시는 엄청난 금액으로 그를 도와주어야 했다."

차례 갚아야 했다. 그런 이유로 로렌초는 자기 가문에 재산을 일구도록 해준 상인의 사업을 포기하고 만년에 남은 재산과 자신에게 처분권이 있었던 국가 수입을 모두 자기 지위에 적절한 사업과 비용에 활용하는 게 좋겠다고 생각하게 되었다.

상인과 군주라는 두 가지 특성을 조화시키는 것은 어렵다. 영국 동인도회사의 상인 정신이 그들을 무척 횡포한 군주로 만들었다면, 군주 정신은 그들을 똑같이 나쁜 상인으로 만들었다. 상인 노릇만 하던 동안 회사는 사업을 성공적으로 운영했으며, 수익에서 적당한 배당금을 떼어내어 주주에게 지급할 수 있었다. 하지만 3백만 파운드 이상의 수입을 올리게 된 이래로 회사는 당면한 파산을 피하고자 정부의 특별 지원을 간청할 수밖에 없는 신세가 되었다. 이전 상황에서 인도에 있는 회사 직원들은 자신을 상인 직원으로 생각했지만, 현재 상황에서 자신을 군주 장관으로 여긴다.

여러 정부의 대출 업무

국가는 때때로 공적 수입 일부를 자본 이윤은 물론이고 화폐 이자에서 얻는다. 나라가 부를 축적하면 그런 부의 일부를 외국이나 자국민에게 빌려줄 수 있다.

스위스 베른주는 국부 일부를 외국에 빌려줌으로써 상당한 수입을 얻는다. 즉, 국부 일부를 여러 다른 유럽 채무국, 주로 프랑스와 잉글랜드의 공적 자금에 빌려주는 것이다. 수입의 안전은 다음 두 가지 사항에 달려 있다.

첫째는, 빌려준 국부가 투입된 공적 자금이 안정되어 있는지 혹은 그런 공적 자금을 관리하는 정부에 신의가 있는지, 둘째는, 채무국과의 평화가 확실히 계속될 것인지도 중요하다.

전쟁이 벌어지고 난 후 채무국이 가장 먼저 보이는 적대 행위는 채권국 자금을 몰수하는 것이다. 외국에 자금을 빌려주는 이런 대출 정책은 내가 알기로 베른주만이 실시하고 있다.

함부르크는 일종의 공공 전당포(롬바르드)를 설립했는데, 자국민에게 담보를 받고 6퍼센트 이자로 돈을 빌려준다.[236] 어떤 주장에 따르면 이런 전당포는 나라에 15만 크라운의 수입을 가져오는데, 1크라운이 4실링 6펜스이므로 33,750파운드에 달한다.

펜실베이니아 정부는 어떤 부도 축적하지 않으면서도 실제로 화폐가 아니지만 화폐에 해당하는 것을 주민에게 빌려주는 방법을 발명했다. 그들은 개인에게 지급 증서를 주어 대출액의 두 배에 해당하는 토지를 담보로 잡고 발행일로부터 15년 뒤에 상환하도록 했고, 그러는 동안 그 증서를 은행권처럼 다른 사람에게 양도할 수 있게 했다. 또한, 의회 법령으로 해당 지역의 주민 사이에서 발행하는 모든 지불관계에서 그런 지급 증서가 법정통화로 인정된다고 선포했다. 이런 조치를 통해 그들은 적정 수입을 올렸으며, 이는 검소하고 정연한 정부의 통상 비용 전액, 즉 연간 비용 대략 4천 5백 파운드 중 상당 부분을 충당할 수 있었다.

이런 부류의 편법이 성공한 것은 세 가지 상황이 전제됐기 때문이다.

첫째, 금화나 은화 이외의 다른 상업 수단이 필요한 상황, 즉 금화와 은화 대부분을 해외로 보내야만 소비재를 구매할 수 있는 정도로 소비재 수요가 큰 상황이어야 한다.

둘째, 이런 방편을 활용할 정도로 정부의 신용이 좋아야 한다.

셋째, 이런 방편을 온건하게 활용해야 한다. 즉, 지급 증서 총액은 유통을 수행하는 데 필요했을 금화와 은화의 총액을 절대 넘지 않아야 한다. 동일 방편이 다른 아메리카 식민지들에서 여러 다른 방식으로 채택되었지만, 이런 온건한 대책이 빠져 있기에 편의는커녕 대부분 무질서를 낳았다.

자본과 신용은 불안정하고 변질되기 쉽다. 그래서 정부에 안전과 위엄을 제공할 수 있는 확실하고 불변하며 영구적인 수입의 주요한 재원으로는 그 둘이 부적합하다. 목축 국가를 넘어서서 더 발전한 문명 단계에 있는 대국의 정부는 그런 원천에서 공적 수입 대부분을 조달하는 일이 별로 없다.

---

236 앞에 나온 Memoires concernant les Droits & Impositions en Europe을 참조할 것.—원주

토지는 안정되고 항구적인 수입원

토지는 자본이나 신용보다는 더 안정적이고 영구적인 특징을 지닌 재원이다. 그런 이유로 국유지 지대는 목축 국가를 탈출한 문명 단계에 있는 거대한 많은 나라의 국고 수입에 주 원천이 되었다. 그리스와 이탈리아 옛 공화국들은 오랫동안 국유지 생산물이나 지대에서 나라의 필요 경비 대부분을 조달할 수입을 얻었다. 긴 세월 옛 유럽 군주들의 수입 대부분을 구성한 것은 왕실 소유지의 지대였다.

현대 대국에서 필요 경비의 대부분을 차지하는 두 가지 상황을 들라면 전쟁과 전쟁 준비가 있다. 하지만 그리스와 이탈리아의 옛 공화국들에서 모든 시민은 군인이었으며, 자기 비용으로 복무하고 복무를 준비했다. 따라서 전쟁과 전쟁 준비라는 두 상황 중 어느 것에도 나라는 큰 비용을 들이지 않았다. 적당한 소유지에서 나오는 지대만으로도 정부의 모든 필요 경비를 충분히 지급할 수 있었다. 유럽의 옛 군주국들에서는 시대 관습상 대다수 국민은 전쟁에 충분히 대비하고 있었다. 그들은 전장에 나설 때 봉건제 조건에 따라 자기 비용으로 혹은 직속 영주가 대는 비용으로 처리하도록 되어 있어, 군주는 어떠한 부담도 새로 지지 않았다.

정부의 다른 비용은 대부분 소규모였다. 사법 행정은 이미 위에서 살펴본 것처럼 비용 지출원이 아니라 수입원이었다. 농번기의 수확 이전과 이후 각각 사흘 동안 제공되는 지방 주민의 노동은 나라의 상업에 필요하다고 생각되는 모든 다리, 도로 그리고 다른 공공사업을 완성하고 유지하는 데 충분한 자금으로 간주되었다.

그런 시절에 군주의 주된 지출은 왕실 유지비용이었다. 왕실 운영과 관리는 나라의 대신이 맡았다. 재무 대신은 군주의 지대를 징수했다. 궁내 대신은 왕실의 비용 처리를 맡았다. 군주의 마구간은 사마관(군사령관)에게 맡겨졌다. 왕궁은 모두 성채 형태로 지어졌고, 군주가 보유한 주된 요새였다. 그런 왕궁 혹은 성채를 지키는 사람은 일종의 군 총독 격이었다. 평화로운 시기에 왕궁에 머무를 필요가 있는 장교들은 이 정도였다. 이런 상황에서 거대한 소유지의 지대로 정부의 필요 경비를 모두 지불할 수 있었다.

토지세에 따른 국가 수입

유럽의 문명화된 군주국 대부분이 현재 처한 상황에서는, 나라의 토지 전체가 모두 한 소유주에게 속한 것처럼 관리되더라도, 그 토지세는 국민에게 부과하고 징수하는 경상 수입에 거의 미치지 못할 것이다. 예를 들어 그레이트브리튼의 통상 수입은 한 해 경상 경비 지급에 필요한 것뿐만 아니라 공채 이자를 지급하고 공채 원금 일부를 줄이는 데 필요한 것까지 포함해 한 해에 1천만 파운드 이상에 달한다. 하지만 토지세는 1파운드에 4실링이라고 하더라도 한 해 2백만 파운드에도 미치지 못한다.

소위 이런 토지세는 그레이트브리튼의 모든 토지 지대뿐만 아니라 모든 주택 임대료의 5분의 1 그리고 모든 자본, 그중 사회에 빌려준 부분이나 토지 경작에서 농업 자본으로 활용되는 부분을 제외한 자본 이자의 5분의 1 정도로 추정된다. 이런 세금 수입의 무척 큰 부분이 주택 임대료와 자본 이자에서 발생한다. 예를 들어 런던시의 토지세는 1파운드에 4실링인데 123,399파운드 6실링 7펜스에 이르며, 웨스트민스터시의 토지세는 63,092파운드 1실링 5펜스에 달한다. 화이트홀 궁전과 세인트 제임스 궁전의 토지세는 30,754파운드 6실링 3펜스에 이른다. 토지세의 특정 비율은 같은 방식으로 왕국의 모든 다른 도시와 자치 도시에 부과되고, 주택 임대료나 영업 자본, 자본금 이자로 생각되는 것에서 거의 전적으로 발생한다.

따라서 그레이트브리튼에서 평가한 토지세 액수에 따르면, 모든 토지 지대, 모든 주택 임대료, 사회에 빌려준 부분이나 토지 경작에서 농업 자본으로 활용되는 부분을 제외한 자본 이자에서 발생하는 수입 전체는 한 해 1천만 파운드, 즉 평화로운 시기에조차 정부가 국민에게 부과하는 경상 수입을 넘지 않는다. 브리튼에서 평가한 토지세 액수는 비록 여러 특정 지역에서는 그런 가치와 거의 같다고는 하지만, 왕국 전체를 평균 냈을 때는 분명 실질가치에 한참 못 미친다. 많은 사람이 주택 임대료와 자본 이자를 제외한 토지 지대만 2천만 파운드로 평가하는데, 이 평가는 상당히 임의적이며 실제 가치는 그보다 높거나 낮을 수 있다.

하지만 그레이트브리튼의 토지가 현재 경작 상태에서 한 해 2천만 파운드 이상의 지대를 제공하지 못한다면, 그런 토지가 전부 한 소유주에게 속해 그가 임명한 대리인의 부주의하고, 비싸고, 억압적인 관리를 받게 된 다면 그런 지대의 절반 혹은 4분의 1도 제공하지 못할 것이다. 브리튼의 왕 실 소유지는 현재 개인의 재산이었다면 아마도 거기서 뽑아낼 수 있는 지대 의 4분의 1도 만들어내지 못한다. 왕실 소유지가 더 광대하다면 그보다 훨 씬 더 열악하게 관리될 개연성이 높다.

대다수 사람이 땅에서 얻는 수입은 지대가 아닌 토지 생산물에 비례 한다. 모든 나라의 연간 토지 생산물은 종자용으로 보관하는 것을 제외하면 매년 대다수 국민이 소비하거나 그들이 소비하는 다른 물품과 교환된다. 토 지의 생산성을 낮게 유지한다면 토지 소유주의 수입보다 일반인의 수입을 더 많이 감소시키게 된다. 토지 지대—즉, 소유주에게 속하는 생산물—가 전체 농작물의 3분의 1 이상을 차지하는 것으로 추정되는 경우는 그레이트 브리튼에서 거의 없다.

한 해에 1천만 파운드의 지대를 만들어내는 어떤 경작 상태의 토지가, 다른 경작 상태에서는 2천만 파운드의 지대를 제공하고, 두 경우 모두 지대 가 생산물의 3분의 1이라고 가정하면, 소유주의 수입은 한 해에 1천만 파운 드 줄어드는 것에 그친다. 그러나 대다수 국민의 수입은 종자를 위해 필요 한 것만 제외하더라도 한 해 3천만 파운드로 세 배나 더 줄어드는 것이다. 이렇게 되면 그 나라의 인구는 자연히 줄어든다. 매년 3천만 파운드로 먹여 살릴 수 있는 사람들 수만큼으로만 줄어드는 것이다. 물론 이러한 인구 감 소는 3천만 파운드를 분배받는 계층의 생활방식과 지불 방식에 따라 어느 정도 차이가 있을 수 있다.

왕실 소유의 땅 vs 개인 땅

현재 유럽에는 나라 재산인 토지 지대에서 국고 수입 대부분을 충당 하는 문명국이 하나도 없지만, 유럽의 모든 거대 군주국에는 여전히 왕실 소속으로 광대한 토지가 많이 있다. 그런 땅은 주로 사냥터로 쓰이며, 때로 는 몇 마일을 여행해도 나무 한 그루 찾아볼 수 없는 땅도 있다. 이것은 생산물과 인구 측면에서 나라의 낭비이자 손실이다. 유럽의 거대 군주국이라면 어디든 왕실 소유지를 판매하면 거액을 얻을 것이고, 그런 자금이 공채 지급에 활용된다면 저당에서 벗어나게 되므로 그런 토지가 왕실에 여태껏 제공했던 수입보다 훨씬 큰 수입을 만들어낸다.

토지가 고도로 향상되고 경작된 나라에서는 토지 판매 시 최대한 지대를 높게 받아내는데, 보통 토지 거래는 30년 치 지대로 판매된다. 경작하지도 않아 향상되지도 않고, 지대도 낮은 왕실 토지는 40년 치, 50년 치 혹은 60년 치 지대로 판매가를 예상할 수 있다. 국왕은 이런 거액의 가격 덕분에 즉각 담보에서 해방되는 수입을 누린다. 몇 년이 흐르면 그는 또 다른 수입을 누리게 된다. 왕실 소유지가 개인 재산이 되면 그런 땅은 몇 년 사이에 훌륭하게 경작되어 토질이 크게 개선된다. 그런 땅에서 생산물이 늘면서 국민 수입과 소비도 증대되고, 그로 인해 인구도 늘어난다. 국왕이 관세와 소비세로 얻는 수입 또한 필연적으로 국민 수입과 소비 규모에 따라 는다.

문명화된 군주국에서 왕실이 왕실 소유지에서 얻는 수입은 개인에게 아무것도 손실을 입히지 않는 것처럼 보이지만, 사실 국왕이 누리는 다른 똑같은 수입보다 사회 전체에 더 많은 비용을 요구한다. 국왕에게는 이런 수입을 다른 동등한 수입으로 교체 제공하고, 국민에게 토지를 분배하는 것이 사회 전체의 이익에 부합할 것이다. 이런 국왕 소유의 토지를 분배하는 방법으로는 공개 매각이 가장 좋다.

즐거움과 화려함을 위한 땅, 즉 공원, 정원, 공공 도로 등은 어느 곳에서든 수입의 원천이 아닌 지출의 원천으로 생각되는 재산이다. 그러나 이것은 문명화된 거대 군주국에서 유일하게 국왕 소속 토지로 여겨진다. 따라서 군주나 나라에 특별하게 속한 수입의 두 원천인 공적 자본과 국유지는 문명 대국의 필요 경비를 지급하는 데 부적절하고 불충분한 재원이다. 그러므로 필요 경비는 반드시 여러 종류의 세금으로 충당되어야 한다. 이는 군주나 나라의 국고 수입을 채우기 위해 국민이 개인적인 수입 일부를 제공해야 한다는 뜻이기도 하다.

국가의 세금

◇

이 탐구의 첫 번째 권에서 살폈듯이 개인의 사적 수입은 궁극적으로 세 가지 다른 원천, 즉 지대, 이윤, 임금에서 발생한다. 모든 세금은 그런 세 가지 다른 수입 부류 중 하나에서 혹은 세 가지 전부에서 차별 없이 최종적으로 지급되어야 한다. 나는 이제 다음 네 가지를 최대한 분명하게 설명하면서 살피려고 한다.

첫째, 지대에 부과되는 세금.

둘째, 이윤에 부과되는 세금.

셋째, 임금에 부과되는 세금.

넷째, 이런 세 가지 개인적 수입의 원천에 무차별로 부과되는 세금.

이런 네 가지 다른 부류의 세금 각각을 세밀하게 살펴보기 위해 2절을 네 항목으로 나누고, 그중 세 항목은 다시 여러 하위 항목으로 세분화한다. 차차 알겠지만, 이 세금 중 다수는 해당 세금이 부과되는 자금 또는 수입원으로부터 최종적으로 지급되지는 않는다.

조세의 4대 원칙

특정 세금의 검토에 들어서기 전에 전반적인 세금에 관해 다음과 같은 네 가지 원칙을 언급해두겠다.

(1) 공평성의 원칙

모든 나라의 국민은 자신의 능력에 따라, 즉 나라의 보호를 받으면서 각자 올리는 수입에 비례해 정부를 뒷받침하는 데 이바지해야 한다. 거대한 나라에서 개인과 정부의 비용 관계는 마치 거대한 사유지의 공동 임차인이 부담해야 하는 관리 비용과 같다. 공동임차인(국민)은 각자 사유지에서 이익을 누리는 것에 비례해 돈을 내놓아야 할 의무가 있다. 이런 원칙을 준수하는지 혹은 무시하는지가 과세의 평등 혹은 불평등을 구성한다.

앞서 언급한 세 부류[지대, 이윤, 임금]의 수입 중 어느 하나에만 최종적으로 부과되는 세금은 다른 두 가지에 영향을 미치지 않으므로 필연적으로 불공평하다는 것을 확실히 짚고 넘어가야 한다. 이하에서 여러 다른 세금에 관해 검토하면서 나는 이런 부류의 불평등은 더 이상 유념하지 않을 것이다. 나는 대다수 경우에 특정 부류의 개인적 수입에 불공평하게 부과되는 특정 세금의 불평등에 대해서만 의견을 내겠다.

(2) 명확성의 원칙

개인이 지급해야 하는 세금은 아주 확실해야 하고 임의적이어서는 안된다. 지급 시기, 방법, 지급 액수 등이 납세자는 물론이고 다른 모든 사람에게도 명확해야 한다. 그렇지 않으면, 과세 대상이 되는 국민 전체가 세금 징수원의 권력에 휘둘리게 되고, 이 징수원은 심기를 불편하게 하는 납세자에게 세금을 더욱 무겁게 부과하거나 혹은 그런 중과세를 하겠다는 협박을 통해 선물이나 특전을 갈취할 수 있다. 과세의 불확실성은 오만한 태도를 권장하고 인기 없는 징수원의 타락을 부추긴다. 그 징수원들이 처음에는 오만하지도 않고 타락하지도 않았는데도 그런 오만과 타락에 유혹을 받는다. 개인이 납부해야 하는 세금에 관한 명확성은 과세에서 무척 중요한 사항이며 때로는 공평함보다 더 중요하다. 그리하여 모든 국가의 경험에 비추어 볼 때 매우 작은 불확실성만큼 큰 악은 없어 보인다.

(3) 편의성의 원칙

모든 세금은 납세자가 지급하기 가장 편리한 시간 혹은 방식에 맞춰 징수되어야 한다. 토지 지대나 주택 임대료에 부과되는 세금은 그런 지대나 임대료가 통상적으로 지급되는 기간과 같은 기간에 납부하도록 함으로써 납세자가 세금을 내기 편할 때 혹은 돈이 있을 가능성이 가장 클 때 내도록 해야 한다. 사치품 같은 소비재에 대한 세금은 최종적으로 소비자가 납부하며, 일반적으로 소비자에게 무척 편리한 방식으로 납부하게 한다. 소비자는 사치품을 살 필요가 있을 때마다 조금씩 그런 세금을 지불한다. 그런 사치품을 사거나 사지 않거나 그의 자유다. 따라서 그가 이런 사치세에서 불편을 겪는다면 그것은 스스로 책임져야 할 불편이다.

(4) 최소 징수의 원칙

모든 세금은 국민의 호주머니에서 나오든지 혹은 호주머니 밖에서 나오든지 간에, 국고에 꼭 들어가야 할 금액 이외의 것은 징수되지 않도록 고안되어야 한다. 세금이 국고에 납부되는 것 이상으로 국민 호주머니에서 많이 나오게 되는 경우는 다음 네 가지 방식이 있다.

첫째, 세금을 부과하려면 많은 수의 관리가 필요하므로, 이들의 급여는 세금 수입의 대부분을 차지하고, 그들에 관한 특전은 국민에게 또 다른 추가 세금과도 같다.

둘째, 세금은 국민의 근면한 노동을 방해하고, 생계와 일자리를 제공하는 특정 사업 분야에 전념하려는 의욕을 꺾는다. 국민에게 납세의 의무를 부과하는 대신, 더 쉽게 납세하도록 일부 기금을 줄이거나 없앨 수 있다.

셋째, 세금을 피하지 못한 불운한 개인에게 몰수와 다른 여러 처벌을 가함으로써 파산하는 경우가 많으며, 그렇게 해서 그들의 자본 활용으로 사회가 받을 수 있었던 이득이 끝난다. 부당한 세금은 밀수하려는 유혹을 부추기긴 하지만, 밀수에 대한 처벌은 세금 포탈 유혹에 비례해 틀림없이 더 커진다. 법률은 모든 일반적인 정의의 원칙과는 달리 먼저 유혹을 만들어내고, 그런 다음 그런 유혹에 넘어간 자를 처벌한다. 또한, 법률은 일반적으로 처벌을 분명 완화해야 하는 상황, 즉 범죄를 저지르도록 하는 유혹의 강도에 비례해 처벌을 가중한다.[237]

넷째, 국민이 세금 징수원의 잦은 방문과 끔찍한 조사를 겪도록 함으

237　다음 자료 참조할 것. Sketches of the History of Man. page 474, et seq.—원주
　　　　[이후부터 옮긴이 주] 밀수 규모가 커서 이익이 많이 난다면 그런 밀수 행위의 죄질을 더 나쁘게 보아 엄벌한다는 뜻이다.

로써 불필요한 트러블, 정신적 고통(짜증), 압제에 노출되도록 한다. 엄밀히 말하면 정신적 고통은 비용이 아니지만, 모든 사람이 기꺼이 괴로움에서 벗어나고자 하기에 분명 비용과 같은 성질이 있다.

이 네 가지 방식 중 하나만으로도 세금은 종종 군주에게 이로운 것 이상으로 국민에게 훨씬 더 부담스러워진다.

정도 차이는 있어도 앞서 언급한 원칙들에 담긴 명백한 정의와 효용은 모든 나라가 주의를 기울일 정도로 매력적이었다. 모든 나라는 최선의 판단을 통해 세금을 가능한 한 공평하게 부과하고, 납부 시기와 방법을 납세자에게 명확하고 편리하게 설정하며, 군주에게 주어지는 수입에 비례하여 국민의 부담을 최소화하려 노력해왔다. 이어서 각기 다른 시대와 나라에 있었던 여러 주요 세금에 관해 짧은 논평을 하고자 한다. 이 논평을 보면 알겠지만 모든 나라의 공평 과세 노력이 균일하게 성공적인 것은 아니었다.

제1조
토지 지대와 임대료에 대한 세금

토지 지대에는 두 가지 방식으로 세금이 부과된다.

첫째, 모든 지역을 일정한 지대로 평가한 다음에, 그 평가는 나중에 변경되지 않는 특정한 기준에 따라 부과한다.

둘째, 토지의 실제 지대에 발생하는 모든 변화에 따라 평가 기준을 바꾸면서, 토지 경작 상태 향상과 쇠퇴에 따라 증감하는 방식으로 부과한다.

잉글랜드의 토지세
그레이트브리튼의 토지세처럼 불변하는 특정 기준에 따라 모든 지역에 부과되는 토지세는 처음 확립되었을 때는 공정했을 것이다. 그렇지만 시간이 흐르면서 각기 다른 지역의 경작 상태에서 나타나는 개선 또는 방치 수준이 서로 다르므로 필연적으로 공정하지 않게 된다. 잉글랜드에서 윌리엄과 메리 치세[1689-1702] 4년 차에 여러 다른 지역과 교구에 부과된 토지 평가액은 심지어 처음부터 무척 불공정했다. 따라서 이 세금은 앞서 언급한 네 원칙 중 첫 번째 것, 즉 공평의 원칙에 어긋난다. 그러나 이는 나머지 세 원칙에는 철저히 부합한다. 이 세금은 완벽하게 확실하고 납부 시기도 집세를 내는 시기와 같으므로 편리하다.

모든 경우에 실제 납세자는 지주이지만, 세금은 일반적으로 임차인이 미리 납부하고, 지주는 그 금액을 임대료에서 차감해야만 한다. 이런 세금은 거의 같은 수입을 제공하는 다른 세금보다 훨씬 적은 수의 세무 관리가 징수한다. 각 지역에 부과되는 세금은 토지 가치 상승과 함께 증가하지 않으므로, 군주는 지주의 토지 개선에 따른 이익을 공유하지 않는다. 실제로 그런 개선으로 해당 지역의 전체 세금이 줄어들 수 있으므로 해당 지역의 다른 지주의 부담을 줄여주는 데 도움을 줄 수 있다.

그러나 때때로 특정 사유지에 부과되는 세금 증가는 언제나 매우 적어, 개선 의지를 해치지 않으며, 해당 토지에서 생산되는 농산물 가격을 기존보다 낮추지도 않는다. 또한, 이런 세금은 생산량을 줄이는 경향이 없기에 해당 생산물 가격을 인상시키지도 않는다. 이 세금은 국민의 근면성을 방해하지 않으며, 세금을 지급해야 한다는 불가피한 불편 외에는 지주에게 어떤 불편도 부과하지 않는다.

하지만 그레이트브리튼의 모든 토지에 부과된 토지세 평가가 일정하고 불변한다는 특성으로 인해 지주가 얻는 이익은 주로 그런 세금의 특성과는 무관한 몇몇 상황 때문이었다.

이렇게 된 것은 거의 모든 지역이 큰 번영을 누린 덕분이다. 그레이트브리튼의 거의 모든 사유 지대는 이런 토지세 평가가 처음 확립된 시기 이래 계속 상승해 거의 떨어진 적이 없다. 따라서 지주는 자기 토지의 현 지대를 기준으로 지불해야 할 세금과, 옛적의 가치에 따라 실제로 지급하는 세금 사이의 차액을 거의 모두 가져간다. 만약 국가 상황이 불안정했거나, 점차 농사 짓는 것이 줄어들어 토지의 가치가 하락했다면, 지주는 이런 차액을 대부분 잃었을 것이다. 혁명[1688년 명예혁명] 이후 발생했던 상황에서도 이런 가치 안정은 지주에게는 유리하고 군주에게는 해로웠다. 다른 상황에서는 정반대로 나타날 수도 있었다.

세금은 화폐로 지급되었으므로 토지 평가 역시 화폐로 표시된다. 이런 평가가 확립된 이래 은 가치는 매우 균일했으며, 무게 혹은 순도 측면 어디에서도 주화 기준은 변하지 않았다. 아메리카 광산 발견 이전 2세기 동안 그랬듯, 은 가치가 크게 상승했다면 그 평가가 변하지 않음으로 지주는 무척 압박을 받았을 것이다. 은 가치가 크게 떨어졌다면 아메리카 광산 발견 이후 적어도 한 세기 동안 분명 그러했던 것처럼, 동일한 평가 불변성으로 군주의 수입 중에서 이 부분이 매우 감소했을 것이다.

만약 화폐 기준에 큰 변화가 생겼다면, 즉 같은 양의 은을 더 낮은 액면가로 낮추거나 또는 좀 더 높은 액면가로 올린다면 어떤 결과가 나타날까. 예를 들어 1온스의 은이 현재와 같이 5실링 2펜스로 주조되는 대신에 2실링 7펜스처럼 무척 낮은 액면가로 주조된다거나 혹은 10실링 4펜스처럼 무척 높은 액면가로 주조된다면 전자의 경우 토지 소유주가 수입에 손해를 볼 것이고, 후자의 경우 군주가 수입에 손해를 볼 것이다.

편리한 조세 제도가 오래 간다

따라서 실제로 발생했던 것과 다소 다른 상황에서 이런 평가의 불변성은 납세자나 나라에 무척 큰 불편을 가져왔을 것이다. 그런 불편한 상황은 시간이 흐르면서 언젠가 반드시 나타난다. 인간의 모든 사업이 그러하듯, 여태까지 등장한 제국은 모두 유한했음에도 제국은 저마다 영원한 생명을 구한다. 따라서 모든 제도가 제국처럼 영구적으로 가려면 특정 상황뿐 아니라 모든 상황에서 편리해야 한다. 일시적이거나 드물거나 우발적인 상황에 따르지 않고, 언제나 동일하면서도 필연적인 상황에 적합해야 한다.

땅값의 변동에 따라 달라지거나 농사 짓는 상황의 개선이나 방치에 따라 오르내리는 토지세는 자신들을 경제학자라고 칭하는 프랑스 지식인 그룹이 모든 세금 중에서 가장 공평하다고 주장했다. 그들은 모든 세금은 궁극적으로 토지 지대에 부과되는 것이기에 최종적으로 세금을 내야 하는 재원에 공평하게 부과되어야 한다고 주장했다. 모든 세금이 최종적으로 그것을 지급해야 하는 재원에 최대한 공평하게 부과되어야 한다는 것은 분명 진실이다. 하지만 그런 프랑스 그룹이 자신의 기발한 이론을 뒷받침하는 데 활용한 지극히 추상적인 주장에 대해, 여기서는 불쾌한 논의를 할 필요는 없을 것이다. 그렇게 하지 않더라도 우리는 다음 논평에서 토지 지대에 최종적으로 부과된 세금이 무엇이며, 어떤 다른 재원에 최종적으로 부과된 세금은 무엇인지 충분히 살펴볼 수 있다.

베네치아 영토에서 임대 경작지는 지대의 10분의 1이 농부에게 세금으로 부과되었다.[238] 임대차 계약은 각 지방에서 세무 관리가 담당하는 등기부에 기록되었다. 소유주가 자기 땅을 경작할 때 그런 땅은 공평한 판단에 따라 평가되고, 세금의 5분의 1을 공제받는다. 그렇게 해서 당 토지에서 지주는 본래 지급하기로 한 10퍼센트 대신 8퍼센트만 납부하면 된다.

이런 부류의 토지세는 분명 잉글랜드 토지세보다 더 공평하다. 하지만 이런 세금은 전적으로 명확하지 않을 수 있으며, 세금 평가는 지주에게 때때로 훨씬 큰 문제를 안기기도 한다. 또한, 세금 징수에 들어가는 비용도 훨씬 더 높을 수 있다. 이러한 관리 시스템은 아마도 불확실성을 방지하고 비용을 낮추기 위해 고안되었을 것이다.

지주와 임차인은 등기부에 등록해야 한다

예를 들어 지주와 임차인은 공동으로 등기부에 임대차 계약을 기록하도록 강제될 수 있다. 그리하여 계약 조건을 숨기거나 왜곡한 쪽에는 적절한 벌금을 부과한다. 두 계약 당사자 중 상대방의 은폐나 왜곡을 고발해 유죄를 입증한 쪽에게 벌금 일부가 보상으로 지급된다면, 국고 세입을 사취하고자 지주와 임차인이 결탁하는 것을 효과적으로 막을 수 있을 것이다. 이렇게 하면 임대차 계약의 모든 조건은 등기부만으로 충분히 파악 가능하다.

---

238 장 루이 모로 드 보몽, 『유럽의 과세법에 관한 회고록』(*Memoires concernant les Droits & Impositions en Europe*). pp.240-241.—원주

일부 지주들은 임대료를 올리는 대신 임대차 계약 갱신 시 부담금을 받는다. 이러한 행동은 일반적으로 약간의 급전을 위해 훨씬 더 가치 있는 미래 수입을 팔아치우는 소비 성향을 보여준다. 이는 대다수 지주에게 해로운 조치다. 더 나아가 빈번히 임차인에게도 해로우며, 사회에는 언제나 피해를 입힌다. 이런 방법은 임차인의 대부분의 자본을 빼앗아가며, 그 결과 토지를 경작하는 능력이 크게 감소한다. 그 정도의 부담금을 지급했기 때문에 적은 지대를 지불하기에도 더 어려움을 느끼게 된다. 임차인의 경작 능력을 손상시키는 일은 무엇이든, 그런 손상이 없었더라면 생겼을 사회의 수익 중 가장 중요한 부분을 필연적으로 끝어내린다. 과세 당국은 통상적인 지대에 부과되는 세금보다 그런 부담금에 훨씬 무겁게 과세함으로써 이런 해로운 관행을 근절할 수 있다. 이렇게 하면 모든 관계자, 즉 지주, 임차인, 군주 그리고 사회 전체가 적지 않은 이득을 볼 것이다.

일부 임대차 계약은 계약 기간 동안 임차인에게 특정 농사 짓는 방법과 특정 작물의 재배를 요구한다. 이런 조건은 보통 지주가 자신에게 우월한 지식이 있다고 자만한 결과지만 대부분 근거는 없다. 그것은 언제나 추가 지대로 생각해야 하는데, 돈으로 받는 지대가 아니라 서비스 지대로 간주해야 한다. 일반적으로 어리석은 관행을 막기 위해 이런 부류의 지대는 다소 높게 평가해 그 결과 일반적인 화폐지대보다 다소 높은 세금을 매겨야 한다.

몇몇 지주는 돈으로 지대를 받는 대신에 밀, 가축, 가금, 와인, 기름 등의 현물로 줄 것을 요구한다. 다른 지주는 용역으로 지급을 요구한다. 그런 지대는 지주에게 이익이 되는 만큼 임차인에게는 해로울 수 있다. 지주는 자기 호주머니에 들어가는 것 이상으로 임차인의 수입을 감소시키거나 그의 주머니에 들어가지 못하게 한다. 이런 현물 지대나 용역 지대를 받는 모든 나라에서 임차인은 가난하고 비천한 삶을 살아가고, 그 정도는 그런 유의 지대가 횡행하는 정도에 따라 더욱 심해진다. 같은 방식으로 그런 지대를 다소 높게 평가해 그 결과 통상적인 화폐지대보다 다소 높은 세금을 징수하면 온 사회에 해로운 이러한 관행을 충분히 근절할 수 있다.

지주가 자기 땅을 점유하기로 했을 때 지대는 인근 농부와 지주의 공평한 중재에 따라 평가될 수 있다. 만약 그가 점유한 토지 지대가 특정 금액을 넘지 않는다면, 베네치아 영토에서와 같은 방식으로 적당한 세금 경감의 혜택이 주어질 수 있다.

지주가 영농하는 것이 바람직한 경우

중요한 점은 지주가 자기 토지 일부를 경작하도록 장려해야 한다는 것이다. 보통 지주 자본은 임차인보다 많으므로 기술 수준이 임차인에 못 미쳐도 종종 더 많은 생산물을 얻을 수 있다. 지주는 여러 실험을 시도할 여력이 있고, 보통은 그렇게 하는 경향을 보인다. 실패한 실험은 그에게 소소한 손실만 안길 뿐이다. 실험이 성공하면 국가 전체의 개선은 물론이고 더 나은 경작에 기여하게 된다.

하지만 세금 감면을 바라며 지주에게 직접 농사를 짓도록 장려하는 것이 유용할 수 있지만, 그것이 전부는 아니다. 대다수 지주가 소유한 땅 대부분을, 자본과 기술을 다 투입해 진지하고 부지런하게 일하면서 이득을 높이려는 임차인 대신, 자기 자신이 직접 경작하겠다는 유혹에 빠지면 어떻게 될까? 그런 토지에는 나태하고 방탕한 관리인으로 가득 차게 된다. 그런 관리인은 토지를 잘못 관리해 이내 경작 상태를 저하시키고, 해마다 땅에서 나는 생산물 양도 줄어든다. 이런 생산량 감소는 주인의 수입뿐만 아니라 사회 전체 수입에서 가장 중요한 부분에서도 나타날 것이다.

이런 제도는 토지세의 불확실성으로 인해 납세자가 받는 압박이나 불편함을 어느 정도 해소할 수 있다. 또한, 나라의 일반적 발전과 훌륭한 경작에 크게 이바지할 수 있는 계획이나 정책을 국토 관리에 도입하는 데 도움을 줄 것이다.

세금은 토지 생산력을 촉진해야 한다

지대 변화에 연동해 바뀌는 토지세 부과 비용은, 고정 평가액에 따라 평가된 토지세 부과 비용보다 다소 클 것이다. 국가의 여러 지역에 등기소를 설립하고 토지 소유주가 직접 사용하기로 한 토지를 재평가하는 데 추가 비용이 들기 때문이다. 하지만 이 모든 비용은 매우 적을 것이다. 이런 부류의 세금에서 쉽게 얻는 수입에 비교하면, 보잘것없는 세수를 올리는 다른 많은 세금 부과에서 발생하는 것보다 훨씬 적은 비용이 들어갈 것이다. 즉, 토지세 도입으로 얻는 이점이 비용보다 더 클 수 있다.

이런 유형의 변동하는 토지세가 토지 개선을 방해한다는 주장은 그 세금에 대한 가장 중요한 반대 의견이다. 토지 개선을 위한 비용에 아무것도 기여하지 않는 군주가 토지 개선에서 나오는 이익을 공유하려 든다면, 지주는 확실히 개선 의욕을 잃을 것이다. 하지만 지주가 토지 개선을 시작하기 전에, 세무 관리와 함께 지주와 농부가 공평하게 선택한 인근 특정 지역의 지주와 농부의 공평한 중재에 따라 소유한 땅의 실제 가치를 확인하고, 이런 투자를 완벽히 회수하기에 충분한 수년간의 평가에 따라 세금을 부과한다면 이런 반대조차 사라진다.

이런 종류의 토지세의 주요 이점 중 하나는, 군주가 자기 수입의 증가에 관심을 보이면서 토지 개선에 주목한다는 점이다. 따라서 지주가 투자한 것을 회수하는 기간은 그런 목적에 필요한 기간보다 더 길어서는 안 된다. 군주가 보이는 이런 관심은 수익이 멀리 있다고 생각되면 시들해지기 때문이다. 하지만 너무 짧기보다는 약간 긴 것이 좋다. 군주의 관심을 아무리 자극해봤자 지주의 작은 관심 부족을 메울 수는 없다. 군주는 영토 대부분을 더 잘 경작하는 데 어떻게 기여할 것인지에 대해 일반적이고 모호한 관심을 보일 뿐이다.

하지만 지주는 자신의 모든 땅을 가장 유리하게 활용할 수 있는 방법이 무엇인지를 놓고 구체적이고 세심하게 고려한다. 군주의 주된 관심은 권력으로 행사할 수 있는 모든 수단을 통해 지주와 농부들의 관심을 장려하는 데 있다. 군주는 지주와 농부가 자신의 판단에 따라 각자의 방식으로 이익을 추구하도록 허용하고, 그들의 노력에 대해 충분한 보상을 받을 수 있도록 완벽한 보호망을 제공해야 한다. 이렇게 하려면 모든 지역에서 수륙 양면으로 가장 쉽고 안전한 교통수단을 확보해야 하고, 다른 군주의 영토에 수출하는 무한한 자유도 제공해 그 결과 지주와 농부의 모든 생산물에 드넓은 시장을 마련해주어야 한다.

그런 행정제도 덕분에 이런 종류의 세금이 토지 개선에 어떠한 좌절도 안기지 않고 오히려 그런 개선을 장려하도록 관리될 수만 있다면 그 이득은 엄청날 것이다. 세금을 지급해야 한다는 피할 수 없는 불편 외에는 다른 불편을 초래하진 않을 것이다.

합리적 조세 제도는 적응력이 높다

사회가 어떤 발전 단계에 있든, 또 농업의 향상과 쇠퇴가 어떤 상황이든, 은 가치와 주화 기준에 어떤 변화가 발생했든, 이런 유형의 세금은 정부가 특별히 주의를 기울이지 않아도 자연스럽게 실질적인 상황에 적응하며, 모든 변화에도 불구하고 항상 공정하게 징수될 것이다. 따라서 이런 세금은 특정 평가에 따라 항상 부과되는 다른 어떤 세금보다도 영구적이고 불변하는 규정 혹은 나라의 근본법으로 확립되는 게 훨씬 적절하다.

몇몇 나라는 임대차 계약을 등기하는 간단하고 분명한 방편 대신, 나라의 모든 토지를 실제로 측량하고 평가하는 힘들고 비용이 많이 드는 방법을 선택했다. 그들은 임대인과 임차인이 국고 세입을 가로채기 위해 실제 임대 조건을 숨길 수 있다고 의심했다. 윌리엄 1세[1027-1087]의 지시로 작성된 토지대장은 이런 식으로 무척 정밀한 측량을 실시한 결과였다.

유럽 각국의 토지세 상황

프로이센 국왕의 옛 영토에서 토지세는 실제 조사 및 평가에 따라 부과되며, 이 평가는 수시로 검토 및 변경된다.[239] 그런 평가에 따라 세속 소유주는 수입의 20~25퍼센트까지 토지세로 내야만 했다. 성직자는 수입 중 40~45퍼센트까지 납부했다. 실레지아의 측량과 평가는 현재 국왕이 내린 지시에 따라 실시된 것으로, 그 정확도가 대단히 높다고 한다. 그런 평가에 따르면 브레슬라우 주교에게 속한 토지에는 25퍼센트 토지세가 부과되었다. 구교와 신교 성직자의 다른 수입에는 50퍼센트가, 튜턴 기사단과 몰타 기사단 영지에는 40퍼센트가 세금으로 부과되었다. 귀족이 보유한 토지에는 38과 3분의 1퍼센트, 예농(隷農)이 보유한 토지에는 35와 3분의 1퍼센트가 세금으로 부과되었다.

보헤미아의 측량과 평가는 1백 년 이상 걸린 일이었다. 이는 현재 여왕[마리아 테레지아, 1717~1780]의 명령으로 1748년 평화 조약 이후에야 완성되었다.[240] 밀라노 공국에서 시행한 측량은 샤를 6세 시대에 시작되었지만, 1760년 이후에야 완성되었다. 이는 여태까지 시행된 측량에서 가장 정확한 측량 중 하나로 인정받는다. 사보이와 피에몬테 측량은 사망한 사르디니아 국왕의 명령으로 시행되었다.[241]

프로이센 국왕 영토에서 교회 수입에는 세속 소유주 수입보다도 훨씬 더 큰 세금이 매겨졌다. 교회 수입은 대부분 토지에 부담이 되는데, 그 수입은 거의 토지 개선에 사용되지 않으며, 대다수 국민의 수입을 증가시키는 데에도 활용되지 않는다. 프로이센 국왕은 그런 이유로 나라가 긴급 사태에서 벗어나는 일에 교회가 훨씬 더 많이 이바지하는 게 합리적이라고 생각했을 것이다. 몇몇 나라에서 교회 토지는 모든 세금에서 면제된다. 교회 토지는 다른 토지보다 가벼운 세금을 납부하는 나라도 있다. 밀라노 공국에서 교회 소유지는 1575년 이전에는 실제 가치의 3분의 1만 과표(課標)로 잡아 세금을 부과했다.

실레지아에서는 귀족이 소유한 토지에 예농이 소유한 토지보다 3퍼센트 더 높은 세금을 부과한다. 프로이센 국왕은 귀족에게 동반되는 여러 다른 명예와 특권이 다소 가중되는 세금을 충분히 보상한다고 생각했을지 모른다. 동시에 국왕은 예농의 열등하고 굴욕적인 상태가 세금을 다소 적게

239 Memoires concernant les Droits & Impositions en Europe, tome 1, pp. 114, 115, 116 etc. —원주

240 Memoires concernant les Droits & Impositions en Europe, tome 1, pp. 83, 84. —원주

241 Memoires concernant les Droits & Impositions en Europe p. 280, also p. 287, etc, to 316. —원주

납부하는 것으로 어느 정도 완화되어야 한다고 생각했을 것이다. 타국에서 조세 체계는 불평등을 완화하기는커녕 악화시킨다. 사르디니아 국왕 영토에서 그리고 소위 토지 타이유(taille) 혹은 농지 타이유라고 부르는 세금을 거두는 프랑스 여러 지방에서, 세금은 전적으로 예농이 보유한 토지에만 부과되었고, 귀족이 보유한 토지는 면세였다.

불공평해지기 쉬운 토지세

전반적인 측량과 평가에 따라 부과되는 토지세라 하더라도, 처음에 얼마나 공평했든지 간에 시간이 조금씩 지나면서 불공평해지기 마련이다. 이런 불공평을 막으려면 국가의 모든 다른 농장 생산물과 그 상태에서 드러나는 변화에 대해 정부가 지속해서 엄격한 관심을 기울여야 한다. 프로이센, 보헤미아, 사르디니아, 밀라노 공국 정부는 실제로 여기에 엄정한 주의를 기울인다. 이런 높은 관심도는 정부의 특성상 적합하지 않으며, 지속성도 낮을 것이다. 만약 그런 관심이 지속된다면 장기적으로 볼 때 납세자에게 안도감을 주기보다 두통을 안기고 성가시게 할 가능성이 더 크다.

1666년 몽토방 징세구[세금구역]에는 무척 정확한 측량과 평가에 따라 토지 혹은 농지 타이유가 부과되었다.[242] 1727년에 이르러 이런 평가는 전적으로 불공평해졌다. 이런 불편을 해결하기 위해 프랑스 정부는 고민한 결과, 모든 지역에 12만 리브르의 추가 세금을 부과하는 것보다 더 나은 방편을 찾지 못했다. 이 부가세는 옛 평가에 따라 타이유에 해당하는 대상인 모든 지역에 부과되었다.

하지만 추가 세금은 이전 평가로 실제로 세금을 적게 걷는 상황이 벌어지는 지역에만 부과되었고, 같은 평가로 세금이 더 많이 부과되는 지역에는 경감하는 데 사용되었다.

예를 들어 한 지역은 실제 상황에서 9백 리브르를 걷어야 하고, 다른

242　Memoires concernant les Droits & Impositions en Europe, tome ii, pp. 139, 145-7, etc.—원주

한 지역에서는 1천 1백 리브르를 걷어야 하는데 옛 평가에 따라 두 지역 모두 1천 리브르가 징수되었다. 두 지역은 추가세로 각각 1천 1백 리브르를 납부하게 되었다. 그렇지만 이런 추가세는 세금을 적게 걷은 지역에만 부과되고, 세금을 더 걷은 지역의 경감에 전액 쓰여 해당 지역은 결과적으로 9백 리브르만 납부한 것이 되었다. 정부는 추가세로 얻는 것도, 잃는 것도 없으며, 이 세금은 전적으로 옛 평가로 발생한 불공평을 바로잡는 데 쓰인다. 이런 추가세 활용은 지역 행정 장관의 재량에 따라 실시되므로 그 결과는 상당히 자의적인 것이었다.

제1조 1항
지대에 비례하지 않고 토지 생산물에 비례하는 세금

토지 생산물에 부과되는 세금도 사실상 지대에 부과되는 세금이다. 그런 세금은 처음에는 농부가 선납하지만, 최종적으로 지주가 납부한다. 생산물의 특정 부분이 세금으로 납부될 때 농부는 가능한 한 이런 부분의 가치가 어떤지 매해 잘 계산해 지주에게 지급하기로 합의한 지대에서 그에 비례해 감액한다. 이런 부류의 지세인 교회 십일조가 해마다 얼마나 되는지 미리 계산하지 않는 농부는 없다.

교회의 십일조

십일조와 이런 부류의 다른 토지세는 겉으로 보면 완벽히 공평하지만, 실상은 무척 불공평한 세금이다. 생산물의 양이 달라지면 지대도 달라지기 때문이다. 가령 어떤 비옥한 땅에서는 생산물이 무척 많아, 그 절반만으로 경작에 활용된 농부의 자본에 더해 해당 지역에 들어간 농업 자본의 통상 이익까지 충분히 회수할 수 있다.

이런 상황에서 십일조가 없다면, 농부는 다른 절반, 즉 나머지 절반의 가치를 지주에게 지대 조로 지불할 수 있을 것이다. 하지만 생산물의 10분의 1이 십일조로 사라진다면 농부는 지대의 5분의 1을 감액할 것을 요구해야 하며, 그렇지 않으면 통상 이익과 더불어 투입한 자본을 회수하지 못한다. 이때 지주의 지대는 총 생산물의 절반, 10분의 5가 되는 것이 아니라, 10분의 4에 불과하다.

그와 반대로 빈약한 땅에서는 생산물이 너무 적은데 경작 비용이 워낙 커서 통상 이윤에 투자한 자본을 농부가 회수하려면 총 생산물의 5분의 4를 필요로 한다. 이때 십일조가 없더라도 지주의 지대는 총 생산물의 5분의 1 혹은 10분의 2를 넘을 수 없다. 하지만 농부가 십일조로 생산물의 10분의 1을 지급하면 지주에게 같은 양만큼 지대 경감을 요구할 수밖에 없으며, 결국 지대는 총 생산량의 10분의 1로 줄어든다. 비옥한 땅의 지대에서 십일조는 때로 5분의 1 혹은 1파운드에 4실링의 세금이 되겠지만, 토질이 척박한 땅에서는 때로 절반 혹은 1파운드에 10실링의 세금이 된다.

십일조는 빈번히 지대에 부과되는 아주 불공평한 세금이다. 이것은 언제나 지주가 시도하려는 토지 개선과 농부의 경작을 크게 방해한다. 비용을 일절 투입하지 않는 교회가 이윤만 크게 가져가려고 하면 사태는 어떻게 돌아갈까. 그러면 지주는 고비용이 요구되는 가장 중요한 토지 개선을 시도할 수 없고, 또한 농부도 보통 가장 값비싸고 귀한 작물을 과감히 키울 수가 없다. 오랫동안 꼭두서니[염료용 식물]를 재배한 것은 십일조가 부과되지 않은 네덜란드 공화국에서만 가능했다. 이곳은 장로교를 믿는 나라였기에 이런 파괴적인 세금에서 면제되었고, 유럽 나머지 지역에 대해 그런 유용한 염색약에 관해 일종의 독점적 지위를 누렸다. 잉글랜드는 최근에 십일조 대신 1에이커당 5실링을 받는 법령이 제정되어서 꼭두서니를 재배할 수 있게 되었다.

아시아의 토지세

아시아의 대부분 나라도 유럽처럼 국가 운영은 주로 토지세로 유지되며, 이는 지대가 아닌 토지 생산물에 비례한 세금으로 매긴다. 중국에서 군주의 주된 수입은 제국의 모든 토지에서 나오는 생산물의 10분의 1로 이루어진다. 하지만 이런 10분의 1은 많은 지방에서 무척 온건하게 추산되기에 통상 생산물의 30분의 1을 넘지 않는다. 반면 벵골이 영국 동인도회사의 손에 떨어지기 전에 그곳의 이슬람 정부에 납부되던 토지세 혹은 지대는 생산물의 약 5분의 1에 해당했다. 고대 이집트의 토지세 역시 마찬가지로 5분의 1이었다.

아시아에서 이런 부류의 토지세 덕분에 군주는 토지 개선과 경작에 관심을 보이게 되었다. 중국의 군주, 이슬람 정부 치하의 벵골 군주와 고대 이집트 군주는 그렇게 해서 자국 영토가 제공할 수 있는 가장 광대한 시장을 마련함으로써 토지 생산물의 수량과 가치를 최대한 증대하고자 훌륭한 도로와 운항 가능한 수로를 만들고 유지하는 데 큰 관심을 기울였다.

반면 교회 십일조는 여러 작은 부분으로 세분되므로 그 소유주[교회] 중 누구도 이런 부류의 관심을 보일 수 없었다. 교구 목사는 자기 교구 생산물을 매매하기 위한 시장을 확대하고자 국가의 먼 지역으로 이어지는 도로나 수로를 만드는 게 자기 이익이라고 생각하지 않는다. 어떤 경우에도 국가 유지를 위한 세금은 납세의 불편함을 어느 정도 상쇄하는 이점이 있다. 하지만 교회 유지를 목적으로 하는 십일조는 불편함 외에 어떤 다른 혜택도 가져다주지 않는다.

현물이나 현금으로 납부되는 토지세

토지 생산물에 대한 세금은 현물로 부과되거나 특정 평가에 따라 금전으로 부과될 수 있다. 교구 목사 혹은 사유지에 거하면서 소규모 부동산을 지닌 향사들 중에, 전자는 십일조를, 후자는 지대를 현물로 받는 게 유리하다고 생각한다. 이때 징수할 양과 징수 대상 지역이 무척 소소해, 세금 징수와 처분 과정을 자기 눈으로 직접 감독할 수 있다.

그러나 수도에 거주하면서 지방에 엄청난 부동산을 가진 신사는 이런 식으로 징수할 수 없다. 먼 지역에 있는 사유지에서 발생하는 지대 관리를 위해 고용한 토지 관리인이나 대리인의 방치 혹은 속임수로 큰 고통을 겪을 위험이 있다. 또한, 이런 상황에서 군주의 손실은 세금 징수원의 강탈과 폐해로 인해 귀족보다 훨씬 더 커진다. 부주의한 귀족의 하인 하나가 가장 세심한 군주의 하인보다 주인에게 더 많은 감시를 받기 때문이다. 그리하여 현물로 지급되는 국고 세입은 세금 징수원의 잘못된 행정으로 큰 고통을 겪으며, 국민에게 부과된 것에서 극히 적은 부분만 국고에 들어온다.

중국의 국고 세입 중 일부는 이런 현물 방식으로 납부된다고 한다. 중국의 정부 관리와 세금 징수원은 화폐로 징수되는 것보다 군주에게 더 큰 피해를 주는 이런 징수 방식을 계속 유지함으로써, 그들이 더 큰 이익을 보는 것이다.

돈으로 부과되는 토지 생산물에 대한 세금은 시장가격 변화에 맞춰 바뀌는 평가에 의해 부과되거나 혹은 고정된 평가에 의해 부과되는데, 가령 시장 상황이 어떻든 밀 1부셸은 늘 같은 화폐가격으로 평가하는 고정 방식으로 부과될 수 있다. 전자의 방식으로 부과되는 세금 수입은 경작 개선이나 방치에 따른 실제 토지 생산물 양에 발생하는 변화에 따라 달라질 것이다. 그러나 후자의 방식으로 부과되는 세금 수입은 토지 생산물의 양에 나타나는 변화뿐만 아니라, 귀금속의 가치와 여러 다른 시기에 동일한 액면가의 주화에 포함된 귀금속 양의 가치에 따라서도 달라진다. 전자의 수입은 늘 실제 토지 생산물 양이 지니는 가치에 비례할 것이다. 후자의 수입은 그 가치에 대해 시기에 따라 달라지면서 무척 다른 비율을 가질 것이다.

모든 세금이나 십일조가 토지 생산물의 특정 부분이나 그 가격 대신 화폐 특정액으로 완전히 보상된다면, 이런 경우의 세금은 잉글랜드 토지세와 유사한 성격을 가질 것이다. 이 세금은 토지 지대와 함께 늘거나 줄지 않는다. 이것은 토지 개선을 장려하거나 막지도 않는다. 십일조 대신에 모두스(modus)라는 현금납부 방식을 채택한 교구 대부분에서 십일조는 그런 부류의 세금이다.

가령 벵골에서 이슬람 정부가 통치하는 동안 토지 생산물의 5분의 1을 현물로 지급하는 대신에 무척 적절한 금액의 모두스로 징수하는 방식이 나라의 대부분 지역 혹은 영지에서 확립되었다. 하지만 동인도회사의 몇몇 직원들은 국세의 적합한 가치를 회복해야 한다는 핑계를 대며 몇몇 지역에서 이런 모두스를 현물 지급으로 변경했다. 그들의 관리 아래 이런 변화는 토지의 원활한 경작을 막고, 국세 징수에 새롭게 피해를 입혔다. 세수는 그 지역이 처음 동인도회사의 관리 아래 들어왔을 때보다 훨씬 못 미치는 수준으로 떨어졌다. 이런 변화로 동인도회사 직원들은 이득을 봤을지도 모르지만, 그 피해는 그들의 주주와 본국 정부에 고스란히 돌아갔다.

제1조 2항
주택 임대료에 부과되는 세금

건물 임대료

주택 임대료는 두 부분으로 구별할 수 있는데, 하나는 건물 임대료 (Building rent)라고 부르는 게 적합하고, 다른 하나는 흔히 택지 지대(宅地地代, Ground rent)라고 한다.

건물 임대료는 가옥 건축에 들인 자본의 이자나 이윤이다. 건축업자의 사업이 다른 사업과 같은 수준에 있으려면 건물 임대료는 두 가지 조건을 갖추어야 한다.

첫째, 훌륭한 담보를 받고 대출한다면 이자를 지급하기에 충분한 금액이어야 한다. 둘째, 지속적인 주택 수리에 충분한 금액. 혹은 같은 말이지만 특정 기간에 가옥을 건설하는 데 든 자본을 회수할 수 있어야 한다. 따라서 건물 임대료 혹은 건물의 통상 이윤은 모든 곳에서 화폐의 통상 이자에 따라 규정된다.

시장 이자율이 4퍼센트라면, 택지 지대를 지불한 후 전체 건축 비용에서 6퍼센트 또는 6.5퍼센트의 수익을 내는 주택의 임대료는 건축업자에게 충분한 이윤을 제공한다. 시장이자율이 5퍼센트인 곳에서 그런 임대료는 7퍼센트 혹은 7.5퍼센트가 되어야 한다. 금리와 비례해 건축업자의 사업이 어느 때든 이보다 훨씬 더 큰 이윤을 제공한다면 그런 사업은 이내 다른 사업으로부터 많은 자본을 끌어들일 것이고, 이윤은 적정 수준으로 인하될 것이다. 어느 때든 이보다 더 적은 이윤을 제공한다면 건축업에 투입된 여러 자본이 곧 다른 곳으로 빠져나가게 되고 그리하여 이윤은 다시 올라간다.

건물 전체 임대료에서 이런 타당한 이윤을 제공하고 남는 부분은 자연스럽게 택지 지대가 되며, 택지 소유주와 건물 소유주가 다른 경우에 대체로 전자에게 지급된다. 이런 잉여 지대는 집 거주자가 어떤 현실적 이득 혹은 추정된 이득에 지급하는 가격이다. 대도시에서 멀리 떨어져 있고 선택할 수 있는 땅이 많은 시골집에서는, 택지 지대가 전혀 고려할 수준이 아니거나 집이 건설된 토지가 농업에 활용됐더라면 지급했을 법한 액수만 제공하면 된다. 대도시 인근 시골 별장에서 택지 지대는 때로 훨씬 높은 가격을 형성하는데, 별장 환경이 제공하는 특유한 편리함이나 아름다운 경치에 많은 대가가 지불된다. 택지 지대는 보통 수도에서 그리고 주택 수요가 가장 많은 수도의 특정 구역에서 가장 높다. 그런 수요가 발생하는 이유가 사업을 위해서인지, 즐거움과 교제를 위해서인지 혹은 단순히 허영과 유행을 따르는지 등은 여기서 그리 중요치 않다.

가옥 임대료

각 가옥의 지대 전액에 비례해 임차인이 지급하는 가옥 임대료에 부과되는 세금은 적어도 꽤 오랜 기간 건물 임대료에 영향을 미치지 못한다. 여기서 타당한 이윤을 얻지 못한다면 건축업자는 사업을 중단해야 하며, 이렇게 되면 건물 수요가 늘어남으로써 얼마 지나지 않아 이윤은 다른 사업과 비슷하게 적정 수준으로 돌아온다. 세금은 택지 지대에만 부과되는 것이 아니라 분할하여 부과된다. 그리하여 일부는 가옥 거주자에게, 다른 일부는 토지 소유주에게 부과된다.

예를 들어 어떤 특정인이 한 해 60파운드의 가옥 임대료를 부담한다고 해보자. 또 1파운드에 4실링 혹은 5분의 1의 세금이 가옥 임대료에 부과되어 거주자가 지불한다고 해보자. 이때 거주자는 임대료 60파운드의 주택에 대해 실제로는 한 해 72파운드를 지불한다. 이것은 가옥 거주자가 생각한 것보다 12파운드 많은 금액이다. 따라서 그는 이보다 가격이 떨어지는, 임대료 50파운드 가옥으로 만족하고 그 60파운드 집에는 들어가지 않을 것이다. 그래야 세금 10파운드를 더해 부담 가능한 비용인 60파운드가 되기 때문이다. 세금을 지급하기 위해 그는 한 해 10파운드를 더 내는 가옥이 제공하는 편리함을 일부 포기한다. 세금 납부 때문에 그런 편리함을 모두 포기하지는 않을 것이므로 일부라고 표현했다. 그렇게 하여 한 해 50파운드로 세금이 없었을 때보다 더 나은 집을 구할 수 있다.

이런 부류의 세금은 특정 경쟁자를 제거함으로써 한 해 임대료가 60파운드인 가옥에 대한 경쟁을 낮추고, 마찬가지로 임대료 50파운드 가옥의 경쟁도 감소시키며, 같은 방식으로 다른 임대료를 받는 모든 가옥의 경쟁도 감소시킨다. 가장 낮은 임대료를 받는 가옥에 대한 경쟁은 한동안 늘어나겠지만, 경쟁이 줄어든 모든 종류의 가옥 임대료는 어떤 식으로든 감소할 것이다.

그렇지만 이런 감소는 오랜 시간 건물 임대료에 영향을 주지 않을 수 없고, 그런 감소 부분은 장기적으로 택지 지대가 떠맡는다. 따라서 이런 세금을 최종적으로 지급하는 것은 부분적으로는 자기 몫의 세금을 지급하기 위해 편리함 일부를 포기해야 하는 가옥 거주자이며, 부분적으로는 자기 몫의 세금을 지급하기 위해 수입 일부를 포기해야 하는 토지 소유주일 것이다. 최종적인 세금 지급이 어떤 비율로 둘 사이에 나뉠 것인지는 알아내기 쉽지 않다. 여러 상황에 따라 이런 배분은 무척 다를 것이며, 가옥 거주자와 토지 소유주에게 무척 불공평하게 영향을 미칠 것이다.

이런 종류의 세금이 다른 토지 지대 소유주에게 가할 수 있는 불공평은 전적으로 이런 지대가 균등하게 분배되지 않는다는 사실에서 비롯된다. 하지만 여러 가옥 거주자에게 다가올 불공평은 이뿐 아니라 다른 원인으로 발생할 것이다. 가옥 임대료가 생활비 전체에서 차지하는 비율은 재산 수준에 따라 다르다. 이 비율은 재산이 가장 많을 때 가장 높고, 재산이 줄면서 그에 따라 작아지다가 대체로 재산이 가장 적을 때 가장 낮아진다.

생활필수품은 가난한 사람들에게는 큰 비용이다. 그들은 식품을 구하기가 만만치 않다고 생각하며, 적은 수입 대부분이 식품 구입에 들어간다. 부자들의 주된 지출은 삶의 사치와 허영심에서 나오며, 웅장한 집은 그들이 소유한 다른 모든 사치와 허영심을 잘 꾸미고 돋보이게 한다. 따라서 가옥 임대료에 부과되는 세금은 대개 부자가 가장 많이 납부하는데, 이런 부류의 불공평에는 불합리한 점이 별로 없다. 부자가 수입에 비례할 뿐만 아니라 그 이상의 비율로 공적 비용에 이바지해야 한다는 것은 당연하다.

토지 지대와 가옥 임대료의 차이점

가옥 임대료는 어떤 측면에서 토지 지대와 비슷하면서도, 한 가지 측면에서는 본질적으로 다르다. 사람들은 농사를 짓기 위해 토지를 사용할 수 있는 권리에 대해 지대를 지급한다. 즉, 토지는 생산적인 물건[곡식]을 산출함으로써 지대를 생산한다. 가옥 임대료는 비생산적인 물건을 활용하는 대가로 지급된다. 가옥이나 그것이 세워진 토지는 어떠한 것도 생산하지 않는다.[243] 따라서 가옥 임대료를 지급하는 사람은 주택과는 완전히 별개인 다른 수입에서 그런 임대료를 획득해야 한다. 가옥 임대료에 부과되는 세금을 거주자가 납부한다면 그 세금은 임대료 자체와 동일한 출처에서 나와야 한다. 즉, 거주자의 수입이 노동 임금에서 나오든, 자본 이익에서 나오든, 토지 지대에서 나오든 그 수입에서 납부되어야 한다. 가옥 임대료가 거주자 부담인 이상 그런 임대료는 하나의 수입 원천만이 아닌 세 가지 다른 수입 원천 모두에 차별 없이 부과되는 세금이며, 모든 측면에서 다른 모든 소비재에 부과되는 세금과 똑같은 특징을 지닌다.

대체로 한 사람의 총 지출이 많은지 적은지를 판단할 때, 가옥 임대료는 가장 큰 비중을 차지하는 소비 항목이다. 이런 특정 지출 항목에 부과되는 비례세는 여태까지 유럽 어떤 지역에서 징수한 세금 수입보다 더 큰 수입을 가져왔다. 실제로 해당 세금이 무척 높으면 대다수 사람은 더 작은 주택에 만족하고 지출 대부분을 다른 분야에 돌림으로써 그 세금을 최대한 피하려고 노력할 것이다.

243　여기서 가옥은 개인이 사용하는 주택이나 회사가 들어선 사무실 등 모든 건물을 가리킨다. 가옥이 들어선 땅은 그 자체로 밀이나 귀리 같은 곡물을 생산하지 않으므로 비생산적이라고 보았다.

가옥 임대료는 토지의 지대 확인과 같은 정책으로 충분히 정확하고 쉽게 확인할 수 있다. 사용자가 없는 가옥은 세금이 면제된다. 그런 비사용 가옥에 대한 세금은 전적으로 건물주에게 귀속되며, 그 경우 세금은 편리함·소득 등을 제공하지 않는 건물에 부과하는 것이 된다. 반면 소유주가 실제 거주하는 가옥이라면, 그 세금은 건축에 소요된 비용이 아니라, 세입자에게 임대할 경우 공정한 중재로 판단할 수 있는 임대료에 따라 부과되어야 한다. 건축비에 따라 세금이 부과되어 건축비 1파운드당 3실링 혹은 4실링을 낸다면 여기에 다른 세금도 합쳐져 세금은 과도해진다. 그것은 잉글랜드와 다른 문명국에 있는 부유하고 훌륭한 가문들을 거의 파멸로 이끌 것이다.

잉글랜드에서 가장 부유하고 저명한 몇몇 가문이 여러 다른 도시와 시골에 보유한 가옥을 주의 깊게 살펴보았다면, 원래 건축 비용의 6.5퍼센트나 7퍼센트로 정한 그들의 가옥 임대료가 그들의 사유지 순 지대와 거의 같다는 것을 알게 될 것이다. 이러한 비용은 여러 세대에 연이어 축적된 것이고, 무척 아름답고 장대한 건물에 실제 투입된 비용이다. 하지만 그들이 실제로 들인 비용에 비례하면 그 주택의 교환가치는 무척 적은 것이다.[244]

택지 지대는 적정한 과세 대상

택지 지대(ground rents)는 가옥 임대료보다 훨씬 더 적절한 과세 대상이다. 택지 지대에 부과되는 세금은 가옥 임대료를 높이지 않을 것이다. 이는 전적으로 택지 지대 소유주에게 부과된 것이고, 그는 항상 독점 사업자처럼 행동하며 자기 택지의 활용에서 최대한의 지대를 받아낸다. 택지에서 얻을 수 있는 지대가 크고 작은 것은 그 땅을 얻으려는 경쟁자가 부유한지 가난한지에 따라 달라진다. 즉, 경쟁자가 특정 장소의 토지에 자기 소망을 실현하는 데 비용을 크게 혹은 적게 들이냐에 따라 달라지는 것이다.

모든 나라에서 부유한 경쟁자가 가장 많은 곳은 수도이며, 그런 이유

---

244 이 책의 초판이 발간된 이래, 위에서 언급한 원칙들에 거의 준하는 세금이 부과되어왔다.—원주

로 가장 높은 택지 지대는 항상 수도에서 나타난다. 이렇게 높은 지대에 세금이 부과된다면 부유층은 토지 사용에 대해 더 많은 비용을 내고 싶지 않을 것이다. 거주자가 세금을 선납하는지 혹은 택지 소유주가 선납하는지는 그다지 중요하지 않다. 이런 세금을 거주자가 더 많이 지급할수록 택지 소유주는 택지에 비용을 덜 지급하려 한다. 결국, 세금의 최종 납부는 전적으로 택지 지대 소유주가 담당해야 한다.

택지 지대와 통상적인 토지 지대는 많은 경우에 소유주가 전혀 신경 쓰지 않거나 관심을 보이지 않아도 누리는 부류의 수입이다. 이런 수입은 국가가 비용을 충당하려고 일부 가져가더라도 사람들의 근면한 노동을 방해하지 않는다. 한 국가의 토지와 노동의 연간 생산물, 즉 대다수 국민의 실제 부와 수입은 그런 세금이 부과된 뒤에도 이전과 같을 것이다. 따라서 택지 지대(ground-rents)와 토지의 통상 지대(ordinary rent of land)는 그것에 부과되는 고유한 세금을 가장 잘 감당할 수 있는 부류의 수입이다.

이런 측면에서 택지의 토지세는 통상적인 토지 지대보다 과세하기에 더 좋은 것처럼 보인다. 통상적인 토지 지대는 많은 경우에 부분적으로는 지주의 관심과 훌륭한 관리에 힘입은 것이다. 과중한 세금은 이런 관심과 훌륭한 관리를 크게 방해한다. 택지 지대가 통상적인 토지 지대를 초과한다면, 이는 전적으로 군주의 훌륭한 통치 덕분이며, 전체 국민 혹은 특정 장소의 거주민들의 근면함을 보호함으로써 그들이 자신의 주택을 건설할 택지에 실제 가치보다 더 많은 돈을 지불한 결과이다. 또한 토지를 사용하는 다른 사람이 겪을 수 있는 잠재적 손실에 대해 토지 소유자에게 보상한다. 나라의 훌륭한 통치 덕분에 비로소 존재할 수 있게 되는 재원에 특별히 과세하는 것 혹은 그런 재원이 정부 유지를 위해 대부분의 다른 재원보다 훨씬 더 많은 이바지를 하는 것은 합리적인 결과라고 볼 수 있다.

유럽 많은 나라에서 가옥 임대료에 세금이 부과되었지만, 택지 지대를 별개의 과세 대상으로 생각했던 곳이 있었는지 나는 모른다. 과세 고안자는 지대의 어떤 부분이 택지 지대로 고려되어야 하는지, 어떤 부분이 건물 임대료로 인정되어야 하는지 확인하는 데 어려움을 겪었을 것이다. 하지만 이 둘을 서로 구분하는 것은 그리 어렵지 않다.

잉글랜드의 가옥 임대료

그레이트브리튼에서 가옥 임대료는 연간 토지세라고 불리는 토지 지대와 같은 비율로 과세되는 것으로 생각되고 있다. 각기 다른 교구와 지역에서 이런 세금을 할당할 때 준수하는 평가액은 항상 같다. 이는 본래 지극히 불공평했는데, 여전히 그런 상태다. 왕국 대부분에서 이런 세금은 토지 지대보다 가옥 임대료에 훨씬 가볍게 부과된다. 본래 그런 세금이 높게 평가되었으나 가옥 임대료가 크게 떨어진 몇몇 소수 지역에서만 토지세는 1파운드당 3실링 혹은 4실링이었는데, 이것이 실제 가옥 임대료의 공평한 비율이다. 법률상 과세 대상인 사용자 없는 가옥은 대다수 지역에서 세액 사정인의 직권을 통해 면제되었다. 그리고 이런 면제는 때로 특정 가옥의 세금에 약간의 변화를 가져왔지만, 지역 세금은 늘 변함없이 같았다. 새 건물, 수리 등에 따른 지대 상승은 지역의 세금 부담을 덜어주지만, 특정 가옥의 세금에 대해서는 훨씬 더 큰 변동을 가져온다.

네덜란드에서는 모든 가옥에 그 가치의 2.5퍼센트에 해당하는 세금이 부과되었고, 가옥에서 실제로 받는 임대료나 거주자의 유무는 전혀 고려되지 않았다.[245] 소유주가 아무런 수입도 올리지 못하는 가옥에 세금, 그것도 과중한 세금을 물리는 것은 가혹한 처사다. 시장이자율이 3퍼센트를 넘지 않는 네덜란드에서 가옥의 전체 가치에 대한 2.5퍼센트 세금은 대다수 건물 임대료 혹은 전체 임대료의 3분의 1 이상에 해당한다. 하지만 실제로는 가옥에 세금을 부과하는 평가 기준은 무척 불공평하긴 해도, 항상 실제 가치 이하라고 한다. 가옥을 재건축하거나 개선하거나 확장하면 새 평가를 내리고, 그에 따라 과세한다.

잉글랜드에서 다른 시기마다 가옥에 부과되는 여러 세금을 고안했던

---

245 Memoires concernant les Droits & Impositions en Europe, tome I, p. 223.—원주

사람들은, 모든 가옥의 실제 임대료를 정확히 파악하기가 무척 어렵다고 생각했던 모양이다. 그래서 그들은 일정한 기준에 따라 세금을 정하려고 노력했고, 대부분은 세금이 임대료에 일정하게 비례해야 한다고 생각했다.

잉글랜드의 난로세와 창문세

이런 부류에 속하는 첫 세금은 난로세(hearth-money)였는데, 각 난로마다 세금 2실링을 매기는 것이었다. 가옥에 얼마나 많은 난로가 있는지 확인하고자 세금 징수원은 가옥 안으로 들어가야 했다. 이런 끔찍한 방문은 해당 세금을 혐오스러운 것으로 만들었다. 따라서 혁명[1688년 명예혁명] 종료 후 얼마 지나지 않아 이 세금은 사람을 노예로 여기는 것이나 다름없다고 여겨져 폐지되었다.

이런 부류에 속하는 다음 세금은 사용자가 있는 가옥에 부과되는 2실링의 세금이었다. 10개의 창문이 있는 가옥은 4실링을, 20개 이상이면 8실링을 내야 했다. 이 세금은 이후 20~29개 창문이 있으면 10실링을, 30개 이상이면 20실링을 내도록 변경되었다. 대다수 창문 수는 외부에서 계산할 수 있고, 가옥의 모든 방을 확인해야 할 필요는 없었다. 따라서 세금 징수원의 방문은 난로세보다 불쾌함이 덜했다.

난로세는 이후에 폐지되었고, 그 대신 창문세(window tax)가 확립되었는데, 마찬가지로 여러 변화를 거쳐 증액되었다. 1775년 1월 현재, 잉글랜드의 모든 가옥에는 창문세로 3실링(스코틀랜드는 1실링)의 세금이 부과되고 있다. 여기에 더해 모든 창문에 세금을 부과하는데 창문이 7개를 넘지 않는 가옥에 최저 세금인 2펜스를 매기고, 이 세금은 누진되어 창문이 25개 이상인 가옥에 최고 세금인 2실링을 매긴다.

불공평은 조세불만의 주된 원인

이러한 최악의 세금에 대한 주된 반대는 세금의 불평등, 즉 부유층보다 가난한 사람들에게 훨씬 더 무겁게 부과되는 경우가 많다는 데서 온다. 지방 도시에서 10파운드 임대료를 받는 가옥에는 때로 런던에서 5백 파운드 임대료를 받는 가옥보다 더 많은 창문이 있다. 전자가 후자보다 훨씬 빈곤할 가능성이 높지만, 분담금이 창문세에 따라 규정되는 한 그는 국고에 더 많은 세금을 내야 한다. 따라서 그런 세금은 앞서 언급한 네 가지 원칙 중 첫 번째[공평의 원칙]에 직접 배치된다. 하지만 다른 세 가지 원칙[명확, 편의, 최소 징수]은 위반하지 않은 것으로 보인다.

창문세와 기타 가옥에 부과되는 세금은 자연스럽게 가옥 임대료를 낮추는 경향이 있다. 어떤 사람이 세금을 더 많이 납부할수록 임대료를 지급할 여력은 줄어든다는 것은 자명하다. 하지만 창문세 시행 이후 내가 아는 그레이트브리튼의 거의 모든 도시와 마을에서 정도 차이는 있어도 전반적으로 가옥 임대료가 상승했다. 거의 모든 곳에서 가옥 수요가 증가하여 창문세로 인해 임대료가 낮아진 부분을 상회하는 폭으로 임대료가 올라갔다. 이는 국가의 큰 번영과 국민의 수입 증대를 나타내는 수많은 증거 중 하나다. 창문세가 없었다면 가옥 임대료는 훨씬 더 높았을 것이다.

제2조
이윤에 부과되는 세금

제2조는 두 항으로 구성되며, 제1항은 자본에 대한 이윤세, 그리고 제2항은 특정 사업에 대한 이윤세로 구성되어 있다.

제2조1항
자본에서 발생한 수입에 부과되는 세금

자본에서 발생하는 수입 혹은 이윤은 자연스럽게 두 부분으로 나뉜다. 하나는 이자를 지급하는 부분으로 자본 소유주에게 귀속되며, 다른 하나는 이자 지급에 필요한 것을 넘어서는 잉여 부분이다.

이윤 중 잉여 부분은 비과세

이런 이윤에서 후자[잉여 부분]는 명백히 직접 과세 대상이 아니다. 이는 보상이며, 대다수는 자본 활용의 위험과 곤란에 따른 무척 온당한 보상이다. 자본을 투자한 사람은 반드시 이런 보상을 받아야 하며, 그렇지 않으면 그는 계속 자본을 투자할 수가 없다. 따라서 전체 이윤에 비례해 직접 과세한다면 사업주는 이윤율을 높이거나 빌린 돈에 대한 이자 부담을 줄여야 한다.

자본을 투자한 사람이 세금에 대응하여 이윤율을 높인다면 세금 전체는 그가 선납하더라도 자금 사용 방법에 따라 궁극적으로 두 부류 중 어느 한쪽이 전체를 부담하게 된다. 만일 그가 토지 경작을 위한 농업 자본으로 사용했다면, 그는 농산물의 더 큰 부분을 보관하거나 가격을 인상함으로써 수익률을 높일 수 있다. 이는 지대를 낮춰야만 달성할 수 있으므로 세금의 최종 부담은 지주가 진다.

그가 자본을 상업이나 제조를 위한 자본으로 사용했다면 그는 상품가격을 올리는 것으로만 이윤율을 상승시킬 수 있다. 그런 경우에 세금을 최종적으로 지급하는 것은 전적으로 그런 상품을 구매하는 소비자이다. 이윤율을 높이지 않는다면 그는 이자로 지정된 부분에 대해 전체 세금을 납부해야 한다. 그러면 자신의 빌린 자본에 대한 이자를 덜 낼 수 있지만, 결국 세금 부담의 모든 무게가 이자 지급에 집중되게 된다. 어떤 방법으로 세금을 면할 수 없다면, 다른 방법을 찾아 의존할 수밖에 없다.

이자는 언뜻 보기에 토지 지대처럼 직접 과세 대상으로 보인다. 토지 지대처럼 그것은 자본 활용의 모든 위험과 곤란을 온전히 보상한 뒤에 남는 이익이다. 하지만 토지 지대에 세금을 부과한다고 해서 지대를 올릴 수는 없다. 농부의 자본을 합리적 이익과 함께 회수한 뒤 농부에게 남는 순생산물이 세금 부과 전보다 부과한 뒤에 더 클 수는 없기 때문이다. 따라서 같은 이유로 이자에 세금을 부과한다고 해도 이자율이 높아지지는 않는다. 한 국가 내에서 자본이나 화폐의 양은 토지 양처럼 세금 부과 전이나 후나 동일하게 유지된다고 가정하기 때문이다.

통상 이윤율은 이 책의 제1권에서도 살펴본 것처럼 수행해야 할 작업이나 사업 규모에 비례해 투자된 자본의 양으로 결정된다. 하지만 이자 소득에 세금이 부과된다고해서 그 돈으로 할 수 있는 일의 양이 달라지진 않는다. 따라서 투자되어야 할 자본 양이 세금으로 증감되지 않는다면 통상 이윤율은 동일하다. 하지만 자본을 활용하는 사람의 위험과 곤란을 보상하는 데 필요한 이런 이익 부분도 마찬가지로 동일하게 남을 것이다. 위험과 곤란이 어떤 측면에서도 바뀌지 않았기 때문이다. 그러므로 자본 소유주에게 속하며 이자를 지급하는 잔여금도 필연적으로 역시 동일하게 남을 것이다. 따라서 언뜻 보면 이자는 토지 지대처럼 직접 과세하기 적합한 대상인 듯 보인다.

이자가 직접 과세 대상이 안 되는 2가지 이유

하지만 토지 지대와 비교할 때 이자를 직접 과세 대상으로 삼기엔 부적절하게 만드는 두 가지 상황이 있다.

첫째, 어떤 사람이 소유한 토지의 양과 가치는 결코 비밀이 될 수 없으며, 매우 정확하게 측정될 수 있다. 하지만 그가 보유한 자본 총액은 거의 비밀 사항이며, 정확하게 파악하기가 거의 불가능하다. 또한 자본은 계속 변동하며 유동적이다. 정도 차이는 있지만, 한 해는 물론이고 종종 한 달도, 때로는 하루 단위로 잡아도 증감하지 않는 때가 없다. 그처럼 자본은 유동적이다. 모든 사람의 개인 상황을 조사하고, 나아가 과세 편의를 위해 개인 재산의 등락을 살피는 것은 거의 불가능한 일이다. 그러한 개별 방문 조사는 누구도 견뎌낼 수 없는 아주 성가신 고통의 원천이다.

둘째, 토지는 움직일 수 없는 대상이지만 자본은 쉽게 움직일 수 있다. 토지 소유주는 필연적으로 그 땅이 있는 특정 지역의 시민이다. 자본 소유주는 사실상 온 세상의 시민이며, 특정국에 귀속되지 않는다. 자본가는 부담스러운 세금을 매기려고 성가신 조사에 나서는 나라를 쉽게 떠나버릴 것이며, 사업을 원활히 수행할 수 있거나 자기 재산을 편안하게 누릴 수 있는 다른 나라로 자본을 옮길 것이다. 이처럼 자본을 이동시킴으로써 그는 자신이 떠난 나라에서 유지해오던 모든 사업을 철수할 것이다.

자본은 토지를 경작하고 노동을 고용한다. 특정국에서 자본을 몰아내는 세금은 군주와 사회 전체에 수입 원천이 되는 것을 고갈시킨다. 자본 이윤뿐만 아니라 토지 지대와 노동 임금도 필연적으로 정도 차이는 있어도 자본 이동으로 타격을 받는다.

자본은 과세하면 해외로 이동

그런 이유로 자본에서 발생하는 수입에 과세를 시도했던 나라들은 이런 부류의 까다로운 조사를 포기하고 대신에 무척 느슨하고 다소 임의적인 평가에 만족할 수밖에 없었다. 이런 식으로 부과된 세금은 극도로 불공평하고 불확실한 면이 있는데 이는 극도로 온건한 세율로만 보상될 수 있다. 그 결과 사람들은 자기가 실제 수입보다 한참 못 미치게 과세되었음을 알고서, 이웃 사람이 자신보다 다소 더 낮게 과세되어도 별로 동요하지 않는다.

잉글랜드의 토지세는 자본도 토지처럼 같은 비율로 과세되어야 한다는 의도로 부과되었다. 토지에 부과된 세금이 1파운드에 4실링, 즉 추정 지대의 5분의 1일 때 자본도 추정 이자의 5분의 1만큼 과세되어야 한다는 것이 의도였다. 현재 연간 토지세가 최초로 부과되었을 때 법정이자율은 6퍼센트였다. 그런 이유로 자본은 1백 파운드에 24실링의 세금, 즉 6파운드의 5분의 1을 세금으로 내야 하는 것으로 생각되었다. 법정이자율이 5퍼센트로 줄어들면 자본은 1백 파운드에 20실링만 세금으로 납부하면 되었다.

소위 토지세로 할당된 금액은 지방과 주요 대도시 사이에 분배되어 징수된다. 그런 금액 대부분은 지방에 부과되었고, 도시에는 대부분 가옥에 부과되었다. (토지에 들어간 자본은 과세 대상이 아니었으므로) 도시 자본 혹은 사업에 부과된 세금은 자본이나 사업의 실질가치에 한참 못 미쳤다. 따라서 최초 세금 부과에서 어떤 불공평이 있었더라도 별다른 혼란을 주지 않았다. 모든 교구와 지역은 여전히 최초의 과세 평가에 따라 토지, 가옥, 자본에 세금이 계속 부과된다. 그리고 국가의 보편적인 번영은 대다수 지역에서 이 모든 것의 가치를 무척 크게 증가시켰고, 그래서 그런 불공평은 여전히 지금도 묵과되고 있다.

각 지역에 부과되는 세금은 계속 동일했고, 이런 세금의 불확실성은 개인 자본에 관한 한 무척 크게 줄었으며, 더불어 훨씬 덜 중요해졌다. 잉글랜드의 대부분 토지는 실질 가치의 절반에 해당하는 토지세가 부과되는 반면, 잉글랜드의 대부분 자본에는 실질 가치의 50분의 1에 해당하는 세금만 부과된다. 어떤 도시에서 토지세는 모두 웨스트민스터처럼 가옥에 부과되는데, 자본과 사업은 면세 대상이다. 하지만 런던은 이야기가 다르다.

유럽 각국의 과세현황

모든 국가는 개인의 자본 상황 조사를 신중하게 피하고 있다.

함부르크

함부르크에서 모든 주민은 자신이 보유한 모든 것의 0.25퍼센트를 나라에 세금으로 납부해야 한다. 함부르크인의 부는 주로 자본으로 구성되어 있으므로 이런 세금은 자본에 부과되는 세금으로 생각될 수 있다.[246] 모든 국민은 자신이 보유한 재산의 0.25퍼센트를 세금으로 자진 신고하며, 이를 매년 행정 장관 앞에서 맹세하고 결정된 금액을 국고에 납입한다. 그는 그 금액이 어느 정도인지 공개적으로 밝히지 않아도 되고, 그 문제로 어떠한 조사도 받지 않는다. 작은 공화국, 즉 시민이 자국 행정 장관을 전적으로 확신하며, 나라를 지탱하는 데 세금이 필요하다는 것을 수긍하고, 그런 목적에 세금이 충실하게 활용될 거로 믿는 곳에서는 그런 성실하고 자발적인 납세가 이루어진다. 이는 함부르크 시민에게만 고유한 것이 아니다.

스위스

스위스의 운터발트주(州)는 폭풍과 홍수로 인해 황폐화되는 일이 잦

---

246 Memoires concernant les Droits & Impositions en Europe, tome I, p. 74.—원주

아 여기에 지출되는 국가 비용이 막대하다. 그런 때가 되면 사람들이 아주 정직하게 자기 재산을 신고하며, 그에 따라 세금이 부과된다. 취리히에서 법률은 필요한 경우 모두가 자기 수입에 비례해 세금을 내야 한다고 지시하며, 취리히 시민은 엄숙히 맹세하고서 자기 수입을 자발적으로 신고한다. 그들은 동료 시민이 수입을 속인다고 의심하지 않는다.

바젤에서 나라의 주 수입은 수출 상품에 붙는 적은 관세에서 발생한다. 모든 시민은 법률로 부과된 모든 세금을 석 달마다 납부할 것을 맹세한다. 모든 상인과 심지어 여관 주인조차 영토 안팎에서 자신이 판매하는 상품을 장부에 기록해야 한다. 석 달마다 마지막 날에 그들은 이 장부의 맨 밑부분에 계산한 세금 금액을 적어 세금 징수관에게 제출한다. 그들은 이런 자발적 신뢰 때문에 자신의 수입이 악화된다고 생각하지 않는다.[247]

모든 시민이 선서할 때 자신의 재산 규모를 공개적으로 신고하도록 의무화하는 것은 스위스 주에서는 어려운 일이 아니다. 하지만 함부르크에서는 극도의 부담으로 생각된다. 위험한 사업을 하는 상인들은 자신의 실제 상황을 공개해야 한다는 생각에 두려움을 느낄 것이다. 그들은 그렇게 되면 자기 신용이 무너지고 사업도 실패한다고 본다. 하지만 그런 사업을 잘 모르는 온건하고 검소한 사람은 그렇게 은폐할 필요가 없다고 생각한다.

네덜란드

네덜란드에서 작고한 오라녜 공[1533-1584]이 연합주 총독직에 오른 뒤에 모든 시민의 총재산에 2퍼센트 세금, 즉 소위 50분의 1세가 부과되었

---

247 Memoires concernant les Droits & Impositions en Europe, tome I, pp. 163, 166, 171.—원주

248 총독은 저지 7개 연합주 중 각 주의 최고 권력자를 가리키는 말이다. 오라녜 공은 네덜란드, 질란트, 위트레흐트의 총독이었고 이후 브라반트와 프리슬란트의 총독을 겸했다. 네덜란드의 저지 7주연합은 1572-1579년에 스페인을 상대로 싸운 독립전쟁에서 승리함으로써 성립된 정체인데, 스미스는 이 전쟁을 '반란'으로 표현하고 있다. 연합 7주 중 질란트는 오늘날 뉴질랜드의 국명에 그 이름을 빌려준 주이기도 하다.

다. 모든 시민은 함부르크와 같은 방식으로 자발적으로 세금을 신고하고 납부했다. 이는 대체로 무척 충실하게 납부된 것으로 추정된다. 당시 네덜란드인은 반란[248]을 통해 막 설립된 새 정부에 지극한 애정을 보였다. 이 세금은 특정 긴급 사태에서 국가를 구하고자 한 번만 납부되었다. 실제로 그 세금은 지나치게 과중해 영구적으로는 부과할 수 없었다. 시장이자율이 3퍼센트를 좀처럼 넘지 않는 나라에서 2퍼센트 세금은 보통 자본에서 얻는 가장 높은 순수익을 기준으로 보아도 1파운드당 13실링 4펜스에 해당한다.

정도 차이는 있겠지만, 자기자본을 손상시키지 않고 이 정도의 세금을 낼 수 있는 사람은 극소수다. 긴급 상황에서 시민들은 엄청난 공적인 열의에서 나라를 돕기 위해 자기자본 일부를 기꺼이 포기한 것이다. 하지만 상당 기간 계속 그렇게 하는 것은 불가능하다. 그렇게 계속하면 세금이 시민들을 완전히 파멸시켜 국가를 지탱하는 것이 완전히 불가능해질 것이다.

잉글랜드에서 토지세법에 근거해 자본에 부과된 세금은 자본 크기에 비례하긴 하지만, 자본의 어떤 부분을 줄이거나 빼앗으려는 의도가 있는 것은 아니다. 이런 세금은 이자에 매기는 세금을 토지 지대에 부과하는 세금과 상호 비례되게 하려는 것일 뿐이다. 토지 지대에 부과되는 세금이 1파운드당 4실링이면 이자에 부과되는 세금도 1파운드당 4실링으로 하겠다는 뜻이다. 함부르크의 세금과 운터발트 및 취리히의 세금도 같은 방식으로 자본에 대한 세금이 아니라 자본의 이자 또는 순이익에 대한 세금을 의미했다. 그러나 네덜란드의 세금은 자본에 부과하려는 세금이었다.

제2조 2항
특정 사업의 이윤에 부과되는 세금

몇몇 나라는 자본 이윤에 특별 세금을 부과하는데, 때로 자본이 특정 사업 분야에 활용될 때 그리고 때로 농업에 자본이 활용될 때 그렇게 과세한다.

잉글랜드에서 전자 부류의 세금은 행상, 전세 마차, 전세 가마에 부과하는 세금 그리고 맥주와 증류주의 소매 면허에 대해 술집 주인이 내는 세금이 있다. 최근의 7년 전쟁 동안 같은 부류의 다른 세금을 상점에 부과하자는 제안이 있었다. 국가의 교역을 보호하기 위한 전쟁이므로, 이로 인해 이익을 얻는 상인들이 전쟁을 지원하는 데 기여해야 한다는 주장이었다.

그러나 특정 사업 분야에서 얻은 이익에 부과된 세금은 결국 상인이 아닌 소비자가 부담하게 된다. 상인은 보통의 경우 적절한 이윤을 얻어야 하고, 경쟁이 자유로운 곳에서는 적정 이윤보다 더 높은 이윤을 얻지 못하므로 그 세금을 소비자에게 전가하기 때문이다. 다시 말해 상인이 선납하는 세금에 대해 세금보다 크게 인상된 상품가격을 붙여 소비자가 지불하게 만든다.

이윤 과세는 소비자에게 전가

이런 부류의 세금이 상인의 사업 규모에 비례하는 경우, 그것을 최종적으로 소비자가 지급하므로 상인은 어떠한 압박도 느끼지 않는다. 사업 규모에 비례하지 않고 모든 상인에게 똑같이 부과하더라도 최종적으로 소비자가 부담한다. 따라서 이런 세금은 큰 규모로 장사하는 상인에게는 유리하고 작은 규모로 장사하는 상인에게는 어느 정도 압박을 준다.

모든 전세 마차에 한 주마다 부과되는 세금 5실링과, 모든 전세 가마에 한 해마다 부과되는 세금 10실링은 마차와 가마의 책임자들이 착실히 선납하는 한 그들 각각의 거래 규모에 정확히 비례한다. 이런 세금은 대규모 상인에게는 불리하지 않으며, 소규모 상인을 압박하지도 않는다. 하지만 맥주 판매 면허에 매해 부과되는 20실링의 세금, 증류주 판매 면허에 매해 부과되는 40실링의 세금, 와인 판매 면허에 매해 부과되는 40실링 이상의 세금은 모든 소매상에게 동일하게 부과되므로 필연적으로 규모가 큰 상인에게 어떤 이점을 주게 되고, 규모가 작은 상인에게는 일정한 압박으로 다가온다. 대규모 상인은 소상인보다 세금을 회수하기가 훨씬 쉽다고 생각할 것이다.

하지만 세금 자체가 온건하기에 이런 불공평은 그다지 중요하지 않으며, 소규모 술집이 늘어나는 것을 막는 게 적절하다고 보는 사람도 많다. 상점에 부과되는 세금은 모든 상점에 동일하게 부과하려는 의도였고, 그렇지 않다면 제대로 시행되기 어려웠을 것이다. 자유로운 나라에서는 혐오스러운 현장 조사를 하지 않는 한, 사업 규모에 비례해 각 상점에 세금을 정확하게 부과하는 일은 불가능하기 때문이다.

만약 이런 세금이 아주 높았다면 소규모 상인에게 부담이 됐을 것이고, 거의 모든 소매업은 대규모 상인에게 넘어갔을 것이다. 소상인들의 경쟁이 사라지면 거상들은 다른 독점자처럼 이내 세금 납부에 필요한 것보다 훨씬 많이 이익을 올리고자 답합하고, 사업의 독점적 지위를 누렸을 것이다. 최종 지불은 상점 주인이 아닌 소비자에게 부과되어, 소비자에게 엄청난 초과 가격을 매긴 대규모 상점 주인은 그만큼 이익을 봤을 것이다. 이런 이유로 상점 과세 계획은 폐기되었고, 대신 1759년 보조금 제도가 도입되었다.

프랑스의 동산 타이유와 부동산 타이유

프랑스의 동산 타이유(personal taille)는 유럽 전역을 놓고 보더라도 농업에 활용된 자본 이윤에 부과된 세금 중에서 가장 중요할 것이다.

봉건 통치기에 유럽에서 나타난 무질서한 상태에서 군주는 세금 납부를 거부하지 못하는 나약한 자에게만 과세했다. 대영주는 특정 긴급 사태에는 기꺼이 군주를 도우려고 했지만, 지속적인 과세 대상이 되는 것은 거부했으며, 군주도 그들에게 강제 과세할 정도로 강력한 힘은 없었다. 유럽 전역의 토지 소유자는 대부분 원래 농노였고, 유럽 대부분 지역에서 그들은 점차 해방되었다. 일부는 마치 잉글랜드의 고대 등본 보유권자처럼 때로는 국왕 밑에서, 때로는 대영주 밑에서 예농(隷農) 보유권 형태로 가지고 있던 토지에 대해 소유권을 획득했다. 다른 일부는 소유권을 획득하지 못하고 영주 밑에서 점유하던 토지를 몇 년 동안 임차했고, 그렇게 해서 영주에게 덜 의존적인 상태가 되었다.

그러자 대영주는 하층민이 누리게 된 그런 번영과 독립을 악의적으로 경멸하며 분노했고, 그들에게 과세하겠다는 군주의 제안에 기꺼이 동의했다. 몇몇 지방에서 이런 세금은 예농 보유권으로 얻게 된 토지에만 국한되었는데, 그런 경우의 타이유를 가리켜 '부동산 타이유'(real taille)라고 했다. 작고한 사르디니아 국왕이 확립한 토지세는 물론이고, 랑그독주, 프로방스주, 도피네주, 브르타뉴주, 몽토방 지역 전반, 아쟁 및 콩돔 징세분구 그리고 몇몇 다른 프랑스 지역에서 나타나는 타이유는 예농 보유권에 의해 소유권이 인정된 토지에 부과된 세금이다.

다른 지역에서는 소유주의 보유권에 관계없이 다른 사람에게 속한 토지에 농사를 짓거나 임차한 모든 이의 추정 이익에 세금이 부과되었다. 이런 경우 타이유는 개인 타이유[동산 타이유]라고 불렀다. 징세분구 지방(the Countries of Elections)이라 불린 프랑스 지역 대부분에서 타이유는 이런 부류의 개인 타이유이다. 반면 부동산 타이유는 나라의 토지 일부에만 부과된 것이었기에 필연적으로 불공평했다. 비록 몇몇 경우는 그런 불공평이 있었지만 항상 임의적인 세금은 아니었다. 개인 타이유는 추측만 가능한 특정 계층의 이익에 비례해 부과하는 의도였으므로 필연적으로 임의적이고 불공평하다.

납세 능력과 정실주의

1775년 기준, 프랑스에서는 개인 타이유를 매년 징세분구라는 20개의 세금 구역에 부과하며, 그 총액은 40,107,239 리브르 16수이다.[249] 이 금액이 다른 지방에 부과되는 비율은 해마다 작황과 각 지방의 납세 능력을 증감시키는 다른 상황에 대해 왕실 추밀원에 제출된 보고에 따라 바뀐다. 각 징세구는 여러 개의 징세분구로 나뉘며, 징세구 전체에 부과되는 금액은 각 징세분구의 납세 능력에 따라 분배되며, 이 비율은 왕실 추밀원에 보고된 내용에 따라 매년 변경된다. 왕실 추밀원이 선한 의도를 갖고 있더라도

---

[249] Memoires concernant les Droits & Impositions en Europe, tome ii, p. 17.—원주

그런 두 가지 평가 결과를 각 대상 지역의 실제 납세 능력에 부합하게 정확히 할당하는 것은 거의 불가능하다. 가장 공정한 추밀원이라도 무지와 오보에 따라 언제나 어느 정도는 오도(誤導)되기 때문이다.

각 교구가 징세분구 전체에서 부담해야 하는 비율과 각 개인이 자신이 속한 교구에서 부담해야 하는 비율 역시 상황에 따라 매년 변한다. 이런 상황에 대해, 전자[전체 지원 비율]는 징세분구 관리들이, 후자[특정 부분 지원 비율]는 교구 관리가 판단한다. 정도의 차이는 있지만 이들은 지방 장관의 지시와 영향을 받는다. 무지와 오보뿐만 아니라 우정, 당파심에 따른 적대감, 사사로운 분노도 그런 세액 사정인을 종종 오도한다. 그리고 그런 세금 대상이 된 사람조차도 과세되기 전에는 자신이 낼 금액을 확실히 알지 못한다. 그는 사정(查定)을 받은 이후에도 세금을 확신할 수 없다. 면제받아야 마땅한 사람이 과세되거나 적정 비율을 넘어 과세되었다해도 어느 경우든 일단 세금을 납부해야 하지만, 그 후 이의를 제기해 받아들여진다면 전체 교구는 다음 해에 그 금액만큼 감안해 과세를 조정한다.

만약 어떤 납세자가 파산하면 세금 징수원이 그의 세금을 선납해야 하고, 전체 교구는 세금 징수원에게 환불해야 하므로 다음 해에 과세를 조정한다. 세금 징수원이 파산하면 그를 선택한 교구는 징세분구의 세입 징수 장관에게 그의 행동에 책임을 지겠다고 신고해야 한다. 하지만 교구 전체를 고발하는 것은 세입 징수 장관에게 골치 아픈 일이므로 그는 가장 부유한 납세자 대여섯을 선정해 세금 징수원 파산으로 잃은 것을 보충하게 한다. 교구는 이후 그런 대여섯 납세자에게 환불해주기 위해 다시 과세를 조정한다. 그런 재과세는 특정 해의 타이유에 덧붙여 부과되었다.

농업 이윤의 세금은 지주 부담

특정 거래 분야의 자본 수익에 세금이 부과되면 상인은 세금을 상환하기에 충분한 가격으로 판매할 수 있는 물량보다 더 많이 시장에 내놓지 않도록 주의한다. 그들 중 일부는 거래에서 자본 일부를 빼내고 시장에는 전보다 더 적은 물량이 공급된다. 이 때문에 상품가격은 상승하며, 최종 세금은 소비자가 부담한다.

하지만 세금이 농업 자본의 이익에 부과될 때 거기에 들어간 자본을 일부 빼내는 것은 농부에게 이익으로 잡히지 않는다. 농부는 특정량의 토지를 점유하고 그에 대해 지대를 지급한다. 이 땅을 제대로 경작하려면 일정량의 자본이 필요한데, 이 필요한 자본의 일부를 회수하면 농부는 지대나 세금을 더 이상 지불할 수 없게 된다. 세금을 납부하기 위해 생산량을 줄이는 것 그리고 그 결과 전보다 더 적게 시장에 생산물을 공급하는 것은 농부에게 절대 이익이 될 수 없다. 따라서 세금 때문에 농산물 가격을 인상하여 소비자에게 최종 지불금을 전가하는 방식으로는 상환할 수는 없다.

그럼에도 농부는 다른 모든 상인과 마찬가지로 타당한 이윤을 얻어야 한다. 그렇지 않으면 사업을 포기해야 하기 때문이다. 이런 부류의 세금이 부과된 후에 그는 지주에게 지대를 덜 지급하는 것으로만 타당한 이윤을 얻을 수 있다. 세금으로 지급하는 것이 늘수록 지대로 내놓을 수 있는 부분은 줄어든다. 임대차 계약 기간에 부과되는 이런 부류의 세금은 분명 농부를 고통스럽게 하거나 파산에 이르게 한다. 임대차 계약을 갱신할 때 이런 세금은 늘 지주 부담으로 돌아가야 한다.

개인 타이유는 농부와 지주에게 피해

개인 타이유가 있는 나라에서 농부는 보통 자신이 경작에 활용하는 자본 규모에 비례해 과세된다. 이 때문에 그는 종종 좋은 말이나 황소를 소유하는 것을 꺼리고, 가능하면 가장 열악한 농기구로 경작하려 한다. 세액 사정인의 공정성에 불신이 깊은 농부는 애써 가난한 척하고, 과도한 세금을 바쳐야 한다는 두려움 때문에 자기자본이 그 무엇도 지급할 수 없을 정도로 한미하게 보이길 바란다. 그러나 이런 비참한 수단을 사용한들 언제나 효과적인 방법으로 이익을 돌볼 수 있는 것은 아니다. 세금을 덜 내서 절약하기보다는 오히려 생산물이 줄어드는 것으로 더 많은 손실을 입을 수 있다.

이런 열악한 경작의 결과로 시장 공급은 확실히 줄어들며, 그로 인한 가격 상승은 생산물 감소로 인한 농부의 손실을 보상하지 못한다. 또한, 그로 인해 농부가 지주에게 더 많은 지대를 낼 가능성은 더더욱 없다. 정도의 차이는 있어도 국가, 농부, 지주는 이런 퇴행적 경작에 따라 모두 고통을 받는다. 개인 타이유는 여러 다른 방식으로 경작을 방해하는 경향이 있으며, 그 결과 큰 나라 국부의 주요 원천을 고갈시키는 경향이 있음을 나는 이미 제3권[제2장]에서 언급한 바 있다.

모든 세금은 자유의 증표

북아메리카 남부 지방과 서인도제도에서는 흑인 한 명에 대해 연간 '인두세'라는 세금을 부과한다. 이것은 사실 농업에 활용되는 특정 부류의 자본 이익에 부과되는 세금이다. 농장주는 대다수가 농부이자 지주이기에 최종적인 세금 납부는 지주 자격을 지닌 그들의 몫이지만 이러한 세금 대납에는 어떤 보상도 없다.

경작에 종사하는 농노들에게 두당(頭當) 부과되는 세금은 옛날에는 유럽 전역에서 공통적인 현상이었다. 러시아 제국에는 현재도 이런 부류의 세금이 존속한다. 이런 이유로 모든 부류의 인두세는 종종 노예제의 증표였다. 하지만 모든 세금은 그것을 지급하는 사람에게 예속이 아닌 자유의 증표이기도 하다. 납세는 그가 통치 대상이라는 것을 나타내지만, 실은 그가 재산을 가지고 있기에 어떤 주인의 재산이 될 수 없다는 뜻이기도 하다.

노예에게 부과되는 인두세는 전적으로 자유민에게 부과되는 인두세와는 다르다. 후자는 부과된 사람이 지급하는 것이고, 전자는 다른 사람이 대납한다. 자유민에게 부과되는 인두세는 완전히 임의적이거나 불공평하고, 대부분 상황에서 둘 다에 해당한다. 노예에게 부과되는 인두세는 어떤 측면에서는 불공평하지만, 각기 다른 노예는 각기 다른 가치를 지니며, 어떤 측면에서도 임의적이지 않다. 자기 노예의 수를 아는 주인은 얼마나 세금을 지급해야 하는지 정확히 안다. 하지만 이러한 여러 세금이 인두세라는 동일 명칭으로 불리므로 속사정은 다르더라도 같은 성질의 세금으로 생각되었다.

네덜란드에서 남자와 여자 하인에게 부과되는 세금이 자본이 아닌 비용에 부과되는 세금이며, 이는 소비재에 부과되는 세금과 비슷하다. 그레이 트브리튼에서 최근 모든 남자 하인에게 부과된 1기니 세금은 이와 같은 부류의 것이다. 이는 중산층에게 가장 큰 부담을 주는데, 한 해에 200파운드를 벌면 남자 하인 한 명을 고용할 수 있지만, 1만 파운드를 벌어도 50명의 남자 하인을 고용할 수는 없다. 반면 이 세금은 가난한 사람에게는 조금도 영향을 미치지 않는다.

특수 이윤에 대한 세금은 이자와 무관

특정 직업의 자본 수익에 부과되는 세금은 실질적으로 화폐 이자에 영향을 주지 않는다. 세금이 부과되는 직업에 종사하는 사람에게 비과세 직업에 종사하는 사람보다 더 적은 이자를 받고 돈을 빌려줄 사람은 아무도 없다. 정부가 어느 정도 정확하게 부과하려고 시도하는, 모든 사업의 투자 자본에서 발생하는 수입에 부과되는 세금은 대체로 화폐 이자에 부과된다. 프랑스의 뱅티엠(Vingtieme), 즉 20분의 1세는 잉글랜드의 토지세와 같은 종류의 세금으로, 토지, 건물, 자본에서 발생하는 수익에 부과된다. 자본에 미치는 영향 측면에서 본다면, 이런 세금은 아주 엄격하게 부과되지는 않지만, 같은 재원에 부과되는 잉글랜드 토지세보다는 훨씬 정확하게 부과된다.

대부분의 경우 이런 세금은 사람들이 자본 투자에서 얻은 이자에만 영향을 준다. 프랑스에서 화폐는 종종 연금 계약이라는 것에 투자된다. 이 계약은 채무자가 언제든지 상환할 수 있는 영구 연금을 포함하지만 채권자는 특정 상황에서만 상환을 요구할 수 있다. 뱅티엠은 그런 연금에 정확히 부과되고 있지만, 해당 연금의 이자율을 올리지는 않는 듯하다.

제1조와 2조의 부록:
토지, 가옥, 자본 가치에 부과되는 세금

같은 사람이 재산을 계속 보유하는 동안에는 영구적으로 부과되는 세금이라도 그것이 자본 가치의 일부를 감소시키거나 박탈하는 것이 아니라 거기서 발생하는 수익의 일부만 떼어가려는 의도로 부과된다. 그러나 재산이 사망자에서 산 자로 또는 산 자에서 산 자로 이전되면서 소유권이 바뀌면, 그런 재산에 부과되는 세금은 종종 재산의 자본 가치 일부를 필연적으로 가져간다.

죽은 사람에게서 산 사람에게 넘어가는 모든 재산 그리고 산 사람에게서 다른 산 사람에게 넘어가는 부동산, 즉 토지와 가옥은 특성상 공개적이고 잘 알려지며 오래 숨기지 못한다.

자본 혹은 동산에 대한 두 가지 간접세

따라서 그런 거래는 직접 과세 대상이 될 수 있다. 화폐 대출을 통해 산 사람에게서 다른 산 사람에게 넘어가는 자본 혹은 동산은 종종 비밀스럽게 거래된다. 따라서 이는 쉽게 직접 과세될 수 없다. 이에 대해서는 두 가지 다른 방식을 통해 간접적으로 과세한다.

첫째, 상환 의무가 포함된 증서는 일정한 인지세를 납부한 종이 또는 양피지에 작성되어야 하며, 그렇지 않으면 무효로 처리한다.

둘째, 거래가 공개 등기부나 비밀 등기부에 기록되게 하고, 그런 등기에 특정 세금을 부과한다. 첫 번째 경우와 마찬가지로 이렇게 하지 않으면 무효라는 불이익을 준다. 인지세와 등록세는 종종 마찬가지로 죽은 사람에게서 산 사람으로 모든 부류의 재산을 이전하는 증서 그리고 산 사람에게서 다른 산 사람으로 부동산을 이전하는 증서에 부과되어 왔고, 이러한 법적 행위는 쉽게 직접 과세할 수 있다.

고대 로마의 상속세

로마제국의 초대 황제 아우구스투스가 고대 로마인에게 부과했던 비케시마 헤레디타툼(Vicesima Hereditatum), 즉 유산에 부과되는 20분의 1세는 사망자로부터 상속자에게 재산이 이전될 때 부과되는 세금이다. 이에 관해 아주 분명하게 기록한 역사가 디오 카시우스[250]에 따르면, 이런 상속 세금은 가장 가까운 친척과 가난한 자가 대상인 경우를 제외하고 사망 시의 모든 상속, 유증, 기증에 부과되었다.

같은 부류의 세금으로 상속에 부과되는 것으로는 네덜란드 상속세가 있다.[251] 방계 상속은 고인과의 관계에 따라 상속 재산 전체 가치의 5~30퍼센트까지 세금이 부과된다. 유언에 따른 방계 친족에 대한 증여도 마찬가지로 과세 대상이다. 남편에게서 아내로, 아내에게서 남편으로의 상속은 15분의 1세가 부과된다. 참척에 따른 애처로운 상속, 즉 선대가 후대를 상속할 때는 20분의 1세가 부과된다. 직계 상속, 즉 후대가 선대를 상속할 때는 세금이 부과되지 않는다.

아버지가 사망하면 같은 집에 사는 자식은 별로 수입이 증가하지 않고 빈번히 크게 감소하는데, 이는 아버지의 사업, 공직 혹은 그가 보유했을지도 모르는 어떤 처분권이 없는 재산 혜택을 잃게 되기 때문이다. 따라서 그런 세금은 상속 일부를 가져감으로써 그들의 손실을 더욱 심화하는 가혹하고 억압적인 과세가 된다.

하지만 로마법 자구(字句)를 살펴보면, 소위 해방되었다고 하는 자식의 경우에는 때때로 이야기가 달라진다. 스코틀랜드 법률의 표현으로 이런 자식은 상속받을 몫을 미리 가져간 자식인데, 자기 몫을 받아 가정을 꾸려 아버지의 것과는 별개인 자금으로 생계를 꾸리는 자식을 말한다. 그런 자식에게 주어지는 상속 재산 부분은 무엇이든 재산에 실제로 보태지는 추가분이 될 것이고, 따라서 일정 세금이 부과되더라도 그 세금에 수반되는 불편 외에는 다른 불편을 느끼지 않을 것이다.

봉건 시대의 임시상납금

봉건법상의 임시상납금(casualties)은 죽은 자에게서 산 자에게로, 산

---

250 Lib. 55. 다음 자료도 참조할 것. Burman de Vectigalibus pop. Rom. cap. xi. and Bouchaud De l'impot du vingtieme sur les successions.—원주

251 Memoires concernant les Droits & Impositions en Europe, tome I, p.225.—원주

자에게서 다른 산 자에게로 토지가 이전될 때 부과되는 세금이었다. 고대에 이런 세금은 유럽 전역에서 국왕 수입의 주요 분야 중 하나였다.

국왕의 모든 직속 봉신의 상속인은 유산을 받으면 특정 세금을 납부했는데 보통 1년 치 지대였다. 상속인이 미성년자라면 상속된 영지의 지대는 미성년 기간이 지속하는 동안, 미성년 상속인을 부양하는 부분과 과부 몫을 지급하는 부분을 제외하고 모두 국왕에게 귀속되었다. 미성년자가 성년이 되면 상속 헌금으로 불리는 또 다른 세금을 국왕에게 납부하는데, 마찬가지로 보통 1년 치 지대였다. 미성년 기간이 길면 오늘날에는 종종 커다란 영지에서 모든 채무를 덜어주고, 가족에게 선대의 영광을 회복시켜주는 경우도 드물게 있지만, 과거에는 그런 경우가 없었다. 미성년 기간이 길면 그 결과는 보통 영지의 채무 면제가 아니라 영지의 황폐화로 끝났다.

봉건 법률상 봉신은 주군의 동의 없이 권리를 양도할 수 없었고, 군주가 권리 양도를 허락할 때는 보통 부담금이나 화해금을 강제 징수했다. 이런 부담금은 처음에는 임의적이었는데, 많은 나라에서 토지 가격의 일부 특정 금액으로 규정되었다. 다른 봉건 관습 대부분이 폐기된 몇몇 나라에서 토지 양도에 부과되는 이런 세금은 여전히 군주의 수입 중 무척 큰 부분을 차지한다. 베른주에서 이런 세금은 무척 높아 모든 귀족 영지에는 가격의 6분의 1이, 비(非) 귀족인 자의 토지에는 10분의 1이 부과되었다.[252]

루체른주에서 토지 판매에 부과되는 세금은 보편적이지 않고 특정 지역에서만 발생한다. 하지만 누군가 주 밖으로 이사 가기 위해 토지를 판매하면 그는 판매가 전액에서 10퍼센트를 세금으로 납부한다.[253] 모든 토지 혹은 특정 보유권으로 소유 중인 토지의 판매에 대해 동일한 종류의 세금이 많은 나라에서 발생하고 있고, 정도 차이는 있어도 군주 수입 중 큰 부문을 차지한다.

---

252 Memoires concernant les Droits & Impositions en Europe, tome I, 154. ─원주
253 Ibid(같은 책), p.157. ─원주

각국 인지세와 등록세

위에서 말한 거래는 인지세나 등록세라는 수단으로 간접 과세될 수 있고, 그런 세금은 이전되는 대상의 가치에 비례할 수도 있고 아닐 수도 있다. 각국의 구체적 사례는 다음과 같다.

그레이트브리튼

그레이트브리튼의 인지세는 이전되는 재산의 가치보다는(아무리 큰 금액의 증서라도 18펜스나 0.5크라운의 인지세면 충분하다) 증서의 유형에 따라 달라진다. 인지세가 최고액이더라도 종이 혹은 양피지 한 장에 6파운드를 넘지 않으며, 그런 고액의 세금은 주로 국왕 인가장과 특정한 법적 소송 서류에 부과되었다. 그레이트브리튼에서 증서나 문서 등기에는 어떠한 세금도 부과되지 않으며, 예외라면 등록 장부를 유지하는 관리의 수수료 정도가 있다. 그 관리의 수고에 대한 합리적인 보상을 초과하는 수수료는 거의 찾아볼 수 없다. 국왕은 그런 수수료에서 어떤 수익도 얻지 않는다.

네덜란드

네덜란드에서 인지세와 등록세는 어떤 때는 이전되는 재산 가치에 비례하기도 하고, 비례하지 않기도 한다.[254] 모든 유서는 처분하려는 재산에 준하는 가격의 인지를 붙인 종이에 작성되어야 한다. 그래서 인지세는 3스타이버, 우리 화폐로 3펜스부터 3백 플로린, 즉 우리 화폐로 27파운드 10실링 정도인 인지까지 다양하다. 유언자가 반드시 사용해야 하는 것보다 가격이 낮은 인지를 사용했다면 그의 유산은 몰수된다. 이는 상속에 관한 다른 모든 세금과 별도로 부과된다.

환어음 및 일부 다른 상업 어음을 제외한 모든 증서, 채권, 계약서는 인지세의 대상이다. 하지만 이런 세금이 대상의 가치에 비례해 높아지는 것은

---

254 Ibid. p. 157.—원주

아니다. 토지와 가옥의 모든 매매와 저당은 반드시 등록되어야 하며, 등록할 때 매매나 저당 가액의 2.5퍼센트를 국가에 세금으로 지급해야 한다. 이런 세금은 갑판이 있든 없든 적재 능력 2톤 이상의 모든 선박 판매에까지 확대 실시되었다. 선박은 일종의 수상 가옥으로 간주되었기 때문이다. 재판소 명령에 따른 동산 판매에도 2.5퍼센트 세금이 부과된다.

프랑스

프랑스에서도 인지세와 등록세를 부과한다. 인지세는 일반적으로 소비세의 한 부분으로 간주되며, 해당 세금이 부과되는 지역에서는 소비세 담당관이 징수한다. 등록세는 국왕의 영토 수입 부문 중 하나로 생각되었고, 별도 담당관이 징수했다.

인지세와 등록세를 부과하는 방법은 최근에 개발된 것이다. 하지만 1세기 정도 세월이 흐르는 동안 인지세는 유럽에서 거의 보편적인 세금이 되었고, 등록세도 일반적으로 정착되었다. 한 정부가 다른 정부에서 배우는 기술 중 국민의 호주머니에서 돈을 빼내는 기술만큼 빨리 배우는 것도 없다.

각종 등기 이전에 관련된 세금

죽은 자에게서 산 자에게 재산 이전이 될 때 부과되는 세금은 최종적으로, 또 직접 재산을 이전받는 사람이 부담한다. 토지 판매에 부과되는 세금은 전적으로 판매자가 부담한다. 판매자는 늘 판매하려는 필요에 쫓기고, 따라서 주어지는 가격을 받아들여야 한다. 구매자는 구매하려는 필요에 쫓기는 일이 거의 없으므로 자기 마음에 드는 가격만 지급한다. 그는 세금과 가격을 더해 토지 구입 비용이 얼마일지 생각한다. 세금을 더 많이 내야 할수록 지불하려는 가격은 줄어들 것이다. 따라서 그런 세금은 거의 언제나 급한 사람이 부담하며, 따라서 종종 무척 가혹하고 압제적일 수밖에 없다.

새로 지은 건물 판매에 부과되는 세금은 택지가 함께 팔리지 않는 경우, 일반적으로 구매자가 부담한다. 건축업자는 반드시 이익을 남겨야 하고, 그렇지 않으면 사업을 할 수 없기 때문이다. 따라서 그가 세금을 선납하면 구매자는 보통 그것을 다시 그에게 상환한다. 구옥 판매에 부과되는 세금은 토지 판매에 부과되는 세금과 같은 이유로 대다수는 편의 혹은 필요에 따라 판매자가 부담한다.

매년 시장에 나오는 신축 가옥 수는 정도 차이는 있지만 수요에 따라 조절된다. 수요자가 건축업자에게 모든 비용을 지급한 후 적정한 이익을 제공하지 못하면 건축업자는 더 이상 가옥을 짓지 않을 것이다. 어떤 때든 시장으로 나오게 되는 구옥 수는 대부분 수요와는 무관하고 우연에 따라 조절된다. 상업 도시에서 두세 가지 커다란 파산 건이 발생하면 낮은 가격에라도 팔 수밖에 없는 가옥이 시장에 쏟아져 나온다.

지대가 발생하는 택지 판매에 부과되는 세금은 토지 판매에 부과되는 세금과 같은 이유로 판매자가 전적으로 부담한다. 차용금에 관한 증서와 계약서 등록에 부과되는 인지세와 등록세는 모두 차용인이 부담하며, 실제로 다들 그렇게 하고 있다. 법적 소송에 부과되는 부류의 세금은 원고가 부담한다. 이런 세금은 원고와 피고를 가리지 않고 소송 중인 대상의 자본 가치를 감소시킨다. 어떤 재산을 얻는 데 비용이 많이 들수록, 그것을 획득했을 때 순 가치는 줄어들 수밖에 없다.

세금은 노동생산성을 유지할 수 있어야

각종 재산 이전에 부과되는 모든 세금은 재산의 자본 가치를 감소시키며, 이로 인해 생산적 노동을 유지하는 자금이 줄어드는 경향이 있다. 그렇게 해서 그 세금은 다소 비경제적인 세금이 된다. 생산적 노동을 부양하는 국민 자본을 증대하는 것이 아니라, 비생산적 노동자만 부양하는 국가 수입을 증대시키므로 비경제적이다.

이러한 세금은 이전되는 재산 가치에 비례하더라도 여전히 불공평하다. 동일 가치의 재산이더라도 그 이전 횟수는 반드시 같지 않기 때문이다. 가치에 비례하지 않을 때는 인지세와 등록세 대부분이 그렇듯 훨씬 더 불공평하다. 그러나 이러한 종류의 세금은 어떤 측면에서도 자의적이지는 않으며, 오히려 모든 경우에 명확하고 확정적이다. 그런 세금은 때로는 지불 능력이 좋지 않은 사람이 부담하지만, 납세 시기는 대부분 충분히 편리하다. 그리하여 지불 시기가 돌아왔을 때 그는 대부분 세금 낼 돈을 가지고 있을 것이다. 이런 세금은 무척 적은 비용으로 징수되며, 세금을 납부해야 한다는 피할 수 없는 불편 외에는 납세자에게 다른 불편함을 안기지 않는다.

권리 등기는 유익하지만 비밀 등기소는 안 된다

프랑스에서 인지세는 그다지 불평 대상이 아니다. 하지만 프랑스인이 콩트롤(Controle)이라 부르는 등록세는 불만 대상이다. 그들의 주장에 따르면, 등록세는 세금을 징수하는 징세 청부사 직원들이 크게 갈취할 수 있게 함으로써 엄청나게 임의적이고 불확실하게 되었다는 것이다. 현재 프랑스 재정 체계에 반대하며 작성된 비판 문서 대부분은 콩트롤의 악폐를 주요 항목으로 다룬다. 하지만 불확실성은 이러한 세금의 본질에 필수 요소는 아니다. 국민의 불평불만이 객관적 사실에 입각한 것이라면 그런 악폐는 세금의 특징에서 비롯됐다기보다는, 세금을 도입한 포고령이나 법률 지시에 정확성과 명확함이 없어서 발생한다.

저당권 및 부동산에 관한 모든 권리 등록은 채권자와 구매자 모두에게 커다란 안전감을 부여하므로 대중에게 매우 유리하다. 다른 부류의 증서 대부분은 공공의 이익은 전혀 없이 개인에게 불편하고 심지어 위험한 경우가 많다. 비밀로 유지되어야 하는 모든 등록 장부는 절대 존재해서는 안 된다는 게 모두가 인정하는 바다. 개인 신용은 하급 세무 관리의 고결함과 헌신 같은 얄팍한 보장에 의지하면 절대 지켜질 수 없다. 그러나 등기 수수료가 군주의 수입원이 된 곳에서, 등기할 필요가 있든 말든 등기하라고 요구함으로써 증서 등기소는 끝없이 증가했다. 프랑스에는 여러 다른 부류의 비밀 등록소가 있다. 이런 악폐가 그런 세금 때문에 필연적으로 생긴 결과는 아니라고 해도 어느 정도 그것이 원인이 되었음을 인정해야 한다.

잉글랜드에서 카드와 주사위, 신문과 정기 소책자 등에 부과되는 인지세는 실은 그런 상품을 활용하거나 소비하는 사람이 최종적으로 부담하는 소비세다. 그런 인지세는 맥주, 와인, 증류주 소매 면허에서처럼 소매업자의 이익에서 세금을 거두려는 것이겠지만, 마찬가지로 그런 술을 소비하는 사람이 최종적으로 세금을 낸다. 이런 세금은 동일한 명칭으로 불리고, 동일한 관리가 동일한 방식으로 재산 이전 시 부과하지만, 그 성격은 상당히 다르며 전혀 다른 수입 원천에 귀속된다.

제3조
노동 임금에 부과되는 세금

하류층 노동자의 임금은 이 책 1권에서 설명했듯이, 모든 곳에서 두 가지 요소에 따라 결정된다. 첫째는 노동 수요이고 둘째는 식량의 통상 가격(평균 가격)이다. 노동에 대한 수요가 증가, 고정 또는 감소하거나, 인구가 증가, 고정 또는 감소하는 것에 따라 노동자의 생계를 규정하고, 그 정도가 후할지, 적당할지, 빈약할지를 결정한다. 식량의 통상 가격 혹은 평균 가격은 해마다 이런 후한, 적당한 혹은 빈약한 생계 수단을 구입할 수 있도록 노동자에게 지급되는 화폐량을 결정한다.

따라서 노동 수요와 식량 가격이 동일하다면, 노동 임금에 부과되는 직접세는 세금보다 다소 높게 임금을 올리는 것 외에 다른 결과를 가져오지 못한다. 예를 들어 특정 장소에서 노동 수요와 식량 가격이 통상 노동 임금을 한 주에 10실링으로 규정하고 있고, 5분의 1의 세금, 즉 1파운드에 4실링을 임금에 부과한다고 해보자. 노동 수요와 식량 가격이 동일하게 유지되면 그 장소에서 노동자는 매주 10실링으로 사들일 수 있는 생계 수단을 얻을 수 있어야 한다. 즉, 세금을 납부한 뒤에도 한 주에 자유롭게 쓸 수 있는 금액이 10실링은 되어야 한다.

하지만 그런 세금을 지급한 뒤에 자유롭게 쓸 수 있는 임금이 그만큼 남으려면 그 장소의 노동가격은 반드시 한 주에 12실링이 아닌 12실링 6펜스로 인상되어야 한다. 즉, 그가 5분의 1세를 지급할 수 있으려면 그의 임금은 필연적으로 5분의 1이 아닌 4분의 1이 즉시 올라가야 한다. 세금 비율이 어떻든지 간에 노동 임금은 모든 경우에서 해당 비율만큼 인상되어야 하는 것이 아니라, 그보다 더 높은 비율로 인상되어야 한다. 가령 세금이 10분의 1이라면 노동 임금은 필연적으로 10분의 1이 아닌 8분의 1이 즉시 올라가야 한다.

임금에 대한 세금은 소비자에게 전가

따라서 노동 임금에 부과되는 직접세는 노동자가 직접 납부한다 하더라도 실제로는 그가 내는 것이 아니다. 만약 노동 수요와 식량의 평균 가격이 세금 부과 전후로 동일하다면, 그는 실질적으로 세금을 부담하지 않는다. 모든 경우에서 세금뿐만 아니라 세금보다 더 많은 무언가에 대해 실제로는 노동자를 직접 고용한 사람이 선납한다. 다른 경우에 최종 세금 납부는 결국 다른 사람이 부담할 때가 많다. 그런 세금으로 제조 노동자의 임금이 인상될 가능성이 높지만, 제조업체는 이런 인상 부분을 상품가격에 이익과 함께 덧붙일 권리가 있고, 또 그렇게 할 수밖에 없다. 따라서 이런 임금 상승의 최종 지급, 제조업자의 추가 이윤 지급은 모두 소비자가 부담한다.

그런 세금이 농촌의 노동 임금에서 발생한다면 그 부분은 농부가 선납할 것이며, 농부는 이전과 같은 수의 노동자를 유지하려고 하면 더 많은 자본을 투자할 수밖에 없다. 이런 더욱 커진 자본을 자본의 통상 이익과 함께 회수하기 위해 농부는 더 많은 토지 생산물을 유지해야 한다. 또는 같은 말이 되겠지만 더 많은 토지 생산물 부분의 가격을 유지해야 한다. 그 결과 그는 지주에게 전보다 더 적게 지대를 지급할 것이다.

그러므로 이런 임금 상승의 최종 부담은 이때 지주가 맡게 되며, 그는 농부가 미리 내어준 상승분과 그에 따른 추가 이익까지 부담하게 될 것이다. 그렇다면 모든 상황에서 노동 임금에 부과되는 직접세는 장기적으로 더 큰 규모로 지대를 감소시키고 생산품 가격을 상승시킨다. 다시 말해 그 세금과 같은 금액을 지대나 소비재에 직접 과세하는 경우에 비해 말이다.

노동 임금에 부과되는 직접세가 항상 임금의 비례적인 상승을 가져온 것은 아니다. 어째서일까? 일반적으로 노동 수요의 상당한 감소를 가져왔기 때문이다. 보통 그런 세금은 산업 쇠퇴, 빈민 취직률 감소, 토지와 노동의 연간 생산량 축소 등을 가져왔다. 그러나 이러한 세금으로 노동가격은 항상 실제 수요 상태보다 높아지고, 지주와 소비자는 이를 촉진하는 사람들의 이익과 함께 이 높은 가격을 최종적으로 지불해야 한다.

농촌의 노동 임금에 세금이 부과된다고 해서 토지 원생산물의 가격이 세금만큼 오르지는 않는다. 이것은 농부 이윤에 부과된 세금이 그런 비율로 농산물 가격을 올리지 않는 것과 같은 이치다.

하지만 그런 세금이 터무니없고 파괴적인데도 많은 나라에서 시행되고 있다. 프랑스에서 농촌 마을에서 노동자와 날품팔이 노동에 부과되는 타이유 일부는 실은 이런 종류의 세금이다. 그들의 노동은 거주 지역의 통상 비율에 따라 산정되며, 최대한 부당함을 피하고자 그들의 연간 소득은 한 해 200일 이상 일하지 않는 것으로 평가한다.[255] 각 개인의 세금은 해마다 여러 다른 상황에 따라 변동한다. 이런 상황은 지역 장관이 자신을 돕도록 임명한 세금 징수원이나 대리인이 판단한다.

보헤미아에서 1748년 시작된 재정 제도 변경 결과, 기능공들의 노동에 무척 과중한 세금이 부과되었다. 그들은 네 계층으로 나뉜다. 가장 높은 계층은 한 해 1백 플로린을 세금으로 납부한다. 1플로린을 22.5펜스로 치면 9파운드 7실링 6펜스에 해당하는 금액이다. 두 번째 계층은 70플로린을, 세 번째 계층은 50플로린을, 마을 기능공과 도시 최하층 기능공을 포함하는 네 번째 계층은 25플로린을 낸다.[256]

자유 직업 노동자에 대한 세금

독창적인 기술자와 자유로운 직업 종사자의 보수는, 내가 제1권[10장 1절]에서 보여주었듯, 필연적으로 그보다 열등한 직업의 보수와 특정한 비율을 유지한다. 따라서 이러한 보상에 세금을 부과하면, 세금에 비례해 다

---

255 Memoires concernant les Droits & Impositions en Europe, tome ii, p. 108.—원주
256 Ibid(같은 책), tome iii, p. 87.—원주

소 높게 보상을 상승시키는 것 외에 다른 효과는 없을 것이다. 이런 식으로 보수를 인상하지 않는다면 독창적인 기술자와 자유로운 직업 종사자는 더 이상 다른 직업과 같은 수준을 유지하지 못할 것이므로 직업에서 많이 이탈한다. 이렇게 사람들이 빠져나가면 그 직업의 보수는 다시 예전 수준으로 돌아간다.

시장의 자유로운 경쟁에 따라 규정되는 직업과는 달리, 관직의 보수는 언제나 직업 특성과 정확히 비례하지는 않는다. 그들의 보수는 대다수 나라에서는 필요 이상으로 높을 수 있다. 정부 행정을 담당하는 자는 보통 자기 자신은 물론이고 부하 직원들에게 충분한 수준 이상으로 보수를 주려고 하기 때문이다. 따라서 관직의 보수는 부과되는 과세를 대부분 무척 잘 버텨낸다. 게다가 공직, 특히 수익이 더 많은 공직에 있는 자는 모든 나라에서 보편적 질투의 대상이 되고, 그런 보수에 부과되는 세금은 다른 수입에 부과되는 것보다 약간 더 높지만 그래도 대중의 지지를 받는다.

예를 들어, 잉글랜드에서 다른 모든 형태의 수입은 토지세에 따라 파운드당 4실링으로 평가되었지만, 연간 100파운드가 넘는 관직에는 실제 세금으로 파운드당 5실링과 6펜스가 부과되는 것이 매우 일반적이었다. 하지만 젊은 왕족의 연금, 육군과 해군의 장교 급여 및 질시에 노출되지 않는 소수 관직의 봉급은 여기에서 제외되었다. 잉글랜드에서 노동 임금에 부과되는 다른 직접세는 없다.

제4조
모든 종류의 수입에 무차별적으로 부과할 의도가 있는 세금

모든 종류의 수입에 무차별적으로 부과할 의도가 있는 세금은 인두세(주민세)와 소비재에 부과되는 세금(소비세)이다. 이런 세금들은 납세자가 토지 지대, 자본 이윤, 노동 임금으로 보유한 수입이 얼마든 간에 차별 없이 납부해야 한다.

제4조1항
인두세

인두세는 각 납세자의 재산이나 수입에 비례해 부과하려고 하면 아주 자의적이 된다. 어떤 사람의 재산 상태는 날마다 변하며, 다른 어떤 세금보다도 더욱 가혹한 조사를 하지 않는 한, 가령 그런 조사를 매년 한 번씩 실시하지 않는 한, 개인의 재산 규모는 추측에 의존할 수밖에 없다. 따라서 그에게 부과되는 세금은 대부분 세액 사정인의 변덕에 휘둘릴 수밖에 없으며, 따라서 전적으로 임의적이고 불확실해진다.

추정 재산에 비례하지 않고 각 납세자의 계층에 비례한다면 인두세는 전적으로 불공평해진다. 재산 정도는 같은 계층에서도 불균등한 경우가 아주 빈번하기 때문이다.

세금의 공평성과 불확실성

따라서 그런 세금은 공평하게 만들고자 하면 전적으로 임의적이거나 불확실해지고, 반대로 자의적이지 않고 객관적으로 만들고자 하면 완전히 불평등해진다. 세금이 가볍든 무겁든 불확실성으로 불만은 무척 커진다. 가벼운 세금이면 이런 불공평이 좀 있더라도 그런대로 지지받지만, 무겁다면 이런 불공평은 참고 넘어가지 못한다.

윌리엄 3세[1669-1702] 통치 기간 잉글랜드에서 시행된 다양한 인두세 체계에서 대다수 납세자는 지위 수준에 따라 세금이 부과되었다. 즉, 공작인지, 후작인지, 백작인지, 자작인지, 남작인지, 향사인지, 신사인지, 귀족의 장남인지 막내아들인지 등에 따라 인두세가 달라진 것이다.

3백 파운드 이상의 재산이 있는 모든 상점 주인과 상인, 즉 형편이 더 나은 부류에도 재산 규모와 무관하게 똑같은 세금이 부과되었다. 재산보다는 지위가 더 많이 고려된 것이었다. 최초 인두세에서 추정 재산에 따라 세금이 부과되었던 사람들은 나중에 지위에 따라 세금이 부과되었다. 법정 변호사, 사무 변호사, 대소인(代訴人)은 최초 인두세에서 추정 재산 1파운드당 3실링의 세금이 부과되었는데, 나중에는 신사 지위에 따르는 세금이 부과되었다. 그리 무겁지 않은 과세에서는 어느 정도 불공평성은 그런대로 참을만하며, 오히려 불확정성보다 더 잘 견디는 것으로 드러났다.

프랑스와 잉글랜드의 인두세

현 18세기 초창기부터 프랑스에서 지속적으로 부과된 인두세에서 가장 높은 구간 계층은 불변하는 세율에 따라 세금이 부과된다. 이보다 낮은 계층은 추정 재산에 따라 해마다 다른 세금을 부과받는다. 궁정 관리, 최고 재판소의 판사 및 기타 관리, 군대 장교 등은 첫 번째 방식으로 과세된다. 지방의 하위 계층은 두 번째 방식으로 과세된다. 프랑스에서 그런 세금은, 무척 과중하지만 않으면 상당한 정도의 불공평도 쉽게 받아들여졌지만, 지역 장관의 임의적인 과세는 절대 용납되지 않았다. 그 나라에서 낮은 계층에 있는 사람들은 자기 위에 있는 계급 사람들이 적당하다고 생각하는 세금 행정을 감내할 수밖에 없다.

잉글랜드에서 여러 종류의 인두세는 예상했던 세수를 올리지 못했다. 달리 말해 정확하게 징수되었다면 올릴 것으로 추정한 금액을 절대 달성하지 못했다. 반면 프랑스에서 인두세는 언제나 예상 금액을 달성했다. 잉글랜드의 유순한 정부는 여러 다른 계층에 부과한 인두세 금액에 만족했고, 납세할 수 없는 자나 납세하지 않는 자(이런 자들은 무척 많다)에 대해 온갖 응석을 받아주는 등 느슨하게 세법을 집행했다. 그리하여 납세를 강요받지 않은 자들은 세금을 내지 않으면서 버텼다. 그런데도 잉글랜드 정부는 나라가 입는 손실에 대한 보상을 받아낼 생각을 하지 않았다.

이보다 더 엄격한 프랑스 정부는 징세구에 특정액을 부과하고, 지역 장관은 반드시 그만큼을 최대한 역량을 발휘해 징수한다. 어떤 지방이 과도한 세금 부담에 대해 불평하면 다음 해 과세에서 지난해 초과분만큼 경감한다. 하지만 일단 부과된 세금은 반드시 지급해야 한다. 자기 징세구에 부과된 금액을 확실히 징수하기 위해 지역 장관은 몇몇 납세자의 파산이나 지급 불능을 나머지 납세자들의 초과 과세로 보충할 수 있도록 더 큰 금액을 과세할 권한을 부여받았다. 1765년까지 이런 초과 과세 결정은 전적으로 지역 장관의 재량이었다. 그러나 그해에 왕실 추밀원은 이런 권한을 자신에게 귀속시켰다. 프랑스의 지방 인두세에서 귀족과 타이유를 면제받는 특권층이 부담하는 비율은 가장 낮은 수준이었다. 이 사실은 『유럽의 과세권에 관한 각서』를 써낸 박식한 저자[257]가 언급한 바 있다. 가장 큰 비율의 인두세는 타이유 대상이 되는 사람에게 부과되었는데, 타이유로 지급하는 것에서 파운드당 얼마라는 식으로 부과되었다.

인두세는 하류층에 징수되는 한 노동 임금에 부과되는 직접세이며, 이러한 세금 징수에 동반되는 불편함을 모두 갖추고 있다.

인두세는 적은 비용으로 징수되며, 엄격하게 받아내면 나라에 무척 확실한 수입원이 된다. 이런 이유로 하류층의 안락, 위안, 안심을 거의 신경 쓰지 않는 나라에서 인두세는 무척 보편적으로 징수되고 있다. 하지만 대체로 보아 대국의 인두세는 국고 세입에서 작은 부분일 뿐이며, 인두세로 올린 최대 금액조차 언제나 국민에게 편리한 방법을 통해 징수되었다.

제4조 2항
소비재에 부과되는 세금

인두세로는 국민 수입에 비례해 세금을 부과하는 게 불가능했다. 그래서 소비재에 부과되는 세금을 발명한 것으로 보인다. 나라는 백성의 수입에 직접 비례해 과세하는 법을 몰랐기에 대체로 지출이 수입에 거의 비례할 것이라는 추정 아래, 그들의 소비에 과세함으로써 간접적으로 과세하려 한 것이다. 그 지출에 대한 과세는 소비세를 통해 이루어진다.

---

257 장 루이 모로 드 보몽(Jean Louis Moreau de Beaumont). 그가 쓴 책의 원명은 Memoires concernant les Droits & Impositions en Europe, 4 vols, Paris, 1768-69. 스미스는 존 클레어에게 보낸 편지에서 이 책을 튀르고의 호의로 입수했다고 적고 있다. 스미스는 유럽 각국의 과세 상황에 대해 밝힐 때 이 책을 많이 인용하고 있다.

소비재: 필수품 혹은 사치품

국민이 소비하는 물품은 필수품이거나 사치품이다.

필수품은 생활 유지에 반드시 필요할 뿐만 아니라, 그 나라의 관습상 점잖은 사람뿐만 아니라 최하층도 반드시 있어야 체면이 유지되는, 없어서는 안 되는 그런 상품이다. 예를 들어 아마포 셔츠는 엄밀히 말하면 생활필수품은 아니다. 그리스인과 로마인은 아마포 없이도 무척 안락하게 살았다. 하지만 현대에 들어와서 유럽 대부분 지역에서, 날품팔이라도 점잖은 사람이라면, 아마포 셔츠 없이 사람들이 모인 곳에 나서는 것을 창피하게 여길 것이다. 아마포 셔츠가 없다는 것은 아주 한심하게 살지 않는 한 도저히 그렇게 될 수 없이, 정말 수치스러울 정도로 가난하다는 것을 나타낸다.

같은 방식으로 잉글랜드의 관습은 가죽 신발을 생활필수품으로 만들었다. 극빈자라고 해도 점잖은 사람이라면 가죽 신발 없이 사람들 앞에 나타나는 것을 부끄럽게 여긴다. 스코틀랜드의 관습은 최하층 남자에게도 가죽 신발을 생활필수품이 되게 했다. 하지만 최하층 여자에게는 그렇지 않았는데, 여자들은 맨발로 돌아다녀도 창피나 망신을 당하지 않는다. 프랑스에서 가죽 신발은 남녀 모두 필수품이 아니며, 최하층 남자와 여자는 사람들 앞에 때로는 나막신으로, 때로는 맨발로 나타나도 전혀 창피하지 않다.

따라서 나는 필수품을, 자연 상태뿐만 아니라 정해진 품위 기준에 따라 가장 낮은 계급의 사람들에게도 꼭 필요한 것으로 이해한다. 그리고 필수품 이외의 모든 것을 사치품이라 부른다. 하지만 어떤 물건에 사치품이라는 명칭을 붙인다고 해서 그 물품을 적당히 사용하는 사람들을 비난할 뜻은 없다. 예를 들어 그레이트브리튼에서 맥주는 사치품이고, 와인은 심지어 와인을 생산하는 국가에서도 사치품으로 본다. 지위 고하를 막론하고 술을 아예 맛보지 않는다고 해서 비난받지 않는다. 자연 상태는 술을 생활 유지에 필요한 것으로 만들지 않았고, 사회적 관습 역시 어디에서도 그런 술 없이 살아가는 게 부적절하다고 보지 않는다.

노동 임금은 모든 곳에서 노동 수요에 따라, 또 생계 유지에 필요한 물건의 평균 가격에 따라 규정되므로 이런 평균 가격을 상승시킨 것은 무엇이든 필연적으로 임금을 상승시킨다. 그렇게 해야 노동자는 노동 수요 상태가 증가하든 정체하든 쇠퇴하든, 그런 상태에서 노동자에게 요구하는 필수품 양을 구매할 수 있기 때문이다.[258] 그런 물건에 부과되는 세금은 필연적으로 물건 가격을 세액보다 조금 더 인상시키는데, 세금을 선납한 상인이 자기 이윤과 함께 기존에 납부한 세금을 회수해야 하기 때문이다. 따라서 그런 세금은 반드시 이런 가격 상승에 비례해 노동 임금의 상승을 가져온다.

생필품 과세는 직접세

이렇게 보면, 생활필수품에 부과되는 세금은 노동 임금에 부과되는 직접세와 동일한 방식으로 작용한다. 노동자는 직접 세금을 납부한다고 해도 적어도 상당 시간 그것을 선납했다고 말할 수 없다. 장기적으로 그런 세금은 반드시 그를 직접 고용한 사람이 임금 상승의 형태로 그에게 선급하기 때문이다. 고용주가 제조업자라면 이런 임금 상승분을 이윤과 함께 상품가격에 덧붙일 것이다. 따라서 세금을 이런 비싼 값과 함께 부담하게 되는 것은 결국 소비자 몫이다. 그의 고용주가 농부라면 마찬가지로 비싼 값과 함께 세금을 더한 금액이 지주의 지대가 된다.

그러나 사치품에 부과되는 세금은 이야기가 달라진다. 심지어 가난한 사람들이 소비하는 사치품의 세금이라도 사정이 달라지지는 않는다. 과세 상품가격이 오른다고 필연적으로 노동 임금이 상승하는 것은 아니다. 예를 들어 가난한 자와 부유한 자 모두의 사치품인 담배에 부과되는 세금은 임금을 끌어올리지 않는다. 담배는 잉글랜드에서 원래 가격의 3배, 프랑스에서는 15배가 세금으로 부과되지만, 이런 높은 세금은 노동 임금에 아무런 영향도 미치지 않는다.

차와 설탕, 초콜릿에 부과하는 세금도 마찬가지다. 두 상품은 잉글랜드와 네덜란드에서 최하층의 사치품이고, 초콜릿도 스페인에서는 최하층

---

258 『국부론』제1권 8장.—원주

의 사치품이 되었다. 그레이트브리튼에서 현 세기가 흘러가는 동안 중류주에 부과된 여러 다른 세금은 노동 임금에 어떠한 영향도 미치지 않았다. 도수 높은 맥주를 담은 배럴 크기[약 150리터] 오크통 하나당 부과된 3실링의 추가 세금으로 발생한 포터 맥주[흑맥주] 가격 상승은 런던에서 일반 노동자의 임금을 상승시키지 않았다. 추가 세금이 부과되기 전에 그들의 임금은 하루에 18펜스에서 20펜스 정도였는데, 지금까지도 그보다 높지는 않다.

그런 상품의 높은 가격이 필연적으로 하층민의 가족 부양 능력을 감소시키는 것은 아니다. 온건하고 부지런한 빈민에게 그런 상품의 세금은 사치 금지법처럼 작용하며, 쉽게 가질 수 없는 사치품 구입을 억제하거나 전적으로 중단하게 한다. 가족 부양 능력은 이런 강제된 절약의 결과로 줄기는커녕 오히려 늘게 된다. 온건하고 부지런한 빈민은 일반적으로 가장 많은 가족을 부양하고, 유용한 노동 수요를 맞추어주는 주된 공급원이다. 사실 모든 빈민이 온건하고 부지런한 것은 아니며, 방종하고 난잡한 자는 계속 전처럼 이런 가격 상승 이후에도 그런 상품을 마음껏 쓸 수도 있고, 이런 탐닉이 부양가족에게 가져오는 고통을 무시할 수도 있다.

하지만 그런 난잡한 사람은 좀처럼 많은 가족을 부양하지 못한다. 그들의 아이는 무관심한 방치, 잘못된 관리 그리고 음식 부족과 위생 불량 등으로 제명대로 살지 못한다. 체질이 튼튼해 그런 고난을 이겨내고 생존한다 해도 부모의 나쁜 품행에 노출되어 도덕성이 타락하고, 근면함으로 사회에 도움을 주는 것이 아니라 악덕과 방종으로 골칫거리가 된다. 따라서 빈민들이 사용하는 사치품 가격이 상승하면 그러한 무질서한 가정의 고통이 다소 증가하여 자녀 양육 능력이 얼마간 감소할 수 있지만, 국가에 유용한 인구는 크게 줄어들지 않을 것이다.

생필품의 평균 가격이 상승하면서 이에 상응하는 노동 임금의 상승이 없다면, 빈자들이 다수의 가족을 부양하는 능력이 더울 줄게 되고, 결과적으로 유용한 노동력에 대한 수요를 공급할 능력도 줄어들 것이다. 이러한 상황은 수요의 상태가 증가하든, 정체하든, 쇠퇴하든 혹은 그런 수요가 인구 증가, 정체, 쇠퇴 중 어느 것을 가져오든 마찬가지다.

사치품 과세는 다른 세금을 인상시키지 않는다

사치품에 대한 세금은 과세 상품가격 외에는, 다른 상품가격을 올리지 않는다. 필수품에 대한 세금은 노동 임금을 상승시킴으로써 필연적으로 모든 제조품 가격을 인상하고, 그 결과 제조품 판매와 소비 규모를 줄게 하기도 한다. 사치품에 부과되는 세금은 과대 대상 상품 소비자가 어떠한 보상도 받지 않고 최종적으로 납부한다. 그런 세금은 모든 종류의 수입, 즉 노동 임금, 자본 이윤, 토지 지대에 공평하게 부과된다. 생필품에 대한 세금은 노동 빈곤층에 영향을 미치며, 일부는 지주가 토지의 지대 감소로, 일부는 부유한 소비자가 생산품 가격 상승을 통해 지불하며, 항상 상당한 초과 요금이 부과된다.

생활필수품이자 빈민의 소비 대상이 되는 제조품, 가령 조악한 모직물의 가격이 인상하면 반드시 빈민의 임금을 더 인상하는 것으로 보상해야 한다. 자기 이익을 생각한다면 중류층과 상류층은 노동 임금에 부과되는 모든 직접세는 물론 생필품에 부과되는 모든 세금에 항상 반대해야 마땅하다. 두 가지 모두를 최종적으로 지급하는 것은 전적으로 그들이고, 늘 세금보다 더 많이 납부하게 되기 때문이다. 이 두 세금은 지주가 가장 무겁게 부담하는데, 지주는 지대 감소로, 부유한 소비자는 지출 증가로 그렇게 부담한다.

매튜 데커 경의 견해에 따르면, 특정 상품가격에서 그런 특정 세금은 때로는 네다섯 번 반복되고 누적된다. 이것은 생활필수품에 부과되는 세금에 대해서는 아주 적절한 지적이다. 예를 들어 가죽 가격을 한번 생각해보자. 소비자는 이 신발에 사용된 가죽에 부과되는 세금뿐만 아니라 제화공과 무두장이에게 부과되는 세금 일부를 지급해야 한다. 또한, 그런 노동자가 신발을 만드는 동안 소비한 소금, 비누, 양초에 부과되는 세금도 지급해야 하며, 마찬가지로 소금 제조인, 비누 제조인, 양초 제조인이 제화공과 무두장이를 위해 일하면서 소비한 가죽에 부과되는 세금도 지급해야 한다.

잉글랜드의 4대 생필품: 소금, 가죽, 비누, 양초

그레이트브리튼에서 생활필수품에 부과되는 주된 세금은 방금 언급한 소금, 가죽, 비누, 양초에 부과되는 세금이다.

소금은 옛날부터 매우 보편적인 과세 대상이었다. 로마인들도 소금에 세금을 매겼으며, 내 생각에는 현재 유럽 모든 지역에서도 그러하다. 개인이 매년 소비하는 양은 무척 적고 서서히 구매하므로 소금에 무척 과중한 세금이 부과되더라도 아무도 그것을 금방 느낄 수 없다. 잉글랜드에서 소금에 매기는 세금은 부셸당 3실링 4펜스로 상품 원가의 약 세 배다. 몇몇 다른 나라에서 소금에 부과되는 세금은 훨씬 더 높다.

가죽은 진정한 생활필수품이다.

아마포 사용으로 비누 역시 생활필수품이 된다.

겨울밤이 긴 나라에서 양초는 중요한 상업 품목이다.

그레이트브리튼에서 가죽과 비누에는 1파운드당 1.5페니, 양초에는 1파운드당 1페니의 세금이 부과된다. 가죽 원가에 부과되는 세금은 약 8~10퍼센트에 해당한다. 비누에 부과되는 세금은 약 20~25퍼센트, 양초에 부과되는 세금은 약 14~15퍼센트다. 이런 세금은 소금에 부과되는 세금보다는 가볍지만, 여전히 과중하다.

이 네 가지 상품은 진정한 생활필수품이기에 그에 부과되는 과중한 세금은 온건하고 부지런한 빈민의 지출을 다소 증가시킬 것이고, 그 결과 그들의 노동 임금을 다소간 올린다.

그레이트브리튼처럼 겨울이 무척 추운 나라에서 연료는 가장 엄밀한 의미의 겨울 생활필수품이다. 이는 요리를 위해 필요할 뿐 아니라 실내에서 작업하는 많은 노동자의 안락한 생존을 위해서도 필요하다. 연료 가격은 노동가격에 미치는 영향이 무척 중대해 그레이트브리튼 전역에서 제조업은 주로 석탄 산지에 국한되어 있다. 다른 지역에서는 이 필수품 가격이 높으므로 그렇게 저렴하게 작업할 수 없다. 게다가 몇몇 제조업, 즉 유리, 철 그리고 다른 모든 금속을 제조하는 사업에서 석탄은 사업의 필수 수단이다.

석탄이 풍부한 지방에서 부족한 지방으로 석탄을 수송하는 일에 보조금을 주어야 어느 정도 합리적일 것이다. 하지만 입법부는 보조금은커녕 연안을 따라 수송되는 석탄 1톤에 3실링 3펜스의 세금을 부과했다. 이것은 대부분 석탄에서 탄갱 원가의 60퍼센트 이상에 해당한다. 육지나 내륙 운항을 통해 수송되는 석탄에는 세금이 부과되지 않는다. 석탄이 많이 나서 자연적으로 가격이 저렴한 곳에서는 석탄이 면세로 소비된다. 반면 자연적으로 귀한 곳에서는 과중한 세금을 떠안는다.

생필품 과세는 정부 수입을 증대시킨다

이런 세금은 생활비를 높이고 결국에는 노동 임금을 상승시킨다. 그럼에도 다른 방식으로는 얻기 쉽지 않은 커다란 세입을 정부에 제공한다. 따라서 그런 세금을 계속 유지하는 것에는 타당한 이유가 있다. 곡물 수출에 주어지는 보조금은 실제로 필수품의 가격을 상승시키는 경향이 있으며, 이는 필수품에 부과되는 세금과 같은 부정적인 영향을 미친다. 따라서 보조금은 정부에 어떤 세입을 제공하기는커녕 정부가 빈번히 큰 지출을 하게 만든다.

적당히 풍년이 들었을 때, 수입 외국 곡물에 부과되는 높은 세금은 사실상 수입 금지와 다를 바 없다. 살아 있는 가축이나 소금에 절인 육류의 수입은 일반적인 법률 상태에서 완전히 금지되는데 브리튼 내 품귀 현상으로 현재 한정 기간 아일랜드와 브리튼령 식민지로부터의 수입 금지는 일시적으로 중단되고 있다. 이러한 조치들은 생활필수품에 부과되는 세금과 유사한 부정적인 영향을 미친다. 이것은 정부에 아무런 세입도 제공하지 않는다. 그런 규정을 폐지하려면 그것을 확립하도록 한 제도[중상주의]의 백해무익함을 대중에게 확신시키는 것 외에는 달리 방법이 없다.

생활필수품에 부과되는 세금은 그레이트브리튼보다 여러 다른 나라에서 훨씬 높다. 많은 나라에서 제분소에서 빻는 곡물의 고운 가루와 거친 가루 그리고 오븐에서 굽는 빵에 세금을 부과한다. 네덜란드에서는 그런 세금으로 도시에서 소비되는 빵 가격이 두 배가 되었다고 알려져 있다. 농촌에 사는 사람은 그런 빵에 부과되는 세금 대신 소비될 것으로 추정되는 부류의 빵에 따라 모두가 매년 세금을 지불한다. 밀로 만든 빵을 소비하는 사람은 3길더 15스타이버, 약 6실링 9.5펜스를 지불한다. 이 세금과 몇몇 같은

부류의 다른 세금은 노동가격을 인상시킴으로써 네덜란드 제조업 대부분을 몰락시켰다.[259]

그렇게 과중하지는 않지만 비슷한 세금이 밀라노 공국, 제노바 여러 주, 모데나 공작령, 파르마, 플라켄티아, 구아스탈라 공작령 그리고 교황령에서 부과된다. 프랑스의 한 저명한 저술가는 황당무계하게도, 다른 세금들을 대부분 없애버리고 그 빈자리를 이 가장 해로운 세금으로 대체함으로써 개혁을 달성하자고 제안했다.[260] 키케로는 소위 현명하다는 철학자들이 때때로 아주 황당무계한 주장을 편다고 말하기도 했다.[261]

고기에 부과되는 세금은 빵에 부과되는 세금보다 훨씬 더 일반적이다. 실제로 고기가 어디서든 생필품인지에는 의문이 생긴다. 우유, 치즈, 버터 혹은 버터가 없는 곳에서는 고기가 없더라도 곡물과 다른 채소를 가지고 풍부하고, 유익하고, 영양 많고, 활력을 돋게 하는 식사를 제공할 수 있다. 우리는 그것을 경험적으로 안다. 대다수 장소에서는 아마포 셔츠나 가죽 신발을 갖추라고 요구하지만, 고기 먹는 것이 예의라고 하는 곳은 어디에도 없다.

소비세 부과의 두 방식

필수품이건 사치품이건 소비재에는 두 가지 다른 방식으로 세금이 부과된다. 소비자는 특정 종류의 상품을 사용하거나 소비하는 것에 대해 연간 금액을 지불하거나, 상품이 판매자의 손에 남아 있는 동안 그리고 소비자에게 전달되기 전에 세금이 부과될 수 있다.

완전히 소비되기까지 오래 걸리는 소비재에는 첫 번째 방식으로 과세하는 게 가장 적절하고, 소비가 즉각적이거나 신속한 소비재에는 두 번째

---

259   Memoires concernant les Droits & Impositions en Europe, pp. 210, 211.—원주

260   Le Reformateur.—원주

261   키케로는 『복점술』 ii, 58에서 다음과 같이 말했다. "어떻게 도무지 말이 되지 않는 얘기를 몇몇 철학자들이 할 수 있는지 나는 알지 못한다"(Sed nescio quomodo nihil tam absurde dici potest quod non dicatur ab aliquo philsophorum).

방식으로 과세하는 게 적절하다. 마차세와 금은 식기세는 첫 번째 방식으로, 다른 소비세와 관세 대부분은 두 번째 사례로 적용한다.

사륜 마차는 잘 관리하면 10~12년을 쓸 수 있다. 마차는 제작자의 손을 떠나기 전에 단 한 번 과세할 수도 있다. 하지만 구매자는 마차를 보유하는 특권에 대해 매년 4파운드를 지급하는 쪽이, 마차 제작자에게 한 번에 40~48파운드의 추가 비용 혹은 사용기간 동안 세금에 해당하는 금액을 내는 것보다 분명 더 편리하다.

같은 식으로 금은 식기는 한 세기 이상 쓸 수 있다. 소비자는 식기 100온스당 5실링, 즉 식기 가치의 약 1퍼센트를 매년 지급하는 게 25년에서 30년 치 세금(이렇게 되면 가격은 최소 25~30퍼센트 올라간다)을 한 번에 지불하는 것보다 분명 더 쉽다. 가옥에 관련된 여러 세금은 처음 가옥을 지을 때나 판매 시에 한 번에 다 합친 금액을 부과하는 것보다, 매년 적당한 금액을 나눠서 부과하는 것이 훨씬 더 편리하게 징수될 것이다.

매튜 데커 경은 유명한 제안을 한 적이 있다. 모든 상품, 심지어 소비가 즉각적이거나 매우 신속한 상품조차도, 상인이 아무것도 선납하지 않고, 소비자가 특정 상품을 소비할 수 있는 사용 허가에 대해 특정 금액을 매년 지급하는 방식으로 과세해야 한다는 것이다. 매튜 데커 제안의 목표는 모든 해외 무역 분야, 특히 중개무역을 촉진하자는 것이었다. 그러니까 수입과 수출에 부과되는 모든 세금을 제거함으로써 상인이 자기자본과 신용 전체를 세금 선납에 돌리지 말고 곧 상품 구매와 선박 운임에 쓸 수 있게 하자는 것이었다.

매튜 데커 제안에 대한 4가지 반론

하지만 이런 방식으로 즉시 또는 신속하게 소비되는 상품에 과세하자는 제안은 네 가지 중대한 반론에 직면한다.

첫째, 그런 세금은 일반적인 방식으로 부과되는 것보다 납세자들에게 더욱 불공평할 것이다. 즉, 각기 다른 납세자의 지출과 소비 비례를 제대로 반영하지 못한다. 맥주, 와인, 증류주에 부과되는 세금은 상인이 선납하지만, 최종적으로 각각의 소비에 정확히 비례해 각기 다른 소비자가 최종적으로 지급한다. 하지만 세금이 그런 주류를 마실 수 있는 면허[권리]를 구매하는 것으로 바뀐다면 절제하며 마시는 소비자는 만취하는 소비자보다 훨씬 더 과중한 세금을 내는 게 된다. 거창하게 손님을 후대하는 가정은 더 적은 손님을 맞아들이는 가정보다 훨씬 더 가벼운 세금을 내는 꼴이 된다.

둘째, 이런 과세 방식, 즉 해마다 반년마다 혹은 분기마다 특정 상품을 소비하는 허가증에 대해 세금을 내자는 방식은 빠른 소비가 이루어지는 상품에 부과되는 세금의 주된 편의 중 하나인 단편적인 지급(조금씩 바로 납부하는 방식)을 크게 줄인다. 현재 흑맥주 한 단지에 지급되는 3.5페니라는 가격에는 맥아, 홉, 맥주에 부과되는 각기 다른 세금과 함께, 양조업자가 그런 세금을 선납했기에 덧붙이는 특별 이익이 약 1.5페니 정도 포함되어 있다. 노동자가 이런 1.5페니를 기꺼이 내줄 형편이 된다면 그는 흑맥주 한 단지를 살 것이다. 그럴 수 없다면 그는 파인트 정도로 만족할 것이며, 1페니를 절약하면 1페니를 번다는 말이 있듯 그는 이런 절제로 1파딩을 얻는다. 그는 자신이 지급할 수 있는 여력만큼 조금씩 덜어서 세금을 지급하며, 그가 세금을 지급할 여력이 있을 때 모든 납세 행위는 완전히 자발적인 것이 된다. 그러니까 그는 그 세금을 안 내고 싶다면 경우에 따라 안 낼 수도 있다.

셋째, 그런 세금은 사치 금지법으로는 그다지 작용하지 않을 것이다. 허가증을 구매하면 구매자가 술을 많이 마시든 적게 마시든 세금은 같을 것이기 때문이다.

넷째, 노동자는 현재 마시는 각기 다른 양의 흑맥주에 부과되는 세금을 납부하는 데 거의 혹은 전혀 불편함이 없다. 하지만 그런 세금의 총액과 같은 금액을 해마다, 반년마다 혹은 분기마다 한 번에 지급하라고 하면, 그 세금은 무척 큰 고통을 안겨준다. 따라서 아무런 압박도 없는 현 과세 방식에서 얻을 수 있는 세입과 거의 비슷한 세입을 올리려면 이런 과세 방식으로는 소비자에게 아주 심한 압박을 가해야 한다.

하지만 여러 나라에서 즉각적으로 혹은 무척 빠르게 소비되는 상품은 이런 방식으로 과세된다. 네덜란드에서 사람들은 각자 차를 마시는 권리를 세금을 내고 얻어야 한다. 나는 빵에 부과되는 세금을 언급했는데, 농가와 농촌 마을에서 소비되는 빵에 대해서도 같은 방식으로 세금이 부과된다.

소비세는 국내 소비를 목적으로 하는 국내산 상품에 부과된다. 이런 세금은 가장 널리 사용되는 몇 가지 상품에만 부과된다. 세금 대상이 되는 상품 혹은 각 상품 종류에 적용되는 특정 관세에 관해서는 의심의 여지가 없다. 내가 앞서 언급한 소금, 비누, 가죽, 양초에 부과되는 네 가지 세금과, 녹색 유리에 부과되는 세금을 제외하면 거의 전적으로 사치품에 해당한다.

관세는 소비세보다 오래된 세금

관세는 소비세보다 훨씬 오랜 역사를 가지고 있다. 이 세금이 관세(customs)라 불리는 것은 기록에도 없는 옛날부터 관습적으로 징수했음(customary payments)을 보여준다. 관세는 본래 상인 이윤에 부과되는 세금으로 생각되었다. 봉건적인 무정부 상태의 야만 시대에 상인은 자치 도시 거주민으로서 해방된 농노보다 나을 것이 별로 없는 사람이었다. 그래서 그들은 경멸을 받았고 그들이 얻는 이윤은 시기의 대상이 됐다.

대(大) 귀족은 국왕이 자기 임차인의 이윤에 세금을 부과하는 것에 동의했다. 그런 상황이었으므로 대 귀족은 별로 보호할 생각이 없었던 상인 무리에게 국왕이 세금을 부과하는 것에 개의치 않았다. 그런 무지몽매한 시대에는 세금의 원리를 잘 이해하지 못했다. 상인의 이윤에 직접 세금이 부과되지 않는다는 사실이나, 그런 모든 세금의 최종 지급은 반드시 엄청난 초과액과 함께 소비자가 부담한다는 것을 몰랐다.

외국 상인의 이윤은 잉글랜드 상인보다 더욱 부정적으로 여겨졌다. 따라서 외국 상인의 이윤이 국내 상인보다 더욱 과중한 세금이 부과되는 것은 당연한 일이었다. 외국 상인과 잉글랜드 상인 사이에서 나타나는 과세 차이는 무지에서 비롯되고, 후에는 독점의 정신으로 계속되었다. 이러한 독점은 국내 시장은 물론 해외 시장에서도 자국 상인에게 이익을 주려는 것이었다.

이 구분으로 옛 관세는 모든 종류의 상품, 필수품 및 사치품, 수출 상품 및 수입 상품에 동일하게 부과되었다. 왜 어떤 상품을 판매하는 상인이 다른 상품을 판매하는 상인보다 더 우대받아야 하나? 왜 수출 상인을 수입 상인보다 더 우대해야 할까? 이를 생각하며 관세를 동등하게 매긴 것 같다.

옛 관세의 3분야: 양모와 가죽, 와인, 기타 모든 상품

옛 관세는 세 분야로 나뉜다.

첫째, 가장 오래된 관세는 양모와 가죽에 부과된 것이었다. 이는 주로 혹은 전적으로 수출세였던 것으로 보인다. 모직물 제조업이 잉글랜드에서 처음 설립되었을 때 국왕은 양모 천의 수출로 인해 양모에 대한 관세를 잃지 않도록 같은 세금을 모직물에도 부과했다.

둘째, 와인에 부과되는 관세.

셋째, 모든 다른 상품에 부과되는 관세.

와인은 1톤당 부과되었기에 톤세로 불렸다. 모든 다른 상품에 부과되는 관세는 추정 가치 1파운드 단위로 부과되었기에 파운드세로 불렸다. 에드워드 3세 통치[1327-1377] 47년 차에 특정 세금의 대상이 된 양모, 양털 가죽, 가죽, 와인을 제외한 모든 수출품과 수입품에 1파운드당 6펜스 관세가 부과되었다. 리처드 2세[1377-1399] 통치 14년 차에 이 관세는 1파운드당 1실링으로 올랐지만, 3년 뒤 다시 6펜스로 줄었다. 헨리 4세[1399-1413] 통치 2년 차에 이는 8실링으로 인상되었고, 4년 차에 1실링으로 또 올랐다. 이 시간부터 윌리엄 3세[1689-1702] 통치 9년 차까지 이 관세는 계속 1파운드당 1실링이었다.

톤세와 파운드세는 일반적으로 의회에서 제정된 하나의 동일한 법률에 따라 국왕에게 주어졌고, 톤세와 파운드세 보조금이라고 불렸다. 파운드세 보조금은 오랫동안 1파운드당 1실링, 즉 5퍼센트로 지속했는데, 관세 용어에서 보조금이라 함은 이런 5퍼센트 일반 관세를 의미하게 되었다. 이 보조금은 이젠 옛 보조금으로 불리는데, 여전히 찰스 2세 통치[1649-1685] 12년 차에 확립된 관세율 규정에 따라 징수된다. 관세율 규정으로 이런 관세 대상이 되는 상품 가치를 확인하는 방법은 제임스 1세 시대[1603-1625]

보다 더 오래된 것이었다.

　새 보조금은 윌리엄 3세 통치 9년 차와 10년 차에 부과되었는데, 대부분 상품에 추가로 부과되는 5퍼센트 관세였다. 3분의 1 보조금과 3분의 2 보조금이 5퍼센트 추가 관세를 구성하는 요소가 되었다. 1747년에는 대부분의 상품에 네 번째로 추가된 5퍼센트 보조금이 부과되었고, 1759년에는 몇몇 특정 부류의 상품에 다섯 번째로 추가된 5퍼센트 보조금이 부과되었다. 그런 다섯 가지 보조금 외에도 수많은 다른 관세가 가끔 특정 부류의 상품에 부과되었는데, 이는 때로 나라의 긴급 사태를 처리하고, 때로 중상주의 원칙에 따라 나라의 무역을 통제하기 위한 것이었다.

중상주의의 폐해: 보조금과 장려금

　중상주의는 점차 더욱 유행하게 되었다. 옛 보조금은 수입품은 물론 수출품에도 무차별적으로 부과되었다. 이후 나타난 네 가지 보조금과 이따금 특정 부류 상품에 부과되는 다른 관세는, 예외는 조금 있어도 전적으로 수입품에 부과되었다. 국내 농산물과 제조품 수출에 부과되던 옛 관세 대부분은 경감되거나 완전히 폐지되었다. 그런 관세는 대부분 없어졌다.

　몇몇 농산물과 제조품 수출에는 오히려 장려금이 주어졌다. 외국 상품 수입시 납부한 관세는, 때로는 전체 혹은 일부가 상품을 재수출할 때 환급되었다. 수입할 때 옛 보조금에 따라 부과된 관세는 수출할 때 절반만 환급되었지만, 최근의 보조금 및 기타 세금에 대해서는 같은 방식으로 수출할 때 전부 환급되었다. 이렇게 점점 수출을 선호하고 수입을 예방하는 상황은 오로지 소수의 예외만 허용했는데, 주로 몇몇 제조업 원료가 그러했다.

　잉글랜드의 상인과 제조업자들은 원료를 가능한 한 저렴하게 얻고, 다른 나라의 경쟁자들이 원료를 비싸게 얻길 바랐다. 이런 이유로 때로 외국 원료는 면세로 수입되는 게 허용된다. 예로 스페인산 양모, 아마포, 아마실이 그렇게 면세로 수입된다. 국내 생산물과 우리 식민지의 특정 생산물 원료는 때로는 수출이 금지되었고, 때로는 고액 관세 대상이 되었다. 잉글랜드 양모 수출은 금지되었다. 비버 가죽, 비버 털, 세네갈 고무 수출은 고액 관세 대상이었다. 그레이트브리튼은 캐나다와 세네갈 정복으로 그런 상품을 거의 독점했다.

중상주의가 국민의 수입과 나라의 토지 및 노동 연간 생산물에 그리 유리하지 않다는 것을 제4권[중상주의 비판]에서 충분히 설명했다. 적어도 세입이 관세에 의존하는 한 군주의 수입에도 중상주의는 그리 유익하지 않다.

중상주의의 결과 몇몇 상품들은 수입이 전면 금지되었다. 이런 금지 조치로 일부 상품의 수입은 완전히 차단되었고, 다른 경우에는 수입이 크게 줄어들어 수입업자는 밀수를 하지 않을 수 없었다. 이런 금지 조치로 외국산 양모 제품의 수입은 완전히 중단되었고, 외국 비단과 벨벳의 수입은 크게 줄었다. 두 가지 경우에서 수입을 통해 징수되었을 관세 수입이 완전히 사라졌다.

그레이트브리튼이 국내 소비를 제한하기 위해 많은 외국 상품 수입에 높은 세금을 부과한 것은 많은 경우에 밀수를 부추겼고, 모든 경우에서, 좀더 적절한 관세로 대체했다면 얻을 수 있었던 관세 수입보다 더 적은 수입을 얻게 했다. 스위프트 박사는 관세 계산에서 2 더하기 2는 4 대신 때때로 1이 된다고 지적했다. 이것은 중상주의에 대한 타당한 비판이다. 중상주의가 과세를 수입 수단이 아닌 독점 수단으로 활용하라고 가르치지 않았다면 절대 부과하지 못할 과중한 관세에 대해 비판한 것이다. 중상주의 제도 아래에서 관세를 제대로 받았다면 4가 되어야 할 것이나, 상품 수입이 밀수로 이루어지므로 1이 된다는 의미다.

때때로 국내 농산물과 제조품 수출에 주어지는 장려금과 대부분의 외국산 상품 재수출에 주어지는 세금 환급은 많은 속임수와 밀수를 야기해 다른 무엇보다 국고 세입에 더욱 파괴적인 결과를 가져왔다. 장려금이나 환급을 받기 위해 상품은 때때로 실려서 바다로 나가지만, 이내 남몰래 국내 어떤 다른 지역에 다시 내려진다는 것은 잘 알려진 바다. 관세 수입의 부당 유용에 따른 손실은 장려금과 세금 환급으로 발생하는데, 대부분은 정부를 속여 빼간다. 이것이 정부 세수에 입힌 손실은 무척 크다.

1755년 1월 5일 종료된 회계연도 관세 총수입은 5,068,000파운드였다. 이런 수입에서 지급된 장려금은, 그해 곡물에는 아무런 장려금이 없었음에도 167,800파운드에 달했다. 환세 증명서와 다른 증서로 지급된 환급 세금은 2,156,800파운드였다. 이런 공제 결과 관세 수입은 고작 2,743,400파운드였다. 여기서 봉급과 다른 부수적인 관리 비용 287,900파운드를 공제하면 그해 관세 순수입은 2,455,500파운드가 된다. 이런 식으로 경상비는 관세 총수입의 5~6퍼센트에 이르고, 장려금과 환급 세금을 공제하고 난 뒤 남은 수입의 10퍼센트를 상회한다.

거의 모든 수입품에 부과되는 중과세로 인해 우리의 수입 상인들은 가능한 한 많은 물량을 밀수로 들여오려 하고, 최소한의 물품만 세관에 신고하려 한다. 그와 반대로 수출 상인은 수출하는 것 이상으로 세관에 신고하는데, 이것은 비과세 상품을 거래하는 대상인으로 인정받고 싶은 허영심에서 또는 장려금이나 환급 세금을 얻기 위한 목적에서 나오는 행동이다. 이런 각기 다른 사기 행각의 결과로, 우리나라의 수출은 세관 장부상으로는 수입을 크게 넘어서는 것으로 나타나지만, 실제로는 허상이다. 하지만 그것은 무역 수지상으로는 흑자라는 환상으로, 나라의 번영을 측정하는 정치인에게 이루 말할 수 없는 위안을 안긴다.

관세는 소비세만큼 투명하지 않다

모든 수입품은 특별히 면세되지 않는 한 관세 대상이 된다. 하지만 면세 상품은 그리 많지 않다. 관세는 관세율 규정에 언급된 수입품이 아니라면, 수입업자의 맹세에 따라 20실링 가치마다 4실링 9와 20분의 9펜스가 매겨진다. 이것은 다섯 가지 보조금이나 다섯 가지 파운드세 수준으로 과세된다는 뜻이다.

과세율 규정은 지극히 포괄적이고 무척 다양한 항목을 열거하지만, 그런 항목 중 다수가 거의 사용되지 않으며, 따라서 잘 알려져 있지도 않다. 관세와 관련된 업무 착오나 잘못은 때때로 세관 관리의 경력을 망치고, 빈번히 수입업자에게 큰 곤란과 비용, 성가심을 유발한다. 따라서 과세의 명확함, 정확함, 뚜렷함이라는 측면에서 관세는 소비세보다 훨씬 투명하지 못하다.

    사회 구성원 대다수가 각자 비용에 비례해 국고 세입에 이바지하게 만들려고 그 비용의 모든 항목에 과세할 필요는 없다. 소비세 징수 수입은 관세로 징수되는 수입만큼 납세자에게 공평하게 부과되는 것으로 생각한다. 소비세는 가장 보편적으로 활용되고 소비되는 소수 물품에만 부과된다. 관세의 의무도 마찬가지로 적절한 관리를 통해 공공 수입에 손실을 주지 않고 대외 무역에 큰 이점이 있는 몇 가지 물품으로만 한정할 수 있다고 많은 사람이 의견을 내놓았다.

    현재 그레이트브리튼에서 가장 보편적으로 구매·소비되는 외국 물품은 주로 외국산 와인과 브랜디이다. 설탕, 럼주, 담배, 코코넛 등 아메리카와 서인도제도에서 나는 몇몇 생산물, 차, 커피, 도자기, 모든 종류의 향신료, 여러 종류의 피륙 등 동인도의 몇몇 생산물도 인기 높은 물품이다. 이런 여러 물품은 현재 관세에서 얻는 수입 중 대부분을 차지한다. 앞서 열거한 것에 포함된 몇 가지 품목에 부과되는 세금을 제외하면 현재 외국 제조품에 부과되는 세금은 대부분 수입이 아닌 독점 목적으로 부과되며, 국내 시장에서 자국 상인에게 이익을 주기 위한 것이다. 만약 모든 수입 금지를 해제하고, 모든 외국산 제조품을 각 물품마다 사회에 가장 큰 수익이 되도록 온당한 세금을 부과한다면, 우리 노동자는 국내 시장에서 상당한 이익을 누리게 된다. 또한, 현재 정부에 아무런 수입을 제공하지 않는 몇몇 품목 그리고 거의 미미한 세수를 제공하는 많은 품목이 훨씬 큰 세수를 제공할 것이다.

    높은 세금은 때때로 과세 상품의 소비를 줄이고, 때때로는 밀수를 부추겨 적절한 세금보다 정부에 더 적은 수익을 제공하는 경우가 많다.

    소비 감소 결과 세입이 감소할 때는 한 가지 해결책밖에 없는데, 그것은 세금을 인하하는 것이다.

    밀수가 증가해 세입이 감소하는 경우, 밀수의 유혹을 줄이거나 밀수를 어렵게 만드는 방식으로 해결할 수 있다.

    세금을 낮춰야만 밀수 유혹을 줄일 수 있고, 밀수의 어려움은 밀수의 방지에 가장 적절한 행정제도를 확립함으로써 강화할 수 있다.

소비세는 관세보다 밀수 방지에 더 효과적

경험적으로 볼 때, 소비세법은 관세법보다 밀수업자의 활동을 더 효과적으로 제한하고 어렵게 만든다. 두 세금의 특징이 허락하는 한도 내에서 소비세와 비슷한 행정 체계를 관세에 도입함으로써 밀수의 어려움을 더욱 가중시킬 수 있다. 이러한 제도 변화는 많은 사람이 제안한 것으로, 무척 쉽게 달성할 수 있다.

관세를 납부해야 하는 상품 수입업자는 위에서 이미 언급한 것처럼 자기 선택하에서 개인 창고에 상품을 보관하거나, 자신의 비용이나 국가의 비용으로 마련된 공공 창고에 상품을 보관해야 하며, 이 공공 창고는 세관 관리가 열쇠를 가지고 있고, 관리의 입회하에만 개봉할 수 있다. 상인이 개인 창고로 상품을 가져가면 즉시 관세를 납부해야 하며, 이후 절대 환급받을 수 없고, 창고는 항상 세관 관리가 납부된 관세와 부합하는 상품의 양이 창고에 있는지 방문 확인할 수 있어야 한다.

공공 창고로 상품을 가져가면 국내 소비를 위해 반출 시까지 아무런 관세도 납부하지 않는다. 수출을 위해 반출하면 면세 대상이 되며, 그렇게 수출될 것이라는 적절한 보증서를 늘 제출해야 한다. 그런 특정 상품을 취급하는 상인은 도매든 소매든 세관 관리가 방문해 점검하는 대상이 되며, 가게나 창고에 있는 상품 총량에 대한 세금을 납부했다는 사실을 적합한 증서로 증명해야 한다.

수입 럼주에 부과되는 이른바 국내 소비세는 현재 이런 방식으로 징수된다. 이와 똑같은 행정제도가 수입 상품에 부과되는 모든 관세에 확대 적용될 수 있다. 단, 관세는 국내 소비세와 마찬가지로 가장 일반적으로 사용되고 소비되는 몇 가지 물품으로만 제한되어야 한다. 그러나 관세가 현재처럼 거의 모든 종류의 상품으로 확대된다면 공공 창고를 충분한 규모로 확보하기 쉽지 않을 것이며, 부서지기 쉬운 상품이나 보존에 주의해야 하는 상품은 다른 창고에 안심하고 맡길 수 없게 된다.

그런 행정제도 덕분에 무척 높은 관세하에서도 상당 부분 밀수가 방지된다면, 또 모든 관세가 때때로 나라에 가장 큰 세수를 제공할 수 있도록 어떤 형태로든 인상되거나 인하된다면, 관세는 독점 수단이 아닌 수입 수단으로 활용된다. 또한, 일반적으로 사용되는 몇 가지 수입품에만 세금을 부과하여 현재의 관세 수입과 비슷한 수입을 창출할 수 있을 것이다. 이렇게 하면 관세를 소비세처럼 간단하고, 신뢰할 수 있으며, 정확하게 부과할 수 있다. 이러한 제도 아래에서는 현재 외국산 물품 재수출에 대한 세금 환급에 따른 국가 수입 손실은 전적으로 사라진다. 이런 절약만으로도 무척 큰 액수가 된다. 또 국내 생산물 수출에 주어지는 모든 장려금을 폐지한다면, 다시 말해 미리 치른 국내 소비세 환급 세금을 제외한 모든 장려금이 폐지된다면, 관세의 순수입은 이런 폐지 이후에도 종전의 순수입과 같거나 더 높아질 수 있다.

그런 제도 변화로 국고 세입에 손실이 발생하지 않는다면 나라의 무역과 제조업은 분명 큰 이익을 얻는다. 대다수 비과세 상품의 거래는 완벽히 자유로울 것이고, 많은 이점을 누리면서 전 세계 모든 지역을 오갈 것이다. 그런 상품 중에는 모든 생활필수품과 제조업 원료가 포함된다. 생필품의 자유로운 수입으로 국내 시장에서 생필품 평균 가격이 낮아지면 노동의 화폐가격은 줄어들겠지만, 노동의 실제 보수는 어떠한 측면에서도 줄지 않을 것이다. 화폐 가치는 화폐가 얼마나 많은 생필품을 살 수 있는지에 비례하지만, 생필품의 가치는 그것을 위해 지급되는 화폐 양과는 전적으로 별개의 문제다.

노동의 화폐가격 감소로 모든 국내 제조품에 대한 화폐가격도 그에 비례해 감소할 것인데, 그 때문에 해외 시장에서 경쟁력을 확보할 수 있다. 몇몇 제조품 가격은 자유로운 원재료 수입으로 더욱 저렴해진다. 중국과 인도에서 생견(生絹)을 면세로 수입할 수 있다면 잉글랜드에서 견직물 제조업자는 프랑스와 이탈리아의 동종업자보다 크게 저렴한 가격으로 상품을 판매할 수 있다. 그러면 외국산 비단과 벨벳 수입을 금지할 필요가 없다. 우리 견직물 제조업자의 상품이 저렴하다면 우리 노동자는 국내 시장을 지배할 뿐만 아니라 해외 시장에서도 강력한 입지를 확보한다.

그리고 이 제도하에서는 과세 물품의 무역도 개선될 것이다. 그런 상품이 해외 수출을 하고자 공공 창고에서 반출된다면 모든 세금에서 면제되며, 상품의 무역은 완전히 자유로워진다. 모든 종류의 상품을 다루는 중개 무역은 이런 제도 아래서 가능한 이익을 모두 누린다.

국내 소비를 위해 그런 상품을 들여온다면 수입업자는 어떤 상인이나 소비자에게든 상품 판매 기회를 얻을 때까지 세금을 선납할 필요가 없어 세금 선납 시보다 상품을 저렴하게 판매할 수 있다. 이렇게 해서 국내 소비를 위한 외국 무역은, 비록 동일한 관세를 부과하더라도 지금보다 훨씬 더 이익을 보며 수행된다.

로버트 월폴의 소비세 계획

여기서 제안한 제도는 로버트 월폴 경[262]이 와인과 담배에 관해 제안한 유명한 소비세 계획의 목표와 비슷하다. 의회에 제안된 월폴의 법안은 이 두 상품을 포함했지만, 같은 부류의 더 광범위한 계획에 대한 소개로만 여겨졌으므로, 무척 부당하게도, 밀수 상인의 이익과 결탁한 당파가 극히 맹렬하게 반대했다. 법안 반대 외침이 크고 소란스러워지자 월폴 경은 법안을 철회하는 게 적절하다고 생각했고, 같은 부류의 아우성을 유발하는 게 두려웠던 그의 후임자들은 누구도 감히 계획을 재개하려 들지 않았다.

국내 소비를 위해 수입되는 외국산 사치품에 부과되는 세금은, 때로 빈민에게 부과되기도 하지만, 주로 중산층이나 중산층 이상의 재산을 가진 자에게 부과된다. 예들 들어 외국산 와인, 커피, 초콜릿, 차, 설탕 등에 부과되는 세금이다.

국내 소비를 위해 국내에서 생산된 더 저렴한 사치품에 부과되는 세금은 개인 지출에 비례해 모든 계층에게 공평하게 부과된다. 빈민은 맥아, 홉, 맥주를 소비한 만큼 관련 세금을 납부한다. 부유한 자는 자신과 하인이 소비하는 것에 부과되는 세금을 납부한다.

262　Sir Robert Walpole(1676-1745). 1721년부터 21년간 영국 총리를 역임했다.

중산층 이하의 소비가 상류층보다 큰 네 가지 이유

하류층 혹은 중산층 이하 사람들의 전체 소비가 모든 나라에서 중산층이나 그 이상 계층보다 규모나 가치 면에서 훨씬 크다는 점은 반드시 주목해야 한다. 하류층의 전체 지출은 상위 계층의 전체 지출보다 훨씬 큰데 그 이유는 다음 네 가지이다.

첫째, 한 국가의 자본 대부분은 매년 생산적 노동에 대한 임금으로 하류층 사이에 배분된다.

둘째, 토지 지대와 자본 이익으로 발생한 수입 대부분은 매년 하인이나 다른 비생산적 노동자의 임금과 생계 유지비로 하류층 사이에 분배된다.

셋째, 자본 이윤의 일부는 하류층이 소규모 자본을 활용해 발생한 수입으로 하류층에 귀속한다. 소규모 상점 주인, 상인 그리고 모든 종류의 소매업자가 매년 벌어들이는 이윤 규모는 모든 곳에서 무척 크며, 연간 생산물 중 무척 커다란 비율을 차지한다.

넷째, 토지 지대조차 일부는 하류층에 귀속되는데, 중산층보다 약간 낮은 사람에게 이중 큰 부분이 주어지고 최하층에는 그보다 작은 부분이 주어진다. 이는 일반 노동자조차 때로는 1~2에이커의 토지를 재산으로 소유하기 때문이다.

따라서 하류층의 지출은 개별적으로는 무척 적지만, 전체로 보면 늘 사회 전체 지출 중 가장 큰 비율을 차지한다. 그들보다 상위 계층이 소비하는 국가의 연간 토지와 노동 생산물은 분량뿐만 아니라 가치에서도 훨씬 적다. 따라서 주로 상류층 지출에 부과되는 세금은 연간 생산물 중 더 작은 부분이며, 모든 계층의 지출에 일률적으로 부과되거나 하류층 지출에 주로 부과되는 세금보다 훨씬 적다. 국내에서 생산된 발효주나 증류주 원료와 제조품에 부과되는 소비세는 그런 이유로 지출에 부과되는 모든 세금 중 가장 수입이 컸고, 이런 소비세 분야는 주로 일반인의 지출에 크게 부과되었다. 1775년 7월 5일에 종료된 회계연도에서 이 소비세 분야의 총수입은 3,341,837파운드 9실링 9펜스였다.

그러나 과세 대상이 되어야 하는 것은 하류층의 필수 지출이 아니라,

사치스러운 지출이라는 점은 반드시 기억해야 한다. 하류층의 필수 지출에 부과되는 모든 세금의 최종적인 지급은 전적으로 그들보다 상위 계층이 맡게 된다. 연간 생산량 중 더 큰 부분이 아니라, 그보다 더 작은 부분에 부과된다는 뜻이다. 그런 세금은 모든 경우에 노동 임금을 올리거나, 노동 수요를 줄인다. 노동 임금을 인상하면 세금의 최종 지불은 항상 더 부유한 계층으로 옮겨갈 것이다. 모든 세금을 최종적으로 지급하는 재원인 국가의 연간 토지와 노동 생산물을 줄이지 않고는 노동 수요를 줄일 수 없다. 이런 종류의 세금이 노동 수요에 어떤 영향을 미치든, 세금은 항상 그 상태의 임금보다 더 높은 임금을 인상해야 하며, 임금 인상에 대한 최종 지불은 모든 경우에 상류층 사람들이 부담하게 될 것이다.

개인 양조주는 잉글랜드에서 소비세 면제

판매용이 아닌 개인이 소비하는 발효주와 증류주는 그레이트브리튼에서 소비세 대상이 아니다. 이런 면세는 혐오스러운 세금 징수원의 직접 방문 및 점검으로부터 개인 가정을 보호하려는 것이지만, 종종 가난한 사람들보다 부유한 자에게 그 세금을 훨씬 가볍게 내도록 한다. 실제로 개인 용도로 증류하는 것은 흔하지는 않지만, 그래도 때때로 개인이 술을 담는 일이 생긴다.

하지만 전국에서 많은 중산층과 거의 모든 부유층 및 저명한 가문은 자기 집에서 소비할 맥주를 양조한다. 따라서 그들이 만든 알코올 도수 높은 맥주는 배럴 크기 오크통 하나당 일반 양조장보다 8실링이 더 저렴하다. 양조업자는 미리 지불한 모든 비용과 세금에 이윤을 추가해야 한다. 따라서 그런 가정은 어디서나 배럴 크기 오크통 하나당 일반 사람보다도 9실링 혹은 10실링 저렴하게 마시는 셈이 된다. 대중은 양조장이나 선술집에서 조금씩 맥주를 사는 게 더 편하다고 생각해 같은 술에 조금 더 돈을 지불한다.

같은 식으로 개인 가정이 소비하려고 만든 맥아는 세금 징수원의 방문 혹은 검토 대상이 아니지만, 대신 그런 가정은 반드시 1인당 7실링 6펜스를 일시 지급해야 한다. 7실링 6펜스는 맥아 10부셸에 부과되는 소비세와 같은데, 10부셸은 일반 가정의 모든 구성원, 즉 남자, 여자, 아이가 평균적으로 소비하는 양과 같다. 하지만 지역적 환대 행사를 자주 벌이는 부유층과 저명인사 가문에서 가족 구성원이 소비하는 맥아로 만든 술은 그 집안의 주류 소비 중 적은 부분을 차지할 뿐이다. 그리고 이런 이유나 다른 이유로 사적 용도로 맥아를 제조하는 일은 그리 흔한 일이 아니다. 따라서 개인용도로 양조나 증류해 술 만드는 사람이 맥아 제조에 대해 면제 조치를 받는 것에 대해서는 공정한 이유를 찾아보기 어렵다.

맥아에 대해 가벼운 세금을 부과하면 현재 맥아·맥주에 부과되는 중과세로 얻는 수입보다 더 많은 세수를 확보할 있다는 의견이 가끔 제시된다. 세금을 회피할 기회는 맥아 제조소보다는 양조장에서 훨씬 많고, 개인용도로 양조하는 사람은 모든 세금에서 면제되지만, 사적 활용을 위해 맥아를 만드는 사람은 그렇지 않기 때문이다.

런던의 맥주 양조장에 대한 세금

런던의 흑맥주 양조장은 맥아 1쿼터로 보통 배럴 크기 오크통 2.5개, 때로는 3개 이상의 물량을 양조한다. 맥아에 부과되는 여러 세금은 다 합쳐 1쿼터당 6실링에 이르며, 알코올 도수 높은 맥주에 부과되는 여러 세금은 배럴 크기 오크통 하나당 8실링이다. 따라서 흑맥주 양조장에서 맥아·맥주에 부과되는 여러 세금은 맥아 1쿼터 생산물에 26~30실링이 된다.

일반적으로 현지 판매를 위한 지역 양조장에서 맥아 1쿼터가 만들어내는 양조량은 이러하다. 알코올 도수 높은 맥주는 배럴 크기 오크통 2개 이상과 알코올 도수 낮은 맥주는 같은 오크통 1개 이상을 만들어내는데, 대개 도수 높은 맥주만으로는 오크통 2.5개 정도를 만들어낸다. 알코올 도수가 낮은 맥주에 부과되는 여러 세금은 합쳐서 오크통 하나당 1실링 4펜스에 이른다.

따라서 지역 양조장에서 맥아·맥주에 부과되는 여러 세금은 맥아 1쿼터 생산물에 대해 23실링 4펜스 이하인 경우가 별로 없고, 종종 26실링까지 올라간다. 왕국 전체 평균을 내보면 맥아·맥주에 부과되는 총세액은 맥아

1쿼터 생산물에 대해 24실링이나 25실링 이하로는 평가되지 않는다. 하지만 맥주에 부과되는 세금을 모두 없애고 맥아세를 3배 인상하면, 그러니까 맥아 1쿼터당 6실링에서 18실링으로 인상하면, 이 단일세에 의해 현재 그런 모든 중과세에서 얻는 것보다 더 큰 세수를 창출할 수 있을 것이다.

1772년, 구 맥아세 세액	722,023파운드	11실링	11펜스
추가 납부	356,776파운드	7실링	$9\frac{3}{4}$펜스
1773년, 구 맥아세 세액	561,627파운드	3실링	$7\frac{1}{2}$펜스
추가 납부	278,650파운드	15실링	$3\frac{3}{4}$펜스
1774년, 구 맥아세 세액	621,614파운드	17실링	$5\frac{3}{4}$펜스
추가 납부	310,745파운드	2실링	$8\frac{1}{2}$펜스
1775년, 구 맥아세 세액	657,357파운드	–	$8\frac{1}{4}$펜스
추가 납부	323,785파운드	12실링	$6\frac{1}{4}$펜스
4년 합계	3,835,580파운드	12실링	$-\frac{3}{4}$펜스
4년 평균	958,895파운드	3실링	$-\frac{1}{16}$펜스

1772년 국내지방소비세 세액	1,243,128파운드	5실링	3펜스
런던 양조장 납세액	408,260파운드	7실링	$2\frac{3}{4}$펜스
1773년 국내지방소비세 세액	1,245,808파운드	3실링	3펜스
런던 양조장 납세액	405,406파운드	17실링	$10\frac{1}{2}$펜스
1774년 국내지방소비세 세액	1,246,373파운드	14실링	$5\frac{1}{2}$펜스
런던 양조장 납세액	320,601파운드	18실링	$-\frac{1}{4}$펜스
1775년 국내지방소비세 세액	1,214,583파운드	6실링	1펜스
런던 양조장 납세액	463,670파운드	7실링	$-\frac{1}{4}$펜스
4년 합계	6,547,832파운드	19실링	$2\frac{1}{4}$펜스
4년 평균	1,636,958파운드	4실링	$9\frac{1}{2}$펜스
4년 맥아세 평균	958,895파운드	3실링	$-\frac{3}{16}$펜스
상기 다른 세금의 총합	2,595,853파운드	7실링	$9\frac{11}{16}$펜스

맥아세의 3배 혹은	2,876,685파운드	9실링	$-\frac{9}{16}$펜스
맥아 1쿼터당 부과되는 세금을			
6실링에서 18실링으로 인상할 경우			
차액	280,832파운드	1실링	$2\frac{14}{16}$펜스

실제로 구 맥아세에는 사과 발효주의 오크통(혹스헤드 크기, 약 250리터) 하나당 세금 4실링 그리고 알코올 도수가 높은 독일산 맥주인 멈의 배럴 크기 오크통 하나당 세금 10실링이 포함되어 있다. 1774년 사과 발효주에 부과된 세금은 고작 3,083파운드 6실링 8펜스였다. 이는 평소 세액에 다소 못 미치는 것인데, 그해 사과 발효주에 부과되는 모든 세금이 평소보다 덜 징수되었다. 멈에 부과되는 세금은 훨씬 더 무거워도 해당 주류 소비가 더 적으므로 세액이 훨씬 적게 나온다.

하지만 두 가지 세금의 통상 세수가 얼마든 간에 수지를 맞추기 위해 국내의 지방소비세에는 네 가지 세금이 포함된다. 첫째, 사과 발효주 혹스헤드 크기 오크통 하나당 6실링 8펜스 세금. 둘째, 신맛 과즙 혹스헤드 크기 오크통 하나당 6실링 8펜스 세금. 셋째, 식초 혹스헤드 크기 오크통 하나당 8실링 9펜스 세금. 넷째, 벌꿀 술 1갤런당 11펜스 세금. 이런 다른 세금들에서 들어오는 수입은 사과 발효주와 멈에 부과되는 연간 맥아세라 불리는 것에 따라 징수되는 수입을 훨씬 상회할 것이다.

맥아에 대한 과세

맥아는 맥주 양조장뿐만 아니라 로 와인[263]과 증류주 제조업에서도 소비된다. 맥아세가 1쿼터당 18실링으로 인상된다면 맥아를 일부 원료로 하는 특정 로 와인과 증류주에 부과되는 여러 소비세를 어느 정도 경감할 필요가 있다. 소위 맥아 증류주에서 보통 3분의 1은 맥아이고, 다른 3분의 2는

---

[263] low wine. 증류기에서 첫 증류를 통해 나온 알코올 도수 20도 내외의 약한 술

생보리다. 혹은 3분의 1이 보리, 다른 3분의 1이 밀인 경우도 있다. 밀수의 유혹과 기회는 맥주 양조장이나 맥아 제조소보다 맥아 증류주 증류소에서 가 훨씬 크다. 우선 상품 부피가 더 작고, 가치는 더 크기 때문에 밀수 기회 가 더 많다. 게다가 증류주 1갤런당 3실링 10과 3분의 2펜스에 이르는 높은 세금이 부과되므로 밀수의 유혹이 더욱 강해진다.[264] 맥아에 부과되는 세금을 늘리고, 증류소에 부과되는 세금을 줄인다면, 밀수의 기회와 유혹은 모두 줄어들 것이며, 더욱 늘어난 세수를 확보할 수 있다.

과거 한동안은 증류주 소비를 막는 게 그레이트브리튼의 방침이었다. 이것은 증류주가 일반인의 건강을 망치고 도덕성을 타락시키는 경향이 있다고 보았기 때문이다. 이런 방침에 따르면 증류주 세금을 인하하더라도 증류주 가격을 낮추지 않아야 한다. 그래서 증류주는 값비싼 채로 그냥 두고, 동시에 건강에 유익하고 활력을 북돋는 맥주 가격은 충분히 내리는 것이 좋다. 이렇게 하면 사람들이 현재 가장 불평하는 부담 중 한 가지를 어느 정도 덜어주면서 동시에 세입은 크게 늘릴 수 있다.

대버넌트의 소비세 반론은 근거가 없다

현재의 소비세 제도에 이런 변화를 주는 조치에 대해 대버넌트 박사가 내놓은 반론은 별로 근거가 없는 듯하다. 박사는 그런 세금이 현재처럼 맥아 제조업자, 맥주 양조업자, 소매업자의 이윤에 공평하게 배분·부담되는 게 아니라, 맥아 제조업자에게만 부담으로 작용한다고 말했다. 맥아 제조업자는 맥주 양조업자와 소매업자들이 술 가격을 올리는 것처럼 맥아 가격을 올려 세금을 회수하는 게 쉽지 않다. 더구나 맥아에 그런 과중한 세금이 부과되면 보리 경작 지대와 이윤을 감소시킬 것이다. 이상이 대버넌트

---

264 표준 강도의 증류주에 직접 부과되는 세금은 1갤런에 겨우 2실링 6펜스이지만, 이것에 증류주 원료가 되는 로 와인 세금을 가산하면 3실링 10과 3분의 2펜스가 된다. 오늘날에는 속임수를 막기 위해 로 와인이나 표준 강도의 증류주 모두 세척 시 부피에 따라 더 낮은 세율로 과세되고 있다. —원주

박사의 반론이다.

그러나 어떠한 세금도 특정 사업의 이윤율을 영구적으로 떨어뜨릴 수는 없다. 그 이윤은 언제나 주변 다른 사업들과 같은 수준을 유지하려고 조정되기 때문이다. 맥아·맥주에 부과되는 현재 세금은 가격 상승으로 인한 이윤 증가와 함께 소비자에게 전가되므로 그런 상품을 취급하는 상인의 이윤에 영향을 미치지 않는다. 그 상인은 상품가격을 올리고 또 추가적인 이윤을 붙여 선납한 세금을 회수할 수 있다. 사실 세금은 해당 상품가격을 비싸게 해서 상품 소비를 줄인다. 그러나 맥아는 주로 맥아주를 제조하는 데 소비되고 있으므로, 맥아 1쿼터당 부과되는 세금 18실링이 맥아주 가격을 올리는 비율은 그리 크지 않다. 현재 24실링에서 25실링에 달하는 여러 다른 세금이 맥아주의 가격을 올리는 것에 비해 그 인상 폭은 크지 않다. 맥아주는 오히려 더 저렴해질 수 있고, 소비도 줄어들기보다 늘어날 가능성이 더 크다.

맥아 제조업자가 맥아 가격을 올려 18실링을 회수하는 것이 현재 맥주 양조업자가 맥주 가격을 올려 24실링에서 25실링, 때로는 30실링을 회수하는 것보다 왜 더 어려운지 이해하기가 어려울 수 있다. 실제로 맥아 제조업자는 맥아 1쿼터당 6실링 대신 18실링을 선납해야 한다. 하지만 맥주 양조업자는 현재 양조하는 데 쓰는 맥아 1쿼터당 24실링 혹은 25실링, 때로는 30실링을 선납해야 한다. 이렇게 볼 때 맥주 양조업자는 더 과중한 세금을 선납하는데 맥아 제조업자가 더 가벼운 세금을 내는 게 더 불편하다고 할 수 없다.

맥아 제조업자가 곡물 저장고에 보관해두는 맥아 재고는 맥주 양조업자가 빈번히 지하 저장고에 보관해두는 맥주 재고보다 그 처분에 더 오랜 시간이 걸리지는 않을 것이다. 따라서 전자는 빈번히 후자만큼 들어간 돈을 회수할 수 있다. 맥아 제조업자가 더 무거운 세금을 선납해야 하는 데서 오는 불편은, 일반적으로 맥주 양조업자에게 부여되는 것보다 몇 개월 추가로 신용을 부여함으로써 쉽게 해결될 수 있다.

보리 경작지의 지대와 이윤

보리 수요가 감소하는 경우에만 보리 경작지의 지대와 수익이 줄어든다. 하지만 맥주로 양조되는 맥아 1쿼터당 부과되는 세금이 24~25실링에서 18실링으로 줄어드는 제도 변화는 보리 수요를 줄이는 것이 아니라 늘릴 가능성이 더 크다. 게다가 보리 경작지의 지대와 이윤은 똑같이 비옥하고 잘 경작된 다른 땅과 비슷해야 할 것이다. 지대와 이윤이 그 수준보다 적다면 보리 경작지 일부는 곧 다른 목적으로 전용되고, 그보다 크다면 더 많은 땅이 보리를 키우는 용도로 전환될 것이다.

특정 토지 생산물의 일반 가격이 소위 독점가격이라면, 여기에 세금이 부과되면 필연적으로 그 생산물이 자라는 토지 지대와 이윤이 줄어들게 된다. 가령 와인 수요에 비해 공급이 지나치게 부족한 상황에서 귀한 포도밭이 있다고 하자. 그곳에서 생산되는 와인 가격이 비슷하게 비옥하고 잘 경작된 다른 토지에서 생산되는 와인 가격보다 자연적인 비율 이상으로 높으면, 그런 포도밭 생산물에 부과되는 세금은 그 포도밭의 지대와 이윤을 필연적으로 감소시킨다.

와인 가격은 이미 일반적으로 시장에 출하되는 수량에서 얻을 수 있는 최고 수준이다. 따라서 출하량을 줄이지 않고는 가격을 올릴 수 없으며, 큰 손실을 보지 않고는 양을 줄일 수도 없다. 토지를 똑같이 가치 있는 다른 작물 재배에 사용할 수 없기 때문이다. 따라서 세금의 모든 부담은 지대와 이윤이 지탱해야 하고, 더 정확하게는 포도밭 지대가 떠맡게 된다.

설탕에 새로운 세금을 부과하는 방안이 제안되었을 때, 설탕 농장주들은 세금이 부과된 후 설탕 가격을 이전보다 올릴 수 없었고, 그 부담은 소비자가 아닌 생산자에게 전가되었다고 불평하는 경우가 많았다. 설탕 가격은 과세 이전에도 독점가격 상태였다. 그들은 설탕이 부적절한 과세 대상이라는 것을 입증하려고 했지만, 도리어 적합한 대상이라는 점만 드러냈을 뿐이다. 독점 사업자의 이윤은 접근 가능한 모든 과세 대상 중에서 가장 적절한 과세 대상이기 때문이다.

맥아 세금은 물가를 올리고 품질을 저하

하지만 보리의 통상 가격은 절대로 독점가격이 아니다. 보리 경작지의 지대와 이윤은 동등하게 비옥하고 경작이 잘된 다른 토지와 비교할 때 자연적 비율 이상으로 높은 적이 없다. 맥아·맥주에 부과된 여러 세금은 절대 보리 가격을 낮추지 않으며, 보리 경작지의 지대와 이윤을 줄이지도 않는다. 맥주 양조업자가 맥아 때문에 지불하는 가격은 맥아에 부과되는 세금에 비례해 올랐고, 그런 세금은 맥주에 부과되는 다른 세금들과 함께 지속해서 맥주 가격을 올렸거나, (같은 말이 되겠지만) 소비자에게 출하되는 상품 품질을 저하시켰다. 그런 세금의 최종 납부는 늘 생산자가 아니라 소비자 부담이었다.

여기서 제안된 제도 변화로 고통받을 가능성이 큰 유일한 사람은 개인 용도로 맥주를 양조하는 사람이다. 하지만 현재 가난한 노동자와 기능공은 무척 과중한 세금을 내고 있는 반면, 상위 계층은 그런 부담에서 면제받고 있다. 이 점은 아주 부당하고 불공평하며, 이런 세금 제도의 변화가 없더라도 반드시 철폐되어야 한다. 여태까지 국고 세입을 늘리고 대중을 구제할 수 있는 제도 개선이 좌절되는 것은 이런 상위 계층의 이익 때문이었을 것이다.

도로와 하천의 통행세

앞서 언급한 관세와 소비세 외에도 상품가격에 영향을 주는 더 불공평하고 더 간접적인 여러 다른 세금이 있다. 이런 부류 중에는 프랑스에서 통행료(Péage), 즉 옛 색슨 시절에 통행세(Duties of Passage)라 불렸던 것과 같은 세금이 있다. 이 세금은 본래 도로와 수로 유지를 위해 부과된 우리의 통행료와 마찬가지 목적으로 생긴 것으로 보인다. 이러한 세금은 상품의 부피 또는 무게에 따라 부과되는 것이 가장 적절하다.

이 세금은 본래 해당 지역에서 사용되는 지방세였으므로 세금 관리도 대다수는 세금이 징수되는 특정 도시, 교구 혹은 영지에 맡겨졌다. 그런 공동체가 어떤 식으로든 해당 세금의 적절한 운용에 대해 책임을 져야 하기 때문이다. 하지만 이런 세금에 전적으로 책임을 지지도 않는 군주는 많은 나라에서 직접 그런 세금 관리를 맡았고, 대다수는 세금이 무척 크게 늘었음에도 세금의 적절한 활용에 대해서는 많은 경우 전적으로 태만했다.

만약 그레이트브리튼의 도로 통행료가 정부 재원 중 하나가 된다면 어떤 결과를 가져올지 우리는 다른 많은 나라의 사례를 살펴보면서 배울 수 있다. 그런 통행료는 최종적으로 소비자가 지급한다. 그렇지만 소비자는 통행료를 지급할 때 그의 지출에 비례해 내는 것이 아니다. 다시 말해 물품의 가치가 아니라 부피나 무게 기준에 따라 낸다. 그런 세금이 부과될 때 부피나 무게가 아니라 물품의 추정 가치를 적용한다면 그것은 실상 일종의 내국 관세나 소비세로 불러야 하며, 이는 모든 상업 분야 중 가장 중요한 국내 상거래를 심각하게 저해한다.

몇몇 소국들에서는 한 나라에서 다른 나라로 이동하는 물품에, 그것이 육지든 바다든 자국 영토를 지나가는 경우 통행세와 비슷한 세금을 부과하였다. 이는 몇몇 나라에서 통과세라고 불린다. 이탈리아 북부의 포강과 그 강으로 흘러드는 여러 강에 자리 잡은 몇몇 이탈리아 소국은 전적으로 외국인이 지급하는 이런 부류의 세금에서 일정한 세입을 얻었다. 이는 자국 산업 혹은 상업을 어떤 측면에서도 방해하지 않고 다른 나라 국민에게 한 나라가 부과할 수 있는 유일한 세금이기도 하다. 세계에서 가장 중요한 통과세는 덴마크 국왕이 징수하는 외레순 해협을 통과하는 모든 상선에 부과하는 세금이다.

관세와 소비세의 상당 부분을 차지하는 사치품 세금은 모든 부류의 소득에 일률적으로 부과되거나, 궁극적으로 과세 대상 상품을 소비하는 사람이 환급 없이 납부한다. 그러나 이 세금이 모든 개인의 수입에 공평하게 혹은 수입의 크기에 비례하여 부과되는 것은 아니다. 각 사람의 소비 정도는 그 사람의 기분에 따라 조절되므로 모든 사람은 자기 수입에 비례하기보다 기분에 따라 납세에 기여한다. 낭비하는 자는 수입 대비 적절한 비율보다 더 많이 기여하고, 검소한 자는 적절한 비율보다 덜 기여한다. 엄청난 재산을 가진 사람도 미성년일 때는 국가의 보호 아래 엄청난 수입을 올리더라도 자기 소비를 통해 세금에 이바지하는 바는 거의 없다.

외국 거주자는 소비를 통해 수입의 원천이 있는 해당 국가의 정부를 지원하는 데 아무런 기여도 하지 않는다. 가령 아일랜드처럼 토지세가 없고, 동산이나 부동산 권리 이전에 그다지 큰 세금이 붙지 않는다면 이런 나라의 부재지주는 자신이 엄청난 수입을 얻을 수 있도록 해주는 정부를 지원하는 데 단 1실링도 납부하지 않는다. 이런 불공평은 다른 나라 정부에 종속되고 의존하는 나라에서 가장 크게 나타날 수 있다. 종속국에 대규모 재산을 보유한 사람들은 보통은 종주국에서 살기를 택할 것이다. 아일랜드가 정확히 이런 상황이며, 따라서 부재지주에게 세금을 부과하자는 제안이 그 나라 대중 사이에 인기가 높은 것은 그리 놀랍지 않다. 어떠한 부재 상태를 부재지주로 규정할 것인가 또는 세금 부과 개시와 종료가 정확히 언제인가를 규정하는 것은 그리 어렵지 않다.

자발적 납세의 상황

하지만 이런 무척 특이한 상황을 제외한다면 관세와 소비세에서 발생하는 개인 사이의 불공평은 그 불공평을 가져온 상황에 따라 충분히 설명된다. 즉, 모든 사람의 납세가 전적으로 자발적이며, 과세 상품 소비 여부가 전적으로 그들의 능력에 달린 상황을 말한다. 따라서 그런 세금이 적절하게 부과되고, 또 적절한 상품에 부과되면 다른 세금보다 불평불만이 훨씬 없는 상태에서 징수된다. 상인이나 제조업자가 그런 세금을 선납했다면 그것을 최종적으로 구입하는 소비자는 이내 세금을 상품가격과 혼동하게 되고, 그가 어떤 세금을 냈는지도 기억하지 못한다.

그런 세금은 언제 얼마나 지급해야 하는지, 그 액수나 시기에 있어 한 점 의혹도 없는 상태로 확실하게 부과될 수 있다. 그레이트브리튼의 관세나 다른 나라에서 같은 부류의 세금에 때때로 어떤 불확실성이 보이더라도 그것은 그 세금에 내재된 문제 때문이 아니다. 오히려 그 세금을 부과한 법률 표현이 부정확하거나 서투르기 때문이다.

사치품의 세금은 일반적으로 조금씩, 그러니까 납세자가 그런 세금이 부과된 재화를 구매하는 것에 비례해 지급된다. 그런 세금은 지급 시기와 방식에서 모든 세금 중 징수가 가장 편리하다. 따라서 전반적으로 그런 세금은 과세에 관한 네 가지 일반 원칙에서 처음 세 가지[공평, 확실, 편의]에 부합하는 것처럼 보인다. 하지만 그런 세금은 모든 측면에서 네 번째 원칙[최소 징수의 원칙]과 배치된다.

최소 징수보다 더 많은 세금을 거두어 가는 4가지 경로

관세·소비세는 국고에 들어가는 것보다 훨씬 큰 금액을 사람들의 호주머니에서 빼내간다. 그렇게 최소 징수보다 더 많은 세금을 거두는 데는 네 가지 경로가 있다.

(1) 첫 번째 경로

가장 분별력 있는 방식으로 관세 및 소비세를 부과할 때조차, 엄청난 수의 세관과 세무서 관리가 필요하다. 이러한 관리자들에게 지급되는 급여와 특전은 국민에게 실질적으로 부과되는 세금이지만, 국고에는 아무런 이익을 주지 않는다. 하지만 그레이트브리튼에서는 이런 지출이 대다수 다른 나라보다 훨씬 온건하다는 것은 인정할 수 있다. 1775년 7월 5일 종료된 회계연도에서 잉글랜드 소비세 위원들의 관리하에 징수된 모든 세금의 총수입은 5,507,308파운드 18실링 8과 4분의 1펜스에 달했다.

하지만 이런 총수입에서 소비세 대상이 되는 상품 수출에 지급한 장려금과 환급 세금을 공제해야 한다. 이렇게 되면 순수입은 5백만 파운드 이하로 줄어든다.[265] 소비세이지만 다른 징수원의 관리를 받는 소금세 징수는 훨씬 더 큰 비용이 든다. 관세의 순수입은 250만에 이르지도 못하지만, 세관 관리 봉급과 부수적으로 10퍼센트가 넘는 다른 비용을 들이며 징수된다. 하지만 세관 관리의 수당[특전 혹은 추가 지급]이 봉급보다 많을 때도 있고,

---

265 이 해의 순수입은 모든 급여와 경비를 공제하고 4,975,652파운드 19실링 6펜스였다.—원주

어떤 항구에서는 두세 배에 달한다.

따라서 세관 관리의 급여 및 기타 부대비용이 관세 순수입의 10퍼센트 이상이라면 해당 수입을 부과하는 데 드는 전체 비용은 급여와 부대비용을 합쳐 20퍼센트 혹은 30퍼센트 이상에 달할 것이다.

반면, 소비세 징수 세무 관리는 부수입이 적거나 아예 없고, 그런 수입 분야 행정은 최근에 확립된 것이기에 대체로 관세 행정보다 덜 부패했다. 관세 행정은 도입된 이후 오랜 세월이 흘렀으며, 많은 폐해가 발생했다. 현재 맥아와 맥아 주에 부과되는 여러 세금을 맥아에 대한 단일 세금으로 통합함으로써 연간 소비세 비용에서 5만 파운드 이상을 절약할 수 있을 것이다. 마찬가지로, 관세의 범위를 몇 가지 유형의 상품으로 좁히고 소비세법에 따라 관세를 부과하면 연간 관세 비용을 훨씬 더 많이 절약할 수 있다.

(2) 두 번째 경로

관세·소비세는 필연적으로 특정 산업 분야를 방해한다. 그런 세금은 늘 과세 상품의 가격을 올리므로 상품에 대한 소비 의욕을 꺾고, 그 결과 생산도 줄게 한다. 그것이 국내에서 재배되거나 제조되는 상품이라면, 그것을 재배하고 생산하는 데 더 적은 노동력이 사용된다. 세금이 이런 식으로 외국산 상품가격을 올린다면, 국내에서 생산되는 같은 종류의 상품이 실제로 국내 시장에서 어느 정도 이점을 얻을 수 있으며, 이에 따라 더 많은 국내 산업이 이를 준비하는 데 전환될 수 있다.

하지만 이런 외국 상품의 가격 상승이 특정 분야의 국내 산업을 장려할 수는 있지만 다른 많은 산업을 위축시키는 경향이 있다. 버밍엄의 철물 제조업자가 외국 와인을 사들이는 가격이 비싸질수록 그는 필연적으로 와인 구입에 들어가는[와인과 교환하는 데 필요한] 자기 철물의 일부, (같은 말이긴 하지만), 즉 철물 가격을 더욱 높이 부르게 된다. 따라서 철물업자 관점에서 보자면 그런 철물의 일부는 전보다 가치가 떨어지게 되며, 철물을 생산하겠다는 의욕도 전보다 줄어든다.

한 나라에서 소비자들이 다른 나라의 잉여생산물에 더 비싼 값을 치를수록 그것을 사는 자기 잉여생산물 일부, 같은 말로 그런 잉여생산물을 더 싸게 팔게 된다. 그런 잉여생산물 일부는 이전보다 더 가치가 떨어지게 되고, 그들은 그 수량을 늘리려는 의욕을 이전만큼 보이지 않게 된다.

따라서 소비재에 부과되는 모든 세금은 세금이 없을 때와 비교하여 생산적 노동의 양을 감소시키는 경향이 있다. 과세 상품이 국내산이라면 그것을 준비하는 생산 노동의 양을 줄이고, 외국산이라면 그것을 구매하는 생산 노동의 양을 줄인다. 정도 차는 있지만 관세·소비세는 국내 산업의 자연스러운 방향을 왜곡시키고, 산업이 자연스럽게 나아가는 방향보다 늘 다르고 일반적으로 이익이 덜한 방향으로 틀어지게 한다.

(3) 세 번째 경로

이러한 관세·소비세를 물지 않으려고 밀수가 생긴다. 하지만 밀수는 적발된 경우 밀수품의 몰수뿐만 아니라 추가적인 처벌을 받는다. 밀수업자는 국법을 위반한 것에 대해 비난받기는 하지만, 때때로 자연적 정의의 법(laws of natural justice)을 위반했다고 말할 수 없는 경우가 종종 있다. 국법이 자연법하에서는 죄가 되지 않는 것을 실정법에 따라 범죄로 규정해놓았기 때문에 그들은 범죄자가 된 것이고, 그런 실정법이 없었더라면 그들은 모든 측면에서 선량한 시민이었을 것이다. 불필요한 지출이 많고, 국고 세입을 크게 남용한다는 의혹을 널리 받는 부패한 정부에서 국고 세입을 지키겠다는 법률은 거의 존중받지 못한다. 위증죄에 걸리는 일 없이, 밀수할 수 있는 쉽고 안전한 기회를 찾을 수만 있다면 밀수의 유혹 앞에 양심을 지킬 수 있는 사람은 그리 많지 않다.[266]

---

266 여기서 저자는 자연법과 실정법의 괴리를 지적하고 있다. 자유무역을 실시했더라면 밀수를 하지 않아도 될 것을, 법으로 무역을 금지하고 있으니 밀수가 생겨난다는, 중상주의에 대한 비판을 이 문장에서 전제로 깔고 있다.
　　스미스는 여기서 법이 인간의 자연스러운 본성을 반영한 것이 아니면 오래 지켜질 수 없다는 자연법 사상을 옹호하고 있다. 이 사상에 따르면, 인간은 자연에 따라 특정한 권리를 갖고 태어났다. 그 자연권은 생명, 자유, 재산으로 구성된다. 여기서 재산

밀수품을 사면 세입 관련 법률을 위반하고, 거기에 항상 따라올 수밖에 없는 거짓말을 부추기게 된다. 그런데 어떤 사람이 양심의 가책을 느끼는 것처럼 가장한다면 대다수 나라에서는 사람들로부터 신용을 얻지 못하고, 오히려 교양 없는 위선으로 생각되며, 이런 모습을 보인 사람은 대다수 이웃보다 더 나쁜 악당으로 의심받을 것이다. 이런 대중의 용인으로 밀수업자는 종종 자신이 어느 정도 무고하다고 생각하는 사업을 계속한다. 그는 엄정한 세입 관련 법률이 자신에게 적용되려고 할 때, 자기가 정당한 재산이라고 익숙하게 생각했던 것을 폭력으로 지키려는 경향을 보인다.

의도적이지 않고 다소 무모한 행동으로 시작했더라도 시간이 지나면서 그는 가장 대담하고 단호하게 사회법을 위반하는 자가 된다. 밀수업자의 파멸로 이전에 생산적 노동을 유지하는데 활용된 그의 자본은 나라의 세입 혹은 세금 징수 관리의 수입으로 흡수되어 비생산적 노동을 유지하는 데 쓰인다. 그리하여 사회의 전반적인 자본은 감소하고 밀수업자가 몰락하지 않았다면 유지되었을 만한 유용한 노동도 감소한다.

(4) 네 번째 경로

관세·소비세는 과세 상품을 취급하는 상인을 세금 징수원의 빈번한 방문과 불쾌한 점검의 대상이 되게 한다. 그리하여 상인은 때로는 어느 정도 압박을 당하고 항상 곤란함과 성가심을 여러 번 겪는다. 위에서[5권 2장 2절] 이미 언급했듯 성가심은 엄밀하게는 비용이 아니지만, 분명 모든 사람이 기꺼이 그런 성가심에서 벗어나려 한다는 면에서 비용과 같다. 소비세법은 입법 목적상 적절했지만, 이런 측면에서는 관세법보다 더욱 성가시다.

권은 신이 모든 인간에게 공통적으로 이 세상의 물건을 내려주었으므로, 내가 확보하거나 확보하려는 재산은 곧 나의 권리라는 주장이다. 이런 공통의 선물에 인간의 노력이 가해져 각자 재산이 형성된다. 재산권은 모든 사람에게 공평하게 적용되어야 하므로 평등 사상이 등장했고 이 평등은 성문법에 따라 보장되어야 한다. 그러나 성문법(가령 관세에 관한 법률이나 무역을 금지하는 법률)이 인간이 자연스러운 활동에 따른 재산 획득을 방해한다면, 그 법은 자연법을 보호하지 않는 것이 된다.

상인이 관세가 부과되는 상품을 수입하고 관세를 납부한 후 자신의 창고에 상품을 보관하면, 대부분의 세관 공무원들로 인한 불편함은 거의 없어진다.

하지만 소비세 대상이 되는 상품이라면 이야기가 달라진다. 상인은 끊임없이 소비세 담당 공무원의 지속적인 방문과 점검을 받는다. 소비세는 이런 이유로 관세보다 훨씬 평판이 좋지 못하고, 이를 거두는 세무 공무원도 마찬가지다. 이 공무원들은 대체로 세관 관리처럼 충실히 의무를 다하지만, 그 의무를 수행하면서 자주 일부 이웃을 매우 곤란한 상황에 빠뜨리기 때문에, 일반적으로 다른 사람들이 발견하기 어려운 가혹한 성격으로 변한다는 의견이 있다. 하지만 이런 의견은 소비세 공무원의 근면한 점검 때문에 밀수를 방해받거나 폭로된, 양심 불량한 상인의 이기적인 진술일 개연성이 크다.

그러나 소비재에 부과되는 세금과 어느 정도 떼어놓을 수 없는 불편함은 우리 정부와 비슷한 지출을 하는 다른 나라 국민만큼 우리도 어느 정도 불편함을 경험한다. 세금 체계가 완벽하지 않고 개선해야 할 부분이 있지만, 대부분 다른 국가들만큼이나, 아니면 그보다 더 우수하다.

소비재에 부과되는 세금이 상인 이윤에 붙는 세금이라는 인식 때문에, 그런 세금은 몇몇 나라에서 성공적인 상품들의 판매에 반복적으로 부과되었다. 수입상이나 제조업 상인의 이윤에 세금을 부과하려면, 그들과 소비자 사이의 모든 중간 상인의 이윤에도 공평하게 세금이 부과되어야 한다. 스페인의 유명한 내국 소비세 알카발라(Alcavala)는 이런 원칙에 의해 확립되었다.

스페인의 알카발라 악법

알카발라는 처음에는 10퍼센트의 세금이었고, 이후 14퍼센트까지 증가했으나 현재는 6퍼센트로 내려왔다. 이 세금은 동산과 부동산을 가리지 않고 모든 재산의 판매 시 부과되며, 재산이 판매될 때마다 반복적으로 부과된다.[267] 이런 세금 징수에는 많은 세무 공무원이 필요하다. 한 지역에서 다른 지역으로, 또는 한 상점에서 다른 상점으로 상품이 이동하는 것을 감시할 만큼의 인력이 요구되기 때문이다. 이런 세금 징수로 일부 상품을 취급하는 상인뿐만 아니라 모든 부류의 상품을 취급하는 상인, 즉 모든 농부, 제조업자, 상인, 상점 주인이 세금 징수원의 끊임없는 방문과 검토 대상이 된다.

이런 부류의 세금이 확립된 나라 대부분은 멀리 떨어진 곳에서 판매하는 상품을 생산할 수 없다. 그 나라의 모든 지역에서 생산되는 상품은 반드시 그 동네 소비량에 비례해야 한다. 그런 이유로 우스타리스[268]는 스페인 제조업이 몰락한 것이 알카발라 탓이라고 지적했다. 그는 농업 하향세에 대해서도 알카발라 때문이라고 말했을 것이다. 알카발라는 제조업에 부과되었을 뿐만 아니라 토지의 미가공 생산물에도 부과되었기 때문이다.

나폴리 왕국에서는 모든 계약과 그에 따른 판매 계약의 가치에 3퍼센트의 세금이 부과된다. 이는 스페인의 알카발라 세금보다 가볍고, 도시와 교구 대부분은 그런 세금 대신 타협금을 낼 수 있다. 그들은 이런 타협금을 자신이 바라는 방식으로, 즉 보통 해당 지역의 상업에 전혀 지장이 되지 않는 방식으로 징수한다. 따라서 나폴리 세금은 스페인 세금처럼 파멸을 불러올 정도로 망국적인 것은 아니었다.

별로 중요하지 않은 소수 예외 사항이 있지만, 그레이트브리튼은 균일한 과세 제도를 왕국의 모든 지역에서 시행 중이고, 나라의 내부 상업, 즉 내륙과 연안 무역은 거의 완전히 자유롭다. 내륙 무역은 거의 완전히 자유롭고, 상품 대다수가 왕국 한쪽 끝에서 다른 끝까지 세무 공무원의 심문, 방문, 검토를 받는 일이 없으며 허가증도 필요 없이 원활히 운송된다. 약간의 예외가 있지만, 실제로 무역을 방해하지는 않는다.

사실 연안으로 운송되는 상품은 증명서나 연안 관세 납부 증서를 요구한다. 하지만 석탄을 제외하면 나머지는 거의 전부 면세다. 이런 내부 상

---

267 Memoires concernant les Droits & Impositions en Europe, tome I, p. 455. —원주

268 헤로니모 데 우스타리스, Geronymo de Ustaritz, 1670-1732: 스페인의 정치가 겸 경제학자로 중상주의를 신봉했다

업의 자유는 균일한 과세 제도의 결과이며, 그레이트브리튼이 번영을 구가하는 주된 이유 중 하나다. 모든 대국은 필연적으로 자국 산업 생산물을 쉽게 판매할 수 있어야 한다. 같은 균일한 과세 제도에서 생기는 동일한 자유가 아일랜드와 식민지로 확장될 수 있다면 나라의 위엄과 제국 각 지역의 번영은 현재보다 더욱 강력해지고 촉진될 것이다.

각 지역마다 다른 프랑스의 소비세 법

프랑스에서는 지방마다 시행되는 세법이 달라 왕국의 국경뿐만 아니라 거의 모든 특정 지방의 경계까지 담당하려면 다수의 세무 공무원이 필요하다. 이는 특정 상품의 수입을 막거나 특정 관세를 부과하기 위한 것으로 실제로는 국내 상업을 적잖이 방해한다. 몇몇 지방은 소금세 대신 타협금을 내는 게 허용되고, 다른 지방에서는 소금세가 완전히 면제된다. 몇몇 지방은 징세 청부인이 프랑스 대부분 지역에서 누리는 담배 독점 판매권이 적용되지 않는다. 잉글랜드의 소비세에 해당하는 애드(aide)은 각 지방마다 무척 다르다. 몇몇 지방은 애드 납부를 면제받고 대신에 타협금이나 그와 동등한 금액을 납부한다. 그런 애드와 징세 청부제가 실시되는 지역들에는 특정 도시나 구역에만 적용되는 지역 세금들이 많다.

우리의 관세에 해당하는 뜨레뜨(Traites)는 프랑스를 커다란 세 지역으로 구분해 부과된다.

첫째, 1664년의 관세 대상이 되는 곳, 즉 징세청부제가 시행되는 다섯 주인데, 피카르디, 노르망디 그리고 프랑스 내부 지방 대부분을 포함한다.

둘째, 1667년의 관세 대상이 되는 주(州)로 이런 곳은 외국으로 간주되며, 국경 지역의 주들 대부분이 포함된다.

셋째, 외국으로 취급되는 주들로, 이 주들은 외국과 자유로운 무역이 허용되기에 그런 주들과 다른 프랑스 주의 무역에는 외국과의 무역에 부과되는 세금이 부과된다. 이들은 알자스, 그리고 세 곳의 주교 관할권인 메츠, 툴, 베르됭, 그리고 도시 세 곳인 됭케르크, 바욘, 마르세유이다.

그런데 징세 청부제 시행 다섯 개 주(the five great farms, 고대에 세관의 의무를 다섯 개의 큰 지부로 나누었기 때문에 그렇게 불렸는데, 각 지부는 원래 특정 농장을 대상으로 했지만 지금은 모두 하나로 통합되었다)와 외국으로 간주되는 주에는 특정 도시나 구역에만 부과되는 수많은 지역 세금이 있다. 아무튼 외국으로 취급하는 주들에서조차도, 그런 몇몇 지역 세금이 있는데, 특히 마르세유가 대표적이다. 그런 상이한 과세 제도를 가진 여러 다른 주와 지역의 경계선을 지키기 위해, 프랑스 국내 상업이 얼마나 많은 제약을 받는지, 또 세무 공무원은 얼마나 많이 늘어야 하는지는 더 말할 필요가 없다.

이런 복잡한 세제에서 발생한 전반적 제약 외에도 다른 제약들도 있다. 가령 프랑스에서 곡물 다음으로 가장 중요한 생산물인 와인 무역은 프랑스 대부분 주에서 제약 대상이다. 이런 제약은 특정 주와 구역의 포도밭을, 다른 주와 구역의 포도밭보다 필요 이상으로 선호하기 때문에 발생한다. 와인으로 가장 유명한 주는 와인 무역에서 이런 제약을 가장 적게 받는 지방일 것이다. 그런 지방이 누리는 광대한 시장은 포도밭 경작에 집중하게 하고 그 후에는 와인 생산을 잘하도록 격려한다.

이렇게 다양하고 복잡한 세법은 프랑스에만 한정된 것이 아니다. 밀라노의 작은 공국은 여섯 개의 주로 나뉘는데, 각각은 여러 다른 부류의 소비재에 대해 서로 다른 과세 제도를 시행한다. 그보다 더 작은 파르마 공국은 서너 개 주로 나뉘는데, 같은 식으로 각자의 과세 제도가 있다. 그들이 그렇게 터무니없는 방식으로 운영된다면, 풍요로운 땅과 쾌적한 기후만으로는 최악의 빈곤과 야만 상태로 빠르게 추락하는 것을 막을 수 없다.

정부의 직접 징수와 징세 청부제

소비재에 부과되는 세금은 정부가 임명한 관리가 직접 책임지고 징수한다. 이때 해마다 세금 수입에서 가끔 발생하는 변화에 따라 세입은 틀림없이 달라지게 마련이다. 혹은 특정 세입을 거두기 위해 징세 청부인에게 그런 세금에 대한 징수를 맡길 수 있는데, 그는 자기 밑에 관리를 임명하는 것이 허용된다. 이 징수 관리는 법률에 따라 세금을 징수해야 하며, 징세 청부인의 감독하에 그에게 직접 책임을 진다. 그러나 징세 하청은 가장 바람직하고 저렴한 징세 방법은 아니다. 약정한 세입, 고용한 관리의 봉급 그리고 행정 비용 총액을 지급하는 데 필요한 금액 외에도, 징세 청부인은 항상 그 세입에서 특정 이윤을 꺼내 간다. 이 이윤은 그가 선급한 금액, 일하며 겪는 위험, 처한 문제, 무척 복잡한 일을 처리하는 데 필요한 지식과 기술에 비례해 높아진다.

정부가 징세 청부인이 설립한 것과 같은 부류의 행정 조직을 설립하고 직접 점검한다면 최소한 징세 청부인에게 돌아가는 과도한 이윤은 절약할 수 있다. 국고 세입의 중요 분야를 맡아 징수하려면 엄청난 자본과 신용이 요구되므로 그에 따라 징수 업무를 대행하려고 경쟁하는 사람들은 소수에 불과하다. 이런 자본이나 신용을 지닌 소수 중 필요한 지식과 경험이 있는 자는 더욱 적을 것이다. 이것이 경쟁을 더욱 제약하는 또 다른 상황이다. 경쟁자 자격이 있는 극소수는 결탁하는 게 이익이 된다는 것을 안다. 그리하여 서로 경쟁하지 않고, 함께 공모자가 되고 징세 청부가 입찰될 때 실제 거두어들일 수 있는 세금 규모보다 훨씬 못한 세입을 입찰가로 제출한다.

그들의 재산 자체만으로도 대중의 분노를 불러일으킨다. 하지만 그것도 모자라, 그런 갑작스러운 축재에 언제나 수반되는 허영심, 부를 자랑하는 어리석은 과시적 태도 등은 대중의 분노를 더욱 부채질한다.

징세 청부인의 여러 가지 부작용

징세 청부인은 세금을 회피하려는 납세자를 처벌하는 법률이 너무 약하다고 불만이며, 충분히 엄격하다고 생각한 적이 한 번도 없다. 그들은 납세자에게 일말의 동정심도 없다. 납세자는 그들이 보호해야 하는 백성이 아니다. 설사 모든 납세자가 파산하더라도 그들은 눈 하나 깜짝하지 않을 것이다. 설사 그들의 징세 대행 업무가 종료된 다음 날에 파산하더라도 청부인의 이윤에는 그다지 큰 영향을 미치지 않기 때문이다.

세입이 정확하게 들어올지 여부로 군주의 불안이 최고조에 달하는 국가 비상사태에, 징세 청부인은 현행 법률보다 더 가혹한 법률 없이는 일반적인 세입조차 제대로 징수하기가 쉽지 않다고 입버릇처럼 말한다. 대중이 고통스러워하는 시기에는 대개 이들의 요청이 이견 없이 받아들여진다. 따라서 세법은 점차 더 가혹하게 변한다. 국고 세입 대부분이 징세 청부로 걷히는 나라는 항상 가장 가혹한 세법을 유지하지만, 반면 군주의 직접적인 현장 점검을 통해 세입이 징수되는 나라는 세법이 가장 온화하다. 아무리 형편없는 군주라고 해도 세입 징수를 맡긴 징세 청부인보다는, 자신이 직접 다스려야 하는 백성에게 훨씬 큰 동정심을 보인다. 가문의 영구적인 위엄은 백성의 번영에 달렸다는 것을 군주는 알기에, 자신의 순간적 이익을 위해 그런 번영을 고의로 무너뜨리는 법은 없다. 하지만 군주의 세입을 대신 걷는 징세 청부인은 군주와는 입장이 다르다. 그의 이익은 자주 백성의 번영이 아닌 그들의 파산으로부터 생겨난다.

징세 청부인은 특정액의 세입을 걷을 뿐 아니라 더 나아가 과세 상품 독점권을 얻기도 한다. 프랑스에서 담배와 소금에 부과되는 세금은 이런 식으로 징수된다. 그런 경우 징세 청부인은 두 가지 방식으로 수익을 얻는데, 첫째는 세금 자체에서, 둘째는 해당 품목에서 독점권을 갖는 것에서 수익을 얻는다. 담배는 사치품이고, 모든 사람은 선택에 따라 담배를 살 수도 있고 사지 않을 수도 있다. 하지만 소금은 필수품이므로 모든 사람이 징세 청부인에게서 특정 물량을 사들여야 한다. 징세 청부인에게 소금을 구매하지 않는다면 밀수업자에게서 구할 수밖에 없다.

하지만 담배와 소금에 부과되는 세금은 너무 과도하다. 그 결과 많은 사람이 밀수의 유혹에 빠져들고, 동시에 엄격한 법률과 징세 청부인이 고용한 징수원들의 감시는 밀수 유혹에 넘어간 사람을 거의 확실히 파멸시킨다. 소금과 담배 밀수는 매년 수백 명을 갤리선에 태우고, 엄청난 수의 사람을 교수대로 보낸다.

이런 식으로 징수되는 세금은 정부에 어마어마한 세입을 가져온다. 1767년 징세 청부자는, 담배는 한 해 22,541,278리브르, 소금은 36,492,404리브르를 세입으로 올려준다는 조건으로 하청 계약되었다. 이러한 담배와 소금의 징세 하청은 1768년 시작되어 6년 동안 지속하는 조건이었다. 군주의 수입이 대중이 흘리는 피보다 더 중요하다고 생각하는 사람들은 이런 징세 방식에 찬성할 것이다. 아무튼, 담배와 소금에 관해 프랑스와 비슷한 세금 및 독점권이 여러 나라에서 확립되었는데, 특히 오스트리아와 프로이센 영토 그리고 이탈리아 대다수 주가 그러했다.

프랑스에서 군주의 실제 세입 다음의 여덟 가지 원천에서 나온다. 즉, 타이유, 인두세, 20분의 1세 두 가지 , 소금세, 보조금, 관세(뜨레뜨), 국가 재산세, 담배 징세 청부가 그것이다. 나중에 언급된 다섯 가지는 대부분 주에서 징세 청부에 의해 징수된다. 앞선 세 가지는 어느 곳에서나 정부가 직접 점검·지시하는 행정을 통해 징수되며, 다른 다섯 가지 세원에 비해 국고에 더 많은 돈을 가져다주는 것으로 널리 알려져 있는데, 후자의 다섯 가지 세금을 걷는 데 들어가는 행정 비용은 훨씬 더 낭비적이고 비싸기 때문이다.

프랑스에 필요한 3대 재정 개혁

프랑스는 현 재정 분야에서 세 가지 아주 명확한 개혁을 받아들여야 할 것 같다.

첫째, 타이유와 인두세를 폐지하고 20분의 1세 수입을 늘려 앞의 두 세금의 세입과 똑같은 수입을 추가로 올려야 한다. 그러면 국왕의 세입은 확보되고, 징세비용은 크게 줄어들 것이다. 또한, 타이유와 인두세로 유발되는 하류층의 고충을 확실히 막을 수 있고, 상류층 대부분은 현재 지는 부담보다 더 큰 부담을 지지 않을 것이다. 20분의 1세는 앞서 보았듯이[5권 제2장 2절], 잉글랜드의 토지세와 거의 같은 세금이다. 타이유 부담은 최종적으로 토지 소유주가 진다.

인두세 대부분은 타이유 대상에게 1파운드에 얼마라는 식으로 부과되므로 그 대부분은 틀림없이 토지 소유주가 최종적으로 납부한다. 따라서 20분의 1세의 대상을 늘려 두 세금[타이유와 인두세]의 총량과 동일한 세수를 확보한다면 상류층은 현재보다 더 많은 세금을 내지 않아도 될 수 있다. 물론 타이유가 서로 다른 개인의 사유지와 임차인에게 부과되는 것은 무척 불공평하고, 따라서 개인 부담이 현재보다 커지는 경우도 많다. 상류층은 개혁에 저항할 가능성이 높다.

둘째, 소금세, 애드[소비세], 뜨레뜨[관세], 담배에 부과되는 세금, 온갖 다른 관세와 소비세는 왕국 전역에서 단일해야 한다. 그렇게 함으로써 그런 종류의 세금은 훨씬 적은 비용으로 징수될 것이고, 왕국 내의 상업도 잉글랜드만큼 자유로워진다.

셋째, 그런 모든 세금을 정부의 직접적인 점검과 지시를 받는 행정 기관에 맡겨야 한다. 그렇게 해야 징세 청부인의 과도한 이윤을 국고 수입으로 돌릴 수 있다. 위의 첫 번째 개혁처럼, 나머지 두 개혁도 기존에 혜택을 누리는 개인이 사적 이익을 앞세우며 그 실행을 방해할 가능성이 크다.

모든 측면에서 프랑스 과세 체계는 영국보다 열등하다. 그레이트브리튼에서는 매년 1천만 파운드의 세수가 특정 계층을 압박한다는 이야기가 나오지 않으며 인구 8백만 미만의 국민으로부터 징수된다. 아베 엑스피이 [Abbe Expilly, 1719-1793, 프랑스의 지리학자]가 수집한 정보 그리고 『곡물에 관한 법률과 상업에 관한 논문』(*Essay on the Legislation and Commerce of Corn*)의 저자[269]가 관찰한 바에 따르면 로렌과 바르주를 포함한 프랑스는 그레이트브리튼보다 세 배 많은 2,300만 혹은 2,400만의 인구가 있다. 프랑스의 토양과 기후는 그레이트브리튼보다 더 좋다. 프랑스는 더 오랜 시간 토지 개량과 경작 상태였고, 그런 이유로 건립·건축하는 데 오랜 시간이 소요된 것들이 많다. 가령 규모가 큰 도시나, 쾌적하고 잘 지어진 집들이 들어선 도시와 농촌들이 많다.

이런 이점을 잘 살리면, 그레이트브리튼에서 1천만 파운드 세입이 거의 불편함 없이 징수되듯, 프랑스 정부를 지탱하기 위한 3천만 파운드 세입도 무난히 징수될 것으로 보인다. 1765년과 1766년 프랑스 국고로 들어온 세입 총액은, 비록 불완전한 정보로 보이지만 참고할 만한 것 중 가장 훌륭한 자료에 따르면, 보통 3억 8백만에서 3억 2천 5백만 리브르 정도다. 즉,

---

269 자크 네케르(Jacques Necker, 1732-1804)이다. 네케르는 프랑스의 재무부 장관으로서 프랑스 재정을 자유주의적으로 개혁하려고 했으나 귀족의 반대에 부딪혀 실각했다.

1,500만 파운드에도 이르지 못하는 금액으로, 그레이트브리튼 국민과 같은 비율로 프랑스 국민이 납부한다고 예상했을 때의 절반에도 못 미치는 규모다. 프랑스인은 영국 사람보다 과세 압박을 훨씬 더 받는다는 게 널리 인정되는 사실이다. 그러나 프랑스는 유럽의 주요 국가이며, 그레이트브리튼 다음으로 가장 온건하고 관대한 정부를 운영하고 있으므로, 충분히 이런 세입을 확보할 수 있다고 본다.

네덜란드의 세금 부작용

네덜란드에서는 생활필수품에 부과되는 과중한 세금으로 주요 제조업이 붕괴되었고, 점차 어업과 조선업조차 방해받을 가능성이 크다. 그레이트브리튼에서 생활필수품에 부과되는 세금은 미미하며, 여태까지 그런 세금 때문에 몰락한 제조업은 없었다. 영국의 세금 중 제조업에 가장 혹독한 것은 원재료 수입에 부과되는 몇몇 세금이며, 특히 생견(生絹) 수입이 그러하다. 하지만 네덜란드 의회와 여러 다른 도시의 세입은 525만 파운드 이상인데, 네덜란드 공화국 주민이 그레이트브리튼의 3분의 1 정도로 추정되므로 인구수에 비례했을 때 과세 부담이 훨씬 더 크다고 할 수 있다.

모든 과세 대상이 고갈된 후에 나라가 긴급 사태로 인해 여전히 새로운 세금을 부과해야 한다면, 국가는 어쩔 수 없이 부적합한 과세 대상에도 세금을 부과할 수밖에 없다. 따라서 생활필수품에 세금을 부과한다고 해서 해당 공화국에 지혜가 모자란다고 비난할 수는 없다. 네덜란드는 독립을 획득하고 유지하기 위해 원래 무척 검소함에도 엄청난 부채를 지는 값비싼 전쟁을 치렀다. 게다가 네덜란드와 젤란드[네덜란드 남서부의 섬] 같은 보기 드문 지역은 바다에 삼켜지는 것을 막고자 국토를 지키는 토목 작업에 상당한 지출을 해야 한다. 이런 환경이 두 지역의 과세 부담을 크게 늘렸다.

네덜란드가 현재 누리는 위엄을 계속 유지하는 주요 원동력은 공화제 형태의 정부로 보인다. 거대한 자본 소유주, 거상 가문은 보통 정부 행정에 직접적 지분을 지니거나 간접적으로라도 영향을 미친다. 이런 상황에서 생기는 존중과 권위를 지키기 위해 그들은 기꺼이 네덜란드에서 계속 살고자 한다. 유럽 다른 나라와 비교했을 때 그들의 자본을 그곳에서 활용한다면 이윤도 적고, 국내에서 다른 사람에게 빌려주면 이자도 적을 것이다. 또한, 자본에서 얻을 수 있는 수익도 미미할 것이므로 더 적은 생활필수품과 편의품만 구매할 수 있다. 네덜란드는 부유한 사람들이 거주하기에는 여러 약점이 있지만, 일정 수준의 산업은 계속 유지되고 있다.

어떤 사회적 재난으로 공화제 형태의 정부가 파괴되거나, 정부 행정이 귀족과 군인의 손으로 넘어가거나, 부유한 상인이 해온 중요한 기여를 전적으로 무시당한다면 이내 그런 커다란 부를 지닌 사람은 자신이 더 이상 존중받지 못하는 나라에 사는 것을 달가워하지 않게 된다. 그들은 거주지와 자본을 다른 나라로 옮길 것이며, 그렇게 되면 네덜란드의 산업과 상업은 이내 자신들을 지탱하던 자본을 따라 다른 나라로 이동할 것이다.

제3장

공채

상업이 발달하고 제조업이 향상되기 전, 초기 사회에는 상업과 제조업에서 생산되는 고가의 사치품은 전혀 없었다. 따라서 거대한 수입을 지닌 부자는 이 책의 제3권[4장]에서 내가 보여주려고 했듯 최대한 많은 사람의 생계를 유지하게 하는 것 외에 그런 수입을 지출하거나 즐길 방법이 없었다. 거대한 수입은 늘 거대한 양의 생활필수품을 장악했다. 그런 초기 사회의 방대한 수입은 대체로 대량의 필수품, 즉 간단한 음식과 거친 옷을 위한 재료, 곡물과 가축, 양모와 생피 등에 사용되었다.

잉여생산물의 비축과 은폐

미개 사회에서는 거대한 부의 소유주라고 해도 자신이 소비할 수 있는 것 이상의 생활재료 대부분을 상업이나 제조업 물품과 교환할 수 없었다. 그 사람은 자연스럽게 그런 잉여생산물을 가지고 먹이고 입힐 수 있는 최대한의 사람을 부양하는 것에 집중했다. 이런 상황에서 부자와 영향력이 큰 사람의 주된 지출은 주로 사치 없는 환대와 과시 없는 관대함에 있었다. 하지만 내가 같은 부분[3권 4장]에서 보여주려고 했던 것처럼, 이것은 아무리 과도하게 지출하더라도 그를 망하게 할 정도에는 이르지 못한다.

그러나 이기적인 방종은 사정이 다르다. 그것은 아무리 하찮은 것이더라도 때로는 그것을 추구하는 자를 망하게 했다. 비록 그가 분별 있는 사람일지라도 사정은 마찬가지였다. 투계라는 사행성 오락에 몰두하게 만드는 열정은 수많은 사람을 몰락시켰다. 미개 사회에서 사치품 없는 환대와 관대함이 사람을 몰락시킨 경우는 그리 많지 않았지만, 후대에 들어와 사치와 과시가 본격적으로 등장하는 환대는 많은 사람을 몰락하게 했다. 봉건 시대에 우리 조상들 사이에서 오랜 세월에 걸쳐 사유지가 같은 가문에 계속 남아 있었다는 사실은 자신의 수입 범위 안에서 살아가는 사람들의 일반적인 성향을 잘 보여주고 또 사치 없는 환대의 무해함을 알려준다.

엄청난 땅을 소유한 사람이 끊임없이 사람들에게 베푸는 시골 특유의 그러한 환대가 현대인에게는 절약과는 무관하게 보일지 모른다. 하지만 그들은 수입 전체를 지출할 정도로 흥청망청하지는 않았으며 나름대로 검소했다는 점을 인정해야 한다. 그들은 양모와 생피 일부를 돈을 받고 팔기도 했다. 그들은 이런 돈 일부를 당시 생산되는 일부 사치품과 편의품 구매에 사용하기도 했지만, 나머지 돈은 보통 비축했던 것 같다. 실제로 그들은 그 절약한 돈을 저축하는 것 외에는 달리 할 수 있는 게 없었다.

신사에게 교역 행위는 수치스러운 것이었고, 이자를 받고 돈을 빌려주는 것은 당시 고리대금업으로 생각되어 법률로 금지되었으며, 그런 대금 행위는 상거래보다 훨씬 더 부끄러운 행위로 여겨졌다. 폭력과 무질서가 만연했던 당시에는 집에서 쫓겨날 경우를 대비해 안전한 장소로 옮길 수 있는 가치 있는 물건을 소유하는 것이 유리했다. 돈을 비축하게 만든 그 폭력이, 그렇게 저장한 돈을 숨기기에도 유리하게 했다. 지하에 묻힌 보물이 자주 발견되고, 그렇게 찾은 보물의 주인도 알려진 바 없다는 것은 무엇을 말하는가? 이 사실은 그런 시대에 금전의 비축과 은폐가 흔했다는 것을 보여준다. 지하에 매장된 동전이나 금은은 당시 군주의 수입 중 중요한 분야로 생각되었다. 그러나 현대에 들어와서는 왕국의 모든 매장 보물을 합치더라도 상당한 사유지를 가진 귀족의 개인소득에도 미치지 못할 것이다.

군주의 절약하고 비축하는 성향

절약하고 비축하는 성향은 백성뿐만 아니라 군주에게도 널리 퍼져 있었다. 상업과 제조업을 거의 모르는 국민 사이에서, 군주는 이미 책의 제4권에서 언급했듯 자연스럽게 절약하고 비축하려는 성향을 갖는다. 그런 시대에는 군주조차도 궁정의 화려한 장식을 즐기려는 허영심에 따라 비용을 지출하지 않았다. 그 시대는 사치품에 무지했으므로, 화려한 장식이라고 해봐야 별것 아닌 몇 가지 소소한 물품을 제공했을 뿐이다.

일정 규모의 병력을 늘 유지해야 하는 제도인 상비군은 당시에는 필수적이지 않았고, 따라서 모든 대영주의 지출 내역과 비슷하게, 군주 또한 소작인에게 내리는 하사품과 가신에게 베푸는 환대 외에는 다른 곳에 돈을 쓰지 않았다. 그런 하사품과 환대 행위가 사치로 이어지는 경우는 거의 없었지만, 군주의 허영심은 거의 항상 사치로 이어졌다. 옛 유럽 군주들은 그런 이유로 이미 살펴본 것처럼 보물을 쌓아두는 일에 열중했다. 현재에도 타타르 족장은 자기 주위에 보물을 휴대한다고 한다.

온갖 값비싼 사치품이 풍부한 상업국 군주는 자국 영토 내의 대영주들과 같은 방식으로 자연스럽게 수입 대부분을 그런 사치품에 쓴다. 그의 나라와 인접국들은 그에게 인상적이면서도 하찮은 값비싼 장신구를 풍성하게 공급해 궁정을 장식하게 한다. 귀족들 또한 군주와 마찬가지다. 군주의 것보다 등급이 떨어지지만 비슷한 자랑거리를 사들이기 위해 돈을 낭비하는 바람에 귀족 영주는 가신을 해고하고, 소작농을 독립시키고, 종내에는 국내의 부유한 시민과 다름없는 소소한 인물로 전락한다. 그들의 행동을 결정짓는 이런 사소한 열정은 군주에게도 영향을 미친다. 이런 부류의 쾌락에 몰두하는 부자가 한 나라에 어떻게 군주 혼자뿐이겠는가?

군주가 수입 대부분을 그런 쾌락에 써서 나라의 방위력을 약화하게 하는 일은 없다 해도—실제로는 낭비할 가능성이 무척 크다—그런 방위력 유지에 필요한 것 외의 여유분이 있다면 틀림없이 그런 쾌락에 쓸 것이다. 그리하여 군주의 통상 지출은 수입과 같게 되며, 만약 수입을 초과하지 않는다면 다행인 것이다. 이제 군주의 보물 저축은 더 이상 기대할 수 없게 되었다. 따라서 긴급 사태가 예사롭지 않은 비용을 요구할 때 군주는 필연적으로 백성에게 비상한 지원을 요청한다.

프로이센의 현재 국왕과 작고한 선왕은 1610년 프랑스의 앙리 4세[270] 작고 이래 상당한 보물을 축적했다고 생각되는 유일한 유럽 군주다. 비축과 절약은 군주정은 물론이고 공화정에서도 거의 드문 일이 되었다. 이탈리아 내의 여러 공화국과 네덜란드 공화국은 모두 채무를 지고 있다. 베른주는 상당한 보물을 축적한 유럽 유일의 공화국이다. 다른 스위스 공화국은 그렇지 못하다. 몇몇 부류의 구경거리, 화려한 건물, 기타 공공 장식 등에 대한 선호는 가장 영향력이 큰 국왕의 방탕한 궁정과 마찬가지로 작은 공화국의 수수한 의사당에도 널리 퍼져 있다.

채권은 전시에 발행

평화로운 시기에 절약하지 않으면 전시에 돈을 빌려와야 한다. 전쟁이 들이닥치면 보통 국고에는 평화 시에 체제 유지에 썼던 통상 지출용 자금밖에 없다. 전시에서는 지출이 평시보다 서너 배가 많아져야 나라 방위를 할 수 있으며, 그 결과로 수입도 평시보다 서너 배가 더 필요하다. 그럴 일은 거의 없겠지만 군주가 지출 증가에 비례해 수입을 늘리는 직접적 수단을 사용할 수 있더라도 그런 수입 증가를 올리는 세입이 국고에 들어오려면 전시 세금이 부과된 이후에도 열 달 혹은 열두 달은 족히 걸릴 것이다.

하지만 전쟁이 시작되는 순간 혹은 그럴 조짐이 보이면 군대를 증강하고, 함대를 무장하고 병력이 주둔한 도시는 반드시 방위 태세를 갖춰야 한다. 육군과 해군 병력이 주둔하는 도시에는 반드시 무기, 탄약, 식량을 제공해야 한다. 즉각적인 위험이 닥친 순간에 즉각적인 대규모 지출이 항상 발생하고, 이런 상황에서는 세금을 점진적이고 완만하게 징수해 새로 걷을 여유가 없다. 이런 긴급 사태에서 정부는 빚 지면서 돈을 빌리는 것 외에 다

---

[270] Henry IV. 부르봉 왕조의 제1대 왕(재위 1589-1610). 앙리 드 나바르라고도 한다.

른 수단이 없다.

상업사회에서는 일정한 도덕적 원인이 작용한다. 그로 인해 정부는
전비 조달차 돈을 빌려오고, 그 사회의 대중에게는 대출 능력과 성향이 생
긴다. 다시 말해 그런 상업 사회 내에서 차용의 필요성이 생기면, 마찬가지
로 대출을 해주려는 수단도 함께 생긴다.

상공업자는 대출 능력이 있다

상인과 제조업자가 아주 많은 나라는 필연적으로 자기자본을 많이 운
영한다. 뿐만 아니라 그들은 자기에게 돈을 빌려주거나 물품을 맡긴 자들
의 자본을 대신 운용한다. 사업을 하지 않고 수입으로 생활하는 개인들은
수입을 정작 자신들의 손에 머무르게 하지 않고, 상인과 제조업자에게 맡기
는 경우가 빈번하다. 그런 개인 수입은 정기적으로 한 해에 한 번만 그의 손
에 건네진다. 하지만 자본 회수가 무척 빠른 사업에 종사한다면 상인 자본
과 신용 총량은 한 해에도 2~4번 그의 손을 거쳐 갈 수 있다. 따라서 상인과
제조업자가 아주 많은 나라는 필연적으로 늘 거액을 정부에 빌려줄 수 있는
사람이 많다. 이런 이유로 상업국 시민들은 정부에 대출할 능력이 있다.

상업과 제조업은 일정한 사회적 뒷받침이 있어야 번창한다. 반대로
공정한 사법 행정을 누리지 못하고, 사람들이 자기 소유 재산을 불안하게
여기고, 계약의 신의가 법률로 지탱되지 못하고, 지불 능력이 있는 사람에
게 채무 상환을 강제하지 못할 정도로 나라의 권위가 약하다면, 그런 나라
에서 상업과 제조업은 좀처럼 오래 번창할 수 없다. 요약하자면, 상업과 제
조업은 사법 행정을 어느 정도 신뢰할 수 있는 나라에서만 번창한다.

보통의 시기에 규모가 큰 상인과 제조업자는 자국 정부에 대한 신뢰
가 있어야 재산을 정부 보호에 맡긴다. 마찬가지로 전쟁 등 비상사태에서도
그 신뢰를 바탕으로 정부에 돈을 빌려주는 것이다. 그들의 사업과 제조업
수행 능력은 그렇게 대출하더라도 조금도 줄어들지 않는다. 오히려 그들의
능력은 더 커진다. 불가피한 일이 있으면 정부는 기꺼이 대출해주는 측에
아주 유리한 조건으로 돈을 빌린다. 정부가 원 채권자에게 승인한 차용 증

서는 다른 채권자에게 양도할 수 있으며, 국가의 사법 행정에 대한 보편적인 신뢰를 바탕으로, 일반적으로 시장에서 본래 지급했던 것 이상의 금액으로 판매된다.

이렇게 해서 상인이나 부자들은 정부에 돈을 빌려줌으로써 이익을 얻고, 그들의 사업 자본은 오히려 증가한다. 따라서 행정부가 그에게 새로운 대출에 참여하도록 허용하면 일반적으로 그런 조치에 호의적으로 반응한다. 이런 이유로 상업국 백성은 돈을 정부에 빌려주려는 의향도 있고 기꺼이 그렇게 한다.

당연히 이러한 국가의 정부는 예외적인 상황에서 돈을 빌려주려는 국민들의 능력과 의지에 크게 의존하게 된다. 이렇게 함으로써 정부는 자금 조달이 용이해질 것으로 기대하고 일상적인 절약의 부담에서 벗어난다.

정부는 차입 가능성이 없으면 저축한다

미개 사회에는 엄청난 상업 자본이나 제조업 자본이 없다. 개인은 절약할 수 있는 재보(財寶)는 무엇이든 비축하며, 더 나아가 그것을 은닉한다. 이는 정부의 사법 행정을 믿을 수 없고, 비축한 재보가 있다는 사실과 비축해둔 장소가 알려지면 신속하게 약탈당할 것이 두렵기 때문이다.

그런 불신 상황에서 전쟁 등 비상사태에 정부에 돈을 빌려줄 수 있는 사람은 아주 소수이며, 누구도 기꺼이 그렇게 하려고 하지 않는다. 따라서 군주는 절약을 통해 그런 비상사태에 대비해야 한다고 생각한다. 자금 조달이 절대적으로 불가능하다는 것을 예견하기 때문이다. 이런 예상은 자연스럽게 군주의 절약 성향을 더욱 강화한다.

현재 유럽의 대국들을 압박하고 있고, 장기적으로 나라의 몰락을 초래할 수 있는 거대한 채무의 발생 과정은 동일하다. 국가는 개인이 일반적으로 돈을 빌릴 때와 마찬가지로 행동한다. 먼저 채무 상환에 필요한 특정 자금을 배정하거나 저당 잡히지 않고서 개인 신용에 따라 돈을 빌린다. 그러나 이 방법이 여의치 못하다면 국가는 특정 자금을 배정하거나 저당 잡히고 돈을 빌린다.

영국의 차입 방식

영국의 단기 채무는 이런 두 방식 중 전자에 따라 계약된다. 빌려온 금액 중 일부는 이자가 없거나 혹은 그렇다고 생각되는 채무로 개인 신용 채무와 비슷하고, 다른 일부 금액은 이자 있는 채무로 개인이 환어음이나 약속어음으로 계약하는 채무와 유사하다. 예상치 못하게 발생하거나 대가를 지불하지 않은 서비스에 대한 부채, 육군, 해군, 군수품부의 특별 수당, 외국 군주에게 지급하는 보조금의 연체비용, 미지급된 선원의 임금 등은 일반적으로 첫 번째 종류의 채무로 간주된다.

해군 군표와 재무부 증권은 때로 그런 채무 일부를 상환하고자 발행되었고, 또 때로는 다른 목적을 위해 발행되었다. 이것은 두 번째 종류의 채무를 구성한다.

재무부 증권은 발행일부터 이자가 발생하고, 해군 군표는 발행 후 여섯 달이 지나면 이자가 발생한다. 잉글랜드은행은 자발적으로 그런 증권을 현재 가치로 할인하거나 정부로부터 특정 보수를 받아 재무부 증권을 유통하겠다는 합의를 해서(즉, 재무부 증권을 액면가로 받아들이고 지급일이 되었을 때 이자를 지급하겠다는 합의를 함으로써), 증권 가치를 유지하고 유통을 쉽게 한다. 이러한 합의는 정부가 이런 부류의 대규모 채무 계약을 자주 할 수 있게 했다.

은행이 없는 프랑스에서 국가 증권(billets d'état)[271]은 때로 액면가의 60~70퍼센트 할인된 가격에 판매되었다. 윌리엄 3세 시대에 주화를 대대적으로 다시 주조하는 동안 잉글랜드은행은 일상적인 거래를 중지하는 게 적절하다고 생각했는데, 재무부 증권과 계정서는 액면가의 25~60퍼센트 할인된 가격으로 판매했다. 이는 분명 명예혁명[1688년]으로 수립된 새 정부의 불안정성과 잉글랜드은행의 지원 부족 때문이었다.

자금 조달 원천이 고갈되었을 때 채무 상환을 위해 국고 세입의 특정

---

271   다음 자료 참조. Examen des Reflexions politiques sur les finances. —원주

분야를 배정하거나 저당을 잡아 자금을 마련해야 한다. 이에 정부는 여러 차례에 걸쳐 두 가지 다른 방식으로 이를 수행했다.

첫째, 이런 배정이나 저당을 단기간, 즉 1년이나 몇 년으로 한정했다.

둘째, 그 기간을 영구로 설정했다.

전자는 한정된 시간 안에 빌린 자금의 원금과 이자를 모두 지급할 수 있다고 판단하는 경우이고, 후자는 이자 혹은 영구 연금만 지급할 수 있다고 판단하는 경우로, 빌린 원금을 지급하면 정부는 이런 연금을 어느 때든 상환할 자유를 누렸다. 전자의 단기 자금은 선급[先給, anticipation, 세수를 미리 당겨쓰는 것]으로 얻었다고 하고, 후자의 영구 자금은 장기공채 전환 혹은 줄여서 공채 전환으로 얻었다고 한다.

영국의 토지세와 맥아세

그레이트브리튼에서는 토지세와 맥아세를 부과하는 법률에 대출 조항이 지속적으로 삽입되어 있어 매년 정기적으로 토지세와 맥아세를 예상할 수 있다. 잉글랜드은행은 보통 명예혁명 이후 3~8퍼센트로 바뀐 이자율로 그 금액을 선급하며, 이런 차입금은 점차 들어오는 세입으로 상환된다. 늘 그렇듯, 결손이 발생하면 다음 해 세입에서 충당한다. 아직 저당 잡히지 않은 국고 세입 중 유일하게 중요한 분야도 이렇게 세입이 들어오기 전에 정기적으로 사용된다. 자기 수입이 정기적으로 들어오는 것을 기다릴 수 없을 만큼 자금이 긴급한 상황에서도 돈을 낭비하는 방탕한 사람처럼, 국가는 대리인에게 돈을 빌리고 그렇게 조달한 돈의 이자를 지급하는 관행을 지속한다.

윌리엄 3세[1689-1702] 치세 내내 그리고 앤 여왕[1702-1714] 치세 대부분은 현재 우리가 장기공채 전환에 익숙해진 것과는 달리, 새로운 세금 대부분이 4~7년이라는 단기간으로 부과되었다. 또한, 매년 의회의결 세출 대부분은 그런 세금의 선급으로 얻은 대출금으로 충당되었다. 하지만 세입은 약정된 기간 내에 빌린 자금 원리금을 지급하기에는 늘 불충분했고, 이를 보충하기 위해 약정 기간을 연장할 필요가 있었다.

영국 정부의 약정 기간 연장

1697년 윌리엄 3세 치세 8년 차 제20호 법령에 따라 여러 세금에 따른 결손은 당시 제1차 총저당(general mortgage) 혹은 총기금(general fund)이라 불린 것으로 부담시켰다. 이 법령은 만기가 얼마 남지 않은 여러 세금의 지급 기한을 1706년 8월 1일로 연장하고, 세입을 총기금에 축적하도록 했다. 이렇게 연장된 기간에 총기금에 부담된 결손은 5,160,459파운드 14실링 9와 4분의 1펜스에 달했다.

1701년 그런 세금들과 몇몇 다른 세금은 비슷한 목적으로 1710년 8월 1일까지 다시 연장되었는데, 이를 제2차 총저당 혹은 총기금이라고 했다. 이런 총기금으로 부담할 결손은 2,055,999파운드 7실링 11과 2분의 1펜스에 달했다.

1707년 그런 세금들은 새 대출을 위한 기금으로 1712년 8월 1일까지 더 연장되었고, 제3차 총저당 혹은 총기금이라 불렸다. 기금을 저당 잡히고 빌린 금액은 983,254파운드 11실링 9와 4분의 1펜스였다.

1708년 그런 세금들은 새 대출을 위한 기금으로 1714년 8월 1일까지 더 연장되었고, 제4차 총저당 혹은 총기금이라 불렸다. 옛 보조금인 톤세와 파운드세는 절반만 그 기금의 일부가 되며, 연합 조약에 따라 제거된 스코틀랜드 아마포 수입에 부과되던 관세는 기금에서 제외된다. 기금을 저당 잡히고 빌린 금액은 925,176파운드 9실링 2와 4분의 1펜스였다.

1709년 그런 세금들은 모두 (옛 보조금인 톤세와 파운드세는 이제 이 기금에서 전부 제외되었다) 같은 목적으로 1716년 8월 1일까지 더 연장되었고, 제5차 총저당 혹은 총기금으로 불렸다. 이런 기금을 저당 잡히고 빌린 금액은 922,029파운드 6실링이었다.

1710년 그런 세금들은 다시 1720년 8월 1일까지 연장되었고, 제6차 총저당 혹은 총기금으로 불렸다. 기금을 저당 잡히고 빌린 금액은 1,296,552파운드 9실링 11과 4분의 3펜스였다.

1711년에는 (네 가지 다른 선급 대상이었던) 세금들이 다른 여러 세금과 함께 영구적으로 확장되었고, 남해회사의 자본 이자를 지급하기 위한 기금을 형성했다. 남해회사는 그해 정부의 채무 상환과 결손 보상을 위해 선지급했는데, 그 금액이 9,177,967파운드 15실링 4펜스였다. 이는 당시 역대 가장 큰 규모의 대출액이었다.

채무의 이자 지불을 위한 영구 조세

이 시기 이전에 국채 이자를 지급하고자 영구적으로 부과된 주된 또는 유일한 세금은, 잉글랜드은행과 동인도회사가 정부에 빌려준 자금 그리고 토지 은행에서 선급받을 것으로 계획했으나 실현되지 않은 자금 등의 이자를 상환하기 위한 세금이었다. 당시 잉글랜드은행이 빌려준 자금은 3,375,027파운드 17실링 10과 2분의 1펜스였고, 그에 대해 지급되는 연금 혹은 이자는 206,501파운드 13실링 5펜스였다. 동인도회사가 빌려준 자금은 3,200,000파운드로, 지급되는 연간 이자는 160,000파운드였다. 잉글랜드은행 자금은 6퍼센트, 동인도회사 자금은 5퍼센트 이자율이었다.

1715년 조지 1세가 즉위한 해의 제12호 법령으로 잉글랜드은행 이자를 상환하고자 저당 잡힌 여러 다른 세금을, 같은 법령으로 영구화된 다른 여러 세금과 함께 총기금이라는 공동 기금으로 통합했다. 이 총기금은 잉글랜드은행의 연간 이자 상환뿐만 아니라 여러 다른 연금 및 부담금 지급을 담당했다. 이 기금은 나중에 조지 1세 치세 3년 차 제8호 법령, 조지 1세 치세 5년 차 제3호 법령에 따라 늘었고, 당시 기금에 추가된 다른 세금들도 마찬가지로 영구 조세가 되었다.

1717년 조지 1세 치세 3년 차 제7호 법령에 따라 여러 다른 세금이 영구화되어 일반 기금이라 불리는 또 다른 공동 기금에 통합되었는데, 이 기금으로 총 724,849파운드 6실링 10과 2분의 1펜스에 달하는 특정 연간 이자의 지급에 사용했다.

그런 여러 다른 법령의 결과, 이전에는 몇 년 동안 단기로 선급받았던 세금 대부분이 연속적인 여러 다른 선급을 통해 저당 잡히고, 빌린 자금의 원금이 아닌 이자만 지급하기 위한 기금으로 영구화되었다.

자금을 선지급으로만 얻었더라면 몇 년 안에 국고 수입은 채무에서 벗어날 수 있었을 것이다. 그렇게 되었다면 정부는 한정된 기간 안에 상환 가능한 것 이상으로 빚을 져서 기금에 과부하를 주는 일도 없고, 첫 번째 선급이 만기 되기 전에 두 번째 선급을 받지 않도록 주의하는 것 외에 다른 것은 신경 쓰지 않아도 되었으리라.

하지만 유럽 정부 대부분은 주의를 기울이지 않았다. 그들은 빈번히 첫 번째 선급에서조차 기금에 과부하를 주었고, 그렇지 않으면 보통 첫 번째 선지급이 만기 되기 전에 두세 번째 선지급을 받음으로써 기금에 여전히 과부하를 주었다. 이런 식으로 기금은 저당을 잡아 빌린 돈의 원리금을 상환하기에는 불충분해지게 되었고, 이로 인해 기금에서는 이자만 청구하거나 혹은 이자와 동등한 영구 연금만 청구해야 하는 상황이 되었다.

이러한 부주의한 선지급 수령은 필연적으로 더욱 파괴적인 장기공채 전환이라는 관행을 가져온다. 하지만 이런 관행은 필연적으로 국고 세입의 채무 해방을 정해진 기간 내에 달성하기 어렵게 했고, 그리하여 그 기간은 무척 막연한 상태에서 계속 연장됐다. 그렇지만 옛 선지급 관행보다 이런 새 선지급 관행을 도입함으로써 정부는 엄청난 금액을 조달할 수 있었다. 일단 이런 새로운 자금 조달 방식에 익숙해지면, 국가의 긴급한 상황에서는 누구나 이 방식을 선택하게 된다. 나라의 정치에 직접 관여하는 사람들은 주로 현재 재정적 긴급 사태를 벗어나는 데만 온 신경을 쓴다. 그런 식으로 어떤 사안의 한 가지 측면에만 집중하다 보니 장차 국고 세입을 채무에서 해방시키는 막중한 일은 계속해서 후대에 미루게 되는 것이다.

시장이자율의 하락과 감채기금

앤 여왕 치세 동안 시장이자율은 6퍼센트에서 5퍼센트로 떨어졌고, 치세 12년 차에는 개인 신용에 따른 대출금 중 합법적으로 징수할 수 있는 최고 이자율이 5퍼센트로 결정되었다. 이내 그레이트브리튼의 임시 세금 중 대부분이 영구 조세가 되었고, 총기금, 남해회사 기금, 일반 기금 사이에 배분되었다. 국가 채권자들은 개인 채권자들처럼 빌려준 돈의 이자로 5퍼센트만 받아야 했다. 이렇게 해서 장기공채 전환으로 마련된 채무 원금 대부분에 대한 이자가 1퍼센트 정도, 즉 앞서 언급한 세 가지 커다란 기금에서 지급되는 대부분 연금의 6분의 1만큼 절약되었다.

이러한 절약은 그 기금들에 축적된 여러 다른 세금의 세입으로 엄청난 잉여금이 발생했고, 이런 잉여금은 현재 그런 기금들이 부담하는 연 이자 상환에 필요한 것 이상의 액수였다. 그렇게 해서 그 이후 감채기금의 기반이 마련되었다. 1717년 이런 잉여액은 323,434파운드 7실링 7과 2분의 1펜스에 달했다. 1727년 공적 채무 이자는 대부분 4퍼센트로 더 낮아졌고, 1753년과 1757년에는 이율이 각각 3.5퍼센트와 3퍼센트로 떨어졌다. 이런 이율 인하로 감채기금 규모는 더욱 커졌다.

감채기금은 옛 채무 상환을 위해 도입되었지만, 새 채무 발생을 무척 쉽게 만들기도 했다. 이것은 항상 사용할 수 있는 비상 자금으로, 부채 상환이 확실하지 않은 다른 자금에서 돈을 빌릴 때 담보로 사용할 수 있다. 그레이트브리튼의 감채기금이 두 가지 목적[채무 상환, 자금 조달] 중 무엇에 더 빈번히 활용되었는지는 시간이 지남에 따라 차차 드러날 것이다.

두 가지 대출 방법, 즉 선지급과 영구 공채 외에 이런 두 가지 방법과는 다른 두 가지 자금 조달법이 있다. 바로 정기 연금에 따른 차입과 평생 연금(종신 연금)에 따른 차입이다.

정기 연금에 따른 거액 차입

윌리엄 왕과 앤 여왕의 치세 동안 종종 정기 연금에 따른 차입 방법으로 거액을 빌려왔는데, 이때 정해진 기간은 때로는 길고, 때로는 짧았다. 1693년 1백만 파운드를 14퍼센트 연금, 즉 한 해 14만 파운드의 연금을 16년 동안 지급하는 조건으로 법령이 통과되었다. 그리고 1691년에는 평생 연금을 지급하는 조건으로 1백만 파운드를 더 빌리려고 시도했는데 오늘날의 관점에서 보면 조건은 무척 유리했다. 하지만 이 연금 신청은 다 채워지지 않았다. 이듬해에는 14퍼센트를 7년이 조금 넘는 기간만 연금을 지급하는 조건으로 차입하여 부족분이 채워졌다.

1695년, 그런 연금을 구매한 사람은 액면 1백 파운드에 63파운드를 국고에 지불하고 96년 기한의 다른 연금과 교환할 수 있게 되었다. 즉, 평생 연금의 14퍼센트와 96년 기한 연금의 14퍼센트 차액이 63파운드 혹은 4년 반의 연금 상당액으로 팔렸던 것이다. 이런 좋은 조건에도 정부의 불안정성 때문에 이 연금을 사들이는 구매자는 소수에 불과했다.

앤 여왕 치세 시 여러 다른 시절에 잉글랜드 정부는 평생 연금, 32년, 89년, 98년, 99년 연금으로 자금을 빌렸다. 1719년 32년 연금 소유주는 해당 연금 대신에 11년 반의 연금 상당액에 해당하는 남해회사 주식을 받아야 했으며, 당시 그들이 받아야 할 이자 연체금과 동등한 가치의 남해회사 주식도 추가로 함께 받았다. 1720년 다른 연금 대부분은 장기와 단기를 막론하고 같은 남해기금으로 편입되었다. 당시 장기 연금들의 총액은 666,821파운드 8실링 3과 2분의 1펜스에 달했다. 1775년 1월 5일 장기 연금의 나머지 혹은 당시 남해기금에 응모되지 않은 연금 총액은 136,453파운드 12실링 8펜스에 불과했다.

1739년과 1755년에 시작된 두 전쟁[오스트리아 계승 전쟁과 7년 전쟁] 동안 정기 연금이나 평생 연금으로 자금을 빌리는 일은 거의 없었다. 하지만 98년이나 99년 연금은 거의 영구 연금과 가치가 비슷했으므로 사람들은 그만큼 돈을 차입할 수 있다고 생각할 수도 있다. 하지만 가족을 부양하고, 먼 미래를 대비하고자 공채를 사들이는 사람들이라면 그 가치가 지속적으로 하락하는 것을 원하지 않을 것이다. 그런 사람들의 비율이 상당했다.

그래서 장기 연금은 본질 가치가 영구 연금과 거의 같다고 해도 많은 구매자를 끌어들이지 못했다. 보통 최대한 빨리 자기 몫을 팔아넘기려는 새로운 공채 신청자는, 같은 액수라도 상환할 수 없는 장기 연금보다는 의회에 따라 상환 가능한 영구 연금을 훨씬 선호한다. 영구 연금 가치는 늘 같거나 거의 같다고 생각했고, 따라서 장기 연금보다 훨씬 편리하게 환금 가능한 것이었다.

앞서 언급한 두 전쟁 동안 정기 연금이나 평생 연금은 새 공채 신청자에게 사례금처럼 지급되곤 했지만, 그 외의 경우에는 잘 주어지지 않았다. 그것은 차입을 위한 것이 아니라 신용 대출 이자 외에 프리미엄으로 주어진

것이었다. 달리 말하면 그런 연금들은 자금을 빌리기 위한 목적의 기금이
아니라, 돈을 빌려준 사람에 대한 추가적인 장려책이었다.

평생 연금의 두 방식

평생 연금(종신 연금)은 두 방식으로 주어졌다.

첫째, 개인의 종신(終身)까지 주어지는 방식.

둘째, 프랑스 발명자의 이름을 따서 통틴(Tontines)이라 불리는 집단
에 종신으로 주어지는 방식.

연금이 개인에게 주어질 때 모든 개인연금 수령자의 사망은 그 연금
만큼 국고 세입 부담을 덜어준다. 연금이 통틴 방식으로 주어질 때 한 집단
에 포함된 모든 연금 수령자가 사망할 때까지 국고 세입은 상환 부담을 벗
지 못한다. 이런 집단은 때로 20명 혹은 30명으로 구성되는데, 생존자가 그
들보다 먼저 사망한 모든 사람의 연금을 승계하고, 마지막 생존자가 집단
전체의 연금을 승계한다. 똑같은 세입에 의하더라도 개인 평생 연금보다 통
틴 연금으로 더 많은 자금을 모을 수 있다. 생존자들에게 계속 권리가 돌아
가는 연금은 실제로 동일 가치의 개인 평생 연금보다 훨씬 가치가 높고, 모
든 복권의 성공 기반이 되는 원칙, 즉 자연적으로 모든 사람에게 기회가 온
다는 점은 그런 연금을 일반적인 가치 이상으로 팔리게 한다. 정부가 연금
을 주는 것으로 차입하는 일이 흔한 나라에서 이런 이유로 사람들은 개인
평생 연금보다 통틴을 더 선호한다. 정부 역시 이 방법을 통해 가장 큰 자금
을 모을 수 있으며, 이는 국가 채무 해결에 가장 빠른 방법이기 때문에 선호
한다.

프랑스에서 평생 연금으로 구성된 공채 부분은 잉글랜드보다 훨씬 크
다. 1764년 보르도 의회가 제출한 보고서에 따르면 프랑스의 공채 전액은
24억 리브르로 추산되는데, 그중 평생 연금으로 지급되는 것은 3억 리브르,
즉 공채 전액의 8분의 1에 달한다. 연금 자체는 한 해 3천만 리브르, 즉 전체
공채의 추정 이자 1억 2천만 리브르의 4분의 1로 계산된다. 이런 내용이 부
정확하다는 것을 나도 잘 알지만, 존경할 만한 기관에서 진실에 가까운 근

사치로 제시한 것이므로 그렇게 보기로 했다. 프랑스 정부와 잉글랜드 정부가 돈을 빌리는 방식에서 이런 차이를 보이는 것은 국고 세입의 채무 해방에 대한 시급성이 다르기 때문은 아니다. 그것은 전적으로 대출 기관의 다른 견해와 이해 관계에서 비롯된다.

잉글랜드와 프랑스의 채권자들

잉글랜드 정부는 세상에서 가장 상업적인 도시에 있고, 그래서 정부에 자금을 빌려주는 사람은 보통 상인들이다. 그들은 정부에 자금을 대출함으로써 상업 자본을 줄이는 것이 아니라 오히려 늘리려고 한다. 자기 지분에 일정 이윤을 더해 되파는 것이 허용되지 않으면 그들은 절대 새 공채를 사들이지 않는다.

하지만 자금을 선지급[대출]함으로써 영구 연금 대신 평생 연금[272]만 구매할 수 있는 상황이라면 그런 연금이 제 것이든 다른 사람 것이든 이익을 붙여 그것을 되팔 가능성이 사라진다. 자신의 평생 연금은 늘 손해보며 판매된다. 나이와 건강 상태가 자신과 거의 같은 다른 사람의 평생 연금을 사는 데 자기 평생 연금에 지급하는 가격과 같은 금액을 주려는 사람은 없기 때문이다.

제3자 평생 연금은 사실 구매자와 판매자에게 가치가 동일하다. 하지만 그 연금의 실질가치는 주어진 순간부터 줄기 시작하고 뒤로 갈수록 더 줄어든다. 그렇기 때문에 평생 연금은 가치가 항상 같거나 거의 같다고 생각되는 영구 연금처럼 손쉽게 이전할 수 있는 채권이 아니다.

정부 소재지가 대도시가 아닌 프랑스에서는 정부에 자금을 대출하는 상인의 비율이 그리 높지 않다. 프랑스가 비상 사태를 만났을 때, 채권자는 대부분 나라의 재정에 관여하는 사람들, 가령 징세 청부인, 징세 청부 대상

---

272 영구 연금은 무기연금을 의미하며, 평생 연금은 그 연금을 가진 사람이 살아 있는 동안만 유효하므로 기간에 따라 무기연금보다 불리하다. 연금의 원어는 annuity로 어떤 사람에게 한 해 동안 고정된 금액을 지불하는 투자 증권 혹은 보험증권이라는 뜻이다.

이 아닌 세금 징수인, 궁정 은행가 등이 된다. 그런 사람들은 보통 태생은 천하지만 엄청난 부를 갖고 있고 때때로 무척 오만하다. 그 때문에 그들은 자기 동류와 결혼하지 않으려 하지만, 정작 귀부인은 그런 자와 결혼하는 일을 멸시한다.

따라서 그들은 종종 독신으로 살기로 결심하며, 가족을 만들지도 않고, 친척과 연락하는 것을 그다지 좋아하지도 않기에 가족도 별로 신경 쓰지 않는다. 그들은 단지 평생을 화려하게 보내고 싶을 뿐이며, 자신이 죽음으로 인해 재산이 사라지는 것을 별로 걱정하지 않는다. 게다가 결혼을 싫어하고 생활 여건 등으로 결혼을 부적절하고 불편하게 여기는 부자의 수는 잉글랜드보다 프랑스에 훨씬 더 많다. 자손을 거의 신경 쓰지 않거나 아예 무시하는 사람들은 그들의 자본을 자신이 바라는 기간만 지속하는 수입[평생 연금]과 교환하는 것을 가장 편리하게 여긴다.

현대 정부의 증세 기피

평화로운 시기에 현대 정부는 일반 지출을 일반 수입과 같거나 거의 비슷하게 유지한다. 그래서 전쟁이 발발하면 지출에 비례하여 수입을 증가시키는 것을 주저하며, 실제로 그럴 수 있는 상황도 아니다. 현대 정부는 갑작스러운 세금 인상에 국민이 불쾌함을 느끼고 이내 전쟁을 혐오할 것을 두려워해 증세를 꺼린다. 또한, 정부는 원하는 세입을 얻는 데 어떤 세금이 적절한지 잘 모른다. 이러한 두려움이나 능력 부족에 따른 정부의 어려움은, 세금이 아니라 차입을 이용해 돈을 조달할 수 있다는 사실로 해소된다.

정부는 세금은 조금만 올리면서도 차입이라는 수단으로 해마다 전쟁 수행 자금을 얻는다. 또 장기공채 전환이라는 관행을 통해 최소한의 증세로 최대한의 자금을 매년 얻을 수 있다. 대(大) 제국의 경우, 수도와 전장에서 멀리 떨어진 지역에 사는 사람 대다수는 전쟁 중이라도 거의 어떤 불편도 느끼지 못한다. 오히려 안락하게 신문에서 해군 함대와 육군 사단이 이룬 혁혁한 공적을 읽으며 즐거운 시간을 보낸다. 그들에게 이런 즐거움은 전쟁 때문에 납부해야 하는 세금과 평화로운 시기에 익숙하게 납부하던 세금 사이의 작은 차이를 보상한다. 그들은 보통 평화가 돌아오는 것을 오히려 불만족스럽게 여긴다. 그렇게 되면 전쟁이 오래 지속되며 얻은 승리의 즐거움은 물론이고 군사적 정복과 나라의 영광에 관한 꿈같은 희망이 사라지기 때문이다.

감채기금 전용 사유

실제로 평화가 돌아와도 전쟁 중에 부과된 세금 대부분에서 국민은 좀처럼 벗어나지 못한다. 전쟁을 수행하고자 계약한 채무에 대한 이자를 위해 세금을 저당 잡힌다. 이런 채무 이자를 상환하고, 정부의 통상 지출을 지급하는 것 이상으로 옛 세입이 새 세금과 함께 일정한 잉여 세입을 발생시켰다면 그것은 채무 상환을 위한 감채기금으로 전환된다. 이 감채기금에는 두 가지 문제가 있다.

첫째, 이런 감채기금은 다른 목적에 활용되지 않더라도, 평화가 지속할 것으로 합리적으로 예상되는 기간 동안 전쟁 중에 누적된 채무 전체를 상환하기에는 턱없이 부족하다.

둘째로 이 감채기금은 거의 늘 다른 목적으로 활용된다.

그래서 전쟁이 발발하면 지출에 비례하여 수입을 증가시키는 것을 주저하며, 실제로 그럴 수 있는 상황도 아니다. 세입이 더 많이 징수된다면 이는 보통 의도되거나 기대된 것이 아니기에 보통 그 정도는 미미하다. 감채기금은 일반적으로 본래 세금이 부담하는 이자나 연금을 상환하는 데 필요한 것 이상으로 잉여 세입이 발생해서가 아니라, 나중에 그 이자를 인하해서 생긴 것이다. 1655년 네덜란드 감채기금과 1685년 교황청 감채기금은 모두 이런 이자 감소 방식으로 형성되었다. 이런 이유로 감채기금은 언제나 불충분한 금액이다.

가장 평화로운 시기에도 여러 사건들이 발생하여 추가적인 지출이 요구되는데, 이럴 때 정부는 새로운 세금을 부과하기보다는, 감채기금을 이용해 이런 지출을 충당하는 것을 더 선호한다. 정도 차이는 있지만 모든 새 세금은 국민에게 직접적으로 다가온다. 이는 항상 불평을 일으키고, 정부는 반대에 직면한다. 더 많은 세금이 생길수록, 다른 과세 대상에 부과되는 세금이 높아질수록, 새 세금에 대한 국민의 불평과 저항은 더욱 커질 것이다. 따라서 새 과세 대상을 찾거나 기존 과세 대상에 이미 부과하는 세금을 훨씬 더 높이는 일은 더욱 어려워진다.

반면 일시적인 채무 상환 연기는 국민이 즉각적으로 느끼지 못하며, 불평을 제기하지도 않는다. 감채기금을 차용하는 것은 늘 현재의 곤경을 벗어나기 위한 명확하고 손쉬운 방편이다. 공채가 더 축적될수록 공채를 줄이기 위한 연구가 더욱 필요하지만, 감채기금의 일부를 잘못 사용한다면 더욱 위험하고 파국적일 수 있다. 공채가 평시의 모든 비상 경비에 사용되는 일이 빈번해질수록 공채가 감축되기는 더욱 어려워진다.

국민이 이미 세금으로 막대한 부담을 지고 있을 때 또 다른 세금을 받아들이기는 대단히 어렵다. 그러나 전쟁을 새로 해야만 한다면, 가령 국민이 반드시 복수하겠다는 적개심에 불타고 국방에 대한 불안을 절실히 느낀다면 그때는 국민이 엄청난 인내심으로 세금을 용납할 수도 있다. 하지만 이런 경우는 드물기에 감채기금이 오용되는 일이 더 흔하다.

브리튼 공채의 기원과 역사

그레이트브리튼이 처음으로 영구 공채를 통한 자금 조달이라는 파괴적인 방법에 의존한 이후로, 평화로운 시기에 공채를 줄이는 것은 전시에 공채가 쌓이는 것과는 비교가 되지 않았다. 그레이트브리튼이 현재 지고 있는 막대한 채무를 처음으로 설정한 계기는 1688년 시작되어 1697년 레이스베이크 조약을 맺음으로 종결된 전쟁 기간이었다.

1697년 12월 31일 브리튼의 공채는 영구공채와 일시차입금을 합쳐 21,515,742파운드 13실링 8과 2분의 1펜스에 달했다. 그런 공채 대부분은 단기 선지급[예상세수]으로, 일부는 평생 연금으로 계약된 것이었다. 따라서 1701년 12월 31일 이전, 즉 4년도 되지 않아 공채는 부분 상환되었고, 부분적으로 국고에 귀속되었는데 그 금액이 5,121,041파운드 12실링 4분의 3펜스였다. 이는 그런 단기간에 발생하기가 어려운 최대 규모의 공채 감축이었다. 따라서 남은 공채는 고작 16,394,701파운드 1실링 7과 4분의 1파운드였다.

1709년 시작해 위트레흐트 조약으로 종결된 전쟁 중에도 공채는 더욱 증가했다. 1714년 12월 31일 그런 성격의 공채는 53,681,076파운드 5실링 6과 12분의 1펜스에 이르렀다. 단기 연금과 장기 연금을 남해회사 기금에 편입했으므로 공채 원금이 증가했고, 따라서 1722년 12월 31일 그 금액은 55,282,978파운드 1실링 3과 6분의 5펜스에 달했다. 공채 감소는 1723년 시작되었는데, 무척 완만하게 진행되어 1739년 12월 31일 17년 동안은 세상이 무척 평화로웠음에도 상환된 총액은 8,328,354파운드 17실링 11과 12분의 3펜스에 불과했다. 당시 공채 원금은 46,954,623파운드 3실링 4와 16분의 9펜스였다.

1739년에 시작된 스페인 전쟁과 그 이후에 발발한 프랑스 전쟁은 공채를 크게 증가시켰고, 1748년 12월 31일에 엑스라샤펠 협정에 따라 전쟁이 끝난 후의 공채는 78,293,313파운드 1실링 10과 4분의 3펜스에 이르렀다. 가장 평화로운 17년 동안 고작 8,328,354파운드 17실링 11과 12분의 3펜스를 상환했을 뿐인데, 전쟁이 지속된 9년 미만의 기간에 공채는 31,338,689파운드 18실링 6과 6분의 1펜스가 늘었다.[273]

펠럼 내각 시절에는 공채 이자율이 4퍼센트에서 3퍼센트로 인하되었으며, 적어도 그런 방식으로 공채를 줄이려는 정책이 있었다. 감채기금은 늘었고, 공채 일부는 상환되었다. 최근의 7년 전쟁이 발발하기 전인 1755년 브리튼의 영구 공채는 총액 72,289,673파운드였다. 1763년 1월 5일 평화협정 체결 후 영구 공채는 122,603,336파운드 8실링 2와 4분의 1펜스에 달했다. 미상환채무(일시 차입금)는 13,927,589파운드 2실링 2펜스였다.

하지만 전쟁으로 발생한 지출은 평화협정 체결로 끝나지 않았으며, 따라서 1764년 1월 5일 정부 채무는 일부 미상환 채무를 영구 공채로 전환

---

[273] 다음 자료를 참조하라. James Postlethwayt, *History of the Public Revenue*.

하고 새 대출을 받아 129,586,789파운드 10실링 1과 4분의 3펜스로 늘었다. 『그레이트브리튼의 무역과 재정에 관한 고찰』을 집필한 박식한 저자[274]에 따르면 영구 공채는 그해와 다음 해에 여전히 9,975,017파운드 12실링 2와 44분의 15펜스로 남았다. 따라서 1764년 브리튼의 공채는 이 저자에 따르면 영구 공채와 일시 차입금을 합쳐 139,516,807파운드 2실링 4펜스에 이르렀다. 1757년 새 공채 응모자에게 장려책으로 준 평생 연금은 14년 치가 472,500파운드로 계산되었다. 마찬가지 방식으로 1761년과 1762년 주어진 장기 연금은 27년 6개월 치가 6,826,875파운드로 추정되었다. 7년 동안 지속된 평화로운 시기에 신중하고 충실한 애국자였던 펠럼 행정부는 기존 공채 6백만 파운드도 상환할 수 없었다. 거의 같은 기간 지속된 전쟁으로 새 공채만 7천 5백만 파운드 이상 늘었다.

1775년 1월 5일 브리튼의 영구 국채는 124,996,086파운드 1실링 6과 4분의 1펜스에 달했다. 미상환채무는 거대한 연간 왕실비 공채를 제외하고 4,150,236파운드 3실링 11과 8분의 7펜스였다. 이 둘을 합하면 총 129,146,322파운드 5실링 6펜스였다. 이 계산에 따르면 11년 동안 평화를 누리면서 상환한 공채 총액이 고작 10,415,474파운드 16실링 9와 8분의 7펜스에 불과하다.

하지만 이런 적은 공채 감축조차 전부 나라의 통상 수입에서 절약해 나온 것이 아니었다. 통상 수입과는 전적으로 별개로 여러 외부 금액이 그런 공채 감축에 이바지했다. 이들 중에는 3년 동안 토지세에 덧붙인 부가세(1파운드당 1실링), 동인도회사에서 영토 획득에 대한 배상으로 받은 2백만 파운드, 특허장 갱신 명목으로 잉글랜드은행에게 받은 11만 파운드가 포함된다. 여기에 최근 7년 전쟁에서 발생한 여러 다른 금액을 추가해야 하는데, 이런 금액은 전쟁 지출에서 공제액으로 간주해야 한다. 주 항목은 다음과 같다.

---

274 토마스 와틀리(Thomas Whately, 1766). 저자가 조지 그렌빌이라는 설도 있다.

프랑스에서의 전리품 수익금	690,449파운드	18실링	9펜스
프랑스 포로 타협금	670,000파운드		
양도된 섬들의 판매금	95,500파운드		
총계	1,544,949파운드	18실링	9펜스

이 금액에 채텀 백작과 캘크래프트의 군비 계좌 잔고 그리고 같은 부류의 절약된 군비, 더불어 잉글랜드은행과 동인도회사에서 받은 금액 그리고 1파운드당 1실링을 걷은 토지세의 부가세까지 다 합치면 틀림없이 5백만 파운드를 훨씬 상회한다. 따라서 평화를 확립한 이후 나라의 통상 수입으로 절약해 상환한 공채는 매년 50만 파운드에도 미치지 못했다.

감채기금은 분명 평화가 시작된 이후 크게 늘었다. 이렇게 된 것은 공채가 상환되고, 상환 대상 공채 이자율이 4퍼센트에서 3퍼센트로 줄고, 평생 연금 만기가 되었기 때문이다. 평화가 계속된다면 매년 감채기금에서 1백만 파운드가 채무 상환용으로 배정될 것이다. 그래서 작년 한 해 1백만 파운드가 실제로 채무 상환에 지급되기도 했다.

하지만 이와 동시에 왕실비[civil list: 영국 의회가 설정한 왕실 운영비용] 공채가 지급되지 않은 채 거액으로 남았으며, 정부는 이제 새 전쟁[7년 전쟁]에 개입했다. 전쟁 경과를 보면 이전 전쟁에 못지않게 많은 지출이 예상된다.[275] 이 전쟁이 끝나기도 전에 계약될 새 공채는 평시에 국가의 세수 중 절약 분으로 상환해온 옛 공채 전부와 거의 비슷한 규모일 것이다. 따라서 현재와 같은 세수 절약 방식으로는 공채에서 완전히 벗어날 수 없다. 그런 일을 기대한다면 전적으로 헛된 공상에 불과하다.

---

275 이 전쟁은 이전의 모든 전쟁보다 더 많은 비용을 우리에게 요구했고, 1억 파운드 이상의 추가 부채를 안겼다. 11년간의 평화 기간에 1000만 파운드 남짓의 공채가 상환되었지만, 7년의 전쟁 기간 동안 1억 파운드 이상의 공채가 추가된 것이다. ─원주

국채는 추가 자본이 아니다

어떤 저자[276]는 이런 주장을 폈다. 부채가 있는 유럽 여러 나라의 공채, 특히 잉글랜드의 공채는 해당 나라의 다른 자본에 더하여 축적된 거대 자본으로 묘사되기도 한다. 이로써 나라의 무역이 확장되고, 제조업이 크게 증가하고, 토지는 다른 자본만 활용했을 때보다 훨씬 더 높은 수준으로 경작되고 향상된다는 것이다. 하지만 이런 주장을 펴는 저자가 고려하지 않은 지점이 있다. 사회의 첫 채권자가 정부에게 자본을 대출하면, 그 순간부터 연간 생산물의 일정 부분이 자본 기능에서 소득 기능으로 전환된다. 생산적 노동자들을 유지하던 돈은 비생산적 노동자를 유지하는 돈으로 바뀌며, 이돈은 재생산에 대한 어떠한 희망조차 없이 한 해 동안 모두 사용되어 낭비된다.

사실 대출 자본에 대한 대가로 투자자들은 대다수 동일한 가치 이상의 연금을 공채 형태로 받았다. 이런 연금은 분명 그들의 자본을 대체했으며, 그들이 이전과 같거나 혹은 이전보다 더 큰 규모로 무역과 사업을 할 수 있게 했다. 즉, 그들은 이런 연금의 신용으로 다른 사람에게 새 자본을 빌리거나 혹은 그런 연금을 판매해 정부에 대출했던 것과 같거나 더 많은 새 자본을 얻어올 수 있다. 하지만 그들이 이런 방식으로 다른 사람에게서 차입하거나 매입한 새 자본은 틀림없이 그 이전에 이미 나라에 존재했고, 모든 자본이 그런 것처럼 생산적 노동을 유지하는 데 사용되고 있었다.

그 빌려준 돈이 대출한 사람들의 손에 다시 돌아왔을 때, 어떤 측면에서 그것은 새 자본이겠지만, 나라에는 전혀 새 자본이 아니다. 그것은 그저 다른 용도로 전환되기 위해 특정 용도에서 인출된 자본일 뿐이다. 그런 자본은 그들이 정부에 대출한 돈은 보전해주었지만, 나라에는 그러한 회수 효과가 나타나지 않는다. 그들이 이런 자본을 정부에 빌려주지 않았다면 국가에게는 하나의 자본이 아니라 두 자본, 즉 연간 생산물의 두 부분이 생산 노

276　이 저자는 프랑스인 저자 제르맹 가르니에(Germain Garnier, 1754-1821)이다.

동을 유지하는 데 쓰였을 것이다.

정부 지출을 지급하고자 자유로운 혹은 저당 잡히지 않은 세수에서 한 해 수입을 거둘 때, 일부 사적 수입은 한 종류의 비생산적 노동을 유지하는 것에서 다른 종류의 노동을 유지하는 것으로 전환되는 것에 불과하다. 그들이 그런 세금에 지급하는 것 중 어떤 부분은 분명 자본으로 축적될 수 있을 것이고, 그 결과 생산 노동 유지에 활용되겠지만, 대부분은 소비되고 그 결과 비생산적 노동 유지에 쓰일 것이다. 하지만 이런 방식으로 공적 지출이 지급된다면 정도의 차이는 있겠지만 분명 새 자본 축적을 방해할 것이다. 그렇지만 기존 자본을 반드시 파괴하는 것은 아니다.

공적 지출이 공채를 통해 조달될 때, 그것은 이전에 나라에 존재했던 일부 자본을 매년 파괴하고, 이전에 생산적 노동을 유지했던 연간 생산물 일부를 비생산적 노동으로 전용시킨다. 이런 경우 국가가 1년 내에 징수한 세수로 같은 규모의 지출을 충당했더라면 좀 더 무겁게 부과됐을 것이므로 세금은 가벼워진다. 따라서 개인의 사적 수입도 그만큼 부담을 덜게 되고, 그 결과 개인 수입 일부를 절약해 자본으로 축적하는 능력에는 훨씬 적게 피해가 간다. 공채를 통해 공적 지출을 조달하는 방법은 그해 얻은 세입으로 공적 지출을 충당하는 방법보다 기존 자본을 더 많이 파괴한다. 그렇지만 동시에 새 자본 축적이나 획득을 덜 방해한다. 공채를 통해 공적 지출을 조달하는 체계에서, 개인의 절약과 근면성은 정부의 낭비와 사치가 사회 총 자본에 가하는 피해를 훨씬 수월하게 복구할 수 있다.

영구 국채 제도는 전쟁 중에만 유리

하지만 그런 공채를 통한 자금 조달 방식이 다른 방식보다 자본 축적에서 장점을 지니려면 전쟁이 계속되어야 한다. 전쟁 지출이 항상 그해 얻는 세입으로만 충당되어야 한다면 그런 예외적인 수입을 올리는 세금은 전쟁 후까지 지속하지 못할 것이다. 공채를 이용한 자금 조달 방법에서는 전쟁 동안 개인의 자본 축적 능력이 떨어질 수 있지만, 평화로운 시기가 되면 이는 더욱 증대될 것이다. 전쟁은 기존 자본을 반드시 파괴하는 것은 아니고, 평화는 더 많은 새 자본 축적을 가져올 것이다. 그리하여 전쟁은 대체로 더욱 빠르게 종결될 것이고, 무모함이 줄어든 채 수행된다.

전쟁이 지속하는 동안 사람들은 온전히 전쟁 수행의 부담을 져야 하므로 이내 전쟁에 염증을 느끼고, 그들의 비위를 맞추려는 정부는 필요 이상으로 전쟁을 끌 생각을 하지 못한다. 전쟁으로 무겁고 피할 수 없는 부담이 예측되므로 사람들은 싸워야 할 실질적인 이유나 이익이 없는 상황에서는 무모하게 전쟁을 계속하지 않는다. 그리하여 개인 자본 축적 능력이 다소 손상되는 시기는 더욱 드물게 찾아올 것이며, 설사 오더라도 전보다 더 짧게 지속할 것이다. 반대로, 개인 자본 축적 능력이 절정에 달하는 시기는 공채를 통한 자금 조달 체계에서보다 훨씬 더 길게 지속할 것이다.

게다가 공채를 통해 자금을 빌리는 게 특정 수준으로 진전되면 그에 따라 세금 부담도 늘게 된다. 그리하여 다른 체계, 즉 세입으로 공적 지출을 충당하는 체계는 전쟁 중에 자본 축적 능력을 손상하는 것만큼, 평시에 개인의 축적 능력 또한 손상시킨다.

그레이트브리튼의 평시 세입은 현재 한 해 1천만 파운드 이상이다. 자유롭게 사용할 수 있고 저당 잡히지 않은 상태라면 이 세입은 적절히 관리되었을 때 빚을 1실링도 더 지지 않고 아무리 격렬한 전쟁이라도 충분히 수행할 수 있는 금액이다. 현재 그레이트브리튼 국민은 평화 시기임에도 불구하고 마치 가장 비용이 많이 드는 전쟁이 벌어졌을 때처럼 부담을 느낀다. 만약 공채를 이용한 자금 조달 방식이 아니었다면, 그들의 자본 축적 능력은 이처럼 크게 훼손되지 않았을 것이다.

공채 이자 지급은 오른손에서 왼손으로 지급하는 것과 다를 바 없다고 주장하는 저술가[277]가 있다. 그의 주장에 따르면 돈은 국외로 나가지 않는다. 주민 중 어떤 한 무리의 수입 일부가 다른 사람에게로 이전될 뿐이고,

---

277 장 프랑수아 믈롱(Jean Francois Melon). 믈롱은 『상업에 관한 정치적 논문』33장에서 이렇게 말했다. "한 나라의 공채는 왼손에 걸머지는 바른손의 채무이다. 일정량의 먹거리가 있고 또 그 분배 방법이 알려져 있다면 그 신체는 절대 쇠약해지지 않는다."

국민은 한 푼도 더 빈곤해지지 않는다는 것이다.

그러나 이런 변명은 전적으로 중상주의 궤변에 근거하며, 이미 이 책의 제4권에서 중상주의를 길게 검토한 바 있으므로 더는 언급하지 않겠다. 더욱이 모든 공채를 나라의 주민이 책임져야 한다는 생각은 맞지 않는 얘기다. 몇몇 다른 나라 국민에 더해 네덜란드인도 잉글랜드 공채에서 무척 큰 몫을 가지고 있기 때문이다. 하지만 설사 나라의 주민이 모든 공채를 책임져야 하더라도 그 때문에 공채의 치명성이 줄어드는 것은 아니다.

토지와 자본 그리고 국가의 채권자

토지와 자본은 모든 공적·사적 수입의 두 가지 원천이다. 자본은 생산 노동, 즉 그것이 농업, 제조업, 상업 어디에 쓰이든 그 임금을 지급한다. 두 가지 수입원 관리는 두 개의 다른 무리, 즉 하나는 토지 소유주, 다른 하나는 자본 사용자에게 속한 일이다.

토지 소유주는 자기 수입을 위해 자신의 사유지를 최대한 훌륭한 상태로 유지하는 데 관심이 많다. 그는 임차인의 집을 세우고 수리하며, 필요한 배수로와 울타리를 설치하고 유지하며, 큰 비용을 들여 개량 공사를 진행하고 부담함으로써 그런 상태를 유지한다. 하지만 여러 다른 토지세로 지주 수입이 크게 줄고, 생활필수품과 편의품에 여러 다른 세금이 부과되어 수입이 줄면 그만큼 실질가치가 줄어들어 값비싼 토지 개량 공사들을 할 수 없다. 그리고 지주가 자기 역할을 그만두면 임차인도 자기 역할을 감당할 수 없다. 지주의 곤궁함이 늘수록 나라의 농업은 필연적으로 쇠퇴한다.

생활필수품과 편의품에 부과되는 여러 세금으로 인해, 자본 소유주와 사용자가 자본에서 얻는 수입으로 다른 나라에서 구매 가능한 양의 생활필수품과 편의품을 자국에서 구매하지 못한다면 그들은 자본을 다른 나라로 옮기려는 생각을 할 것이다. 대다수 상인과 제조업자, 즉 대다수 대자본 사용자가 짜증 나는 세금 징수원의 방문에 계속 노출된다면 자본을 이전하려는 그들의 의향은 곧 실행으로 구체화된다. 나라의 산업은 자본의 이전에 따른 몰락을 겪을 것이며, 농업의 침체와 함께 무역과 제조업의 파국이 뒤

따를 것이다.

토지와 자본을 소유하며, 이를 훌륭하게 관리하는 데에 직접적인 관심이 있는 사람들로부터 특정한 관심사가 없는 나라의 채권자들에게 두 가지 소득원[토지와 자본]에서 발생하는 수입 대부분을 이전하는 것은 국가적 손해이다. 그것은 장기적으로 토지 방치, 자본 낭비 혹은 이전을 발생시킨다. 한 나라의 채권자는 분명 그 나라의 농업, 제조업, 상업의 번창 그리고 그 결과 생기는 토지의 훌륭한 상태와 자본의 훌륭한 관리에 전반적으로 관심이 많다. 이 두 가지 원천 중에서 전반적인 결핍이나 쇠퇴가 있다면, 그로 인해 여러 다른 세금들로부터 채권자에게 주어지는 연금이나 이자를 충분히 지급하지 못하게 된다.

하지만 국가의 채권자는 단순히 그 자체로 생각하면 토지 특정 부분의 훌륭한 상태나 자본, 특정 부분의 훌륭한 관리에는 별 관심이 없다. 채권자는 그런 부분에 관해서는 어떠한 지식도 없다. 그것을 전혀 점검하지 않으며, 또 신경 쓸 수도 없다. 그런 것이 붕괴하더라도 어떤 때는 채권자에게 알려지지 않으며, 직접적인 영향을 미치지도 못한다.

영구 국채는 국력을 약화시킨다

영구 국채를 통한 자금조달 방식은 이를 도입한 모든 나라를 점차 쇠약하게 만든다.

이탈리아 여러 공화국에서는 그런 현상이 시작된 듯 보인다. 제노바와 베네치아는 독립국이라고 주장하는 두 공화국이지만, 그런 관행으로 모두 국력이 약해졌다. 스페인은 이탈리아 여러 공화국에서 그런 관행을 배운 듯한데, 그곳 세금은 이탈리아 공화국들보다 신중하지 못해 그 나라의 국력은 전보다 훨씬 더 쇠약해졌다. 스페인의 부채는 무척 오래되었다. 잉글랜드가 한 푼의 부채를 지기 싫었던 때보다 100년이나 전인 16세기 말에 이미 많은 부채가 있었다. 프랑스는 풍부한 천연자원에도 불구하고 같은 종류의 부담으로 국력이 약화하고 있다. 네덜란드 공화국도 제노바나 베네치아처럼 국채로 국력이 쇠약한 상태다. 다른 모든 나라에 국가의 쇠퇴나 몰락을 야기한 관행에서 그레이트브리튼이라고 해서 어떻게 홀로 벗어날 수 있겠는가?

잉글랜드의 조세 제도는 다른 나라보다 우수

다른 나라가 확립한 과세 체계는 잉글랜드보다 열등하다. 나는 그렇다고 생각한다. 하지만 기억해야 할 것은 현명한 정부라도 적합한 과세 대상이 모두 고갈되었을 때 긴급한 필요성이 발생한다면 부적합한 과세 대상에 의존할 수밖에 없다는 점이다. 현명한 네덜란드 공화국도 몇몇 경우에 스페인의 세금 대부분처럼 불편한 세금에 의지할 수밖에 없었다. 대부분의 국고 세입이 채무에서 해방되기 전에 또 다른 전쟁이 터져서 지난 전쟁처럼 값비싼 비용이 계속 들어간다면 어쩔 수 없는 필요에 내몰려 그레이트브리튼의 과세 체계를 네덜란드 혹은 더 나아가 스페인처럼 가혹한 것으로 퇴락시킬 수 있다.

우리나라 과세 제도의 명성 덕분에 여태까지 산업은 거의 곤란을 겪지 않았고, 가장 비용이 많이 드는 전쟁 중에서도 개인 절약과 선행이 정부의 낭비와 사치가 사회 총자본에 가져온 모든 손실을 바로잡을 수 있었다. 그레이트브리튼이 수행했던 고비용의 7년 전쟁이 최근 종결되자 전쟁 이전 시기처럼 잉글랜드 농업은 번창했으며, 제조업은 많이 늘어나 노동자를 충분히 고용했고, 무역 규모도 최대였다.

따라서 그런 모든 다른 산업 분야를 지탱했던 자본은 틀림없이 전쟁 이전과 동일 수준이 된다. 평화가 돌아온 이래 농업은 훨씬 향상되었고, 가옥 임대료는 나라의 모든 도시와 마을에서 상승했다. 이는 국민의 부와 수입이 증가했다는 증거다. 옛 세금 대부분, 특히 소비세와 관세의 연간 총액은 계속 증가했다. 소비가 증가하고 그 결과 소비를 지탱할 수 있는 생산물이 더욱 증산되었다는 뜻이다. 그레이트브리튼은 50년 전 아무도 감당할 수 없다고 보았던 부담을 쉽게 감내하는 듯 보인다. 하지만 이런 이유로 경솔하게도 국가는 어떤 부담도 감당할 수 있다고 결론 내려서는 안 된다. 더 나아가 큰 어려움 없이 이미 진 부담보다 조금 더 큰 부담도 너끈히 감내할 수 있다고 지나치게 자신해서도 안 된다.

국가 부채가 일단 특정한 정도로 누적되면 그것이 공정하고 완전하게 상환된 사례는 하나도 없다. 국고 세입이 채무에서 완전히 벗어난 적이 있다면 파산을 통해 이루어진 경우가 많다. 때로는 미리 공언한 파산 사례도 있었지만, 상환 가능하다고 큰소리치다가 결국에는 파산하는 경우가 더 많았다.[278]

명목가치의 인상은 파산의 전조

주화의 액면가 증가는 국가가 부채로 인해 파산 상태임에도 불구하고 마치 상환하려는 것처럼 보이게 만드는 가장 흔한 수단이었다. 예를 들어 의회 법령이나 국왕 포고령으로 6펜스가 액면가 1실링으로 인상되고, 6펜스 20개가 새 액면가 1파운드로 인상된다면 옛 액면가로 20실링을 빌린 사람, 즉 은 4온스를 빌린 사람은 새 액면가에서는 6펜스 20개 혹은 2온스도 되지 않는 은으로 빌린 돈을 상환할 것이다. 대략 1억 2천 8백만 파운드인 그레이트브리튼의 영구 공채와 미상환채권 대부분은 이렇게 약 6천 4백만 파운드 정도로 상환할 수 있다. 하지만 실제로는 속임수 상환일 뿐 채권자는 실제로 받아야 할 금액 중 1파운드당 10실링을 속임수로 빼앗긴 셈이다.

이런 재앙은 나라의 채권자에게뿐만 아니라 그 범위를 넘어서서 훨씬 넓게 퍼질 것이고, 개인 채권자도 그에 비례해 손실을 입는다. 그리고 대부분 이것은 아무런 이득 없이 나라의 채권자에게 엄청난 추가 손실을 입힐 것이다. 실제로 나라의 채권자가 보통 다른 사람에게 큰 채무를 지고 있다면 그들은 자기 채권자에게 나라가 상환한 그 주화를 지급함으로써 손실을 어느 정도 보상할 수 있을 것이다. 하지만 대다수 나라에서 채권자는 대부분 부유하며 나머지 시민에 비해 채권자 지위에 많이 서 있다.

---

278 레이날은 『철학적 역사』(암스테르담, 1773)에서 이렇게 말했다. "국민에게는 불행하게도, 공채 제도를 채택한 정부는 조만간 그 제도를 버려야 한다. 정부가 그 제도를 남용하면 국민은 그 정부를 불신한다는 것이 여러 증거로 증명되고 있다."

따라서 이런 부류의 가짜 상환 대다수는 채권자 손실을 완화하지 않고 오히려 악화시키며, 사회에 어떤 이득도 주지 않고 무수히 많은 무고한 사람에게까지 재앙을 퍼뜨린다. 이 위장 상환은 개인 재산에 대해 보편적이고 치명적인 파괴를 가져온다. 또한, 대다수 근면하고 검소한 채권자를 희생시켜 게으르고 방만한 채무자를 풍요롭게 하고, 국가 자본 상당 부분을 증가시키고 개선할 가능성이 큰 사람들의 손으로부터 낭비하고 파괴할 가능성이 큰 사람들의 손으로 옮겨놓는다.

국가가 스스로 파산을 선언해야 할 필요가 있을 때는 개인 파산 선언시와 마찬가지로, 공정하고, 공개적이고, 공언된 절차를 취하는 것이 채무자에게 가장 덜 수치스럽고, 채권자에게도 가장 덜 해로운 방식이다. 실제 파산의 불명예를 덮기 위해 이런 종류의 속임수에 의지하는 것은 매우 쉽게 드러나는 일이면서 동시에 매우 해롭기도 하다. 이는 나라의 명예를 위한 방책으로는 무척 형편없는 최하급 방책에 지나지 않는다.

고대 로마의 명목가치 인상

하지만 고대나 현대를 막론하고 거의 모든 나라가 이런 속임수를 저질렀다. 로마인들은 제1차 포에니 전쟁이 끝나자 모든 주화의 가치를 계산하던 단위인 아스를 12온스 동에서 2온스 동으로 줄였다. 즉, 로마인은 동 2온스를 이전에 늘 동 12온스 가치를 나타내던 액면가로 인상했던 것이다. 고대 로마 공화국은 이런 식으로 자신이 빚진 엄청난 부채를 실제 빚의 6분의 1을 가지고 상환할 수 있었다.

그런 갑작스럽고 거대한 파산은 틀림없이 무척 격렬한 민중 소동을 일으켰을 것으로 생각하기 쉽다. 하지만 그런 소동은 전혀 일어나지 않은 모양이다. 주화와 관련된 다른 모든 법률처럼 그런 조치를 규정한 법률은 호민관에 따라 민회에 제출되어 통과되었다. 그것은 당시에 무척 인기 있는 법률이었다. 다른 모든 고대 공화국처럼 로마에서 가난한 사람은 지속해서 부유하고 영향력이 큰 사람에게 빚을 졌는데, 부자는 연례 선거에서 빈자들의 표를 얻고자 절대 상환할 수 없는 과도한 이자로 돈을 빌려주곤 했고, 이내 빚은 지나친 거액이 되어 채무자가 상환하거나 다른 누군가가 대신 상환할 수 없는 상태가 되었다. 채권자가 무척 엄격하게 상환을 집행할 것을 두려워한 채무자는 사례금을 더는 받지 못하고 채권자가 추천하는 후보자에게 투표할 수밖에 없었다.

뇌물과 부패를 금지하는 모든 법에도 불구하고, 관직 입후보자가 베푸는 곡물과 함께 원로원 지시로 때로 분배되는 곡물은 로마 공화국 후기에 가난한 시민이 생계 수단을 얻는 주된 수단이었다. 가난한 시민들은 채권자들에게 종속된 상태에서 벗어나기 위해 빚을 완전히 탕감해주거나, 누적된 빚의 일정 비율만 갚으면 완전히 무죄를 선고받을 수 있는 법, 즉 신표법(New Tables)[279]을 지속적으로 요구했다. 이전 가치의 6분의 1로 모든 주화의 액면가를 감소시킨 법률은 그들이 실제로 진 빚의 6분의 1만 상환해도 되게 한 것이므로 가장 유리한 신표법이었다. 부유하고 영향력이 큰 자들은 시민을 만족시키기 위해 여러 차례에 걸쳐 부채를 폐지하고 신표법을 도입하는 법률에 동의할 수밖에 없었다. 거기에 더해 자신이 요직에서 이끄는 정부에 활력을 회복하기 위한 이유도 있었다. 이 작업으로 부채는 1억 2천 8백만 파운드에서 2,133만 3,333파운드 6실링 8펜스로 즉시 줄었다.

제2차 포에니 전쟁이 진행되는 동안 아스의 가치는 더욱 줄어들었는데, 처음에는 2온스 동을 포함하게 되었고, 나중에는 1온스 동에서 0.5온스 동을 포함하게 변경되었다. 즉, 원래 가치의 24분의 1이 되었다는 뜻이다.[280] 로마의 세 가지 조치를 한 번에 시행하면 현재 우리 화폐로 1억 2천 8백만 파운드 채무는 단번에 533만 3333파운드 6실링 8펜스로 줄어든다. 그레이트브리튼의 거대한 부채조차도 이런 식이라면 얼마든지 곧 상환할

---

279 기원전 451년에 고대 로마 공화국의 10인 위원회는 10개 조로 된 법률을 제정하고 이를 십표법(Ten Tables of Law)이라고 했다. 기원전 450년에 제2차 10인회가 구성되어 열두 동판법이 포고되었다. 여기서 'table'은 '법'과 동일한 의미로 통한다.

280 이러한 고대 로마의 사례는 플리니우스의 『자연사』 제33권 캡션 3에 따른 것이다. 그러나 후대 연구에 따르면 고대 로마의 명목가치 인상은 이렇게 단순한 문제가 아니었던 것으로 점차 드러나고 있다.

수 있다. 그런 방편으로 모든 나라의 주화는 점차 원래 가치보다 점점 더 낮아지고 있고, 똑같은 명목 금액이 함유한 은의 양도 점차 줄었다.

주화의 함량 조작은 국가 부도의 전조

국가는 때때로 같은 목적으로 표준 주화에 불순물을 섞어 품질을 떨어뜨린다. 즉, 더 많은 양의 합금을 주화에 섞는다. 예를 들어 우리 은화의 무게 1파운드에 현재 기준에 따라 18페니웨이트 합금을 섞는 대신 8온스를 섞는다면 은화 1파운드 혹은 20실링의 가치는 현재 우리 화폐 6실링 8펜스를 조금 넘을 것이다. 현재 우리 화폐 6실링 8펜스에 포함된 은의 양은 이렇게 해서 1파운드 액면가에 거의 비슷하게 인상된다. 표준 주화에 불순물을 섞는 일은 정확히 프랑스에서 주화 증액이라 부르는 것, 즉 주화 액면가의 직접 인상과 같은 결과를 낳는다.

주화 증액 혹은 주화 명목액 직접 인상은 그 특성상 항상 공개적이고 공공연하게 시행되며, 반드시 그렇게 해야 한다. 이를 통해 더 작은 무게와 부피 조각은 이전에 더 큰 무게와 부피 조각에 부여되었던 것과 같은 이름으로 불린다. 반대로, 규격 변조는 일반적으로 은폐된 작업으로 진행했다. 그런 방식으로 조폐국에서는 이전에 훨씬 더 큰 가치로 유통되었던 주화와 거의 같은 무게, 부피, 외양을 한 같은 명목액의 주화를 발행했다.

프랑스 장 2세는[281] 채무를 상환하고자 주화에 불순물을 섞었고, 조폐국 모든 관리가 비밀을 엄수하겠다고 맹세했다. 두 가지 작업 모두 불공평하긴 하지만, 단순한 주화 증액은 공공연하고 부당한 폭거라면, 불순물 섞는 일은 기만적인 사기에 해당한다. 따라서 후자는 절대로 오래 은폐될 수 없기에 발견되자마자 항상 전자보다 훨씬 더 큰 대중의 분노에 직면한다. 상당한 증액 이후 주화가 이전 무게로 돌아가는 경우는 거의 없었지만, 엄청나게 불순물을 섞은 이후에는 거의 늘 이전 순도로 돌아갔다. 그렇게 하

---

281 다음 자료 참조. Du Cange Glossary, voce Moneta; the Benedictine edition. —원주

지 않으면 국민의 분노를 달랠 수 없었기 때문이다.

헨리 8세 통치 말기와 에드워드 6세 통치 초기에 잉글랜드 주화는 명목액을 인상했을 뿐만 아니라 주화에도 불순물을 더 많이 섞었다. 비슷한 사기 행각은 제임스 6세가 미성년일 때 스코틀랜드에서도 자행되었다. 대다수 다른 나라에서도 때때로 이런 사기를 자행했다.

대영제국 내의 경비 분담

그레이트브리튼의 국고 세입 잉여, 즉 평시 체제에서 연간 지출을 지급하고 남는 금액은 무척 소액이므로 그런 세수로 채무에서 완전히 해방된다거나 혹은 그런 해방에 가까이 다가갈 정도로 큰 진전을 이룰 기대를 하는 것은 전적으로 헛된 일이다. 그런 채무 해방은 국고 세입의 대규모 증대나 비슷한 규모의 국고 지출 감소 없이는 절대 발생하지 않는다.

더욱 공평한 토지세, 공평한 가옥 임대료에 부과되는 세금 그리고 앞장[5권 2장]에서 언급한 관세와 소비세의 현 제도 변화 등으로는 상당한 세수 증가를 가져올 수 있다. 국민 대다수의 부담을 늘리는 일 없이 더욱 공평하게 납세 부담을 국민 전체에 배분함으로써 그렇게 할 수 있다. 하지만 아주 낙관적인 계획가더라도 이런 부류의 세입 증대가 국고 세입을 채무로부터 완전히 해방시킬 수 있다고 자부하지는 않는다. 또 다음 전쟁에서 더는 공채가 축적되지 않도록 한다거나, 평화 시기가 오면 그런 채무 해방을 더욱 앞당길 수 있다고도 자신하지 못한다.

그레이트브리튼의 과세 제도를 영국이나 유럽 혈통이 거주하는 대영제국의 다른 지역에 확장하여 훨씬 더 큰 세입 증대를 이룰 수 있다고 기대할 수도 있다. 하지만 이는 영국 국제(國制) 원칙에 의거해 영국 의회에 식민지 대표를 받아들이거나 혹은 대영제국 신분 의회에 그런 모든 지역의 대표를 공정하고 공평하게 받아들이지 않고는 어려운 일이다. 다시 말해 그레이트브리튼 의원 대표 숫자가 그레이트브리튼에 부과되는 세액에 비례하듯 그런 모든 지역에도 세액 기준으로 같은 비율로 대표 수를 의회로 보내지 않고는 해낼 수 없는 일이다. 영향력이 큰 개인 다수의 사적 이익으로나, 국민 대다수의 확고부동한 의견은 현재로서는 그런 커다란 변화에 반대한다. 이 때문에 그런 장애물을 극복하는 것은 매우 어렵고, 아예 불가능할 수도 있다.

하지만 그런 연합이 실행 가능 여부를 결정하는 일은 하지 않더라도 이런 부류의 이론 작업에서 그레이트브리튼[282]의 과세 체계가 대영제국의 모든 다른 지역에 어디까지 적용될 수 있는지, 적용된다고 하면 그런 지역에서 어떤 세입을 기대할 수 있는지 그리고 이런 부류의 전면 통합은 어떤 방식으로 대영제국 내의 여러 다른 지역의 행복과 번영에 영향을 미칠지 생각해보는 것은 적절하다. 이런 생각은 옛 유토피아보다는 흥미롭지 않을 수 있지만, 그럼에도 더 유용하고 현실적인 새로운 유토피아를 향한 길을 열어줄 것이다.

브리튼의 4대 세금

토지세, 인지세 그리고 여러 다른 관세와 소비세는 그레이트브리튼의 네 가지 주된 세금이다.

(1) 토지세

아일랜드는 분명 그레이트브리튼만큼 토지세를 지불할 수 있고, 아메리카와 서인도제도 식민지는 그보다 더 많은 토지세를 부담할 수 있다. 십일조나 구빈세를 내지 않는 지주는 두 가지 부담을 모두 받는 곳보다 확실히 더 많은 세금을 납부할 수 있어야 한다. 타협금이 없어 현물로 징수되는 곳에서 십일조는, 실제로 파운드당 5실링에 해당하는 토지세보다 지주의 지대를 더 줄인다. 십일조 세금이 없었을 때 비해 말이다. 대부분의 경우 십일조 세는 실질 토지 지대, 즉 농부의 자본을 합리적인 이익과 함께 완전히

---

282 스미스가 이 책에서 일관되게 말하는 그레이트브리튼은 잉글랜드와 스코틀랜드의 통합 왕국을 의미하는 것이고, 아일랜드는 포함하지 않는다. 여기서 말하는 세제 확장이란 아일랜드와, 아메리카를 포함한 영국령의 여러 식민지를 대상으로 한다.

회수한 이후에 남은 것의 4분의 1 이상에 달한다.

모든 타협금과 세속에서 보관하는 교회 재산을 제외한다면 그레이트브리튼과 아일랜드의 전체 교회 십일조는 600~700만 파운드로 추산된다. 그레이트브리튼이나 아일랜드에 십일조 세가 없다면 지주 대다수는 현재보다 더 많은 부담을 지지 않고 추가로 토지세 600~700만 파운드를 낼 수 있다.

아메리카는 십일조가 없으며, 따라서 지세를 낼 능력이 충분하다. 아메리카와 서인도제도 토지는 일반적으로 소작농에게 하청을 주지 않으며 농부에게 빌려주지도 않는다. 따라서 그런 토지는 지대 장부에 따라 세금이 부과될 수 없다. 하지만 윌리엄과 메리 통치 4년 차[1689]에 그레이트브리튼 역시 지대 장부가 아닌 무척 느슨하고 부정확한 추산에 따라 세금이 부과되었다. 아메리카 토지는 같은 방식으로 혹은 최근 밀라노 공국, 오스트리아, 프로이센, 사르디니아에서 수행된 것과 같은 정밀조사에 따른 공평한 평가를 거쳐 세금이 부과될 수 있다.

(2) 인지세

인지세는 법적 절차 형태와 부동산과 동산이 이전되는 증서 형식이 동일하거나, 거의 같은 모든 국가에서 어떠한 차이 없이 징수될 수 있다.

(3) 관세

공정성에 따라 그레이트브리튼 관세법을 아일랜드와 식민지에 확대 적용할 때, 무역 자유화가 수반된다면 모두에게 크게 이로울 것이다. 현재 아일랜드 무역을 압박하는 모든 부당한 제약, 아메리카의 열거 상품과 비열거 상품 사이의 차별은 완전히 사라질 것이다. 피니스테레곶 북쪽에 있는 나라들은 해당 곶 남쪽 나라들이 현재 일부 아메리카 생산품에 그렇게 하는 것처럼 아메리카의 모든 생산품에 개방된다. 대영제국의 모든 다른 지역 간 무역은 이런 균일한 관세법 결과 현재 그레이트브리튼 연안 무역이 그렇듯 자유로워질 것이다. 이렇게 되면 대영제국은 자국의 모든 다른 지역에 그들의 생산품에 대한 큰 내부 시장을 제공하게 될 것이다. 이렇게 시장이 크게 확장되면 아일랜드와 대영제국령 식민지들은 관세 인상으로 받았던 모든 고통을 보상받게 된다.

(4) 소비세

소비세는 그레이트브리튼 과세 체계에서 유일하게 대영제국의 여러 지역에 따라 다르게 적용해야 하므로 다소 변형이 필요한 부분이다. 아일랜드에는 아무런 변화 없이 적용될 수 있을 텐데, 그 왕국의 생산과 소비는 그레이트브리튼과 정확히 같은 특징을 보이기 때문이다. 생산과 소비가 그레이트브리튼과 무척 다른 아메리카와 서인도제도에 소비세를 적용하려면 몇몇 수정이 필요하다. 이는 잉글랜드 사과 발효주와 맥주가 서로 다른 주에서 다른 소비세가 적용되는 것과 같은 상황이다.

아메리카의 맥주세

예를 들어 맥주라 불리는 발효 음료는 당밀로 만든 것으로 우리가 마시는 맥주와는 유사점이 거의 없으나, 아메리카 사람들에게는 상당히 흔한 음료다. 이 음료는 며칠만 보관할 수 있으므로 우리의 맥주처럼 판매를 위해 대규모 양조장에서 사전 준비하고 저장하지는 못한다. 그래서 모든 가정은 자가 소비를 위해 음식을 해먹는 것과 같은 방식으로 맥주를 양조해야 한다.

하지만 우리가 선술집 주인이나 술을 판매하려는 양조업자에게 과세하는 것과 같은 방식으로, 모든 가정을 세금 징수원의 끔찍한 가정 방문과 점검 대상으로 만드는 것은 주민의 자유에 완전히 배치된다. 평등을 위해서라면 이런 음료에도 세금을 부과하는 것이 필요한데, 이때는 맥주 원료에 세금을 부과하면 된다. 그런 세금은 양조장에 부과해도 되고 혹은 무역 상황에서 소비세 부과가 적절하지 않다면 소비될 식민지에 수입될 때 부과하면 된다.

그레이트브리튼 의회가 아메리카로 수입되는 당밀에 부과한 갤런당

1페니 관세 외에도, 다른 식민지 소속 선박으로 매사추세츠만에 수입되는 당밀에 부과되는 혹스헤드 크기 오크통 하나당 지방세 8펜스가 붙는다. 또한, 북부 식민지에서 사우스캐롤라이나에 당밀이 수입될 때는 갤런당 5펜스 지방세가 부과된다.

이 방법이 불편하다면, 각 가정은 맥주라는 음료에 대해 가족 구성원 수에 따른 타협금을 지급하면 된다. 이는 잉글랜드에서 각 가정이 맥아세 타협금을 내는 것과 같은 식이다. 혹은 네덜란드에서 징수된 여러 다른 세금과 같은 방식으로 가족 구성원 나이와 성별에 따라 세금을 부과할 수도 있다. 이것이 여의치 않다면, 잉글랜드에서 모든 소비재에 세금을 부과해 징수해야 한다는 매튜 데커 경이 제안한 방식을 따를 수도 있다. 이런 과세 방법은, 이미 살펴봤듯[5권 2장 2절] 신속하게 소비해야 하는 물품에 적용할 때 그리 편리한 방식은 아니다. 하지만 더 나은 방법이 없다면 그것도 채택할 수 있다.

설탕, 럼주, 담배 소비세

설탕, 럼주, 담배는 어디에서도 생활필수품이 아닌 물건이며, 따라서 지극히 적절한 과세 대상이다. 식민지와의 연합이 구성되면 그런 상품들은 제조업자나 재배자의 손을 벗어나기도 전에 과세될 수 있다. 이런 과세 방법이 그들 상황에 적합하지 않다면, 그런 상품이 제조되는 곳과 해당 상품이 운송될 제국의 모든 항구에 있는 공공 창고에 상품을 두어 소유주와 세관 관리의 공동 관리하에 국내 소비용으로 소비자나 소매상에게 넘겨질 때 혹은 수출상에게 넘겨질 때까지 세금이 선납되지 않도록 할 수 있다. 수출을 위해 상품이 반출되었을 때 실제로 제국 밖으로 수출되리라는 적절한 보증이 있으면 면세한다. 식민지와 연합하는 경우 이런 상품들은 현행 그레이트브리튼 과세 제도에 큰 변화를 요구하는 주된 상품이다.

세수 증가와 국채 상환

이런 과세 제도가 제국의 모든 지역으로 확장된다면 세입 총액은 얼마나 될 것인지 정확하게 파악하기는 불가능하다. 이 제도에 따라 그레이트 브리튼에서는 연간 8백만 명 정도에게 1천만 파운드 이상의 세금이 부과된다. 아일랜드는 2백만 명 이상이 거주하며, 의회에 제출된 자료에 따르면 아메리카 12개 주에는 3백만 명 이상이 산다.

하지만 이런 기록은 아메리카 거주민을 격려하거나 본국 사람을 위협하기 위해 과장되었을 것이다. 따라서 북아메리카와 서인도제도 식민지를 합쳐도 거주민은 3백만 명이 넘지 않는다고 보아야 한다. 혹은 유럽과 아메리카의 대영제국 영토 전체 거주민은 1천 3백만 명이 넘지 않는다고 추정할 수 있다. 현행 과세 체계가 8백만도 안 되는 주민에게 1천만 파운드 이상의 세입을 징수한다면 1천 3백만 명의 주민에게선 1,625만 파운드 이상을 징수해야 한다.

이런 과세가 가능하다고 가정했을 때, 여기서 아일랜드와 식민지에서 각 시민 정부의 비용을 충당하기 위해 거둔 수입은 빼야 한다. 아일랜드의 민간 지출과 군사 지출은 공채 이자까지 더해 1775년 3월을 끝으로 종료된 2년간 회계연도를 평균하면 매년 75만 파운드 미만이다. 아메리카와 서인도제도 주요 식민지 세입에 관한 무척 정확한 자료에 따르면 현재의 소동 [미국 독립전쟁]이 시작되기 전에 141,800파운드에 달했다. 하지만 이 보고에는 메릴랜드와 노스캐롤라이나 그리고 최근 아메리카 대륙과 서인도제도에서 획득한 땅들의 세입이 누락되어 3~4만 파운드 차이를 감안해야 한다. 따라서 아일랜드와 식민지 정부를 뒷받침하는 데 필요한 세입을, 끝수를 제외한 수치로 1백만 파운드라고 가정해보자. 그 결과 대영제국의 전반적인 지출을 지급하고 공채 상환에 적용되는 금액은 1,525만 파운드가 된다.

하지만 그레이트브리튼의 현재 세금 체계에서, 평화로운 시기에는 부채 상환을 위해 1백만 파운드를 절약할 수 있다면, 개선된 세금 체계에서는 625만 파운드를 절약할 수 있게 될 것이다. 거대한 감채기금은 전년에 상환된 공채 이자만큼 매년 증가하며, 이런 식으로 적립금은 급속도로 증가해 몇 년 안에 모든 공채를 상환하기에 충분할 정도로 쌓일 것이다. 이렇게 하면 현재 현재 약화되고 쇠약해진 제국의 활력을 완전히 회복할 수 있다. 그러는 사이에 사람들은 가장 부담스러운 세금 몇 가지, 즉 생활필수품이나 제조업 원료에 부과되는 몇몇 세금에서 벗어나게 된다.

이렇게 하면 노동 빈민은 더 나은 삶을 살 수 있게 되고, 더 낮은 임금으로 일하며, 자신의 상품을 더 저렴한 가격에 시장에 내놓을 수 있게 된다. 상품의 저렴한 가격은 해당 상품의 수요를 증가시키고, 그 결과 그것을 생산하는 노동자의 노동 수요도 증가한다. 이러한 노동 수요 증가로 노동자 수가 늘고 생활수준도 향상된다. 노동자들의 소비는 늘어나고, 그들이 소비하는 모든 상품에 부과되는 세금도 여전하므로 상품에서 발생하는 세입도 늘어날 것이다.

관세 인상과 밀수 위험

다만, 이 과세 제도에서 발생하는 세입은 납세자 수에 비례해 즉시 늘지는 않을 것이다. 이전에 익숙하지 않았던 과세 부담을 지게 된 제국의 여러 지역에는 한동안 엄청난 관용을 베풀어야 한다. 그리고 모든 지역에 같은 세금이 똑같이 징수될 때도, 주민 수에 정확히 비례해 징수되지는 않을 것이다. 빈곤한 나라에서는 관세와 소비세 대상이 되는 주요 상품 소비가 무척 적고, 인구밀도가 낮으면 밀수 기회도 많다.

스코틀랜드에서 하류층 맥아 주류 소비는 무척 적고, 맥아나 맥주에 부과되는 소비세는 인구수와 관세율에 비례할 때 잉글랜드보다 세입이 적다. 다만 맥아세 세율은 품질 차이로 각 지역마다 다르다. 내가 파악하기로는 이런 특정 소비세 분야에서 밀수 빈도는 두 나라에서 별 차이가 없다. 증류소에 부과되는 세금과 관세 대부분은 두 나라 인구수에 비례할 때 잉글랜드보다 스코틀랜드가 세입이 더 적다. 이는 과세 상품 소비가 더 적을 뿐만 아니라 밀수가 훨씬 더 쉽기 때문이다.

아일랜드에서 하류층은 스코틀랜드보다 더 가난하며, 나라 대부분 지역은 주민 수가 적다. 따라서 아일랜드의 과세 상품 소비는 인구 대비 스코틀랜드보다 훨씬 더 적고, 밀수가 쉬운 것은 두 나라가 거의 같다.

아메리카와 서인도제도에서 가장 하류층 백인조차 잉글랜드의 동일 계층보다 상황은 훨씬 낫다. 그들이 일반적으로 모든 사치품 소비를 마음껏 누리고, 소비량도 잉글랜드 동일 계층보다 훨씬 클 것이다. 실제로 아메리카 대륙 남부 식민지와 서인도제도 식민지 모두에서 주민 대다수를 이루는 흑인은 노예 상태에 있는데, 분명 스코틀랜드나 아일랜드의 가장 빈곤한 사람보다 더 형편없는 상황이다.

하지만 우리는 그런 이유로 그들이 제대로 먹지 못한다거나, 적당한 세금이 부과된 물건을 잉글랜드 하류층보다 더 적게 소비한다고 생각하면 안 된다. 일을 잘 시키려면 그들을 잘 먹이고 건강을 유지하게 해야 하는데, 이것이 그들의 주인에게 이득이 되기 때문이다. 이는 노동에 쓰는 가축을 기를 때와 마찬가지다. 이러한 이유로 흑인들은 거의 모든 곳에서 백인 하인과 같은 방식으로 럼주, 당밀, 가문비나무 술을 즐길 수 있으며, 그런 물건에 적당한 세금이 부과되더라도 그들이 소비를 중단하지는 않을 것이다. 따라서 거주민 수에 비례하는 과세 상품 소비는 아메리카와 서인도제도의 경우 대영제국 어느 곳과 비교해도 뒤떨어지지 않을 것이다.

반면 밀수 기회는 실제로 훨씬 더 많다. 국토 크기를 감안하면 아메리카는 스코틀랜드나 아일랜드보다 거주민이 훨씬 더 적다. 그러나 현재 맥아와 맥아 술에 부과된 여러 다른 세금에 따라 징수된 세입이 맥아에만 부과되는 단일 세금이 된다면 소비세의 가장 중요한 분야에서 밀수 기회는 거의 사라질 것이다. 거의 모든 수입 물품에 관세가 부과되는 대신에 가장 널리 활용되고 소비되는 소수 물품에만 부과된다면, 그리하여 세금 징수가 소비세에 종속된다면 밀수 기회가 전적으로 사라지지는 않더라도 무척 감소할 것이다. 이렇게 손쉽고 단순한 제도 변경을 한 결과, 관세와 소비세는 소비에 비례해 세수를 올려줄 것이다. 현재 거주민이 가장 많은 지역에서 두 세금이 크게 세수를 올려주듯 거주민이 가장 드문 지역에서도 세입을 크게 올릴 것이다.

아메리카의 금은 부족은 선택의 결과

아메리카 사람들에게는 금화나 은화가 없다고 한다. 그곳의 내부 상거래는 지폐로 이루어지고, 가끔 얻는 황금이나 은은 그레이트브리튼에서 수입해온 상품 대금으로 본국에 전부 보낸다는 것이다. 하지만 금은이 없다면 세금을 지급할 가능성이 없다. 우리는 이미 아메리카인의 금은을 전부 가졌다. 그러니 그들이 가지고 있지도 않은 것을 어떻게 그들로부터 취할 수 있겠는가?

아메리카에서 현재 금화와 은화가 부족한 것은 그곳이 빈곤해서도, 그런 금속을 구매할 능력이 없어서도 아니다. 잉글랜드보다 노동 임금이 훨씬 높고 식량값이 훨씬 낮은 아메리카 지역에서 주민 대부분은 필요하거나 편리하다고 생각하면 금은을 대량으로 구매할 수단을 분명 지니고 있다. 따라서 그런 금속이 부족한 것은 분명 선택의 결과이지 필요에 따른 결과는 아니다.

금은 대신 지폐를 선택한 아메리카

금화와 은화가 필요하거나 편리한 것은 국내와 해외 사업상 거래하는 데 도움이 되기 때문이다.

이 책 2권에서 보았듯 모든 나라의 국내 사업은 최소한 평화 시기에는 지폐로도 금화와 은화처럼 편리하게 거래할 수 있다. 아메리카인은 쉽게 얻을 수 있는 많은 자본으로 자기 토지를 개선해 항상 이익을 볼 수 있다. 그래서 금은처럼 값비싼 상업 수단 지출을 최대한 절약해 금속을 구매하는 데 들어가게 될 잉여생산물 부분을 차라리 사업 수단, 옷 재료, 여러 가구 그리고 정착지와 농장 건설과 확장을 위한 철제품 구매에 사용했다. 잠겨서 죽은 자본이 아니라 유효하고 생산적인 자본을 사들인 것이다.

식민지 정부는 국내 거래를 충분히 수행할 수 있고, 일반적으로 충분한 것 이상으로 많은 양의 지폐를 주민에게 공급하는 게 더 이익이라고 생각한다. 그런 몇몇 정부, 특히 펜실베이니아 정부는 일정 이자를 받고 주민에게 이런 지폐를 빌려주는 것으로 세입을 얻는다. 매사추세츠만 정부 같은 기타 정부는 비상 긴급 사태에는 이런 부류의 지폐를 선지급해 공적 지출을 충당하고, 나중에 식민지 상황의 편의에 따라 점차 가치가 떨어진 지폐로 상환했다. 1747년 이런 식으로 매사추세츠 식민지는 공채 대부분을 발행한 지폐 가치의 10분의 1로 상환했다.

이렇게 하는 것은 국내 거래에서 금화와 은화에 드는 비용을 아낀다는 점에서 식민지 주민들의 편의에 부합한다. 또 무척 큰 불편이 수반되지만 그런 비용을 절감시키는 도구를 제공한다는 점에서 식민지 정부의 편의에도 맞는다. 지폐의 과잉 공급은 필연적으로 식민지의 국내 거래에서 황금과 은을 사라지게 하는데, 같은 이유로 스코틀랜드의 국내 거래 대부분에서 금과 은이 사라졌다. 두 지역에서 이런 지폐 과잉을 가져온 것은 빈곤이 아니었다. 오히려 사람들의 진취적이고 계획적인 정신, 유효하고 생산적인 자본으로 얻을 수 있는 모든 자본을 활용하고자 한 욕구가 원인이었다.

여러 다른 식민지들은 그레이트브리튼과의 해외 무역에서 사용하는 금과 은을, 정도의 차이는 있더라도 그들의 필요 수준에 맞추어 사용한다. 금은이 필요 없는 곳에서는 좀처럼 나타나지 않으며 정말로 필요한 곳에서는 대개 찾을 수는 있다.

브리튼과 아메리카의 무역은 담배가 편리한 통화

담배를 재배하는 아메리카 식민지와 브리튼 사이의 상업 거래에서 그레이트브리튼 상품은 보통 상당히 긴 외상으로 식민지 주민에게 선 지급되고, 나중에 특정 가격으로 평가된 담배로 대금을 지불받는다. 식민지 주민에게는 금과 은보다는 담배로 갚는 게 더욱 편리하다. 어떤 상인이든 거래처가 자신에게 판매한 상품을, 화폐보다는 자신이 취급하는 상품으로 갚는게 편리하기 때문이다. 그런 상인은 때때로 발생하는 지급 요구에 응하고자 자본 일부를 활용하지 못한 채 일부러 수중에 둘 필요가 없다. 상인은 늘 가게나 창고에 더 많은 양의 상품을 둘 수 있고, 더 큰 규모로 거래할 수 있다.

모든 거래처가 그런 식으로 느끼지는 않겠지만, 버지니아, 메릴랜드와 무역하는 브리튼 상인은 특별한 거래처 집단인데, 식민지에 판매한 상품 대가를 금은보다는 담배로 받는 게 더욱 편리하다는 입장이다. 브리튼 상인은 담배를 판매하는 것으로는 이익을 볼 수 있지만, 금은을 팔아선 아무런 이득을 볼 수 없다. 따라서 금과 은은 브리튼과 아메리카의 담배 재배 식민지 간 상거래에서는 거의 보이지 않는다. 메릴랜드와 버지니아는 국내 상업은 물론 해외 상업에서도 금은화가 거의 필요 없다. 그런 이유로 그들은 아메리카의 다른 어떤 식민지보다 금화와 은화를 적게 보유하고 있다. 하지만 그들은 인근 어떠한 식민지 못지않게 번영하고 있고, 그럼에도 부유한 지역으로 평가받는다.

북부 식민지, 즉 펜실베이니아, 뉴욕, 뉴저지 그리고 뉴잉글랜드 정부 네 곳에서 그레이트브리튼으로 수출하는 지역 생산물의 가치는 그들이 직접 쓰거나 혹은 몇몇 다른 식민지로 보내고자 수입하는 제조품 가치보다 적다. 따라서 잔금은 금과 은으로 모국에 지급되어야 하는데, 이런 잔금은 보통 그들이 마련한다.

설탕 재배 식민지에서 매년 브리튼으로 수출하는 생산물 가치는 브리튼에서 수입하는 모든 상품 가치보다 훨씬 크다. 매년 모국으로 보내는 설탕과 럼주 대가를 그런 식민지에 지급할 때 그레이트브리튼은 해마다 화폐에서 무척 큰 잔금을 보내야 할 것이고, 일부 정치인들은 서인도제도와의 무역이 매우 불리하다고 볼 것이다. 하지만 설탕 농장의 주요 소유주 중 다수가 그레이트브리튼에 거주한다. 그들의 지대는 사유지 생산물인 설탕과 럼주의 형태로 전달된다. 서인도제도 무역상이 이익을 보기 위해 그런 식민지에서 구매하는 설탕과 럼주는 그들이 매년 그런 식민지에 판매하는 상품의 가치와 같지 않다. 따라서 잔금은 필연적으로 금과 은으로 지급되어야 하며, 이런 잔금도 보통 현지에서 마련된다.

식민지 무역의 지불 곤란은 농장주들의 열성 때문

여러 다른 식민지가 그레이트브리튼에 대해 느끼는 지불 곤란함과 그 불규칙함은 그들이 각각 지불해야 하는 잔액의 규모와는 전혀 비례하지 않는 문제다. 대체로 잔금 지급은 남부의 담배 재배 식민지보다 북부 식민지에서 더 규칙적이었는데, 이는 북부가 대규모 잔금을 일반적으로 화폐로 지급하고, 남부가 지급해야 할 잔금이 없거나 혹은 소규모였기 때문에 발생한 현상이었다.

여러 다른 설탕 재배 식민지에서 잔금 지급이 어려운 것은, 각 식민지에서 지급해야 할 잔금 규모보다는 식민지에 남아 있는 미개간 토지의 양에 비례한다. 즉, 농장주가 자기 능력 이상으로 거래를 하거나 혹은 자기자본에 적합한 규모를 넘어 엄청난 크기의 황무지에 정착지와 농장을 조성하려는 의욕이 넘친 정도에 비례한다. 아직 개간되지 않은 토지가 많은 커다란 섬 자메이카의 잔금은 이런 이유로 지불이 느리다. 따라서 완전히 개간된 농지가 적어 농장주들의 투기 대상이 적은 바베이도스, 안티구아, 세인트크리스토퍼스 같은 소규모 섬들에 비해, 자메이카는 잔금 지급이 훨씬 불규칙적이고 불확실하다. 새로 획득한 식민지인 그레나다, 토바고, 세인트빈센트 그리고 도미니카는 이런 부류의 투기를 위한 새로운 장을 열었고, 이런 섬들의 잔금 지급은 최근에 들어와 큰 섬 자메이카처럼 불규칙적이고 불투명해졌다.

따라서 식민지 대부분의 빈곤은 현재 금화와 은화가 부족하기 때문은 아니다. 그들은 유효하고 생산적인 자본을 원했고, 휴면 자본의 양을 최소화하고자 했기에 금은보다는 값싸고 편리성은 떨어지는 거래 수단을 선호한 것이다. 그들은 그렇게 해서 금과 은 가치를 무역 수단으로, 옷의 원료로, 가구로, 정착지와 농장 건설과 확장에 필요한 철제품 등으로 바꿀 수 있다. 거래상 금과 은이 필요한 사업 분야라면 그들은 항상 필요한 만큼 해당 금속의 양을 마련했고, 구하지 못했다면 가난보다는 불필요하고 과도한 사업 때문이었다.

잔금 지급이 불규칙하고 불확실한 것은 그들이 빈곤해서가 아니라 과도하게 부유해지기를 원하기 때문이다. 민간 및 군사 시설의 비용 충당에 필요한 금액을 지급하고 남은 식민지 세입을 금과 은의 형태로 그레이트브리튼에 전달하더라도 식민지는 그 귀금속을 구매할 여력이 충분하다. 이때 그들은 현재 유효하고 생산적인 자본을 구매하는 데 쓰던 잉여생산물 부분을, 휴면 자본과 교환해야 한다.

국내 거래에서는 그들은 저렴한 거래 도구[금과 은] 대신 값비싼 도구를 사용해야 한다. 이 비싼 수단을 구매하는 비용으로 토지 개발에서 보인 활력과 열정은 다소 약화될 것이다. 하지만 아메리카 세수의 일부를 금과 은으로 본국에 납부할 필요는 없다. 환어음 발행 후 위탁받은 브리튼의 특정 상인이나 회사에 아메리카의 잉여생산물 일부를 건넴으로써 지불할 수 있다. 환어음을 받은 브리튼 상인들은 그렇게 물품으로 가치를 받고 자국 정부에 현금으로 세금을 납부하면 된다. 이렇게 할 수 있는 것은 그에 해당하는 가치를 이미 상품으로 받았기 때문이다. 이렇게 해서 모든 사업은 아메리카에서 금은을 1온스도 수출하지 않고도 원활하게 거래될 수 있다.

식민지는 국채 상환에 이바지해야 한다

아일랜드와 아메리카가 그레이트브리튼의 공채 상환에 기여해야 한다는 것은 정의에 어긋나지 않는다. 그 공채는 명예혁명으로 설립된 정부를 지탱하고자 계약된 것이며, 아일랜드 신교도는 현재 자국에서 누리는 모든 권한뿐만 아니라 자유, 재산, 종교에 대해서도 그레이트브리튼 정부 덕분에 보장받고 있기 때문이다. 아메리카의 여러 식민지도 현재의 특권과 그로 인해 생긴 현재의 구조를 누리며, 이후로도 모든 아메리카 식민지는 다 브리튼 정부 덕분에 자유, 안전, 사유재산을 누린다. 그런 공채는 그레이트브리튼 방위만이 아니라 제국의 모든 영토를 지키고자 계약되었으며, 특히 최근 7년 전쟁에서 떠안은 막대한 공채와 그 이전 전쟁에서 부담하게 된 공채 대부분은 모두 실제로는 아메리카 방어를 위한 것이었다.

아일랜드는 그레이트브리튼과의 연합으로 무역의 자유 외에도 훨씬 더 중요한 다른 이익을 얻으며, 이는 연합에 수반되는 세금 인상을 충분히 상쇄한다. 잉글랜드와의 연합으로 스코틀랜드 중류층과 하류층은 늘 그들을 압제하던 귀족의 권력에서 완전히 해방되었다.

마찬가지로 그레이트브리튼과의 연합으로 아일랜드 모든 계층 대다수는 훨씬 더 압제적인 귀족에게서 완전히 해방될 것이다.

스코틀랜드처럼 태생과 재산이라는 자연스럽고 존경받을 만한 차이를 따르는 대신, 그들은 가장 끔찍한 종류의 차별인 종교적·정치적 편견을 받는다. 이런 차별은 무엇보다도 압제자의 거만함과 피압제자의 증오와 분노를 자극하며, 다른 나라 주민보다 같은 나라 주민을 더 적대적으로 여기게 만든다. 그레이트브리튼과 연합하지 않는다면 아일랜드 주민들은 오랜 세월 자신을 하나의 민족이라고 생각하지 않을 것이다.[283]

대영제국과 공평한 관찰자

식민지에서는 압제적인 귀족이 횡행한 적이 없다. 하지만 식민지에서도 그레이트브리튼과의 연합을 통해 얻는 행복과 평온이 큰 이익이 될 것이다. 소규모 민주주의는 이 연합으로 떼를 지어 갈라서는 적개심 가득한 파벌 간의 싸움에서 벗어날 수 있다. 이런 파벌 싸움은 빈번하게 국민의 호의를 편 가르기하고, 그 형태가 민주주의에 가까운 아메리카 정부의 평온을 방해한다.

그레이트브리튼과의 통합으로 이런 일을 사전에 방지하지 않는다면 영국에서 완전히 분리될 때 아메리카의 상황은 대혼란에 빠질 가능성이 매우 크며, 파벌 간의 싸움은 이전보다 최소 10배는 더 악화될 것이다. 현재의 소요사태[북아메리카의 독립전쟁]가 시작되기 전에 모국의 강제적 권력은 늘 그런 파벌 싸움이 극심한 잔혹함과 모욕적 보복으로 떨어지지 않도록 제약할 수 있었다. 그런 강제적 권력이 완전히 사라진다면 아메리카의 파벌 싸움은 이내 공공연한 폭력과 유혈 사태로 변할 것이다.

안정적인 단일 정부가 들어선 거대 국가에서는, 중앙보다 외곽에서 정파 정신이 덜하다. 수도, 즉 당파심과 야욕이 크게 쟁탈전을 벌이는 주된 현장에서 떨어져 있는 지방은 그 거리 덕분에 경쟁하는 파벌 중 어느 한쪽 견해에 몰입하는 현상이 비교적 덜하고, 또 모든 당파의 행동에 대해 중립적이고 치우치지 않은 공평한 관찰자처럼 행동한다. 당파심은 잉글랜드보다 스코틀랜드에 덜 퍼져 있다. 연합이 이루어지는 경우 스코틀랜드보다 아

283　아일랜드는 애덤 스미스 사후인 1801년 1월 1일 이후에 잉글랜드와 합병했다.

일랜드에 당파심이 덜할 것이며, 식민지는 곧 대영제국 내 어디보다도 더 화합하고 일치할 것이다.

물론, 아일랜드와 여러 식민지는 연합하는 경우 현재보다 세금을 더 내야 한다. 하지만 부지런하고 충실하게 국고 세입을 국채 상환에 사용한다면 대부분 세금은 장기 지속되지 않을 것이다. 그레이트브리튼의 국고 세입은 이내 온건한 평시 체제를 유지하는 수준으로 줄어들 것이다.

동인도회사가 획득한 영토들은 의심할 여지 없이 국왕의 권리요 소유다. 즉, 그레이트브리튼의 나라와 국민의 권리라는 뜻이며, 이미 언급한 수입 원천들보다 더 풍성한 또 다른 수입원이 될 수 있을 것이다. 이런 지역들은 그레이트브리튼보다 더 비옥하고, 크고, 규모에 비례해 훨씬 더 부유하고 인구도 많다. 이미 충분한 수준 이상으로 과세되어 큰 세입을 얻고 있는 지역에 새로운 과세 체계를 도입하는 것은 불필요하다. 오히려 그런 지역들의 부담은 경감해야 하고, 새로운 세금을 부과하기보다 이미 납부하는 세금에서 횡령과 악용을 막아 그들로부터 세수를 거두는 게 더 낫다.

세수가 없다면 경비를 감축해야 한다

그레이트브리튼이 앞서 언급한 여러 원천에서 세입을 크게 늘리는 게 불가능하다면 유일하게 남은 방법은 지출 감축이다. 세금 징수 방법과 국세 지출 방법 모두에서 아직 개선의 여지가 있지만, 그레이트브리튼은 최소한 인근의 어떤 국가보다 더 절약을 잘하는 듯 보인다. 평화로운 시기에 방위를 위해 유지하는 군사력은 국부나 영향력에서 경쟁 상대인 유럽의 어떤 나라보다 더 온건한 수준이다. 따라서 이 분야 지출을 대폭 줄이기는 어려워 보인다.

현재의 소요가 시작되기 전에 식민지의 평화 정착 비용은 무척 컸고, 식민지에서 수입을 끌어낼 수 없다면 확실히 절약해야 할 비용이다. 평시에 지속적으로 발생하는 이 비용은 매우 크지만, 전쟁 중에 식민지를 방어하는 데 드는 비용에 비하면 미미한 수준이다. 최근의 7년 전쟁은 전적으로 식민지를 지키기 위해 수행한 것으로, 이미 살폈듯 그레이트브리튼은 9천만 파운드 이상을 부담했다.

1739년 발발한 스페인 전쟁은 주로 식민지를 위해 치렀는데, 그 결과 발생한 프랑스 전쟁에서 그레이트브리튼은 4천만 파운드 이상을 썼다. 그러므로 이 비용의 대부분은 식민지가 부담해야 하는 것이 공정하다. 이 두 번의 전쟁에서 식민지 때문에 그레이트브리튼의 국채는 스페인 전쟁이 시작되기 이전보다 두 배 이상 늘어났다. 그 두 번의 전쟁만 없었더라면 그레이트브리튼 국채는 지금 이 순간 완전히 상환되었을 것이다. 우리가 식민지를 위해 나서지 않았다면 스페인 전쟁은 발발하지 않았을 수도 있고, 프랑스 전쟁은 분명 일어나지 않았을 것이다. 식민지를 대영제국의 한 지방으로 생각했기에 이런 지출이 발생한 것이다.

하지만 세입이나 군사력에서 제국에 아무런 기여를 하지 않는 지역을 제국에 소속된 지역으로 생각할 수는 없다. 그 경우 그 지역은 일종의 제국 부속물로, 훌륭하고 화려한 장신구 노릇을 하는데 지나지 않는다. 하지만 제국이 더는 이런 장신구 유지비를 감당할 수 없다면 이제 그것을 땅에다 내던져야 한다. 제국이 식민지로부터 지출에 비례하는 세입을 징수할 수 없다면 최소한 그런 지출을 세입에 맞춰 줄여야 한다. 식민지들이 그레이트브리튼이 부과한 세금을 납부하길 거부함에도 여전히 대영제국의 한 영토로 간주한다면, 장차 발발할 전쟁에서 그레이트브리튼은 식민지들을 제압하기 위해 이전의 어떤 전쟁 못지않게 큰 비용을 들여야 한다.

대서양 서쪽의 제국 건설은 환상

그레이트브리튼의 통치자들은 지난 1세기 이상 대서양 서쪽에 대제국을 보유했다는 상상으로 국민을 즐겁게 했다. 하지만 이 제국은 여태까지 상상 속에서만 존재했다. 이것은 그레이트브리튼이 실제로 장악한 제국이 아니라 앞으로 건설할 제국이었고, 현재 금이 나오는 금광이 아니라 계획 중인 금광 채굴과 같은 것이었다. 그 계획 실행에는 비용이 들었고, 앞으로 계속 비용이 들어갈 것이며, 여태까지 해온 것과 동일한 방식을 사용한다면 어떠한 이익도 얻지 못하고 어마어마한 지출만 해야 할 가능성이 크다. 이미 살펴본 것처럼[4권 7장 3절] 식민지 무역 독점의 결과는 대다수 사람에게 이익은커녕 손해만 안겨주었기 때문이다.

이제 우리 통치자들은 여태껏 추구해왔던 화려한 몽상을 적극 실현하든지, 아니면 그런 꿈에서 깨어나 국민을 깨우려는 노력을 해야 할 때이다. 아무리 좋은 계획이라도 완성될 수 없으면 포기해야 한다.

제국 내의 일부 지방이 제국 전체를 지원하지 않는다면, 그레이트브리튼은 그런 지방을 전쟁 시기에 방어하거나 평화시에 그 지방의 민간 혹은 군사 시설을 지원하는 비용에서 벗어나야 한다. 그레이트브리튼은 자신의 실제 상황에 맞춰 미래의 계획과 목표를 조정해야 한다.

부록

다음 두 가지 계산은 제4권 제5장에서 언급한 청어 어업 톤세 보조금에 관한 내용을 설명하고 확인하고자 추가되었다. 두 계산의 정확성은 믿을 수 있다고 생각한다.

11년 동안 스코틀랜드에서 장비된 쌍돛대 어선, 가져간 빈 배럴 수, 잡은 청어를 담은 배럴 수, 염장 청어(백청어) 각 배럴의 평균 보조금과 완전히 포장되었을 때 각 배럴의 평균 보조금에 관한 계산은 아래와 같다.

년도	쌍돛대 어선 수	가져간 빈 배럴	잡은 청어를 담은 배럴	쌍돛대 어선에 지급된 보조금		
1771	29	5,948	2,832	2,085	0	0
1772	168	41,316	22,237	11,055	7	6
1773	190	42,333	42,055	12,510	8	6
1774	248	59,303	56,365	16,952	2	6
1775	275	69,144	52,879	19,315	15	0
1776	294	76,329	51,863	21,219	7	6
1777	240	62,679	43,313	17,592	2	6
1778	220	56,390	40,958	16,316	2	6
1779	206	55,194	29,367	15,287	0	0
1780	181	48,315	19,885	13,445	12	6
1781	135	33,99	16,593	9,613	12	6
총	2186	550,943	378,347	155,463	11	0

염장 청어 378,347배럴	염장 청어 각 배럴당 평균 보조금	8실링 2$\frac{1}{4}$펜스
$\frac{1}{3}$ 공제 126,115$\frac{1}{3}$ 배럴	염장 청어 한 배럴은 완전히 포장된 배럴의 3분의 2로 여겨졌기에 $\frac{1}{3}$을 공제하면 보조금은…	12실링 3$\frac{3}{4}$펜스
완전히 포장된 배럴 252,231$\frac{1}{3}$ 배럴		
청어가 수출될 경우 추가로 주어지는 보조금		2실링 8펜스
따라서 배럴당 정부가 화폐로 지급한 보조금		14실링 11$\frac{3}{4}$펜스
하지만 이에 각 배럴을 염장하는 데 쓴다고 생각되는 소금에 대한 세금을 더하면, 외국산 소금의 경우 평균해서 배럴당 1$\frac{1}{4}$부셸이 사용되고, 세금은 부셸당 10실링이므로		12실링 6펜스
각 배럴에 대한 보조금은		1파운드 7실링 5$\frac{3}{4}$펜스
청어가 브리튼산 소금으로 보존되는 경우, 보조금은 이전처럼		14실링 11$\frac{3}{4}$펜스
하지만 이런 보조금에 염장하는 데 쓰이는 소금에 대한 세금을 더하면 스코틀랜드산 소금의 경우 배럴당 평균 2부셸이 사용되고, 세금은 부셸당 1실링 6펜스이므로		3실링
각 배럴에 대한 보조금은		17실링 11$\frac{3}{4}$펜스
그리고 쌍돛대 어선 청어가 스코틀랜드에서 국내 소비에 사용될 때 배럴당 세금 1실링을 지급하고, 따라서 보조금은 이전과 같이		12실링 3$\frac{3}{4}$펜스
여기서 배럴당 1실링을 공제하면		1실링
		11실링 3$\frac{3}{4}$펜스
하지만 청어 배럴당 염장하는 데 사용되는 외국산 소금의 세금을 더하면		12실링 6펜스
따라서 국내 소비를 위해 들어오는 각 청어 배럴에 대한 보조금은		1파운드 3실링 9$\frac{3}{4}$펜스
청어가 브리튼산 소금으로 염장된다면, 쌍돛대 어선에 따라 가져오는 각 배럴의 보조금은 앞선 바와 같이		12실링 3$\frac{3}{4}$펜스
국내 소비로 들어올 때 지급된 배럴당 1실링을 공제하면		1실링
		11실링 3$\frac{3}{4}$펜스
하지만 이런 보조금에 배럴당 염장하는 데 쓰이는 소금에 대한 세금을 더하면 스코틀랜드산 소금의 경우 평균적으로 2부셸이 사용되고, 세금은 부셸당 1실링 6펜스이므로		3실링
국내 소비를 위해 들어온 각 배럴에 대한 보조금은		14실링 3$\frac{3}{4}$펜스

수출되는 청어에 부과되는 세금 손실은 보조금으로 볼 수 없지만, 국내 소비를 위해 수입되는 청어에 대한 세금은 분명 그럴 수 있다.

1771년 4월 5일부터 1782년 4월 5일까지 스코틀랜드로 수입된 외국산 소금의 양 그리고 청어 어업을 위해 염전에서 면세로 인도된 스코틀랜드산 소금의 양에 관한 계산 그리고 각 항목의 1년 평균은 아래와 같다.

시기	수입된 외국산 소금	염전에서 인도된 스코틀랜드산 소금
	부셸	부셸
1771년 4월 5일~1782년 4월 5일	936,974	168,226
1년 평균	$85,179\frac{5}{11}$	$15,293\frac{3}{11}$

외국산 소금 1부셸은 84파운드이고, 브리튼산 소금 1부셸은 56파운드라는 점을 주목해야 한다.

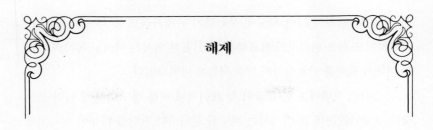

애덤 스미스,
자유와 사랑을 강조한 경제학의 아버지

이종인

　『국부론』은 경제학의 학문적 기초를 놓은 애덤 스미스(1723-1790)의 불후의 명저다. 그러나 이 책은 단순히 경제학 책이라고 보기보다는 철학, 역사, 종교, 정치 등 여러 분야를 통합적으로 다루며 경제 문제를 분석하므로, 인문서에 더 가깝다. 또한, 스미스는 처음부터 경제학을 전혀 모르는 사람들을 위해 썼다고 밝힌 바 있으므로, 경제학 분야에 많은 지식이 없다고 하더라도 처음부터 끝까지 차근차근 읽어나간다면 이해하는 데 어려운 부분은 그리 많지 않을 것이다. 그만큼 스미스는 이 책에서 일반 독자를 이해를 위해 경제의 일반 원칙을 쉽게 설명하려고 애쓰고 있다.

　이 책의 번역본은 국내에서 1957년에 처음 나왔고, 그 후 1970년대에 들어 몇 권이 나왔으나 영어 원문에서 직접 번역한 책은 1992년에 처음 출간된 것으로 알고 있다. 1992년이면 이미 30년이 흘렀는데, 그동안 한글 문장은 점차 간결하고 읽기 쉬운 방향으로 변화되어왔다. 또한, 원저자 애덤 스미스가 이 책을 가능한 한 많은 독자에게 널리 읽히기를 원했다는 점을 감안한다면 저자의 그런 의도에 부응하기 위해서라도 좀 더 쉽게 읽히고, 이해하기도 쉬운 번역서가 필요하게 되었다. 본 역서는 이러한 독자의 기대와 시대적 변화를 만족시키기 위해 새롭게 번역되었다.

스미스 시대에는 한 문장이 한 페이지에 이를 정도로 길게 이어 쓰는 것이 유행이었는데 본 번역서는 적당한 길이마다 단락을 나누어 시각적으로 읽기 좋게 했으며, 적당한 페이지마다 해당 부분에 소제목을 붙여 지금 읽고 있는 부분의 주제가 무엇인지 금방 파악할 수 있게 했다. 그 외에 필요한 곳에서는 스미스의 원주 외에 역자 각주를 달아 내용을 금방 이해할 수 있도록 도왔다. 또한, 스미스의 자세한 연보를 제공해 그의 생애를 연도별로 쉽게 파악할 수 있게 했다. 마지막으로 그의 정치·경제사상 그리고 시대적 배경을 소개하는 정보를 제공하여, 애덤 스미스를 처음 읽는 독자라도 별 어려움 없이 고전의 세계에 빠져들 수 있게 했다.

1. 저자의 생애[284]

애덤 스미스는 1723년 같은 이름을 가진 아버지의 유복자로 태어났다. 아버지는 스코틀랜드의 법무관 겸 커콜디 지구의 세관장이었다. 스미스의 집안은 꽤 부자였고 인맥도 넓었다. 그는 커콜디에서 성장했는데 이 도시는 포스만을 사이에 두고 스코틀랜드의 수도 에든버러와 마주 보는 곳이었다.

스미스는 커콜디의 작은 마을에서 학교를 다녔고 열 살에 라틴어를 배우기 시작했다. 열네 살에 글래스고 대학교에 입학했는데 당시는 대학 신입생의 나이가 대개 그 정도였다. 스미스가 좋아하는 과목은 수학이었다.

---

284 역자 해제 중 작가의 생애와 작가 연보는 애덤 스미스 전기 중 가장 권위 있는 것으로 평가받는 존 레이(John Rae)의 『애덤 스미스의 생애(*Life of Adam Smith*)』(1895)를 참고해 작성했다.

스미스가 좋아한 교수는 프랜시스 허치슨이었는데 이 교수는 철학자, 윤리학자이며 스코틀랜드 계몽운동의 주도자이기도 했다. 스미스는 훗날 이 스승이 자신의 학문에 결정적 영향을 미쳤다고 말했다. 허치슨은 글래스고 대학교에서 라틴어가 아니라 영어로 가르친 최초의 교수였다.

스미스는 스넬 장학금을 받아 옥스퍼드 대학교로 유학을 갔다. 스미스는 몸이 약한 청년이었고 건강은 별로 좋지 않았지만 그래도 약골은 아니었다. 그는 글래스고에서 옥스퍼드까지 560킬로미터를 말을 타고 갔다. 스미스는 이 시절 많은 독서를 하면서 보냈고 데이비드 흄과 서신 교환을 하기도 했다. 그는 17세에서 23세까지 옥스퍼드에 머물렀다.

하지만 스미스는 옥스퍼드 대학교를 싫어했다. 1746년 그는 스넬 장학금을 포기하고 커콜디의 집으로 돌아와 홀어머니를 모시고 살기 시작했다. 당시에는 옥스퍼드 시절에 읽었던 영국 작가들에 대한 유료 강의를 하면서 보냈다. 영국 시인들 중에서 알렉산더 포프와 토머스 그레이를 좋아했으나 존 밀턴의 읽기 좋은 짧은 시들은 싫어했다. 그는 존 드라이든을 윌리엄 셰익스피어보다 더 훌륭한 시인으로 보았고, 셰익스피어는 훌륭한 장면을 잘 그려내지만 훌륭한 드라마 작가는 아니라는 볼테르의 견해에 동의했다. 볼테르의 말을 그대로 옮기면 이러하다. "셰익스피어는 천재의 불꽃을 다소 가진 야만인에 불과하다. 그 불꽃은 끔찍한 어둠 속에서만 빛난다." 당시 형식이 엄격한 프랑스 고전주의 드라마를 좋아했던 스미스는 드라마 3원칙(시간, 장소, 성격 일치)을 무시하고 자유분방한 스타일로 글을 쓰는 셰익스피어를 납득하기 어려웠던 듯하다. 그는 셰익스피어의 『햄릿』에 대해서도 몇몇 인상적인 독백이 있지만 그뿐이라고 했다. 이것은 18세기뿐만 아니라 17세기의 영국인들이 셰익스피어에 대해 대체로 가진 인상이었다.

스물여덟 살이던 1751년 스미스는 글래스고 대학교의 논리학 교수로 임명되었다. 여기서 스미스는 재무관, 대학 사무국 큐레이터, 부총장, 이사회 사회 등 여러 보직을 맡았는데 이로 미루어 그가 학내에서 신임받는 유능한 교수였음을 알 수 있다. 스미스는 곧 스승 허치슨이 맡았던 도덕 철학 교수 자리로 옮겼다. 글래스고 대학교 시절에 스미스는 증기기관의 발명가 제임스 와트와 친해지게 되어 기계가 생산을 크게 증대시킨다는 사실을 알게 되었다. 스미스는 나중에 글래스고 대학 시절을 회상하며, "그곳에서 보낸 13년은 내 생애에서 가장 유익하고 명예로운 시기"라고 언급했다.

1759년 스미스는 주요 저서 『도덕감정론』을 펴냈다. 일찍이 스미스는 인간의 상상력을 높이 평가해 이 상상력이 잘 발휘된 3편의 저서를 내놓을 계획이었다. 첫 번째가 『도덕감정론』이고, 두 번째가 『국부론』이며, 세 번째는 상상력의 가장 정교한 체계인 통치이론(법학과 정치학)이었다. 그러나 세 번째 책은 나오지 않았다.

1763년 스미스는 당시 열일곱 살이던 버클루 공작을 인솔해 프랑스 등 유럽 일주여행을 떠나는 공작의 개인 교사 자리를 제안받고 수락했다. 이 여행 중에 스미스는 파리에서 케네와 튀르고 등 당대의 경제학자들을 만났고 제네바에서는 볼테르를 대여섯 번 만났다. 1766년 말 스미스는 커콜디로 돌아와 『국부론』을 집필하기 시작했다.

이 책의 구상은 당초 해외여행 중 프랑스의 툴루즈에서 떠올랐다고 한다. 그래서인지 스미스는 『국부론』에서 프랑스의 역사, 경제, 행정, 세무, 관습 등에 대해 폭넓게 언급하고 있다. 스미스는 그 후 10년 동안 이 대작을 쓰고 또 수정했다.

1776년 『국부론』 초판이 나오자 높은 호평을 받았고 특히 이 책의 제5권 중 세금 관련 부분은 당시 정치가들의 관심을 사로잡았다. 1778년 스미스는 스코틀랜드 세관의 세관장이 되어 이 직책에서 7년간 있었다. 이 직책을 위해 스미스는 커콜디에서 에든버러로 이사했는데 그 집에서 평생 수절한 어머니 마거릿 더글러스와 이종사촌 진 더글러스의 보살핌을 받으며 살았다. 그의 효심은 대단해 이 세상에서 제일 좋은 것이 어머니, 친구 그리고 책이라고 할 정도였다. 그는 약 3천 권의 책을 소장했는데 인쇄술이 그리 발달하지 않았던 당시로는 엄청난 장서이다(요즘도 개인 기준으로 3천 권은 적지 않다). 스미스는 이 집에서 생애 말년의 12년을 보냈다. 그는 1799년 7월 17일에 사망하기 몇 달 전에 『도덕감정론』을 마지막으로 수정해 6판을 펴냈고 자신의 죽음을 예감한 듯 제6부 "미덕의 특징"에서 이런 문장을 추가했다.

> 후회하지 말고 앞으로 걸어 나가라. 중얼거리거나 불평하지도 말라. 평
> 온하고 만족하고 기뻐하며 걸어가라. 신들에게 감사의 말을 전하라. 그
> 들은 무한한 자비로 죽음이라는 안전하고 조용한 항구를 우리에게 열
> 어, 언제든 인간의 세상이라는 폭풍우 속에서 우리를 피난처로 받아들
> 일 준비를 하고 있다. 그러므로 그들에게 감사하라.

2. 시대적 배경

애덤 스미스는 『국부론』 제2권 3장에서 이런 말을 하고 있다. "이
100년 동안[1660-1760]에는 런던 대화재와 전염병이 발생했고, 두 번의 네
덜란드 전쟁, 명예혁명으로 인한 혼란, 아일랜드 전쟁, 네 번에 걸친 값비싼
대(對) 프랑스 전쟁[1688, 1702, 1742, 1756] 그리고 두 번의 반란[1715, 1745]이
있었다." 이 네 번에 걸친 중 맨 마지막 전쟁은 7년에 걸쳐 진행되었다고 해
서 통칭 7년 전쟁이라고 하는데 스미스는 『국부론』에서 이 7년 전쟁을 "최
근의 전쟁"이라고 여러 번 언급하고 있다. 그만큼 경제는 그 시대의 정치·군
사·문화 배경과 긴밀히 연결되어 있었다.

7년 전쟁 이전에 1688~1697년 동안 9년 전쟁이 있었다. 아메리카,
유럽, 아시아에서 동시에 벌어졌으므로 최초의 글로벌 전쟁이라 할 만하
다. 이 전쟁의 주역은 영국, 네덜란드, 신성로마제국 연합에 맞서 싸운 루이
14세 치하의 프랑스였다. 전쟁의 주요 무대는 유럽, 주로 프랑스 국경 지대
였는데, 루이 14세가 이웃 국가에 자국의 영향력을 확대하려다가 전쟁을
불러온 것이었다.

프랑스와의 전쟁 초기에 네덜란드 왕 윌리엄 오렌지 공은 영국 침략
에 성공해 제임스 2세로부터 영국 왕위를 빼앗았는데 이를 가리켜 명예혁
명(1688년)이라고 한다. 그러다가 이 전쟁 소식이 아메리카와 아시아로 전

해지면서 전쟁은 글로벌 규모로 커지게 되었다. 이 전쟁은 북아메리카에서는 윌리엄 왕의 전쟁으로 알려져 있는데, 영국 출신 식민지 개척자들과 아메리카 원주민이 프랑스 출신 개척자들과 다른 아메리카 원주민을 상대로 싸운 전쟁이었다. 이건 그 후 북아메리카에서 벌어진 프랑스와 영국 사이의 여러 전쟁의 시작이었다.

아시아에서는 프랑스군과 영국-네덜란드 연합군 사이의 전쟁이 인도 남동부에서 벌어졌는데 특히 폰디체리 전투가 중요했다. 아메리카와 인도에서의 전투는 결정적인 것은 아니었지만, 이는 앞으로 수 세기 동안 아메리카, 아시아, 인도로까지 확산하게 될 유럽 전쟁들의 예고편이었다.

그다음의 글로벌 전쟁은 1756년에서 1763년 사이에 벌어진 7년 전쟁이었다. 이 전쟁은 유럽, 북아메리카, 남아메리카, 아프리카, 아시아 등 다섯 대륙에서 벌어졌다. 유럽 열강들로 이루어진 두 연합 세력이 맞서 싸웠는데, 한쪽은 영국이 주도하고 포르투갈, 프로이센과 다른 독일 공국들이 참여했고, 다른 한쪽은 프랑스가 주도하면서 신성로마제국(오스트리아), 스페인, 스웨덴이 참여했다. 7년 전쟁은 9년 전쟁과 마찬가지로 유럽에서 먼저 시작되었고, 원인은 실레지아에 대한 지배권을 두고 오스트리아와 프로이센이 맞붙은 것이었다. 그러나 이 전쟁은 곧 전 세계로 퍼져 나갔다. 아메리카에서는 먼저 영국인 식민 정착자들과 프랑스 식민 정착자들 사이의 싸움으로 시작되었으나 1756년 이후에는 아메리카와 카리브해 전역에서 영토 지배권을 다투는 광범위한 전투로 확대되었다. 아메리카와 벌어진 전쟁 결과, 프랑스는 영국과 스페인에 영토를 빼앗겼다. 아프리카에서 영국 해군은 세네갈에 있던 프랑스 식민지를 정복했고, 종전 후 체결된 조약에 따라 식민지 상당 부분이 영국 소유로 넘어갔다. 남부 인도에서도 프랑스 영지들은 영국군의 승리로 크게 축소되었다.

하지만 프랑스는 곧 1776년에 시작된 미국 독립전쟁 동안 라이벌 영국에게 복수를 시작했다. 독립을 선언한 영국 식민지들 편에 서서 프랑스가 적극 개입한 것이 아메리카 식민지가 독립전쟁에서 승리하는 데 결정적인 요인이 되었다. 이처럼 프랑스와 영국 사이에서 점점 확대되는 경쟁 속에서 어느 한쪽의 승리는 장차 다른 엄청난 반전의 씨앗이 되었다. 가령 미국 독립을 지원하면서 프랑스는 엄청난 재정 지출을 했고, 이것이 1780년대 프랑스 재정 위기를 불러왔으며, 더 나아가 1789년에 프랑스 혁명이 발생하는 사회적 불안 요인으로 작용했다. 이어서 프랑스 혁명은 1793년과 1815년 사이에 새로운 단계의 유혈 투성이 유럽 전쟁을 촉발했다. 프랑스 혁명 전쟁 후반부는 일반적으로 나폴레옹 전쟁으로 알려져 있다. 이 기간 중인 1799년에 나폴레옹은 프랑스의 제1통령 자리에 올랐고 1804년에는 황제로 즉위했다.

유혈 낭자했던 나폴레옹 전쟁은 수백만 명의 민간인과 군인의 목숨을 앗아갔는데, 유럽, 북아메리카, 남아메리카, 아프리카(이집트), 코카서스, 인도양 등을 포함하는 여러 대륙에서 전개되었다. 그 전쟁들은 대규모로 인구를 동원하고, 징집 규모와 민간인 사상자 면에서도 스케일이 엄청났던 총력전이었다. 1815년 나폴레옹이 결정적으로 패배하면서 나타난 두 가지 중요한 지정학적 결과로, 영국은 오대양에 대한 유럽 종주권을 확보했고, 나폴레옹의 점령을 받았던 포르투갈과 스페인 제국은 치명적으로 약화하게 된다. 나폴레옹 전쟁이 끝나고 몇 년 사이에 포르투갈과 스페인은 아메리카의 식민지 대부분을 현지의 독립전쟁 탓에 잃어버렸다.

이 책의 직접적인 배경으로, 1756년에 시작된 7년 전쟁을 더 자세히 알아보자. 이 전쟁은 유럽 대륙과 인도 식민지, 북아메리카 식민지, 아프리카 등 네 대륙에 걸쳐 있었고 현지 원주민도 가담해 규모나 영향력이 상당했다. 영국이 전쟁을 수행한 주된 목표는 해상과 식민지에서 프랑스를 격퇴해 북아메리카와 인도 식민지를 차지하려는 것이었다. 먼저 북아메리카에서 프랑스군은 현지 원주민과 함께 캐나다 온타리오 호수 인근의 영국 해군 기지를 공격했다. 그러나 영국군은 퀘벡과 몬트리올을 점령하면서 프랑스군을 격퇴했고 프랑스는 평화협정을 제안할 수밖에 없었다.

인도에서는 1756년 여름에 프랑스와 동맹을 맺은 벵골의 태수가 5만 대군을 이끌고 콜카타로 밀고 들어와 영국군을 밀어냈다. 벵골 태수가 쳐내려온 것은 이곳에 자리 잡은 동인도회사가 현지 경제에 큰 타격을 입혔기 때문이었는데, 프랑스는 벵골 태수 편에 선다. 당시 영국의 동인도회사는 무굴 제국 영토이던 벵골만의 항구 콜카타(인근에 쌀과 황마 등 물산이 풍부했고 해상 운송의 요지였다)를 강제로 빼앗았고, 이듬해 이곳에 교역소를 설치했다. 이 회사는 인도에서 나오는 쌀과 공업 원료를 비롯해 중국산 차와 비단, 도자기도 이곳을 중간기지 삼아 영국 본토로 보내는 역할을 했다.

로버트 클라이브 휘하의 영국 동인도회사는 1759년부터 반격을 개시해 콜카타를 되찾았다. 클라이브가 벵골 태수 휘하의 고위 인사를 매수한 것이 승리에 큰 도움이 되었다. 이어 인근의 플라시에서 벌어진 전투에서 영국은 프랑스와 인도 연합군을 격파한다. 클라이브는 병력의 열세에도 인도군을 매수해 전투를 승리로 이끌었다.

이 7년 전쟁이 『국부론』에 자주 언급되는데, 인도와 북아메리카에 대한 해외 무역이 『국부론』의 중요한 주제이기 때문이다. 스미스는, 국부는 금은의 축적이 아니라 국민총생산(한 국가의 토지와 노동의 연간 생산물)이라고 되풀이해 주장한다. 국가가 생산하는 물자가 많아야 전쟁을 유리하게 이끌 수 있다는 것인데 영국이 프랑스를 상대로 승리할 수 있었던 것은 결국 이 물산이 풍부했기 때문이다. 또한, 스미스는 국부론 4권과 5권의 식민지를 다룬 장에서 북아메리카 식민지(오늘날 미국) 운영은 너무 비용이 많이 들어가니 빨리 손 떼는 게 좋겠다는, 당시로는 놀라운 제안을 한다. 영국 정부가 이 제안을 받아들였다면 많은 물적·정신적 피해 없이 아메리카로부터 철수할 수 있었을 것이다. 영국이 7년 전쟁에서 프랑스를 이길 수 있었던 원인(풍부한 물자 공급)이, 미국 독립전쟁에서는 정반대로 작용하여(보급품 부족) 영국은 결국 식민지와의 전쟁에서 패했던 것이다.

『국부론』에서 다룬 아메리카의 식민지화와 동인도(아시아)와의 확대 무역은 스미스 당시의 유럽에 새로운 소비주의 문화를 일으켰다. 유럽에서는 아시아와 아프리카에서 오는 향료에 대한 수요가 폭등했다. 유럽에서 가장 많이 찾는 제품이 중국산은 차, 비단, 도자기이고, 인도산은 고급 직물, 예멘산은 커피였으며, 아메리카 농장에서 경작하는 설탕·목면·담배와 같은 중독성 있는 물품도 인기가 높았다. 포르투갈과 스페인은 이베리아 반도에서 브라질과 카리브해로 사탕수수 경작법을 수출했다. 네덜란드는 자바의 커피 농장에서 배운 커피 재배법을 카리브해의 식민지인 마르티니크로 수출했다. 아메리카가 원산지인 담배는 인디언들이 즐겨 피우던 것으로, 이는 유럽인 식민지 정착자들에게 소개되었다. 이후 이들은 카리브해에 담배 농장을 세우고, 그 결과를 북아메리카 본토로 수출하였는데, 이 과정에서 특히 버지니아주 주변에 담배 농장이 많이 생겨났다.

설탕, 커피, 담배는 유럽 시장에서 폭발적인 수요를 불러일으켰고 차례로 남북 아메리카 농장주들의 수익성을 크게 높여주었다. 북아메리카의 농장들은 18세기에 이르러 사탕수수 생산에서 브라질을 앞질렀다. 스미스는 『국부론』에서 이런 물품 교역을 소상히 다룬다. 1514~1866년 사이에 대략 1천4백만 명의 아프리카인들이 이런 농장들의 노예로 수입되었다. 스미스는 이 노예제도를 자연스럽게 받아들이며 이렇게 말하고 있다. "가축을 사용해 경작하는 농사의 이윤과 성공은 그 가축을 잘 관리하는 데 달려 있듯, 노예를 부려 짓는 농사의 이윤과 성공도 그 노예를 잘 관리하는 데 달려 있다."(제3권 7장 중, "노예 관리: 자치 정부 vs 전제 정부"). 이를 통해 볼 때, 18세기 최고의 지식인인 스미스조차 당시 일반적인 노예제도에 대한 인식에 얽매여 있었다는 것을 알 수 있다.

스미스가 『국부론』 제4권과 5권에서 다루고 있는 영국 동인도회사와 네덜란드 동인도회사는 근대적 자본주의를 기반으로 세워진 최초 주식회사들이다. 영리를 추구하고 탐욕을 밑바탕으로 삼는 이 주식회사들은 앞으로 닥쳐올 자본주의의 부정적 성격과 행동을 잘 드러냈다. 스미스도 이것을 일관되게 우려하며 지적했다.

두 동인도회사가 1600년대에 벌인 초창기 사업은 목면 옷감을 무역하는 것이었다. 이 회사들은 인도에서 옷감을 사들여 아프리카의 노예 무역업자에게 팔았고, 유럽에서는 점점 늘어나는 도시인에게 팔았다. 그리고 18세기 들어 영국 정부가 인도 수입품에 대해 자국 직물 제조업체를 보호하기 시작하면서, 영국 제조업자들은 점점 더 목면 원료의 안정적인 공급을 요구했다. 실 잣기와 실 짜기를 점점 기계화하면서 목면 수요는 더욱 늘었고, 이어 증기기관이 직물 공장에 도입되면서 더욱 폭발적으로 늘었다. 스미스는 『국부론』에서 기계의 도입이 생산을 높인다는 것을 여러 번 지적하고 있다.

이러한 시대적 배경을 사전에 알고 있어야, 스미스가 『국부론』에서 그레이트브리튼뿐만 아니라 온 세상을 두루 살펴면서 경제를 분석해 나가는 관점을 이해할 수 있다.

3. 도덕감정론

『국부론』 전체에는 nature of things, natural liberty, natural justice, freedom, exchange, barter and truck이라는 단어가 되풀이해 나오는데, 이 중에서도 특히 자유라는 말은 스미스의 사상을 가장 잘 요약한다. 자유는 국부를 만들어내는 가장 강력한 힘이기 때문이다. 이 자유와 그 전제가 되는 정의를 명확히 이해하려면 먼저 도덕감정론과 자연법을 알아둘 필요가 있다.

도덕감정론은 인간이 희로애락과 같은 신체적 감정 외에도 도덕적 감정을 가지며, 이러한 감정을 통해 사안의 옳고 그름을 판단한다는 이론이다. 도덕감정론을 제일 먼저 내놓은 철학자는 영국의 샤프츠버리(1671-1713)이고 그 뒤를 이어 애덤 스미스의 글래스고 대학교 당시 스승 프랜시스 허치슨(1694-1746)과 스미스의 동료 철학자인 데이비드 흄(1711-1776)이 더욱 발전시켰다.

샤프츠버리는 도덕 감정이 인간 내부에서 자연적으로 작동하는 감정이라고 주장했다. 어떤 행동에서 도덕을 느끼는 감각은 자연 중의 사물에서 아름다움을 느끼는 감각과 비슷하다고 보았다. 따라서 어떤 행동의 타당성은 그 행동이 인류의 전반적인 조화, 즉 사회 전체의 복지에 얼마나 기여하는지를 통해 판단한다고 주장했다.

허치슨은 샤프츠버리의 사상을 이어받아, 인간의 자선 행위가 개개인을 기쁘게 하는 것은 인간이 타고난 도덕 감정을 갖고 있기 때문이라고 주장했다. 도덕 감정은 미덕 행동을 승인하고 악덕을 거부한다는 특징이 있는데, 덕스러운 행동은 자비로운 마음에서 흘러나온다. 자기애(이기심)에서 흘러나오는 행동은 도덕적으로 중립 행위이며, 전반적으로 볼 때 칭찬이나 비난의 대상이 될 수 없다. 허치슨은 덕스러운 행동이 사람의 마음을 즐겁게 하고 행복하게 하는 것은 맞지만 그것만으로는 모든 것을 설명하지는 못한다고 보았다. 여기에 더해 올바른 행동 기준으로 최대 다수를 위한 최대 행복이 추가되어야 한다고 했는데, 이것이 공리주의의 선구가 된다.

데이비드 흄은 효용(공리) 원칙이 도덕의 타당한 기준이 되어야 한다고 주장했다. 효용은 사회적 승인을 통해 가치를 인정받으며, 승인을 받지 못하면 그 기준을 충족시키지 못한다는 의미다. 이러한 샤프츠버리, 허치슨, 흄의 도덕감정론이 애덤 스미스에게 전수되었고 스미스는 이 사상을 자신의 주저 『도덕감정론』에서 더욱 자세히 확대·전개하고 있다.

이어서 자연법을 살펴보자. 이 법은 경험적 사실·관습·입법에 따라 만들어진 인위적 실정법에 대립하는 법으로, 시공을 초월해 모든 사회에 보편적으로 타당하게 적용되는 법을 말한다. 고대 로마의 만민법(jus gentium)이 대표적인 자연법이다. 자연법은 다시 물리적 법칙과 도덕적 법칙으로 나누어진다. 물리적 법칙은 인간 의지와 무관하게 발생하는 비바람, 천둥, 번개 같은 자연현상을 지배하는 법칙이며, 도덕적 자연법은 이런 물리적 법칙에 적합한 규범적 행동 원칙을 말한다. 이 자연법은 신학에 근거한 것으로 부동성·최고선·절대성을 목표로 삼는다. 그리고 이 자연법으로 구성된 질서가 자연 질서이다. 이것은 인간의 행복을 위한 신의 고안물이므로 필연적으로 인간에게 가장 유리한 질서가 된다.

종교 일변도였던 중세를 벗어나 근대로 들어오면서 자연법사상은 수정되어 신의 작용 대신 인간 본성을 강조하게 되었다. 이 사상은 인간 이성을 중시하면서 그에 따라 자연 및 인간 사회를 설명하려고 한다. 그러니까 자유와 평등의 선천적 권리를 가진 개인 상태가 곧 자연 상태이며 평등한 개인의 자유의지에 따라 상호 계약으로 인간 사회가 생겼다는 것이다.

근대 자연법사상 중에는 인간 본성을 도덕적인 것으로 보아 자연 상태를 평화에 기반해 보는 견해와, 인간 본성을 이기적인 것으로 보아 자연 상태를 투쟁적으로 보는 견해가 있다. 전자인 도덕적 견해는 스토아 사상을 이어받은 것으로 대표적 사상가는 그로티우스와 존 로크이고, 후자인 이기적 견해는 에피쿠로스 사상을 이어받은 것으로 대표적 사상가는 홉스와 스피노자이다. 그러나 인간의 자연적 권리를 더욱 신장시켜야 한다고 주장하는 점에서 두 견해는 공통된다.

후대 사람인 루소와 칸트는 이러한 이성 중시의 자연법에 따라 사회 계약론을 주장하고 나섰다. 비록 이 이론이 역사적·경험적 사실로 증명되지 않는 이론적·가설적인 것이라 해도 사회 계약은 인간 이성의 논리적 필연이라고 보았다. 이들의 자연법사상은 인간 존엄성에 대한 각성에 많은 영향을 끼쳤고 근대 경제학의 발전에도 중요한 공헌을 했다. 애덤 스미스가 『국부론』에서 줄기차게 주장하는 자연적 자유 제도(system of natural liberty)는 이러한 이성 중시의 자연법사상에서 나온 것이다. 스미스는 자연법이 가장 중요하게 여기는 자유의 관점에 따라 경제사회의 자연법칙을 밝혔다.

이 자연법사상의 원류는 존 로크[1632-1704]이다. 로크는 특히 스코틀랜드 계몽주의자들에게 많은 영향을 미쳤는데 스미스의 스승인 허치슨과 동료인 데이비드 흄도 모두 로크의 사상적 후예들이다. 허치슨 교수는 개인의 자유, 더 나아가 경제적 자유를 강조했다. 허치슨에 따르면 재산권은 노동을 기반으로 하는 것이라 주장했고, 인간은 재산(부동산)에 투입한 노동으로부터 스스로 혜택을 받을 권리가 있으므로 재산권은 곧 자연권이 된다고 보았다. 허치슨은 공감만이 도덕의 기반이 되는 것이 아니라면서, 종종 우리가 공감하지 않는 타인의 행동들도 승인하는 것은 그 때문이라고 말했다. 흄은 인간의 도덕 감정이 인간 사회를 형성하는 데 기여했다고 보았다. 도덕적 지식이란 원래부터 존재하는 것이 아니라, 이성보다는 정서를 발동함으로써 어떤 사안에 대한 승인과 불승인이 나오고 이것이 도덕의 바탕을 형성한다고 본 것이다. 그래서 흄은 정의와 불의에 대한 감각은 자연에서 유래하지 않고 인위적으로 형성된 것으로서, 반드시 교육과 인간 관습으로 도야되어야 한다고 말했다.

스미스는 이런 선배들의 사상을 이어받아 공감 외에 '공평한 관찰자'라는 개념을 정립했고, 이 개념은 『국부론』의 제5권 맨 마지막 부분에서 이렇게 등장한다. "안정적인 단일 정부가 들어선 거대 국가에서는, 중앙보다 외곽에서 정파 정신이 덜하다. 수도, 즉 당파심과 야욕이 크게 쟁탈전을 벌이는 주된 현장에서 떨어져 있는 지방은 그 거리 덕분에 경쟁하는 파벌 중 어느 한쪽 견해에 몰입하는 현상이 비교적 덜하고, 또 모든 당파의 행동에 대해 중립적이고 치우치지 않은 공평한 관찰자처럼 행동한다." 『도덕감정론』은 이런 사상적 배경 아래 집필되었는데 이 책의 내용을 간략히 서술해 보면 이러하다.

도덕적 감정의 근원은 공감이다. 상상력을 발휘해 남의 입장에 자신을 놓아봄으로써 상대방이 왜 그런 감정과 행동을 보이는지 이해한다. 우리가 남의 입장이 되어 그의 행동을 관찰할 때 자신도 그렇게 행동할 것으로 생각하면 상대방의 감정을 이해할 수 있다. 양보와 관용의 미덕은 이런 공감에서 나온다. 그리고 남에게 공감을 받는 사람은 자기 절제와 인내심이 생긴다. 증오나 분노 같은 비사교적 열정은 불유쾌하나 관대함, 자상함, 다정함 등은 유쾌한 것이다. 이기심(자기애)은 악덕이라고 할 수는 없고 불쾌한 비사교적 감정도 아니고, 유쾌한 사교적인 감정도 아닌 중립이다. 인간 행동의 적정성은 해당 행동을 일으키는 감정의 적절함 여부에 따라 결정된다. 어떤 행동의 공과는 그 행동의 결과에 따라 달라진다.

양심은 사람의 마음속에 있는 판단력으로, 자신의 행동의 실제 동기를 잘 알고 있다. 이 양심을 가리켜 스미스는 "공평한 관찰자"라는 용어를 사용한다. 인간의 상상력과 공감은 자신의 내면에 있는 공평한 관찰자 즉 양심의 목소리다. 스미스가 볼 때 도덕적 가치는 곧 남들의 승인에서 나온다. 여기서 알 수 있듯 스미스는 이기심, 이성, 감정을 중시했다. 스미스는 사회가 오직 개인 이익을 증진하는 수단으로만 존재할 수 없으며 그래서도 안 된다고 보았다. 공감은 이기심이 아니고, 남에게 공감하는 마음은 남에 대한 배려에서 나오기 때문이다.

『도덕감정론』에서 가장 중요한 개념은 공감, 이기심, 공평한 관찰자, 이렇게 셋이다. 공감을 통한 교환이라는 개념 외에도 스미스는 인간 언어에 주목했다. 그리하여 『도덕감정론』 제3판에는 언어에 관한 스미스의 논문 한 편이 부록으로 실려 있다. 이 언어 사상 또한 교환 개념을 강조한다. 경제가 물건을 공평하게 교환하는 것이라면 언어는 사상을 공평하게 교환하는 수단이라는 것이다.

스미스는 이 언어를 가지고 와서 인간의 이기심과 이타심을 멋지게 설명한다. 이 둘을 문장에 비유하자면, 이기심은 문법이고 이타심은 수사법이라는 것이다. 이기심이 밑바탕이 되지 않으면 인간의 행동이 아예 나오지 않지만, 그 행동이 품위 있는 것이 되려면 이타심이 뒷받침되어야 한다. 조잡한 문장이라도 의사 전달은 되지만, 그런 의사를 전하는 사람의 품위를 각인시키려면 수사법이 동원되어야 하듯 말이다. 요약하자면, 이기심만으로는 인간의 행동과 품위가 서로 조화롭게 어우러지지 못한다. 그리고 어떤 물건을 가리켜 누군가가 독재적으로 XYZ라고 부르자고 해서 그것이 명칭으로 굳어지는 것이 아니라 공평한 관찰자 역할을 하는 언어 유통의 손길이 그 단어를 많이 사용하도록 유도함으로써 자연스럽게 XYZ라는 명칭을 얻는다는 것이다.

이상으로 『도덕감정론』의 주된 내용을 약술했다. 이런 전제를 알고 있어야만 『국부론』에서 전개된 스미스의 경제사상과 정치사상 나아가 도덕사상을 제대로 이해할 수 있다.

4. 보이지 않는 손

'보이지 않는 손'은 이기심과 밀접한 관계가 있다. 그리고 '이기심'에는 사상적 선배가 있었다. 의사 버나드 드 맨드빌(1670-1733)은 탐욕은 선량하다고 주장한 인물이다. 맨드빌은 18세기 초 런던에서 팸플릿 작가 겸

시인으로 〈벌들의 우화〉라는 냉소적인 시를 발표했다. 이 시에서 탐욕스럽고 이기적인 벌들은 엄청난 활동력을 보이고 그리하여 벌집은 경이로운 벌왕국이 되고, 악덕은 미덕을 만들어낸다고 주장했다. 맨드빌은 벌들의 모든 부분이 악덕으로 가득 차 있지만 그 전체 덩어리가 하나의 천국이라고 말한다. 벌들의 호화로운 부와 생활은 다른 모든 벌집의 기준이 되고, 그들의 죄악은 서로 공모해 그들을 위대하게 만들며, 벌들의 좋은 영향력을 통해 악덕을 미덕으로 만들고, 그리하여 최악의 것으로부터 공동선을 창조한다는 것이다. 맨드빌은 이런 우화에 빗대어 부와 사치를 원하는 이기심(악덕)이 근면과 저축이라는 미덕을 만들어냈고 그것이 사회의 공동선을 창조했다고 말한다. 애덤 스미스는 인간의 이기심을 언급할 때 맨드빌의 사상을 일부 수용하면서도 공평한 관찰자 개념을 도입하여, 맨드빌의 생각을 크게 수정했다.

이기심의 원어는 self-love인데 스미스가 인간성을 설명할 때 쓰는 대표적인 용어다. 스미스는 인간이 자기 이익을 사랑하므로 어떤 행동을 할 뿐, 그런 행동으로 공공 사회 이익을 추진하려는 의사는 없다고 본다. 하지만 인간이 자기 자신을 사랑하는 행동을 충실히 해나갈 때 보이지 않는 손(invisible hand)이 작용해 사회의 공동선이 더욱 강력하게 추진된다는 것이다. 이기심은 스미스가 자연적 자유라는 행위를 설명하는 심리적 요인이다. 이러한 심리에서 출발한 각자의 사회 행위의 상호 교섭 결과로 객관적 사회 질서가 생긴다. 그 질서와 이기적 심리의 상관관계를 설명해주는 것이 보이지 않는 손이다.

이 개념은 18세기에 영국 사상계에서 유행했던 이신론에서 영향을 받았다. 스미스는 이기심이 작동해 의식적으로 사회 질서가 생긴다고 본 것이 아니라, 의도하지 않은 상태로 개인이 자기 이익을 위해 열심히 일할 때 개인과 사회의 예정조화가 실현된다고 보았다. 이기심에서 출발한 행위가 만들어내는 메커니즘에는 신의 보이지 않는 손이 섭리하고, 일견 조직되지 않은 것처럼 보이는 가운데 신비한 법칙성이 숨어 있다는 것이다. 이것이 이신론 사상의 흔적인데, 신이 우주라는 시계를 감아놓고 그런 다음에는 일절 관여하지 않지만 그래도 시계는 잘 돌아간다는 것이다. 이신론은 이성적인 관점에서 신을 이해하려는 태도다. 주로 17~18세기에 프랑스와 영국에서 벌어진 자유사상 운동을 가리키는데, 신의 계시를 부정하고 이성의 힘을 강조한다. 신이 세상을 창조한 것은 맞지만, 그 후에 현재의 돌아가는 세상 일에 일절 간섭하지 않으며, 사회 질서는 이미 신이 그렇게 만들어놓았으므로 인간의 이성만으로도 충분히 보수·유지될 수 있다는 것이다.

스미스는 『국부론』에서 이기심과 보이지 않는 손의 작용을 경험적으로 분석·설명한다. 이기심이 사회의 발달을 가져오는 데는 어떤 사전 조건이 있어야 한다. 먼저 개인의 이기심이 동정 논리에 의해 매개되어야 하고, 그다음에 이기심을 발판으로 국가의 연간 생산물이 최대 가치를 올릴 수 있게 해야 한다는 것이다. 즉, 국민 각자가 더 잘 살고 싶다는 이기심을 발동시켜 최대 수익을 목표로 자신의 자본을 잘 활용하면 사회의 연간 소득이 자연스럽게 증가하는데, 이 과정에서 작용하는 힘이 바로 '보이지 않는 손'이다. 이 유명한 용어는 『국부론』은 물론이고 『도덕감정론』에서도 나오는데 해당 부분을 인용하면 이렇다.

> 개인은 공공 이익을 추진하려는 의도가 없고 또 자신이 그런 이익을 얼마나 많이 추진하는지도 알지 못한다. 해외 산업보다 국내 산업을 선호하는 것은 자신의 안전을 지키려는 의도이고, 또 국내 산업이 최대 가치를 올리도록 유도하여 자기 이익을 올리려는 목적에서 그렇게 한다.
>
> 다른 많은 경우에도 그러하지만, 그는 이 경우에 보이지 않는 손(an invisible hand)에 인도되어 자기가 전혀 의도하지 않은 목적을 추구한다. 개인이 공공 이익에 매진하려는 의도를 가지지 않는다는 사실이 사회를 위해 나쁘기만 한 것은 아니다. 개인은 자기 이익을 추구함으로써, 사회 이익을 일부러 추구했을 때보다 더 효과적으로 사회를 위한 이익을 따르기 때문이다.
>
> _『국부론』 제4권 2장, "보이지 않는 손"

인간에게 이런 근면한 사업을 일으키고 계속하게 만드는 것은 자연이 인간에게 안겨주는 환상이다. 이 환상은 인간에게 먼저 땅을 경작하고, 집을 짓고, 도시와 나라를 세우고, 인간의 삶을 고상하게 하고 아름답게 하는 모든 학문과 예술을 만들고 개선하도록 한다. … 부자는 … 가난한 사람들보다 더 많이 소비하지 않는다. 부자 자신의 편의를 위한 것임에도 그리고 부자들이 고용하는 수천 명의 노동으로부터 성취해 달성하려는 목적이 비록 부자 자신의 헛되고 한없는 욕망의 만족이라고 할지라도, 그들은 자신이 이룬 모든 개량의 결과로부터 나오는 생산물을 가난한 사람들과 나누게 된다. 그들은 보이지 않는 손에 이끌려, 만일 토지가 지상의 모든 거주자에게 균등하게 배분되었다면 이루어졌을 법한 방식과 거의 동일한 방식으로 생필품을 배분한다.

_『도덕감정론』 제4권 1장

자연이 인간에게 안겨주는 환상이란, 고통과 슬픔은 질서의 부재를 의미하고 안락과 번영은 질서의 작동을 의미하는데, 인간이 돈을 많이 벌면 그가 움직이는 사회가 규칙적이고도 조화롭게 돌아가면서 확고한 질서를 수립한다고 보는 생각을 가리킨다. 돈이든 권력이든 명예든, 인간이 그런 것을 추구하는 과정에서 자연스럽게 바람직한 사회 질서가 형성된다는 것이다. 스미스는 먼저 이런 간단한 사례를 든다.

"내가 원하는 것을 주십시오. 그러면 그 대가로, 당신도 원하는 것을 얻게 될 겁니다.' 이런 식으로 우리는 다른 사람에게서 필요한 도움 대부분을 얻는다. 우리가 식사할 수 있는 것은 정육점 주인, 양조장 주인, 빵집 주인의 자비심 때문이 아니라, 그들이 자기 이익에 쏟는 관심 즉 자기애 덕분이다. 그래서 우리는 그들의 자비가 아니라 그들의 자기애에 말을 걸고, 자기 필요성을 절대로 언급하지 않고 그들의 이익에 관해 이야기한다."(『국부론』 제1권 2장).

이러한 보이지 않는 손의 작용은 『국부론』 제3권 3장과 4장에서 상술한 자유도시의 성립과 발전에서 더욱 분명하게 드러난다. 중세 도시에서 권위를 가진 상급자에게 일괄 금액을 지불하고 사소한 세금이나 관세를 면제받은 무역업자는 자유 상인 혹은 자유 시민으로 불렸다. 어떤 장소에 자유 시민들이 많아지면 그곳이 곧 자유도시가 되었다. 자유도시는 귀족들에게 도전하는 것이 아니라 그들에게 좀 더 효율적으로 돈을 건네주기 위해 형성된 도시였다.

시민들은 스스로 단결해 동업조합을 만들었다. 조합은 봉건 영주에게 각각 자유로운 상인과 제조업자로부터 세금을 받아가도록 보장했으며 영주가 직접 거둘 때보다 더 많은 액수를 약속했다. 귀족이 돈을 일일이 거두러 다니는 수고와 번잡함을 면제하고 그 일을 대행했다. 시민들이 스스로 세금을 걷게 되자, 세금을 거두러 오는 영주의 대리인을 만날 일도 없어졌고 또 영주들의 기타 간섭 행위에서도 면제되었다. 돈과 지혜 덕분에 시민들은 그들의 일을 어느 정도 자유롭게 통제할 수 있게 되었다.

자유도시가 살아남으려면 정치적 지혜도 꼭 필요했는데, 이런 필요로부터 좋은 행정이 생기게 되었다. 그리하여 상업과 제조업은 시골 주민 사이에 질서와 훌륭한 정치 그리고 개인의 자유와 안전을 점차로 도입했다. 봉건적 압제의 소멸, 자치 행정 원칙의 수립, 현대적 의미에 비추어 손색없는 자유의 획득, 이런 것은 모두 자유도시 시민들이 각자 발휘한 이기심에 따라 생긴 것이었다.

이처럼 공공의 행복에 아주 중요한 혁명이 이런 방식으로 상인과 제조업자라는 두 상이한 집단 사람들에 의해 발생했다. 두 계층은 그 과정에서 대중에 봉사하겠다는 의도도 없었다. 그러나 개인의 이기심과 보이지 않는 손이 작용해 근대적 의미의 시민사회가 성립된 것이다.

이러한 시민사회 사상을 제일 처음 주장한 사람은 영국 계몽사상의 아버지 존 로크였다. 로크는 『통치론』에서 이런 주장을 폈다. 인간은 자연에 따라 특정 권리를 갖고 태어났고 사회는 이 권리를 인정해야 하고 그것을 임의로 박탈해서는 결코 안 된다. 그 자연권이란 생명, 자유, 재산이다. 생명과 자유는 명백한 권리이지만 재산은 그렇게 분명하게 보이는 권리는 아니다. 하지만 재산권 또한 신이 모든 인간에게 온갖 물건이 생산되는 이 세상을 선물로 내려주신 것에서 비롯한다. 이런 공통의 선물에 인간의 노력이 가해져서 각자의 재산이 형성된다. 재산권은 모든 사람에게 적용되므로 평등사상이 등장하게 되고 이 평등은 임의적인 명령이 아니라 성문법에 따라 보장되어야 한다. 이렇게 하려면 사회적 계약이 필요한데 그 계약 주체는 왕이 아니라 국민이 되어야 한다. 다시 말해 국가의 주권은 왕이 아니라 국민이 가지고 있다는 것이다.

따라서 국가의 통치자는 일시적으로 통치 권력을 위임받은 것에 불과하므로, 그 권력을 국민과 국민 복지를 위해 사용해야 하고 왕 개인의 소유물인 양 행사해서는 안 된다. 국가가 권력을 오남용할 때 그것을 바로잡는 것은 국민의 의무이고 권리이며 여기서 혁명의 권리가 생긴다. 위에서 이미 설명한 자연법이 이러한 자연적 권리와 사회 계약을 뒷받침한다. 자연법이란 인간의 공통적인 이성과 평등성에 기반한 통치를 의미하며, 신이 인간의 안전을 위해 이렇게 행동하도록 인간에게 그런 자질을 부여했다는 것이다. 인간이 합리적인 행동을 하는 것은 이성을 통해 가능하다.

그런데 올바른 행동은 이성의 법칙일 뿐만 아니라 신의 법칙이기도 하다. 그것은 자연 상태에서도 또 사회 상태에서도 동일하게 작동한다. 따라서 실정법은 이 자연법 원리와 함께 가야 한다. 인간의 모든 행동은 이런 자연법과 신성법에 일치해야 오래 가는 것이 된다. 스미스는 이런 로크 사상을 바탕으로 『국부론』전편에 걸쳐 자연적 자유제도(system of natural liberty)가 경제의 밑바탕이라고 주장한다.

하지만 여기에는 반론도 없지 않다. 가령 토머스 홉스는 자연 상태에서 만인이 평등하게 자연권을 행사하면 결국 만인에 대한 만인의 싸움이 벌어질 것이므로, 리바이어던 즉 강압적 국가 권력이 그것을 통제해야 한다고 주장했다. 그러나 애덤 스미스는 홉스와는 정반대 관점을 갖고 있다. 스미스에 따르면, 인간이 자연법에 따라 마땅히 누려야 하는 자유가 보장되는 사회, 즉 자연법적 질서 체계가 들어선 사회라면 이런 자의적이고 억압적인 권력 질서를 용납하지 않는다. 정치권력은 스스로 부패해 국민을 억압하는 것이 되기 쉬우므로 깨어 있는 국민은 결국에는 그런 권력을 용납하지 않는다는 것이다.

스미스는 공리주의와 자유주의 원리를 강조하면서 『국부론』을 써나가고 있는데, 특히 중상주의 제도 중 독점, 정부 보조금, 장려금, 세금 환급 등을 비판하는 제4권에서 이런 사상이 잘 드러난다. 이런 정부 간섭은 결국 개인의 자유로운 경제 활동을 방해하는 유해한 조치에 지나지 않는다. 또 제5권에서는 상인과 제조업자 세력이 로마 교황청이나 왕정에도 도전할 수 있었던 힘은 결국 시민사회의 단결 정신이었다고 말한다. 그러면서 국가는 대외 국방과 대내 치안 유지, 최소한의 공공사업에 집중하면서 이러한 의무 수행에 필요한 세수를 확보하고, 그 외의 것은 개인 자유(시민사회의 자유로운 운영)에 맡겨야 한다는 자유방임주의를 주장하고 있다.

이 자유방임주의에서는 신이 세상이라는 시계를 만들어놓고 그 이후에는 일체 관여하지 않는다는 이신론의 영향이 엿보인다. 하지만 스미스의 종교관은 이신론보다는 유신론에 더 가깝다. 스미스는 그가 살았던 계몽 시대의 사상가답게 이신론의 영향을 받기는 했지만, 흄과 같은 무신론에 가까운 이신론자는 아니었다. 스미스의 전기를 집필한 존 레이는 스미스가 유신론자라고 했다. 유신론과 이신론의 차이점은, 전자는 신의 존재를 믿는다고 강조하는 반면, 후자는 종교의 초자연적인 측면, 넓게 말해 종교의 모든 신비한 측면을 믿지 않는다는 것이다.

유신론자 스미스는 아주 적극적으로 개입하는 신을 믿었다. 그래서 "신이 없는 세상을 생각한다는 것은 모든 생각 중에서 가장 울적한 것이다"라고 말했다. 스미스는 종종 자연이라는 말을 사용하면서 신을 탈인격화해 자연과 동일시했다. 그는 "우리가 자연의 일들을 가로막는다면, 우리를 하느님의 적으로 선언하는 것이나 마찬가지"라고 했다. 스미스의 핵심 사상인 "보이지 않는 손"을 기독교의 삼위일체로 풀이해본다면, 자연은 성부에, 자기애는 성자에, 그리고 공평한 관찰자는 성령에 해당한다. 이 셋이 따로 그리고 같이 작용하는 힘이 바로 '보이지 않는 손'이다.

5. 스미스의 경제사상

먼저 『국부론』의 정식 제목은 "여러 국가의 국부의 본질과 원인에 대한 탐구"임을 주목할 필요가 있다. 스미스는 『국부론』 제4권 11장에서 "정치경제학은 곧 여러 국가의 국부의 본질과 원인에 대한 탐구"라고 말해 이책이 요즘 말로 말하면 "경제학 원론"이라는 것을 밝히고 있다. 스미스가 책 제목에 정치경제학이라는 말을 쓰지 않은 것은 당시 이 용어가 그리 흔하지 않았고, 또 스미스 책을 낸 출판사에서 나온 다른 저자의 책 제목에 이 용어가 이미 사용되어 그것을 피하느라고 그렇게 되었다고 했다. 『국부론』은 총 5권으로 구성되는데 1-2권이 경제 이론이고, 3권은 로마 이래 산업 발달의 역사를 개관한 것, 4권은 중상주의와 중농주의 경제 이론을 비판한 것이며, 5권은 국가 운영과 사법행정에 소요되는 경비와 그 수입원(세금과 공채)에 대한 것으로 일종의 재정학인데, 법학과 정치학 내용까지 들어 있다.

스미스의 경제사상은 중상주의를 비판하고 중농주의를 포용하면서 자유주의를 제시한 것으로 요약된다. 중상주의는 금은의 축적이 곧 국부라고 생각해 수출을 장려하고 수입을 억제하는 정책을 펴는데, 스미스는 생산의 궁극적 목적이 소비임을 감안할 때 이 정책은 소비자를 희생시켜, 생산자를 일방적으로 유리하게 만드는 편파적인 정책이라고 비판한다. 그러면서 이런 정책으로는 국부가 증진되는 것이 아니라 오히려 감소한다고 주장한다. 이어 중농주의는 생산을 중시하는 측면에서는 진실에 가까이 다가간 사상 체계지만 농업만이 국부의 유일한 원천이라고 하는 것은 일면적 진실에 불과하다고 말한다. 스미스는 농업은 중요한 산업이지만 산업과 무역(상거래) 또한 생산적이라고 판단하며 이 두 분야도 국부 증진에 이바지한다고 주장한다.

그렇다면 국부는 어떻게 증진되는가? 이 과정을 스미스는 『국부론』 제1권과 2권에서 집중적으로 설명한다. 부의 원천은 금은이 아니라, 한 나라의 토지와 노동에서 나오는 연간 생산물의 총량(현대 용어로는 국민총생산, 즉 GNP[gross national product])이다. 이것을 다시 풀면, 인간 노동과 천연

자원에서 나오는 생산물이 곧 국부라는 것이다. 이 점에서 스미스는 수출에 집중해 금은을 많이 획득하면 곧 국부가 발생한다는 중상주의 이론과는 근본적으로 입장이 다르다.

스미스에 따르면 국부는 노동 투입 기술과 효율성에 따라 증가하고, 노동에 종사하는 인구 크기에 따라 증가한다. 개인의 경제적 복지는 인구수 대비 총 생산물 양에 비례한다. 즉, 어떤 국가가 많은 생산물을 내놓을수록 그것이 곧 부강한 나라의 표시라는 것이다. 이러한 스미스의 주장은 지금 보면 아주 상식적인 얘기지만 중상주의가 판치던 스미스 생존 당시에는 아주 혁명적인 생각이었다. 스미스는 『국부론』에서 7년 전쟁을 자주 언급하면서 영국이 프랑스를 이길 수 있었던 원인이 이 물산의 풍부함 덕분이라고 상기시키고 있다.

다시 스미스는 이렇게 주장한다. 생산을 증대시키는 기본 수단은 노동 분업과 기계류 도입이다. 제1권 1장에서 소개된 핀 공장의 작업 사례는 분업과 기계가 어떤 효과를 내는지 잘 설명하고 있다. 특히 스미스는 분업 효과가 곧 직업 차이를 만들어내고 더 나아가 철학자와 거리 짐꾼이라는 전혀 다른 사람을 만들어낸다고 주장한다. 인간의 기본 성향인 교환이 분업을 만들어내고, 다시 분업이 재능 차이를 만들어낸다는 것이다. 이처럼 교환을 중시하게 된 것은 언어에 대한 스미스의 연구와도 밀접한 관계가 있다. 언어가 말의 교환이듯 경제는 사물 즉 물품 교환이라는 것이다. 그러나 스미스는 분업의 역효과, 즉 인간이 평생 한 가지 일에만 몰입함으로써 발생할 수 있는 부작용도 지적하면서, 이를 막아주어야 하는 국가의 역할과 국가적 교육 및 문화 정책의 중요성을 강조한다. 그의 말을 들어보자.

> 그렇게 해서 그는 군인의 불규칙적이고 불확실하고 모험적인 삶을 혐오한다. 심지어 신체 활동조차 타락해 배운 일자리 외에 다른 일자리에 정력과 인내를 발휘하며 힘을 내는 것이 불가능해진다. 이런 식으로 자신의 특정 직업에서 드러나는 그의 재주는 지적, 사회적, 군사적 능력을 희생해 획득한 듯 보인다. 발전되고 문명화된 사회에서 정부가 그런 사

태를 방지하려고 노력하지 않는 한 노동 빈민, 즉 대다수 시민은 필연적으로 그런 상태에 빠지고 만다.

_『국부론』 제5권 1장, 3절

그런데 이처럼 효율적인 노동 분업으로 만들어진 생산품은 대규모 시장이 있어야 판매할 수 있다. 예를 들어 한 사람의 구두장이가 하루에 한 켤레씩 1년에 구두 365켤레를 만든다고 해보자. 그러면 그는 자기 가족이 1년에 신는 20켤레 정도를 제외하고는 나머지를 시장에 내다 팔아야 한다. 『국부론』에서 스미스는 이 내다 파는 행위를 가리켜 다른 물품과 '교환한다'라고 하면서 교환이라는 용어를 자주 쓴다.

이 평화적이고 합리적인 교환은 스미스 경제사상의 핵심이다. 구두장이는 이처럼 자기가 만든 물품을 판매할 수 있어야 그의 가족과 구두 가게를 계속 운영할 수 있다. 그리하여 스미스는 반드시 물품을 소화해줄 시장이 있어야 하고 가능한 한 국내외를 가리지 말고 그 시장을 확대해야 한다고 주장한다. 그러려면 한 장소에서 다른 장소로 물품을 운송할 수 있는 교통, 즉 도로망이 중요하고 이 때문에 문명의 최초 발상지는 언제나 인근으로 움직이기 좋은 해안이나 강변이었다고 지적한다. 같은 논리의 연장선에서 현대에 들어와서도 시장을 넓히려면 이 운송망 확대가 필수다.

그런데 이처럼 생산이 분업으로 특화하는 진정한 원인은 무엇일까? 스미스는 그 원인은 교환하고 거래하려는 인간 본성이라고 진단한다. 스미스는 물품의 교환과 그러한 교환이 이루어지는 시장이 아주 중요하다는 기본 전제를 깔았으므로 그 시장이 작동하는 방식을 설명한다. 시장에서 형성되는 물품의 자연가격(실질가격)은 그 물품을 만들어내는 데 들어간 노동량이 기준이 된다. 자기 노동량과 동일한 가치를 가진 물품이 아니라면 그 누구도 자기 물품을 남의 물건과 교환하려 하지 않을 것이다. 이렇게 해서 시장에 참여하는 생산자들은 분업과 교환에 따라 상호 간 이익을 본다.

어떤 물품의 자연적 가치는 그것에 들어간 노동 시간, 그 일을 하는 노동자의 훈련과 교육, 기타 비용 등을 모두 합쳐서 만들어진 가치다. 스미스는 원시 사회에서 투하된 노동량이 곧 노동자의 보수(지배노동량 즉 물품)라고 말한다. 예를 들어 내가 자연 중에서 나무를 가져와 의자를 만들면 그 의자는 나의 소유물이 된다. 그러나 스미스에 따르면, 토지의 사유화와 자본 축적이 진행되어 지주와 노동자가 함께 생산에 참가하면 그들도 당연히 자기 재산을 사용한 대가로 생산물 일부를 취득해야 한다. 그래서 자본주의 사회에서는 노동자의 보수가 곧 그의 손으로 만들어낸 물품이라는 등식이 성립되지 않는다. 자본주의 사회에서는 물품에 직접 들어간 투하노동량과 지배노동량(보수)이 일치하지 않는 것이다.

하지만 스미스의 임금이론은 두 가지 점에서 새로운 인식을 낳는다.

첫째, 노동은 노동력의 가치(임금, 즉 노동자의 생활비)보다 큰 가치(지배노동량, 즉 물품)를 생산해낸다.

둘째, 지대와 이윤은 이 두 가치(노동력의 가치와 지배노동량의 가치)의 차액에서 나온다.

첫 번째 인식은 분업 및 자본 축적에 따른 생산력 향상이 삶을 더 윤택하게 한다는 사상을 낳았다. 이 때문에 스미스는『국부론』전편을 통해 인간은 자신의 삶을 윤택하게 하려는 행위를 평생 멈추지 않는 이기적 존재(스미스식 표현으로는 "자기 자신을 사랑하는 존재")라고 하면서 이렇게 말한다. "저축을 권장하는 원리는 생활 조건을 개선하려는 욕구에서 나온다. 일반적으로 침착하고 담담한 이 욕구는 자궁에서부터 생겨나 무덤에 도달할 때까지 우리를 떠나지 않는다. 전 생애 동안 인간이 어떤 변경이나 개선을 원하지 않을 정도로 자신의 현재 상황에 백 퍼센트 만족하는 경우는 한순간도 없다"(제2권 3장). 그리하여 스미스는 생산력 상승으로 사회의 최하층 사람들도 미개 사회의 왕보다 풍요한 생활을 누린다고 확신한다. 두 번째 인식에서 언급된 지대와 이윤은 노동자와 함께 사회의 3대 계급을 형성하는 지주와 사업가의 상호 관계를 밝혀주는 중요한 근거가 된다. 이러한 스미스의 임금이론은 후대의 리카도와 마르크스에게 결정적 영향을 미쳤다.

이어 스미스는 화폐와 가치의 관계를 설명한다. 화폐를 사용하는 시장에서 상품의 시장 가치(명목가격)는 언제나 실질가치(자연가격)와 일치하는 것은 아니다. 어떤 물품에 대한 유효수요(어떤 물품을 바랄 뿐만 아니라 그 욕망을 현실로 만들 수도 있는 수요)는 때때로 공급을 초과하기 때문이다. 이 것은 가격을 인상해 생산자에게 더 많은 이윤을 가져다준다. 그러나 어떤 업종에서 수익이 많이 난다는 소문이 퍼지면 곧 다른 업자들도 그 업종에 뛰어든다. 그리하여 이것은 다른 업종에 투자되었던 노동과 자본을 수익 높은 업종 쪽으로 전환한다. 이렇게 해서 시간이 어느 정도 흘러가면 시장의 자연스러운 작용에 따라 시장가격은 점차 실질가격에 접근한다. 그래서 어떤 가격에서 상품의 수요와 공급이 균형을 이룬다면 그 가격이 곧 자연가격을 형성한다. 이 수요와 공급의 균형은 스미스 경제 이론의 핵심축이다.

이렇게 해서 모든 사람이 자유로운 시장에 참여해 이득을 보고, 사회 내 각 개인은 가능한 한 최저 가격에 원하는 물건을 구매할 수 있게 된다. 또 모든 사회 구성원이 자기가 가장 잘하는 일에 집중한다. 그러면 생산 자원은 소비자의 필요에 따라 적절히 배분된다. 이러한 수요와 공급의 완전 균형 이론은 스미스 이후에 발달한 고전경제학의 중요 학설이다. 그러나 시장이 늘 이런 완전 균형을 이루면서 굴러가지는 않는다. 가령 독점 기업이 생겨나 시장을 장악해 기업 마음대로 가격을 올렸다 내렸다 하는 불균형한 상황이 생긴다. 이 시장 불균형 이론에 대한 설명과 대처 방안에 대해서는 20세기에 등장한 케인스 경제학을 기다려야 한다.

다시 스미스의 이론으로 돌아가보면, 어떤 사람이 자신의 생산물이 가장 큰 가치를 지니는 방향으로 노동할 때, 그는 자신의 이익을 우선 생각하며, 이러한 개인적 이익 추구는 의도하지 않았음에도 사회 이익을 추진하는 방향으로 작용한다. 스미스는 개인의 이익 추구와 이익을 완전히 보장해주는 온전한 자유가 곧 사회 발전의 원동력이라는 진단을 내린다. 여기서 완전한 자유(perfect liberty)가 다시 스미스의 핵심 경제사상으로 등장하는데 자유의 개념은 위에서 이미 설명한 바 있다.

이어 스미스는 가격이 임금, 이윤, 지대의 3대 요소로 구성된다고 말한다. 위에서 이미 말했지만 생산이 증산되려면 기계류를 도입해야 하는데 그러자면 누군가가 그 기계류를 사들일 돈(이윤)을 가지고 있어야 한다. 이 돈이 곧 자본이 된다. 이렇게 해서 임금 노동자는 자기 노동이 들어간 물품의 자연 가치(가격)를 모두 받아갈 수 없다. 그 가격 중 일부를 이윤으로 남겨야 기계류를 사들일 수 있기 때문이다. 그리하여 이 이윤은 생산비의 구성 요소가 된다. 한 국가 내에 자본이 많이 축적될수록 노동자 임금은 올라간다. 축적된 자본 덕분에 국가는 더 생산적이 되기 때문이다. 이것은 객관적 사실들로 증명되었다. 스미스는 잉글랜드의 산업이 발달하면서 노동자 임금이 상승했음을 발견했다. 또 인도와 중국의 낮은 생활 수준과 이 두 아시아 국가 산업 발달 지연은 상호 밀접한 관계가 있다고 지적했다.

그러나 임금이 반드시 최고 수준으로 올라가는 것은 아니다. 이는 일자리를 놓고 노동자들 사이에서 경쟁이 일어나기 때문이다. 스미스는 임금 최저 수준은 최소한 노동자가 생계를 유지할 수 있는 수준이 되어야 한다고 보았다. 그렇지 않으면 노동자는 굶어 죽게 되므로 스미스는 북아메리카 식민지 사례를 들며 그곳에서는 국부의 신속한 증가에 필요한 노동력이 부족하므로 임금이 높다고 지적했다. 임금도 물품 가격과 마찬가지로 수요와 공급의 법칙을 따르는 것이다.

스미스는 가난한 사람들은 출산은 많이 하지만 영아 치사율이 높다고 하면서, 인구 증가가 곧 국부 증가라는 말을 한다. 그러면서 다시 북아메리카 대륙의 사례를 든다. 유럽과는 달리 그곳에서는 아이 넷을 키우는 과부는 농장주가 구애하는 대상이 된다는 것이다. 아이들이 크면 다 농장에서 열심히 일하는 노동력이 되기 때문이다. 이처럼 높은 출산율은 노동 공급을 늘여 국부를 증가시키지만, 나라 경제가 정체 상태에 있으면 인구가 오히려 임금을 생계 수준으로 낮춘다. 따라서 임금이 상승하려면 국가가 발전해야 한다. 다시 말해 생산 능력이 인구 증가를 앞질러야 한다. 그러나 역설적으로 국가가 발전해 국민이 잘살게 되면 오히려 출산율이 떨어진다. 이러한 인구 이론은 나중에 맬서스의 『인구론』에서 중요한 논의점이 된다. 스미스는 임금 노동자와 고용주 사이에 협상력 차이가 있다고 지적한다. 고용주들이 은밀하게 담합해 임금을 억제하려고 하는 경향도 있다고 말한다.

이윤 또한 노동과 마찬가지로 국가가 자본을 축적함에 따라 내려가는 경향이 있다고 스미스는 지적한다. 자본이 많다는 것은 산업 내 경쟁이 더욱 치열해진다는 뜻이기 때문이다. 그리고 극단적인 부와 가난의 양극화는 후진 사회일수록 더욱 분명하게 드러난다고 하면서 인도와 중국 사례를 들었다. 하지만 스미스는 경쟁이 자연적 자유 제도를 뒷받침하는 필수 조건이라고 말했다. 이로 당연히 이어지는 결론은 어떤 분야에서든 독점은 가능한 한 허용되어서는 안 된다는 것이다. 하지만 스미스는 국방 산업 등 특수한 일부 분야에서는 독점을 허용할 수도 있다는 여지를 남겼다.

스미스는 본질적으로 지대가 독점가격이라고 보았다. 좋은 땅은 제한되어 있으므로 땅 소유주(지주)는 임차인으로부터 대가(지대)를 요구하는데 지대는 임금으로도 자본으로도 귀속되지 않는 부분이다. 그리고 지대는 국부가 커지고 임금이 높아지는 데 따르는 자연스러운 결과다.

이상으로『국부론』1~2권에서 전개된 스미스의 경제사상을 간략하게 개관해보았다. 이하 3~5권은 이 경제 사상을 바탕으로 유럽 각 나라, 아메리카 식민지, 서인도제도, 인도 식민지, 동인도제도, 중국 등 온 세상의 구체적 상황을 검토·분석하고 있다.

6. 스미스의 정치사상

스미스는 종합 사상가였다. 그는 도덕에서 시작해서 경제학을 거치고, 마지막으로는 정치학을 탐구하려고 했다. 경제학의 본 모습은 언제나 정치가 전방에 있고 후면에는 철학(도덕)이 있어야 한다고 생각했다. 인간은 자연의 한 부분이고, 자연에는 관대한 자연이 있는가 하면 험악한 자연이 있다. 마찬가지로 인간에게는 이기심이 있는가 하면 이타심이 있다. 스미스는 그중에서도 사회의 선순환에 이바지하는 이기심을 강조하면서, 거기에 공평한 관찰자라는 이타심을 결부시켰다. 이 두 마음이 결합해 결국 사회 발전에 이바지할 것으로 낙관적으로 전망했다. 그러한 사회 발전은 곧 정치가 지향하는 목표이기도 하다.

스미스는 초창기에 쓴 논문 「천문학의 역사」에서 이렇게 말했다. "나는 모든 철학 시스템들이 단지 상상력의 소치에 지나지 않는다고 말하고 싶다. 인간의 상상력이 작동해 본질적으로는 서로 무관하고 불일치하는 자연현상들을 연결해놓는 것이다." 이 '상상력의 소치'와 관련해 스미스는 3권의 저서를 발간할 계획을 세웠는데 첫째가 『도덕감정론』이고, 둘째가 『국부론』 그리고 셋째는 가장 정교한 체계인 법학(정치학)을 다룰 예정이었다. 실제로 『도덕감정론』 끝부분에서 이런 정치학 책을 내겠다고 미리 공고까지 했다. 스미스는 법학 및 정치학과 관련해 이 첫 번째 책을 출판한 후인 1760년대에 글래스고 대학교에서 해당 학문에 관련된 강의를 했다. 이 강의 노트와 관련 초고들을 꾸준히 보강했지만, 아쉽게도 죽기 전에 친지에게 이 노트와 초고를 모두 불태우라고 해서 사라져버렸다. 그런데 그 강의를 수강한 두 학생의 강의 노트가 발견되어 사후에 『법학 강의』라는 제목으로 발간되었고 이것이 오늘날 스미스의 정치사상을 전반적으로 엿보게 해주는 좋은 자료가 되고 있다.

　　스미스를 경제학자로 알고 있는 독자는 스미스의 '정치사상'이라니, 다소 의아하다고 생각할지도 모르겠다. 그러나 스미스는 『도덕감정론』의 초판 맨 마지막 문장에서 이런 말을 하고 있다. "나는 추후 별도의 저술에서 법과 통치의 일반원리들, 사회의 서로 다른 시대와 시기에 정의와 관련된 법뿐만 아니라 행정 일반, 세입, 군비와 관련된 법률 및 기타 법률의 대상이 되는 모든 주제에서 이 일반원리들이 겪어온 다양한 변화에 대해 설명하고자 한다."

　　그렇지만 이렇게 선언하고 30년 가까운 세월이 흐른 뒤에도 여전히 정치학 책을 쓰지 못하자 스미스는 작고하기 직전에 나온 같은 책 제6판에서 "공고"라는 별도의 통지를 내고서 아직 쓰지 못한 정치학 책에 대해 이렇게 말하고 있다. "여러 가지 활동 때문에 내가 오래전에 계획했던 법학 이론에 관한 약속을 이제까지 이행하지 못하고 있다. 이제는 내 나이가 많아져 이 거대한 작업을 만족스럽게 이행할 수 있을 것이라는 기대가 거의 사라졌음을 인정해야 한다."

하지만 스미스는 다음 문장에서 이 정치학 책을 쓰기 위해 여전히 노력하고 있다는 느낌을 남겼다. 당시 스미스는 프랑스의 저술가 로슈푸코에게 편지를 보내 노년의 게으름 때문에 정치학 책을 끝내 못 쓸 것 같다고 말하기도 했다. 이미 이와 관련해 상당한 분량의 원고를 써놓았으나, 완성을 보지 못한 것이었다. 객관적 사실에 따라 도덕과 경제에 관한 책 두 권을 이미 써낸 스미스는 왜 정치에 관한 책은 마지막까지 써내지 못했을까?

우선 정치는 객관적 사실에 따라 전개되는 인간 행위가 아니다. 마키아벨리는 정치의 본질이 폭력과 기만이라고 말한 바 있지만, 정치는 관대한 척하면서 폭력적이고, 미덕을 실행하는 척하면서 배후에서는 악덕을 저지르는 경우가 많다. 정의(법률)는 개인 재산을 보호하기 위해 필요하다. 그러나 그 재산은 필연적으로 정의롭지 못하다. 스미스는 모든 것을 유리처럼 투명하게 보는 것을 좋아했는데, 이런 모순적이고 기만적인 인간 행위를 도덕이나 경제 문제를 다룰 때처럼 명확하게 설명하기가 어려웠을 것이다.

또 다른 이유는 스미스가 이미 『도덕감정론』과 『국부론』에서 정치학의 많은 부분을 다루었기 때문일 것이다. 가령 정치는 『국부론』의 핵심 주제는 아니지만, 스미스는 이 책에서 정의의 미덕, 법과 정부의 역사, 실정법과 자연법(자연적 정의) 등에 대해 광범위하게 언급하고 있다. 『국부론』 제3, 4, 5권에서 스미스는 『도덕감정론』과 『법학 강의』에서 이미 언명했던 정의 사상을 다시 개진하고 있다. 위에서 이미 말했듯 제3권은 로마 이래 산업 발달의 역사와 시민사회 성립을 개관한 것이고, 4권은 중상주의와 중농주의를 정치적 관점에서 다루고 있고, 5권은 국가 운영에 관한 일종의 통치론이다. 사회 질서를 안정적으로 유지하려면 정의가 무엇보다도 필요한 선결 조건이라면서, 군주에게 가장 중요한 의무는 정의 확립이라고 말했다. 즉, 통치의 일차적 의무, 다시 말해 정치의 목적은 정의 구현이라고 대전제를 세운 것이다. 우리는 이런 흩어진 자료들을 종합해 스미스의 정치사상을 대략 다음과 같이 요약할 수 있다.

스미스는 『국부론』 5권의 첫 부분에서 정의를 지키는 비용을 설명하면서 『법학 강의』에서 다룬 여러 주제를 다시 도입한다. 역사적으로 정부는 재산 불공평이 생기면서 존재하게 되었고 그로부터 다양한 형태로 발전했다. 가령 군주제, 과두제, 민주제 등이 그런 형태다. 어떤 정부 형태가 되었든 정부의 주된 목적은 사회 내 각 개인의 재산권을 보호해주는 것이었다. 이런 관점에 따라 스미스는 법률의 역사를 고찰한다.

정의 구현과 관련된 정치 제도—법정과 재판관—가 유럽의 여러 나라, 특히 잉글랜드에서 설치되어 다른 공적 권력과 구분되는 과정을 살핀다. 스미스가 볼 때 이러한 역사는 의도되지 않은 결과들의 역사였다. 다시 말해 사회적으로 강력한 세력들(정의를 직접 구현해야 할 재정적 동기가 없는 세력들)의 즉각적인 자기 이익이 촉진해 그런 제도가 수립되었다고 보았다. 이로 인해 사법권과 행정권이 분리되게 되었고, 이 결과로 공정한 정의 구현을 높이는 기회가 제공되었다. 그리하여 영국 정치의 대표적 특징은 개인의 자유를 보장하고 신체적·물질적 안전을 보장하는 것이 되었다.

이렇게 해서 영국인들의 자유는 대의 정치라는 정치 구조보다는 법률과 법원의 독립적이고 성실한 권력에 더 빚을 지게 되었다. 그러나 개인의 자유와 독립은 상업의 발달과 물질적 진보가 가져다준 사회·정치 변화의 결과였다. 『국부론』 제5권은 일관되게 공평한 법 집행을 강조하고 있고, 이것이 실제로 역사에서 구현된 과정은 제3권에서 다루고 있다. 제3권에서는 독일의 자유도시가 발전한 과정이 개인이 봉건제도에 맞서 자유를 획득하게 된 과정이라고 규정하면서 그 발전 상황을 살펴본다. 자유도시 상업이 융성하면서 봉건 귀족제의 패망을 가져왔고 이렇게 해서 전에 영주의 권위에 의존하던 사회 질서가 법의 지배에 따른 질서로 바뀌게 되었다. 이처럼 사법권과 행정권이 분리되면서 정의 구현 기회가 더욱 높아졌다. 스미스는 『법학 강의』에서 단속의 사법권을 먼저 설명한 후, 이어서 경제학 내에서의 정의 구현을 언급했고, 이 권리와 정의의 안정된 구조가 경제적 번영을 가져오는 원동력이라고 보았다. 그는 『국부론』 제4권 아메리카 대륙을 다룬 부분에서 영국의 식민지 무역이 다른 유럽 국가보다 성공을 거둘 수 있었던 이유는, 영국 정부가 아메리카 지역에 나가서 일하는 영국 상인들에게 아무리 신분이 비천하더라도 동일하고 공평하게 법 집행을 했기 때문이라고 했다. 이렇게 공평하게 권리와 기회 부여가 산업의 모든 분야를 촉진해 식민지 무역을 성공시켰다는 것이다.

상업 사회가 정의 실천의 새로운 기회를 제공했다고 해서, 상업 사회가 태생적으로 혹은 구조적으로 공정한 사회라는 뜻은 아니다. 스미스는 『도덕감정론』에서 실정법은 자연적 정의라는 원칙(자연법)을 불완전하게 구현한 것에 지나지 않는다고 주장했다. 스미스는 실정법이 현실적으로 실패한 부분을 드러내고, 이를 시정해야 한다고 주장했다. 그리하여 『국부론』에서 중상주의에 입각한 여러 제약 규정이 경제 번영을 가로막는 구체적 사례들을 제시하고 있다. 이런 제약 법규들은 겉으로는 경제적 번영을 촉진한다고 주장하지만 실제로는 방해하고 있다는 것이다. 이처럼 스미스는 자연 정의의 관점에 따라 중상주의를 철저하게 비판한다. 그리하여 『국부론』 제4권에서 중상주의는 자연적 자유를 위반하므로 불의하고, 그렇게 불의한 만큼 정치에도 도움이 되지 않는다는 견해를 피력했다. 그는 또 중상주의에 입각한 각종 보조금, 장려금, 독점 행위도 마찬가지로 이런 관점에서 철폐해야 한다고 주장했다.

스미스는 중상주의가 힘이 약한 여러 사회 집단에 손해를 입히는 방식으로 특정한 사회 집단의 이익에만 봉사한다고 보았다. 그리고 『국부론』 제4권에서 기존의 상인과 제조업자들이 이런 중상주의 제도를 만들어낸 주된 세력이라고 지적한다. 이 상인들은 아메리카 식민지에 진출하면서 영국 정부의 공평한 법 집행 덕분에 번창했으나, 어느 정도 사업이 발전하자 국가 전체의 이익보다는 자기 집단의 이익을 더 앞세우게 되었다. 그렇게 해서 식민지 무역의 독점 체계가 확립되었는데 그것은 상인들의 영향 아래에 있는 영국 정부의 정치 행태를 잘 보여준다는 것이었다. 『국부론』 제4권에서 다룬 식민지 무역의 각종 사례는 이것을 구체적으로 보여준다.

이처럼 자연적 정의를 왜곡함으로써 근대 상업 국가 법률은 봉건 시대와는 뚜렷이 다른 특징을 갖고 있었음에도 여전히 법적 미완성의 여러 특징을 간직하게 되었다. 예전 시대와 마찬가지로 정의의 실패는 부자와 힘센 자의 정치적 술수가 그 원인이다. 스미스는 이렇게 해서 자연적 정의가 근대 상업 사회 내에서 거둔 놀라운 업적을 증명하지만, 동시에 그 사회 내의 미흡한 부분(상인과 제조업자들의 탐욕)도 지적한다. 가령 이렇게 말한다.

"이런 상업주의 제도의 창안자가 누구인지 알아내는 것은 그리 어렵지 않다. 그들은 자기 이익을 송두리째 무시당한 소비자들이 아니라, 자기 이익을 고집스럽게 보호해온 생산자들이다. 생산자 중에서도 우리나라의 상인과 제조업자들이 주된 고안자들이다. 이번 장에서 살펴본 각종 중상주의 규제들 속에서도 제조업자들은 특별히 자기 이익을 지키고 보호를 받았다. 그 와중에 소비자들의 이익은 물론이고 그들과 종류가 다른 생산자들도 [생산자들의] 이익을 위해 희생되었다"(『국부론』 제4권 8장 "중상주의 고안자는 탐욕스러운 상인과 제조업자").

이상에서 보았듯, 스미스는 완결된 법학(정치학) 책을 써내지는 못했지만, 그가 일관되게 주장하려 했던 바가 무엇이었는지 우리는 대략 짐작할 수 있다. 스미스는 선한 일을 함으로써 도덕적인 인간이 되어야 한다고 『도덕감정론』에서 주장했고, 이어 물질적으로 좋은 일을 함으로써 국가 경제를 진작해야 한다고 『국부론』에서 말했다. 다시 말해, 스미스는 이웃에 대한 사랑(도덕감정론)을 먼저 말하고, 이어 자기 자신에 대한 사랑(국부론)을 말했으니, 그다음에 말하고자 했던 바를 우리는 추측해볼 수 있다. 그가 쓰지 못한 정치학 책에서는 아마도 이웃과 자기 자신을 모두 합친 공동체(사회)에 대한 사랑을 쓰려고 했을 것이다. 이렇게 볼 때 스미스의 정치사상은 자유와 사랑, 이렇게 두 단어로 요약할 수 있다.

7. 스미스 이후의 세상

스미스는 영국이라는 한정된 관점이 아니라 전 세계라는 광대한 관점에서 경제 발전을 예측하려고 했다. 이것은 공평한 관찰자라는 개념이 이미 예고한 바이고 『국부론』 전체에서 일관되게 유지되는 관점이다. 스미스의 글로벌 기준은 대영제국이 오대양 육대주로 국력을 확장하면서 세운 두 식민지, 아메리카와 인도를 보는 관점에서 잘 드러난다. 그는 이들 식민지에 대해 이런 견해를 제시했다.

아메리카의 발견과 희망봉을 돌아 동인도제도로 가는 해로를 발견한 것은 인류 역사에 기록된 가장 위대하고 중요한 두 사건이다. 두 발견의 결과는 이미 엄청난 영향을 미쳤다. 그러나 이 사건들 이후 2~3세기라 는 비교적 짧은 시기가 흐른 상황이므로 그 파급 효과를 모두 다 파악하 기는 불가능하다. 이 두 위대한 사건들로부터 어떤 혜택과 어떤 불운이 인류에게 찾아올지는 인간의 지혜로는 예측하기가 어렵다. 세상에서 가장 멀리 떨어져 있는 두 지역을 어떤 식으로든 하나로 묶어 서로의 결 핍을 해소하고, 서로의 즐거움을 증진하며, 서로의 산업을 장려할 수 있 게 한다면, 두 위대한 사건의 전반적 추세는 인류에게 혜택을 주는 쪽으 로 나아갈 것이다.

그러나 동인도제도와 서인도제도의 원주민에게는, 그 사건들이 일으 킨 끔찍한 불운 때문에 이런 사건들로부터 얻을 수 있는 상업적 혜택이 묻히거나 사라져버렸다. 그런 불운은 이 두 사건의 성격 자체보다는 우 연한 일들로부터 발생한 듯하다. 이러한 발견이 이루어졌던 특정 시기 에는 유럽인들의 힘의 우위가 너무 커서 그 외딴 나라에서 온갖 종류의 불의를 저지르고도 처벌받지 않았다. 하지만 그 후, 그 나라의 원주민 들은 더 강해질 수도 있고, 유럽의 원주민이 더 약해질 수도 있으며, 그 리하여 세상의 모든 다른 지역에 거주하는 주민이 용기와 힘의 균형에 도달할 수 있을 것이다. 그리하여 상호 간 공포가 생겨나 독립 국가들 의 불의한 행위를 제압해 상호 간의 권리를 어느 정도 존경하도록 강제 할 수 있을 것이다. 이러한 힘의 균형을 가져오는 수단으로는 폭넓은 지 식과 모든 종류의 개선된 제품들을 상호 교환하는 것만큼 좋은 게 없다. 온 세상 모든 국가가 폭넓게 상업 활동을 벌일 때 그런 상호 소통과 개 선이 자연스럽게 혹은 필연적으로 이루어진다.

_『국부론』제4권 7장 3절에서

이 문장에서 스미스는 유럽과 아메리카·아시아를 연결하는 해로 발견이 의미심장한 사건이라고 말하면서 세상에서 멀리 떨어진 지역들이 서로 연결되어 가는 사실에 주목했다. 이런 좋은 환경이 호혜적인 자유무역을 통해 온 인류에게 혜택을 가져다주어야 마땅한데, 그렇게 되지 않고 유럽인들만 혜택을 누리는 것을 비판한다. 그러면서 동인도제도와 서인도제도 주민이 좀 더 강해지거나 유럽 주민이 관용을 베풀면서 좀 덜 억압적으로 나가는 그런 세상을 기대한다. 그렇게 해서 용기와 힘의 균형이 이루어지고, 상호 간 공포가 생기고 더 나아가 상호 간 존경이 생겨남으로써 온 세계가 행복하고 조화로운 세상으로 발전하기를 소망했다.

이런 세상의 실현 가능성에 대해, 스미스는 자유로운 글로벌 무역을 답으로 내놓았다. 상업은 폭넓은 지식과 모든 종류의 개선된 제품들을 상호 교환함으로써 필연적으로 힘의 균형을 가져온다고 스미스는 보았다. 무역은 지식의 확산을 돕고 마침내 세력 균형의 재배열을 가져온다는 것이다. 스미스는 잘 연결된 세계 속에서 자유로운 교역 활동이 상대방에 대한 존경과 힘의 균형으로 이어지는 세상을 간절히 바란 것이다.

그런데 스미스 이후의 세상은 실제로 그렇게 변했을까? 이를 확인하기 위해 스미스 이후의 영국 상황을 간략히 살펴보자. 영국은 여러 경제적 조건들이 동시다발적으로 발생해 산업 혁명을 이끌어냈다. 이 혁명의 출발점은 제임스 와트가 1776년에 글래스고에서 만들어낸 증기기관이었다. 이것이 노동력을 획기적으로 절약해 단시간에 더 많은 재화를 만들어내는 원동력이 되었다. 게다가 영국은 각종 제품을 받아주는 시장, 석탄의 손쉬운 획득, 폭넓은 수송망, 산업 기술, 테크놀로지 노하우 등 다양한 산업 기반을 갖추고 있었다. 이런 산업과 상업의 좋은 환경 아래 만들어진 다량의 제품을 소화하려면 해외 시장을 개발해야 했고 그에 따라 아메리카와 인도의 두 식민지 시장이 개척되었다.

스미스 당시에 이미 미국 독립전쟁이 벌어지고 있었는데, 그는 아메리카에 대해서는 국가 체면을 따지지 않는다면 지금이라도 식민지 운영을 포기하는 것이 좋겠다고 말했다. 식민지를 지키기 위해 여러 차례 전쟁을 치르는 바람에, 수익보다 비용이 더 많이 들어갔는데 정작 수혜자인 아메리카 식민지 쪽에서 전쟁 비용을 부담하지 않았기 때문이다. 아메리카 식민지는, 재산은 곧 정치적 자유를 의미하고, 그 자유를 구속하려면 식민지 주민이 자신들의 대표를 뽑아 영국 의회에 보낼 수 있어야 하며 또 그 대표의 승인이 있어야 한다는 논리를 내세우면서 비용 분담을 거부했다. 그러나 대영제국의 국제(國制)상 본국이 식민지에게 대등한 경제적·정치적·재정적 평등을 수여하는 것은 어려운 문제였고, 그러자 아메리카는 그렇다면 독자적인 길을 가겠다고 주장해 독립전쟁이 발발했던 것이다.

스미스는 『국부론』 제5권 맨 마지막 부분에서 아메리카를 가리켜 대서양 서쪽의 제국은 환상이라면서 "아무리 좋은 계획이라도 완성될 수 없으면 포기해야 한다"라고 진단했다. 아메리카 식민지 운영에서 빨리 손을 뗄수록 영국에 더 유리하다는 것이었다. 그 후 영국은 스미스의 예언대로 패전을 당한 결과, 아메리카로부터 철수했다. 그래도 그때 이후 영국과 미국 두 나라는 자유무역을 실천하면서 오늘날까지도 스미스가 예측한 호혜적인 선린 관계를 유지하고 있다.

그러나 인도의 사정은 이와는 전혀 다르다. 영국과 인도의 거래는 호혜적인 것이 아니라 일방적인 수탈의 역사였다. 영국의 동인도회사가 인도에 진출할 당시에 현지의 집권 세력인 무굴 제국은 페르시아, 편잡의 시크 연합, 데카 평원의 신생 마라타 제국 등으로부터 도전을 받았다. 인도 동쪽의 벵골에 진출한 동인도회사는 1757년에 플라시 전투에서 무굴 제국과 싸워 이겼고, 그 결과 벵골 일대를 지배하고 세금을 부과하는 권리를 부여받았다. 회사는 또한 글로벌 7년 전쟁의 일환으로 인도의 남동부 해안을 두고 프랑스와 벌인 전쟁에서도 승리를 거두었다. 1775년에서 1818년 사이에는 마라타 제국을 상대로 세 번에 걸친 전쟁에서 승리해 마침내 동인도회사는 인도 전역의 통제권을 장악했다. 그리고 1858년에 이르러 영국 정부가 이 회사의 식민 통치 업무를 인수하면서 인도는 대영제국의 직할 식민지로 전환되었다.

영국의 식민지 정책은 인도의 경제와 사회를 결정적으로 약화시켰다.

17세기 후반부터 영국의 목면 제조업은 국가의 보호 정책에 발맞추어 확장되었다. 인도의 채색 혹은 날염 옷감 수입 금지는 영국 날염 옷감 업계에는 커다란 장려책이 되었고 그 결과 영국 회사들은 자국시장에 옷감을 독점적으로 공급하는 권리를 얻었다. 영국이 19세기 내내 실시한 보호무역 정책은 인도의 유명한 직물 제품이 영국 시장으로 들어가는 것을 막았고, 마침내 수백만 명에 달하는 인도인 방적공과 직조공은 19세기에 극심한 가난을 겪게 된다. 영국은 인도산 직물의 수입을 점점 더 금지하는 일련의 조치를 통해 18세기 내내 인도의 직물 산업을 고사시켰다.

1858년부터 인도가 독립한 1947년까지 영국은 인도를 그저 원자재 공급처로 묶어두려고만 했다. 직물 완제품을 생산해 영국 업체와 경쟁하는 것을 철저히 막은 것이다. 영국은 인도의 농촌지방을 가혹하게 통치했고, 인도에서 기근이 자주 발생하는데도 조치하지 않고 방치했다. 영국은 인도의 보건, 교육, 식량 자급 같은 기본 서비스는 외면했고 그리하여 무수히 많은 농민 인구가 가난하고 문맹 상태로 전락했다. 20세기 전반기에 제철 같은 산업화를 위한 부문이 생기기도 했지만 인도의 산업화와 발전은 독립 이전까지 더디게 진행되었다. 1947년 영국에서 독립할 무렵에 인도의 문맹률은 80~85퍼센트였고 1950~55년 사이에 평균 기대 수명은 37세였다.

이상과 같은 인도 역사에서 알 수 있듯, 스미스 이후의 세상은 스미스가 기대한 것처럼 힘의 균형에 따른 상호 존경의 자유 무역 쪽으로 진행되지 않았다. 영국의 식민 지배에 맞서서 독립을 쟁취한 미국의 경우에는 이기심과 보이지 않는 손이 제대로 작동해 미국을 경제대국으로 성장시켰으나, 인도의 경우에는 호혜적인 자유무역이 아니라, 가혹한 식민정책이 상당 기간 지속되어 인도는 아직도 그 후유증을 앓고 있다.

스미스 이후의 세상 그러니까 2백 년에 걸친 자본주의 역사는 이런 간단한 비유로 잘 설명이 된다. 어떤 집안에 어린 아들이 둘 있었다. 한 아들은 건강해 활동력이 좋고 다른 아들은 다리를 절어서 몸을 잘 움직이지 못한다. 부모는 외출할 때면 아이들이 과자를 너무 많이 꺼내 먹지 않도록 과자 그릇을 방안 벽의 선반 위에 두고 갔다. 그러자 건강한 아들은 의자를 가겨와 그 과자를 꺼내 먹었지만, 허약한 아들은 그저 지켜보기만 했다. 여기서 부모를 세상, 한 아들은 영국, 다른 아들은 인도, 그리고 과자는 이 세상의 재화라고 비유할 수 있다.

이런 일방적 상황은 외국을 상대로만 벌어지는 것이 아니고, 국가의 내부에서도 벌어진다. 그러니까 자본가와 노동자라는 관계가 이 두 아들과 같다. 그 과자를 두 아들의 능력이나 필요와는 상관없이 절반씩 공평하게 나누어 주자는 것이 마르크스주의다. 그런데 공평하게 나누어 줄 사람은 누구인가? 곧 정부 관료여야 하는데, 이번에는 코미사르라고 하는 공산당 관료가 힘센 아들 노릇을 대신한다. 공산주의가 아닌 자본주의 사회에서는 민선 정부가 그 분배를 담당하는데, 이때는 개인 자유와 정부 간섭이라는 두 힘이 시장 원리와 자연적 정의를 각각 대변하면서 갈등 관계를 형성한다. 개인 자유가 방종할 정도로 지나치면 기득권자가 시장 자유화를 주장하며 정글 자본주의로 치우치기 쉽다. 정부 간섭이 시장에 과도하게 작용하면 그 나라는 경제 활동을 자기 마음대로 주관하는 사회주의 국가처럼 된다.

시장 자율이든 정부 간섭이든 경제행위 자체는 임금, 지대, 이윤의 세 가지 요소로 환원된다. 스미스가 정립한 이 기본 원리는 그 후 현대 경제학의 출발점이 되었다. 스미스 이후, 임금 이론은 리카도의 『조세 및 경제 원리』에서, 자본 이론은 마르크스의 『자본론』에서, 지대 이론은 헨리 조지의 『진보와 빈곤』에서 각각 더 자세히 전개되었다. 부자들이 돈을 벌려고 하는 것은 부의 과시를 위한 것이라는 스미스의 주장(『국부론』 제1권 11장, 2절, "부의 최고 즐거움은 자기 과시")은 소스타인 베블렌의 『유한계급론』에서 과시적 소비라는 개념으로 정립되었다. 스미스가 주장한 수요와 공급의 완전 균형 이론은 나중에 케인스의 불균형 이론에 따라 보충되었다. 케인스의 복지 국가 이론은 이미 『국부론』 제5권에서 씨앗이 뿌려져 있다.

이처럼 애덤 스미스는 이 모든 경제사상의 원류가 되는 경제학의 아버지와 같은 사람이다. 위에서 언급한 대표적인 경제학자들은 모두 애덤 스미스의 사상에서 아이디어를 얻어왔다. 스미스는 『국부론』 제2권 2장에서 잘 운영되는 은행 기능을 설명하면서 계속 새로운 물이 흘러들어와 다시 흘러나가지만 무한한 수량을 그대로 유지하는 마르지 않는 샘과 같다고 했는데 스미스의 사상 자체가 곧 경제학의 화수분이다.

스미스는 철저히 현실 지향적인 사상가였다. 계몽주의의 대표 사상가답게, 현실에서 벌어진 문제는 인간이 만들어낸 것이므로 결자해지 차원에서 인간이 해결할 수 있다고 보았다. 이런 자신감은 계몽사상이 중시하는 인간의 이성에 대한 믿음에서 비롯되었고, 스미스가 살았던 시절의 적극적인 시대정신이기도 하다. 『국부론』 제5권 1장 3절에서 스미스는 liberty, reason, happiness를 동일선상에 놓고 인간의 부패하기 쉬운 성향, 즉 pleasure, vanity, waste에 맞세우고 결국에는 자유가 이긴다는 사상을 개진하고 있다.

스미스의 『국부론』은 단순히 경제학 저서에 그치는 것이 아니라 철학, 정치, 역사, 종교, 교육, 문화 등 여러 분야의 관련 정보를 제공하고 있다. 그런 만큼 이 책은 세계를 객관적 시선으로 관찰하려 했던 18세기 최고 지식인이 세상을 보는 안목을 잘 보여준다.

따라서 이 책은 경제학 책일 뿐만 아니라 인문 교양서로서도 자리 잡았으며, 출간 이후 250년 동안 전 세계 독자들의 사랑을 받으며 널리 읽혀왔다. 『국부론』을 읽으면 글로벌 관점으로 세상을 바라보는 시각을 얻을 수 있다. 이 책을 읽으면서 우리가 기대할 수 있는 최고의 보람이 여기에 있다. 마지막으로, 이 책을 읽은 독자들에게는 스미스의 『도덕감정론』도 함께 읽어볼 것을 권하고 싶다.

애덤 스미스 연보

1723년 (출생)

6월 5일, 스코틀랜드 파이프주 커콜디(인구 1,500명)에서 출생. 아버지 애덤 스미스와 어머니 마거릿 더글러스 사이에 외아들로 태어났다. 아버지는 법률가 겸 세관 관리로 근무했고 어머니는 같은 파이프주에 사는 상당히 유복한 지주 계급의 딸이었다. 아버지는 아들이 태어나기 몇 달 전에 세상을 떠났다. 그의 어머니는 처음부터 마지막까지 스미스 인생의 중심이었다. 애덤 스미스가 결혼하지 않고 평생 독신으로 지낸 것은 어머니를 잘 봉양하기 위해서라는 소문도 있었다. 친구들은 스미스가 어머니에게 극진한 효심과 정성을 보였다고 말했다.

잉글랜드에서는 조지 2세가 즉위했다.

1727년 (4세)

어린 스미스가 집시 여인에게 납치되었지만, 마침 스미스 집을 방문했던 어떤 신사가 길에서 집시 여인이 우는 아이를 데리고 가는 것을 보고 신고했고, 추적대가 파견되어 인근 레슬리 숲에서 아이를 안고 있는 집시 여인을 발견해 무사히 되찾아왔다.

1730년(7세)

스미스는 어릴 때 병약했으며, 생각에 빠지면 멍하게 혼자 중얼거리며 방심하는 경향이 있었는데, 이 습관은 평생 지속되었다.

1733년(10세)

커콜디의 버그 학교에 다니다.

정확한 입학 연도는 알려지지 않았지만, 이 시기에 라틴어 공부를 시작했다. 공부를 열심히 하고, 독서를 좋아하고, 기억력이 뛰어나 교장으로부터 대학 진학을 권유받다.

기억력 외에 관찰력도 뛰어나서 스미스는 소년 시절에 커콜디의 못 공장 구경을 아주 좋아했는데, 여기서 노동 분업에 대한 최초의 아이디어를 얻었을 것으로 보인다.

1737년(14세)

글래스고 대학에 입학해 도덕 철학자 프랜시스 허치슨의 수제자가 되었다. 허치슨으로부터 자연 신학을 배웠는데 특히 자유가 중요하다는 사상을 갖게 되었다. 대학 재학 시절에는 수학 공부를 아주 좋아했다. 글래스고 대학은 당시 스코틀랜드 계몽운동의 중심지였다.

글래스고 대학을 다니던 시절과 이후 교수로 봉직하던 시절에 스미스는 그 도시의 진취적이고 지적인 상인들을 만나 많은 대화를 나누었고 여기에 스미스의 놀라운 관찰력이 더해져서 향후 위대한 경제학자로 발전하는 계기가 되었다.

1740~46년(17~23세)

스넬 장학금을 받아 옥스퍼드 베일리얼 대학으로 유학했다. 유학 기간은 1740년 6월에서 1746년 8월 15일까지였다. 옥스퍼드에서는 강의에 별로 참여하지 않고 주로 독학에 집중했다.『국부론』5권 1장에서 옥스퍼드 대학의 교수들이 정년을 보장받고 나서 열심히 연구하지 않는다고 맹비난한 것으로 보아, 당시의 교수들에게 깊은 인상을 받지는 못한 듯하다. 비슷한 시기에 옥스퍼드를 다니다 중퇴한 에드워드 기번도 이 대학을 혹평했고 공리주의 철학자 제러미 벤담도 옥스퍼드에서는 뭔가 배운다는 것이 불가능하다고 말했다.

옥스퍼드 6년 동안 베일리얼 대학 도서관에 틀어박혀 그리스·로마의 고전들과 영문학 작품을 많이 읽었다. 역사가 중에서는 고대와 현대를 통틀어『로마사』의 저자인 리비우스를 가장 높이 평가했다. 영국 작가 중에는『걸리버 여행기』를 쓴 조너선 스위프트를 존경했다. 프랑스 문학 중에서는 라신의 드라마에 깊은 감동을 받았다.

1746년(23세)

봄에 스코틀랜드로 귀국하다.

1748~51년(25~28세)

철학자이자 법률가인 헨리 홈스(후일의 케임스 경)의 주선으로 스미스는 에든버러로 가서 수사학과 문학에 대한 공개 강연을 했다. 나중에 민법에 대한 공개 강연도 했다.

1751년(28세)

글래스고 대학교의 논리학 교수로 임명되다.

1752년(29세)

스승인 프랜시스 허치슨이 맡았던 도덕 철학 교수에 임명되다. 당시 도덕 철학은 자연신학, 윤리학, 법학, 정치경제학 등을 아우르는 포괄적 학문 분야였다.

1755~56년(32~33세)

단기간 발행된 『에든버러 리뷰』 잡지에 두 편의 논문을 게재했다. 하나는 닥터 존슨의 『영어 사전』에 대한 비평이고, 다른 하나는 스코틀랜드의 학문 진보가 유럽(특히 잉글랜드와 프랑스)의 학문과 문학에 미친 영향을 다룬 글이었다. 이 해부터 7년 전쟁이 시작되어 1763년에 끝났다. 『국부론』에서는 7년 전쟁이 여러 번 언급되는데, 이 전쟁은 스미스의 청년기에 벌어진 중요한 국제 사건이었다.

1759년(36세)

『도덕감정론』 출간. 이 책은 출간 즉시 호평을 받았고 유럽 대륙, 특히 프랑스에서 높은 인기를 끌었다.

1761년(38세)

「언어의 최초 형성에 관한 논고」라는 논문을 『필로로지컬 미셀러니』라는 잡지에 발표하다.
『도덕감정론』 제2판 발간.

1764년(41세)

버클루 공작을 수행해달라는 공작의 의붓아버지 찰스 타운센드(후일의 잉글랜드 재무장관)의 요청을 수락하여, 글래스고 대학교를 사직하고 2년간 유럽 일주 여행에 나서다. 스미스는 툴루즈, 제네바, 파리 등에서 시간을 보냈다. 이때 툴루즈에서 『국부론』 구상을 했는데, 주요 아이디어는 글래스고 대학교에서 도덕 철학을 가르치면서 정립한 것이었다.
제네바에서는 볼테르를 만났고 파리에서는 여러 문학 살롱에 드나들면서 왕의 주치의 프랑수아 케네를 중심으로 하는 소위 중농주의 경제학자들을 만났다. 특히 스미스는 볼테르를 아주 존경한 듯하다. 스미스는 살아있는 문사들 중에서 볼테르의 이름에 최고의 존경을 바쳤으며 그를 만나 여러 번 대화를 나눈 것을 아주 소중하고 따뜻한 기억으로 간직했다.

1766년(43세)

유럽 여행 중 파리에 오래 머물면서 프랑스의 극장을 자주 다녔다. 스미스는 장소, 행동, 시간의 '삼일치 원칙'을 철저히 지키는 프랑스의 신고전주의 드라마를 특히 좋아했고, 라신의 『페드르』가 가장 뛰어난 비극이라고 생각했다.

이 시기에 마담 리보보니가 스미스에게 호감을 보였다. 또 스미스가 유명한 아쟁쿠르 전투의 격전지인 크레시를 방문하는 길에 아베빌의 한 호텔에 잠시 머물렀는데 어떤 후작 부인이 그 호텔로 스미스를 찾아와 사랑을 호소했으나 스미스는 거절했다. 스미스가 왜 평생 독신으로 살았는지 그 정확한 이유는 밝혀지지 않았다. 그러나 한 지인은 스미스가 청년 시절에 몇 년 동안 재색을 겸비한 아주 뛰어난 여성을 사랑했는데 결실을 맺지 못했고 이때 사랑의 실망을 겪고서 다시는 결혼할 생각을 하지 않았다고 한다. 그 여성 또한 평생 독신으로 보냈다.

11월, 유럽 일주 여행에서 돌아오다.

1767년(44세)

11월 초, 런던을 6개월 동안 방문해 재무장관 타운센드 밑에서 일하다. 이 시기에 스미스는 잉글랜드 왕립학회의 회원으로 선출되었고 에드워드 기번과 새뮤얼 존슨 등 당대 지식인 및 문학인들과 교유했다.

『도덕감정론』 제3판 발행. 이 3판에 「언어의 최초 형성에 관한 논고」라는 논문을 부록으로 실었다. 스미스는 교환이라는 개념을 중시했는데, 도덕도 언어도 경제도 상대방과 뭔가 교환하려는 인간의 심성에서 만들어진 것으로 보았다.

1767~78년(44-55세)

스미스는 글래스고를 떠나 커콜디로 돌아와 어머니와 미혼인 사촌 누이의 보살핌을 받으며 이곳에서 11년을 살았다. 당시 생활을 전기 작가 존 레이는 이렇게 서술한다. "스미스의 친구인 데이비드 흄은 문인에게 시골 생활은 맞지 않으니 에든버러로 이사하라고 여러 번 권했으나 스미스는 응하지 않았다. 스미스는 자신의 고향 마을에 사는 것이 더 적성에 맞았다. 그에게는 해야 할 일이 있고, 옆에 어머니가 계시고, 책들이 있으며, 날마다 해변으로 나가 바닷바람을 맞으며 산책할 수 있고, 필요하면 포스만 너머에 있는 에든버러로 아무 때나 나갈 수 있었다."

이 시기에 『국부론』 집필에 착수하다.

1768년(45세)

『국부론』을 쓰는 동안 매일 커콜디 해변을 혼자 산책하면서 생각을 가다듬었다. 그러나 스미스는 악필이어서 자신이 직접 원고를 쓰지 않고 대서사(代書士)를 고용해 구술했다. 이런 이유로 책은 강연을 듣는 것처럼 읽기가 수월하지만, 같은 문장이나 표현이 반복되는 경향이 있다.

1769년(46세)

『국부론』의 작품 구상에 너무 몰두한 나머지 방심 상태에 빠지는 경우가 많았다.

몇 가지 사례를 들면 이러하다. 길을 걸어갈 때 혼잣말을 중얼거리며 머리를 쉴 새 없이 좌우로 흔들어댔다. 자신의 머릿속에 떠오른 생각을 자문자답하기도 한다. 한번은 애덤 스미스가 평소와 마찬가지 동작으로 에든버러의 하이스트리트 시장을 걸어가는데, 시장의 한 여인네는 그 모습을 보고서 혀를 끌끌 차면서 아주 심한 정신병자가 혼자 길거리를 걸어가고 있는데 저런 사람을 그냥 두다니 이게 어떻게 된 일이냐고 말했다.

커콜디의 어머니 집에서 『국부론』을 쓰던 어느 일요일, 잠시 정원을 산책하겠다며 실내복(잠옷 위에 입는 가운) 차림으로 밖으로 나갔는데, 그만 자기 생각에 몰두한 나머지 그 상태로 거리까지 나갔다. 그는 25킬로미터나 떨어진 덤퍼라인까지 걸어갔다가 교회 종탑 소리에 놀라 비로소 깊은 생각에서 깨어났다. 그는 많은 사람 사이에서 실내복과 슬리퍼 차림으로 헤매고 다녔던 것이다.

런던에서 스미스와 아침식사를 함께한 어떤 사람은 이런 에피소드를 전한다. 스미스는 대화에 너무 몰두한 나머지 버터 바른 빵과 끓는 물을 찻주전자에 집어넣었다. 그러고는 왜 차 맛이 이렇게 형편없느냐며 자신이 마셔본 것 중에서 가장 맛이 떨어지는 차라고 했다.

브릿지 게임을 할 때도 딴생각에 몰두해 자기 순서가 돌아오는 것도 잊어버렸고 때때로 엉뚱한 패를 내놓아 게임 전체를 엉망으로 만들었다. 그래서 글래스고 대학의 동료 교수들은 가능한 한 스미스와 브릿지 게임을 하지 않으려고 했다.

스미스는 버클루 공작의 영지 내에 있는 댈키스 저택에서 저녁 식사를 하던 중 한 유명 정치가를 신랄하게 비판하기 시작했다. 하지만 그 정치가의 아주 가까운 친척이 스미스 맞은편에 앉아 있었다. 스미스는 나중에 가서야 그 사실을 알아차리고 말을 멈추었다. 그러나 혼잣말을 하기 시작하더니 누가 뭐라고 해도 자기가 한 말이 모두 진실이라고 중얼거렸다.

1773~77년(50~54세)

주로 런던에서 많은 시간을 보냈으나 중간에 커콜디로 돌아와 상당 기간 체류하기도 했다. 스미스는 왕립 학술원에 정식 가입해 에드먼드 버크, 새뮤얼 존슨, 에드워드 기번 그리고 아메리카 식민지의 세금 문제로 런던에 건너와 협상을 벌이던 벤저민 프랭클린 등과 교유했다. 프랭클린과의 교우는 『국부론』 제4권 7장, 식민지 문제를 집필하는 데 큰 도움이 되었다. 스미스는 프랭클린 덕분에 식민지 상황을 명확하게 파악할 수 있었고, 그로 인해 순전히 경제학적인 관점에서 보면 식민지에서 세금을 거두지 못하는 상황에서 식민지 방어 부담을 영국이 지는 것은 부당하다고 주장했다. 식민지에게서 세금을 받지 못한다면 대서양 서쪽 제국은 환상에 지나지 않고 제국의 장신구 같은 것이 되어버리니 지금이라도 땅을 포기하는 것이 좋겠다고 말했다. 당시로는 파격적인 주장이었지만, 역사의 전개는 결국 스미스의 예상대로 돌아갔다.

1774년(51세)

『도덕감정론』 제4판 발간.

1776년(53세)

『국부론』이 발간되고, 초판은 6개월 사이에 매진되다.
8월, 절친한 친구인 철학자 데이비드 흄이 세상을 떠나다. 흄은 무신론자이기에 세간의 기피를 받았으나 스미스는 개의치 않고 그의 죽음을 슬퍼하는 조사를 썼다.

1778년(55세)

스코틀랜드 세관장에 임명되어 집을 커콜디에서 에든버러로 옮겼다. 이 집에도 어머니 마거릿 스미스와 미혼 사촌 미스 진 더글러스가 따라와 함께 살면서 스미스와 그의 집을 자상하게 살폈다.
『국부론』 제2판이 나왔다.

1781년(58세)

『도덕감정론』 제5판 발간.

1784년(61세)

상당히 증보된 『국부론』 제3판이 출간되다. 스미스는 이 3판을 결정판이라고 생각했다.
어머니 마거릿 스미스가 90세의 나이로 세상을 떠나다.

1786년(63세)

『국부론』 제4판이 출간되다.

1787년(64세)

12월 12일, 글래스고 대학교 총장에 임명되어 2년간 재직하다.

에드워드 기번이 『로마제국쇠망사』를 증정해오자 11월에 간단한 감사 편지를 보내면서 스미스는 지금껏 볼테르를 현재 살아 있는 문인들 중 최고로 쳤으나 이제부터는 에드워드 기번을 그 지위에 올려놓겠다고 말하다.

1788년(65세)

가을, 한 집에 어머니와 함께 오래 살아왔던 사촌 미스 진 더글러스가 사망. 스미스는 이제 에든버러 집에 혼자 남게 되었다.

1789년(66세)

『국부론』 제5판이 출간되다. 오늘날 널리 유통되고 있는 것은 제5판이다.

1790년(67세)

자신의 죽음이 다가오는 것을 알고서 지인에게 남아 있는 미완성 유고를 모두 불태워달라고 요구해 모두 소각하다. 위대한 작가들은 대체로 완벽주의자인데 『아이네이스』를 쓴 베르길리우스도, 『성』과 『소송』을 쓴 카프카도 죽기 전에 자신의 원고를 불태워달라고 했으나 지인들의 기지와 통찰로 살아남았다. 만약 스미스의 미완성 유고가 남아 있었더라면 『국부론』을 더 깊이 이해할 수 있는 많은 밑 자료가 되었을 것이다.

대폭 내용이 보강된 『도덕감정론』 제6판 발간. 오늘날 널리 유통되는 것은 이 6판이다.

7월 17일, 에든버러에서 사망해 캐논게이트 교회 묘지에 안장되다.

옮긴이 이종인

1954년 서울에서 태어나 고려대학교 영어영문학과를 졸업하고 한국 브리태니커 편집국장과 성균관대학교 전문 번역가 양성 과정 겸임 교수를 역임했다. 지금까지 250여 권의 책을 옮겼으며, 최근에는 인문 및 경제 분야의 고전을 깊이 있게 연구하며 번역에 힘쓰고 있다. 옮긴 책으로는 『진보와 빈곤』, 『리비우스 로마사 세트(전4권)』, 『월든·시민 불복종』, 『자기 신뢰』, 『유한계급론』, 『공리주의』, 『걸리버여행기』, 『로마제국 쇠망사』, 『고대 로마사』, 『숨결이 바람 될 때』, 『변신 이야기』, 『작가는 왜 쓰는가』, 『호모 루덴스』, 『폰더 씨의 위대한 하루』 등이 있다. 집필한 책으로는 번역 입문 강의서 『번역은 글쓰기다』, 고전 읽기의 참맛을 소개하는 『살면서 마주한 고전』 등이 있다.

현대지성 클래식 53

국부론

1판 1쇄 발행 2024년 1월 8일
1판 4쇄 발행 2024년 11월 14일

지은이 애덤 스미스
옮긴이 이종인
발행인 박명곤 **CEO** 박지성 **CFO** 김영은
기획편집1팀 채대광, 김준원, 이승미, 김윤아, 백환희, 이상지
기획편집2팀 박일귀, 이은빈, 강민형, 이지은, 박고은
디자인팀 구경표, 유채민, 윤신혜, 임지선
마케팅팀 임우열, 김은지, 전상미, 이호, 최고은

펴낸곳 (주)현대지성
출판등록 제406-2014-000124호
전화 070-7791-2136 **팩스** 0303-3444-2136
주소 서울시 강서구 마곡중앙6로 40, 장흥빌딩 10층
홈페이지 www.hdjisung.com **이메일** support@hdjisung.com
제작처 영신사

© 현대지성 2024

"Curious and Creative people make Inspiring Contents"
현대지성은 여러분의 의견 하나하나를 소중히 받고 있습니다.
원고 투고, 오탈자 제보, 제휴 제안은 support@hdjisung.com으로 보내 주세요.

현대지성 홈페이지

이 책을 만든 사람들
편집 채대광 **디자인** 구혜민

현대지성 클래식 살펴보기